א:א:א בְּרֵאשִׁ֖ית בָּרָ֣א אֱלֹהִ֑ים אֵ֥ת הַשָּׁמַ֖יִם וְאֵ֥ת הָאָֽרֶץ א:א:ב וְהָאָ֗רֶץ
הָיְתָ֥ה תֹ֙הוּ֙ וָבֹ֔הוּ וְחֹ֖שֶׁךְ עַל־פְּנֵ֣י תְה֑וֹם וְר֣וּחַ אֱלֹהִ֔ים מְרַחֶ֖פֶת
עַל־פְּנֵ֥י הַמָּֽיִם א:א:ג וַיֹּ֥אמֶר אֱלֹהִ֖ים יְהִ֣י א֑וֹר וַֽיְהִי־אֽוֹר א:א:ד וַיַּ֧רְא
אֱלֹהִ֛ים אֶת־הָא֖וֹר כִּי־ט֑וֹב וַיַּבְדֵּ֣ל אֱלֹהִ֔ים בֵּ֥ין הָא֖וֹר וּבֵ֥ין הַחֹֽשֶׁךְ
א:א:ה וַיִּקְרָ֨א אֱלֹהִ֤ים ׀ לָאוֹר֙ י֔וֹם וְלַחֹ֖שֶׁךְ קָ֣רָא לָ֑יְלָה וַֽיְהִי־עֶ֥רֶב
וַֽיְהִי־בֹ֖קֶר י֥וֹם אֶחָֽד א:א:ו וַיֹּ֣אמֶר אֱלֹהִ֔ים יְהִ֥י רָקִ֖יעַ בְּת֣וֹךְ הַמָּ֑יִם
וִיהִ֣י מַבְדִּ֔יל בֵּ֥ין מַ֖יִם לָמָֽיִם א:א:ז וַיַּ֣עַשׂ אֱלֹהִים֮ אֶת־הָרָקִיעַ֒ וַיַּבְדֵּ֗ל
בֵּ֤ין הַמַּ֙יִם֙ אֲשֶׁר֙ מִתַּ֣חַת לָרָקִ֔יעַ וּבֵ֣ין הַמַּ֔יִם אֲשֶׁ֖ר מֵעַ֣ל לָרָקִ֑יעַ
וַֽיְהִי־כֵֽן א:א:ח וַיִּקְרָ֧א אֱלֹהִ֛ים לָֽרָקִ֖יעַ שָׁמָ֑יִם וַֽיְהִי־עֶ֥רֶב וַֽיְהִי־בֹ֖קֶר י֥וֹם
שֵׁנִֽי א:א:ט וַיֹּ֣אמֶר אֱלֹהִ֗ים יִקָּו֨וּ הַמַּ֜יִם מִתַּ֤חַת הַשָּׁמַ֙יִם֙ אֶל־מָק֣וֹם
אֶחָ֔ד וְתֵרָאֶ֖ה הַיַּבָּשָׁ֑ה וַֽיְהִי־כֵֽן א:א:י וַיִּקְרָ֨א אֱלֹהִ֤ים ׀ לַיַּבָּשָׁה֙ אֶ֔רֶץ
וּלְמִקְוֵ֥ה הַמַּ֖יִם קָרָ֣א יַמִּ֑ים וַיַּ֥רְא אֱלֹהִ֖ים כִּי־טֽוֹב א:א:יא וַיֹּ֣אמֶר
אֱלֹהִ֗ים תַּֽדְשֵׁ֤א הָאָ֙רֶץ֙ דֶּ֗שֶׁא עֵ֚שֶׂב מַזְרִ֣יעַ זֶ֔רַע עֵ֣ץ פְּרִ֞י עֹ֤שֶׂה פְּרִי֙
לְמִינ֔וֹ אֲשֶׁ֥ר זַרְעוֹ־ב֖וֹ עַל־הָאָ֑רֶץ וַֽיְהִי־כֵֽן א:א:יב וַתּוֹצֵ֨א הָאָ֜רֶץ דֶּ֠שֶׁא
עֵ֣שֶׂב מַזְרִ֤יעַ זֶ֙רַע֙ לְמִינֵ֔הוּ וְעֵ֧ץ עֹֽשֶׂה־פְּרִ֛י אֲשֶׁ֥ר זַרְעוֹ־ב֖וֹ לְמִינֵ֑הוּ
וַיַּ֥רְא אֱלֹהִ֖ים כִּי־טֽוֹב א:א:יג וַֽיְהִי־עֶ֥רֶב וַֽיְהִי־בֹ֖קֶר י֥וֹם שְׁלִישִֽׁי
א:א:יד וַיֹּ֣אמֶר אֱלֹהִ֗ים יְהִ֤י מְאֹרֹת֙ בִּרְקִ֣יעַ הַשָּׁמַ֔יִם לְהַבְדִּ֕יל בֵּ֥ין הַיּ֖וֹם
וּבֵ֣ין הַלָּ֑יְלָה וְהָי֤וּ לְאֹתֹת֙ וּלְמ֣וֹעֲדִ֔ים וּלְיָמִ֖ים וְשָׁנִֽים א:א:טו וְהָי֤וּ
לִמְאוֹרֹת֙ בִּרְקִ֣יעַ הַשָּׁמַ֔יִם לְהָאִ֖יר עַל־הָאָ֑רֶץ וַֽיְהִי־כֵֽן א:א:טז וַיַּ֣עַשׂ
אֱלֹהִ֔ים אֶת־שְׁנֵ֥י הַמְּאֹרֹ֖ת הַגְּדֹלִ֑ים אֶת־הַמָּא֤וֹר הַגָּדֹל֙ לְמֶמְשֶׁ֣לֶת
הַיּ֔וֹם וְאֶת־הַמָּא֤וֹר הַקָּטֹן֙ לְמֶמְשֶׁ֣לֶת הַלַּ֔יְלָה וְאֵ֖ת הַכּוֹכָבִֽים
א:א:יז וַיִּתֵּ֥ן אֹתָ֛ם אֱלֹהִ֖ים בִּרְקִ֣יעַ הַשָּׁמָ֑יִם לְהָאִ֖יר עַל־הָאָֽרֶץ
א:א:יח וְלִמְשֹׁל֙ בַּיּ֣וֹם וּבַלַּ֔יְלָה וּֽלֲהַבְדִּ֔יל בֵּ֥ין הָא֖וֹר וּבֵ֣ין הַחֹ֑שֶׁךְ וַיַּ֥רְא
אֱלֹהִ֖ים כִּי־טֽוֹב א:א:יט וַֽיְהִי־עֶ֥רֶב וַֽיְהִי־בֹ֖קֶר י֥וֹם רְבִיעִֽי א:א:כ וַיֹּ֣אמֶר
אֱלֹהִ֔ים יִשְׁרְצ֣וּ הַמַּ֔יִם שֶׁ֖רֶץ נֶ֣פֶשׁ חַיָּ֑ה וְעוֹף֙ יְעוֹפֵ֣ף עַל־הָאָ֔רֶץ
עַל־פְּנֵ֖י רְקִ֥יעַ הַשָּׁמָֽיִם א:א:כא וַיִּבְרָ֣א אֱלֹהִ֔ים אֶת־הַתַּנִּינִ֖ם הַגְּדֹלִ֑ים
וְאֵ֣ת כָּל־נֶ֣פֶשׁ הַֽחַיָּ֣ה ׀ הָֽרֹמֶ֡שֶׂת אֲשֶׁר֩ שָׁרְצ֨וּ הַמַּ֜יִם לְמִֽינֵהֶ֗ם וְאֵ֨ת
כָּל־ע֤וֹף כָּנָף֙ לְמִינֵ֔הוּ וַיַּ֥רְא אֱלֹהִ֖ים כִּי־טֽוֹב א:א:כב וַיְבָ֧רֶךְ אֹתָ֛ם

אֱלֹהִ֖ים לֵאמֹ֑ר פְּר֣וּ וּרְב֗וּ וּמִלְא֤וּ אֶת־הַמַּ֙יִם֙ בַּיַּמִּ֔ים וְהָע֖וֹף יִ֥רֶב
בָּאָֽרֶץ א:א:כג וַֽיְהִי־עֶ֥רֶב וַֽיְהִי־בֹ֖קֶר י֥וֹם חֲמִישִֽׁי א:א:כד וַיֹּ֣אמֶר אֱלֹהִ֗ים
תּוֹצֵ֨א הָאָ֜רֶץ נֶ֤פֶשׁ חַיָּה֙ לְמִינָ֔הּ בְּהֵמָ֥ה וָרֶ֛מֶשׂ וְחַֽיְתוֹ־אֶ֖רֶץ לְמִינָ֑הּ
וַֽיְהִי־כֵֽן א:א:כה וַיַּ֣עַשׂ אֱלֹהִים֩ אֶת־חַיַּ֨ת הָאָ֜רֶץ לְמִינָ֗הּ וְאֶת־הַבְּהֵמָה֙
לְמִינָ֔הּ וְאֵ֛ת כָּל־רֶ֥מֶשׂ הָֽאֲדָמָ֖ה לְמִינֵ֑הוּ וַיַּ֥רְא אֱלֹהִ֖ים כִּי־טֽוֹב
א:א:כו וַיֹּ֣אמֶר אֱלֹהִ֔ים נַֽעֲשֶׂ֥ה אָדָ֛ם בְּצַלְמֵ֖נוּ כִּדְמוּתֵ֑נוּ וְיִרְדּוּ֩ בִדְגַ֨ת
הַיָּ֜ם וּבְע֣וֹף הַשָּׁמַ֗יִם וּבַבְּהֵמָה֙ וּבְכָל־הָאָ֔רֶץ וּבְכָל־הָרֶ֖מֶשׂ הָֽרֹמֵ֥שׂ
עַל־הָאָֽרֶץ א:א:כז וַיִּבְרָ֨א אֱלֹהִ֤ים ׀ אֶת־הָֽאָדָם֙ בְּצַלְמ֔וֹ בְּצֶ֥לֶם
אֱלֹהִ֖ים בָּרָ֣א אֹת֑וֹ זָכָ֥ר וּנְקֵבָ֖ה בָּרָ֥א אֹתָֽם א:א:כח וַיְבָ֣רֶךְ אֹתָם֮
אֱלֹהִים֒ וַיֹּ֨אמֶר לָהֶ֜ם אֱלֹהִ֗ים פְּר֥וּ וּרְב֛וּ וּמִלְא֥וּ אֶת־הָאָ֖רֶץ וְכִבְשֻׁ֑הָ
וּרְד֞וּ בִּדְגַ֤ת הַיָּם֙ וּבְע֣וֹף הַשָּׁמַ֔יִם וּבְכָל־חַיָּ֖ה הָֽרֹמֶ֥שֶׂת עַל־הָאָֽרֶץ
א:א:כט וַיֹּ֣אמֶר אֱלֹהִ֗ים הִנֵּה֩ נָתַ֨תִּי לָכֶ֜ם אֶת־כָּל־עֵ֣שֶׂב ׀ זֹרֵ֣עַ זֶ֗רַע
אֲשֶׁר֙ עַל־פְּנֵ֣י כָל־הָאָ֔רֶץ וְאֶת־כָּל־הָעֵ֛ץ אֲשֶׁר־בּ֥וֹ פְרִי־עֵ֖ץ זֹרֵ֣עַ זָ֑רַע
לָכֶ֥ם יִֽהְיֶ֖ה לְאָכְלָֽה א:א:ל וּֽלְכָל־חַיַּ֣ת הָ֠אָרֶץ וּלְכָל־ע֨וֹף הַשָּׁמַ֜יִם
וּלְכֹ֣ל ׀ רוֹמֵ֣שׂ עַל־הָאָ֗רֶץ אֲשֶׁר־בּוֹ֙ נֶ֣פֶשׁ חַיָּ֔ה אֶת־כָּל־יֶ֥רֶק עֵ֖שֶׂב
לְאָכְלָ֑ה וַֽיְהִי־כֵֽן א:א:לא וַיַּ֤רְא אֱלֹהִים֙ אֶת־כָּל־אֲשֶׁ֣ר עָשָׂ֔ה וְהִנֵּה־ט֖וֹב
מְאֹ֑ד וַֽיְהִי־עֶ֥רֶב וַֽיְהִי־בֹ֖קֶר י֥וֹם הַשִּׁשִּֽׁי א:ב:א וַיְכֻלּ֛וּ הַשָּׁמַ֥יִם וְהָאָ֖רֶץ
וְכָל־צְבָאָֽם א:ב:ב וַיְכַ֤ל אֱלֹהִים֙ בַּיּ֣וֹם הַשְּׁבִיעִ֔י מְלַאכְתּ֖וֹ אֲשֶׁ֣ר עָשָׂ֑ה
וַיִּשְׁבֹּת֙ בַּיּ֣וֹם הַשְּׁבִיעִ֔י מִכָּל־מְלַאכְתּ֖וֹ אֲשֶׁ֥ר עָשָֽׂה א:ב:ג וַיְבָ֤רֶךְ
אֱלֹהִים֙ אֶת־י֣וֹם הַשְּׁבִיעִ֔י וַיְקַדֵּ֖שׁ אֹת֑וֹ כִּ֣י ב֤וֹ שָׁבַת֙ מִכָּל־מְלַאכְתּ֔וֹ
אֲשֶׁר־בָּרָ֥א אֱלֹהִ֖ים לַעֲשֽׂוֹת א:ב:ד אֵ֣לֶּה תוֹלְד֧וֹת הַשָּׁמַ֛יִם וְהָאָ֖רֶץ
בְּהִבָּֽרְאָ֑ם בְּי֗וֹם עֲשׂ֛וֹת יְהוָ֥ה אֱלֹהִ֖ים אֶ֥רֶץ וְשָׁמָֽיִם א:ב:ה וְכֹ֣ל ׀ שִׂ֣יחַ
הַשָּׂדֶ֗ה טֶ֚רֶם יִֽהְיֶ֣ה בָאָ֔רֶץ וְכָל־עֵ֥שֶׂב הַשָּׂדֶ֖ה טֶ֣רֶם יִצְמָ֑ח כִּי֩ לֹ֨א
הִמְטִ֜יר יְהוָ֤ה אֱלֹהִים֙ עַל־הָאָ֔רֶץ וְאָדָ֣ם אַ֔יִן לַֽעֲבֹ֖ד אֶת־הָֽאֲדָמָֽה
א:ב:ו וְאֵ֖ד יַֽעֲלֶ֣ה מִן־הָאָ֑רֶץ וְהִשְׁקָ֖ה אֶֽת־כָּל־פְּנֵֽי־הָֽאֲדָמָֽה
א:ב:ז וַיִּ֩יצֶר֩ יְהוָ֨ה אֱלֹהִ֜ים אֶת־הָֽאָדָ֗ם עָפָר֙ מִן־הָ֣אֲדָמָ֔ה וַיִּפַּ֥ח בְּאַפָּ֖יו
נִשְׁמַ֣ת חַיִּ֑ים וַֽיְהִ֥י הָֽאָדָ֖ם לְנֶ֥פֶשׁ חַיָּֽה א:ב:ח וַיִּטַּ֞ע יְהוָ֧ה אֱלֹהִ֛ים
גַּֽן־בְּעֵ֖דֶן מִקֶּ֑דֶם וַיָּ֣שֶׂם שָׁ֔ם אֶת־הָֽאָדָ֖ם אֲשֶׁ֥ר יָצָֽר א:ב:ט וַיַּצְמַ֞ח יְהוָ֣ה

אֱלֹהִים֙ מִן־הָ֣אֲדָמָ֔ה כָּל־עֵ֛ץ נֶחְמָ֥ד לְמַרְאֶ֖ה וְט֣וֹב לְמַאֲכָ֑ל וְעֵ֤ץ
הַֽחַיִּים֙ בְּת֣וֹךְ הַגָּ֔ן וְעֵ֕ץ הַדַּ֖עַת ט֥וֹב וָרָֽע א:ב:י וְנָהָר֙ יֹצֵ֣א מֵעֵ֔דֶן
לְהַשְׁק֖וֹת אֶת־הַגָּ֑ן וּמִשָּׁם֙ יִפָּרֵ֔ד וְהָיָ֖ה לְאַרְבָּעָ֥ה רָאשִֽׁים א:ב:יא שֵׁ֥ם
הָֽאֶחָ֖ד פִּישׁ֑וֹן ה֣וּא הַסֹּבֵ֗ב אֵ֚ת כָּל־אֶ֣רֶץ הַֽחֲוִילָ֔ה אֲשֶׁר־שָׁ֖ם הַזָּהָֽב
א:ב:יב וּזֲהַ֛ב הָאָ֥רֶץ הַהִ֖וא ט֑וֹב שָׁ֥ם הַבְּדֹ֖לַח וְאֶ֥בֶן הַשֹּֽׁהַם
א:ב:יג וְשֵֽׁם־הַנָּהָ֥ר הַשֵּׁנִ֖י גִּיח֑וֹן ה֣וּא הַסּוֹבֵ֔ב אֵ֖ת כָּל־אֶ֥רֶץ כּֽוּשׁ
א:ב:יד וְשֵׁ֨ם הַנָּהָ֤ר הַשְּׁלִישִׁי֙ חִדֶּ֔קֶל ה֥וּא הַהֹלֵ֖ךְ קִדְמַ֣ת אַשּׁ֑וּר
וְהַנָּהָ֥ר הָרְבִיעִ֖י ה֥וּא פְרָֽת א:ב:טו וַיִּקַּ֛ח יְהוָ֥ה אֱלֹהִ֖ים אֶת־הָֽאָדָ֑ם
וַיַּנִּחֵ֣הוּ בְגַן־עֵ֔דֶן לְעָבְדָ֖הּ וּלְשָׁמְרָֽהּ א:ב:טז וַיְצַו֙ יְהוָ֣ה אֱלֹהִ֔ים
עַל־הָֽאָדָ֖ם לֵאמֹ֑ר מִכֹּ֥ל עֵֽץ־הַגָּ֖ן אָכֹ֥ל תֹּאכֵֽל א:ב:יז וּמֵעֵ֗ץ הַדַּ֙עַת֙
ט֣וֹב וָרָ֔ע לֹ֥א תֹאכַ֖ל מִמֶּ֑נּוּ כִּ֗י בְּי֛וֹם אֲכָלְךָ֥ מִמֶּ֖נּוּ מ֥וֹת תָּמֽוּת
א:ב:יח וַיֹּ֙אמֶר֙ יְהוָ֣ה אֱלֹהִ֔ים לֹא־ט֛וֹב הֱי֥וֹת הָֽאָדָ֖ם לְבַדּ֑וֹ אֶֽעֱשֶׂהּ־לּ֥וֹ
עֵ֖זֶר כְּנֶגְדּֽוֹ א:ב:יט וַיִּצֶר֩ יְהוָ֨ה אֱלֹהִ֜ים מִן־הָֽאֲדָמָ֗ה כָּל־חַיַּ֤ת הַשָּׂדֶה֙
וְאֵת֙ כָּל־ע֣וֹף הַשָּׁמַ֔יִם וַיָּבֵא֙ אֶל־הָ֣אָדָ֔ם לִרְא֖וֹת מַה־יִּקְרָא־ל֑וֹ וְכֹל֩
אֲשֶׁ֨ר יִקְרָא־ל֧וֹ הָֽאָדָ֛ם נֶ֥פֶשׁ חַיָּ֖ה ה֥וּא שְׁמֽוֹ א:ב:כ וַיִּקְרָ֨א הָֽאָדָ֜ם
שֵׁמ֗וֹת לְכָל־הַבְּהֵמָה֙ וּלְע֣וֹף הַשָּׁמַ֔יִם וּלְכֹ֖ל חַיַּ֣ת הַשָּׂדֶ֑ה וּלְאָדָ֕ם
לֹֽא־מָצָ֥א עֵ֖זֶר כְּנֶגְדּֽוֹ א:ב:כא וַיַּפֵּל֩ יְהוָ֨ה אֱלֹהִ֧ים ׀ תַּרְדֵּמָ֛ה
עַל־הָאָדָ֖ם וַיִּישָׁ֑ן וַיִּקַּ֗ח אַחַת֙ מִצַּלְעֹתָ֔יו וַיִּסְגֹּ֥ר בָּשָׂ֖ר תַּחְתֶּֽנָּה
א:ב:כב וַיִּבֶן֩ יְהוָ֨ה אֱלֹהִ֧ים ׀ אֶֽת־הַצֵּלָ֛ע אֲשֶׁר־לָקַ֥ח מִן־הָֽאָדָ֖ם
לְאִשָּׁ֑ה וַיְבִאֶ֖הָ אֶל־הָֽאָדָֽם א:ב:כג וַיֹּאמֶר֮ הָֽאָדָם֒ זֹ֣את הַפַּ֗עַם עֶ֚צֶם
מֵֽעֲצָמַ֔י וּבָשָׂ֖ר מִבְּשָׂרִ֑י לְזֹאת֙ יִקָּרֵ֣א אִשָּׁ֔ה כִּ֥י מֵאִ֖ישׁ לֻֽקֳחָה־זֹּֽאת
א:ב:כד עַל־כֵּן֙ יַֽעֲזָב־אִ֔ישׁ אֶת־אָבִ֖יו וְאֶת־אִמּ֑וֹ וְדָבַ֣ק בְּאִשְׁתּ֔וֹ וְהָי֖וּ
לְבָשָׂ֥ר אֶחָֽד א:ב:כה וַיִּֽהְי֤וּ שְׁנֵיהֶם֙ עֲרוּמִּ֔ים הָֽאָדָ֖ם וְאִשְׁתּ֑וֹ וְלֹ֖א
יִתְבֹּשָֽׁשׁוּ א:ג:א וְהַנָּחָשׁ֙ הָיָ֣ה עָר֔וּם מִכֹּל֙ חַיַּ֣ת הַשָּׂדֶ֔ה אֲשֶׁ֥ר עָשָׂ֖ה
יְהוָ֣ה אֱלֹהִ֑ים וַיֹּ֙אמֶר֙ אֶל־הָ֣אִשָּׁ֔ה אַ֚ף כִּֽי־אָמַ֣ר אֱלֹהִ֔ים לֹ֥א תֹֽאכְל֔וּ
מִכֹּ֖ל עֵ֥ץ הַגָּֽן א:ג:ב וַתֹּ֥אמֶר הָֽאִשָּׁ֖ה אֶל־הַנָּחָ֑שׁ מִפְּרִ֥י עֵֽץ־הַגָּ֖ן נֹאכֵֽל
א:ג:ג וּמִפְּרִ֣י הָעֵץ֮ אֲשֶׁ֣ר בְּתוֹךְ־הַגָּן֒ אָמַ֣ר אֱלֹהִ֗ים לֹ֤א תֹֽאכְלוּ֙ מִמֶּ֔נּוּ
וְלֹ֥א תִגְּע֖וּ בּ֑וֹ פֶּן־תְּמֻתֽוּן א:ג:ד וַיֹּ֥אמֶר הַנָּחָ֖שׁ אֶל־הָֽאִשָּׁ֑ה לֹֽא־מ֖וֹת

תְּמֻתֽוּן א:ג:ה כִּ֚י יֹדֵ֣עַ אֱלֹהִ֔ים כִּ֗י בְּיוֹם֙ אֲכָלְכֶ֣ם מִמֶּ֔נּוּ וְנִפְקְח֖וּ
עֵֽינֵיכֶ֑ם וִהְיִיתֶם֙ כֵּֽאלֹהִ֔ים יֹדְעֵ֖י ט֥וֹב וָרָֽע א:ג:ו וַתֵּ֣רֶא הָֽאִשָּׁ֡ה כִּ֣י טוֹב֩
הָעֵ֨ץ לְמַאֲכָ֜ל וְכִ֧י תַֽאֲוָה־ה֣וּא לָעֵינַ֗יִם וְנֶחְמָ֤ד הָעֵץ֙ לְהַשְׂכִּ֔יל וַתִּקַּ֥ח
מִפִּרְי֖וֹ וַתֹּאכַ֑ל וַתִּתֵּ֧ן גַּם־לְאִישָׁ֛הּ עִמָּ֖הּ וַיֹּאכַֽל א:ג:ז וַתִּפָּקַ֨חְנָה֙ עֵינֵ֣י
שְׁנֵיהֶ֔ם וַיֵּ֣דְע֔וּ כִּ֥י עֵֽירֻמִּ֖ם הֵ֑ם וַֽיִּתְפְּרוּ֙ עֲלֵ֣ה תְאֵנָ֔ה וַיַּעֲשׂ֥וּ לָהֶ֖ם
חֲגֹרֹֽת א:ג:ח וַֽיִּשְׁמְע֞וּ אֶת־ק֨וֹל יְהוָ֧ה אֱלֹהִ֛ים מִתְהַלֵּ֥ךְ בַּגָּ֖ן לְר֣וּחַ
הַיּ֑וֹם וַיִּתְחַבֵּ֨א הָֽאָדָ֜ם וְאִשְׁתּ֗וֹ מִפְּנֵי֙ יְהוָ֣ה אֱלֹהִ֔ים בְּת֖וֹךְ עֵ֥ץ הַגָּֽן
א:ג:ט וַיִּקְרָ֛א יְהוָ֥ה אֱלֹהִ֖ים אֶל־הָֽאָדָ֑ם וַיֹּ֥אמֶר ל֖וֹ אַיֶּֽכָּה א:ג:י וַיֹּ֕אמֶר
אֶת־קֹלְךָ֥ שָׁמַ֖עְתִּי בַּגָּ֑ן וָאִירָ֛א כִּֽי־עֵירֹ֥ם אָנֹ֖כִי וָאֵחָבֵֽא א:ג:יא וַיֹּ֕אמֶר
מִ֚י הִגִּ֣יד לְךָ֔ כִּ֥י עֵירֹ֖ם אָ֑תָּה הֲמִן־הָעֵ֗ץ אֲשֶׁ֧ר צִוִּיתִ֛יךָ לְבִלְתִּ֥י
אֲכָל־מִמֶּ֖נּוּ אָכָֽלְתָּ א:ג:יב וַיֹּ֖אמֶר הָֽאָדָ֑ם הָֽאִשָּׁה֙ אֲשֶׁ֣ר נָתַ֣תָּה עִמָּדִ֔י
הִ֛וא נָֽתְנָה־לִּ֥י מִן־הָעֵ֖ץ וָאֹכֵֽל א:ג:יג וַיֹּ֨אמֶר יְהוָ֧ה אֱלֹהִ֛ים לָאִשָּׁ֖ה
מַה־זֹּ֣את עָשִׂ֑ית וַתֹּ֙אמֶר֙ הָֽאִשָּׁ֔ה הַנָּחָ֥שׁ הִשִּׁיאַ֖נִי וָאֹכֵֽל א:ג:יד וַיֹּאמֶר֩
יְהוָ֨ה אֱלֹהִ֥ים ׀ אֶֽל־הַנָּחָשׁ֮ כִּ֣י עָשִׂ֣יתָ זֹּאת֒ אָר֤וּר אַתָּה֙
מִכָּל־הַבְּהֵמָ֔ה וּמִכֹּ֖ל חַיַּ֣ת הַשָּׂדֶ֑ה עַל־גְּחֹנְךָ֣ תֵלֵ֔ךְ וְעָפָ֥ר תֹּאכַ֖ל
כָּל־יְמֵ֥י חַיֶּֽיךָ א:ג:טו וְאֵיבָ֣ה ׀ אָשִׁ֗ית בֵּֽינְךָ֙ וּבֵ֣ין הָֽאִשָּׁ֔ה וּבֵ֥ין זַרְעֲךָ֖
וּבֵ֣ין זַרְעָ֑הּ ה֚וּא יְשׁוּפְךָ֣ רֹ֔אשׁ וְאַתָּ֖ה תְּשׁוּפֶ֥נּוּ עָקֵֽב א:ג:טז אֶֽל־הָאִשָּׁ֣ה
אָמַ֗ר הַרְבָּ֤ה אַרְבֶּה֙ עִצְּבוֹנֵ֣ךְ וְהֵרֹנֵ֔ךְ בְּעֶ֖צֶב תֵּלְדִ֣י בָנִ֑ים וְאֶל־אִישֵׁךְ֙
תְּשׁ֣וּקָתֵ֔ךְ וְה֖וּא יִמְשָׁל־בָּֽךְ א:ג:יז וּלְאָדָ֣ם אָמַ֗ר כִּֽי־שָׁמַעְתָּ֮ לְק֣וֹל
אִשְׁתֶּךָ֒ וַתֹּ֙אכַל֙ מִן־הָעֵ֔ץ אֲשֶׁ֤ר צִוִּיתִ֙יךָ֙ לֵאמֹ֔ר לֹ֥א תֹאכַ֖ל מִמֶּ֑נּוּ
אֲרוּרָ֤ה הָֽאֲדָמָה֙ בַּעֲבוּרֶ֔ךָ בְּעִצָּבוֹן֙ תֹּֽאכֲלֶ֔נָּה כֹּ֖ל יְמֵ֥י חַיֶּֽיךָ
א:ג:יח וְק֥וֹץ וְדַרְדַּ֖ר תַּצְמִ֣יחַֽ לָ֑ךְ וְאָכַלְתָּ֖ אֶת־עֵ֥שֶׂב הַשָּׂדֶֽה
א:ג:יט בְּזֵעַ֤ת אַפֶּ֙יךָ֙ תֹּ֣אכַל לֶ֔חֶם עַ֤ד שֽׁוּבְךָ֙ אֶל־הָ֣אֲדָמָ֔ה כִּ֥י מִמֶּ֖נָּה
לֻקָּ֑חְתָּ כִּֽי־עָפָ֣ר אַ֔תָּה וְאֶל־עָפָ֖ר תָּשֽׁוּב א:ג:כ וַיִּקְרָ֧א הָֽאָדָ֛ם שֵׁ֥ם
אִשְׁתּ֖וֹ חַוָּ֑ה כִּ֛י הִ֥וא הָֽיְתָ֖ה אֵ֥ם כָּל־חָֽי א:ג:כא וַיַּעַשׂ֩ יְהוָ֨ה אֱלֹהִ֜ים
לְאָדָ֧ם וּלְאִשְׁתּ֛וֹ כָּתְנ֥וֹת ע֖וֹר וַיַּלְבִּשֵֽׁם א:ג:כב וַיֹּ֣אמֶר ׀ יְהוָ֣ה אֱלֹהִ֗ים
הֵ֤ן הָֽאָדָם֙ הָיָה֙ כְּאַחַ֣ד מִמֶּ֔נּוּ לָדַ֖עַת ט֣וֹב וָרָ֑ע וְעַתָּ֣ה ׀ פֶּן־יִשְׁלַ֣ח
יָד֗וֹ וְלָקַח֙ גַּ֚ם מֵעֵ֣ץ הַֽחַיִּ֔ים וְאָכַ֖ל וָחַ֥י לְעֹלָֽם א:ג:כג וַֽיְשַׁלְּחֵ֛הוּ יְהוָ֥ה

אֱלֹהִים מִגַּן־עֵדֶן לַעֲבֹד אֶת־הָאֲדָמָה אֲשֶׁר לֻקַּח מִשָּׁם
א:ג:כד וַיְגָרֶשׁ אֶת־הָאָדָם וַיַּשְׁכֵּן מִקֶּדֶם לְגַן־עֵדֶן אֶת־הַכְּרֻבִים וְאֵת
לַהַט הַחֶרֶב הַמִּתְהַפֶּכֶת לִשְׁמֹר אֶת־דֶּרֶךְ עֵץ הַחַיִּים
א:ד:א וְהָאָדָם יָדַע אֶת־חַוָּה אִשְׁתּוֹ וַתַּהַר וַתֵּלֶד אֶת־קַיִן וַתֹּאמֶר
קָנִיתִי אִישׁ אֶת־יְהוָה א:ד:ב וַתֹּסֶף לָלֶדֶת אֶת־אָחִיו אֶת־הָבֶל
וַיְהִי־הֶבֶל רֹעֵה צֹאן וְקַיִן הָיָה עֹבֵד אֲדָמָה א:ד:ג וַיְהִי מִקֵּץ יָמִים
וַיָּבֵא קַיִן מִפְּרִי הָאֲדָמָה מִנְחָה לַיהוָה א:ד:ד וְהֶבֶל הֵבִיא גַם־הוּא
מִבְּכֹרוֹת צֹאנוֹ וּמֵחֶלְבֵהֶן וַיִּשַׁע יְהוָה אֶל־הֶבֶל וְאֶל־מִנְחָתוֹ
א:ד:ה וְאֶל־קַיִן וְאֶל־מִנְחָתוֹ לֹא שָׁעָה וַיִּחַר לְקַיִן מְאֹד וַיִּפְּלוּ פָּנָיו
א:ד:ו וַיֹּאמֶר יְהוָה אֶל־קָיִן לָמָּה חָרָה לָךְ וְלָמָּה נָפְלוּ פָנֶיךָ
א:ד:ז הֲלוֹא אִם־תֵּיטִיב שְׂאֵת וְאִם לֹא תֵיטִיב לַפֶּתַח חַטָּאת רֹבֵץ
וְאֵלֶיךָ תְּשׁוּקָתוֹ וְאַתָּה תִּמְשָׁל־בּוֹ א:ד:ח וַיֹּאמֶר קַיִן אֶל־הֶבֶל אָחִיו
וַיְהִי בִּהְיוֹתָם בַּשָּׂדֶה וַיָּקָם קַיִן אֶל־הֶבֶל אָחִיו וַיַּהַרְגֵהוּ א:ד:ט וַיֹּאמֶר
יְהוָה אֶל־קַיִן אֵי הֶבֶל אָחִיךָ וַיֹּאמֶר לֹא יָדַעְתִּי הֲשֹׁמֵר אָחִי אָנֹכִי
א:ד:י וַיֹּאמֶר מֶה עָשִׂיתָ קוֹל דְּמֵי אָחִיךָ צֹעֲקִים אֵלַי מִן־הָאֲדָמָה
א:ד:יא וְעַתָּה אָרוּר אָתָּה מִן־הָאֲדָמָה אֲשֶׁר פָּצְתָה אֶת־פִּיהָ
לָקַחַת אֶת־דְּמֵי אָחִיךָ מִיָּדֶךָ א:ד:יב כִּי תַעֲבֹד אֶת־הָאֲדָמָה
לֹא־תֹסֵף תֵּת־כֹּחָהּ לָךְ נָע וָנָד תִּהְיֶה בָאָרֶץ א:ד:יג וַיֹּאמֶר קַיִן
אֶל־יְהוָה גָּדוֹל עֲוֺנִי מִנְּשֹׂא א:ד:יד הֵן גֵּרַשְׁתָּ אֹתִי הַיּוֹם מֵעַל פְּנֵי
הָאֲדָמָה וּמִפָּנֶיךָ אֶסָּתֵר וְהָיִיתִי נָע וָנָד בָּאָרֶץ וְהָיָה כָל־מֹצְאִי
יַהַרְגֵנִי א:ד:טו וַיֹּאמֶר לוֹ יְהוָה לָכֵן כָּל־הֹרֵג קַיִן שִׁבְעָתַיִם יֻקָּם וַיָּשֶׂם
יְהוָה לְקַיִן אוֹת לְבִלְתִּי הַכּוֹת־אֹתוֹ כָּל־מֹצְאוֹ א:ד:טז וַיֵּצֵא קַיִן מִלִּפְנֵי
יְהוָה וַיֵּשֶׁב בְּאֶרֶץ־נוֹד קִדְמַת־עֵדֶן א:ד:יז וַיֵּדַע קַיִן אֶת־אִשְׁתּוֹ וַתַּהַר
וַתֵּלֶד אֶת־חֲנוֹךְ וַיְהִי בֹּנֶה עִיר וַיִּקְרָא שֵׁם הָעִיר כְּשֵׁם בְּנוֹ חֲנוֹךְ
א:ד:יח וַיִּוָּלֵד לַחֲנוֹךְ אֶת־עִירָד וְעִירָד יָלַד אֶת־מְחוּיָאֵל וּמְחִיָּיאֵל יָלַד
אֶת־מְתוּשָׁאֵל וּמְתוּשָׁאֵל יָלַד אֶת־לָמֶךְ א:ד:יט וַיִּקַּח־לוֹ לֶמֶךְ שְׁתֵּי
נָשִׁים שֵׁם הָאַחַת עָדָה וְשֵׁם הַשֵּׁנִית צִלָּה א:ד:כ וַתֵּלֶד עָדָה
אֶת־יָבָל הוּא הָיָה אֲבִי יֹשֵׁב אֹהֶל וּמִקְנֶה א:ד:כא וְשֵׁם אָחִיו יוּבָל

הוּא הָיָה אֲבִי כָּל־תֹּפֵשׂ כִּנּוֹר וְעוּגָב א:ד:כב וְצִלָּה גַם־הִוא יָלְדָה
אֶת־תּוּבַל קַיִן לֹטֵשׁ כָּל־חֹרֵשׁ נְחֹשֶׁת וּבַרְזֶל וַאֲחוֹת תּוּבַל־קַיִן
נַעֲמָה א:ד:כג וַיֹּאמֶר לֶמֶךְ לְנָשָׁיו עָדָה וְצִלָּה שְׁמַעַן קוֹלִי נְשֵׁי לֶמֶךְ
הַאְזֵנָּה אִמְרָתִי כִּי אִישׁ הָרַגְתִּי לְפִצְעִי וְיֶלֶד לְחַבֻּרָתִי א:ד:כד כִּי
שִׁבְעָתַיִם יֻקַּם־קָיִן וְלֶמֶךְ שִׁבְעִים וְשִׁבְעָה א:ד:כה וַיֵּדַע אָדָם עוֹד
אֶת־אִשְׁתּוֹ וַתֵּלֶד בֵּן וַתִּקְרָא אֶת־שְׁמוֹ שֵׁת כִּי שָׁת־לִי אֱלֹהִים זֶרַע
אַחֵר תַּחַת הֶבֶל כִּי הֲרָגוֹ קָיִן א:ד:כו וּלְשֵׁת גַּם־הוּא יֻלַּד־בֵּן וַיִּקְרָא
אֶת־שְׁמוֹ אֱנוֹשׁ אָז הוּחַל לִקְרֹא בְּשֵׁם יְהוָה א:ה:א זֶה סֵפֶר תּוֹלְדֹת
אָדָם בְּיוֹם בְּרֹא אֱלֹהִים אָדָם בִּדְמוּת אֱלֹהִים עָשָׂה אֹתוֹ א:ה:ב זָכָר
וּנְקֵבָה בְּרָאָם וַיְבָרֶךְ אֹתָם וַיִּקְרָא אֶת־שְׁמָם אָדָם בְּיוֹם הִבָּרְאָם
א:ה:ג וַיְחִי אָדָם שְׁלֹשִׁים וּמְאַת שָׁנָה וַיּוֹלֶד בִּדְמוּתוֹ כְּצַלְמוֹ וַיִּקְרָא
אֶת־שְׁמוֹ שֵׁת א:ה:ד וַיִּהְיוּ יְמֵי־אָדָם אַחֲרֵי הוֹלִידוֹ אֶת־שֵׁת שְׁמֹנֶה
מֵאֹת שָׁנָה וַיּוֹלֶד בָּנִים וּבָנוֹת א:ה:ה וַיִּהְיוּ כָּל־יְמֵי אָדָם אֲשֶׁר־חַי
תְּשַׁע מֵאוֹת שָׁנָה וּשְׁלֹשִׁים שָׁנָה וַיָּמֹת א:ה:ו וַיְחִי־שֵׁת חָמֵשׁ שָׁנִים
וּמְאַת שָׁנָה וַיּוֹלֶד אֶת־אֱנוֹשׁ א:ה:ז וַיְחִי־שֵׁת אַחֲרֵי הוֹלִידוֹ
אֶת־אֱנוֹשׁ שֶׁבַע שָׁנִים וּשְׁמֹנֶה מֵאוֹת שָׁנָה וַיּוֹלֶד בָּנִים וּבָנוֹת
א:ה:ח וַיִּהְיוּ כָּל־יְמֵי־שֵׁת שְׁתֵּים עֶשְׂרֵה שָׁנָה וּתְשַׁע מֵאוֹת שָׁנָה
וַיָּמֹת א:ה:ט וַיְחִי אֱנוֹשׁ תִּשְׁעִים שָׁנָה וַיּוֹלֶד אֶת־קֵינָן א:ה:י וַיְחִי אֱנוֹשׁ
אַחֲרֵי הוֹלִידוֹ אֶת־קֵינָן חֲמֵשׁ עֶשְׂרֵה שָׁנָה וּשְׁמֹנֶה מֵאוֹת שָׁנָה
וַיּוֹלֶד בָּנִים וּבָנוֹת א:ה:יא וַיִּהְיוּ כָּל־יְמֵי אֱנוֹשׁ חָמֵשׁ שָׁנִים וּתְשַׁע
מֵאוֹת שָׁנָה וַיָּמֹת א:ה:יב וַיְחִי קֵינָן שִׁבְעִים שָׁנָה וַיּוֹלֶד
אֶת־מַהֲלַלְאֵל א:ה:יג וַיְחִי קֵינָן אַחֲרֵי הוֹלִידוֹ אֶת־מַהֲלַלְאֵל
אַרְבָּעִים שָׁנָה וּשְׁמֹנֶה מֵאוֹת שָׁנָה וַיּוֹלֶד בָּנִים וּבָנוֹת א:ה:יד וַיִּהְיוּ
כָּל־יְמֵי קֵינָן עֶשֶׂר שָׁנִים וּתְשַׁע מֵאוֹת שָׁנָה וַיָּמֹת א:ה:טו וַיְחִי
מַהֲלַלְאֵל חָמֵשׁ שָׁנִים וְשִׁשִּׁים שָׁנָה וַיּוֹלֶד אֶת־יָרֶד א:ה:טז וַיְחִי
מַהֲלַלְאֵל אַחֲרֵי הוֹלִידוֹ אֶת־יֶרֶד שְׁלֹשִׁים שָׁנָה וּשְׁמֹנֶה מֵאוֹת שָׁנָה
וַיּוֹלֶד בָּנִים וּבָנוֹת א:ה:יז וַיִּהְיוּ כָּל־יְמֵי מַהֲלַלְאֵל חָמֵשׁ וְתִשְׁעִים
שָׁנָה וּשְׁמֹנֶה מֵאוֹת שָׁנָה וַיָּמֹת א:ה:יח וַיְחִי־יֶרֶד שְׁתַּיִם וְשִׁשִּׁים שָׁנָה

וּמְאַ֣ת שָׁנָ֑ה וַיּ֖וֹלֶד אֶת־חֲנֽוֹךְ א:ה:יט וַֽיְחִי־יֶ֗רֶד אַֽחֲרֵי֙ הוֹלִיד֣וֹ
אֶת־חֲנ֔וֹךְ שְׁמֹנֶ֥ה מֵא֖וֹת שָׁנָ֑ה וַיּ֥וֹלֶד בָּנִ֖ים וּבָנֽוֹת א:ה:כ וַֽיִּהְיוּ֙
כָּל־יְמֵי־יֶ֔רֶד שְׁתַּ֤יִם וְשִׁשִּׁים֙ שָׁנָ֔ה וּתְשַׁ֥ע מֵא֖וֹת שָׁנָ֑ה וַיָּמֹֽת
א:ה:כא וַֽיְחִ֣י חֲנ֔וֹךְ חָמֵ֥שׁ וְשִׁשִּׁ֖ים שָׁנָ֑ה וַיּ֖וֹלֶד אֶת־מְתוּשָֽׁלַח
א:ה:כב וַיִּתְהַלֵּ֨ךְ חֲנ֜וֹךְ אֶת־הָֽאֱלֹהִ֗ים אַֽחֲרֵי֙ הוֹלִיד֣וֹ אֶת־מְתוּשֶׁ֔לַח
שְׁלֹ֥שׁ מֵא֖וֹת שָׁנָ֑ה וַיּ֥וֹלֶד בָּנִ֖ים וּבָנֽוֹת א:ה:כג וַיְהִ֖י כָּל־יְמֵ֣י חֲנ֑וֹךְ חָמֵ֤שׁ
וְשִׁשִּׁים֙ שָׁנָ֔ה וּשְׁלֹ֥שׁ מֵא֖וֹת שָׁנָֽה א:ה:כד וַיִּתְהַלֵּ֥ךְ חֲנ֖וֹךְ אֶת־הָֽאֱלֹהִ֑ים
וְאֵינֶ֕נּוּ כִּֽי־לָקַ֥ח אֹת֖וֹ אֱלֹהִֽים א:ה:כה וַיְחִ֣י מְתוּשֶׁ֔לַח שֶׁ֛בַע וּשְׁמֹנִ֥ים
שָׁנָ֖ה וּמְאַ֣ת שָׁנָ֑ה וַיּ֖וֹלֶד אֶת־לָֽמֶךְ א:ה:כו וַיְחִ֣י מְתוּשֶׁ֡לַח אַֽחֲרֵי֩
הוֹלִיד֨וֹ אֶת־לֶ֜מֶךְ שְׁתַּ֤יִם וּשְׁמוֹנִים֙ שָׁנָ֔ה וּשְׁבַ֥ע מֵא֖וֹת שָׁנָ֑ה וַיּ֥וֹלֶד
בָּנִ֖ים וּבָנֽוֹת א:ה:כז וַיִּֽהְיוּ֙ כָּל־יְמֵ֣י מְתוּשֶׁ֔לַח תֵּ֤שַׁע וְשִׁשִּׁים֙ שָׁנָ֔ה
וּתְשַׁ֥ע מֵא֖וֹת שָׁנָ֑ה וַיָּמֹֽת א:ה:כח וַֽיְחִי־לֶ֕מֶךְ שְׁתַּ֧יִם וּשְׁמֹנִ֛ים שָׁנָ֖ה
וּמְאַ֣ת שָׁנָ֑ה וַיּ֖וֹלֶד בֵּֽן א:ה:כט וַיִּקְרָ֧א אֶת־שְׁמ֛וֹ נֹ֖חַ לֵאמֹ֑ר זֶ֞ה יְנַחֲמֵ֤נוּ
מִֽמַּעֲשֵׂ֙נוּ֙ וּמֵעִצְּב֣וֹן יָדֵ֔ינוּ מִן־הָ֣אֲדָמָ֔ה אֲשֶׁ֥ר אֵֽרְרָ֖הּ יְהוָֽה
א:ה:ל וַֽיְחִי־לֶ֗מֶךְ אַֽחֲרֵי֙ הוֹלִיד֣וֹ אֶת־נֹ֔חַ חָמֵ֤שׁ וְתִשְׁעִים֙ שָׁנָ֔ה וַחֲמֵ֥שׁ
מֵאֹ֖ת שָׁנָ֑ה וַיּ֥וֹלֶד בָּנִ֖ים וּבָנֽוֹת א:ה:לא וַֽיְהִי֙ כָּל־יְמֵי־לֶ֔מֶךְ שֶׁ֤בַע
וְשִׁבְעִים֙ שָׁנָ֔ה וּשְׁבַ֥ע מֵא֖וֹת שָׁנָ֑ה וַיָּמֹֽת א:ה:לב וַֽיְהִי־נֹ֕חַ בֶּן־חֲמֵ֥שׁ
מֵא֖וֹת שָׁנָ֑ה וַיּ֣וֹלֶד נֹ֔חַ אֶת־שֵׁ֖ם אֶת־חָ֥ם וְאֶת־יָֽפֶת א:ו:א וַֽיְהִי֙
כִּֽי־הֵחֵ֣ל הָֽאָדָ֔ם לָרֹ֖ב עַל־פְּנֵ֣י הָֽאֲדָמָ֑ה וּבָנ֖וֹת יֻלְּד֥וּ לָהֶֽם א:ו:ב וַיִּרְא֤וּ
בְנֵי־הָֽאֱלֹהִים֙ אֶת־בְּנ֣וֹת הָֽאָדָ֔ם כִּ֥י טֹבֹ֖ת הֵ֑נָּה וַיִּקְח֤וּ לָהֶם֙ נָשִׁ֔ים
מִכֹּ֖ל אֲשֶׁ֥ר בָּחָֽרוּ א:ו:ג וַיֹּ֣אמֶר יְהוָ֗ה לֹֽא־יָד֨וֹן רוּחִ֤י בָֽאָדָם֙ לְעֹלָ֔ם
בְּשַׁגַּ֖ם ה֣וּא בָשָׂ֑ר וְהָי֣וּ יָמָ֔יו מֵאָ֥ה וְעֶשְׂרִ֖ים שָׁנָֽה א:ו:ד הַנְּפִלִ֞ים הָי֣וּ
בָאָרֶץ֮ בַּיָּמִ֣ים הָהֵם֒ וְגַ֣ם אַֽחֲרֵי־כֵ֗ן אֲשֶׁ֨ר יָבֹ֜אוּ בְּנֵ֤י הָֽאֱלֹהִים֙
אֶל־בְּנ֣וֹת הָֽאָדָ֔ם וְיָלְד֖וּ לָהֶ֑ם הֵ֧מָּה הַגִּבֹּרִ֛ים אֲשֶׁ֥ר מֵעוֹלָ֖ם אַנְשֵׁ֥י
הַשֵּֽׁם א:ו:ה וַיַּ֣רְא יְהוָ֔ה כִּ֥י רַבָּ֛ה רָעַ֥ת הָאָדָ֖ם בָּאָ֑רֶץ וְכָל־יֵ֙צֶר֙
מַחְשְׁבֹ֣ת לִבּ֔וֹ רַ֥ק רַ֖ע כָּל־הַיּֽוֹם א:ו:ו וַיִּנָּ֣חֶם יְהוָ֔ה כִּֽי־עָשָׂ֥ה
אֶת־הָֽאָדָ֖ם בָּאָ֑רֶץ וַיִּתְעַצֵּ֖ב אֶל־לִבּֽוֹ א:ו:ז וַיֹּ֣אמֶר יְהוָ֗ה אֶמְחֶ֨ה
אֶת־הָאָדָ֤ם אֲשֶׁר־בָּרָ֙אתִי֙ מֵעַל֙ פְּנֵ֣י הָֽאֲדָמָ֔ה מֵֽאָדָם֙ עַד־בְּהֵמָ֔ה

עַד־רֶ֖מֶשׂ וְעַד־ע֣וֹף הַשָּׁמָ֑יִם כִּ֥י נִחַ֖מְתִּי כִּ֥י עֲשִׂיתִֽם א:ו:ח וְנֹ֕חַ מָ֥צָא
חֵ֖ן בְּעֵינֵ֥י יְהוָֽה א:ו:ט אֵ֚לֶּה תּוֹלְדֹ֣ת נֹ֔חַ נֹ֗חַ אִ֥ישׁ צַדִּ֛יק תָּמִ֥ים הָיָ֖ה
בְּדֹרֹתָ֑יו אֶת־הָֽאֱלֹהִ֖ים הִֽתְהַלֶּךְ־נֹֽחַ א:ו:י וַיּ֥וֹלֶד נֹ֖חַ שְׁלֹשָׁ֣ה בָנִ֑ים
אֶת־שֵׁ֖ם אֶת־חָ֥ם וְאֶת־יָֽפֶת א:ו:יא וַתִּשָּׁחֵ֥ת הָאָ֖רֶץ לִפְנֵ֣י הָֽאֱלֹהִ֑ים
וַתִּמָּלֵ֥א הָאָ֖רֶץ חָמָֽס א:ו:יב וַיַּ֧רְא אֱלֹהִ֛ים אֶת־הָאָ֖רֶץ וְהִנֵּ֣ה נִשְׁחָ֑תָה
כִּֽי־הִשְׁחִ֧ית כָּל־בָּשָׂ֛ר אֶת־דַּרְכּ֖וֹ עַל־הָאָֽרֶץ א:ו:יג וַיֹּ֨אמֶר אֱלֹהִ֜ים
לְנֹ֗חַ קֵ֤ץ כָּל־בָּשָׂר֙ בָּ֣א לְפָנַ֔י כִּֽי־מָלְאָ֥ה הָאָ֛רֶץ חָמָ֖ס מִפְּנֵיהֶ֑ם וְהִנְנִ֥י
מַשְׁחִיתָ֖ם אֶת־הָאָֽרֶץ א:ו:יד עֲשֵׂ֤ה לְךָ֙ תֵּבַ֣ת עֲצֵי־גֹ֔פֶר קִנִּ֖ים תַּעֲשֶׂ֣ה
אֶת־הַתֵּבָ֑ה וְכָֽפַרְתָּ֥ אֹתָ֛הּ מִבַּ֥יִת וּמִח֖וּץ בַּכֹּֽפֶר א:ו:טו וְזֶ֕ה אֲשֶׁ֥ר
תַּעֲשֶׂ֖ה אֹתָ֑הּ שְׁלֹ֨שׁ מֵא֤וֹת אַמָּה֙ אֹ֣רֶךְ הַתֵּבָ֔ה חֲמִשִּׁ֤ים אַמָּה֙
רָחְבָּ֔הּ וּשְׁלֹשִׁ֥ים אַמָּ֖ה קוֹמָתָֽהּ א:ו:טז צֹ֣הַר ׀ תַּעֲשֶׂ֣ה לַתֵּבָ֗ה
וְאֶל־אַמָּה֙ תְּכַלֶּ֣נָּה מִלְמַ֔עְלָה וּפֶ֥תַח הַתֵּבָ֖ה בְּצִדָּ֣הּ תָּשִׂ֑ים תַּחְתִּיִּ֛ם
שְׁנִיִּ֥ם וּשְׁלִשִׁ֖ים תַּעֲשֶֽׂהָ א:ו:יז וַאֲנִ֗י הִנְנִי֩ מֵבִ֨יא אֶת־הַמַּבּ֥וּל מַ֙יִם֙
עַל־הָאָ֔רֶץ לְשַׁחֵ֣ת כָּל־בָּשָׂ֗ר אֲשֶׁר־בּוֹ֙ ר֣וּחַ חַיִּ֔ים מִתַּ֖חַת הַשָּׁמָ֑יִם
כֹּ֥ל אֲשֶׁר־בָּאָ֖רֶץ יִגְוָֽע א:ו:יח וַהֲקִמֹתִ֥י אֶת־בְּרִיתִ֖י אִתָּ֑ךְ וּבָאתָ֙
אֶל־הַתֵּבָ֔ה אַתָּ֕ה וּבָנֶ֛יךָ וְאִשְׁתְּךָ֥ וּנְשֵֽׁי־בָנֶ֖יךָ אִתָּֽךְ א:ו:יט וּמִכָּל־הָ֠חַי
מִֽכָּל־בָּשָׂ֞ר שְׁנַ֧יִם מִכֹּ֛ל תָּבִ֥יא אֶל־הַתֵּבָ֖ה לְהַחֲיֹ֣ת אִתָּ֑ךְ זָכָ֥ר וּנְקֵבָ֖ה
יִהְיֽוּ א:ו:כ מֵהָע֣וֹף לְמִינֵ֗הוּ וּמִן־הַבְּהֵמָה֙ לְמִינָ֔הּ מִכֹּ֛ל רֶ֥מֶשׂ
הָאֲדָמָ֖ה לְמִינֵ֑הוּ שְׁנַ֧יִם מִכֹּ֛ל יָבֹ֥אוּ אֵלֶ֖יךָ לְהַחֲיֽוֹת א:ו:כא וְאַתָּ֣ה
קַח־לְךָ֗ מִכָּל־מַאֲכָל֙ אֲשֶׁ֣ר יֵאָכֵ֔ל וְאָסַפְתָּ֖ אֵלֶ֑יךָ וְהָיָ֥ה לְךָ֛ וְלָהֶ֖ם
לְאָכְלָֽה א:ו:כב וַיַּ֖עַשׂ נֹ֑חַ כְּ֠כֹל אֲשֶׁ֨ר צִוָּ֥ה אֹת֛וֹ אֱלֹהִ֖ים כֵּ֥ן עָשָֽׂה
א:ז:א וַיֹּ֤אמֶר יְהוָה֙ לְנֹ֔חַ בֹּֽא־אַתָּ֥ה וְכָל־בֵּיתְךָ֖ אֶל־הַתֵּבָ֑ה כִּֽי־אֹתְךָ֛
רָאִ֥יתִי צַדִּ֖יק לְפָנַ֑י בַּדּ֥וֹר הַזֶּֽה א:ז:ב מִכֹּ֣ל ׀ הַבְּהֵמָ֣ה הַטְּהוֹרָ֗ה
תִּֽקַּח־לְךָ֛ שִׁבְעָ֥ה שִׁבְעָ֖ה אִ֣ישׁ וְאִשְׁתּ֑וֹ וּמִן־הַבְּהֵמָ֡ה אֲ֠שֶׁר לֹ֣א
טְהֹרָ֥ה הִ֛וא שְׁנַ֖יִם אִ֥ישׁ וְאִשְׁתּֽוֹ א:ז:ג גַּ֣ם מֵע֧וֹף הַשָּׁמַ֛יִם שִׁבְעָ֥ה
שִׁבְעָ֖ה זָכָ֣ר וּנְקֵבָ֑ה לְחַיּ֥וֹת זֶ֖רַע עַל־פְּנֵ֥י כָל־הָאָֽרֶץ א:ז:ד כִּי֩ לְיָמִ֨ים
ע֜וֹד שִׁבְעָ֗ה אָנֹכִי֙ מַמְטִ֣יר עַל־הָאָ֔רֶץ אַרְבָּעִ֣ים י֔וֹם וְאַרְבָּעִ֖ים לָ֑יְלָה
וּמָחִ֗יתִי אֶֽת־כָּל־הַיְקוּם֙ אֲשֶׁ֣ר עָשִׂ֔יתִי מֵעַ֖ל פְּנֵ֥י הָאֲדָמָֽה א:ז:ה וַיַּ֣עַשׂ

נֹחַ כְּכֹל אֲשֶׁר־צִוָּהוּ יְהוָה א:ז:ו וְנֹחַ בֶּן־שֵׁשׁ מֵאוֹת שָׁנָה וְהַמַּבּוּל
הָיָה מַיִם עַל־הָאָרֶץ א:ז:ז וַיָּבֹא נֹחַ וּבָנָיו וְאִשְׁתּוֹ וּנְשֵׁי־בָנָיו אִתּוֹ
אֶל־הַתֵּבָה מִפְּנֵי מֵי הַמַּבּוּל א:ז:ח מִן־הַבְּהֵמָה הַטְּהוֹרָה
וּמִן־הַבְּהֵמָה אֲשֶׁר אֵינֶנָּה טְהֹרָה וּמִן־הָעוֹף וְכֹל אֲשֶׁר־רֹמֵשׂ
עַל־הָאֲדָמָה א:ז:ט שְׁנַיִם שְׁנַיִם בָּאוּ אֶל־נֹחַ אֶל־הַתֵּבָה זָכָר וּנְקֵבָה
כַּאֲשֶׁר צִוָּה אֱלֹהִים אֶת־נֹחַ א:ז:י וַיְהִי לְשִׁבְעַת הַיָּמִים וּמֵי הַמַּבּוּל
הָיוּ עַל־הָאָרֶץ א:ז:יא בִּשְׁנַת שֵׁשׁ־מֵאוֹת שָׁנָה לְחַיֵּי־נֹחַ בַּחֹדֶשׁ
הַשֵּׁנִי בְּשִׁבְעָה־עָשָׂר יוֹם לַחֹדֶשׁ בַּיּוֹם הַזֶּה נִבְקְעוּ כָּל־מַעְיְנֹת
תְּהוֹם רַבָּה וַאֲרֻבֹּת הַשָּׁמַיִם נִפְתָּחוּ א:ז:יב וַיְהִי הַגֶּשֶׁם עַל־הָאָרֶץ
אַרְבָּעִים יוֹם וְאַרְבָּעִים לָיְלָה א:ז:יג בְּעֶצֶם הַיּוֹם הַזֶּה בָּא נֹחַ
וְשֵׁם־וְחָם וָיֶפֶת בְּנֵי־נֹחַ וְאֵשֶׁת נֹחַ וּשְׁלֹשֶׁת נְשֵׁי־בָנָיו אִתָּם
אֶל־הַתֵּבָה א:ז:יד הֵמָּה וְכָל־הַחַיָּה לְמִינָהּ וְכָל־הַבְּהֵמָה לְמִינָהּ
וְכָל־הָרֶמֶשׂ הָרֹמֵשׂ עַל־הָאָרֶץ לְמִינֵהוּ וְכָל־הָעוֹף לְמִינֵהוּ כֹּל
צִפּוֹר כָּל־כָּנָף א:ז:טו וַיָּבֹאוּ אֶל־נֹחַ אֶל־הַתֵּבָה שְׁנַיִם שְׁנַיִם
מִכָּל־הַבָּשָׂר אֲשֶׁר־בּוֹ רוּחַ חַיִּים א:ז:טז וְהַבָּאִים זָכָר וּנְקֵבָה
מִכָּל־בָּשָׂר בָּאוּ כַּאֲשֶׁר צִוָּה אֹתוֹ אֱלֹהִים וַיִּסְגֹּר יְהוָה בַּעֲדוֹ
א:ז:יז וַיְהִי הַמַּבּוּל אַרְבָּעִים יוֹם עַל־הָאָרֶץ וַיִּרְבּוּ הַמַּיִם וַיִּשְׂאוּ
אֶת־הַתֵּבָה וַתָּרָם מֵעַל הָאָרֶץ א:ז:יח וַיִּגְבְּרוּ הַמַּיִם וַיִּרְבּוּ מְאֹד
עַל־הָאָרֶץ וַתֵּלֶךְ הַתֵּבָה עַל־פְּנֵי הַמָּיִם א:ז:יט וְהַמַּיִם גָּבְרוּ מְאֹד
מְאֹד עַל־הָאָרֶץ וַיְכֻסּוּ כָּל־הֶהָרִים הַגְּבֹהִים אֲשֶׁר־תַּחַת
כָּל־הַשָּׁמָיִם א:ז:כ חֲמֵשׁ עֶשְׂרֵה אַמָּה מִלְמַעְלָה גָּבְרוּ הַמָּיִם וַיְכֻסּוּ
הֶהָרִים א:ז:כא וַיִּגְוַע כָּל־בָּשָׂר | הָרֹמֵשׂ עַל־הָאָרֶץ בָּעוֹף וּבַבְּהֵמָה
וּבַחַיָּה וּבְכָל־הַשֶּׁרֶץ הַשֹּׁרֵץ עַל־הָאָרֶץ וְכֹל הָאָדָם א:ז:כב כֹּל אֲשֶׁר
נִשְׁמַת־רוּחַ חַיִּים בְּאַפָּיו מִכֹּל אֲשֶׁר בֶּחָרָבָה מֵתוּ א:ז:כג וַיִּמַח
אֶת־כָּל־הַיְקוּם | אֲשֶׁר | עַל־פְּנֵי הָאֲדָמָה מֵאָדָם עַד־בְּהֵמָה
עַד־רֶמֶשׂ וְעַד־עוֹף הַשָּׁמַיִם וַיִּמָּחוּ מִן־הָאָרֶץ וַיִּשָּׁאֶר אַךְ־נֹחַ וַאֲשֶׁר
אִתּוֹ בַּתֵּבָה א:ז:כד וַיִּגְבְּרוּ הַמַּיִם עַל־הָאָרֶץ חֲמִשִּׁים וּמְאַת יוֹם
א:ח:א וַיִּזְכֹּר אֱלֹהִים אֶת־נֹחַ וְאֵת כָּל־הַחַיָּה וְאֶת־כָּל־הַבְּהֵמָה

אֲשֶׁ֥ר אִתּ֖וֹ בַּתֵּבָ֑ה וַיַּעֲבֵ֨ר אֱלֹהִ֥ים ר֙וּחַ֙ עַל־הָאָ֔רֶץ וַיָּשֹׁ֖כּוּ הַמָּֽיִם
א:ח:ב וַיִּסָּֽכְרוּ֙ מַעְיְנֹ֣ת תְּה֔וֹם וַאֲרֻבֹּ֖ת הַשָּׁמָ֑יִם וַיִּכָּלֵ֥א הַגֶּ֖שֶׁם
מִן־הַשָּׁמָֽיִם א:ח:ג וַיָּשֻׁ֨בוּ הַמַּ֜יִם מֵעַ֥ל הָאָ֖רֶץ הָל֣וֹךְ וָשׁ֑וֹב וַיַּחְסְר֣וּ
הַמַּ֔יִם מִקְצֵ֕ה חֲמִשִּׁ֥ים וּמְאַ֖ת יֽוֹם א:ח:ד וַתָּ֤נַח הַתֵּבָה֙ בַּחֹ֣דֶשׁ
הַשְּׁבִיעִ֔י בְּשִׁבְעָֽה־עָשָׂ֥ר י֖וֹם לַחֹ֑דֶשׁ עַ֖ל הָרֵ֥י אֲרָרָֽט א:ח:ה וְהַמַּ֗יִם
הָיוּ֙ הָל֣וֹךְ וְחָס֔וֹר עַ֖ד הַחֹ֣דֶשׁ הָעֲשִׂירִ֑י בָּעֲשִׂירִי֙ בְּאֶחָ֣ד לַחֹ֔דֶשׁ נִרְא֖וּ
רָאשֵׁ֥י הֶהָרִֽים א:ח:ו וַיְהִ֕י מִקֵּ֖ץ אַרְבָּעִ֣ים י֑וֹם וַיִּפְתַּ֣ח נֹ֔חַ אֶת־חַלּ֥וֹן
הַתֵּבָ֖ה אֲשֶׁ֥ר עָשָֽׂה א:ח:ז וַיְשַׁלַּ֖ח אֶת־הָעֹרֵ֑ב וַיֵּצֵ֤א יָצוֹא֙ וָשׁ֔וֹב
עַד־יְבֹ֥שֶׁת הַמַּ֖יִם מֵעַ֥ל הָאָֽרֶץ א:ח:ח וַיְשַׁלַּ֥ח אֶת־הַיּוֹנָ֖ה מֵאִתּ֑וֹ
לִרְאוֹת֙ הֲקַ֣לּוּ הַמַּ֔יִם מֵעַ֖ל פְּנֵ֥י הָאֲדָמָֽה א:ח:ט וְלֹא־מָצְאָה֩ הַיּוֹנָ֨ה
מָנ֜וֹחַ לְכַף־רַגְלָ֗הּ וַתָּ֤שָׁב אֵלָיו֙ אֶל־הַתֵּבָ֔ה כִּי־מַ֖יִם עַל־פְּנֵ֣י
כָל־הָאָ֑רֶץ וַיִּשְׁלַ֤ח יָדוֹ֙ וַיִּקָּחֶ֔הָ וַיָּבֵ֥א אֹתָ֛הּ אֵלָ֖יו אֶל־הַתֵּבָֽה
א:ח:י וַיָּ֣חֶל ע֔וֹד שִׁבְעַ֥ת יָמִ֖ים אֲחֵרִ֑ים וַיֹּ֛סֶף שַׁלַּ֥ח אֶת־הַיּוֹנָ֖ה
מִן־הַתֵּבָֽה א:ח:יא וַתָּבֹ֨א אֵלָ֤יו הַיּוֹנָה֙ לְעֵ֣ת עֶ֔רֶב וְהִנֵּ֥ה עֲלֵה־זַ֖יִת
טָרָ֣ף בְּפִ֑יהָ וַיֵּ֣דַע נֹ֔חַ כִּי־קַ֥לּוּ הַמַּ֖יִם מֵעַ֥ל הָאָֽרֶץ א:ח:יב וַיִּיָּ֣חֶל ע֔וֹד
שִׁבְעַ֥ת יָמִ֖ים אֲחֵרִ֑ים וַיְשַׁלַּח֙ אֶת־הַיּוֹנָ֔ה וְלֹא־יָסְפָ֥ה שׁוּב־אֵלָ֖יו עֽוֹד
א:ח:יג וַ֠יְהִי בְּאַחַ֨ת וְשֵׁשׁ־מֵא֜וֹת שָׁנָ֗ה בָּרִאשׁוֹן֙ בְּאֶחָ֣ד לַחֹ֔דֶשׁ חָֽרְב֥וּ
הַמַּ֖יִם מֵעַ֣ל הָאָ֑רֶץ וַיָּ֤סַר נֹ֨חַ֙ אֶת־מִכְסֵ֣ה הַתֵּבָ֔ה וַיַּ֕רְא וְהִנֵּ֥ה חָֽרְב֖וּ
פְּנֵ֥י הָאֲדָמָֽה א:ח:יד וּבַחֹ֨דֶשׁ֙ הַשֵּׁנִ֔י בְּשִׁבְעָ֧ה וְעֶשְׂרִ֛ים י֖וֹם לַחֹ֑דֶשׁ
יָבְשָׁ֖ה הָאָֽרֶץ א:ח:טו וַיְדַבֵּ֥ר אֱלֹהִ֖ים אֶל־נֹ֥חַ לֵאמֹֽר א:ח:טז צֵ֖א
מִן־הַתֵּבָ֑ה אַתָּ֕ה וְאִשְׁתְּךָ֛ וּבָנֶ֥יךָ וּנְשֵֽׁי־בָנֶ֖יךָ אִתָּֽךְ א:ח:יז כָּל־הַחַיָּ֨ה
אֲשֶׁר־אִתְּךָ֜ מִכָּל־בָּשָׂ֗ר בָּע֧וֹף וּבַבְּהֵמָ֛ה וּבְכָל־הָרֶ֛מֶשׂ הָרֹמֵ֥שׂ
עַל־הָאָ֖רֶץ הוצא [הַיְצֵ֣א] אִתָּ֑ךְ וְשָֽׁרְצ֣וּ בָאָ֔רֶץ וּפָר֥וּ וְרָב֖וּ עַל־הָאָֽרֶץ
א:ח:יח וַיֵּ֖צֵא־נֹ֑חַ וּבָנָ֛יו וְאִשְׁתּ֥וֹ וּנְשֵֽׁי־בָנָ֖יו אִתּֽוֹ א:ח:יט כָּל־הַֽחַיָּ֗ה
כָּל־הָרֶ֨מֶשׂ֙ וְכָל־הָע֔וֹף כֹּ֖ל רוֹמֵ֣שׂ עַל־הָאָ֑רֶץ לְמִשְׁפְּחֹ֣תֵיהֶ֔ם יָצְא֖וּ
מִן־הַתֵּבָֽה א:ח:כ וַיִּ֥בֶן נֹ֛חַ מִזְבֵּ֖חַ לַֽיהוָ֑ה וַיִּקַּ֞ח מִכֹּ֣ל ׀ הַבְּהֵמָ֣ה
הַטְּהֹרָ֗ה וּמִכֹּל֙ הָע֣וֹף הַטָּהֹ֔ר וַיַּ֥עַל עֹלֹ֖ת בַּמִּזְבֵּֽחַ א:ח:כא וַיָּ֣רַח יְהוָה֮
אֶת־רֵ֣יחַ הַנִּיחֹחַ֒ וַיֹּ֨אמֶר יְהוָ֜ה אֶל־לִבּ֗וֹ לֹֽא־אֹ֠סִף לְקַלֵּ֨ל ע֤וֹד

אֶת־הָאֲדָמָה בַּעֲבוּר הָאָדָם כִּי יֵצֶר לֵב הָאָדָם רַע מִנְּעֻרָיו
וְלֹא־אֹסִף עוֹד לְהַכּוֹת אֶת־כָּל־חַי כַּאֲשֶׁר עָשִׂיתִי א:ח:כב עֹד כָּל־יְמֵי
הָאָרֶץ זֶרַע וְקָצִיר וְקֹר וָחֹם וְקַיִץ וָחֹרֶף וְיוֹם וָלַיְלָה לֹא יִשְׁבֹּתוּ׃
א:ט:א וַיְבָרֶךְ אֱלֹהִים אֶת־נֹחַ וְאֶת־בָּנָיו וַיֹּאמֶר לָהֶם פְּרוּ וּרְבוּ
וּמִלְאוּ אֶת־הָאָרֶץ א:ט:ב וּמוֹרַאֲכֶם וְחִתְּכֶם יִהְיֶה עַל כָּל־חַיַּת
הָאָרֶץ וְעַל כָּל־עוֹף הַשָּׁמָיִם בְּכֹל אֲשֶׁר תִּרְמֹשׂ הָאֲדָמָה וּבְכָל־דְּגֵי
הַיָּם בְּיֶדְכֶם נִתָּנוּ׃ א:ט:ג כָּל־רֶמֶשׂ אֲשֶׁר הוּא־חַי לָכֶם יִהְיֶה לְאָכְלָה
כְּיֶרֶק עֵשֶׂב נָתַתִּי לָכֶם אֶת־כֹּל׃ א:ט:ד אַךְ־בָּשָׂר בְּנַפְשׁוֹ דָמוֹ לֹא
תֹאכֵלוּ׃ א:ט:ה וְאַךְ אֶת־דִּמְכֶם לְנַפְשֹׁתֵיכֶם אֶדְרֹשׁ מִיַּד כָּל־חַיָּה
אֶדְרְשֶׁנּוּ וּמִיַּד הָאָדָם מִיַּד אִישׁ אָחִיו אֶדְרֹשׁ אֶת־נֶפֶשׁ הָאָדָם׃
א:ט:ו שֹׁפֵךְ דַּם הָאָדָם בָּאָדָם דָּמוֹ יִשָּׁפֵךְ כִּי בְּצֶלֶם אֱלֹהִים עָשָׂה
אֶת־הָאָדָם׃ א:ט:ז וְאַתֶּם פְּרוּ וּרְבוּ שִׁרְצוּ בָאָרֶץ וּרְבוּ־בָהּ׃
א:ט:ח וַיֹּאמֶר אֱלֹהִים אֶל־נֹחַ וְאֶל־בָּנָיו אִתּוֹ לֵאמֹר׃ א:ט:ט וַאֲנִי הִנְנִי
מֵקִים אֶת־בְּרִיתִי אִתְּכֶם וְאֶת־זַרְעֲכֶם אַחֲרֵיכֶם׃ א:ט:י וְאֵת
כָּל־נֶפֶשׁ הַחַיָּה אֲשֶׁר אִתְּכֶם בָּעוֹף בַּבְּהֵמָה וּבְכָל־חַיַּת הָאָרֶץ
אִתְּכֶם מִכֹּל יֹצְאֵי הַתֵּבָה לְכֹל חַיַּת הָאָרֶץ׃ א:ט:יא וַהֲקִמֹתִי
אֶת־בְּרִיתִי אִתְּכֶם וְלֹא־יִכָּרֵת כָּל־בָּשָׂר עוֹד מִמֵּי הַמַּבּוּל וְלֹא־יִהְיֶה
עוֹד מַבּוּל לְשַׁחֵת הָאָרֶץ׃ א:ט:יב וַיֹּאמֶר אֱלֹהִים זֹאת אוֹת־הַבְּרִית
אֲשֶׁר־אֲנִי נֹתֵן בֵּינִי וּבֵינֵיכֶם וּבֵין כָּל־נֶפֶשׁ חַיָּה אֲשֶׁר אִתְּכֶם לְדֹרֹת
עוֹלָם׃ א:ט:יג אֶת־קַשְׁתִּי נָתַתִּי בֶּעָנָן וְהָיְתָה לְאוֹת בְּרִית בֵּינִי וּבֵין
הָאָרֶץ׃ א:ט:יד וְהָיָה בְּעַנְנִי עָנָן עַל־הָאָרֶץ וְנִרְאֲתָה הַקֶּשֶׁת בֶּעָנָן׃
א:ט:טו וְזָכַרְתִּי אֶת־בְּרִיתִי אֲשֶׁר בֵּינִי וּבֵינֵיכֶם וּבֵין כָּל־נֶפֶשׁ חַיָּה
בְּכָל־בָּשָׂר וְלֹא־יִהְיֶה עוֹד הַמַּיִם לְמַבּוּל לְשַׁחֵת כָּל־בָּשָׂר׃
א:ט:טז וְהָיְתָה הַקֶּשֶׁת בֶּעָנָן וּרְאִיתִיהָ לִזְכֹּר בְּרִית עוֹלָם בֵּין אֱלֹהִים
וּבֵין כָּל־נֶפֶשׁ חַיָּה בְּכָל־בָּשָׂר אֲשֶׁר עַל־הָאָרֶץ׃ א:ט:יז וַיֹּאמֶר אֱלֹהִים
אֶל־נֹחַ זֹאת אוֹת־הַבְּרִית אֲשֶׁר הֲקִמֹתִי בֵּינִי וּבֵין כָּל־בָּשָׂר אֲשֶׁר
עַל־הָאָרֶץ׃ א:ט:יח וַיִּהְיוּ בְנֵי־נֹחַ הַיֹּצְאִים מִן־הַתֵּבָה שֵׁם וְחָם וָיָפֶת
וְחָם הוּא אֲבִי כְנָעַן׃ א:ט:יט שְׁלֹשָׁה אֵלֶּה בְּנֵי־נֹחַ וּמֵאֵלֶּה נָפְצָה

כׇּל־הָאָֽרֶץ א:ט:כ וַיָּ֥חֶל נֹ֖חַ אִ֣ישׁ הָאֲדָמָ֑ה וַיִּטַּ֖ע כָּֽרֶם א:ט:כא וַיֵּ֥שְׁתְּ
מִן־הַיַּ֖יִן וַיִּשְׁכָּ֑ר וַיִּתְגַּ֖ל בְּת֥וֹךְ אׇהֳלֹֽה א:ט:כב וַיַּ֗רְא חָ֚ם אֲבִ֣י כְנַ֔עַן אֵ֖ת
עֶרְוַ֣ת אָבִ֑יו וַיַּגֵּ֥ד לִשְׁנֵֽי־אֶחָ֖יו בַּחֽוּץ א:ט:כג וַיִּקַּח֩ שֵׁ֨ם וָיֶ֜פֶת
אֶת־הַשִּׂמְלָ֗ה וַיָּשִׂ֙ימוּ֙ עַל־שְׁכֶ֣ם שְׁנֵיהֶ֔ם וַיֵּֽלְכוּ֙ אֲחֹ֣רַנִּ֔ית וַיְכַסּ֕וּ אֵ֖ת
עֶרְוַ֣ת אֲבִיהֶ֑ם וּפְנֵיהֶם֙ אֲחֹ֣רַנִּ֔ית וְעֶרְוַ֥ת אֲבִיהֶ֖ם לֹ֥א רָאֽוּ
א:ט:כד וַיִּ֥יקֶץ נֹ֖חַ מִיֵּינ֑וֹ וַיֵּ֕דַע אֵ֛ת אֲשֶׁר־עָ֥שָׂה־ל֖וֹ בְּנ֥וֹ הַקָּטָֽן
א:ט:כה וַיֹּ֖אמֶר אָר֣וּר כְּנָ֑עַן עֶ֥בֶד עֲבָדִ֖ים יִֽהְיֶ֥ה לְאֶחָֽיו א:ט:כו וַיֹּ֕אמֶר
בָּר֥וּךְ יְהֹוָ֖ה אֱלֹ֣הֵי שֵׁ֑ם וִיהִ֥י כְנַ֖עַן עֶ֥בֶד לָֽמוֹ א:ט:כז יַ֤פְתְּ אֱלֹהִים֙
לְיֶ֔פֶת וְיִשְׁכֹּ֖ן בְּאׇֽהֳלֵי־שֵׁ֑ם וִיהִ֥י כְנַ֖עַן עֶ֥בֶד לָֽמוֹ א:ט:כח וַֽיְחִי־נֹ֖חַ אַחַ֣ר
הַמַּבּ֑וּל שְׁלֹ֤שׁ מֵאוֹת֙ שָׁנָ֔ה וַחֲמִשִּׁ֖ים שָׁנָֽה א:ט:כט וַיִּֽהְיוּ֙ כׇּל־יְמֵי־נֹ֔חַ
תְּשַׁ֤ע מֵאוֹת֙ שָׁנָ֔ה וַחֲמִשִּׁ֖ים שָׁנָ֑ה וַיָּמֹֽת א:י:א וְאֵ֙לֶּה֙ תּוֹלְדֹ֣ת בְּנֵי־נֹ֔חַ
שֵׁ֖ם חָ֣ם וָיָ֑פֶת וַיִּוָּלְד֥וּ לָהֶ֛ם בָּנִ֖ים אַחַ֥ר הַמַּבּֽוּל א:י:ב בְּנֵ֣י יֶ֔פֶת גֹּ֣מֶר
וּמָג֔וֹג וּמָדַ֖י וְיָוָ֣ן וְתֻבָ֑ל וּמֶ֖שֶׁךְ וְתִירָֽס א:י:ג וּבְנֵ֖י גֹּ֑מֶר אַשְׁכְּנַ֥ז וְרִיפַ֖ת
וְתֹגַרְמָֽה א:י:ד וּבְנֵ֥י יָוָ֖ן אֱלִישָׁ֣ה וְתַרְשִׁ֑ישׁ כִּתִּ֖ים וְדֹדָנִֽים א:י:ה מֵ֠אֵ֠לֶּה
נִפְרְד֞וּ אִיֵּ֤י הַגּוֹיִם֙ בְּאַרְצֹתָ֔ם אִ֖ישׁ לִלְשֹׁנ֑וֹ לְמִשְׁפְּחֹתָ֖ם בְּגוֹיֵהֶֽם
א:י:ו וּבְנֵ֖י חָ֑ם כּ֥וּשׁ וּמִצְרַ֖יִם וּפ֥וּט וּכְנָֽעַן א:י:ז וּבְנֵ֣י כ֔וּשׁ סְבָא֙ וַחֲוִילָ֔ה
וְסַבְתָּ֥ה וְרַעְמָ֖ה וְסַבְתְּכָ֑א וּבְנֵ֥י רַעְמָ֖ה שְׁבָ֥א וּדְדָֽן א:י:ח וְכ֣וּשׁ יָלַ֣ד
אֶת־נִמְרֹ֑ד ה֣וּא הֵחֵ֔ל לִהְי֥וֹת גִּבֹּ֖ר בָּאָֽרֶץ א:י:ט הֽוּא־הָיָ֥ה גִבֹּֽר־צַ֖יִד
לִפְנֵ֣י יְהֹוָ֑ה עַל־כֵּן֙ יֵֽאָמַ֔ר כְּנִמְרֹ֛ד גִּבּ֥וֹר צַ֖יִד לִפְנֵ֥י יְהֹוָֽה א:י:י וַתְּהִ֨י
רֵאשִׁ֤ית מַמְלַכְתּוֹ֙ בָּבֶ֔ל וְאֶ֖רֶךְ וְאַכַּ֣ד וְכַלְנֵ֑ה בְּאֶ֖רֶץ שִׁנְעָֽר
א:י:יא מִן־הָאָ֥רֶץ הַהִ֖וא יָצָ֣א אַשּׁ֑וּר וַיִּ֙בֶן֙ אֶת־נִ֣ינְוֵ֔ה וְאֶת־רְחֹבֹ֥ת עִ֖יר
וְאֶת־כָּֽלַח א:י:יב וְאֶת־רֶ֕סֶן בֵּ֥ין נִֽינְוֵ֖ה וּבֵ֣ין כָּ֑לַח הִ֖וא הָעִ֥יר הַגְּדֹלָֽה
א:י:יג וּמִצְרַ֡יִם יָלַ֞ד אֶת־לוּדִ֧ים וְאֶת־עֲנָמִ֛ים וְאֶת־לְהָבִ֖ים
וְאֶת־נַפְתֻּחִֽים א:י:יד וְאֶת־פַּתְרֻסִ֞ים וְאֶת־כַּסְלֻחִ֗ים אֲשֶׁ֨ר יָצְא֥וּ מִשָּׁ֛ם
פְּלִשְׁתִּ֖ים וְאֶת־כַּפְתֹּרִֽים א:י:טו וּכְנַ֗עַן יָלַ֛ד אֶת־צִידֹ֥ן בְּכֹר֖וֹ וְאֶת־חֵֽת
א:י:טז וְאֶת־הַיְבוּסִי֙ וְאֶת־הָ֣אֱמֹרִ֔י וְאֵ֖ת הַגִּרְגָּשִֽׁי א:י:יז וְאֶת־הַחִוִּ֥י
וְאֶת־הַֽעַרְקִ֖י וְאֶת־הַסִּינִֽי א:י:יח וְאֶת־הָֽאַרְוָדִ֥י וְאֶת־הַצְּמָרִ֖י
וְאֶת־הַחֲמָתִ֑י וְאַחַ֣ר נָפֹ֔צוּ מִשְׁפְּח֖וֹת הַֽכְּנַעֲנִֽי א:י:יט וַיְהִ֞י גְּב֤וּל

הַֽכְּנַעֲנִי֙ מִצִּידֹ֔ן בֹּאֲכָ֥ה גְרָ֖רָה עַד־עַזָּ֑ה בֹּאֲכָ֞ה סְדֹ֧מָה וַעֲמֹרָ֛ה
וְאַדְמָ֥ה וּצְבֹיִ֖ם עַד־לָֽשַׁע א:י:כ אֵ֣לֶּה בְנֵי־חָ֔ם לְמִשְׁפְּחֹתָ֖ם לִלְשֹׁנֹתָ֑ם
בְּאַרְצֹתָ֖ם בְּגוֹיֵהֶֽם א:י:כא וּלְשֵׁ֥ם יֻלַּ֖ד גַּם־ה֑וּא אֲבִי֙ כָּל־בְּנֵי־עֵ֔בֶר אֲחִ֖י
יֶ֥פֶת הַגָּדֽוֹל א:י:כב בְּנֵ֥י שֵׁ֖ם עֵילָ֣ם וְאַשּׁ֑וּר וְאַרְפַּכְשַׁ֖ד וְל֥וּד וַאֲרָֽם
א:י:כג וּבְנֵ֖י אֲרָ֑ם ע֥וּץ וְח֖וּל וְגֶ֥תֶר וָמַֽשׁ א:י:כד וְאַרְפַּכְשַׁ֖ד יָלַ֣ד
אֶת־שָׁ֑לַח וְשֶׁ֖לַח יָלַ֥ד אֶת־עֵֽבֶר א:י:כה וּלְעֵ֥בֶר יֻלַּ֖ד שְׁנֵ֣י בָנִ֑ים שֵׁ֣ם
הָֽאֶחָ֞ד פֶּ֗לֶג כִּ֤י בְיָמָיו֙ נִפְלְגָ֣ה הָאָ֔רֶץ וְשֵׁ֥ם אָחִ֖יו יָקְטָֽן א:י:כו וְיָקְטָ֣ן
יָלַ֔ד אֶת־אַלְמוֹדָ֖ד וְאֶת־שָׁ֑לֶף וְאֶת־חֲצַרְמָ֖וֶת וְאֶת־יָֽרַח
א:י:כז וְאֶת־הֲדוֹרָ֥ם וְאֶת־אוּזָ֖ל וְאֶת־דִּקְלָֽה א:י:כח וְאֶת־עוֹבָ֥ל
וְאֶת־אֲבִֽימָאֵ֖ל וְאֶת־שְׁבָֽא א:י:כט וְאֶת־אוֹפִ֥ר וְאֶת־חֲוִילָ֖ה וְאֶת־יוֹבָ֑ב
כָּל־אֵ֖לֶּה בְּנֵ֥י יָקְטָֽן א:י:ל וַיְהִ֥י מוֹשָׁבָ֖ם מִמֵּשָׁ֑א בֹּאֲכָ֥ה סְפָ֖רָה הַ֥ר
הַקֶּֽדֶם א:י:לא אֵ֣לֶּה בְנֵי־שֵׁ֔ם לְמִשְׁפְּחֹתָ֖ם לִלְשֹׁנֹתָ֑ם בְּאַרְצֹתָ֖ם
לְגוֹיֵהֶֽם א:י:לב אֵ֣לֶּה מִשְׁפְּחֹ֧ת בְּנֵי־נֹ֛חַ לְתוֹלְדֹתָ֖ם בְּגוֹיֵהֶ֑ם וּמֵאֵ֜לֶּה
נִפְרְד֧וּ הַגּוֹיִ֛ם בָּאָ֖רֶץ אַחַ֥ר הַמַּבּֽוּל א:יא:א וַיְהִ֥י כָל־הָאָ֖רֶץ שָׂפָ֣ה
אֶחָ֑ת וּדְבָרִ֖ים אֲחָדִֽים א:יא:ב וַיְהִ֖י בְּנָסְעָ֣ם מִקֶּ֑דֶם וַֽיִּמְצְא֥וּ בִקְעָ֛ה
בְּאֶ֥רֶץ שִׁנְעָ֖ר וַיֵּ֥שְׁבוּ שָֽׁם א:יא:ג וַיֹּאמְר֞וּ אִ֣ישׁ אֶל־רֵעֵ֗הוּ הָ֚בָה נִלְבְּנָ֣ה
לְבֵנִ֔ים וְנִשְׂרְפָ֖ה לִשְׂרֵפָ֑ה וַתְּהִ֨י לָהֶ֤ם הַלְּבֵנָה֙ לְאָ֔בֶן וְהַ֣חֵמָ֔ר הָיָ֥ה
לָהֶ֖ם לַחֹֽמֶר א:יא:ד וַיֹּאמְר֞וּ הָ֣בָה ׀ נִבְנֶה־לָּ֣נוּ עִ֗יר וּמִגְדָּל֙ וְרֹאשׁ֣וֹ
בַשָּׁמַ֔יִם וְנַֽעֲשֶׂה־לָּ֖נוּ שֵׁ֑ם פֶּן־נָפ֖וּץ עַל־פְּנֵ֥י כָל־הָאָֽרֶץ א:יא:ה וַיֵּ֣רֶד
יְהוָ֔ה לִרְאֹ֥ת אֶת־הָעִ֖יר וְאֶת־הַמִּגְדָּ֑ל אֲשֶׁ֥ר בָּנ֖וּ בְּנֵ֥י הָאָדָֽם
א:יא:ו וַיֹּ֣אמֶר יְהוָ֗ה הֵ֣ן עַ֤ם אֶחָד֙ וְשָׂפָ֤ה אַחַת֙ לְכֻלָּ֔ם וְזֶ֖ה הַחִלָּ֣ם
לַעֲשׂ֑וֹת וְעַתָּה֙ לֹֽא־יִבָּצֵ֣ר מֵהֶ֔ם כֹּ֛ל אֲשֶׁ֥ר יָזְמ֖וּ לַעֲשֽׂוֹת א:יא:ז הָ֚בָה
נֵֽרְדָ֔ה וְנָבְלָ֥ה שָׁ֖ם שְׂפָתָ֑ם אֲשֶׁר֙ לֹ֣א יִשְׁמְע֔וּ אִ֖ישׁ שְׂפַ֥ת רֵעֵֽהוּ
א:יא:ח וַיָּ֨פֶץ יְהוָ֥ה אֹתָ֛ם מִשָּׁ֖ם עַל־פְּנֵ֣י כָל־הָאָ֑רֶץ וַֽיַּחְדְּל֖וּ לִבְנֹ֥ת
הָעִֽיר א:יא:ט עַל־כֵּ֞ן קָרָ֤א שְׁמָהּ֙ בָּבֶ֔ל כִּי־שָׁ֛ם בָּלַ֥ל יְהוָ֖ה שְׂפַ֣ת
כָּל־הָאָ֑רֶץ וּמִשָּׁם֙ הֱפִיצָ֣ם יְהוָ֔ה עַל־פְּנֵ֖י כָּל־הָאָֽרֶץ א:יא:י אֵ֚לֶּה
תּוֹלְדֹ֣ת שֵׁ֔ם שֵׁ֚ם בֶּן־מְאַ֣ת שָׁנָ֔ה וַיּ֖וֹלֶד אֶת־אַרְפַּכְשָׁ֑ד שְׁנָתַ֖יִם אַחַ֥ר
הַמַּבּֽוּל א:יא:יא וַֽיְחִי־שֵׁ֗ם אַֽחֲרֵי֙ הוֹלִיד֣וֹ אֶת־אַרְפַּכְשָׁ֔ד חֲמֵ֥שׁ מֵא֖וֹת

שָׁנָה וַיּוֹלֶד בָּנִים וּבָנוֹת א:יא:יב וְאַרְפַּכְשַׁד חַי חָמֵשׁ וּשְׁלֹשִׁים שָׁנָה
וַיּוֹלֶד אֶת־שָׁלַח א:יא:יג וַיְחִי אַרְפַּכְשַׁד אַחֲרֵי הוֹלִידוֹ אֶת־שֶׁלַח שָׁלֹשׁ
שָׁנִים וְאַרְבַּע מֵאוֹת שָׁנָה וַיּוֹלֶד בָּנִים וּבָנוֹת א:יא:יד וְשֶׁלַח חַי
שְׁלֹשִׁים שָׁנָה וַיּוֹלֶד אֶת־עֵבֶר א:יא:יה וַיְחִי־שֶׁלַח אַחֲרֵי הוֹלִידוֹ
אֶת־עֵבֶר שָׁלֹשׁ שָׁנִים וְאַרְבַּע מֵאוֹת שָׁנָה וַיּוֹלֶד בָּנִים וּבָנוֹת
א:יא:יו וַיְחִי־עֵבֶר אַרְבַּע וּשְׁלֹשִׁים שָׁנָה וַיּוֹלֶד אֶת־פָּלֶג
א:יא:יז וַיְחִי־עֵבֶר אַחֲרֵי הוֹלִידוֹ אֶת־פֶּלֶג שְׁלֹשִׁים שָׁנָה וְאַרְבַּע
מֵאוֹת שָׁנָה וַיּוֹלֶד בָּנִים וּבָנוֹת א:יא:יח וַיְחִי־פֶלֶג שְׁלֹשִׁים שָׁנָה וַיּוֹלֶד
אֶת־רְעוּ א:יא:יט וַיְחִי־פֶלֶג אַחֲרֵי הוֹלִידוֹ אֶת־רְעוּ תֵּשַׁע שָׁנִים
וּמָאתַיִם שָׁנָה וַיּוֹלֶד בָּנִים וּבָנוֹת א:יא:כ וַיְחִי רְעוּ שְׁתַּיִם וּשְׁלֹשִׁים
שָׁנָה וַיּוֹלֶד אֶת־שְׂרוּג א:יא:כא וַיְחִי רְעוּ אַחֲרֵי הוֹלִידוֹ אֶת־שְׂרוּג שֶׁבַע
שָׁנִים וּמָאתַיִם שָׁנָה וַיּוֹלֶד בָּנִים וּבָנוֹת א:יא:כב וַיְחִי שְׂרוּג שְׁלֹשִׁים
שָׁנָה וַיּוֹלֶד אֶת־נָחוֹר א:יא:כג וַיְחִי שְׂרוּג אַחֲרֵי הוֹלִידוֹ אֶת־נָחוֹר
מָאתַיִם שָׁנָה וַיּוֹלֶד בָּנִים וּבָנוֹת א:יא:כד וַיְחִי נָחוֹר תֵּשַׁע וְעֶשְׂרִים
שָׁנָה וַיּוֹלֶד אֶת־תָּרַח א:יא:כה וַיְחִי נָחוֹר אַחֲרֵי הוֹלִידוֹ אֶת־תֶּרַח
תְּשַׁע־עֶשְׂרֵה שָׁנָה וּמְאַת שָׁנָה וַיּוֹלֶד בָּנִים וּבָנוֹת א:יא:כו וַיְחִי־תֶרַח
שִׁבְעִים שָׁנָה וַיּוֹלֶד אֶת־אַבְרָם אֶת־נָחוֹר וְאֶת־הָרָן א:יא:כז וְאֵלֶּה
תּוֹלְדֹת תֶּרַח תֶּרַח הוֹלִיד אֶת־אַבְרָם אֶת־נָחוֹר וְאֶת־הָרָן וְהָרָן
הוֹלִיד אֶת־לוֹט א:יא:כח וַיָּמָת הָרָן עַל־פְּנֵי תֶּרַח אָבִיו בְּאֶרֶץ
מוֹלַדְתּוֹ בְּאוּר כַּשְׂדִּים א:יא:כט וַיִּקַּח אַבְרָם וְנָחוֹר לָהֶם נָשִׁים שֵׁם
אֵשֶׁת־אַבְרָם שָׂרָי וְשֵׁם אֵשֶׁת־נָחוֹר מִלְכָּה בַּת־הָרָן אֲבִי־מִלְכָּה
וַאֲבִי יִסְכָּה א:יא:ל וַתְּהִי שָׂרַי עֲקָרָה אֵין לָהּ וָלָד א:יא:לא וַיִּקַּח תֶּרַח
אֶת־אַבְרָם בְּנוֹ וְאֶת־לוֹט בֶּן־הָרָן בֶּן־בְּנוֹ וְאֵת שָׂרַי כַּלָּתוֹ אֵשֶׁת
אַבְרָם בְּנוֹ וַיֵּצְאוּ אִתָּם מֵאוּר כַּשְׂדִּים לָלֶכֶת אַרְצָה כְּנַעַן וַיָּבֹאוּ
עַד־חָרָן וַיֵּשְׁבוּ שָׁם א:יא:לב וַיִּהְיוּ יְמֵי־תֶרַח חָמֵשׁ שָׁנִים וּמָאתַיִם
שָׁנָה וַיָּמָת תֶּרַח בְּחָרָן א:יב:א וַיֹּאמֶר יְהוָה אֶל־אַבְרָם לֶךְ־לְךָ
מֵאַרְצְךָ וּמִמּוֹלַדְתְּךָ וּמִבֵּית אָבִיךָ אֶל־הָאָרֶץ אֲשֶׁר אַרְאֶךָּ
א:יב:ב וְאֶעֶשְׂךָ לְגוֹי גָּדוֹל וַאֲבָרֶכְךָ וַאֲגַדְּלָה שְׁמֶךָ וֶהְיֵה בְּרָכָה

א:יב:ג וַאֲבָרְכָה מְבָרְכֶיךָ וּמְקַלֶּלְךָ אָאֹר וְנִבְרְכוּ בְךָ כֹּל מִשְׁפְּחֹת
הָאֲדָמָה א:יב:ד וַיֵּלֶךְ אַבְרָם כַּאֲשֶׁר דִּבֶּר אֵלָיו יְהוָה וַיֵּלֶךְ אִתּוֹ לוֹט
וְאַבְרָם בֶּן־חָמֵשׁ שָׁנִים וְשִׁבְעִים שָׁנָה בְּצֵאתוֹ מֵחָרָן א:יב:ה וַיִּקַּח
אַבְרָם אֶת־שָׂרַי אִשְׁתּוֹ וְאֶת־לוֹט בֶּן־אָחִיו וְאֶת־כָּל־רְכוּשָׁם אֲשֶׁר
רָכָשׁוּ וְאֶת־הַנֶּפֶשׁ אֲשֶׁר־עָשׂוּ בְחָרָן וַיֵּצְאוּ לָלֶכֶת אַרְצָה כְּנַעַן
וַיָּבֹאוּ אַרְצָה כְּנָעַן א:יב:ו וַיַּעֲבֹר אַבְרָם בָּאָרֶץ עַד מְקוֹם שְׁכֶם עַד
אֵלוֹן מוֹרֶה וְהַכְּנַעֲנִי אָז בָּאָרֶץ א:יב:ז וַיֵּרָא יְהוָה אֶל־אַבְרָם וַיֹּאמֶר
לְזַרְעֲךָ אֶתֵּן אֶת־הָאָרֶץ הַזֹּאת וַיִּבֶן שָׁם מִזְבֵּחַ לַיהוָה הַנִּרְאֶה
אֵלָיו א:יב:ח וַיַּעְתֵּק מִשָּׁם הָהָרָה מִקֶּדֶם לְבֵית־אֵל וַיֵּט אָהֳלֹה
בֵּית־אֵל מִיָּם וְהָעַי מִקֶּדֶם וַיִּבֶן־שָׁם מִזְבֵּחַ לַיהוָה וַיִּקְרָא בְּשֵׁם
יְהוָה א:יב:ט וַיִּסַּע אַבְרָם הָלוֹךְ וְנָסוֹעַ הַנֶּגְבָּה א:יב:י וַיְהִי רָעָב בָּאָרֶץ
וַיֵּרֶד אַבְרָם מִצְרַיְמָה לָגוּר שָׁם כִּי־כָבֵד הָרָעָב בָּאָרֶץ א:יב:יא וַיְהִי
כַּאֲשֶׁר הִקְרִיב לָבוֹא מִצְרָיְמָה וַיֹּאמֶר אֶל־שָׂרַי אִשְׁתּוֹ הִנֵּה־נָא
יָדַעְתִּי כִּי אִשָּׁה יְפַת־מַרְאֶה אָתְּ א:יב:יב וְהָיָה כִּי־יִרְאוּ אֹתָךְ
הַמִּצְרִים וְאָמְרוּ אִשְׁתּוֹ זֹאת וְהָרְגוּ אֹתִי וְאֹתָךְ יְחַיּוּ א:יב:יג אִמְרִי־נָא
אֲחֹתִי אָתְּ לְמַעַן יִיטַב־לִי בַעֲבוּרֵךְ וְחָיְתָה נַפְשִׁי בִּגְלָלֵךְ א:יב:יד וַיְהִי
כְּבוֹא אַבְרָם מִצְרָיְמָה וַיִּרְאוּ הַמִּצְרִים אֶת־הָאִשָּׁה כִּי־יָפָה הִוא
מְאֹד א:יב:טו וַיִּרְאוּ אֹתָהּ שָׂרֵי פַרְעֹה וַיְהַלְלוּ אֹתָהּ אֶל־פַּרְעֹה
וַתֻּקַּח הָאִשָּׁה בֵּית פַּרְעֹה א:יב:טז וּלְאַבְרָם הֵיטִיב בַּעֲבוּרָהּ וַיְהִי־לוֹ
צֹאן־וּבָקָר וַחֲמֹרִים וַעֲבָדִים וּשְׁפָחֹת וַאֲתֹנֹת וּגְמַלִּים א:יב:יז וַיְנַגַּע
יְהוָה | אֶת־פַּרְעֹה נְגָעִים גְּדֹלִים וְאֶת־בֵּיתוֹ עַל־דְּבַר שָׂרַי אֵשֶׁת
אַבְרָם א:יב:יח וַיִּקְרָא פַרְעֹה לְאַבְרָם וַיֹּאמֶר מַה־זֹּאת עָשִׂיתָ לִּי
לָמָּה לֹא־הִגַּדְתָּ לִּי כִּי אִשְׁתְּךָ הִוא א:יב:יט לָמָה אָמַרְתָּ אֲחֹתִי הִוא
וָאֶקַּח אֹתָהּ לִי לְאִשָּׁה וְעַתָּה הִנֵּה אִשְׁתְּךָ קַח וָלֵךְ א:יב:כ וַיְצַו עָלָיו
פַּרְעֹה אֲנָשִׁים וַיְשַׁלְּחוּ אֹתוֹ וְאֶת־אִשְׁתּוֹ וְאֶת־כָּל־אֲשֶׁר־לוֹ
א:יג:א וַיַּעַל אַבְרָם מִמִּצְרַיִם הוּא וְאִשְׁתּוֹ וְכָל־אֲשֶׁר־לוֹ וְלוֹט עִמּוֹ
הַנֶּגְבָּה א:יג:ב וְאַבְרָם כָּבֵד מְאֹד בַּמִּקְנֶה בַּכֶּסֶף וּבַזָּהָב א:יג:ג וַיֵּלֶךְ
לְמַסָּעָיו מִנֶּגֶב וְעַד־בֵּית־אֵל עַד־הַמָּקוֹם אֲשֶׁר־הָיָה שָׁם אהלה

[אָהֳלֹ֔ו] בַּתְּחִלָּ֔ה בֵּ֥ין בֵּֽית־אֵ֖ל וּבֵ֥ין הָעָֽי א:יג:ד אֶל־מְקוֹם֙ הַמִּזְבֵּ֔חַ
אֲשֶׁר־עָ֥שָׂה שָׁ֖ם בָּרִאשֹׁנָ֑ה וַיִּקְרָ֥א שָׁ֛ם אַבְרָ֖ם בְּשֵׁ֥ם יְהוָֽה
א:יג:ה וְגַ֨ם־לְל֔וֹט הַהֹלֵ֖ךְ אֶת־אַבְרָ֑ם הָיָ֥ה צֹאן־וּבָקָ֖ר וְאֹהָלִֽים
א:יג:ו וְלֹֽא־נָשָׂ֥א אֹתָ֛ם הָאָ֖רֶץ לָשֶׁ֣בֶת יַחְדָּ֑ו כִּֽי־הָיָ֤ה רְכוּשָׁם֙ רָ֔ב וְלֹ֥א
יָֽכְל֖וּ לָשֶׁ֥בֶת יַחְדָּֽו א:יג:ז וַֽיְהִי־רִ֗יב בֵּ֚ין רֹעֵ֣י מִקְנֵה־אַבְרָ֔ם וּבֵ֖ין רֹעֵ֣י
מִקְנֵה־ל֑וֹט וְהַֽכְּנַעֲנִי֙ וְהַפְּרִזִּ֔י אָ֖ז יֹשֵׁ֥ב בָּאָֽרֶץ א:יג:ח וַיֹּ֨אמֶר אַבְרָ֜ם
אֶל־ל֗וֹט אַל־נָ֨א תְהִ֤י מְרִיבָה֙ בֵּינִ֣י וּבֵינֶ֔ךָ וּבֵ֥ין רֹעַ֖י וּבֵ֣ין רֹעֶ֑יךָ
כִּֽי־אֲנָשִׁ֥ים אַחִ֖ים אֲנָֽחְנוּ א:יג:ט הֲלֹ֤א כָל־הָאָ֙רֶץ֙ לְפָנֶ֔יךָ הִפָּ֥רֶד נָ֖א
מֵעָלָ֑י אִם־הַשְּׂמֹ֣אל וְאֵימִ֔נָה וְאִם־הַיָּמִ֖ין וְאַשְׂמְאִֽילָה
א:יג:י וַיִּשָּׂא־ל֣וֹט אֶת־עֵינָ֗יו וַיַּרְא֙ אֶת־כָּל־כִּכַּ֣ר הַיַּרְדֵּ֔ן כִּ֥י כֻלָּ֖הּ מַשְׁקֶ֑ה
לִפְנֵ֣י ׀ שַׁחֵ֣ת יְהוָ֗ה אֶת־סְדֹם֙ וְאֶת־עֲמֹרָ֔ה כְּגַן־יְהוָה֙ כְּאֶ֣רֶץ מִצְרַ֔יִם
בֹּאֲכָ֖ה צֹֽעַר א:יג:יא וַיִּבְחַר־ל֣וֹ ל֗וֹט אֵ֚ת כָּל־כִּכַּ֣ר הַיַּרְדֵּ֔ן וַיִּסַּ֥ע ל֖וֹט
מִקֶּ֑דֶם וַיִּפָּ֣רְד֔וּ אִ֖ישׁ מֵעַ֥ל אָחִֽיו א:יג:יב אַבְרָ֖ם יָשַׁ֣ב בְּאֶֽרֶץ־כְּנָ֑עַן וְל֗וֹט
יָשַׁב֙ בְּעָרֵ֣י הַכִּכָּ֔ר וַיֶּאֱהַ֖ל עַד־סְדֹֽם א:יג:יג וְאַנְשֵׁ֣י סְדֹ֔ם רָעִ֖ים
וְחַטָּאִ֑ים לַיהוָ֖ה מְאֹֽד א:יג:יד וַֽיהוָ֞ה אָמַ֣ר אֶל־אַבְרָ֗ם אַחֲרֵי֙
הִפָּֽרֶד־ל֣וֹט מֵֽעִמּ֔וֹ שָׂ֣א נָ֤א עֵינֶ֙יךָ֙ וּרְאֵ֔ה מִן־הַמָּק֖וֹם אֲשֶׁר־אַתָּ֣ה
שָׁ֑ם צָפֹ֥נָה וָנֶ֖גְבָּה וָקֵ֥דְמָה וָיָֽמָּה א:יג:טו כִּ֧י אֶת־כָּל־הָאָ֛רֶץ
אֲשֶׁר־אַתָּ֥ה רֹאֶ֖ה לְךָ֣ אֶתְּנֶ֑נָּה וּֽלְזַרְעֲךָ֖ עַד־עוֹלָֽם א:יג:טז וְשַׂמְתִּ֥י
אֶֽת־זַרְעֲךָ֖ כַּעֲפַ֣ר הָאָ֑רֶץ אֲשֶׁ֣ר ׀ אִם־יוּכַ֣ל אִ֗ישׁ לִמְנוֹת֙ אֶת־עֲפַ֣ר
הָאָ֔רֶץ גַּֽם־זַרְעֲךָ֖ יִמָּנֶֽה א:יג:יז ק֤וּם הִתְהַלֵּךְ֙ בָּאָ֔רֶץ לְאָרְכָּ֖הּ וּלְרָחְבָּ֑הּ
כִּ֥י לְךָ֖ אֶתְּנֶֽנָּה א:יג:יח וַיֶּאֱהַ֣ל אַבְרָ֗ם וַיָּבֹ֛א וַיֵּ֛שֶׁב בְּאֵלֹנֵ֥י מַמְרֵ֖א אֲשֶׁ֣ר
בְּחֶבְר֑וֹן וַיִּֽבֶן־שָׁ֥ם מִזְבֵּ֖חַ לַֽיהוָֽה א:יד:א וַיְהִ֕י בִּימֵ֥י אַמְרָפֶ֖ל
מֶֽלֶךְ־שִׁנְעָ֑ר אַרְי֖וֹךְ מֶ֣לֶךְ אֶלָּסָ֑ר כְּדָרְלָעֹ֙מֶר֙ מֶ֣לֶךְ עֵילָ֔ם וְתִדְעָ֖ל
מֶ֥לֶךְ גּוֹיִֽם א:יד:ב עָשׂ֣וּ מִלְחָמָ֗ה אֶת־בֶּ֙רַע֙ מֶ֣לֶךְ סְדֹ֔ם וְאֶת־בִּרְשַׁ֖ע
מֶ֣לֶךְ עֲמֹרָ֑ה שִׁנְאָ֣ב ׀ מֶ֣לֶךְ אַדְמָ֗ה וְשֶׁמְאֵ֙בֶר֙ מֶ֣לֶךְ צביים [צְבוֹיִ֔ם]
וּמֶ֥לֶךְ בֶּ֖לַע הִיא־צֹֽעַר א:יד:ג כָּל־אֵ֙לֶּה֙ חָֽבְר֔וּ אֶל־עֵ֖מֶק הַשִּׂדִּ֑ים ה֖וּא
יָ֥ם הַמֶּֽלַח א:יד:ד שְׁתֵּ֤ים עֶשְׂרֵה֙ שָׁנָ֔ה עָֽבְד֖וּ אֶת־כְּדָרְלָעֹ֑מֶר
וּשְׁלֹשׁ־עֶשְׂרֵ֥ה שָׁנָ֖ה מָרָֽדוּ א:יד:ה וּבְאַרְבַּע֩ עֶשְׂרֵ֨ה שָׁנָ֜ה בָּ֣א

כְּדָרְלָעֹ֜מֶר וְהַמְּלָכִים֙ אֲשֶׁ֣ר אִתּ֔וֹ וַיַּכּ֤וּ אֶת־רְפָאִים֙ בְּעַשְׁתְּרֹ֣ת
קַרְנַ֔יִם וְאֶת־הַזּוּזִ֖ים בְּהָ֑ם וְאֵת֙ הָֽאֵימִ֔ים בְּשָׁוֵ֖ה קִרְיָתָֽיִם
א:יד:ו וְֽאֶת־הַחֹרִ֖י בְּהַרְרָ֣ם שֵׂעִ֑יר עַ֚ד אֵ֣יל פָּארָ֔ן אֲשֶׁ֖ר עַל־הַמִּדְבָּֽר
א:יד:ז וַ֠יָּשֻׁבוּ וַיָּבֹ֜אוּ אֶל־עֵ֤ין מִשְׁפָּט֙ הִ֣וא קָדֵ֔שׁ וַיַּכּ֕וּ אֶֽת־כָּל־שְׂדֵ֖ה
הָֽעֲמָלֵקִ֑י וְגַם֙ אֶת־הָ֣אֱמֹרִ֔י הַיֹּשֵׁ֖ב בְּחַֽצְצֹ֥ן תָּמָֽר א:יד:ח וַיֵּצֵ֨א
מֶֽלֶךְ־סְדֹ֜ם וּמֶ֣לֶךְ עֲמֹרָ֗ה וּמֶ֣לֶךְ אַדְמָה֙ וּמֶ֣לֶךְ צביים [צְבוֹיִ֔ם] וּמֶ֥לֶךְ
בֶּ֖לַע הִוא־צֹ֑עַר וַיַּעַרְכ֤וּ אִתָּם֙ מִלְחָמָ֔ה בְּעֵ֖מֶק הַשִּׂדִּֽים א:יד:ט אֵ֣ת
כְּדָרְלָעֹ֜מֶר מֶ֣לֶךְ עֵילָ֗ם וְתִדְעָל֙ מֶ֣לֶךְ גּוֹיִ֔ם וְאַמְרָפֶל֙ מֶ֣לֶךְ שִׁנְעָ֔ר
וְאַרְי֖וֹךְ מֶ֣לֶךְ אֶלָּסָ֑ר אַרְבָּעָ֥ה מְלָכִ֖ים אֶת־הַחֲמִשָּֽׁה א:יד:י וְעֵ֣מֶק
הַשִּׂדִּ֗ים בֶּֽאֱרֹ֤ת בֶּֽאֱרֹת֙ חֵמָ֔ר וַיָּנֻ֛סוּ מֶֽלֶךְ־סְדֹ֥ם וַעֲמֹרָ֖ה וַיִּפְּלוּ־שָׁ֑מָּה
וְהַנִּשְׁאָרִ֖ים הֶ֥רָה נָּֽסוּ א:יד:יא וַ֠יִּקְחוּ אֶת־כָּל־רְכֻ֨שׁ סְדֹ֧ם וַעֲמֹרָ֛ה
וְאֶת־כָּל־אָכְלָ֖ם וַיֵּלֵֽכוּ א:יד:יב וַיִּקְח֨וּ אֶת־ל֧וֹט וְאֶת־רְכֻשׁ֛וֹ בֶּן־אֲחִ֥י
אַבְרָ֖ם וַיֵּלֵ֑כוּ וְה֥וּא יֹשֵׁ֖ב בִּסְדֹֽם א:יד:יג וַיָּבֹא֙ הַפָּלִ֔יט וַיַּגֵּ֖ד לְאַבְרָ֣ם
הָעִבְרִ֑י וְהוּא֩ שֹׁכֵ֨ן בְּאֵֽלֹנֵ֜י מַמְרֵ֣א הָֽאֱמֹרִ֗י אֲחִ֤י אֶשְׁכֹּל֙ וַאֲחִ֣י עָנֵ֔ר
וְהֵ֖ם בַּעֲלֵ֥י בְרִית־אַבְרָֽם א:יד:יד וַיִּשְׁמַ֣ע אַבְרָ֔ם כִּ֥י נִשְׁבָּ֖ה אָחִ֑יו וַיָּ֨רֶק
אֶת־חֲנִיכָ֜יו יְלִידֵ֣י בֵית֗וֹ שְׁמֹנָ֤ה עָשָׂר֙ וּשְׁלֹ֣שׁ מֵא֔וֹת וַיִּרְדֹּ֖ף עַד־דָּֽן
א:יד:טו וַיֵּחָלֵ֨ק עֲלֵיהֶ֧ם ׀ לַ֛יְלָה ה֥וּא וַעֲבָדָ֖יו וַיַּכֵּ֑ם וַֽיִּרְדְּפֵם֙ עַד־חוֹבָ֔ה
אֲשֶׁ֥ר מִשְּׂמֹ֖אל לְדַמָּֽשֶׂק א:יד:טז וַיָּ֕שֶׁב אֵ֖ת כָּל־הָרְכֻ֑שׁ וְגַם֩ אֶת־ל֨וֹט
אָחִ֤יו וּרְכֻשׁוֹ֙ הֵשִׁ֔יב וְגַ֥ם אֶת־הַנָּשִׁ֖ים וְאֶת־הָעָֽם א:יד:יז וַיֵּצֵ֣א
מֶֽלֶךְ־סְדֹם֮ לִקְרָאתוֹ֒ אַחֲרֵ֣י שׁוּב֗וֹ מֵֽהַכּוֹת֙ אֶת־כְּדָרְלָעֹ֔מֶר
וְאֶת־הַמְּלָכִ֖ים אֲשֶׁ֣ר אִתּ֑וֹ אֶל־עֵ֣מֶק שָׁוֵ֔ה ה֖וּא עֵ֥מֶק הַמֶּֽלֶךְ
א:יד:יח וּמַלְכִּי־צֶ֙דֶק֙ מֶ֣לֶךְ שָׁלֵ֔ם הוֹצִ֖יא לֶ֣חֶם וָיָ֑יִן וְה֥וּא כֹהֵ֖ן לְאֵ֥ל
עֶלְיֽוֹן א:יד:יט וַֽיְבָרְכֵ֖הוּ וַיֹּאמַ֑ר בָּר֤וּךְ אַבְרָם֙ לְאֵ֣ל עֶלְי֔וֹן קֹנֵ֖ה שָׁמַ֥יִם
וָאָֽרֶץ א:יד:כ וּבָרוּךְ֙ אֵ֣ל עֶלְי֔וֹן אֲשֶׁר־מִגֵּ֥ן צָרֶ֖יךָ בְּיָדֶ֑ךָ וַיִּתֶּן־ל֥וֹ מַעֲשֵׂ֖ר
מִכֹּֽל א:יד:כא וַיֹּ֥אמֶר מֶֽלֶךְ־סְדֹ֖ם אֶל־אַבְרָ֑ם תֶּן־לִ֣י הַנֶּ֔פֶשׁ וְהָרְכֻ֖שׁ
קַח־לָֽךְ א:יד:כב וַיֹּ֥אמֶר אַבְרָ֖ם אֶל־מֶ֣לֶךְ סְדֹ֑ם הֲרִמֹ֨תִי יָדִ֤י אֶל־יְהוָה֙
אֵ֣ל עֶלְי֔וֹן קֹנֵ֖ה שָׁמַ֥יִם וָאָֽרֶץ א:יד:כג אִם־מִחוּט֙ וְעַ֣ד שְׂרֽוֹךְ־נַ֔עַל
וְאִם־אֶקַּ֖ח מִכָּל־אֲשֶׁר־לָ֑ךְ וְלֹ֣א תֹאמַ֔ר אֲנִ֖י הֶעֱשַׁ֥רְתִּי אֶת־אַבְרָֽם

א:יד:כד בִּלְעָדַ֗י רַ֚ק אֲשֶׁ֣ר אָֽכְל֣וּ הַנְּעָרִ֔ים וְחֵ֨לֶק֙ הָֽאֲנָשִׁ֔ים אֲשֶׁ֥ר הָלְכ֖וּ
אִתִּ֑י עָנֵר֙ אֶשְׁכֹּ֣ל וּמַמְרֵ֔א הֵ֖ם יִקְח֥וּ חֶלְקָֽם א:טו:א אַחַ֣ר ׀ הַדְּבָרִ֣ים
הָאֵ֗לֶּה הָיָ֤ה דְבַר־יְהוָה֙ אֶל־אַבְרָ֔ם בַּֽמַּחֲזֶ֖ה לֵאמֹ֑ר אַל־תִּירָ֣א
אַבְרָ֗ם אָנֹכִי֙ מָגֵ֣ן לָ֔ךְ שְׂכָרְךָ֖ הַרְבֵּ֥ה מְאֹֽד א:טו:ב וַיֹּ֣אמֶר אַבְרָ֗ם אֲדֹנָ֤י
יֱהוִה֙ מַה־תִּתֶּן־לִ֔י וְאָנֹכִ֖י הוֹלֵ֣ךְ עֲרִירִ֑י וּבֶן־מֶ֣שֶׁק בֵּיתִ֔י ה֖וּא דַּמֶּ֥שֶׂק
אֱלִיעֶֽזֶר א:טו:ג וַיֹּ֣אמֶר אַבְרָ֔ם הֵ֣ן לִ֔י לֹ֥א נָתַ֖תָּה זָ֑רַע וְהִנֵּ֥ה בֶן־בֵּיתִ֖י
יוֹרֵ֥שׁ אֹתִֽי א:טו:ד וְהִנֵּ֨ה דְבַר־יְהוָ֤ה אֵלָיו֙ לֵאמֹ֔ר לֹ֥א יִֽירָשְׁךָ֖ זֶ֑ה כִּי־אִם֙
אֲשֶׁ֣ר יֵצֵ֣א מִמֵּעֶ֔יךָ ה֖וּא יִֽירָשֶֽׁךָ א:טו:ה וַיּוֹצֵ֨א אֹת֜וֹ הַח֗וּצָה וַיֹּ֙אמֶר֙
הַבֶּט־נָ֣א הַשָּׁמַ֗יְמָה וּסְפֹר֙ הַכּ֣וֹכָבִ֔ים אִם־תּוּכַ֖ל לִסְפֹּ֣ר אֹתָ֑ם וַיֹּ֣אמֶר
ל֔וֹ כֹּ֥ה יִהְיֶ֖ה זַרְעֶֽךָ א:טו:ו וְהֶאֱמִ֖ן בַּֽיהוָ֑ה וַיַּחְשְׁבֶ֥הָ לּ֖וֹ צְדָקָֽה
א:טו:ז וַיֹּ֖אמֶר אֵלָ֑יו אֲנִ֣י יְהוָ֗ה אֲשֶׁ֤ר הוֹצֵאתִ֙יךָ֙ מֵא֣וּר כַּשְׂדִּ֔ים לָ֧תֶת
לְךָ֛ אֶת־הָאָ֥רֶץ הַזֹּ֖את לְרִשְׁתָּֽהּ א:טו:ח וַיֹּאמַ֑ר אֲדֹנָ֣י יֱהוִ֔ה בַּמָּ֥ה אֵדַ֖ע
כִּ֥י אִירָשֶֽׁנָּה א:טו:ט וַיֹּ֤אמֶר אֵלָיו֙ קְחָ֥ה לִי֙ עֶגְלָ֣ה מְשֻׁלֶּ֔שֶׁת וְעֵ֥ז
מְשֻׁלֶּ֖שֶׁת וְאַ֣יִל מְשֻׁלָּ֑שׁ וְתֹ֖ר וְגוֹזָֽל א:טו:י וַיִּֽקַּֽח־ל֞וֹ אֶת־כָּל־אֵ֗לֶּה
וַיְבַתֵּ֤ר אֹתָם֙ בַּתָּ֔וֶךְ וַיִּתֵּ֥ן אִישׁ־בִּתְר֖וֹ לִקְרַ֣את רֵעֵ֑הוּ וְאֶת־הַצִּפֹּ֖ר לֹ֥א
בָתָֽר א:טו:יא וַיֵּ֥רֶד הָעַ֖יִט עַל־הַפְּגָרִ֑ים וַיַּשֵּׁ֥ב אֹתָ֖ם אַבְרָֽם א:טו:יב וַיְהִ֤י
הַשֶּׁ֙מֶשׁ֙ לָב֔וֹא וְתַרְדֵּמָ֖ה נָפְלָ֣ה עַל־אַבְרָ֑ם וְהִנֵּ֥ה אֵימָ֛ה חֲשֵׁכָ֥ה
גְדֹלָ֖ה נֹפֶ֥לֶת עָלָֽיו א:טו:יג וַיֹּ֣אמֶר לְאַבְרָ֗ם יָדֹ֨עַ תֵּדַ֜ע כִּי־גֵ֣ר ׀ יִהְיֶ֣ה
זַרְעֲךָ֗ בְּאֶ֙רֶץ֙ לֹ֣א לָהֶ֔ם וַעֲבָד֖וּם וְעִנּ֣וּ אֹתָ֑ם אַרְבַּ֥ע מֵא֖וֹת שָׁנָֽה
א:טו:יד וְגַ֧ם אֶת־הַגּ֛וֹי אֲשֶׁ֥ר יַעֲבֹ֖דוּ דָּ֣ן אָנֹ֑כִי וְאַחֲרֵי־כֵ֥ן יֵצְא֖וּ בִּרְכֻ֥שׁ
גָּדֽוֹל א:טו:טו וְאַתָּ֛ה תָּב֥וֹא אֶל־אֲבֹתֶ֖יךָ בְּשָׁל֑וֹם תִּקָּבֵ֖ר בְּשֵׂיבָ֥ה טוֹבָֽה
א:טו:טז וְד֥וֹר רְבִיעִ֖י יָשׁ֣וּבוּ הֵ֑נָּה כִּ֧י לֹא־שָׁלֵ֛ם עֲוֺ֥ן הָאֱמֹרִ֖י עַד־הֵֽנָּה
א:טו:יז וַיְהִ֤י הַשֶּׁ֙מֶשׁ֙ בָּ֔אָה וַעֲלָטָ֖ה הָיָ֑ה וְהִנֵּ֨ה תַנּ֤וּר עָשָׁן֙ וְלַפִּ֣יד אֵ֔שׁ
אֲשֶׁ֣ר עָבַ֔ר בֵּ֖ין הַגְּזָרִ֥ים הָאֵֽלֶּה א:טו:יח בַּיּ֣וֹם הַה֗וּא כָּרַ֧ת יְהוָ֛ה
אֶת־אַבְרָ֖ם בְּרִ֣ית לֵאמֹ֑ר לְזַרְעֲךָ֗ נָתַ֙תִּי֙ אֶת־הָאָ֣רֶץ הַזֹּ֔את מִנְּהַ֣ר
מִצְרַ֔יִם עַד־הַנָּהָ֥ר הַגָּדֹ֖ל נְהַר־פְּרָֽת א:טו:יט אֶת־הַקֵּינִי֙ וְאֶת־הַקְּנִזִּ֔י
וְאֵ֖ת הַקַּדְמֹנִֽי א:טו:כ וְאֶת־הַחִתִּ֥י וְאֶת־הַפְּרִזִּ֖י וְאֶת־הָרְפָאִֽים
א:טו:כא וְאֶת־הָֽאֱמֹרִי֙ וְאֶת־הַֽכְּנַעֲנִ֔י וְאֶת־הַגִּרְגָּשִׁ֖י וְאֶת־הַיְבוּסִֽי

א:יו:א וְשָׂרַי אֵשֶׁת אַבְרָם לֹא יָלְדָה לוֹ וְלָהּ שִׁפְחָה מִצְרִית וּשְׁמָהּ
הָגָר א:יו:ב וַתֹּאמֶר שָׂרַי אֶל־אַבְרָם הִנֵּה־נָא עֲצָרַנִי יְהוָה מִלֶּדֶת
בֹּא־נָא אֶל־שִׁפְחָתִי אוּלַי אִבָּנֶה מִמֶּנָּה וַיִּשְׁמַע אַבְרָם לְקוֹל שָׂרָי
א:יו:ג וַתִּקַּח שָׂרַי אֵשֶׁת־אַבְרָם אֶת־הָגָר הַמִּצְרִית שִׁפְחָתָהּ מִקֵּץ
עֶשֶׂר שָׁנִים לְשֶׁבֶת אַבְרָם בְּאֶרֶץ כְּנָעַן וַתִּתֵּן אֹתָהּ לְאַבְרָם אִישָׁהּ
לוֹ לְאִשָּׁה א:יו:ד וַיָּבֹא אֶל־הָגָר וַתַּהַר וַתֵּרֶא כִּי הָרָתָה וַתֵּקַל
גְּבִרְתָּהּ בְּעֵינֶיהָ א:יו:ה וַתֹּאמֶר שָׂרַי אֶל־אַבְרָם חֲמָסִי עָלֶיךָ אָנֹכִי
נָתַתִּי שִׁפְחָתִי בְּחֵיקֶךָ וַתֵּרֶא כִּי הָרָתָה וָאֵקַל בְּעֵינֶיהָ יִשְׁפֹּט יְהוָה
בֵּינִי וּבֵינֶיךָ א:יו:ו וַיֹּאמֶר אַבְרָם אֶל־שָׂרַי הִנֵּה שִׁפְחָתֵךְ בְּיָדֵךְ
עֲשִׂי־לָהּ הַטּוֹב בְּעֵינָיִךְ וַתְּעַנֶּהָ שָׂרַי וַתִּבְרַח מִפָּנֶיהָ א:יו:ז וַיִּמְצָאָהּ
מַלְאַךְ יְהוָה עַל־עֵין הַמַּיִם בַּמִּדְבָּר עַל־הָעַיִן בְּדֶרֶךְ שׁוּר
א:יו:ח וַיֹּאמַר הָגָר שִׁפְחַת שָׂרַי אֵי־מִזֶּה בָאת וְאָנָה תֵלֵכִי וַתֹּאמֶר
מִפְּנֵי שָׂרַי גְּבִרְתִּי אָנֹכִי בֹּרַחַת א:יו:ט וַיֹּאמֶר לָהּ מַלְאַךְ יְהוָה שׁוּבִי
אֶל־גְּבִרְתֵּךְ וְהִתְעַנִּי תַּחַת יָדֶיהָ א:יו:י וַיֹּאמֶר לָהּ מַלְאַךְ יְהוָה
הַרְבָּה אַרְבֶּה אֶת־זַרְעֵךְ וְלֹא יִסָּפֵר מֵרֹב א:יו:יא וַיֹּאמֶר לָהּ מַלְאַךְ
יְהוָה הִנָּךְ הָרָה וְיֹלַדְתְּ בֵּן וְקָרָאת שְׁמוֹ יִשְׁמָעֵאל כִּי־שָׁמַע יְהוָה
אֶל־עָנְיֵךְ א:יו:יב וְהוּא יִהְיֶה פֶּרֶא אָדָם יָדוֹ בַכֹּל וְיַד כֹּל בּוֹ וְעַל־פְּנֵי
כָל־אֶחָיו יִשְׁכֹּן א:יו:יג וַתִּקְרָא שֵׁם־יְהוָה הַדֹּבֵר אֵלֶיהָ אַתָּה אֵל רֳאִי
כִּי אָמְרָה הֲגַם הֲלֹם רָאִיתִי אַחֲרֵי רֹאִי א:יו:יד עַל־כֵּן קָרָא לַבְּאֵר
בְּאֵר לַחַי רֹאִי הִנֵּה בֵין־קָדֵשׁ וּבֵין בָּרֶד א:יו:טו וַתֵּלֶד הָגָר לְאַבְרָם
בֵּן וַיִּקְרָא אַבְרָם שֶׁם־בְּנוֹ אֲשֶׁר־יָלְדָה הָגָר יִשְׁמָעֵאל א:יו:טז וְאַבְרָם
בֶּן־שְׁמֹנִים שָׁנָה וְשֵׁשׁ שָׁנִים בְּלֶדֶת־הָגָר אֶת־יִשְׁמָעֵאל לְאַבְרָם
א:יז:א וַיְהִי אַבְרָם בֶּן־תִּשְׁעִים שָׁנָה וְתֵשַׁע שָׁנִים וַיֵּרָא יְהוָה
אֶל־אַבְרָם וַיֹּאמֶר אֵלָיו אֲנִי־אֵל שַׁדַּי הִתְהַלֵּךְ לְפָנַי וֶהְיֵה תָמִים
א:יז:ב וְאֶתְּנָה בְרִיתִי בֵּינִי וּבֵינֶךָ וְאַרְבֶּה אוֹתְךָ בִּמְאֹד מְאֹד
א:יז:ג וַיִּפֹּל אַבְרָם עַל־פָּנָיו וַיְדַבֵּר אִתּוֹ אֱלֹהִים לֵאמֹר א:יז:ד אֲנִי
הִנֵּה בְרִיתִי אִתָּךְ וְהָיִיתָ לְאַב הֲמוֹן גּוֹיִם א:יז:ה וְלֹא־יִקָּרֵא עוֹד
אֶת־שִׁמְךָ אַבְרָם וְהָיָה שִׁמְךָ אַבְרָהָם כִּי אַב־הֲמוֹן גּוֹיִם נְתַתִּיךָ

א:יז:ו וְהִפְרֵתִ֤י אֹֽתְךָ֙ בִּמְאֹ֣ד מְאֹ֔ד וּנְתַתִּ֖יךָ לְגוֹיִ֑ם וּמְלָכִ֖ים מִמְּךָ֥ יֵצֵֽאוּ
א:יז:ז וַהֲקִמֹתִ֨י אֶת־בְּרִיתִ֜י בֵּינִ֣י וּבֵינֶ֗ךָ וּבֵ֨ין זַרְעֲךָ֧ אַחֲרֶ֛יךָ לְדֹרֹתָ֖ם
לִבְרִ֣ית עוֹלָ֑ם לִהְי֤וֹת לְךָ֙ לֵֽאלֹהִ֔ים וּֽלְזַרְעֲךָ֖ אַחֲרֶֽיךָ א:יז:ח וְנָתַתִּ֣י לְ֠ךָ֠
וּלְזַרְעֲךָ֨ אַחֲרֶ֜יךָ אֵ֣ת ׀ אֶ֣רֶץ מְגֻרֶ֗יךָ אֵ֚ת כָּל־אֶ֣רֶץ כְּנַ֔עַן לַאֲחֻזַּ֖ת
עוֹלָ֑ם וְהָיִ֥יתִי לָהֶ֖ם לֵאלֹהִֽים א:יז:ט וַיֹּ֤אמֶר אֱלֹהִים֙ אֶל־אַבְרָהָ֔ם
וְאַתָּ֖ה אֶת־בְּרִיתִ֣י תִשְׁמֹ֑ר אַתָּ֛ה וְזַרְעֲךָ֥ אַחֲרֶ֖יךָ לְדֹרֹתָֽם א:יז:י זֹ֣את
בְּרִיתִ֞י אֲשֶׁ֣ר תִּשְׁמְר֗וּ בֵּינִי֙ וּבֵ֣ינֵיכֶ֔ם וּבֵ֖ין זַרְעֲךָ֣ אַחֲרֶ֑יךָ הִמּ֥וֹל לָכֶ֖ם
כָּל־זָכָֽר א:יז:יא וּנְמַלְתֶּ֕ם אֵ֖ת בְּשַׂ֣ר עָרְלַתְכֶ֑ם וְהָיָה֙ לְא֣וֹת בְּרִ֔ית בֵּינִ֖י
וּבֵינֵיכֶֽם א:יז:יב וּבֶן־שְׁמֹנַ֣ת יָמִ֗ים יִמּ֥וֹל לָכֶ֛ם כָּל־זָכָ֖ר לְדֹרֹתֵיכֶ֑ם יְלִ֣יד
בָּ֔יִת וּמִקְנַת־כֶּ֨סֶף֙ מִכֹּ֣ל בֶּן־נֵכָ֔ר אֲשֶׁ֛ר לֹ֥א מִזַּרְעֲךָ֖ הֽוּא א:יז:יג הִמּ֧וֹל
׀ יִמּ֛וֹל יְלִ֥יד בֵּיתְךָ֖ וּמִקְנַ֣ת כַּסְפֶּ֑ךָ וְהָיְתָ֧ה בְרִיתִ֛י בִּבְשַׂרְכֶ֖ם לִבְרִ֥ית
עוֹלָֽם א:יז:יד וְעָרֵ֣ל ׀ זָכָ֗ר אֲשֶׁ֤ר לֹֽא־יִמּוֹל֙ אֶת־בְּשַׂ֣ר עָרְלָת֔וֹ וְנִכְרְתָ֛ה
הַנֶּ֥פֶשׁ הַהִ֖וא מֵעַמֶּ֑יהָ אֶת־בְּרִיתִ֖י הֵפַֽר א:יז:טו וַיֹּ֤אמֶר אֱלֹהִים֙
אֶל־אַבְרָהָ֔ם שָׂרַ֣י אִשְׁתְּךָ֔ לֹא־תִקְרָ֥א אֶת־שְׁמָ֖הּ שָׂרָ֑י כִּ֥י שָׂרָ֖ה
שְׁמָֽהּ א:יז:טז וּבֵרַכְתִּ֣י אֹתָ֔הּ וְגַ֨ם נָתַ֧תִּי מִמֶּ֛נָּה לְךָ֖ בֵּ֑ן וּבֵֽרַכְתִּ֨יהָ֙
וְהָֽיְתָ֣ה לְגוֹיִ֔ם מַלְכֵ֥י עַמִּ֖ים מִמֶּ֥נָּה יִהְיֽוּ א:יז:יז וַיִּפֹּ֧ל אַבְרָהָ֛ם עַל־פָּנָ֖יו
וַיִּצְחָ֑ק וַיֹּ֣אמֶר בְּלִבּ֗וֹ הַלְּבֶ֤ן מֵאָֽה־שָׁנָה֙ יִוָּלֵ֔ד וְאִ֨ם־שָׂרָ֔ה
הֲבַת־תִּשְׁעִ֥ים שָׁנָ֖ה תֵּלֵֽד א:יז:יח וַיֹּ֥אמֶר אַבְרָהָ֖ם אֶל־הָאֱלֹהִ֑ים ל֥וּ
יִשְׁמָעֵ֖אל יִחְיֶ֥ה לְפָנֶֽיךָ א:יז:יט וַיֹּ֣אמֶר אֱלֹהִ֗ים אֲבָל֙ שָׂרָ֣ה אִשְׁתְּךָ֗
יֹלֶ֤דֶת לְךָ֙ בֵּ֔ן וְקָרָ֥אתָ אֶת־שְׁמ֖וֹ יִצְחָ֑ק וַהֲקִמֹתִ֨י אֶת־בְּרִיתִ֥י אִתּ֛וֹ
לִבְרִ֥ית עוֹלָ֖ם לְזַרְע֥וֹ אַחֲרָֽיו א:יז:כ וּֽלְיִשְׁמָעֵאל֮ שְׁמַעְתִּיךָ֒ הִנֵּ֣ה ׀
בֵּרַ֣כְתִּי אֹת֗וֹ וְהִפְרֵיתִ֥י אֹת֛וֹ וְהִרְבֵּיתִ֥י אֹת֖וֹ בִּמְאֹ֣ד מְאֹ֑ד שְׁנֵים־עָשָׂ֤ר
נְשִׂיאִם֙ יוֹלִ֔יד וּנְתַתִּ֖יו לְג֥וֹי גָּדֽוֹל א:יז:כא וְאֶת־בְּרִיתִ֖י אָקִ֣ים אֶת־יִצְחָ֑ק
אֲשֶׁר֩ תֵּלֵ֨ד לְךָ֤ שָׂרָה֙ לַמּוֹעֵ֣ד הַזֶּ֔ה בַּשָּׁנָ֖ה הָאַחֶֽרֶת א:יז:כב וַיְכַ֖ל
לְדַבֵּ֣ר אִתּ֑וֹ וַיַּ֣עַל אֱלֹהִ֔ים מֵעַ֖ל אַבְרָהָֽם א:יז:כג וַיִּקַּ֨ח אַבְרָהָ֜ם
אֶת־יִשְׁמָעֵ֣אל בְּנ֗וֹ וְאֵ֨ת כָּל־יְלִידֵ֤י בֵיתוֹ֙ וְאֵת֙ כָּל־מִקְנַ֣ת כַּסְפּ֔וֹ
כָּל־זָכָ֕ר בְּאַנְשֵׁ֖י בֵּ֣ית אַבְרָהָ֑ם וַיָּ֜מָל אֶת־בְּשַׂ֣ר עָרְלָתָ֗ם בְּעֶ֨צֶם֙ הַיּ֣וֹם
הַזֶּ֔ה כַּאֲשֶׁ֛ר דִּבֶּ֥ר אִתּ֖וֹ אֱלֹהִֽים א:יז:כד וְאַ֨בְרָהָ֔ם בֶּן־תִּשְׁעִ֥ים וָתֵ֖שַׁע

שָׁנָ֑ה בְּהִמֹּל֖וֹ בְּשַׂ֥ר עָרְלָתֽוֹ א:יז:כה וְיִשְׁמָעֵ֣אל בְּנ֔וֹ בֶּן־שְׁלֹ֥שׁ עֶשְׂרֵ֖ה
שָׁנָ֑ה בְּהִ֨מֹּל֔וֹ אֵ֖ת בְּשַׂ֥ר עָרְלָתֽוֹ א:יז:כו בְּעֶ֙צֶם֙ הַיּ֣וֹם הַזֶּ֔ה נִמּ֖וֹל
אַבְרָהָ֑ם וְיִשְׁמָעֵ֖אל בְּנֽוֹ א:יז:כז וְכָל־אַנְשֵׁ֤י בֵיתוֹ֙ יְלִ֣יד בָּ֔יִת
וּמִקְנַת־כֶּ֖סֶף מֵאֵ֣ת בֶּן־נֵכָ֑ר נִמֹּ֖לוּ אִתּֽוֹ א:יח:א וַיֵּרָ֤א אֵלָיו֙ יְהוָ֔ה
בְּאֵלֹנֵ֖י מַמְרֵ֑א וְה֛וּא יֹשֵׁ֥ב פֶּֽתַח־הָאֹ֖הֶל כְּחֹ֥ם הַיּֽוֹם א:יח:ב וַיִּשָּׂ֤א עֵינָיו֙
וַיַּ֔רְא וְהִנֵּה֙ שְׁלֹשָׁ֣ה אֲנָשִׁ֔ים נִצָּבִ֖ים עָלָ֑יו וַיַּ֗רְא וַיָּ֤רָץ לִקְרָאתָם֙
מִפֶּ֣תַח הָאֹ֔הֶל וַיִּשְׁתַּ֖חוּ אָֽרְצָה א:יח:ג וַיֹּאמַ֑ר אֲדֹנָ֗י אִם־נָ֨א מָצָ֤אתִי
חֵן֙ בְּעֵינֶ֔יךָ אַל־נָ֥א תַעֲבֹ֖ר מֵעַ֥ל עַבְדֶּֽךָ א:יח:ד יֻקַּֽח־נָ֣א מְעַט־מַ֔יִם
וְרַחֲצ֖וּ רַגְלֵיכֶ֑ם וְהִֽשָּׁעֲנ֖וּ תַּ֥חַת הָעֵֽץ א:יח:ה וְאֶקְחָ֨ה פַת־לֶ֜חֶם
וְסַעֲד֤וּ לִבְּכֶם֙ אַחַ֣ר תַּעֲבֹ֔רוּ כִּֽי־עַל־כֵּ֥ן עֲבַרְתֶּ֖ם עַֽל־עַבְדְּכֶ֑ם וַיֹּ֣אמְר֔וּ
כֵּ֥ן תַּעֲשֶׂ֖ה כַּאֲשֶׁ֥ר דִּבַּֽרְתָּ א:יח:ו וַיְמַהֵ֧ר אַבְרָהָ֛ם הָאֹ֖הֱלָה אֶל־שָׂרָ֑ה
וַיֹּ֗אמֶר מַהֲרִ֞י שְׁלֹ֤שׁ סְאִים֙ קֶ֣מַח סֹ֔לֶת ל֖וּשִׁי וַעֲשִׂ֥י עֻגֽוֹת
א:יח:ז וְאֶל־הַבָּקָ֖ר רָ֣ץ אַבְרָהָ֑ם וַיִּקַּ֨ח בֶּן־בָּקָ֜ר רַ֤ךְ וָטוֹב֙ וַיִּתֵּ֣ן
אֶל־הַנַּ֔עַר וַיְמַהֵ֖ר לַעֲשׂ֥וֹת אֹתֽוֹ א:יח:ח וַיִּקַּ֨ח חֶמְאָ֜ה וְחָלָ֗ב
וּבֶן־הַבָּקָר֙ אֲשֶׁ֣ר עָשָׂ֔ה וַיִּתֵּ֖ן לִפְנֵיהֶ֑ם וְהֽוּא־עֹמֵ֧ד עֲלֵיהֶ֛ם תַּ֥חַת
הָעֵ֖ץ וַיֹּאכֵֽלוּ א:יח:ט וַיֹּאמְר֣וּ אֵלָ֔יו אַיֵּ֖ה שָׂרָ֣ה אִשְׁתֶּ֑ךָ וַיֹּ֖אמֶר הִנֵּ֥ה
בָאֹֽהֶל א:יח:י וַיֹּ֗אמֶר שׁ֣וֹב אָשׁ֤וּב אֵלֶ֙יךָ֙ כָּעֵ֣ת חַיָּ֔ה וְהִנֵּה־בֵ֖ן לְשָׂרָ֣ה
אִשְׁתֶּ֑ךָ וְשָׂרָ֥ה שֹׁמַ֛עַת פֶּ֥תַח הָאֹ֖הֶל וְה֥וּא אַחֲרָֽיו א:יח:יא וְאַבְרָהָ֤ם
וְשָׂרָה֙ זְקֵנִ֔ים בָּאִ֖ים בַּיָּמִ֑ים חָדַל֙ לִהְי֣וֹת לְשָׂרָ֔ה אֹ֖רַח כַּנָּשִֽׁים
א:יח:יב וַתִּצְחַ֥ק שָׂרָ֖ה בְּקִרְבָּ֣הּ לֵאמֹ֑ר אַחֲרֵ֤י בְלֹתִי֙ הָֽיְתָה־לִּ֣י עֶדְנָ֔ה
וַאדֹנִ֖י זָקֵֽן א:יח:יג וַיֹּ֥אמֶר יְהוָ֖ה אֶל־אַבְרָהָ֑ם לָ֣מָּה זֶּה֩ צָחֲקָ֨ה שָׂרָ֜ה
לֵאמֹ֗ר הַאַ֥ף אֻמְנָ֛ם אֵלֵ֖ד וַאֲנִ֥י זָקַֽנְתִּי א:יח:יד הֲיִפָּלֵ֥א מֵיְהוָ֖ה דָּבָ֑ר
לַמּוֹעֵ֞ד אָשׁ֥וּב אֵלֶ֛יךָ כָּעֵ֥ת חַיָּ֖ה וּלְשָׂרָ֥ה בֵֽן א:יח:טו וַתְּכַחֵ֨שׁ שָׂרָ֧ה ׀
לֵאמֹ֛ר לֹ֥א צָחַ֖קְתִּי כִּ֣י ׀ יָרֵ֑אָה וַיֹּ֥אמֶר ׀ לֹ֖א כִּ֥י צָחָֽקְתְּ א:יח:טז וַיָּקֻ֤מוּ
מִשָּׁם֙ הָֽאֲנָשִׁ֔ים וַיַּשְׁקִ֖פוּ עַל־פְּנֵ֣י סְדֹ֑ם וְאַ֨בְרָהָ֔ם הֹלֵ֥ךְ עִמָּ֖ם
לְשַׁלְּחָֽם א:יח:יז וַֽיהוָ֖ה אָמָ֑ר הַֽמְכַסֶּ֤ה אֲנִי֙ מֵֽאַבְרָהָ֔ם אֲשֶׁ֖ר אֲנִ֥י
עֹשֶֽׂה א:יח:יח וְאַ֨בְרָהָ֔ם הָי֧וֹ יִהְיֶ֛ה לְג֥וֹי גָּד֖וֹל וְעָצ֑וּם וְנִ֨בְרְכוּ־ב֔וֹ כֹּ֖ל גּוֹיֵ֥י
הָאָֽרֶץ א:יח:יט כִּ֣י יְדַעְתִּ֗יו לְמַ֡עַן אֲשֶׁ֣ר יְצַוֶּה֩ אֶת־בָּנָ֨יו וְאֶת־בֵּית֜וֹ

אַחֲרָיו וְשָׁמְרוּ דֶּרֶךְ יְהוָה לַעֲשׂוֹת צְדָקָה וּמִשְׁפָּט לְמַעַן הָבִיא
יְהוָה עַל־אַבְרָהָם אֵת אֲשֶׁר־דִּבֶּר עָלָיו א:יח:כ וַיֹּאמֶר יְהוָה זַעֲקַת
סְדֹם וַעֲמֹרָה כִּי־רָבָּה וְחַטָּאתָם כִּי כָבְדָה מְאֹד א:יח:כא אֵרְדָה־נָּא
וְאֶרְאֶה הַכְּצַעֲקָתָהּ הַבָּאָה אֵלַי עָשׂוּ | כָּלָה וְאִם־לֹא אֵדָעָה
א:יח:כב וַיִּפְנוּ מִשָּׁם הָאֲנָשִׁים וַיֵּלְכוּ סְדֹמָה וְאַבְרָהָם עוֹדֶנּוּ עֹמֵד
לִפְנֵי יְהוָה א:יח:כג וַיִּגַּשׁ אַבְרָהָם וַיֹּאמַר הַאַף תִּסְפֶּה צַדִּיק
עִם־רָשָׁע א:יח:כד אוּלַי יֵשׁ חֲמִשִּׁים צַדִּיקִם בְּתוֹךְ הָעִיר הַאַף
תִּסְפֶּה וְלֹא־תִשָּׂא לַמָּקוֹם לְמַעַן חֲמִשִּׁים הַצַּדִּיקִם אֲשֶׁר בְּקִרְבָּהּ
א:יח:כה חָלִלָה לְּךָ מֵעֲשֹׂת | כַּדָּבָר הַזֶּה לְהָמִית צַדִּיק עִם־רָשָׁע
וְהָיָה כַצַּדִּיק כָּרָשָׁע חָלִלָה לָּךְ הֲשֹׁפֵט כָּל־הָאָרֶץ לֹא יַעֲשֶׂה
מִשְׁפָּט א:יח:כו וַיֹּאמֶר יְהוָה אִם־אֶמְצָא בִסְדֹם חֲמִשִּׁים צַדִּיקִם
בְּתוֹךְ הָעִיר וְנָשָׂאתִי לְכָל־הַמָּקוֹם בַּעֲבוּרָם א:יח:כז וַיַּעַן אַבְרָהָם
וַיֹּאמַר הִנֵּה־נָא הוֹאַלְתִּי לְדַבֵּר אֶל־אֲדֹנָי וְאָנֹכִי עָפָר וָאֵפֶר
א:יח:כח אוּלַי יַחְסְרוּן חֲמִשִּׁים הַצַּדִּיקִם חֲמִשָּׁה הֲתַשְׁחִית בַּחֲמִשָּׁה
אֶת־כָּל־הָעִיר וַיֹּאמֶר לֹא אַשְׁחִית אִם־אֶמְצָא שָׁם אַרְבָּעִים
וַחֲמִשָּׁה א:יח:כט וַיֹּסֶף עוֹד לְדַבֵּר אֵלָיו וַיֹּאמַר אוּלַי יִמָּצְאוּן שָׁם
אַרְבָּעִים וַיֹּאמֶר לֹא אֶעֱשֶׂה בַּעֲבוּר הָאַרְבָּעִים א:יח:ל וַיֹּאמֶר
אַל־נָא יִחַר לַאדֹנָי וַאֲדַבֵּרָה אוּלַי יִמָּצְאוּן שָׁם שְׁלֹשִׁים וַיֹּאמֶר לֹא
אֶעֱשֶׂה אִם־אֶמְצָא שָׁם שְׁלֹשִׁים א:יח:לא וַיֹּאמֶר הִנֵּה־נָא הוֹאַלְתִּי
לְדַבֵּר אֶל־אֲדֹנָי אוּלַי יִמָּצְאוּן שָׁם עֶשְׂרִים וַיֹּאמֶר לֹא אַשְׁחִית
בַּעֲבוּר הָעֶשְׂרִים א:יח:לב וַיֹּאמֶר אַל־נָא יִחַר לַאדֹנָי וַאֲדַבְּרָה
אַךְ־הַפַּעַם אוּלַי יִמָּצְאוּן שָׁם עֲשָׂרָה וַיֹּאמֶר לֹא אַשְׁחִית בַּעֲבוּר
הָעֲשָׂרָה א:יח:לג וַיֵּלֶךְ יְהוָה כַּאֲשֶׁר כִּלָּה לְדַבֵּר אֶל־אַבְרָהָם
וְאַבְרָהָם שָׁב לִמְקֹמוֹ א:יט:א וַיָּבֹאוּ שְׁנֵי הַמַּלְאָכִים סְדֹמָה בָּעֶרֶב
וְלוֹט יֹשֵׁב בְּשַׁעַר־סְדֹם וַיַּרְא־לוֹט וַיָּקָם לִקְרָאתָם וַיִּשְׁתַּחוּ אַפַּיִם
אָרְצָה א:יט:ב וַיֹּאמֶר הִנֶּה נָּא־אֲדֹנַי סוּרוּ נָא אֶל־בֵּית עַבְדְּכֶם וְלִינוּ
וְרַחֲצוּ רַגְלֵיכֶם וְהִשְׁכַּמְתֶּם וַהֲלַכְתֶּם לְדַרְכְּכֶם וַיֹּאמְרוּ לֹּא כִּי
בָרְחוֹב נָלִין א:יט:ג וַיִּפְצַר־בָּם מְאֹד וַיָּסֻרוּ אֵלָיו וַיָּבֹאוּ אֶל־בֵּיתוֹ וַיַּעַשׂ

לָהֶם֙ מִשְׁתֶּ֔ה וּמַצּ֥וֹת אָפָ֖ה וַיֹּאכֵֽלוּ א:יט:ד טֶרֶם֮ יִשְׁכָּבוּ֒ וְאַנְשֵׁ֨י הָעִ֜יר
אַנְשֵׁ֤י סְדֹם֙ נָסַ֣בּוּ עַל־הַבַּ֔יִת מִנַּ֖עַר וְעַד־זָקֵ֑ן כָּל־הָעָ֖ם מִקָּצֶֽה
א:יט:ה וַיִּקְרְא֤וּ אֶל־לוֹט֙ וַיֹּ֣אמְרוּ ל֔וֹ אַיֵּ֧ה הָאֲנָשִׁ֛ים אֲשֶׁר־בָּ֥אוּ אֵלֶ֖יךָ
הַלָּ֑יְלָה הוֹצִיאֵ֣ם אֵלֵ֔ינוּ וְנֵדְעָ֖ה אֹתָֽם א:יט:ו וַיֵּצֵ֧א אֲלֵהֶ֛ם ל֖וֹט
הַפֶּ֑תְחָה וְהַדֶּ֖לֶת סָגַ֥ר אַחֲרָֽיו א:יט:ז וַיֹּאמַ֑ר אַל־נָ֥א אַחַ֖י תָּרֵֽעוּ
א:יט:ח הִנֵּה־נָ֨א לִ֜י שְׁתֵּ֣י בָנ֗וֹת אֲשֶׁ֤ר לֹא־יָדְעוּ֙ אִ֔ישׁ אוֹצִֽיאָה־נָּ֤א
אֶתְהֶן֙ אֲלֵיכֶ֔ם וַעֲשׂ֣וּ לָהֶ֔ן כַּטּ֖וֹב בְּעֵינֵיכֶ֑ם רַ֠ק לָֽאֲנָשִׁ֤ים הָאֵל֙
אַל־תַּעֲשׂ֣וּ דָבָ֔ר כִּֽי־עַל־כֵּ֥ן בָּ֖אוּ בְּצֵ֥ל קֹרָתִֽי א:יט:ט וַיֹּאמְר֣וּ ׀
גֶּשׁ־הָ֗לְאָה וַיֹּֽאמְרוּ֙ הָאֶחָ֤ד בָּֽא־לָגוּר֙ וַיִּשְׁפֹּ֣ט שָׁפ֔וֹט עַתָּ֕ה נָרַ֥ע לְךָ֖
מֵהֶ֑ם וַיִּפְצְר֨וּ בָאִ֤ישׁ בְּלוֹט֙ מְאֹ֔ד וַֽיִּגְּשׁ֖וּ לִשְׁבֹּ֥ר הַדָּֽלֶת א:יט:י וַיִּשְׁלְח֤וּ
הָֽאֲנָשִׁים֙ אֶת־יָדָ֔ם וַיָּבִ֧יאוּ אֶת־ל֛וֹט אֲלֵיהֶ֖ם הַבָּ֑יְתָה וְאֶת־הַדֶּ֖לֶת
סָגָֽרוּ א:יט:יא וְֽאֶת־הָאֲנָשִׁ֞ים אֲשֶׁר־פֶּ֣תַח הַבַּ֗יִת הִכּוּ֙ בַּסַּנְוֵרִ֔ים מִקָּטֹ֖ן
וְעַד־גָּד֑וֹל וַיִּלְא֖וּ לִמְצֹ֥א הַפָּֽתַח א:יט:יב וַיֹּאמְר֨וּ הָאֲנָשִׁ֜ים אֶל־ל֗וֹט עֹ֚ד
מִֽי־לְךָ֣ פֹ֔ה חָתָן֙ וּבָנֶ֣יךָ וּבְנֹתֶ֔יךָ וְכֹ֥ל אֲשֶׁר־לְךָ֖ בָּעִ֑יר הוֹצֵ֖א
מִן־הַמָּקֽוֹם א:יט:יג כִּֽי־מַשְׁחִתִ֣ים אֲנַ֔חְנוּ אֶת־הַמָּק֖וֹם הַזֶּ֑ה כִּֽי־גָדְלָ֤ה
צַעֲקָתָם֙ אֶת־פְּנֵ֣י יְהוָ֔ה וַיְשַׁלְּחֵ֥נוּ יְהוָ֖ה לְשַׁחֲתָֽהּ א:יט:יד וַיֵּצֵ֨א ל֜וֹט
וַיְדַבֵּ֣ר ׀ אֶל־חֲתָנָ֣יו ׀ לֹקְחֵ֣י בְנֹתָ֗יו וַיֹּ֙אמֶר֙ ק֣וּמוּ צְּא֔וּ מִן־הַמָּק֣וֹם
הַזֶּ֔ה כִּֽי־מַשְׁחִ֥ית יְהוָ֖ה אֶת־הָעִ֑יר וַיְהִ֥י כִמְצַחֵ֖ק בְּעֵינֵ֥י חֲתָנָֽיו
א:יט:טו וּכְמוֹ֙ הַשַּׁ֣חַר עָלָ֔ה וַיָּאִ֥יצוּ הַמַּלְאָכִ֖ים בְּל֣וֹט לֵאמֹ֑ר קוּם֩ קַ֨ח
אֶֽת־אִשְׁתְּךָ֜ וְאֶת־שְׁתֵּ֤י בְנֹתֶ֙יךָ֙ הַנִּמְצָאֹ֔ת פֶּן־תִּסָּפֶ֖ה בַּעֲוֺ֥ן הָעִֽיר
א:יט:טז וַֽיִּתְמַהְמָ֓הּ ׀ וַיַּחֲזִ֨יקוּ הָאֲנָשִׁ֜ים בְּיָד֣וֹ וּבְיַד־אִשְׁתּ֗וֹ וּבְיַד֙ שְׁתֵּ֣י
בְנֹתָ֔יו בְּחֶמְלַ֥ת יְהוָ֖ה עָלָ֑יו וַיֹּצִאֻ֥הוּ וַיַּנִּחֻ֖הוּ מִח֥וּץ לָעִֽיר א:יט:יז וַיְהִי֩
כְהוֹצִיאָ֨ם אֹתָ֜ם הַח֗וּצָה וַיֹּ֙אמֶר֙ הִמָּלֵ֣ט עַל־נַפְשֶׁ֔ךָ אַל־תַּבִּ֣יט
אַחֲרֶ֔יךָ וְאַל־תַּעֲמֹ֖ד בְּכָל־הַכִּכָּ֑ר הָהָ֥רָה הִמָּלֵ֖ט פֶּן־תִּסָּפֶֽה
א:יט:יח וַיֹּ֥אמֶר ל֖וֹט אֲלֵהֶ֑ם אַל־נָ֖א אֲדֹנָֽי א:יט:יט הִנֵּה־נָ֞א מָצָ֨א עַבְדְּךָ֜
חֵן֮ בְּעֵינֶ֒יךָ֒ וַתַּגְדֵּ֣ל חַסְדְּךָ֗ אֲשֶׁ֤ר עָשִׂ֙יתָ֙ עִמָּדִ֔י לְהַחֲי֖וֹת אֶת־נַפְשִׁ֑י
וְאָנֹכִ֗י לֹ֤א אוּכַל֙ לְהִמָּלֵ֣ט הָהָ֔רָה פֶּן־תִּדְבָּקַ֥נִי הָרָעָ֖ה וָמַֽתִּי
א:יט:כ הִנֵּה־נָ֠א הָעִ֨יר הַזֹּ֧את קְרֹבָ֛ה לָנ֥וּס שָׁ֖מָּה וְהִ֣יא מִצְעָ֑ר

אִמָּלְטָ֨ה נָּ֜א שָׁ֗מָּה הֲלֹ֥א מִצְעָ֛ר הִ֖וא וּתְחִ֥י נַפְשִֽׁי א:יט:כא וַיֹּ֣אמֶר
אֵלָ֔יו הִנֵּה֙ נָשָׂ֣אתִי פָנֶ֔יךָ גַּ֖ם לַדָּבָ֣ר הַזֶּ֑ה לְבִלְתִּ֛י הָפְכִּ֥י אֶת־הָעִ֖יר
אֲשֶׁ֥ר דִּבַּֽרְתָּ א:יט:כב מַהֵר֙ הִמָּלֵ֣ט שָׁ֔מָּה כִּ֣י לֹ֤א אוּכַל֙ לַעֲשׂ֣וֹת דָּבָ֔ר
עַד־בֹּאֲךָ֖ שָׁ֑מָּה עַל־כֵּ֛ן קָרָ֥א שֵׁם־הָעִ֖יר צֽוֹעַר א:יט:כג הַשֶּׁ֖מֶשׁ יָצָ֣א
עַל־הָאָ֑רֶץ וְל֖וֹט בָּ֥א צֹֽעֲרָה א:יט:כד וַֽיהוָ֗ה הִמְטִ֧יר עַל־סְדֹ֛ם
וְעַל־עֲמֹרָ֖ה גָּפְרִ֣ית וָאֵ֑שׁ מֵאֵ֥ת יְהוָ֖ה מִן־הַשָּׁמָֽיִם א:יט:כה וַיַּהֲפֹךְ֙
אֶת־הֶעָרִ֣ים הָאֵ֔ל וְאֵ֖ת כָּל־הַכִּכָּ֑ר וְאֵת֙ כָּל־יֹשְׁבֵ֣י הֶעָרִ֔ים וְצֶ֖מַח
הָאֲדָמָֽה א:יט:כו וַתַּבֵּ֥ט אִשְׁתּ֖וֹ מֵאַחֲרָ֑יו וַתְּהִ֖י נְצִ֥יב מֶֽלַח
א:יט:כז וַיַּשְׁכֵּ֥ם אַבְרָהָ֖ם בַּבֹּ֑קֶר אֶל־הַ֨מָּק֔וֹם אֲשֶׁר־עָ֥מַד שָׁ֖ם אֶת־פְּנֵ֥י
יְהוָֽה א:יט:כח וַיַּשְׁקֵ֗ף עַל־פְּנֵ֤י סְדֹם֙ וַעֲמֹרָ֔ה וְעַ֨ל־כָּל־פְּנֵ֖י אֶ֣רֶץ הַכִּכָּ֑ר
וַיַּ֗רְא וְהִנֵּ֤ה עָלָה֙ קִיטֹ֣ר הָאָ֔רֶץ כְּקִיטֹ֖ר הַכִּבְשָֽׁן א:יט:כט וַיְהִ֗י בְּשַׁחֵ֤ת
אֱלֹהִים֙ אֶת־עָרֵ֣י הַכִּכָּ֔ר וַיִּזְכֹּ֥ר אֱלֹהִ֖ים אֶת־אַבְרָהָ֑ם וַיְשַׁלַּ֤ח
אֶת־לוֹט֙ מִתּ֣וֹךְ הַהֲפֵכָ֔ה בַּהֲפֹךְ֙ אֶת־הֶ֣עָרִ֔ים אֲשֶׁר־יָשַׁ֥ב בָּהֵ֖ן לֽוֹט
א:יט:ל וַיַּעַל֩ ל֨וֹט מִצּ֜וֹעַר וַיֵּ֣שֶׁב בָּהָ֗ר וּשְׁתֵּ֤י בְנֹתָיו֙ עִמּ֔וֹ כִּ֥י יָרֵ֖א לָשֶׁ֣בֶת
בְּצ֑וֹעַר וַיֵּ֙שֶׁב֙ בַּמְּעָרָ֔ה ה֖וּא וּשְׁתֵּ֥י בְנֹתָֽיו א:יט:לא וַתֹּ֧אמֶר הַבְּכִירָ֛ה
אֶל־הַצְּעִירָ֖ה אָבִ֣ינוּ זָקֵ֑ן וְאִ֨ישׁ אֵ֤ין בָּאָ֙רֶץ֙ לָב֣וֹא עָלֵ֔ינוּ כְּדֶ֖רֶךְ
כָּל־הָאָֽרֶץ א:יט:לב לְכָ֨ה נַשְׁקֶ֧ה אֶת־אָבִ֛ינוּ יַ֖יִן וְנִשְׁכְּבָ֣ה עִמּ֑וֹ וּנְחַיֶּ֥ה
מֵאָבִ֖ינוּ זָֽרַע א:יט:לג וַתַּשְׁקֶ֧יןָ אֶת־אֲבִיהֶ֛ן יַ֖יִן בַּלַּ֣יְלָה ה֑וּא וַתָּבֹ֤א
הַבְּכִירָה֙ וַתִּשְׁכַּ֣ב אֶת־אָבִ֔יהָ וְלֹֽא־יָדַ֥ע בְּשִׁכְבָ֖הּ וּבְקוּמָֽהּ א:יט:לד וַֽיְהִי֙
מִֽמָּחֳרָ֔ת וַתֹּ֤אמֶר הַבְּכִירָה֙ אֶל־הַצְּעִירָ֔ה הֵן־שָׁכַ֥בְתִּי אֶ֖מֶשׁ
אֶת־אָבִ֑י נַשְׁקֶ֨נּוּ יַ֜יִן גַּם־הַלַּ֗יְלָה וּבֹ֙אִי֙ שִׁכְבִ֣י עִמּ֔וֹ וּנְחַיֶּ֥ה מֵאָבִ֖ינוּ זָֽרַע
א:יט:לה וַתַּשְׁקֶ֜יןָ גַּ֣ם בַּלַּ֧יְלָה הַה֛וּא אֶת־אֲבִיהֶ֖ן יָ֑יִן וַתָּ֨קָם הַצְּעִירָה֙
וַתִּשְׁכַּ֣ב עִמּ֔וֹ וְלֹֽא־יָדַ֥ע בְּשִׁכְבָ֖הּ וּבְקֻמָֽהּ א:יט:לו וַֽתַּהֲרֶ֛יןָ שְׁתֵּ֥י
בְנֽוֹת־ל֖וֹט מֵאֲבִיהֶֽן א:יט:לז וַתֵּ֤לֶד הַבְּכִירָה֙ בֵּ֔ן וַתִּקְרָ֥א שְׁמ֖וֹ מוֹאָ֑ב
ה֥וּא אֲבִֽי־מוֹאָ֖ב עַד־הַיּֽוֹם א:יט:לח וְהַצְּעִירָ֤ה גַם־הִוא֙ יָ֣לְדָה בֵּ֔ן
וַתִּקְרָ֥א שְׁמ֖וֹ בֶּן־עַמִּ֑י ה֛וּא אֲבִ֥י בְנֵי־עַמּ֖וֹן עַד־הַיּֽוֹם א:כ:א וַיִּסַּ֨ע
מִשָּׁ֤ם אַבְרָהָם֙ אַ֣רְצָה הַנֶּ֔גֶב וַיֵּ֥שֶׁב בֵּין־קָדֵ֖שׁ וּבֵ֣ין שׁ֑וּר וַיָּ֖גָר בִּגְרָֽר
א:כ:ב וַיֹּ֧אמֶר אַבְרָהָ֛ם אֶל־שָׂרָ֥ה אִשְׁתּ֖וֹ אֲחֹ֣תִי הִ֑וא וַיִּשְׁלַ֗ח אֲבִימֶ֙לֶךְ֙

מֶ֣לֶךְ גְּרָ֑ר וַיִּקַּ֖ח אֶת־שָׂרָֽה א:כ:ג וַיָּבֹ֧א אֱלֹהִ֛ים אֶל־אֲבִימֶ֖לֶךְ בַּחֲל֣וֹם
הַלָּ֑יְלָה וַיֹּ֤אמֶר לוֹ֙ הִנְּךָ֣ מֵת֙ עַל־הָאִשָּׁ֣ה אֲשֶׁר־לָקַ֔חְתָּ וְהִ֖וא בְּעֻ֥לַת
בָּֽעַל א:כ:ד וַאֲבִימֶ֕לֶךְ לֹ֥א קָרַ֖ב אֵלֶ֑יהָ וַיֹּאמַ֕ר אֲדֹנָ֕י הֲג֥וֹי גַּם־צַדִּ֖יק
תַּהֲרֹֽג א:כ:ה הֲלֹ֨א ה֤וּא אָֽמַר־לִי֙ אֲחֹ֣תִי הִ֔וא וְהִֽיא־גַם־הִ֥וא אָֽמְרָ֖ה
אָחִ֣י ה֑וּא בְּתָם־לְבָבִ֛י וּבְנִקְיֹ֥ן כַּפַּ֖י עָשִׂ֥יתִי זֹֽאת א:כ:ו וַיֹּאמֶר֩ אֵלָ֨יו
הָאֱלֹהִ֜ים בַּחֲלֹ֗ם גַּ֣ם אָנֹכִ֤י יָדַ֙עְתִּי֙ כִּ֤י בְתָם־לְבָבְךָ֙ עָשִׂ֣יתָ זֹּ֔את
וָאֶחְשֹׂ֧ךְ גַּם־אָנֹכִ֛י אוֹתְךָ֖ מֵחֲטוֹ־לִ֑י עַל־כֵּ֥ן לֹא־נְתַתִּ֖יךָ לִנְגֹּ֥עַ אֵלֶֽיהָ
א:כ:ז וְעַתָּ֗ה הָשֵׁ֤ב אֵֽשֶׁת־הָאִישׁ֙ כִּֽי־נָבִ֣יא ה֔וּא וְיִתְפַּלֵּ֥ל בַּֽעַדְךָ֖ וֶֽחְיֵ֑ה
וְאִם־אֵֽינְךָ֣ מֵשִׁ֗יב דַּ֚ע כִּי־מ֣וֹת תָּמ֔וּת אַתָּ֖ה וְכָל־אֲשֶׁר־לָֽךְ
א:כ:ח וַיַּשְׁכֵּ֨ם אֲבִימֶ֜לֶךְ בַּבֹּ֗קֶר וַיִּקְרָא֙ לְכָל־עֲבָדָ֔יו וַיְדַבֵּ֛ר
אֶת־כָּל־הַדְּבָרִ֥ים הָאֵ֖לֶּה בְּאָזְנֵיהֶ֑ם וַיִּֽירְא֥וּ הָאֲנָשִׁ֖ים מְאֹֽד
א:כ:ט וַיִּקְרָ֨א אֲבִימֶ֜לֶךְ לְאַבְרָהָ֗ם וַיֹּ֨אמֶר ל֜וֹ מֶֽה־עָשִׂ֣יתָ לָּ֗נוּ
וּמֶֽה־חָטָ֣אתִי לָ֔ךְ כִּֽי־הֵבֵ֧אתָ עָלַ֛י וְעַל־מַמְלַכְתִּ֖י חֲטָאָ֣ה גְדֹלָ֑ה
מַעֲשִׂים֙ אֲשֶׁ֣ר לֹא־יֵעָשׂ֔וּ עָשִׂ֖יתָ עִמָּדִֽי א:כ:י וַיֹּ֥אמֶר אֲבִימֶ֖לֶךְ
אֶל־אַבְרָהָ֑ם מָ֣ה רָאִ֔יתָ כִּ֥י עָשִׂ֖יתָ אֶת־הַדָּבָ֥ר הַזֶּֽה א:כ:יא וַיֹּ֙אמֶר֙
אַבְרָהָ֔ם כִּ֣י אָמַ֗רְתִּי רַ֚ק אֵין־יִרְאַ֣ת אֱלֹהִ֔ים בַּמָּק֖וֹם הַזֶּ֑ה וַהֲרָג֖וּנִי
עַל־דְּבַ֥ר אִשְׁתִּֽי א:כ:יב וְגַם־אָמְנָ֗ה אֲחֹתִ֤י בַת־אָבִי֙ ה֔וא אַ֖ךְ לֹ֣א
בַת־אִמִּ֑י וַתְּהִי־לִ֖י לְאִשָּֽׁה א:כ:יג וַיְהִ֞י כַּאֲשֶׁ֧ר הִתְע֣וּ אֹתִ֗י אֱלֹהִים֮
מִבֵּ֣ית אָבִי֒ וָאֹמַ֣ר לָ֔הּ זֶ֣ה חַסְדֵּ֔ךְ אֲשֶׁ֥ר תַּעֲשִׂ֖י עִמָּדִ֑י אֶ֤ל כָּל־הַמָּקוֹם֙
אֲשֶׁ֣ר נָב֣וֹא שָׁ֔מָּה אִמְרִי־לִ֖י אָחִ֥י הֽוּא א:כ:יד וַיִּקַּ֨ח אֲבִימֶ֜לֶךְ צֹ֣אן
וּבָקָ֗ר וַעֲבָדִים֙ וּשְׁפָחֹ֔ת וַיִּתֵּ֖ן לְאַבְרָהָ֑ם וַיָּ֣שֶׁב ל֔וֹ אֵ֖ת שָׂרָ֥ה אִשְׁתּֽוֹ
א:כ:טו וַיֹּ֣אמֶר אֲבִימֶ֔לֶךְ הִנֵּ֥ה אַרְצִ֖י לְפָנֶ֑יךָ בַּטּ֥וֹב בְּעֵינֶ֖יךָ שֵֽׁב
א:כ:טז וּלְשָׂרָ֣ה אָמַ֗ר הִנֵּ֨ה נָתַ֜תִּי אֶ֤לֶף כֶּ֙סֶף֙ לְאָחִ֔יךְ הִנֵּ֤ה הוּא־לָךְ֙
כְּס֣וּת עֵינַ֔יִם לְכֹ֖ל אֲשֶׁ֣ר אִתָּ֑ךְ וְאֵ֥ת כֹּ֖ל וְנֹכָֽחַת א:כ:יז וַיִּתְפַּלֵּ֥ל
אַבְרָהָ֖ם אֶל־הָאֱלֹהִ֑ים וַיִּרְפָּ֨א אֱלֹהִ֜ים אֶת־אֲבִימֶ֧לֶךְ וְאֶת־אִשְׁתּ֛וֹ
וְאַמְהֹתָ֖יו וַיֵּלֵֽדוּ א:כ:יח כִּֽי־עָצֹ֤ר עָצַר֙ יְהוָ֔ה בְּעַ֥ד כָּל־רֶ֖חֶם לְבֵ֣ית
אֲבִימֶ֑לֶךְ עַל־דְּבַ֥ר שָׂרָ֖ה אֵ֥שֶׁת אַבְרָהָֽם א:כא:א וַֽיהוָ֛ה פָּקַ֥ד
אֶת־שָׂרָ֖ה כַּאֲשֶׁ֣ר אָמָ֑ר וַיַּ֧עַשׂ יְהוָ֛ה לְשָׂרָ֖ה כַּאֲשֶׁ֥ר דִּבֵּֽר א:כא:ב וַתַּהַר֩

וַתֵּ֨לֶד שָׂרָ֧ה לְאַבְרָהָ֛ם בֵּ֖ן לִזְקֻנָ֑יו לַמּוֹעֵ֕ד אֲשֶׁר־דִּבֶּ֥ר אֹת֖וֹ אֱלֹהִֽים
א:כא:ג וַיִּקְרָ֨א אַבְרָהָ֜ם אֶֽת־שֶׁם־בְּנ֧וֹ הַנּֽוֹלַד־ל֛וֹ אֲשֶׁר־יָֽלְדָה־לּ֥וֹ שָׂרָ֖ה
יִצְחָֽק א:כא:ד וַיָּ֤מָל אַבְרָהָם֙ אֶת־יִצְחָ֣ק בְּנ֔וֹ בֶּן־שְׁמֹנַ֖ת יָמִ֑ים כַּאֲשֶׁ֛ר
צִוָּ֥ה אֹת֖וֹ אֱלֹהִֽים א:כא:ה וְאַבְרָהָ֖ם בֶּן־מְאַ֣ת שָׁנָ֑ה בְּהִוָּ֣לֶד ל֔וֹ אֵ֖ת
יִצְחָ֥ק בְּנֽוֹ א:כא:ו וַתֹּ֣אמֶר שָׂרָ֔ה צְחֹ֕ק עָ֥שָׂה לִ֖י אֱלֹהִ֑ים כָּל־הַשֹּׁמֵ֖עַ
יִֽצְחַק־לִֽי א:כא:ז וַתֹּ֗אמֶר מִ֤י מִלֵּל֙ לְאַבְרָהָ֔ם הֵינִ֥יקָה בָנִ֖ים שָׂרָ֑ה
כִּֽי־יָלַ֥דְתִּי בֵ֖ן לִזְקֻנָֽיו א:כא:ח וַיִּגְדַּ֥ל הַיֶּ֖לֶד וַיִּגָּמַ֑ל וַיַּ֤עַשׂ אַבְרָהָם֙
מִשְׁתֶּ֣ה גָד֔וֹל בְּי֖וֹם הִגָּמֵ֥ל אֶת־יִצְחָֽק א:כא:ט וַתֵּ֨רֶא שָׂרָ֜ה
אֶֽת־בֶּן־הָגָ֧ר הַמִּצְרִ֛ית אֲשֶׁר־יָלְדָ֥ה לְאַבְרָהָ֖ם מְצַחֵֽק א:כא:י וַתֹּ֙אמֶר֙
לְאַבְרָהָ֔ם גָּרֵ֛שׁ הָאָמָ֥ה הַזֹּ֖את וְאֶת־בְּנָ֑הּ כִּ֣י לֹ֤א יִירַשׁ֙ בֶּן־הָאָמָ֣ה
הַזֹּ֔את עִם־בְּנִ֖י עִם־יִצְחָֽק א:כא:יא וַיֵּ֧רַע הַדָּבָ֛ר מְאֹ֖ד בְּעֵינֵ֣י אַבְרָהָ֑ם
עַ֖ל אוֹדֹ֥ת בְּנֽוֹ א:כא:יב וַיֹּאמֶר֩ אֱלֹהִ֨ים אֶל־אַבְרָהָ֜ם אַל־יֵרַ֣ע בְּעֵינֶ֗יךָ
עַל־הַנַּ֙עַר֙ וְעַל־אֲמָתֶ֔ךָ כֹּל֩ אֲשֶׁ֨ר תֹּאמַ֥ר אֵלֶ֛יךָ שָׂרָ֖ה שְׁמַ֣ע בְּקֹלָ֑הּ
כִּ֣י בְיִצְחָ֔ק יִקָּרֵ֥א לְךָ֖ זָֽרַע א:כא:יג וְגַ֥ם אֶת־בֶּן־הָאָמָ֖ה לְג֣וֹי אֲשִׂימֶ֑נּוּ כִּ֥י
זַרְעֲךָ֖ הֽוּא א:כא:יד וַיַּשְׁכֵּ֣ם אַבְרָהָ֣ם ׀ בַּבֹּ֡קֶר וַיִּֽקַּֽח־לֶחֶם֩ וְחֵ֨מַת מַ֜יִם
וַיִּתֵּ֣ן אֶל־הָ֠גָר שָׂ֧ם עַל־שִׁכְמָ֛הּ וְאֶת־הַיֶּ֖לֶד וַֽיְשַׁלְּחֶ֑הָ וַתֵּ֣לֶךְ וַתֵּ֔תַע
בְּמִדְבַּ֖ר בְּאֵ֥ר שָֽׁבַע א:כא:טו וַיִּכְל֥וּ הַמַּ֖יִם מִן־הַחֵ֑מֶת וַתַּשְׁלֵ֣ךְ
אֶת־הַיֶּ֔לֶד תַּ֖חַת אַחַ֥ד הַשִּׂיחִֽם א:כא:טז וַתֵּלֶךְ֩ וַתֵּ֨שֶׁב לָ֜הּ מִנֶּ֗גֶד
הַרְחֵק֙ כִּמְטַחֲוֵ֣י קֶ֔שֶׁת כִּ֣י אָֽמְרָ֔ה אַל־אֶרְאֶ֖ה בְּמ֣וֹת הַיָּ֑לֶד וַתֵּ֣שֶׁב
מִנֶּ֔גֶד וַתִּשָּׂ֥א אֶת־קֹלָ֖הּ וַתֵּֽבְךְּ א:כא:יז וַיִּשְׁמַ֣ע אֱלֹהִים֮ אֶת־ק֣וֹל הַנַּ֒עַר֒
וַיִּקְרָא֩ מַלְאַ֨ךְ אֱלֹהִ֤ים ׀ אֶל־הָגָר֙ מִן־הַשָּׁמַ֔יִם וַיֹּ֥אמֶר לָ֖הּ מַה־לָּ֣ךְ
הָגָ֑ר אַל־תִּ֣ירְאִ֔י כִּֽי־שָׁמַ֧ע אֱלֹהִ֛ים אֶל־ק֥וֹל הַנַּ֖עַר בַּאֲשֶׁ֥ר הוּא־שָֽׁם
א:כא:יח ק֚וּמִי שְׂאִ֣י אֶת־הַנַּ֔עַר וְהַחֲזִ֥יקִי אֶת־יָדֵ֖ךְ בּ֑וֹ כִּֽי־לְג֥וֹי גָּד֖וֹל
אֲשִׂימֶֽנּוּ א:כא:יט וַיִּפְקַ֤ח אֱלֹהִים֙ אֶת־עֵינֶ֔יהָ וַתֵּ֖רֶא בְּאֵ֣ר מָ֑יִם וַתֵּ֜לֶךְ
וַתְּמַלֵּ֤א אֶת־הַחֵ֙מֶת֙ מַ֔יִם וַתַּ֖שְׁקְ אֶת־הַנָּֽעַר א:כא:כ וַיְהִ֧י אֱלֹהִ֛ים
אֶת־הַנַּ֖עַר וַיִּגְדָּ֑ל וַיֵּ֙שֶׁב֙ בַּמִּדְבָּ֔ר וַיְהִ֖י רֹבֶ֥ה קַשָּֽׁת א:כא:כא וַיֵּ֖שֶׁב
בְּמִדְבַּ֣ר פָּארָ֑ן וַתִּֽקַּֽח־ל֥וֹ אִמּ֛וֹ אִשָּׁ֖ה מֵאֶ֥רֶץ מִצְרָֽיִם א:כא:כב וַֽיְהִי֙
בָּעֵ֣ת הַהִ֔וא וַיֹּ֣אמֶר אֲבִימֶ֗לֶךְ וּפִיכֹל֙ שַׂר־צְבָא֔וֹ אֶל־אַבְרָהָ֖ם לֵאמֹ֑ר

אֱלֹהִ֣ים עִמְּךָ֔ בְּכֹ֥ל אֲשֶׁר־אַתָּ֖ה עֹשֶֽׂה׃ א:כא:כג וְעַתָּ֗ה הִשָּׁ֨בְעָה לִּ֤י
בֵֽאלֹהִים֙ הֵ֔נָּה אִם־תִּשְׁקֹ֣ר לִ֔י וּלְנִינִ֖י וּלְנֶכְדִּ֑י כַּחֶ֜סֶד אֲשֶׁר־עָשִׂ֤יתִי
עִמְּךָ֙ תַּעֲשֶׂ֣ה עִמָּדִ֔י וְעִם־הָאָ֖רֶץ אֲשֶׁר־גַּ֥רְתָּה בָּֽהּ׃ א:כא:כד וַיֹּ֙אמֶר֙
אַבְרָהָ֔ם אָנֹכִ֖י אִשָּׁבֵֽעַ׃ א:כא:כה וְהוֹכִ֥חַ אַבְרָהָ֖ם אֶת־אֲבִימֶ֑לֶךְ
עַל־אֹדוֹת֙ בְּאֵ֣ר הַמַּ֔יִם אֲשֶׁ֥ר גָּזְל֖וּ עַבְדֵ֥י אֲבִימֶֽלֶךְ׃ א:כא:כו וַיֹּ֣אמֶר
אֲבִימֶ֔לֶךְ לֹ֣א יָדַ֔עְתִּי מִ֥י עָשָׂ֖ה אֶת־הַדָּבָ֣ר הַזֶּ֑ה וְגַם־אַתָּ֞ה לֹא־הִגַּ֣דְתָּ
לִּ֗י וְגַ֧ם אָנֹכִ֛י לֹ֥א שָׁמַ֖עְתִּי בִּלְתִּ֥י הַיּֽוֹם׃ א:כא:כז וַיִּקַּ֤ח אַבְרָהָם֙ צֹ֣אן
וּבָקָ֔ר וַיִּתֵּ֖ן לַאֲבִימֶ֑לֶךְ וַיִּכְרְת֥וּ שְׁנֵיהֶ֖ם בְּרִֽית׃ א:כא:כח וַיַּצֵּ֣ב אַבְרָהָ֗ם
אֶת־שֶׁ֛בַע כִּבְשֹׂ֥ת הַצֹּ֖אן לְבַדְּהֶֽן׃ א:כא:כט וַיֹּ֥אמֶר אֲבִימֶ֖לֶךְ
אֶל־אַבְרָהָ֑ם מָ֣ה הֵ֗נָּה שֶׁ֤בַע כְּבָשֹׂת֙ הָאֵ֔לֶּה אֲשֶׁ֥ר הִצַּ֖בְתָּ לְבַדָּֽנָה׃
א:כא:ל וַיֹּ֕אמֶר כִּ֚י אֶת־שֶׁ֣בַע כְּבָשֹׂ֔ת תִּקַּ֖ח מִיָּדִ֑י בַּעֲבוּר֙ תִּֽהְיֶה־לִּ֣י
לְעֵדָ֔ה כִּ֥י חָפַ֖רְתִּי אֶת־הַבְּאֵ֥ר הַזֹּֽאת׃ א:כא:לא עַל־כֵּ֗ן קָרָ֛א לַמָּק֥וֹם
הַה֖וּא בְּאֵ֣ר שָׁ֑בַע כִּ֛י שָׁ֥ם נִשְׁבְּע֖וּ שְׁנֵיהֶֽם׃ א:כא:לב וַיִּכְרְת֥וּ בְרִ֖ית
בִּבְאֵ֣ר שָׁ֑בַע וַיָּ֣קָם אֲבִימֶ֗לֶךְ וּפִיכֹל֙ שַׂר־צְבָא֔וֹ וַיָּשֻׁ֖בוּ אֶל־אֶ֥רֶץ
פְּלִשְׁתִּֽים׃ א:כא:לג וַיִּטַּ֥ע אֶ֖שֶׁל בִּבְאֵ֣ר שָׁ֑בַע וַיִּקְרָא־שָׁ֕ם בְּשֵׁ֥ם יְהוָ֖ה
אֵ֥ל עוֹלָֽם׃ א:כא:לד וַיָּ֧גָר אַבְרָהָ֛ם בְּאֶ֥רֶץ פְּלִשְׁתִּ֖ים יָמִ֥ים רַבִּֽים׃
א:כב:א וַיְהִ֗י אַחַר֙ הַדְּבָרִ֣ים הָאֵ֔לֶּה וְהָ֣אֱלֹהִ֔ים נִסָּ֖ה אֶת־אַבְרָהָ֑ם
וַיֹּ֣אמֶר אֵלָ֔יו אַבְרָהָ֖ם וַיֹּ֥אמֶר הִנֵּֽנִי׃ א:כב:ב וַיֹּ֡אמֶר קַח־נָ֠א אֶת־בִּנְךָ֙
אֶת־יְחִֽידְךָ֤ אֲשֶׁר־אָהַ֙בְתָּ֙ אֶת־יִצְחָ֔ק וְלֶךְ־לְךָ֔ אֶל־אֶ֖רֶץ הַמֹּרִיָּ֑ה
וְהַעֲלֵ֤הוּ שָׁם֙ לְעֹלָ֔ה עַ֚ל אַחַ֣ד הֶֽהָרִ֔ים אֲשֶׁ֖ר אֹמַ֥ר אֵלֶֽיךָ׃
א:כב:ג וַיַּשְׁכֵּ֨ם אַבְרָהָ֜ם בַּבֹּ֗קֶר וַֽיַּחֲבֹשׁ֙ אֶת־חֲמֹר֔וֹ וַיִּקַּ֞ח אֶת־שְׁנֵ֤י
נְעָרָיו֙ אִתּ֔וֹ וְאֵ֖ת יִצְחָ֣ק בְּנ֑וֹ וַיְבַקַּע֙ עֲצֵ֣י עֹלָ֔ה וַיָּ֣קָם וַיֵּ֔לֶךְ אֶל־הַמָּק֖וֹם
אֲשֶׁר־אָֽמַר־ל֥וֹ הָאֱלֹהִֽים׃ א:כב:ד בַּיּ֣וֹם הַשְּׁלִישִׁ֗י וַיִּשָּׂ֨א אַבְרָהָ֧ם
אֶת־עֵינָ֛יו וַיַּ֥רְא אֶת־הַמָּק֖וֹם מֵרָחֹֽק׃ א:כב:ה וַיֹּ֨אמֶר אַבְרָהָ֜ם
אֶל־נְעָרָ֗יו שְׁבוּ־לָכֶ֥ם פֹּה֙ עִֽם־הַחֲמ֔וֹר וַאֲנִ֣י וְהַנַּ֔עַר נֵלְכָ֖ה עַד־כֹּ֑ה
וְנִֽשְׁתַּחֲוֶ֖ה וְנָשׁ֥וּבָה אֲלֵיכֶֽם׃ א:כב:ו וַיִּקַּ֨ח אַבְרָהָ֜ם אֶת־עֲצֵ֣י הָעֹלָ֗ה
וַיָּ֙שֶׂם֙ עַל־יִצְחָ֣ק בְּנ֔וֹ וַיִּקַּ֣ח בְּיָד֔וֹ אֶת־הָאֵ֖שׁ וְאֶת־הַֽמַּאֲכֶ֑לֶת וַיֵּלְכ֥וּ
שְׁנֵיהֶ֖ם יַחְדָּֽו׃ א:כב:ז וַיֹּ֨אמֶר יִצְחָ֜ק אֶל־אַבְרָהָ֤ם אָבִיו֙ וַיֹּ֣אמֶר אָבִ֔י

וַיֹּ֖אמֶר הִנֶּ֣נִּֽי בְנִ֑י וַיֹּ֗אמֶר הִנֵּ֤ה הָאֵשׁ֙ וְהָ֣עֵצִ֔ים וְאַיֵּ֥ה הַשֶּׂ֖ה לְעֹלָֽה
א:כב:ח וַיֹּ֙אמֶר֙ אַבְרָהָ֔ם אֱלֹהִ֞ים יִרְאֶה־לּ֥וֹ הַשֶּׂ֛ה לְעֹלָ֖ה בְּנִ֑י וַיֵּלְכ֖וּ
שְׁנֵיהֶ֥ם יַחְדָּֽו א:כב:ט וַיָּבֹ֗אוּ אֶֽל־הַמָּקוֹם֮ אֲשֶׁ֣ר אָֽמַר־ל֣וֹ הָאֱלֹהִים֒ וַיִּ֨בֶן
שָׁ֤ם אַבְרָהָם֙ אֶת־הַמִּזְבֵּ֔חַ וַֽיַּעֲרֹ֖ךְ אֶת־הָעֵצִ֑ים וַֽיַּעֲקֹד֙ אֶת־יִצְחָ֣ק
בְּנ֔וֹ וַיָּ֤שֶׂם אֹתוֹ֙ עַל־הַמִּזְבֵּ֔חַ מִמַּ֖עַל לָעֵצִֽים א:כב:י וַיִּשְׁלַ֤ח אַבְרָהָם֙
אֶת־יָד֔וֹ וַיִּקַּ֖ח אֶת־הַֽמַּאֲכֶ֑לֶת לִשְׁחֹ֖ט אֶת־בְּנֽוֹ א:כב:יא וַיִּקְרָ֨א אֵלָ֜יו
מַלְאַ֤ךְ יְהוָה֙ מִן־הַשָּׁמַ֔יִם וַיֹּ֖אמֶר אַבְרָהָ֣ם ׀ אַבְרָהָ֑ם וַיֹּ֖אמֶר הִנֵּֽנִי
א:כב:יב וַיֹּ֗אמֶר אַל־תִּשְׁלַ֤ח יָֽדְךָ֙ אֶל־הַנַּ֔עַר וְאַל־תַּ֥עַשׂ ל֖וֹ מְא֑וּמָּה כִּ֣י
׀ עַתָּ֣ה יָדַ֔עְתִּי כִּֽי־יְרֵ֤א אֱלֹהִים֙ אַ֔תָּה וְלֹ֥א חָשַׂ֛כְתָּ אֶת־בִּנְךָ֥
אֶת־יְחִידְךָ֖ מִמֶּֽנִּי א:כב:יג וַיִּשָּׂ֨א אַבְרָהָ֜ם אֶת־עֵינָ֗יו וַיַּרְא֙ וְהִנֵּה־אַ֔יִל
אַחַ֕ר נֶאֱחַ֥ז בַּסְּבַ֖ךְ בְּקַרְנָ֑יו וַיֵּ֤לֶךְ אַבְרָהָם֙ וַיִּקַּ֣ח אֶת־הָאַ֔יִל וַיַּעֲלֵ֥הוּ
לְעֹלָ֖ה תַּ֥חַת בְּנֽוֹ א:כב:יד וַיִּקְרָ֧א אַבְרָהָ֛ם שֵֽׁם־הַמָּק֥וֹם הַה֖וּא יְהוָ֣ה
׀ יִרְאֶ֑ה אֲשֶׁר֙ יֵאָמֵ֣ר הַיּ֔וֹם בְּהַ֥ר יְהוָ֖ה יֵרָאֶֽה א:כב:טו וַיִּקְרָ֛א מַלְאַ֥ךְ
יְהוָ֖ה אֶל־אַבְרָהָ֑ם שֵׁנִ֖ית מִן־הַשָּׁמָֽיִם א:כב:טז וַיֹּ֕אמֶר בִּ֥י נִשְׁבַּ֖עְתִּי
נְאֻם־יְהוָ֑ה כִּ֗י יַ֚עַן אֲשֶׁ֤ר עָשִׂ֙יתָ֙ אֶת־הַדָּבָ֣ר הַזֶּ֔ה וְלֹ֥א חָשַׂ֖כְתָּ
אֶת־בִּנְךָ֥ אֶת־יְחִידֶֽךָ א:כב:יז כִּֽי־בָרֵ֣ךְ אֲבָרֶכְךָ֗ וְהַרְבָּ֨ה אַרְבֶּ֤ה
אֶֽת־זַרְעֲךָ֙ כְּכוֹכְבֵ֣י הַשָּׁמַ֔יִם וְכַח֕וֹל אֲשֶׁ֖ר עַל־שְׂפַ֣ת הַיָּ֑ם וְיִרַ֣שׁ זַֽרְעֲךָ֔
אֵ֖ת שַׁ֥עַר אֹיְבָֽיו א:כב:יח וְהִתְבָּרְכ֣וּ בְזַרְעֲךָ֔ כֹּ֖ל גּוֹיֵ֣י הָאָ֑רֶץ עֵ֕קֶב אֲשֶׁ֥ר
שָׁמַ֖עְתָּ בְּקֹלִֽי א:כב:יט וַיָּ֤שָׁב אַבְרָהָם֙ אֶל־נְעָרָ֔יו וַיָּקֻ֛מוּ וַיֵּלְכ֥וּ יַחְדָּ֖ו
אֶל־בְּאֵ֣ר שָׁ֑בַע וַיֵּ֥שֶׁב אַבְרָהָ֖ם בִּבְאֵ֥ר שָֽׁבַע א:כב:כ וַיְהִ֗י אַחֲרֵי֙
הַדְּבָרִ֣ים הָאֵ֔לֶּה וַיֻּגַּ֥ד לְאַבְרָהָ֖ם לֵאמֹ֑ר הִ֠נֵּה יָלְדָ֨ה מִלְכָּ֥ה גַם־הִ֛וא
בָּנִ֖ים לְנָח֥וֹר אָחִֽיךָ א:כב:כא אֶת־ע֥וּץ בְּכֹר֖וֹ וְאֶת־בּ֣וּז אָחִ֑יו
וְאֶת־קְמוּאֵ֖ל אֲבִ֥י אֲרָֽם א:כב:כב וְאֶת־כֶּ֣שֶׂד וְאֶת־חֲז֔וֹ וְאֶת־פִּלְדָּ֖שׁ
וְאֶת־יִדְלָ֑ף וְאֵ֖ת בְּתוּאֵֽל א:כב:כג וּבְתוּאֵ֖ל יָלַ֣ד אֶת־רִבְקָ֑ה שְׁמֹנָ֥ה
אֵ֙לֶּה֙ יָלְדָ֣ה מִלְכָּ֔ה לְנָח֖וֹר אֲחִ֥י אַבְרָהָֽם א:כב:כד וּפִֽילַגְשׁ֖וֹ וּשְׁמָ֣הּ
רְאוּמָ֑ה וַתֵּ֤לֶד גַּם־הִוא֙ אֶת־טֶ֣בַח וְאֶת־גַּ֔חַם וְאֶת־תַּ֖חַשׁ
וְאֶת־מַעֲכָֽה א:כג:א וַיִּהְיוּ֙ חַיֵּ֣י שָׂרָ֔ה מֵאָ֥ה שָׁנָ֛ה וְעֶשְׂרִ֥ים שָׁנָ֖ה וְשֶׁ֣בַע
שָׁנִ֑ים שְׁנֵ֖י חַיֵּ֥י שָׂרָֽה א:כג:ב וַתָּ֣מָת שָׂרָ֗ה בְּקִרְיַ֥ת אַרְבַּ֛ע הִ֥וא חֶבְר֖וֹן

בְּאֶ֣רֶץ כְּנָ֑עַן וַיָּבֹא֙ אַבְרָהָ֔ם לִסְפֹּ֥ד לְשָׂרָ֖ה וְלִבְכֹּתָֽהּ א:כג:ג וַיָּ֙קָם֙
אַבְרָהָ֔ם מֵעַ֖ל פְּנֵ֣י מֵת֑וֹ וַיְדַבֵּ֥ר אֶל־בְּנֵי־חֵ֖ת לֵאמֹֽר א:כג:ד גֵּר־וְתוֹשָׁ֥ב
אָנֹכִ֖י עִמָּכֶ֑ם תְּנ֨וּ לִ֤י אֲחֻזַּת־קֶ֙בֶר֙ עִמָּכֶ֔ם וְאֶקְבְּרָ֥ה מֵתִ֖י מִלְּפָנָֽי
א:כג:ה וַיַּעֲנ֧וּ בְנֵי־חֵ֛ת אֶת־אַבְרָהָ֖ם לֵאמֹ֥ר לֽוֹ א:כג:ו שְׁמָעֵ֣נוּ ׀ אֲדֹנִ֗י
נְשִׂ֨יא אֱלֹהִ֤ים אַתָּה֙ בְּתוֹכֵ֔נוּ בְּמִבְחַ֣ר קְבָרֵ֔ינוּ קְבֹ֖ר אֶת־מֵתֶ֑ךָ אִ֣ישׁ
מִמֶּ֔נּוּ אֶת־קִבְר֖וֹ לֹֽא־יִכְלֶ֥ה מִמְּךָ֖ מִקְּבֹ֥ר מֵתֶֽךָ א:כג:ז וַיָּ֧קָם אַבְרָהָ֛ם
וַיִּשְׁתַּ֥חוּ לְעַם־הָאָ֖רֶץ לִבְנֵי־חֵֽת א:כג:ח וַיְדַבֵּ֥ר אִתָּ֖ם לֵאמֹ֑ר אִם־יֵ֣שׁ
אֶֽת־נַפְשְׁכֶ֗ם לִקְבֹּ֤ר אֶת־מֵתִי֙ מִלְּפָנַ֔י שְׁמָע֕וּנִי וּפִגְעוּ־לִ֖י בְּעֶפְר֥וֹן
בֶּן־צֹֽחַר א:כג:ט וְיִתֶּן־לִ֗י אֶת־מְעָרַ֤ת הַמַּכְפֵּלָה֙ אֲשֶׁר־ל֔וֹ אֲשֶׁ֖ר בִּקְצֵ֣ה
שָׂדֵ֑הוּ בְּכֶ֨סֶף מָלֵ֜א יִתְּנֶ֥נָּה לִּ֛י בְּתוֹכְכֶ֖ם לַאֲחֻזַּת־קָֽבֶר א:כג:י וְעֶפְר֥וֹן
יֹשֵׁ֖ב בְּת֣וֹךְ בְּנֵי־חֵ֑ת וַיַּעַן֩ עֶפְר֨וֹן הַחִתִּ֤י אֶת־אַבְרָהָם֙ בְּאָזְנֵ֣י בְנֵי־חֵ֔ת
לְכֹ֛ל בָּאֵ֥י שַֽׁעַר־עִיר֖וֹ לֵאמֹֽר א:כג:יא לֹֽא־אֲדֹנִ֣י שְׁמָעֵ֔נִי הַשָּׂדֶה֙ נָתַ֣תִּי
לָ֔ךְ וְהַמְּעָרָ֥ה אֲשֶׁר־בּ֖וֹ לְךָ֣ נְתַתִּ֑יהָ לְעֵינֵ֧י בְנֵי־עַמִּ֛י נְתַתִּ֥יהָ לָּ֖ךְ קְבֹ֥ר
מֵתֶֽךָ א:כג:יב וַיִּשְׁתַּ֙חוּ֙ אַבְרָהָ֔ם לִפְנֵ֖י עַ֥ם הָאָֽרֶץ א:כג:יג וַיְדַבֵּ֨ר
אֶל־עֶפְר֜וֹן בְּאָזְנֵ֤י עַם־הָאָ֙רֶץ֙ לֵאמֹ֔ר אַ֛ךְ אִם־אַתָּ֥ה ל֖וּ שְׁמָעֵ֑נִי נָתַ֜תִּי
כֶּ֤סֶף הַשָּׂדֶה֙ קַ֣ח מִמֶּ֔נִּי וְאֶקְבְּרָ֥ה אֶת־מֵתִ֖י שָֽׁמָּה א:כג:יד וַיַּ֧עַן עֶפְר֛וֹן
אֶת־אַבְרָהָ֖ם לֵאמֹ֥ר לֽוֹ א:כג:טו אֲדֹנִ֣י שְׁמָעֵ֔נִי אֶ֠רֶץ אַרְבַּ֨ע מֵאֹ֧ת
שֶֽׁקֶל־כֶּ֛סֶף בֵּינִ֥י וּבֵינְךָ֖ מַה־הִ֑וא וְאֶת־מֵתְךָ֖ קְבֹֽר א:כג:טז וַיִּשְׁמַ֣ע
אַבְרָהָם֮ אֶל־עֶפְרוֹן֒ וַיִּשְׁקֹ֤ל אַבְרָהָם֙ לְעֶפְרֹ֔ן אֶת־הַכֶּ֕סֶף אֲשֶׁ֥ר דִּבֶּ֖ר
בְּאָזְנֵ֣י בְנֵי־חֵ֑ת אַרְבַּ֤ע מֵאוֹת֙ שֶׁ֣קֶל כֶּ֔סֶף עֹבֵ֖ר לַסֹּחֵֽר א:כג:יז וַיָּ֣קָם ׀
שְׂדֵ֣ה עֶפְר֗וֹן אֲשֶׁר֙ בַּמַּכְפֵּלָ֔ה אֲשֶׁ֖ר לִפְנֵ֣י מַמְרֵ֑א הַשָּׂדֶה֙ וְהַמְּעָרָ֣ה
אֲשֶׁר־בּ֔וֹ וְכָל־הָעֵץ֙ אֲשֶׁ֣ר בַּשָּׂדֶ֔ה אֲשֶׁ֥ר בְּכָל־גְּבֻל֖וֹ סָבִֽיב
א:כג:יח לְאַבְרָהָ֥ם לְמִקְנָ֖ה לְעֵינֵ֣י בְנֵי־חֵ֑ת בְּכֹ֖ל בָּאֵ֥י שַֽׁעַר־עִירֽוֹ
א:כג:יט וְאַחֲרֵי־כֵ֡ן קָבַ֨ר אַבְרָהָ֜ם אֶת־שָׂרָ֣ה אִשְׁתּ֗וֹ אֶל־מְעָרַ֞ת שְׂדֵ֧ה
הַמַּכְפֵּלָ֛ה עַל־פְּנֵ֥י מַמְרֵ֖א הִ֣וא חֶבְר֑וֹן בְּאֶ֖רֶץ כְּנָֽעַן א:כג:כ וַיָּ֨קָם
הַשָּׂדֶ֜ה וְהַמְּעָרָ֧ה אֲשֶׁר־בּ֛וֹ לְאַבְרָהָ֖ם לַאֲחֻזַּת־קָ֑בֶר מֵאֵ֖ת בְּנֵי־חֵֽת
א:כד:א וְאַבְרָהָ֣ם זָקֵ֔ן בָּ֖א בַּיָּמִ֑ים וַֽיהוָ֛ה בֵּרַ֥ךְ אֶת־אַבְרָהָ֖ם בַּכֹּֽל
א:כד:ב וַיֹּ֣אמֶר אַבְרָהָ֗ם אֶל־עַבְדּוֹ֙ זְקַ֣ן בֵּית֔וֹ הַמֹּשֵׁ֖ל בְּכָל־אֲשֶׁר־ל֑וֹ

שִֽׂים־נָ֥א יָדְךָ֖ תַּ֥חַת יְרֵכִֽי א:כד:ג וְאַשְׁבִּ֣יעֲךָ֔ בַּֽיהוָה֙ אֱלֹהֵ֣י הַשָּׁמַ֔יִם
וֵֽאלֹהֵ֖י הָאָ֑רֶץ אֲשֶׁ֨ר לֹֽא־תִקַּ֤ח אִשָּׁה֙ לִבְנִ֔י מִבְּנוֹת֙ הַֽכְּנַעֲנִ֔י אֲשֶׁ֥ר
אָנֹכִ֖י יוֹשֵׁ֥ב בְּקִרְבּֽוֹ א:כד:ד כִּ֧י אֶל־אַרְצִ֛י וְאֶל־מוֹלַדְתִּ֖י תֵּלֵ֑ךְ וְלָקַחְתָּ֥
אִשָּׁ֖ה לִבְנִ֥י לְיִצְחָֽק א:כד:ה וַיֹּ֤אמֶר אֵלָיו֙ הָעֶ֔בֶד אוּלַי֙ לֹא־תֹאבֶ֣ה
הָֽאִשָּׁ֔ה לָלֶ֥כֶת אַחֲרַ֖י אֶל־הָאָ֣רֶץ הַזֹּ֑את הֶֽהָשֵׁ֤ב אָשִׁיב֙ אֶת־בִּנְךָ֔
אֶל־הָאָ֖רֶץ אֲשֶׁר־יָצָ֥אתָ מִשָּֽׁם א:כד:ו וַיֹּ֥אמֶר אֵלָ֖יו אַבְרָהָ֑ם הִשָּׁ֣מֶר
לְךָ֔ פֶּן־תָּשִׁ֥יב אֶת־בְּנִ֖י שָֽׁמָּה א:כד:ז יְהוָ֣ה ׀ אֱלֹהֵ֣י הַשָּׁמַ֗יִם אֲשֶׁ֨ר
לְקָחַ֜נִי מִבֵּ֣ית אָבִ֘י וּמֵאֶ֣רֶץ מֽוֹלַדְתִּי֒ וַאֲשֶׁ֨ר דִּבֶּר־לִ֜י וַאֲשֶׁ֤ר נִֽשְׁבַּֽע־לִי֙
לֵאמֹ֔ר לְזַ֨רְעֲךָ֔ אֶתֵּ֖ן אֶת־הָאָ֣רֶץ הַזֹּ֑את ה֗וּא יִשְׁלַ֤ח מַלְאָכוֹ֙ לְפָנֶ֔יךָ
וְלָקַחְתָּ֥ אִשָּׁ֛ה לִבְנִ֖י מִשָּֽׁם א:כד:ח וְאִם־לֹ֨א תֹאבֶ֤ה הָֽאִשָּׁה֙ לָלֶ֣כֶת
אַחֲרֶ֔יךָ וְנִקִּ֕יתָ מִשְּׁבֻעָתִ֖י זֹ֑את רַ֣ק אֶת־בְּנִ֔י לֹ֥א תָשֵׁ֖ב שָֽׁמָּה
א:כד:ט וַיָּ֤שֶׂם הָעֶ֙בֶד֙ אֶת־יָד֔וֹ תַּ֛חַת יֶ֥רֶךְ אַבְרָהָ֖ם אֲדֹנָ֑יו וַיִּשָּׁ֣בַֽע ל֔וֹ
עַל־הַדָּבָ֖ר הַזֶּֽה א:כד:י וַיִּקַּ֣ח הָ֠עֶבֶד עֲשָׂרָ֨ה גְמַלִּ֜ים מִגְּמַלֵּ֤י אֲדֹנָיו֙
וַיֵּ֔לֶךְ וְכָל־ט֥וּב אֲדֹנָ֖יו בְּיָד֑וֹ וַיָּ֗קָם וַיֵּ֛לֶךְ אֶל־אֲרַ֥ם נַהֲרַ֖יִם אֶל־עִ֥יר
נָחֽוֹר א:כד:יא וַיַּבְרֵ֧ךְ הַגְּמַלִּ֛ים מִח֥וּץ לָעִ֖יר אֶל־בְּאֵ֣ר הַמָּ֑יִם לְעֵ֣ת
עֶ֔רֶב לְעֵ֖ת צֵ֥את הַשֹּׁאֲבֹֽת א:כד:יב וַיֹּאמַ֓ר ׀ יְהוָ֗ה אֱלֹהֵי֙ אֲדֹנִ֣י
אַבְרָהָ֔ם הַקְרֵה־נָ֥א לְפָנַ֖י הַיּ֑וֹם וַעֲשֵׂה־חֶ֕סֶד עִ֖ם אֲדֹנִ֥י אַבְרָהָֽם
א:כד:יג הִנֵּ֛ה אָנֹכִ֥י נִצָּ֖ב עַל־עֵ֣ין הַמָּ֑יִם וּבְנוֹת֙ אַנְשֵׁ֣י הָעִ֔יר יֹצְאֹ֖ת
לִשְׁאֹ֥ב מָֽיִם א:כד:יד וְהָיָ֣ה הַנַּעֲרָ֗ אֲשֶׁ֨ר אֹמַ֤ר אֵלֶ֙יהָ֙ הַטִּי־נָ֤א כַדֵּךְ֙
וְאֶשְׁתֶּ֔ה וְאָמְרָ֣ה שְׁתֵ֔ה וְגַם־גְּמַלֶּ֖יךָ אַשְׁקֶ֑ה אֹתָ֤הּ הֹכַ֙חְתָּ֙ לְעַבְדְּךָ֣
לְיִצְחָ֔ק וּבָ֣הּ אֵדַ֔ע כִּֽי־עָשִׂ֥יתָ חֶ֖סֶד עִם־אֲדֹנִֽי א:כד:טו וַֽיְהִי־ה֗וּא טֶ֘רֶם֮
כִּלָּ֣ה לְדַבֵּר֒ וְהִנֵּ֧ה רִבְקָ֣ה יֹצֵ֗את אֲשֶׁ֤ר יֻלְּדָה֙ לִבְתוּאֵ֣ל בֶּן־מִלְכָּ֔ה
אֵ֥שֶׁת נָח֖וֹר אֲחִ֣י אַבְרָהָ֑ם וְכַדָּ֖הּ עַל־שִׁכְמָֽהּ א:כד:טז וְהַֽנַּעֲרָ֗ טֹבַ֤ת
מַרְאֶה֙ מְאֹ֔ד בְּתוּלָ֕ה וְאִ֖ישׁ לֹ֣א יְדָעָ֑הּ וַתֵּ֣רֶד הָעַ֔יְנָה וַתְּמַלֵּ֥א כַדָּ֖הּ
וַתָּֽעַל א:כד:יז וַיָּ֥רָץ הָעֶ֖בֶד לִקְרָאתָ֑הּ וַיֹּ֕אמֶר הַגְמִיאִ֥ינִי נָ֛א מְעַט־מַ֖יִם
מִכַּדֵּֽךְ א:כד:יח וַתֹּ֖אמֶר שְׁתֵ֣ה אֲדֹנִ֑י וַתְּמַהֵ֗ר וַתֹּ֧רֶד כַּדָּ֛הּ עַל־יָדָ֖הּ
וַתַּשְׁקֵֽהוּ א:כד:יט וַתְּכַ֖ל לְהַשְׁקֹת֑וֹ וַתֹּ֗אמֶר גַּ֤ם לִגְמַלֶּ֙יךָ֙ אֶשְׁאָ֔ב עַ֥ד
אִם־כִּלּ֖וּ לִשְׁתֹּֽת א:כד:כ וַתְּמַהֵ֗ר וַתְּעַ֤ר כַּדָּהּ֙ אֶל־הַשֹּׁ֔קֶת וַתָּ֥רָץ ע֛וֹד

אֶל־הַבְּאֵ֖ר לִשְׁאֹ֑ב וַתִּשְׁאַ֖ב לְכָל־גְּמַלָּֽיו א:כד:כא וְהָאִ֥ישׁ מִשְׁתָּאֵ֖ה לָ֑הּ
מַחֲרִ֕ישׁ לָדַ֗עַת הַהִצְלִ֧יחַ יְהוָ֛ה דַּרְכּ֖וֹ אִם־לֹֽא א:כד:כב וַיְהִ֗י כַּאֲשֶׁ֨ר
כִּלּ֤וּ הַגְּמַלִּים֙ לִשְׁתּ֔וֹת וַיִּקַּ֤ח הָאִישׁ֙ נֶ֣זֶם זָהָ֔ב בֶּ֖קַע מִשְׁקָל֑וֹ וּשְׁנֵ֤י
צְמִידִים֙ עַל־יָדֶ֔יהָ עֲשָׂרָ֥ה זָהָ֖ב מִשְׁקָלָֽם א:כד:כג וַיֹּ֙אמֶר֙ בַּת־מִ֣י אַ֔תְּ
הַגִּ֥ידִי נָ֖א לִ֑י הֲיֵ֨שׁ בֵּית־אָבִ֥יךְ מָק֛וֹם לָ֖נוּ לָלִֽין א:כד:כד וַתֹּ֣אמֶר אֵלָ֔יו
בַּת־בְּתוּאֵ֖ל אָנֹ֑כִי בֶּן־מִלְכָּ֕ה אֲשֶׁ֥ר יָלְדָ֖ה לְנָחֽוֹר א:כד:כה וַתֹּ֣אמֶר
אֵלָ֔יו גַּם־תֶּ֥בֶן גַּם־מִסְפּ֖וֹא רַ֣ב עִמָּ֑נוּ גַּם־מָק֖וֹם לָלֽוּן א:כד:כו וַיִּקֹּ֣ד
הָאִ֔ישׁ וַיִּשְׁתַּ֖חוּ לַיהוָֽה א:כד:כז וַיֹּ֗אמֶר בָּר֤וּךְ יְהוָה֙ אֱלֹהֵי֙ אֲדֹנִ֣י
אַבְרָהָ֔ם אֲשֶׁ֛ר לֹא־עָזַ֥ב חַסְדּ֖וֹ וַאֲמִתּ֖וֹ מֵעִ֣ם אֲדֹנִ֑י אָנֹכִ֗י בַּדֶּ֙רֶךְ֙ נָחַ֣נִי
יְהוָ֔ה בֵּ֖ית אֲחֵ֥י אֲדֹנִֽי א:כד:כח וַתָּ֙רָץ֙ הַֽנַּעֲרָ֔ וַתַּגֵּ֖ד לְבֵ֣ית אִמָּ֑הּ
כַּדְּבָרִ֖ים הָאֵֽלֶּה א:כד:כט וּלְרִבְקָ֥ה אָ֖ח וּשְׁמ֣וֹ לָבָ֑ן וַיָּ֨רָץ לָבָ֧ן
אֶל־הָאִ֛ישׁ הַח֖וּצָה אֶל־הָעָֽיִן א:כד:ל וַיְהִ֣י ׀ כִּרְאֹ֣ת אֶת־הַנֶּ֗זֶם
וְֽאֶת־הַצְּמִדִים֮ עַל־יְדֵ֣י אֲחֹתוֹ֒ וּכְשָׁמְע֗וֹ אֶת־דִּבְרֵ֞י רִבְקָ֤ה אֲחֹתוֹ֙
לֵאמֹ֔ר כֹּֽה־דִבֶּ֥ר אֵלַ֖י הָאִ֑ישׁ וַיָּבֹא֙ אֶל־הָאִ֔ישׁ וְהִנֵּ֛ה עֹמֵ֥ד
עַל־הַגְּמַלִּ֖ים עַל־הָעָֽיִן א:כד:לא וַיֹּ֕אמֶר בּ֖וֹא בְּר֣וּךְ יְהוָ֑ה לָ֤מָּה תַעֲמֹד֙
בַּח֔וּץ וְאָנֹכִי֙ פִּנִּ֣יתִי הַבַּ֔יִת וּמָק֖וֹם לַגְּמַלִּֽים א:כד:לב וַיָּבֹ֤א הָאִישׁ֙
הַבַּ֔יְתָה וַיְפַתַּ֖ח הַגְּמַלִּ֑ים וַיִּתֵּ֨ן תֶּ֤בֶן וּמִסְפּוֹא֙ לַגְּמַלִּ֔ים וּמַ֙יִם֙ לִרְחֹ֣ץ
רַגְלָ֔יו וְרַגְלֵ֥י הָאֲנָשִׁ֖ים אֲשֶׁ֥ר אִתּֽוֹ א:כד:לג ויישם [וַיּוּשַׂ֤ם] לְפָנָיו֙ לֶֽאֱכֹ֔ל
וַיֹּ֙אמֶר֙ לֹ֣א אֹכַ֔ל עַ֥ד אִם־דִּבַּ֖רְתִּי דְּבָרָ֑י וַיֹּ֖אמֶר דַּבֵּֽר א:כד:לד וַיֹּאמַ֑ר
עֶ֥בֶד אַבְרָהָ֖ם אָנֹֽכִי א:כד:לה וַֽיהוָ֞ה בֵּרַ֧ךְ אֶת־אֲדֹנִ֛י מְאֹ֖ד וַיִּגְדָּ֑ל
וַיִּתֶּן־ל֞וֹ צֹ֤אן וּבָקָר֙ וְכֶ֣סֶף וְזָהָ֔ב וַעֲבָדִם֙ וּשְׁפָחֹ֔ת וּגְמַלִּ֖ים וַחֲמֹרִֽים
א:כד:לו וַתֵּ֡לֶד שָׂרָה֩ אֵ֨שֶׁת אֲדֹנִ֥י בֵן֙ לַֽאדֹנִ֔י אַחֲרֵ֖י זִקְנָתָ֑הּ וַיִּתֶּן־ל֖וֹ
אֶת־כָּל־אֲשֶׁר־לֽוֹ א:כד:לז וַיַּשְׁבִּעֵ֥נִי אֲדֹנִ֖י לֵאמֹ֑ר לֹא־תִקַּ֤ח אִשָּׁה֙ לִבְנִ֔י
מִבְּנוֹת֙ הַֽכְּנַעֲנִ֔י אֲשֶׁ֥ר אָנֹכִ֖י יֹשֵׁ֥ב בְּאַרְצֽוֹ א:כד:לח אִם־לֹ֧א
אֶל־בֵּית־אָבִ֛י תֵּלֵ֖ךְ וְאֶל־מִשְׁפַּחְתִּ֑י וְלָקַחְתָּ֥ אִשָּׁ֖ה לִבְנִֽי א:כד:לט וָאֹמַ֖ר
אֶל־אֲדֹנִ֑י אֻלַ֛י לֹא־תֵלֵ֥ךְ הָאִשָּׁ֖ה אַחֲרָֽי א:כד:מ וַיֹּ֖אמֶר אֵלָ֑י יְהוָ֞ה
אֲשֶׁר־הִתְהַלַּ֣כְתִּי לְפָנָ֗יו יִשְׁלַ֨ח מַלְאָכ֤וֹ אִתָּךְ֙ וְהִצְלִ֣יחַ דַּרְכֶּ֔ךָ
וְלָקַחְתָּ֤ אִשָּׁה֙ לִבְנִ֔י מִמִּשְׁפַּחְתִּ֖י וּמִבֵּ֥ית אָבִֽי א:כד:מא אָ֤ז תִּנָּקֶה֙

מֵאָלָתִי כִּי תָבוֹא אֶל־מִשְׁפַּחְתִּי וְאִם־לֹא יִתְּנוּ לָךְ וְהָיִיתָ נָקִי
מֵאָלָתִי א:כד:מב וָאָבֹא הַיּוֹם אֶל־הָעָיִן וָאֹמַר יְהוָה אֱלֹהֵי אֲדֹנִי
אַבְרָהָם אִם־יֶשְׁךָ־נָּא מַצְלִיחַ דַּרְכִּי אֲשֶׁר אָנֹכִי הֹלֵךְ עָלֶיהָ
א:כד:מג הִנֵּה אָנֹכִי נִצָּב עַל־עֵין הַמָּיִם וְהָיָה הָעַלְמָה הַיֹּצֵאת
לִשְׁאֹב וְאָמַרְתִּי אֵלֶיהָ הַשְׁקִינִי־נָא מְעַט־מַיִם מִכַּדֵּךְ
א:כד:מד וְאָמְרָה אֵלַי גַּם־אַתָּה שְׁתֵה וְגַם לִגְמַלֶּיךָ אֶשְׁאָב הִוא
הָאִשָּׁה אֲשֶׁר־הֹכִיחַ יְהוָה לְבֶן־אֲדֹנִי א:כד:מה אֲנִי טֶרֶם אֲכַלֶּה לְדַבֵּר
אֶל־לִבִּי וְהִנֵּה רִבְקָה יֹצֵאת וְכַדָּהּ עַל־שִׁכְמָהּ וַתֵּרֶד הָעַיְנָה
וַתִּשְׁאָב וָאֹמַר אֵלֶיהָ הַשְׁקִינִי נָא א:כד:מו וַתְּמַהֵר וַתּוֹרֶד כַּדָּהּ
מֵעָלֶיהָ וַתֹּאמֶר שְׁתֵה וְגַם־גְּמַלֶּיךָ אַשְׁקֶה וָאֵשְׁתְּ וְגַם הַגְּמַלִּים
הִשְׁקָתָה א:כד:מז וָאֶשְׁאַל אֹתָהּ וָאֹמַר בַּת־מִי אַתְּ וַתֹּאמֶר
בַּת־בְּתוּאֵל בֶּן־נָחוֹר אֲשֶׁר יָלְדָה־לּוֹ מִלְכָּה וָאָשִׂם הַנֶּזֶם עַל־אַפָּהּ
וְהַצְּמִידִים עַל־יָדֶיהָ א:כד:מח וָאֶקֹּד וָאֶשְׁתַּחֲוֶה לַיהוָה וָאֲבָרֵךְ
אֶת־יְהוָה אֱלֹהֵי אֲדֹנִי אַבְרָהָם אֲשֶׁר הִנְחַנִי בְּדֶרֶךְ אֱמֶת לָקַחַת
אֶת־בַּת־אֲחִי אֲדֹנִי לִבְנוֹ א:כד:מט וְעַתָּה אִם־יֶשְׁכֶם עֹשִׂים חֶסֶד
וֶאֱמֶת אֶת־אֲדֹנִי הַגִּידוּ לִי וְאִם־לֹא הַגִּידוּ לִי וְאֶפְנֶה עַל־יָמִין אוֹ
עַל־שְׂמֹאל א:כד:נ וַיַּעַן לָבָן וּבְתוּאֵל וַיֹּאמְרוּ מֵיְהוָה יָצָא הַדָּבָר לֹא
נוּכַל דַּבֵּר אֵלֶיךָ רַע אוֹ־טוֹב א:כד:נא הִנֵּה־רִבְקָה לְפָנֶיךָ קַח וָלֵךְ
וּתְהִי אִשָּׁה לְבֶן־אֲדֹנֶיךָ כַּאֲשֶׁר דִּבֶּר יְהוָה א:כד:נב וַיְהִי כַּאֲשֶׁר שָׁמַע
עֶבֶד אַבְרָהָם אֶת־דִּבְרֵיהֶם וַיִּשְׁתַּחוּ אַרְצָה לַיהוָה א:כד:נג וַיּוֹצֵא
הָעֶבֶד כְּלֵי־כֶסֶף וּכְלֵי זָהָב וּבְגָדִים וַיִּתֵּן לְרִבְקָה וּמִגְדָּנֹת נָתַן
לְאָחִיהָ וּלְאִמָּהּ א:כד:נד וַיֹּאכְלוּ וַיִּשְׁתּוּ הוּא וְהָאֲנָשִׁים אֲשֶׁר־עִמּוֹ
וַיָּלִינוּ וַיָּקוּמוּ בַבֹּקֶר וַיֹּאמֶר שַׁלְּחֻנִי לַאדֹנִי א:כד:נה וַיֹּאמֶר אָחִיהָ
וְאִמָּהּ תֵּשֵׁב הַנַּעֲרָ אִתָּנוּ יָמִים אוֹ עָשׂוֹר אַחַר תֵּלֵךְ א:כד:נו וַיֹּאמֶר
אֲלֵהֶם אַל־תְּאַחֲרוּ אֹתִי וַיהוָה הִצְלִיחַ דַּרְכִּי שַׁלְּחוּנִי וְאֵלְכָה
לַאדֹנִי א:כד:נז וַיֹּאמְרוּ נִקְרָא לַנַּעֲרָ וְנִשְׁאֲלָה אֶת־פִּיהָ
א:כד:נח וַיִּקְרְאוּ לְרִבְקָה וַיֹּאמְרוּ אֵלֶיהָ הֲתֵלְכִי עִם־הָאִישׁ הַזֶּה
וַתֹּאמֶר אֵלֵךְ א:כד:נט וַיְשַׁלְּחוּ אֶת־רִבְקָה אֲחֹתָם וְאֶת־מֵנִקְתָּהּ

וְאֶת־עֶ֥בֶד אַבְרָהָ֖ם וְאֶת־אֲנָשָֽׁיו א:כד:ס וַיְבָרְכ֤וּ אֶת־רִבְקָה֙ וַיֹּ֣אמְרוּ
לָ֔הּ אֲחֹתֵ֕נוּ אַ֥תְּ הֲיִ֖י לְאַלְפֵ֣י רְבָבָ֑ה וְיִירַ֣שׁ זַרְעֵ֔ךְ אֵ֖ת שַׁ֥עַר שֹׂנְאָֽיו
א:כד:סא וַתָּ֨קָם רִבְקָ֜ה וְנַעֲרֹתֶ֗יהָ וַתִּרְכַּ֙בְנָה֙ עַל־הַגְּמַלִּ֔ים וַתֵּלַ֖כְנָה
אַחֲרֵ֣י הָאִ֑ישׁ וַיִּקַּ֥ח הָעֶ֛בֶד אֶת־רִבְקָ֖ה וַיֵּלַֽךְ א:כד:סב וְיִצְחָק֙ בָּ֣א מִבּ֔וֹא
בְּאֵ֖ר לַחַ֣י רֹאִ֑י וְה֥וּא יוֹשֵׁ֖ב בְּאֶ֥רֶץ הַנֶּֽגֶב א:כד:סג וַיֵּצֵ֥א יִצְחָ֛ק לָשׂ֥וּחַ
בַּשָּׂדֶ֖ה לִפְנ֣וֹת עָ֑רֶב וַיִּשָּׂ֤א עֵינָיו֙ וַיַּ֔רְא וְהִנֵּ֥ה גְמַלִּ֖ים בָּאִֽים
א:כד:סד וַתִּשָּׂ֤א רִבְקָה֙ אֶת־עֵינֶ֔יהָ וַתֵּ֖רֶא אֶת־יִצְחָ֑ק וַתִּפֹּ֖ל מֵעַ֥ל
הַגָּמָֽל א:כד:סה וַתֹּ֣אמֶר אֶל־הָעֶ֗בֶד מִֽי־הָאִ֤ישׁ הַלָּזֶה֙ הַהֹלֵ֤ךְ בַּשָּׂדֶה֙
לִקְרָאתֵ֔נוּ וַיֹּ֥אמֶר הָעֶ֖בֶד ה֣וּא אֲדֹנִ֑י וַתִּקַּ֥ח הַצָּעִ֖יף וַתִּתְכָּֽס
א:כד:סו וַיְסַפֵּ֥ר הָעֶ֖בֶד לְיִצְחָ֑ק אֵ֥ת כָּל־הַדְּבָרִ֖ים אֲשֶׁ֥ר עָשָֽׂה
א:כד:סז וַיְבִאֶ֣הָ יִצְחָ֗ק הָאֹ֙הֱלָה֙ שָׂרָ֣ה אִמּ֔וֹ וַיִּקַּ֧ח אֶת־רִבְקָ֛ה וַתְּהִי־ל֥וֹ
לְאִשָּׁ֖ה וַיֶּאֱהָבֶ֑הָ וַיִּנָּחֵ֥ם יִצְחָ֖ק אַחֲרֵ֥י אִמּֽוֹ א:כה:א וַיֹּ֧סֶף אַבְרָהָ֛ם
וַיִּקַּ֥ח אִשָּׁ֖ה וּשְׁמָ֥הּ קְטוּרָֽה א:כה:ב וַתֵּ֣לֶד ל֗וֹ אֶת־זִמְרָן֙ וְאֶת־יָקְשָׁ֔ן
וְאֶת־מְדָ֖ן וְאֶת־מִדְיָ֑ן וְאֶת־יִשְׁבָּ֖ק וְאֶת־שֽׁוּחַ א:כה:ג וְיָקְשָׁ֣ן יָלַ֔ד
אֶת־שְׁבָ֖א וְאֶת־דְּדָ֑ן וּבְנֵ֣י דְדָ֔ן הָי֛וּ אַשּׁוּרִ֥ם וּלְטוּשִׁ֖ם וּלְאֻמִּֽים
א:כה:ד וּבְנֵ֣י מִדְיָ֗ן עֵיפָ֤ה וָעֵ֙פֶר֙ וַחֲנֹ֔ךְ וַאֲבִידָ֖ע וְאֶלְדָּעָ֑ה כָּל־אֵ֖לֶּה בְּנֵ֥י
קְטוּרָֽה א:כה:ה וַיִּתֵּ֧ן אַבְרָהָ֛ם אֶת־כָּל־אֲשֶׁר־ל֖וֹ לְיִצְחָֽק א:כה:ו וְלִבְנֵ֤י
הַפִּֽילַגְשִׁים֙ אֲשֶׁ֣ר לְאַבְרָהָ֔ם נָתַ֥ן אַבְרָהָ֖ם מַתָּנֹ֑ת וַֽיְשַׁלְּחֵ֞ם מֵעַ֨ל
יִצְחָ֤ק בְּנוֹ֙ בְּעוֹדֶ֣נּוּ חַ֔י קֵ֖דְמָה אֶל־אֶ֥רֶץ קֶֽדֶם א:כה:ז וְאֵ֗לֶּה יְמֵ֛י
שְׁנֵֽי־חַיֵּ֥י אַבְרָהָ֖ם אֲשֶׁר־חָ֑י מְאַ֥ת שָׁנָ֛ה וְשִׁבְעִ֥ים שָׁנָ֖ה וְחָמֵ֥שׁ שָׁנִֽים
א:כה:ח וַיִּגְוַ֨ע וַיָּ֧מָת אַבְרָהָ֛ם בְּשֵׂיבָ֥ה טוֹבָ֖ה זָקֵ֣ן וְשָׂבֵ֑עַ וַיֵּאָ֖סֶף
אֶל־עַמָּֽיו א:כה:ט וַיִּקְבְּר֨וּ אֹת֜וֹ יִצְחָ֤ק וְיִשְׁמָעֵאל֙ בָּנָ֔יו אֶל־מְעָרַ֖ת
הַמַּכְפֵּלָ֑ה אֶל־שְׂדֵ֞ה עֶפְרֹ֤ן בֶּן־צֹ֙חַר֙ הַֽחִתִּ֔י אֲשֶׁ֖ר עַל־פְּנֵ֥י מַמְרֵֽא
א:כה:י הַשָּׂדֶ֛ה אֲשֶׁר־קָנָ֥ה אַבְרָהָ֖ם מֵאֵ֣ת בְּנֵי־חֵ֑ת שָׁ֥מָּה קֻבַּ֛ר
אַבְרָהָ֖ם וְשָׂרָ֥ה אִשְׁתּֽוֹ א:כה:יא וַיְהִ֗י אַחֲרֵי֙ מ֣וֹת אַבְרָהָ֔ם וַיְבָ֥רֶךְ
אֱלֹהִ֖ים אֶת־יִצְחָ֣ק בְּנ֑וֹ וַיֵּ֣שֶׁב יִצְחָ֔ק עִם־בְּאֵ֥ר לַחַ֖י רֹאִֽי א:כה:יב וְאֵ֛לֶּה
תֹּלְדֹ֥ת יִשְׁמָעֵ֖אל בֶּן־אַבְרָהָ֑ם אֲשֶׁ֨ר יָלְדָ֜ה הָגָ֧ר הַמִּצְרִ֛ית שִׁפְחַ֥ת
שָׂרָ֖ה לְאַבְרָהָֽם א:כה:יג וְאֵ֗לֶּה שְׁמוֹת֙ בְּנֵ֣י יִשְׁמָעֵ֔אל בִּשְׁמֹתָ֖ם

לְתוֹלְדֹתָ֑ם בְּכֹ֤ר יִשְׁמָעֵאל֙ נְבָיֹ֔ת וְקֵדָ֥ר וְאַדְבְּאֵ֖ל וּמִבְשָֽׂם
א:כה:יד וּמִשְׁמָ֥ע וְדוּמָ֖ה וּמַשָּֽׂא א:כה:יה חֲדַ֣ד וְתֵימָ֔א יְט֥וּר נָפִ֖ישׁ
וָקֵֽדְמָה א:כה:יו אֵ֣לֶּה הֵ֞ם בְּנֵ֣י יִשְׁמָעֵאל֮ וְאֵ֣לֶּה שְׁמֹתָם֒ בְּחַצְרֵיהֶ֖ם
וּבְטִֽירֹתָ֑ם שְׁנֵים־עָשָׂ֥ר נְשִׂיאִ֖ם לְאֻמֹּתָֽם א:כה:יז וְאֵ֗לֶּה שְׁנֵי֙ חַיֵּ֣י
יִשְׁמָעֵ֔אל מְאַ֥ת שָׁנָ֛ה וּשְׁלֹשִׁ֥ים שָׁנָ֖ה וְשֶׁ֣בַע שָׁנִ֑ים וַיִּגְוַ֣ע וַיָּ֔מָת וַיֵּאָ֖סֶף
אֶל־עַמָּֽיו א:כה:יח וַיִּשְׁכְּנ֨וּ מֵֽחֲוִילָ֜ה עַד־שׁ֗וּר אֲשֶׁר֙ עַל־פְּנֵ֣י מִצְרַ֔יִם
בֹּאֲכָ֖ה אַשּׁ֑וּרָה עַל־פְּנֵ֥י כָל־אֶחָ֖יו נָפָֽל א:כה:יט וְאֵ֛לֶּה תּוֹלְדֹ֥ת יִצְחָ֖ק
בֶּן־אַבְרָהָ֑ם אַבְרָהָ֖ם הוֹלִ֥יד אֶת־יִצְחָֽק א:כה:כ וַיְהִ֤י יִצְחָק֙
בֶּן־אַרְבָּעִ֣ים שָׁנָ֔ה בְּקַחְתּ֣וֹ אֶת־רִבְקָ֗ה בַּת־בְּתוּאֵל֙ הָֽאֲרַמִּ֔י מִפַּדַּ֖ן
אֲרָ֑ם אֲח֛וֹת לָבָ֥ן הָאֲרַמִּ֖י ל֥וֹ לְאִשָּֽׁה א:כה:כא וַיֶּעְתַּ֨ר יִצְחָ֤ק לַֽיהוָה֙
לְנֹ֣כַח אִשְׁתּ֔וֹ כִּ֥י עֲקָרָ֖ה הִ֑וא וַיֵּעָ֤תֶר לוֹ֙ יְהוָ֔ה וַתַּ֖הַר רִבְקָ֥ה אִשְׁתּֽוֹ
א:כה:כב וַיִּתְרֹֽצֲצ֤וּ הַבָּנִים֙ בְּקִרְבָּ֔הּ וַתֹּ֣אמֶר אִם־כֵּ֔ן לָ֥מָּה זֶּ֖ה אָנֹ֑כִי
וַתֵּ֖לֶךְ לִדְרֹ֥שׁ אֶת־יְהוָֽה א:כה:כג וַיֹּ֨אמֶר יְהוָ֜ה לָ֗הּ שְׁנֵ֤י גיים [גוֹיִם֙]
בְּבִטְנֵ֔ךְ וּשְׁנֵ֣י לְאֻמִּ֔ים מִמֵּעַ֖יִךְ יִפָּרֵ֑דוּ וּלְאֹם֙ מִלְאֹ֣ם יֶֽאֱמָ֔ץ וְרַ֖ב יַעֲבֹ֥ד
צָעִֽיר א:כה:כד וַיִּמְלְא֥וּ יָמֶ֖יהָ לָלֶ֑דֶת וְהִנֵּ֥ה תוֹמִ֖ם בְּבִטְנָֽהּ
א:כה:כה וַיֵּצֵ֤א הָרִאשׁוֹן֙ אַדְמוֹנִ֔י כֻּלּ֖וֹ כְּאַדֶּ֣רֶת שֵׂעָ֑ר וַיִּקְרְא֥וּ שְׁמ֖וֹ עֵשָֽׂו
א:כה:כו וְאַֽחֲרֵי־כֵ֞ן יָצָ֣א אָחִ֗יו וְיָד֤וֹ אֹחֶ֙זֶת֙ בַּעֲקֵ֣ב עֵשָׂ֔ו וַיִּקְרָ֥א שְׁמ֖וֹ
יַעֲקֹ֑ב וְיִצְחָ֛ק בֶּן־שִׁשִּׁ֥ים שָׁנָ֖ה בְּלֶ֥דֶת אֹתָֽם א:כה:כז וַֽיִּגְדְּלוּ֙ הַנְּעָרִ֔ים
וַיְהִ֣י עֵשָׂ֗ו אִ֛ישׁ יֹדֵ֥עַ צַ֖יִד אִ֣ישׁ שָׂדֶ֑ה וְיַעֲקֹב֙ אִ֣ישׁ תָּ֔ם יֹשֵׁ֖ב אֹהָלִֽים
א:כה:כח וַיֶּאֱהַ֥ב יִצְחָ֛ק אֶת־עֵשָׂ֖ו כִּי־צַ֣יִד בְּפִ֑יו וְרִבְקָ֖ה אֹהֶ֥בֶת
אֶֽת־יַעֲקֹֽב א:כה:כט וַיָּ֥זֶד יַעֲקֹ֖ב נָזִ֑יד וַיָּבֹ֥א עֵשָׂ֛ו מִן־הַשָּׂדֶ֖ה וְה֥וּא עָיֵֽף
א:כה:ל וַיֹּ֨אמֶר עֵשָׂ֜ו אֶֽל־יַעֲקֹ֗ב הַלְעִיטֵ֤נִי נָא֙ מִן־הָאָדֹ֤ם הָאָדֹם֙ הַזֶּ֔ה
כִּ֥י עָיֵ֖ף אָנֹ֑כִי עַל־כֵּ֥ן קָרָֽא־שְׁמ֖וֹ אֱדֽוֹם א:כה:לא וַיֹּ֖אמֶר יַעֲקֹ֑ב מִכְרָ֥ה
כַיּ֛וֹם אֶת־בְּכֹֽרָתְךָ֖ לִֽי א:כה:לב וַיֹּ֣אמֶר עֵשָׂ֔ו הִנֵּ֛ה אָנֹכִ֥י הוֹלֵ֖ךְ לָמ֑וּת
וְלָמָּה־זֶּ֥ה לִ֖י בְּכֹרָֽה א:כה:לג וַיֹּ֣אמֶר יַעֲקֹ֗ב הִשָּׁ֤בְעָה לִּי֙ כַּיּ֔וֹם וַיִּשָּׁבַ֖ע
ל֑וֹ וַיִּמְכֹּ֥ר אֶת־בְּכֹרָת֖וֹ לְיַעֲקֹֽב א:כה:לד וְיַעֲקֹ֞ב נָתַ֣ן לְעֵשָׂ֗ו לֶ֚חֶם וּנְזִ֣יד
עֲדָשִׁ֔ים וַיֹּ֣אכַל וַיֵּ֔שְׁתְּ וַיָּ֖קָם וַיֵּלַ֑ךְ וַיִּ֥בֶז עֵשָׂ֖ו אֶת־הַבְּכֹרָֽה א:כו:א וַיְהִ֤י
רָעָב֙ בָּאָ֔רֶץ מִלְּבַד֙ הָרָעָ֣ב הָרִאשׁ֔וֹן אֲשֶׁ֥ר הָיָ֖ה בִּימֵ֣י אַבְרָהָ֑ם וַיֵּ֧לֶךְ

יִצְחָ֛ק אֶל־אֲבִימֶּ֥לֶךְ מֶֽלֶךְ־פְּלִשְׁתִּ֖ים גְּרָֽרָה א:כו:ב וַיֵּרָ֤א אֵלָיו֙ יְהֹוָ֔ה
וַיֹּ֖אמֶר אַל־תֵּרֵ֣ד מִצְרָ֑יְמָה שְׁכֹ֣ן בָּאָ֔רֶץ אֲשֶׁ֖ר אֹמַ֥ר אֵלֶֽיךָ א:כו:ג גּ֚וּר
בָּאָ֣רֶץ הַזֹּ֔את וְאֶהְיֶ֥ה עִמְּךָ֖ וַאֲבָרְכֶ֑ךָּ כִּֽי־לְךָ֣ וּֽלְזַרְעֲךָ֗ אֶתֵּן֙
אֶת־כָּל־הָאֲרָצֹ֣ת הָאֵ֔ל וַהֲקִמֹתִי֙ אֶת־הַשְּׁבֻעָ֔ה אֲשֶׁ֥ר נִשְׁבַּ֖עְתִּי
לְאַבְרָהָ֥ם אָבִֽיךָ א:כו:ד וְהִרְבֵּיתִ֤י אֶת־זַרְעֲךָ֙ כְּכוֹכְבֵ֣י הַשָּׁמַ֔יִם וְנָתַתִּ֣י
לְזַרְעֲךָ֔ אֵ֖ת כָּל־הָאֲרָצֹ֣ת הָאֵ֑ל וְהִתְבָּרְכ֣וּ בְזַרְעֲךָ֔ כֹּ֖ל גּוֹיֵ֥י הָאָֽרֶץ
א:כו:ה עֵ֕קֶב אֲשֶׁר־שָׁמַ֥ע אַבְרָהָ֖ם בְּקֹלִ֑י וַיִּשְׁמֹר֙ מִשְׁמַרְתִּ֔י מִצְוֺתַ֖י
חֻקּוֹתַ֥י וְתוֹרֹתָֽי א:כו:ו וַיֵּ֥שֶׁב יִצְחָ֖ק בִּגְרָֽר א:כו:ז וַיִּשְׁאֲל֞וּ אַנְשֵׁ֤י הַמָּקוֹם֙
לְאִשְׁתּ֔וֹ וַיֹּ֖אמֶר אֲחֹ֣תִי הִ֑וא כִּ֤י יָרֵא֙ לֵאמֹ֣ר אִשְׁתִּ֔י פֶּן־יַהַרְגֻ֜נִי אַנְשֵׁ֤י
הַמָּקוֹם֙ עַל־רִבְקָ֔ה כִּֽי־טוֹבַ֥ת מַרְאֶ֖ה הִֽוא א:כו:ח וַיְהִ֗י כִּ֣י אָֽרְכוּ־ל֥וֹ
שָׁם֙ הַיָּמִ֔ים וַיַּשְׁקֵ֗ף אֲבִימֶ֙לֶךְ֙ מֶ֣לֶךְ פְּלִשְׁתִּ֔ים בְּעַ֖ד הַֽחַלּ֑וֹן וַיַּ֗רְא
וְהִנֵּ֤ה יִצְחָק֙ מְצַחֵ֔ק אֵ֖ת רִבְקָ֥ה אִשְׁתּֽוֹ א:כו:ט וַיִּקְרָ֨א אֲבִימֶ֜לֶךְ
לְיִצְחָ֗ק וַיֹּ֙אמֶר֙ אַ֣ךְ הִנֵּ֤ה אִשְׁתְּךָ֙ הִ֔וא וְאֵ֥יךְ אָמַ֖רְתָּ אֲחֹ֣תִי הִ֑וא
וַיֹּ֤אמֶר אֵלָיו֙ יִצְחָ֔ק כִּ֣י אָמַ֔רְתִּי פֶּן־אָמ֖וּת עָלֶֽיהָ א:כו:י וַיֹּ֣אמֶר
אֲבִימֶ֔לֶךְ מַה־זֹּ֖את עָשִׂ֣יתָ לָּ֑נוּ כִּ֠מְעַט שָׁכַ֞ב אַחַ֤ד הָעָם֙ אֶת־אִשְׁתֶּ֔ךָ
וְהֵבֵאתָ֥ עָלֵ֖ינוּ אָשָֽׁם א:כו:יא וַיְצַ֣ו אֲבִימֶ֔לֶךְ אֶת־כָּל־הָעָ֖ם לֵאמֹ֑ר
הַנֹּגֵ֜עַ בָּאִ֥ישׁ הַזֶּ֛ה וּבְאִשְׁתּ֖וֹ מ֥וֹת יוּמָֽת א:כו:יב וַיִּזְרַ֤ע יִצְחָק֙ בָּאָ֣רֶץ
הַהִ֔וא וַיִּמְצָ֛א בַּשָּׁנָ֥ה הַהִ֖וא מֵאָ֣ה שְׁעָרִ֑ים וַֽיְבָרְכֵ֖הוּ יְהֹוָֽה
א:כו:יג וַיִּגְדַּ֖ל הָאִ֑ישׁ וַיֵּ֤לֶךְ הָלוֹךְ֙ וְגָדֵ֔ל עַ֥ד כִּֽי־גָדַ֖ל מְאֹֽד א:כו:יד וַֽיְהִי־ל֤וֹ
מִקְנֵה־צֹאן֙ וּמִקְנֵ֣ה בָקָ֔ר וַעֲבֻדָּ֖ה רַבָּ֑ה וַיְקַנְא֥וּ אֹת֖וֹ פְּלִשְׁתִּֽים
א:כו:טו וְכָל־הַבְּאֵרֹ֗ת אֲשֶׁ֤ר חָֽפְרוּ֙ עַבְדֵ֣י אָבִ֔יו בִּימֵ֖י אַבְרָהָ֣ם אָבִ֑יו
סִתְּמ֣וּם פְּלִשְׁתִּ֔ים וַיְמַלְא֖וּם עָפָֽר א:כו:טז וַיֹּ֥אמֶר אֲבִימֶ֖לֶךְ אֶל־יִצְחָ֑ק
לֵ֚ךְ מֵֽעִמָּ֔נוּ כִּֽי־עָצַֽמְתָּ־מִמֶּ֖נּוּ מְאֹֽד א:כו:יז וַיֵּ֥לֶךְ מִשָּׁ֖ם יִצְחָ֑ק וַיִּ֥חַן
בְּנַֽחַל־גְּרָ֖ר וַיֵּ֥שֶׁב שָֽׁם א:כו:יח וַיָּ֨שָׁב יִצְחָ֜ק וַיַּחְפֹּ֣ר ׀ אֶת־בְּאֵרֹ֣ת
הַמַּ֗יִם אֲשֶׁ֤ר חָֽפְרוּ֙ בִּימֵי֙ אַבְרָהָ֣ם אָבִ֔יו וַיְסַתְּמ֣וּם פְּלִשְׁתִּ֔ים אַחֲרֵ֖י
מ֣וֹת אַבְרָהָ֑ם וַיִּקְרָ֤א לָהֶן֙ שֵׁמ֔וֹת כַּשֵּׁמֹ֕ת אֲשֶׁר־קָרָ֥א לָהֶ֖ן אָבִֽיו
א:כו:יט וַיַּחְפְּר֥וּ עַבְדֵֽי־יִצְחָ֖ק בַּנָּ֑חַל וַיִּ֨מְצְאוּ־שָׁ֔ם בְּאֵ֖ר מַ֥יִם חַיִּֽים
א:כו:כ וַיָּרִ֜יבוּ רֹעֵ֣י גְרָ֗ר עִם־רֹעֵ֥י יִצְחָ֖ק לֵאמֹ֣ר לָ֣נוּ הַמָּ֑יִם וַיִּקְרָ֤א

שֵׁם־הַבְּאֵר֙ עֵ֔שֶׂק כִּ֥י הִֽתְעַשְּׂק֖וּ עִמּֽוֹ א:כו:כא וַֽיַּחְפְּרוּ֙ בְּאֵ֣ר אַחֶ֔רֶת
וַיָּרִ֖יבוּ גַּם־עָלֶ֑יהָ וַיִּקְרָ֥א שְׁמָ֖הּ שִׂטְנָֽה א:כו:כב וַיַּעְתֵּ֣ק מִשָּׁ֗ם וַיַּחְפֹּר֙
בְּאֵ֣ר אַחֶ֔רֶת וְלֹ֥א רָב֖וּ עָלֶ֑יהָ וַיִּקְרָ֤א שְׁמָהּ֙ רְחֹב֔וֹת וַיֹּ֕אמֶר כִּֽי־עַתָּ֞ה
הִרְחִ֧יב יְהוָ֛ה לָ֖נוּ וּפָרִ֥ינוּ בָאָֽרֶץ א:כו:כג וַיַּ֥עַל מִשָּׁ֖ם בְּאֵ֥ר שָֽׁבַע
א:כו:כד וַיֵּרָ֨א אֵלָ֤יו יְהוָה֙ בַּלַּ֣יְלָה הַה֔וּא וַיֹּ֕אמֶר אָנֹכִ֕י אֱלֹהֵ֖י אַבְרָהָ֣ם
אָבִ֑יךָ אַל־תִּירָא֙ כִּֽי־אִתְּךָ֣ אָנֹ֔כִי וּבֵֽרַכְתִּ֙יךָ֙ וְהִרְבֵּיתִ֣י אֶֽת־זַרְעֲךָ֔
בַּעֲב֖וּר אַבְרָהָ֥ם עַבְדִּֽי א:כו:כה וַיִּ֧בֶן שָׁ֣ם מִזְבֵּ֗חַ וַיִּקְרָא֙ בְּשֵׁ֣ם יְהוָ֔ה
וַיֶּט־שָׁ֖ם אָהֳל֑וֹ וַיִּכְרוּ־שָׁ֥ם עַבְדֵֽי־יִצְחָ֖ק בְּאֵֽר א:כו:כו וַאֲבִימֶ֕לֶךְ הָלַ֥ךְ
אֵלָ֖יו מִגְּרָ֑ר וַאֲחֻזַּת֙ מֵֽרֵעֵ֔הוּ וּפִיכֹ֖ל שַׂר־צְבָאֽוֹ א:כו:כז וַיֹּ֤אמֶר אֲלֵהֶם֙
יִצְחָ֔ק מַדּ֖וּעַ בָּאתֶ֣ם אֵלָ֑י וְאַתֶּם֙ שְׂנֵאתֶ֣ם אֹתִ֔י וַתְּשַׁלְּח֖וּנִי מֵאִתְּכֶֽם
א:כו:כח וַיֹּאמְר֗וּ רָא֣וֹ רָאִינוּ֮ כִּֽי־הָיָ֣ה יְהוָ֣ה ׀ עִמָּךְ֒ וַנֹּ֗אמֶר תְּהִ֨י נָ֥א
אָלָ֛ה בֵּינוֹתֵ֖ינוּ בֵּינֵ֣ינוּ וּבֵינֶ֑ךָ וְנִכְרְתָ֥ה בְרִ֖ית עִמָּֽךְ
א:כו:כט אִם־תַּעֲשֵׂ֨ה עִמָּ֜נוּ רָעָ֗ה כַּאֲשֶׁר֙ לֹ֣א נְגַֽעֲנ֔וּךָ וְכַאֲשֶׁ֨ר עָשִׂ֤ינוּ
עִמְּךָ֙ רַק־ט֔וֹב וַנְּשַׁלֵּחֲךָ֖ בְּשָׁל֑וֹם אַתָּ֥ה עַתָּ֖ה בְּר֥וּךְ יְהוָֽה א:כו:ל וַיַּ֤עַשׂ
לָהֶם֙ מִשְׁתֶּ֔ה וַיֹּאכְל֖וּ וַיִּשְׁתּֽוּ א:כו:לא וַיַּשְׁכִּ֣ימוּ בַבֹּ֔קֶר וַיִּשָּׁבְע֖וּ אִ֣ישׁ
לְאָחִ֑יו וַיְשַׁלְּחֵ֣ם יִצְחָ֔ק וַיֵּלְכ֥וּ מֵאִתּ֖וֹ בְּשָׁלֽוֹם א:כו:לב וַיְהִ֣י ׀ בַּיּ֣וֹם
הַה֗וּא וַיָּבֹ֙אוּ֙ עַבְדֵ֣י יִצְחָ֔ק וַיַּגִּ֣דוּ ל֔וֹ עַל־אֹד֥וֹת הַבְּאֵ֖ר אֲשֶׁ֣ר חָפָ֑רוּ
וַיֹּ֥אמְרוּ ל֖וֹ מָצָ֥אנוּ מָֽיִם א:כו:לג וַיִּקְרָ֥א אֹתָ֖הּ שִׁבְעָ֑ה עַל־כֵּ֤ן
שֵׁם־הָעִיר֙ בְּאֵ֣ר שֶׁ֔בַע עַ֖ד הַיּ֥וֹם הַזֶּֽה א:כו:לד וַיְהִ֤י עֵשָׂו֙ בֶּן־אַרְבָּעִ֣ים
שָׁנָ֔ה וַיִּקַּ֤ח אִשָּׁה֙ אֶת־יְהוּדִ֔ית בַּת־בְּאֵרִ֖י הַֽחִתִּ֑י וְאֶת־בָּ֣שְׂמַ֔ת
בַּת־אֵילֹ֖ן הַֽחִתִּֽי א:כו:לה וַתִּהְיֶ֖יןָ מֹ֣רַת ר֑וּחַ לְיִצְחָ֖ק וּלְרִבְקָֽה
א:כז:א וַיְהִי֙ כִּֽי־זָקֵ֣ן יִצְחָ֔ק וַתִּכְהֶ֥יןָ עֵינָ֖יו מֵרְאֹ֑ת וַיִּקְרָ֞א אֶת־עֵשָׂ֣ו ׀
בְּנ֣וֹ הַגָּדֹ֗ל וַיֹּ֤אמֶר אֵלָיו֙ בְּנִ֔י וַיֹּ֥אמֶר אֵלָ֖יו הִנֵּֽנִי א:כז:ב וַיֹּ֕אמֶר הִנֵּה־נָ֖א
זָקַ֑נְתִּי לֹ֥א יָדַ֖עְתִּי י֥וֹם מוֹתִֽי א:כז:ג וְעַתָּה֙ שָׂא־נָ֣א כֵלֶ֔יךָ תֶּלְיְךָ֖
וְקַשְׁתֶּ֑ךָ וְצֵא֙ הַשָּׂדֶ֔ה וְצ֥וּדָה לִּ֖י צידה [צָֽיִד] א:כז:ד וַעֲשֵׂה־לִ֨י
מַטְעַמִּ֜ים כַּאֲשֶׁ֥ר אָהַ֛בְתִּי וְהָבִ֥יאָה לִּ֖י וְאֹכֵ֑לָה בַּעֲב֛וּר תְּבָרֶכְךָ֥
נַפְשִׁ֖י בְּטֶ֥רֶם אָמֽוּת א:כז:ה וְרִבְקָ֣ה שֹׁמַ֔עַת בְּדַבֵּ֣ר יִצְחָ֔ק אֶל־עֵשָׂ֖ו
בְּנ֑וֹ וַיֵּ֤לֶךְ עֵשָׂו֙ הַשָּׂדֶ֔ה לָצ֥וּד צַ֖יִד לְהָבִֽיא א:כז:ו וְרִבְקָה֙ אָֽמְרָ֔ה

אֶל־יַעֲקֹב בְּנָהּ לֵאמֹר הִנֵּה שָׁמַעְתִּי אֶת־אָבִיךָ מְדַבֵּר אֶל־עֵשָׂו
אָחִיךָ לֵאמֹר א:כז:ז הָבִיאָה לִּי צַיִד וַעֲשֵׂה־לִי מַטְעַמִּים וְאֹכֵלָה
וַאֲבָרֶכְכָה לִפְנֵי יְהוָה לִפְנֵי מוֹתִי א:כז:ח וְעַתָּה בְנִי שְׁמַע בְּקֹלִי
לַאֲשֶׁר אֲנִי מְצַוָּה אֹתָךְ א:כז:ט לֶךְ־נָא אֶל־הַצֹּאן וְקַח־לִי מִשָּׁם שְׁנֵי
גְּדָיֵי עִזִּים טֹבִים וְאֶעֱשֶׂה אֹתָם מַטְעַמִּים לְאָבִיךָ כַּאֲשֶׁר אָהֵב
א:כז:י וְהֵבֵאתָ לְאָבִיךָ וְאָכָל בַּעֲבֻר אֲשֶׁר יְבָרֶכְךָ לִפְנֵי מוֹתוֹ
א:כז:יא וַיֹּאמֶר יַעֲקֹב אֶל־רִבְקָה אִמּוֹ הֵן עֵשָׂו אָחִי אִישׁ שָׂעִר וְאָנֹכִי
אִישׁ חָלָק א:כז:יב אוּלַי יְמֻשֵּׁנִי אָבִי וְהָיִיתִי בְעֵינָיו כִּמְתַעְתֵּעַ
וְהֵבֵאתִי עָלַי קְלָלָה וְלֹא בְרָכָה א:כז:יג וַתֹּאמֶר לוֹ אִמּוֹ עָלַי קִלְלָתְךָ
בְּנִי אַךְ שְׁמַע בְּקֹלִי וְלֵךְ קַח־לִי א:כז:יד וַיֵּלֶךְ וַיִּקַּח וַיָּבֵא לְאִמּוֹ וַתַּעַשׂ
אִמּוֹ מַטְעַמִּים כַּאֲשֶׁר אָהֵב אָבִיו א:כז:טו וַתִּקַּח רִבְקָה אֶת־בִּגְדֵי
עֵשָׂו בְּנָהּ הַגָּדֹל הַחֲמֻדֹת אֲשֶׁר אִתָּהּ בַּבָּיִת וַתַּלְבֵּשׁ אֶת־יַעֲקֹב
בְּנָהּ הַקָּטָן א:כז:טז וְאֵת עֹרֹת גְּדָיֵי הָעִזִּים הִלְבִּישָׁה עַל־יָדָיו וְעַל
חֶלְקַת צַוָּארָיו א:כז:יז וַתִּתֵּן אֶת־הַמַּטְעַמִּים וְאֶת־הַלֶּחֶם אֲשֶׁר
עָשָׂתָה בְּיַד יַעֲקֹב בְּנָהּ א:כז:יח וַיָּבֹא אֶל־אָבִיו וַיֹּאמֶר אָבִי וַיֹּאמֶר
הִנֶּנִּי מִי אַתָּה בְּנִי א:כז:יט וַיֹּאמֶר יַעֲקֹב אֶל־אָבִיו אָנֹכִי עֵשָׂו בְּכֹרֶךָ
עָשִׂיתִי כַּאֲשֶׁר דִּבַּרְתָּ אֵלָי קוּם־נָא שְׁבָה וְאָכְלָה מִצֵּידִי בַּעֲבוּר
תְּבָרֲכַנִּי נַפְשֶׁךָ א:כז:כ וַיֹּאמֶר יִצְחָק אֶל־בְּנוֹ מַה־זֶּה מִהַרְתָּ לִמְצֹא
בְּנִי וַיֹּאמֶר כִּי הִקְרָה יְהוָה אֱלֹהֶיךָ לְפָנָי א:כז:כא וַיֹּאמֶר יִצְחָק
אֶל־יַעֲקֹב גְּשָׁה־נָּא וַאֲמֻשְׁךָ בְּנִי הַאַתָּה זֶה בְּנִי עֵשָׂו אִם־לֹא
א:כז:כב וַיִּגַּשׁ יַעֲקֹב אֶל־יִצְחָק אָבִיו וַיְמֻשֵּׁהוּ וַיֹּאמֶר הַקֹּל קוֹל יַעֲקֹב
וְהַיָּדַיִם יְדֵי עֵשָׂו א:כז:כג וְלֹא הִכִּירוֹ כִּי־הָיוּ יָדָיו כִּידֵי עֵשָׂו אָחִיו
שְׂעִרֹת וַיְבָרְכֵהוּ א:כז:כד וַיֹּאמֶר אַתָּה זֶה בְּנִי עֵשָׂו וַיֹּאמֶר אָנִי
א:כז:כה וַיֹּאמֶר הַגִּשָׁה לִּי וְאֹכְלָה מִצֵּיד בְּנִי לְמַעַן תְּבָרֶכְךָ נַפְשִׁי
וַיַּגֶּשׁ־לוֹ וַיֹּאכַל וַיָּבֵא לוֹ יַיִן וַיֵּשְׁתְּ א:כז:כו וַיֹּאמֶר אֵלָיו יִצְחָק אָבִיו
גְּשָׁה־נָּא וּשְׁקָה־לִּי בְּנִי א:כז:כז וַיִּגַּשׁ וַיִּשַּׁק־לוֹ וַיָּרַח אֶת־רֵיחַ בְּגָדָיו
וַיְבָרְכֵהוּ וַיֹּאמֶר רְאֵה רֵיחַ בְּנִי כְּרֵיחַ שָׂדֶה אֲשֶׁר בֵּרֲכוֹ יְהוָה
א:כז:כח וְיִתֶּן־לְךָ הָאֱלֹהִים מִטַּל הַשָּׁמַיִם וּמִשְׁמַנֵּי הָאָרֶץ וְרֹב דָּגָן

וְתִירֹֽשׁ א:כז:כט יַֽעַבְד֣וּךָ עַמִּ֗ים וישתחו [וְיִשְׁתַּחֲו֤וּ] לְךָ֙ לְאֻמִּ֔ים הֱוֵ֤ה
גְבִיר֙ לְאַחֶ֔יךָ וְיִשְׁתַּחֲוּ֥וּ לְךָ֖ בְּנֵ֣י אִמֶּ֑ךָ אֹרְרֶ֣יךָ אָר֔וּר וּֽמְבָרְכֶ֖יךָ בָּרֽוּךְ
א:כז:ל וַיְהִ֗י כַּאֲשֶׁ֨ר כִּלָּ֣ה יִצְחָק֮ לְבָרֵ֣ךְ אֶֽת־יַעֲקֹב֒ וַיְהִ֗י אַ֣ךְ יָצֹ֤א יָצָא֙
יַעֲקֹ֔ב מֵאֵ֥ת פְּנֵ֖י יִצְחָ֣ק אָבִ֑יו וְעֵשָׂ֣ו אָחִ֔יו בָּ֖א מִצֵּידֽוֹ א:כז:לא וַיַּ֤עַשׂ
גַּם־הוּא֙ מַטְעַמִּ֔ים וַיָּבֵ֖א לְאָבִ֑יו וַיֹּ֣אמֶר לְאָבִ֗יו יָקֻ֤ם אָבִי֙ וְיֹאכַל֙ מִצֵּ֣יד
בְּנ֔וֹ בַּעֲב֖וּר תְּבָרְכַ֥נִּי נַפְשֶֽׁךָ א:כז:לב וַיֹּ֥אמֶר ל֛וֹ יִצְחָ֥ק אָבִ֖יו מִי־אָ֑תָּה
וַיֹּ֕אמֶר אֲנִ֛י בִּנְךָ֥ בְכֹרְךָ֖ עֵשָֽׂו א:כז:לג וַיֶּחֱרַ֨ד יִצְחָ֣ק חֲרָדָה֮ גְּדֹלָ֣ה
עַד־מְאֹד֒ וַיֹּ֡אמֶר מִֽי־אֵפ֡וֹא ה֣וּא הַצָּֽד־צַיִד֩ וַיָּ֨בֵא לִ֜י וָאֹכַ֤ל מִכֹּל֙
בְּטֶ֣רֶם תָּב֔וֹא וָאֲבָרְכֵ֑הוּ גַּם־בָּר֖וּךְ יִהְיֶֽה א:כז:לד כִּשְׁמֹ֤עַ עֵשָׂו֙
אֶת־דִּבְרֵ֣י אָבִ֔יו וַיִּצְעַ֣ק צְעָקָ֔ה גְּדֹלָ֥ה וּמָרָ֖ה עַד־מְאֹ֑ד וַיֹּ֣אמֶר לְאָבִ֔יו
בָּרְכֵ֥נִי גַם־אָ֖נִי אָבִֽי א:כז:לה וַיֹּ֕אמֶר בָּ֥א אָחִ֖יךָ בְּמִרְמָ֑ה וַיִּקַּ֖ח בִּרְכָתֶֽךָ
א:כז:לו וַיֹּ֡אמֶר הֲכִי֩ קָרָ֨א שְׁמ֜וֹ יַעֲקֹ֗ב וַֽיַּעְקְבֵ֙נִי֙ זֶ֣ה פַעֲמַ֔יִם
אֶת־בְּכֹרָתִ֣י לָקָ֔ח וְהִנֵּ֥ה עַתָּ֖ה לָקַ֣ח בִּרְכָתִ֑י וַיֹּאמַ֕ר הֲלֹא־אָצַ֥לְתָּ לִּ֖י
בְּרָכָֽה א:כז:לז וַיַּ֨עַן יִצְחָ֜ק וַיֹּ֣אמֶר לְעֵשָׂ֗ו הֵ֣ן גְּבִ֞יר שַׂמְתִּ֥יו לָךְ֙
וְאֶת־כָּל־אֶחָ֗יו נָתַ֤תִּי לוֹ֙ לַעֲבָדִ֔ים וְדָגָ֥ן וְתִירֹ֖שׁ סְמַכְתִּ֑יו וּלְכָ֣ה אֵפ֔וֹא
מָ֥ה אֶעֱשֶׂ֖ה בְּנִֽי א:כז:לח וַיֹּ֨אמֶר עֵשָׂ֜ו אֶל־אָבִ֗יו הַבְרָכָ֨ה אַחַ֤ת
הִֽוא־לְךָ֙ אָבִ֔י בָּרְכֵ֥נִי גַם־אָ֖נִי אָבִ֑י וַיִּשָּׂ֥א עֵשָׂ֛ו קֹל֖וֹ וַיֵּֽבְךְּ א:כז:לט וַיַּ֛עַן
יִצְחָ֥ק אָבִ֖יו וַיֹּ֣אמֶר אֵלָ֑יו הִנֵּ֞ה מִשְׁמַנֵּ֤י הָאָ֙רֶץ֙ יִהְיֶ֣ה מֽוֹשָׁבֶ֔ךָ וּמִטַּ֥ל
הַשָּׁמַ֖יִם מֵעָֽל א:כז:מ וְעַל־חַרְבְּךָ֣ תִֽחְיֶ֔ה וְאֶת־אָחִ֖יךָ תַּעֲבֹ֑ד וְהָיָה֙
כַּאֲשֶׁ֣ר תָּרִ֔יד וּפָרַקְתָּ֥ עֻלּ֖וֹ מֵעַ֥ל צַוָּארֶֽךָ א:כז:מא וַיִּשְׂטֹ֤ם עֵשָׂו֙
אֶֽת־יַעֲקֹ֔ב עַל־הַ֨בְּרָכָ֔ה אֲשֶׁ֥ר בֵּרְכ֖וֹ אָבִ֑יו וַיֹּ֨אמֶר עֵשָׂ֜ו בְּלִבּ֗וֹ יִקְרְבוּ֙
יְמֵי֙ אֵ֣בֶל אָבִ֔י וְאַֽהַרְגָ֖ה אֶת־יַעֲקֹ֥ב אָחִֽי א:כז:מב וַיֻּגַּ֣ד לְרִבְקָ֔ה
אֶת־דִּבְרֵ֥י עֵשָׂ֖ו בְּנָ֣הּ הַגָּדֹ֑ל וַתִּשְׁלַ֞ח וַתִּקְרָ֣א לְיַעֲקֹ֗ב בְּנָ֣הּ הַקָּטָ֔ן
וַתֹּ֣אמֶר אֵלָ֔יו הִנֵּה֙ עֵשָׂ֣ו אָחִ֔יךָ מִתְנַחֵ֥ם לְךָ֖ לְהָרְגֶֽךָ א:כז:מג וְעַתָּ֥ה
בְנִ֖י שְׁמַ֣ע בְּקֹלִ֑י וְק֧וּם בְּרַח־לְךָ֛ אֶל־לָבָ֥ן אָחִ֖י חָרָֽנָה א:כז:מד וְיָשַׁבְתָּ֥
עִמּ֖וֹ יָמִ֣ים אֲחָדִ֑ים עַ֥ד אֲשֶׁר־תָּשׁ֖וּב חֲמַ֥ת אָחִֽיךָ א:כז:מה עַד־שׁ֨וּב
אַף־אָחִ֜יךָ מִמְּךָ֗ וְשָׁכַח֙ אֵ֣ת אֲשֶׁר־עָשִׂ֣יתָ לּ֔וֹ וְשָׁלַחְתִּ֖י וּלְקַחְתִּ֣יךָ
מִשָּׁ֑ם לָמָ֥ה אֶשְׁכַּ֛ל גַּם־שְׁנֵיכֶ֖ם י֥וֹם אֶחָֽד א:כז:מו וַתֹּ֥אמֶר רִבְקָ֖ה

אֶל־יִצְחָק קַצְתִּי בְחַיַּי מִפְּנֵי בְּנוֹת חֵת אִם־לֹקֵחַ יַעֲקֹב אִשָּׁה
מִבְּנוֹת־חֵת כָּאֵלֶּה מִבְּנוֹת הָאָרֶץ לָמָּה לִּי חַיִּים א:כח:א וַיִּקְרָא
יִצְחָק אֶל־יַעֲקֹב וַיְבָרֶךְ אֹתוֹ וַיְצַוֵּהוּ וַיֹּאמֶר לוֹ לֹא־תִקַּח אִשָּׁה
מִבְּנוֹת כְּנָעַן א:כח:ב קוּם לֵךְ פַּדֶּנָה אֲרָם בֵּיתָה בְתוּאֵל אֲבִי אִמֶּךָ
וְקַח־לְךָ מִשָּׁם אִשָּׁה מִבְּנוֹת לָבָן אֲחִי אִמֶּךָ א:כח:ג וְאֵל שַׁדַּי יְבָרֵךְ
אֹתְךָ וְיַפְרְךָ וְיַרְבֶּךָ וְהָיִיתָ לִקְהַל עַמִּים א:כח:ד וְיִתֶּן־לְךָ אֶת־בִּרְכַּת
אַבְרָהָם לְךָ וּלְזַרְעֲךָ אִתָּךְ לְרִשְׁתְּךָ אֶת־אֶרֶץ מְגֻרֶיךָ אֲשֶׁר־נָתַן
אֱלֹהִים לְאַבְרָהָם א:כח:ה וַיִּשְׁלַח יִצְחָק אֶת־יַעֲקֹב וַיֵּלֶךְ פַּדֶּנָה אֲרָם
אֶל־לָבָן בֶּן־בְּתוּאֵל הָאֲרַמִּי אֲחִי רִבְקָה אֵם יַעֲקֹב וְעֵשָׂו א:כח:ו וַיַּרְא
עֵשָׂו כִּי־בֵרַךְ יִצְחָק אֶת־יַעֲקֹב וְשִׁלַּח אֹתוֹ פַּדֶּנָה אֲרָם לָקַחַת־לוֹ
מִשָּׁם אִשָּׁה בְּבָרֲכוֹ אֹתוֹ וַיְצַו עָלָיו לֵאמֹר לֹא־תִקַּח אִשָּׁה מִבְּנוֹת
כְּנָעַן א:כח:ז וַיִּשְׁמַע יַעֲקֹב אֶל־אָבִיו וְאֶל־אִמּוֹ וַיֵּלֶךְ פַּדֶּנָה אֲרָם
א:כח:ח וַיַּרְא עֵשָׂו כִּי רָעוֹת בְּנוֹת כְּנָעַן בְּעֵינֵי יִצְחָק אָבִיו
א:כח:ט וַיֵּלֶךְ עֵשָׂו אֶל־יִשְׁמָעֵאל וַיִּקַּח אֶת־מָחֲלַת | בַּת־יִשְׁמָעֵאל
בֶּן־אַבְרָהָם אֲחוֹת נְבָיוֹת עַל־נָשָׁיו לוֹ לְאִשָּׁה א:כח:י וַיֵּצֵא יַעֲקֹב
מִבְּאֵר שָׁבַע וַיֵּלֶךְ חָרָנָה א:כח:יא וַיִּפְגַּע בַּמָּקוֹם וַיָּלֶן שָׁם כִּי־בָא
הַשֶּׁמֶשׁ וַיִּקַּח מֵאַבְנֵי הַמָּקוֹם וַיָּשֶׂם מְרַאֲשֹׁתָיו וַיִּשְׁכַּב בַּמָּקוֹם
הַהוּא א:כח:יב וַיַּחֲלֹם וְהִנֵּה סֻלָּם מֻצָּב אַרְצָה וְרֹאשׁוֹ מַגִּיעַ
הַשָּׁמָיְמָה וְהִנֵּה מַלְאֲכֵי אֱלֹהִים עֹלִים וְיֹרְדִים בּוֹ א:כח:יג וְהִנֵּה יְהוָה
נִצָּב עָלָיו וַיֹּאמַר אֲנִי יְהוָה אֱלֹהֵי אַבְרָהָם אָבִיךָ וֵאלֹהֵי יִצְחָק
הָאָרֶץ אֲשֶׁר אַתָּה שֹׁכֵב עָלֶיהָ לְךָ אֶתְּנֶנָּה וּלְזַרְעֶךָ א:כח:יד וְהָיָה
זַרְעֲךָ כַּעֲפַר הָאָרֶץ וּפָרַצְתָּ יָמָּה וָקֵדְמָה וְצָפֹנָה וָנֶגְבָּה וְנִבְרְכוּ
בְךָ כָּל־מִשְׁפְּחֹת הָאֲדָמָה וּבְזַרְעֶךָ א:כח:טו וְהִנֵּה אָנֹכִי עִמָּךְ
וּשְׁמַרְתִּיךָ בְּכֹל אֲשֶׁר־תֵּלֵךְ וַהֲשִׁבֹתִיךָ אֶל־הָאֲדָמָה הַזֹּאת כִּי לֹא
אֶעֱזָבְךָ עַד אֲשֶׁר אִם־עָשִׂיתִי אֵת אֲשֶׁר־דִּבַּרְתִּי לָךְ א:כח:טז וַיִּיקַץ
יַעֲקֹב מִשְּׁנָתוֹ וַיֹּאמֶר אָכֵן יֵשׁ יְהוָה בַּמָּקוֹם הַזֶּה וְאָנֹכִי לֹא יָדָעְתִּי
א:כח:יז וַיִּירָא וַיֹּאמַר מַה־נּוֹרָא הַמָּקוֹם הַזֶּה אֵין זֶה כִּי אִם־בֵּית
אֱלֹהִים וְזֶה שַׁעַר הַשָּׁמָיִם א:כח:יח וַיַּשְׁכֵּם יַעֲקֹב בַּבֹּקֶר וַיִּקַּח

אֶת־הָאֶ֙בֶן֙ אֲשֶׁר־שָׂ֣ם מְרַאֲשֹׁתָ֔יו וַיָּ֥שֶׂם אֹתָ֖הּ מַצֵּבָ֑ה וַיִּצֹ֥ק שֶׁ֖מֶן
עַל־רֹאשָֽׁהּ א:כח:יט וַיִּקְרָ֛א אֶת־שֵֽׁם־הַמָּק֥וֹם הַה֖וּא בֵּֽית־אֵ֑ל וְאוּלָ֛ם
ל֥וּז שֵׁם־הָעִ֖יר לָרִאשֹׁנָֽה א:כח:כ וַיִּדַּ֥ר יַעֲקֹ֖ב נֶ֣דֶר לֵאמֹ֑ר אִם־יִהְיֶ֨ה
אֱלֹהִ֜ים עִמָּדִ֗י וּשְׁמָרַ֙נִי֙ בַּדֶּ֤רֶךְ הַזֶּה֙ אֲשֶׁ֣ר אָנֹכִ֣י הוֹלֵ֔ךְ וְנָֽתַן־לִ֥י לֶ֛חֶם
לֶאֱכֹ֖ל וּבֶ֥גֶד לִלְבֹּֽשׁ א:כח:כא וְשַׁבְתִּ֥י בְשָׁל֖וֹם אֶל־בֵּ֣ית אָבִ֑י וְהָיָ֧ה יְהוָ֛ה
לִ֖י לֵאלֹהִֽים א:כח:כב וְהָאֶ֣בֶן הַזֹּ֗את אֲשֶׁר־שַׂ֙מְתִּי֙ מַצֵּבָ֔ה יִהְיֶ֖ה בֵּ֣ית
אֱלֹהִ֑ים וְכֹל֙ אֲשֶׁ֣ר תִּתֶּן־לִ֔י עַשֵּׂ֖ר אֲעַשְּׂרֶ֥נּוּ לָֽךְ א:כט:א וַיִּשָּׂ֥א יַעֲקֹ֖ב
רַגְלָ֑יו וַיֵּ֖לֶךְ אַ֥רְצָה בְנֵי־קֶֽדֶם א:כט:ב וַיַּ֞רְא וְהִנֵּ֧ה בְאֵ֣ר בַּשָּׂדֶ֗ה
וְהִנֵּה־שָׁ֞ם שְׁלֹשָׁ֤ה עֶדְרֵי־צֹאן֙ רֹבְצִ֣ים עָלֶ֔יהָ כִּ֚י מִן־הַבְּאֵ֣ר הַהִ֔וא
יַשְׁק֖וּ הָעֲדָרִ֑ים וְהָאֶ֥בֶן גְּדֹלָ֖ה עַל־פִּ֥י הַבְּאֵֽר א:כט:ג וְנֶאֶסְפוּ־שָׁ֣מָּה
כָל־הָעֲדָרִ֗ים וְגָלְל֤וּ אֶת־הָאֶ֙בֶן֙ מֵעַל֙ פִּ֣י הַבְּאֵ֔ר וְהִשְׁק֖וּ אֶת־הַצֹּ֑אן
וְהֵשִׁ֧יבוּ אֶת־הָאֶ֛בֶן עַל־פִּ֥י הַבְּאֵ֖ר לִמְקֹמָֽהּ א:כט:ד וַיֹּ֤אמֶר לָהֶם֙
יַעֲקֹ֔ב אַחַ֖י מֵאַ֣יִן אַתֶּ֑ם וַיֹּ֣אמְר֔וּ מֵחָרָ֖ן אֲנָֽחְנוּ א:כט:ה וַיֹּ֣אמֶר לָהֶ֔ם
הַיְדַעְתֶּ֖ם אֶת־לָבָ֣ן בֶּן־נָח֑וֹר וַיֹּאמְר֖וּ יָדָֽעְנוּ א:כט:ו וַיֹּ֥אמֶר לָהֶ֖ם
הֲשָׁל֣וֹם ל֑וֹ וַיֹּאמְר֣וּ שָׁל֔וֹם וְהִנֵּה֙ רָחֵ֣ל בִּתּ֔וֹ בָּאָ֖ה עִם־הַצֹּֽאן
א:כט:ז וַיֹּ֗אמֶר הֵ֥ן עוֹד֙ הַיּ֣וֹם גָּד֔וֹל לֹא־עֵ֖ת הֵאָסֵ֣ף הַמִּקְנֶ֑ה הַשְׁק֥וּ
הַצֹּ֖אן וּלְכ֥וּ רְעֽוּ א:כט:ח וַיֹּאמְרוּ֮ לֹ֣א נוּכַל֒ עַ֣ד אֲשֶׁ֤ר יֵאָֽסְפוּ֙
כָּל־הָ֣עֲדָרִ֔ים וְגָֽלְלוּ֙ אֶת־הָאֶ֔בֶן מֵעַ֖ל פִּ֣י הַבְּאֵ֑ר וְהִשְׁקִ֖ינוּ הַצֹּֽאן
א:כט:ט עוֹדֶ֖נּוּ מְדַבֵּ֣ר עִמָּ֑ם וְרָחֵ֣ל ׀ בָּ֗אָה עִם־הַצֹּאן֙ אֲשֶׁ֣ר לְאָבִ֔יהָ כִּ֥י
רֹעָ֖ה הִֽוא א:כט:י וַיְהִ֡י כַּאֲשֶׁר֩ רָאָ֨ה יַעֲקֹ֜ב אֶת־רָחֵ֗ל בַּת־לָבָן֙ אֲחִ֣י
אִמּ֔וֹ וְאֶת־צֹ֖אן לָבָ֣ן אֲחִ֣י אִמּ֑וֹ וַיִּגַּ֣שׁ יַעֲקֹ֗ב וַיָּ֤גֶל אֶת־הָאֶ֙בֶן֙ מֵעַל֙ פִּ֣י
הַבְּאֵ֔ר וַיַּ֕שְׁקְ אֶת־צֹ֖אן לָבָ֥ן אֲחִ֥י אִמּֽוֹ א:כט:יא וַיִּשַּׁ֥ק יַעֲקֹ֖ב לְרָחֵ֑ל
וַיִּשָּׂ֥א אֶת־קֹל֖וֹ וַיֵּֽבְךְּ א:כט:יב וַיַּגֵּ֨ד יַעֲקֹ֜ב לְרָחֵ֗ל כִּ֣י אֲחִ֤י אָבִ֙יהָ֙ ה֔וּא וְכִ֥י
בֶן־רִבְקָ֖ה ה֑וּא וַתָּ֖רָץ וַתַּגֵּ֥ד לְאָבִֽיהָ א:כט:יג וַיְהִי֩ כִשְׁמֹ֨עַ לָבָ֜ן
אֶת־שֵׁ֣מַע ׀ יַעֲקֹ֣ב בֶּן־אֲחֹת֗וֹ וַיָּ֤רָץ לִקְרָאתוֹ֙ וַיְחַבֶּק־לוֹ֙ וַיְנַשֶּׁק־ל֔וֹ
וַיְבִיאֵ֖הוּ אֶל־בֵּית֑וֹ וַיְסַפֵּ֣ר לְלָבָ֔ן אֵ֥ת כָּל־הַדְּבָרִ֖ים הָאֵֽלֶּה
א:כט:יד וַיֹּ֤אמֶר לוֹ֙ לָבָ֔ן אַ֛ךְ עַצְמִ֥י וּבְשָׂרִ֖י אָ֑תָּה וַיֵּ֥שֶׁב עִמּ֖וֹ חֹ֥דֶשׁ יָמִֽים
א:כט:טו וַיֹּ֤אמֶר לָבָן֙ לְיַעֲקֹ֔ב הֲכִי־אָחִ֣י אַ֔תָּה וַעֲבַדְתַּ֖נִי חִנָּ֑ם הַגִּ֣ידָה לִּ֖י

מַה־מַּשְׂכֻּרְתֶּֽךָ א:כט:טז וּלְלָבָ֖ן שְׁתֵּ֣י בָנ֑וֹת שֵׁ֤ם הַגְּדֹלָה֙ לֵאָ֔ה וְשֵׁ֥ם
הַקְּטַנָּ֖ה רָחֵֽל א:כט:יז וְעֵינֵ֥י לֵאָ֖ה רַכּ֑וֹת וְרָחֵל֙ הָֽיְתָ֔ה יְפַת־תֹּ֖אַר
וִיפַ֥ת מַרְאֶֽה א:כט:יח וַיֶּאֱהַ֥ב יַעֲקֹ֖ב אֶת־רָחֵ֑ל וַיֹּ֗אמֶר אֶֽעֱבָדְךָ֙ שֶׁ֣בַע
שָׁנִ֔ים בְּרָחֵ֥ל בִּתְּךָ֖ הַקְּטַנָּֽה א:כט:יט וַיֹּ֣אמֶר לָבָ֗ן ט֚וֹב תִּתִּ֣י אֹתָ֣הּ לָ֔ךְ
מִתִּתִּ֥י אֹתָ֖הּ לְאִ֣ישׁ אַחֵ֑ר שְׁבָ֖ה עִמָּדִֽי א:כט:כ וַיַּעֲבֹ֧ד יַעֲקֹ֛ב בְּרָחֵ֖ל
שֶׁ֣בַע שָׁנִ֑ים וַיִּהְי֤וּ בְעֵינָיו֙ כְּיָמִ֣ים אֲחָדִ֔ים בְּאַהֲבָת֖וֹ אֹתָֽהּ
א:כט:כא וַיֹּ֨אמֶר יַעֲקֹ֤ב אֶל־לָבָן֙ הָבָ֣ה אֶת־אִשְׁתִּ֔י כִּ֥י מָלְא֖וּ יָמָ֑י
וְאָב֖וֹאָה אֵלֶֽיהָ א:כט:כב וַיֶּאֱסֹ֥ף לָבָ֛ן אֶת־כָּל־אַנְשֵׁ֥י הַמָּק֖וֹם וַיַּ֥עַשׂ
מִשְׁתֶּֽה א:כט:כג וַיְהִ֣י בָעֶ֔רֶב וַיִּקַּח֙ אֶת־לֵאָ֣ה בִתּ֔וֹ וַיָּבֵ֥א אֹתָ֖הּ אֵלָ֑יו
וַיָּבֹ֖א אֵלֶֽיהָ א:כט:כד וַיִּתֵּ֤ן לָבָן֙ לָ֔הּ אֶת־זִלְפָּ֖ה שִׁפְחָת֑וֹ לְלֵאָ֥ה בִתּ֖וֹ
שִׁפְחָֽה א:כט:כה וַיְהִ֣י בַבֹּ֔קֶר וְהִנֵּה־הִ֖וא לֵאָ֑ה וַיֹּ֣אמֶר אֶל־לָבָ֗ן
מַה־זֹּאת֙ עָשִׂ֣יתָ לִּ֔י הֲלֹ֤א בְרָחֵל֙ עָבַ֣דְתִּי עִמָּ֔ךְ וְלָ֖מָּה רִמִּיתָֽנִי
א:כט:כו וַיֹּ֣אמֶר לָבָ֔ן לֹא־יֵעָשֶׂ֥ה כֵ֖ן בִּמְקוֹמֵ֑נוּ לָתֵ֥ת הַצְּעִירָ֖ה לִפְנֵ֥י
הַבְּכִירָֽה א:כט:כז מַלֵּ֖א שְׁבֻ֣עַ זֹ֑את וְנִתְּנָ֨ה לְךָ֜ גַּם־אֶת־זֹ֗את בַּעֲבֹדָה֙
אֲשֶׁ֣ר תַּעֲבֹ֣ד עִמָּדִ֔י ע֖וֹד שֶֽׁבַע־שָׁנִ֥ים אֲחֵרֽוֹת א:כט:כח וַיַּ֤עַשׂ יַעֲקֹב֙ כֵּ֔ן
וַיְמַלֵּ֖א שְׁבֻ֣עַ זֹ֑את וַיִּתֶּן־ל֛וֹ אֶת־רָחֵ֥ל בִּתּ֖וֹ ל֥וֹ לְאִשָּֽׁה א:כט:כט וַיִּתֵּ֤ן לָבָן֙
לְרָחֵ֣ל בִּתּ֔וֹ אֶת־בִּלְהָ֖ה שִׁפְחָת֑וֹ לָ֖הּ לְשִׁפְחָֽה א:כט:ל וַיָּבֹא֙ גַּ֣ם
אֶל־רָחֵ֔ל וַיֶּאֱהַ֥ב גַּם־אֶת־רָחֵ֖ל מִלֵּאָ֑ה וַיַּעֲבֹ֣ד עִמּ֔וֹ ע֖וֹד שֶֽׁבַע־שָׁנִ֥ים
אֲחֵרֽוֹת א:כט:לא וַיַּ֤רְא יְהוָה֙ כִּֽי־שְׂנוּאָ֣ה לֵאָ֔ה וַיִּפְתַּ֖ח אֶת־רַחְמָ֑הּ
וְרָחֵ֖ל עֲקָרָֽה א:כט:לב וַתַּ֤הַר לֵאָה֙ וַתֵּ֣לֶד בֵּ֔ן וַתִּקְרָ֥א שְׁמ֖וֹ רְאוּבֵ֑ן כִּ֣י
אָֽמְרָ֗ה כִּֽי־רָאָ֤ה יְהוָה֙ בְּעָנְיִ֔י כִּ֥י עַתָּ֖ה יֶאֱהָבַ֥נִי אִישִֽׁי א:כט:לג וַתַּ֣הַר
עוֹד֮ וַתֵּ֣לֶד בֵּן֒ וַתֹּ֗אמֶר כִּֽי־שָׁמַ֤ע יְהוָה֙ כִּֽי־שְׂנוּאָ֣ה אָנֹ֔כִי וַיִּתֶּן־לִ֖י
גַּם־אֶת־זֶ֑ה וַתִּקְרָ֥א שְׁמ֖וֹ שִׁמְעֽוֹן א:כט:לד וַתַּ֣הַר עוֹד֮ וַתֵּ֣לֶד בֵּן֒
וַתֹּ֗אמֶר עַתָּ֤ה הַפַּ֙עַם֙ יִלָּוֶ֤ה אִישִׁי֙ אֵלַ֔י כִּֽי־יָלַ֥דְתִּי ל֖וֹ שְׁלֹשָׁ֣ה בָנִ֑ים
עַל־כֵּ֥ן קָרָֽא־שְׁמ֖וֹ לֵוִֽי א:כט:לה וַתַּ֨הַר ע֜וֹד וַתֵּ֣לֶד בֵּ֗ן וַתֹּ֙אמֶר֙ הַפַּ֙עַם֙
אוֹדֶ֣ה אֶת־יְהוָ֔ה עַל־כֵּ֛ן קָרְאָ֥ה שְׁמ֖וֹ יְהוּדָ֑ה וַֽתַּעֲמֹ֖ד מִלֶּֽדֶת
א:ל:א וַתֵּ֣רֶא רָחֵ֗ל כִּ֣י לֹ֤א יָֽלְדָה֙ לְיַעֲקֹ֔ב וַתְּקַנֵּ֥א רָחֵ֖ל בַּאֲחֹתָ֑הּ
וַתֹּ֤אמֶר אֶֽל־יַעֲקֹב֙ הָֽבָה־לִּ֣י בָנִ֔ים וְאִם־אַ֖יִן מֵתָ֥ה אָנֹֽכִי

א:ל:ב וַיִּֽחַר־אַ֥ף יַעֲקֹ֖ב בְּרָחֵ֑ל וַיֹּ֗אמֶר הֲתַ֤חַת אֱלֹהִים֙ אָנֹ֔כִי
אֲשֶׁר־מָנַ֥ע מִמֵּ֖ךְ פְּרִי־בָֽטֶן א:ל:ג וַתֹּ֕אמֶר הִנֵּ֛ה אֲמָתִ֥י בִלְהָ֖ה בֹּ֣א
אֵלֶ֑יהָ וְתֵלֵד֙ עַל־בִּרְכַּ֔י וְאִבָּנֶ֥ה גַם־אָנֹכִ֖י מִמֶּֽנָּה א:ל:ד וַתִּתֶּן־ל֛וֹ
אֶת־בִּלְהָ֥ה שִׁפְחָתָ֖הּ לְאִשָּׁ֑ה וַיָּבֹ֥א אֵלֶ֖יהָ יַעֲקֹֽב א:ל:ה וַתַּ֣הַר בִּלְהָ֔ה
וַתֵּ֥לֶד לְיַעֲקֹ֖ב בֵּֽן א:ל:ו וַתֹּ֤אמֶר רָחֵל֙ דָּנַ֣נִּי אֱלֹהִ֔ים וְגַם֙ שָׁמַ֣ע בְּקֹלִ֔י
וַיִּתֶּן־לִ֖י בֵּ֑ן עַל־כֵּ֛ן קָרְאָ֥ה שְׁמ֖וֹ דָּֽן א:ל:ז וַתַּ֣הַר ע֔וֹד וַתֵּ֖לֶד בִּלְהָ֑ה
שִׁפְחַ֣ת רָחֵ֑ל בֵּ֥ן שֵׁנִ֖י לְיַעֲקֹֽב א:ל:ח וַתֹּ֣אמֶר רָחֵ֗ל נַפְתּוּלֵ֨י אֱלֹהִ֧ים ׀
נִפְתַּ֛לְתִּי עִם־אֲחֹתִ֖י גַּם־יָכֹ֑לְתִּי וַתִּקְרָ֥א שְׁמ֖וֹ נַפְתָּלִֽי א:ל:ט וַתֵּ֣רֶא
לֵאָ֔ה כִּ֥י עָֽמְדָ֖ה מִלֶּ֑דֶת וַתִּקַּח֙ אֶת־זִלְפָּ֣ה שִׁפְחָתָ֔הּ וַתִּתֵּ֥ן אֹתָ֛הּ
לְיַעֲקֹ֖ב לְאִשָּֽׁה א:ל:י וַתֵּ֗לֶד זִלְפָּ֛ה שִׁפְחַ֥ת לֵאָ֖ה לְיַעֲקֹ֥ב בֵּֽן
א:ל:יא וַתֹּ֥אמֶר לֵאָ֖ה בגד [בָּ֣א] [גָ֑ד] וַתִּקְרָ֥א אֶת־שְׁמ֖וֹ גָּֽד
א:ל:יב וַתֵּ֗לֶד זִלְפָּה֙ שִׁפְחַ֣ת לֵאָ֔ה בֵּ֥ן שֵׁנִ֖י לְיַעֲקֹֽב א:ל:יג וַתֹּ֣אמֶר לֵאָ֔ה
בְּאָשְׁרִ֕י כִּ֥י אִשְּׁר֖וּנִי בָּנ֑וֹת וַתִּקְרָ֥א אֶת־שְׁמ֖וֹ אָשֵֽׁר א:ל:יד וַיֵּ֨לֶךְ רְאוּבֵ֜ן
בִּימֵ֣י קְצִיר־חִטִּ֗ים וַיִּמְצָ֤א דוּדָאִים֙ בַּשָּׂדֶ֔ה וַיָּבֵ֣א אֹתָ֔ם אֶל־לֵאָ֖ה אִמּ֑וֹ
וַתֹּ֤אמֶר רָחֵל֙ אֶל־לֵאָ֔ה תְּנִי־נָ֣א לִ֔י מִדּוּדָאֵ֖י בְּנֵֽךְ א:ל:טו וַתֹּ֣אמֶר לָ֗הּ
הַמְעַט֙ קַחְתֵּ֣ךְ אֶת־אִישִׁ֔י וְלָקַ֕חַת גַּ֥ם אֶת־דּוּדָאֵ֖י בְּנִ֑י וַתֹּ֣אמֶר רָחֵ֗ל
לָכֵן֙ יִשְׁכַּ֤ב עִמָּךְ֙ הַלַּ֔יְלָה תַּ֖חַת דּוּדָאֵ֥י בְנֵֽךְ א:ל:טז וַיָּבֹ֨א יַעֲקֹ֥ב
מִן־הַשָּׂדֶה֮ בָּעֶ֒רֶב֒ וַתֵּצֵ֨א לֵאָ֜ה לִקְרָאת֗וֹ וַתֹּ֙אמֶר֙ אֵלַ֣י תָּב֔וֹא כִּ֛י
שָׂכֹ֥ר שְׂכַרְתִּ֖יךָ בְּדוּדָאֵ֣י בְּנִ֑י וַיִּשְׁכַּ֥ב עִמָּ֖הּ בַּלַּ֥יְלָה הֽוּא א:ל:יז וַיִּשְׁמַ֥ע
אֱלֹהִ֖ים אֶל־לֵאָ֑ה וַתַּ֛הַר וַתֵּ֥לֶד לְיַעֲקֹ֖ב בֵּ֥ן חֲמִישִֽׁי א:ל:יח וַתֹּ֣אמֶר
לֵאָ֗ה נָתַ֤ן אֱלֹהִים֙ שְׂכָרִ֔י אֲשֶׁר־נָתַ֥תִּי שִׁפְחָתִ֖י לְאִישִׁ֑י וַתִּקְרָ֥א שְׁמ֖וֹ
יִשָּׂשכָֽר א:ל:יט וַתַּ֤הַר עוֹד֙ לֵאָ֔ה וַתֵּ֥לֶד בֵּן־שִׁשִּׁ֖י לְיַעֲקֹֽב א:ל:כ וַתֹּ֣אמֶר
לֵאָ֗ה זְבָדַ֨נִי אֱלֹהִ֥ים ׀ אֹתִי֮ זֵ֣בֶד טוֹב֒ הַפַּ֙עַם֙ יִזְבְּלֵ֣נִי אִישִׁ֔י כִּֽי־יָלַ֥דְתִּי
ל֖וֹ שִׁשָּׁ֣ה בָנִ֑ים וַתִּקְרָ֥א אֶת־שְׁמ֖וֹ זְבֻלֽוּן א:ל:כא וְאַחַ֖ר יָ֣לְדָה בַּ֑ת
וַתִּקְרָ֥א אֶת־שְׁמָ֖הּ דִּינָֽה א:ל:כב וַיִּזְכֹּ֥ר אֱלֹהִ֖ים אֶת־רָחֵ֑ל וַיִּשְׁמַ֤ע
אֵלֶ֙יהָ֙ אֱלֹהִ֔ים וַיִּפְתַּ֖ח אֶת־רַחְמָֽהּ א:ל:כג וַתַּ֖הַר וַתֵּ֣לֶד בֵּ֑ן וַתֹּ֕אמֶר
אָסַ֥ף אֱלֹהִ֖ים אֶת־חֶרְפָּתִֽי א:ל:כד וַתִּקְרָ֧א אֶת־שְׁמ֛וֹ יוֹסֵ֖ף לֵאמֹ֑ר
יֹסֵ֧ף יְהוָ֛ה לִ֖י בֵּ֥ן אַחֵֽר א:ל:כה וַיְהִ֕י כַּאֲשֶׁ֥ר יָלְדָ֥ה רָחֵ֖ל אֶת־יוֹסֵ֑ף

וַיֹּ֤אמֶר יַעֲקֹב֙ אֶל־לָבָ֔ן שַׁלְּחֵ֙נִי֙ וְאֵֽלְכָ֔ה אֶל־מְקוֹמִ֖י וּלְאַרְצִֽי
א:ל:כו תְּנָ֞ה אֶת־נָשַׁ֣י וְאֶת־יְלָדַ֗י אֲשֶׁ֨ר עָבַ֧דְתִּי אֹֽתְךָ֛ בָּהֵ֖ן וְאֵלֵ֑כָה כִּ֚י
אַתָּ֣ה יָדַ֔עְתָּ אֶת־עֲבֹדָתִ֖י אֲשֶׁ֥ר עֲבַדְתִּֽיךָ א:ל:כז וַיֹּ֤אמֶר אֵלָיו֙ לָבָ֔ן
אִם־נָ֛א מָצָ֥אתִי חֵ֖ן בְּעֵינֶ֑יךָ נִחַ֕שְׁתִּי וַיְבָרְכֵ֥נִי יְהוָ֖ה בִּגְלָלֶֽךָ
א:ל:כח וַיֹּאמַ֑ר נָקְבָ֧ה שְׂכָרְךָ֛ עָלַ֖י וְאֶתֵּֽנָה א:ל:כט וַיֹּ֣אמֶר אֵלָ֔יו אַתָּ֣ה
יָדַ֔עְתָּ אֵ֖ת אֲשֶׁ֣ר עֲבַדְתִּ֑יךָ וְאֵ֛ת אֲשֶׁר־הָיָ֥ה מִקְנְךָ֖ אִתִּֽי א:ל:ל כִּ֡י
מְעַט֩ אֲשֶׁר־הָיָ֨ה לְךָ֤ לְפָנַי֙ וַיִּפְרֹ֣ץ לָרֹ֔ב וַיְבָ֧רֶךְ יְהוָ֛ה אֹתְךָ֖ לְרַגְלִ֑י
וְעַתָּ֗ה מָתַ֛י אֶֽעֱשֶׂ֥ה גַם־אָנֹכִ֖י לְבֵיתִֽי א:ל:לא וַיֹּ֖אמֶר מָ֣ה אֶתֶּן־לָ֑ךְ
וַיֹּ֤אמֶר יַעֲקֹב֙ לֹא־תִתֶּן־לִ֣י מְא֔וּמָה אִם־תַּֽעֲשֶׂה־לִּי֙ הַדָּבָ֣ר הַזֶּ֔ה
אָשׁ֛וּבָה אֶרְעֶ֥ה צֹאנְךָ֖ אֶשְׁמֹֽר א:ל:לב אֶֽעֱבֹ֨ר בְּכָל־צֹאנְךָ֜ הַיּ֗וֹם הָסֵ֨ר
מִשָּׁ֜ם כָּל־שֶׂ֣ה ׀ נָקֹ֣ד וְטָל֗וּא וְכָל־שֶׂה־חוּם֙ בַּכְּשָׂבִ֔ים וְטָל֥וּא וְנָקֹ֖ד
בָּעִזִּ֑ים וְהָיָ֖ה שְׂכָרִֽי א:ל:לג וְעָֽנְתָה־בִּ֤י צִדְקָתִי֙ בְּי֣וֹם מָחָ֔ר כִּֽי־תָב֥וֹא
עַל־שְׂכָרִ֖י לְפָנֶ֑יךָ כֹּ֣ל אֲשֶׁר־אֵינֶנּוּ֩ נָקֹ֨ד וְטָל֜וּא בָּֽעִזִּ֗ים וְחוּם֙ בַּכְּשָׂבִ֔ים
גָּנ֥וּב ה֖וּא אִתִּֽי א:ל:לד וַיֹּ֥אמֶר לָבָ֖ן הֵ֑ן ל֖וּ יְהִ֥י כִדְבָרֶֽךָ א:ל:לה וַיָּ֣סַר
בַּיּוֹם֩ הַה֨וּא אֶת־הַתְּיָשִׁ֜ים הָעֲקֻדִּ֣ים וְהַטְּלֻאִ֗ים וְאֵ֤ת כָּל־הָֽעִזִּים֙
הַנְּקֻדּ֣וֹת וְהַטְּלֻאֹ֔ת כֹּ֤ל אֲשֶׁר־לָבָן֙ בּ֔וֹ וְכָל־ח֖וּם בַּכְּשָׂבִ֑ים וַיִּתֵּ֖ן
בְּיַד־בָּנָֽיו א:ל:לו וַיָּ֗שֶׂם דֶּ֚רֶךְ שְׁלֹ֣שֶׁת יָמִ֔ים בֵּינ֖וֹ וּבֵ֣ין יַעֲקֹ֑ב וְיַעֲקֹ֗ב רֹעֶ֛ה
אֶת־צֹ֥אן לָבָ֖ן הַנּוֹתָרֹֽת א:ל:לז וַיִּֽקַּֽח־ל֣וֹ יַעֲקֹ֗ב מַקַּ֥ל לִבְנֶ֛ה לַ֖ח וְל֣וּז
וְעֶרְמ֑וֹן וַיְפַצֵּ֤ל בָּהֵן֙ פְּצָל֣וֹת לְבָנ֔וֹת מַחְשֹׂף֙ הַלָּבָ֔ן אֲשֶׁ֖ר
עַל־הַמַּקְלֽוֹת א:ל:לח וַיַּצֵּ֗ג אֶת־הַמַּקְלוֹת֙ אֲשֶׁ֣ר פִּצֵּ֔ל בָּרֳהָטִ֖ים
בְּשִֽׁקֲת֣וֹת הַמָּ֑יִם אֲשֶׁר֩ תָּבֹ֨אןָ הַצֹּ֤אן לִשְׁתּוֹת֙ לְנֹ֣כַח הַצֹּ֔אן וַיֵּחַ֖מְנָה
בְּבֹאָ֥ן לִשְׁתּֽוֹת א:ל:לט וַיֶּחֱמ֥וּ הַצֹּ֖אן אֶל־הַמַּקְל֑וֹת וַתֵּלַ֣דְןָ הַצֹּ֔אן
עֲקֻדִּ֥ים נְקֻדִּ֖ים וּטְלֻאִֽים א:ל:מ וְהַכְּשָׂבִים֮ הִפְרִ֣יד יַעֲקֹב֒ וַ֠יִּתֵּן פְּנֵ֨י
הַצֹּ֥אן אֶל־עָקֹ֛ד וְכָל־ח֖וּם בְּצֹ֣אן לָבָ֑ן וַיָּֽשֶׁת־ל֤וֹ עֲדָרִים֙ לְבַדּ֔וֹ וְלֹ֥א
שָׁתָ֖ם עַל־צֹ֥אן לָבָֽן א:ל:מא וְהָיָ֗ה בְּכָל־יַחֵם֮ הַצֹּ֣אן הַמְקֻשָּׁרוֹת֒ וְשָׂ֨ם
יַעֲקֹ֧ב אֶת־הַמַּקְל֛וֹת לְעֵינֵ֥י הַצֹּ֖אן בָּרְהָטִ֑ים לְיַחְמֵ֖נָּה בַּמַּקְלֽוֹת
א:ל:מב וּבְהַעֲטִ֥יף הַצֹּ֖אן לֹ֣א יָשִׂ֑ים וְהָיָ֤ה הָעֲטֻפִים֙ לְלָבָ֔ן וְהַקְּשֻׁרִ֖ים
לְיַעֲקֹֽב א:ל:מג וַיִּפְרֹ֥ץ הָאִ֖ישׁ מְאֹ֣ד מְאֹ֑ד וַֽיְהִי־ל֙וֹ֙ צֹ֣אן רַבּ֔וֹת וּשְׁפָחוֹת֙

וַעֲבָדִים וּגְמַלִּים וַחֲמֹרִים א:לא:א וַיִּשְׁמַע אֶת־דִּבְרֵי בְנֵי־לָבָן לֵאמֹר
לָקַח יַעֲקֹב אֵת כָּל־אֲשֶׁר לְאָבִינוּ וּמֵאֲשֶׁר לְאָבִינוּ עָשָׂה אֵת
כָּל־הַכָּבֹד הַזֶּה א:לא:ב וַיַּרְא יַעֲקֹב אֶת־פְּנֵי לָבָן וְהִנֵּה אֵינֶנּוּ עִמּוֹ
כִּתְמוֹל שִׁלְשׁוֹם א:לא:ג וַיֹּאמֶר יְהוָה אֶל־יַעֲקֹב שׁוּב אֶל־אֶרֶץ
אֲבוֹתֶיךָ וּלְמוֹלַדְתֶּךָ וְאֶהְיֶה עִמָּךְ א:לא:ד וַיִּשְׁלַח יַעֲקֹב וַיִּקְרָא לְרָחֵל
וּלְלֵאָה הַשָּׂדֶה אֶל־צֹאנוֹ א:לא:ה וַיֹּאמֶר לָהֶן רֹאֶה אָנֹכִי אֶת־פְּנֵי
אֲבִיכֶן כִּי־אֵינֶנּוּ אֵלַי כִּתְמֹל שִׁלְשֹׁם וֵאלֹהֵי אָבִי הָיָה עִמָּדִי
א:לא:ו וְאַתֵּנָה יְדַעְתֶּן כִּי בְּכָל־כֹּחִי עָבַדְתִּי אֶת־אֲבִיכֶן א:לא:ז וַאֲבִיכֶן
הֵתֶל בִּי וְהֶחֱלִף אֶת־מַשְׂכֻּרְתִּי עֲשֶׂרֶת מֹנִים וְלֹא־נְתָנוֹ אֱלֹהִים
לְהָרַע עִמָּדִי א:לא:ח אִם־כֹּה יֹאמַר נְקֻדִּים יִהְיֶה שְׂכָרֶךָ וְיָלְדוּ
כָל־הַצֹּאן נְקֻדִּים וְאִם־כֹּה יֹאמַר עֲקֻדִּים יִהְיֶה שְׂכָרֶךָ וְיָלְדוּ
כָל־הַצֹּאן עֲקֻדִּים א:לא:ט וַיַּצֵּל אֱלֹהִים אֶת־מִקְנֵה אֲבִיכֶם וַיִּתֶּן־לִי
א:לא:י וַיְהִי בְּעֵת יַחֵם הַצֹּאן וָאֶשָּׂא עֵינַי וָאֵרֶא בַּחֲלוֹם וְהִנֵּה
הָעַתֻּדִים הָעֹלִים עַל־הַצֹּאן עֲקֻדִּים נְקֻדִּים וּבְרֻדִּים א:לא:יא וַיֹּאמֶר
אֵלַי מַלְאַךְ הָאֱלֹהִים בַּחֲלוֹם יַעֲקֹב וָאֹמַר הִנֵּנִי א:לא:יב וַיֹּאמֶר
שָׂא־נָא עֵינֶיךָ וּרְאֵה כָּל־הָעַתֻּדִים הָעֹלִים עַל־הַצֹּאן עֲקֻדִּים
נְקֻדִּים וּבְרֻדִּים כִּי רָאִיתִי אֵת כָּל־אֲשֶׁר לָבָן עֹשֶׂה לָּךְ א:לא:יג אָנֹכִי
הָאֵל בֵּית־אֵל אֲשֶׁר מָשַׁחְתָּ שָּׁם מַצֵּבָה אֲשֶׁר נָדַרְתָּ לִּי שָׁם נֶדֶר
עַתָּה קוּם צֵא מִן־הָאָרֶץ הַזֹּאת וְשׁוּב אֶל־אֶרֶץ מוֹלַדְתֶּךָ
א:לא:יד וַתַּעַן רָחֵל וְלֵאָה וַתֹּאמַרְנָה לוֹ הַעוֹד לָנוּ חֵלֶק וְנַחֲלָה
בְּבֵית אָבִינוּ א:לא:טו הֲלוֹא נָכְרִיּוֹת נֶחְשַׁבְנוּ לוֹ כִּי מְכָרָנוּ וַיֹּאכַל
גַּם־אָכוֹל אֶת־כַּסְפֵּנוּ א:לא:טז כִּי כָל־הָעֹשֶׁר אֲשֶׁר הִצִּיל אֱלֹהִים
מֵאָבִינוּ לָנוּ הוּא וּלְבָנֵינוּ וְעַתָּה כֹּל אֲשֶׁר אָמַר אֱלֹהִים אֵלֶיךָ עֲשֵׂה
א:לא:יז וַיָּקָם יַעֲקֹב וַיִּשָּׂא אֶת־בָּנָיו וְאֶת־נָשָׁיו עַל־הַגְּמַלִּים
א:לא:יח וַיִּנְהַג אֶת־כָּל־מִקְנֵהוּ וְאֶת־כָּל־רְכֻשׁוֹ אֲשֶׁר רָכָשׁ מִקְנֵה
קִנְיָנוֹ אֲשֶׁר רָכַשׁ בְּפַדַּן אֲרָם לָבוֹא אֶל־יִצְחָק אָבִיו אַרְצָה כְּנָעַן
א:לא:יט וְלָבָן הָלַךְ לִגְזֹז אֶת־צֹאנוֹ וַתִּגְנֹב רָחֵל אֶת־הַתְּרָפִים אֲשֶׁר
לְאָבִיהָ א:לא:כ וַיִּגְנֹב יַעֲקֹב אֶת־לֵב לָבָן הָאֲרַמִּי עַל־בְּלִי הִגִּיד לוֹ כִּי

בֹּרֵחַ הוּא א:לא:כא וַיִּבְרַח הוּא וְכָל־אֲשֶׁר־לוֹ וַיָּקָם וַיַּעֲבֹר אֶת־הַנָּהָר
וַיָּשֶׂם אֶת־פָּנָיו הַר הַגִּלְעָד א:לא:כב וַיֻּגַּד לְלָבָן בַּיּוֹם הַשְּׁלִישִׁי כִּי
בָרַח יַעֲקֹב א:לא:כג וַיִּקַּח אֶת־אֶחָיו עִמּוֹ וַיִּרְדֹּף אַחֲרָיו דֶּרֶךְ שִׁבְעַת
יָמִים וַיַּדְבֵּק אֹתוֹ בְּהַר הַגִּלְעָד א:לא:כד וַיָּבֹא אֱלֹהִים אֶל־לָבָן
הָאֲרַמִּי בַּחֲלֹם הַלָּיְלָה וַיֹּאמֶר לוֹ הִשָּׁמֶר לְךָ פֶּן־תְּדַבֵּר עִם־יַעֲקֹב
מִטּוֹב עַד־רָע א:לא:כה וַיַּשֵּׂג לָבָן אֶת־יַעֲקֹב וְיַעֲקֹב תָּקַע אֶת־אָהֳלוֹ
בָּהָר וְלָבָן תָּקַע אֶת־אֶחָיו בְּהַר הַגִּלְעָד א:לא:כו וַיֹּאמֶר לָבָן לְיַעֲקֹב
מֶה עָשִׂיתָ וַתִּגְנֹב אֶת־לְבָבִי וַתְּנַהֵג אֶת־בְּנֹתַי כִּשְׁבֻיוֹת חָרֶב
א:לא:כז לָמָּה נַחְבֵּאתָ לִבְרֹחַ וַתִּגְנֹב אֹתִי וְלֹא־הִגַּדְתָּ לִּי וָאֲשַׁלֵּחֲךָ
בְּשִׂמְחָה וּבְשִׁרִים בְּתֹף וּבְכִנּוֹר א:לא:כח וְלֹא נְטַשְׁתַּנִי לְנַשֵּׁק לְבָנַי
וְלִבְנֹתָי עַתָּה הִסְכַּלְתָּ עֲשׂוֹ א:לא:כט יֶשׁ־לְאֵל יָדִי לַעֲשׂוֹת עִמָּכֶם רָע
וֵאלֹהֵי אֲבִיכֶם אֶמֶשׁ | אָמַר אֵלַי לֵאמֹר הִשָּׁמֶר לְךָ מִדַּבֵּר
עִם־יַעֲקֹב מִטּוֹב עַד־רָע א:לא:ל וְעַתָּה הָלֹךְ הָלַכְתָּ כִּי־נִכְסֹף
נִכְסַפְתָּה לְבֵית אָבִיךָ לָמָּה גָנַבְתָּ אֶת־אֱלֹהָי א:לא:לא וַיַּעַן יַעֲקֹב
וַיֹּאמֶר לְלָבָן כִּי יָרֵאתִי כִּי אָמַרְתִּי פֶּן־תִּגְזֹל אֶת־בְּנוֹתֶיךָ מֵעִמִּי
א:לא:לב עִם אֲשֶׁר תִּמְצָא אֶת־אֱלֹהֶיךָ לֹא יִחְיֶה נֶגֶד אַחֵינוּ הַכֶּר־לְךָ
מָה עִמָּדִי וְקַח־לָךְ וְלֹא־יָדַע יַעֲקֹב כִּי רָחֵל גְּנָבָתַם א:לא:לג וַיָּבֹא
לָבָן בְּאֹהֶל יַעֲקֹב | וּבְאֹהֶל לֵאָה וּבְאֹהֶל שְׁתֵּי הָאֲמָהֹת וְלֹא מָצָא
וַיֵּצֵא מֵאֹהֶל לֵאָה וַיָּבֹא בְּאֹהֶל רָחֵל א:לא:לד וְרָחֵל לָקְחָה
אֶת־הַתְּרָפִים וַתְּשִׂמֵם בְּכַר הַגָּמָל וַתֵּשֶׁב עֲלֵיהֶם וַיְמַשֵּׁשׁ לָבָן
אֶת־כָּל־הָאֹהֶל וְלֹא מָצָא א:לא:לה וַתֹּאמֶר אֶל־אָבִיהָ אַל־יִחַר בְּעֵינֵי
אֲדֹנִי כִּי לוֹא אוּכַל לָקוּם מִפָּנֶיךָ כִּי־דֶרֶךְ נָשִׁים לִי וַיְחַפֵּשׂ וְלֹא
מָצָא אֶת־הַתְּרָפִים א:לא:לו וַיִּחַר לְיַעֲקֹב וַיָּרֶב בְּלָבָן וַיַּעַן יַעֲקֹב
וַיֹּאמֶר לְלָבָן מַה־פִּשְׁעִי מַה חַטָּאתִי כִּי דָלַקְתָּ אַחֲרָי
א:לא:לז כִּי־מִשַּׁשְׁתָּ אֶת־כָּל־כֵּלַי מַה־מָּצָאתָ מִכֹּל כְּלֵי־בֵיתֶךָ שִׂים
כֹּה נֶגֶד אַחַי וְאַחֶיךָ וְיוֹכִיחוּ בֵּין שְׁנֵינוּ א:לא:לח זֶה עֶשְׂרִים שָׁנָה
אָנֹכִי עִמָּךְ רְחֵלֶיךָ וְעִזֶּיךָ לֹא שִׁכֵּלוּ וְאֵילֵי צֹאנְךָ לֹא אָכָלְתִּי
א:לא:לט טְרֵפָה לֹא־הֵבֵאתִי אֵלֶיךָ אָנֹכִי אֲחַטֶּנָּה מִיָּדִי תְּבַקְשֶׁנָּה

גְּנֻבְתִי יוֹם וּגְנֻבְתִי לָיְלָה א:לא:מ הָיִיתִי בַיּוֹם אֲכָלַנִי חֹרֶב וְקֶרַח
בַּלָּיְלָה וַתִּדַּד שְׁנָתִי מֵעֵינָי א:לא:מא זֶה־לִּי עֶשְׂרִים שָׁנָה בְּבֵיתֶךָ
עֲבַדְתִּיךָ אַרְבַּע־עֶשְׂרֵה שָׁנָה בִּשְׁתֵּי בְנֹתֶיךָ וְשֵׁשׁ שָׁנִים בְּצֹאנֶךָ
וַתַּחֲלֵף אֶת־מַשְׂכֻּרְתִּי עֲשֶׂרֶת מֹנִים א:לא:מב לוּלֵי אֱלֹהֵי אָבִי אֱלֹהֵי
אַבְרָהָם וּפַחַד יִצְחָק הָיָה לִי כִּי עַתָּה רֵיקָם שִׁלַּחְתָּנִי אֶת־עָנְיִי
וְאֶת־יְגִיעַ כַּפַּי רָאָה אֱלֹהִים וַיּוֹכַח אָמֶשׁ א:לא:מג וַיַּעַן לָבָן וַיֹּאמֶר
אֶל־יַעֲקֹב הַבָּנוֹת בְּנֹתַי וְהַבָּנִים בָּנַי וְהַצֹּאן צֹאנִי וְכֹל אֲשֶׁר־אַתָּה
רֹאֶה לִי־הוּא וְלִבְנֹתַי מָה־אֶעֱשֶׂה לָאֵלֶּה הַיּוֹם אוֹ לִבְנֵיהֶן אֲשֶׁר
יָלָדוּ א:לא:מד וְעַתָּה לְכָה נִכְרְתָה בְרִית אֲנִי וָאָתָּה וְהָיָה לְעֵד בֵּינִי
וּבֵינֶךָ א:לא:מה וַיִּקַּח יַעֲקֹב אָבֶן וַיְרִימֶהָ מַצֵּבָה א:לא:מו וַיֹּאמֶר יַעֲקֹב
לְאֶחָיו לִקְטוּ אֲבָנִים וַיִּקְחוּ אֲבָנִים וַיַּעֲשׂוּ־גָל וַיֹּאכְלוּ שָׁם עַל־הַגָּל
א:לא:מז וַיִּקְרָא־לוֹ לָבָן יְגַר שָׂהֲדוּתָא וְיַעֲקֹב קָרָא לוֹ גַּלְעֵד
א:לא:מח וַיֹּאמֶר לָבָן הַגַּל הַזֶּה עֵד בֵּינִי וּבֵינְךָ הַיּוֹם עַל־כֵּן קָרָא־שְׁמוֹ
גַּלְעֵד א:לא:מט וְהַמִּצְפָּה אֲשֶׁר אָמַר יִצֶף יְהוָה בֵּינִי וּבֵינֶךָ כִּי נִסָּתֵר
אִישׁ מֵרֵעֵהוּ א:לא:נ אִם־תְּעַנֶּה אֶת־בְּנֹתַי וְאִם־תִּקַּח נָשִׁים
עַל־בְּנֹתַי אֵין אִישׁ עִמָּנוּ רְאֵה אֱלֹהִים עֵד בֵּינִי וּבֵינֶךָ א:לא:נא וַיֹּאמֶר
לָבָן לְיַעֲקֹב הִנֵּה | הַגַּל הַזֶּה וְהִנֵּה הַמַּצֵּבָה אֲשֶׁר יָרִיתִי בֵּינִי
וּבֵינֶךָ א:לא:נב עֵד הַגַּל הַזֶּה וְעֵדָה הַמַּצֵּבָה אִם־אָנִי לֹא־אֶעֱבֹר
אֵלֶיךָ אֶת־הַגַּל הַזֶּה וְאִם־אַתָּה לֹא־תַעֲבֹר אֵלַי אֶת־הַגַּל הַזֶּה
וְאֶת־הַמַּצֵּבָה הַזֹּאת לְרָעָה א:לא:נג אֱלֹהֵי אַבְרָהָם וֵאלֹהֵי נָחוֹר
יִשְׁפְּטוּ בֵינֵינוּ אֱלֹהֵי אֲבִיהֶם וַיִּשָּׁבַע יַעֲקֹב בְּפַחַד אָבִיו יִצְחָק
א:לא:נד וַיִּזְבַּח יַעֲקֹב זֶבַח בָּהָר וַיִּקְרָא לְאֶחָיו לֶאֱכָל־לָחֶם וַיֹּאכְלוּ
לֶחֶם וַיָּלִינוּ בָּהָר א:לב:א וַיַּשְׁכֵּם לָבָן בַּבֹּקֶר וַיְנַשֵּׁק לְבָנָיו וְלִבְנוֹתָיו
וַיְבָרֶךְ אֶתְהֶם וַיֵּלֶךְ וַיָּשָׁב לָבָן לִמְקֹמוֹ א:לב:ב וְיַעֲקֹב הָלַךְ לְדַרְכּוֹ
וַיִּפְגְּעוּ־בוֹ מַלְאֲכֵי אֱלֹהִים א:לב:ג וַיֹּאמֶר יַעֲקֹב כַּאֲשֶׁר רָאָם מַחֲנֵה
אֱלֹהִים זֶה וַיִּקְרָא שֵׁם־הַמָּקוֹם הַהוּא מַחֲנָיִם א:לב:ד וַיִּשְׁלַח יַעֲקֹב
מַלְאָכִים לְפָנָיו אֶל־עֵשָׂו אָחִיו אַרְצָה שֵׂעִיר שְׂדֵה אֱדוֹם א:לב:ה וַיְצַו
אֹתָם לֵאמֹר כֹּה תֹאמְרוּן לַאדֹנִי לְעֵשָׂו כֹּה אָמַר עַבְדְּךָ יַעֲקֹב

עִם־לָבָן֙ גַּ֔רְתִּי וָאֵחַ֖ר עַד־עָֽתָּה א:לב:ו וַֽיְהִי־לִי֙ שׁ֣וֹר וַחֲמ֔וֹר צֹ֖אן וְעֶ֣בֶד
וְשִׁפְחָ֑ה וָֽאֶשְׁלְחָה֙ לְהַגִּ֣יד לַֽאדֹנִ֔י לִמְצֹא־חֵ֖ן בְּעֵינֶֽיךָ א:לב:ז וַיָּשֻׁ֙בוּ֙
הַמַּלְאָכִ֔ים אֶֽל־יַעֲקֹ֖ב לֵאמֹ֑ר בָּ֣אנוּ אֶל־אָחִ֗יךָ אֶל־עֵשָׂ֔ו וְגַם֙ הֹלֵ֣ךְ
לִקְרָֽאתְךָ֔ וְאַרְבַּע־מֵא֥וֹת אִ֖ישׁ עִמּֽוֹ א:לב:ח וַיִּירָ֧א יַעֲקֹ֛ב מְאֹ֖ד וַיֵּ֣צֶר ל֑וֹ
וַיַּ֜חַץ אֶת־הָעָ֣ם אֲשֶׁר־אִתּ֗וֹ וְאֶת־הַצֹּ֧אן וְאֶת־הַבָּקָ֛ר וְהַגְּמַלִּ֖ים לִשְׁנֵ֥י
מַחֲנֽוֹת א:לב:ט וַיֹּ֗אמֶר אִם־יָב֥וֹא עֵשָׂ֛ו אֶל־הַמַּחֲנֶ֥ה הָאַחַ֖ת וְהִכָּ֑הוּ
וְהָיָ֛ה הַמַּחֲנֶ֥ה הַנִּשְׁאָ֖ר לִפְלֵיטָֽה א:לב:י וַיֹּאמֶר֮ יַעֲקֹב֒ אֱלֹהֵי֙ אָבִ֣י
אַבְרָהָ֔ם וֵאלֹהֵ֖י אָבִ֣י יִצְחָ֑ק יְהוָ֞ה הָאֹמֵ֣ר אֵלַ֗י שׁ֧וּב לְאַרְצְךָ֛
וּלְמוֹלַדְתְּךָ֖ וְאֵיטִ֥יבָה עִמָּֽךְ א:לב:יא קָטֹ֜נְתִּי מִכֹּ֤ל הַחֲסָדִים֙
וּמִכָּל־הָ֣אֱמֶ֔ת אֲשֶׁ֥ר עָשִׂ֖יתָ אֶת־עַבְדֶּ֑ךָ כִּ֣י בְמַקְלִ֗י עָבַ֙רְתִּי֙
אֶת־הַיַּרְדֵּ֣ן הַזֶּ֔ה וְעַתָּ֥ה הָיִ֖יתִי לִשְׁנֵ֥י מַחֲנֽוֹת א:לב:יב הַצִּילֵ֥נִי נָ֛א מִיַּ֥ד
אָחִ֖י מִיַּ֣ד עֵשָׂ֑ו כִּֽי־יָרֵ֤א אָנֹכִי֙ אֹת֔וֹ פֶּן־יָב֣וֹא וְהִכַּ֔נִי אֵ֖ם עַל־בָּנִֽים
א:לב:יג וְאַתָּ֣ה אָמַ֔רְתָּ הֵיטֵ֥ב אֵיטִ֖יב עִמָּ֑ךְ וְשַׂמְתִּ֤י אֶֽת־זַרְעֲךָ֙ כְּח֣וֹל
הַיָּ֔ם אֲשֶׁ֥ר לֹא־יִסָּפֵ֖ר מֵרֹֽב א:לב:יד וַיָּ֥לֶן שָׁ֖ם בַּלַּ֣יְלָה הַה֑וּא וַיִּקַּ֞ח
מִן־הַבָּ֧א בְיָד֛וֹ מִנְחָ֖ה לְעֵשָׂ֥ו אָחִֽיו א:לב:טו עִזִּ֣ים מָאתַ֔יִם וּתְיָשִׁ֖ים
עֶשְׂרִ֑ים רְחֵלִ֥ים מָאתַ֖יִם וְאֵילִ֥ים עֶשְׂרִֽים א:לב:טז גְּמַלִּ֧ים מֵינִיק֛וֹת
וּבְנֵיהֶ֖ם שְׁלֹשִׁ֑ים פָּר֤וֹת אַרְבָּעִים֙ וּפָרִ֣ים עֲשָׂרָ֔ה אֲתֹנֹ֣ת עֶשְׂרִ֔ים
וַעְיָרִ֖ם עֲשָׂרָֽה א:לב:יז וַיִּתֵּן֙ בְּיַד־עֲבָדָ֔יו עֵ֥דֶר עֵ֖דֶר לְבַדּ֑וֹ וַיֹּ֤אמֶר
אֶל־עֲבָדָיו֙ עִבְר֣וּ לְפָנַ֔י וְרֶ֣וַח תָּשִׂ֔ימוּ בֵּ֥ין עֵ֖דֶר וּבֵ֥ין עֵֽדֶר א:לב:יח וַיְצַ֥ו
אֶת־הָרִאשׁ֖וֹן לֵאמֹ֑ר כִּ֣י יִֽפְגָּשְׁךָ֞ עֵשָׂ֣ו אָחִ֗י וּשְׁאֵֽלְךָ֙ לֵאמֹ֔ר לְמִי־אַ֙תָּה֙
וְאָ֣נָה תֵלֵ֔ךְ וּלְמִ֖י אֵ֥לֶּה לְפָנֶֽיךָ א:לב:יט וְאָמַרְתָּ֙ לְעַבְדְּךָ֣ לְיַעֲקֹ֔ב מִנְחָ֥ה
הִוא֙ שְׁלוּחָ֔ה לַֽאדֹנִ֖י לְעֵשָׂ֑ו וְהִנֵּ֥ה גַם־ה֖וּא אַחֲרֵֽינוּ א:לב:כ וַיְצַ֞ו גַּ֣ם
אֶת־הַשֵּׁנִ֗י גַּ֚ם אֶת־הַשְּׁלִישִׁ֔י גַּ֚ם אֶת־כָּל־הַהֹ֣לְכִ֔ים אַחֲרֵ֥י הָעֲדָרִ֖ים
לֵאמֹ֑ר כַּדָּבָ֤ר הַזֶּה֙ תְּדַבְּר֣וּן אֶל־עֵשָׂ֔ו בְּמֹצַאֲכֶ֖ם אֹתֽוֹ
א:לב:כא וַאֲמַרְתֶּ֕ם גַּ֗ם הִנֵּ֛ה עַבְדְּךָ֥ יַעֲקֹ֖ב אַחֲרֵ֑ינוּ כִּֽי־אָמַ֞ר אֲכַפְּרָ֣ה
פָנָ֗יו בַּמִּנְחָה֙ הַהֹלֶ֣כֶת לְפָנָ֔י וְאַחֲרֵי־כֵן֙ אֶרְאֶ֣ה פָנָ֔יו אוּלַ֖י יִשָּׂ֥א פָנָֽי
א:לב:כב וַתַּעֲבֹ֥ר הַמִּנְחָ֖ה עַל־פָּנָ֑יו וְה֛וּא לָ֥ן בַּלַּֽיְלָה־הַה֖וּא בַּֽמַּחֲנֶֽה
א:לב:כג וַיָּ֣קָם ׀ בַּלַּ֣יְלָה ה֗וּא וַיִּקַּ֞ח אֶת־שְׁתֵּ֤י נָשָׁיו֙ וְאֶת־שְׁתֵּ֣י שִׁפְחֹתָ֔יו

וְאֶת־אַחַ֥ד עָשָׂ֖ר יְלָדָ֑יו וַֽיַּעֲבֹ֔ר אֵ֖ת מַעֲבַ֥ר יַבֹּֽק א:לב:כד וַיִּקָּחֵ֕ם
וַיַּֽעֲבִרֵ֖ם אֶת־הַנָּ֑חַל וַֽיַּעֲבֵ֖ר אֶת־אֲשֶׁר־לֽוֹ א:לב:כה וַיִּוָּתֵ֥ר יַעֲקֹ֖ב לְבַדּ֑וֹ
וַיֵּאָבֵ֥ק אִישׁ֙ עִמּ֔וֹ עַ֖ד עֲל֥וֹת הַשָּֽׁחַר א:לב:כו וַיַּ֗רְא כִּ֣י לֹ֤א יָכֹל֙ ל֔וֹ וַיִּגַּ֖ע
בְּכַף־יְרֵכ֑וֹ וַתֵּ֙קַע֙ כַּף־יֶ֣רֶךְ יַעֲקֹ֔ב בְּהֵאָבְק֖וֹ עִמּֽוֹ א:לב:כז וַיֹּ֣אמֶר
שַׁלְּחֵ֔נִי כִּ֥י עָלָ֖ה הַשָּׁ֑חַר וַיֹּ֙אמֶר֙ לֹ֣א אֲשַֽׁלֵּחֲךָ֔ כִּ֖י אִם־בֵּרַכְתָּֽנִי
א:לב:כח וַיֹּ֥אמֶר אֵלָ֖יו מַה־שְּׁמֶ֑ךָ וַיֹּ֖אמֶר יַעֲקֹֽב א:לב:כט וַיֹּ֗אמֶר לֹ֤א
יַעֲקֹב֙ יֵאָמֵ֥ר עוֹד֙ שִׁמְךָ֔ כִּ֖י אִם־יִשְׂרָאֵ֑ל כִּֽי־שָׂרִ֧יתָ עִם־אֱלֹהִ֛ים
וְעִם־אֲנָשִׁ֖ים וַתּוּכָֽל א:לב:ל וַיִּשְׁאַ֣ל יַעֲקֹ֗ב וַיֹּ֙אמֶר֙ הַגִּֽידָה־נָּ֣א שְׁמֶ֔ךָ
וַיֹּ֕אמֶר לָ֥מָּה זֶּ֖ה תִּשְׁאַ֣ל לִשְׁמִ֑י וַיְבָ֥רֶךְ אֹת֖וֹ שָֽׁם א:לב:לא וַיִּקְרָ֧א יַעֲקֹ֛ב
שֵׁ֥ם הַמָּק֖וֹם פְּנִיאֵ֑ל כִּֽי־רָאִ֤יתִי אֱלֹהִים֙ פָּנִ֣ים אֶל־פָּנִ֔ים וַתִּנָּצֵ֖ל
נַפְשִֽׁי א:לב:לב וַיִּֽזְרַֽח־ל֙וֹ הַשֶּׁ֔מֶשׁ כַּאֲשֶׁ֥ר עָבַ֖ר אֶת־פְּנוּאֵ֑ל וְה֥וּא צֹלֵ֖עַ
עַל־יְרֵכֽוֹ א:לב:לג עַל־כֵּ֡ן לֹֽא־יֹאכְל֨וּ בְנֵֽי־יִשְׂרָאֵ֜ל אֶת־גִּ֣יד הַנָּשֶׁ֗ה אֲשֶׁר֙
עַל־כַּ֣ף הַיָּרֵ֔ךְ עַ֖ד הַיּ֣וֹם הַזֶּ֑ה כִּ֤י נָגַע֙ בְּכַף־יֶ֣רֶךְ יַעֲקֹ֔ב בְּגִ֖יד הַנָּשֶֽׁה
א:לג:א וַיִּשָּׂ֨א יַעֲקֹ֜ב עֵינָ֗יו וַיַּרְא֙ וְהִנֵּ֣ה עֵשָׂ֣ו בָּ֔א וְעִמּ֕וֹ אַרְבַּ֥ע מֵא֖וֹת
אִ֑ישׁ וַיַּ֣חַץ אֶת־הַיְלָדִ֗ים עַל־לֵאָה֙ וְעַל־רָחֵ֔ל וְעַ֖ל שְׁתֵּ֥י הַשְּׁפָחֽוֹת
א:לג:ב וַיָּ֧שֶׂם אֶת־הַשְּׁפָח֛וֹת וְאֶת־יַלְדֵיהֶ֖ן רִֽאשֹׁנָ֑ה וְאֶת־לֵאָ֤ה וִֽילָדֶ֙יהָ֙
אַחֲרֹנִ֔ים וְאֶת־רָחֵ֥ל וְאֶת־יוֹסֵ֖ף אַחֲרֹנִֽים א:לג:ג וְה֖וּא עָבַ֣ר לִפְנֵיהֶ֑ם
וַיִּשְׁתַּ֤חוּ אַ֙רְצָה֙ שֶׁ֣בַע פְּעָמִ֔ים עַד־גִּשְׁתּ֖וֹ עַד־אָחִֽיו א:לג:ד וַיָּ֨רָץ עֵשָׂ֤ו
לִקְרָאתוֹ֙ וַיְחַבְּקֵ֔הוּ וַיִּפֹּ֥ל עַל־צַוָּארָ֖ו וַיִּשָּׁקֵ֑הוּ וַיִּבְכּֽוּ א:לג:ה וַיִּשָּׂ֣א
אֶת־עֵינָ֗יו וַיַּ֤רְא אֶת־הַנָּשִׁים֙ וְאֶת־הַיְלָדִ֔ים וַיֹּ֖אמֶר מִי־אֵ֣לֶּה לָּ֑ךְ
וַיֹּאמַ֕ר הַיְלָדִ֕ים אֲשֶׁר־חָנַ֥ן אֱלֹהִ֖ים אֶת־עַבְדֶּֽךָ א:לג:ו וַתִּגַּ֧שְׁןָ
הַשְּׁפָח֛וֹת הֵ֥נָּה וְיַלְדֵיהֶ֖ן וַתִּֽשְׁתַּחֲוֶֽיןָ א:לג:ז וַתִּגַּ֧שׁ גַּם־לֵאָ֛ה וִילָדֶ֖יהָ
וַיִּֽשְׁתַּחֲו֑וּ וְאַחַ֗ר נִגַּ֥שׁ יוֹסֵ֛ף וְרָחֵ֖ל וַיִּֽשְׁתַּחֲוֽוּ א:לג:ח וַיֹּ֕אמֶר מִ֥י לְךָ֛
כָּל־הַמַּחֲנֶ֥ה הַזֶּ֖ה אֲשֶׁ֣ר פָּגָ֑שְׁתִּי וַיֹּ֕אמֶר לִמְצֹא־חֵ֖ן בְּעֵינֵ֥י אֲדֹנִֽי
א:לג:ט וַיֹּ֥אמֶר עֵשָׂ֖ו יֶשׁ־לִ֣י רָ֑ב אָחִ֕י יְהִ֥י לְךָ֖ אֲשֶׁר־לָֽךְ א:לג:י וַיֹּ֣אמֶר
יַעֲקֹ֗ב אַל־נָא֙ אִם־נָ֨א מָצָ֤אתִי חֵן֙ בְּעֵינֶ֔יךָ וְלָקַחְתָּ֥ מִנְחָתִ֖י מִיָּדִ֑י כִּ֣י
עַל־כֵּ֞ן רָאִ֣יתִי פָנֶ֗יךָ כִּרְאֹ֛ת פְּנֵ֥י אֱלֹהִ֖ים וַתִּרְצֵֽנִי א:לג:יא קַח־נָ֤א
אֶת־בִּרְכָתִי֙ אֲשֶׁ֣ר הֻבָ֣את לָ֔ךְ כִּֽי־חַנַּ֥נִי אֱלֹהִ֖ים וְכִ֣י יֶשׁ־לִי־כֹ֑ל

וַיִּפְצַר־בּוֹ וַיִּקָּח א:לג:יב וַיֹּאמֶר נִסְעָה וְנֵלֵכָה וְאֵלְכָה לְנֶגְדֶּךָ
א:לג:יג וַיֹּאמֶר אֵלָיו אֲדֹנִי יֹדֵעַ כִּי־הַיְלָדִים רַכִּים וְהַצֹּאן וְהַבָּקָר
עָלוֹת עָלָי וּדְפָקוּם יוֹם אֶחָד וָמֵתוּ כָּל־הַצֹּאן א:לג:יד יַעֲבָר־נָא אֲדֹנִי
לִפְנֵי עַבְדּוֹ וַאֲנִי אֶתְנָהֲלָה לְאִטִּי לְרֶגֶל הַמְּלָאכָה אֲשֶׁר־לְפָנַי
וּלְרֶגֶל הַיְלָדִים עַד אֲשֶׁר־אָבֹא אֶל־אֲדֹנִי שֵׂעִירָה א:לג:טו וַיֹּאמֶר עֵשָׂו
אַצִּיגָה־נָּא עִמְּךָ מִן־הָעָם אֲשֶׁר אִתִּי וַיֹּאמֶר לָמָּה זֶּה אֶמְצָא־חֵן
בְּעֵינֵי אֲדֹנִי א:לג:טז וַיָּשָׁב בַּיּוֹם הַהוּא עֵשָׂו לְדַרְכּוֹ שֵׂעִירָה
א:לג:יז וְיַעֲקֹב נָסַע סֻכֹּתָה וַיִּבֶן לוֹ בָּיִת וּלְמִקְנֵהוּ עָשָׂה סֻכֹּת עַל־כֵּן
קָרָא שֵׁם־הַמָּקוֹם סֻכּוֹת א:לג:יח וַיָּבֹא יַעֲקֹב שָׁלֵם עִיר שְׁכֶם אֲשֶׁר
בְּאֶרֶץ כְּנַעַן בְּבֹאוֹ מִפַּדַּן אֲרָם וַיִּחַן אֶת־פְּנֵי הָעִיר א:לג:יט וַיִּקֶן
אֶת־חֶלְקַת הַשָּׂדֶה אֲשֶׁר נָטָה־שָׁם אָהֳלוֹ מִיַּד בְּנֵי־חֲמוֹר אֲבִי
שְׁכֶם בְּמֵאָה קְשִׂיטָה א:לג:כ וַיַּצֶּב־שָׁם מִזְבֵּחַ וַיִּקְרָא־לוֹ אֵל אֱלֹהֵי
יִשְׂרָאֵל א:לד:א וַתֵּצֵא דִינָה בַּת־לֵאָה אֲשֶׁר יָלְדָה לְיַעֲקֹב לִרְאוֹת
בִּבְנוֹת הָאָרֶץ א:לד:ב וַיַּרְא אֹתָהּ שְׁכֶם בֶּן־חֲמוֹר הַחִוִּי נְשִׂיא הָאָרֶץ
וַיִּקַּח אֹתָהּ וַיִּשְׁכַּב אֹתָהּ וַיְעַנֶּהָ א:לד:ג וַתִּדְבַּק נַפְשׁוֹ בְּדִינָה
בַּת־יַעֲקֹב וַיֶּאֱהַב אֶת־הַנַּעֲרָ וַיְדַבֵּר עַל־לֵב הַנַּעֲרָ א:לד:ד וַיֹּאמֶר
שְׁכֶם אֶל־חֲמוֹר אָבִיו לֵאמֹר קַח־לִי אֶת־הַיַּלְדָּה הַזֹּאת לְאִשָּׁה
א:לד:ה וְיַעֲקֹב שָׁמַע כִּי טִמֵּא אֶת־דִּינָה בִתּוֹ וּבָנָיו הָיוּ אֶת־מִקְנֵהוּ
בַּשָּׂדֶה וְהֶחֱרִשׁ יַעֲקֹב עַד־בֹּאָם א:לד:ו וַיֵּצֵא חֲמוֹר אֲבִי־שְׁכֶם
אֶל־יַעֲקֹב לְדַבֵּר אִתּוֹ א:לד:ז וּבְנֵי יַעֲקֹב בָּאוּ מִן־הַשָּׂדֶה כְּשָׁמְעָם
וַיִּתְעַצְּבוּ הָאֲנָשִׁים וַיִּחַר לָהֶם מְאֹד כִּי־נְבָלָה עָשָׂה בְיִשְׂרָאֵל
לִשְׁכַּב אֶת־בַּת־יַעֲקֹב וְכֵן לֹא יֵעָשֶׂה א:לד:ח וַיְדַבֵּר חֲמוֹר אִתָּם
לֵאמֹר שְׁכֶם בְּנִי חָשְׁקָה נַפְשׁוֹ בְּבִתְּכֶם תְּנוּ נָא אֹתָהּ לוֹ לְאִשָּׁה
א:לד:ט וְהִתְחַתְּנוּ אֹתָנוּ בְּנֹתֵיכֶם תִּתְּנוּ־לָנוּ וְאֶת־בְּנֹתֵינוּ תִּקְחוּ
לָכֶם א:לד:י וְאִתָּנוּ תֵּשֵׁבוּ וְהָאָרֶץ תִּהְיֶה לִפְנֵיכֶם שְׁבוּ וּסְחָרוּהָ
וְהֵאָחֲזוּ בָּהּ א:לד:יא וַיֹּאמֶר שְׁכֶם אֶל־אָבִיהָ וְאֶל־אַחֶיהָ אֶמְצָא־חֵן
בְּעֵינֵיכֶם וַאֲשֶׁר תֹּאמְרוּ אֵלַי אֶתֵּן א:לד:יב הַרְבּוּ עָלַי מְאֹד מֹהַר
וּמַתָּן וְאֶתְּנָה כַּאֲשֶׁר תֹּאמְרוּ אֵלָי וּתְנוּ־לִי אֶת־הַנַּעֲרָ לְאִשָּׁה

א:לד:יג וַיַּעֲנ֨וּ בְנֵֽי־יַעֲקֹ֜ב אֶת־שְׁכֶ֨ם וְאֶת־חֲמ֥וֹר אָבִ֛יו בְּמִרְמָ֖ה וַיְדַבֵּ֑רוּ
אֲשֶׁ֣ר טִמֵּ֔א אֵ֖ת דִּינָ֥ה אֲחֹתָֽם א:לד:יד וַיֹּאמְר֣וּ אֲלֵיהֶ֗ם לֹ֤א נוּכַל֙
לַעֲשׂוֹת֙ הַדָּבָ֣ר הַזֶּ֔ה לָתֵת֙ אֶת־אֲחֹתֵ֔נוּ לְאִ֖ישׁ אֲשֶׁר־ל֣וֹ עָרְלָ֑ה
כִּי־חֶרְפָּ֥ה הִ֖וא לָֽנוּ א:לד:טו אַךְ־בְּזֹ֖את נֵא֣וֹת לָכֶ֑ם אִ֚ם תִּהְי֣וּ כָמֹ֔נוּ
לְהִמֹּ֥ל לָכֶ֖ם כָּל־זָכָֽר א:לד:טז וְנָתַ֤נּוּ אֶת־בְּנֹתֵ֙ינוּ֙ לָכֶ֔ם וְאֶת־בְּנֹתֵיכֶ֖ם
נִֽקַּֽח־לָ֑נוּ וְיָשַׁ֣בְנוּ אִתְּכֶ֔ם וְהָיִ֖ינוּ לְעַ֥ם אֶחָֽד א:לד:יז וְאִם־לֹ֧א תִשְׁמְע֛וּ
אֵלֵ֖ינוּ לְהִמּ֑וֹל וְלָקַ֥חְנוּ אֶת־בִּתֵּ֖נוּ וְהָלָֽכְנוּ א:לד:יח וַיִּֽיטְב֥וּ דִבְרֵיהֶ֖ם
בְּעֵינֵ֣י חֲמ֑וֹר וּבְעֵינֵ֖י שְׁכֶ֥ם בֶּן־חֲמֽוֹר א:לד:יט וְלֹֽא־אֵחַ֤ר הַנַּ֙עַר֙
לַעֲשׂ֣וֹת הַדָּבָ֔ר כִּ֥י חָפֵ֖ץ בְּבַת־יַעֲקֹ֑ב וְה֣וּא נִכְבָּ֔ד מִכֹּ֖ל בֵּ֥ית אָבִֽיו
א:לד:כ וַיָּבֹ֥א חֲמ֛וֹר וּשְׁכֶ֥ם בְּנ֖וֹ אֶל־שַׁ֣עַר עִירָ֑ם וַֽיְדַבְּר֛וּ אֶל־אַנְשֵׁ֥י
עִירָ֖ם לֵאמֹֽר א:לד:כא הָאֲנָשִׁ֨ים הָאֵ֜לֶּה שְֽׁלֵמִ֨ים הֵ֣ם אִתָּ֗נוּ וְיֵשְׁב֤וּ
בָאָ֙רֶץ֙ וְיִסְחֲר֣וּ אֹתָ֔הּ וְהָאָ֛רֶץ הִנֵּ֥ה רַֽחֲבַת־יָדַ֖יִם לִפְנֵיהֶ֑ם אֶת־בְּנֹתָם֙
נִקַּֽח־לָ֣נוּ לְנָשִׁ֔ים וְאֶת־בְּנֹתֵ֖ינוּ נִתֵּ֥ן לָהֶֽם א:לד:כב אַךְ־בְּ֠זֹאת יֵאֹ֨תוּ לָ֤נוּ
הָֽאֲנָשִׁים֙ לָשֶׁ֣בֶת אִתָּ֔נוּ לִהְי֖וֹת לְעַ֣ם אֶחָ֑ד בְּהִמּ֥וֹל לָ֙נוּ֙ כָּל־זָכָ֔ר
כַּאֲשֶׁ֖ר הֵ֥ם נִמֹּלִֽים א:לד:כג מִקְנֵהֶ֤ם וְקִנְיָנָם֙ וְכָל־בְּהֶמְתָּ֔ם הֲל֥וֹא לָ֖נוּ
הֵ֑ם אַ֚ךְ נֵא֣וֹתָה לָהֶ֔ם וְיֵשְׁב֖וּ אִתָּֽנוּ א:לד:כד וַיִּשְׁמְע֤וּ אֶל־חֲמוֹר֙
וְאֶל־שְׁכֶ֣ם בְּנ֔וֹ כָּל־יֹצְאֵ֖י שַׁ֣עַר עִיר֑וֹ וַיִּמֹּ֙לוּ֙ כָּל־זָכָ֔ר כָּל־יֹצְאֵ֖י שַׁ֥עַר
עִירֽוֹ א:לד:כה וַיְהִי֩ בַיּ֨וֹם הַשְּׁלִישִׁ֜י בִּֽהְיוֹתָ֣ם כֹּֽאֲבִ֗ים וַיִּקְח֣וּ
שְׁנֵֽי־בְנֵֽי־יַ֠עֲקֹב שִׁמְע֨וֹן וְלֵוִ֜י אֲחֵ֤י דִינָה֙ אִ֣ישׁ חַרְבּ֔וֹ וַיָּבֹ֥אוּ עַל־הָעִ֖יר
בֶּ֑טַח וַיַּהַרְג֖וּ כָּל־זָכָֽר א:לד:כו וְאֶת־חֲמוֹר֙ וְאֶת־שְׁכֶ֣ם בְּנ֔וֹ הָרְג֖וּ
לְפִי־חָ֑רֶב וַיִּקְח֧וּ אֶת־דִּינָ֛ה מִבֵּ֥ית שְׁכֶ֖ם וַיֵּצֵֽאוּ א:לד:כז בְּנֵ֣י יַעֲקֹ֗ב בָּ֚אוּ
עַל־הַ֣חֲלָלִ֔ים וַיָּבֹ֖זּוּ הָעִ֑יר אֲשֶׁ֥ר טִמְּא֖וּ אֲחוֹתָֽם א:לד:כח אֶת־צֹאנָ֥ם
וְאֶת־בְּקָרָ֖ם וְאֶת־חֲמֹרֵיהֶ֑ם וְאֵ֧ת אֲשֶׁר־בָּעִ֛יר וְאֶת־אֲשֶׁ֥ר בַּשָּׂדֶ֖ה
לָקָֽחוּ א:לד:כט וְאֶת־כָּל־חֵילָ֣ם וְאֶת־כָּל־טַפָּם֙ וְאֶת־נְשֵׁיהֶ֔ם שָׁב֖וּ וַיָּבֹ֑זּוּ
וְאֵ֖ת כָּל־אֲשֶׁ֥ר בַּבָּֽיִת א:לד:ל וַיֹּ֨אמֶר יַעֲקֹ֜ב אֶל־שִׁמְע֣וֹן וְאֶל־לֵוִי֮
עֲכַרְתֶּ֣ם אֹתִי֒ לְהַבְאִישֵׁ֙נִי֙ בְּיֹשֵׁ֣ב הָאָ֔רֶץ בַּֽכְּנַעֲנִ֖י וּבַפְּרִזִּ֑י וַאֲנִי֙ מְתֵ֣י
מִסְפָּ֔ר וְנֶאֶסְפ֤וּ עָלַי֙ וְהִכּ֔וּנִי וְנִשְׁמַדְתִּ֖י אֲנִ֥י וּבֵיתִֽי א:לד:לא וַיֹּאמְר֑וּ
הַכְזוֹנָ֔ה יַעֲשֶׂ֖ה אֶת־אֲחוֹתֵֽנוּ א:לה:א וַיֹּ֤אמֶר אֱלֹהִים֙ אֶֽל־יַעֲקֹ֔ב ק֛וּם

עֲלֵה בֵית־אֵל וְשֶׁב־שָׁם וַעֲשֵׂה־שָׁם מִזְבֵּחַ לָאֵל הַנִּרְאֶה אֵלֶיךָ
בְּבָרְחֲךָ מִפְּנֵי עֵשָׂו אָחִיךָ א:לה:ב וַיֹּאמֶר יַעֲקֹב אֶל־בֵּיתוֹ וְאֶל
כָּל־אֲשֶׁר עִמּוֹ הָסִרוּ אֶת־אֱלֹהֵי הַנֵּכָר אֲשֶׁר בְּתֹכְכֶם וְהִטַּהֲרוּ
וְהַחֲלִיפוּ שִׂמְלֹתֵיכֶם א:לה:ג וְנָקוּמָה וְנַעֲלֶה בֵּית־אֵל וְאֶעֱשֶׂה־שָּׁם
מִזְבֵּחַ לָאֵל הָעֹנֶה אֹתִי בְּיוֹם צָרָתִי וַיְהִי עִמָּדִי בַּדֶּרֶךְ אֲשֶׁר הָלָכְתִּי
א:לה:ד וַיִּתְּנוּ אֶל־יַעֲקֹב אֵת כָּל־אֱלֹהֵי הַנֵּכָר אֲשֶׁר בְּיָדָם
וְאֶת־הַנְּזָמִים אֲשֶׁר בְּאָזְנֵיהֶם וַיִּטְמֹן אֹתָם יַעֲקֹב תַּחַת הָאֵלָה
אֲשֶׁר עִם־שְׁכֶם א:לה:ה וַיִּסָּעוּ וַיְהִי | חִתַּת אֱלֹהִים עַל־הֶעָרִים
אֲשֶׁר סְבִיבֹתֵיהֶם וְלֹא רָדְפוּ אַחֲרֵי בְּנֵי יַעֲקֹב א:לה:ו וַיָּבֹא יַעֲקֹב
לוּזָה אֲשֶׁר בְּאֶרֶץ כְּנַעַן הִוא בֵּית־אֵל הוּא וְכָל־הָעָם אֲשֶׁר־עִמּוֹ
א:לה:ז וַיִּבֶן שָׁם מִזְבֵּחַ וַיִּקְרָא לַמָּקוֹם אֵל בֵּית־אֵל כִּי שָׁם נִגְלוּ אֵלָיו
הָאֱלֹהִים בְּבָרְחוֹ מִפְּנֵי אָחִיו א:לה:ח וַתָּמָת דְּבֹרָה מֵינֶקֶת רִבְקָה
וַתִּקָּבֵר מִתַּחַת לְבֵית־אֵל תַּחַת הָאַלּוֹן וַיִּקְרָא שְׁמוֹ אַלּוֹן בָּכוּת
א:לה:ט וַיֵּרָא אֱלֹהִים אֶל־יַעֲקֹב עוֹד בְּבֹאוֹ מִפַּדַּן אֲרָם וַיְבָרֶךְ אֹתוֹ
א:לה:י וַיֹּאמֶר־לוֹ אֱלֹהִים שִׁמְךָ יַעֲקֹב לֹא־יִקָּרֵא שִׁמְךָ עוֹד יַעֲקֹב כִּי
אִם־יִשְׂרָאֵל יִהְיֶה שְׁמֶךָ וַיִּקְרָא אֶת־שְׁמוֹ יִשְׂרָאֵל א:לה:יא וַיֹּאמֶר לוֹ
אֱלֹהִים אֲנִי אֵל שַׁדַּי פְּרֵה וּרְבֵה גּוֹי וּקְהַל גּוֹיִם יִהְיֶה מִמֶּךָּ וּמְלָכִים
מֵחֲלָצֶיךָ יֵצֵאוּ א:לה:יב וְאֶת־הָאָרֶץ אֲשֶׁר נָתַתִּי לְאַבְרָהָם וּלְיִצְחָק
לְךָ אֶתְּנֶנָּה וּלְזַרְעֲךָ אַחֲרֶיךָ אֶתֵּן אֶת־הָאָרֶץ א:לה:יג וַיַּעַל מֵעָלָיו
אֱלֹהִים בַּמָּקוֹם אֲשֶׁר־דִּבֶּר אִתּוֹ א:לה:יד וַיַּצֵּב יַעֲקֹב מַצֵּבָה בַּמָּקוֹם
אֲשֶׁר־דִּבֶּר אִתּוֹ מַצֶּבֶת אָבֶן וַיַּסֵּךְ עָלֶיהָ נֶסֶךְ וַיִּצֹק עָלֶיהָ שָׁמֶן
א:לה:טו וַיִּקְרָא יַעֲקֹב אֶת־שֵׁם הַמָּקוֹם אֲשֶׁר דִּבֶּר אִתּוֹ שָׁם אֱלֹהִים
בֵּית־אֵל א:לה:טז וַיִּסְעוּ מִבֵּית אֵל וַיְהִי־עוֹד כִּבְרַת־הָאָרֶץ לָבוֹא
אֶפְרָתָה וַתֵּלֶד רָחֵל וַתְּקַשׁ בְּלִדְתָּהּ א:לה:יז וַיְהִי בְהַקְשֹׁתָהּ
בְּלִדְתָּהּ וַתֹּאמֶר לָהּ הַמְיַלֶּדֶת אַל־תִּירְאִי כִּי־גַם־זֶה לָךְ בֵּן
א:לה:יח וַיְהִי בְּצֵאת נַפְשָׁהּ כִּי מֵתָה וַתִּקְרָא שְׁמוֹ בֶּן־אוֹנִי וְאָבִיו
קָרָא־לוֹ בִנְיָמִין א:לה:יט וַתָּמָת רָחֵל וַתִּקָּבֵר בְּדֶרֶךְ אֶפְרָתָה הִוא
בֵּית לָחֶם א:לה:כ וַיַּצֵּב יַעֲקֹב מַצֵּבָה עַל־קְבֻרָתָהּ הִוא מַצֶּבֶת

קְבֻרַת־רָחֵל עַד־הַיּוֹם א:לה:כא וַיִּסַּע יִשְׂרָאֵל וַיֵּט אָהֳלֹה מֵהָלְאָה
לְמִגְדַּל־עֵדֶר א:לה:כב וַיְהִי בִּשְׁכֹּן יִשְׂרָאֵל בָּאָרֶץ הַהִוא וַיֵּלֶךְ רְאוּבֵן
וַיִּשְׁכַּב אֶת־בִּלְהָה פִּילֶגֶשׁ אָבִיו וַיִּשְׁמַע יִשְׂרָאֵל וַיִּהְיוּ בְנֵי־יַעֲקֹב
שְׁנֵים עָשָׂר א:לה:כג בְּנֵי לֵאָה בְּכוֹר יַעֲקֹב רְאוּבֵן וְשִׁמְעוֹן וְלֵוִי
וִיהוּדָה וְיִשָּׂשכָר וּזְבוּלֻן א:לה:כד בְּנֵי רָחֵל יוֹסֵף וּבִנְיָמִן א:לה:כה וּבְנֵי
בִלְהָה שִׁפְחַת רָחֵל דָּן וְנַפְתָּלִי א:לה:כו וּבְנֵי זִלְפָּה שִׁפְחַת לֵאָה גָּד
וְאָשֵׁר אֵלֶּה בְּנֵי יַעֲקֹב אֲשֶׁר יֻלַּד־לוֹ בְּפַדַּן אֲרָם א:לה:כז וַיָּבֹא יַעֲקֹב
אֶל־יִצְחָק אָבִיו מַמְרֵא קִרְיַת הָאַרְבַּע הִוא חֶבְרוֹן אֲשֶׁר־גָּר־שָׁם
אַבְרָהָם וְיִצְחָק א:לה:כח וַיִּהְיוּ יְמֵי יִצְחָק מְאַת שָׁנָה וּשְׁמֹנִים שָׁנָה
א:לה:כט וַיִּגְוַע יִצְחָק וַיָּמָת וַיֵּאָסֶף אֶל־עַמָּיו זָקֵן וּשְׂבַע יָמִים וַיִּקְבְּרוּ
אֹתוֹ עֵשָׂו וְיַעֲקֹב בָּנָיו א:לו:א וְאֵלֶּה תֹּלְדוֹת עֵשָׂו הוּא אֱדוֹם
א:לו:ב עֵשָׂו לָקַח אֶת־נָשָׁיו מִבְּנוֹת כְּנָעַן אֶת־עָדָה בַּת־אֵילוֹן הַחִתִּי
וְאֶת־אָהֳלִיבָמָה בַּת־עֲנָה בַּת־צִבְעוֹן הַחִוִּי א:לו:ג וְאֶת־בָּשְׂמַת
בַּת־יִשְׁמָעֵאל אֲחוֹת נְבָיוֹת א:לו:ד וַתֵּלֶד עָדָה לְעֵשָׂו אֶת־אֱלִיפָז
וּבָשְׂמַת יָלְדָה אֶת־רְעוּאֵל א:לו:ה וְאָהֳלִיבָמָה יָלְדָה אֶת־יעיש
[יְעוּשׁ] וְאֶת־יַעְלָם וְאֶת־קֹרַח אֵלֶּה בְּנֵי עֵשָׂו אֲשֶׁר יֻלְּדוּ־לוֹ בְּאֶרֶץ
כְּנָעַן א:לו:ו וַיִּקַּח עֵשָׂו אֶת־נָשָׁיו וְאֶת־בָּנָיו וְאֶת־בְּנֹתָיו
וְאֶת־כָּל־נַפְשׁוֹת בֵּיתוֹ וְאֶת־מִקְנֵהוּ וְאֶת־כָּל־בְּהֶמְתּוֹ וְאֵת
כָּל־קִנְיָנוֹ אֲשֶׁר רָכַשׁ בְּאֶרֶץ כְּנָעַן וַיֵּלֶךְ אֶל־אֶרֶץ מִפְּנֵי יַעֲקֹב אָחִיו
א:לו:ז כִּי־הָיָה רְכוּשָׁם רָב מִשֶּׁבֶת יַחְדָּו וְלֹא יָכְלָה אֶרֶץ מְגוּרֵיהֶם
לָשֵׂאת אֹתָם מִפְּנֵי מִקְנֵיהֶם א:לו:ח וַיֵּשֶׁב עֵשָׂו בְּהַר שֵׂעִיר עֵשָׂו
הוּא אֱדוֹם א:לו:ט וְאֵלֶּה תֹּלְדוֹת עֵשָׂו אֲבִי אֱדוֹם בְּהַר שֵׂעִיר
א:לו:י אֵלֶּה שְׁמוֹת בְּנֵי־עֵשָׂו אֱלִיפַז בֶּן־עָדָה אֵשֶׁת עֵשָׂו רְעוּאֵל
בֶּן־בָּשְׂמַת אֵשֶׁת עֵשָׂו א:לו:יא וַיִּהְיוּ בְּנֵי אֱלִיפָז תֵּימָן אוֹמָר צְפוֹ
וְגַעְתָּם וּקְנַז א:לו:יב וְתִמְנַע ׀ הָיְתָה פִילֶגֶשׁ לֶאֱלִיפַז בֶּן־עֵשָׂו וַתֵּלֶד
לֶאֱלִיפַז אֶת־עֲמָלֵק אֵלֶּה בְּנֵי עָדָה אֵשֶׁת עֵשָׂו א:לו:יג וְאֵלֶּה בְּנֵי
רְעוּאֵל נַחַת וָזֶרַח שַׁמָּה וּמִזָּה אֵלֶּה הָיוּ בְּנֵי בָשְׂמַת אֵשֶׁת עֵשָׂו
א:לו:יד וְאֵלֶּה הָיוּ בְּנֵי אָהֳלִיבָמָה בַת־עֲנָה בַּת־צִבְעוֹן אֵשֶׁת עֵשָׂו

וַתֵּ֣לֶד לְעֵשָׂ֔ו אֶת־יעיש [יְע֑וּשׁ] וְאֶת־יַעְלָ֖ם וְאֶת־קֹֽרַח א:לו:יה אֵ֖לֶּה
אַלּוּפֵ֣י בְנֵֽי־עֵשָׂ֑ו בְּנֵ֤י אֱלִיפַז֙ בְּכ֣וֹר עֵשָׂ֔ו אַלּ֤וּף תֵּימָן֙ אַלּ֣וּף אוֹמָ֔ר
אַלּ֥וּף צְפ֖וֹ אַלּ֥וּף קְנַֽז א:לו:טז אַלּֽוּף־קֹ֛רַח אַלּ֥וּף גַּעְתָּ֖ם אַלּ֣וּף עֲמָלֵ֑ק
אֵ֣לֶּה אַלּוּפֵ֤י אֱלִיפַז֙ בְּאֶ֣רֶץ אֱד֔וֹם אֵ֖לֶּה בְּנֵ֥י עָדָֽה א:לו:יז וְאֵ֗לֶּה בְּנֵ֤י
רְעוּאֵל֙ בֶּן־עֵשָׂ֔ו אַלּ֥וּף נַ֨חַת֙ אַלּ֣וּף זֶ֔רַח אַלּ֥וּף שַׁמָּ֖ה אַלּ֣וּף מִזָּ֑ה
אֵ֣לֶּה אַלּוּפֵ֤י רְעוּאֵל֙ בְּאֶ֣רֶץ אֱד֔וֹם אֵ֕לֶּה בְּנֵ֖י בָּשְׂמַ֥ת אֵ֥שֶׁת עֵשָֽׂו
א:לו:יח וְאֵ֗לֶּה בְּנֵ֤י אָהֳלִיבָמָה֙ אֵ֣שֶׁת עֵשָׂ֔ו אַלּ֥וּף יְע֛וּשׁ אַלּ֥וּף יַעְלָ֖ם
אַלּ֣וּף קֹ֑רַח אֵ֣לֶּה אַלּוּפֵ֞י אָהֳלִיבָמָ֛ה בַּת־עֲנָ֖ה אֵ֥שֶׁת עֵשָֽׂו
א:לו:יט אֵ֧לֶּה בְנֵֽי־עֵשָׂ֛ו וְאֵ֥לֶּה אַלּוּפֵיהֶ֖ם ה֥וּא אֱדֽוֹם א:לו:כ אֵ֤לֶּה
בְנֵֽי־שֵׂעִיר֙ הַחֹרִ֔י יֹשְׁבֵ֖י הָאָ֑רֶץ לוֹטָ֥ן וְשׁוֹבָ֖ל וְצִבְע֥וֹן וַעֲנָֽה
א:לו:כא וְדִשׁ֥וֹן וְאֵ֖צֶר וְדִישָׁ֑ן אֵ֣לֶּה אַלּוּפֵ֧י הַחֹרִ֛י בְּנֵ֥י שֵׂעִ֖יר בְּאֶ֥רֶץ
אֱדֽוֹם א:לו:כב וַיִּהְי֥וּ בְנֵֽי־לוֹטָ֖ן חֹרִ֣י וְהֵימָ֑ם וַאֲח֥וֹת לוֹטָ֖ן תִּמְנָֽע
א:לו:כג וְאֵ֙לֶּה֙ בְּנֵ֣י שׁוֹבָ֔ל עַלְוָ֥ן וּמָנַ֖חַת וְעֵיבָ֑ל שְׁפ֖וֹ וְאוֹנָֽם
א:לו:כד וְאֵ֥לֶּה בְנֵֽי־צִבְע֖וֹן וְאַיָּ֣ה וַעֲנָ֑ה ה֣וּא עֲנָ֗ה אֲשֶׁ֨ר מָצָ֤א
אֶת־הַיֵּמִם֙ בַּמִּדְבָּ֔ר בִּרְעֹת֥וֹ אֶת־הַחֲמֹרִ֖ים לְצִבְע֥וֹן אָבִֽיו
א:לו:כה וְאֵ֥לֶּה בְנֵֽי־עֲנָ֖ה דִּשֹׁ֑ן וְאָהֳלִיבָמָ֖ה בַּת־עֲנָֽה א:לו:כו וְאֵ֖לֶּה בְּנֵ֣י
דִישָׁ֑ן חֶמְדָּ֥ן וְאֶשְׁבָּ֖ן וְיִתְרָ֥ן וּכְרָֽן א:לו:כז אֵ֖לֶּה בְּנֵי־אֵ֑צֶר בִּלְהָ֥ן וְזַעֲוָ֖ן
וַעֲקָֽן א:לו:כח אֵ֥לֶּה בְנֵֽי־דִישָׁ֖ן ע֥וּץ וַאֲרָֽן א:לו:כט אֵ֖לֶּה אַלּוּפֵ֣י הַחֹרִ֑י
אַלּ֤וּף לוֹטָן֙ אַלּ֣וּף שׁוֹבָ֔ל אַלּ֥וּף צִבְע֖וֹן אַלּ֥וּף עֲנָֽה א:לו:ל אַלּ֥וּף דִּשֹׁ֛ן
אַלּ֥וּף אֵ֖צֶר אַלּ֣וּף דִּישָׁ֑ן אֵ֣לֶּה אַלּוּפֵ֧י הַחֹרִ֛י לְאַלֻּפֵיהֶ֖ם בְּאֶ֥רֶץ שֵׂעִֽיר
א:לו:לא וְאֵ֙לֶּה֙ הַמְּלָכִ֔ים אֲשֶׁ֥ר מָלְכ֖וּ בְּאֶ֣רֶץ אֱד֑וֹם לִפְנֵ֥י מְלָךְ־מֶ֖לֶךְ
לִבְנֵ֥י יִשְׂרָאֵֽל א:לו:לב וַיִּמְלֹ֣ךְ בֶּֽאֱד֔וֹם בֶּ֖לַע בֶּן־בְּע֑וֹר וְשֵׁ֥ם עִיר֖וֹ
דִּנְהָֽבָה א:לו:לג וַיָּ֖מָת בָּ֑לַע וַיִּמְלֹ֣ךְ תַּחְתָּ֔יו יוֹבָ֥ב בֶּן־זֶ֖רַח מִבָּצְרָֽה
א:לו:לד וַיָּ֖מָת יוֹבָ֑ב וַיִּמְלֹ֣ךְ תַּחְתָּ֔יו חֻשָׁ֖ם מֵאֶ֥רֶץ הַתֵּימָנִֽי א:לו:לה וַיָּ֖מָת
חֻשָׁ֑ם וַיִּמְלֹ֣ךְ תַּחְתָּ֗יו הֲדַ֤ד בֶּן־בְּדַד֙ הַמַּכֶּ֤ה אֶת־מִדְיָן֙ בִּשְׂדֵ֣ה מוֹאָ֔ב
וְשֵׁ֥ם עִיר֖וֹ עֲוִֽית א:לו:לו וַיָּ֖מָת הֲדָ֑ד וַיִּמְלֹ֣ךְ תַּחְתָּ֔יו שַׂמְלָ֖ה מִמַּשְׂרֵקָֽה
א:לו:לז וַיָּ֖מָת שַׂמְלָ֑ה וַיִּמְלֹ֣ךְ תַּחְתָּ֔יו שָׁא֖וּל מֵרְחֹב֥וֹת הַנָּהָֽר
א:לו:לח וַיָּ֖מָת שָׁא֑וּל וַיִּמְלֹ֣ךְ תַּחְתָּ֔יו בַּ֥עַל חָנָ֖ן בֶּן־עַכְבּֽוֹר א:לו:לט וַיָּ֗מָת

בַּ֣עַל חָנָ֔ן בֶּן־עַכְבּ֗וֹר וַיִּמְלֹ֤ךְ תַּחְתָּיו֙ הֲדַ֔ר וְשֵׁ֥ם עִיר֖וֹ פָּ֑עוּ וְשֵׁ֨ם
אִשְׁתּ֤וֹ מְהֵֽיטַבְאֵל֙ בַּת־מַטְרֵ֔ד בַּ֖ת מֵ֥י זָהָֽב א:לו:מ וְ֠אֵלֶּה שְׁמ֞וֹת
אַלּוּפֵ֤י עֵשָׂו֙ לְמִשְׁפְּחֹתָ֔ם לִמְקֹמֹתָ֖ם בִּשְׁמֹתָ֑ם אַלּ֥וּף תִּמְנָ֛ע אַלּ֥וּף
עַלְוָ֖ה אַלּ֥וּף יְתֵֽת א:לו:מא אַלּ֧וּף אָהֳלִיבָמָ֛ה אַלּ֥וּף אֵלָ֖ה אַלּ֥וּף פִּינֹֽן
א:לו:מב אַלּ֧וּף קְנַ֛ז אַלּ֥וּף תֵּימָ֖ן אַלּ֥וּף מִבְצָֽר א:לו:מג אַלּ֥וּף מַגְדִּיאֵ֖ל
אַלּ֣וּף עִירָ֑ם אֵ֣לֶּה ׀ אַלּוּפֵ֣י אֱד֗וֹם לְמֹשְׁבֹתָם֙ בְּאֶ֣רֶץ אֲחֻזָּתָ֔ם ה֖וּא
עֵשָׂ֥ו אֲבִ֥י אֱדֽוֹם א:לז:א וַיֵּ֣שֶׁב יַעֲקֹ֔ב בְּאֶ֖רֶץ מְגוּרֵ֣י אָבִ֑יו בְּאֶ֖רֶץ כְּנָֽעַן
א:לז:ב אֵ֣לֶּה ׀ תֹּלְד֣וֹת יַעֲקֹ֗ב יוֹסֵ֞ף בֶּן־שְׁבַֽע־עֶשְׂרֵ֤ה שָׁנָה֙ הָיָ֨ה רֹעֶ֤ה
אֶת־אֶחָיו֙ בַּצֹּ֔אן וְה֣וּא נַ֗עַר אֶת־בְּנֵ֥י בִלְהָ֛ה וְאֶת־בְּנֵ֥י זִלְפָּ֖ה נְשֵׁ֣י
אָבִ֑יו וַיָּבֵ֥א יוֹסֵ֛ף אֶת־דִּבָּתָ֥ם רָעָ֖ה אֶל־אֲבִיהֶֽם א:לז:ג וְיִשְׂרָאֵ֗ל אָהַ֤ב
אֶת־יוֹסֵף֙ מִכָּל־בָּנָ֔יו כִּֽי־בֶן־זְקֻנִ֥ים ה֖וּא ל֑וֹ וְעָ֥שָׂה ל֖וֹ כְּתֹ֥נֶת פַּסִּֽים
א:לז:ד וַיִּרְא֣וּ אֶחָ֗יו כִּֽי־אֹת֞וֹ אָהַ֤ב אֲבִיהֶם֙ מִכָּל־אֶחָ֔יו וַיִּשְׂנְא֖וּ אֹת֑וֹ וְלֹ֥א
יָכְל֖וּ דַּבְּר֥וֹ לְשָׁלֹֽם א:לז:ה וַיַּחֲלֹ֤ם יוֹסֵף֙ חֲל֔וֹם וַיַּגֵּ֖ד לְאֶחָ֑יו וַיּוֹסִ֥פוּ ע֖וֹד
שְׂנֹ֥א אֹתֽוֹ א:לז:ו וַיֹּ֖אמֶר אֲלֵיהֶ֑ם שִׁמְעוּ־נָ֕א הַחֲל֥וֹם הַזֶּ֖ה אֲשֶׁ֥ר
חָלָֽמְתִּי א:לז:ז וְ֠הִנֵּה אֲנַ֜חְנוּ מְאַלְּמִ֤ים אֲלֻמִּים֙ בְּת֣וֹךְ הַשָּׂדֶ֔ה וְהִנֵּ֛ה
קָ֥מָה אֲלֻמָּתִ֖י וְגַם־נִצָּ֑בָה וְהִנֵּ֤ה תְסֻבֶּ֙ינָה֙ אֲלֻמֹּ֣תֵיכֶ֔ם וַתִּשְׁתַּחֲוֶ֖יןָ
לַאֲלֻמָּתִֽי א:לז:ח וַיֹּ֤אמְרוּ לוֹ֙ אֶחָ֔יו הֲמָלֹ֤ךְ תִּמְלֹךְ֙ עָלֵ֔ינוּ אִם־מָשׁ֥וֹל
תִּמְשֹׁ֖ל בָּ֑נוּ וַיּוֹסִ֤פוּ עוֹד֙ שְׂנֹ֣א אֹת֔וֹ עַל־חֲלֹמֹתָ֖יו וְעַל־דְּבָרָֽיו
א:לז:ט וַיַּחֲלֹ֥ם עוֹד֙ חֲל֣וֹם אַחֵ֔ר וַיְסַפֵּ֥ר אֹת֖וֹ לְאֶחָ֑יו וַיֹּ֗אמֶר הִנֵּ֨ה
חָלַ֤מְתִּֽי חֲלוֹם֙ ע֔וֹד וְהִנֵּ֧ה הַשֶּׁ֣מֶשׁ וְהַיָּרֵ֗חַ וְאַחַ֤ד עָשָׂר֙ כּֽוֹכָבִ֔ים
מִשְׁתַּחֲוִ֖ים לִֽי א:לז:י וַיְסַפֵּ֣ר אֶל־אָבִיו֮ וְאֶל־אֶחָיו֒ וַיִּגְעַר־בּ֣וֹ אָבִ֔יו
וַיֹּ֣אמֶר ל֔וֹ מָ֛ה הַחֲל֥וֹם הַזֶּ֖ה אֲשֶׁ֣ר חָלָ֑מְתָּ הֲב֣וֹא נָב֗וֹא אֲנִי֙ וְאִמְּךָ֣
וְאַחֶ֔יךָ לְהִשְׁתַּחֲוֹ֥ת לְךָ֖ אָֽרְצָה א:לז:יא וַיְקַנְאוּ־ב֖וֹ אֶחָ֑יו וְאָבִ֖יו שָׁמַ֥ר
אֶת־הַדָּבָֽר א:לז:יב וַיֵּלְכ֖וּ אֶחָ֑יו לִרְע֛וֹת אֶׄתׄ־צֹ֥אן אֲבִיהֶ֖ם בִּשְׁכֶֽם
א:לז:יג וַיֹּ֨אמֶר יִשְׂרָאֵ֜ל אֶל־יוֹסֵ֗ף הֲל֤וֹא אַחֶ֙יךָ֙ רֹעִ֣ים בִּשְׁכֶ֔ם לְכָ֖ה
וְאֶשְׁלָחֲךָ֣ אֲלֵיהֶ֑ם וַיֹּ֥אמֶר ל֖וֹ הִנֵּֽנִי א:לז:יד וַיֹּ֨אמֶר ל֜וֹ לֶךְ־נָ֨א רְאֵ֜ה
אֶת־שְׁל֤וֹם אַחֶ֙יךָ֙ וְאֶת־שְׁל֣וֹם הַצֹּ֔אן וַהֲשִׁבֵ֖נִי דָּבָ֑ר וַיִּשְׁלָחֵ֙הוּ֙ מֵעֵ֣מֶק
חֶבְר֔וֹן וַיָּבֹ֖א שְׁכֶֽמָה א:לז:טו וַיִּמְצָאֵ֣הוּ אִ֔ישׁ וְהִנֵּ֥ה תֹעֶ֖ה בַּשָּׂדֶ֑ה

וַיִּשְׁאָלֵ֥הוּ הָאִ֖ישׁ לֵאמֹ֥ר מַה־תְּבַקֵּֽשׁ א:לז:יו וַיֹּ֕אמֶר אֶת־אַחַ֖י אָנֹכִ֣י
מְבַקֵּ֑שׁ הַגִּֽידָה־נָּ֣א לִ֔י אֵיפֹ֖ה הֵ֥ם רֹעִֽים א:לז:יז וַיֹּ֤אמֶר הָאִישׁ֙ נָסְע֣וּ
מִזֶּ֔ה כִּ֤י שָׁמַ֙עְתִּי֙ אֹֽמְרִ֔ים נֵלְכָ֖ה דֹּתָ֑יְנָה וַיֵּ֤לֶךְ יוֹסֵף֙ אַחַ֣ר אֶחָ֔יו
וַיִּמְצָאֵ֖ם בְּדֹתָֽן א:לז:יח וַיִּרְא֥וּ אֹת֖וֹ מֵרָחֹ֑ק וּבְטֶ֙רֶם֙ יִקְרַ֣ב אֲלֵיהֶ֔ם
וַיִּֽתְנַכְּל֥וּ אֹת֖וֹ לַהֲמִיתֽוֹ א:לז:יט וַיֹּאמְר֖וּ אִ֣ישׁ אֶל־אָחִ֑יו הִנֵּ֗ה בַּ֛עַל
הַחֲלֹמ֥וֹת הַלָּזֶ֖ה בָּֽא א:לז:כ וְעַתָּ֣ה ׀ לְכ֣וּ וְנַהַרְגֵ֗הוּ וְנַשְׁלִכֵ֙הוּ֙ בְּאַחַ֣ד
הַבֹּר֔וֹת וְאָמַ֕רְנוּ חַיָּ֥ה רָעָ֖ה אֲכָלָ֑תְהוּ וְנִרְאֶ֕ה מַה־יִּהְי֖וּ חֲלֹמֹתָֽיו
א:לז:כא וַיִּשְׁמַ֣ע רְאוּבֵ֔ן וַיַּצִּלֵ֖הוּ מִיָּדָ֑ם וַיֹּ֕אמֶר לֹ֥א נַכֶּ֖נּוּ נָֽפֶשׁ
א:לז:כב וַיֹּאמֶר֩ אֲלֵהֶ֨ם ׀ רְאוּבֵן֮ אַל־תִּשְׁפְּכוּ־דָם֒ הַשְׁלִ֣יכוּ אֹת֗וֹ
אֶל־הַבּ֤וֹר הַזֶּה֙ אֲשֶׁ֣ר בַּמִּדְבָּ֔ר וְיָ֖ד אַל־תִּשְׁלְחוּ־ב֑וֹ לְמַ֗עַן הַצִּ֤יל אֹתוֹ֙
מִיָּדָ֔ם לַהֲשִׁיב֖וֹ אֶל־אָבִֽיו א:לז:כג וַיְהִ֕י כַּאֲשֶׁר־בָּ֥א יוֹסֵ֖ף אֶל־אֶחָ֑יו
וַיַּפְשִׁ֤יטוּ אֶת־יוֹסֵף֙ אֶת־כֻּתָּנְתּ֔וֹ אֶת־כְּתֹ֥נֶת הַפַּסִּ֖ים אֲשֶׁ֥ר עָלָֽיו
א:לז:כד וַיִּ֨קָּחֻ֔הוּ וַיַּשְׁלִ֥כוּ אֹת֖וֹ הַבֹּ֑רָה וְהַבּ֣וֹר רֵ֔ק אֵ֥ין בּ֖וֹ מָֽיִם
א:לז:כה וַיֵּשְׁבוּ֮ לֶֽאֱכָל־לֶחֶם֒ וַיִּשְׂא֤וּ עֵֽינֵיהֶם֙ וַיִּרְא֔וּ וְהִנֵּה֙ אֹרְחַ֣ת
יִשְׁמְעֵאלִ֔ים בָּאָ֖ה מִגִּלְעָ֑ד וּגְמַלֵּיהֶ֣ם נֹֽשְׂאִ֗ים נְכֹאת֙ וּצְרִ֣י וָלֹ֔ט
הוֹלְכִ֖ים לְהוֹרִ֥יד מִצְרָֽיְמָה א:לז:כו וַיֹּ֥אמֶר יְהוּדָ֖ה אֶל־אֶחָ֑יו מַה־בֶּ֕צַע
כִּ֤י נַהֲרֹג֙ אֶת־אָחִ֔ינוּ וְכִסִּ֖ינוּ אֶת־דָּמֽוֹ א:לז:כז לְכ֞וּ וְנִמְכְּרֶ֣נּוּ
לַיִּשְׁמְעֵאלִ֗ים וְיָדֵ֙נוּ֙ אַל־תְּהִי־ב֔וֹ כִּֽי־אָחִ֥ינוּ בְשָׂרֵ֖נוּ ה֑וּא וַֽיִּשְׁמְע֖וּ אֶחָֽיו
א:לז:כח וַיַּֽעַבְרוּ֩ אֲנָשִׁ֨ים מִדְיָנִ֜ים סֹֽחֲרִ֗ים וַֽיִּמְשְׁכוּ֙ וַיַּֽעֲל֤וּ אֶת־יוֹסֵף֙
מִן־הַבּ֔וֹר וַיִּמְכְּר֧וּ אֶת־יוֹסֵ֛ף לַיִּשְׁמְעֵאלִ֖ים בְּעֶשְׂרִ֣ים כָּ֑סֶף וַיָּבִ֥יאוּ
אֶת־יוֹסֵ֖ף מִצְרָֽיְמָה א:לז:כט וַיָּ֤שָׁב רְאוּבֵן֙ אֶל־הַבּ֔וֹר וְהִנֵּ֥ה אֵין־יוֹסֵ֖ף
בַּבּ֑וֹר וַיִּקְרַ֖ע אֶת־בְּגָדָֽיו א:לז:ל וַיָּ֥שָׁב אֶל־אֶחָ֖יו וַיֹּאמַ֑ר הַיֶּ֣לֶד אֵינֶ֔נּוּ
וַאֲנִ֖י אָ֥נָה אֲנִי־בָֽא א:לז:לא וַיִּקְח֖וּ אֶת־כְּתֹ֣נֶת יוֹסֵ֑ף וַֽיִּשְׁחֲטוּ֙ שְׂעִ֣יר
עִזִּ֔ים וַיִּטְבְּל֥וּ אֶת־הַכֻּתֹּ֖נֶת בַּדָּֽם א:לז:לב וַֽיְשַׁלְּח֞וּ אֶת־כְּתֹ֣נֶת הַפַּסִּ֗ים
וַיָּבִ֙יאוּ֙ אֶל־אֲבִיהֶ֔ם וַיֹּאמְר֖וּ זֹ֣את מָצָ֑אנוּ הַכֶּר־נָ֗א הַכְּתֹ֧נֶת בִּנְךָ֛ הִ֖וא
אִם־לֹֽא א:לז:לג וַיַּכִּירָ֤הּ וַיֹּ֙אמֶר֙ כְּתֹ֣נֶת בְּנִ֔י חַיָּ֥ה רָעָ֖ה אֲכָלָ֑תְהוּ טָרֹ֥ף
טֹרַ֖ף יוֹסֵֽף א:לז:לד וַיִּקְרַ֤ע יַעֲקֹב֙ שִׂמְלֹתָ֔יו וַיָּ֥שֶׂם שַׂ֖ק בְּמָתְנָ֑יו וַיִּתְאַבֵּ֥ל
עַל־בְּנ֖וֹ יָמִ֥ים רַבִּֽים א:לז:לה וַיָּקֻ֣מוּ כָל־בָּ֠נָיו וְכָל־בְּנֹתָ֞יו לְנַחֲמ֗וֹ וַיְמָאֵן֙

לְהִתְנַחֵם וַיֹּאמֶר כִּי־אֵרֵד אֶל־בְּנִי אָבֵל שְׁאֹלָה וַיֵּבְךְּ אֹתוֹ אָבִיו
א:לז:לו וְהַמְּדָנִים מָכְרוּ אֹתוֹ אֶל־מִצְרָיִם לְפוֹטִיפַר סְרִיס פַּרְעֹה שַׂר
הַטַּבָּחִים א:לח:א וַיְהִי בָּעֵת הַהִוא וַיֵּרֶד יְהוּדָה מֵאֵת אֶחָיו וַיֵּט
עַד־אִישׁ עֲדֻלָּמִי וּשְׁמוֹ חִירָה א:לח:ב וַיַּרְא־שָׁם יְהוּדָה בַּת־אִישׁ
כְּנַעֲנִי וּשְׁמוֹ שׁוּעַ וַיִּקָּחֶהָ וַיָּבֹא אֵלֶיהָ א:לח:ג וַתַּהַר וַתֵּלֶד בֵּן וַיִּקְרָא
אֶת־שְׁמוֹ עֵר א:לח:ד וַתַּהַר עוֹד וַתֵּלֶד בֵּן וַתִּקְרָא אֶת־שְׁמוֹ אוֹנָן
א:לח:ה וַתֹּסֶף עוֹד וַתֵּלֶד בֵּן וַתִּקְרָא אֶת־שְׁמוֹ שֵׁלָה וְהָיָה בִכְזִיב
בְּלִדְתָּהּ אֹתוֹ א:לח:ו וַיִּקַּח יְהוּדָה אִשָּׁה לְעֵר בְּכוֹרוֹ וּשְׁמָהּ תָּמָר
א:לח:ז וַיְהִי עֵר בְּכוֹר יְהוּדָה רַע בְּעֵינֵי יְהוָה וַיְמִתֵהוּ יְהוָה
א:לח:ח וַיֹּאמֶר יְהוּדָה לְאוֹנָן בֹּא אֶל־אֵשֶׁת אָחִיךָ וְיַבֵּם אֹתָהּ וְהָקֵם
זֶרַע לְאָחִיךָ א:לח:ט וַיֵּדַע אוֹנָן כִּי לֹּא לוֹ יִהְיֶה הַזָּרַע וְהָיָה אִם־בָּא
אֶל־אֵשֶׁת אָחִיו וְשִׁחֵת אַרְצָה לְבִלְתִּי נְתָן־זֶרַע לְאָחִיו א:לח:י וַיֵּרַע
בְּעֵינֵי יְהוָה אֲשֶׁר עָשָׂה וַיָּמֶת גַּם־אֹתוֹ א:לח:יא וַיֹּאמֶר יְהוּדָה לְתָמָר
כַּלָּתוֹ שְׁבִי אַלְמָנָה בֵית־אָבִיךְ עַד־יִגְדַּל שֵׁלָה בְנִי כִּי אָמַר פֶּן־יָמוּת
גַּם־הוּא כְּאֶחָיו וַתֵּלֶךְ תָּמָר וַתֵּשֶׁב בֵּית אָבִיהָ א:לח:יב וַיִּרְבּוּ הַיָּמִים
וַתָּמָת בַּת־שׁוּעַ אֵשֶׁת־יְהוּדָה וַיִּנָּחֶם יְהוּדָה וַיַּעַל עַל־גֹּזֲזֵי צֹאנוֹ
הוּא וְחִירָה רֵעֵהוּ הָעֲדֻלָּמִי תִּמְנָתָה א:לח:יג וַיֻּגַּד לְתָמָר לֵאמֹר
הִנֵּה חָמִיךְ עֹלֶה תִמְנָתָה לָגֹז צֹאנוֹ א:לח:יד וַתָּסַר בִּגְדֵי אַלְמְנוּתָהּ
מֵעָלֶיהָ וַתְּכַס בַּצָּעִיף וַתִּתְעַלָּף וַתֵּשֶׁב בְּפֶתַח עֵינַיִם אֲשֶׁר
עַל־דֶּרֶךְ תִּמְנָתָה כִּי רָאֲתָה כִּי־גָדַל שֵׁלָה וְהִוא לֹא־נִתְּנָה לוֹ
לְאִשָּׁה א:לח:טו וַיִּרְאֶהָ יְהוּדָה וַיַּחְשְׁבֶהָ לְזוֹנָה כִּי כִסְּתָה פָּנֶיהָ
א:לח:טז וַיֵּט אֵלֶיהָ אֶל־הַדֶּרֶךְ וַיֹּאמֶר הָבָה־נָּא אָבוֹא אֵלַיִךְ כִּי לֹא
יָדַע כִּי כַלָּתוֹ הִוא וַתֹּאמֶר מַה־תִּתֶּן־לִּי כִּי תָבוֹא אֵלָי א:לח:יז וַיֹּאמֶר
אָנֹכִי אֲשַׁלַּח גְּדִי־עִזִּים מִן־הַצֹּאן וַתֹּאמֶר אִם־תִּתֵּן עֵרָבוֹן עַד
שָׁלְחֶךָ א:לח:יח וַיֹּאמֶר מָה הָעֵרָבוֹן אֲשֶׁר אֶתֶּן־לָּךְ וַתֹּאמֶר חֹתָמְךָ
וּפְתִילֶךָ וּמַטְּךָ אֲשֶׁר בְּיָדֶךָ וַיִּתֶּן־לָהּ וַיָּבֹא אֵלֶיהָ וַתַּהַר לוֹ
א:לח:יט וַתָּקָם וַתֵּלֶךְ וַתָּסַר צְעִיפָהּ מֵעָלֶיהָ וַתִּלְבַּשׁ בִּגְדֵי אַלְמְנוּתָהּ
א:לח:כ וַיִּשְׁלַח יְהוּדָה אֶת־גְּדִי הָעִזִּים בְּיַד רֵעֵהוּ הָעֲדֻלָּמִי לָקַחַת

הָעֵרָבוֹן מִיַּד הָאִשָּׁה וְלֹא מְצָאָהּ א:לח:כא וַיִּשְׁאַל אֶת־אַנְשֵׁי מְקֹמָהּ
לֵאמֹר אַיֵּה הַקְּדֵשָׁה הִוא בָעֵינַיִם עַל־הַדָּרֶךְ וַיֹּאמְרוּ לֹא־הָיְתָה
בָזֶה קְדֵשָׁה א:לח:כב וַיָּשָׁב אֶל־יְהוּדָה וַיֹּאמֶר לֹא מְצָאתִיהָ וְגַם
אַנְשֵׁי הַמָּקוֹם אָמְרוּ לֹא־הָיְתָה בָזֶה קְדֵשָׁה א:לח:כג וַיֹּאמֶר יְהוּדָה
תִּקַּח־לָהּ פֶּן נִהְיֶה לָבוּז הִנֵּה שָׁלַחְתִּי הַגְּדִי הַזֶּה וְאַתָּה לֹא
מְצָאתָהּ א:לח:כד וַיְהִי | כְּמִשְׁלֹשׁ חֳדָשִׁים וַיֻּגַּד לִיהוּדָה לֵאמֹר
זָנְתָה תָּמָר כַּלָּתֶךָ וְגַם הִנֵּה הָרָה לִזְנוּנִים וַיֹּאמֶר יְהוּדָה הוֹצִיאוּהָ
וְתִשָּׂרֵף א:לח:כה הִוא מוּצֵאת וְהִיא שָׁלְחָה אֶל־חָמִיהָ לֵאמֹר לְאִישׁ
אֲשֶׁר־אֵלֶּה לּוֹ אָנֹכִי הָרָה וַתֹּאמֶר הַכֶּר־נָא לְמִי הַחֹתֶמֶת
וְהַפְּתִילִים וְהַמַּטֶּה הָאֵלֶּה א:לח:כו וַיַּכֵּר יְהוּדָה וַיֹּאמֶר צָדְקָה מִמֶּנִּי
כִּי־עַל־כֵּן לֹא־נְתַתִּיהָ לְשֵׁלָה בְנִי וְלֹא־יָסַף עוֹד לְדַעְתָּהּ
א:לח:כז וַיְהִי בְּעֵת לִדְתָּהּ וְהִנֵּה תְאוֹמִים בְּבִטְנָהּ א:לח:כח וַיְהִי
בְלִדְתָּהּ וַיִּתֶּן־יָד וַתִּקַּח הַמְיַלֶּדֶת וַתִּקְשֹׁר עַל־יָדוֹ שָׁנִי לֵאמֹר זֶה
יָצָא רִאשֹׁנָה א:לח:כט וַיְהִי | כְּמֵשִׁיב יָדוֹ וְהִנֵּה יָצָא אָחִיו וַתֹּאמֶר
מַה־פָּרַצְתָּ עָלֶיךָ פָּרֶץ וַיִּקְרָא שְׁמוֹ פָּרֶץ א:לח:ל וְאַחַר יָצָא אָחִיו
אֲשֶׁר עַל־יָדוֹ הַשָּׁנִי וַיִּקְרָא שְׁמוֹ זָרַח א:לט:א וְיוֹסֵף הוּרַד מִצְרָיְמָה
וַיִּקְנֵהוּ פּוֹטִיפַר סְרִיס פַּרְעֹה שַׂר הַטַּבָּחִים אִישׁ מִצְרִי מִיַּד
הַיִּשְׁמְעֵאלִים אֲשֶׁר הוֹרִדֻהוּ שָׁמָּה א:לט:ב וַיְהִי יְהוָה אֶת־יוֹסֵף וַיְהִי
אִישׁ מַצְלִיחַ וַיְהִי בְּבֵית אֲדֹנָיו הַמִּצְרִי א:לט:ג וַיַּרְא אֲדֹנָיו כִּי יְהוָה
אִתּוֹ וְכֹל אֲשֶׁר־הוּא עֹשֶׂה יְהוָה מַצְלִיחַ בְּיָדוֹ א:לט:ד וַיִּמְצָא יוֹסֵף חֵן
בְּעֵינָיו וַיְשָׁרֶת אֹתוֹ וַיַּפְקִדֵהוּ עַל־בֵּיתוֹ וְכָל־יֶשׁ־לוֹ נָתַן בְּיָדוֹ
א:לט:ה וַיְהִי מֵאָז הִפְקִיד אֹתוֹ בְּבֵיתוֹ וְעַל כָּל־אֲשֶׁר יֶשׁ־לוֹ וַיְבָרֶךְ
יְהוָה אֶת־בֵּית הַמִּצְרִי בִּגְלַל יוֹסֵף וַיְהִי בִּרְכַּת יְהוָה בְּכָל־אֲשֶׁר
יֶשׁ־לוֹ בַּבַּיִת וּבַשָּׂדֶה א:לט:ו וַיַּעֲזֹב כָּל־אֲשֶׁר־לוֹ בְּיַד־יוֹסֵף וְלֹא־יָדַע
אִתּוֹ מְאוּמָה כִּי אִם־הַלֶּחֶם אֲשֶׁר־הוּא אוֹכֵל וַיְהִי יוֹסֵף יְפֵה־תֹאַר
וִיפֵה מַרְאֶה א:לט:ז וַיְהִי אַחַר הַדְּבָרִים הָאֵלֶּה וַתִּשָּׂא אֵשֶׁת־אֲדֹנָיו
אֶת־עֵינֶיהָ אֶל־יוֹסֵף וַתֹּאמֶר שִׁכְבָה עִמִּי א:לט:ח וַיְמָאֵן | וַיֹּאמֶר
אֶל־אֵשֶׁת אֲדֹנָיו הֵן אֲדֹנִי לֹא־יָדַע אִתִּי מַה־בַּבָּיִת וְכֹל אֲשֶׁר־יֶשׁ־לוֹ

נָתַ֥ן בְּיָדִֽי א:לט:ט אֵינֶ֨נּוּ גָד֜וֹל בַּבַּ֣יִת הַזֶּה֮ מִמֶּ֒נִּי֒ וְלֹֽא־חָשַׂ֤ךְ מִמֶּ֙נִּי֙
מְא֔וּמָה כִּ֖י אִם־אוֹתָ֑ךְ בַּאֲשֶׁ֣ר אַתְּ־אִשְׁתּ֑וֹ וְאֵ֨יךְ אֶֽעֱשֶׂ֜ה הָרָעָ֤ה
הַגְּדֹלָה֙ הַזֹּ֔את וְחָטָ֖אתִי לֵֽאלֹהִֽים א:לט:י וַיְהִ֕י כְּדַבְּרָ֥הּ אֶל־יוֹסֵ֖ף י֣וֹם
׀ י֑וֹם וְלֹא־שָׁמַ֥ע אֵלֶ֛יהָ לִשְׁכַּ֥ב אֶצְלָ֖הּ לִהְי֥וֹת עִמָּֽהּ א:לט:יא וַיְהִי֙
כְּהַיּ֣וֹם הַזֶּ֔ה וַיָּבֹ֥א הַבַּ֖יְתָה לַעֲשׂ֣וֹת מְלַאכְתּ֑וֹ וְאֵ֨ין אִ֜ישׁ מֵאַנְשֵׁ֥י
הַבַּ֛יִת שָׁ֖ם בַּבָּֽיִת א:לט:יב וַתִּתְפְּשֵׂ֧הוּ בְּבִגְד֛וֹ לֵאמֹ֖ר שִׁכְבָ֣ה עִמִּ֑י וַיַּעֲזֹ֤ב
בִּגְדוֹ֙ בְּיָדָ֔הּ וַיָּ֖נָס וַיֵּצֵ֥א הַחֽוּצָה א:לט:יג וַיְהִי֙ כִּרְאוֹתָ֔הּ כִּֽי־עָזַ֥ב בִּגְד֖וֹ
בְּיָדָ֑הּ וַיָּ֖נָס הַחֽוּצָה א:לט:יד וַתִּקְרָ֞א לְאַנְשֵׁ֣י בֵיתָ֗הּ וַתֹּ֤אמֶר לָהֶם֙
לֵאמֹ֔ר רְא֗וּ הֵ֥בִיא לָ֛נוּ אִ֥ישׁ עִבְרִ֖י לְצַ֣חֶק בָּ֑נוּ בָּ֤א אֵלַי֙ לִשְׁכַּ֣ב עִמִּ֔י
וָאֶקְרָ֖א בְּק֥וֹל גָּדֽוֹל א:לט:טו וַיְהִ֣י כְשָׁמְע֔וֹ כִּֽי־הֲרִימֹ֥תִי קוֹלִ֖י וָאֶקְרָ֑א
וַיַּעֲזֹ֤ב בִּגְדוֹ֙ אֶצְלִ֔י וַיָּ֖נָס וַיֵּצֵ֥א הַחֽוּצָה א:לט:טז וַתַּנַּ֥ח בִּגְד֖וֹ אֶצְלָ֑הּ
עַד־בּ֥וֹא אֲדֹנָ֖יו אֶל־בֵּיתֽוֹ א:לט:יז וַתְּדַבֵּ֣ר אֵלָ֔יו כַּדְּבָרִ֥ים הָאֵ֖לֶּה לֵאמֹ֑ר
בָּֽא־אֵלַ֞י הָעֶ֤בֶד הָֽעִבְרִי֙ אֲשֶׁר־הֵבֵ֣אתָ לָּ֔נוּ לְצַ֖חֶק בִּֽי א:לט:יח וַיְהִ֕י
כַּהֲרִימִ֥י קוֹלִ֖י וָאֶקְרָ֑א וַיַּעֲזֹ֥ב בִּגְד֛וֹ אֶצְלִ֖י וַיָּ֥נָס הַחֽוּצָה א:לט:יט וַיְהִי֩
כִשְׁמֹ֨עַ אֲדֹנָ֜יו אֶת־דִּבְרֵ֣י אִשְׁתּ֗וֹ אֲשֶׁ֨ר דִּבְּרָ֤ה אֵלָיו֙ לֵאמֹ֔ר כַּדְּבָרִ֣ים
הָאֵ֔לֶּה עָ֥שָׂה לִ֖י עַבְדֶּ֑ךָ וַיִּ֖חַר אַפּֽוֹ א:לט:כ וַיִּקַּח֩ אֲדֹנֵ֨י יוֹסֵ֜ף אֹת֗וֹ
וַֽיִּתְּנֵ֙הוּ֙ אֶל־בֵּ֣ית הַסֹּ֔הַר מְק֕וֹם אֲשֶׁר־אסורי [אֲסִירֵ֥י] הַמֶּ֖לֶךְ
אֲסוּרִ֑ים וַֽיְהִי־שָׁ֖ם בְּבֵ֥ית הַסֹּֽהַר א:לט:כא וַיְהִ֤י יְהוָה֙ אֶת־יוֹסֵ֔ף וַיֵּ֥ט
אֵלָ֖יו חָ֑סֶד וַיִּתֵּ֣ן חִנּ֔וֹ בְּעֵינֵ֖י שַׂ֥ר בֵּית־הַסֹּֽהַר א:לט:כב וַיִּתֵּ֞ן שַׂ֤ר
בֵּית־הַסֹּ֙הַר֙ בְּיַד־יוֹסֵ֔ף אֵ֚ת כָּל־הָ֣אֲסִירִ֔ם אֲשֶׁ֖ר בְּבֵ֣ית הַסֹּ֑הַר וְאֵ֨ת
כָּל־אֲשֶׁ֤ר עֹשִׂים֙ שָׁ֔ם ה֖וּא הָיָ֥ה עֹשֶֽׂה א:לט:כג אֵ֣ין ׀ שַׂ֣ר בֵּית־הַסֹּ֗הַר
רֹאֶ֤ה אֶֽת־כָּל־מְא֙וּמָה֙ בְּיָד֔וֹ בַּאֲשֶׁ֥ר יְהוָ֖ה אִתּ֑וֹ וַאֲשֶׁר־ה֥וּא עֹשֶׂ֖ה
יְהוָ֥ה מַצְלִֽיחַ א:מ:א וַיְהִ֗י אַחַר֙ הַדְּבָרִ֣ים הָאֵ֔לֶּה חָֽטְא֛וּ מַשְׁקֵ֥ה
מֶֽלֶךְ־מִצְרַ֖יִם וְהָאֹפֶ֑ה לַאֲדֹנֵיהֶ֖ם לְמֶ֥לֶךְ מִצְרָֽיִם א:מ:ב וַיִּקְצֹ֣ף פַּרְעֹ֔ה
עַ֖ל שְׁנֵ֣י סָרִיסָ֑יו עַ֚ל שַׂ֣ר הַמַּשְׁקִ֔ים וְעַ֖ל שַׂ֥ר הָאוֹפִֽים א:מ:ג וַיִּתֵּ֨ן
אֹתָ֜ם בְּמִשְׁמַ֗ר בֵּ֛ית שַׂ֥ר הַטַּבָּחִ֖ים אֶל־בֵּ֣ית הַסֹּ֑הַר מְק֕וֹם אֲשֶׁ֥ר
יוֹסֵ֖ף אָס֥וּר שָֽׁם א:מ:ד וַ֠יִּפְקֹד שַׂ֣ר הַטַּבָּחִ֧ים אֶת־יוֹסֵ֛ף אִתָּ֖ם וַיְשָׁ֣רֶת
אֹתָ֑ם וַיִּהְי֥וּ יָמִ֖ים בְּמִשְׁמָֽר א:מ:ה וַיַּֽחַלְמוּ֩ חֲל֨וֹם שְׁנֵיהֶ֜ם אִ֤ישׁ חֲלֹמוֹ֙

בַּלַּיְלָה אֶחָד אִישׁ כְּפִתְרוֹן חֲלֹמוֹ הַמַּשְׁקֶה וְהָאֹפֶה אֲשֶׁר לְמֶלֶךְ
מִצְרַיִם אֲשֶׁר אֲסוּרִים בְּבֵית הַסֹּהַר א:מ:ו וַיָּבֹא אֲלֵיהֶם יוֹסֵף בַּבֹּקֶר
וַיַּרְא אֹתָם וְהִנָּם זֹעֲפִים א:מ:ז וַיִּשְׁאַל אֶת־סְרִיסֵי פַרְעֹה אֲשֶׁר אִתּוֹ
בְמִשְׁמַר בֵּית אֲדֹנָיו לֵאמֹר מַדּוּעַ פְּנֵיכֶם רָעִים הַיּוֹם א:מ:ח וַיֹּאמְרוּ
אֵלָיו חֲלוֹם חָלַמְנוּ וּפֹתֵר אֵין אֹתוֹ וַיֹּאמֶר אֲלֵהֶם יוֹסֵף הֲלוֹא
לֵאלֹהִים פִּתְרֹנִים סַפְּרוּ־נָא לִי א:מ:ט וַיְסַפֵּר שַׂר־הַמַּשְׁקִים
אֶת־חֲלֹמוֹ לְיוֹסֵף וַיֹּאמֶר לוֹ בַּחֲלוֹמִי וְהִנֵּה־גֶפֶן לְפָנָי א:מ:י וּבַגֶּפֶן
שְׁלֹשָׁה שָׂרִיגִם וְהִיא כְפֹרַחַת עָלְתָה נִצָּהּ הִבְשִׁילוּ אַשְׁכְּלֹתֶיהָ
עֲנָבִים א:מ:יא וְכוֹס פַּרְעֹה בְּיָדִי וָאֶקַּח אֶת־הָעֲנָבִים וָאֶשְׂחַט אֹתָם
אֶל־כּוֹס פַּרְעֹה וָאֶתֵּן אֶת־הַכּוֹס עַל־כַּף פַּרְעֹה א:מ:יב וַיֹּאמֶר לוֹ
יוֹסֵף זֶה פִּתְרֹנוֹ שְׁלֹשֶׁת הַשָּׂרִגִים שְׁלֹשֶׁת יָמִים הֵם א:מ:יג בְּעוֹד |
שְׁלֹשֶׁת יָמִים יִשָּׂא פַרְעֹה אֶת־רֹאשֶׁךָ וַהֲשִׁיבְךָ עַל־כַּנֶּךָ וְנָתַתָּ
כוֹס־פַּרְעֹה בְּיָדוֹ כַּמִּשְׁפָּט הָרִאשׁוֹן אֲשֶׁר הָיִיתָ מַשְׁקֵהוּ א:מ:יד כִּי
אִם־זְכַרְתַּנִי אִתְּךָ כַּאֲשֶׁר יִיטַב לָךְ וְעָשִׂיתָ־נָּא עִמָּדִי חָסֶד
וְהִזְכַּרְתַּנִי אֶל־פַּרְעֹה וְהוֹצֵאתַנִי מִן־הַבַּיִת הַזֶּה א:מ:טו כִּי־גֻנֹּב
גֻּנַּבְתִּי מֵאֶרֶץ הָעִבְרִים וְגַם־פֹּה לֹא־עָשִׂיתִי מְאוּמָה כִּי־שָׂמוּ אֹתִי
בַּבּוֹר א:מ:טז וַיַּרְא שַׂר־הָאֹפִים כִּי טוֹב פָּתָר וַיֹּאמֶר אֶל־יוֹסֵף אַף־אֲנִי
בַּחֲלוֹמִי וְהִנֵּה שְׁלֹשָׁה סַלֵּי חֹרִי עַל־רֹאשִׁי א:מ:יז וּבַסַּל הָעֶלְיוֹן
מִכֹּל מַאֲכַל פַּרְעֹה מַעֲשֵׂה אֹפֶה וְהָעוֹף אֹכֵל אֹתָם מִן־הַסַּל מֵעַל
רֹאשִׁי א:מ:יח וַיַּעַן יוֹסֵף וַיֹּאמֶר זֶה פִּתְרֹנוֹ שְׁלֹשֶׁת הַסַּלִּים שְׁלֹשֶׁת
יָמִים הֵם א:מ:יט בְּעוֹד | שְׁלֹשֶׁת יָמִים יִשָּׂא פַרְעֹה אֶת־רֹאשְׁךָ
מֵעָלֶיךָ וְתָלָה אוֹתְךָ עַל־עֵץ וְאָכַל הָעוֹף אֶת־בְּשָׂרְךָ מֵעָלֶיךָ
א:מ:כ וַיְהִי | בַּיּוֹם הַשְּׁלִישִׁי יוֹם הֻלֶּדֶת אֶת־פַּרְעֹה וַיַּעַשׂ מִשְׁתֶּה
לְכָל־עֲבָדָיו וַיִּשָּׂא אֶת־רֹאשׁ | שַׂר הַמַּשְׁקִים וְאֶת־רֹאשׁ שַׂר
הָאֹפִים בְּתוֹךְ עֲבָדָיו א:מ:כא וַיָּשֶׁב אֶת־שַׂר הַמַּשְׁקִים עַל־מַשְׁקֵהוּ
וַיִּתֵּן הַכּוֹס עַל־כַּף פַּרְעֹה א:מ:כב וְאֵת שַׂר הָאֹפִים תָּלָה כַּאֲשֶׁר
פָּתַר לָהֶם יוֹסֵף א:מ:כג וְלֹא־זָכַר שַׂר־הַמַּשְׁקִים אֶת־יוֹסֵף וַיִּשְׁכָּחֵהוּ
א:מא:א וַיְהִי מִקֵּץ שְׁנָתַיִם יָמִים וּפַרְעֹה חֹלֵם וְהִנֵּה עֹמֵד עַל־הַיְאֹר

א:מא:ב וְהִנֵּ֣ה מִן־הַיְאֹ֗ר עֹלֹת֙ שֶׁ֣בַע פָּר֔וֹת יְפ֥וֹת מַרְאֶ֖ה וּבְרִיאֹ֣ת
בָּשָׂ֑ר וַתִּרְעֶ֖ינָה בָּאָֽחוּ׃ א:מא:ג וְהִנֵּ֞ה שֶׁ֧בַע פָּר֣וֹת אֲחֵר֗וֹת עֹל֤וֹת
אַחֲרֵיהֶן֙ מִן־הַיְאֹ֔ר רָע֥וֹת מַרְאֶ֖ה וְדַקּ֣וֹת בָּשָׂ֑ר וַֽתַּעֲמֹ֛דְנָה אֵ֥צֶל
הַפָּר֖וֹת עַל־שְׂפַ֥ת הַיְאֹֽר׃ א:מא:ד וַתֹּאכַ֣לְנָה הַפָּר֗וֹת רָע֤וֹת הַמַּרְאֶה֙
וְדַקֹּ֣ת הַבָּשָׂ֔ר אֵ֚ת שֶׁ֣בַע הַפָּר֔וֹת יְפֹ֥ת הַמַּרְאֶ֖ה וְהַבְּרִיאֹ֑ת וַיִּיקַ֖ץ
פַּרְעֹֽה׃ א:מא:ה וַיִּישָׁ֕ן וַֽיַּחֲלֹ֖ם שֵׁנִ֑ית וְהִנֵּ֣ה ׀ שֶׁ֣בַע שִׁבֳּלִ֗ים עֹל֛וֹת
בְּקָנֶ֥ה אֶחָ֖ד בְּרִיא֥וֹת וְטֹבֽוֹת׃ א:מא:ו וְהִנֵּה֙ שֶׁ֣בַע שִׁבֳּלִ֔ים דַּקּ֖וֹת
וּשְׁדוּפֹ֣ת קָדִ֑ים צֹמְח֖וֹת אַחֲרֵיהֶֽן׃ א:מא:ז וַתִּבְלַ֙עְנָה֙ הַשִּׁבֳּלִ֣ים
הַדַּקּ֔וֹת אֵ֚ת שֶׁ֣בַע הַשִּׁבֳּלִ֔ים הַבְּרִיא֖וֹת וְהַמְּלֵא֑וֹת וַיִּיקַ֥ץ פַּרְעֹ֖ה
וְהִנֵּ֥ה חֲלֽוֹם׃ א:מא:ח וַיְהִ֤י בַבֹּ֙קֶר֙ וַתִּפָּ֣עֶם רוּח֔וֹ וַיִּשְׁלַ֗ח וַיִּקְרָ֛א
אֶת־כָּל־חַרְטֻמֵּ֥י מִצְרַ֖יִם וְאֶת־כָּל־חֲכָמֶ֑יהָ וַיְסַפֵּ֨ר פַּרְעֹ֤ה לָהֶם֙
אֶת־חֲלֹמ֔וֹ וְאֵין־פּוֹתֵ֥ר אוֹתָ֖ם לְפַרְעֹֽה׃ א:מא:ט וַיְדַבֵּר֙ שַׂ֣ר הַמַּשְׁקִ֔ים
אֶת־פַּרְעֹ֖ה לֵאמֹ֑ר אֶת־חֲטָאַ֕י אֲנִ֖י מַזְכִּ֥יר הַיּֽוֹם׃ א:מא:י פַּרְעֹ֖ה קָצַ֣ף
עַל־עֲבָדָ֑יו וַיִּתֵּ֨ן אֹתִ֜י בְּמִשְׁמַ֗ר בֵּ֚ית שַׂ֣ר הַטַּבָּחִ֔ים אֹתִ֕י וְאֵ֖ת שַׂ֥ר
הָאֹפִֽים׃ א:מא:יא וַנַּחַלְמָ֥ה חֲל֛וֹם בְּלַ֥יְלָה אֶחָ֖ד אֲנִ֣י וָה֑וּא אִ֛ישׁ
כְּפִתְר֥וֹן חֲלֹמ֖וֹ חָלָֽמְנוּ׃ א:מא:יב וְשָׁ֨ם אִתָּ֜נוּ נַ֣עַר עִבְרִ֗י עֶ֚בֶד לְשַׂ֣ר
הַטַּבָּחִ֔ים וַנְּסַ֨פֶּר־ל֔וֹ וַיִּפְתָּר־לָ֖נוּ אֶת־חֲלֹמֹתֵ֑ינוּ אִ֥ישׁ כַּחֲלֹמ֖וֹ פָּתָֽר׃
א:מא:יג וַיְהִ֛י כַּאֲשֶׁ֥ר פָּֽתַר־לָ֖נוּ כֵּ֣ן הָיָ֑ה אֹתִ֛י הֵשִׁ֥יב עַל־כַּנִּ֖י וְאֹת֥וֹ תָלָֽה׃
א:מא:יד וַיִּשְׁלַ֤ח פַּרְעֹה֙ וַיִּקְרָ֣א אֶת־יוֹסֵ֔ף וַיְרִיצֻ֖הוּ מִן־הַבּ֑וֹר וַיְגַלַּח֙
וַיְחַלֵּ֣ף שִׂמְלֹתָ֔יו וַיָּבֹ֖א אֶל־פַּרְעֹֽה׃ א:מא:טו וַיֹּ֤אמֶר פַּרְעֹה֙ אֶל־יוֹסֵ֔ף
חֲל֣וֹם חָלַ֔מְתִּי וּפֹתֵ֖ר אֵ֣ין אֹת֑וֹ וַאֲנִ֗י שָׁמַ֤עְתִּי עָלֶ֙יךָ֙ לֵאמֹ֔ר תִּשְׁמַ֥ע
חֲל֖וֹם לִפְתֹּ֥ר אֹתֽוֹ׃ א:מא:טז וַיַּ֨עַן יוֹסֵ֧ף אֶת־פַּרְעֹ֛ה לֵאמֹ֖ר בִּלְעָדָ֑י
אֱלֹהִ֕ים יַעֲנֶ֖ה אֶת־שְׁל֥וֹם פַּרְעֹֽה׃ א:מא:יז וַיְדַבֵּ֥ר פַּרְעֹ֖ה אֶל־יוֹסֵ֑ף
בַּחֲלֹמִ֕י הִנְנִ֥י עֹמֵ֖ד עַל־שְׂפַ֥ת הַיְאֹֽר׃ א:מא:יח וְהִנֵּ֣ה מִן־הַיְאֹ֗ר עֹלֹת֙
שֶׁ֣בַע פָּר֔וֹת בְּרִיא֥וֹת בָּשָׂ֖ר וִיפֹ֣ת תֹּ֑אַר וַתִּרְעֶ֖ינָה בָּאָֽחוּ׃
א:מא:יט וְהִנֵּ֞ה שֶֽׁבַע־פָּר֤וֹת אֲחֵרוֹת֙ עֹל֣וֹת אַחֲרֵיהֶ֔ן דַּלּ֞וֹת וְרָע֥וֹת
תֹּ֛אַר מְאֹ֖ד וְרַקּ֣וֹת בָּשָׂ֑ר לֹֽא־רָאִ֧יתִי כָהֵ֛נָּה בְּכָל־אֶ֥רֶץ מִצְרַ֖יִם לָרֹֽעַ׃
א:מא:כ וַתֹּאכַ֙לְנָה֙ הַפָּר֔וֹת הָֽרַקּ֖וֹת וְהָֽרָע֑וֹת אֵ֛ת שֶׁ֥בַע הַפָּר֖וֹת

הָֽרִאשֹׁנ֖וֹת הַבְּרִיאֹֽת א:מא:כא וַתָּבֹ֣אנָה אֶל־קִרְבֶּ֗נָה וְלֹ֤א נוֹדַע֙
כִּי־בָ֣אוּ אֶל־קִרְבֶּ֔נָה וּמַרְאֵיהֶ֣ן רַ֔ע כַּאֲשֶׁ֖ר בַּתְּחִלָּ֑ה וָאִיקָֽץ
א:מא:כב וָאֵ֖רֶא בַּחֲלֹמִ֑י וְהִנֵּ֣ה ׀ שֶׁ֣בַע שִׁבֳּלִ֗ים עֹלֹ֛ת בְּקָנֶ֥ה אֶחָ֖ד
מְלֵאֹ֥ת וְטֹבֽוֹת א:מא:כג וְהִנֵּה֙ שֶׁ֣בַע שִׁבֳּלִ֔ים צְנֻמ֥וֹת דַּקּ֖וֹת שְׁדֻפ֣וֹת
קָדִ֑ים צֹמְח֖וֹת אַחֲרֵיהֶֽם א:מא:כד וַתִּבְלַ֙עְןָ֙ הַשִּׁבֳּלִ֣ים הַדַּקֹּ֔ת אֵ֖ת
שֶׁ֣בַע הַשִּׁבֳּלִ֣ים הַטֹּב֑וֹת וָאֹמַר֙ אֶל־הַֽחַרְטֻמִּ֔ים וְאֵ֥ין מַגִּ֖יד לִֽי
א:מא:כה וַיֹּ֤אמֶר יוֹסֵף֙ אֶל־פַּרְעֹ֔ה חֲל֥וֹם פַּרְעֹ֖ה אֶחָ֣ד ה֑וּא אֵ֣ת אֲשֶׁ֧ר
הָאֱלֹהִ֛ים עֹשֶׂ֖ה הִגִּ֥יד לְפַרְעֹֽה א:מא:כו שֶׁ֧בַע פָּרֹ֣ת הַטֹּבֹ֗ת שֶׁ֤בַע
שָׁנִים֙ הֵ֔נָּה וְשֶׁ֤בַע הַשִּׁבֳּלִים֙ הַטֹּבֹ֔ת שֶׁ֥בַע שָׁנִ֖ים הֵ֑נָּה חֲל֖וֹם אֶחָ֥ד
הֽוּא א:מא:כז וְשֶׁ֣בַע הַ֠פָּרוֹת הָֽרַקּ֨וֹת וְהָרָעֹ֜ת הָעֹלֹ֣ת אַחֲרֵיהֶ֗ן שֶׁ֤בַע
שָׁנִים֙ הֵ֔נָּה וְשֶׁ֤בַע הַשִּׁבֳּלִים֙ הָרֵק֔וֹת שְׁדֻפ֖וֹת הַקָּדִ֑ים יִֽהְי֔וּ שֶׁ֖בַע
שְׁנֵ֥י רָעָֽב א:מא:כח ה֣וּא הַדָּבָ֔ר אֲשֶׁ֥ר דִּבַּ֖רְתִּי אֶל־פַּרְעֹ֑ה אֲשֶׁ֧ר
הָאֱלֹהִ֛ים עֹשֶׂ֖ה הֶרְאָ֥ה אֶת־פַּרְעֹֽה א:מא:כט הִנֵּ֛ה שֶׁ֥בַע שָׁנִ֖ים בָּא֑וֹת
שָׂבָ֥ע גָּד֖וֹל בְּכָל־אֶ֥רֶץ מִצְרָֽיִם א:מא:ל וְ֠קָמוּ שֶׁ֨בַע שְׁנֵ֤י רָעָב֙ אַחֲרֵיהֶ֔ן
וְנִשְׁכַּ֥ח כָּל־הַשָּׂבָ֖ע בְּאֶ֣רֶץ מִצְרָ֑יִם וְכִלָּ֥ה הָרָעָ֖ב אֶת־הָאָֽרֶץ
א:מא:לא וְלֹֽא־יִוָּדַ֤ע הַשָּׂבָע֙ בָּאָ֔רֶץ מִפְּנֵ֛י הָרָעָ֥ב הַה֖וּא אַחֲרֵי־כֵ֑ן
כִּֽי־כָבֵ֥ד ה֖וּא מְאֹֽד א:מא:לב וְעַ֨ל הִשָּׁנ֧וֹת הַחֲל֛וֹם אֶל־פַּרְעֹ֖ה פַּעֲמָ֑יִם
כִּֽי־נָכ֤וֹן הַדָּבָר֙ מֵעִ֣ם הָאֱלֹהִ֔ים וּמְמַהֵ֥ר הָאֱלֹהִ֖ים לַעֲשֹׂתֽוֹ
א:מא:לג וְעַתָּה֙ יֵרֶ֣א פַרְעֹ֔ה אִ֖ישׁ נָב֣וֹן וְחָכָ֑ם וִישִׁיתֵ֖הוּ עַל־אֶ֥רֶץ
מִצְרָֽיִם א:מא:לד יַעֲשֶׂ֣ה פַרְעֹ֔ה וְיַפְקֵ֥ד פְּקִדִ֖ים עַל־הָאָ֑רֶץ וְחִמֵּשׁ֙
אֶת־אֶ֣רֶץ מִצְרַ֔יִם בְּשֶׁ֖בַע שְׁנֵ֥י הַשָּׂבָֽע א:מא:לה וְיִקְבְּצ֗וּ אֶת־כָּל־אֹ֙כֶל֙
הַשָּׁנִ֣ים הַטֹּבֹ֔ת הַבָּאֹ֖ת הָאֵ֑לֶּה וְיִצְבְּרוּ־בָ֞ר תַּ֣חַת יַד־פַּרְעֹ֛ה אֹ֥כֶל
בֶּעָרִ֖ים וְשָׁמָֽרוּ א:מא:לו וְהָיָ֨ה הָאֹ֤כֶל לְפִקָּדוֹן֙ לָאָ֔רֶץ לְשֶׁ֙בַע֙ שְׁנֵ֣י
הָֽרָעָ֔ב אֲשֶׁ֥ר תִּהְיֶ֖יןָ בְּאֶ֣רֶץ מִצְרָ֑יִם וְלֹֽא־תִכָּרֵ֥ת הָאָ֖רֶץ בָּרָעָֽב
א:מא:לז וַיִּיטַ֥ב הַדָּבָ֖ר בְּעֵינֵ֣י פַרְעֹ֑ה וּבְעֵינֵ֖י כָּל־עֲבָדָֽיו א:מא:לח וַיֹּ֥אמֶר
פַּרְעֹ֖ה אֶל־עֲבָדָ֑יו הֲנִמְצָ֣א כָזֶ֔ה אִ֕ישׁ אֲשֶׁ֛ר ר֥וּחַ אֱלֹהִ֖ים בּֽוֹ
א:מא:לט וַיֹּ֤אמֶר פַּרְעֹה֙ אֶל־יוֹסֵ֔ף אַחֲרֵ֨י הוֹדִ֧יעַ אֱלֹהִ֛ים אוֹתְךָ֖
אֶת־כָּל־זֹ֑את אֵין־נָב֥וֹן וְחָכָ֖ם כָּמֽוֹךָ א:מא:מ אַתָּה֙ תִּהְיֶ֣ה עַל־בֵּיתִ֔י

וְעַל־פִּיךָ יִשַּׁק כָּל־עַמִּי רַק הַכִּסֵּא אֶגְדַּל מִמֶּךָּ א:מא:מא וַיֹּאמֶר
פַּרְעֹה אֶל־יוֹסֵף רְאֵה נָתַתִּי אֹתְךָ עַל כָּל־אֶרֶץ מִצְרָיִם
א:מא:מב וַיָּסַר פַּרְעֹה אֶת־טַבַּעְתּוֹ מֵעַל יָדוֹ וַיִּתֵּן אֹתָהּ עַל־יַד יוֹסֵף
וַיַּלְבֵּשׁ אֹתוֹ בִּגְדֵי־שֵׁשׁ וַיָּשֶׂם רְבִד הַזָּהָב עַל־צַוָּארוֹ א:מא:מג וַיַּרְכֵּב
אֹתוֹ בְּמִרְכֶּבֶת הַמִּשְׁנֶה אֲשֶׁר־לוֹ וַיִּקְרְאוּ לְפָנָיו אַבְרֵךְ וְנָתוֹן אֹתוֹ
עַל כָּל־אֶרֶץ מִצְרָיִם א:מא:מד וַיֹּאמֶר פַּרְעֹה אֶל־יוֹסֵף אֲנִי פַרְעֹה
וּבִלְעָדֶיךָ לֹא־יָרִים אִישׁ אֶת־יָדוֹ וְאֶת־רַגְלוֹ בְּכָל־אֶרֶץ מִצְרָיִם
א:מא:מה וַיִּקְרָא פַרְעֹה שֵׁם־יוֹסֵף צָפְנַת פַּעְנֵחַ וַיִּתֶּן־לוֹ אֶת־אָסְנַת
בַּת־פּוֹטִי פֶרַע כֹּהֵן אֹן לְאִשָּׁה וַיֵּצֵא יוֹסֵף עַל־אֶרֶץ מִצְרָיִם
א:מא:מו וְיוֹסֵף בֶּן־שְׁלֹשִׁים שָׁנָה בְּעָמְדוֹ לִפְנֵי פַּרְעֹה מֶלֶךְ־מִצְרָיִם
וַיֵּצֵא יוֹסֵף מִלִּפְנֵי פַרְעֹה וַיַּעֲבֹר בְּכָל־אֶרֶץ מִצְרָיִם א:מא:מז וַתַּעַשׂ
הָאָרֶץ בְּשֶׁבַע שְׁנֵי הַשָּׂבָע לִקְמָצִים א:מא:מח וַיִּקְבֹּץ אֶת־כָּל־אֹכֶל |
שֶׁבַע שָׁנִים אֲשֶׁר הָיוּ בְּאֶרֶץ מִצְרַיִם וַיִּתֶּן־אֹכֶל בֶּעָרִים אֹכֶל
שְׂדֵה־הָעִיר אֲשֶׁר סְבִיבֹתֶיהָ נָתַן בְּתוֹכָהּ א:מא:מט וַיִּצְבֹּר יוֹסֵף בָּר
כְּחוֹל הַיָּם הַרְבֵּה מְאֹד עַד כִּי־חָדַל לִסְפֹּר כִּי־אֵין מִסְפָּר
א:מא:נ וּלְיוֹסֵף יֻלַּד שְׁנֵי בָנִים בְּטֶרֶם תָּבוֹא שְׁנַת הָרָעָב אֲשֶׁר
יָלְדָה־לּוֹ אָסְנַת בַּת־פּוֹטִי פֶרַע כֹּהֵן אוֹן א:מא:נא וַיִּקְרָא יוֹסֵף
אֶת־שֵׁם הַבְּכוֹר מְנַשֶּׁה כִּי־נַשַּׁנִי אֱלֹהִים אֶת־כָּל־עֲמָלִי וְאֵת
כָּל־בֵּית אָבִי א:מא:נב וְאֵת שֵׁם הַשֵּׁנִי קָרָא אֶפְרָיִם כִּי־הִפְרַנִי
אֱלֹהִים בְּאֶרֶץ עָנְיִי א:מא:נג וַתִּכְלֶינָה שֶׁבַע שְׁנֵי הַשָּׂבָע אֲשֶׁר הָיָה
בְּאֶרֶץ מִצְרָיִם א:מא:נד וַתְּחִלֶּינָה שֶׁבַע שְׁנֵי הָרָעָב לָבוֹא כַּאֲשֶׁר
אָמַר יוֹסֵף וַיְהִי רָעָב בְּכָל־הָאֲרָצוֹת וּבְכָל־אֶרֶץ מִצְרַיִם הָיָה לָחֶם
א:מא:נה וַתִּרְעַב כָּל־אֶרֶץ מִצְרַיִם וַיִּצְעַק הָעָם אֶל־פַּרְעֹה לַלָּחֶם
וַיֹּאמֶר פַּרְעֹה לְכָל־מִצְרַיִם לְכוּ אֶל־יוֹסֵף אֲשֶׁר־יֹאמַר לָכֶם תַּעֲשׂוּ
א:מא:נו וְהָרָעָב הָיָה עַל כָּל־פְּנֵי הָאָרֶץ וַיִּפְתַּח יוֹסֵף אֶת־כָּל־אֲשֶׁר
בָּהֶם וַיִּשְׁבֹּר לְמִצְרַיִם וַיֶּחֱזַק הָרָעָב בְּאֶרֶץ מִצְרָיִם
א:מא:נז וְכָל־הָאָרֶץ בָּאוּ מִצְרַיְמָה לִשְׁבֹּר אֶל־יוֹסֵף כִּי־חָזַק הָרָעָב
בְּכָל־הָאָרֶץ א:מב:א וַיַּרְא יַעֲקֹב כִּי יֶשׁ־שֶׁבֶר בְּמִצְרָיִם וַיֹּאמֶר יַעֲקֹב

לְבָנָיו לָמָּה תִּתְרָאוּ א:מב:ב וַיֹּאמֶר הִנֵּה שָׁמַעְתִּי כִּי יֶשׁ־שֶׁבֶר
בְּמִצְרָיִם רְדוּ־שָׁמָּה וְשִׁבְרוּ־לָנוּ מִשָּׁם וְנִחְיֶה וְלֹא נָמוּת א:מב:ג וַיֵּרְדוּ
אֲחֵי־יוֹסֵף עֲשָׂרָה לִשְׁבֹּר בָּר מִמִּצְרָיִם א:מב:ד וְאֶת־בִּנְיָמִין אֲחִי
יוֹסֵף לֹא־שָׁלַח יַעֲקֹב אֶת־אֶחָיו כִּי אָמַר פֶּן־יִקְרָאֶנּוּ אָסוֹן
א:מב:ה וַיָּבֹאוּ בְּנֵי יִשְׂרָאֵל לִשְׁבֹּר בְּתוֹךְ הַבָּאִים כִּי־הָיָה הָרָעָב
בְּאֶרֶץ כְּנָעַן א:מב:ו וְיוֹסֵף הוּא הַשַּׁלִּיט עַל־הָאָרֶץ הוּא הַמַּשְׁבִּיר
לְכָל־עַם הָאָרֶץ וַיָּבֹאוּ אֲחֵי יוֹסֵף וַיִּשְׁתַּחֲווּ־לוֹ אַפַּיִם אָרְצָה
א:מב:ז וַיַּרְא יוֹסֵף אֶת־אֶחָיו וַיַּכִּרֵם וַיִּתְנַכֵּר אֲלֵיהֶם וַיְדַבֵּר אִתָּם
קָשׁוֹת וַיֹּאמֶר אֲלֵהֶם מֵאַיִן בָּאתֶם וַיֹּאמְרוּ מֵאֶרֶץ כְּנַעַן
לִשְׁבָּר־אֹכֶל א:מב:ח וַיַּכֵּר יוֹסֵף אֶת־אֶחָיו וְהֵם לֹא הִכִּרֻהוּ
א:מב:ט וַיִּזְכֹּר יוֹסֵף אֵת הַחֲלֹמוֹת אֲשֶׁר חָלַם לָהֶם וַיֹּאמֶר אֲלֵהֶם
מְרַגְּלִים אַתֶּם לִרְאוֹת אֶת־עֶרְוַת הָאָרֶץ בָּאתֶם א:מב:י וַיֹּאמְרוּ אֵלָיו
לֹא אֲדֹנִי וַעֲבָדֶיךָ בָּאוּ לִשְׁבָּר־אֹכֶל א:מב:יא כֻּלָּנוּ בְּנֵי אִישׁ־אֶחָד
נָחְנוּ כֵּנִים אֲנַחְנוּ לֹא־הָיוּ עֲבָדֶיךָ מְרַגְּלִים א:מב:יב וַיֹּאמֶר אֲלֵהֶם
לֹא כִּי־עֶרְוַת הָאָרֶץ בָּאתֶם לִרְאוֹת א:מב:יג וַיֹּאמְרוּ שְׁנֵים עָשָׂר
עֲבָדֶיךָ אַחִים ׀ אֲנַחְנוּ בְּנֵי אִישׁ־אֶחָד בְּאֶרֶץ כְּנָעַן וְהִנֵּה הַקָּטֹן
אֶת־אָבִינוּ הַיּוֹם וְהָאֶחָד אֵינֶנּוּ א:מב:יד וַיֹּאמֶר אֲלֵהֶם יוֹסֵף הוּא
אֲשֶׁר דִּבַּרְתִּי אֲלֵכֶם לֵאמֹר מְרַגְּלִים אַתֶּם א:מב:טו בְּזֹאת תִּבָּחֵנוּ חֵי
פַרְעֹה אִם־תֵּצְאוּ מִזֶּה כִּי אִם־בְּבוֹא אֲחִיכֶם הַקָּטֹן הֵנָּה
א:מב:טז שִׁלְחוּ מִכֶּם אֶחָד וְיִקַּח אֶת־אֲחִיכֶם וְאַתֶּם הֵאָסְרוּ וְיִבָּחֲנוּ
דִּבְרֵיכֶם הַאֱמֶת אִתְּכֶם וְאִם־לֹא חֵי פַרְעֹה כִּי מְרַגְּלִים אַתֶּם
א:מב:יז וַיֶּאֱסֹף אֹתָם אֶל־מִשְׁמָר שְׁלֹשֶׁת יָמִים א:מב:יח וַיֹּאמֶר אֲלֵהֶם
יוֹסֵף בַּיּוֹם הַשְּׁלִישִׁי זֹאת עֲשׂוּ וִחְיוּ אֶת־הָאֱלֹהִים אֲנִי יָרֵא
א:מב:יט אִם־כֵּנִים אַתֶּם אֲחִיכֶם אֶחָד יֵאָסֵר בְּבֵית מִשְׁמַרְכֶם וְאַתֶּם
לְכוּ הָבִיאוּ שֶׁבֶר רַעֲבוֹן בָּתֵּיכֶם א:מב:כ וְאֶת־אֲחִיכֶם הַקָּטֹן תָּבִיאוּ
אֵלַי וְיֵאָמְנוּ דִבְרֵיכֶם וְלֹא תָמוּתוּ וַיַּעֲשׂוּ־כֵן א:מב:כא וַיֹּאמְרוּ אִישׁ
אֶל־אָחִיו אֲבָל אֲשֵׁמִים ׀ אֲנַחְנוּ עַל־אָחִינוּ אֲשֶׁר רָאִינוּ צָרַת
נַפְשׁוֹ בְּהִתְחַנְנוֹ אֵלֵינוּ וְלֹא שָׁמָעְנוּ עַל־כֵּן בָּאָה אֵלֵינוּ הַצָּרָה

הַזֹּֽאת א:מב:כב וַיַּעַן֩ רְאוּבֵ֨ן אֹתָ֜ם לֵאמֹ֗ר הֲלוֹא֩ אָמַ֨רְתִּי אֲלֵיכֶ֧ם ׀
לֵאמֹ֛ר אַל־תֶּחֶטְא֥וּ בַיֶּ֖לֶד וְלֹ֣א שְׁמַעְתֶּ֑ם וְגַם־דָּמ֖וֹ הִנֵּ֥ה נִדְרָֽשׁ
א:מב:כג וְהֵם֙ לֹ֣א יָֽדְע֔וּ כִּ֥י שֹׁמֵ֖עַ יוֹסֵ֑ף כִּ֥י הַמֵּלִ֖יץ בֵּינֹתָֽם א:מב:כד וַיִּסֹּ֥ב
מֵעֲלֵיהֶ֖ם וַיֵּ֑בְךְּ וַיָּ֤שָׁב אֲלֵהֶם֙ וַיְדַבֵּ֣ר אֲלֵהֶ֔ם וַיִּקַּ֤ח מֵֽאִתָּם֙ אֶת־שִׁמְע֔וֹן
וַיֶּאֱסֹ֥ר אֹת֖וֹ לְעֵינֵיהֶֽם א:מב:כה וַיְצַ֣ו יוֹסֵ֗ף וַיְמַלְא֣וּ אֶת־כְּלֵיהֶם֮ בָּר֒
וּלְהָשִׁ֤יב כַּסְפֵּיהֶם֙ אִ֣ישׁ אֶל־שַׂקּ֔וֹ וְלָתֵ֥ת לָהֶ֛ם צֵדָ֖ה לַדָּ֑רֶךְ וַיַּ֥עַשׂ
לָהֶ֖ם כֵּֽן א:מב:כו וַיִּשְׂא֥וּ אֶת־שִׁבְרָ֖ם עַל־חֲמֹרֵיהֶ֑ם וַיֵּלְכ֖וּ מִשָּֽׁם
א:מב:כז וַיִּפְתַּ֨ח הָאֶחָ֜ד אֶת־שַׂקּ֗וֹ לָתֵ֥ת מִסְפּ֛וֹא לַחֲמֹר֖וֹ בַּמָּל֑וֹן וַיַּרְא֙
אֶת־כַּסְפּ֔וֹ וְהִנֵּה־ה֖וּא בְּפִ֥י אַמְתַּחְתּֽוֹ א:מב:כח וַיֹּ֤אמֶר אֶל־אֶחָיו֙
הוּשַׁ֣ב כַּסְפִּ֔י וְגַ֖ם הִנֵּ֣ה בְאַמְתַּחְתִּ֑י וַיֵּצֵ֣א לִבָּ֗ם וַיֶּֽחֶרְד֞וּ אִ֤ישׁ
אֶל־אָחִיו֙ לֵאמֹ֔ר מַה־זֹּ֛את עָשָׂ֥ה אֱלֹהִ֖ים לָֽנוּ א:מב:כט וַיָּבֹ֛אוּ
אֶל־יַעֲקֹ֥ב אֲבִיהֶ֖ם אַ֣רְצָה כְּנָ֑עַן וַיַּגִּ֣ידוּ ל֔וֹ אֵ֛ת כָּל־הַקֹּרֹ֥ת אֹתָ֖ם
לֵאמֹֽר א:מב:ל דִּ֠בֶּר הָאִ֨ישׁ אֲדֹנֵ֥י הָאָ֛רֶץ אִתָּ֖נוּ קָשׁ֑וֹת וַיִּתֵּ֣ן אֹתָ֔נוּ
כִּֽמְרַגְּלִ֖ים אֶת־הָאָֽרֶץ א:מב:לא וַנֹּ֥אמֶר אֵלָ֖יו כֵּנִ֣ים אֲנָ֑חְנוּ לֹ֥א הָיִ֖ינוּ
מְרַגְּלִֽים א:מב:לב שְׁנֵים־עָשָׂ֥ר אֲנַ֛חְנוּ אַחִ֖ים בְּנֵ֣י אָבִ֑ינוּ הָאֶחָ֣ד אֵינֶ֔נּוּ
וְהַקָּטֹ֥ן הַיּ֛וֹם אֶת־אָבִ֖ינוּ בְּאֶ֥רֶץ כְּנָֽעַן א:מב:לג וַיֹּ֣אמֶר אֵלֵ֗ינוּ הָאִישׁ֙
אֲדֹנֵ֣י הָאָ֔רֶץ בְּזֹ֣את אֵדַ֔ע כִּ֥י כֵנִ֖ים אַתֶּ֑ם אֲחִיכֶ֤ם הָֽאֶחָד֙ הַנִּ֣יחוּ אִתִּ֔י
וְאֶת־רַעֲב֥וֹן בָּתֵּיכֶ֖ם קְח֥וּ וָלֵֽכוּ א:מב:לד וְ֠הָבִיאוּ אֶת־אֲחִיכֶ֣ם הַקָּטֹן֮
אֵלַי֒ וְאֵֽדְעָ֗ה כִּ֣י לֹ֤א מְרַגְּלִים֙ אַתֶּ֔ם כִּ֥י כֵנִ֖ים אַתֶּ֑ם אֶת־אֲחִיכֶם֙ אֶתֵּ֣ן
לָכֶ֔ם וְאֶת־הָאָ֖רֶץ תִּסְחָֽרוּ א:מב:לה וַיְהִ֗י הֵ֚ם מְרִיקִ֣ים שַׂקֵּיהֶ֔ם
וְהִנֵּה־אִ֥ישׁ צְרוֹר־כַּסְפּ֖וֹ בְּשַׂקּ֑וֹ וַיִּרְא֞וּ אֶת־צְרֹר֧וֹת כַּסְפֵּיהֶ֛ם הֵ֥מָּה
וַאֲבִיהֶ֖ם וַיִּירָֽאוּ א:מב:לו וַיֹּ֧אמֶר אֲלֵהֶ֛ם יַעֲקֹ֥ב אֲבִיהֶ֖ם אֹתִ֣י שִׁכַּלְתֶּ֑ם
יוֹסֵ֤ף אֵינֶ֙נּוּ֙ וְשִׁמְע֣וֹן אֵינֶ֔נּוּ וְאֶת־בִּנְיָמִ֣ן תִּקָּ֔חוּ עָלַ֖י הָי֥וּ כֻלָּֽנָה
א:מב:לז וַיֹּ֤אמֶר רְאוּבֵן֙ אֶל־אָבִ֣יו לֵאמֹ֔ר אֶת־שְׁנֵ֤י בָנַי֙ תָּמִ֔ית אִם־לֹ֥א
אֲבִיאֶ֖נּוּ אֵלֶ֑יךָ תְּנָ֤ה אֹתוֹ֙ עַל־יָדִ֔י וַאֲנִ֖י אֲשִׁיבֶ֥נּוּ אֵלֶֽיךָ א:מב:לח וַיֹּ֕אמֶר
לֹֽא־יֵרֵ֥ד בְּנִ֖י עִמָּכֶ֑ם כִּֽי־אָחִ֨יו מֵ֜ת וְה֧וּא לְבַדּ֣וֹ נִשְׁאָ֗ר וּקְרָאָ֤הוּ אָסוֹן֙
בַּדֶּ֨רֶךְ֙ אֲשֶׁ֣ר תֵּֽלְכוּ־בָ֔הּ וְהוֹרַדְתֶּ֧ם אֶת־שֵׂיבָתִ֛י בְּיָג֖וֹן שְׁאֽוֹלָה
א:מג:א וְהָרָעָ֖ב כָּבֵ֥ד בָּאָֽרֶץ א:מג:ב וַיְהִ֗י כַּאֲשֶׁ֤ר כִּלּוּ֙ לֶאֱכֹ֣ל אֶת־הַשֶּׁ֔בֶר

אֲשֶׁ֥ר הֵבִ֖יאוּ מִמִּצְרָ֑יִם וַיֹּ֤אמֶר אֲלֵיהֶם֙ אֲבִיהֶ֔ם שֻׁ֖בוּ שִׁבְרוּ־לָ֥נוּ
מְעַט־אֹֽכֶל א:מג:ג וַיֹּ֧אמֶר אֵלָ֛יו יְהוּדָ֖ה לֵאמֹ֑ר הָעֵ֣ד הֵעִד֩ בָּ֨נוּ הָאִ֤ישׁ
לֵאמֹר֙ לֹא־תִרְא֣וּ פָנַ֔י בִּלְתִּ֖י אֲחִיכֶ֥ם אִתְּכֶֽם א:מג:ד אִם־יֶשְׁךָ֛ מְשַׁלֵּ֥חַ
אֶת־אָחִ֖ינוּ אִתָּ֑נוּ נֵֽרְדָ֕ה וְנִשְׁבְּרָ֥ה לְךָ֖ אֹֽכֶל א:מג:ה וְאִם־אֵינְךָ֥ מְשַׁלֵּ֖חַ
לֹ֣א נֵרֵ֑ד כִּֽי־הָאִ֞ישׁ אָמַ֤ר אֵלֵ֙ינוּ֙ לֹא־תִרְא֣וּ פָנַ֔י בִּלְתִּ֖י אֲחִיכֶ֥ם אִתְּכֶֽם
א:מג:ו וַיֹּ֙אמֶר֙ יִשְׂרָאֵ֔ל לָמָ֥ה הֲרֵעֹתֶ֖ם לִ֑י לְהַגִּ֣יד לָאִ֔ישׁ הַע֥וֹד לָכֶ֖ם
אָֽח א:מג:ז וַיֹּאמְר֡וּ שָׁא֣וֹל שָֽׁאַל־הָ֠אִישׁ לָ֣נוּ וּלְמֽוֹלַדְתֵּ֜נוּ לֵאמֹ֗ר הַע֨וֹד
אֲבִיכֶ֥ם חַי֙ הֲיֵ֣שׁ לָכֶ֣ם אָ֔ח וַנַּ֨גֶּד־ל֔וֹ עַל־פִּ֖י הַדְּבָרִ֣ים הָאֵ֑לֶּה הֲיָד֣וֹעַ
נֵדַ֔ע כִּ֣י יֹאמַ֔ר הוֹרִ֖ידוּ אֶת־אֲחִיכֶֽם א:מג:ח וַיֹּאמֶר֩ יְהוּדָ֨ה אֶל־יִשְׂרָאֵ֜ל
אָבִ֗יו שִׁלְחָ֥ה הַנַּ֛עַר אִתִּ֖י וְנָק֣וּמָה וְנֵלֵ֑כָה וְנִחְיֶה֙ וְלֹ֣א נָמ֔וּת
גַּם־אֲנַ֥חְנוּ גַם־אַתָּ֖ה גַּם־טַפֵּֽנוּ א:מג:ט אָנֹכִי֙ אֶֽעֶרְבֶ֔נּוּ מִיָּדִ֖י תְּבַקְשֶׁ֑נּוּ
אִם־לֹ֨א הֲבִיאֹתִ֤יו אֵלֶ֙יךָ֙ וְהִצַּגְתִּ֣יו לְפָנֶ֔יךָ וְחָטָ֥אתִי לְךָ֖ כָּל־הַיָּמִֽים
א:מג:י כִּ֖י לוּלֵ֣א הִתְמַהְמָ֑הְנוּ כִּֽי־עַתָּ֥ה שַׁ֖בְנוּ זֶ֥ה פַעֲמָֽיִם
א:מג:יא וַיֹּ֨אמֶר אֲלֵהֶ֜ם יִשְׂרָאֵ֣ל אֲבִיהֶ֗ם אִם־כֵּ֣ן ׀ אֵפוֹא֮ זֹ֣את עֲשׂוּ֒
קְח֞וּ מִזִּמְרַ֤ת הָאָ֙רֶץ֙ בִּכְלֵיכֶ֔ם וְהוֹרִ֥ידוּ לָאִ֖ישׁ מִנְחָ֑ה מְעַ֤ט צֳרִי֙
וּמְעַ֣ט דְּבַ֔שׁ נְכֹ֣את וָלֹ֔ט בָּטְנִ֖ים וּשְׁקֵדִֽים א:מג:יב וְכֶ֥סֶף מִשְׁנֶ֖ה קְח֣וּ
בְיֶדְכֶ֑ם וְאֶת־הַכֶּ֜סֶף הַמּוּשָׁ֨ב בְּפִ֤י אַמְתְּחֹֽתֵיכֶם֙ תָּשִׁ֣יבוּ בְיֶדְכֶ֔ם אוּלַ֥י
מִשְׁגֶּ֖ה הֽוּא א:מג:יג וְאֶת־אֲחִיכֶ֖ם קָ֑חוּ וְק֖וּמוּ שׁ֥וּבוּ אֶל־הָאִֽישׁ
א:מג:יד וְאֵ֣ל שַׁדַּ֗י יִתֵּ֨ן לָכֶ֤ם רַחֲמִים֙ לִפְנֵ֣י הָאִ֔ישׁ וְשִׁלַּ֥ח לָכֶ֛ם
אֶת־אֲחִיכֶ֥ם אַחֵ֖ר וְאֶת־בִּנְיָמִ֑ין וַאֲנִ֕י כַּאֲשֶׁ֥ר שָׁכֹ֖לְתִּי שָׁכָֽלְתִּי
א:מג:טו וַיִּקְח֤וּ הָֽאֲנָשִׁים֙ אֶת־הַמִּנְחָ֣ה הַזֹּ֔את וּמִשְׁנֶה־כֶּ֛סֶף לָקְח֥וּ
בְיָדָ֖ם וְאֶת־בִּנְיָמִ֑ן וַיָּקֻ֙מוּ֙ וַיֵּרְד֣וּ מִצְרַ֔יִם וַיַּֽעַמְד֖וּ לִפְנֵ֥י יוֹסֵֽף
א:מג:טז וַיַּ֨רְא יוֹסֵ֣ף אִתָּם֮ אֶת־בִּנְיָמִין֒ וַיֹּ֙אמֶר֙ לַאֲשֶׁ֣ר עַל־בֵּית֔וֹ הָבֵ֥א
אֶת־הָאֲנָשִׁ֖ים הַבָּ֑יְתָה וּטְבֹ֤חַ טֶ֙בַח֙ וְהָכֵ֔ן כִּ֥י אִתִּ֛י יֹאכְל֥וּ הָאֲנָשִׁ֖ים
בַּצָּהֳרָֽיִם א:מג:יז וַיַּ֣עַשׂ הָאִ֔ישׁ כַּאֲשֶׁ֖ר אָמַ֣ר יוֹסֵ֑ף וַיָּבֵ֥א הָאִ֛ישׁ
אֶת־הָאֲנָשִׁ֖ים בֵּ֥יתָה יוֹסֵֽף א:מג:יח וַיִּֽירְא֣וּ הָאֲנָשִׁ֗ים כִּ֣י הֽוּבְאוּ֮ בֵּ֣ית
יוֹסֵף֒ וַיֹּאמְר֗וּ עַל־דְּבַ֤ר הַכֶּ֙סֶף֙ הַשָּׁ֤ב בְּאַמְתְּחֹתֵ֙ינוּ֙ בַּתְּחִלָּ֔ה אֲנַ֖חְנוּ
מֽוּבָאִ֑ים לְהִתְגֹּלֵ֤ל עָלֵ֙ינוּ֙ וּלְהִתְנַפֵּ֣ל עָלֵ֔ינוּ וְלָקַ֧חַת אֹתָ֛נוּ לַעֲבָדִ֖ים

וְאֶת־חֲמֹרֵֽינוּ א:מג:יט וַֽיִּגְּשׁוּ֙ אֶל־הָאִ֔ישׁ אֲשֶׁ֖ר עַל־בֵּ֣ית יוֹסֵ֑ף וַיְדַבְּר֥וּ
אֵלָ֖יו פֶּ֥תַח הַבָּֽיִת א:מג:כ וַיֹּאמְר֖וּ בִּ֣י אֲדֹנִ֑י יָרֹ֥ד יָרַ֛דְנוּ בַּתְּחִלָּ֖ה
לִשְׁבָּר־אֹֽכֶל א:מג:כא וַיְהִ֞י כִּי־בָ֣אנוּ אֶל־הַמָּל֗וֹן וַֽנִּפְתְּחָה֙
אֶת־אַמְתְּחֹתֵ֔ינוּ וְהִנֵּ֤ה כֶֽסֶף־אִישׁ֙ בְּפִ֣י אַמְתַּחְתּ֔וֹ כַּסְפֵּ֖נוּ בְּמִשְׁקָל֑וֹ
וַנָּ֥שֶׁב אֹת֖וֹ בְּיָדֵֽנוּ א:מג:כב וְכֶ֧סֶף אַחֵ֛ר הוֹרַ֥דְנוּ בְיָדֵ֖נוּ לִשְׁבָּר־אֹ֑כֶל לֹ֣א
יָדַ֔עְנוּ מִי־שָׂ֥ם כַּסְפֵּ֖נוּ בְּאַמְתְּחֹתֵֽינוּ א:מג:כג וַיֹּאמֶר֩ שָׁל֨וֹם לָכֶ֜ם
אַל־תִּירָ֗אוּ אֱ֠לֹהֵיכֶ֠ם וֵאלֹהֵ֨י אֲבִיכֶ֜ם נָתַ֨ן לָכֶ֤ם מַטְמוֹן֙
בְּאַמְתְּחֹ֣תֵיכֶ֔ם כַּסְפְּכֶ֖ם בָּ֣א אֵלָ֑י וַיּוֹצֵ֥א אֲלֵהֶ֖ם אֶת־שִׁמְעֽוֹן
א:מג:כד וַיָּבֵ֥א הָאִ֛ישׁ אֶת־הָאֲנָשִׁ֖ים בֵּ֣יתָה יוֹסֵ֑ף וַיִּתֶּן־מַ֙יִם֙ וַיִּרְחֲצ֣וּ
רַגְלֵיהֶ֔ם וַיִּתֵּ֥ן מִסְפּ֖וֹא לַחֲמֹרֵיהֶֽם א:מג:כה וַיָּכִ֙ינוּ֙ אֶת־הַמִּנְחָ֔ה
עַד־בּ֥וֹא יוֹסֵ֖ף בַּֽצָּהֳרָ֑יִם כִּ֣י שָֽׁמְע֔וּ כִּי־שָׁ֖ם יֹ֥אכְלוּ לָֽחֶם א:מג:כו וַיָּבֹ֤א
יוֹסֵף֙ הַבַּ֔יְתָה וַיָּבִ֥יאוּ ל֛וֹ אֶת־הַמִּנְחָ֥ה אֲשֶׁר־בְּיָדָ֖ם הַבָּ֑יְתָה
וַיִּשְׁתַּחֲווּ־ל֖וֹ אָֽרְצָה א:מג:כז וַיִּשְׁאַ֤ל לָהֶם֙ לְשָׁל֔וֹם וַיֹּ֗אמֶר הֲשָׁל֛וֹם
אֲבִיכֶ֥ם הַזָּקֵ֖ן אֲשֶׁ֣ר אֲמַרְתֶּ֑ם הַעוֹדֶ֖נּוּ חָֽי א:מג:כח וַיֹּאמְר֗וּ שָׁל֛וֹם
לְעַבְדְּךָ֥ לְאָבִ֖ינוּ עוֹדֶ֣נּוּ חָ֑י וַֽיִּקְּד֖וּ וישתחו [וַיִּֽשְׁתַּחֲוֽוּ] א:מג:כט וַיִּשָּׂ֣א
עֵינָ֗יו וַיַּ֞רְא אֶת־בִּנְיָמִ֣ין אָחִיו֮ בֶּן־אִמּוֹ֒ וַיֹּ֗אמֶר הֲזֶה֙ אֲחִיכֶ֣ם הַקָּטֹ֔ן
אֲשֶׁ֥ר אֲמַרְתֶּ֖ם אֵלָ֑י וַיֹּאמַ֕ר אֱלֹהִ֥ים יָחְנְךָ֖ בְּנִֽי א:מג:ל וַיְמַהֵ֣ר יוֹסֵ֗ף
כִּֽי־נִכְמְר֤וּ רַחֲמָיו֙ אֶל־אָחִ֔יו וַיְבַקֵּ֖שׁ לִבְכּ֑וֹת וַיָּבֹ֥א הַחַ֖דְרָה וַיֵּ֥בְךְּ
שָֽׁמָּה א:מג:לא וַיִּרְחַ֥ץ פָּנָ֖יו וַיֵּצֵ֑א וַיִּתְאַפַּ֕ק וַיֹּ֖אמֶר שִׂ֥ימוּ לָֽחֶם
א:מג:לב וַיָּשִׂ֥ימוּ ל֛וֹ לְבַדּ֖וֹ וְלָהֶ֣ם לְבַדָּ֑ם וְלַמִּצְרִ֞ים הָאֹכְלִ֣ים אִתּוֹ֮
לְבַדָּם֒ כִּי֩ לֹ֨א יוּכְל֜וּן הַמִּצְרִ֗ים לֶאֱכֹ֤ל אֶת־הָֽעִבְרִים֙ לֶ֔חֶם
כִּי־תוֹעֵבָ֥ה הִ֖וא לְמִצְרָֽיִם א:מג:לג וַיֵּשְׁב֣וּ לְפָנָ֔יו הַבְּכֹר֙ כִּבְכֹ֣רָת֔וֹ
וְהַצָּעִ֖יר כִּצְעִֽרָת֑וֹ וַיִּתְמְה֥וּ הָאֲנָשִׁ֖ים אִ֥ישׁ אֶל־רֵעֵֽהוּ א:מג:לד וַיִּשָּׂ֨א
מַשְׂאֹ֜ת מֵאֵ֣ת פָּנָיו֮ אֲלֵהֶם֒ וַתֵּ֜רֶב מַשְׂאַ֧ת בִּנְיָמִ֛ן מִמַּשְׂאֹ֥ת כֻּלָּ֖ם
חָמֵ֣שׁ יָד֑וֹת וַיִּשְׁתּ֥וּ וַֽיִּשְׁכְּר֖וּ עִמּֽוֹ א:מד:א וַיְצַ֞ו אֶת־אֲשֶׁ֣ר עַל־בֵּיתוֹ֮
לֵאמֹר֒ מַלֵּ֞א אֶת־אַמְתְּחֹ֤ת הָאֲנָשִׁים֙ אֹ֔כֶל כַּאֲשֶׁ֥ר יוּכְל֖וּן שְׂאֵ֑ת
וְשִׂ֥ים כֶּֽסֶף־אִ֖ישׁ בְּפִ֥י אַמְתַּחְתּֽוֹ א:מד:ב וְאֶת־גְּבִיעִ֞י גְּבִ֣יעַ הַכֶּ֗סֶף
תָּשִׂים֙ בְּפִי֙ אַמְתַּ֣חַת הַקָּטֹ֔ן וְאֵ֖ת כֶּ֣סֶף שִׁבְר֑וֹ וַיַּ֕עַשׂ כִּדְבַ֥ר יוֹסֵ֖ף

אֲשֶׁר דִּבֵּר א:מד:ג הַבֹּקֶר אוֹר וְהָאֲנָשִׁים שֻׁלְּחוּ הֵמָּה וַחֲמֹרֵיהֶם
א:מד:ד הֵם יָצְאוּ אֶת־הָעִיר לֹא הִרְחִיקוּ וְיוֹסֵף אָמַר לַאֲשֶׁר
עַל־בֵּיתוֹ קוּם רְדֹף אַחֲרֵי הָאֲנָשִׁים וְהִשַּׂגְתָּם וְאָמַרְתָּ אֲלֵהֶם לָמָּה
שִׁלַּמְתֶּם רָעָה תַּחַת טוֹבָה א:מד:ה הֲלוֹא זֶה אֲשֶׁר יִשְׁתֶּה אֲדֹנִי בּוֹ
וְהוּא נַחֵשׁ יְנַחֵשׁ בּוֹ הֲרֵעֹתֶם אֲשֶׁר עֲשִׂיתֶם א:מד:ו וַיַּשִּׂגֵם וַיְדַבֵּר
אֲלֵהֶם אֶת־הַדְּבָרִים הָאֵלֶּה א:מד:ז וַיֹּאמְרוּ אֵלָיו לָמָּה יְדַבֵּר אֲדֹנִי
כַּדְּבָרִים הָאֵלֶּה חָלִילָה לַעֲבָדֶיךָ מֵעֲשׂוֹת כַּדָּבָר הַזֶּה א:מד:ח הֵן
כֶּסֶף אֲשֶׁר מָצָאנוּ בְּפִי אַמְתְּחֹתֵינוּ הֱשִׁיבֹנוּ אֵלֶיךָ מֵאֶרֶץ כְּנָעַן
וְאֵיךְ נִגְנֹב מִבֵּית אֲדֹנֶיךָ כֶּסֶף אוֹ זָהָב א:מד:ט אֲשֶׁר יִמָּצֵא אִתּוֹ
מֵעֲבָדֶיךָ וָמֵת וְגַם־אֲנַחְנוּ נִהְיֶה לַאדֹנִי לַעֲבָדִים א:מד:י וַיֹּאמֶר
גַּם־עַתָּה כְדִבְרֵיכֶם כֶּן־הוּא אֲשֶׁר יִמָּצֵא אִתּוֹ יִהְיֶה־לִּי עָבֶד וְאַתֶּם
תִּהְיוּ נְקִיִּם א:מד:יא וַיְמַהֲרוּ וַיּוֹרִדוּ אִישׁ אֶת־אַמְתַּחְתּוֹ אָרְצָה
וַיִּפְתְּחוּ אִישׁ אַמְתַּחְתּוֹ א:מד:יב וַיְחַפֵּשׂ בַּגָּדוֹל הֵחֵל וּבַקָּטֹן כִּלָּה
וַיִּמָּצֵא הַגָּבִיעַ בְּאַמְתַּחַת בִּנְיָמִן א:מד:יג וַיִּקְרְעוּ שִׂמְלֹתָם וַיַּעֲמֹס
אִישׁ עַל־חֲמֹרוֹ וַיָּשֻׁבוּ הָעִירָה א:מד:יד וַיָּבֹא יְהוּדָה וְאֶחָיו בֵּיתָה יוֹסֵף
וְהוּא עוֹדֶנּוּ שָׁם וַיִּפְּלוּ לְפָנָיו אָרְצָה א:מד:טו וַיֹּאמֶר לָהֶם יוֹסֵף
מָה־הַמַּעֲשֶׂה הַזֶּה אֲשֶׁר עֲשִׂיתֶם הֲלוֹא יְדַעְתֶּם כִּי־נַחֵשׁ יְנַחֵשׁ
אִישׁ אֲשֶׁר כָּמֹנִי א:מד:טז וַיֹּאמֶר יְהוּדָה מַה־נֹּאמַר לַאדֹנִי מַה־נְּדַבֵּר
וּמַה־נִּצְטַדָּק הָאֱלֹהִים מָצָא אֶת־עֲוֹן עֲבָדֶיךָ הִנֶּנּוּ עֲבָדִים לַאדֹנִי
גַּם־אֲנַחְנוּ גַּם אֲשֶׁר־נִמְצָא הַגָּבִיעַ בְּיָדוֹ א:מד:יז וַיֹּאמֶר חָלִילָה לִּי
מֵעֲשׂוֹת זֹאת הָאִישׁ אֲשֶׁר נִמְצָא הַגָּבִיעַ בְּיָדוֹ הוּא יִהְיֶה־לִּי עָבֶד
וְאַתֶּם עֲלוּ לְשָׁלוֹם אֶל־אֲבִיכֶם א:מד:יח וַיִּגַּשׁ אֵלָיו יְהוּדָה וַיֹּאמֶר בִּי
אֲדֹנִי יְדַבֶּר־נָא עַבְדְּךָ דָבָר בְּאָזְנֵי אֲדֹנִי וְאַל־יִחַר אַפְּךָ בְּעַבְדֶּךָ כִּי
כָמוֹךָ כְּפַרְעֹה א:מד:יט אֲדֹנִי שָׁאַל אֶת־עֲבָדָיו לֵאמֹר הֲיֵשׁ־לָכֶם אָב
אוֹ־אָח א:מד:כ וַנֹּאמֶר אֶל־אֲדֹנִי יֶשׁ־לָנוּ אָב זָקֵן וְיֶלֶד זְקֻנִים קָטָן
וְאָחִיו מֵת וַיִּוָּתֵר הוּא לְבַדּוֹ לְאִמּוֹ וְאָבִיו אֲהֵבוֹ א:מד:כא וַתֹּאמֶר
אֶל־עֲבָדֶיךָ הוֹרִדֻהוּ אֵלָי וְאָשִׂימָה עֵינִי עָלָיו א:מד:כב וַנֹּאמֶר
אֶל־אֲדֹנִי לֹא־יוּכַל הַנַּעַר לַעֲזֹב אֶת־אָבִיו וְעָזַב אֶת־אָבִיו וָמֵת

א:מד:כג וַתֹּאמֶר֙ אֶל־עֲבָדֶיךָ אִם־לֹא יֵרֵד אֲחִיכֶם הַקָּטֹן אִתְּכֶם לֹא
תֹסִפוּן לִרְאוֹת פָּנָי א:מד:כד וַיְהִי֙ כִּי עָלִינוּ אֶל־עַבְדְּךָ אָבִי וַנַּגֶּד־לוֹ
אֵת דִּבְרֵי אֲדֹנִי א:מד:כה וַיֹּאמֶר אָבִינוּ שֻׁבוּ שִׁבְרוּ־לָנוּ מְעַט־אֹכֶל
א:מד:כו וַנֹּאמֶר לֹא נוּכַל לָרֶדֶת אִם־יֵשׁ אָחִינוּ הַקָּטֹן אִתָּנוּ וְיָרַדְנוּ
כִּי־לֹא נוּכַל לִרְאוֹת֙ פְּנֵי הָאִישׁ וְאָחִינוּ הַקָּטֹן אֵינֶנּוּ אִתָּנוּ
א:מד:כז וַיֹּאמֶר עַבְדְּךָ אָבִי אֵלֵינוּ אַתֶּם יְדַעְתֶּם כִּי שְׁנַיִם יָלְדָה־לִּי
אִשְׁתִּי א:מד:כח וַיֵּצֵא הָאֶחָד֙ מֵאִתִּי וָאֹמַר אַךְ טָרֹף טֹרָף וְלֹא
רְאִיתִיו עַד־הֵנָּה א:מד:כט וּלְקַחְתֶּם גַּם־אֶת־זֶה מֵעִם פָּנַי וְקָרָהוּ
אָסוֹן וְהוֹרַדְתֶּם אֶת־שֵׂיבָתִי בְּרָעָה שְׁאֹלָה א:מד:ל וְעַתָּה כְּבֹאִי֙
אֶל־עַבְדְּךָ אָבִי וְהַנַּעַר אֵינֶנּוּ אִתָּנוּ וְנַפְשׁוֹ קְשׁוּרָה בְנַפְשׁוֹ
א:מד:לא וְהָיָה כִּרְאוֹתוֹ כִּי־אֵין הַנַּעַר וָמֵת וְהוֹרִידוּ עֲבָדֶיךָ אֶת־שֵׂיבַת
עַבְדְּךָ אָבִינוּ בְּיָגוֹן שְׁאֹלָה א:מד:לב כִּי עַבְדְּךָ֙ עָרַב אֶת־הַנַּעַר מֵעִם
אָבִי לֵאמֹר אִם־לֹא אֲבִיאֶנּוּ אֵלֶיךָ וְחָטָאתִי לְאָבִי כָּל־הַיָּמִים
א:מד:לג וְעַתָּה יֵשֶׁב־נָא עַבְדְּךָ֙ תַּחַת הַנַּעַר עֶבֶד לַאדֹנִי וְהַנַּעַר יַעַל
עִם־אֶחָיו א:מד:לד כִּי־אֵיךְ֙ אֶעֱלֶה אֶל־אָבִי וְהַנַּעַר אֵינֶנּוּ אִתִּי פֶּן
אֶרְאֶה בָרָע אֲשֶׁר יִמְצָא אֶת־אָבִי א:מה:א וְלֹא־יָכֹל יוֹסֵף לְהִתְאַפֵּק
לְכֹל הַנִּצָּבִים֙ עָלָיו וַיִּקְרָא הוֹצִיאוּ כָל־אִישׁ מֵעָלָי וְלֹא־עָמַד אִישׁ֙
אִתּוֹ בְּהִתְוַדַּע יוֹסֵף אֶל־אֶחָיו א:מה:ב וַיִּתֵּן אֶת־קֹלוֹ בִּבְכִי וַיִּשְׁמְעוּ
מִצְרַיִם וַיִּשְׁמַע בֵּית פַּרְעֹה א:מה:ג וַיֹּאמֶר יוֹסֵף אֶל־אֶחָיו֙ אֲנִי יוֹסֵף
הַעוֹד אָבִי חָי וְלֹא־יָכְלוּ אֶחָיו֙ לַעֲנוֹת אֹתוֹ כִּי נִבְהֲלוּ מִפָּנָיו
א:מה:ד וַיֹּאמֶר יוֹסֵף אֶל־אֶחָיו גְּשׁוּ־נָא אֵלַי וַיִּגָּשׁוּ וַיֹּאמֶר אֲנִי֙ יוֹסֵף
אֲחִיכֶם אֲשֶׁר־מְכַרְתֶּם אֹתִי מִצְרָיְמָה א:מה:ה וְעַתָּה | אַל־תֵּעָצְבוּ
וְאַל־יִחַר֙ בְּעֵינֵיכֶם כִּי־מְכַרְתֶּם אֹתִי הֵנָּה כִּי לְמִחְיָה שְׁלָחַנִי
אֱלֹהִים לִפְנֵיכֶם א:מה:ו כִּי־זֶה שְׁנָתַיִם הָרָעָב בְּקֶרֶב הָאָרֶץ וְעוֹד֙
חָמֵשׁ שָׁנִים אֲשֶׁר אֵין־חָרִישׁ וְקָצִיר א:מה:ז וַיִּשְׁלָחֵנִי אֱלֹהִים֙
לִפְנֵיכֶם לָשׂוּם לָכֶם שְׁאֵרִית בָּאָרֶץ וּלְהַחֲיוֹת לָכֶם לִפְלֵיטָה גְּדֹלָה
א:מה:ח וְעַתָּה לֹא־אַתֶּם שְׁלַחְתֶּם אֹתִי֙ הֵנָּה כִּי הָאֱלֹהִים וַיְשִׂימֵנִי
לְאָב לְפַרְעֹה וּלְאָדוֹן לְכָל־בֵּיתוֹ וּמֹשֵׁל בְּכָל־אֶרֶץ מִצְרָיִם

א:מה:ט מַהֲרוּ֮ וַעֲל֣וּ אֶל־אָבִי֒ וַאֲמַרְתֶּ֣ם אֵלָ֗יו כֹּ֤ה אָמַר֙ בִּנְךָ֣ יוֹסֵ֔ף
שָׂמַ֧נִי אֱלֹהִ֛ים לְאָד֖וֹן לְכָל־מִצְרָ֑יִם רְדָ֥ה אֵלַ֖י אַֽל־תַּעֲמֹֽד
א:מה:י וְיָשַׁבְתָּ֣ בְאֶֽרֶץ־גֹּ֗שֶׁן וְהָיִ֤יתָ קָרוֹב֙ אֵלַ֔י אַתָּ֕ה וּבָנֶ֖יךָ וּבְנֵ֣י בָנֶ֑יךָ
וְצֹאנְךָ֥ וּבְקָרְךָ֖ וְכָל־אֲשֶׁר־לָֽךְ א:מה:יא וְכִלְכַּלְתִּ֤י אֹֽתְךָ֙ שָׁ֔ם כִּי־ע֛וֹד
חָמֵ֥שׁ שָׁנִ֖ים רָעָ֑ב פֶּן־תִּוָּרֵ֛שׁ אַתָּ֥ה וּבֵֽיתְךָ֖ וְכָל־אֲשֶׁר־לָֽךְ
א:מה:יב וְהִנֵּ֤ה עֵֽינֵיכֶם֙ רֹא֔וֹת וְעֵינֵ֖י אָחִ֣י בִנְיָמִ֑ין כִּי־פִ֖י הַֽמְדַבֵּ֥ר
אֲלֵיכֶֽם א:מה:יג וְהִגַּדְתֶּ֣ם לְאָבִ֗י אֶת־כָּל־כְּבוֹדִי֙ בְּמִצְרַ֔יִם וְאֵ֖ת
כָּל־אֲשֶׁ֣ר רְאִיתֶ֑ם וּמִהַרְתֶּ֛ם וְהוֹרַדְתֶּ֥ם אֶת־אָבִ֖י הֵֽנָּה א:מה:יד וַיִּפֹּ֛ל
עַל־צַוְּארֵ֥י בִנְיָמִן־אָחִ֖יו וַיֵּ֑בְךְּ וּבִ֨נְיָמִ֔ן בָּכָ֖ה עַל־צַוָּארָֽיו א:מה:טו וַיְנַשֵּׁ֥ק
לְכָל־אֶחָ֖יו וַיֵּ֣בְךְּ עֲלֵיהֶ֑ם וְאַחֲרֵ֣י כֵּ֔ן דִּבְּר֥וּ אֶחָ֖יו אִתּֽוֹ א:מה:טז וְהַקֹּ֣ל
נִשְׁמַ֗ע בֵּ֤ית פַּרְעֹה֙ לֵאמֹ֔ר בָּ֖אוּ אֲחֵ֣י יוֹסֵ֑ף וַיִּיטַב֙ בְּעֵינֵ֣י פַרְעֹ֔ה
וּבְעֵינֵ֖י עֲבָדָֽיו א:מה:יז וַיֹּ֤אמֶר פַּרְעֹה֙ אֶל־יוֹסֵ֔ף אֱמֹ֥ר אֶל־אַחֶ֖יךָ זֹ֣את
עֲשׂ֑וּ טַֽעֲנוּ֙ אֶת־בְּעִ֣ירְכֶ֔ם וּלְכוּ־בֹ֖אוּ אַ֥רְצָה כְּנָֽעַן א:מה:יח וּקְח֧וּ
אֶת־אֲבִיכֶ֛ם וְאֶת־בָּתֵּיכֶ֖ם וּבֹ֣אוּ אֵלָ֑י וְאֶתְּנָ֣ה לָכֶ֗ם אֶת־טוּב֙ אֶ֣רֶץ
מִצְרַ֔יִם וְאִכְל֖וּ אֶת־חֵ֥לֶב הָאָֽרֶץ א:מה:יט וְאַתָּ֥ה צֻוֵּ֖יתָה זֹ֣את עֲשׂ֑וּ
קְחוּ־לָכֶם֩ מֵאֶ֨רֶץ מִצְרַ֜יִם עֲגָל֗וֹת לְטַפְּכֶם֙ וְלִנְשֵׁיכֶ֔ם וּנְשָׂאתֶ֥ם
אֶת־אֲבִיכֶ֖ם וּבָאתֶֽם א:מה:כ וְעֵ֣ינְכֶ֔ם אַל־תָּחֹ֖ס עַל־כְּלֵיכֶ֑ם כִּי־ט֛וּב
כָּל־אֶ֥רֶץ מִצְרַ֖יִם לָכֶ֥ם הֽוּא א:מה:כא וַיַּעֲשׂוּ־כֵן֙ בְּנֵ֣י יִשְׂרָאֵ֔ל וַיִּתֵּ֨ן לָהֶ֥ם
יוֹסֵ֛ף עֲגָל֖וֹת עַל־פִּ֣י פַרְעֹ֑ה וַיִּתֵּ֥ן לָהֶ֛ם צֵדָ֖ה לַדָּֽרֶךְ א:מה:כב לְכֻלָּ֥ם
נָתַ֛ן לָאִ֖ישׁ חֲלִפ֣וֹת שְׂמָלֹ֑ת וּלְבִנְיָמִ֤ן נָתַן֙ שְׁלֹ֣שׁ מֵא֣וֹת כֶּ֔סֶף וְחָמֵ֖שׁ
חֲלִפֹ֥ת שְׂמָלֹֽת א:מה:כג וּלְאָבִ֞יו שָׁלַ֤ח כְּזֹאת֙ עֲשָׂרָ֣ה חֲמֹרִ֔ים נֹשְׂאִ֖ים
מִטּ֣וּב מִצְרָ֑יִם וְעֶ֣שֶׂר אֲתֹנֹ֡ת נֹ֠שְׂאֹת בָּ֣ר וָלֶ֧חֶם וּמָז֛וֹן לְאָבִ֖יו לַדָּֽרֶךְ
א:מה:כד וַיְשַׁלַּ֥ח אֶת־אֶחָ֖יו וַיֵּלֵ֑כוּ וַיֹּ֣אמֶר אֲלֵהֶ֔ם אַֽל־תִּרְגְּז֖וּ בַּדָּֽרֶךְ
א:מה:כה וַֽיַּעֲל֖וּ מִמִּצְרָ֑יִם וַיָּבֹ֙אוּ֙ אֶ֣רֶץ כְּנַ֔עַן אֶֽל־יַעֲקֹ֖ב אֲבִיהֶֽם
א:מה:כו וַיַּגִּ֨דוּ ל֜וֹ לֵאמֹ֗ר ע֚וֹד יוֹסֵ֣ף חַ֔י וְכִֽי־ה֥וּא מֹשֵׁ֖ל בְּכָל־אֶ֣רֶץ
מִצְרָ֑יִם וַיָּ֣פָג לִבּ֔וֹ כִּ֥י לֹא־הֶאֱמִ֖ין לָהֶֽם א:מה:כז וַיְדַבְּר֣וּ אֵלָ֗יו אֵ֣ת
כָּל־דִּבְרֵ֤י יוֹסֵף֙ אֲשֶׁ֣ר דִּבֶּ֣ר אֲלֵהֶ֔ם וַיַּרְא֙ אֶת־הָ֣עֲגָל֔וֹת אֲשֶׁר־שָׁלַ֥ח
יוֹסֵ֖ף לָשֵׂ֣את אֹת֑וֹ וַתְּחִ֕י ר֖וּחַ יַעֲקֹ֥ב אֲבִיהֶֽם א:מה:כח וַיֹּ֙אמֶר֙ יִשְׂרָאֵ֔ל

רַ֥ב עוֹד־יוֹסֵ֥ף בְּנִ֖י חָ֑י אֵֽלְכָ֥ה וְאֶרְאֶ֖נּוּ בְּטֶ֥רֶם אָמֽוּת א:מו:א וַיִּסַּ֤ע
יִשְׂרָאֵל֙ וְכָל־אֲשֶׁר־ל֔וֹ וַיָּבֹ֖א בְּאֵ֣רָה שָּׁ֑בַע וַיִּזְבַּ֣ח זְבָחִ֔ים לֵאלֹהֵ֖י אָבִ֥יו
יִצְחָֽק א:מו:ב וַיֹּ֨אמֶר אֱלֹהִ֤ים ׀ לְיִשְׂרָאֵל֙ בְּמַרְאֹ֣ת הַלַּ֔יְלָה וַיֹּ֖אמֶר
יַעֲקֹ֣ב ׀ יַעֲקֹ֑ב וַיֹּ֖אמֶר הִנֵּֽנִי א:מו:ג וַיֹּ֕אמֶר אָנֹכִ֥י הָאֵ֖ל אֱלֹהֵ֣י אָבִ֑יךָ
אַל־תִּירָא֙ מֵרְדָ֣ה מִצְרַ֔יְמָה כִּֽי־לְג֥וֹי גָּד֖וֹל אֲשִֽׂימְךָ֥ שָֽׁם א:מו:ד אָנֹכִ֗י
אֵרֵ֤ד עִמְּךָ֙ מִצְרַ֔יְמָה וְאָנֹכִ֖י אַֽעַלְךָ֣ גַם־עָלֹ֑ה וְיוֹסֵ֕ף יָשִׁ֥ית יָד֖וֹ
עַל־עֵינֶֽיךָ א:מו:ה וַיָּ֥קָם יַעֲקֹ֖ב מִבְּאֵ֣ר שָׁ֑בַע וַיִּשְׂא֨וּ בְנֵֽי־יִשְׂרָאֵ֜ל
אֶת־יַעֲקֹ֣ב אֲבִיהֶ֗ם וְאֶת־טַפָּם֙ וְאֶת־נְשֵׁיהֶ֔ם בָּעֲגָל֕וֹת אֲשֶׁר־שָׁלַ֥ח
פַּרְעֹ֖ה לָשֵׂ֥את אֹתֽוֹ א:מו:ו וַיִּקְח֣וּ אֶת־מִקְנֵיהֶ֗ם וְאֶת־רְכוּשָׁם֙ אֲשֶׁ֤ר
רָֽכְשׁוּ֙ בְּאֶ֣רֶץ כְּנַ֔עַן וַיָּבֹ֖אוּ מִצְרָ֑יְמָה יַעֲקֹ֖ב וְכָל־זַרְע֥וֹ אִתּֽוֹ א:מו:ז בָּנָ֞יו
וּבְנֵ֤י בָנָיו֙ אִתּ֔וֹ בְּנֹתָ֛יו וּבְנ֥וֹת בָּנָ֖יו וְכָל־זַרְע֑וֹ הֵבִ֥יא אִתּ֖וֹ מִצְרָֽיְמָה
א:מו:ח וְאֵ֨לֶּה שְׁמ֧וֹת בְּנֵֽי־יִשְׂרָאֵ֛ל הַבָּאִ֥ים מִצְרַ֖יְמָה יַעֲקֹ֣ב וּבָנָ֑יו בְּכֹ֥ר
יַעֲקֹ֖ב רְאוּבֵֽן א:מו:ט וּבְנֵ֖י רְאוּבֵ֑ן חֲנ֥וֹךְ וּפַלּ֖וּא וְחֶצְרֹ֥ן וְכַרְמִֽי
א:מו:י וּבְנֵ֣י שִׁמְע֗וֹן יְמוּאֵ֧ל וְיָמִ֛ין וְאֹ֖הַד וְיָכִ֣ין וְצֹ֑חַר וְשָׁא֖וּל
בֶּן־הַֽכְּנַעֲנִֽית א:מו:יא וּבְנֵ֖י לֵוִ֑י גֵּרְשׁ֕וֹן קְהָ֖ת וּמְרָרִֽי א:מו:יב וּבְנֵ֣י יְהוּדָ֗ה
עֵ֧ר וְאוֹנָ֛ן וְשֵׁלָ֖ה וָפֶ֣רֶץ וָזָ֑רַח וַיָּ֨מָת עֵ֤ר וְאוֹנָן֙ בְּאֶ֣רֶץ כְּנַ֔עַן וַיִּהְי֥וּ
בְנֵי־פֶ֖רֶץ חֶצְרֹ֥ן וְחָמֽוּל א:מו:יג וּבְנֵ֖י יִשָּׂשכָ֑ר תּוֹלָ֥ע וּפֻוָּ֖ה וְי֥וֹב וְשִׁמְרֹֽן
א:מו:יד וּבְנֵ֖י זְבֻל֑וּן סֶ֥רֶד וְאֵל֖וֹן וְיַחְלְאֵֽל א:מו:טו אֵ֣לֶּה ׀ בְּנֵ֣י לֵאָ֗ה אֲשֶׁ֨ר
יָלְדָ֤ה לְיַעֲקֹב֙ בְּפַדַּ֣ן אֲרָ֔ם וְאֵ֖ת דִּינָ֣ה בִתּ֑וֹ כָּל־נֶ֧פֶשׁ בָּנָ֛יו וּבְנוֹתָ֖יו
שְׁלֹשִׁ֥ים וְשָׁלֹֽשׁ א:מו:טז וּבְנֵ֣י גָ֔ד צִפְי֥וֹן וְחַגִּ֖י שׁוּנִ֣י וְאֶצְבֹּ֑ן עֵרִ֖י וַאֲרוֹדִ֥י
וְאַרְאֵלִֽי א:מו:יז וּבְנֵ֣י אָשֵׁ֗ר יִמְנָ֧ה וְיִשְׁוָ֛ה וְיִשְׁוִ֥י וּבְרִיעָ֖ה וְשֶׂ֣רַח אֲחֹתָ֑ם
וּבְנֵ֣י בְרִיעָ֔ה חֶ֖בֶר וּמַלְכִּיאֵֽל א:מו:יח אֵ֚לֶּה בְּנֵ֣י זִלְפָּ֔ה אֲשֶׁר־נָתַ֥ן לָבָ֖ן
לְלֵאָ֣ה בִתּ֑וֹ וַתֵּ֤לֶד אֶת־אֵ֙לֶּה֙ לְיַעֲקֹ֔ב שֵׁ֥שׁ עֶשְׂרֵ֖ה נָֽפֶשׁ א:מו:יט בְּנֵ֤י
רָחֵל֙ אֵ֣שֶׁת יַעֲקֹ֔ב יוֹסֵ֖ף וּבִנְיָמִֽן א:מו:כ וַיִּוָּלֵ֣ד לְיוֹסֵף֮ בְּאֶ֣רֶץ מִצְרַיִם֒
אֲשֶׁ֤ר יָֽלְדָה־לּוֹ֙ אָֽסְנַ֔ת בַּת־פּ֥וֹטִי פֶ֖רַע כֹּהֵ֣ן אֹ֑ן אֶת־מְנַשֶּׁ֖ה
וְאֶת־אֶפְרָֽיִם א:מו:כא וּבְנֵ֣י בִנְיָמִ֗ן בֶּ֤לַע וָבֶ֙כֶר֙ וְאַשְׁבֵּ֔ל גֵּרָ֖א וְנַעֲמָ֑ן אֵחִ֣י
וָרֹ֔אשׁ מֻפִּ֥ים וְחֻפִּ֖ים וָאָֽרְדְּ א:מו:כב אֵ֚לֶּה בְּנֵ֣י רָחֵ֔ל אֲשֶׁ֥ר יֻלַּ֖ד לְיַעֲקֹ֑ב
כָּל־נֶ֖פֶשׁ אַרְבָּעָ֥ה עָשָֽׂר א:מו:כג וּבְנֵי־דָ֖ן חֻשִֽׁים א:מו:כד וּבְנֵ֖י נַפְתָּלִ֑י

יַחְצְאֵ֥ל וְגוּנִ֖י וְיֵ֥צֶר וְשִׁלֵּֽם א:מו:כה אֵ֚לֶּה בְּנֵ֣י בִלְהָ֔ה אֲשֶׁר־נָתַ֥ן לָבָ֖ן
לְרָחֵ֣ל בִּתּ֑וֹ וַתֵּ֧לֶד אֶת־אֵ֛לֶּה לְיַעֲקֹ֖ב כָּל־נֶ֥פֶשׁ שִׁבְעָֽה
א:מו:כו כָּל־הַנֶּ֨פֶשׁ הַבָּאָ֤ה לְיַעֲקֹב֙ מִצְרַ֔יְמָה יֹצְאֵ֣י יְרֵכ֔וֹ מִלְּבַ֖ד נְשֵׁ֣י
בְנֵֽי־יַעֲקֹ֑ב כָּל־נֶ֖פֶשׁ שִׁשִּׁ֥ים וָשֵֽׁשׁ א:מו:כז וּבְנֵ֥י יוֹסֵ֛ף אֲשֶׁר־יֻלַּד־ל֥וֹ
בְמִצְרַ֖יִם נֶ֣פֶשׁ שְׁנָ֑יִם כָּל־הַנֶּ֧פֶשׁ לְבֵית־יַעֲקֹ֛ב הַבָּ֥אָה מִצְרַ֖יְמָה
שִׁבְעִֽים א:מו:כח וְאֶת־יְהוּדָ֞ה שָׁלַ֤ח לְפָנָיו֙ אֶל־יוֹסֵ֔ף לְהוֹרֹ֥ת לְפָנָ֖יו
גֹּ֑שְׁנָה וַיָּבֹ֖אוּ אַ֥רְצָה גֹּֽשֶׁן א:מו:כט וַיֶּאְסֹ֤ר יוֹסֵף֙ מֶרְכַּבְתּ֔וֹ וַיַּ֛עַל
לִקְרַֽאת־יִשְׂרָאֵ֥ל אָבִ֖יו גֹּ֑שְׁנָה וַיֵּרָ֣א אֵלָ֗יו וַיִּפֹּל֙ עַל־צַוָּארָ֔יו וַיֵּ֥בְךְּ
עַל־צַוָּארָ֖יו עֽוֹד א:מו:ל וַיֹּ֧אמֶר יִשְׂרָאֵ֛ל אֶל־יוֹסֵ֖ף אָמ֣וּתָה הַפָּ֑עַם
אַֽחֲרֵי֙ רְאוֹתִ֣י אֶת־פָּנֶ֔יךָ כִּ֥י עוֹדְךָ֖ חָֽי א:מו:לא וַיֹּ֨אמֶר יוֹסֵ֤ף אֶל־אֶחָיו֙
וְאֶל־בֵּ֣ית אָבִ֔יו אֶֽעֱלֶ֖ה וְאַגִּ֣ידָה לְפַרְעֹ֑ה וְאֹֽמְרָ֣ה אֵלָ֔יו אַחַ֧י וּבֵית־אָבִ֛י
אֲשֶׁ֥ר בְּאֶֽרֶץ־כְּנַ֖עַן בָּ֥אוּ אֵלָֽי א:מו:לב וְהָֽאֲנָשִׁים֙ רֹ֣עֵי צֹ֔אן כִּֽי־אַנְשֵׁ֥י
מִקְנֶ֖ה הָי֑וּ וְצֹאנָ֧ם וּבְקָרָ֛ם וְכָל־אֲשֶׁ֥ר לָהֶ֖ם הֵבִֽיאוּ א:מו:לג וְהָיָ֕ה
כִּֽי־יִקְרָ֥א לָכֶ֖ם פַּרְעֹ֑ה וְאָמַ֖ר מַה־מַּעֲשֵׂיכֶֽם א:מו:לד וַאֲמַרְתֶּ֗ם אַנְשֵׁ֨י
מִקְנֶ֜ה הָי֤וּ עֲבָדֶ֙יךָ֙ מִנְּעוּרֵ֣ינוּ וְעַד־עַ֔תָּה גַּם־אֲנַ֖חְנוּ גַּם־אֲבֹתֵ֑ינוּ
בַּעֲב֗וּר תֵּשְׁבוּ֙ בְּאֶ֣רֶץ גֹּ֔שֶׁן כִּֽי־תוֹעֲבַ֥ת מִצְרַ֖יִם כָּל־רֹ֥עֵה צֹֽאן
א:מז:א וַיָּבֹ֣א יוֹסֵף֮ וַיַּגֵּ֣ד לְפַרְעֹה֒ וַיֹּ֗אמֶר אָבִ֨י וְאַחַ֜י וְצֹאנָ֤ם וּבְקָרָם֙
וְכָל־אֲשֶׁ֣ר לָהֶ֔ם בָּ֖אוּ מֵאֶ֣רֶץ כְּנָ֑עַן וְהִנָּ֖ם בְּאֶ֥רֶץ גֹּֽשֶׁן א:מז:ב וּמִקְצֵ֣ה
אֶחָ֔יו לָקַ֖ח חֲמִשָּׁ֣ה אֲנָשִׁ֑ים וַיַּצִּגֵ֖ם לִפְנֵ֥י פַרְעֹֽה א:מז:ג וַיֹּ֧אמֶר פַּרְעֹ֛ה
אֶל־אֶחָ֖יו מַה־מַּעֲשֵׂיכֶ֑ם וַיֹּאמְר֣וּ אֶל־פַּרְעֹ֗ה רֹעֵ֥ה צֹאן֙ עֲבָדֶ֔יךָ
גַּם־אֲנַ֖חְנוּ גַּם־אֲבוֹתֵֽינוּ א:מז:ד וַיֹּאמְר֣וּ אֶל־פַּרְעֹ֗ה לָג֣וּר בָּאָרֶץ֮ בָּאנוּ֒
כִּי־אֵ֣ין מִרְעֶ֗ה לַצֹּאן֙ אֲשֶׁ֣ר לַעֲבָדֶ֔יךָ כִּֽי־כָבֵ֥ד הָרָעָ֖ב בְּאֶ֣רֶץ כְּנָ֑עַן
וְעַתָּ֛ה יֵֽשְׁבוּ־נָ֥א עֲבָדֶ֖יךָ בְּאֶ֥רֶץ גֹּֽשֶׁן א:מז:ה וַיֹּ֣אמֶר פַּרְעֹ֔ה אֶל־יוֹסֵ֖ף
לֵאמֹ֑ר אָבִ֥יךָ וְאַחֶ֖יךָ בָּ֥אוּ אֵלֶֽיךָ א:מז:ו אֶ֤רֶץ מִצְרַ֙יִם֙ לְפָנֶ֣יךָ הִ֔וא
בְּמֵיטַ֣ב הָאָ֔רֶץ הוֹשֵׁ֥ב אֶת־אָבִ֖יךָ וְאֶת־אַחֶ֑יךָ יֵשְׁבוּ֙ בְּאֶ֣רֶץ גֹּ֔שֶׁן
וְאִם־יָדַ֗עְתָּ וְיֶשׁ־בָּם֙ אַנְשֵׁי־חַ֔יִל וְשַׂמְתָּ֛ם שָׂרֵ֥י מִקְנֶ֖ה עַל־אֲשֶׁר־לִֽי
א:מז:ז וַיָּבֵ֤א יוֹסֵף֙ אֶת־יַעֲקֹ֣ב אָבִ֔יו וַיַּֽעֲמִדֵ֖הוּ לִפְנֵ֣י פַרְעֹ֑ה וַיְבָ֥רֶךְ
יַעֲקֹ֖ב אֶת־פַּרְעֹֽה א:מז:ח וַיֹּ֥אמֶר פַּרְעֹ֖ה אֶל־יַעֲקֹ֑ב כַּמָּ֕ה יְמֵ֖י שְׁנֵ֥י

חַיֶּֽיךָ א:מז:ט וַיֹּ֤אמֶר יַעֲקֹב֙ אֶל־פַּרְעֹ֔ה יְמֵי֙ שְׁנֵ֣י מְגוּרַ֔י שְׁלֹשִׁ֥ים וּמְאַ֖ת
שָׁנָ֑ה מְעַ֣ט וְרָעִ֗ים הָיוּ֙ יְמֵי֙ שְׁנֵ֣י חַיַּ֔י וְלֹ֣א הִשִּׂ֗יגוּ אֶת־יְמֵי֙ שְׁנֵ֣י חַיֵּ֣י
אֲבֹתַ֔י בִּימֵ֖י מְגוּרֵיהֶֽם א:מז:י וַיְבָ֥רֶךְ יַעֲקֹ֖ב אֶת־פַּרְעֹ֑ה וַיֵּצֵ֖א מִלִּפְנֵ֥י
פַרְעֹֽה א:מז:יא וַיּוֹשֵׁ֣ב יוֹסֵף֮ אֶת־אָבִ֣יו וְאֶת־אֶחָיו֒ וַיִּתֵּ֨ן לָהֶ֤ם אֲחֻזָּה֙
בְּאֶ֣רֶץ מִצְרַ֔יִם בְּמֵיטַ֥ב הָאָ֖רֶץ בְּאֶ֣רֶץ רַעְמְסֵ֑ס כַּאֲשֶׁ֖ר צִוָּ֥ה פַרְעֹֽה
א:מז:יב וַיְכַלְכֵּ֤ל יוֹסֵף֙ אֶת־אָבִ֣יו וְאֶת־אֶחָ֔יו וְאֵ֖ת כָּל־בֵּ֣ית אָבִ֑יו לֶ֖חֶם
לְפִ֥י הַטָּֽף א:מז:יג וְלֶ֤חֶם אֵין֙ בְּכָל־הָאָ֔רֶץ כִּֽי־כָבֵ֥ד הָרָעָ֖ב מְאֹ֑ד וַתֵּ֜לַהּ
אֶ֤רֶץ מִצְרַ֙יִם֙ וְאֶ֣רֶץ כְּנַ֔עַן מִפְּנֵ֖י הָרָעָֽב א:מז:יד וַיְלַקֵּ֣ט יוֹסֵ֗ף
אֶת־כָּל־הַכֶּ֙סֶף֙ הַנִּמְצָ֤א בְאֶֽרֶץ־מִצְרַ֙יִם֙ וּבְאֶ֣רֶץ כְּנַ֔עַן בַּשֶּׁ֖בֶר
אֲשֶׁר־הֵ֣ם שֹׁבְרִ֑ים וַיָּבֵ֥א יוֹסֵ֛ף אֶת־הַכֶּ֖סֶף בֵּ֥יתָה פַרְעֹֽה א:מז:טו וַיִּתֹּ֣ם
הַכֶּ֗סֶף מֵאֶ֣רֶץ מִצְרַיִם֮ וּמֵאֶ֣רֶץ כְּנַעַן֒ וַיָּבֹ֨אוּ כָל־מִצְרַ֜יִם אֶל־יוֹסֵ֤ף
לֵאמֹר֙ הָֽבָה־לָּ֣נוּ לֶ֔חֶם וְלָ֥מָּה נָמ֖וּת נֶגְדֶּ֑ךָ כִּ֥י אָפֵ֖ס כָּֽסֶף
א:מז:טז וַיֹּ֤אמֶר יוֹסֵף֙ הָב֣וּ מִקְנֵיכֶ֔ם וְאֶתְּנָ֥ה לָכֶ֖ם בְּמִקְנֵיכֶ֑ם אִם־אָפֵ֖ס
כָּֽסֶף א:מז:יז וַיָּבִ֣יאוּ אֶת־מִקְנֵיהֶם֮ אֶל־יוֹסֵף֒ וַיִּתֵּ֣ן לָהֶם֩ יוֹסֵ֨ף לֶ֜חֶם
בַּסּוּסִ֗ים וּבְמִקְנֵ֥ה הַצֹּ֛אן וּבְמִקְנֵ֥ה הַבָּקָ֖ר וּבַחֲמֹרִ֑ים וַיְנַהֲלֵ֤ם
בַּלֶּ֙חֶם֙ בְּכָל־מִקְנֵהֶ֔ם בַּשָּׁנָ֖ה הַהִֽוא א:מז:יח וַתִּתֹּם֮ הַשָּׁנָ֣ה הַהִוא֒
וַיָּבֹ֨אוּ אֵלָ֜יו בַּשָּׁנָ֣ה הַשֵּׁנִ֗ית וַיֹּ֤אמְרוּ לוֹ֙ לֹֽא־נְכַחֵ֣ד מֵֽאֲדֹנִ֔י כִּ֚י אִם־תַּ֣ם
הַכֶּ֔סֶף וּמִקְנֵ֥ה הַבְּהֵמָ֖ה אֶל־אֲדֹנִ֑י לֹ֤א נִשְׁאַר֙ לִפְנֵ֣י אֲדֹנִ֔י בִּלְתִּ֥י
אִם־גְּוִיָּתֵ֖נוּ וְאַדְמָתֵֽנוּ א:מז:יט לָ֧מָּה נָמ֣וּת לְעֵינֶ֗יךָ גַּם־אֲנַ֙חְנוּ֙ גַּ֣ם
אַדְמָתֵ֔נוּ קְנֵֽה־אֹתָ֥נוּ וְאֶת־אַדְמָתֵ֖נוּ בַּלָּ֑חֶם וְנִֽהְיֶ֞ה אֲנַ֤חְנוּ וְאַדְמָתֵ֙נוּ֙
עֲבָדִ֣ים לְפַרְעֹ֔ה וְתֶן־זֶ֗רַע וְנִחְיֶה֙ וְלֹ֣א נָמ֔וּת וְהָאֲדָמָ֖ה לֹ֥א תֵשָֽׁם
א:מז:כ וַיִּ֨קֶן יוֹסֵ֜ף אֶת־כָּל־אַדְמַ֤ת מִצְרַ֙יִם֙ לְפַרְעֹ֔ה כִּֽי־מָכְר֤וּ מִצְרַ֙יִם֙
אִ֣ישׁ שָׂדֵ֔הוּ כִּֽי־חָזַ֥ק עֲלֵהֶ֖ם הָרָעָ֑ב וַתְּהִ֥י הָאָ֖רֶץ לְפַרְעֹֽה
א:מז:כא וְאֶ֨ת־הָעָ֔ם הֶעֱבִ֥יר אֹת֖וֹ לֶעָרִ֑ים מִקְצֵ֥ה גְבוּל־מִצְרַ֖יִם
וְעַד־קָצֵֽהוּ א:מז:כב רַ֛ק אַדְמַ֥ת הַכֹּהֲנִ֖ים לֹ֣א קָנָ֑ה כִּי֩ חֹ֨ק לַכֹּהֲנִ֜ים
מֵאֵ֣ת פַּרְעֹ֗ה וְאָֽכְל֤וּ אֶת־חֻקָּם֙ אֲשֶׁ֨ר נָתַ֤ן לָהֶם֙ פַּרְעֹ֔ה עַל־כֵּ֕ן לֹ֥א
מָכְר֖וּ אֶת־אַדְמָתָֽם א:מז:כג וַיֹּ֤אמֶר יוֹסֵף֙ אֶל־הָעָ֔ם הֵן֩ קָנִ֨יתִי אֶתְכֶ֥ם
הַיּ֛וֹם וְאֶת־אַדְמַתְכֶ֖ם לְפַרְעֹ֑ה הֵֽא־לָכֶ֣ם זֶ֔רַע וּזְרַעְתֶּ֖ם

אֶת־הָאֲדָמָה א:מז:כד וְהָיָה֙ בַּתְּבוּאֹ֔ת וּנְתַתֶּ֥ם חֲמִישִׁ֖ית לְפַרְעֹ֑ה
וְאַרְבַּ֣ע הַיָּדֹ֗ת יִהְיֶ֨ה לָכֶ֜ם לְזֶ֧רַע הַשָּׂדֶ֛ה וּלְאָכְלְכֶ֥ם וְלַאֲשֶׁ֖ר בְּבָתֵּיכֶ֑ם
וְלֶאֱכֹ֥ל לְטַפְּכֶֽם א:מז:כה וַיֹּאמְר֖וּ הֶחֱיִתָ֑נוּ נִמְצָא־חֵן֙ בְּעֵינֵ֣י אֲדֹנִ֔י
וְהָיִ֥ינוּ עֲבָדִ֖ים לְפַרְעֹֽה א:מז:כו וַיָּ֣שֶׂם אֹתָהּ֩ יוֹסֵ֨ף לְחֹ֜ק עַד־הַיּ֨וֹם הַזֶּ֜ה
עַל־אַדְמַ֥ת מִצְרַ֛יִם לְפַרְעֹ֖ה לַחֹ֑מֶשׁ רַ֞ק אַדְמַ֤ת הַכֹּהֲנִים֙ לְבַדָּ֔ם לֹ֥א
הָיְתָ֖ה לְפַרְעֹֽה א:מז:כז וַיֵּ֧שֶׁב יִשְׂרָאֵ֛ל בְּאֶ֥רֶץ מִצְרַ֖יִם בְּאֶ֣רֶץ גֹּ֑שֶׁן
וַיֵּאָחֲז֣וּ בָ֔הּ וַיִּפְר֥וּ וַיִּרְבּ֖וּ מְאֹֽד א:מז:כח וַיְחִ֤י יַעֲקֹב֙ בְּאֶ֣רֶץ מִצְרַ֔יִם שְׁבַ֥ע
עֶשְׂרֵ֖ה שָׁנָ֑ה וַיְהִ֤י יְמֵֽי־יַעֲקֹב֙ שְׁנֵ֣י חַיָּ֔יו שֶׁ֣בַע שָׁנִ֔ים וְאַרְבָּעִ֖ים וּמְאַ֥ת
שָׁנָֽה א:מז:כט וַיִּקְרְב֣וּ יְמֵֽי־יִשְׂרָאֵל֮ לָמוּת֒ וַיִּקְרָ֣א ׀ לִבְנ֣וֹ לְיוֹסֵ֗ף וַיֹּ֤אמֶר
ל֔וֹ אִם־נָ֨א מָצָ֤אתִי חֵן֙ בְּעֵינֶ֔יךָ שִֽׂים־נָ֥א יָדְךָ֖ תַּ֣חַת יְרֵכִ֑י וְעָשִׂ֤יתָ
עִמָּדִי֙ חֶ֣סֶד וֶאֱמֶ֔ת אַל־נָ֥א תִקְבְּרֵ֖נִי בְּמִצְרָֽיִם א:מז:ל וְשָֽׁכַבְתִּי֙
עִם־אֲבֹתַ֔י וּנְשָׂאתַ֨נִי֙ מִמִּצְרַ֔יִם וּקְבַרְתַּ֖נִי בִּקְבֻרָתָ֑ם וַיֹּאמַ֕ר אָנֹכִ֖י
אֶעֱשֶׂ֥ה כִדְבָרֶֽךָ א:מז:לא וַיֹּ֗אמֶר הִשָּֽׁבְעָה֙ לִ֔י וַיִּשָּׁבַ֖ע ל֑וֹ וַיִּשְׁתַּ֥חוּ
יִשְׂרָאֵ֖ל עַל־רֹ֥אשׁ הַמִּטָּֽה א:מח:א וַיְהִ֗י אַחֲרֵי֙ הַדְּבָרִ֣ים הָאֵ֔לֶּה וַיֹּ֣אמֶר
לְיוֹסֵ֔ף הִנֵּ֥ה אָבִ֖יךָ חֹלֶ֑ה וַיִּקַּ֞ח אֶת־שְׁנֵ֤י בָנָיו֙ עִמּ֔וֹ אֶת־מְנַשֶּׁ֖ה
וְאֶת־אֶפְרָֽיִם א:מח:ב וַיַּגֵּ֣ד לְיַעֲקֹ֔ב וַיֹּ֕אמֶר הִנֵּ֛ה בִּנְךָ֥ יוֹסֵ֖ף בָּ֣א אֵלֶ֑יךָ
וַיִּתְחַזֵּק֙ יִשְׂרָאֵ֔ל וַיֵּ֖שֶׁב עַל־הַמִּטָּֽה א:מח:ג וַיֹּ֤אמֶר יַעֲקֹב֙ אֶל־יוֹסֵ֔ף אֵ֥ל
שַׁדַּ֛י נִרְאָֽה־אֵלַ֥י בְּל֖וּז בְּאֶ֣רֶץ כְּנָ֑עַן וַיְבָ֖רֶךְ אֹתִֽי א:מח:ד וַיֹּ֣אמֶר אֵלַ֗י
הִנְנִ֤י מַפְרְךָ֙ וְהִרְבִּיתִ֔ךָ וּנְתַתִּ֖יךָ לִקְהַ֣ל עַמִּ֑ים וְנָ֨תַתִּ֜י אֶת־הָאָ֧רֶץ
הַזֹּ֛את לְזַרְעֲךָ֥ אַחֲרֶ֖יךָ אֲחֻזַּ֥ת עוֹלָֽם א:מח:ה וְעַתָּ֡ה שְׁנֵֽי־בָנֶיךָ֩
הַנּוֹלָדִ֨ים לְךָ֜ בְּאֶ֣רֶץ מִצְרַ֗יִם עַד־בֹּאִ֥י אֵלֶ֛יךָ מִצְרַ֖יְמָה לִי־הֵ֑ם אֶפְרַ֨יִם֙
וּמְנַשֶּׁ֔ה כִּרְאוּבֵ֥ן וְשִׁמְע֖וֹן יִֽהְיוּ־לִֽי א:מח:ו וּמוֹלַדְתְּךָ֛ אֲשֶׁר־הוֹלַ֥דְתָּ
אַחֲרֵיהֶ֖ם לְךָ֣ יִהְי֑וּ עַ֣ל שֵׁ֧ם אֲחֵיהֶ֛ם יִקָּרְא֖וּ בְּנַחֲלָתָֽם א:מח:ז וַאֲנִ֣י ׀
בְּבֹאִ֣י מִפַּדָּ֗ן מֵ֩תָה֩ עָלַ֨י רָחֵ֜ל בְּאֶ֤רֶץ כְּנַ֨עַן֙ בַּדֶּ֔רֶךְ בְּע֥וֹד כִּבְרַת־אֶ֖רֶץ
לָבֹ֣א אֶפְרָ֑תָה וָאֶקְבְּרֶ֤הָ שָּׁם֙ בְּדֶ֣רֶךְ אֶפְרָ֔ת הִ֖וא בֵּ֥ית לָֽחֶם
א:מח:ח וַיַּ֥רְא יִשְׂרָאֵ֖ל אֶת־בְּנֵ֣י יוֹסֵ֑ף וַיֹּ֖אמֶר מִי־אֵֽלֶּה א:מח:ט וַיֹּ֤אמֶר
יוֹסֵף֙ אֶל־אָבִ֔יו בָּנַ֣י הֵ֔ם אֲשֶׁר־נָֽתַן־לִ֥י אֱלֹהִ֖ים בָּזֶ֑ה וַיֹּאמַ֕ר קָֽחֶם־נָ֥א
אֵלַ֖י וַאֲבָרְכֵֽם א:מח:י וְעֵינֵ֤י יִשְׂרָאֵל֙ כָּבְד֣וּ מִזֹּ֔קֶן לֹ֥א יוּכַ֖ל לִרְא֑וֹת וַיַּגֵּ֤שׁ

אֹתָם אֵלָיו וַיִּשַּׁק לָהֶם וַיְחַבֵּק לָהֶם א:מח:יא וַיֹּאמֶר יִשְׂרָאֵל אֶל־יוֹסֵף
רְאֹה פָנֶיךָ לֹא פִלָּלְתִּי וְהִנֵּה הֶרְאָה אֹתִי אֱלֹהִים גַּם אֶת־זַרְעֶךָ
א:מח:יב וַיּוֹצֵא יוֹסֵף אֹתָם מֵעִם בִּרְכָּיו וַיִּשְׁתַּחוּ לְאַפָּיו אָרְצָה
א:מח:יג וַיִּקַּח יוֹסֵף אֶת־שְׁנֵיהֶם אֶת־אֶפְרַיִם בִּימִינוֹ מִשְּׂמֹאל יִשְׂרָאֵל
וְאֶת־מְנַשֶּׁה בִשְׂמֹאלוֹ מִימִין יִשְׂרָאֵל וַיַּגֵּשׁ אֵלָיו א:מח:יד וַיִּשְׁלַח
יִשְׂרָאֵל אֶת־יְמִינוֹ וַיָּשֶׁת עַל־רֹאשׁ אֶפְרַיִם וְהוּא הַצָּעִיר
וְאֶת־שְׂמֹאלוֹ עַל־רֹאשׁ מְנַשֶּׁה שִׂכֵּל אֶת־יָדָיו כִּי מְנַשֶּׁה הַבְּכוֹר
א:מח:יה וַיְבָרֶךְ אֶת־יוֹסֵף וַיֹּאמַר הָאֱלֹהִים אֲשֶׁר הִתְהַלְּכוּ אֲבֹתַי
לְפָנָיו אַבְרָהָם וְיִצְחָק הָאֱלֹהִים הָרֹעֶה אֹתִי מֵעוֹדִי עַד־הַיּוֹם הַזֶּה
א:מח:יו הַמַּלְאָךְ הַגֹּאֵל אֹתִי מִכָּל־רָע יְבָרֵךְ אֶת־הַנְּעָרִים וְיִקָּרֵא
בָהֶם שְׁמִי וְשֵׁם אֲבֹתַי אַבְרָהָם וְיִצְחָק וְיִדְגּוּ לָרֹב בְּקֶרֶב הָאָרֶץ
א:מח:יז וַיַּרְא יוֹסֵף כִּי־יָשִׁית אָבִיו יַד־יְמִינוֹ עַל־רֹאשׁ אֶפְרַיִם וַיֵּרַע
בְּעֵינָיו וַיִּתְמֹךְ יַד־אָבִיו לְהָסִיר אֹתָהּ מֵעַל רֹאשׁ־אֶפְרַיִם עַל־רֹאשׁ
מְנַשֶּׁה א:מח:יח וַיֹּאמֶר יוֹסֵף אֶל־אָבִיו לֹא־כֵן אָבִי כִּי־זֶה הַבְּכֹר שִׂים
יְמִינְךָ עַל־רֹאשׁוֹ א:מח:יט וַיְמָאֵן אָבִיו וַיֹּאמֶר יָדַעְתִּי בְנִי יָדַעְתִּי
גַּם־הוּא יִהְיֶה־לְּעָם וְגַם־הוּא יִגְדָּל וְאוּלָם אָחִיו הַקָּטֹן יִגְדַּל מִמֶּנּוּ
וְזַרְעוֹ יִהְיֶה מְלֹא־הַגּוֹיִם א:מח:כ וַיְבָרְכֵם בַּיּוֹם הַהוּא לֵאמוֹר בְּךָ
יְבָרֵךְ יִשְׂרָאֵל לֵאמֹר יְשִׂמְךָ אֱלֹהִים כְּאֶפְרַיִם וְכִמְנַשֶּׁה וַיָּשֶׂם
אֶת־אֶפְרַיִם לִפְנֵי מְנַשֶּׁה א:מח:כא וַיֹּאמֶר יִשְׂרָאֵל אֶל־יוֹסֵף הִנֵּה
אָנֹכִי מֵת וְהָיָה אֱלֹהִים עִמָּכֶם וְהֵשִׁיב אֶתְכֶם אֶל־אֶרֶץ אֲבֹתֵיכֶם
א:מח:כב וַאֲנִי נָתַתִּי לְךָ שְׁכֶם אַחַד עַל־אַחֶיךָ אֲשֶׁר לָקַחְתִּי מִיַּד
הָאֱמֹרִי בְּחַרְבִּי וּבְקַשְׁתִּי א:מט:א וַיִּקְרָא יַעֲקֹב אֶל־בָּנָיו וַיֹּאמֶר
הֵאָסְפוּ וְאַגִּידָה לָכֶם אֵת אֲשֶׁר־יִקְרָא אֶתְכֶם בְּאַחֲרִית הַיָּמִים
א:מט:ב הִקָּבְצוּ וְשִׁמְעוּ בְּנֵי יַעֲקֹב וְשִׁמְעוּ אֶל־יִשְׂרָאֵל אֲבִיכֶם
א:מט:ג רְאוּבֵן בְּכֹרִי אַתָּה כֹּחִי וְרֵאשִׁית אוֹנִי יֶתֶר שְׂאֵת וְיֶתֶר עָז
א:מט:ד פַּחַז כַּמַּיִם אַל־תּוֹתַר כִּי עָלִיתָ מִשְׁכְּבֵי אָבִיךָ אָז חִלַּלְתָּ
יְצוּעִי עָלָה א:מט:ה שִׁמְעוֹן וְלֵוִי אַחִים כְּלֵי חָמָס מְכֵרֹתֵיהֶם
א:מט:ו בְּסֹדָם אַל־תָּבֹא נַפְשִׁי בִּקְהָלָם אַל־תֵּחַד כְּבֹדִי כִּי בְאַפָּם

הָרְגוּ אִישׁ וּבִרְצֹנָם עִקְּרוּ־שׁוֹר א:מט:ז אָרוּר אַפָּם כִּי עָז וְעֶבְרָתָם
כִּי קָשָׁתָה אֲחַלְּקֵם בְּיַעֲקֹב וַאֲפִיצֵם בְּיִשְׂרָאֵל א:מט:ח יְהוּדָה אַתָּה
יוֹדוּךָ אַחֶיךָ יָדְךָ בְּעֹרֶף אֹיְבֶיךָ יִשְׁתַּחֲווּ לְךָ בְּנֵי אָבִיךָ א:מט:ט גּוּר
אַרְיֵה יְהוּדָה מִטֶּרֶף בְּנִי עָלִיתָ כָּרַע רָבַץ כְּאַרְיֵה וּכְלָבִיא מִי
יְקִימֶנּוּ א:מט:י לֹא־יָסוּר שֵׁבֶט מִיהוּדָה וּמְחֹקֵק מִבֵּין רַגְלָיו עַד
כִּי־יָבֹא שילה [שִׁילֹו] וְלוֹ יִקְּהַת עַמִּים א:מט:יא אֹסְרִי לַגֶּפֶן עירה
[עִירוֹ] וְלַשֹּׂרֵקָה בְּנִי אֲתֹנוֹ כִּבֵּס בַּיַּיִן לְבֻשׁוֹ וּבְדַם־עֲנָבִים סותה
[סוּתוֹ] א:מט:יב חַכְלִילִי עֵינַיִם מִיָּיִן וּלְבֶן־שִׁנַּיִם מֵחָלָב א:מט:יג זְבוּלֻן
לְחוֹף יַמִּים יִשְׁכֹּן וְהוּא לְחוֹף אֳנִיֹּת וְיַרְכָתוֹ עַל־צִידֹן
א:מט:יד יִשָּׂשכָר חֲמֹר גָּרֶם רֹבֵץ בֵּין הַמִּשְׁפְּתָיִם א:מט:טו וַיַּרְא מְנֻחָה
כִּי טוֹב וְאֶת־הָאָרֶץ כִּי נָעֵמָה וַיֵּט שִׁכְמוֹ לִסְבֹּל וַיְהִי לְמַס־עֹבֵד
א:מט:טז דָּן יָדִין עַמּוֹ כְּאַחַד שִׁבְטֵי יִשְׂרָאֵל א:מט:יז יְהִי־דָן נָחָשׁ
עֲלֵי־דֶרֶךְ שְׁפִיפֹן עֲלֵי־אֹרַח הַנֹּשֵׁךְ עִקְּבֵי־סוּס וַיִּפֹּל רֹכְבוֹ אָחוֹר
א:מט:יח לִישׁוּעָתְךָ קִוִּיתִי יְהוָה א:מט:יט גָּד גְּדוּד יְגוּדֶנּוּ וְהוּא יָגֻד עָקֵב
א:מט:כ מֵאָשֵׁר שְׁמֵנָה לַחְמוֹ וְהוּא יִתֵּן מַעֲדַנֵּי־מֶלֶךְ א:מט:כא נַפְתָּלִי
אַיָּלָה שְׁלֻחָה הַנֹּתֵן אִמְרֵי־שָׁפֶר א:מט:כב בֵּן פֹּרָת יוֹסֵף בֵּן פֹּרָת
עֲלֵי־עָיִן בָּנוֹת צָעֲדָה עֲלֵי־שׁוּר א:מט:כג וַיְמָרֲרֻהוּ וָרֹבּוּ וַיִּשְׂטְמֻהוּ
בַּעֲלֵי חִצִּים א:מט:כד וַתֵּשֶׁב בְּאֵיתָן קַשְׁתּוֹ וַיָּפֹזּוּ זְרֹעֵי יָדָיו מִידֵי אֲבִיר
יַעֲקֹב מִשָּׁם רֹעֶה אֶבֶן יִשְׂרָאֵל א:מט:כה מֵאֵל אָבִיךָ וְיַעְזְרֶךָּ וְאֵת שַׁדַּי
וִיבָרְכֶךָּ בִּרְכֹת שָׁמַיִם מֵעָל בִּרְכֹת תְּהוֹם רֹבֶצֶת תָּחַת בִּרְכֹת
שָׁדַיִם וָרָחַם א:מט:כו בִּרְכֹת אָבִיךָ גָּבְרוּ עַל־בִּרְכֹת הוֹרַי עַד־תַּאֲוַת
גִּבְעֹת עוֹלָם תִּהְיֶיןָ לְרֹאשׁ יוֹסֵף וּלְקָדְקֹד נְזִיר אֶחָיו א:מט:כז בִּנְיָמִין
זְאֵב יִטְרָף בַּבֹּקֶר יֹאכַל עַד וְלָעֶרֶב יְחַלֵּק שָׁלָל א:מט:כח כָּל־אֵלֶּה
שִׁבְטֵי יִשְׂרָאֵל שְׁנֵים עָשָׂר וְזֹאת אֲשֶׁר־דִּבֶּר לָהֶם אֲבִיהֶם וַיְבָרֶךְ
אוֹתָם אִישׁ אֲשֶׁר כְּבִרְכָתוֹ בֵּרַךְ אֹתָם א:מט:כט וַיְצַו אוֹתָם וַיֹּאמֶר
אֲלֵהֶם אֲנִי נֶאֱסָף אֶל־עַמִּי קִבְרוּ אֹתִי אֶל־אֲבֹתָי אֶל־הַמְּעָרָה
אֲשֶׁר בִּשְׂדֵה עֶפְרוֹן הַחִתִּי א:מט:ל בַּמְּעָרָה אֲשֶׁר בִּשְׂדֵה הַמַּכְפֵּלָה
אֲשֶׁר עַל־פְּנֵי־מַמְרֵא בְּאֶרֶץ כְּנָעַן אֲשֶׁר קָנָה אַבְרָהָם אֶת־הַשָּׂדֶה

מֵאֵת עֶפְרֹן הַחִתִּי לַאֲחֻזַּת־קָבֶר א:מט:לא שָׁמָּה קָבְרוּ אֶת־אַבְרָהָם
וְאֵת שָׂרָה אִשְׁתּוֹ שָׁמָּה קָבְרוּ אֶת־יִצְחָק וְאֵת רִבְקָה אִשְׁתּוֹ
וְשָׁמָּה קָבַרְתִּי אֶת־לֵאָה א:מט:לב מִקְנֵה הַשָּׂדֶה וְהַמְּעָרָה אֲשֶׁר־בּוֹ
מֵאֵת בְּנֵי־חֵת א:מט:לג וַיְכַל יַעֲקֹב לְצַוֺּת אֶת־בָּנָיו וַיֶּאֱסֹף רַגְלָיו
אֶל־הַמִּטָּה וַיִּגְוַע וַיֵּאָסֶף אֶל־עַמָּיו א:נ:א וַיִּפֹּל יוֹסֵף עַל־פְּנֵי אָבִיו
וַיֵּבְךְּ עָלָיו וַיִּשַּׁק־לוֹ א:נ:ב וַיְצַו יוֹסֵף אֶת־עֲבָדָיו אֶת־הָרֹפְאִים לַחֲנֹט
אֶת־אָבִיו וַיַּחַנְטוּ הָרֹפְאִים אֶת־יִשְׂרָאֵל א:נ:ג וַיִּמְלְאוּ־לוֹ אַרְבָּעִים
יוֹם כִּי כֵּן יִמְלְאוּ יְמֵי הַחֲנֻטִים וַיִּבְכּוּ אֹתוֹ מִצְרַיִם שִׁבְעִים יוֹם
א:נ:ד וַיַּעַבְרוּ יְמֵי בְכִיתוֹ וַיְדַבֵּר יוֹסֵף אֶל־בֵּית פַּרְעֹה לֵאמֹר אִם־נָא
מָצָאתִי חֵן בְּעֵינֵיכֶם דַּבְּרוּ־נָא בְּאָזְנֵי פַרְעֹה לֵאמֹר א:נ:ה אָבִי
הִשְׁבִּיעַנִי לֵאמֹר הִנֵּה אָנֹכִי מֵת בְּקִבְרִי אֲשֶׁר כָּרִיתִי לִי בְּאֶרֶץ
כְּנַעַן שָׁמָּה תִּקְבְּרֵנִי וְעַתָּה אֶעֱלֶה־נָּא וְאֶקְבְּרָה אֶת־אָבִי וְאָשׁוּבָה
א:נ:ו וַיֹּאמֶר פַּרְעֹה עֲלֵה וּקְבֹר אֶת־אָבִיךָ כַּאֲשֶׁר הִשְׁבִּיעֶךָ
א:נ:ז וַיַּעַל יוֹסֵף לִקְבֹּר אֶת־אָבִיו וַיַּעֲלוּ אִתּוֹ כָּל־עַבְדֵי פַרְעֹה זִקְנֵי
בֵיתוֹ וְכֹל זִקְנֵי אֶרֶץ־מִצְרָיִם א:נ:ח וְכֹל בֵּית יוֹסֵף וְאֶחָיו וּבֵית אָבִיו
רַק טַפָּם וְצֹאנָם וּבְקָרָם עָזְבוּ בְּאֶרֶץ גֹּשֶׁן א:נ:ט וַיַּעַל עִמּוֹ גַּם־רֶכֶב
גַּם־פָּרָשִׁים וַיְהִי הַמַּחֲנֶה כָּבֵד מְאֹד א:נ:י וַיָּבֹאוּ עַד־גֹּרֶן הָאָטָד
אֲשֶׁר בְּעֵבֶר הַיַּרְדֵּן וַיִּסְפְּדוּ־שָׁם מִסְפֵּד גָּדוֹל וְכָבֵד מְאֹד וַיַּעַשׂ
לְאָבִיו אֵבֶל שִׁבְעַת יָמִים א:נ:יא וַיַּרְא יוֹשֵׁב הָאָרֶץ הַכְּנַעֲנִי
אֶת־הָאֵבֶל בְּגֹרֶן הָאָטָד וַיֹּאמְרוּ אֵבֶל־כָּבֵד זֶה לְמִצְרָיִם עַל־כֵּן
קָרָא שְׁמָהּ אָבֵל מִצְרַיִם אֲשֶׁר בְּעֵבֶר הַיַּרְדֵּן א:נ:יב וַיַּעֲשׂוּ בָנָיו לוֹ כֵּן
כַּאֲשֶׁר צִוָּם א:נ:יג וַיִּשְׂאוּ אֹתוֹ בָנָיו אַרְצָה כְּנַעַן וַיִּקְבְּרוּ אֹתוֹ
בִּמְעָרַת שְׂדֵה הַמַּכְפֵּלָה אֲשֶׁר קָנָה אַבְרָהָם אֶת־הַשָּׂדֶה
לַאֲחֻזַּת־קֶבֶר מֵאֵת עֶפְרֹן הַחִתִּי עַל־פְּנֵי מַמְרֵא א:נ:יד וַיָּשָׁב יוֹסֵף
מִצְרַיְמָה הוּא וְאֶחָיו וְכָל־הָעֹלִים אִתּוֹ לִקְבֹּר אֶת־אָבִיו אַחֲרֵי
קָבְרוֹ אֶת־אָבִיו א:נ:טו וַיִּרְאוּ אֲחֵי־יוֹסֵף כִּי־מֵת אֲבִיהֶם וַיֹּאמְרוּ לוּ
יִשְׂטְמֵנוּ יוֹסֵף וְהָשֵׁב יָשִׁיב לָנוּ אֵת כָּל־הָרָעָה אֲשֶׁר גָּמַלְנוּ אֹתוֹ
א:נ:טז וַיְצַוּוּ אֶל־יוֹסֵף לֵאמֹר אָבִיךָ צִוָּה לִפְנֵי מוֹתוֹ לֵאמֹר

א:נ:יז כֹּה־תֹאמְר֣וּ לְיוֹסֵ֗ף אָ֣נָּ֡א שָׂ֣א נָ֠א פֶּ֣שַׁע אַחֶ֤יךָ וְחַטָּאתָם֙
כִּי־רָעָ֣ה גְמָל֔וּךָ וְעַתָּה֙ שָׂ֣א נָ֔א לְפֶ֥שַׁע עַבְדֵ֖י אֱלֹהֵ֣י אָבִ֑יךָ וַיֵּ֥בְךְּ יוֹסֵ֖ף
בְּדַבְּרָ֥ם אֵלָֽיו א:נ:יח וַיֵּלְכוּ֙ גַּם־אֶחָ֔יו וַֽיִּפְּל֖וּ לְפָנָ֑יו וַיֹּ֣אמְר֔וּ הִנֶּ֥נּֽוּ לְךָ֖
לַעֲבָדִֽים א:נ:יט וַיֹּ֧אמֶר אֲלֵהֶ֛ם יוֹסֵ֖ף אַל־תִּירָ֑אוּ כִּ֛י הֲתַ֥חַת אֱלֹהִ֖ים
אָֽנִי א:נ:כ וְאַתֶּ֕ם חֲשַׁבְתֶּ֥ם עָלַ֖י רָעָ֑ה אֱלֹהִים֙ חֲשָׁבָ֣הּ לְטֹבָ֔ה לְמַ֗עַן
עֲשֹׂ֛ה כַּיּ֥וֹם הַזֶּ֖ה לְהַחֲיֹ֥ת עַם־רָֽב א:נ:כא וְעַתָּה֙ אַל־תִּירָ֔אוּ אָנֹכִ֛י
אֲכַלְכֵּ֥ל אֶתְכֶ֖ם וְאֶֽת־טַפְּכֶ֑ם וַיְנַחֵ֣ם אוֹתָ֔ם וַיְדַבֵּ֖ר עַל־לִבָּֽם
א:נ:כב וַיֵּ֤שֶׁב יוֹסֵף֙ בְּמִצְרַ֔יִם ה֖וּא וּבֵ֣ית אָבִ֑יו וַיְחִ֣י יוֹסֵ֔ף מֵאָ֥ה וָעֶ֖שֶׂר
שָׁנִֽים א:נ:כג וַיַּ֤רְא יוֹסֵף֙ לְאֶפְרַ֔יִם בְּנֵ֖י שִׁלֵּשִׁ֑ים גַּ֗ם בְּנֵ֛י מָכִיר֙
בֶּן־מְנַשֶּׁ֔ה יֻלְּד֖וּ עַל־בִּרְכֵּ֥י יוֹסֵֽף א:נ:כד וַיֹּ֤אמֶר יוֹסֵף֙ אֶל־אֶחָ֔יו אָנֹכִ֖י
מֵ֑ת וֵֽאלֹהִ֞ים פָּקֹ֧ד יִפְקֹ֣ד אֶתְכֶ֗ם וְהֶעֱלָ֤ה אֶתְכֶם֙ מִן־הָאָ֣רֶץ הַזֹּ֔את
אֶל־הָאָ֕רֶץ אֲשֶׁ֥ר נִשְׁבַּ֛ע לְאַבְרָהָ֥ם לְיִצְחָ֖ק וּֽלְיַעֲקֹֽב א:נ:כה וַיַּשְׁבַּ֣ע
יוֹסֵ֔ף אֶת־בְּנֵ֥י יִשְׂרָאֵ֖ל לֵאמֹ֑ר פָּקֹ֨ד יִפְקֹ֤ד אֱלֹהִים֙ אֶתְכֶ֔ם וְהַעֲלִתֶ֥ם
אֶת־עַצְמֹתַ֖י מִזֶּֽה א:נ:כו וַיָּ֣מָת יוֹסֵ֔ף בֶּן־מֵאָ֥ה וָעֶ֖שֶׂר שָׁנִ֑ים וַיַּחַנְט֣וּ
אֹת֔וֹ וַיִּ֥ישֶׂם בָּאָר֖וֹן בְּמִצְרָֽיִם ב:א:א וְאֵ֗לֶּה שְׁמוֹת֙ בְּנֵ֣י יִשְׂרָאֵ֔ל הַבָּאִ֖ים
מִצְרָ֑יְמָה אֵ֣ת יַעֲקֹ֔ב אִ֥ישׁ וּבֵית֖וֹ בָּֽאוּ ב:א:ב רְאוּבֵ֣ן שִׁמְע֔וֹן לֵוִ֖י
וִיהוּדָֽה ב:א:ג יִשָּׂשכָ֥ר זְבוּלֻ֖ן וּבִנְיָמִֽן ב:א:ד דָּ֥ן וְנַפְתָּלִ֖י גָּ֥ד וְאָשֵֽׁר
ב:א:ה וַֽיְהִ֗י כָּל־נֶ֛פֶשׁ יֹצְאֵ֥י יֶֽרֶךְ־יַעֲקֹ֖ב שִׁבְעִ֣ים נָ֑פֶשׁ וְיוֹסֵ֖ף הָיָ֥ה
בְמִצְרָֽיִם ב:א:ו וַיָּ֤מָת יוֹסֵף֙ וְכָל־אֶחָ֔יו וְכֹ֖ל הַדּ֥וֹר הַהֽוּא ב:א:ז וּבְנֵ֣י
יִשְׂרָאֵ֗ל פָּר֧וּ וַֽיִּשְׁרְצ֛וּ וַיִּרְבּ֥וּ וַיַּֽעַצְמ֖וּ בִּמְאֹ֣ד מְאֹ֑ד וַתִּמָּלֵ֥א הָאָ֖רֶץ
אֹתָֽם ב:א:ח וַיָּ֥קָם מֶֽלֶךְ־חָדָ֖שׁ עַל־מִצְרָ֑יִם אֲשֶׁ֥ר לֹֽא־יָדַ֖ע אֶת־יוֹסֵֽף
ב:א:ט וַיֹּ֖אמֶר אֶל־עַמּ֑וֹ הִנֵּ֗ה עַ֚ם בְּנֵ֣י יִשְׂרָאֵ֔ל רַ֥ב וְעָצ֖וּם מִמֶּֽנּוּ
ב:א:י הָ֥בָה נִֽתְחַכְּמָ֖ה ל֑וֹ פֶּן־יִרְבֶּ֗ה וְהָיָ֞ה כִּֽי־תִקְרֶ֤אנָה מִלְחָמָה֙
וְנוֹסַ֥ף גַּם־הוּא֙ עַל־שֹׂ֣נְאֵ֔ינוּ וְנִלְחַם־בָּ֖נוּ וְעָלָ֥ה מִן־הָאָֽרֶץ
ב:א:יא וַיָּשִׂ֤ימוּ עָלָיו֙ שָׂרֵ֣י מִסִּ֔ים לְמַ֥עַן עַנֹּת֖וֹ בְּסִבְלֹתָ֑ם וַיִּ֜בֶן עָרֵ֤י
מִסְכְּנוֹת֙ לְפַרְעֹ֔ה אֶת־פִּתֹ֖ם וְאֶת־רַעַמְסֵֽס ב:א:יב וְכַאֲשֶׁר֙ יְעַנּ֣וּ אֹת֔וֹ
כֵּ֥ן יִרְבֶּ֖ה וְכֵ֣ן יִפְרֹ֑ץ וַיָּקֻ֕צוּ מִפְּנֵ֖י בְּנֵ֥י יִשְׂרָאֵֽל ב:א:יג וַיַּעֲבִ֧דוּ מִצְרַ֛יִם
אֶת־בְּנֵ֥י יִשְׂרָאֵ֖ל בְּפָֽרֶךְ ב:א:יד וַיְמָרְר֨וּ אֶת־חַיֵּיהֶ֜ם בַּעֲבֹדָ֣ה קָשָׁ֗ה

בְּחֹמֶר וּבִלְבֵנִים וּבְכָל־עֲבֹדָה בַּשָּׂדֶה אֵת כָּל־עֲבֹדָתָם אֲשֶׁר־עָבְדוּ
בָהֶם בְּפָרֶךְ ב:א:יה וַיֹּאמֶר מֶלֶךְ מִצְרַיִם לַמְיַלְּדֹת הָעִבְרִיֹּת אֲשֶׁר
שֵׁם הָאַחַת שִׁפְרָה וְשֵׁם הַשֵּׁנִית פּוּעָה ב:א:יו וַיֹּאמֶר בְּיַלֶּדְכֶן
אֶת־הָעִבְרִיּוֹת וּרְאִיתֶן עַל־הָאָבְנָיִם אִם־בֵּן הוּא וַהֲמִתֶּן אֹתוֹ
וְאִם־בַּת הִיא וָחָיָה ב:א:יז וַתִּירֶאןָ הַמְיַלְּדֹת אֶת־הָאֱלֹהִים וְלֹא עָשׂוּ
כַּאֲשֶׁר דִּבֶּר אֲלֵיהֶן מֶלֶךְ מִצְרָיִם וַתְּחַיֶּיןָ אֶת־הַיְלָדִים ב:א:יח וַיִּקְרָא
מֶלֶךְ־מִצְרַיִם לַמְיַלְּדֹת וַיֹּאמֶר לָהֶן מַדּוּעַ עֲשִׂיתֶן הַדָּבָר הַזֶּה
וַתְּחַיֶּיןָ אֶת־הַיְלָדִים ב:א:יט וַתֹּאמַרְןָ הַמְיַלְּדֹת אֶל־פַּרְעֹה כִּי לֹא
כַנָּשִׁים הַמִּצְרִיֹּת הָעִבְרִיֹּת כִּי־חָיוֹת הֵנָּה בְּטֶרֶם תָּבוֹא אֲלֵהֶן
הַמְיַלֶּדֶת וְיָלָדוּ ב:א:כ וַיֵּיטֶב אֱלֹהִים לַמְיַלְּדֹת וַיִּרֶב הָעָם וַיַּעַצְמוּ
מְאֹד ב:א:כא וַיְהִי כִּי־יָרְאוּ הַמְיַלְּדֹת אֶת־הָאֱלֹהִים וַיַּעַשׂ לָהֶם בָּתִּים
ב:א:כב וַיְצַו פַּרְעֹה לְכָל־עַמּוֹ לֵאמֹר כָּל־הַבֵּן הַיִּלּוֹד הַיְאֹרָה
תַּשְׁלִיכֻהוּ וְכָל־הַבַּת תְּחַיּוּן ב:ב:א וַיֵּלֶךְ אִישׁ מִבֵּית לֵוִי וַיִּקַּח
אֶת־בַּת־לֵוִי ב:ב:ב וַתַּהַר הָאִשָּׁה וַתֵּלֶד בֵּן וַתֵּרֶא אֹתוֹ כִּי־טוֹב הוּא
וַתִּצְפְּנֵהוּ שְׁלֹשָׁה יְרָחִים ב:ב:ג וְלֹא־יָכְלָה עוֹד הַצְּפִינוֹ וַתִּקַּח־לוֹ
תֵּבַת גֹּמֶא וַתַּחְמְרָה בַחֵמָר וּבַזָּפֶת וַתָּשֶׂם בָּהּ אֶת־הַיֶּלֶד וַתָּשֶׂם
בַּסּוּף עַל־שְׂפַת הַיְאֹר ב:ב:ד וַתֵּתַצַּב אֲחֹתוֹ מֵרָחֹק לְדֵעָה
מַה־יֵּעָשֶׂה לוֹ ב:ב:ה וַתֵּרֶד בַּת־פַּרְעֹה לִרְחֹץ עַל־הַיְאֹר וְנַעֲרֹתֶיהָ
הֹלְכֹת עַל־יַד הַיְאֹר וַתֵּרֶא אֶת־הַתֵּבָה בְּתוֹךְ הַסּוּף וַתִּשְׁלַח
אֶת־אֲמָתָהּ וַתִּקָּחֶהָ ב:ב:ו וַתִּפְתַּח וַתִּרְאֵהוּ אֶת־הַיֶּלֶד וְהִנֵּה־נַעַר
בֹּכֶה וַתַּחְמֹל עָלָיו וַתֹּאמֶר מִיַּלְדֵי הָעִבְרִים זֶה ב:ב:ז וַתֹּאמֶר אֲחֹתוֹ
אֶל־בַּת־פַּרְעֹה הַאֵלֵךְ וְקָרָאתִי לָךְ אִשָּׁה מֵינֶקֶת מִן הָעִבְרִיֹּת
וְתֵינִק לָךְ אֶת־הַיָּלֶד ב:ב:ח וַתֹּאמֶר־לָהּ בַּת־פַּרְעֹה לֵכִי וַתֵּלֶךְ
הָעַלְמָה וַתִּקְרָא אֶת־אֵם הַיָּלֶד ב:ב:ט וַתֹּאמֶר לָהּ בַּת־פַּרְעֹה
הֵילִיכִי אֶת־הַיֶּלֶד הַזֶּה וְהֵינִקִהוּ לִי וַאֲנִי אֶתֵּן אֶת־שְׂכָרֵךְ וַתִּקַּח
הָאִשָּׁה הַיֶּלֶד וַתְּנִיקֵהוּ ב:ב:י וַיִּגְדַּל הַיֶּלֶד וַתְּבִאֵהוּ לְבַת־פַּרְעֹה
וַיְהִי־לָהּ לְבֵן וַתִּקְרָא שְׁמוֹ מֹשֶׁה וַתֹּאמֶר כִּי מִן־הַמַּיִם מְשִׁיתִהוּ
ב:ב:יא וַיְהִי | בַּיָּמִים הָהֵם וַיִּגְדַּל מֹשֶׁה וַיֵּצֵא אֶל־אֶחָיו וַיַּרְא

בְּסִבְלֹתָם וַיַּרְא אִישׁ מִצְרִי מַכֶּה אִישׁ־עִבְרִי מֵאֶחָיו ב:ב:יב וַיִּפֶן כֹּה
וָכֹה וַיַּרְא כִּי אֵין אִישׁ וַיַּךְ אֶת־הַמִּצְרִי וַיִּטְמְנֵהוּ בַּחוֹל ב:ב:יג וַיֵּצֵא
בַּיּוֹם הַשֵּׁנִי וְהִנֵּה שְׁנֵי־אֲנָשִׁים עִבְרִים נִצִּים וַיֹּאמֶר לָרָשָׁע לָמָּה
תַכֶּה רֵעֶךָ ב:ב:יד וַיֹּאמֶר מִי שָׂמְךָ לְאִישׁ שַׂר וְשֹׁפֵט עָלֵינוּ הַלְהָרְגֵנִי
אַתָּה אֹמֵר כַּאֲשֶׁר הָרַגְתָּ אֶת־הַמִּצְרִי וַיִּירָא מֹשֶׁה וַיֹּאמַר אָכֵן
נוֹדַע הַדָּבָר ב:ב:טו וַיִּשְׁמַע פַּרְעֹה אֶת־הַדָּבָר הַזֶּה וַיְבַקֵּשׁ לַהֲרֹג
אֶת־מֹשֶׁה וַיִּבְרַח מֹשֶׁה מִפְּנֵי פַרְעֹה וַיֵּשֶׁב בְּאֶרֶץ־מִדְיָן וַיֵּשֶׁב
עַל־הַבְּאֵר ב:ב:טז וּלְכֹהֵן מִדְיָן שֶׁבַע בָּנוֹת וַתָּבֹאנָה וַתִּדְלֶנָה
וַתְּמַלֶּאנָה אֶת־הָרְהָטִים לְהַשְׁקוֹת צֹאן אֲבִיהֶן ב:ב:יז וַיָּבֹאוּ הָרֹעִים
וַיְגָרְשׁוּם וַיָּקָם מֹשֶׁה וַיּוֹשִׁעָן וַיַּשְׁקְ אֶת־צֹאנָם ב:ב:יח וַתָּבֹאנָה
אֶל־רְעוּאֵל אֲבִיהֶן וַיֹּאמֶר מַדּוּעַ מִהַרְתֶּן בֹּא הַיּוֹם ב:ב:יט וַתֹּאמַרְןָ
אִישׁ מִצְרִי הִצִּילָנוּ מִיַּד הָרֹעִים וְגַם־דָּלֹה דָלָה לָנוּ וַיַּשְׁקְ
אֶת־הַצֹּאן ב:ב:כ וַיֹּאמֶר אֶל־בְּנֹתָיו וְאַיּוֹ לָמָּה זֶּה עֲזַבְתֶּן אֶת־הָאִישׁ
קִרְאֶן לוֹ וְיֹאכַל לָחֶם ב:ב:כא וַיּוֹאֶל מֹשֶׁה לָשֶׁבֶת אֶת־הָאִישׁ וַיִּתֵּן
אֶת־צִפֹּרָה בִתּוֹ לְמֹשֶׁה ב:ב:כב וַתֵּלֶד בֵּן וַיִּקְרָא אֶת־שְׁמוֹ גֵּרְשֹׁם כִּי
אָמַר גֵּר הָיִיתִי בְּאֶרֶץ נָכְרִיָּה ב:ב:כג וַיְהִי בַיָּמִים הָרַבִּים הָהֵם וַיָּמָת
מֶלֶךְ מִצְרַיִם וַיֵּאָנְחוּ בְנֵי־יִשְׂרָאֵל מִן־הָעֲבֹדָה וַיִּזְעָקוּ וַתַּעַל שַׁוְעָתָם
אֶל־הָאֱלֹהִים מִן־הָעֲבֹדָה ב:ב:כד וַיִּשְׁמַע אֱלֹהִים אֶת־נַאֲקָתָם וַיִּזְכֹּר
אֱלֹהִים אֶת־בְּרִיתוֹ אֶת־אַבְרָהָם אֶת־יִצְחָק וְאֶת־יַעֲקֹב ב:ב:כה וַיַּרְא
אֱלֹהִים אֶת־בְּנֵי יִשְׂרָאֵל וַיֵּדַע אֱלֹהִים ב:ג:א וּמֹשֶׁה הָיָה רֹעֶה
אֶת־צֹאן יִתְרוֹ חֹתְנוֹ כֹּהֵן מִדְיָן וַיִּנְהַג אֶת־הַצֹּאן אַחַר הַמִּדְבָּר
וַיָּבֹא אֶל־הַר הָאֱלֹהִים חֹרֵבָה ב:ג:ב וַיֵּרָא מַלְאַךְ יְהוָה אֵלָיו
בְּלַבַּת־אֵשׁ מִתּוֹךְ הַסְּנֶה וַיַּרְא וְהִנֵּה הַסְּנֶה בֹּעֵר בָּאֵשׁ וְהַסְּנֶה
אֵינֶנּוּ אֻכָּל ב:ג:ג וַיֹּאמֶר מֹשֶׁה אָסֻרָה־נָּא וְאֶרְאֶה אֶת־הַמַּרְאֶה
הַגָּדֹל הַזֶּה מַדּוּעַ לֹא־יִבְעַר הַסְּנֶה ב:ג:ד וַיַּרְא יְהוָה כִּי סָר לִרְאוֹת
וַיִּקְרָא אֵלָיו אֱלֹהִים מִתּוֹךְ הַסְּנֶה וַיֹּאמֶר מֹשֶׁה מֹשֶׁה וַיֹּאמֶר הִנֵּנִי
ב:ג:ה וַיֹּאמֶר אַל־תִּקְרַב הֲלֹם שַׁל־נְעָלֶיךָ מֵעַל רַגְלֶיךָ כִּי הַמָּקוֹם
אֲשֶׁר אַתָּה עוֹמֵד עָלָיו אַדְמַת־קֹדֶשׁ הוּא ב:ג:ו וַיֹּאמֶר אָנֹכִי אֱלֹהֵי

אָבִיךָ אֱלֹהֵי אַבְרָהָם אֱלֹהֵי יִצְחָק וֵאלֹהֵי יַעֲקֹב וַיַּסְתֵּר מֹשֶׁה פָּנָיו
כִּי יָרֵא מֵהַבִּיט אֶל־הָאֱלֹהִים ב:ג:ז וַיֹּאמֶר יְהֹוָה רָאֹה רָאִיתִי
אֶת־עֳנִי עַמִּי אֲשֶׁר בְּמִצְרָיִם וְאֶת־צַעֲקָתָם שָׁמַעְתִּי מִפְּנֵי נֹגְשָׂיו כִּי
יָדַעְתִּי אֶת־מַכְאֹבָיו ב:ג:ח וָאֵרֵד לְהַצִּילוֹ | מִיַּד מִצְרַיִם וּלְהַעֲלֹתוֹ
מִן־הָאָרֶץ הַהִוא אֶל־אֶרֶץ טוֹבָה וּרְחָבָה אֶל־אֶרֶץ זָבַת חָלָב וּדְבָשׁ
אֶל־מְקוֹם הַכְּנַעֲנִי וְהַחִתִּי וְהָאֱמֹרִי וְהַפְּרִזִּי וְהַחִוִּי וְהַיְבוּסִי
ב:ג:ט וְעַתָּה הִנֵּה צַעֲקַת בְּנֵי־יִשְׂרָאֵל בָּאָה אֵלָי וְגַם־רָאִיתִי
אֶת־הַלַּחַץ אֲשֶׁר מִצְרַיִם לֹחֲצִים אֹתָם ב:ג:י וְעַתָּה לְכָה וְאֶשְׁלָחֲךָ
אֶל־פַּרְעֹה וְהוֹצֵא אֶת־עַמִּי בְנֵי־יִשְׂרָאֵל מִמִּצְרָיִם ב:ג:יא וַיֹּאמֶר
מֹשֶׁה אֶל־הָאֱלֹהִים מִי אָנֹכִי כִּי אֵלֵךְ אֶל־פַּרְעֹה וְכִי אוֹצִיא אֶת־בְּנֵי
יִשְׂרָאֵל מִמִּצְרָיִם ב:ג:יב וַיֹּאמֶר כִּי־אֶהְיֶה עִמָּךְ וְזֶה־לְּךָ הָאוֹת כִּי
אָנֹכִי שְׁלַחְתִּיךָ בְּהוֹצִיאֲךָ אֶת־הָעָם מִמִּצְרַיִם תַּעַבְדוּן
אֶת־הָאֱלֹהִים עַל הָהָר הַזֶּה ב:ג:יג וַיֹּאמֶר מֹשֶׁה אֶל־הָאֱלֹהִים הִנֵּה
אָנֹכִי בָא אֶל־בְּנֵי יִשְׂרָאֵל וְאָמַרְתִּי לָהֶם אֱלֹהֵי אֲבוֹתֵיכֶם שְׁלָחַנִי
אֲלֵיכֶם וְאָמְרוּ־לִי מַה־שְּׁמוֹ מָה אֹמַר אֲלֵהֶם ב:ג:יד וַיֹּאמֶר אֱלֹהִים
אֶל־מֹשֶׁה אֶהְיֶה אֲשֶׁר אֶהְיֶה וַיֹּאמֶר כֹּה תֹאמַר לִבְנֵי יִשְׂרָאֵל
אֶהְיֶה שְׁלָחַנִי אֲלֵיכֶם ב:ג:טו וַיֹּאמֶר עוֹד אֱלֹהִים אֶל־מֹשֶׁה
כֹּה־תֹאמַר אֶל־בְּנֵי יִשְׂרָאֵל יְהֹוָה אֱלֹהֵי אֲבֹתֵיכֶם אֱלֹהֵי אַבְרָהָם
אֱלֹהֵי יִצְחָק וֵאלֹהֵי יַעֲקֹב שְׁלָחַנִי אֲלֵיכֶם זֶה־שְּׁמִי לְעֹלָם וְזֶה זִכְרִי
לְדֹר דֹּר ב:ג:טז לֵךְ וְאָסַפְתָּ אֶת־זִקְנֵי יִשְׂרָאֵל וְאָמַרְתָּ אֲלֵהֶם יְהֹוָה
אֱלֹהֵי אֲבֹתֵיכֶם נִרְאָה אֵלַי אֱלֹהֵי אַבְרָהָם יִצְחָק וְיַעֲקֹב לֵאמֹר
פָּקֹד פָּקַדְתִּי אֶתְכֶם וְאֶת־הֶעָשׂוּי לָכֶם בְּמִצְרָיִם ב:ג:יז וָאֹמַר אַעֲלֶה
אֶתְכֶם מֵעֳנִי מִצְרַיִם אֶל־אֶרֶץ הַכְּנַעֲנִי וְהַחִתִּי וְהָאֱמֹרִי וְהַפְּרִזִּי
וְהַחִוִּי וְהַיְבוּסִי אֶל־אֶרֶץ זָבַת חָלָב וּדְבָשׁ ב:ג:יח וְשָׁמְעוּ לְקֹלֶךָ וּבָאתָ
אַתָּה וְזִקְנֵי יִשְׂרָאֵל אֶל־מֶלֶךְ מִצְרַיִם וַאֲמַרְתֶּם אֵלָיו יְהֹוָה אֱלֹהֵי
הָעִבְרִיִּים נִקְרָה עָלֵינוּ וְעַתָּה נֵלְכָה־נָּא דֶּרֶךְ שְׁלֹשֶׁת יָמִים בַּמִּדְבָּר
וְנִזְבְּחָה לַיהֹוָה אֱלֹהֵינוּ ב:ג:יט וַאֲנִי יָדַעְתִּי כִּי לֹא־יִתֵּן אֶתְכֶם מֶלֶךְ
מִצְרַיִם לַהֲלֹךְ וְלֹא בְּיָד חֲזָקָה ב:ג:כ וְשָׁלַחְתִּי אֶת־יָדִי וְהִכֵּיתִי

אֶת־מִצְרַ֔יִם בְּכֹל֙ נִפְלְאֹתַ֔י אֲשֶׁ֥ר אֶֽעֱשֶׂ֖ה בְּקִרְבּ֑וֹ וְאַחֲרֵי־כֵ֖ן יְשַׁלַּ֥ח
אֶתְכֶֽם ב:ג:כא וְנָתַתִּ֛י אֶת־חֵ֥ן הָֽעָם־הַזֶּ֖ה בְּעֵינֵ֣י מִצְרָ֑יִם וְהָיָה֙ כִּ֣י
תֵֽלֵכ֔וּן לֹ֥א תֵלְכ֖וּ רֵיקָֽם ב:ג:כב וְשָׁאֲלָ֨ה אִשָּׁ֤ה מִשְּׁכֶנְתָּהּ֙ וּמִגָּרַ֣ת
בֵּיתָ֔הּ כְּלֵי־כֶ֛סֶף וּכְלֵ֥י זָהָ֖ב וּשְׂמָלֹ֑ת וְשַׂמְתֶּ֗ם עַל־בְּנֵיכֶם֙
וְעַל־בְּנֹ֣תֵיכֶ֔ם וְנִצַּלְתֶּ֖ם אֶת־מִצְרָֽיִם ב:ד:א וַיַּ֤עַן מֹשֶׁה֙ וַיֹּ֔אמֶר וְהֵן֙
לֹא־יַאֲמִ֣ינוּ לִ֔י וְלֹ֥א יִשְׁמְע֖וּ בְּקֹלִ֑י כִּ֣י יֹֽאמְר֔וּ לֹֽא־נִרְאָ֥ה אֵלֶ֖יךָ יְהוָֽה
ב:ד:ב וַיֹּ֧אמֶר אֵלָ֛יו יְהוָ֖ה מזה [מַה־] [זֶּ֣ה] בְיָדֶ֑ךָ וַיֹּ֖אמֶר מַטֶּֽה
ב:ד:ג וַיֹּ֙אמֶר֙ הַשְׁלִיכֵ֣הוּ אַ֔רְצָה וַיַּשְׁלִיכֵ֥הוּ אַ֖רְצָה וַיְהִ֣י לְנָחָ֑שׁ וַיָּ֥נָס
מֹשֶׁ֖ה מִפָּנָֽיו ב:ד:ד וַיֹּ֤אמֶר יְהוָה֙ אֶל־מֹשֶׁ֔ה שְׁלַח֙ יָֽדְךָ֔ וֶאֱחֹ֖ז בִּזְנָב֑וֹ
וַיִּשְׁלַ֤ח יָדוֹ֙ וַיַּ֣חֲזֶק בּ֔וֹ וַיְהִ֥י לְמַטֶּ֖ה בְּכַפּֽוֹ ב:ד:ה לְמַ֣עַן יַאֲמִ֔ינוּ
כִּֽי־נִרְאָ֥ה אֵלֶ֛יךָ יְהוָ֖ה אֱלֹהֵ֣י אֲבֹתָ֑ם אֱלֹהֵ֧י אַבְרָהָ֛ם אֱלֹהֵ֥י יִצְחָ֖ק
וֵאלֹהֵ֥י יַעֲקֹֽב ב:ד:ו וַיֹּאמֶר֩ יְהוָ֨ה ל֜וֹ ע֗וֹד הָֽבֵא־נָ֤א יָֽדְךָ֙ בְּחֵיקֶ֔ךָ וַיָּבֵ֥א
יָד֖וֹ בְּחֵיק֑וֹ וַיּ֣וֹצִאָ֔הּ וְהִנֵּ֥ה יָד֖וֹ מְצֹרַ֥עַת כַּשָּֽׁלֶג ב:ד:ז וַיֹּ֗אמֶר הָשֵׁ֤ב יָֽדְךָ֙
אֶל־חֵיקֶ֔ךָ וַיָּ֥שֶׁב יָד֖וֹ אֶל־חֵיק֑וֹ וַיּֽוֹצִאָהּ֙ מֵֽחֵיק֔וֹ וְהִנֵּה־שָׁ֖בָה כִּבְשָׂרֽוֹ
ב:ד:ח וְהָיָה֙ אִם־לֹ֣א יַאֲמִ֣ינוּ לָ֔ךְ וְלֹ֣א יִשְׁמְע֔וּ לְקֹ֖ל הָאֹ֣ת הָרִאשׁ֑וֹן
וְהֶֽאֱמִ֔ינוּ לְקֹ֖ל הָאֹ֥ת הָאַחֲרֽוֹן ב:ד:ט וְהָיָ֡ה אִם־לֹ֣א יַאֲמִ֡ינוּ גַּם֩ לִשְׁנֵ֨י
הָאֹת֜וֹת הָאֵ֗לֶּה וְלֹ֤א יִשְׁמְעוּן֙ לְקֹלֶ֔ךָ וְלָקַחְתָּ֙ מִמֵּימֵ֣י הַיְאֹ֔ר וְשָׁפַכְתָּ֖
הַיַּבָּשָׁ֑ה וְהָי֤וּ הַמַּ֙יִם֙ אֲשֶׁ֣ר תִּקַּ֣ח מִן־הַיְאֹ֔ר וְהָי֥וּ לְדָ֖ם בַּיַּבָּֽשֶׁת
ב:ד:י וַיֹּ֨אמֶר מֹשֶׁ֣ה אֶל־יְהוָה֮ בִּ֣י אֲדֹנָי֒ לֹא֩ אִ֨ישׁ דְּבָרִ֜ים אָנֹ֗כִי גַּ֤ם
מִתְּמוֹל֙ גַּ֣ם מִשִּׁלְשֹׁ֔ם גַּ֛ם מֵאָ֥ז דַּבֶּרְךָ֖ אֶל־עַבְדֶּ֑ךָ כִּ֧י כְבַד־פֶּ֛ה וּכְבַ֥ד
לָשׁ֖וֹן אָנֹֽכִי ב:ד:יא וַיֹּ֨אמֶר יְהוָ֜ה אֵלָ֗יו מִ֣י שָׂ֣ם פֶּה֮ לָֽאָדָם֒ א֚וֹ מִֽי־יָשׂ֣וּם
אִלֵּ֔ם א֣וֹ חֵרֵ֔שׁ א֥וֹ פִקֵּ֖חַ א֣וֹ עִוֵּ֑ר הֲלֹ֥א אָנֹכִ֖י יְהוָֽה ב:ד:יב וְעַתָּ֖ה לֵ֑ךְ
וְאָנֹכִי֙ אֶֽהְיֶ֣ה עִם־פִּ֔יךָ וְהוֹרֵיתִ֖יךָ אֲשֶׁ֥ר תְּדַבֵּֽר ב:ד:יג וַיֹּ֖אמֶר בִּ֣י אֲדֹנָ֑י
שְֽׁלַֽח־נָ֖א בְּיַד־תִּשְׁלָֽח ב:ד:יד וַיִּֽחַר־אַ֨ף יְהוָ֜ה בְּמֹשֶׁ֗ה וַיֹּ֙אמֶר֙ הֲלֹ֨א
אַהֲרֹ֤ן אָחִ֙יךָ֙ הַלֵּוִ֔י יָדַ֕עְתִּי כִּֽי־דַבֵּ֥ר יְדַבֵּ֖ר ה֑וּא וְגַ֤ם הִנֵּה־הוּא֙ יֹצֵ֣א
לִקְרָאתֶ֔ךָ וְרָאֲךָ֖ וְשָׂמַ֥ח בְּלִבּֽוֹ ב:ד:טו וְדִבַּרְתָּ֣ אֵלָ֔יו וְשַׂמְתָּ֥
אֶת־הַדְּבָרִ֖ים בְּפִ֑יו וְאָנֹכִ֗י אֶֽהְיֶ֤ה עִם־פִּ֙יךָ֙ וְעִם־פִּ֔יהוּ וְהוֹרֵיתִ֣י
אֶתְכֶ֔ם אֵ֖ת אֲשֶׁ֥ר תַּעֲשֽׂוּן ב:ד:טז וְדִבֶּר־ה֥וּא לְךָ֖ אֶל־הָעָ֑ם וְהָ֤יָה הוּא֙

יִהְיֶה־לְּךָ לְפֶה וְאַתָּה תִּהְיֶה־לּוֹ לֵאלֹהִים ב:ד:יז וְאֶת־הַמַּטֶּה הַזֶּה
תִּקַּח בְּיָדֶךָ אֲשֶׁר תַּעֲשֶׂה־בּוֹ אֶת־הָאֹתֹת ב:ד:יח וַיֵּלֶךְ מֹשֶׁה וַיָּשָׁב |
אֶל־יֶתֶר חֹתְנוֹ וַיֹּאמֶר לוֹ אֵלְכָה נָּא וְאָשׁוּבָה אֶל־אַחַי
אֲשֶׁר־בְּמִצְרַיִם וְאֶרְאֶה הַעוֹדָם חַיִּים וַיֹּאמֶר יִתְרוֹ לְמֹשֶׁה לֵךְ
לְשָׁלוֹם ב:ד:יט וַיֹּאמֶר יְהוָה אֶל־מֹשֶׁה בְּמִדְיָן לֵךְ שֻׁב מִצְרָיִם
כִּי־מֵתוּ כָּל־הָאֲנָשִׁים הַמְבַקְשִׁים אֶת־נַפְשֶׁךָ ב:ד:כ וַיִּקַּח מֹשֶׁה
אֶת־אִשְׁתּוֹ וְאֶת־בָּנָיו וַיַּרְכִּבֵם עַל־הַחֲמֹר וַיָּשָׁב אַרְצָה מִצְרָיִם
וַיִּקַּח מֹשֶׁה אֶת־מַטֵּה הָאֱלֹהִים בְּיָדוֹ ב:ד:כא וַיֹּאמֶר יְהוָה אֶל־מֹשֶׁה
בְּלֶכְתְּךָ לָשׁוּב מִצְרַיְמָה רְאֵה כָּל־הַמֹּפְתִים אֲשֶׁר־שַׂמְתִּי בְיָדֶךָ
וַעֲשִׂיתָם לִפְנֵי פַרְעֹה וַאֲנִי אֲחַזֵּק אֶת־לִבּוֹ וְלֹא יְשַׁלַּח אֶת־הָעָם
ב:ד:כב וְאָמַרְתָּ אֶל־פַּרְעֹה כֹּה אָמַר יְהוָה בְּנִי בְכֹרִי יִשְׂרָאֵל
ב:ד:כג וָאֹמַר אֵלֶיךָ שַׁלַּח אֶת־בְּנִי וְיַעַבְדֵנִי וַתְּמָאֵן לְשַׁלְּחוֹ הִנֵּה
אָנֹכִי הֹרֵג אֶת־בִּנְךָ בְּכֹרֶךָ ב:ד:כד וַיְהִי בַדֶּרֶךְ בַּמָּלוֹן וַיִּפְגְּשֵׁהוּ יְהוָה
וַיְבַקֵּשׁ הֲמִיתוֹ ב:ד:כה וַתִּקַּח צִפֹּרָה צֹר וַתִּכְרֹת אֶת־עָרְלַת בְּנָהּ
וַתַּגַּע לְרַגְלָיו וַתֹּאמֶר כִּי חֲתַן־דָּמִים אַתָּה לִי ב:ד:כו וַיִּרֶף מִמֶּנּוּ אָז
אָמְרָה חֲתַן דָּמִים לַמּוּלֹת ב:ד:כז וַיֹּאמֶר יְהוָה אֶל־אַהֲרֹן לֵךְ
לִקְרַאת מֹשֶׁה הַמִּדְבָּרָה וַיֵּלֶךְ וַיִּפְגְּשֵׁהוּ בְּהַר הָאֱלֹהִים וַיִּשַּׁק־לוֹ
ב:ד:כח וַיַּגֵּד מֹשֶׁה לְאַהֲרֹן אֵת כָּל־דִּבְרֵי יְהוָה אֲשֶׁר שְׁלָחוֹ וְאֵת
כָּל־הָאֹתֹת אֲשֶׁר צִוָּהוּ ב:ד:כט וַיֵּלֶךְ מֹשֶׁה וְאַהֲרֹן וַיַּאַסְפוּ
אֶת־כָּל־זִקְנֵי בְּנֵי יִשְׂרָאֵל ב:ד:ל וַיְדַבֵּר אַהֲרֹן אֵת כָּל־הַדְּבָרִים
אֲשֶׁר־דִּבֶּר יְהוָה אֶל־מֹשֶׁה וַיַּעַשׂ הָאֹתֹת לְעֵינֵי הָעָם ב:ד:לא וַיַּאֲמֵן
הָעָם וַיִּשְׁמְעוּ כִּי־פָקַד יְהוָה אֶת־בְּנֵי יִשְׂרָאֵל וְכִי רָאָה אֶת־עָנְיָם
וַיִּקְּדוּ וַיִּשְׁתַּחֲווּ ב:ה:א וְאַחַר בָּאוּ מֹשֶׁה וְאַהֲרֹן וַיֹּאמְרוּ אֶל־פַּרְעֹה
כֹּה־אָמַר יְהוָה אֱלֹהֵי יִשְׂרָאֵל שַׁלַּח אֶת־עַמִּי וְיָחֹגּוּ לִי בַּמִּדְבָּר
ב:ה:ב וַיֹּאמֶר פַּרְעֹה מִי יְהוָה אֲשֶׁר אֶשְׁמַע בְּקֹלוֹ לְשַׁלַּח
אֶת־יִשְׂרָאֵל לֹא יָדַעְתִּי אֶת־יְהוָה וְגַם אֶת־יִשְׂרָאֵל לֹא אֲשַׁלֵּחַ
ב:ה:ג וַיֹּאמְרוּ אֱלֹהֵי הָעִבְרִים נִקְרָא עָלֵינוּ נֵלְכָה נָּא דֶּרֶךְ שְׁלֹשֶׁת
יָמִים בַּמִּדְבָּר וְנִזְבְּחָה לַיהוָה אֱלֹהֵינוּ פֶּן־יִפְגָּעֵנוּ בַּדֶּבֶר אוֹ בֶחָרֶב

ב:ה:ד וַיֹּאמֶר אֲלֵהֶם מֶלֶךְ מִצְרַיִם לָמָּה מֹשֶׁה וְאַהֲרֹן תַּפְרִיעוּ
אֶת־הָעָם מִמַּעֲשָׂיו לְכוּ לְסִבְלֹתֵיכֶם ב:ה:ה וַיֹּאמֶר פַּרְעֹה הֵן־רַבִּים
עַתָּה עַם הָאָרֶץ וְהִשְׁבַּתֶּם אֹתָם מִסִּבְלֹתָם ב:ה:ו וַיְצַו פַּרְעֹה בַּיּוֹם
הַהוּא אֶת־הַנֹּגְשִׂים בָּעָם וְאֶת־שֹׁטְרָיו לֵאמֹר ב:ה:ז לֹא תֹאסִפוּן
לָתֵת תֶּבֶן לָעָם לִלְבֹּן הַלְּבֵנִים כִּתְמוֹל שִׁלְשֹׁם הֵם יֵלְכוּ וְקֹשְׁשׁוּ
לָהֶם תֶּבֶן ב:ה:ח וְאֶת־מַתְכֹּנֶת הַלְּבֵנִים אֲשֶׁר הֵם עֹשִׂים תְּמוֹל
שִׁלְשֹׁם תָּשִׂימוּ עֲלֵיהֶם לֹא תִגְרְעוּ מִמֶּנּוּ כִּי־נִרְפִּים הֵם עַל־כֵּן הֵם
צֹעֲקִים לֵאמֹר נֵלְכָה נִזְבְּחָה לֵאלֹהֵינוּ ב:ה:ט תִּכְבַּד הָעֲבֹדָה
עַל־הָאֲנָשִׁים וְיַעֲשׂוּ־בָהּ וְאַל־יִשְׁעוּ בְּדִבְרֵי־שָׁקֶר ב:ה:י וַיֵּצְאוּ נֹגְשֵׂי
הָעָם וְשֹׁטְרָיו וַיֹּאמְרוּ אֶל־הָעָם לֵאמֹר כֹּה אָמַר פַּרְעֹה אֵינֶנִּי נֹתֵן
לָכֶם תֶּבֶן ב:ה:יא אַתֶּם לְכוּ קְחוּ לָכֶם תֶּבֶן מֵאֲשֶׁר תִּמְצָאוּ כִּי אֵין
נִגְרָע מֵעֲבֹדַתְכֶם דָּבָר ב:ה:יב וַיָּפֶץ הָעָם בְּכָל־אֶרֶץ מִצְרָיִם לְקֹשֵׁשׁ
קַשׁ לַתֶּבֶן ב:ה:יג וְהַנֹּגְשִׂים אָצִים לֵאמֹר כַּלּוּ מַעֲשֵׂיכֶם דְּבַר־יוֹם
בְּיוֹמוֹ כַּאֲשֶׁר בִּהְיוֹת הַתֶּבֶן ב:ה:יד וַיֻּכּוּ שֹׁטְרֵי בְּנֵי יִשְׂרָאֵל אֲשֶׁר־שָׂמוּ
עֲלֵהֶם נֹגְשֵׂי פַרְעֹה לֵאמֹר מַדּוּעַ לֹא כִלִּיתֶם חָקְכֶם לִלְבֹּן כִּתְמוֹל
שִׁלְשֹׁם גַּם־תְּמוֹל גַּם־הַיּוֹם ב:ה:טו וַיָּבֹאוּ שֹׁטְרֵי בְּנֵי יִשְׂרָאֵל וַיִּצְעֲקוּ
אֶל־פַּרְעֹה לֵאמֹר לָמָּה תַעֲשֶׂה כֹה לַעֲבָדֶיךָ ב:ה:טז תֶּבֶן אֵין נִתָּן
לַעֲבָדֶיךָ וּלְבֵנִים אֹמְרִים לָנוּ עֲשׂוּ וְהִנֵּה עֲבָדֶיךָ מֻכִּים וְחָטָאת
עַמֶּךָ ב:ה:יז וַיֹּאמֶר נִרְפִּים אַתֶּם נִרְפִּים עַל־כֵּן אַתֶּם אֹמְרִים נֵלְכָה
נִזְבְּחָה לַיהוָה ב:ה:יח וְעַתָּה לְכוּ עִבְדוּ וְתֶבֶן לֹא־יִנָּתֵן לָכֶם וְתֹכֶן
לְבֵנִים תִּתֵּנוּ ב:ה:יט וַיִּרְאוּ שֹׁטְרֵי בְנֵי־יִשְׂרָאֵל אֹתָם בְּרָע לֵאמֹר
לֹא־תִגְרְעוּ מִלִּבְנֵיכֶם דְּבַר־יוֹם בְּיוֹמוֹ ב:ה:כ וַיִּפְגְּעוּ אֶת־מֹשֶׁה
וְאֶת־אַהֲרֹן נִצָּבִים לִקְרָאתָם בְּצֵאתָם מֵאֵת פַּרְעֹה ב:ה:כא וַיֹּאמְרוּ
אֲלֵהֶם יֵרֶא יְהוָה עֲלֵיכֶם וְיִשְׁפֹּט אֲשֶׁר הִבְאַשְׁתֶּם אֶת־רֵיחֵנוּ בְּעֵינֵי
פַרְעֹה וּבְעֵינֵי עֲבָדָיו לָתֶת־חֶרֶב בְּיָדָם לְהָרְגֵנוּ ב:ה:כב וַיָּשָׁב מֹשֶׁה
אֶל־יְהוָה וַיֹּאמַר אֲדֹנָי לָמָה הֲרֵעֹתָה לָעָם הַזֶּה לָמָּה זֶּה שְׁלַחְתָּנִי
ב:ה:כג וּמֵאָז בָּאתִי אֶל־פַּרְעֹה לְדַבֵּר בִּשְׁמֶךָ הֵרַע לָעָם הַזֶּה וְהַצֵּל
לֹא־הִצַּלְתָּ אֶת־עַמֶּךָ ב:ו:א וַיֹּאמֶר יְהוָה אֶל־מֹשֶׁה עַתָּה תִרְאֶה

אֲשֶׁר אֶעֱשֶׂה לְפַרְעֹה כִּי בְיָד חֲזָקָה יְשַׁלְּחֵם וּבְיָד חֲזָקָה יְגָרְשֵׁם
מֵאַרְצוֹ ב:ו:ב וַיְדַבֵּר אֱלֹהִים אֶל־מֹשֶׁה וַיֹּאמֶר אֵלָיו אֲנִי יְהוָה
ב:ו:ג וָאֵרָא אֶל־אַבְרָהָם אֶל־יִצְחָק וְאֶל־יַעֲקֹב בְּאֵל שַׁדָּי וּשְׁמִי יְהוָה
לֹא נוֹדַעְתִּי לָהֶם ב:ו:ד וְגַם הֲקִמֹתִי אֶת־בְּרִיתִי אִתָּם לָתֵת לָהֶם
אֶת־אֶרֶץ כְּנָעַן אֵת אֶרֶץ מְגֻרֵיהֶם אֲשֶׁר־גָּרוּ בָהּ ב:ו:ה וְגַם | אֲנִי
שָׁמַעְתִּי אֶת־נַאֲקַת בְּנֵי יִשְׂרָאֵל אֲשֶׁר מִצְרַיִם מַעֲבִדִים אֹתָם
וָאֶזְכֹּר אֶת־בְּרִיתִי ב:ו:ו לָכֵן אֱמֹר לִבְנֵי־יִשְׂרָאֵל אֲנִי יְהוָה וְהוֹצֵאתִי
אֶתְכֶם מִתַּחַת סִבְלֹת מִצְרַיִם וְהִצַּלְתִּי אֶתְכֶם מֵעֲבֹדָתָם וְגָאַלְתִּי
אֶתְכֶם בִּזְרוֹעַ נְטוּיָה וּבִשְׁפָטִים גְּדֹלִים ב:ו:ז וְלָקַחְתִּי אֶתְכֶם לִי
לְעָם וְהָיִיתִי לָכֶם לֵאלֹהִים וִידַעְתֶּם כִּי אֲנִי יְהוָה אֱלֹהֵיכֶם
הַמּוֹצִיא אֶתְכֶם מִתַּחַת סִבְלוֹת מִצְרָיִם ב:ו:ח וְהֵבֵאתִי אֶתְכֶם
אֶל־הָאָרֶץ אֲשֶׁר נָשָׂאתִי אֶת־יָדִי לָתֵת אֹתָהּ לְאַבְרָהָם לְיִצְחָק
וּלְיַעֲקֹב וְנָתַתִּי אֹתָהּ לָכֶם מוֹרָשָׁה אֲנִי יְהוָה ב:ו:ט וַיְדַבֵּר מֹשֶׁה כֵּן
אֶל־בְּנֵי יִשְׂרָאֵל וְלֹא שָׁמְעוּ אֶל־מֹשֶׁה מִקֹּצֶר רוּחַ וּמֵעֲבֹדָה קָשָׁה
ב:ו:י וַיְדַבֵּר יְהוָה אֶל־מֹשֶׁה לֵּאמֹר ב:ו:יא בֹּא דַבֵּר אֶל־פַּרְעֹה מֶלֶךְ
מִצְרָיִם וִישַׁלַּח אֶת־בְּנֵי־יִשְׂרָאֵל מֵאַרְצוֹ ב:ו:יב וַיְדַבֵּר מֹשֶׁה לִפְנֵי
יְהוָה לֵאמֹר הֵן בְּנֵי־יִשְׂרָאֵל לֹא־שָׁמְעוּ אֵלַי וְאֵיךְ יִשְׁמָעֵנִי פַרְעֹה
וַאֲנִי עֲרַל שְׂפָתָיִם ב:ו:יג וַיְדַבֵּר יְהוָה אֶל־מֹשֶׁה וְאֶל־אַהֲרֹן וַיְצַוֵּם
אֶל־בְּנֵי יִשְׂרָאֵל וְאֶל־פַּרְעֹה מֶלֶךְ מִצְרָיִם לְהוֹצִיא אֶת־בְּנֵי־יִשְׂרָאֵל
מֵאֶרֶץ מִצְרָיִם ב:ו:יד אֵלֶּה רָאשֵׁי בֵית־אֲבֹתָם בְּנֵי רְאוּבֵן בְּכֹר
יִשְׂרָאֵל חֲנוֹךְ וּפַלּוּא חֶצְרֹן וְכַרְמִי אֵלֶּה מִשְׁפְּחֹת רְאוּבֵן ב:ו:טו וּבְנֵי
שִׁמְעוֹן יְמוּאֵל וְיָמִין וְאֹהַד וְיָכִין וְצֹחַר וְשָׁאוּל בֶּן־הַכְּנַעֲנִית אֵלֶּה
מִשְׁפְּחֹת שִׁמְעוֹן ב:ו:טז וְאֵלֶּה שְׁמוֹת בְּנֵי־לֵוִי לְתֹלְדֹתָם גֵּרְשׁוֹן וּקְהָת
וּמְרָרִי וּשְׁנֵי חַיֵּי לֵוִי שֶׁבַע וּשְׁלֹשִׁים וּמְאַת שָׁנָה ב:ו:יז בְּנֵי גֵרְשׁוֹן
לִבְנִי וְשִׁמְעִי לְמִשְׁפְּחֹתָם ב:ו:יח וּבְנֵי קְהָת עַמְרָם וְיִצְהָר וְחֶבְרוֹן
וְעֻזִּיאֵל וּשְׁנֵי חַיֵּי קְהָת שָׁלֹשׁ וּשְׁלֹשִׁים וּמְאַת שָׁנָה ב:ו:יט וּבְנֵי מְרָרִי
מַחְלִי וּמוּשִׁי אֵלֶּה מִשְׁפְּחֹת הַלֵּוִי לְתֹלְדֹתָם ב:ו:כ וַיִּקַּח עַמְרָם
אֶת־יוֹכֶבֶד דֹּדָתוֹ לוֹ לְאִשָּׁה וַתֵּלֶד לוֹ אֶת־אַהֲרֹן וְאֶת־מֹשֶׁה וּשְׁנֵי

חַיֵּי עַמְרָם שֶׁבַע וּשְׁלֹשִׁים וּמְאַת שָׁנָה ב:ו:כא וּבְנֵי יִצְהָר קֹרַח וָנֶפֶג
וְזִכְרִי ב:ו:כב וּבְנֵי עֻזִּיאֵל מִישָׁאֵל וְאֶלְצָפָן וְסִתְרִי ב:ו:כג וַיִּקַּח אַהֲרֹן
אֶת־אֱלִישֶׁבַע בַּת־עַמִּינָדָב אֲחוֹת נַחְשׁוֹן לוֹ לְאִשָּׁה וַתֵּלֶד לוֹ
אֶת־נָדָב וְאֶת־אֲבִיהוּא אֶת־אֶלְעָזָר וְאֶת־אִיתָמָר ב:ו:כד וּבְנֵי קֹרַח
אַסִּיר וְאֶלְקָנָה וַאֲבִיאָסָף אֵלֶּה מִשְׁפְּחֹת הַקָּרְחִי ב:ו:כה וְאֶלְעָזָר
בֶּן־אַהֲרֹן לָקַח־לוֹ מִבְּנוֹת פּוּטִיאֵל לוֹ לְאִשָּׁה וַתֵּלֶד לוֹ אֶת־פִּינְחָס
אֵלֶּה רָאשֵׁי אֲבוֹת הַלְוִיִּם לְמִשְׁפְּחֹתָם ב:ו:כו הוּא אַהֲרֹן וּמֹשֶׁה
אֲשֶׁר אָמַר יְהוָה לָהֶם הוֹצִיאוּ אֶת־בְּנֵי יִשְׂרָאֵל מֵאֶרֶץ מִצְרַיִם
עַל־צִבְאֹתָם ב:ו:כז הֵם הַמְדַבְּרִים אֶל־פַּרְעֹה מֶלֶךְ־מִצְרַיִם לְהוֹצִיא
אֶת־בְּנֵי־יִשְׂרָאֵל מִמִּצְרָיִם הוּא מֹשֶׁה וְאַהֲרֹן ב:ו:כח וַיְהִי בְּיוֹם דִּבֶּר
יְהוָה אֶל־מֹשֶׁה בְּאֶרֶץ מִצְרָיִם ב:ו:כט וַיְדַבֵּר יְהוָה אֶל־מֹשֶׁה לֵּאמֹר
אֲנִי יְהוָה דַּבֵּר אֶל־פַּרְעֹה מֶלֶךְ מִצְרַיִם אֵת כָּל־אֲשֶׁר אֲנִי דֹּבֵר
אֵלֶיךָ ב:ו:ל וַיֹּאמֶר מֹשֶׁה לִפְנֵי יְהוָה הֵן אֲנִי עֲרַל שְׂפָתַיִם וְאֵיךְ
יִשְׁמַע אֵלַי פַּרְעֹה ב:ז:א וַיֹּאמֶר יְהוָה אֶל־מֹשֶׁה רְאֵה נְתַתִּיךָ
אֱלֹהִים לְפַרְעֹה וְאַהֲרֹן אָחִיךָ יִהְיֶה נְבִיאֶךָ ב:ז:ב אַתָּה תְדַבֵּר אֵת
כָּל־אֲשֶׁר אֲצַוֶּךָּ וְאַהֲרֹן אָחִיךָ יְדַבֵּר אֶל־פַּרְעֹה וְשִׁלַּח
אֶת־בְּנֵי־יִשְׂרָאֵל מֵאַרְצוֹ ב:ז:ג וַאֲנִי אַקְשֶׁה אֶת־לֵב פַּרְעֹה וְהִרְבֵּיתִי
אֶת־אֹתֹתַי וְאֶת־מוֹפְתַי בְּאֶרֶץ מִצְרָיִם ב:ז:ד וְלֹא־יִשְׁמַע אֲלֵכֶם
פַּרְעֹה וְנָתַתִּי אֶת־יָדִי בְּמִצְרָיִם וְהוֹצֵאתִי אֶת־צִבְאֹתַי אֶת־עַמִּי
בְנֵי־יִשְׂרָאֵל מֵאֶרֶץ מִצְרַיִם בִּשְׁפָטִים גְּדֹלִים ב:ז:ה וְיָדְעוּ מִצְרַיִם
כִּי־אֲנִי יְהוָה בִּנְטֹתִי אֶת־יָדִי עַל־מִצְרָיִם וְהוֹצֵאתִי אֶת־בְּנֵי־יִשְׂרָאֵל
מִתּוֹכָם ב:ז:ו וַיַּעַשׂ מֹשֶׁה וְאַהֲרֹן כַּאֲשֶׁר צִוָּה יְהוָה אֹתָם כֵּן עָשׂוּ
ב:ז:ז וּמֹשֶׁה בֶּן־שְׁמֹנִים שָׁנָה וְאַהֲרֹן בֶּן־שָׁלֹשׁ וּשְׁמֹנִים שָׁנָה בְּדַבְּרָם
אֶל־פַּרְעֹה ב:ז:ח וַיֹּאמֶר יְהוָה אֶל־מֹשֶׁה וְאֶל־אַהֲרֹן לֵאמֹר ב:ז:ט כִּי
יְדַבֵּר אֲלֵכֶם פַּרְעֹה לֵאמֹר תְּנוּ לָכֶם מוֹפֵת וְאָמַרְתָּ אֶל־אַהֲרֹן קַח
אֶת־מַטְּךָ וְהַשְׁלֵךְ לִפְנֵי־פַרְעֹה יְהִי לְתַנִּין ב:ז:י וַיָּבֹא מֹשֶׁה וְאַהֲרֹן
אֶל־פַּרְעֹה וַיַּעֲשׂוּ כֵן כַּאֲשֶׁר צִוָּה יְהוָה וַיַּשְׁלֵךְ אַהֲרֹן אֶת־מַטֵּהוּ
לִפְנֵי פַרְעֹה וְלִפְנֵי עֲבָדָיו וַיְהִי לְתַנִּין ב:ז:יא וַיִּקְרָא גַּם־פַּרְעֹה

לַֽחֲכָמִ֖ים וְלַֽמְכַשְּׁפִ֑ים וַיַּֽעֲשׂ֨וּ גַם־הֵ֜ם חַרְטֻמֵּ֥י מִצְרַ֛יִם בְּלַהֲטֵיהֶ֖ם כֵּֽן
ב:ז:יב וַיַּשְׁלִ֙יכוּ֙ אִ֣ישׁ מַטֵּ֔הוּ וַיִּהְי֖וּ לְתַנִּינִ֑ם וַיִּבְלַ֥ע מַטֵּֽה־אַהֲרֹ֖ן
אֶת־מַטֹּתָֽם ב:ז:יג וַיֶּחֱזַק֙ לֵ֣ב פַּרְעֹ֔ה וְלֹ֥א שָׁמַ֖ע אֲלֵהֶ֑ם כַּאֲשֶׁ֖ר דִּבֶּ֥ר
יְהוָֽה ב:ז:יד וַיֹּ֤אמֶר יְהוָה֙ אֶל־מֹשֶׁ֔ה כָּבֵ֖ד לֵ֣ב פַּרְעֹ֑ה מֵאֵ֖ן לְשַׁלַּ֥ח
הָעָֽם ב:ז:טו לֵ֣ךְ אֶל־פַּרְעֹ֞ה בַּבֹּ֗קֶר הִנֵּה֙ יֹצֵ֣א הַמַּ֔יְמָה וְנִצַּבְתָּ֥
לִקְרָאת֖וֹ עַל־שְׂפַ֣ת הַיְאֹ֑ר וְהַמַּטֶּ֛ה אֲשֶׁר־נֶהְפַּ֥ךְ לְנָחָ֖שׁ תִּקַּ֥ח בְּיָדֶֽךָ
ב:ז:טז וְאָמַרְתָּ֣ אֵלָ֗יו יְהוָ֞ה אֱלֹהֵ֤י הָֽעִבְרִים֙ שְׁלָחַ֤נִי אֵלֶ֙יךָ֙ לֵאמֹ֔ר שַׁלַּח֙
אֶת־עַמִּ֔י וְיַֽעַבְדֻ֖נִי בַּמִּדְבָּ֑ר וְהִנֵּ֥ה לֹא־שָׁמַ֖עְתָּ עַד־כֹּֽה ב:ז:יז כֹּ֚ה אָמַ֣ר
יְהוָ֔ה בְּזֹ֣את תֵּדַ֔ע כִּ֖י אֲנִ֣י יְהוָ֑ה הִנֵּ֨ה אָנֹכִ֜י מַכֶּ֣ה ׀ בַּמַּטֶּ֣ה
אֲשֶׁר־בְּיָדִ֗י עַל־הַמַּ֛יִם אֲשֶׁ֥ר בַּיְאֹ֖ר וְנֶהֶפְכ֥וּ לְדָֽם ב:ז:יח וְהַדָּגָ֛ה
אֲשֶׁר־בַּיְאֹ֥ר תָּמ֖וּת וּבָאַ֣שׁ הַיְאֹ֑ר וְנִלְא֣וּ מִצְרַ֔יִם לִשְׁתּ֥וֹת מַ֖יִם
מִן־הַיְאֹֽר ב:ז:יט וַיֹּ֨אמֶר יְהוָ֜ה אֶל־מֹשֶׁ֗ה אֱמֹ֣ר אֶֽל־אַהֲרֹ֡ן קַ֣ח מַטְּךָ֣
וּנְטֵֽה־יָדְךָ֩ עַל־מֵימֵ֨י מִצְרַ֜יִם עַל־נַהֲרֹתָ֣ם ׀ עַל־יְאֹרֵיהֶ֣ם
וְעַל־אַגְמֵיהֶ֗ם וְעַ֛ל כָּל־מִקְוֵ֥ה מֵימֵיהֶ֖ם וְיִֽהְיוּ־דָ֑ם וְהָ֤יָה דָם֙
בְּכָל־אֶ֣רֶץ מִצְרַ֔יִם וּבָעֵצִ֖ים וּבָאֲבָנִֽים ב:ז:כ וַיַּעֲשׂוּ־כֵ֡ן מֹשֶׁ֨ה וְאַהֲרֹ֜ן
כַּאֲשֶׁ֣ר ׀ צִוָּ֣ה יְהוָ֗ה וַיָּ֤רֶם בַּמַּטֶּה֙ וַיַּ֤ךְ אֶת־הַמַּ֙יִם֙ אֲשֶׁ֣ר בַּיְאֹ֔ר לְעֵינֵ֣י
פַרְעֹ֔ה וּלְעֵינֵ֖י עֲבָדָ֑יו וַיֵּהָפְכ֛וּ כָּל־הַמַּ֥יִם אֲשֶׁר־בַּיְאֹ֖ר לְדָֽם
ב:ז:כא וְהַדָּגָ֨ה אֲשֶׁר־בַּיְאֹ֥ר מֵ֙תָה֙ וַיִּבְאַ֣שׁ הַיְאֹ֔ר וְלֹא־יָכְל֣וּ מִצְרַ֔יִם
לִשְׁתּ֥וֹת מַ֖יִם מִן־הַיְאֹ֑ר וַיְהִ֥י הַדָּ֖ם בְּכָל־אֶ֥רֶץ מִצְרָֽיִם
ב:ז:כב וַיַּעֲשׂוּ־כֵ֛ן חַרְטֻמֵּ֥י מִצְרַ֖יִם בְּלָטֵיהֶ֑ם וַיֶּחֱזַ֤ק לֵב־פַּרְעֹה֙
וְלֹא־שָׁמַ֣ע אֲלֵהֶ֔ם כַּאֲשֶׁ֖ר דִּבֶּ֥ר יְהוָֽה ב:ז:כג וַיִּ֣פֶן פַּרְעֹ֔ה וַיָּבֹ֖א
אֶל־בֵּית֑וֹ וְלֹא־שָׁ֥ת לִבּ֖וֹ גַּם־לָזֹֽאת ב:ז:כד וַיַּחְפְּר֧וּ כָל־מִצְרַ֛יִם סְבִיבֹ֥ת
הַיְאֹ֖ר מַ֣יִם לִשְׁתּ֑וֹת כִּ֤י לֹא יָֽכְלוּ֙ לִשְׁתֹּ֔ת מִמֵּימֵ֖י הַיְאֹֽר ב:ז:כה וַיִּמָּלֵ֖א
שִׁבְעַ֣ת יָמִ֑ים אַחֲרֵ֥י הַכּֽוֹת־יְהוָ֖ה אֶת־הַיְאֹֽר ב:ז:כו וַיֹּ֤אמֶר יְהוָה֙
אֶל־מֹשֶׁ֔ה בֹּ֖א אֶל־פַּרְעֹ֑ה וְאָמַרְתָּ֣ אֵלָ֗יו כֹּ֚ה אָמַ֣ר יְהוָ֔ה שַׁלַּ֥ח
אֶת־עַמִּ֖י וְיַֽעַבְדֻֽנִי ב:ז:כז וְאִם־מָאֵ֥ן אַתָּ֖ה לְשַׁלֵּ֑חַ הִנֵּ֣ה אָנֹכִ֗י נֹגֵ֛ף
אֶת־כָּל־גְּבוּלְךָ֖ בַּֽצְפַרְדְּעִֽים ב:ז:כח וְשָׁרַ֣ץ הַיְאֹר֮ צְפַרְדְּעִים֒ וְעָלוּ֙ וּבָ֣אוּ
בְּבֵיתֶ֔ךָ וּבַחֲדַ֥ר מִשְׁכָּבְךָ֖ וְעַל־מִטָּתֶ֑ךָ וּבְבֵ֤ית עֲבָדֶ֙יךָ֙ וּבְעַמֶּ֔ךָ

וּבְתַנּוּרֶיךָ וּבְמִשְׁאֲרוֹתֶיךָ ב:ז:כט וּבְכָה וּבְעַמְּךָ וּבְכָל־עֲבָדֶיךָ יַעֲלוּ
הַצְפַרְדְּעִים ב:ח:א וַיֹּאמֶר יְהוָה אֶל־מֹשֶׁה אֱמֹר אֶל־אַהֲרֹן נְטֵה
אֶת־יָדְךָ בְּמַטֶּךָ עַל־הַנְּהָרֹת עַל־הַיְאֹרִים וְעַל־הָאֲגַמִּים וְהַעַל
אֶת־הַצְפַרְדְּעִים עַל־אֶרֶץ מִצְרָיִם ב:ח:ב וַיֵּט אַהֲרֹן אֶת־יָדוֹ עַל
מֵימֵי מִצְרָיִם וַתַּעַל הַצְּפַרְדֵּעַ וַתְּכַס אֶת־אֶרֶץ מִצְרָיִם
ב:ח:ג וַיַּעֲשׂוּ־כֵן הַחַרְטֻמִּים בְּלָטֵיהֶם וַיַּעֲלוּ אֶת־הַצְפַרְדְּעִים
עַל־אֶרֶץ מִצְרָיִם ב:ח:ד וַיִּקְרָא פַרְעֹה לְמֹשֶׁה וּלְאַהֲרֹן וַיֹּאמֶר
הַעְתִּירוּ אֶל־יְהוָה וְיָסֵר הַצְפַרְדְּעִים מִמֶּנִּי וּמֵעַמִּי וַאֲשַׁלְּחָה
אֶת־הָעָם וְיִזְבְּחוּ לַיהוָה ב:ח:ה וַיֹּאמֶר מֹשֶׁה לְפַרְעֹה הִתְפָּאֵר עָלַי
לְמָתַי | אַעְתִּיר לְךָ וְלַעֲבָדֶיךָ וּלְעַמְּךָ לְהַכְרִית הַצְפַרְדְּעִים מִמְּךָ
וּמִבָּתֶּיךָ רַק בַּיְאֹר תִּשָּׁאַרְנָה ב:ח:ו וַיֹּאמֶר לְמָחָר וַיֹּאמֶר כִּדְבָרְךָ
לְמַעַן תֵּדַע כִּי־אֵין כַּיהוָה אֱלֹהֵינוּ ב:ח:ז וְסָרוּ הַצְפַרְדְּעִים מִמְּךָ
וּמִבָּתֶּיךָ וּמֵעֲבָדֶיךָ וּמֵעַמֶּךָ רַק בַּיְאֹר תִּשָּׁאַרְנָה ב:ח:ח וַיֵּצֵא מֹשֶׁה
וְאַהֲרֹן מֵעִם פַּרְעֹה וַיִּצְעַק מֹשֶׁה אֶל־יְהוָה עַל־דְּבַר הַצְפַרְדְּעִים
אֲשֶׁר־שָׂם לְפַרְעֹה ב:ח:ט וַיַּעַשׂ יְהוָה כִּדְבַר מֹשֶׁה וַיָּמֻתוּ
הַצְפַרְדְּעִים מִן־הַבָּתִּים מִן־הַחֲצֵרֹת וּמִן־הַשָּׂדֹת ב:ח:י וַיִּצְבְּרוּ
אֹתָם חֳמָרִם חֳמָרִם וַתִּבְאַשׁ הָאָרֶץ ב:ח:יא וַיַּרְא פַּרְעֹה כִּי הָיְתָה
הָרְוָחָה וְהַכְבֵּד אֶת־לִבּוֹ וְלֹא שָׁמַע אֲלֵהֶם כַּאֲשֶׁר דִּבֶּר יְהוָה
ב:ח:יב וַיֹּאמֶר יְהוָה אֶל־מֹשֶׁה אֱמֹר אֶל־אַהֲרֹן נְטֵה אֶת־מַטְּךָ וְהַךְ
אֶת־עֲפַר הָאָרֶץ וְהָיָה לְכִנִּם בְּכָל־אֶרֶץ מִצְרָיִם ב:ח:יג וַיַּעֲשׂוּ־כֵן וַיֵּט
אַהֲרֹן אֶת־יָדוֹ בְמַטֵּהוּ וַיַּךְ אֶת־עֲפַר הָאָרֶץ וַתְּהִי הַכִּנָּם בָּאָדָם
וּבַבְּהֵמָה כָּל־עֲפַר הָאָרֶץ הָיָה כִנִּים בְּכָל־אֶרֶץ מִצְרָיִם
ב:ח:יד וַיַּעֲשׂוּ־כֵן הַחַרְטֻמִּים בְּלָטֵיהֶם לְהוֹצִיא אֶת־הַכִּנִּים וְלֹא יָכֹלוּ
וַתְּהִי הַכִּנָּם בָּאָדָם וּבַבְּהֵמָה ב:ח:יה וַיֹּאמְרוּ הַחַרְטֻמִּים אֶל־פַּרְעֹה
אֶצְבַּע אֱלֹהִים הִוא וַיֶּחֱזַק לֵב־פַּרְעֹה וְלֹא־שָׁמַע אֲלֵהֶם כַּאֲשֶׁר
דִּבֶּר יְהוָה ב:ח:יו וַיֹּאמֶר יְהוָה אֶל־מֹשֶׁה הַשְׁכֵּם בַּבֹּקֶר וְהִתְיַצֵּב
לִפְנֵי פַרְעֹה הִנֵּה יוֹצֵא הַמָּיְמָה וְאָמַרְתָּ אֵלָיו כֹּה אָמַר יְהוָה שַׁלַּח
עַמִּי וְיַעַבְדֻנִי ב:ח:יז כִּי אִם־אֵינְךָ מְשַׁלֵּחַ אֶת־עַמִּי הִנְנִי מַשְׁלִיחַ בְּךָ

וּבַעֲבָדֶ֨יךָ וּבְעַמְּךָ֧ וּבְבָתֶּ֛יךָ אֶת־הֶעָרֹ֑ב וּמָלְא֞וּ בָּתֵּ֤י מִצְרַ֙יִם֙
אֶת־הֶ֣עָרֹ֔ב וְגַ֥ם הָאֲדָמָ֖ה אֲשֶׁר־הֵ֥ם עָלֶ֑יהָ ב:ח:יח וְהִפְלֵיתִי֩ בַיּ֨וֹם
הַה֜וּא אֶת־אֶ֣רֶץ גֹּ֗שֶׁן אֲשֶׁ֤ר עַמִּי֙ עֹמֵ֣ד עָלֶ֔יהָ לְבִלְתִּ֥י הֱיֽוֹת־שָׁ֖ם עָרֹ֑ב
לְמַ֣עַן תֵּדַ֔ע כִּ֛י אֲנִ֥י יְהוָ֖ה בְּקֶ֥רֶב הָאָ֖רֶץ ב:ח:יט וְשַׂמְתִּ֣י פְדֻ֔ת בֵּ֥ין עַמִּ֖י
וּבֵ֣ין עַמֶּ֑ךָ לְמָחָ֥ר יִהְיֶ֖ה הָאֹ֥ת הַזֶּ֖ה ב:ח:כ וַיַּ֤עַשׂ יְהוָה֙ כֵּ֔ן וַיָּבֹא֙ עָרֹ֣ב
כָּבֵ֔ד בֵּ֥יתָה פַרְעֹ֖ה וּבֵ֣ית עֲבָדָ֑יו וּבְכָל־אֶ֧רֶץ מִצְרַ֛יִם תִּשָּׁחֵ֥ת הָאָ֖רֶץ
מִפְּנֵ֥י הֶעָרֹ֖ב ב:ח:כא וַיִּקְרָ֣א פַרְעֹ֔ה אֶל־מֹשֶׁ֖ה וּֽלְאַהֲרֹ֑ן וַיֹּ֗אמֶר לְכ֛וּ
זִבְח֥וּ לֵאלֹהֵיכֶ֖ם בָּאָ֖רֶץ ב:ח:כב וַיֹּ֣אמֶר מֹשֶׁ֗ה לֹ֤א נָכוֹן֙ לַעֲשׂ֣וֹת כֵּ֔ן כִּ֚י
תּוֹעֲבַ֣ת מִצְרַ֔יִם נִזְבַּ֖ח לַיהוָ֣ה אֱלֹהֵ֑ינוּ הֵ֣ן נִזְבַּ֞ח אֶת־תּוֹעֲבַ֥ת
מִצְרַ֛יִם לְעֵינֵיהֶ֖ם וְלֹ֥א יִסְקְלֻ֖נוּ ב:ח:כג דֶּ֚רֶךְ שְׁלֹ֣שֶׁת יָמִ֔ים נֵלֵ֖ךְ
בַּמִּדְבָּ֑ר וְזָבַ֙חְנוּ֙ לַיהוָ֣ה אֱלֹהֵ֔ינוּ כַּאֲשֶׁ֖ר יֹאמַ֥ר אֵלֵ֖ינוּ ב:ח:כד וַיֹּ֣אמֶר
פַּרְעֹ֗ה אָנֹכִ֞י אֲשַׁלַּ֤ח אֶתְכֶם֙ וּזְבַחְתֶּ֞ם לַיהוָ֤ה אֱלֹהֵיכֶם֙ בַּמִּדְבָּ֔ר רַ֛ק
הַרְחֵ֥ק לֹא־תַרְחִ֖יקוּ לָלֶ֑כֶת הַעְתִּ֖ירוּ בַּעֲדִ֖י ב:ח:כה וַיֹּ֣אמֶר מֹשֶׁ֗ה
הִנֵּ֨ה אָנֹכִ֜י יוֹצֵ֣א מֵעִמָּ֗ךְ וְהַעְתַּרְתִּ֤י אֶל־יְהוָה֙ וְסָ֣ר הֶעָרֹ֔ב מִפַּרְעֹ֛ה
מֵעֲבָדָ֥יו וּמֵעַמּ֖וֹ מָחָ֑ר רַ֗ק אַל־יֹסֵ֤ף פַּרְעֹה֙ הָתֵ֔ל לְבִלְתִּי֙ שַׁלַּ֣ח
אֶת־הָעָ֔ם לִזְבֹּ֖חַ לַיהוָ֖ה ב:ח:כו וַיֵּצֵ֥א מֹשֶׁ֖ה מֵעִ֣ם פַּרְעֹ֑ה וַיֶּעְתַּ֖ר
אֶל־יְהוָ֖ה ב:ח:כז וַיַּ֤עַשׂ יְהוָה֙ כִּדְבַ֣ר מֹשֶׁ֔ה וַיָּ֙סַר֙ הֶעָרֹ֔ב מִפַּרְעֹ֖ה
מֵעֲבָדָ֣יו וּמֵעַמּ֑וֹ לֹ֥א נִשְׁאַ֖ר אֶחָ֖ד ב:ח:כח וַיַּכְבֵּ֤ד פַּרְעֹה֙ אֶת־לִבּ֔וֹ גַּ֖ם
בַּפַּ֣עַם הַזֹּ֑את וְלֹ֥א שִׁלַּ֖ח אֶת־הָעָ֖ם ב:ט:א וַיֹּ֤אמֶר יְהוָה֙ אֶל־מֹשֶׁ֔ה
בֹּ֖א אֶל־פַּרְעֹ֑ה וְדִבַּרְתָּ֣ אֵלָ֗יו כֹּה־אָמַ֤ר יְהוָה֙ אֱלֹהֵ֣י הָעִבְרִ֔ים שַׁלַּ֥ח
אֶת־עַמִּ֖י וְיַעַבְדֻ֖נִי ב:ט:ב כִּ֛י אִם־מָאֵ֥ן אַתָּ֖ה לְשַׁלֵּ֑חַ וְעוֹדְךָ֖ מַחֲזִ֥יק בָּ֖ם
ב:ט:ג הִנֵּ֨ה יַד־יְהוָ֜ה הוֹיָ֗ה בְּמִקְנְךָ֙ אֲשֶׁ֣ר בַּשָּׂדֶ֔ה בַּסּוּסִ֤ים בַּחֲמֹרִים֙
בַּגְּמַלִּ֔ים בַּבָּקָ֖ר וּבַצֹּ֑אן דֶּ֖בֶר כָּבֵ֥ד מְאֹ֖ד ב:ט:ד וְהִפְלָ֣ה יְהוָ֔ה בֵּ֚ין
מִקְנֵ֣ה יִשְׂרָאֵ֔ל וּבֵ֖ין מִקְנֵ֣ה מִצְרָ֑יִם וְלֹ֥א יָמ֛וּת מִכָּל־לִבְנֵ֥י יִשְׂרָאֵ֖ל
דָּבָ֖ר ב:ט:ה וַיָּ֥שֶׂם יְהוָ֖ה מוֹעֵ֣ד לֵאמֹ֑ר מָחָ֗ר יַעֲשֶׂ֧ה יְהוָ֛ה הַדָּבָ֥ר הַזֶּ֖ה
בָּאָ֖רֶץ ב:ט:ו וַיַּ֨עַשׂ יְהוָ֜ה אֶת־הַדָּבָ֤ר הַזֶּה֙ מִמָּחֳרָ֔ת וַיָּ֕מָת כֹּ֖ל מִקְנֵ֣ה
מִצְרָ֑יִם וּמִמִּקְנֵ֥ה בְנֵי־יִשְׂרָאֵ֖ל לֹא־מֵ֥ת אֶחָ֖ד ב:ט:ז וַיִּשְׁלַ֣ח פַּרְעֹ֔ה
וְהִנֵּ֗ה לֹא־מֵ֛ת מִמִּקְנֵ֥ה יִשְׂרָאֵ֖ל עַד־אֶחָ֑ד וַיִּכְבַּד֙ לֵ֣ב פַּרְעֹ֔ה וְלֹ֥א

שִׁלַּ֖ח אֶת־הָעָֽם ב:ט:ח וַיֹּ֣אמֶר יְהוָה֮ אֶל־מֹשֶׁ֣ה וְאֶֽל־אַהֲרֹן֒ קְח֤וּ לָכֶם֙
מְלֹ֣א חָפְנֵיכֶ֔ם פִּ֖יחַ כִּבְשָׁ֑ן וּזְרָק֥וֹ מֹשֶׁ֛ה הַשָּׁמַ֖יְמָה לְעֵינֵ֥י פַרְעֹֽה
ב:ט:ט וְהָיָ֣ה לְאָבָ֔ק עַ֖ל כָּל־אֶ֣רֶץ מִצְרָ֑יִם וְהָיָ֨ה עַל־הָאָדָ֜ם
וְעַל־הַבְּהֵמָ֗ה לִשְׁחִ֛ין פֹּרֵ֥חַ אֲבַעְבֻּעֹ֖ת בְּכָל־אֶ֥רֶץ מִצְרָֽיִם
ב:ט:י וַיִּקְח֞וּ אֶת־פִּ֣יחַ הַכִּבְשָׁ֗ן וַיַּֽעַמְדוּ֙ לִפְנֵ֣י פַרְעֹ֔ה וַיִּזְרֹ֥ק אֹת֛וֹ מֹשֶׁ֖ה
הַשָּׁמָ֑יְמָה וַיְהִ֗י שְׁחִין֙ אֲבַעְבֻּעֹ֔ת פֹּרֵ֔חַ בָּאָדָ֖ם וּבַבְּהֵמָֽה
ב:ט:יא וְלֹא־יָֽכְל֣וּ הַחַרְטֻמִּ֗ים לַעֲמֹ֛ד לִפְנֵ֥י מֹשֶׁ֖ה מִפְּנֵ֣י הַשְּׁחִ֑ין
כִּֽי־הָיָ֣ה הַשְּׁחִ֔ין בַּֽחַרְטֻמִּ֖ם וּבְכָל־מִצְרָֽיִם ב:ט:יב וַיְחַזֵּ֤ק יְהוָה֙ אֶת־לֵ֣ב
פַּרְעֹ֔ה וְלֹ֥א שָׁמַ֖ע אֲלֵהֶ֑ם כַּאֲשֶׁ֛ר דִּבֶּ֥ר יְהוָ֖ה אֶל־מֹשֶֽׁה ב:ט:יג וַיֹּ֤אמֶר
יְהוָה֙ אֶל־מֹשֶׁ֔ה הַשְׁכֵּ֣ם בַּבֹּ֔קֶר וְהִתְיַצֵּ֖ב לִפְנֵ֣י פַרְעֹ֑ה וְאָמַרְתָּ֣ אֵלָ֗יו
כֹּֽה־אָמַ֤ר יְהוָה֙ אֱלֹהֵ֣י הָֽעִבְרִ֔ים שַׁלַּ֥ח אֶת־עַמִּ֖י וְיַֽעַבְדֻֽנִי ב:ט:יד כִּ֣י ׀
בַּפַּ֣עַם הַזֹּ֗את אֲנִ֨י שֹׁלֵ֜חַ אֶת־כָּל־מַגֵּפֹתַי֙ אֶֽל־לִבְּךָ֔ וּבַעֲבָדֶ֖יךָ וּבְעַמֶּ֑ךָ
בַּעֲב֣וּר תֵּדַ֔ע כִּ֛י אֵ֥ין כָּמֹ֖נִי בְּכָל־הָאָֽרֶץ ב:ט:טו כִּ֤י עַתָּה֙ שָׁלַ֣חְתִּי
אֶת־יָדִ֔י וָאַ֥ךְ אוֹתְךָ֛ וְאֶֽת־עַמְּךָ֖ בַּדָּ֑בֶר וַתִּכָּחֵ֖ד מִן־הָאָֽרֶץ
ב:ט:טז וְאוּלָ֗ם בַּעֲב֤וּר זֹאת֙ הֶֽעֱמַדְתִּ֔יךָ בַּעֲב֖וּר הַרְאֹתְךָ֣ אֶת־כֹּחִ֑י
וּלְמַ֛עַן סַפֵּ֥ר שְׁמִ֖י בְּכָל־הָאָֽרֶץ ב:ט:יז עוֹדְךָ֖ מִסְתּוֹלֵ֣ל בְּעַמִּ֑י לְבִלְתִּ֖י
שַׁלְּחָֽם ב:ט:יח הִנְנִ֤י מַמְטִיר֙ כָּעֵ֣ת מָחָ֔ר בָּרָ֖ד כָּבֵ֣ד מְאֹ֑ד אֲשֶׁ֨ר
לֹא־הָיָ֤ה כָמֹ֙הוּ֙ בְּמִצְרַ֔יִם לְמִן־הַיּ֥וֹם הִוָּסְדָ֖ה וְעַד־עָֽתָּה
ב:ט:יט וְעַתָּ֗ה שְׁלַ֤ח הָעֵז֙ אֶת־מִקְנְךָ֔ וְאֵ֛ת כָּל־אֲשֶׁ֥ר לְךָ֖ בַּשָּׂדֶ֑ה
כָּל־הָאָדָ֨ם וְהַבְּהֵמָ֜ה אֲשֶׁר־יִמָּצֵ֣א בַשָּׂדֶ֗ה וְלֹ֤א יֵאָסֵף֙ הַבַּ֔יְתָה וְיָרַ֧ד
עֲלֵהֶ֛ם הַבָּרָ֖ד וָמֵֽתוּ ב:ט:כ הַיָּרֵא֙ אֶת־דְּבַ֣ר יְהוָ֔ה מֵֽעַבְדֵ֖י פַּרְעֹ֑ה
הֵנִ֛יס אֶת־עֲבָדָ֥יו וְאֶת־מִקְנֵ֖הוּ אֶל־הַבָּתִּֽים ב:ט:כא וַאֲשֶׁ֥ר לֹא־שָׂ֛ם
לִבּ֖וֹ אֶל־דְּבַ֣ר יְהוָ֑ה וַֽיַּעֲזֹ֛ב אֶת־עֲבָדָ֥יו וְאֶת־מִקְנֵ֖הוּ בַּשָּׂדֶֽה
ב:ט:כב וַיֹּ֨אמֶר יְהוָ֜ה אֶל־מֹשֶׁ֗ה נְטֵ֤ה אֶת־יָֽדְךָ֙ עַל־הַשָּׁמַ֔יִם וִיהִ֥י בָרָ֖ד
בְּכָל־אֶ֣רֶץ מִצְרָ֑יִם עַל־הָאָדָ֣ם וְעַל־הַבְּהֵמָ֗ה וְעַ֛ל כָּל־עֵ֥שֶׂב הַשָּׂדֶ֖ה
בְּאֶ֥רֶץ מִצְרָֽיִם ב:ט:כג וַיֵּ֨ט מֹשֶׁ֣ה אֶת־מַטֵּהוּ֮ עַל־הַשָּׁמַיִם֒ וַֽיהוָ֗ה נָתַ֤ן
קֹלֹת֙ וּבָרָ֔ד וַתִּֽהֲלַךְ אֵ֖שׁ אָ֑רְצָה וַיַּמְטֵ֧ר יְהוָ֛ה בָּרָ֖ד עַל־אֶ֥רֶץ מִצְרָֽיִם
ב:ט:כד וַיְהִ֣י בָרָ֔ד וְאֵ֕שׁ מִתְלַקַּ֖חַת בְּת֣וֹךְ הַבָּרָ֑ד כָּבֵ֣ד מְאֹ֔ד אֲשֶׁ֨ר

לֹא־הָיָה כָמֹהוּ בְּכָל־אֶרֶץ מִצְרַיִם מֵאָז הָיְתָה לְגוֹי ב:ט:כה וַיַּךְ הַבָּרָד
בְּכָל־אֶרֶץ מִצְרַיִם אֵת כָּל־אֲשֶׁר בַּשָּׂדֶה מֵאָדָם וְעַד־בְּהֵמָה וְאֵת
כָּל־עֵשֶׂב הַשָּׂדֶה הִכָּה הַבָּרָד וְאֶת־כָּל־עֵץ הַשָּׂדֶה שִׁבֵּר ב:ט:כו רַק
בְּאֶרֶץ גֹּשֶׁן אֲשֶׁר־שָׁם בְּנֵי יִשְׂרָאֵל לֹא הָיָה בָּרָד ב:ט:כז וַיִּשְׁלַח
פַּרְעֹה וַיִּקְרָא לְמֹשֶׁה וּלְאַהֲרֹן וַיֹּאמֶר אֲלֵהֶם חָטָאתִי הַפָּעַם יְהוָה
הַצַּדִּיק וַאֲנִי וְעַמִּי הָרְשָׁעִים ב:ט:כח הַעְתִּירוּ אֶל־יְהוָה וְרַב מִהְיֹת
קֹלֹת אֱלֹהִים וּבָרָד וַאֲשַׁלְּחָה אֶתְכֶם וְלֹא תֹסִפוּן לַעֲמֹד
ב:ט:כט וַיֹּאמֶר אֵלָיו מֹשֶׁה כְּצֵאתִי אֶת־הָעִיר אֶפְרֹשׂ אֶת־כַּפַּי
אֶל־יְהוָה הַקֹּלוֹת יֶחְדָּלוּן וְהַבָּרָד לֹא יִהְיֶה־עוֹד לְמַעַן תֵּדַע כִּי
לַיהוָה הָאָרֶץ ב:ט:ל וְאַתָּה וַעֲבָדֶיךָ יָדַעְתִּי כִּי טֶרֶם תִּירְאוּן מִפְּנֵי
יְהוָה אֱלֹהִים ב:ט:לא וְהַפִּשְׁתָּה וְהַשְּׂעֹרָה נֻכָּתָה כִּי הַשְּׂעֹרָה אָבִיב
וְהַפִּשְׁתָּה גִּבְעֹל ב:ט:לב וְהַחִטָּה וְהַכֻּסֶּמֶת לֹא נֻכּוּ כִּי אֲפִילֹת הֵנָּה
ב:ט:לג וַיֵּצֵא מֹשֶׁה מֵעִם פַּרְעֹה אֶת־הָעִיר וַיִּפְרֹשׂ כַּפָּיו אֶל־יְהוָה
וַיַּחְדְּלוּ הַקֹּלוֹת וְהַבָּרָד וּמָטָר לֹא־נִתַּךְ אָרְצָה ב:ט:לד וַיַּרְא פַּרְעֹה
כִּי־חָדַל הַמָּטָר וְהַבָּרָד וְהַקֹּלֹת וַיֹּסֶף לַחֲטֹא וַיַּכְבֵּד לִבּוֹ הוּא
וַעֲבָדָיו ב:ט:לה וַיֶּחֱזַק לֵב פַּרְעֹה וְלֹא שִׁלַּח אֶת־בְּנֵי יִשְׂרָאֵל כַּאֲשֶׁר
דִּבֶּר יְהוָה בְּיַד־מֹשֶׁה ב:י:א וַיֹּאמֶר יְהוָה אֶל־מֹשֶׁה בֹּא אֶל־פַּרְעֹה
כִּי־אֲנִי הִכְבַּדְתִּי אֶת־לִבּוֹ וְאֶת־לֵב עֲבָדָיו לְמַעַן שִׁתִי אֹתֹתַי אֵלֶּה
בְּקִרְבּוֹ ב:י:ב וּלְמַעַן תְּסַפֵּר בְּאָזְנֵי בִנְךָ וּבֶן־בִּנְךָ אֵת אֲשֶׁר
הִתְעַלַּלְתִּי בְּמִצְרַיִם וְאֶת־אֹתֹתַי אֲשֶׁר־שַׂמְתִּי בָם וִידַעְתֶּם כִּי־אֲנִי
יְהוָה ב:י:ג וַיָּבֹא מֹשֶׁה וְאַהֲרֹן אֶל־פַּרְעֹה וַיֹּאמְרוּ אֵלָיו כֹּה־אָמַר
יְהוָה אֱלֹהֵי הָעִבְרִים עַד־מָתַי מֵאַנְתָּ לֵעָנֹת מִפָּנָי שַׁלַּח עַמִּי
וְיַעַבְדֻנִי ב:י:ד כִּי אִם־מָאֵן אַתָּה לְשַׁלֵּחַ אֶת־עַמִּי הִנְנִי מֵבִיא מָחָר
אַרְבֶּה בִּגְבֻלֶךָ ב:י:ה וְכִסָּה אֶת־עֵין הָאָרֶץ וְלֹא יוּכַל לִרְאֹת
אֶת־הָאָרֶץ וְאָכַל ׀ אֶת־יֶתֶר הַפְּלֵטָה הַנִּשְׁאֶרֶת לָכֶם מִן־הַבָּרָד
וְאָכַל אֶת־כָּל־הָעֵץ הַצֹּמֵחַ לָכֶם מִן־הַשָּׂדֶה ב:י:ו וּמָלְאוּ בָתֶּיךָ וּבָתֵּי
כָל־עֲבָדֶיךָ וּבָתֵּי כָל־מִצְרַיִם אֲשֶׁר לֹא־רָאוּ אֲבֹתֶיךָ וַאֲבוֹת אֲבֹתֶיךָ
מִיּוֹם הֱיוֹתָם עַל־הָאֲדָמָה עַד הַיּוֹם הַזֶּה וַיִּפֶן וַיֵּצֵא מֵעִם פַּרְעֹה

ב:י:ז וַיֹּאמְרוּ עַבְדֵי פַרְעֹה אֵלָיו עַד־מָתַי יִהְיֶה זֶה לָנוּ לְמוֹקֵשׁ שַׁלַּח
אֶת־הָאֲנָשִׁים וְיַעַבְדוּ אֶת־יְהוָה אֱלֹהֵיהֶם הֲטֶרֶם תֵּדַע כִּי אָבְדָה
מִצְרָיִם ב:י:ח וַיּוּשַׁב אֶת־מֹשֶׁה וְאֶת־אַהֲרֹן אֶל־פַּרְעֹה וַיֹּאמֶר
אֲלֵהֶם לְכוּ עִבְדוּ אֶת־יְהוָה אֱלֹהֵיכֶם מִי וָמִי הַהֹלְכִים ב:י:ט וַיֹּאמֶר
מֹשֶׁה בִּנְעָרֵינוּ וּבִזְקֵנֵינוּ נֵלֵךְ בְּבָנֵינוּ וּבִבְנוֹתֵנוּ בְּצֹאנֵנוּ וּבִבְקָרֵנוּ
נֵלֵךְ כִּי חַג־יְהוָה לָנוּ ב:י:י וַיֹּאמֶר אֲלֵהֶם יְהִי כֵן יְהוָה עִמָּכֶם כַּאֲשֶׁר
אֲשַׁלַּח אֶתְכֶם וְאֶת־טַפְּכֶם רְאוּ כִּי רָעָה נֶגֶד פְּנֵיכֶם ב:י:יא לֹא כֵן
לְכוּ־נָא הַגְּבָרִים וְעִבְדוּ אֶת־יְהוָה כִּי אֹתָהּ אַתֶּם מְבַקְשִׁים וַיְגָרֶשׁ
אֹתָם מֵאֵת פְּנֵי פַרְעֹה ב:י:יב וַיֹּאמֶר יְהוָה אֶל־מֹשֶׁה נְטֵה יָדְךָ
עַל־אֶרֶץ מִצְרַיִם בָּאַרְבֶּה וְיַעַל עַל־אֶרֶץ מִצְרָיִם וְיֹאכַל
אֶת־כָּל־עֵשֶׂב הָאָרֶץ אֵת כָּל־אֲשֶׁר הִשְׁאִיר הַבָּרָד ב:י:יג וַיֵּט מֹשֶׁה
אֶת־מַטֵּהוּ עַל־אֶרֶץ מִצְרַיִם וַיהוָה נִהַג רוּחַ קָדִים בָּאָרֶץ כָּל־הַיּוֹם
הַהוּא וְכָל־הַלָּיְלָה הַבֹּקֶר הָיָה וְרוּחַ הַקָּדִים נָשָׂא אֶת־הָאַרְבֶּה
ב:י:יד וַיַּעַל הָאַרְבֶּה עַל כָּל־אֶרֶץ מִצְרַיִם וַיָּנַח בְּכֹל גְּבוּל מִצְרָיִם
כָּבֵד מְאֹד לְפָנָיו לֹא־הָיָה כֵן אַרְבֶּה כָּמֹהוּ וְאַחֲרָיו לֹא יִהְיֶה־כֵּן
ב:י:טו וַיְכַס אֶת־עֵין כָּל־הָאָרֶץ וַתֶּחְשַׁךְ הָאָרֶץ וַיֹּאכַל אֶת־כָּל־עֵשֶׂב
הָאָרֶץ וְאֵת כָּל־פְּרִי הָעֵץ אֲשֶׁר הוֹתִיר הַבָּרָד וְלֹא־נוֹתַר כָּל־יֶרֶק
בָּעֵץ וּבְעֵשֶׂב הַשָּׂדֶה בְּכָל־אֶרֶץ מִצְרָיִם ב:י:טז וַיְמַהֵר פַּרְעֹה לִקְרֹא
לְמֹשֶׁה וּלְאַהֲרֹן וַיֹּאמֶר חָטָאתִי לַיהוָה אֱלֹהֵיכֶם וְלָכֶם ב:י:יז וְעַתָּה
שָׂא נָא חַטָּאתִי אַךְ הַפַּעַם וְהַעְתִּירוּ לַיהוָה אֱלֹהֵיכֶם וְיָסֵר מֵעָלַי
רַק אֶת־הַמָּוֶת הַזֶּה ב:י:יח וַיֵּצֵא מֵעִם פַּרְעֹה וַיֶּעְתַּר אֶל־יְהוָה
ב:י:יט וַיַּהֲפֹךְ יְהוָה רוּחַ־יָם חָזָק מְאֹד וַיִּשָּׂא אֶת־הָאַרְבֶּה וַיִּתְקָעֵהוּ
יָמָּה סּוּף לֹא נִשְׁאַר אַרְבֶּה אֶחָד בְּכֹל גְּבוּל מִצְרָיִם ב:י:כ וַיְחַזֵּק
יְהוָה אֶת־לֵב פַּרְעֹה וְלֹא שִׁלַּח אֶת־בְּנֵי יִשְׂרָאֵל ב:י:כא וַיֹּאמֶר יְהוָה
אֶל־מֹשֶׁה נְטֵה יָדְךָ עַל־הַשָּׁמַיִם וִיהִי חֹשֶׁךְ עַל־אֶרֶץ מִצְרָיִם וְיָמֵשׁ
חֹשֶׁךְ ב:י:כב וַיֵּט מֹשֶׁה אֶת־יָדוֹ עַל־הַשָּׁמָיִם וַיְהִי חֹשֶׁךְ־אֲפֵלָה
בְּכָל־אֶרֶץ מִצְרַיִם שְׁלֹשֶׁת יָמִים ב:י:כג לֹא־רָאוּ אִישׁ אֶת־אָחִיו
וְלֹא־קָמוּ אִישׁ מִתַּחְתָּיו שְׁלֹשֶׁת יָמִים וּלְכָל־בְּנֵי יִשְׂרָאֵל הָיָה אוֹר

בְּמוֹשְׁבֹתָם ב:י:כד וַיִּקְרָא פַרְעֹה אֶל־מֹשֶׁה וַיֹּאמֶר לְכוּ עִבְדוּ
אֶת־יְהוָה רַק צֹאנְכֶם וּבְקַרְכֶם יֻצָּג גַּם־טַפְּכֶם יֵלֵךְ עִמָּכֶם
ב:י:כה וַיֹּאמֶר מֹשֶׁה גַּם־אַתָּה תִּתֵּן בְּיָדֵנוּ זְבָחִים וְעֹלֹת וְעָשִׂינוּ
לַיהוָה אֱלֹהֵינוּ ב:י:כו וְגַם־מִקְנֵנוּ יֵלֵךְ עִמָּנוּ לֹא תִשָּׁאֵר פַּרְסָה כִּי
מִמֶּנּוּ נִקַּח לַעֲבֹד אֶת־יְהוָה אֱלֹהֵינוּ וַאֲנַחְנוּ לֹא־נֵדַע מַה־נַּעֲבֹד
אֶת־יְהוָה עַד־בֹּאֵנוּ שָׁמָּה ב:י:כז וַיְחַזֵּק יְהוָה אֶת־לֵב פַּרְעֹה וְלֹא
אָבָה לְשַׁלְּחָם ב:י:כח וַיֹּאמֶר־לוֹ פַרְעֹה לֵךְ מֵעָלָי הִשָּׁמֶר לְךָ
אַל־תֹּסֶף רְאוֹת פָּנַי כִּי בְּיוֹם רְאֹתְךָ פָנַי תָּמוּת ב:י:כט וַיֹּאמֶר מֹשֶׁה
כֵּן דִּבַּרְתָּ לֹא־אֹסִף עוֹד רְאוֹת פָּנֶיךָ ב:יא:א וַיֹּאמֶר יְהוָה אֶל־מֹשֶׁה
עוֹד נֶגַע אֶחָד אָבִיא עַל־פַּרְעֹה וְעַל־מִצְרַיִם אַחֲרֵי־כֵן יְשַׁלַּח
אֶתְכֶם מִזֶּה כְּשַׁלְּחוֹ כָּלָה גָּרֵשׁ יְגָרֵשׁ אֶתְכֶם מִזֶּה ב:יא:ב דַּבֶּר־נָא
בְּאָזְנֵי הָעָם וְיִשְׁאֲלוּ אִישׁ | מֵאֵת רֵעֵהוּ וְאִשָּׁה מֵאֵת רְעוּתָהּ
כְּלֵי־כֶסֶף וּכְלֵי זָהָב ב:יא:ג וַיִּתֵּן יְהוָה אֶת־חֵן הָעָם בְּעֵינֵי מִצְרָיִם גַּם
| הָאִישׁ מֹשֶׁה גָּדוֹל מְאֹד בְּאֶרֶץ מִצְרַיִם בְּעֵינֵי עַבְדֵי־פַרְעֹה
וּבְעֵינֵי הָעָם ב:יא:ד וַיֹּאמֶר מֹשֶׁה כֹּה אָמַר יְהוָה כַּחֲצֹת הַלַּיְלָה אֲנִי
יוֹצֵא בְּתוֹךְ מִצְרָיִם ב:יא:ה וּמֵת כָּל־בְּכוֹר בְּאֶרֶץ מִצְרַיִם מִבְּכוֹר
פַּרְעֹה הַיֹּשֵׁב עַל־כִּסְאוֹ עַד בְּכוֹר הַשִּׁפְחָה אֲשֶׁר אַחַר הָרֵחָיִם
וְכֹל בְּכוֹר בְּהֵמָה ב:יא:ו וְהָיְתָה צְעָקָה גְדֹלָה בְּכָל־אֶרֶץ מִצְרָיִם
אֲשֶׁר כָּמֹהוּ לֹא נִהְיָתָה וְכָמֹהוּ לֹא תֹסִף ב:יא:ז וּלְכֹל | בְּנֵי יִשְׂרָאֵל
לֹא יֶחֱרַץ־כֶּלֶב לְשֹׁנוֹ לְמֵאִישׁ וְעַד־בְּהֵמָה לְמַעַן תֵּדְעוּן אֲשֶׁר יַפְלֶה
יְהוָה בֵּין מִצְרַיִם וּבֵין יִשְׂרָאֵל ב:יא:ח וְיָרְדוּ כָל־עֲבָדֶיךָ אֵלֶּה אֵלַי
וְהִשְׁתַּחֲווּ־לִי לֵאמֹר צֵא אַתָּה וְכָל־הָעָם אֲשֶׁר־בְּרַגְלֶיךָ וְאַחֲרֵי־כֵן
אֵצֵא וַיֵּצֵא מֵעִם־פַּרְעֹה בָּחֳרִי־אָף ב:יא:ט וַיֹּאמֶר יְהוָה אֶל־מֹשֶׁה
לֹא־יִשְׁמַע אֲלֵיכֶם פַּרְעֹה לְמַעַן רְבוֹת מוֹפְתַי בְּאֶרֶץ מִצְרָיִם
ב:יא:י וּמֹשֶׁה וְאַהֲרֹן עָשׂוּ אֶת־כָּל־הַמֹּפְתִים הָאֵלֶּה לִפְנֵי פַרְעֹה
וַיְחַזֵּק יְהוָה אֶת־לֵב פַּרְעֹה וְלֹא־שִׁלַּח אֶת־בְּנֵי־יִשְׂרָאֵל מֵאַרְצוֹ
ב:יב:א וַיֹּאמֶר יְהוָה אֶל־מֹשֶׁה וְאֶל־אַהֲרֹן בְּאֶרֶץ מִצְרַיִם לֵאמֹר
ב:יב:ב הַחֹדֶשׁ הַזֶּה לָכֶם רֹאשׁ חֳדָשִׁים רִאשׁוֹן הוּא לָכֶם לְחָדְשֵׁי

הַשָּׁנָה ב:יב:ג דַּבְּרוּ אֶל־כָּל־עֲדַת יִשְׂרָאֵל לֵאמֹר בֶּעָשֹׂר לַחֹדֶשׁ הַזֶּה
וְיִקְחוּ לָהֶם אִישׁ שֶׂה לְבֵית־אָבֹת שֶׂה לַבָּיִת ב:יב:ד וְאִם־יִמְעַט
הַבַּיִת מִהְיֹת מִשֶּׂה וְלָקַח הוּא וּשְׁכֵנוֹ הַקָּרֹב אֶל־בֵּיתוֹ בְּמִכְסַת
נְפָשֹׁת אִישׁ לְפִי אָכְלוֹ תָּכֹסּוּ עַל־הַשֶּׂה ב:יב:ה שֶׂה תָמִים זָכָר
בֶּן־שָׁנָה יִהְיֶה לָכֶם מִן־הַכְּבָשִׂים וּמִן־הָעִזִּים תִּקָּחוּ ב:יב:ו וְהָיָה
לָכֶם לְמִשְׁמֶרֶת עַד אַרְבָּעָה עָשָׂר יוֹם לַחֹדֶשׁ הַזֶּה וְשָׁחֲטוּ אֹתוֹ
כֹּל קְהַל עֲדַת־יִשְׂרָאֵל בֵּין הָעַרְבָּיִם ב:יב:ז וְלָקְחוּ מִן־הַדָּם וְנָתְנוּ
עַל־שְׁתֵּי הַמְּזוּזֹת וְעַל־הַמַּשְׁקוֹף עַל הַבָּתִּים אֲשֶׁר־יֹאכְלוּ אֹתוֹ
בָּהֶם ב:יב:ח וְאָכְלוּ אֶת־הַבָּשָׂר בַּלַּיְלָה הַזֶּה צְלִי־אֵשׁ וּמַצּוֹת
עַל־מְרֹרִים יֹאכְלֻהוּ ב:יב:ט אַל־תֹּאכְלוּ מִמֶּנּוּ נָא וּבָשֵׁל מְבֻשָּׁל
בַּמָּיִם כִּי אִם־צְלִי־אֵשׁ רֹאשׁוֹ עַל־כְּרָעָיו וְעַל־קִרְבּוֹ
ב:יב:י וְלֹא־תוֹתִירוּ מִמֶּנּוּ עַד־בֹּקֶר וְהַנֹּתָר מִמֶּנּוּ עַד־בֹּקֶר בָּאֵשׁ
תִּשְׂרֹפוּ ב:יב:יא וְכָכָה תֹּאכְלוּ אֹתוֹ מָתְנֵיכֶם חֲגֻרִים נַעֲלֵיכֶם
בְּרַגְלֵיכֶם וּמַקֶּלְכֶם בְּיֶדְכֶם וַאֲכַלְתֶּם אֹתוֹ בְּחִפָּזוֹן פֶּסַח הוּא
לַיהוָה ב:יב:יב וְעָבַרְתִּי בְאֶרֶץ־מִצְרַיִם בַּלַּיְלָה הַזֶּה וְהִכֵּיתִי כָל־בְּכוֹר
בְּאֶרֶץ מִצְרַיִם מֵאָדָם וְעַד־בְּהֵמָה וּבְכָל־אֱלֹהֵי מִצְרַיִם אֶעֱשֶׂה
שְׁפָטִים אֲנִי יְהוָה ב:יב:יג וְהָיָה הַדָּם לָכֶם לְאֹת עַל הַבָּתִּים אֲשֶׁר
אַתֶּם שָׁם וְרָאִיתִי אֶת־הַדָּם וּפָסַחְתִּי עֲלֵכֶם וְלֹא־יִהְיֶה בָכֶם נֶגֶף
לְמַשְׁחִית בְּהַכֹּתִי בְּאֶרֶץ מִצְרָיִם ב:יב:יד וְהָיָה הַיּוֹם הַזֶּה לָכֶם
לְזִכָּרוֹן וְחַגֹּתֶם אֹתוֹ חַג לַיהוָה לְדֹרֹתֵיכֶם חֻקַּת עוֹלָם תְּחָגֻּהוּ
ב:יב:טו שִׁבְעַת יָמִים מַצּוֹת תֹּאכֵלוּ אַךְ בַּיּוֹם הָרִאשׁוֹן תַּשְׁבִּיתוּ שְּׂאֹר
מִבָּתֵּיכֶם כִּי | כָּל־אֹכֵל חָמֵץ וְנִכְרְתָה הַנֶּפֶשׁ הַהִוא מִיִּשְׂרָאֵל
מִיּוֹם הָרִאשֹׁן עַד־יוֹם הַשְּׁבִעִי ב:יב:טז וּבַיּוֹם הָרִאשׁוֹן מִקְרָא־קֹדֶשׁ
וּבַיּוֹם הַשְּׁבִיעִי מִקְרָא־קֹדֶשׁ יִהְיֶה לָכֶם כָּל־מְלָאכָה לֹא־יֵעָשֶׂה
בָהֶם אַךְ אֲשֶׁר יֵאָכֵל לְכָל־נֶפֶשׁ הוּא לְבַדּוֹ יֵעָשֶׂה לָכֶם
ב:יב:יז וּשְׁמַרְתֶּם אֶת־הַמַּצּוֹת כִּי בְּעֶצֶם הַיּוֹם הַזֶּה הוֹצֵאתִי
אֶת־צִבְאוֹתֵיכֶם מֵאֶרֶץ מִצְרָיִם וּשְׁמַרְתֶּם אֶת־הַיּוֹם הַזֶּה
לְדֹרֹתֵיכֶם חֻקַּת עוֹלָם ב:יב:יח בָּרִאשֹׁן בְּאַרְבָּעָה עָשָׂר יוֹם לַחֹדֶשׁ

בָּעֶ֗רֶב תֹּאכְל֖וּ מַצֹּ֑ת עַ֠ד י֣וֹם הָאֶחָ֧ד וְעֶשְׂרִ֛ים לַחֹ֖דֶשׁ בָּעָֽרֶב
ב:יב:יט שִׁבְעַ֣ת יָמִ֔ים שְׂאֹ֕ר לֹ֥א יִמָּצֵ֖א בְּבָתֵּיכֶ֑ם כִּ֣י ׀ כָּל־אֹכֵ֣ל
מַחְמֶ֗צֶת וְנִכְרְתָ֞ה הַנֶּ֤פֶשׁ הַהִוא֙ מֵעֲדַ֣ת יִשְׂרָאֵ֔ל בַּגֵּ֖ר וּבְאֶזְרַ֥ח
הָאָֽרֶץ ב:יב:כ כָּל־מַחְמֶ֖צֶת לֹ֣א תֹאכֵ֑לוּ בְּכֹל֙ מוֹשְׁבֹ֣תֵיכֶ֔ם תֹּאכְל֖וּ
מַצּֽוֹת ב:יב:כא וַיִּקְרָ֥א מֹשֶׁ֛ה לְכָל־זִקְנֵ֥י יִשְׂרָאֵ֖ל וַיֹּ֣אמֶר אֲלֵהֶ֑ם מִֽשְׁכ֗וּ
וּקְח֨וּ לָכֶ֥ם צֹ֛אן לְמִשְׁפְּחֹתֵיכֶ֖ם וְשַׁחֲט֥וּ הַפָּֽסַח ב:יב:כב וּלְקַחְתֶּ֞ם
אֲגֻדַּ֣ת אֵז֗וֹב וּטְבַלְתֶּם֮ בַּדָּ֣ם אֲשֶׁר־בַּסַּף֒ וְהִגַּעְתֶּ֤ם אֶל־הַמַּשְׁקוֹף֙
וְאֶל־שְׁתֵּ֣י הַמְּזוּזֹ֔ת מִן־הַדָּ֖ם אֲשֶׁ֣ר בַּסָּ֑ף וְאַתֶּ֗ם לֹ֥א תֵצְא֛וּ אִ֥ישׁ
מִפֶּֽתַח־בֵּית֖וֹ עַד־בֹּֽקֶר ב:יב:כג וְעָבַ֣ר יְהוָה֮ לִנְגֹּ֣ף אֶת־מִצְרַיִם֒ וְרָאָ֤ה
אֶת־הַדָּם֙ עַל־הַמַּשְׁק֔וֹף וְעַ֖ל שְׁתֵּ֣י הַמְּזוּזֹ֑ת וּפָסַ֤ח יְהוָה֙ עַל־הַפֶּ֔תַח
וְלֹ֤א יִתֵּן֙ הַמַּשְׁחִ֔ית לָבֹ֥א אֶל־בָּתֵּיכֶ֖ם לִנְגֹּֽף ב:יב:כד וּשְׁמַרְתֶּ֖ם
אֶת־הַדָּבָ֣ר הַזֶּ֑ה לְחָק־לְךָ֥ וּלְבָנֶ֖יךָ עַד־עוֹלָֽם ב:יב:כה וְהָיָ֞ה כִּֽי־תָבֹ֣אוּ
אֶל־הָאָ֗רֶץ אֲשֶׁ֨ר יִתֵּ֧ן יְהוָ֛ה לָכֶ֖ם כַּאֲשֶׁ֣ר דִּבֵּ֑ר וּשְׁמַרְתֶּ֖ם
אֶת־הָעֲבֹדָ֥ה הַזֹּֽאת ב:יב:כו וְהָיָ֕ה כִּֽי־יֹאמְר֥וּ אֲלֵיכֶ֖ם בְּנֵיכֶ֑ם מָ֛ה
הָעֲבֹדָ֥ה הַזֹּ֖את לָכֶֽם ב:יב:כז וַאֲמַרְתֶּ֡ם זֶֽבַח־פֶּ֨סַח ה֜וּא לַֽיהוָ֗ה אֲשֶׁ֣ר
פָּ֠סַח עַל־בָּתֵּ֤י בְנֵֽי־יִשְׂרָאֵל֙ בְּמִצְרַ֔יִם בְּנָגְפּ֥וֹ אֶת־מִצְרַ֖יִם וְאֶת־בָּתֵּ֣ינוּ
הִצִּ֑יל וַיִּקֹּ֥ד הָעָ֖ם וַיִּֽשְׁתַּחֲוּֽוּ ב:יב:כח וַיֵּלְכ֥וּ וַיַּעֲשׂ֖וּ בְּנֵ֣י יִשְׂרָאֵ֑ל כַּאֲשֶׁ֨ר
צִוָּ֧ה יְהוָ֛ה אֶת־מֹשֶׁ֥ה וְאַהֲרֹ֖ן כֵּ֥ן עָשֽׂוּ ב:יב:כט וַיְהִ֣י ׀ בַּחֲצִ֣י הַלַּ֗יְלָה
וַֽיהוָה֮ הִכָּ֣ה כָל־בְּכוֹר֮ בְּאֶ֣רֶץ מִצְרַיִם֒ מִבְּכֹ֤ר פַּרְעֹה֙ הַיֹּשֵׁ֣ב
עַל־כִּסְא֔וֹ עַ֚ד בְּכ֣וֹר הַשְּׁבִ֔י אֲשֶׁ֖ר בְּבֵ֣ית הַבּ֑וֹר וְכֹ֖ל בְּכ֥וֹר בְּהֵמָֽה
ב:יב:ל וַיָּ֨קָם פַּרְעֹ֜ה לַ֗יְלָה ה֤וּא וְכָל־עֲבָדָיו֙ וְכָל־מִצְרַ֔יִם וַתְּהִ֛י צְעָקָ֥ה
גְדֹלָ֖ה בְּמִצְרָ֑יִם כִּֽי־אֵ֣ין בַּ֔יִת אֲשֶׁ֥ר אֵֽין־שָׁ֖ם מֵֽת ב:יב:לא וַיִּקְרָא֩ לְמֹשֶׁ֨ה
וּֽלְאַהֲרֹ֜ן לַ֗יְלָה וַיֹּ֙אמֶר֙ ק֤וּמוּ צְּאוּ֙ מִתּ֣וֹךְ עַמִּ֔י גַּם־אַתֶּ֖ם גַּם־בְּנֵ֣י
יִשְׂרָאֵ֑ל וּלְכ֛וּ עִבְד֥וּ אֶת־יְהוָ֖ה כְּדַבֶּרְכֶֽם ב:יב:לב גַּם־צֹאנְכֶ֨ם
גַּם־בְּקַרְכֶ֥ם קְח֛וּ כַּאֲשֶׁ֥ר דִּבַּרְתֶּ֖ם וָלֵ֑כוּ וּבֵרַכְתֶּ֖ם גַּם־אֹתִֽי
ב:יב:לג וַתֶּחֱזַ֤ק מִצְרַ֙יִם֙ עַל־הָעָ֔ם לְמַהֵ֖ר לְשַׁלְּחָ֣ם מִן־הָאָ֑רֶץ כִּ֥י
אָמְר֖וּ כֻּלָּ֥נוּ מֵתִֽים ב:יב:לד וַיִּשָּׂ֥א הָעָ֛ם אֶת־בְּצֵק֖וֹ טֶ֣רֶם יֶחְמָ֑ץ
מִשְׁאֲרֹתָ֛ם צְרֻרֹ֥ת בְּשִׂמְלֹתָ֖ם עַל־שִׁכְמָֽם ב:יב:לה וּבְנֵֽי־יִשְׂרָאֵ֥ל עָשׂ֖וּ

כִּדְבַ֣ר מֹשֶׁ֑ה וַֽיִּשְׁאֲלוּ֙ מִמִּצְרַ֔יִם כְּלֵי־כֶ֛סֶף וּכְלֵ֥י זָהָ֖ב וּשְׂמָלֹֽת
ב:יב:לו וַֽיהוָ֞ה נָתַ֨ן אֶת־חֵ֥ן הָעָ֛ם בְּעֵינֵ֥י מִצְרַ֖יִם וַיַּשְׁאִל֑וּם וַיְנַצְּל֖וּ
אֶת־מִצְרָֽיִם ב:יב:לז וַיִּסְע֧וּ בְנֵֽי־יִשְׂרָאֵ֛ל מֵרַעְמְסֵ֖ס סֻכֹּ֑תָה
כְּשֵׁשׁ־מֵא֨וֹת אֶ֧לֶף רַגְלִ֛י הַגְּבָרִ֖ים לְבַ֥ד מִטָּֽף ב:יב:לח וְגַם־עֵ֥רֶב רַ֖ב
עָלָ֣ה אִתָּ֑ם וְצֹ֣אן וּבָקָ֔ר מִקְנֶ֖ה כָּבֵ֥ד מְאֹֽד ב:יב:לט וַיֹּאפ֨וּ אֶת־הַבָּצֵ֜ק
אֲשֶׁ֨ר הוֹצִ֧יאוּ מִמִּצְרַ֛יִם עֻגֹ֥ת מַצּ֖וֹת כִּ֣י לֹ֣א חָמֵ֑ץ כִּֽי־גֹרְשׁ֣וּ מִמִּצְרַ֗יִם
וְלֹ֤א יָֽכְלוּ֙ לְהִתְמַהְמֵ֔הַּ וְגַם־צֵדָ֖ה לֹא־עָשׂ֥וּ לָהֶֽם ב:יב:מ וּמוֹשַׁב֙ בְּנֵ֣י
יִשְׂרָאֵ֔ל אֲשֶׁ֥ר יָשְׁב֖וּ בְּמִצְרָ֑יִם שְׁלֹשִׁ֣ים שָׁנָ֔ה וְאַרְבַּ֥ע מֵא֖וֹת שָׁנָֽה
ב:יב:מא וַיְהִ֗י מִקֵּץ֙ שְׁלֹשִׁ֣ים שָׁנָ֔ה וְאַרְבַּ֥ע מֵא֖וֹת שָׁנָ֑ה וַיְהִ֗י בְּעֶ֙צֶם֙
הַיּ֣וֹם הַזֶּ֔ה יָֽצְא֛וּ כָּל־צִבְא֥וֹת יְהוָ֖ה מֵאֶ֥רֶץ מִצְרָֽיִם ב:יב:מב לֵ֣יל
שִׁמֻּרִ֥ים הוּא֙ לַֽיהוָ֔ה לְהוֹצִיאָ֖ם מֵאֶ֣רֶץ מִצְרָ֑יִם הֽוּא־הַלַּ֤יְלָה הַזֶּה֙
לַֽיהוָ֔ה שִׁמֻּרִ֛ים לְכָל־בְּנֵ֥י יִשְׂרָאֵ֖ל לְדֹרֹתָֽם ב:יב:מג וַיֹּ֤אמֶר יְהוָה֙
אֶל־מֹשֶׁ֣ה וְאַהֲרֹ֔ן זֹ֖את חֻקַּ֣ת הַפָּ֑סַח כָּל־בֶּן־נֵכָ֖ר לֹא־יֹ֥אכַל בּֽוֹ
ב:יב:מד וְכָל־עֶ֥בֶד אִ֖ישׁ מִקְנַת־כָּ֑סֶף וּמַלְתָּ֣ה אֹת֔וֹ אָ֖ז יֹ֥אכַל בּֽוֹ
ב:יב:מה תּוֹשָׁ֥ב וְשָׂכִ֖יר לֹא־יֹ֥אכַל־בּֽוֹ ב:יב:מו בְּבַ֤יִת אֶחָד֙ יֵֽאָכֵ֔ל
לֹא־תוֹצִ֧יא מִן־הַבַּ֛יִת מִן־הַבָּשָׂ֖ר ח֑וּצָה וְעֶ֖צֶם לֹ֥א תִשְׁבְּרוּ־בֽוֹ
ב:יב:מז כָּל־עֲדַ֥ת יִשְׂרָאֵ֖ל יַעֲשׂ֥וּ אֹתֽוֹ ב:יב:מח וְכִֽי־יָג֨וּר אִתְּךָ֜ גֵּ֗ר וְעָ֣שָׂה
פֶסַח֮ לַֽיהוָה֒ הִמּ֧וֹל ל֣וֹ כָל־זָכָ֗ר וְאָז֙ יִקְרַ֣ב לַעֲשֹׂת֔וֹ וְהָיָ֖ה כְּאֶזְרַ֣ח
הָאָ֑רֶץ וְכָל־עָרֵ֖ל לֹא־יֹ֥אכַל בּֽוֹ ב:יב:מט תּוֹרָ֣ה אַחַ֔ת יִהְיֶ֖ה לָֽאֶזְרָ֑ח
וְלַגֵּ֖ר הַגָּ֥ר בְּתוֹכְכֶֽם ב:יב:נ וַֽיַּעֲשׂ֖וּ כָּל־בְּנֵ֣י יִשְׂרָאֵ֑ל כַּאֲשֶׁ֨ר צִוָּ֧ה יְהוָ֛ה
אֶת־מֹשֶׁ֥ה וְאֶֽת־אַהֲרֹ֖ן כֵּ֥ן עָשֽׂוּ ב:יב:נא וַֽיְהִ֕י בְּעֶ֖צֶם הַיּ֣וֹם הַזֶּ֑ה הוֹצִ֨יא
יְהוָ֜ה אֶת־בְּנֵ֧י יִשְׂרָאֵ֛ל מֵאֶ֥רֶץ מִצְרַ֖יִם עַל־צִבְאֹתָֽם ב:יג:א וַיְדַבֵּ֥ר
יְהוָ֖ה אֶל־מֹשֶׁ֥ה לֵּאמֹֽר ב:יג:ב קַדֶּשׁ־לִ֨י כָל־בְּכ֜וֹר פֶּ֣טֶר כָּל־רֶ֗חֶם
בִּבְנֵ֣י יִשְׂרָאֵ֔ל בָּאָדָ֖ם וּבַבְּהֵמָ֑ה לִ֖י הֽוּא ב:יג:ג וַיֹּאמֶר֩ מֹשֶׁ֨ה אֶל־הָעָ֜ם
זָכ֞וֹר אֶת־הַיּ֣וֹם הַזֶּ֗ה אֲשֶׁ֨ר יְצָאתֶ֤ם מִמִּצְרַ֙יִם֙ מִבֵּ֣ית עֲבָדִ֔ים כִּ֚י
בְּחֹ֣זֶק יָ֔ד הוֹצִ֧יא יְהוָ֛ה אֶתְכֶ֖ם מִזֶּ֑ה וְלֹ֥א יֵאָכֵ֖ל חָמֵֽץ ב:יג:ד הַיּ֖וֹם
אַתֶּ֣ם יֹצְאִ֑ים בְּחֹ֖דֶשׁ הָאָבִֽיב ב:יג:ה וְהָיָ֣ה כִֽי־יְבִיאֲךָ֣ יְהוָ֡ה אֶל־אֶ֣רֶץ
הַֽכְּנַעֲנִ֨י וְהַחִתִּ֜י וְהָֽאֱמֹרִ֣י וְהַחִוִּ֣י וְהַיְבוּסִ֗י אֲשֶׁ֨ר נִשְׁבַּ֤ע לַאֲבֹתֶ֙יךָ֙

לָ֣תֶת לָ֔ךְ אֶ֛רֶץ זָבַ֥ת חָלָ֖ב וּדְבָ֑שׁ וְעָבַדְתָּ֛ אֶת־הָעֲבֹדָ֥ה הַזֹּ֖את בַּחֹ֥דֶשׁ
הַזֶּֽה ב:יג:ו שִׁבְעַ֥ת יָמִ֖ים תֹּאכַ֣ל מַצֹּ֑ת וּבַיּוֹם֙ הַשְּׁבִיעִ֔י חַ֖ג לַיהוָֽה
ב:יג:ז מַצּוֹת֙ יֵֽאָכֵ֔ל אֵ֖ת שִׁבְעַ֣ת הַיָּמִ֑ים וְלֹא־יֵרָאֶ֨ה לְךָ֜ חָמֵ֗ץ
וְלֹא־יֵרָאֶ֥ה לְךָ֛ שְׂאֹ֖ר בְּכָל־גְּבֻלֶֽךָ ב:יג:ח וְהִגַּדְתָּ֣ לְבִנְךָ֔ בַּיּ֥וֹם הַה֖וּא
לֵאמֹ֑ר בַּעֲב֣וּר זֶ֗ה עָשָׂ֤ה יְהוָה֙ לִ֔י בְּצֵאתִ֖י מִמִּצְרָֽיִם ב:יג:ט וְהָיָה֩ לְךָ֨
לְא֜וֹת עַל־יָדְךָ֗ וּלְזִכָּרוֹן֙ בֵּ֣ין עֵינֶ֔יךָ לְמַ֗עַן תִּהְיֶ֛ה תּוֹרַ֥ת יְהוָ֖ה בְּפִ֑יךָ כִּ֚י
בְּיָ֣ד חֲזָקָ֔ה הוֹצִֽאֲךָ֥ יְהוָ֖ה מִמִּצְרָֽיִם ב:יג:י וְשָׁמַרְתָּ֛ אֶת־הַחֻקָּ֥ה הַזֹּ֖את
לְמוֹעֲדָ֑הּ מִיָּמִ֖ים יָמִֽימָה ב:יג:יא וְהָיָ֞ה כִּֽי־יְבִֽאֲךָ֤ יְהוָה֙ אֶל־אֶ֣רֶץ
הַֽכְּנַעֲנִ֔י כַּאֲשֶׁ֛ר נִשְׁבַּ֥ע לְךָ֖ וְלַאֲבֹתֶ֑יךָ וּנְתָנָ֖הּ לָֽךְ ב:יג:יב וְהַֽעֲבַרְתָּ֥
כָל־פֶּֽטֶר־רֶ֖חֶם לַֽיהוָ֑ה וְכָל־פֶּ֣טֶר ׀ שֶׁ֣גֶר בְּהֵמָ֗ה אֲשֶׁ֨ר יִהְיֶ֥ה לְךָ֛
הַזְּכָרִ֖ים לַֽיהוָֽה ב:יג:יג וְכָל־פֶּ֤טֶר חֲמֹר֙ תִּפְדֶּ֣ה בְשֶׂ֔ה וְאִם־לֹ֥א תִפְדֶּ֖ה
וַעֲרַפְתּ֑וֹ וְכֹ֨ל בְּכ֥וֹר אָדָ֛ם בְּבָנֶ֖יךָ תִּפְדֶּֽה ב:יג:יד וְהָיָ֞ה כִּֽי־יִשְׁאָלְךָ֥ בִנְךָ֛
מָחָ֖ר לֵאמֹ֣ר מַה־זֹּ֑את וְאָמַרְתָּ֣ אֵלָ֔יו בְּחֹ֣זֶק יָ֔ד הוֹצִיאָ֧נוּ יְהוָ֛ה
מִמִּצְרַ֖יִם מִבֵּ֥ית עֲבָדִֽים ב:יג:טו וַיְהִ֗י כִּֽי־הִקְשָׁ֣ה פַרְעֹה֮ לְשַׁלְּחֵנוּ֒
וַיַּהֲרֹ֨ג יְהוָ֤ה כָּל־בְּכוֹר֙ בְּאֶ֣רֶץ מִצְרַ֔יִם מִבְּכֹ֥ר אָדָ֖ם וְעַד־בְּכ֣וֹר
בְּהֵמָ֑ה עַל־כֵּן֩ אֲנִ֨י זֹבֵ֜חַ לַֽיהוָ֗ה כָּל־פֶּ֤טֶר רֶ֙חֶם֙ הַזְּכָרִ֔ים וְכָל־בְּכ֥וֹר
בָּנַ֖י אֶפְדֶּֽה ב:יג:טז וְהָיָ֤ה לְאוֹת֙ עַל־יָ֣דְכָ֔ה וּלְטוֹטָפֹ֖ת בֵּ֣ין עֵינֶ֑יךָ כִּ֚י
בְּחֹ֣זֶק יָ֔ד הוֹצִיאָ֥נוּ יְהוָ֖ה מִמִּצְרָֽיִם ב:יג:יז וַיְהִ֗י בְּשַׁלַּ֣ח פַּרְעֹה֮
אֶת־הָעָם֒ וְלֹא־נָחָ֣ם אֱלֹהִ֗ים דֶּ֚רֶךְ אֶ֣רֶץ פְּלִשְׁתִּ֔ים כִּ֥י קָר֖וֹב ה֑וּא כִּ֣י
׀ אָמַ֣ר אֱלֹהִ֗ים פֶּֽן־יִנָּחֵ֥ם הָעָ֛ם בִּרְאֹתָ֥ם מִלְחָמָ֖ה וְשָׁ֥בוּ מִצְרָֽיְמָה
ב:יג:יח וַיַּסֵּ֨ב אֱלֹהִ֧ים ׀ אֶת־הָעָ֛ם דֶּ֥רֶךְ הַמִּדְבָּ֖ר יַם־ס֑וּף וַחֲמֻשִׁ֛ים
עָל֥וּ בְנֵֽי־יִשְׂרָאֵ֖ל מֵאֶ֥רֶץ מִצְרָֽיִם ב:יג:יט וַיִּקַּ֥ח מֹשֶׁ֛ה אֶת־עַצְמ֥וֹת
יוֹסֵ֖ף עִמּ֑וֹ כִּי֩ הַשְׁבֵּ֨עַ הִשְׁבִּ֜יעַ אֶת־בְּנֵ֤י יִשְׂרָאֵל֙ לֵאמֹ֔ר פָּקֹ֨ד יִפְקֹ֤ד
אֱלֹהִים֙ אֶתְכֶ֔ם וְהַעֲלִיתֶ֧ם אֶת־עַצְמֹתַ֛י מִזֶּ֖ה אִתְּכֶֽם ב:יג:כ וַיִּסְע֖וּ
מִסֻּכֹּ֑ת וַיַּחֲנ֣וּ בְאֵתָ֔ם בִּקְצֵ֖ה הַמִּדְבָּֽר ב:יג:כא וַֽיהוָ֡ה הֹלֵךְ֩ לִפְנֵיהֶ֨ם
יוֹמָ֜ם בְּעַמּ֤וּד עָנָן֙ לַנְחֹתָ֣ם הַדֶּ֔רֶךְ וְלַ֖יְלָה בְּעַמּ֣וּד אֵ֑שׁ לְהָאִ֣יר לָהֶ֔ם
לָלֶ֖כֶת יוֹמָ֥ם וָלָֽיְלָה ב:יג:כב לֹֽא־יָמִ֞ישׁ עַמּ֤וּד הֶֽעָנָן֙ יוֹמָ֔ם וְעַמּ֥וּד הָאֵ֖שׁ
לָ֑יְלָה לִפְנֵ֖י הָעָֽם ב:יד:א וַיְדַבֵּ֥ר יְהוָ֖ה אֶל־מֹשֶׁ֥ה לֵּאמֹֽר ב:יד:ב דַּבֵּר֮

אֶל־בְּנֵי יִשְׂרָאֵל וְיָשֻׁבוּ וְיַחֲנוּ לִפְנֵי פִּי הַחִירֹת בֵּין מִגְדֹּל וּבֵין הַיָּם
לִפְנֵי בַּעַל צְפֹן נִכְחוֹ תַחֲנוּ עַל־הַיָּם ב:יד:ג וְאָמַר פַּרְעֹה לִבְנֵי
יִשְׂרָאֵל נְבֻכִים הֵם בָּאָרֶץ סָגַר עֲלֵיהֶם הַמִּדְבָּר ב:יד:ד וְחִזַּקְתִּי
אֶת־לֵב־פַּרְעֹה וְרָדַף אַחֲרֵיהֶם וְאִכָּבְדָה בְּפַרְעֹה וּבְכָל־חֵילוֹ וְיָדְעוּ
מִצְרַיִם כִּי־אֲנִי יְהוָה וַיַּעֲשׂוּ־כֵן ב:יד:ה וַיֻּגַּד לְמֶלֶךְ מִצְרַיִם כִּי בָרַח
הָעָם וַיֵּהָפֵךְ לְבַב פַּרְעֹה וַעֲבָדָיו אֶל־הָעָם וַיֹּאמְרוּ מַה־זֹּאת עָשִׂינוּ
כִּי־שִׁלַּחְנוּ אֶת־יִשְׂרָאֵל מֵעָבְדֵנוּ ב:יד:ו וַיֶּאְסֹר אֶת־רִכְבּוֹ וְאֶת־עַמּוֹ
לָקַח עִמּוֹ ב:יד:ז וַיִּקַּח שֵׁשׁ־מֵאוֹת רֶכֶב בָּחוּר וְכֹל רֶכֶב מִצְרָיִם
וְשָׁלִשִׁם עַל־כֻּלּוֹ ב:יד:ח וַיְחַזֵּק יְהוָה אֶת־לֵב פַּרְעֹה מֶלֶךְ מִצְרַיִם
וַיִּרְדֹּף אַחֲרֵי בְּנֵי יִשְׂרָאֵל וּבְנֵי יִשְׂרָאֵל יֹצְאִים בְּיָד רָמָה ב:יד:ט וַיִּרְדְּפוּ
מִצְרַיִם אַחֲרֵיהֶם וַיַּשִּׂיגוּ אוֹתָם חֹנִים עַל־הַיָּם כָּל־סוּס רֶכֶב
פַּרְעֹה וּפָרָשָׁיו וְחֵילוֹ עַל־פִּי הַחִירֹת לִפְנֵי בַּעַל צְפֹן ב:יד:י וּפַרְעֹה
הִקְרִיב וַיִּשְׂאוּ בְנֵי־יִשְׂרָאֵל אֶת־עֵינֵיהֶם וְהִנֵּה מִצְרַיִם | נֹסֵעַ
אַחֲרֵיהֶם וַיִּירְאוּ מְאֹד וַיִּצְעֲקוּ בְנֵי־יִשְׂרָאֵל אֶל־יְהוָה ב:יד:יא וַיֹּאמְרוּ
אֶל־מֹשֶׁה הֲמִבְּלִי אֵין־קְבָרִים בְּמִצְרַיִם לְקַחְתָּנוּ לָמוּת בַּמִּדְבָּר
מַה־זֹּאת עָשִׂיתָ לָּנוּ לְהוֹצִיאָנוּ מִמִּצְרָיִם ב:יד:יב הֲלֹא־זֶה הַדָּבָר
אֲשֶׁר דִּבַּרְנוּ אֵלֶיךָ בְמִצְרַיִם לֵאמֹר חֲדַל מִמֶּנּוּ וְנַעַבְדָה
אֶת־מִצְרָיִם כִּי טוֹב לָנוּ עֲבֹד אֶת־מִצְרַיִם מִמֻּתֵנוּ בַּמִּדְבָּר
ב:יד:יג וַיֹּאמֶר מֹשֶׁה אֶל־הָעָם אַל־תִּירָאוּ הִתְיַצְּבוּ וּרְאוּ אֶת־יְשׁוּעַת
יְהוָה אֲשֶׁר־יַעֲשֶׂה לָכֶם הַיּוֹם כִּי אֲשֶׁר רְאִיתֶם אֶת־מִצְרַיִם הַיּוֹם
לֹא תֹסִפוּ לִרְאֹתָם עוֹד עַד־עוֹלָם ב:יד:יד יְהוָה יִלָּחֵם לָכֶם וְאַתֶּם
תַּחֲרִשׁוּן ב:יד:טו וַיֹּאמֶר יְהוָה אֶל־מֹשֶׁה מַה־תִּצְעַק אֵלָי דַּבֵּר
אֶל־בְּנֵי־יִשְׂרָאֵל וְיִסָּעוּ ב:יד:טז וְאַתָּה הָרֵם אֶת־מַטְּךָ וּנְטֵה אֶת־יָדְךָ
עַל־הַיָּם וּבְקָעֵהוּ וְיָבֹאוּ בְנֵי־יִשְׂרָאֵל בְּתוֹךְ הַיָּם בַּיַּבָּשָׁה ב:יד:יז וַאֲנִי
הִנְנִי מְחַזֵּק אֶת־לֵב מִצְרַיִם וְיָבֹאוּ אַחֲרֵיהֶם וְאִכָּבְדָה בְּפַרְעֹה
וּבְכָל־חֵילוֹ בְּרִכְבּוֹ וּבְפָרָשָׁיו ב:יד:יח וְיָדְעוּ מִצְרַיִם כִּי־אֲנִי יְהוָה
בְּהִכָּבְדִי בְּפַרְעֹה בְּרִכְבּוֹ וּבְפָרָשָׁיו ב:יד:יט וַיִּסַּע מַלְאַךְ הָאֱלֹהִים
הַהֹלֵךְ לִפְנֵי מַחֲנֵה יִשְׂרָאֵל וַיֵּלֶךְ מֵאַחֲרֵיהֶם וַיִּסַּע עַמּוּד הֶעָנָן

מִפְּנֵיהֶם וַיַּעֲמֹד מֵאַחֲרֵיהֶם ב:יד:כ וַיָּבֹא בֵּין | מַחֲנֵה מִצְרַיִם וּבֵין
מַחֲנֵה יִשְׂרָאֵל וַיְהִי הֶעָנָן וְהַחֹשֶׁךְ וַיָּאֶר אֶת־הַלָּיְלָה וְלֹא־קָרַב זֶה
אֶל־זֶה כָּל־הַלָּיְלָה ב:יד:כא וַיֵּט מֹשֶׁה אֶת־יָדוֹ עַל־הַיָּם וַיּוֹלֶךְ יְהוָה |
אֶת־הַיָּם בְּרוּחַ קָדִים עַזָּה כָּל־הַלַּיְלָה וַיָּשֶׂם אֶת־הַיָּם לֶחָרָבָה
וַיִּבָּקְעוּ הַמָּיִם ב:יד:כב וַיָּבֹאוּ בְנֵי־יִשְׂרָאֵל בְּתוֹךְ הַיָּם בַּיַּבָּשָׁה וְהַמַּיִם
לָהֶם חוֹמָה מִימִינָם וּמִשְּׂמֹאלָם ב:יד:כג וַיִּרְדְּפוּ מִצְרַיִם וַיָּבֹאוּ
אַחֲרֵיהֶם כֹּל סוּס פַּרְעֹה רִכְבּוֹ וּפָרָשָׁיו אֶל־תּוֹךְ הַיָּם ב:יד:כד וַיְהִי
בְּאַשְׁמֹרֶת הַבֹּקֶר וַיַּשְׁקֵף יְהוָה אֶל־מַחֲנֵה מִצְרַיִם בְּעַמּוּד אֵשׁ
וְעָנָן וַיָּהָם אֵת מַחֲנֵה מִצְרָיִם ב:יד:כה וַיָּסַר אֵת אֹפַן מַרְכְּבֹתָיו
וַיְנַהֲגֵהוּ בִּכְבֵדֻת וַיֹּאמֶר מִצְרַיִם אָנוּסָה מִפְּנֵי יִשְׂרָאֵל כִּי יְהוָה
נִלְחָם לָהֶם בְּמִצְרָיִם ב:יד:כו וַיֹּאמֶר יְהוָה אֶל־מֹשֶׁה נְטֵה אֶת־יָדְךָ
עַל־הַיָּם וְיָשֻׁבוּ הַמַּיִם עַל־מִצְרַיִם עַל־רִכְבּוֹ וְעַל־פָּרָשָׁיו ב:יד:כז וַיֵּט
מֹשֶׁה אֶת־יָדוֹ עַל־הַיָּם וַיָּשָׁב הַיָּם לִפְנוֹת בֹּקֶר לְאֵיתָנוֹ וּמִצְרַיִם
נָסִים לִקְרָאתוֹ וַיְנַעֵר יְהוָה אֶת־מִצְרַיִם בְּתוֹךְ הַיָּם ב:יד:כח וַיָּשֻׁבוּ
הַמַּיִם וַיְכַסּוּ אֶת־הָרֶכֶב וְאֶת־הַפָּרָשִׁים לְכֹל חֵיל פַּרְעֹה הַבָּאִים
אַחֲרֵיהֶם בַּיָּם לֹא־נִשְׁאַר בָּהֶם עַד־אֶחָד ב:יד:כט וּבְנֵי יִשְׂרָאֵל הָלְכוּ
בַיַּבָּשָׁה בְּתוֹךְ הַיָּם וְהַמַּיִם לָהֶם חֹמָה מִימִינָם וּמִשְּׂמֹאלָם
ב:יד:ל וַיּוֹשַׁע יְהוָה בַּיּוֹם הַהוּא אֶת־יִשְׂרָאֵל מִיַּד מִצְרָיִם וַיַּרְא
יִשְׂרָאֵל אֶת־מִצְרַיִם מֵת עַל־שְׂפַת הַיָּם ב:יד:לא וַיַּרְא יִשְׂרָאֵל
אֶת־הַיָּד הַגְּדֹלָה אֲשֶׁר עָשָׂה יְהוָה בְּמִצְרַיִם וַיִּירְאוּ הָעָם אֶת־יְהוָה
וַיַּאֲמִינוּ בַּיהוָה וּבְמֹשֶׁה עַבְדּוֹ ב:יה:א אָז יָשִׁיר־מֹשֶׁה וּבְנֵי יִשְׂרָאֵל
אֶת־הַשִּׁירָה הַזֹּאת לַיהוָה וַיֹּאמְרוּ לֵאמֹר אָשִׁירָה לַיהוָה כִּי־גָאֹה
גָּאָה סוּס וְרֹכְבוֹ רָמָה בַיָּם ב:יה:ב עָזִּי וְזִמְרָת יָהּ וַיְהִי־לִי לִישׁוּעָה
זֶה אֵלִי וְאַנְוֵהוּ אֱלֹהֵי אָבִי וַאֲרֹמְמֶנְהוּ ב:יה:ג יְהוָה אִישׁ מִלְחָמָה
יְהוָה שְׁמוֹ ב:יה:ד מַרְכְּבֹת פַּרְעֹה וְחֵילוֹ יָרָה בַיָּם וּמִבְחַר שָׁלִשָׁיו
טֻבְּעוּ בְיַם־סוּף ב:יה:ה תְּהֹמֹת יְכַסְיֻמוּ יָרְדוּ בִמְצוֹלֹת כְּמוֹ־אָבֶן
ב:יה:ו יְמִינְךָ יְהוָה נֶאְדָּרִי בַּכֹּחַ יְמִינְךָ יְהוָה תִּרְעַץ אוֹיֵב ב:יה:ז וּבְרֹב
גְּאוֹנְךָ תַּהֲרֹס קָמֶיךָ תְּשַׁלַּח חֲרֹנְךָ יֹאכְלֵמוֹ כַּקַּשׁ ב:יה:ח וּבְרוּחַ

אַפֶּיךָ נֶעֶרְמוּ מַיִם נִצְּבוּ כְמוֹ־נֵד נֹזְלִים קָפְאוּ תְהֹמֹת בְּלֶב־יָם
ב:יה:ט אָמַר אוֹיֵב אֶרְדֹּף אַשִּׂיג אֲחַלֵּק שָׁלָל תִּמְלָאֵמוֹ נַפְשִׁי אָרִיק
חַרְבִּי תּוֹרִישֵׁמוֹ יָדִי ב:יה:י נָשַׁפְתָּ בְרוּחֲךָ כִּסָּמוֹ יָם צָלֲלוּ כַּעוֹפֶרֶת
בְּמַיִם אַדִּירִים ב:יה:יא מִי־כָמֹכָה בָּאֵלִם יְהוָה מִי כָּמֹכָה נֶאְדָּר
בַּקֹּדֶשׁ נוֹרָא תְהִלֹּת עֹשֵׂה פֶלֶא ב:יה:יב נָטִיתָ יְמִינְךָ תִּבְלָעֵמוֹ אָרֶץ
ב:יה:יג נָחִיתָ בְחַסְדְּךָ עַם־זוּ גָּאָלְתָּ נֵהַלְתָּ בְעָזְּךָ אֶל־נְוֵה קָדְשֶׁךָ
ב:יה:יד שָׁמְעוּ עַמִּים יִרְגָּזוּן חִיל אָחַז יֹשְׁבֵי פְּלָשֶׁת ב:יה:יה אָז נִבְהֲלוּ
אַלּוּפֵי אֱדוֹם אֵילֵי מוֹאָב יֹאחֲזֵמוֹ רָעַד נָמֹגוּ כֹּל יֹשְׁבֵי כְנָעַן
ב:יה:יו תִּפֹּל עֲלֵיהֶם אֵימָתָה וָפַחַד בִּגְדֹל זְרוֹעֲךָ יִדְּמוּ כָּאָבֶן
עַד־יַעֲבֹר עַמְּךָ יְהוָה עַד־יַעֲבֹר עַם־זוּ קָנִיתָ ב:יה:יז תְּבִאֵמוֹ
וְתִטָּעֵמוֹ בְּהַר נַחֲלָתְךָ מָכוֹן לְשִׁבְתְּךָ פָּעַלְתָּ יְהוָה מִקְּדָשׁ אֲדֹנָי
כּוֹנְנוּ יָדֶיךָ ב:יה:יח יְהוָה | יִמְלֹךְ לְעֹלָם וָעֶד ב:יה:יט כִּי בָא סוּס
פַּרְעֹה בְּרִכְבּוֹ וּבְפָרָשָׁיו בַּיָּם וַיָּשֶׁב יְהוָה עֲלֵהֶם אֶת־מֵי הַיָּם וּבְנֵי
יִשְׂרָאֵל הָלְכוּ בַיַּבָּשָׁה בְּתוֹךְ הַיָּם ב:יה:כ וַתִּקַּח מִרְיָם הַנְּבִיאָה
אֲחוֹת אַהֲרֹן אֶת־הַתֹּף בְּיָדָהּ וַתֵּצֶאןָ כָל־הַנָּשִׁים אַחֲרֶיהָ בְּתֻפִּים
וּבִמְחֹלֹת ב:יה:כא וַתַּעַן לָהֶם מִרְיָם שִׁירוּ לַיהוָה כִּי־גָאֹה גָּאָה סוּס
וְרֹכְבוֹ רָמָה בַיָּם ב:יה:כב וַיַּסַּע מֹשֶׁה אֶת־יִשְׂרָאֵל מִיַּם־סוּף וַיֵּצְאוּ
אֶל־מִדְבַּר־שׁוּר וַיֵּלְכוּ שְׁלֹשֶׁת־יָמִים בַּמִּדְבָּר וְלֹא־מָצְאוּ מָיִם
ב:יה:כג וַיָּבֹאוּ מָרָתָה וְלֹא יָכְלוּ לִשְׁתֹּת מַיִם מִמָּרָה כִּי מָרִים הֵם
עַל־כֵּן קָרָא־שְׁמָהּ מָרָה ב:יה:כד וַיִּלֹּנוּ הָעָם עַל־מֹשֶׁה לֵּאמֹר
מַה־נִּשְׁתֶּה ב:יה:כה וַיִּצְעַק אֶל־יְהוָה וַיּוֹרֵהוּ יְהוָה עֵץ וַיַּשְׁלֵךְ
אֶל־הַמַּיִם וַיִּמְתְּקוּ הַמָּיִם שָׁם שָׂם לוֹ חֹק וּמִשְׁפָּט וְשָׁם נִסָּהוּ
ב:יה:כו וַיֹּאמֶר אִם־שָׁמוֹעַ תִּשְׁמַע לְקוֹל | יְהוָה אֱלֹהֶיךָ וְהַיָּשָׁר
בְּעֵינָיו תַּעֲשֶׂה וְהַאֲזַנְתָּ לְמִצְוֹתָיו וְשָׁמַרְתָּ כָּל־חֻקָּיו כָּל־הַמַּחֲלָה
אֲשֶׁר־שַׂמְתִּי בְמִצְרַיִם לֹא־אָשִׂים עָלֶיךָ כִּי אֲנִי יְהוָה רֹפְאֶךָ
ב:יה:כז וַיָּבֹאוּ אֵילִמָה וְשָׁם שְׁתֵּים עֶשְׂרֵה עֵינֹת מַיִם וְשִׁבְעִים
תְּמָרִים וַיַּחֲנוּ־שָׁם עַל־הַמָּיִם ב:יו:א וַיִּסְעוּ מֵאֵילִם וַיָּבֹאוּ כָּל־עֲדַת
בְּנֵי־יִשְׂרָאֵל אֶל־מִדְבַּר־סִין אֲשֶׁר בֵּין־אֵילִם וּבֵין סִינָי בַּחֲמִשָּׁה

עָשָׂ֥ר י֛וֹם לַחֹ֣דֶשׁ הַשֵּׁנִ֔י לְצֵאתָ֖ם מֵאֶ֥רֶץ מִצְרָֽיִם ב:יו:ב וילינו [וַיִּלּ֜וֹנוּ]
כָּל־עֲדַ֧ת בְּנֵֽי־יִשְׂרָאֵ֛ל עַל־מֹשֶׁ֥ה וְעַֽל־אַהֲרֹ֖ן בַּמִּדְבָּֽר ב:יו:ג וַיֹּאמְר֨וּ
אֲלֵהֶ֜ם בְּנֵ֣י יִשְׂרָאֵ֗ל מִֽי־יִתֵּ֨ן מוּתֵ֤נוּ בְיַד־יְהוָה֙ בְּאֶ֣רֶץ מִצְרַ֔יִם
בְּשִׁבְתֵּ֙נוּ֙ עַל־סִ֣יר הַבָּשָׂ֔ר בְּאָכְלֵ֥נוּ לֶ֖חֶם לָשֹׂ֑בַע כִּֽי־הוֹצֵאתֶ֤ם אֹתָ֙נוּ֙
אֶל־הַמִּדְבָּ֣ר הַזֶּ֔ה לְהָמִ֛ית אֶת־כָּל־הַקָּהָ֥ל הַזֶּ֖ה בָּרָעָֽב ב:יו:ד וַיֹּ֤אמֶר
יְהוָה֙ אֶל־מֹשֶׁ֔ה הִנְנִ֨י מַמְטִ֥יר לָכֶ֛ם לֶ֖חֶם מִן־הַשָּׁמָ֑יִם וְיָצָ֨א הָעָ֤ם
וְלָֽקְטוּ֙ דְּבַר־י֣וֹם בְּיוֹמ֔וֹ לְמַ֧עַן אֲנַסֶּ֛נּוּ הֲיֵלֵ֥ךְ בְּתוֹרָתִ֖י אִם־לֹֽא
ב:יו:ה וְהָיָה֙ בַּיּ֣וֹם הַשִּׁשִּׁ֔י וְהֵכִ֖ינוּ אֵ֣ת אֲשֶׁר־יָבִ֑יאוּ וְהָיָ֣ה מִשְׁנֶ֔ה עַ֥ל
אֲשֶֽׁר־יִלְקְט֖וּ י֥וֹם | יֽוֹם ב:יו:ו וַיֹּ֤אמֶר מֹשֶׁה֙ וְאַהֲרֹ֔ן אֶֽל־כָּל־בְּנֵ֖י
יִשְׂרָאֵ֑ל עֶ֕רֶב וִידַעְתֶּ֕ם כִּ֧י יְהוָ֛ה הוֹצִ֥יא אֶתְכֶ֖ם מֵאֶ֥רֶץ מִצְרָֽיִם
ב:יו:ז וּבֹ֗קֶר וּרְאִיתֶם֙ אֶת־כְּב֣וֹד יְהוָ֔ה בְּשָׁמְע֥וֹ אֶת־תְּלֻנֹּתֵיכֶ֖ם
עַל־יְהוָ֑ה וְנַ֣חְנוּ מָ֔ה כִּ֥י תלונו [תַלִּ֖ינוּ] עָלֵֽינוּ ב:יו:ח וַיֹּ֣אמֶר מֹשֶׁ֗ה
בְּתֵ֣ת יְהוָה֩ לָכֶ֨ם בָּעֶ֜רֶב בָּשָׂ֣ר לֶאֱכֹ֗ל וְלֶ֤חֶם בַּבֹּ֙קֶר֙ לִשְׂבֹּ֔עַ בִּשְׁמֹ֣עַ
יְהוָה֙ אֶת־תְּלֻנֹּ֣תֵיכֶ֔ם אֲשֶׁר־אַתֶּ֥ם מַלִּינִ֖ם עָלָ֑יו וְנַ֣חְנוּ מָ֔ה לֹא־עָלֵ֥ינוּ
תְלֻנֹּתֵיכֶ֖ם כִּ֥י עַל־יְהוָֽה ב:יו:ט וַיֹּ֤אמֶר מֹשֶׁה֙ אֶֽל־אַהֲרֹ֔ן אֱמֹ֗ר
אֶֽל־כָּל־עֲדַת֙ בְּנֵ֣י יִשְׂרָאֵ֔ל קִרְב֖וּ לִפְנֵ֣י יְהוָ֑ה כִּ֣י שָׁמַ֔ע אֵ֖ת תְּלֻנֹּתֵיכֶֽם
ב:יו:י וַיְהִ֗י כְּדַבֵּ֤ר אַהֲרֹן֙ אֶל־כָּל־עֲדַ֣ת בְּנֵֽי־יִשְׂרָאֵ֔ל וַיִּפְנ֖וּ אֶל־הַמִּדְבָּ֑ר
וְהִנֵּה֙ כְּב֣וֹד יְהוָ֔ה נִרְאָ֖ה בֶּעָנָֽן ב:יו:יא וַיְדַבֵּ֥ר יְהוָ֖ה אֶל־מֹשֶׁ֥ה לֵּאמֹֽר
ב:יו:יב שָׁמַ֗עְתִּי אֶת־תְּלוּנֹּת֮ בְּנֵ֣י יִשְׂרָאֵל֒ דַּבֵּ֨ר אֲלֵהֶ֜ם לֵאמֹ֗ר בֵּ֤ין
הָֽעַרְבַּ֙יִם֙ תֹּאכְל֣וּ בָשָׂ֔ר וּבַבֹּ֖קֶר תִּשְׂבְּעוּ־לָ֑חֶם וִֽידַעְתֶּ֕ם כִּ֛י אֲנִ֥י יְהוָ֖ה
אֱלֹהֵיכֶֽם ב:יו:יג וַיְהִ֣י בָעֶ֔רֶב וַתַּ֣עַל הַשְּׂלָ֔ו וַתְּכַ֖ס אֶת־הַֽמַּחֲנֶ֑ה וּבַבֹּ֗קֶר
הָֽיְתָה֙ שִׁכְבַ֣ת הַטַּ֔ל סָבִ֖יב לַֽמַּחֲנֶֽה ב:יו:יד וַתַּ֖עַל שִׁכְבַ֣ת הַטָּ֑ל וְהִנֵּ֞ה
עַל־פְּנֵ֣י הַמִּדְבָּ֗ר דַּ֚ק מְחֻסְפָּ֔ס דַּ֥ק כַּכְּפֹ֖ר עַל־הָאָֽרֶץ ב:יו:טו וַיִּרְא֣וּ
בְנֵֽי־יִשְׂרָאֵ֗ל וַיֹּאמְר֜וּ אִ֤ישׁ אֶל־אָחִיו֙ מָ֣ן ה֔וּא כִּ֛י לֹ֥א יָדְע֖וּ מַה־ה֑וּא
וַיֹּ֤אמֶר מֹשֶׁה֙ אֲלֵהֶ֔ם ה֣וּא הַלֶּ֔חֶם אֲשֶׁ֨ר נָתַ֧ן יְהוָ֛ה לָכֶ֖ם לְאָכְלָֽה
ב:יו:טז זֶ֤ה הַדָּבָר֙ אֲשֶׁ֣ר צִוָּ֣ה יְהוָ֔ה לִקְט֣וּ מִמֶּ֔נּוּ אִ֖ישׁ לְפִ֣י אָכְל֑וֹ עֹ֣מֶר
לַגֻּלְגֹּ֗לֶת מִסְפַּר֙ נַפְשֹׁ֣תֵיכֶ֔ם אִ֛ישׁ לַאֲשֶׁ֥ר בְּאָהֳל֖וֹ תִּקָּֽחוּ
ב:יו:יז וַיַּֽעֲשׂוּ־כֵ֖ן בְּנֵ֣י יִשְׂרָאֵ֑ל וַֽיִּלְקְט֔וּ הַמַּרְבֶּ֖ה וְהַמַּמְעִֽיט ב:יו:יח וַיָּמֹ֣דּוּ

בָעֹמֶר וְלֹא הֶעְדִּיף הַמַּרְבֶּה וְהַמַּמְעִיט לֹא הֶחְסִיר אִישׁ
לְפִי־אָכְלוֹ לָקָטוּ ב:יו:יט וַיֹּאמֶר מֹשֶׁה אֲלֵהֶם אִישׁ אַל־יוֹתֵר מִמֶּנּוּ
עַד־בֹּקֶר ב:יו:כ וְלֹא־שָׁמְעוּ אֶל־מֹשֶׁה וַיּוֹתִרוּ אֲנָשִׁים מִמֶּנּוּ עַד־בֹּקֶר
וַיָּרֻם תּוֹלָעִים וַיִּבְאַשׁ וַיִּקְצֹף עֲלֵהֶם מֹשֶׁה ב:יו:כא וַיִּלְקְטוּ אֹתוֹ
בַּבֹּקֶר בַּבֹּקֶר אִישׁ כְּפִי אָכְלוֹ וְחַם הַשֶּׁמֶשׁ וְנָמָס ב:יו:כב וַיְהִי | בַּיּוֹם
הַשִּׁשִּׁי לָקְטוּ לֶחֶם מִשְׁנֶה שְׁנֵי הָעֹמֶר לָאֶחָד וַיָּבֹאוּ כָּל־נְשִׂיאֵי
הָעֵדָה וַיַּגִּידוּ לְמֹשֶׁה ב:יו:כג וַיֹּאמֶר אֲלֵהֶם הוּא אֲשֶׁר דִּבֶּר יְהוָה
שַׁבָּתוֹן שַׁבַּת־קֹדֶשׁ לַיהוָה מָחָר אֵת אֲשֶׁר־תֹּאפוּ אֵפוּ וְאֵת
אֲשֶׁר־תְּבַשְּׁלוּ בַּשֵּׁלוּ וְאֵת כָּל־הָעֹדֵף הַנִּיחוּ לָכֶם לְמִשְׁמֶרֶת
עַד־הַבֹּקֶר ב:יו:כד וַיַּנִּיחוּ אֹתוֹ עַד־הַבֹּקֶר כַּאֲשֶׁר צִוָּה מֹשֶׁה וְלֹא
הִבְאִישׁ וְרִמָּה לֹא־הָיְתָה בּוֹ ב:יו:כה וַיֹּאמֶר מֹשֶׁה אִכְלֻהוּ הַיּוֹם
כִּי־שַׁבָּת הַיּוֹם לַיהוָה הַיּוֹם לֹא תִמְצָאֻהוּ בַּשָּׂדֶה ב:יו:כו שֵׁשֶׁת יָמִים
תִּלְקְטֻהוּ וּבַיּוֹם הַשְּׁבִיעִי שַׁבָּת לֹא יִהְיֶה־בּוֹ ב:יו:כז וַיְהִי בַּיּוֹם
הַשְּׁבִיעִי יָצְאוּ מִן־הָעָם לִלְקֹט וְלֹא מָצָאוּ ב:יו:כח וַיֹּאמֶר יְהוָה
אֶל־מֹשֶׁה עַד־אָנָה מֵאַנְתֶּם לִשְׁמֹר מִצְוֹתַי וְתוֹרֹתָי ב:יו:כט רְאוּ
כִּי־יְהוָה נָתַן לָכֶם הַשַּׁבָּת עַל־כֵּן הוּא נֹתֵן לָכֶם בַּיּוֹם הַשִּׁשִּׁי לֶחֶם
יוֹמָיִם שְׁבוּ | אִישׁ תַּחְתָּיו אַל־יֵצֵא אִישׁ מִמְּקֹמוֹ בַּיּוֹם הַשְּׁבִיעִי
ב:יו:ל וַיִּשְׁבְּתוּ הָעָם בַּיּוֹם הַשְּׁבִעִי ב:יו:לא וַיִּקְרְאוּ בֵית־יִשְׂרָאֵל
אֶת־שְׁמוֹ מָן וְהוּא כְּזֶרַע גַּד לָבָן וְטַעְמוֹ כְּצַפִּיחִת בִּדְבָשׁ
ב:יו:לב וַיֹּאמֶר מֹשֶׁה זֶה הַדָּבָר אֲשֶׁר צִוָּה יְהוָה מְלֹא הָעֹמֶר מִמֶּנּוּ
לְמִשְׁמֶרֶת לְדֹרֹתֵיכֶם לְמַעַן | יִרְאוּ אֶת־הַלֶּחֶם אֲשֶׁר הֶאֱכַלְתִּי
אֶתְכֶם בַּמִּדְבָּר בְּהוֹצִיאִי אֶתְכֶם מֵאֶרֶץ מִצְרָיִם ב:יו:לג וַיֹּאמֶר מֹשֶׁה
אֶל־אַהֲרֹן קַח צִנְצֶנֶת אַחַת וְתֶן־שָׁמָּה מְלֹא־הָעֹמֶר מָן וְהַנַּח אֹתוֹ
לִפְנֵי יְהוָה לְמִשְׁמֶרֶת לְדֹרֹתֵיכֶם ב:יו:לד כַּאֲשֶׁר צִוָּה יְהוָה אֶל־מֹשֶׁה
וַיַּנִּיחֵהוּ אַהֲרֹן לִפְנֵי הָעֵדֻת לְמִשְׁמָרֶת ב:יו:לה וּבְנֵי יִשְׂרָאֵל אָכְלוּ
אֶת־הַמָּן אַרְבָּעִים שָׁנָה עַד־בֹּאָם אֶל־אֶרֶץ נוֹשָׁבֶת אֶת־הַמָּן אָכְלוּ
עַד־בֹּאָם אֶל־קְצֵה אֶרֶץ כְּנָעַן ב:יו:לו וְהָעֹמֶר עֲשִׂרִית הָאֵיפָה הוּא
ב:יז:א וַיִּסְעוּ כָּל־עֲדַת בְּנֵי־יִשְׂרָאֵל מִמִּדְבַּר־סִין לְמַסְעֵיהֶם עַל־פִּי

יְהוָה וַיַּחֲנוּ בִּרְפִידִים וְאֵין מַיִם לִשְׁתֹּת הָעָם ב:יז:ב וַיָּרֶב הָעָם
עִם־מֹשֶׁה וַיֹּאמְרוּ תְּנוּ־לָנוּ מַיִם וְנִשְׁתֶּה וַיֹּאמֶר לָהֶם מֹשֶׁה
מַה־תְּרִיבוּן עִמָּדִי מַה־תְּנַסּוּן אֶת־יְהוָה ב:יז:ג וַיִּצְמָא שָׁם הָעָם
לַמַּיִם וַיָּלֶן הָעָם עַל־מֹשֶׁה וַיֹּאמֶר לָמָּה זֶּה הֶעֱלִיתָנוּ מִמִּצְרַיִם
לְהָמִית אֹתִי וְאֶת־בָּנַי וְאֶת־מִקְנַי בַּצָּמָא ב:יז:ד וַיִּצְעַק מֹשֶׁה
אֶל־יְהוָה לֵאמֹר מָה אֶעֱשֶׂה לָעָם הַזֶּה עוֹד מְעַט וּסְקָלֻנִי
ב:יז:ה וַיֹּאמֶר יְהוָה אֶל־מֹשֶׁה עֲבֹר לִפְנֵי הָעָם וְקַח אִתְּךָ מִזִּקְנֵי
יִשְׂרָאֵל וּמַטְּךָ אֲשֶׁר הִכִּיתָ בּוֹ אֶת־הַיְאֹר קַח בְּיָדְךָ וְהָלָכְתָּ
ב:יז:ו הִנְנִי עֹמֵד לְפָנֶיךָ שָּׁם | עַל־הַצּוּר בְּחֹרֵב וְהִכִּיתָ בַצּוּר וְיָצְאוּ
מִמֶּנּוּ מַיִם וְשָׁתָה הָעָם וַיַּעַשׂ כֵּן מֹשֶׁה לְעֵינֵי זִקְנֵי יִשְׂרָאֵל
ב:יז:ז וַיִּקְרָא שֵׁם הַמָּקוֹם מַסָּה וּמְרִיבָה עַל־רִיב | בְּנֵי יִשְׂרָאֵל וְעַל
נַסֹּתָם אֶת־יְהוָה לֵאמֹר הֲיֵשׁ יְהוָה בְּקִרְבֵּנוּ אִם־אָיִן ב:יז:ח וַיָּבֹא
עֲמָלֵק וַיִּלָּחֶם עִם־יִשְׂרָאֵל בִּרְפִידִם ב:יז:ט וַיֹּאמֶר מֹשֶׁה אֶל־יְהוֹשֻׁעַ
בְּחַר־לָנוּ אֲנָשִׁים וְצֵא הִלָּחֵם בַּעֲמָלֵק מָחָר אָנֹכִי נִצָּב עַל־רֹאשׁ
הַגִּבְעָה וּמַטֵּה הָאֱלֹהִים בְּיָדִי ב:יז:י וַיַּעַשׂ יְהוֹשֻׁעַ כַּאֲשֶׁר אָמַר־לוֹ
מֹשֶׁה לְהִלָּחֵם בַּעֲמָלֵק וּמֹשֶׁה אַהֲרֹן וְחוּר עָלוּ רֹאשׁ הַגִּבְעָה
ב:יז:יא וְהָיָה כַּאֲשֶׁר יָרִים מֹשֶׁה יָדוֹ וְגָבַר יִשְׂרָאֵל וְכַאֲשֶׁר יָנִיחַ יָדוֹ
וְגָבַר עֲמָלֵק ב:יז:יב וִידֵי מֹשֶׁה כְּבֵדִים וַיִּקְחוּ־אֶבֶן וַיָּשִׂימוּ תַחְתָּיו
וַיֵּשֶׁב עָלֶיהָ וְאַהֲרֹן וְחוּר תָּמְכוּ בְיָדָיו מִזֶּה אֶחָד וּמִזֶּה אֶחָד וַיְהִי
יָדָיו אֱמוּנָה עַד־בֹּא הַשָּׁמֶשׁ ב:יז:יג וַיַּחֲלֹשׁ יְהוֹשֻׁעַ אֶת־עֲמָלֵק
וְאֶת־עַמּוֹ לְפִי־חָרֶב ב:יז:יד וַיֹּאמֶר יְהוָה אֶל־מֹשֶׁה כְּתֹב זֹאת זִכָּרוֹן
בַּסֵּפֶר וְשִׂים בְּאָזְנֵי יְהוֹשֻׁעַ כִּי־מָחֹה אֶמְחֶה אֶת־זֵכֶר עֲמָלֵק
מִתַּחַת הַשָּׁמָיִם ב:יז:יה וַיִּבֶן מֹשֶׁה מִזְבֵּחַ וַיִּקְרָא שְׁמוֹ יְהוָה | נִסִּי
ב:יז:יו וַיֹּאמֶר כִּי־יָד עַל־כֵּס יָהּ מִלְחָמָה לַיהוָה בַּעֲמָלֵק מִדֹּר דֹּר
ב:יח:א וַיִּשְׁמַע יִתְרוֹ כֹהֵן מִדְיָן חֹתֵן מֹשֶׁה אֵת כָּל־אֲשֶׁר עָשָׂה
אֱלֹהִים לְמֹשֶׁה וּלְיִשְׂרָאֵל עַמּוֹ כִּי־הוֹצִיא יְהוָה אֶת־יִשְׂרָאֵל
מִמִּצְרָיִם ב:יח:ב וַיִּקַּח יִתְרוֹ חֹתֵן מֹשֶׁה אֶת־צִפֹּרָה אֵשֶׁת מֹשֶׁה
אַחַר שִׁלּוּחֶיהָ ב:יח:ג וְאֵת שְׁנֵי בָנֶיהָ אֲשֶׁר שֵׁם הָאֶחָד גֵּרְשֹׁם כִּי

אָמַ֕ר גֵּ֣ר הָיִ֔יתִי בְּאֶ֖רֶץ נָכְרִיָּֽה ב:יח:ד וְשֵׁ֥ם הָאֶחָ֖ד אֱלִיעֶ֑זֶר כִּֽי־אֱלֹהֵ֤י
אָבִי֙ בְּעֶזְרִ֔י וַיַּצִּלֵ֖נִי מֵחֶ֥רֶב פַּרְעֹֽה ב:יח:ה וַיָּבֹ֞א יִתְר֨וֹ חֹתֵ֥ן מֹשֶׁ֛ה וּבָנָ֥יו
וְאִשְׁתּ֖וֹ אֶל־מֹשֶׁ֑ה אֶל־הַמִּדְבָּ֗ר אֲשֶׁר־ה֛וּא חֹנֶ֥ה שָׁ֖ם הַ֥ר הָאֱלֹהִֽים
ב:יח:ו וַיֹּ֙אמֶר֙ אֶל־מֹשֶׁ֔ה אֲנִ֛י חֹתֶנְךָ֥ יִתְר֖וֹ בָּ֣א אֵלֶ֑יךָ וְאִ֨שְׁתְּךָ֔ וּשְׁנֵ֥י
בָנֶ֖יהָ עִמָּֽהּ ב:יח:ז וַיֵּצֵ֨א מֹשֶׁ֜ה לִקְרַ֣את חֹֽתְנ֗וֹ וַיִּשְׁתַּ֙חוּ֙ וַיִּשַּׁק־ל֔וֹ
וַיִּשְׁאֲל֥וּ אִישׁ־לְרֵעֵ֖הוּ לְשָׁל֑וֹם וַיָּבֹ֖אוּ הָאֹֽהֱלָה ב:יח:ח וַיְסַפֵּ֤ר מֹשֶׁה֙
לְחֹ֣תְנ֔וֹ אֵת֩ כָּל־אֲשֶׁ֨ר עָשָׂ֤ה יְהוָה֙ לְפַרְעֹ֣ה וּלְמִצְרַ֔יִם עַ֖ל אוֹדֹ֣ת
יִשְׂרָאֵ֑ל אֵ֤ת כָּל־הַתְּלָאָה֙ אֲשֶׁ֣ר מְצָאָ֣תַם בַּדֶּ֔רֶךְ וַיַּצִּלֵ֖ם יְהוָֽה
ב:יח:ט וַיִּ֣חַדְּ יִתְר֔וֹ עַ֚ל כָּל־הַטּוֹבָ֔ה אֲשֶׁר־עָשָׂ֥ה יְהוָ֖ה לְיִשְׂרָאֵ֑ל אֲשֶׁ֥ר
הִצִּיל֖וֹ מִיַּ֥ד מִצְרָֽיִם ב:יח:י וַיֹּאמֶר֮ יִתְרוֹ֒ בָּר֣וּךְ יְהוָ֔ה אֲשֶׁ֨ר הִצִּ֥יל
אֶתְכֶ֛ם מִיַּ֥ד מִצְרַ֖יִם וּמִיַּ֣ד פַּרְעֹ֑ה אֲשֶׁ֤ר הִצִּיל֙ אֶת־הָעָ֔ם מִתַּ֖חַת
יַד־מִצְרָֽיִם ב:יח:יא עַתָּ֣ה יָדַ֔עְתִּי כִּֽי־גָד֥וֹל יְהוָ֖ה מִכָּל־הָאֱלֹהִ֑ים כִּ֣י
בַדָּבָ֔ר אֲשֶׁ֥ר זָד֖וּ עֲלֵיהֶֽם ב:יח:יב וַיִּקַּ֞ח יִתְר֨וֹ חֹתֵ֥ן מֹשֶׁ֛ה עֹלָ֥ה וּזְבָחִ֖ים
לֵֽאלֹהִ֑ים וַיָּבֹ֨א אַהֲרֹ֜ן וְכֹ֣ל ׀ זִקְנֵ֣י יִשְׂרָאֵ֗ל לֶאֱכָל־לֶ֛חֶם עִם־חֹתֵ֥ן
מֹשֶׁ֖ה לִפְנֵ֥י הָאֱלֹהִֽים ב:יח:יג וַיְהִי֙ מִֽמָּחֳרָ֔ת וַיֵּ֥שֶׁב מֹשֶׁ֖ה לִשְׁפֹּ֣ט
אֶת־הָעָ֑ם וַיַּעֲמֹ֤ד הָעָם֙ עַל־מֹשֶׁ֔ה מִן־הַבֹּ֖קֶר עַד־הָעָֽרֶב ב:יח:יד וַיַּרְא֙
חֹתֵ֣ן מֹשֶׁ֔ה אֵ֛ת כָּל־אֲשֶׁר־ה֥וּא עֹשֶׂ֖ה לָעָ֑ם וַיֹּ֗אמֶר מָֽה־הַדָּבָ֤ר הַזֶּה֙
אֲשֶׁ֨ר אַתָּ֤ה עֹשֶׂה֙ לָעָ֔ם מַדּ֗וּעַ אַתָּ֤ה יוֹשֵׁב֙ לְבַדֶּ֔ךָ וְכָל־הָעָ֛ם נִצָּ֥ב
עָלֶ֖יךָ מִן־בֹּ֥קֶר עַד־עָֽרֶב ב:יח:טו וַיֹּ֥אמֶר מֹשֶׁ֖ה לְחֹתְנ֑וֹ כִּֽי־יָבֹ֥א אֵלַ֛י
הָעָ֖ם לִדְרֹ֥שׁ אֱלֹהִֽים ב:יח:טז כִּֽי־יִהְיֶ֨ה לָהֶ֤ם דָּבָר֙ בָּ֣א אֵלַ֔י וְשָׁ֣פַטְתִּ֔י
בֵּ֥ין אִ֖ישׁ וּבֵ֣ין רֵעֵ֑הוּ וְהוֹדַעְתִּ֛י אֶת־חֻקֵּ֥י הָאֱלֹהִ֖ים וְאֶת־תּוֹרֹתָֽיו
ב:יח:יז וַיֹּ֛אמֶר חֹתֵ֥ן מֹשֶׁ֖ה אֵלָ֑יו לֹא־טוֹב֙ הַדָּבָ֔ר אֲשֶׁ֥ר אַתָּ֖ה עֹשֶֽׂה
ב:יח:יח נָבֹ֣ל תִּבֹּ֔ל גַּם־אַתָּ֕ה גַּם־הָעָ֥ם הַזֶּ֖ה אֲשֶׁ֣ר עִמָּ֑ךְ כִּֽי־כָבֵ֤ד מִמְּךָ֙
הַדָּבָ֔ר לֹא־תוּכַ֥ל עֲשֹׂ֖הוּ לְבַדֶּֽךָ ב:יח:יט עַתָּ֞ה שְׁמַ֤ע בְּקֹלִי֙ אִיעָ֣צְךָ֔ וִיהִ֥י
אֱלֹהִ֖ים עִמָּ֑ךְ הֱיֵ֧ה אַתָּ֣ה לָעָ֗ם מ֚וּל הָֽאֱלֹהִ֔ים וְהֵבֵאתָ֥ אַתָּ֛ה
אֶת־הַדְּבָרִ֖ים אֶל־הָאֱלֹהִֽים ב:יח:כ וְהִזְהַרְתָּ֣ה אֶתְהֶ֔ם אֶת־הַחֻקִּ֖ים
וְאֶת־הַתּוֹרֹ֑ת וְהוֹדַעְתָּ֣ לָהֶ֗ם אֶת־הַדֶּ֙רֶךְ֙ יֵ֣לְכוּ בָ֔הּ וְאֶת־הַֽמַּעֲשֶׂ֖ה
אֲשֶׁ֥ר יַעֲשֽׂוּן ב:יח:כא וְאַתָּ֧ה תֶחֱזֶ֣ה מִכָּל־הָעָ֡ם אַנְשֵׁי־חַ֠יִל יִרְאֵ֧י

אֱלֹהִ֛ים אַנְשֵׁ֥י אֱמֶ֖ת שֹׂ֣נְאֵי בָ֑צַע וְשַׂמְתָּ֣ עֲלֵהֶ֗ם שָׂרֵ֤י אֲלָפִים֙ שָׂרֵ֣י
מֵא֔וֹת שָׂרֵ֥י חֲמִשִּׁ֖ים וְשָׂרֵ֥י עֲשָׂרֹֽת ב:יח:כב וְשָׁפְט֣וּ אֶת־הָעָם֮
בְּכָל־עֵת֒ וְהָיָ֞ה כָּל־הַדָּבָ֤ר הַגָּדֹל֙ יָבִ֣יאוּ אֵלֶ֔יךָ וְכָל־הַדָּבָ֥ר הַקָּטֹ֖ן
יִשְׁפְּטוּ־הֵ֑ם וְהָקֵל֙ מֵֽעָלֶ֔יךָ וְנָשְׂא֖וּ אִתָּֽךְ ב:יח:כג אִ֣ם אֶת־הַדָּבָ֤ר הַזֶּה֙
תַּעֲשֶׂ֔ה וְצִוְּךָ֣ אֱלֹהִ֔ים וְיָכָלְתָּ֖ עֲמֹ֑ד וְגַם֙ כָּל־הָעָ֣ם הַזֶּ֔ה עַל־מְקֹמ֖וֹ
יָבֹ֥א בְשָׁלֽוֹם ב:יח:כד וַיִּשְׁמַ֥ע מֹשֶׁ֖ה לְק֣וֹל חֹתְנ֑וֹ וַיַּ֕עַשׂ כֹּ֖ל אֲשֶׁ֥ר אָמָֽר
ב:יח:כה וַיִּבְחַ֨ר מֹשֶׁ֤ה אַנְשֵׁי־חַ֙יִל֙ מִכָּל־יִשְׂרָאֵ֔ל וַיִּתֵּ֥ן אֹתָ֛ם רָאשִׁ֖ים
עַל־הָעָ֑ם שָׂרֵ֤י אֲלָפִים֙ שָׂרֵ֣י מֵא֔וֹת שָׂרֵ֥י חֲמִשִּׁ֖ים וְשָׂרֵ֥י עֲשָׂרֹֽת
ב:יח:כו וְשָׁפְט֥וּ אֶת־הָעָ֖ם בְּכָל־עֵ֑ת אֶת־הַדָּבָ֤ר הַקָּשֶׁה֙ יְבִיא֣וּן
אֶל־מֹשֶׁ֔ה וְכָל־הַדָּבָ֥ר הַקָּטֹ֖ן יִשְׁפּוּט֥וּ הֵֽם ב:יח:כז וַיְשַׁלַּ֥ח מֹשֶׁ֖ה
אֶת־חֹתְנ֑וֹ וַיֵּ֥לֶךְ ל֖וֹ אֶל־אַרְצֽוֹ ב:יט:א בַּחֹ֙דֶשׁ֙ הַשְּׁלִישִׁ֔י לְצֵ֥את
בְּנֵי־יִשְׂרָאֵ֖ל מֵאֶ֣רֶץ מִצְרָ֑יִם בַּיּ֣וֹם הַזֶּ֔ה בָּ֖אוּ מִדְבַּ֥ר סִינָֽי ב:יט:ב וַיִּסְע֣וּ
מֵרְפִידִ֗ים וַיָּבֹ֙אוּ֙ מִדְבַּ֣ר סִינַ֔י וַֽיַּחֲנ֖וּ בַּמִּדְבָּ֑ר וַיִּֽחַן־שָׁ֥ם יִשְׂרָאֵ֖ל נֶ֥גֶד
הָהָֽר ב:יט:ג וּמֹשֶׁ֥ה עָלָ֖ה אֶל־הָאֱלֹהִ֑ים וַיִּקְרָ֨א אֵלָ֤יו יְהוָה֙ מִן־הָהָ֣ר
לֵאמֹ֔ר כֹּ֤ה תֹאמַר֙ לְבֵ֣ית יַעֲקֹ֔ב וְתַגֵּ֖יד לִבְנֵ֥י יִשְׂרָאֵֽל ב:יט:ד אַתֶּ֣ם
רְאִיתֶ֔ם אֲשֶׁ֥ר עָשִׂ֖יתִי לְמִצְרָ֑יִם וָאֶשָּׂ֤א אֶתְכֶם֙ עַל־כַּנְפֵ֣י נְשָׁרִ֔ים
וָאָבִ֥א אֶתְכֶ֖ם אֵלָֽי ב:יט:ה וְעַתָּ֗ה אִם־שָׁמ֤וֹעַ תִּשְׁמְעוּ֙ בְּקֹלִ֔י וּשְׁמַרְתֶּ֖ם
אֶת־בְּרִיתִ֑י וִהְיִ֨יתֶם לִ֤י סְגֻלָּה֙ מִכָּל־הָ֣עַמִּ֔ים כִּי־לִ֖י כָּל־הָאָֽרֶץ
ב:יט:ו וְאַתֶּ֧ם תִּהְיוּ־לִ֛י מַמְלֶ֥כֶת כֹּהֲנִ֖ים וְג֣וֹי קָד֑וֹשׁ אֵ֚לֶּה הַדְּבָרִ֔ים
אֲשֶׁ֥ר תְּדַבֵּ֖ר אֶל־בְּנֵ֥י יִשְׂרָאֵֽל ב:יט:ז וַיָּבֹ֣א מֹשֶׁ֔ה וַיִּקְרָ֖א לְזִקְנֵ֣י הָעָ֑ם
וַיָּ֣שֶׂם לִפְנֵיהֶ֗ם אֵ֚ת כָּל־הַדְּבָרִ֣ים הָאֵ֔לֶּה אֲשֶׁ֥ר צִוָּ֖הוּ יְהוָֽה
ב:יט:ח וַיַּעֲנ֨וּ כָל־הָעָ֤ם יַחְדָּו֙ וַיֹּ֣אמְר֔וּ כֹּ֛ל אֲשֶׁר־דִּבֶּ֥ר יְהוָ֖ה נַעֲשֶׂ֑ה
וַיָּ֧שֶׁב מֹשֶׁ֛ה אֶת־דִּבְרֵ֥י הָעָ֖ם אֶל־יְהוָֽה ב:יט:ט וַיֹּ֨אמֶר יְהוָ֜ה אֶל־מֹשֶׁ֗ה
הִנֵּ֨ה אָנֹכִ֜י בָּ֣א אֵלֶיךָ֮ בְּעַ֣ב הֶֽעָנָן֒ בַּעֲב֞וּר יִשְׁמַ֤ע הָעָם֙ בְּדַבְּרִ֣י עִמָּ֔ךְ
וְגַם־בְּךָ֖ יַאֲמִ֣ינוּ לְעוֹלָ֑ם וַיַּגֵּ֥ד מֹשֶׁ֛ה אֶת־דִּבְרֵ֥י הָעָ֖ם אֶל־יְהוָֽה
ב:יט:י וַיֹּ֨אמֶר יְהוָ֤ה אֶל־מֹשֶׁה֙ לֵ֣ךְ אֶל־הָעָ֔ם וְקִדַּשְׁתָּ֥ם הַיּ֖וֹם וּמָחָ֑ר
וְכִבְּס֖וּ שִׂמְלֹתָֽם ב:יט:יא וְהָי֥וּ נְכֹנִ֖ים לַיּ֣וֹם הַשְּׁלִישִׁ֑י כִּ֣י ׀ בַּיּ֣וֹם
הַשְּׁלִשִׁ֗י יֵרֵ֧ד יְהוָ֛ה לְעֵינֵ֥י כָל־הָעָ֖ם עַל־הַ֥ר סִינָֽי ב:יט:יב וְהִגְבַּלְתָּ֤

אֶת־הָעָם֙ סָבִ֣יב לֵאמֹ֔ר הִשָּׁמְר֥וּ לָכֶ֛ם עֲל֥וֹת בָּהָ֖ר וּנְגֹ֣עַ בְּקָצֵ֑הוּ
כָּל־הַנֹּגֵ֥עַ בָּהָ֖ר מ֥וֹת יוּמָֽת ב:יט:יג לֹא־תִגַּ֨ע בּ֜וֹ יָ֗ד כִּֽי־סָק֤וֹל יִסָּקֵל֙
אוֹ־יָרֹ֣ה יִיָּרֶ֔ה אִם־בְּהֵמָ֥ה אִם־אִ֖ישׁ לֹ֣א יִחְיֶ֑ה בִּמְשֹׁךְ֙ הַיֹּבֵ֔ל הֵ֖מָּה
יַעֲל֥וּ בָהָֽר ב:יט:יד וַיֵּ֧רֶד מֹשֶׁ֛ה מִן־הָהָ֖ר אֶל־הָעָ֑ם וַיְקַדֵּשׁ֙ אֶת־הָעָ֔ם
וַֽיְכַבְּס֖וּ שִׂמְלֹתָֽם ב:יט:טו וַיֹּ֙אמֶר֙ אֶל־הָעָ֔ם הֱי֥וּ נְכֹנִ֖ים לִשְׁלֹ֣שֶׁת יָמִ֑ים
אַֽל־תִּגְּשׁ֖וּ אֶל־אִשָּֽׁה ב:יט:טז וַיְהִי֩ בַיּ֨וֹם הַשְּׁלִישִׁ֜י בִּֽהְיֹ֣ת הַבֹּ֗קֶר וַיְהִי֩
קֹלֹ֨ת וּבְרָקִ֜ים וְעָנָ֤ן כָּבֵד֙ עַל־הָהָ֔ר וְקֹ֥ל שֹׁפָ֖ר חָזָ֣ק מְאֹ֑ד וַיֶּחֱרַ֥ד
כָּל־הָעָ֖ם אֲשֶׁ֥ר בַּֽמַּחֲנֶֽה ב:יט:יז וַיּוֹצֵ֨א מֹשֶׁ֧ה אֶת־הָעָ֛ם לִקְרַ֥את
הָאֱלֹהִ֖ים מִן־הַֽמַּחֲנֶ֑ה וַיִּֽתְיַצְּב֖וּ בְּתַחְתִּ֥ית הָהָֽר ב:יט:יח וְהַ֤ר סִינַי֙
עָשַׁ֣ן כֻּלּ֔וֹ מִ֠פְּנֵי אֲשֶׁ֨ר יָרַ֥ד עָלָ֛יו יְהוָ֖ה בָּאֵ֑שׁ וַיַּ֤עַל עֲשָׁנוֹ֙ כְּעֶ֣שֶׁן
הַכִּבְשָׁ֔ן וַיֶּחֱרַ֥ד כָּל־הָהָ֖ר מְאֹֽד ב:יט:יט וַֽיְהִי֙ ק֣וֹל הַשּׁוֹפָ֔ר הוֹלֵ֖ךְ וְחָזֵ֣ק
מְאֹ֑ד מֹשֶׁ֣ה יְדַבֵּ֔ר וְהָאֱלֹהִ֖ים יַעֲנֶ֥נּוּ בְקֽוֹל ב:יט:כ וַיֵּ֧רֶד יְהוָ֛ה עַל־הַ֥ר
סִינַ֖י אֶל־רֹ֣אשׁ הָהָ֑ר וַיִּקְרָ֨א יְהוָ֧ה לְמֹשֶׁ֛ה אֶל־רֹ֥אשׁ הָהָ֖ר וַיַּ֥עַל
מֹשֶֽׁה ב:יט:כא וַיֹּ֤אמֶר יְהוָה֙ אֶל־מֹשֶׁ֔ה רֵ֖ד הָעֵ֣ד בָּעָ֑ם פֶּן־יֶהֶרְס֤וּ
אֶל־יְהוָה֙ לִרְא֔וֹת וְנָפַ֥ל מִמֶּ֖נּוּ רָֽב ב:יט:כב וְגַ֧ם הַכֹּהֲנִ֛ים הַנִּגָּשִׁ֥ים
אֶל־יְהוָ֖ה יִתְקַדָּ֑שׁוּ פֶּן־יִפְרֹ֥ץ בָּהֶ֖ם יְהוָֽה ב:יט:כג וַיֹּ֤אמֶר מֹשֶׁה֙
אֶל־יְהוָ֔ה לֹא־יוּכַ֣ל הָעָ֔ם לַעֲלֹ֖ת אֶל־הַ֣ר סִינָ֑י כִּֽי־אַתָּ֞ה הַעֵדֹ֤תָה בָּ֙נוּ֙
לֵאמֹ֔ר הַגְבֵּ֥ל אֶת־הָהָ֖ר וְקִדַּשְׁתּֽוֹ ב:יט:כד וַיֹּ֨אמֶר אֵלָ֤יו יְהוָה֙ לֶךְ־רֵ֔ד
וְעָלִ֥יתָ אַתָּ֖ה וְאַהֲרֹ֣ן עִמָּ֑ךְ וְהַכֹּהֲנִ֣ים וְהָעָ֗ם אַל־יֶֽהֶרְס֛וּ לַעֲלֹ֥ת
אֶל־יְהוָ֖ה פֶּן־יִפְרָץ־בָּֽם ב:יט:כה וַיֵּ֥רֶד מֹשֶׁ֖ה אֶל־הָעָ֑ם וַיֹּ֖אמֶר אֲלֵהֶֽם
ב:כ:א וַיְדַבֵּ֣ר אֱלֹהִ֔ים אֵ֛ת כָּל־הַדְּבָרִ֥ים הָאֵ֖לֶּה לֵאמֹֽר ב:כ:ב אָנֹכִ֖י
יְהוָ֣ה אֱלֹהֶ֑יךָ אֲשֶׁ֧ר הוֹצֵאתִ֛יךָ מֵאֶ֥רֶץ מִצְרַ֖יִם מִבֵּ֥ית עֲבָדִֽים
ב:כ:ג לֹֽא־יִהְיֶ֥ה לְךָ֛ אֱלֹהִ֥ים אֲחֵרִ֖ים עַל־פָּנָֽיַ ב:כ:ד לֹֽא־תַעֲשֶׂ֨ה לְךָ֥
פֶ֙סֶל֙ ׀ וְכָל־תְּמוּנָ֔ה אֲשֶׁ֤ר בַּשָּׁמַ֙יִם֙ ׀ מִמַּ֔עַל וַאֲשֶׁ֥ר בָּאָ֖רֶץ מִתָּ֑חַת
וַאֲשֶׁ֥ר בַּמַּ֖יִם ׀ מִתַּ֣חַת לָאָ֑רֶץ ב:כ:ה לֹֽא־תִשְׁתַּחְוֶ֥ה לָהֶ֖ם וְלֹ֣א
תָעָבְדֵ֑ם כִּ֣י אָנֹכִ֞י יְהוָ֤ה אֱלֹהֶ֙יךָ֙ אֵ֣ל קַנָּ֔א פֹּ֠קֵד עֲוֺ֨ן אָבֹ֧ת עַל־בָּנִ֛ים
עַל־שִׁלֵּשִׁ֥ים וְעַל־רִבֵּעִ֖ים לְשֹׂנְאָֽי ב:כ:ו וְעֹ֤שֶׂה חֶ֙סֶד֙ לַאֲלָפִ֔ים לְאֹהֲבַ֖י
וּלְשֹׁמְרֵ֥י מִצְוֺתָֽי ב:כ:ז לֹ֥א תִשָּׂ֛א אֶת־שֵׁם־יְהוָ֥ה אֱלֹהֶ֖יךָ לַשָּׁ֑וְא כִּ֣י לֹ֤א

יְנַקֶּה֙ יְהוָ֔ה אֵ֛ת אֲשֶׁר־יִשָּׂ֥א אֶת־שְׁמ֖וֹ לַשָּֽׁוְא ב:כ:ח זָכ֛וֹר אֶת־י֥וֹם
הַשַּׁבָּ֖ת לְקַדְּשֽׁוֹ ב:כ:ט שֵׁ֤שֶׁת יָמִים֙ תַּֽעֲבֹ֔ד וְעָשִׂ֖יתָ כָּל־מְלַאכְתֶּֽךָ
ב:כ:י וְי֙וֹם֙ הַשְּׁבִיעִ֔י שַׁבָּ֖ת ׀ לַיהוָ֣ה אֱלֹהֶ֑יךָ לֹֽא־תַעֲשֶׂ֨ה כָל־מְלָאכָ֜ה
אַתָּ֣ה ׀ וּבִנְךָ֣־וּ֠בִתֶּךָ עַבְדְּךָ֤ וַאֲמָתְךָ֙ וּבְהֶמְתֶּ֔ךָ וְגֵרְךָ֖ אֲשֶׁ֥ר בִּשְׁעָרֶֽיךָ
ב:כ:יא כִּ֣י שֵֽׁשֶׁת־יָמִים֩ עָשָׂ֨ה יְהוָ֜ה אֶת־הַשָּׁמַ֣יִם וְאֶת־הָאָ֗רֶץ אֶת־הַיָּם֙
וְאֶת־כָּל־אֲשֶׁר־בָּ֔ם וַיָּ֖נַח בַּיּ֣וֹם הַשְּׁבִיעִ֑י עַל־כֵּ֗ן בֵּרַ֧ךְ יְהוָ֛ה אֶת־י֥וֹם
הַשַּׁבָּ֖ת וַֽיְקַדְּשֵֽׁהוּ ב:כ:יב כַּבֵּ֥ד אֶת־אָבִ֖יךָ וְאֶת־אִמֶּ֑ךָ לְמַ֙עַן֙ יַאֲרִכ֣וּן
יָמֶ֔יךָ עַ֚ל הָֽאֲדָמָ֔ה אֲשֶׁר־יְהוָ֥ה אֱלֹהֶ֖יךָ נֹתֵ֥ן לָֽךְ ב:כ:יג לֹ֖א תִּֿרְצָֽח לֹ֖א
תִּֿנְאָֽף לֹ֖א תִּֿגְנֹֽב לֹֽא־תַעֲנֶ֥ה בְרֵעֲךָ֖ עֵ֥ד שָֽׁקֶר ב:כ:יד לֹ֥א תַחְמֹ֖ד בֵּ֣ית
רֵעֶ֑ךָ לֹֽא־תַחְמֹ֞ד אֵ֣שֶׁת רֵעֶ֗ךָ וְעַבְדּ֤וֹ וַאֲמָתוֹ֙ וְשׁוֹר֣וֹ וַחֲמֹר֔וֹ וְכֹ֖ל אֲשֶׁ֥ר
לְרֵעֶֽךָ ב:כ:טו וְכָל־הָעָם֩ רֹאִ֨ים אֶת־הַקּוֹלֹ֜ת וְאֶת־הַלַּפִּידִ֗ם וְאֵת֙ ק֣וֹל
הַשֹּׁפָ֔ר וְאֶת־הָהָ֖ר עָשֵׁ֑ן וַיַּ֤רְא הָעָם֙ וַיָּנֻ֔עוּ וַיַּֽעַמְד֖וּ מֵֽרָחֹֽק
ב:כ:טז וַיֹּֽאמְרוּ֙ אֶל־מֹשֶׁ֔ה דַּבֵּר־אַתָּ֥ה עִמָּ֖נוּ וְנִשְׁמָ֑עָה וְאַל־יְדַבֵּ֥ר עִמָּ֛נוּ
אֱלֹהִ֖ים פֶּן־נָמֽוּת ב:כ:יז וַיֹּ֨אמֶר מֹשֶׁ֣ה אֶל־הָעָם֮ אַל־תִּירָאוּ֒ כִּ֗י
לְבַֽעֲבוּר֙ נַסּ֣וֹת אֶתְכֶ֔ם בָּ֖א הָאֱלֹהִ֑ים וּבַעֲב֗וּר תִּהְיֶ֧ה יִרְאָת֛וֹ
עַל־פְּנֵיכֶ֖ם לְבִלְתִּ֥י תֶחֱטָֽאוּ ב:כ:יח וַיַּעֲמֹ֥ד הָעָ֖ם מֵרָחֹ֑ק וּמֹשֶׁה֙ נִגַּ֣שׁ
אֶל־הָעֲרָפֶ֔ל אֲשֶׁר־שָׁ֖ם הָאֱלֹהִֽים ב:כ:יט וַיֹּ֤אמֶר יְהוָה֙ אֶל־מֹשֶׁ֔ה כֹּ֥ה
תֹאמַ֖ר אֶל־בְּנֵ֣י יִשְׂרָאֵ֑ל אַתֶּ֣ם רְאִיתֶ֔ם כִּ֚י מִן־הַשָּׁמַ֔יִם דִּבַּ֖רְתִּי
עִמָּכֶֽם ב:כ:כ לֹ֥א תַעֲשׂ֖וּן אִתִּ֑י אֱלֹ֤הֵי כֶ֙סֶף֙ וֵאלֹהֵ֣י זָהָ֔ב לֹ֥א תַעֲשׂ֖וּ
לָכֶֽם ב:כ:כא מִזְבַּ֣ח אֲדָמָה֮ תַּעֲשֶׂה־לִּי֒ וְזָבַחְתָּ֣ עָלָ֗יו אֶת־עֹלֹתֶ֙יךָ֙
וְאֶת־שְׁלָמֶ֔יךָ אֶת־צֹאנְךָ֖ וְאֶת־בְּקָרֶ֑ךָ בְּכָל־הַמָּקוֹם֙ אֲשֶׁ֣ר אַזְכִּ֣יר
אֶת־שְׁמִ֔י אָב֥וֹא אֵלֶ֖יךָ וּבֵרַכְתִּֽיךָ ב:כ:כב וְאִם־מִזְבַּ֤ח אֲבָנִים֙
תַּֽעֲשֶׂה־לִּ֔י לֹֽא־תִבְנֶ֥ה אֶתְהֶ֖ן גָּזִ֑ית כִּ֧י חַרְבְּךָ֛ הֵנַ֥פְתָּ עָלֶ֖יהָ וַתְּחַלְלֶֽהָ
ב:כ:כג וְלֹא־תַעֲלֶ֥ה בְמַעֲלֹ֖ת עַל־מִזְבְּחִ֑י אֲשֶׁ֛ר לֹא־תִגָּלֶ֥ה עֶרְוָתְךָ֖
עָלָֽיו ב:כא:א וְאֵ֙לֶּה֙ הַמִּשְׁפָּטִ֔ים אֲשֶׁ֥ר תָּשִׂ֖ים לִפְנֵיהֶֽם ב:כא:ב כִּ֤י
תִקְנֶה֙ עֶ֣בֶד עִבְרִ֔י שֵׁ֥שׁ שָׁנִ֖ים יַעֲבֹ֑ד וּבַּ֨שְּׁבִעִ֔ת יֵצֵ֥א לַֽחָפְשִׁ֖י חִנָּֽם
ב:כא:ג אִם־בְּגַפּ֥וֹ יָבֹ֖א בְּגַפּ֣וֹ יֵצֵ֑א אִם־בַּ֤עַל אִשָּׁה֙ ה֔וּא וְיָצְאָ֥ה אִשְׁתּ֖וֹ
עִמּֽוֹ ב:כא:ד אִם־אֲדֹנָיו֙ יִתֶּן־ל֣וֹ אִשָּׁ֔ה וְיָלְדָה־ל֥וֹ בָנִ֖ים א֣וֹ בָנ֑וֹת

הָאִשָּׁה וִילָדֶיהָ תִּהְיֶה לַאדֹנֶיהָ וְהוּא יֵצֵא בְגַפּוֹ ב:כא:ה וְאִם־אָמֹר
יֹאמַר הָעֶבֶד אָהַבְתִּי אֶת־אֲדֹנִי אֶת־אִשְׁתִּי וְאֶת־בָּנָי לֹא אֵצֵא
חָפְשִׁי ב:כא:ו וְהִגִּישׁוֹ אֲדֹנָיו אֶל־הָאֱלֹהִים וְהִגִּישׁוֹ אֶל־הַדֶּלֶת אוֹ
אֶל־הַמְּזוּזָה וְרָצַע אֲדֹנָיו אֶת־אָזְנוֹ בַּמַּרְצֵעַ וַעֲבָדוֹ לְעֹלָם
ב:כא:ז וְכִי־יִמְכֹּר אִישׁ אֶת־בִּתּוֹ לְאָמָה לֹא תֵצֵא כְּצֵאת הָעֲבָדִים
ב:כא:ח אִם־רָעָה בְּעֵינֵי אֲדֹנֶיהָ אֲשֶׁר־לא [לוֹ] יְעָדָהּ וְהֶפְדָּהּ לְעַם
נָכְרִי לֹא־יִמְשֹׁל לְמָכְרָהּ בְּבִגְדוֹ־בָהּ ב:כא:ט וְאִם־לִבְנוֹ יִיעָדֶנָּה
כְּמִשְׁפַּט הַבָּנוֹת יַעֲשֶׂה־לָּהּ ב:כא:י אִם־אַחֶרֶת יִקַּח־לוֹ שְׁאֵרָהּ
כְּסוּתָהּ וְעֹנָתָהּ לֹא יִגְרָע ב:כא:יא וְאִם־שְׁלָשׁ־אֵלֶּה לֹא יַעֲשֶׂה לָהּ
וְיָצְאָה חִנָּם אֵין כָּסֶף ב:כא:יב מַכֵּה אִישׁ וָמֵת מוֹת יוּמָת
ב:כא:יג וַאֲשֶׁר לֹא צָדָה וְהָאֱלֹהִים אִנָּה לְיָדוֹ וְשַׂמְתִּי לְךָ מָקוֹם אֲשֶׁר
יָנוּס שָׁמָּה ב:כא:יד וְכִי־יָזִד אִישׁ עַל־רֵעֵהוּ לְהָרְגוֹ בְעָרְמָה מֵעִם
מִזְבְּחִי תִּקָּחֶנּוּ לָמוּת ב:כא:טו וּמַכֵּה אָבִיו וְאִמּוֹ מוֹת יוּמָת
ב:כא:טז וְגֹנֵב אִישׁ וּמְכָרוֹ וְנִמְצָא בְיָדוֹ מוֹת יוּמָת ב:כא:יז וּמְקַלֵּל אָבִיו
וְאִמּוֹ מוֹת יוּמָת ב:כא:יח וְכִי־יְרִיבֻן אֲנָשִׁים וְהִכָּה־אִישׁ אֶת־רֵעֵהוּ
בְּאֶבֶן אוֹ בְאֶגְרֹף וְלֹא יָמוּת וְנָפַל לְמִשְׁכָּב ב:כא:יט אִם־יָקוּם
וְהִתְהַלֵּךְ בַּחוּץ עַל־מִשְׁעַנְתּוֹ וְנִקָּה הַמַּכֶּה רַק שִׁבְתּוֹ יִתֵּן וְרַפֹּא
יְרַפֵּא ב:כא:כ וְכִי־יַכֶּה אִישׁ אֶת־עַבְדּוֹ אוֹ אֶת־אֲמָתוֹ בַּשֵּׁבֶט וּמֵת
תַּחַת יָדוֹ נָקֹם יִנָּקֵם ב:כא:כא אַךְ אִם־יוֹם אוֹ יוֹמַיִם יַעֲמֹד לֹא יֻקַּם
כִּי כַסְפּוֹ הוּא ב:כא:כב וְכִי־יִנָּצוּ אֲנָשִׁים וְנָגְפוּ אִשָּׁה הָרָה וְיָצְאוּ
יְלָדֶיהָ וְלֹא יִהְיֶה אָסוֹן עָנוֹשׁ יֵעָנֵשׁ כַּאֲשֶׁר יָשִׁית עָלָיו בַּעַל הָאִשָּׁה
וְנָתַן בִּפְלִלִים ב:כא:כג וְאִם־אָסוֹן יִהְיֶה וְנָתַתָּה נֶפֶשׁ תַּחַת נָפֶשׁ
ב:כא:כד עַיִן תַּחַת עַיִן שֵׁן תַּחַת שֵׁן יָד תַּחַת יָד רֶגֶל תַּחַת רָגֶל
ב:כא:כה כְּוִיָּה תַּחַת כְּוִיָּה פֶּצַע תַּחַת פָּצַע חַבּוּרָה תַּחַת חַבּוּרָה
ב:כא:כו וְכִי־יַכֶּה אִישׁ אֶת־עֵין עַבְדּוֹ אוֹ־אֶת־עֵין אֲמָתוֹ וְשִׁחֲתָהּ
לַחָפְשִׁי יְשַׁלְּחֶנּוּ תַּחַת עֵינוֹ ב:כא:כז וְאִם־שֵׁן עַבְדּוֹ אוֹ־שֵׁן אֲמָתוֹ
יַפִּיל לַחָפְשִׁי יְשַׁלְּחֶנּוּ תַּחַת שִׁנּוֹ ב:כא:כח וְכִי־יִגַּח שׁוֹר אֶת־אִישׁ אוֹ
אֶת־אִשָּׁה וָמֵת סָקוֹל יִסָּקֵל הַשּׁוֹר וְלֹא יֵאָכֵל אֶת־בְּשָׂרוֹ וּבַעַל

הַשּׁ֖וֹר נָקִֽי ב:כא:כט וְאִ֡ם שׁ֩וֹר נַגָּ֨ח ה֜וּא מִתְּמֹ֣ל שִׁלְשֹׁ֗ם וְהוּעַ֤ד
בִּבְעָלָיו֙ וְלֹ֣א יִשְׁמְרֶ֔נּוּ וְהֵמִ֥ית אִ֖ישׁ א֣וֹ אִשָּׁ֑ה הַשּׁוֹר֙ יִסָּקֵ֔ל וְגַם־בְּעָלָ֖יו
יוּמָֽת ב:כא:ל אִם־כֹּ֖פֶר יוּשַׁ֣ת עָלָ֑יו וְנָתַן֙ פִּדְיֹ֣ן נַפְשׁ֔וֹ כְּכֹ֥ל אֲשֶׁר־יוּשַׁ֖ת
עָלָֽיו ב:כא:לא אוֹ־בֵ֥ן יִגָּ֖ח אוֹ־בַ֣ת יִגָּ֑ח כַּמִּשְׁפָּ֥ט הַזֶּ֖ה יֵעָ֥שֶׂה לּֽוֹ
ב:כא:לב אִם־עֶ֛בֶד יִגַּ֥ח הַשּׁ֖וֹר א֣וֹ אָמָ֑ה כֶּ֣סֶף ׀ שְׁלֹשִׁ֣ים שְׁקָלִ֗ים יִתֵּן֙
לַֽאדֹנָ֔יו וְהַשּׁ֖וֹר יִסָּקֵֽל ב:כא:לג וְכִֽי־יִפְתַּ֨ח אִ֜ישׁ בּ֗וֹר א֨וֹ כִּֽי־יִכְרֶ֥ה אִ֛ישׁ
בֹּ֖ר וְלֹ֣א יְכַסֶּ֑נּוּ וְנָֽפַל־שָׁ֥מָּה שּׁ֖וֹר א֥וֹ חֲמֽוֹר ב:כא:לד בַּ֤עַל הַבּוֹר֙ יְשַׁלֵּ֔ם
כֶּ֖סֶף יָשִׁ֣יב לִבְעָלָ֑יו וְהַמֵּ֖ת יִֽהְיֶה־לּֽוֹ ב:כא:לה וְכִֽי־יִגֹּ֧ף שֽׁוֹר־אִ֛ישׁ
אֶת־שׁ֥וֹר רֵעֵ֖הוּ וָמֵ֑ת וּמָ֨כְר֜וּ אֶת־הַשּׁ֤וֹר הַחַי֙ וְחָצ֣וּ אֶת־כַּסְפּ֔וֹ וְגַ֥ם
אֶת־הַמֵּ֖ת יֶֽחֱצֽוּן ב:כא:לו א֣וֹ נוֹדַ֗ע כִּ֠י שׁ֣וֹר נַגָּ֥ח הוּא֙ מִתְּמ֣וֹל שִׁלְשֹׁ֔ם
וְלֹ֥א יִשְׁמְרֶ֖נּוּ בְּעָלָ֑יו שַׁלֵּ֨ם יְשַׁלֵּ֥ם שׁוֹר֙ תַּ֣חַת הַשּׁ֔וֹר וְהַמֵּ֖ת יִֽהְיֶה־לּֽוֹ
ב:כא:לז כִּ֤י יִגְנֹֽב־אִישׁ֙ שׁ֣וֹר אוֹ־שֶׂ֔ה וּטְבָח֖וֹ א֣וֹ מְכָר֑וֹ חֲמִשָּׁ֣ה בָקָ֗ר
יְשַׁלֵּם֙ תַּ֣חַת הַשּׁ֔וֹר וְאַרְבַּע־צֹ֖אן תַּ֥חַת הַשֶּֽׂה ב:כב:א אִם־בַּמַּחְתֶּ֛רֶת
יִמָּצֵ֥א הַגַּנָּ֖ב וְהֻכָּ֣ה וָמֵ֑ת אֵ֥ין ל֖וֹ דָּמִֽים ב:כב:ב אִם־זָרְחָ֥ה הַשֶּׁ֛מֶשׁ
עָלָ֖יו דָּמִ֣ים ל֑וֹ שַׁלֵּ֣ם יְשַׁלֵּ֔ם אִם־אֵ֣ין ל֔וֹ וְנִמְכַּ֖ר בִּגְנֵבָתֽוֹ
ב:כב:ג אִֽם־הִמָּצֵא֩ תִמָּצֵ֨א בְיָד֜וֹ הַגְּנֵבָ֗ה מִשּׁ֛וֹר עַד־חֲמ֖וֹר עַד־שֶׂ֑ה
חַיִּ֑ים שְׁנַ֖יִם יְשַׁלֵּֽם ב:כב:ד כִּ֤י יַבְעֶר־אִישׁ֙ שָׂדֶ֣ה אוֹ־כֶ֔רֶם וְשִׁלַּח֙
אֶת־בעירה [בְּעִירֹ֔ה] וּבִעֵ֖ר בִּשְׂדֵ֣ה אַחֵ֑ר מֵיטַ֥ב שָׂדֵ֛הוּ וּמֵיטַ֥ב כַּרְמ֖וֹ
יְשַׁלֵּֽם ב:כב:ה כִּֽי־תֵצֵ֨א אֵ֜שׁ וּמָצְאָ֤ה קֹצִים֙ וְנֶאֱכַ֣ל גָּדִ֔ישׁ א֥וֹ הַקָּמָ֖ה
א֣וֹ הַשָּׂדֶ֑ה שַׁלֵּ֣ם יְשַׁלֵּ֔ם הַמַּבְעִ֖ר אֶת־הַבְּעֵרָֽה ב:כב:ו כִּֽי־יִתֵּ֨ן אִ֜ישׁ
אֶל־רֵעֵ֗הוּ כֶּ֤סֶף אֽוֹ־כֵלִים֙ לִשְׁמֹ֔ר וְגֻנַּ֖ב מִבֵּ֣ית הָאִ֑ישׁ אִם־יִמָּצֵ֥א
הַגַּנָּ֖ב יְשַׁלֵּ֥ם שְׁנָֽיִם ב:כב:ז אִם־לֹ֤א יִמָּצֵא֙ הַגַּנָּ֔ב וְנִקְרַ֥ב בַּֽעַל־הַבַּ֖יִת
אֶל־הָאֱלֹהִ֑ים אִם־לֹ֥א שָׁלַ֛ח יָד֖וֹ בִּמְלֶ֥אכֶת רֵעֵֽהוּ
ב:כב:ח עַֽל־כָּל־דְּבַר־פֶּ֡שַׁע עַל־שׁ֡וֹר עַל־חֲ֠מוֹר עַל־שֶׂ֨ה עַל־שַׂלְמָ֜ה
עַל־כָּל־אֲבֵדָ֗ה אֲשֶׁ֤ר יֹאמַר֙ כִּי־ה֣וּא זֶ֔ה עַ֚ד הָֽאֱלֹהִ֔ים יָבֹ֖א
דְּבַר־שְׁנֵיהֶ֑ם אֲשֶׁ֤ר יַרְשִׁיעֻן֙ אֱלֹהִ֔ים יְשַׁלֵּ֥ם שְׁנַ֖יִם לְרֵעֵֽהוּ
ב:כב:ט כִּֽי־יִתֵּ֨ן אִ֜ישׁ אֶל־רֵעֵ֗הוּ חֲמ֨וֹר אוֹ־שׁ֥וֹר אוֹ־שֶׂ֛ה וְכָל־בְּהֵמָ֖ה
לִשְׁמֹ֑ר וּמֵ֛ת אוֹ־נִשְׁבַּ֥ר אוֹ־נִשְׁבָּ֖ה אֵ֥ין רֹאֶֽה ב:כב:י שְׁבֻעַ֣ת יְהוָ֗ה

תִּהְיֶה֙ בֵּ֣ין שְׁנֵיהֶ֔ם אִם־לֹ֥א שָׁלַ֛ח יָד֖וֹ בִּמְלֶ֣אכֶת רֵעֵ֑הוּ וְלָקַ֥ח בְּעָלָ֖יו
וְלֹ֥א יְשַׁלֵּֽם ב:כב:יא וְאִם־גָּנֹ֥ב יִגָּנֵ֖ב מֵעִמּ֑וֹ יְשַׁלֵּ֖ם לִבְעָלָֽיו
ב:כב:יב אִם־טָרֹ֥ף יִטָּרֵ֖ף יְבִאֵ֣הוּ עֵ֑ד הַטְּרֵפָ֖ה לֹ֥א יְשַׁלֵּֽם
ב:כב:יג וְכִֽי־יִשְׁאַ֥ל אִ֛ישׁ מֵעִ֥ם רֵעֵ֖הוּ וְנִשְׁבַּ֣ר אוֹ־מֵ֑ת בְּעָלָ֥יו אֵין־עִמּ֖וֹ
שַׁלֵּ֥ם יְשַׁלֵּֽם ב:כב:יד אִם־בְּעָלָ֥יו עִמּ֖וֹ לֹ֣א יְשַׁלֵּ֑ם אִם־שָׂכִ֣יר ה֔וּא בָּ֖א
בִּשְׂכָרֽוֹ ב:כב:טו וְכִֽי־יְפַתֶּ֣ה אִ֗ישׁ בְּתוּלָ֛ה אֲשֶׁ֥ר לֹא־אֹרָ֖שָׂה וְשָׁכַ֣ב
עִמָּ֑הּ מָהֹ֛ר יִמְהָרֶ֥נָּה לּ֖וֹ לְאִשָּֽׁה ב:כב:טז אִם־מָאֵ֥ן יְמָאֵ֛ן אָבִ֖יהָ לְתִתָּ֣הּ
ל֑וֹ כֶּ֣סֶף יִשְׁקֹ֔ל כְּמֹ֖הַר הַבְּתוּלֹֽת ב:כב:יז מְכַשֵּׁפָ֖ה לֹ֥א תְחַיֶּֽה
ב:כב:יח כָּל־שֹׁכֵ֥ב עִם־בְּהֵמָ֖ה מ֥וֹת יוּמָֽת ב:כב:יט זֹבֵ֥חַ לָאֱלֹהִ֖ים יָחֳרָ֑ם
בִּלְתִּ֥י לַיהוָ֖ה לְבַדּֽוֹ ב:כב:כ וְגֵ֥ר לֹא־תוֹנֶ֖ה וְלֹ֣א תִלְחָצֶ֑נּוּ כִּֽי־גֵרִ֥ים
הֱיִיתֶ֖ם בְּאֶ֥רֶץ מִצְרָֽיִם ב:כב:כא כָּל־אַלְמָנָ֥ה וְיָת֖וֹם לֹ֥א תְעַנּֽוּן
ב:כב:כב אִם־עַנֵּ֥ה תְעַנֶּ֖ה אֹת֑וֹ כִּ֣י אִם־צָעֹ֤ק יִצְעַק֙ אֵלַ֔י שָׁמֹ֥עַ אֶשְׁמַ֖ע
צַעֲקָתֽוֹ ב:כב:כג וְחָרָ֣ה אַפִּ֔י וְהָרַגְתִּ֥י אֶתְכֶ֖ם בֶּחָ֑רֶב וְהָי֤וּ נְשֵׁיכֶם֙
אַלְמָנ֔וֹת וּבְנֵיכֶ֖ם יְתֹמִֽים ב:כב:כד אִם־כֶּ֣סֶף ׀ תַּלְוֶ֣ה אֶת־עַמִּ֗י
אֶת־הֶֽעָנִי֙ עִמָּ֔ךְ לֹא־תִהְיֶ֥ה ל֖וֹ כְּנֹשֶׁ֑ה לֹֽא־תְשִׂימ֥וּן עָלָ֖יו נֶֽשֶׁךְ
ב:כב:כה אִם־חָבֹ֥ל תַּחְבֹּ֖ל שַׂלְמַ֣ת רֵעֶ֑ךָ עַד־בֹּ֥א הַשֶּׁ֖מֶשׁ תְּשִׁיבֶ֥נּוּ לֽוֹ
ב:כב:כו כִּ֣י הִ֤וא כסותה [כְסוּתוֹ] לְבַדָּ֔הּ הִ֥וא שִׂמְלָת֖וֹ לְעֹר֑וֹ בַּמֶּ֣ה
יִשְׁכָּ֔ב וְהָיָה֙ כִּֽי־יִצְעַ֣ק אֵלַ֔י וְשָׁמַעְתִּ֖י כִּֽי־חַנּ֥וּן אָֽנִי ב:כב:כז אֱלֹהִ֖ים לֹ֣א
תְקַלֵּ֑ל וְנָשִׂ֥יא בְעַמְּךָ֖ לֹ֥א תָאֹֽר ב:כב:כח מְלֵאָתְךָ֥ וְדִמְעֲךָ֖ לֹ֣א תְאַחֵ֑ר
בְּכ֥וֹר בָּנֶ֖יךָ תִּתֶּן־לִּֽי ב:כב:כט כֵּֽן־תַּעֲשֶׂ֥ה לְשֹׁרְךָ֖ לְצֹאנֶ֑ךָ שִׁבְעַ֤ת יָמִים֙
יִהְיֶ֣ה עִם־אִמּ֔וֹ בַּיּ֥וֹם הַשְּׁמִינִ֖י תִּתְּנוֹ־לִֽי ב:כב:ל וְאַנְשֵׁי־קֹ֖דֶשׁ תִּהְי֣וּן לִ֑י
וּבָשָׂ֨ר בַּשָּׂדֶ֤ה טְרֵפָה֙ לֹ֣א תֹאכֵ֔לוּ לַכֶּ֖לֶב תַּשְׁלִכ֥וּן אֹתֽוֹ ב:כג:א לֹ֥א
תִשָּׂ֖א שֵׁ֣מַע שָׁ֑וְא אַל־תָּ֤שֶׁת יָֽדְךָ֙ עִם־רָשָׁ֔ע לִהְיֹ֖ת עֵ֥ד חָמָֽס
ב:כג:ב לֹא־תִהְיֶ֥ה אַחֲרֵֽי־רַבִּ֖ים לְרָעֹ֑ת וְלֹא־תַעֲנֶ֣ה עַל־רִ֗ב לִנְטֹ֛ת
אַחֲרֵ֥י רַבִּ֖ים לְהַטֹּֽת ב:כג:ג וְדָ֕ל לֹ֥א תֶהְדַּ֖ר בְּרִיבֽוֹ ב:כג:ד כִּ֣י תִפְגַּ֞ע
שׁ֧וֹר אֹֽיִבְךָ֛ א֥וֹ חֲמֹר֖וֹ תֹּעֶ֑ה הָשֵׁ֥ב תְּשִׁיבֶ֖נּוּ לֽוֹ ב:כג:ה כִּֽי־תִרְאֶ֞ה חֲמ֣וֹר
שֹׂנַאֲךָ֗ רֹבֵץ֙ תַּ֣חַת מַשָּׂא֔וֹ וְחָדַלְתָּ֖ מֵעֲזֹ֣ב ל֑וֹ עָזֹ֥ב תַּעֲזֹ֖ב עִמּֽוֹ
ב:כג:ו לֹ֥א תַטֶּ֛ה מִשְׁפַּ֥ט אֶבְיֹנְךָ֖ בְּרִיבֽוֹ ב:כג:ז מִדְּבַר־שֶׁ֖קֶר תִּרְחָ֑ק

וְנָקִ֤י וְצַדִּיק֙ אַֽל־תַּהֲרֹ֔ג כִּ֥י לֹא־אַצְדִּ֖יק רָשָֽׁע ב:כג:ח וְשֹׁ֖חַד לֹ֣א תִקָּ֑ח
כִּ֤י הַשֹּׁ֙חַד֙ יְעַוֵּ֣ר פִּקְחִ֔ים וִֽיסַלֵּ֖ף דִּבְרֵ֥י צַדִּיקִֽים ב:כג:ט וְגֵ֖ר לֹ֣א תִלְחָ֑ץ
וְאַתֶּ֗ם יְדַעְתֶּם֙ אֶת־נֶ֣פֶשׁ הַגֵּ֔ר כִּֽי־גֵרִ֥ים הֱיִיתֶ֖ם בְּאֶ֥רֶץ מִצְרָֽיִם
ב:כג:י וְשֵׁ֥שׁ שָׁנִ֖ים תִּזְרַ֣ע אֶת־אַרְצֶ֑ךָ וְאָסַפְתָּ֖ אֶת־תְּבוּאָתָֽהּ
ב:כג:יא וְהַשְּׁבִיעִ֞ת תִּשְׁמְטֶ֣נָּה וּנְטַשְׁתָּ֗הּ וְאָֽכְלוּ֙ אֶבְיֹנֵ֣י עַמֶּ֔ךָ וְיִתְרָ֕ם
תֹּאכַ֖ל חַיַּ֣ת הַשָּׂדֶ֑ה כֵּֽן־תַּעֲשֶׂ֥ה לְכַרְמְךָ֖ לְזֵיתֶֽךָ ב:כג:יב שֵׁ֤שֶׁת יָמִים֙
תַּעֲשֶׂ֣ה מַעֲשֶׂ֔יךָ וּבַיּ֥וֹם הַשְּׁבִיעִ֖י תִּשְׁבֹּ֑ת לְמַ֣עַן יָנ֗וּחַ שֽׁוֹרְךָ֙ וַחֲמֹרֶ֔ךָ
וְיִנָּפֵ֥שׁ בֶּן־אֲמָתְךָ֖ וְהַגֵּֽר ב:כג:יג וּבְכֹ֛ל אֲשֶׁר־אָמַ֥רְתִּי אֲלֵיכֶ֖ם תִּשָּׁמֵ֑רוּ
וְשֵׁ֨ם אֱלֹהִ֤ים אֲחֵרִים֙ לֹ֣א תַזְכִּ֔ירוּ לֹ֥א יִשָּׁמַ֖ע עַל־פִּֽיךָ ב:כג:יד שָׁלֹ֣שׁ
רְגָלִ֔ים תָּחֹ֥ג לִ֖י בַּשָּׁנָֽה ב:כג:טו אֶת־חַ֣ג הַמַּצּוֹת֮ תִּשְׁמֹר֒ שִׁבְעַ֣ת יָמִים֩
תֹּאכַ֨ל מַצּ֜וֹת כַּאֲשֶׁ֣ר צִוִּיתִ֗ךָ לְמוֹעֵד֙ חֹ֣דֶשׁ הָאָבִ֔יב כִּי־ב֖וֹ יָצָ֣אתָ
מִמִּצְרָ֑יִם וְלֹא־יֵרָא֥וּ פָנַ֖י רֵיקָֽם ב:כג:טז וְחַ֤ג הַקָּצִיר֙ בִּכּוּרֵ֣י מַעֲשֶׂ֔יךָ
אֲשֶׁ֥ר תִּזְרַ֖ע בַּשָּׂדֶ֑ה וְחַ֤ג הָֽאָסִף֙ בְּצֵ֣את הַשָּׁנָ֔ה בְּאָסְפְּךָ֥
אֶֽת־מַעֲשֶׂ֖יךָ מִן־הַשָּׂדֶֽה ב:כג:יז שָׁלֹ֥שׁ פְּעָמִ֖ים בַּשָּׁנָ֑ה יֵרָאֶה֙
כָּל־זְכ֣וּרְךָ֔ אֶל־פְּנֵ֖י הָאָדֹ֥ן ׀ יְהוָֽה ב:כג:יח לֹֽא־תִזְבַּ֥ח עַל־חָמֵ֖ץ
דַּם־זִבְחִ֑י וְלֹֽא־יָלִ֥ין חֵֽלֶב־חַגִּ֖י עַד־בֹּֽקֶר ב:כג:יט רֵאשִׁ֗ית בִּכּוּרֵי֙
אַדְמָ֣תְךָ֔ תָּבִ֕יא בֵּ֖ית יְהוָ֣ה אֱלֹהֶ֑יךָ לֹֽא־תְבַשֵּׁ֥ל גְּדִ֖י בַּחֲלֵ֥ב אִמּֽוֹ
ב:כג:כ הִנֵּ֨ה אָנֹכִ֜י שֹׁלֵ֤חַ מַלְאָךְ֙ לְפָנֶ֔יךָ לִשְׁמָרְךָ֖ בַּדָּ֑רֶךְ וְלַהֲבִ֣יאֲךָ֔
אֶל־הַמָּק֖וֹם אֲשֶׁ֥ר הֲכִנֹֽתִי ב:כג:כא הִשָּׁ֧מֶר מִפָּנָ֛יו וּשְׁמַ֥ע בְּקֹל֖וֹ
אַל־תַּמֵּ֣ר בּ֑וֹ כִּ֣י לֹ֤א יִשָּׂא֙ לְפִשְׁעֲכֶ֔ם כִּ֥י שְׁמִ֖י בְּקִרְבּֽוֹ ב:כג:כב כִּ֣י
אִם־שָׁמֹ֤עַ תִּשְׁמַע֙ בְּקֹל֔וֹ וְעָשִׂ֕יתָ כֹּ֖ל אֲשֶׁ֣ר אֲדַבֵּ֑ר וְאָֽיַבְתִּי֙ אֶת־אֹ֣יְבֶ֔יךָ
וְצַרְתִּ֖י אֶת־צֹרְרֶֽיךָ ב:כג:כג כִּֽי־יֵלֵ֣ךְ מַלְאָכִי֮ לְפָנֶיךָ֒ וֶֽהֱבִיאֲךָ֗
אֶל־הָֽאֱמֹרִי֙ וְהַ֣חִתִּ֔י וְהַפְּרִזִּי֙ וְהַֽכְּנַעֲנִ֔י הַחִוִּ֖י וְהַיְבוּסִ֑י וְהִכְחַדְתִּֽיו
ב:כג:כד לֹֽא־תִשְׁתַּחֲוֶ֤ה לֵאלֹֽהֵיהֶם֙ וְלֹ֣א תָֽעָבְדֵ֔ם וְלֹ֥א תַעֲשֶׂ֖ה
כְּמַֽעֲשֵׂיהֶ֑ם כִּ֤י הָרֵס֙ תְּהָ֣רְסֵ֔ם וְשַׁבֵּ֥ר תְּשַׁבֵּ֖ר מַצֵּבֹתֵיהֶֽם
ב:כג:כה וַעֲבַדְתֶּ֗ם אֵ֚ת יְהוָ֣ה אֱלֹהֵיכֶ֔ם וּבֵרַ֥ךְ אֶֽת־לַחְמְךָ֖ וְאֶת־מֵימֶ֑יךָ
וַהֲסִרֹתִ֥י מַחֲלָ֖ה מִקִּרְבֶּֽךָ ב:כג:כו לֹ֥א תִהְיֶ֛ה מְשַׁכֵּלָ֥ה וַעֲקָרָ֖ה
בְּאַרְצֶ֑ךָ אֶת־מִסְפַּ֥ר יָמֶ֖יךָ אֲמַלֵּֽא ב:כג:כז אֶת־אֵימָתִי֙ אֲשַׁלַּ֣ח לְפָנֶ֔יךָ

וְהַמֹּתִי֙ אֶת־כָּל־הָעָ֔ם אֲשֶׁ֥ר תָּבֹ֖א בָּהֶ֑ם וְנָתַתִּ֧י אֶת־כָּל־אֹיְבֶ֛יךָ אֵלֶ֖יךָ
עֹ֑רֶף ב:כג:כח וְשָׁלַחְתִּ֥י אֶת־הַצִּרְעָ֖ה לְפָנֶ֑יךָ וְגֵרְשָׁ֗ה אֶת־הַחִוִּ֛י
אֶת־הַֽכְּנַעֲנִ֥י וְאֶת־הַחִתִּ֖י מִלְּפָנֶֽיךָ ב:כג:כט לֹ֧א אֲגָרְשֶׁ֛נּוּ מִפָּנֶ֖יךָ
בְּשָׁנָ֣ה אֶחָ֑ת פֶּן־תִּהְיֶ֤ה הָאָ֙רֶץ֙ שְׁמָמָ֔ה וְרַבָּ֥ה עָלֶ֖יךָ חַיַּ֥ת הַשָּׂדֶֽה
ב:כג:ל מְעַ֥ט מְעַ֖ט אֲגָרְשֶׁ֣נּוּ מִפָּנֶ֑יךָ עַ֚ד אֲשֶׁ֣ר תִּפְרֶ֔ה וְנָחַלְתָּ֖
אֶת־הָאָֽרֶץ ב:כג:לא וְשַׁתִּ֣י אֶת־גְּבֻלְךָ֗ מִיַּם־סוּף֙ וְעַד־יָ֣ם פְּלִשְׁתִּ֔ים
וּמִמִּדְבָּ֖ר עַד־הַנָּהָ֑ר כִּ֣י ׀ אֶתֵּ֣ן בְּיֶדְכֶ֗ם אֵ֚ת יֹשְׁבֵ֣י הָאָ֔רֶץ וְגֵרַשְׁתָּ֖מוֹ
מִפָּנֶֽיךָ ב:כג:לב לֹא־תִכְרֹ֥ת לָהֶ֛ם וְלֵאלֹהֵיהֶ֖ם בְּרִֽית ב:כג:לג לֹ֤א יֵשְׁבוּ֙
בְּאַרְצְךָ֔ פֶּן־יַחֲטִ֥יאוּ אֹתְךָ֖ לִ֑י כִּ֤י תַעֲבֹד֙ אֶת־אֱלֹ֣הֵיהֶ֔ם כִּֽי־יִהְיֶ֥ה לְךָ֖
לְמוֹקֵֽשׁ ב:כד:א וְאֶל־מֹשֶׁ֨ה אָמַ֜ר עֲלֵ֣ה אֶל־יְהוָ֗ה אַתָּה֙ וְאַהֲרֹן֙ נָדָ֣ב
וַאֲבִיה֔וּא וְשִׁבְעִ֖ים מִזִּקְנֵ֣י יִשְׂרָאֵ֑ל וְהִשְׁתַּחֲוִיתֶ֖ם מֵרָחֹֽק ב:כד:ב וְנִגַּ֨שׁ
מֹשֶׁ֤ה לְבַדּוֹ֙ אֶל־יְהוָ֔ה וְהֵ֖ם לֹ֣א יִגָּ֑שׁוּ וְהָעָ֕ם לֹ֥א יַעֲל֖וּ עִמּֽוֹ ב:כד:ג וַיָּבֹ֣א
מֹשֶׁ֗ה וַיְסַפֵּ֤ר לָעָם֙ אֵ֚ת כָּל־דִּבְרֵ֣י יְהוָ֔ה וְאֵ֖ת כָּל־הַמִּשְׁפָּטִ֑ים וַיַּ֨עַן
כָּל־הָעָ֜ם ק֤וֹל אֶחָד֙ וַיֹּ֣אמְר֔וּ כָּל־הַדְּבָרִ֛ים אֲשֶׁר־דִּבֶּ֥ר יְהוָ֖ה נַעֲשֶֽׂה
ב:כד:ד וַיִּכְתֹּ֣ב מֹשֶׁ֗ה אֵ֚ת כָּל־דִּבְרֵ֣י יְהוָ֔ה וַיַּשְׁכֵּ֣ם בַּבֹּ֔קֶר וַיִּ֥בֶן מִזְבֵּ֖חַ
תַּ֣חַת הָהָ֑ר וּשְׁתֵּ֤ים עֶשְׂרֵה֙ מַצֵּבָ֔ה לִשְׁנֵ֥ים עָשָׂ֖ר שִׁבְטֵ֥י יִשְׂרָאֵֽל
ב:כד:ה וַיִּשְׁלַ֗ח אֶֽת־נַעֲרֵי֙ בְּנֵ֣י יִשְׂרָאֵ֔ל וַיַּעֲל֖וּ עֹלֹ֑ת וַֽיִּזְבְּח֞וּ זְבָחִ֧ים
שְׁלָמִ֛ים לַיהוָ֖ה פָּרִֽים ב:כד:ו וַיִּקַּ֤ח מֹשֶׁה֙ חֲצִ֣י הַדָּ֔ם וַיָּ֖שֶׂם בָּאַגָּנֹ֑ת
וַחֲצִ֣י הַדָּ֔ם זָרַ֖ק עַל־הַמִּזְבֵּֽחַ ב:כד:ז וַיִּקַּח֙ סֵ֣פֶר הַבְּרִ֔ית וַיִּקְרָ֖א בְּאָזְנֵ֣י
הָעָ֑ם וַיֹּ֣אמְר֔וּ כֹּ֛ל אֲשֶׁר־דִּבֶּ֥ר יְהוָ֖ה נַעֲשֶׂ֥ה וְנִשְׁמָֽע ב:כד:ח וַיִּקַּ֤ח
מֹשֶׁה֙ אֶת־הַדָּ֔ם וַיִּזְרֹ֖ק עַל־הָעָ֑ם וַיֹּ֗אמֶר הִנֵּ֤ה דַם־הַבְּרִית֙ אֲשֶׁ֨ר
כָּרַ֤ת יְהוָה֙ עִמָּכֶ֔ם עַ֥ל כָּל־הַדְּבָרִ֖ים הָאֵֽלֶּה ב:כד:ט וַיַּ֥עַל מֹשֶׁ֖ה
וְאַהֲרֹ֑ן נָדָב֙ וַאֲבִיה֔וּא וְשִׁבְעִ֖ים מִזִּקְנֵ֥י יִשְׂרָאֵֽל ב:כד:י וַיִּרְא֕וּ אֵ֖ת אֱלֹהֵ֣י
יִשְׂרָאֵ֑ל וְתַ֣חַת רַגְלָ֗יו כְּמַעֲשֵׂה֙ לִבְנַ֣ת הַסַּפִּ֔יר וּכְעֶ֥צֶם הַשָּׁמַ֖יִם
לָטֹֽהַר ב:כד:יא וְאֶל־אֲצִילֵי֙ בְּנֵ֣י יִשְׂרָאֵ֔ל לֹ֥א שָׁלַ֖ח יָד֑וֹ וַיֶּֽחֱזוּ֙
אֶת־הָ֣אֱלֹהִ֔ים וַיֹּאכְל֖וּ וַיִּשְׁתּֽוּ ב:כד:יב וַיֹּ֨אמֶר יְהוָ֜ה אֶל־מֹשֶׁ֗ה עֲלֵ֥ה
אֵלַ֛י הָהָ֖רָה וֶהְיֵה־שָׁ֑ם וְאֶתְּנָ֨ה לְךָ֜ אֶת־לֻחֹ֣ת הָאֶ֗בֶן וְהַתּוֹרָה֙
וְהַמִּצְוָ֔ה אֲשֶׁ֥ר כָּתַ֖בְתִּי לְהוֹרֹתָֽם ב:כד:יג וַיָּ֣קָם מֹשֶׁ֔ה וִיהוֹשֻׁ֖עַ

מְשָׁרְתוֹ וַיַּעַל מֹשֶׁה אֶל־הַר הָאֱלֹהִים ב:כד:יד וְאֶל־הַזְּקֵנִים אָמַר֙
שְׁבוּ־לָנוּ בָזֶה עַד אֲשֶׁר־נָשׁוּב אֲלֵיכֶם וְהִנֵּה אַהֲרֹן וְחוּר֙ עִמָּכֶם
מִי־בַעַל דְּבָרִים יִגַּשׁ אֲלֵהֶם ב:כד:טו וַיַּעַל מֹשֶׁה אֶל־הָהָר וַיְכַס הֶעָנָן
אֶת־הָהָר ב:כד:טז וַיִּשְׁכֹּן כְּבוֹד־יְהוָה֙ עַל־הַר סִינַי וַיְכַסֵּהוּ הֶעָנָן
שֵׁשֶׁת יָמִים וַיִּקְרָא אֶל־מֹשֶׁה בַּיּוֹם הַשְּׁבִיעִי מִתּוֹךְ הֶעָנָן
ב:כד:יז וּמַרְאֵה֙ כְּבוֹד יְהוָה כְּאֵשׁ אֹכֶלֶת בְּרֹאשׁ הָהָר לְעֵינֵי בְּנֵי
יִשְׂרָאֵל ב:כד:יח וַיָּבֹא מֹשֶׁה בְּתוֹךְ הֶעָנָן וַיַּעַל אֶל־הָהָר וַיְהִי מֹשֶׁה֙
בָּהָר אַרְבָּעִים יוֹם וְאַרְבָּעִים לָיְלָה ב:כה:א וַיְדַבֵּר יְהוָה אֶל־מֹשֶׁה
לֵּאמֹר ב:כה:ב דַּבֵּר֙ אֶל־בְּנֵי יִשְׂרָאֵל וְיִקְחוּ־לִי תְּרוּמָה מֵאֵת כָּל־אִישׁ֙
אֲשֶׁר יִדְּבֶנּוּ לִבּוֹ תִּקְחוּ אֶת־תְּרוּמָתִי ב:כה:ג וְזֹאת֙ הַתְּרוּמָה אֲשֶׁר
תִּקְחוּ מֵאִתָּם זָהָב וָכֶסֶף וּנְחֹשֶׁת ב:כה:ד וּתְכֵלֶת וְאַרְגָּמָן וְתוֹלַעַת
שָׁנִי וְשֵׁשׁ וְעִזִּים ב:כה:ה וְעֹרֹת אֵילִם מְאָדָּמִים וְעֹרֹת תְּחָשִׁים וַעֲצֵי
שִׁטִּים ב:כה:ו שֶׁמֶן לַמָּאֹר בְּשָׂמִים֙ לְשֶׁמֶן הַמִּשְׁחָה וְלִקְטֹרֶת
הַסַּמִּים ב:כה:ז אַבְנֵי־שֹׁהַם וְאַבְנֵי מִלֻּאִים לָאֵפֹד וְלַחֹשֶׁן
ב:כה:ח וְעָשׂוּ לִי מִקְדָּשׁ וְשָׁכַנְתִּי בְּתוֹכָם ב:כה:ט כְּכֹל אֲשֶׁר אֲנִי֙
מַרְאֶה אוֹתְךָ אֵת תַּבְנִית הַמִּשְׁכָּן וְאֵת תַּבְנִית כָּל־כֵּלָיו וְכֵן תַּעֲשׂוּ
ב:כה:י וְעָשׂוּ אֲרוֹן עֲצֵי שִׁטִּים אַמָּתַיִם וָחֵצִי אָרְכּוֹ וְאַמָּה וָחֵצִי֙ רָחְבּוֹ
וְאַמָּה וָחֵצִי קֹמָתוֹ ב:כה:יא וְצִפִּיתָ אֹתוֹ֙ זָהָב טָהוֹר מִבַּיִת וּמִחוּץ
תְּצַפֶּנּוּ וְעָשִׂיתָ עָלָיו זֵר זָהָב סָבִיב ב:כה:יב וְיָצַקְתָּ לּוֹ֙ אַרְבַּע֙ טַבְּעֹת
זָהָב וְנָתַתָּה עַל אַרְבַּע פַּעֲמֹתָיו וּשְׁתֵּי טַבָּעֹת עַל־צַלְעוֹ֙ הָאֶחָת
וּשְׁתֵּי֙ טַבָּעֹת עַל־צַלְעוֹ הַשֵּׁנִית ב:כה:יג וְעָשִׂיתָ בַדֵּי עֲצֵי שִׁטִּים
וְצִפִּיתָ אֹתָם זָהָב ב:כה:יד וְהֵבֵאתָ אֶת־הַבַּדִּים֙ בַּטַּבָּעֹת עַל צַלְעֹת
הָאָרֹן לָשֵׂאת אֶת־הָאָרֹן בָּהֶם ב:כה:טו בְּטַבְּעֹת֙ הָאָרֹן יִהְיוּ הַבַּדִּים
לֹא יָסֻרוּ מִמֶּנּוּ ב:כה:טז וְנָתַתָּ אֶל־הָאָרֹן אֵת הָעֵדֻת אֲשֶׁר אֶתֵּן אֵלֶיךָ
ב:כה:יז וְעָשִׂיתָ כַפֹּרֶת זָהָב טָהוֹר אַמָּתַיִם וָחֵצִי֙ אָרְכָּהּ וְאַמָּה וָחֵצִי
רָחְבָּהּ ב:כה:יח וְעָשִׂיתָ שְׁנַיִם כְּרֻבִים זָהָב מִקְשָׁה֙ תַּעֲשֶׂה אֹתָם
מִשְּׁנֵי קְצוֹת הַכַּפֹּרֶת ב:כה:יט וַעֲשֵׂה כְּרוּב אֶחָד מִקָּצָה֙ מִזֶּה
וּכְרוּב־אֶחָד מִקָּצָה מִזֶּה מִן־הַכַּפֹּרֶת תַּעֲשׂוּ אֶת־הַכְּרֻבִים עַל־שְׁנֵי

קְצוֹתָֽיו ב:כה:כ וְהָי֣וּ הַכְּרֻבִים֩ פֹּרְשֵׂ֨י כְנָפַ֜יִם לְמַ֗עְלָה סֹכְכִ֤ים
בְּכַנְפֵיהֶם֙ עַל־הַכַּפֹּ֔רֶת וּפְנֵיהֶ֖ם אִ֣ישׁ אֶל־אָחִ֑יו אֶל־הַכַּפֹּ֔רֶת יִהְי֖וּ
פְּנֵ֥י הַכְּרֻבִֽים ב:כה:כא וְנָתַתָּ֧ אֶת־הַכַּפֹּ֛רֶת עַל־הָאָרֹ֖ן מִלְמָ֑עְלָה
וְאֶל־הָ֣אָרֹ֔ן תִּתֵּן֙ אֶת־הָ֣עֵדֻ֔ת אֲשֶׁ֥ר אֶתֵּ֖ן אֵלֶֽיךָ ב:כה:כב וְנוֹעַדְתִּ֣י לְךָ֮
שָׁם֒ וְדִבַּרְתִּ֨י אִתְּךָ֜ מֵעַ֣ל הַכַּפֹּ֗רֶת מִבֵּין֙ שְׁנֵ֣י הַכְּרֻבִ֔ים אֲשֶׁ֖ר עַל־אֲרֹ֣ן
הָעֵדֻ֑ת אֵ֛ת כָּל־אֲשֶׁ֥ר אֲצַוֶּ֛ה אוֹתְךָ֖ אֶל־בְּנֵ֥י יִשְׂרָאֵֽל ב:כה:כג וְעָשִׂ֥יתָ
שֻׁלְחָ֖ן עֲצֵ֣י שִׁטִּ֑ים אַמָּתַ֤יִם אָרְכּוֹ֙ וְאַמָּ֣ה רָחְבּ֔וֹ וְאַמָּ֥ה וָחֵ֖צִי קֹמָתֽוֹ
ב:כה:כד וְצִפִּיתָ֥ אֹת֖וֹ זָהָ֣ב טָה֑וֹר וְעָשִׂ֥יתָ לּ֛וֹ זֵ֥ר זָהָ֖ב סָבִֽיב
ב:כה:כה וְעָשִׂ֨יתָ לּ֥וֹ מִסְגֶּ֛רֶת טֹ֖פַח סָבִ֑יב וְעָשִׂ֧יתָ זֵר־זָהָ֛ב לְמִסְגַּרְתּ֖וֹ
סָבִֽיב ב:כה:כו וְעָשִׂ֣יתָ לּ֔וֹ אַרְבַּ֖ע טַבְּעֹ֣ת זָהָ֑ב וְנָתַתָּ֙ אֶת־הַטַּבָּעֹ֔ת עַ֚ל
אַרְבַּ֣ע הַפֵּאֹ֔ת אֲשֶׁ֖ר לְאַרְבַּ֥ע רַגְלָֽיו ב:כה:כז לְעֻמַּת֙ הַמִּסְגֶּ֔רֶת תִּהְיֶ֖יןָ
הַטַּבָּעֹ֑ת לְבָתִּ֣ים לְבַדִּ֔ים לָשֵׂ֖את אֶת־הַשֻּׁלְחָֽן ב:כה:כח וְעָשִׂ֤יתָ
אֶת־הַבַּדִּים֙ עֲצֵ֣י שִׁטִּ֔ים וְצִפִּיתָ֥ אֹתָ֖ם זָהָ֑ב וְנִשָּׂא־בָ֖ם אֶת־הַשֻּׁלְחָֽן
ב:כה:כט וְעָשִׂ֜יתָ קְּעָרֹתָ֣יו וְכַפֹּתָ֗יו וּקְשׂוֹתָיו֙ וּמְנַקִּיֹּתָ֔יו אֲשֶׁ֥ר יֻסַּ֖ךְ בָּהֵ֑ן
זָהָ֥ב טָה֖וֹר תַּעֲשֶׂ֥ה אֹתָֽם ב:כה:ל וְנָתַתָּ֧ עַֽל־הַשֻּׁלְחָ֛ן לֶ֥חֶם פָּנִ֖ים
לְפָנַ֥י תָּמִֽיד ב:כה:לא וְעָשִׂ֥יתָ מְנֹרַ֖ת זָהָ֣ב טָה֑וֹר מִקְשָׁ֞ה תֵּעָשֶׂ֤ה
הַמְּנוֹרָה֙ יְרֵכָ֣הּ וְקָנָ֔הּ גְּבִיעֶ֛יהָ כַּפְתֹּרֶ֥יהָ וּפְרָחֶ֖יהָ מִמֶּ֥נָּה יִהְיֽוּ
ב:כה:לב וְשִׁשָּׁ֣ה קָנִ֔ים יֹצְאִ֖ים מִצִּדֶּ֑יהָ שְׁלֹשָׁ֣ה ׀ קְנֵ֣י מְנֹרָ֗ה מִצִּדָּהּ֙
הָֽאֶחָ֔ד וּשְׁלֹשָׁה֙ קְנֵ֣י מְנֹרָ֔ה מִצִּדָּ֖הּ הַשֵּׁנִֽי ב:כה:לג שְׁלֹשָׁ֣ה גְ֠בִעִים
מְֽשֻׁקָּדִ֞ים בַּקָּנֶ֣ה הָאֶחָד֮ כַּפְתֹּ֣ר וָפֶ֒רַח֒ וּשְׁלֹשָׁ֣ה גְבִעִ֗ים מְשֻׁקָּדִ֛ים
בַּקָּנֶ֥ה הָאֶחָ֖ד כַּפְתֹּ֣ר וָפָ֑רַח כֵּ֚ן לְשֵׁ֣שֶׁת הַקָּנִ֔ים הַיֹּצְאִ֖ים
מִן־הַמְּנֹרָֽה ב:כה:לד וּבַמְּנֹרָ֖ה אַרְבָּעָ֣ה גְבִעִ֑ים מְשֻׁקָּדִ֔ים כַּפְתֹּרֶ֖יהָ
וּפְרָחֶֽיהָ ב:כה:לה וְכַפְתֹּ֡ר תַּחַת֩ שְׁנֵ֨י הַקָּנִ֜ים מִמֶּ֗נָּה וְכַפְתֹּר֙ תַּ֣חַת
שְׁנֵ֤י הַקָּנִים֙ מִמֶּ֔נָּה וְכַפְתֹּ֕ר תַּֽחַת־שְׁנֵ֥י הַקָּנִ֖ים מִמֶּ֑נָּה לְשֵׁ֙שֶׁת֙
הַקָּנִ֔ים הַיֹּצְאִ֖ים מִן־הַמְּנֹרָֽה ב:כה:לו כַּפְתֹּרֵיהֶ֥ם וּקְנֹתָ֖ם מִמֶּ֣נָּה יִהְי֑וּ
כֻּלָּ֛הּ מִקְשָׁ֥ה אַחַ֖ת זָהָ֥ב טָהֽוֹר ב:כה:לז וְעָשִׂ֥יתָ אֶת־נֵרֹתֶ֖יהָ שִׁבְעָ֑ה
וְהֶֽעֱלָה֙ אֶת־נֵ֣רֹתֶ֔יהָ וְהֵאִ֖יר עַל־עֵ֥בֶר פָּנֶֽיהָ ב:כה:לח וּמַלְקָחֶ֥יהָ
וּמַחְתֹּתֶ֖יהָ זָהָ֥ב טָהֽוֹר ב:כה:לט כִּכָּ֛ר זָהָ֥ב טָה֖וֹר יַעֲשֶׂ֣ה אֹתָ֑הּ אֵ֥ת

כׇּל־הַכֵּלִ֖ים הָאֵֽלֶּה ב:כה:מ וּרְאֵ֖ה וַעֲשֵׂ֑ה בְּתַ֨בְנִיתָ֔ם אֲשֶׁר־אַתָּ֥ה
מׇרְאֶ֖ה בָּהָֽר ב:כו:א וְאֶת־הַמִּשְׁכָּ֥ן תַּעֲשֶׂ֖ה עֶ֣שֶׂר יְרִיעֹ֑ת שֵׁ֣שׁ מׇשְׁזָ֗ר
וּתְכֵ֤לֶת וְאַרְגָּמָן֙ וְתֹלַ֣עַת שָׁנִ֔י כְּרֻבִ֛ים מַעֲשֵׂ֥ה חֹשֵׁ֖ב תַּעֲשֶׂ֥ה אֹתָֽם
ב:כו:ב אֹ֣רֶךְ ׀ הַיְרִיעָ֣ה הָֽאַחַ֗ת שְׁמֹנֶ֤ה וְעֶשְׂרִים֙ בָּֽאַמָּ֔ה וְרֹ֙חַב֙ אַרְבַּ֣ע
בָּֽאַמָּ֔ה הַיְרִיעָ֖ה הָאֶחָ֑ת מִדָּ֥ה אַחַ֖ת לְכׇל־הַיְרִיעֹֽת ב:כו:ג חֲמֵ֣שׁ
הַיְרִיעֹ֗ת תִּֽהְיֶ֙יןָ֙ חֹֽבְרֹ֔ת אִשָּׁ֖ה אֶל־אֲחֹתָ֑הּ וְחָמֵ֤שׁ יְרִיעֹת֙ חֹֽבְרֹ֔ת
אִשָּׁ֖ה אֶל־אֲחֹתָֽהּ ב:כו:ד וְעָשִׂ֜יתָ לֻֽלְאֹ֣ת תְּכֵ֗לֶת עַ֣ל שְׂפַ֤ת הַיְרִיעָה֙
הָאֶחָ֔ת מִקָּצָ֖ה בַּחֹבָ֑רֶת וְכֵ֤ן תַּעֲשֶׂה֙ בִּשְׂפַ֣ת הַיְרִיעָ֔ה הַקִּ֣יצוֹנָ֔ה
בַּמַּחְבֶּ֖רֶת הַשֵּׁנִֽית ב:כו:ה חֲמִשִּׁ֣ים לֻלָאֹ֗ת תַּעֲשֶׂה֮ בַּיְרִיעָ֣ה הָאֶחָת֒
וַחֲמִשִּׁ֣ים לֻלָאֹ֗ת תַּעֲשֶׂה֙ בִּקְצֵ֣ה הַיְרִיעָ֔ה אֲשֶׁ֖ר בַּמַּחְבֶּ֣רֶת הַשֵּׁנִ֑ית
מַקְבִּילֹת֙ הַלֻּ֣לָאֹ֔ת אִשָּׁ֖ה אֶל־אֲחֹתָֽהּ ב:כו:ו וְעָשִׂ֕יתָ חֲמִשִּׁ֖ים קַרְסֵ֣י
זָהָ֑ב וְחִבַּרְתָּ֨ אֶת־הַיְרִיעֹ֜ת אִשָּׁ֤ה אֶל־אֲחֹתָהּ֙ בַּקְּרָסִ֔ים וְהָיָ֥ה
הַמִּשְׁכָּ֖ן אֶחָֽד ב:כו:ז וְעָשִׂ֙יתָ֙ יְרִיעֹ֣ת עִזִּ֔ים לְאֹ֖הֶל עַל־הַמִּשְׁכָּ֑ן
עַשְׁתֵּֽי־עֶשְׂרֵ֥ה יְרִיעֹ֖ת תַּעֲשֶׂ֥ה אֹתָֽם ב:כו:ח אֹ֣רֶךְ ׀ הַיְרִיעָ֣ה הָֽאַחַ֗ת
שְׁלֹשִׁים֙ בָּֽאַמָּ֔ה וְרֹ֙חַב֙ אַרְבַּ֣ע בָּֽאַמָּ֔ה הַיְרִיעָ֖ה הָאֶחָ֑ת מִדָּ֣ה אַחַ֔ת
לְעַשְׁתֵּ֥י עֶשְׂרֵ֖ה יְרִיעֹֽת ב:כו:ט וְחִבַּרְתָּ֞ אֶת־חֲמֵ֤שׁ הַיְרִיעֹת֙ לְבָ֔ד
וְאֶת־שֵׁ֥שׁ הַיְרִיעֹ֖ת לְבָ֑ד וְכָפַלְתָּ֙ אֶת־הַיְרִיעָ֣ה הַשִּׁשִּׁ֔ית אֶל־מ֖וּל פְּנֵ֥י
הָאֹֽהֶל ב:כו:י וְעָשִׂ֜יתָ חֲמִשִּׁ֣ים לֻלָאֹ֗ת עַ֣ל שְׂפַ֤ת הַיְרִיעָה֙ הָֽאֶחָ֔ת
הַקִּיצֹנָ֖ה בַּחֹבָ֑רֶת וַחֲמִשִּׁ֣ים לֻלָאֹ֗ת עַ֚ל שְׂפַ֣ת הַיְרִיעָ֔ה הַחֹבֶ֖רֶת
הַשֵּׁנִֽית ב:כו:יא וְעָשִׂ֛יתָ קַרְסֵ֥י נְחֹ֖שֶׁת חֲמִשִּׁ֑ים וְהֵבֵאתָ֤ אֶת־הַקְּרָסִים֙
בַּלֻּ֣לָאֹ֔ת וְחִבַּרְתָּ֥ אֶת־הָאֹ֖הֶל וְהָיָ֥ה אֶחָֽד ב:כו:יב וְסֶ֙רַח֙ הָעֹדֵ֔ף
בִּירִיעֹ֖ת הָאֹ֑הֶל חֲצִ֤י הַיְרִיעָה֙ הָעֹדֶ֔פֶת תִּסְרַ֕ח עַ֖ל אֲחֹרֵ֥י הַמִּשְׁכָּֽן
ב:כו:יג וְהָאַמָּ֨ה מִזֶּ֜ה וְהָאַמָּ֤ה מִזֶּה֙ בָּעֹדֵ֔ף בְּאֹ֖רֶךְ יְרִיעֹ֣ת הָאֹ֑הֶל יִהְיֶ֨ה
סָר֜וּחַ עַל־צִדֵּ֧י הַמִּשְׁכָּ֛ן מִזֶּ֥ה וּמִזֶּ֖ה לְכַסֹּתֽוֹ ב:כו:יד וְעָשִׂ֤יתָ מִכְסֶה֙
לָאֹ֔הֶל עֹרֹ֥ת אֵילִ֖ם מְאׇדָּמִ֑ים וּמִכְסֵ֛ה עֹרֹ֥ת תְּחָשִׁ֖ים מִלְמָֽעְלָה
ב:כו:יה וְעָשִׂ֥יתָ אֶת־הַקְּרָשִׁ֖ים לַמִּשְׁכָּ֑ן עֲצֵ֥י שִׁטִּ֖ים עֹמְדִֽים ב:כו:יו עֶ֥שֶׂר
אַמּ֖וֹת אֹ֣רֶךְ הַקָּ֑רֶשׁ וְאַמָּה֙ וַחֲצִ֣י הָֽאַמָּ֔ה רֹ֖חַב הַקֶּ֥רֶשׁ הָאֶחָֽד
ב:כו:יז שְׁתֵּ֣י יָד֗וֹת לַקֶּ֙רֶשׁ֙ הָאֶחָ֔ד מְשֻׁלָּבֹ֖ת אִשָּׁ֣ה אֶל־אֲחֹתָ֑הּ כֵּ֣ן

תַּעֲשֶׂה לְכֹל קַרְשֵׁי הַמִּשְׁכָּן ב:כו:יח וְעָשִׂיתָ אֶת־הַקְּרָשִׁים לַמִּשְׁכָּן
עֶשְׂרִים קֶרֶשׁ לִפְאַת נֶגְבָּה תֵימָנָה ב:כו:יט וְאַרְבָּעִים אַדְנֵי־כֶסֶף
תַּעֲשֶׂה תַּחַת עֶשְׂרִים הַקָּרֶשׁ שְׁנֵי אֲדָנִים תַּחַת־הַקֶּרֶשׁ הָאֶחָד
לִשְׁתֵּי יְדֹתָיו וּשְׁנֵי אֲדָנִים תַּחַת־הַקֶּרֶשׁ הָאֶחָד לִשְׁתֵּי יְדֹתָיו
ב:כו:כ וּלְצֶלַע הַמִּשְׁכָּן הַשֵּׁנִית לִפְאַת צָפוֹן עֶשְׂרִים קָרֶשׁ
ב:כו:כא וְאַרְבָּעִים אַדְנֵיהֶם כָּסֶף שְׁנֵי אֲדָנִים תַּחַת הַקֶּרֶשׁ הָאֶחָד
וּשְׁנֵי אֲדָנִים תַּחַת הַקֶּרֶשׁ הָאֶחָד ב:כו:כב וּלְיַרְכְּתֵי הַמִּשְׁכָּן יָמָּה
תַּעֲשֶׂה שִׁשָּׁה קְרָשִׁים ב:כו:כג וּשְׁנֵי קְרָשִׁים תַּעֲשֶׂה לִמְקֻצְעֹת
הַמִּשְׁכָּן בַּיַּרְכָתָיִם ב:כו:כד וְיִהְיוּ תֹאֲמִם מִלְּמַטָּה וְיַחְדָּו יִהְיוּ תַמִּים
עַל־רֹאשׁוֹ אֶל־הַטַּבַּעַת הָאֶחָת כֵּן יִהְיֶה לִשְׁנֵיהֶם לִשְׁנֵי הַמִּקְצֹעֹת
יִהְיוּ ב:כו:כה וְהָיוּ שְׁמֹנָה קְרָשִׁים וְאַדְנֵיהֶם כֶּסֶף שִׁשָּׁה עָשָׂר אֲדָנִים
שְׁנֵי אֲדָנִים תַּחַת הַקֶּרֶשׁ הָאֶחָד וּשְׁנֵי אֲדָנִים תַּחַת הַקֶּרֶשׁ הָאֶחָד
ב:כו:כו וְעָשִׂיתָ בְרִיחִם עֲצֵי שִׁטִּים חֲמִשָּׁה לְקַרְשֵׁי צֶלַע־הַמִּשְׁכָּן
הָאֶחָד ב:כו:כז וַחֲמִשָּׁה בְרִיחִם לְקַרְשֵׁי צֶלַע־הַמִּשְׁכָּן הַשֵּׁנִית
וַחֲמִשָּׁה בְרִיחִם לְקַרְשֵׁי צֶלַע הַמִּשְׁכָּן לַיַּרְכָתַיִם יָמָּה
ב:כו:כח וְהַבְּרִיחַ הַתִּיכֹן בְּתוֹךְ הַקְּרָשִׁים מַבְרִחַ מִן־הַקָּצֶה
אֶל־הַקָּצֶה ב:כו:כט וְאֶת־הַקְּרָשִׁים תְּצַפֶּה זָהָב וְאֶת־טַבְּעֹתֵיהֶם
תַּעֲשֶׂה זָהָב בָּתִּים לַבְּרִיחִם וְצִפִּיתָ אֶת־הַבְּרִיחִם זָהָב
ב:כו:ל וַהֲקֵמֹתָ אֶת־הַמִּשְׁכָּן כְּמִשְׁפָּטוֹ אֲשֶׁר הָרְאֵיתָ בָּהָר
ב:כו:לא וְעָשִׂיתָ פָרֹכֶת תְּכֵלֶת וְאַרְגָּמָן וְתוֹלַעַת שָׁנִי וְשֵׁשׁ מָשְׁזָר
מַעֲשֵׂה חֹשֵׁב יַעֲשֶׂה אֹתָהּ כְּרֻבִים ב:כו:לב וְנָתַתָּה אֹתָהּ
עַל־אַרְבָּעָה עַמּוּדֵי שִׁטִּים מְצֻפִּים זָהָב וָוֵיהֶם זָהָב עַל־אַרְבָּעָה
אַדְנֵי־כָסֶף ב:כו:לג וְנָתַתָּה אֶת־הַפָּרֹכֶת תַּחַת הַקְּרָסִים וְהֵבֵאתָ
שָׁמָּה מִבֵּית לַפָּרֹכֶת אֵת אֲרוֹן הָעֵדוּת וְהִבְדִּילָה הַפָּרֹכֶת לָכֶם בֵּין
הַקֹּדֶשׁ וּבֵין קֹדֶשׁ הַקֳּדָשִׁים ב:כו:לד וְנָתַתָּ אֶת־הַכַּפֹּרֶת עַל אֲרוֹן
הָעֵדֻת בְּקֹדֶשׁ הַקֳּדָשִׁים ב:כו:לה וְשַׂמְתָּ אֶת־הַשֻּׁלְחָן מִחוּץ לַפָּרֹכֶת
וְאֶת־הַמְּנֹרָה נֹכַח הַשֻּׁלְחָן עַל צֶלַע הַמִּשְׁכָּן תֵּימָנָה וְהַשֻּׁלְחָן
תִּתֵּן עַל־צֶלַע צָפוֹן ב:כו:לו וְעָשִׂיתָ מָסָךְ לְפֶתַח הָאֹהֶל תְּכֵלֶת

וְאַרְגָּמָ֛ן וְתוֹלַ֥עַת שָׁנִ֖י וְשֵׁ֣שׁ מָשְׁזָ֑ר מַעֲשֵׂ֖ה רֹקֵֽם ב:כו:לז וְעָשִׂ֣יתָ
לַמָּסָ֗ךְ חֲמִשָּׁה֙ עַמּוּדֵ֣י שִׁטִּ֔ים וְצִפִּיתָ֤ אֹתָם֙ זָהָ֔ב וָוֵיהֶ֖ם זָהָ֑ב וְיָצַקְתָּ֣
לָהֶ֔ם חֲמִשָּׁ֖ה אַדְנֵ֥י נְחֹֽשֶׁת ב:כז:א וְעָשִׂ֥יתָ אֶת־הַמִּזְבֵּ֖חַ עֲצֵ֣י שִׁטִּ֑ים
חָמֵשׁ֩ אַמּ֨וֹת אֹ֜רֶךְ וְחָמֵ֧שׁ אַמּ֣וֹת רֹ֗חַב רָב֤וּעַ יִהְיֶה֙ הַמִּזְבֵּ֔חַ וְשָׁלֹ֥שׁ
אַמּ֖וֹת קֹמָתֽוֹ ב:כז:ב וְעָשִׂ֣יתָ קַרְנֹתָ֗יו עַ֚ל אַרְבַּ֣ע פִּנֹּתָ֔יו מִמֶּ֖נּוּ תִּהְיֶ֣יןָ
קַרְנֹתָ֑יו וְצִפִּיתָ֥ אֹת֖וֹ נְחֹֽשֶׁת ב:כז:ג וְעָשִׂ֤יתָ סִּֽירֹתָיו֙ לְדַשְּׁנ֔וֹ וְיָעָיו֙
וּמִזְרְקֹתָ֔יו וּמִזְלְגֹתָ֖יו וּמַחְתֹּתָ֑יו לְכָל־כֵּלָ֖יו תַּעֲשֶׂ֥ה נְחֹֽשֶׁת
ב:כז:ד וְעָשִׂ֤יתָ לּוֹ֙ מִכְבָּ֔ר מַעֲשֵׂ֖ה רֶ֣שֶׁת נְחֹ֑שֶׁת וְעָשִׂ֣יתָ עַל־הָרֶ֗שֶׁת
אַרְבַּע֙ טַבְּעֹ֣ת נְחֹ֔שֶׁת עַ֖ל אַרְבַּ֥ע קְצוֹתָֽיו ב:כז:ה וְנָתַתָּ֣ה אֹתָ֗הּ
תַּ֛חַת כַּרְכֹּ֥ב הַמִּזְבֵּ֖חַ מִלְּמָ֑טָּה וְהָיְתָ֣ה הָרֶ֔שֶׁת עַ֖ד חֲצִ֥י הַמִּזְבֵּֽחַ
ב:כז:ו וְעָשִׂ֤יתָ בַדִּים֙ לַמִּזְבֵּ֔חַ בַּדֵּ֖י עֲצֵ֣י שִׁטִּ֑ים וְצִפִּיתָ֥ אֹתָ֖ם נְחֹֽשֶׁת
ב:כז:ז וְהוּבָ֥א אֶת־בַּדָּ֖יו בַּטַּבָּעֹ֑ת וְהָי֣וּ הַבַּדִּ֗ים עַל־שְׁתֵּ֛י צַלְעֹ֥ת
הַמִּזְבֵּ֖חַ בִּשְׂאֵ֥ת אֹתֽוֹ ב:כז:ח נְב֥וּב לֻחֹ֖ת תַּעֲשֶׂ֣ה אֹת֑וֹ כַּאֲשֶׁ֨ר הֶרְאָ֥ה
אֹתְךָ֛ בָּהָ֖ר כֵּ֥ן יַעֲשֽׂוּ ב:כז:ט וְעָשִׂ֕יתָ אֵ֖ת חֲצַ֣ר הַמִּשְׁכָּ֑ן לִפְאַ֣ת
נֶֽגֶב־תֵּ֠ימָנָה קְלָעִ֨ים לֶחָצֵ֜ר שֵׁ֣שׁ מָשְׁזָ֗ר מֵאָ֤ה בָֽאַמָּה֙ אֹ֔רֶךְ לַפֵּאָ֖ה
הָאֶחָֽת ב:כז:י וְעַמֻּדָ֣יו עֶשְׂרִ֔ים וְאַדְנֵיהֶ֥ם עֶשְׂרִ֖ים נְחֹ֑שֶׁת וָוֵ֧י הָעַמֻּדִ֛ים
וַחֲשֻׁקֵיהֶ֖ם כָּֽסֶף ב:כז:יא וְכֵ֨ן לִפְאַ֤ת צָפוֹן֙ בָּאֹ֔רֶךְ קְלָעִ֖ים מֵ֣אָה אֹ֑רֶךְ
ועמדו [וְעַמּוּדָ֣יו] עֶשְׂרִ֗ים וְאַדְנֵיהֶ֤ם עֶשְׂרִים֙ נְחֹ֔שֶׁת וָוֵ֧י הָֽעַמֻּדִ֛ים
וַחֲשֻׁקֵיהֶ֖ם כָּֽסֶף ב:כז:יב וְרֹ֤חַב הֶֽחָצֵר֙ לִפְאַת־יָ֔ם קְלָעִ֖ים חֲמִשִּׁ֣ים
אַמָּ֑ה עַמֻּדֵיהֶ֣ם עֲשָׂרָ֔ה וְאַדְנֵיהֶ֖ם עֲשָׂרָֽה ב:כז:יג וְרֹ֣חַב הֶֽחָצֵ֗ר
לִפְאַ֛ת קֵ֥דְמָה מִזְרָ֖חָה חֲמִשִּׁ֥ים אַמָּֽה ב:כז:יד וַחֲמֵ֨שׁ עֶשְׂרֵ֥ה אַמָּ֛ה
קְלָעִ֖ים לַכָּתֵ֑ף עַמֻּדֵיהֶ֣ם שְׁלֹשָׁ֔ה וְאַדְנֵיהֶ֖ם שְׁלֹשָֽׁה ב:כז:טו וְלַכָּתֵף֙
הַשֵּׁנִ֔ית חֲמֵ֥שׁ עֶשְׂרֵ֖ה קְלָעִ֑ים עַמֻּדֵיהֶ֣ם שְׁלֹשָׁ֔ה וְאַדְנֵיהֶ֖ם שְׁלֹשָֽׁה
ב:כז:טז וּלְשַׁ֨עַר הֶחָצֵ֜ר מָסָ֣ךְ ׀ עֶשְׂרִ֣ים אַמָּ֗ה תְּכֵ֨לֶת וְאַרְגָּמָ֜ן
וְתוֹלַ֧עַת שָׁנִ֛י וְשֵׁ֥שׁ מָשְׁזָ֖ר מַעֲשֵׂ֣ה רֹקֵ֑ם עַמֻּדֵיהֶם֙ אַרְבָּעָ֔ה
וְאַדְנֵיהֶ֖ם אַרְבָּעָֽה ב:כז:יז כָּל־עַמּוּדֵ֨י הֶחָצֵ֤ר סָבִיב֙ מְחֻשָּׁקִ֣ים כֶּ֔סֶף
וָוֵיהֶ֖ם כָּ֑סֶף וְאַדְנֵיהֶ֖ם נְחֹֽשֶׁת ב:כז:יח אֹ֤רֶךְ הֶֽחָצֵר֙ מֵאָ֣ה בָֽאַמָּ֔ה
וְרֹ֣חַב ׀ חֲמִשִּׁ֣ים בַּחֲמִשִּׁ֗ים וְקֹמָ֛ה חָמֵ֥שׁ אַמּ֖וֹת שֵׁ֣שׁ מָשְׁזָ֑ר

וְאַדְנֵיהֶ֖ם נְחֹֽשֶׁת ב:כז:יט לְכֹל֙ כְּלֵ֣י הַמִּשְׁכָּ֔ן בְּכֹ֖ל עֲבֹדָת֑וֹ וְכָל־יְתֵדֹתָ֛יו
וְכָל־יִתְדֹ֥ת הֶחָצֵ֖ר נְחֹֽשֶׁת ב:כז:כ וְאַתָּ֞ה תְּצַוֶּ֣ה ׀ אֶת־בְּנֵ֣י יִשְׂרָאֵ֗ל
וְיִקְח֨וּ אֵלֶ֜יךָ שֶׁ֣מֶן זַ֥יִת זָ֛ךְ כָּתִ֖ית לַמָּא֑וֹר לְהַעֲלֹ֥ת נֵ֖ר תָּמִֽיד
ב:כז:כא בְּאֹ֣הֶל מוֹעֵ֡ד מִחוּץ֩ לַפָּרֹ֨כֶת אֲשֶׁ֜ר עַל־הָעֵדֻ֗ת יַעֲרֹךְ֩ אֹת֨וֹ
אַהֲרֹ֧ן וּבָנָ֛יו מֵעֶ֥רֶב עַד־בֹּ֖קֶר לִפְנֵ֣י יְהוָ֑ה חֻקַּ֤ת עוֹלָם֙ לְדֹ֣רֹתָ֔ם מֵאֵ֖ת
בְּנֵ֥י יִשְׂרָאֵֽל ב:כח:א וְאַתָּ֡ה הַקְרֵ֣ב אֵלֶיךָ֩ אֶת־אַהֲרֹ֨ן אָחִ֜יךָ וְאֶת־בָּנָ֣יו
אִתּ֗וֹ מִתּ֛וֹךְ בְּנֵ֥י יִשְׂרָאֵ֖ל לְכַהֲנוֹ־לִ֑י אַהֲרֹ֕ן נָדָ֧ב וַאֲבִיה֛וּא אֶלְעָזָ֥ר
וְאִיתָמָ֖ר בְּנֵ֥י אַהֲרֹֽן ב:כח:ב וְעָשִׂ֥יתָ בִגְדֵי־קֹ֖דֶשׁ לְאַהֲרֹ֣ן אָחִ֑יךָ לְכָב֖וֹד
וּלְתִפְאָֽרֶת ב:כח:ג וְאַתָּ֗ה תְּדַבֵּר֙ אֶל־כָּל־חַכְמֵי־לֵ֔ב אֲשֶׁ֥ר מִלֵּאתִ֖יו
ר֣וּחַ חָכְמָ֑ה וְעָשׂ֞וּ אֶת־בִּגְדֵ֧י אַהֲרֹ֛ן לְקַדְּשׁ֖וֹ לְכַהֲנוֹ־לִֽי ב:כח:ד וְאֵ֨לֶּה
הַבְּגָדִ֜ים אֲשֶׁ֣ר יַעֲשׂ֗וּ חֹ֤שֶׁן וְאֵפוֹד֙ וּמְעִ֔יל וּכְתֹ֥נֶת תַּשְׁבֵּ֖ץ מִצְנֶ֣פֶת
וְאַבְנֵ֑ט וְעָשׂ֨וּ בִגְדֵי־קֹ֜דֶשׁ לְאַהֲרֹ֥ן אָחִ֛יךָ וּלְבָנָ֖יו לְכַהֲנוֹ־לִֽי
ב:כח:ה וְהֵם֙ יִקְח֣וּ אֶת־הַזָּהָ֔ב וְאֶת־הַתְּכֵ֖לֶת וְאֶת־הָֽאַרְגָּמָ֑ן
וְאֶת־תּוֹלַ֥עַת הַשָּׁנִ֖י וְאֶת־הַשֵּֽׁשׁ ב:כח:ו וְעָשׂ֖וּ אֶת־הָאֵפֹ֑ד זָ֠הָב תְּכֵ֨לֶת
וְאַרְגָּמָ֜ן תּוֹלַ֧עַת שָׁנִ֛י וְשֵׁ֥שׁ מָשְׁזָ֖ר מַעֲשֵׂ֥ה חֹשֵֽׁב ב:כח:ז שְׁתֵּ֧י כְתֵפֹ֣ת
חֹֽבְרֹ֗ת יִֽהְיֶה־לּ֛וֹ אֶל־שְׁנֵ֥י קְצוֹתָ֖יו וְחֻבָּֽר ב:כח:ח וְחֵ֤שֶׁב אֲפֻדָּתוֹ֙ אֲשֶׁ֣ר
עָלָ֔יו כְּמַעֲשֵׂ֖הוּ מִמֶּ֣נּוּ יִהְיֶ֑ה זָהָ֗ב תְּכֵ֧לֶת וְאַרְגָּמָ֛ן וְתוֹלַ֥עַת שָׁנִ֖י וְשֵׁ֥שׁ
מָשְׁזָֽר ב:כח:ט וְלָ֣קַחְתָּ֔ אֶת־שְׁתֵּ֖י אַבְנֵי־שֹׁ֑הַם וּפִתַּחְתָּ֣ עֲלֵיהֶ֔ם שְׁמ֖וֹת
בְּנֵ֥י יִשְׂרָאֵֽל ב:כח:י שִׁשָּׁה֙ מִשְּׁמֹתָ֔ם עַ֖ל הָאֶ֣בֶן הָאֶחָ֑ת וְאֶת־שְׁמ֞וֹת
הַשִּׁשָּׁ֧ה הַנּוֹתָרִ֛ים עַל־הָאֶ֥בֶן הַשֵּׁנִ֖ית כְּתוֹלְדֹתָֽם ב:כח:יא מַעֲשֵׂ֣ה
חָרַשׁ֮ אֶ֒בֶן֒ פִּתּוּחֵ֣י חֹתָ֗ם תְּפַתַּח֙ אֶת־שְׁתֵּ֣י הָאֲבָנִ֔ים עַל־שְׁמֹ֖ת בְּנֵ֣י
יִשְׂרָאֵ֑ל מֻסַבֹּ֛ת מִשְׁבְּצ֥וֹת זָהָ֖ב תַּעֲשֶׂ֥ה אֹתָֽם ב:כח:יב וְשַׂמְתָּ֞
אֶת־שְׁתֵּ֣י הָאֲבָנִ֗ים עַ֚ל כִּתְפֹ֣ת הָֽאֵפֹ֔ד אַבְנֵ֥י זִכָּרֹ֖ן לִבְנֵ֣י יִשְׂרָאֵ֑ל
וְנָשָׂ֨א אַהֲרֹ֜ן אֶת־שְׁמוֹתָ֨ם לִפְנֵ֧י יְהוָ֛ה עַל־שְׁתֵּ֥י כְתֵפָ֖יו לְזִכָּרֹֽן
ב:כח:יג וְעָשִׂ֥יתָ מִשְׁבְּצֹ֖ת זָהָֽב ב:כח:יד וּשְׁתֵּ֤י שַֽׁרְשְׁרֹת֙ זָהָ֣ב טָה֔וֹר
מִגְבָּלֹ֛ת תַּעֲשֶׂ֥ה אֹתָ֖ם מַעֲשֵׂ֣ה עֲבֹ֑ת וְנָתַתָּ֛ה אֶת־שַֽׁרְשְׁרֹ֥ת הָעֲבֹתֹ֖ת
עַל־הַֽמִּשְׁבְּצֹֽת ב:כח:טו וְעָשִׂ֜יתָ חֹ֤שֶׁן מִשְׁפָּט֙ מַעֲשֵׂ֣ה חֹשֵׁ֔ב כְּמַעֲשֵׂ֥ה
אֵפֹ֖ד תַּעֲשֶׂ֑נּוּ זָ֠הָב תְּכֵ֨לֶת וְאַרְגָּמָ֜ן וְתוֹלַ֧עַת שָׁנִ֛י וְשֵׁ֥שׁ מָשְׁזָ֖ר

תַּעֲשֶׂה אֹתוֹ ב:כח:יו רָבוּעַ יִהְיֶה כָּפוּל זֶרֶת אָרְכּוֹ וְזֶרֶת רָחְבּוֹ
ב:כח:יז וּמִלֵּאתָ בוֹ מִלֻּאַת אֶבֶן אַרְבָּעָה טוּרִים אָבֶן טוּר אֹדֶם
פִּטְדָה וּבָרֶקֶת הַטּוּר הָאֶחָד ב:כח:יח וְהַטּוּר הַשֵּׁנִי נֹפֶךְ סַפִּיר
וְיָהֲלֹם ב:כח:יט וְהַטּוּר הַשְּׁלִישִׁי לֶשֶׁם שְׁבוֹ וְאַחְלָמָה ב:כח:כ וְהַטּוּר
הָרְבִיעִי תַּרְשִׁישׁ וְשֹׁהַם וְיָשְׁפֵה מְשֻׁבָּצִים זָהָב יִהְיוּ בְּמִלּוּאֹתָם
ב:כח:כא וְהָאֲבָנִים תִּהְיֶיןָ עַל־שְׁמֹת בְּנֵי־יִשְׂרָאֵל שְׁתֵּים עֶשְׂרֵה
עַל־שְׁמֹתָם פִּתּוּחֵי חוֹתָם אִישׁ עַל־שְׁמוֹ תִּהְיֶיןָ לִשְׁנֵי עָשָׂר שָׁבֶט
ב:כח:כב וְעָשִׂיתָ עַל־הַחֹשֶׁן שַׁרְשֹׁת גַּבְלֻת מַעֲשֵׂה עֲבֹת זָהָב טָהוֹר
ב:כח:כג וְעָשִׂיתָ עַל־הַחֹשֶׁן שְׁתֵּי טַבְּעוֹת זָהָב וְנָתַתָּ אֶת־שְׁתֵּי
הַטַּבָּעוֹת עַל־שְׁנֵי קְצוֹת הַחֹשֶׁן ב:כח:כד וְנָתַתָּה אֶת־שְׁתֵּי עֲבֹתֹת
הַזָּהָב עַל־שְׁתֵּי הַטַּבָּעֹת אֶל־קְצוֹת הַחֹשֶׁן ב:כח:כה וְאֵת שְׁתֵּי קְצוֹת
שְׁתֵּי הָעֲבֹתֹת תִּתֵּן עַל־שְׁתֵּי הַמִּשְׁבְּצוֹת וְנָתַתָּה עַל־כִּתְפוֹת
הָאֵפֹד אֶל־מוּל פָּנָיו ב:כח:כו וְעָשִׂיתָ שְׁתֵּי טַבְּעוֹת זָהָב וְשַׂמְתָּ אֹתָם
עַל־שְׁנֵי קְצוֹת הַחֹשֶׁן עַל־שְׂפָתוֹ אֲשֶׁר אֶל־עֵבֶר הָאֵפֹד בָּיְתָה
ב:כח:כז וְעָשִׂיתָ שְׁתֵּי טַבְּעוֹת זָהָב וְנָתַתָּה אֹתָם עַל־שְׁתֵּי כִתְפוֹת
הָאֵפוֹד מִלְּמַטָּה מִמּוּל פָּנָיו לְעֻמַּת מֶחְבַּרְתּוֹ מִמַּעַל לְחֵשֶׁב
הָאֵפוֹד ב:כח:כח וְיִרְכְּסוּ אֶת־הַחֹשֶׁן מטבעתו [מִטַּבְּעֹתָיו]
אֶל־טַבְּעֹת הָאֵפֹד בִּפְתִיל תְּכֵלֶת לִהְיוֹת עַל־חֵשֶׁב הָאֵפוֹד
וְלֹא־יִזַּח הַחֹשֶׁן מֵעַל הָאֵפוֹד ב:כח:כט וְנָשָׂא אַהֲרֹן אֶת־שְׁמוֹת
בְּנֵי־יִשְׂרָאֵל בְּחֹשֶׁן הַמִּשְׁפָּט עַל־לִבּוֹ בְּבֹאוֹ אֶל־הַקֹּדֶשׁ לְזִכָּרֹן
לִפְנֵי־יְהוָה תָּמִיד ב:כח:ל וְנָתַתָּ אֶל־חֹשֶׁן הַמִּשְׁפָּט אֶת־הָאוּרִים
וְאֶת־הַתֻּמִּים וְהָיוּ עַל־לֵב אַהֲרֹן בְּבֹאוֹ לִפְנֵי יְהוָה וְנָשָׂא אַהֲרֹן
אֶת־מִשְׁפַּט בְּנֵי־יִשְׂרָאֵל עַל־לִבּוֹ לִפְנֵי יְהוָה תָּמִיד ב:כח:לא וְעָשִׂיתָ
אֶת־מְעִיל הָאֵפוֹד כְּלִיל תְּכֵלֶת ב:כח:לב וְהָיָה פִי־רֹאשׁוֹ בְּתוֹכוֹ שָׂפָה
יִהְיֶה לְפִיו סָבִיב מַעֲשֵׂה אֹרֵג כְּפִי תַחְרָא יִהְיֶה־לּוֹ לֹא יִקָּרֵעַ
ב:כח:לג וְעָשִׂיתָ עַל־שׁוּלָיו רִמֹּנֵי תְּכֵלֶת וְאַרְגָּמָן וְתוֹלַעַת שָׁנִי
עַל־שׁוּלָיו סָבִיב וּפַעֲמֹנֵי זָהָב בְּתוֹכָם סָבִיב ב:כח:לד פַּעֲמֹן זָהָב
וְרִמּוֹן פַּעֲמֹן זָהָב וְרִמּוֹן עַל־שׁוּלֵי הַמְּעִיל סָבִיב ב:כח:לה וְהָיָה

עַל־אַהֲרֹ֖ן לְשָׁרֵ֑ת וְנִשְׁמַ֣ע ק֠וֹלוֹ בְּבֹא֨וֹ אֶל־הַקֹּ֜דֶשׁ לִפְנֵ֧י יְהוָ֛ה
וּבְצֵאת֖וֹ וְלֹ֥א יָמֽוּת ב:כח:לו וְעָשִׂ֥יתָ צִּ֖יץ זָהָ֣ב טָה֑וֹר וּפִתַּחְתָּ֤ עָלָיו֙
פִּתּוּחֵ֣י חֹתָ֔ם קֹ֖דֶשׁ לַיהוָֽה ב:כח:לז וְשַׂמְתָּ֤ אֹתוֹ֙ עַל־פְּתִ֣יל תְּכֵ֔לֶת
וְהָיָ֖ה עַל־הַמִּצְנָ֑פֶת אֶל־מ֥וּל פְּנֵֽי־הַמִּצְנֶ֖פֶת יִהְיֶֽה ב:כח:לח וְהָיָה֮
עַל־מֵ֣צַח אַהֲרֹן֒ וְנָשָׂ֨א אַהֲרֹ֜ן אֶת־עֲוֺ֣ן הַקֳּדָשִׁ֗ים אֲשֶׁ֤ר יַקְדִּ֙ישׁוּ֙ בְּנֵ֣י
יִשְׂרָאֵ֔ל לְכָֽל־מַתְּנֹ֖ת קָדְשֵׁיהֶ֑ם וְהָיָ֤ה עַל־מִצְחוֹ֙ תָּמִ֔יד לְרָצ֥וֹן לָהֶ֖ם
לִפְנֵ֥י יְהוָֽה ב:כח:לט וְשִׁבַּצְתָּ֙ הַכְּתֹ֣נֶת שֵׁ֔שׁ וְעָשִׂ֖יתָ מִצְנֶ֣פֶת שֵׁ֑שׁ
וְאַבְנֵ֥ט תַּעֲשֶׂ֖ה מַעֲשֵׂ֥ה רֹקֵֽם ב:כח:מ וְלִבְנֵ֤י אַהֲרֹן֙ תַּעֲשֶׂ֣ה כֻתֳּנֹ֔ת
וְעָשִׂ֥יתָ לָהֶ֖ם אַבְנֵטִ֑ים וּמִגְבָּעוֹת֙ תַּעֲשֶׂ֣ה לָהֶ֔ם לְכָב֖וֹד וּלְתִפְאָֽרֶת
ב:כח:מא וְהִלְבַּשְׁתָּ֤ אֹתָם֙ אֶת־אַהֲרֹ֣ן אָחִ֔יךָ וְאֶת־בָּנָ֖יו אִתּ֑וֹ וּמָשַׁחְתָּ֩
אֹתָ֨ם וּמִלֵּאתָ֧ אֶת־יָדָ֛ם וְקִדַּשְׁתָּ֥ אֹתָ֖ם וְכִהֲנ֥וּ לִֽי ב:כח:מב וַעֲשֵׂ֤ה לָהֶם֙
מִכְנְסֵי־בָ֔ד לְכַסּ֖וֹת בְּשַׂ֣ר עֶרְוָ֑ה מִמָּתְנַ֥יִם וְעַד־יְרֵכַ֖יִם יִהְיֽוּ
ב:כח:מג וְהָיוּ֩ עַל־אַהֲרֹ֨ן וְעַל־בָּנָ֜יו בְּבֹאָ֣ם ׀ אֶל־אֹ֣הֶל מוֹעֵ֗ד א֣וֹ
בְגִשְׁתָּ֤ם אֶל־הַמִּזְבֵּ֙חַ֙ לְשָׁרֵ֣ת בַּקֹּ֔דֶשׁ וְלֹא־יִשְׂא֥וּ עָוֺ֖ן וָמֵ֑תוּ חֻקַּ֥ת
עוֹלָ֛ם ל֖וֹ וּלְזַרְע֥וֹ אַחֲרָֽיו ב:כט:א וְזֶ֨ה הַדָּבָ֜ר אֲשֶׁר־תַּעֲשֶׂ֥ה לָהֶ֛ם
לְקַדֵּ֥שׁ אֹתָ֖ם לְכַהֵ֣ן לִ֑י לְ֠קַח פַּ֣ר אֶחָ֧ד בֶּן־בָּקָ֛ר וְאֵילִ֥ם שְׁנַ֖יִם
תְּמִימִֽם ב:כט:ב וְלֶ֣חֶם מַצּ֗וֹת וְחַלֹּ֤ת מַצֹּת֙ בְּלוּלֹ֣ת בַּשֶּׁ֔מֶן וּרְקִיקֵ֥י
מַצּ֖וֹת מְשֻׁחִ֣ים בַּשָּׁ֑מֶן סֹ֥לֶת חִטִּ֖ים תַּעֲשֶׂ֥ה אֹתָֽם ב:כט:ג וְנָתַתָּ֤
אוֹתָם֙ עַל־סַ֣ל אֶחָ֔ד וְהִקְרַבְתָּ֥ אֹתָ֖ם בַּסָּ֑ל וְאֶת־הַפָּ֕ר וְאֵ֖ת שְׁנֵ֥י
הָאֵילִֽם ב:כט:ד וְאֶת־אַהֲרֹ֤ן וְאֶת־בָּנָיו֙ תַּקְרִ֔יב אֶל־פֶּ֖תַח אֹ֣הֶל מוֹעֵ֑ד
וְרָחַצְתָּ֥ אֹתָ֖ם בַּמָּֽיִם ב:כט:ה וְלָקַחְתָּ֣ אֶת־הַבְּגָדִ֗ים וְהִלְבַּשְׁתָּ֤
אֶֽת־אַהֲרֹן֙ אֶת־הַכֻּתֹּ֔נֶת וְאֵת֙ מְעִ֣יל הָאֵפֹ֔ד וְאֶת־הָאֵפֹ֖ד
וְאֶת־הַחֹ֑שֶׁן וְאָפַדְתָּ֣ ל֔וֹ בְּחֵ֖שֶׁב הָאֵפֹֽד ב:כט:ו וְשַׂמְתָּ֥ הַמִּצְנֶ֖פֶת
עַל־רֹאשׁ֑וֹ וְנָתַתָּ֛ אֶת־נֵ֥זֶר הַקֹּ֖דֶשׁ עַל־הַמִּצְנָֽפֶת ב:כט:ז וְלָקַחְתָּ֙
אֶת־שֶׁ֣מֶן הַמִּשְׁחָ֔ה וְיָצַקְתָּ֖ עַל־רֹאשׁ֑וֹ וּמָשַׁחְתָּ֖ אֹתֽוֹ
ב:כט:ח וְאֶת־בָּנָ֖יו תַּקְרִ֑יב וְהִלְבַּשְׁתָּ֖ם כֻּתֳּנֹֽת ב:כט:ט וְחָגַרְתָּ֨ אֹתָ֜ם
אַבְנֵ֗ט אַהֲרֹ֣ן וּבָנָ֔יו וְחָבַשְׁתָּ֤ לָהֶם֙ מִגְבָּעֹ֔ת וְהָיְתָ֥ה לָהֶ֛ם כְּהֻנָּ֖ה
לְחֻקַּ֣ת עוֹלָ֑ם וּמִלֵּאתָ֥ יַד־אַהֲרֹ֖ן וְיַד־בָּנָֽיו ב:כט:י וְהִקְרַבְתָּ֙ אֶת־הַפָּ֔ר

לִפְנֵ֖י אֹ֣הֶל מוֹעֵ֑ד וְסָמַ֨ךְ אַהֲרֹ֧ן וּבָנָ֛יו אֶת־יְדֵיהֶ֖ם עַל־רֹ֥אשׁ הַפָּֽר
ב:כט:יא וְשָׁחַטְתָּ֥ אֶת־הַפָּ֖ר לִפְנֵ֣י יְהוָ֑ה פֶּ֖תַח אֹ֥הֶל מוֹעֵֽד
ב:כט:יב וְלָקַחְתָּ֙ מִדַּ֣ם הַפָּ֔ר וְנָתַתָּ֛ה עַל־קַרְנֹ֥ת הַמִּזְבֵּ֖חַ בְּאֶצְבָּעֶ֑ךָ
וְאֶת־כָּל־הַדָּ֣ם תִּשְׁפֹּ֔ךְ אֶל־יְס֖וֹד הַמִּזְבֵּֽחַ ב:כט:יג וְלָקַחְתָּ֗
אֶֽת־כָּל־הַחֵלֶב֮ הַֽמְכַסֶּ֣ה אֶת־הַקֶּרֶב֒ וְאֵ֗ת הַיֹּתֶ֙רֶת֙ עַל־הַכָּבֵ֔ד וְאֵת֙
שְׁתֵּ֣י הַכְּלָיֹ֔ת וְאֶת־הַחֵ֖לֶב אֲשֶׁ֣ר עֲלֵיהֶ֑ן וְהִקְטַרְתָּ֖ הַמִּזְבֵּֽחָה
ב:כט:יד וְאֶת־בְּשַׂ֤ר הַפָּר֙ וְאֶת־עֹר֣וֹ וְאֶת־פִּרְשׁ֔וֹ תִּשְׂרֹ֥ף בָּאֵ֖שׁ מִח֣וּץ
לַֽמַּחֲנֶ֑ה חַטָּ֖את הֽוּא ב:כט:טו וְאֶת־הָאַ֥יִל הָאֶחָ֖ד תִּקָּ֑ח וְ֠סָמְכוּ אַהֲרֹ֧ן
וּבָנָ֛יו אֶת־יְדֵיהֶ֖ם עַל־רֹ֥אשׁ הָאָֽיִל ב:כט:טז וְשָׁחַטְתָּ֖ אֶת־הָאָ֑יִל וְלָקַחְתָּ֙
אֶת־דָּמ֔וֹ וְזָרַקְתָּ֥ עַל־הַמִּזְבֵּ֖חַ סָבִֽיב ב:כט:יז וְאֶ֨ת־הָאַ֔יִל תְּנַתֵּ֖חַ
לִנְתָחָ֑יו וְרָחַצְתָּ֤ קִרְבּוֹ֙ וּכְרָעָ֔יו וְנָתַתָּ֥ עַל־נְתָחָ֖יו וְעַל־רֹאשֽׁוֹ
ב:כט:יח וְהִקְטַרְתָּ֤ אֶת־כָּל־הָאַ֙יִל֙ הַמִּזְבֵּ֔חָה עֹלָ֥ה ה֖וּא לַֽיהוָ֑ה רֵ֣יחַ
נִיח֔וֹחַ אִשֶּׁ֥ה לַֽיהוָ֖ה הֽוּא ב:כט:יט וְלָֽקַחְתָּ֔ אֵ֖ת הָאַ֣יִל הַשֵּׁנִ֑י וְסָמַ֨ךְ
אַהֲרֹ֧ן וּבָנָ֛יו אֶת־יְדֵיהֶ֖ם עַל־רֹ֥אשׁ הָאָֽיִל ב:כט:כ וְשָׁחַטְתָּ֣ אֶת־הָאַ֗יִל
וְלָקַחְתָּ֣ מִדָּמוֹ֒ וְנָתַתָּ֡ה עַל־תְּנ֩וּךְ אֹ֨זֶן אַהֲרֹ֜ן וְעַל־תְּנ֗וּךְ אֹ֤זֶן בָּנָיו֙
הַיְמָנִ֔ית וְעַל־בֹּ֤הֶן יָדָם֙ הַיְמָנִ֔ית וְעַל־בֹּ֥הֶן רַגְלָ֖ם הַיְמָנִ֑ית וְזָרַקְתָּ֧
אֶת־הַדָּ֛ם עַל־הַמִּזְבֵּ֖חַ סָבִֽיב ב:כט:כא וְלָקַחְתָּ֞ מִן־הַדָּ֨ם אֲשֶׁ֧ר
עַל־הַמִּזְבֵּ֜חַ וּמִשֶּׁ֣מֶן הַמִּשְׁחָ֗ה וְהִזֵּיתָ֙ עַל־אַהֲרֹן֙ וְעַל־בְּגָדָ֔יו
וְעַל־בָּנָ֛יו וְעַל־בִּגְדֵ֥י בָנָ֖יו אִתּ֑וֹ וְקָדַ֥שׁ הוּא֙ וּבְגָדָ֔יו וּבָנָ֛יו וּבִגְדֵ֥י בָנָ֖יו
אִתּֽוֹ ב:כט:כב וְלָקַחְתָּ֣ מִן־הָ֠אַיִל הַחֵ֨לֶב וְהָאַלְיָ֜ה וְאֶת־הַחֵ֣לֶב ׀
הַֽמְכַסֶּ֣ה אֶת־הַקֶּ֗רֶב וְאֵ֨ת יֹתֶ֤רֶת הַכָּבֵד֙ וְאֵ֣ת ׀ שְׁתֵּ֣י הַכְּלָיֹ֗ת
וְאֶת־הַחֵ֙לֶב֙ אֲשֶׁ֣ר עֲלֵיהֶ֔ן וְאֵ֖ת שׁ֣וֹק הַיָּמִ֑ין כִּ֛י אֵ֥יל מִלֻּאִ֖ים הֽוּא
ב:כט:כג וְכִכַּ֨ר לֶ֜חֶם אַחַ֗ת וַֽחַלַּ֨ת לֶ֥חֶם שֶׁ֛מֶן אַחַ֖ת וְרָקִ֣יק אֶחָ֑ד מִסַּל֙
הַמַּצּ֔וֹת אֲשֶׁ֖ר לִפְנֵ֥י יְהוָֽה ב:כט:כד וְשַׂמְתָּ֣ הַכֹּ֔ל עַ֚ל כַּפֵּ֣י אַהֲרֹ֔ן וְעַ֖ל
כַּפֵּ֣י בָנָ֑יו וְהֵנַפְתָּ֥ אֹתָ֛ם תְּנוּפָ֖ה לִפְנֵ֥י יְהוָֽה ב:כט:כה וְלָקַחְתָּ֤ אֹתָם֙
מִיָּדָ֔ם וְהִקְטַרְתָּ֥ הַמִּזְבֵּ֖חָה עַל־הָעֹלָ֑ה לְרֵ֤יחַ נִיח֙וֹחַ֙ לִפְנֵ֣י יְהוָ֔ה
אִשֶּׁ֥ה ה֖וּא לַיהוָֽה ב:כט:כו וְלָקַחְתָּ֣ אֶת־הֶחָזֶ֗ה מֵאֵ֤יל הַמִּלֻּאִים֙ אֲשֶׁ֣ר
לְאַהֲרֹ֔ן וְהֵנַפְתָּ֥ אֹת֛וֹ תְּנוּפָ֖ה לִפְנֵ֣י יְהוָ֑ה וְהָיָ֥ה לְךָ֖ לְמָנָֽה

ב:כט:כז וְקִדַּשְׁתָּ֞ אֵ֣ת ׀ חֲזֵ֣ה הַתְּנוּפָ֗ה וְאֵת֙ שׁ֣וֹק הַתְּרוּמָ֔ה אֲשֶׁ֥ר
הוּנַ֖ף וַאֲשֶׁ֣ר הוּרָ֑ם מֵאֵיל֙ הַמִּלֻּאִ֔ים מֵאֲשֶׁ֥ר לְאַהֲרֹ֖ן וּמֵאֲשֶׁ֥ר לְבָנָֽיו
ב:כט:כח וְהָיָה֩ לְאַהֲרֹ֨ן וּלְבָנָ֜יו לְחָק־עוֹלָ֗ם מֵאֵת֙ בְּנֵ֣י יִשְׂרָאֵ֔ל כִּ֥י
תְרוּמָ֖ה ה֑וּא וּתְרוּמָ֞ה יִהְיֶ֨ה מֵאֵ֤ת בְּנֵֽי־יִשְׂרָאֵל֙ מִזִּבְחֵ֣י שַׁלְמֵיהֶ֔ם
תְּרוּמָתָ֖ם לַיהוָֽה ב:כט:כט וּבִגְדֵ֤י הַקֹּ֙דֶשׁ֙ אֲשֶׁ֣ר לְאַהֲרֹ֔ן יִהְי֥וּ לְבָנָ֖יו
אַחֲרָ֑יו לְמָשְׁחָ֣ה בָהֶ֔ם וּלְמַלֵּא־בָ֖ם אֶת־יָדָֽם ב:כט:ל שִׁבְעַ֣ת יָמִ֗ים
יִלְבָּשָׁ֛ם הַכֹּהֵ֥ן תַּחְתָּ֖יו מִבָּנָ֑יו אֲשֶׁ֨ר יָבֹ֜א אֶל־אֹ֧הֶל מוֹעֵ֛ד לְשָׁרֵ֖ת
בַּקֹּֽדֶשׁ ב:כט:לא וְאֵ֛ת אֵ֥יל הַמִּלֻּאִ֖ים תִּקָּ֑ח וּבִשַּׁלְתָּ֥ אֶת־בְּשָׂר֖וֹ בְּמָקֹ֥ם
קָדֹֽשׁ ב:כט:לב וְאָכַ֨ל אַהֲרֹ֤ן וּבָנָיו֙ אֶת־בְּשַׂ֣ר הָאַ֔יִל וְאֶת־הַלֶּ֖חֶם אֲשֶׁ֣ר
בַּסָּ֑ל פֶּ֖תַח אֹ֥הֶל מוֹעֵֽד ב:כט:לג וְאָכְל֤וּ אֹתָם֙ אֲשֶׁ֣ר כֻּפַּ֣ר בָּהֶ֔ם לְמַלֵּ֥א
אֶת־יָדָ֖ם לְקַדֵּ֣שׁ אֹתָ֑ם וְזָ֥ר לֹא־יֹאכַ֖ל כִּי־קֹ֥דֶשׁ הֵֽם ב:כט:לד וְאִם־יִוָּתֵ֞ר
מִבְּשַׂ֧ר הַמִּלֻּאִ֛ים וּמִן־הַלֶּ֖חֶם עַד־הַבֹּ֑קֶר וְשָׂרַפְתָּ֤ אֶת־הַנּוֹתָר֙ בָּאֵ֔שׁ
לֹ֥א יֵאָכֵ֖ל כִּי־קֹ֥דֶשׁ הֽוּא ב:כט:לה וְעָשִׂ֜יתָ לְאַהֲרֹ֤ן וּלְבָנָיו֙ כָּ֔כָה כְּכֹ֥ל
אֲשֶׁר־צִוִּ֖יתִי אֹתָ֑כָה שִׁבְעַ֥ת יָמִ֖ים תְּמַלֵּ֥א יָדָֽם ב:כט:לו וּפַ֨ר חַטָּ֜את
תַּעֲשֶׂ֤ה לַיּוֹם֙ עַל־הַכִּפֻּרִ֔ים וְחִטֵּאתָ֙ עַל־הַמִּזְבֵּ֔חַ בְּכַפֶּרְךָ֖ עָלָ֑יו
וּמָשַׁחְתָּ֥ אֹת֖וֹ לְקַדְּשֽׁוֹ ב:כט:לז שִׁבְעַ֣ת יָמִ֗ים תְּכַפֵּר֙ עַל־הַמִּזְבֵּ֔חַ
וְקִדַּשְׁתָּ֖ אֹת֑וֹ וְהָיָ֤ה הַמִּזְבֵּ֙חַ֙ קֹ֣דֶשׁ קָֽדָשִׁ֔ים כָּל־הַנֹּגֵ֥עַ בַּמִּזְבֵּ֖חַ יִקְדָּֽשׁ
ב:כט:לח וְזֶ֕ה אֲשֶׁ֥ר תַּעֲשֶׂ֖ה עַל־הַמִּזְבֵּ֑חַ כְּבָשִׂ֧ים בְּנֵֽי־שָׁנָ֛ה שְׁנַ֥יִם לַיּ֖וֹם
תָּמִֽיד ב:כט:לט אֶת־הַכֶּ֥בֶשׂ הָאֶחָ֖ד תַּעֲשֶׂ֣ה בַבֹּ֑קֶר וְאֵת֙ הַכֶּ֣בֶשׂ הַשֵּׁנִ֔י
תַּעֲשֶׂ֖ה בֵּ֥ין הָעַרְבָּֽיִם ב:כט:מ וְעִשָּׂרֹ֨ן סֹ֜לֶת בָּל֨וּל בְּשֶׁ֤מֶן כָּתִית֙ רֶ֣בַע
הַהִ֔ין וְנֵ֕סֶךְ רְבִיעִ֥ת הַהִ֖ין יָ֑יִן לַכֶּ֖בֶשׂ הָאֶחָֽד ב:כט:מא וְאֵת֙ הַכֶּ֣בֶשׂ
הַשֵּׁנִ֔י תַּעֲשֶׂ֖ה בֵּ֣ין הָעַרְבָּ֑יִם כְּמִנְחַ֨ת הַבֹּ֤קֶר וּכְנִסְכָּהּ֙ תַּעֲשֶׂה־לָּ֔הּ
לְרֵ֣יחַ נִיחֹ֔חַ אִשֶּׁ֖ה לַיהוָֽה ב:כט:מב עֹלַ֤ת תָּמִיד֙ לְדֹרֹ֣תֵיכֶ֔ם פֶּ֥תַח
אֹֽהֶל־מוֹעֵ֖ד לִפְנֵ֣י יְהוָ֑ה אֲשֶׁ֨ר אִוָּעֵ֤ד לָכֶם֙ שָׁ֔מָּה לְדַבֵּ֥ר אֵלֶ֖יךָ שָֽׁם
ב:כט:מג וְנֹעַדְתִּ֥י שָׁ֖מָּה לִבְנֵ֣י יִשְׂרָאֵ֑ל וְנִקְדַּ֖שׁ בִּכְבֹדִֽי ב:כט:מד וְקִדַּשְׁתִּ֛י
אֶת־אֹ֥הֶל מוֹעֵ֖ד וְאֶת־הַמִּזְבֵּ֑חַ וְאֶת־אַהֲרֹ֧ן וְאֶת־בָּנָ֛יו אֲקַדֵּ֖שׁ לְכַהֵ֥ן
לִֽי ב:כט:מה וְשָׁ֣כַנְתִּ֔י בְּת֖וֹךְ בְּנֵ֣י יִשְׂרָאֵ֑ל וְהָיִ֥יתִי לָהֶ֖ם לֵאלֹהִֽים
ב:כט:מו וְיָדְע֗וּ כִּ֣י אֲנִ֤י יְהוָה֙ אֱלֹ֣הֵיהֶ֔ם אֲשֶׁ֨ר הוֹצֵ֧אתִי אֹתָ֛ם מֵאֶ֥רֶץ

מִצְרַ֖יִם לְשׇׁכְנִ֣י בְתוֹכָ֑ם אֲנִ֖י יְהֹוָ֥ה אֱלֹהֵיהֶֽם ב:ל:א וְעָשִׂ֥יתָ מִזְבֵּ֖חַ
מִקְטַ֣ר קְטֹ֑רֶת עֲצֵ֥י שִׁטִּ֖ים תַּעֲשֶׂ֥ה אֹתֽוֹ ב:ל:ב אַמָּ֨ה אׇרְכּ֜וֹ וְאַמָּ֤ה
רׇחְבּוֹ֙ רָב֣וּעַ יִהְיֶ֔ה וְאַמָּתַ֖יִם קֹמָת֑וֹ מִמֶּ֖נּוּ קַרְנֹתָֽיו ב:ל:ג וְצִפִּיתָ֨ אֹת֜וֹ
זָהָ֣ב טָה֗וֹר אֶת־גַּגּ֧וֹ וְאֶת־קִירֹתָ֛יו סָבִ֖יב וְאֶת־קַרְנֹתָ֑יו וְעָשִׂ֥יתָ לּ֛וֹ זֵ֥ר
זָהָ֖ב סָבִֽיב ב:ל:ד וּשְׁתֵּי֩ טַבְּעֹ֨ת זָהָ֜ב תַּֽעֲשֶׂה־לּ֣וֹ ׀ מִתַּ֣חַת לְזֵר֗וֹ עַ֚ל
שְׁתֵּ֣י צַלְעֹתָ֔יו תַּעֲשֶׂ֖ה עַל־שְׁנֵ֣י צִדָּ֑יו וְהָיָה֙ לְבָתִּ֣ים לְבַדִּ֔ים לָשֵׂ֥את
אֹת֖וֹ בָּהֵֽמָּה ב:ל:ה וְעָשִׂ֥יתָ אֶת־הַבַּדִּ֖ים עֲצֵ֣י שִׁטִּ֑ים וְצִפִּיתָ֥ אֹתָ֖ם
זָהָֽב ב:ל:ו וְנָתַתָּ֤ה אֹתוֹ֙ לִפְנֵ֣י הַפָּרֹ֔כֶת אֲשֶׁ֖ר עַל־אֲרֹ֣ן הָעֵדֻ֑ת לִפְנֵ֣י
הַכַּפֹּ֗רֶת אֲשֶׁר֙ עַל־הָ֣עֵדֻ֔ת אֲשֶׁ֛ר אִוָּעֵ֥ד לְךָ֖ שָֽׁמָּה ב:ל:ז וְהִקְטִ֥יר עָלָ֛יו
אַהֲרֹ֖ן קְטֹ֣רֶת סַמִּ֑ים בַּבֹּ֣קֶר בַּבֹּ֗קֶר בְּהֵיטִיב֛וֹ אֶת־הַנֵּרֹ֖ת יַקְטִירֶֽנָּה
ב:ל:ח וּבְהַעֲלֹ֨ת אַהֲרֹ֧ן אֶת־הַנֵּרֹ֛ת בֵּ֥ין הָעַרְבַּ֖יִם יַקְטִירֶ֑נָּה קְטֹ֧רֶת
תָּמִ֛יד לִפְנֵ֥י יְהֹוָ֖ה לְדֹרֹתֵיכֶֽם ב:ל:ט לֹא־תַעֲל֥וּ עָלָ֛יו קְטֹ֥רֶת זָרָ֖ה
וְעֹלָ֣ה וּמִנְחָ֑ה וְנֵ֕סֶךְ לֹ֥א תִסְּכ֖וּ עָלָֽיו ב:ל:י וְכִפֶּ֤ר אַהֲרֹן֙ עַל־קַרְנֹתָ֔יו
אַחַ֖ת בַּשָּׁנָ֑ה מִדַּ֞ם חַטַּ֣את הַכִּפֻּרִ֗ים אַחַ֤ת בַּשָּׁנָה֙ יְכַפֵּ֤ר עָלָיו֙
לְדֹרֹ֣תֵיכֶ֔ם קֹֽדֶשׁ־קׇֽדָשִׁ֥ים ה֖וּא לַיהֹוָֽה ב:ל:יא וַיְדַבֵּ֥ר יְהֹוָ֖ה אֶל־מֹשֶׁ֥ה
לֵּאמֹֽר ב:ל:יב כִּ֣י תִשָּׂ֞א אֶת־רֹ֥אשׁ בְּנֵֽי־יִשְׂרָאֵל֮ לִפְקֻדֵיהֶם֒ וְנָ֨תְנ֜וּ אִ֣ישׁ
כֹּ֧פֶר נַפְשׁ֛וֹ לַיהֹוָ֖ה בִּפְקֹ֣ד אֹתָ֑ם וְלֹא־יִהְיֶ֥ה בָהֶ֛ם נֶ֖גֶף בִּפְקֹ֥ד אֹתָֽם
ב:ל:יג זֶ֣ה ׀ יִתְּנ֗וּ כׇּל־הָעֹבֵר֙ עַל־הַפְּקֻדִ֔ים מַחֲצִ֥ית הַשֶּׁ֖קֶל בְּשֶׁ֣קֶל
הַקֹּ֑דֶשׁ עֶשְׂרִ֤ים גֵּרָה֙ הַשֶּׁ֔קֶל מַחֲצִ֣ית הַשֶּׁ֔קֶל תְּרוּמָ֖ה לַיהֹוָֽה
ב:ל:יד כֹּ֗ל הָעֹבֵר֙ עַל־הַפְּקֻדִ֔ים מִבֶּ֛ן עֶשְׂרִ֥ים שָׁנָ֖ה וָמָ֑עְלָה יִתֵּ֖ן
תְּרוּמַ֥ת יְהֹוָֽה ב:ל:טו הֶעָשִׁ֣יר לֹֽא־יַרְבֶּ֗ה וְהַדַּל֙ לֹ֣א יַמְעִ֔יט מִֽמַּחֲצִ֖ית
הַשָּׁ֑קֶל לָתֵת֙ אֶת־תְּרוּמַ֣ת יְהֹוָ֔ה לְכַפֵּ֖ר עַל־נַפְשֹׁתֵיכֶֽם ב:ל:טז וְלָקַחְתָּ֞
אֶת־כֶּ֣סֶף הַכִּפֻּרִ֗ים מֵאֵת֙ בְּנֵ֣י יִשְׂרָאֵ֔ל וְנָתַתָּ֣ אֹת֔וֹ עַל־עֲבֹדַ֖ת אֹ֣הֶל
מוֹעֵ֑ד וְהָיָה֩ לִבְנֵ֨י יִשְׂרָאֵ֤ל לְזִכָּרוֹן֙ לִפְנֵ֣י יְהֹוָ֔ה לְכַפֵּ֖ר עַל־נַפְשֹׁתֵיכֶֽם
ב:ל:יז וַיְדַבֵּ֥ר יְהֹוָ֖ה אֶל־מֹשֶׁ֥ה לֵּאמֹֽר ב:ל:יח וְעָשִׂ֜יתָ כִּיּ֥וֹר נְחֹ֛שֶׁת וְכַנּ֥וֹ
נְחֹ֖שֶׁת לְרׇחְצָ֑ה וְנָתַתָּ֣ אֹת֗וֹ בֵּֽין־אֹ֤הֶל מוֹעֵד֙ וּבֵ֣ין הַמִּזְבֵּ֔חַ וְנָתַתָּ֥
שָׁ֖מָּה מָֽיִם ב:ל:יט וְרָחֲצ֛וּ אַהֲרֹ֥ן וּבָנָ֖יו מִמֶּ֑נּוּ אֶת־יְדֵיהֶ֖ם
וְאֶת־רַגְלֵיהֶֽם ב:ל:כ בְּבֹאָ֞ם אֶל־אֹ֧הֶל מוֹעֵ֛ד יִרְחֲצוּ־מַ֖יִם וְלֹ֣א יָמֻ֑תוּ

אוֹ֩ בְגִשְׁתָּ֨ם אֶל־הַמִּזְבֵּ֜חַ לְשָׁרֵ֗ת לְהַקְטִ֥יר אִשֶּׁ֖ה לַיהוָֽה
ב:ל:כא וְרָחֲצ֛וּ יְדֵיהֶ֥ם וְרַגְלֵיהֶ֖ם וְלֹ֣א יָמֻ֑תוּ וְהָיְתָ֨ה לָהֶ֧ם חָק־עוֹלָ֛ם ל֥וֹ
וּלְזַרְע֖וֹ לְדֹרֹתָֽם ב:ל:כב וַיְדַבֵּ֥ר יְהוָ֖ה אֶל־מֹשֶׁ֥ה לֵּאמֹֽר ב:ל:כג וְאַתָּ֣ה
קַח־לְךָ֮ בְּשָׂמִ֣ים רֹאשׁ֒ מָר־דְּרוֹר֙ חֲמֵ֣שׁ מֵא֔וֹת וְקִנְּמָן־בֶּ֥שֶׂם
מַחֲצִית֖וֹ חֲמִשִּׁ֣ים וּמָאתָ֑יִם וּקְנֵה־בֹ֖שֶׂם חֲמִשִּׁ֥ים וּמָאתָֽיִם
ב:ל:כד וְקִדָּ֕ה חֲמֵ֥שׁ מֵא֖וֹת בְּשֶׁ֣קֶל הַקֹּ֑דֶשׁ וְשֶׁ֥מֶן זַ֖יִת הִֽין
ב:ל:כה וְעָשִׂ֣יתָ אֹת֗וֹ שֶׁ֚מֶן מִשְׁחַת־קֹ֔דֶשׁ רֹ֥קַח מִרְקַ֖חַת מַעֲשֵׂ֣ה רֹקֵ֑חַ
שֶׁ֥מֶן מִשְׁחַת־קֹ֖דֶשׁ יִהְיֶֽה ב:ל:כו וּמָשַׁחְתָּ֥ ב֖וֹ אֶת־אֹ֣הֶל מוֹעֵ֑ד וְאֵ֖ת
אֲר֥וֹן הָעֵדֻֽת ב:ל:כז וְאֶת־הַשֻּׁלְחָן֙ וְאֶת־כָּל־כֵּלָ֔יו וְאֶת־הַמְּנֹרָ֖ה
וְאֶת־כֵּלֶ֑יהָ וְאֵ֖ת מִזְבַּ֥ח הַקְּטֹֽרֶת ב:ל:כח וְאֶת־מִזְבַּ֥ח הָעֹלָ֖ה
וְאֶת־כָּל־כֵּלָ֑יו וְאֶת־הַכִּיֹּ֖ר וְאֶת־כַּנּֽוֹ ב:ל:כט וְקִדַּשְׁתָּ֣ אֹתָ֔ם וְהָי֖וּ קֹ֣דֶשׁ
קָֽדָשִׁ֑ים כָּל־הַנֹּגֵ֥עַ בָּהֶ֖ם יִקְדָּֽשׁ ב:ל:ל וְאֶת־אַהֲרֹ֥ן וְאֶת־בָּנָ֖יו תִּמְשָׁ֑ח
וְקִדַּשְׁתָּ֥ אֹתָ֖ם לְכַהֵ֥ן לִֽי ב:ל:לא וְאֶל־בְּנֵ֥י יִשְׂרָאֵ֖ל תְּדַבֵּ֣ר לֵאמֹ֑ר שֶׁ֠מֶן
מִשְׁחַת־קֹ֨דֶשׁ יִהְיֶ֥ה זֶ֛ה לִ֖י לְדֹרֹתֵיכֶֽם ב:ל:לב עַל־בְּשַׂ֤ר אָדָם֙ לֹ֣א יִיסָ֔ךְ
וּבְמַ֨תְכֻּנְתּ֔וֹ לֹ֥א תַעֲשׂ֖וּ כָּמֹ֑הוּ קֹ֣דֶשׁ ה֔וּא קֹ֖דֶשׁ יִהְיֶ֥ה לָכֶֽם ב:ל:לג אִ֚ישׁ
אֲשֶׁ֣ר יִרְקַ֣ח כָּמֹ֔הוּ וַאֲשֶׁ֥ר יִתֵּ֛ן מִמֶּ֖נּוּ עַל־זָ֑ר וְנִכְרַ֖ת מֵעַמָּֽיו
ב:ל:לד וַיֹּאמֶר֩ יְהוָ֨ה אֶל־מֹשֶׁ֜ה קַח־לְךָ֣ סַמִּ֗ים נָטָ֤ף ׀ וּשְׁחֵ֙לֶת֙
וְחֶלְבְּנָ֔ה סַמִּ֖ים וּלְבֹנָ֣ה זַכָּ֑ה בַּ֥ד בְּבַ֖ד יִהְיֶֽה ב:ל:לה וְעָשִׂ֤יתָ אֹתָהּ֙
קְטֹ֔רֶת רֹ֖קַח מַעֲשֵׂ֣ה רוֹקֵ֑חַ מְמֻלָּ֖ח טָה֥וֹר קֹֽדֶשׁ ב:ל:לו וְשָׁחַקְתָּ֣
מִמֶּ֘נָּה֮ הָדֵק֒ וְנָתַתָּ֨ה מִמֶּ֜נָּה לִפְנֵ֤י הָעֵדֻת֙ בְּאֹ֣הֶל מוֹעֵ֔ד אֲשֶׁ֛ר אִוָּעֵ֥ד
לְךָ֖ שָׁ֑מָּה קֹ֥דֶשׁ קָֽדָשִׁ֖ים תִּהְיֶ֥ה לָכֶֽם ב:ל:לז וְהַקְּטֹ֙רֶת֙ אֲשֶׁ֣ר תַּעֲשֶׂ֔ה
בְּמַ֨תְכֻּנְתָּ֔הּ לֹ֥א תַעֲשׂ֖וּ לָכֶ֑ם קֹ֛דֶשׁ תִּהְיֶ֥ה לְךָ֖ לַיהוָֽה ב:ל:לח אִ֛ישׁ
אֲשֶׁר־יַעֲשֶׂ֥ה כָמ֖וֹהָ לְהָרִ֣יחַ בָּ֑הּ וְנִכְרַ֖ת מֵעַמָּֽיו ב:לא:א וַיְדַבֵּ֥ר יְהוָ֖ה
אֶל־מֹשֶׁ֥ה לֵּאמֹֽר ב:לא:ב רְאֵ֖ה קָרָ֣אתִֽי בְשֵׁ֑ם בְּצַלְאֵ֛ל בֶּן־אוּרִ֥י
בֶן־ח֖וּר לְמַטֵּ֥ה יְהוּדָֽה ב:לא:ג וָאֲמַלֵּ֥א אֹת֖וֹ ר֣וּחַ אֱלֹהִ֑ים בְּחָכְמָ֛ה
וּבִתְבוּנָ֥ה וּבְדַ֖עַת וּבְכָל־מְלָאכָֽה ב:לא:ד לַחְשֹׁ֖ב מַחֲשָׁבֹ֑ת לַעֲשׂ֛וֹת
בַּזָּהָ֥ב וּבַכֶּ֖סֶף וּבַנְּחֹֽשֶׁת ב:לא:ה וּבַחֲרֹ֥שֶׁת אֶ֛בֶן לְמַלֹּ֖את וּבַחֲרֹ֣שֶׁת
עֵ֑ץ לַעֲשׂ֖וֹת בְּכָל־מְלָאכָֽה ב:לא:ו וַאֲנִ֞י הִנֵּ֧ה נָתַ֣תִּי אִתּ֗וֹ אֵ֣ת אָֽהֳלִיאָ֜ב

בֶּן־אֲחִיסָמָךְ לְמַטֵּה־דָן וּבְלֵב כָּל־חֲכַם־לֵב נָתַתִּי חָכְמָה וְעָשׂוּ אֵת
כָּל־אֲשֶׁר צִוִּיתִךָ ב:לא:ז אֵת | אֹהֶל מוֹעֵד וְאֶת־הָאָרֹן לָעֵדֻת
וְאֶת־הַכַּפֹּרֶת אֲשֶׁר עָלָיו וְאֵת כָּל־כְּלֵי הָאֹהֶל ב:לא:ח וְאֶת־הַשֻּׁלְחָן
וְאֶת־כֵּלָיו וְאֶת־הַמְּנֹרָה הַטְּהֹרָה וְאֶת־כָּל־כֵּלֶיהָ וְאֵת מִזְבַּח
הַקְּטֹרֶת ב:לא:ט וְאֶת־מִזְבַּח הָעֹלָה וְאֶת־כָּל־כֵּלָיו וְאֶת־הַכִּיּוֹר
וְאֶת־כַּנּוֹ ב:לא:י וְאֵת בִּגְדֵי הַשְּׂרָד וְאֶת־בִּגְדֵי הַקֹּדֶשׁ לְאַהֲרֹן הַכֹּהֵן
וְאֶת־בִּגְדֵי בָנָיו לְכַהֵן ב:לא:יא וְאֵת שֶׁמֶן הַמִּשְׁחָה וְאֶת־קְטֹרֶת
הַסַּמִּים לַקֹּדֶשׁ כְּכֹל אֲשֶׁר־צִוִּיתִךָ יַעֲשׂוּ ב:לא:יב וַיֹּאמֶר יְהוָה
אֶל־מֹשֶׁה לֵּאמֹר ב:לא:יג וְאַתָּה דַּבֵּר אֶל־בְּנֵי יִשְׂרָאֵל לֵאמֹר אַךְ
אֶת־שַׁבְּתֹתַי תִּשְׁמֹרוּ כִּי אוֹת הִוא בֵּינִי וּבֵינֵיכֶם לְדֹרֹתֵיכֶם לָדַעַת
כִּי אֲנִי יְהוָה מְקַדִּשְׁכֶם ב:לא:יד וּשְׁמַרְתֶּם אֶת־הַשַּׁבָּת כִּי קֹדֶשׁ הִוא
לָכֶם מְחַלְלֶיהָ מוֹת יוּמָת כִּי כָּל־הָעֹשֶׂה בָהּ מְלָאכָה וְנִכְרְתָה
הַנֶּפֶשׁ הַהִוא מִקֶּרֶב עַמֶּיהָ ב:לא:יה שֵׁשֶׁת יָמִים יֵעָשֶׂה מְלָאכָה
וּבַיּוֹם הַשְּׁבִיעִי שַׁבַּת שַׁבָּתוֹן קֹדֶשׁ לַיהוָה כָּל־הָעֹשֶׂה מְלָאכָה
בְּיוֹם הַשַּׁבָּת מוֹת יוּמָת ב:לא:יו וְשָׁמְרוּ בְנֵי־יִשְׂרָאֵל אֶת־הַשַּׁבָּת
לַעֲשׂוֹת אֶת־הַשַּׁבָּת לְדֹרֹתָם בְּרִית עוֹלָם ב:לא:יז בֵּינִי וּבֵין בְּנֵי
יִשְׂרָאֵל אוֹת הִוא לְעֹלָם כִּי־שֵׁשֶׁת יָמִים עָשָׂה יְהוָה אֶת־הַשָּׁמַיִם
וְאֶת־הָאָרֶץ וּבַיּוֹם הַשְּׁבִיעִי שָׁבַת וַיִּנָּפַשׁ ב:לא:יח וַיִּתֵּן אֶל־מֹשֶׁה
כְּכַלֹּתוֹ לְדַבֵּר אִתּוֹ בְּהַר סִינַי שְׁנֵי לֻחֹת הָעֵדֻת לֻחֹת אֶבֶן כְּתֻבִים
בְּאֶצְבַּע אֱלֹהִים ב:לב:א וַיַּרְא הָעָם כִּי־בֹשֵׁשׁ מֹשֶׁה לָרֶדֶת מִן־הָהָר
וַיִּקָּהֵל הָעָם עַל־אַהֲרֹן וַיֹּאמְרוּ אֵלָיו קוּם | עֲשֵׂה־לָנוּ אֱלֹהִים
אֲשֶׁר יֵלְכוּ לְפָנֵינוּ כִּי־זֶה | מֹשֶׁה הָאִישׁ אֲשֶׁר הֶעֱלָנוּ מֵאֶרֶץ
מִצְרַיִם לֹא יָדַעְנוּ מֶה־הָיָה לוֹ ב:לב:ב וַיֹּאמֶר אֲלֵהֶם אַהֲרֹן פָּרְקוּ
נִזְמֵי הַזָּהָב אֲשֶׁר בְּאָזְנֵי נְשֵׁיכֶם בְּנֵיכֶם וּבְנֹתֵיכֶם וְהָבִיאוּ אֵלָי
ב:לב:ג וַיִּתְפָּרְקוּ כָּל־הָעָם אֶת־נִזְמֵי הַזָּהָב אֲשֶׁר בְּאָזְנֵיהֶם וַיָּבִיאוּ
אֶל־אַהֲרֹן ב:לב:ד וַיִּקַּח מִיָּדָם וַיָּצַר אֹתוֹ בַּחֶרֶט וַיַּעֲשֵׂהוּ עֵגֶל מַסֵּכָה
וַיֹּאמְרוּ אֵלֶּה אֱלֹהֶיךָ יִשְׂרָאֵל אֲשֶׁר הֶעֱלוּךָ מֵאֶרֶץ מִצְרָיִם
ב:לב:ה וַיַּרְא אַהֲרֹן וַיִּבֶן מִזְבֵּחַ לְפָנָיו וַיִּקְרָא אַהֲרֹן וַיֹּאמַר חַג לַיהוָה

מָחָֽר ב:לב:ו וַיַּשְׁכִּ֙ימוּ֙ מִֽמָּחֳרָ֔ת וַיַּעֲל֣וּ עֹלֹ֔ת וַיַּגִּ֖שׁוּ שְׁלָמִ֑ים וַיֵּ֤שֶׁב הָעָם֙
לֶאֱכֹ֣ל וְשָׁת֔וֹ וַיָּקֻ֖מוּ לְצַחֵֽק ב:לב:ז וַיְדַבֵּ֥ר יְהוָ֖ה אֶל־מֹשֶׁ֑ה לֶךְ־רֵ֕ד כִּ֚י
שִׁחֵ֣ת עַמְּךָ֔ אֲשֶׁ֥ר הֶעֱלֵ֖יתָ מֵאֶ֥רֶץ מִצְרָֽיִם ב:לב:ח סָ֣רוּ מַהֵ֗ר
מִן־הַדֶּ֙רֶךְ֙ אֲשֶׁ֣ר צִוִּיתִ֔ם עָשׂ֣וּ לָהֶ֔ם עֵ֖גֶל מַסֵּכָ֑ה וַיִּשְׁתַּֽחֲווּ־לוֹ֙
וַיִּזְבְּחוּ־ל֔וֹ וַיֹּ֣אמְר֔וּ אֵ֤לֶּה אֱלֹהֶ֙יךָ֙ יִשְׂרָאֵ֔ל אֲשֶׁ֥ר הֶעֱל֖וּךָ מֵאֶ֥רֶץ
מִצְרָֽיִם ב:לב:ט וַיֹּ֥אמֶר יְהוָ֖ה אֶל־מֹשֶׁ֑ה רָאִ֙יתִי֙ אֶת־הָעָ֣ם הַזֶּ֔ה וְהִנֵּ֥ה
עַם־קְשֵׁה־עֹ֖רֶף הֽוּא ב:לב:י וְעַתָּה֙ הַנִּ֣יחָה לִּ֔י וְיִֽחַר־אַפִּ֥י בָהֶ֖ם
וַאֲכַלֵּ֑ם וְאֶֽעֱשֶׂ֥ה אוֹתְךָ֖ לְג֥וֹי גָּדֽוֹל ב:לב:יא וַיְחַ֣ל מֹשֶׁ֔ה אֶת־פְּנֵ֖י יְהוָ֣ה
אֱלֹהָ֑יו וַיֹּ֗אמֶר לָמָ֤ה יְהוָה֙ יֶחֱרֶ֤ה אַפְּךָ֙ בְּעַמֶּ֔ךָ אֲשֶׁ֤ר הוֹצֵ֙אתָ֙ מֵאֶ֣רֶץ
מִצְרַ֔יִם בְּכֹ֥חַ גָּד֖וֹל וּבְיָ֥ד חֲזָקָֽה ב:לב:יב לָמָּה֩ יֹאמְר֨וּ מִצְרַ֜יִם לֵאמֹ֗ר
בְּרָעָ֤ה הֽוֹצִיאָם֙ לַהֲרֹ֤ג אֹתָם֙ בֶּֽהָרִ֔ים וּ֨לְכַלֹּתָ֔ם מֵעַ֖ל פְּנֵ֣י הָאֲדָמָ֑ה
שׁ֚וּב מֵחֲר֣וֹן אַפֶּ֔ךָ וְהִנָּחֵ֥ם עַל־הָרָעָ֖ה לְעַמֶּֽךָ ב:לב:יג זְכֹ֡ר לְאַבְרָהָם֩
לְיִצְחָ֨ק וּלְיִשְׂרָאֵ֜ל עֲבָדֶ֗יךָ אֲשֶׁ֨ר נִשְׁבַּ֣עְתָּ לָהֶם֮ בָּךְ֒ וַתְּדַבֵּ֣ר אֲלֵהֶ֔ם
אַרְבֶּה֙ אֶֽת־זַרְעֲכֶ֔ם כְּכוֹכְבֵ֖י הַשָּׁמָ֑יִם וְכָל־הָאָ֨רֶץ הַזֹּ֜את אֲשֶׁ֣ר
אָמַ֗רְתִּי אֶתֵּן֙ לְזַרְעֲכֶ֔ם וְנָחֲל֖וּ לְעֹלָֽם ב:לב:יד וַיִּנָּ֖חֶם יְהוָ֑ה עַל־הָ֣רָעָ֔ה
אֲשֶׁ֥ר דִּבֶּ֖ר לַעֲשׂ֥וֹת לְעַמּֽוֹ ב:לב:טו וַיִּ֜פֶן וַיֵּ֤רֶד מֹשֶׁה֙ מִן־הָהָ֔ר וּשְׁנֵ֛י
לֻחֹ֥ת הָעֵדֻ֖ת בְּיָד֑וֹ לֻחֹ֗ת כְּתֻבִים֙ מִשְּׁנֵ֣י עֶבְרֵיהֶ֔ם מִזֶּ֥ה וּמִזֶּ֖ה הֵ֥ם
כְּתֻבִֽים ב:לב:טז וְהַ֨לֻּחֹ֔ת מַעֲשֵׂ֥ה אֱלֹהִ֖ים הֵ֑מָּה וְהַמִּכְתָּ֗ב מִכְתַּ֤ב
אֱלֹהִים֙ ה֔וּא חָר֖וּת עַל־הַלֻּחֹֽת ב:לב:יז וַיִּשְׁמַ֧ע יְהוֹשֻׁ֛עַ אֶת־ק֥וֹל הָעָ֖ם
בְּרֵעֹ֑ה וַיֹּ֙אמֶר֙ אֶל־מֹשֶׁ֔ה ק֥וֹל מִלְחָמָ֖ה בַּֽמַּחֲנֶֽה ב:לב:יח וַיֹּ֗אמֶר אֵ֥ין
קוֹל֙ עֲנ֣וֹת גְּבוּרָ֔ה וְאֵ֥ין ק֖וֹל עֲנ֣וֹת חֲלוּשָׁ֑ה ק֣וֹל עַנּ֔וֹת אָנֹכִ֖י שֹׁמֵֽעַ
ב:לב:יט וַיְהִ֗י כַּאֲשֶׁ֤ר קָרַב֙ אֶל־הַֽמַּחֲנֶ֔ה וַיַּ֥רְא אֶת־הָעֵ֖גֶל וּמְחֹלֹ֑ת
וַיִּֽחַר־אַ֣ף מֹשֶׁ֔ה וַיַּשְׁלֵ֤ךְ מידו [מִיָּדָיו֙] אֶת־הַלֻּחֹ֔ת וַיְשַׁבֵּ֥ר אֹתָ֖ם תַּ֥חַת
הָהָֽר ב:לב:כ וַיִּקַּ֞ח אֶת־הָעֵ֨גֶל אֲשֶׁ֤ר עָשׂוּ֙ וַיִּשְׂרֹ֣ף בָּאֵ֔שׁ וַיִּטְחַ֖ן עַ֣ד
אֲשֶׁר־דָּ֑ק וַיִּ֙זֶר֙ עַל־פְּנֵ֣י הַמַּ֔יִם וַיַּ֖שְׁקְ אֶת־בְּנֵ֥י יִשְׂרָאֵֽל ב:לב:כא וַיֹּ֤אמֶר
מֹשֶׁה֙ אֶֽל־אַהֲרֹ֔ן מֶה־עָשָׂ֥ה לְךָ֖ הָעָ֣ם הַזֶּ֑ה כִּֽי־הֵבֵ֥אתָ עָלָ֖יו חֲטָאָ֥ה
גְדֹלָֽה ב:לב:כב וַיֹּ֣אמֶר אַהֲרֹ֔ן אַל־יִ֥חַר אַ֖ף אֲדֹנִ֑י אַתָּה֙ יָדַ֣עְתָּ
אֶת־הָעָ֔ם כִּ֥י בְרָ֖ע הֽוּא ב:לב:כג וַיֹּ֣אמְרוּ לִ֗י עֲשֵׂה־לָ֣נוּ אֱלֹהִים֙ אֲשֶׁ֣ר

יֵלְכ֖וּ לְפָנֵ֑ינוּ כִּי־זֶ֣ה ׀ מֹשֶׁ֣ה הָאִ֗ישׁ אֲשֶׁ֤ר הֶֽעֱלָ֙נוּ֙ מֵאֶ֣רֶץ מִצְרַ֔יִם לֹ֥א
יָדַ֖עְנוּ מֶה־הָ֥יָה לֽוֹ ב:לב:כד וָאֹמַ֤ר לָהֶם֙ לְמִ֣י זָהָ֔ב הִתְפָּרָ֖קוּ וַיִּתְּנוּ־לִ֑י
וָאַשְׁלִכֵ֣הוּ בָאֵ֔שׁ וַיֵּצֵ֖א הָעֵ֥גֶל הַזֶּֽה ב:לב:כה וַיַּ֤רְא מֹשֶׁה֙ אֶת־הָעָ֔ם כִּ֥י
פָרֻ֖עַ ה֑וּא כִּֽי־פְרָעֹ֣ה אַהֲרֹ֔ן לְשִׁמְצָ֖ה בְּקָמֵיהֶֽם ב:לב:כו וַיַּעֲמֹ֤ד מֹשֶׁה֙
בְּשַׁ֣עַר הַֽמַּחֲנֶ֔ה וַיֹּ֕אמֶר מִ֥י לַֽיהוָ֖ה אֵלָ֑י וַיֵּאָסְפ֥וּ אֵלָ֖יו כָּל־בְּנֵ֥י לֵוִֽי
ב:לב:כז וַיֹּ֣אמֶר לָהֶ֗ם כֹּֽה־אָמַ֤ר יְהוָה֙ אֱלֹהֵ֣י יִשְׂרָאֵ֔ל שִׂ֥ימוּ אִישׁ־חַרְבּ֖וֹ
עַל־יְרֵכ֑וֹ עִבְר֨וּ וָשׁ֜וּבוּ מִשַּׁ֤עַר לָשַׁ֙עַר֙ בַּֽמַּחֲנֶ֔ה וְהִרְג֧וּ אִֽישׁ־אֶת־אָחִ֛יו
וְאִ֥ישׁ אֶת־רֵעֵ֖הוּ וְאִ֥ישׁ אֶת־קְרֹבֽוֹ ב:לב:כח וַיַּעֲשׂ֥וּ בְנֵֽי־לֵוִ֖י כִּדְבַ֣ר מֹשֶׁ֑ה
וַיִּפֹּ֤ל מִן־הָעָם֙ בַּיּ֣וֹם הַה֔וּא כִּשְׁלֹ֥שֶׁת אַלְפֵ֖י אִֽישׁ ב:לב:כט וַיֹּ֣אמֶר
מֹשֶׁ֗ה מִלְא֨וּ יֶדְכֶ֤ם הַיּוֹם֙ לַֽיהוָ֔ה כִּ֛י אִ֥ישׁ בִּבְנ֖וֹ וּבְאָחִ֑יו וְלָתֵ֧ת עֲלֵיכֶ֛ם
הַיּ֖וֹם בְּרָכָֽה ב:לב:ל וַֽיְהִי֙ מִֽמָּחֳרָ֔ת וַיֹּ֤אמֶר מֹשֶׁה֙ אֶל־הָעָ֔ם אַתֶּ֥ם
חֲטָאתֶ֖ם חֲטָאָ֣ה גְדֹלָ֑ה וְעַתָּה֙ אֶֽעֱלֶ֣ה אֶל־יְהוָ֔ה אוּלַ֥י אֲכַפְּרָ֖ה בְּעַ֥ד
חַטַּאתְכֶֽם ב:לב:לא וַיָּ֧שָׁב מֹשֶׁ֛ה אֶל־יְהוָ֖ה וַיֹּאמַ֑ר אָ֣נָּ֗א חָטָ֞א הָעָ֤ם
הַזֶּה֙ חֲטָאָ֣ה גְדֹלָ֔ה וַיַּעֲשׂ֥וּ לָהֶ֖ם אֱלֹהֵ֥י זָהָֽב ב:לב:לב וְעַתָּ֖ה אִם־תִּשָּׂ֣א
חַטָּאתָ֑ם וְאִם־אַ֕יִן מְחֵ֣נִי נָ֔א מִֽסִּפְרְךָ֖ אֲשֶׁ֥ר כָּתָֽבְתָּ ב:לב:לג וַיֹּ֥אמֶר
יְהוָ֖ה אֶל־מֹשֶׁ֑ה מִ֚י אֲשֶׁ֣ר חָֽטָא־לִ֔י אֶמְחֶ֖נּוּ מִסִּפְרִֽי ב:לב:לד וְעַתָּ֞ה לֵ֣ךְ
׀ נְחֵ֣ה אֶת־הָעָ֗ם אֶ֤ל אֲשֶׁר־דִּבַּ֙רְתִּי֙ לָ֔ךְ הִנֵּ֥ה מַלְאָכִ֖י יֵלֵ֣ךְ לְפָנֶ֑יךָ
וּבְי֣וֹם פָּקְדִ֔י וּפָקַדְתִּ֥י עֲלֵיהֶ֖ם חַטָּאתָֽם ב:לב:לה וַיִּגֹּ֥ף יְהוָ֖ה אֶת־הָעָ֑ם
עַ֚ל אֲשֶׁ֣ר עָשׂ֣וּ אֶת־הָעֵ֔גֶל אֲשֶׁ֥ר עָשָׂ֖ה אַהֲרֹֽן ב:לג:א וַיְדַבֵּ֨ר יְהוָ֜ה
אֶל־מֹשֶׁה֙ לֵ֣ךְ עֲלֵ֣ה מִזֶּ֔ה אַתָּ֣ה וְהָעָ֔ם אֲשֶׁ֥ר הֶעֱלִ֖יתָ מֵאֶ֣רֶץ מִצְרָ֑יִם
אֶל־הָאָ֗רֶץ אֲשֶׁ֣ר נִ֠שְׁבַּעְתִּי לְאַבְרָהָ֨ם לְיִצְחָ֤ק וּֽלְיַעֲקֹב֙ לֵאמֹ֔ר
לְזַרְעֲךָ֖ אֶתְּנֶֽנָּה ב:לג:ב וְשָׁלַחְתִּ֥י לְפָנֶ֖יךָ מַלְאָ֑ךְ וְגֵֽרַשְׁתִּ֗י אֶת־הַֽכְּנַעֲנִי֙
הָֽאֱמֹרִ֔י וְהַֽחִתִּי֙ וְהַפְּרִזִּ֔י הַחִוִּ֖י וְהַיְבוּסִֽי ב:לג:ג אֶל־אֶ֛רֶץ זָבַ֥ת חָלָ֖ב
וּדְבָ֑שׁ כִּי֩ לֹ֨א אֶֽעֱלֶ֜ה בְּקִרְבְּךָ֗ כִּ֤י עַם־קְשֵׁה־עֹ֙רֶף֙ אַ֔תָּה פֶּן־אֲכֶלְךָ֖
בַּדָּֽרֶךְ ב:לג:ד וַיִּשְׁמַ֣ע הָעָ֗ם אֶת־הַדָּבָ֥ר הָרָ֛ע הַזֶּ֖ה וַיִּתְאַבָּ֑לוּ וְלֹא־שָׁ֛תוּ
אִ֥ישׁ עֶדְי֖וֹ עָלָֽיו ב:לג:ה וַיֹּ֨אמֶר יְהוָ֜ה אֶל־מֹשֶׁ֗ה אֱמֹ֤ר אֶל־בְּנֵֽי־יִשְׂרָאֵל֙
אַתֶּ֣ם עַם־קְשֵׁה־עֹ֔רֶף רֶ֧גַע אֶחָ֛ד אֶֽעֱלֶ֥ה בְקִרְבְּךָ֖ וְכִלִּיתִ֑יךָ וְעַתָּ֗ה
הוֹרֵ֤ד עֶדְיְךָ֙ מֵֽעָלֶ֔יךָ וְאֵדְעָ֖ה מָ֥ה אֶֽעֱשֶׂה־לָּֽךְ ב:לג:ו וַיִּתְנַצְּל֧וּ

בְנֵי־יִשְׂרָאֵל אֶת־עֶדְיָם מֵהַר חוֹרֵב ב:לג:ז וּמֹשֶׁה יִקַּח אֶת־הָאֹהֶל
וְנָטָה־לוֹ | מִחוּץ לַמַּחֲנֶה הַרְחֵק מִן־הַמַּחֲנֶה וְקָרָא לוֹ אֹהֶל
מוֹעֵד וְהָיָה כָּל־מְבַקֵּשׁ יְהוָה יֵצֵא אֶל־אֹהֶל מוֹעֵד אֲשֶׁר מִחוּץ
לַמַּחֲנֶה ב:לג:ח וְהָיָה כְּצֵאת מֹשֶׁה אֶל־הָאֹהֶל יָקוּמוּ כָּל־הָעָם
וְנִצְּבוּ אִישׁ פֶּתַח אָהֳלוֹ וְהִבִּיטוּ אַחֲרֵי מֹשֶׁה עַד־בֹּאוֹ הָאֹהֱלָה
ב:לג:ט וְהָיָה כְּבֹא מֹשֶׁה הָאֹהֱלָה יֵרֵד עַמּוּד הֶעָנָן וְעָמַד פֶּתַח
הָאֹהֶל וְדִבֶּר עִם־מֹשֶׁה ב:לג:י וְרָאָה כָל־הָעָם אֶת־עַמּוּד הֶעָנָן
עֹמֵד פֶּתַח הָאֹהֶל וְקָם כָּל־הָעָם וְהִשְׁתַּחֲווּ אִישׁ פֶּתַח אָהֳלוֹ
ב:לג:יא וְדִבֶּר יְהוָה אֶל־מֹשֶׁה פָּנִים אֶל־פָּנִים כַּאֲשֶׁר יְדַבֵּר אִישׁ
אֶל־רֵעֵהוּ וְשָׁב אֶל־הַמַּחֲנֶה וּמְשָׁרְתוֹ יְהוֹשֻׁעַ בִּן־נוּן נַעַר לֹא יָמִישׁ
מִתּוֹךְ הָאֹהֶל ב:לג:יב וַיֹּאמֶר מֹשֶׁה אֶל־יְהוָה רְאֵה אַתָּה אֹמֵר אֵלַי
הַעַל אֶת־הָעָם הַזֶּה וְאַתָּה לֹא הוֹדַעְתַּנִי אֵת אֲשֶׁר־תִּשְׁלַח עִמִּי
וְאַתָּה אָמַרְתָּ יְדַעְתִּיךָ בְשֵׁם וְגַם־מָצָאתָ חֵן בְּעֵינָי ב:לג:יג וְעַתָּה
אִם־נָא מָצָאתִי חֵן בְּעֵינֶיךָ הוֹדִעֵנִי נָא אֶת־דְּרָכֶךָ וְאֵדָעֲךָ לְמַעַן
אֶמְצָא־חֵן בְּעֵינֶיךָ וּרְאֵה כִּי עַמְּךָ הַגּוֹי הַזֶּה ב:לג:יד וַיֹּאמַר פָּנַי יֵלֵכוּ
וַהֲנִחֹתִי לָךְ ב:לג:טו וַיֹּאמֶר אֵלָיו אִם־אֵין פָּנֶיךָ הֹלְכִים אַל־תַּעֲלֵנוּ
מִזֶּה ב:לג:טז וּבַמֶּה | יִוָּדַע אֵפוֹא כִּי־מָצָאתִי חֵן בְּעֵינֶיךָ אֲנִי וְעַמֶּךָ
הֲלוֹא בְּלֶכְתְּךָ עִמָּנוּ וְנִפְלֵינוּ אֲנִי וְעַמְּךָ מִכָּל־הָעָם אֲשֶׁר עַל־פְּנֵי
הָאֲדָמָה ב:לג:יז וַיֹּאמֶר יְהוָה אֶל־מֹשֶׁה גַּם אֶת־הַדָּבָר הַזֶּה אֲשֶׁר
דִּבַּרְתָּ אֶעֱשֶׂה כִּי־מָצָאתָ חֵן בְּעֵינַי וָאֵדָעֲךָ בְּשֵׁם ב:לג:יח וַיֹּאמַר
הַרְאֵנִי נָא אֶת־כְּבֹדֶךָ ב:לג:יט וַיֹּאמֶר אֲנִי אַעֲבִיר כָּל־טוּבִי עַל־פָּנֶיךָ
וְקָרָאתִי בְשֵׁם יְהוָה לְפָנֶיךָ וְחַנֹּתִי אֶת־אֲשֶׁר אָחֹן וְרִחַמְתִּי
אֶת־אֲשֶׁר אֲרַחֵם ב:לג:כ וַיֹּאמֶר לֹא תוּכַל לִרְאֹת אֶת־פָּנָי כִּי
לֹא־יִרְאַנִי הָאָדָם וָחָי ב:לג:כא וַיֹּאמֶר יְהוָה הִנֵּה מָקוֹם אִתִּי וְנִצַּבְתָּ
עַל־הַצּוּר ב:לג:כב וְהָיָה בַּעֲבֹר כְּבֹדִי וְשַׂמְתִּיךָ בְּנִקְרַת הַצּוּר וְשַׂכֹּתִי
כַפִּי עָלֶיךָ עַד־עָבְרִי ב:לג:כג וַהֲסִרֹתִי אֶת־כַּפִּי וְרָאִיתָ אֶת־אֲחֹרָי
וּפָנַי לֹא יֵרָאוּ ב:לד:א וַיֹּאמֶר יְהוָה אֶל־מֹשֶׁה פְּסָל־לְךָ שְׁנֵי־לֻחֹת
אֲבָנִים כָּרִאשֹׁנִים וְכָתַבְתִּי עַל־הַלֻּחֹת אֶת־הַדְּבָרִים אֲשֶׁר הָיוּ

עַל־הַלֻּחֹת הָרִאשֹׁנִים אֲשֶׁר שִׁבַּרְתָּ ב:לד:ב וֶהְיֵה נָכוֹן לַבֹּקֶר וְעָלִיתָ
בַבֹּקֶר אֶל־הַר סִינַי וְנִצַּבְתָּ לִי שָׁם עַל־רֹאשׁ הָהָר ב:לד:ג וְאִישׁ
לֹא־יַעֲלֶה עִמָּךְ וְגַם־אִישׁ אַל־יֵרָא בְּכָל־הָהָר גַּם־הַצֹּאן וְהַבָּקָר
אַל־יִרְעוּ אֶל־מוּל הָהָר הַהוּא ב:לד:ד וַיִּפְסֹל שְׁנֵי־לֻחֹת אֲבָנִים
כָּרִאשֹׁנִים וַיַּשְׁכֵּם מֹשֶׁה בַבֹּקֶר וַיַּעַל אֶל־הַר סִינַי כַּאֲשֶׁר צִוָּה יְהוָה
אֹתוֹ וַיִּקַּח בְּיָדוֹ שְׁנֵי לֻחֹת אֲבָנִים ב:לד:ה וַיֵּרֶד יְהוָה בֶּעָנָן וַיִּתְיַצֵּב
עִמּוֹ שָׁם וַיִּקְרָא בְשֵׁם יְהוָה ב:לד:ו וַיַּעֲבֹר יְהוָה | עַל־פָּנָיו וַיִּקְרָא
יְהוָה | יְהוָה אֵל רַחוּם וְחַנּוּן אֶרֶךְ אַפַּיִם וְרַב־חֶסֶד וֶאֱמֶת |
ב:לד:ז נֹצֵר חֶסֶד לָאֲלָפִים נֹשֵׂא עָוֺן וָפֶשַׁע וְחַטָּאָה וְנַקֵּה לֹא יְנַקֶּה
פֹּקֵד | עֲוֺן אָבוֹת עַל־בָּנִים וְעַל־בְּנֵי בָנִים עַל־שִׁלֵּשִׁים וְעַל־רִבֵּעִים
ב:לד:ח וַיְמַהֵר מֹשֶׁה וַיִּקֹּד אַרְצָה וַיִּשְׁתָּחוּ ב:לד:ט וַיֹּאמֶר אִם־נָא
מָצָאתִי חֵן בְּעֵינֶיךָ אֲדֹנָי יֵלֶךְ־נָא אֲדֹנָי בְּקִרְבֵּנוּ כִּי עַם־קְשֵׁה־עֹרֶף
הוּא וְסָלַחְתָּ לַעֲוֺנֵנוּ וּלְחַטָּאתֵנוּ וּנְחַלְתָּנוּ ב:לד:י וַיֹּאמֶר הִנֵּה אָנֹכִי
כֹּרֵת בְּרִית נֶגֶד כָּל־עַמְּךָ אֶעֱשֶׂה נִפְלָאֹת אֲשֶׁר לֹא־נִבְרְאוּ
בְכָל־הָאָרֶץ וּבְכָל־הַגּוֹיִם וְרָאָה כָל־הָעָם אֲשֶׁר־אַתָּה בְקִרְבּוֹ
אֶת־מַעֲשֵׂה יְהוָה כִּי־נוֹרָא הוּא אֲשֶׁר אֲנִי עֹשֶׂה עִמָּךְ
ב:לד:יא שְׁמָר־לְךָ אֵת אֲשֶׁר אָנֹכִי מְצַוְּךָ הַיּוֹם הִנְנִי גֹרֵשׁ מִפָּנֶיךָ
אֶת־הָאֱמֹרִי וְהַכְּנַעֲנִי וְהַחִתִּי וְהַפְּרִזִּי וְהַחִוִּי וְהַיְבוּסִי ב:לד:יב הִשָּׁמֶר
לְךָ פֶּן־תִּכְרֹת בְּרִית לְיוֹשֵׁב הָאָרֶץ אֲשֶׁר אַתָּה בָּא עָלֶיהָ פֶּן־יִהְיֶה
לְמוֹקֵשׁ בְּקִרְבֶּךָ ב:לד:יג כִּי אֶת־מִזְבְּחֹתָם תִּתֹּצוּן וְאֶת־מַצֵּבֹתָם
תְּשַׁבֵּרוּן וְאֶת־אֲשֵׁרָיו תִּכְרֹתוּן ב:לד:יד כִּי לֹא תִשְׁתַּחֲוֶה לְאֵל אַחֵר
כִּי יְהוָה קַנָּא שְׁמוֹ אֵל קַנָּא הוּא ב:לד:טו פֶּן־תִּכְרֹת בְּרִית לְיוֹשֵׁב
הָאָרֶץ וְזָנוּ | אַחֲרֵי אֱלֹהֵיהֶם וְזָבְחוּ לֵאלֹהֵיהֶם וְקָרָא לְךָ וְאָכַלְתָּ
מִזִּבְחוֹ ב:לד:טז וְלָקַחְתָּ מִבְּנֹתָיו לְבָנֶיךָ וְזָנוּ בְנֹתָיו אַחֲרֵי אֱלֹהֵיהֶן
וְהִזְנוּ אֶת־בָּנֶיךָ אַחֲרֵי אֱלֹהֵיהֶן ב:לד:יז אֱלֹהֵי מַסֵּכָה לֹא תַעֲשֶׂה־לָּךְ
ב:לד:יח אֶת־חַג הַמַּצּוֹת תִּשְׁמֹר שִׁבְעַת יָמִים תֹּאכַל מַצּוֹת אֲשֶׁר
צִוִּיתִךָ לְמוֹעֵד חֹדֶשׁ הָאָבִיב כִּי בְּחֹדֶשׁ הָאָבִיב יָצָאתָ מִמִּצְרָיִם
ב:לד:יט כָּל־פֶּטֶר רֶחֶם לִי וְכָל־מִקְנְךָ תִּזָּכָר פֶּטֶר שׁוֹר וָשֶׂה

ב:לד:כ וּפֶ֤טֶר חֲמוֹר֙ תִּפְדֶּ֣ה בְשֶׂ֔ה וְאִם־לֹ֥א תִפְדֶּ֖ה וַעֲרַפְתּ֑וֹ כֹּ֣ל בְּכ֤וֹר
בָּנֶ֙יךָ֙ תִּפְדֶּ֔ה וְלֹא־יֵרָא֥וּ פָנַ֖י רֵיקָֽם ב:לד:כא שֵׁ֤שֶׁת יָמִים֙ תַּעֲבֹ֔ד וּבַיּ֥וֹם
הַשְּׁבִיעִ֖י תִּשְׁבֹּ֑ת בֶּחָרִ֥ישׁ וּבַקָּצִ֖יר תִּשְׁבֹּֽת ב:לד:כב וְחַ֤ג שָׁבֻעֹת֙
תַּעֲשֶׂ֣ה לְךָ֔ בִּכּוּרֵ֖י קְצִ֣יר חִטִּ֑ים וְחַג֙ הָֽאָסִ֔יף תְּקוּפַ֖ת הַשָּׁנָֽה
ב:לד:כג שָׁלֹ֥שׁ פְּעָמִ֖ים בַּשָּׁנָ֑ה יֵרָאֶה֙ כָּל־זְכ֣וּרְךָ֔ אֶת־פְּנֵ֛י הָאָדֹ֥ן ׀
יְהוָ֖ה אֱלֹהֵ֥י יִשְׂרָאֵֽל ב:לד:כד כִּֽי־אוֹרִ֤ישׁ גּוֹיִם֙ מִפָּנֶ֔יךָ וְהִרְחַבְתִּ֖י
אֶת־גְּבוּלֶ֑ךָ וְלֹא־יַחְמֹ֥ד אִישׁ֙ אֶֽת־אַרְצְךָ֔ בַּעֲלֹֽתְךָ֗ לֵרָאוֹת֙ אֶת־פְּנֵי֙
יְהוָ֣ה אֱלֹהֶ֔יךָ שָׁלֹ֥שׁ פְּעָמִ֖ים בַּשָּׁנָֽה ב:לד:כה לֹֽא־תִשְׁחַ֥ט עַל־חָמֵ֖ץ
דַּם־זִבְחִ֑י וְלֹא־יָלִ֣ין לַבֹּ֔קֶר זֶ֖בַח חַ֥ג הַפָּֽסַח ב:לד:כו רֵאשִׁ֗ית בִּכּוּרֵי֙
אַדְמָ֣תְךָ֔ תָּבִ֕יא בֵּ֖ית יְהוָ֣ה אֱלֹהֶ֑יךָ לֹא־תְבַשֵּׁ֥ל גְּדִ֖י בַּחֲלֵ֥ב אִמּֽוֹ
ב:לד:כז וַיֹּ֤אמֶר יְהוָה֙ אֶל־מֹשֶׁ֔ה כְּתָב־לְךָ֖ אֶת־הַדְּבָרִ֣ים הָאֵ֑לֶּה כִּ֞י
עַל־פִּ֣י ׀ הַדְּבָרִ֣ים הָאֵ֗לֶּה כָּרַ֧תִּי אִתְּךָ֛ בְּרִ֖ית וְאֶת־יִשְׂרָאֵֽל
ב:לד:כח וַֽיְהִי־שָׁ֣ם עִם־יְהוָ֗ה אַרְבָּעִ֥ים יוֹם֙ וְאַרְבָּעִ֣ים לַ֔יְלָה לֶ֚חֶם לֹ֣א
אָכַ֔ל וּמַ֖יִם לֹ֣א שָׁתָ֑ה וַיִּכְתֹּ֣ב עַל־הַלֻּחֹ֗ת אֵ֚ת דִּבְרֵ֣י הַבְּרִ֔ית עֲשֶׂ֖רֶת
הַדְּבָרִֽים ב:לד:כט וַיְהִ֗י בְּרֶ֤דֶת מֹשֶׁה֙ מֵהַ֣ר סִינַ֔י וּשְׁנֵ֨י לֻחֹ֤ת הָעֵדֻת֙
בְּיַד־מֹשֶׁ֔ה בְּרִדְתּ֖וֹ מִן־הָהָ֑ר וּמֹשֶׁ֣ה לֹֽא־יָדַ֗ע כִּ֥י קָרַ֛ן ע֥וֹר פָּנָ֖יו
בְּדַבְּר֥וֹ אִתּֽוֹ ב:לד:ל וַיַּ֨רְא אַהֲרֹ֜ן וְכָל־בְּנֵ֤י יִשְׂרָאֵל֙ אֶת־מֹשֶׁ֔ה וְהִנֵּ֥ה
קָרַ֖ן ע֣וֹר פָּנָ֑יו וַיִּֽרְא֖וּ מִגֶּ֥שֶׁת אֵלָֽיו ב:לד:לא וַיִּקְרָ֤א אֲלֵהֶם֙ מֹשֶׁ֔ה וַיָּשֻׁ֣בוּ
אֵלָ֔יו אַהֲרֹ֥ן וְכָל־הַנְּשִׂאִ֖ים בָּעֵדָ֑ה וַיְדַבֵּ֥ר מֹשֶׁ֖ה אֲלֵהֶֽם
ב:לד:לב וְאַחֲרֵי־כֵ֥ן נִגְּשׁ֖וּ כָּל־בְּנֵ֣י יִשְׂרָאֵ֑ל וַיְצַוֵּ֗ם אֵת֩ כָּל־אֲשֶׁ֨ר דִּבֶּ֧ר
יְהוָ֛ה אִתּ֖וֹ בְּהַ֥ר סִינָֽי ב:לד:לג וַיְכַ֣ל מֹשֶׁ֔ה מִדַּבֵּ֖ר אִתָּ֑ם וַיִּתֵּ֥ן עַל־פָּנָ֖יו
מַסְוֶֽה ב:לד:לד וּבְבֹ֨א מֹשֶׁ֜ה לִפְנֵ֤י יְהוָה֙ לְדַבֵּ֣ר אִתּ֔וֹ יָסִ֥יר אֶת־הַמַּסְוֶ֖ה
עַד־צֵאת֑וֹ וְיָצָ֗א וְדִבֶּר֙ אֶל־בְּנֵ֣י יִשְׂרָאֵ֔ל אֵ֖ת אֲשֶׁ֥ר יְצֻוֶּֽה ב:לד:לה וְרָא֤וּ
בְנֵֽי־יִשְׂרָאֵל֙ אֶת־פְּנֵ֣י מֹשֶׁ֔ה כִּ֣י קָרַ֔ן ע֖וֹר פְּנֵ֣י מֹשֶׁ֑ה וְהֵשִׁ֨יב מֹשֶׁ֤ה
אֶת־הַמַּסְוֶה֙ עַל־פָּנָ֔יו עַד־בֹּא֖וֹ לְדַבֵּ֥ר אִתּֽוֹ ב:לה:א וַיַּקְהֵ֣ל מֹשֶׁ֗ה
אֶֽת־כָּל־עֲדַ֛ת בְּנֵ֥י יִשְׂרָאֵ֖ל וַיֹּ֣אמֶר אֲלֵהֶ֑ם אֵ֚לֶּה הַדְּבָרִ֔ים אֲשֶׁר־צִוָּ֥ה
יְהוָ֖ה לַעֲשֹׂ֥ת אֹתָֽם ב:לה:ב שֵׁ֣שֶׁת יָמִים֮ תֵּעָשֶׂ֣ה מְלָאכָה֒ וּבַיּ֣וֹם
הַשְּׁבִיעִ֗י יִהְיֶ֨ה לָכֶ֥ם קֹ֛דֶשׁ שַׁבַּ֥ת שַׁבָּת֖וֹן לַיהוָ֑ה כָּל־הָעֹשֶׂ֥ה ב֛וֹ

מְלָאכָ֖ה יוּמָֽת׃ ב:לה:ג לֹא־תְבַעֲר֣וּ אֵ֔שׁ בְּכֹ֖ל מֹשְׁבֹתֵיכֶ֑ם בְּי֖וֹם הַשַּׁבָּֽת׃
ב:לה:ד וַיֹּ֣אמֶר מֹשֶׁ֔ה אֶל־כָּל־עֲדַ֥ת בְּנֵֽי־יִשְׂרָאֵ֖ל לֵאמֹ֑ר זֶ֣ה הַדָּבָ֔ר
אֲשֶׁר־צִוָּ֥ה יְהוָ֖ה לֵאמֹֽר׃ ב:לה:ה קְח֨וּ מֵאִתְּכֶ֤ם תְּרוּמָה֙ לַֽיהוָ֔ה כֹּ֚ל
נְדִ֣יב לִבּ֔וֹ יְבִיאֶ֕הָ אֵ֖ת תְּרוּמַ֣ת יְהוָ֑ה זָהָ֥ב וָכֶ֖סֶף וּנְחֹֽשֶׁת׃
ב:לה:ו וּתְכֵ֧לֶת וְאַרְגָּמָ֛ן וְתוֹלַ֥עַת שָׁנִ֖י וְשֵׁ֥שׁ וְעִזִּֽים׃ ב:לה:ז וְעֹרֹ֨ת אֵילִ֧ם
מְאָדָּמִ֛ים וְעֹרֹ֥ת תְּחָשִׁ֖ים וַעֲצֵ֥י שִׁטִּֽים׃ ב:לה:ח וְשֶׁ֖מֶן לַמָּא֑וֹר וּבְשָׂמִים֙
לְשֶׁ֣מֶן הַמִּשְׁחָ֔ה וְלִקְטֹ֖רֶת הַסַּמִּֽים׃ ב:לה:ט וְאַבְנֵי־שֹׁ֔הַם וְאַבְנֵ֖י
מִלֻּאִ֑ים לָאֵפ֖וֹד וְלַחֹֽשֶׁן׃ ב:לה:י וְכָל־חֲכַם־לֵ֖ב בָּכֶ֑ם יָבֹ֣אוּ וְיַעֲשׂ֔וּ אֵ֛ת
כָּל־אֲשֶׁ֥ר צִוָּ֖ה יְהוָֽה׃ ב:לה:יא אֶת־הַמִּשְׁכָּ֕ן אֶת־אָהֳל֖וֹ וְאֶת־מִכְסֵ֑הוּ
אֶת־קְרָסָיו֙ וְאֶת־קְרָשָׁ֔יו אֶת־בְּרִיחָ֕ו אֶת־עַמֻּדָ֖יו וְאֶת־אֲדָנָֽיו׃
ב:לה:יב אֶת־הָאָרֹ֥ן וְאֶת־בַּדָּ֖יו אֶת־הַכַּפֹּ֑רֶת וְאֵ֖ת פָּרֹ֥כֶת הַמָּסָֽךְ׃
ב:לה:יג אֶת־הַשֻּׁלְחָ֥ן וְאֶת־בַּדָּ֖יו וְאֶת־כָּל־כֵּלָ֑יו וְאֵ֖ת לֶ֥חֶם הַפָּנִֽים׃
ב:לה:יד וְאֶת־מְנֹרַ֥ת הַמָּא֛וֹר וְאֶת־כֵּלֶ֖יהָ וְאֶת־נֵרֹתֶ֑יהָ וְאֵ֖ת שֶׁ֥מֶן
הַמָּאֽוֹר׃ ב:לה:טו וְאֶת־מִזְבַּ֤ח הַקְּטֹ֙רֶת֙ וְאֶת־בַּדָּ֔יו וְאֵת֙ שֶׁ֣מֶן הַמִּשְׁחָ֔ה
וְאֵ֖ת קְטֹ֣רֶת הַסַּמִּ֑ים וְאֶת־מָסַ֥ךְ הַפֶּ֖תַח לְפֶ֥תַח הַמִּשְׁכָּֽן׃ ב:לה:טז אֵ֣ת ׀
מִזְבַּ֣ח הָעֹלָ֗ה וְאֶת־מִכְבַּ֤ר הַנְּחֹ֙שֶׁת֙ אֲשֶׁר־ל֔וֹ אֶת־בַּדָּ֖יו
וְאֶת־כָּל־כֵּלָ֑יו אֶת־הַכִּיֹּ֖ר וְאֶת־כַּנּֽוֹ׃ ב:לה:יז אֵ֣ת קַלְעֵ֤י הֶֽחָצֵר֙
אֶת־עַמֻּדָ֖יו וְאֶת־אֲדָנֶ֑יהָ וְאֵ֕ת מָסַ֖ךְ שַׁ֥עַר הֶחָצֵֽר׃ ב:לה:יח אֶת־יִתְדֹ֧ת
הַמִּשְׁכָּ֛ן וְאֶת־יִתְדֹ֥ת הֶחָצֵ֖ר וְאֶת־מֵיתְרֵיהֶֽם׃ ב:לה:יט אֶת־בִּגְדֵ֥י הַשְּׂרָ֖ד
לְשָׁרֵ֣ת בַּקֹּ֑דֶשׁ אֶת־בִּגְדֵ֤י הַקֹּ֙דֶשׁ֙ לְאַהֲרֹ֣ן הַכֹּהֵ֔ן וְאֶת־בִּגְדֵ֥י בָנָ֖יו
לְכַהֵֽן׃ ב:לה:כ וַיֵּצְא֛וּ כָּל־עֲדַ֥ת בְּנֵֽי־יִשְׂרָאֵ֖ל מִלִּפְנֵ֥י מֹשֶֽׁה׃ ב:לה:כא וַיָּבֹ֕אוּ
כָּל־אִ֖ישׁ אֲשֶׁר־נְשָׂא֣וֹ לִבּ֑וֹ וְכֹ֡ל אֲשֶׁר֩ נָדְבָ֨ה רוּח֜וֹ אֹת֗וֹ הֵ֠בִיאוּ
אֶת־תְּרוּמַ֨ת יְהוָ֜ה לִמְלֶ֨אכֶת אֹ֤הֶל מוֹעֵד֙ וּלְכָל־עֲבֹ֣דָת֔וֹ וּלְבִגְדֵ֖י
הַקֹּֽדֶשׁ׃ ב:לה:כב וַיָּבֹ֥אוּ הָאֲנָשִׁ֖ים עַל־הַנָּשִׁ֑ים כֹּ֣ל ׀ נְדִ֣יב לֵ֗ב הֵ֠בִיאוּ
חָ֣ח וָנֶ֜זֶם וְטַבַּ֤עַת וְכוּמָז֙ כָּל־כְּלִ֣י זָהָ֔ב וְכָל־אִ֕ישׁ אֲשֶׁ֥ר הֵנִ֛יף תְּנוּפַ֥ת
זָהָ֖ב לַיהוָֽה׃ ב:לה:כג וְכָל־אִ֨ישׁ אֲשֶׁר־נִמְצָ֥א אִתּ֛וֹ תְּכֵ֥לֶת וְאַרְגָּמָ֖ן
וְתוֹלַ֣עַת שָׁנִ֑י וְשֵׁ֣שׁ וְעִזִּ֑ים וְעֹרֹ֨ת אֵילִ֧ם מְאָדָּמִ֛ים וְעֹרֹ֥ת תְּחָשִׁ֖ים
הֵבִֽיאוּ׃ ב:לה:כד כָּל־מֵרִ֗ים תְּר֤וּמַת כֶּ֙סֶף֙ וּנְחֹ֔שֶׁת הֵבִ֕יאוּ אֵ֖ת תְּרוּמַ֣ת

יְהוָ֑ה וְכֹ֨ל אֲשֶׁ֨ר נִמְצָ֜א אִתּ֗וֹ עֲצֵ֛י שִׁטִּ֖ים לְכָל־מְלֶ֥אכֶת הָעֲבֹדָ֖ה
הֵבִֽיאוּ׃ ב:לה:כה וְכָל־אִשָּׁ֥ה חַכְמַת־לֵ֖ב בְּיָדֶ֣יהָ טָו֑וּ וַיָּבִ֣יאוּ מַטְוֶ֗ה
אֶֽת־הַתְּכֵ֙לֶת֙ וְאֶת־הָ֣אַרְגָּמָ֔ן אֶת־תּוֹלַ֥עַת הַשָּׁנִ֖י וְאֶת־הַשֵּֽׁשׁ׃
ב:לה:כו וְכָל־הַ֨נָּשִׁ֔ים אֲשֶׁ֨ר נָשָׂ֥א לִבָּ֛ן אֹתָ֖נָה בְּחָכְמָ֑ה טָו֖וּ אֶת־הָֽעִזִּֽים׃
ב:לה:כז וְהַנְּשִׂאִ֣ם הֵבִ֔יאוּ אֵ֚ת אַבְנֵ֣י הַשֹּׁ֔הַם וְאֵ֖ת אַבְנֵ֣י הַמִּלֻּאִ֑ים
לָאֵפ֖וֹד וְלַחֹֽשֶׁן׃ ב:לה:כח וְאֶת־הַבֹּ֖שֶׂם וְאֶת־הַשָּׁ֑מֶן לְמָא֕וֹר וּלְשֶׁ֙מֶן֙
הַמִּשְׁחָ֔ה וְלִקְטֹ֖רֶת הַסַּמִּֽים׃ ב:לה:כט כָּל־אִ֣ישׁ וְאִשָּׁ֗ה אֲשֶׁ֨ר נָדַ֣ב לִבָּם֮
אֹתָם֒ לְהָבִיא֙ לְכָל־הַמְּלָאכָ֔ה אֲשֶׁ֨ר צִוָּ֧ה יְהוָ֛ה לַעֲשׂ֖וֹת בְּיַד־מֹשֶׁ֑ה
הֵבִ֧יאוּ בְנֵֽי־יִשְׂרָאֵ֛ל נְדָבָ֖ה לַֽיהוָֽה׃ ב:לה:ל וַיֹּ֤אמֶר מֹשֶׁה֙ אֶל־בְּנֵ֣י
יִשְׂרָאֵ֔ל רְא֛וּ קָרָ֥א יְהוָ֖ה בְּשֵׁ֑ם בְּצַלְאֵ֛ל בֶּן־אוּרִ֥י בֶן־ח֖וּר לְמַטֵּ֥ה
יְהוּדָֽה׃ ב:לה:לא וַיְמַלֵּ֥א אֹת֖וֹ ר֣וּחַ אֱלֹהִ֑ים בְּחָכְמָ֛ה בִּתְבוּנָ֥ה וּבְדַ֖עַת
וּבְכָל־מְלָאכָֽה׃ ב:לה:לב וְלַחְשֹׁ֖ב מַחֲשָׁבֹ֑ת לַעֲשֹׂ֛ת בַּזָּהָ֥ב וּבַכֶּ֖סֶף
וּבַנְּחֹֽשֶׁת׃ ב:לה:לג וּבַחֲרֹ֥שֶׁת אֶ֛בֶן לְמַלֹּ֖את וּבַחֲרֹ֣שֶׁת עֵ֑ץ לַעֲשׂ֖וֹת
בְּכָל־מְלֶ֥אכֶת מַחֲשָֽׁבֶת׃ ב:לה:לד וּלְהוֹרֹ֖ת נָתַ֣ן בְּלִבּ֑וֹ ה֕וּא וְאָֽהֳלִיאָ֥ב
בֶּן־אֲחִיסָמָ֖ךְ לְמַטֵּה־דָֽן׃ ב:לה:לה מִלֵּ֨א אֹתָ֜ם חָכְמַת־לֵ֗ב לַעֲשׂוֹת֮
כָּל־מְלֶ֣אכֶת חָרָ֣שׁ ׀ וְחֹשֵׁב֒ וְרֹקֵ֗ם בַּתְּכֵ֙לֶת֙ וּבָֽאַרְגָּמָ֔ן בְּתוֹלַ֥עַת
הַשָּׁנִ֖י וּבַשֵּׁ֣שׁ וְאֹרֵ֑ג עֹשֵׂי֙ כָּל־מְלָאכָ֔ה וְחֹשְׁבֵ֖י מַחֲשָׁבֹֽת׃ ב:לו:א וְעָשָׂה֩
בְצַלְאֵ֨ל וְאָֽהֳלִיאָ֜ב וְכֹ֣ל ׀ אִ֣ישׁ חֲכַם־לֵ֗ב אֲשֶׁר֩ נָתַ֨ן יְהוָ֜ה חָכְמָ֤ה
וּתְבוּנָה֙ בָּהֵ֔מָּה לָדַ֣עַת לַעֲשֹׂ֔ת אֶֽת־כָּל־מְלֶ֖אכֶת עֲבֹדַ֣ת הַקֹּ֑דֶשׁ
לְכֹ֥ל אֲשֶׁר־צִוָּ֖ה יְהוָֽה׃ ב:לו:ב וַיִּקְרָ֣א מֹשֶׁ֗ה אֶל־בְּצַלְאֵל֮ וְאֶל־אָֽהֳלִיאָב֒
וְאֶל֙ כָּל־אִ֣ישׁ חֲכַם־לֵ֔ב אֲשֶׁ֨ר נָתַ֧ן יְהוָ֛ה חָכְמָ֖ה בְּלִבּ֑וֹ כֹּ֚ל אֲשֶׁ֣ר
נְשָׂא֣וֹ לִבּ֔וֹ לְקָרְבָ֥ה אֶל־הַמְּלָאכָ֖ה לַעֲשֹׂ֥ת אֹתָֽהּ׃ ב:לו:ג וַיִּקְח֞וּ מִלִּפְנֵ֣י
מֹשֶׁ֗ה אֵ֚ת כָּל־הַתְּרוּמָה֙ אֲשֶׁ֨ר הֵבִ֜יאוּ בְּנֵ֣י יִשְׂרָאֵ֗ל לִמְלֶ֛אכֶת עֲבֹדַ֥ת
הַקֹּ֖דֶשׁ לַעֲשֹׂ֣ת אֹתָ֑הּ וְ֠הֵם הֵבִ֨יאוּ אֵלָ֥יו ע֛וֹד נְדָבָ֖ה בַּבֹּ֥קֶר בַּבֹּֽקֶר׃
ב:לו:ד וַיָּבֹ֙אוּ֙ כָּל־הַ֣חֲכָמִ֔ים הָעֹשִׂ֕ים אֵ֖ת כָּל־מְלֶ֣אכֶת הַקֹּ֑דֶשׁ
אִֽישׁ־אִ֥ישׁ מִמְּלַאכְתּ֖וֹ אֲשֶׁר־הֵ֥מָּה עֹשִֽׂים׃ ב:לו:ה וַיֹּֽאמְרוּ֙ אֶל־מֹשֶׁ֣ה
לֵּאמֹ֔ר מַרְבִּ֥ים הָעָ֖ם לְהָבִ֑יא מִדֵּ֤י הָֽעֲבֹדָה֙ לַמְּלָאכָ֔ה אֲשֶׁר־צִוָּ֥ה
יְהוָ֖ה לַעֲשֹׂ֥ת אֹתָֽהּ׃ ב:לו:ו וַיְצַ֣ו מֹשֶׁ֗ה וַיַּעֲבִ֨ירוּ ק֥וֹל בַּֽמַּחֲנֶה֮ לֵאמֹר֒

אִ֣ישׁ וְאִשָּׁ֗ה אַל־יַֽעֲשׂוּ־ע֛וֹד מְלָאכָ֖ה לִתְרוּמַ֣ת הַקֹּ֑דֶשׁ וַיִּכָּלֵ֥א הָעָ֖ם
מֵהָבִֽיא ב:לו:ז וְהַמְּלָאכָ֗ה הָיְתָ֥ה דַיָּ֛ם לְכָל־הַמְּלָאכָ֖ה לַעֲשׂ֣וֹת אֹתָ֑הּ
וְהוֹתֵֽר ב:לו:ח וַיַּעֲשׂ֨וּ כָל־חֲכַם־לֵ֜ב בְּעֹשֵׂ֧י הַמְּלָאכָ֛ה אֶת־הַמִּשְׁכָּ֖ן
עֶ֣שֶׂר יְרִיעֹ֑ת שֵׁ֣שׁ מָשְׁזָ֗ר וּתְכֵ֤לֶת וְאַרְגָּמָן֙ וְתוֹלַ֣עַת שָׁנִ֔י כְּרֻבִ֛ים
מַעֲשֵׂ֥ה חֹשֵׁ֖ב עָשָׂ֥ה אֹתָֽם ב:לו:ט אֹ֜רֶךְ הַיְרִיעָ֣ה הָאַחַ֗ת שְׁמֹנֶ֤ה
וְעֶשְׂרִים֙ בָּֽאַמָּ֔ה וְרֹ֙חַב֙ אַרְבַּ֣ע בָּֽאַמָּ֔ה הַיְרִיעָ֖ה הָאֶחָ֑ת מִדָּ֥ה אַחַ֖ת
לְכָל־הַיְרִיעֹֽת ב:לו:י וַיְחַבֵּר֙ אֶת־חֲמֵ֣שׁ הַיְרִיעֹ֔ת אַחַ֖ת אֶל־אֶחָ֑ת
וְחָמֵ֤שׁ יְרִיעֹת֙ חִבַּ֔ר אַחַ֖ת אֶל־אֶחָֽת ב:לו:יא וַיַּ֜עַשׂ לֻֽלְאֹ֣ת תְּכֵ֗לֶת עַ֣ל
שְׂפַ֤ת הַיְרִיעָה֙ הָֽאֶחָ֔ת מִקָּצָ֖ה בַּמַּחְבָּ֑רֶת כֵּ֤ן עָשָׂה֙ בִּשְׂפַ֣ת הַיְרִיעָ֔ה
הַקִּ֣יצוֹנָ֔ה בַּמַּחְבֶּ֖רֶת הַשֵּׁנִֽית ב:לו:יב חֲמִשִּׁ֣ים לֻלָאֹ֗ת עָשָׂה֮ בַּיְרִיעָ֣ה
הָאֶחָת֒ וַחֲמִשִּׁ֣ים לֻלָאֹ֗ת עָשָׂה֙ בִּקְצֵ֣ה הַיְרִיעָ֔ה אֲשֶׁ֖ר בַּמַּחְבֶּ֣רֶת
הַשֵּׁנִ֑ית מַקְבִּילֹת֙ הַלֻּ֣לָאֹ֔ת אַחַ֖ת אֶל־אֶחָֽת ב:לו:יג וַיַּ֕עַשׂ חֲמִשִּׁ֖ים
קַרְסֵ֣י זָהָ֑ב וַיְחַבֵּ֨ר אֶת־הַיְרִעֹ֜ת אַחַ֤ת אֶל־אַחַת֙ בַּקְּרָסִ֔ים וַֽיְהִ֥י
הַמִּשְׁכָּ֖ן אֶחָֽד ב:לו:יד וַיַּ֙עַשׂ֙ יְרִיעֹ֣ת עִזִּ֔ים לְאֹ֖הֶל עַל־הַמִּשְׁכָּ֑ן
עַשְׁתֵּי־עֶשְׂרֵ֥ה יְרִיעֹ֖ת עָשָׂ֥ה אֹתָֽם ב:לו:טו אֹ֜רֶךְ הַיְרִיעָ֣ה הָאַחַ֗ת
שְׁלֹשִׁים֙ בָּֽאַמָּ֔ה וְאַרְבַּ֣ע אַמּ֔וֹת רֹ֖חַב הַיְרִיעָ֣ה הָאֶחָ֑ת מִדָּ֣ה אַחַ֔ת
לְעַשְׁתֵּ֥י עֶשְׂרֵ֖ה יְרִיעֹֽת ב:לו:טז וַיְחַבֵּ֛ר אֶת־חֲמֵ֥שׁ הַיְרִיעֹ֖ת לְבָ֑ד
וְאֶת־שֵׁ֥שׁ הַיְרִיעֹ֖ת לְבָֽד ב:לו:יז וַיַּ֜עַשׂ לֻֽלָאֹ֣ת חֲמִשִּׁ֗ים עַ֚ל שְׂפַ֣ת
הַיְרִיעָ֔ה הַקִּיצֹנָ֖ה בַּמַּחְבָּ֑רֶת וַחֲמִשִּׁ֣ים לֻלָאֹ֗ת עָשָׂה֙ עַל־שְׂפַ֣ת
הַיְרִיעָ֔ה הַחֹבֶ֖רֶת הַשֵּׁנִֽית ב:לו:יח וַיַּ֛עַשׂ קַרְסֵ֥י נְחֹ֖שֶׁת חֲמִשִּׁ֑ים
לְחַבֵּ֥ר אֶת־הָאֹ֖הֶל לִהְיֹ֥ת אֶחָֽד ב:לו:יט וַיַּ֤עַשׂ מִכְסֶה֙ לָאֹ֔הֶל עֹרֹ֥ת
אֵלִ֖ים מְאָדָּמִ֑ים וּמִכְסֵ֛ה עֹרֹ֥ת תְּחָשִׁ֖ים מִלְמָֽעְלָה ב:לו:כ וַיַּ֥עַשׂ
אֶת־הַקְּרָשִׁ֖ים לַמִּשְׁכָּ֑ן עֲצֵ֥י שִׁטִּ֖ים עֹמְדִֽים ב:לו:כא עֶ֥שֶׂר אַמֹּ֖ת אֹ֣רֶךְ
הַקָּ֑רֶשׁ וְאַמָּה֙ וַחֲצִ֣י הָֽאַמָּ֔ה רֹ֖חַב הַקֶּ֥רֶשׁ הָאֶחָֽד ב:לו:כב שְׁתֵּ֣י יָדֹ֗ת
לַקֶּ֙רֶשׁ֙ הָֽאֶחָ֔ד מְשֻׁלָּבֹ֖ת אַחַ֣ת אֶל־אֶחָ֑ת כֵּ֣ן עָשָׂ֔ה לְכֹ֖ל קַרְשֵׁ֥י
הַמִּשְׁכָּֽן ב:לו:כג וַיַּ֥עַשׂ אֶת־הַקְּרָשִׁ֖ים לַמִּשְׁכָּ֑ן עֶשְׂרִ֣ים קְרָשִׁ֔ים לִפְאַ֖ת
נֶ֥גֶב תֵּימָֽנָה ב:לו:כד וְאַרְבָּעִים֙ אַדְנֵי־כֶ֔סֶף עָשָׂ֕ה תַּ֖חַת עֶשְׂרִ֣ים
הַקְּרָשִׁ֑ים שְׁנֵ֨י אֲדָנִ֜ים תַּֽחַת־הַקֶּ֤רֶשׁ הָאֶחָד֙ לִשְׁתֵּ֣י יְדֹתָ֔יו וּשְׁנֵ֧י

אֲדָנִים תַּחַת־הַקֶּרֶשׁ הָאֶחָד לִשְׁתֵּי יְדֹתָיו ב:לו:כה וּלְצֶלַע הַמִּשְׁכָּן
הַשֵּׁנִית לִפְאַת צָפוֹן עָשָׂה עֶשְׂרִים קְרָשִׁים ב:לו:כו וְאַרְבָּעִים
אַדְנֵיהֶם כָּסֶף שְׁנֵי אֲדָנִים תַּחַת הַקֶּרֶשׁ הָאֶחָד וּשְׁנֵי אֲדָנִים תַּחַת
הַקֶּרֶשׁ הָאֶחָד ב:לו:כז וּלְיַרְכְּתֵי הַמִּשְׁכָּן יָמָּה עָשָׂה שִׁשָּׁה קְרָשִׁים
ב:לו:כח וּשְׁנֵי קְרָשִׁים עָשָׂה לִמְקֻצְעֹת הַמִּשְׁכָּן בַּיַּרְכָתָיִם ב:לו:כט וְהָיוּ
תוֹאֲמִם מִלְּמַטָּה וְיַחְדָּו יִהְיוּ תַמִּים אֶל־רֹאשׁוֹ אֶל־הַטַּבַּעַת הָאֶחָת
כֵּן עָשָׂה לִשְׁנֵיהֶם לִשְׁנֵי הַמִּקְצֹעֹת ב:לו:ל וְהָיוּ שְׁמֹנָה קְרָשִׁים
וְאַדְנֵיהֶם כֶּסֶף שִׁשָּׁה עָשָׂר אֲדָנִים שְׁנֵי אֲדָנִים שְׁנֵי אֲדָנִים תַּחַת
הַקֶּרֶשׁ הָאֶחָד ב:לו:לא וַיַּעַשׂ בְּרִיחֵי עֲצֵי שִׁטִּים חֲמִשָּׁה לְקַרְשֵׁי
צֶלַע־הַמִּשְׁכָּן הָאֶחָת ב:לו:לב וַחֲמִשָּׁה בְרִיחִם לְקַרְשֵׁי צֶלַע־הַמִּשְׁכָּן
הַשֵּׁנִית וַחֲמִשָּׁה בְרִיחִם לְקַרְשֵׁי הַמִּשְׁכָּן לַיַּרְכָתַיִם יָמָּה
ב:לו:לג וַיַּעַשׂ אֶת־הַבְּרִיחַ הַתִּיכֹן לִבְרֹחַ בְּתוֹךְ הַקְּרָשִׁים מִן־הַקָּצֶה
אֶל־הַקָּצֶה ב:לו:לד וְאֶת־הַקְּרָשִׁים צִפָּה זָהָב וְאֶת־טַבְּעֹתָם עָשָׂה
זָהָב בָּתִּים לַבְּרִיחִם וַיְצַף אֶת־הַבְּרִיחִם זָהָב ב:לו:לה וַיַּעַשׂ
אֶת־הַפָּרֹכֶת תְּכֵלֶת וְאַרְגָּמָן וְתוֹלַעַת שָׁנִי וְשֵׁשׁ מָשְׁזָר מַעֲשֵׂה
חֹשֵׁב עָשָׂה אֹתָהּ כְּרֻבִים ב:לו:לו וַיַּעַשׂ לָהּ אַרְבָּעָה עַמּוּדֵי שִׁטִּים
וַיְצַפֵּם זָהָב וָוֵיהֶם זָהָב וַיִּצֹק לָהֶם אַרְבָּעָה אַדְנֵי־כָסֶף ב:לו:לז וַיַּעַשׂ
מָסָךְ לְפֶתַח הָאֹהֶל תְּכֵלֶת וְאַרְגָּמָן וְתוֹלַעַת שָׁנִי וְשֵׁשׁ מָשְׁזָר
מַעֲשֵׂה רֹקֵם ב:לו:לח וְאֶת־עַמּוּדָיו חֲמִשָּׁה וְאֶת־וָוֵיהֶם וְצִפָּה
רָאשֵׁיהֶם וַחֲשֻׁקֵיהֶם זָהָב וְאַדְנֵיהֶם חֲמִשָּׁה נְחֹשֶׁת ב:לז:א וַיַּעַשׂ
בְּצַלְאֵל אֶת־הָאָרֹן עֲצֵי שִׁטִּים אַמָּתַיִם וָחֵצִי אָרְכּוֹ וְאַמָּה וָחֵצִי
רָחְבּוֹ וְאַמָּה וָחֵצִי קֹמָתוֹ ב:לז:ב וַיְצַפֵּהוּ זָהָב טָהוֹר מִבַּיִת וּמִחוּץ
וַיַּעַשׂ לוֹ זֵר זָהָב סָבִיב ב:לז:ג וַיִּצֹק לוֹ אַרְבַּע טַבְּעֹת זָהָב עַל אַרְבַּע
פַּעֲמֹתָיו וּשְׁתֵּי טַבָּעֹת עַל־צַלְעוֹ הָאֶחָת וּשְׁתֵּי טַבָּעֹת עַל־צַלְעוֹ
הַשֵּׁנִית ב:לז:ד וַיַּעַשׂ בַּדֵּי עֲצֵי שִׁטִּים וַיְצַף אֹתָם זָהָב ב:לז:ה וַיָּבֵא
אֶת־הַבַּדִּים בַּטַּבָּעֹת עַל צַלְעֹת הָאָרֹן לָשֵׂאת אֶת־הָאָרֹן
ב:לז:ו וַיַּעַשׂ כַּפֹּרֶת זָהָב טָהוֹר אַמָּתַיִם וָחֵצִי אָרְכָּהּ וְאַמָּה וָחֵצִי
רָחְבָּהּ ב:לז:ז וַיַּעַשׂ שְׁנֵי כְרֻבִים זָהָב מִקְשָׁה עָשָׂה אֹתָם מִשְּׁנֵי

קְצ֥וֹת הַכַּפֹּֽרֶת ב:לז:ח כְּרוּב־אֶחָ֤ד מִקָּצָה֙ מִזֶּ֔ה וּכְרוּב־אֶחָ֥ד מִקָּצָ֖ה
מִזֶּ֑ה מִן־הַכַּפֹּ֛רֶת עָשָׂ֥ה אֶת־הַכְּרֻבִ֖ים מִשְּׁנֵ֥י קצוותו [קְצוֹתָֽיו]
ב:לז:ט וַיִּהְי֣וּ הַכְּרֻבִים֩ פֹּרְשֵׂ֨י כְנָפַ֜יִם לְמַ֗עְלָה סֹכְכִ֤ים בְּכַנְפֵיהֶם֙
עַל־הַכַּפֹּ֔רֶת וּפְנֵיהֶ֖ם אִ֣ישׁ אֶל־אָחִ֑יו אֶל־הַכַּפֹּ֔רֶת הָי֖וּ פְּנֵ֥י הַכְּרֻבִֽים
ב:לז:י וַיַּ֥עַשׂ אֶת־הַשֻּׁלְחָ֖ן עֲצֵ֣י שִׁטִּ֑ים אַמָּתַ֤יִם אָרְכּוֹ֙ וְאַמָּ֣ה רָחְבּ֔וֹ
וְאַמָּ֥ה וָחֵ֖צִי קֹמָתֽוֹ ב:לז:יא וַיְצַ֥ף אֹת֖וֹ זָהָ֣ב טָה֑וֹר וַיַּ֥עַשׂ ל֛וֹ זֵ֥ר זָהָ֖ב
סָבִֽיב ב:לז:יב וַיַּ֨עַשׂ ל֥וֹ מִסְגֶּ֛רֶת טֹ֖פַח סָבִ֑יב וַיַּ֧עַשׂ זֵר־זָהָ֛ב לְמִסְגַּרְתּ֖וֹ
סָבִֽיב ב:לז:יג וַיִּצֹ֣ק ל֔וֹ אַרְבַּ֖ע טַבְּעֹ֣ת זָהָ֑ב וַיִּתֵּן֙ אֶת־הַטַּבָּעֹ֔ת עַ֚ל
אַרְבַּ֣ע הַפֵּאֹ֔ת אֲשֶׁ֖ר לְאַרְבַּ֥ע רַגְלָֽיו ב:לז:יד לְעֻמַּת֙ הַמִּסְגֶּ֔רֶת הָי֖וּ
הַטַּבָּעֹ֑ת בָּתִּים֙ לַבַּדִּ֔ים לָשֵׂ֖את אֶת־הַשֻּׁלְחָֽן ב:לז:טו וַיַּ֤עַשׂ
אֶת־הַבַּדִּים֙ עֲצֵ֣י שִׁטִּ֔ים וַיְצַ֥ף אֹתָ֖ם זָהָ֑ב לָשֵׂ֖את אֶת־הַשֻּׁלְחָֽן
ב:לז:טז וַיַּ֜עַשׂ אֶֽת־הַכֵּלִ֣ים ׀ אֲשֶׁ֣ר עַל־הַשֻּׁלְחָ֗ן אֶת־קְעָרֹתָ֤יו
וְאֶת־כַּפֹּתָיו֙ וְאֵת֙ מְנַקִּיֹּתָ֔יו וְאֶת־הַקְּשָׂו֔וֹת אֲשֶׁ֥ר יֻסַּ֖ךְ בָּהֵ֑ן זָהָ֖ב טָהֽוֹר
ב:לז:יז וַיַּ֥עַשׂ אֶת־הַמְּנֹרָ֖ה זָהָ֣ב טָה֑וֹר מִקְשָׁ֞ה עָשָׂ֣ה אֶת־הַמְּנֹרָה֙
יְרֵכָ֣הּ וְקָנָ֔הּ גְּבִיעֶ֛יהָ כַּפְתֹּרֶ֥יהָ וּפְרָחֶ֖יהָ מִמֶּ֥נָּה הָיֽוּ ב:לז:יח וְשִׁשָּׁ֣ה
קָנִ֔ים יֹצְאִ֖ים מִצִּדֶּ֑יהָ שְׁלֹשָׁ֣ה ׀ קְנֵ֣י מְנֹרָ֗ה מִצִּדָּהּ֙ הָֽאֶחָ֔ד וּשְׁלֹשָׁה֙
קְנֵ֣י מְנֹרָ֔ה מִצִּדָּ֖הּ הַשֵּׁנִֽי ב:לז:יט שְׁלֹשָׁ֣ה גְ֠בִעִ֠ים מְֽשֻׁקָּדִ֞ים בַּקָּנֶ֣ה
הָאֶחָד֮ כַּפְתֹּ֣ר וָפֶרַח֒ וּשְׁלֹשָׁ֣ה גְבִעִ֗ים מְשֻׁקָּדִ֛ים בְּקָנֶ֥ה אֶחָ֖ד כַּפְתֹּ֣ר
וָפָ֑רַח כֵּ֚ן לְשֵׁ֣שֶׁת הַקָּנִ֔ים הַיֹּצְאִ֖ים מִן־הַמְּנֹרָֽה ב:לז:כ וּבַמְּנֹרָ֖ה
אַרְבָּעָ֣ה גְבִעִ֑ים מְשֻׁקָּדִ֔ים כַּפְתֹּרֶ֖יהָ וּפְרָחֶֽיהָ ב:לז:כא וְכַפְתֹּ֡ר תַּחַת֩
שְׁנֵ֨י הַקָּנִ֜ים מִמֶּ֗נָּה וְכַפְתֹּר֙ תַּ֣חַת שְׁנֵ֤י הַקָּנִים֙ מִמֶּ֔נָּה וְכַפְתֹּ֕ר
תַּֽחַת־שְׁנֵ֥י הַקָּנִ֖ים מִמֶּ֑נָּה לְשֵׁ֙שֶׁת֙ הַקָּנִ֔ים הַיֹּצְאִ֖ים מִמֶּֽנָּה
ב:לז:כב כַּפְתֹּרֵיהֶ֥ם וּקְנֹתָ֖ם מִמֶּ֣נָּה הָי֑וּ כֻּלָּ֛הּ מִקְשָׁ֥ה אַחַ֖ת זָהָ֥ב
טָהֽוֹר ב:לז:כג וַיַּ֥עַשׂ אֶת־נֵרֹתֶ֖יהָ שִׁבְעָ֑ה וּמַלְקָחֶ֥יהָ וּמַחְתֹּתֶ֖יהָ זָהָ֥ב
טָהֽוֹר ב:לז:כד כִּכָּ֛ר זָהָ֥ב טָה֖וֹר עָשָׂ֣ה אֹתָ֑הּ וְאֵ֖ת כָּל־כֵּלֶֽיהָ
ב:לז:כה וַיַּ֤עַשׂ אֶת־מִזְבַּח֙ הַקְּטֹ֔רֶת עֲצֵ֣י שִׁטִּ֑ים אַמָּ֣ה אָרְכּוֹ֩ וְאַמָּ֨ה
רָחְבּ֜וֹ רָב֗וּעַ וְאַמָּתַ֙יִם֙ קֹמָת֔וֹ מִמֶּ֖נּוּ הָי֥וּ קַרְנֹתָֽיו ב:לז:כו וַיְצַ֨ף אֹת֜וֹ
זָהָ֣ב טָה֗וֹר אֶת־גַּגּ֛וֹ וְאֶת־קִירֹתָ֥יו סָבִ֖יב וְאֶת־קַרְנֹתָ֑יו וַיַּ֥עַשׂ ל֛וֹ זֵ֥ר

זָהָ֖ב סָבִֽיב ב:לז:כז וּשְׁתֵּי֩ טַבְּעֹ֨ת זָהָ֜ב עָֽשָׂה־ל֣וֹ ׀ מִתַּ֣חַת לְזֵר֗וֹ עַ֚ל
שְׁתֵּ֣י צַלְעֹתָ֔יו עַ֖ל שְׁנֵ֣י צִדָּ֑יו לְבָתִּ֣ים לְבַדִּ֔ים לָשֵׂ֥את אֹת֖וֹ בָּהֶֽם
ב:לז:כח וַיַּ֥עַשׂ אֶת־הַבַּדִּ֖ים עֲצֵ֣י שִׁטִּ֑ים וַיְצַ֥ף אֹתָ֖ם זָהָֽב ב:לז:כט וַיַּ֜עַשׂ
אֶת־שֶׁ֤מֶן הַמִּשְׁחָה֙ קֹ֔דֶשׁ וְאֶת־קְטֹ֥רֶת הַסַּמִּ֖ים טָה֑וֹר מַעֲשֵׂ֖ה רֹקֵֽחַ
ב:לח:א וַיַּ֛עַשׂ אֶת־מִזְבַּ֥ח הָעֹלָ֖ה עֲצֵ֣י שִׁטִּ֑ים חָמֵשׁ֩ אַמּ֨וֹת אָרְכּ֜וֹ
וְחָֽמֵשׁ־אַמּ֤וֹת רָחְבּוֹ֙ רָב֔וּעַ וְשָׁלֹ֥שׁ אַמּ֖וֹת קֹמָתֽוֹ ב:לח:ב וַיַּ֣עַשׂ קַרְנֹתָ֗יו
עַ֚ל אַרְבַּ֣ע פִּנֹּתָ֔יו מִמֶּ֖נּוּ הָי֣וּ קַרְנֹתָ֑יו וַיְצַ֥ף אֹת֖וֹ נְחֹֽשֶׁת ב:לח:ג וַיַּ֜עַשׂ
אֶֽת־כָּל־כְּלֵ֣י הַמִּזְבֵּ֗חַ אֶת־הַסִּירֹ֤ת וְאֶת־הַיָּעִים֙ וְאֶת־הַמִּזְרָקֹ֔ת
אֶת־הַמִּזְלָגֹ֖ת וְאֶת־הַמַּחְתֹּ֑ת כָּל־כֵּלָ֖יו עָשָׂ֥ה נְחֹֽשֶׁת ב:לח:ד וַיַּ֤עַשׂ
לַמִּזְבֵּ֙חַ֙ מִכְבָּ֔ר מַעֲשֵׂ֖ה רֶ֣שֶׁת נְחֹ֑שֶׁת תַּ֧חַת כַּרְכֻּבּ֛וֹ מִלְּמַ֖טָּה
עַד־חֶצְיֽוֹ ב:לח:ה וַיִּצֹ֞ק אַרְבַּ֧ע טַבָּעֹ֛ת בְּאַרְבַּ֥ע הַקְּצָוֺ֖ת לְמִכְבַּ֣ר
הַנְּחֹ֑שֶׁת בָּתִּ֖ים לַבַּדִּֽים ב:לח:ו וַיַּ֥עַשׂ אֶת־הַבַּדִּ֖ים עֲצֵ֣י שִׁטִּ֑ים וַיְצַ֥ף
אֹתָ֖ם נְחֹֽשֶׁת ב:לח:ז וַיָּבֵ֨א אֶת־הַבַּדִּ֜ים בַּטַּבָּעֹ֗ת עַ֚ל צַלְעֹ֣ת הַמִּזְבֵּ֔חַ
לָשֵׂ֥את אֹת֖וֹ בָּהֶ֑ם נְב֥וּב לֻחֹ֖ת עָשָׂ֥ה אֹתֽוֹ ב:לח:ח וַיַּ֗עַשׂ אֵ֚ת הַכִּיּ֣וֹר
נְחֹ֔שֶׁת וְאֵ֖ת כַּנּ֣וֹ נְחֹ֑שֶׁת בְּמַרְאֹת֙ הַצֹּ֣בְאֹ֔ת אֲשֶׁ֣ר צָֽבְא֔וּ פֶּ֖תַח אֹ֥הֶל
מוֹעֵֽד ב:לח:ט וַיַּ֖עַשׂ אֶת־הֶחָצֵ֑ר לִפְאַ֣ת ׀ נֶ֣גֶב תֵּימָ֗נָה קַלְעֵ֤י הֶֽחָצֵר֙
שֵׁ֣שׁ מָשְׁזָ֔ר מֵאָ֖ה בָּאַמָּֽה ב:לח:י עַמּוּדֵיהֶ֣ם עֶשְׂרִ֔ים וְאַדְנֵיהֶ֖ם
עֶשְׂרִ֑ים נְחֹ֑שֶׁת וָוֵ֧י הָֽעַמֻּדִ֛ים וַחֲשֻׁקֵיהֶ֖ם כָּֽסֶף ב:לח:יא וְלִפְאַ֨ת צָפ֜וֹן
מֵאָ֣ה בָֽאַמָּ֗ה עַמּוּדֵיהֶ֣ם עֶשְׂרִ֔ים וְאַדְנֵיהֶ֖ם עֶשְׂרִ֣ים נְחֹ֑שֶׁת וָוֵ֧י
הָֽעַמּוּדִ֛ים וַחֲשֻׁקֵיהֶ֖ם כָּֽסֶף ב:לח:יב וְלִפְאַת־יָ֗ם קְלָעִים֙ חֲמִשִּׁ֣ים
בָּֽאַמָּ֔ה עַמּוּדֵיהֶ֥ם עֲשָׂרָ֖ה וְאַדְנֵיהֶ֣ם עֲשָׂרָ֑ה וָוֵ֧י הָֽעַמֻּדִ֛ים
וַחֲשׁוּקֵיהֶ֖ם כָּֽסֶף ב:לח:יג וְלִפְאַ֛ת קֵ֥דְמָה מִזְרָ֖חָה חֲמִשִּׁ֥ים אַמָּֽה
ב:לח:יד קְלָעִ֛ים חֲמֵשׁ־עֶשְׂרֵ֥ה אַמָּ֖ה אֶל־הַכָּתֵ֑ף עַמּוּדֵיהֶ֣ם שְׁלֹשָׁ֔ה
וְאַדְנֵיהֶ֖ם שְׁלֹשָֽׁה ב:לח:טו וְלַכָּתֵ֣ף הַשֵּׁנִ֗ית מִזֶּ֤ה וּמִזֶּה֙ לְשַׁ֣עַר הֶֽחָצֵ֔ר
קְלָעִ֕ים חֲמֵ֥שׁ עֶשְׂרֵ֖ה אַמָּ֑ה עַמֻּדֵיהֶ֣ם שְׁלֹשָׁ֔ה וְאַדְנֵיהֶ֖ם שְׁלֹשָֽׁה
ב:לח:טז כָּל־קַלְעֵ֧י הֶחָצֵ֛ר סָבִ֖יב שֵׁ֥שׁ מָשְׁזָֽר ב:לח:יז וְהָאֲדָנִ֣ים לָֽעַמֻּדִים֮
נְחֹ֒שֶׁת֒ וָוֵ֣י הָֽעַמּוּדִ֗ים וַחֲשׁוּקֵיהֶם֙ כֶּ֔סֶף וְצִפּ֥וּי רָאשֵׁיהֶ֖ם כָּ֑סֶף וְהֵם֙
מְחֻשָּׁקִ֣ים כֶּ֔סֶף כֹּ֖ל עַמֻּדֵ֥י הֶחָצֵֽר ב:לח:יח וּמָסַ֞ךְ שַׁ֣עַר הֶחָצֵ֗ר

מַעֲשֵׂ֣ה רֹקֵ֔ם תְּכֵ֥לֶת וְאַרְגָּמָ֛ן וְתוֹלַ֥עַת שָׁנִ֖י וְשֵׁ֣שׁ מָשְׁזָ֑ר וְעֶשְׂרִ֤ים
אַמָּה֙ אֹ֔רֶךְ וְקוֹמָ֤ה בְרֹ֙חַב֙ חָמֵ֣שׁ אַמּ֔וֹת לְעֻמַּ֖ת קַלְעֵ֥י הֶחָצֵֽר׃
ב:לח:יט וְעַמֻּֽדֵיהֶם֙ אַרְבָּעָ֔ה וְאַדְנֵיהֶ֥ם אַרְבָּעָ֖ה נְחֹ֑שֶׁת וָוֵיהֶ֣ם כֶּ֔סֶף
וְצִפּ֧וּי רָאשֵׁיהֶ֛ם וַחֲשֻׁקֵיהֶ֖ם כָּֽסֶף׃ ב:לח:כ וְֽכָל־הַיְתֵדֹ֞ת לַמִּשְׁכָּ֧ן
וְלֶחָצֵ֛ר סָבִ֖יב נְחֹֽשֶׁת׃ ב:לח:כא אֵ֣לֶּה פְקוּדֵ֤י הַמִּשְׁכָּן֙ מִשְׁכַּ֣ן הָעֵדֻ֔ת
אֲשֶׁ֥ר פֻּקַּ֖ד עַל־פִּ֣י מֹשֶׁ֑ה עֲבֹדַת֙ הַלְוִיִּ֔ם בְּיַד֙ אִֽיתָמָ֔ר בֶּן־אַהֲרֹ֖ן
הַכֹּהֵֽן׃ ב:לח:כב וּבְצַלְאֵ֛ל בֶּן־אוּרִ֥י בֶן־ח֖וּר לְמַטֵּ֣ה יְהוּדָ֑ה עָשָׂ֕ה אֵ֛ת
כָּל־אֲשֶׁר־צִוָּ֥ה יְהוָ֖ה אֶת־מֹשֶֽׁה׃ ב:לח:כג וְאִתּ֗וֹ אָֽהֳלִיאָ֛ב בֶּן־אֲחִֽיסָמָ֖ךְ
לְמַטֵּה־דָ֑ן חָרָ֣שׁ וְחֹשֵׁ֔ב וְרֹקֵ֗ם בַּתְּכֵ֙לֶת֙ וּבָֽאַרְגָּמָ֔ן וּבְתוֹלַ֥עַת הַשָּׁנִ֖י
וּבַשֵּֽׁשׁ׃ ב:לח:כד כָּל־הַזָּהָ֗ב הֶֽעָשׂוּי֙ לַמְּלָאכָ֔ה בְּכֹ֖ל מְלֶ֣אכֶת הַקֹּ֑דֶשׁ
וַֽיְהִ֣י ׀ זְהַ֣ב הַתְּנוּפָ֗ה תֵּ֤שַׁע וְעֶשְׂרִים֙ כִּכָּ֔ר וּשְׁבַ֨ע מֵא֤וֹת וּשְׁלֹשִׁים֙
שֶׁ֖קֶל בְּשֶׁ֥קֶל הַקֹּֽדֶשׁ׃ ב:לח:כה וְכֶ֛סֶף פְּקוּדֵ֥י הָעֵדָ֖ה מְאַ֣ת כִּכָּ֑ר וְאֶ֡לֶף
וּשְׁבַע֩ מֵא֨וֹת וַחֲמִשָּׁ֧ה וְשִׁבְעִ֛ים שֶׁ֖קֶל בְּשֶׁ֥קֶל הַקֹּֽדֶשׁ׃ ב:לח:כו בֶּ֚קַע
לַגֻּלְגֹּ֔לֶת מַחֲצִ֥ית הַשֶּׁ֖קֶל בְּשֶׁ֣קֶל הַקֹּ֑דֶשׁ לְכֹ֨ל הָעֹבֵ֜ר עַל־הַפְּקֻדִ֗ים
מִבֶּ֨ן עֶשְׂרִ֤ים שָׁנָה֙ וָמַ֔עְלָה לְשֵׁשׁ־מֵא֥וֹת אֶ֙לֶף֙ וּשְׁלֹ֣שֶׁת אֲלָפִ֔ים
וַחֲמֵ֥שׁ מֵא֖וֹת וַחֲמִשִּֽׁים׃ ב:לח:כז וַֽיְהִ֗י מְאַת֙ כִּכַּ֣ר הַכֶּ֔סֶף לָצֶ֗קֶת אֵ֚ת
אַדְנֵ֣י הַקֹּ֔דֶשׁ וְאֵ֖ת אַדְנֵ֣י הַפָּרֹ֑כֶת מְאַ֧ת אֲדָנִ֛ים לִמְאַ֥ת הַכִּכָּ֖ר כִּכָּ֥ר
לָאָֽדֶן׃ ב:לח:כח וְאֶת־הָאֶ֜לֶף וּשְׁבַ֤ע הַמֵּאוֹת֙ וַחֲמִשָּׁ֣ה וְשִׁבְעִ֔ים עָשָׂ֥ה
וָוִ֖ים לָֽעַמּוּדִ֑ים וְצִפָּ֥ה רָאשֵׁיהֶ֖ם וְחִשַּׁ֥ק אֹתָֽם׃ ב:לח:כט וּנְחֹ֥שֶׁת
הַתְּנוּפָ֖ה שִׁבְעִ֣ים כִּכָּ֑ר וְאַלְפַּ֥יִם וְאַרְבַּע־מֵא֖וֹת שָֽׁקֶל׃ ב:לח:ל וַיַּ֣עַשׂ
בָּ֗הּ אֶת־אַדְנֵי֙ פֶּ֚תַח אֹ֣הֶל מוֹעֵ֔ד וְאֵת֙ מִזְבַּ֣ח הַנְּחֹ֔שֶׁת וְאֶת־מִכְבַּ֥ר
הַנְּחֹ֖שֶׁת אֲשֶׁר־ל֑וֹ וְאֵ֖ת כָּל־כְּלֵ֥י הַמִּזְבֵּֽחַ׃ ב:לח:לא וְאֶת־אַדְנֵ֤י הֶחָצֵר֙
סָבִ֔יב וְאֶת־אַדְנֵ֖י שַׁ֣עַר הֶחָצֵ֑ר וְאֵ֨ת כָּל־יִתְדֹ֧ת הַמִּשְׁכָּ֛ן
וְאֶת־כָּל־יִתְדֹ֥ת הֶחָצֵ֖ר סָבִֽיב׃ ב:לט:א וּמִן־הַתְּכֵ֤לֶת וְהָֽאַרְגָּמָן֙
וְתוֹלַ֣עַת הַשָּׁנִ֔י עָשׂ֥וּ בִגְדֵי־שְׂרָ֖ד לְשָׁרֵ֣ת בַּקֹּ֑דֶשׁ וַֽיַּעֲשׂ֞וּ אֶת־בִּגְדֵ֤י
הַקֹּ֙דֶשׁ֙ אֲשֶׁ֣ר לְאַהֲרֹ֔ן כַּאֲשֶׁ֛ר צִוָּ֥ה יְהוָ֖ה אֶת־מֹשֶֽׁה׃ ב:לט:ב וַיַּ֖עַשׂ
אֶת־הָאֵפֹ֑ד זָהָ֗ב תְּכֵ֧לֶת וְאַרְגָּמָ֛ן וְתוֹלַ֥עַת שָׁנִ֖י וְשֵׁ֥שׁ מָשְׁזָֽר׃
ב:לט:ג וַֽיְרַקְּע֞וּ אֶת־פַּחֵ֣י הַזָּהָב֮ וְקִצֵּ֣ץ פְּתִילִם֒ לַעֲשׂ֗וֹת בְּת֤וֹךְ

הַתְּכֵ֙לֶת֙ וּבְת֣וֹךְ הָֽאַרְגָּמָ֔ן וּבְת֖וֹךְ תּוֹלַ֣עַת הַשָּׁנִ֑י וּבְת֥וֹךְ הַשֵּׁ֖שׁ
מַעֲשֵׂ֥ה חֹשֵֽׁב ב:לט:ד כְּתֵפֹ֥ת עָֽשׂוּ־ל֖וֹ חֹבְרֹ֑ת עַל־שְׁנֵ֥י קצוותו
[קְצוֹתָ֖יו] חֻבָּֽר ב:לט:ה וְחֵ֨שֶׁב אֲפֻדָּת֜וֹ אֲשֶׁ֣ר עָלָ֗יו מִמֶּ֣נּוּ הוּא֮
כְּמַעֲשֵׂהוּ֒ זָהָ֗ב תְּכֵ֧לֶת וְאַרְגָּמָ֛ן וְתוֹלַ֥עַת שָׁנִ֖י וְשֵׁ֣שׁ מָשְׁזָ֑ר כַּאֲשֶׁ֛ר
צִוָּ֥ה יְהוָ֖ה אֶת־מֹשֶֽׁה ב:לט:ו וַֽיַּעֲשׂוּ֙ אֶת־אַבְנֵ֣י הַשֹּׁ֔הַם מֻֽסַבֹּ֖ת
מִשְׁבְּצֹ֣ת זָהָ֑ב מְפֻתָּחֹת֙ פִּתּוּחֵ֣י חוֹתָ֔ם עַל־שְׁמ֖וֹת בְּנֵ֥י יִשְׂרָאֵֽל
ב:לט:ז וַיָּ֣שֶׂם אֹתָ֗ם עַ֚ל כִּתְפֹ֣ת הָֽאֵפֹ֔ד אַבְנֵ֥י זִכָּר֖וֹן לִבְנֵ֣י יִשְׂרָאֵ֑ל
כַּאֲשֶׁ֛ר צִוָּ֥ה יְהוָ֖ה אֶת־מֹשֶֽׁה ב:לט:ח וַיַּ֥עַשׂ אֶת־הַחֹ֛שֶׁן מַעֲשֵׂ֥ה חֹשֵׁ֖ב
כְּמַעֲשֵׂ֣ה אֵפֹ֑ד זָהָ֗ב תְּכֵ֧לֶת וְאַרְגָּמָ֛ן וְתוֹלַ֥עַת שָׁנִ֖י וְשֵׁ֥שׁ מָשְׁזָֽר
ב:לט:ט רָב֧וּעַ הָיָ֛ה כָּפ֖וּל עָשׂ֣וּ אֶת־הַחֹ֑שֶׁן זֶ֧רֶת אָרְכּ֛וֹ וְזֶ֥רֶת רָחְבּ֖וֹ
כָּפֽוּל ב:לט:י וַיְמַ֨לְאוּ־ב֔וֹ אַ֖רְבָּעָה ט֣וּרֵי אָ֑בֶן ט֗וּר אֹ֤דֶם פִּטְדָה֙
וּבָרֶ֔קֶת הַטּ֖וּר הָאֶחָֽד ב:לט:יא וְהַטּ֖וּר הַשֵּׁנִ֑י נֹ֥פֶךְ סַפִּ֖יר וְיָהֲלֹֽם
ב:לט:יב וְהַטּ֖וּר הַשְּׁלִישִׁ֑י לֶ֥שֶׁם שְׁב֖וֹ וְאַחְלָֽמָה ב:לט:יג וְהַטּוּר֙ הָֽרְבִיעִ֔י
תַּרְשִׁ֥ישׁ שֹׁ֖הַם וְיָשְׁפֵ֑ה מֽוּסַבֹּ֛ת מִשְׁבְּצ֥וֹת זָהָ֖ב בְּמִלֻּאֹתָֽם
ב:לט:יד וְ֠הָאֲבָנִים עַל־שְׁמֹ֨ת בְּנֵֽי־יִשְׂרָאֵ֥ל הֵ֛נָּה שְׁתֵּ֥ים עֶשְׂרֵ֖ה
עַל־שְׁמֹתָ֑ם פִּתּוּחֵ֨י חֹתָ֜ם אִ֣ישׁ עַל־שְׁמ֔וֹ לִשְׁנֵ֥ים עָשָׂ֖ר שָֽׁבֶט
ב:לט:טו וַיַּעֲשׂ֧וּ עַל־הַחֹ֛שֶׁן שַֽׁרְשְׁרֹ֥ת גַּבְלֻ֖ת מַעֲשֵׂ֣ה עֲבֹ֑ת זָהָ֖ב טָהֽוֹר
ב:לט:טז וַֽיַּעֲשׂ֗וּ שְׁתֵּי֙ מִשְׁבְּצֹ֣ת זָהָ֔ב וּשְׁתֵּ֖י טַבְּעֹ֣ת זָהָ֑ב וַֽיִּתְּנ֗וּ אֶת־שְׁתֵּי֙
הַטַּבָּעֹ֔ת עַל־שְׁנֵ֖י קְצ֥וֹת הַחֹֽשֶׁן ב:לט:יז וַֽיִּתְּנ֗וּ שְׁתֵּי֙ הָעֲבֹתֹ֣ת הַזָּהָ֔ב
עַל־שְׁתֵּ֖י הַטַּבָּעֹ֑ת עַל־קְצ֖וֹת הַחֹֽשֶׁן ב:לט:יח וְאֵ֨ת שְׁתֵּ֤י קְצוֹת֙ שְׁתֵּ֣י
הָעֲבֹתֹ֔ת נָתְנ֖וּ עַל־שְׁתֵּ֣י הַֽמִּשְׁבְּצֹ֑ת וַֽיִּתְּנֻ֛ם עַל־כִּתְפֹ֥ת הָאֵפֹ֖ד
אֶל־מ֥וּל פָּנָֽיו ב:לט:יט וַֽיַּעֲשׂ֗וּ שְׁתֵּי֙ טַבְּעֹ֣ת זָהָ֔ב וַיָּשִׂ֖ימוּ עַל־שְׁנֵ֣י קְצ֣וֹת
הַחֹ֑שֶׁן עַל־שְׂפָת֕וֹ אֲשֶׁ֛ר אֶל־עֵ֥בֶר הָאֵפֹ֖ד בָּֽיְתָה ב:לט:כ וַֽיַּעֲשׂוּ֮ שְׁתֵּ֣י
טַבְּעֹ֣ת זָהָב֒ וַֽיִּתְּנֻ֡ם עַל־שְׁתֵּי֩ כִתְפֹ֨ת הָאֵפֹ֤ד מִלְּמַ֙טָּה֙ מִמּ֣וּל פָּנָ֔יו
לְעֻמַּ֖ת מֶחְבַּרְתּ֑וֹ מִמַּ֕עַל לְחֵ֖שֶׁב הָאֵפֹֽד ב:לט:כא וַיִּרְכְּס֣וּ אֶת־הַ֠חֹשֶׁן
מִטַּבְּעֹתָ֞יו אֶל־טַבְּעֹ֣ת הָאֵפֹ֗ד בִּפְתִ֣יל תְּכֵ֔לֶת לִֽהְיֹת֙ עַל־חֵ֣שֶׁב
הָאֵפֹ֔ד וְלֹֽא־יִזַּ֣ח הַחֹ֔שֶׁן מֵעַ֖ל הָאֵפֹ֑ד כַּאֲשֶׁ֛ר צִוָּ֥ה יְהוָ֖ה אֶת־מֹשֶֽׁה
ב:לט:כב וַיַּ֛עַשׂ אֶת־מְעִ֥יל הָאֵפֹ֖ד מַעֲשֵׂ֣ה אֹרֵ֑ג כְּלִ֖יל תְּכֵֽלֶת

ב:לט:כג וּפִֽי־הַמְּעִ֛יל בְּתוֹכ֖וֹ כְּפִ֣י תַחְרָ֑א שָׂפָ֨ה לְפִ֥יו סָבִ֖יב לֹ֥א יִקָּרֵֽעַ
ב:לט:כד וַֽיַּעֲשׂוּ֙ עַל־שׁוּלֵ֣י הַמְּעִ֔יל רִמּוֹנֵ֕י תְּכֵ֥לֶת וְאַרְגָּמָ֖ן וְתוֹלַ֣עַת שָׁנִ֑י
מָשְׁזָֽר ב:לט:כה וַיַּעֲשׂ֥וּ פַעֲמֹנֵ֖י זָהָ֣ב טָה֑וֹר וַיִּתְּנ֨וּ אֶת־הַפַּעֲמֹנִ֜ים בְּת֣וֹךְ
הָרִמֹּנִ֗ים עַל־שׁוּלֵ֤י הַמְּעִיל֙ סָבִ֔יב בְּת֖וֹךְ הָרִמֹּנִֽים ב:לט:כו פַּעֲמֹ֤ן וְרִמֹּן֙
פַּעֲמֹ֣ן וְרִמֹּ֔ן עַל־שׁוּלֵ֥י הַמְּעִ֖יל סָבִ֑יב לְשָׁרֵ֕ת כַּאֲשֶׁ֛ר צִוָּ֥ה יְהוָ֖ה
אֶת־מֹשֶֽׁה ב:לט:כז וַיַּעֲשׂ֛וּ אֶת־הַכָּתְנֹ֥ת שֵׁ֖שׁ מַעֲשֵׂ֣ה אֹרֵ֑ג לְאַהֲרֹ֖ן
וּלְבָנָֽיו ב:לט:כח וְאֵת֙ הַמִּצְנֶ֣פֶת שֵׁ֔שׁ וְאֶת־פַּאֲרֵ֥י הַמִּגְבָּעֹ֖ת שֵׁ֑שׁ
וְאֶת־מִכְנְסֵ֥י הַבָּ֖ד שֵׁ֥שׁ מָשְׁזָֽר ב:לט:כט וְֽאֶת־הָאַבְנֵ֞ט שֵׁ֣שׁ מָשְׁזָ֗ר
וּתְכֵ֧לֶת וְאַרְגָּמָ֛ן וְתוֹלַ֥עַת שָׁנִ֖י מַעֲשֵׂ֣ה רֹקֵ֑ם כַּאֲשֶׁ֛ר צִוָּ֥ה יְהוָ֖ה
אֶת־מֹשֶֽׁה ב:לט:ל וַיַּעֲשׂ֛וּ אֶת־צִ֥יץ נֵֽזֶר־הַקֹּ֖דֶשׁ זָהָ֣ב טָה֑וֹר וַיִּכְתְּב֣וּ
עָלָ֗יו מִכְתַּב֙ פִּתּוּחֵ֣י חוֹתָ֔ם קֹ֖דֶשׁ לַיהוָֽה ב:לט:לא וַיִּתְּנ֤וּ עָלָיו֙ פְּתִ֣יל
תְּכֵ֔לֶת לָתֵ֥ת עַל־הַמִּצְנֶ֖פֶת מִלְמָ֑עְלָה כַּאֲשֶׁ֛ר צִוָּ֥ה יְהוָ֖ה אֶת־מֹשֶֽׁה
ב:לט:לב וַתֵּ֕כֶל כָּל־עֲבֹדַ֕ת מִשְׁכַּ֖ן אֹ֣הֶל מוֹעֵ֑ד וַֽיַּעֲשׂוּ֙ בְּנֵ֣י יִשְׂרָאֵ֔ל כְּ֠כֹל
אֲשֶׁ֨ר צִוָּ֧ה יְהוָ֛ה אֶת־מֹשֶׁ֖ה כֵּ֥ן עָשֽׂוּ ב:לט:לג וַיָּבִ֤יאוּ אֶת־הַמִּשְׁכָּן֙
אֶל־מֹשֶׁ֔ה אֶת־הָאֹ֖הֶל וְאֶת־כָּל־כֵּלָ֑יו קְרָסָ֣יו קְרָשָׁ֔יו בריחו [בְּרִיחָ֖יו]
וְעַמֻּדָ֥יו וַאֲדָנָֽיו ב:לט:לד וְאֶת־מִכְסֵ֞ה עוֹרֹ֤ת הָֽאֵילִם֙ הַמְאָדָּמִ֔ים
וְאֶת־מִכְסֵ֖ה עֹרֹ֣ת הַתְּחָשִׁ֑ים וְאֵ֖ת פָּרֹ֥כֶת הַמָּסָֽךְ ב:לט:לה אֶת־אֲרֹ֥ן
הָעֵדֻ֖ת וְאֶת־בַּדָּ֑יו וְאֵ֖ת הַכַּפֹּֽרֶת ב:לט:לו אֶת־הַשֻּׁלְחָן֙ אֶת־כָּל־כֵּלָ֔יו
וְאֵ֖ת לֶ֥חֶם הַפָּנִֽים ב:לט:לז אֶת־הַמְּנֹרָ֨ה הַטְּהֹרָ֜ה אֶת־נֵרֹתֶ֗יהָ נֵרֹ֛ת
הַמַּעֲרָכָ֖ה וְאֶת־כָּל־כֵּלֶ֑יהָ וְאֵ֖ת שֶׁ֥מֶן הַמָּאֽוֹר ב:לט:לח וְאֵת֙ מִזְבַּ֣ח
הַזָּהָ֔ב וְאֵת֙ שֶׁ֣מֶן הַמִּשְׁחָ֔ה וְאֵ֖ת קְטֹ֣רֶת הַסַּמִּ֑ים וְאֵ֕ת מָסַ֖ךְ פֶּ֥תַח
הָאֹֽהֶל ב:לט:לט אֵ֣ת ׀ מִזְבַּ֣ח הַנְּחֹ֗שֶׁת וְאֶת־מִכְבַּ֤ר הַנְּחֹ֙שֶׁת֙ אֲשֶׁר־ל֔וֹ
אֶת־בַּדָּ֖יו וְאֶת־כָּל־כֵּלָ֑יו אֶת־הַכִּיֹּ֖ר וְאֶת־כַּנּֽוֹ ב:לט:מ אֵת֩ קַלְעֵ֨י הֶחָצֵ֜ר
אֶת־עַמֻּדֶ֣יהָ וְאֶת־אֲדָנֶ֗יהָ וְאֶת־הַמָּסָךְ֙ לְשַׁ֣עַר הֶחָצֵ֔ר אֶת־מֵיתָרָ֖יו
וִיתֵדֹתֶ֑יהָ וְאֵ֗ת כָּל־כְּלֵ֛י עֲבֹדַ֥ת הַמִּשְׁכָּ֖ן לְאֹ֥הֶל מוֹעֵֽד
ב:לט:מא אֶת־בִּגְדֵ֥י הַשְּׂרָ֖ד לְשָׁרֵ֣ת בַּקֹּ֑דֶשׁ אֶת־בִּגְדֵ֤י הַקֹּ֙דֶשׁ֙ לְאַהֲרֹ֣ן
הַכֹּהֵ֔ן וְאֶת־בִּגְדֵ֥י בָנָ֖יו לְכַהֵֽן ב:לט:מב כְּכֹ֛ל אֲשֶׁר־צִוָּ֥ה יְהוָ֖ה אֶת־מֹשֶׁ֑ה
כֵּ֤ן עָשׂוּ֙ בְּנֵ֣י יִשְׂרָאֵ֔ל אֵ֖ת כָּל־הָעֲבֹדָֽה ב:לט:מג וַיַּ֨רְא מֹשֶׁ֜ה

אֶת־כָּל־הַמְּלָאכָ֗ה וְהִנֵּה֙ עָשׂ֣וּ אֹתָ֔הּ כַּאֲשֶׁ֛ר צִוָּ֥ה יְהוָ֖ה כֵּ֣ן עָשׂ֑וּ
וַיְבָ֥רֶךְ אֹתָ֖ם מֹשֶֽׁה ב:מ:א וַיְדַבֵּ֥ר יְהוָ֖ה אֶל־מֹשֶׁ֥ה לֵּאמֹֽר
ב:מ:ב בְּיוֹם־הַחֹ֥דֶשׁ הָרִאשׁ֖וֹן בְּאֶחָ֣ד לַחֹ֑דֶשׁ תָּקִ֕ים אֶת־מִשְׁכַּ֖ן אֹ֥הֶל
מוֹעֵֽד ב:מ:ג וְשַׂמְתָּ֣ שָׁ֔ם אֵ֖ת אֲר֣וֹן הָעֵד֑וּת וְסַכֹּתָ֥ עַל־הָאָרֹ֖ן
אֶת־הַפָּרֹֽכֶת ב:מ:ד וְהֵבֵאתָ֙ אֶת־הַשֻּׁלְחָ֔ן וְעָרַכְתָּ֖ אֶת־עֶרְכּ֑וֹ וְהֵבֵאתָ֙
אֶת־הַמְּנֹרָ֔ה וְהַעֲלֵיתָ֖ אֶת־נֵרֹתֶֽיהָ ב:מ:ה וְנָתַתָּ֞ה אֶת־מִזְבַּ֤ח הַזָּהָב֙
לִקְטֹ֔רֶת לִפְנֵ֖י אֲר֣וֹן הָעֵדֻ֑ת וְשַׂמְתָּ֛ אֶת־מָסַ֥ךְ הַפֶּ֖תַח לַמִּשְׁכָּֽן
ב:מ:ו וְנָ֣תַתָּ֔ה אֵ֖ת מִזְבַּ֣ח הָעֹלָ֑ה לִפְנֵ֕י פֶּ֖תַח מִשְׁכַּ֥ן אֹֽהֶל־מוֹעֵֽד
ב:מ:ז וְנָתַתָּ֙ אֶת־הַכִּיֹּ֔ר בֵּין־אֹ֥הֶל מוֹעֵ֖ד וּבֵ֣ין הַמִּזְבֵּ֑חַ וְנָתַתָּ֥ שָׁ֖ם מָֽיִם
ב:מ:ח וְשַׂמְתָּ֥ אֶת־הֶחָצֵ֖ר סָבִ֑יב וְנָ֣תַתָּ֔ אֶת־מָסַ֖ךְ שַׁ֥עַר הֶחָצֵֽר
ב:מ:ט וְלָקַחְתָּ֙ אֶת־שֶׁ֣מֶן הַמִּשְׁחָ֔ה וּמָשַׁחְתָּ֥ אֶת־הַמִּשְׁכָּ֖ן
וְאֶת־כָּל־אֲשֶׁר־בּ֑וֹ וְקִדַּשְׁתָּ֥ אֹת֛וֹ וְאֶת־כָּל־כֵּלָ֖יו וְהָ֥יָה קֹֽדֶשׁ
ב:מ:י וּמָשַׁחְתָּ֛ אֶת־מִזְבַּ֥ח הָעֹלָ֖ה וְאֶת־כָּל־כֵּלָ֑יו וְקִדַּשְׁתָּ֙
אֶת־הַמִּזְבֵּ֔חַ וְהָיָ֥ה הַמִּזְבֵּ֖חַ קֹ֥דֶשׁ קָדָשִֽׁים ב:מ:יא וּמָשַׁחְתָּ֥ אֶת־הַכִּיֹּ֖ר
וְאֶת־כַּנּ֑וֹ וְקִדַּשְׁתָּ֖ אֹתֽוֹ ב:מ:יב וְהִקְרַבְתָּ֤ אֶת־אַהֲרֹן֙ וְאֶת־בָּנָ֔יו
אֶל־פֶּ֖תַח אֹ֣הֶל מוֹעֵ֑ד וְרָחַצְתָּ֥ אֹתָ֖ם בַּמָּֽיִם ב:מ:יג וְהִלְבַּשְׁתָּ֙
אֶֽת־אַהֲרֹ֔ן אֵ֖ת בִּגְדֵ֣י הַקֹּ֑דֶשׁ וּמָשַׁחְתָּ֥ אֹת֛וֹ וְקִדַּשְׁתָּ֥ אֹת֖וֹ וְכִהֵ֥ן לִֽי
ב:מ:יד וְאֶת־בָּנָ֖יו תַּקְרִ֑יב וְהִלְבַּשְׁתָּ֥ אֹתָ֖ם כֻּתֳּנֹֽת ב:מ:יה וּמָשַׁחְתָּ֣
אֹתָ֗ם כַּאֲשֶׁ֤ר מָשַׁ֙חְתָּ֙ אֶת־אֲבִיהֶ֔ם וְכִהֲנ֖וּ לִ֑י וְהָ֩יְתָ֩ לִהְיֹ֨ת לָהֶ֜ם
מָשְׁחָתָ֛ם לִכְהֻנַּ֥ת עוֹלָ֖ם לְדֹרֹתָֽם ב:מ:יו וַיַּ֖עַשׂ מֹשֶׁ֑ה כְּ֠כֹל אֲשֶׁ֨ר צִוָּ֧ה
יְהוָ֛ה אֹת֖וֹ כֵּ֥ן עָשָֽׂה ב:מ:יז וַיְהִ֞י בַּחֹ֧דֶשׁ הָרִאשׁ֛וֹן בַּשָּׁנָ֥ה הַשֵּׁנִ֖ית
בְּאֶחָ֣ד לַחֹ֑דֶשׁ הוּקַ֖ם הַמִּשְׁכָּֽן ב:מ:יח וַיָּ֨קֶם מֹשֶׁ֜ה אֶת־הַמִּשְׁכָּ֗ן וַיִּתֵּן֙
אֶת־אֲדָנָ֔יו וַיָּ֙שֶׂם֙ אֶת־קְרָשָׁ֔יו וַיִּתֵּ֖ן אֶת־בְּרִיחָ֑יו וַיָּ֖קֶם אֶת־עַמּוּדָֽיו
ב:מ:יט וַיִּפְרֹ֤שׂ אֶת־הָאֹ֙הֶל֙ עַל־הַמִּשְׁכָּ֔ן וַיָּ֜שֶׂם אֶת־מִכְסֵ֥ה הָאֹ֛הֶל
עָלָ֖יו מִלְמָ֑עְלָה כַּאֲשֶׁ֛ר צִוָּ֥ה יְהוָ֖ה אֶת־מֹשֶֽׁה ב:מ:כ וַיִּקַּ֞ח וַיִּתֵּ֤ן
אֶת־הָעֵדֻת֙ אֶל־הָ֣אָרֹ֔ן וַיָּ֥שֶׂם אֶת־הַבַּדִּ֖ים עַל־הָאָרֹ֑ן וַיִּתֵּ֧ן
אֶת־הַכַּפֹּ֛רֶת עַל־הָאָרֹ֖ן מִלְמָֽעְלָה ב:מ:כא וַיָּבֵ֣א אֶת־הָאָרֹ֮ן
אֶל־הַמִּשְׁכָּן֒ וַיָּ֗שֶׂם אֵ֚ת פָּרֹ֣כֶת הַמָּסָ֔ךְ וַיָּ֕סֶךְ עַ֖ל אֲר֣וֹן הָעֵד֑וּת כַּאֲשֶׁ֛ר

צִוָּה יְהוָה אֶת־מֹשֶׁה ב:מ:כב וַיִּתֵּן אֶת־הַשֻּׁלְחָן בְּאֹהֶל מוֹעֵד עַל יֶרֶךְ
הַמִּשְׁכָּן צָפֹנָה מִחוּץ לַפָּרֹכֶת ב:מ:כג וַיַּעֲרֹךְ עָלָיו עֵרֶךְ לֶחֶם לִפְנֵי
יְהוָה כַּאֲשֶׁר צִוָּה יְהוָה אֶת־מֹשֶׁה ב:מ:כד וַיָּשֶׂם אֶת־הַמְּנֹרָה בְּאֹהֶל
מוֹעֵד נֹכַח הַשֻּׁלְחָן עַל יֶרֶךְ הַמִּשְׁכָּן נֶגְבָּה ב:מ:כה וַיַּעַל הַנֵּרֹת לִפְנֵי
יְהוָה כַּאֲשֶׁר צִוָּה יְהוָה אֶת־מֹשֶׁה ב:מ:כו וַיָּשֶׂם אֶת־מִזְבַּח הַזָּהָב
בְּאֹהֶל מוֹעֵד לִפְנֵי הַפָּרֹכֶת ב:מ:כז וַיַּקְטֵר עָלָיו קְטֹרֶת סַמִּים
כַּאֲשֶׁר צִוָּה יְהוָה אֶת־מֹשֶׁה ב:מ:כח וַיָּשֶׂם אֶת־מָסַךְ הַפֶּתַח לַמִּשְׁכָּן
ב:מ:כט וְאֵת מִזְבַּח הָעֹלָה שָׂם פֶּתַח מִשְׁכַּן אֹהֶל־מוֹעֵד וַיַּעַל עָלָיו
אֶת־הָעֹלָה וְאֶת־הַמִּנְחָה כַּאֲשֶׁר צִוָּה יְהוָה אֶת־מֹשֶׁה ב:מ:ל וַיָּשֶׂם
אֶת־הַכִּיֹּר בֵּין־אֹהֶל מוֹעֵד וּבֵין הַמִּזְבֵּחַ וַיִּתֵּן שָׁמָּה מַיִם לְרָחְצָה
ב:מ:לא וְרָחֲצוּ מִמֶּנּוּ מֹשֶׁה וְאַהֲרֹן וּבָנָיו אֶת־יְדֵיהֶם וְאֶת־רַגְלֵיהֶם
ב:מ:לב בְּבֹאָם אֶל־אֹהֶל מוֹעֵד וּבְקָרְבָתָם אֶל־הַמִּזְבֵּחַ יִרְחָצוּ
כַּאֲשֶׁר צִוָּה יְהוָה אֶת־מֹשֶׁה ב:מ:לג וַיָּקֶם אֶת־הֶחָצֵר סָבִיב לַמִּשְׁכָּן
וְלַמִּזְבֵּחַ וַיִּתֵּן אֶת־מָסַךְ שַׁעַר הֶחָצֵר וַיְכַל מֹשֶׁה אֶת־הַמְּלָאכָה
ב:מ:לד וַיְכַס הֶעָנָן אֶת־אֹהֶל מוֹעֵד וּכְבוֹד יְהוָה מָלֵא אֶת־הַמִּשְׁכָּן
ב:מ:לה וְלֹא־יָכֹל מֹשֶׁה לָבוֹא אֶל־אֹהֶל מוֹעֵד כִּי־שָׁכַן עָלָיו הֶעָנָן
וּכְבוֹד יְהוָה מָלֵא אֶת־הַמִּשְׁכָּן ב:מ:לו וּבְהֵעָלוֹת הֶעָנָן מֵעַל הַמִּשְׁכָּן
יִסְעוּ בְּנֵי יִשְׂרָאֵל בְּכֹל מַסְעֵיהֶם ב:מ:לז וְאִם־לֹא יֵעָלֶה הֶעָנָן וְלֹא
יִסְעוּ עַד־יוֹם הֵעָלֹתוֹ ב:מ:לח כִּי עֲנַן יְהוָה עַל־הַמִּשְׁכָּן יוֹמָם וְאֵשׁ
תִּהְיֶה לַיְלָה בּוֹ לְעֵינֵי כָל־בֵּית־יִשְׂרָאֵל בְּכָל־מַסְעֵיהֶם ג:א:א וַיִּקְרָא
אֶל־מֹשֶׁה וַיְדַבֵּר יְהוָה אֵלָיו מֵאֹהֶל מוֹעֵד לֵאמֹר ג:א:ב דַּבֵּר אֶל־בְּנֵי
יִשְׂרָאֵל וְאָמַרְתָּ אֲלֵהֶם אָדָם כִּי־יַקְרִיב מִכֶּם קָרְבָּן לַיהוָה
מִן־הַבְּהֵמָה מִן־הַבָּקָר וּמִן־הַצֹּאן תַּקְרִיבוּ אֶת־קָרְבַּנְכֶם
ג:א:ג אִם־עֹלָה קָרְבָּנוֹ מִן־הַבָּקָר זָכָר תָּמִים יַקְרִיבֶנּוּ אֶל־פֶּתַח
אֹהֶל מוֹעֵד יַקְרִיב אֹתוֹ לִרְצֹנוֹ לִפְנֵי יְהוָה ג:א:ד וְסָמַךְ יָדוֹ עַל רֹאשׁ
הָעֹלָה וְנִרְצָה לוֹ לְכַפֵּר עָלָיו ג:א:ה וְשָׁחַט אֶת־בֶּן הַבָּקָר לִפְנֵי
יְהוָה וְהִקְרִיבוּ בְּנֵי אַהֲרֹן הַכֹּהֲנִים אֶת־הַדָּם וְזָרְקוּ אֶת־הַדָּם
עַל־הַמִּזְבֵּחַ סָבִיב אֲשֶׁר־פֶּתַח אֹהֶל מוֹעֵד ג:א:ו וְהִפְשִׁיט

אֶת־הָעֹלָ֑ה וְנִתַּ֥ח אֹתָ֖הּ לִנְתָחֶֽיהָ ג:א:ז וְ֠נָתְנוּ בְּנֵ֨י אַהֲרֹ֧ן הַכֹּהֵ֛ן אֵ֖שׁ
עַל־הַמִּזְבֵּ֑חַ וְעָרְכ֥וּ עֵצִ֖ים עַל־הָאֵֽשׁ ג:א:ח וְעָרְכ֗וּ בְּנֵ֤י אַהֲרֹן֙
הַכֹּ֣הֲנִ֔ים אֵ֚ת הַנְּתָחִ֔ים אֶת־הָרֹ֖אשׁ וְאֶת־הַפָּ֑דֶר עַל־הָעֵצִים֙ אֲשֶׁ֣ר
עַל־הָאֵ֔שׁ אֲשֶׁ֖ר עַל־הַמִּזְבֵּֽחַ ג:א:ט וְקִרְבּ֥וֹ וּכְרָעָ֖יו יִרְחַ֣ץ בַּמָּ֑יִם
וְהִקְטִ֨יר הַכֹּהֵ֤ן אֶת־הַכֹּל֙ הַמִּזְבֵּ֔חָה עֹלָ֛ה אִשֵּׁ֥ה רֵֽיחַ־נִיח֖וֹחַ לַֽיהוָֽה
ג:א:י וְאִם־מִן־הַצֹּ֨אן קָרְבָּנ֧וֹ מִן־הַכְּשָׂבִ֛ים א֥וֹ מִן־הָעִזִּ֖ים לְעֹלָ֑ה זָכָ֥ר
תָּמִ֖ים יַקְרִיבֶֽנּוּ ג:א:יא וְשָׁחַ֨ט אֹת֜וֹ עַ֣ל יֶ֧רֶךְ הַמִּזְבֵּ֛חַ צָפֹ֖נָה לִפְנֵ֣י
יְהוָ֑ה וְזָֽרְק֡וּ בְּנֵי֩ אַהֲרֹ֨ן הַכֹּהֲנִ֧ים אֶת־דָּמ֛וֹ עַל־הַמִּזְבֵּ֖חַ סָבִֽיב
ג:א:יב וְנִתַּ֤ח אֹתוֹ֙ לִנְתָחָ֔יו וְאֶת־רֹאשׁ֖וֹ וְאֶת־פִּדְר֑וֹ וְעָרַ֤ךְ הַכֹּהֵן֙ אֹתָ֔ם
עַל־הָֽעֵצִים֙ אֲשֶׁ֣ר עַל־הָאֵ֔שׁ אֲשֶׁ֖ר עַל־הַמִּזְבֵּֽחַ ג:א:יג וְהַקֶּ֥רֶב
וְהַכְּרָעַ֖יִם יִרְחַ֣ץ בַּמָּ֑יִם וְהִקְרִ֨יב הַכֹּהֵ֤ן אֶת־הַכֹּל֙ וְהִקְטִ֣יר הַמִּזְבֵּ֔חָה
עֹלָ֣ה ה֗וּא אִשֵּׁ֛ה רֵ֥יחַ נִיחֹ֖חַ לַיהוָֽה ג:א:יד וְאִ֧ם מִן־הָע֛וֹף עֹלָ֥ה
קָרְבָּנ֖וֹ לַיהוָ֑ה וְהִקְרִ֣יב מִן־הַתֹּרִ֗ים א֛וֹ מִן־בְּנֵ֥י הַיּוֹנָ֖ה אֶת־קָרְבָּנֽוֹ
ג:א:טו וְהִקְרִיב֤וֹ הַכֹּהֵן֙ אֶל־הַמִּזְבֵּ֔חַ וּמָלַק֙ אֶת־רֹאשׁ֔וֹ וְהִקְטִ֖יר
הַמִּזְבֵּ֑חָה וְנִמְצָ֣ה דָמ֔וֹ עַ֖ל קִ֥יר הַמִּזְבֵּֽחַ ג:א:טז וְהֵסִ֥יר אֶת־מֻרְאָת֖וֹ
בְּנֹצָתָ֑הּ וְהִשְׁלִ֨יךְ אֹתָ֜הּ אֵ֤צֶל הַמִּזְבֵּ֙חַ֙ קֵ֔דְמָה אֶל־מְק֖וֹם הַדָּֽשֶׁן
ג:א:יז וְשִׁסַּ֨ע אֹת֣וֹ בִכְנָפָיו֮ לֹ֣א יַבְדִּיל֒ וְהִקְטִ֨יר אֹת֤וֹ הַכֹּהֵן֙ הַמִּזְבֵּ֔חָה
עַל־הָעֵצִ֖ים אֲשֶׁ֣ר עַל־הָאֵ֑שׁ עֹלָ֣ה ה֗וּא אִשֵּׁ֛ה רֵ֥יחַ נִיחֹ֖חַ לַיהוָֽה
ג:ב:א וְנֶ֗פֶשׁ כִּֽי־תַקְרִ֞יב קָרְבַּ֤ן מִנְחָה֙ לַֽיהוָ֔ה סֹ֖לֶת יִהְיֶ֣ה קָרְבָּנ֑וֹ וְיָצַ֤ק
עָלֶ֙יהָ֙ שֶׁ֔מֶן וְנָתַ֥ן עָלֶ֖יהָ לְבֹנָֽה ג:ב:ב וֶֽהֱבִיאָ֗הּ אֶל־בְּנֵ֣י אַהֲרֹן֮ הַכֹּהֲנִים֒
וְקָמַ֨ץ מִשָּׁ֜ם מְלֹ֣א קֻמְצ֗וֹ מִסָּלְתָּהּ֙ וּמִשַּׁמְנָ֔הּ עַ֖ל כָּל־לְבֹנָתָ֑הּ
וְהִקְטִ֨יר הַכֹּהֵ֜ן אֶת־אַזְכָּרָתָהּ֙ הַמִּזְבֵּ֔חָה אִשֵּׁ֛ה רֵ֥יחַ נִיחֹ֖חַ לַיהוָֽה
ג:ב:ג וְהַנּוֹתֶ֙רֶת֙ מִן־הַמִּנְחָ֔ה לְאַהֲרֹ֖ן וּלְבָנָ֑יו קֹ֥דֶשׁ קָֽדָשִׁ֖ים מֵאִשֵּׁ֥י
יְהוָֽה ג:ב:ד וְכִ֥י תַקְרִ֛ב קָרְבַּ֥ן מִנְחָ֖ה מַאֲפֵ֣ה תַנּ֑וּר סֹ֣לֶת חַלּ֤וֹת מַצֹּת֙
בְּלוּלֹ֣ת בַּשֶּׁ֔מֶן וּרְקִיקֵ֥י מַצּ֖וֹת מְשֻׁחִ֥ים בַּשָּֽׁמֶן ג:ב:ה וְאִם־מִנְחָ֖ה
עַל־הַֽמַּחֲבַ֣ת קָרְבָּנֶ֑ךָ סֹ֛לֶת בְּלוּלָ֥ה בַשֶּׁ֖מֶן מַצָּ֥ה תִהְיֶֽה ג:ב:ו פָּת֤וֹת
אֹתָהּ֙ פִּתִּ֔ים וְיָצַקְתָּ֥ עָלֶ֖יהָ שָׁ֑מֶן מִנְחָ֖ה הִֽוא ג:ב:ז וְאִם־מִנְחַ֥ת
מַרְחֶ֖שֶׁת קָרְבָּנֶ֑ךָ סֹ֥לֶת בַּשֶּׁ֖מֶן תֵּעָשֶֽׂה ג:ב:ח וְהֵבֵאתָ֣ אֶת־הַמִּנְחָ֗ה

אֲשֶׁ֧ר יֵעָשֶׂ֛ה מֵאֵ֖לֶּה לַיהוָ֑ה וְהִקְרִיבָהּ֙ אֶל־הַכֹּהֵ֔ן וְהִגִּישָׁ֖הּ
אֶל־הַמִּזְבֵּֽחַ ג:ב:ט וְהֵרִ֨ים הַכֹּהֵ֤ן מִן־הַמִּנְחָה֙ אֶת־אַזְכָּ֣רָתָ֔הּ וְהִקְטִ֖יר
הַמִּזְבֵּ֑חָה אִשֵּׁ֛ה רֵ֥יחַ נִיחֹ֖חַ לַיהוָֽה ג:ב:י וְהַנּוֹתֶ֙רֶת֙ מִן־הַמִּנְחָ֔ה
לְאַהֲרֹ֖ן וּלְבָנָ֑יו קֹ֥דֶשׁ קָֽדָשִׁ֖ים מֵאִשֵּׁ֥י יְהוָֽה ג:ב:יא כָּל־הַמִּנְחָ֗ה אֲשֶׁ֤ר
תַּקְרִ֙יבוּ֙ לַיהוָ֔ה לֹ֥א תֵעָשֶׂ֖ה חָמֵ֑ץ כִּ֤י כָל־שְׂאֹר֙ וְכָל־דְּבַ֔שׁ
לֹא־תַקְטִ֥ירוּ מִמֶּ֛נּוּ אִשֶּׁ֖ה לַיהוָֽה ג:ב:יב קָרְבַּ֥ן רֵאשִׁ֛ית תַּקְרִ֥יבוּ אֹתָ֖ם
לַיהוָ֑ה וְאֶל־הַמִּזְבֵּ֥חַ לֹא־יַעֲל֖וּ לְרֵ֥יחַ נִיחֹֽחַ ג:ב:יג וְכָל־קָרְבַּ֣ן מִנְחָתְךָ֮
בַּמֶּ֣לַח תִּמְלָח֒ וְלֹ֣א תַשְׁבִּ֗ית מֶ֚לַח בְּרִ֣ית אֱלֹהֶ֔יךָ מֵעַ֖ל מִנְחָתֶ֑ךָ עַ֥ל
כָּל־קָרְבָּנְךָ֖ תַּקְרִ֥יב מֶֽלַח ג:ב:יד וְאִם־תַּקְרִ֛יב מִנְחַ֥ת בִּכּוּרִ֖ים לַיהוָ֑ה
אָבִ֞יב קָל֤וּי בָּאֵשׁ֙ גֶּ֣רֶשׂ כַּרְמֶ֔ל תַּקְרִ֕יב אֵ֖ת מִנְחַ֥ת בִּכּוּרֶֽיךָ
ג:ב:טו וְנָתַתָּ֤ עָלֶ֙יהָ֙ שֶׁ֔מֶן וְשַׂמְתָּ֥ עָלֶ֖יהָ לְבֹנָ֑ה מִנְחָ֖ה הִֽוא
ג:ב:טז וְהִקְטִ֨יר הַכֹּהֵ֜ן אֶת־אַזְכָּרָתָ֗הּ מִגִּרְשָׂהּ֙ וּמִשַּׁמְנָ֔הּ עַ֖ל
כָּל־לְבֹנָתָ֑הּ אִשֶּׁ֖ה לַיהוָֽה ג:ג:א וְאִם־זֶ֥בַח שְׁלָמִ֖ים קָרְבָּנ֑וֹ אִ֤ם
מִן־הַבָּקָר֙ ה֣וּא מַקְרִ֔יב אִם־זָכָר֙ אִם־נְקֵבָ֔ה תָּמִ֥ים יַקְרִיבֶ֖נּוּ לִפְנֵ֥י
יְהוָֽה ג:ג:ב וְסָמַ֤ךְ יָדוֹ֙ עַל־רֹ֣אשׁ קָרְבָּנ֔וֹ וּשְׁחָט֕וֹ פֶּ֖תַח אֹ֣הֶל מוֹעֵ֑ד
וְזָרְק֞וּ בְּנֵ֨י אַהֲרֹ֧ן הַכֹּהֲנִ֛ים אֶת־הַדָּ֖ם עַל־הַמִּזְבֵּ֥חַ סָבִֽיב
ג:ג:ג וְהִקְרִיב֙ מִזֶּ֣בַח הַשְּׁלָמִ֔ים אִשֶּׁ֖ה לַיהוָ֑ה אֶת־הַחֵ֙לֶב֙ הַֽמְכַסֶּ֣ה
אֶת־הַקֶּ֔רֶב וְאֵת֙ כָּל־הַחֵ֔לֶב אֲשֶׁ֖ר עַל־הַקֶּֽרֶב ג:ג:ד וְאֵת֙ שְׁתֵּ֣י
הַכְּלָיֹ֔ת וְאֶת־הַחֵ֙לֶב֙ אֲשֶׁ֣ר עֲלֵהֶ֔ן אֲשֶׁ֖ר עַל־הַכְּסָלִ֑ים וְאֶת־הַיֹּתֶ֙רֶת֙
עַל־הַכָּבֵ֔ד עַל־הַכְּלָי֖וֹת יְסִירֶֽנָּה ג:ג:ה וְהִקְטִ֨ירוּ אֹת֤וֹ בְנֵֽי־אַהֲרֹן֙
הַמִּזְבֵּ֔חָה עַל־הָ֣עֹלָ֔ה אֲשֶׁ֥ר עַל־הָעֵצִ֖ים אֲשֶׁ֣ר עַל־הָאֵ֑שׁ אִשֵּׁ֛ה רֵ֥יחַ
נִיחֹ֖חַ לַיהוָֽה ג:ג:ו וְאִם־מִן־הַצֹּ֧אן קָרְבָּנ֛וֹ לְזֶ֥בַח שְׁלָמִ֖ים לַיהוָ֑ה זָכָר֙
א֣וֹ נְקֵבָ֔ה תָּמִ֖ים יַקְרִיבֶֽנּוּ ג:ג:ז אִם־כֶּ֥שֶׂב הֽוּא־מַקְרִ֖יב אֶת־קָרְבָּנ֑וֹ
וְהִקְרִ֥יב אֹת֖וֹ לִפְנֵ֥י יְהוָֽה ג:ג:ח וְסָמַ֤ךְ אֶת־יָדוֹ֙ עַל־רֹ֣אשׁ קָרְבָּנ֔וֹ
וְשָׁחַ֣ט אֹת֔וֹ לִפְנֵ֖י אֹ֣הֶל מוֹעֵ֑ד וְזָרְק֞וּ בְּנֵ֨י אַהֲרֹ֧ן אֶת־דָּמ֛וֹ
עַל־הַמִּזְבֵּ֖חַ סָבִֽיב ג:ג:ט וְהִקְרִ֨יב מִזֶּ֣בַח הַשְּׁלָמִים֮ אִשֶּׁ֣ה לַיהוָה֒
חֶלְבּוֹ֙ הָאַלְיָ֣ה תְמִימָ֔ה לְעֻמַּ֥ת הֶעָצֶ֖ה יְסִירֶ֑נָּה וְאֶת־הַחֵ֙לֶב֙
הַֽמְכַסֶּ֣ה אֶת־הַקֶּ֔רֶב וְאֵת֙ כָּל־הַחֵ֔לֶב אֲשֶׁ֖ר עַל־הַקֶּֽרֶב ג:ג:י וְאֵת֙

שְׁתֵּי הַכְּלָיֹת וְאֶת־הַחֵלֶב אֲשֶׁר עֲלֵהֶן אֲשֶׁר עַל־הַכְּסָלִים
וְאֶת־הַיֹּתֶרֶת עַל־הַכָּבֵד עַל־הַכְּלָיֹת יְסִירֶנָּה ג:ג:יא וְהִקְטִירוֹ הַכֹּהֵן
הַמִּזְבֵּחָה לֶחֶם אִשֶּׁה לַיהוָה ג:ג:יב וְאִם עֵז קָרְבָּנוֹ וְהִקְרִיבוֹ לִפְנֵי
יְהוָה ג:ג:יג וְסָמַךְ אֶת־יָדוֹ עַל־רֹאשׁוֹ וְשָׁחַט אֹתוֹ לִפְנֵי אֹהֶל מוֹעֵד
וְזָרְקוּ בְּנֵי אַהֲרֹן אֶת־דָּמוֹ עַל־הַמִּזְבֵּחַ סָבִיב ג:ג:יד וְהִקְרִיב מִמֶּנּוּ
קָרְבָּנוֹ אִשֶּׁה לַיהוָה אֶת־הַחֵלֶב הַמְכַסֶּה אֶת־הַקֶּרֶב וְאֵת
כָּל־הַחֵלֶב אֲשֶׁר עַל־הַקֶּרֶב ג:ג:יה וְאֵת שְׁתֵּי הַכְּלָיֹת וְאֶת־הַחֵלֶב
אֲשֶׁר עֲלֵהֶן אֲשֶׁר עַל־הַכְּסָלִים וְאֶת־הַיֹּתֶרֶת עַל־הַכָּבֵד
עַל־הַכְּלָיֹת יְסִירֶנָּה ג:ג:יו וְהִקְטִירָם הַכֹּהֵן הַמִּזְבֵּחָה לֶחֶם אִשֶּׁה
לְרֵיחַ נִיחֹחַ כָּל־חֵלֶב לַיהוָה ג:ג:יז חֻקַּת עוֹלָם לְדֹרֹתֵיכֶם בְּכֹל
מוֹשְׁבֹתֵיכֶם כָּל־חֵלֶב וְכָל־דָּם לֹא תֹאכֵלוּ ג:ד:א וַיְדַבֵּר יְהוָה
אֶל־מֹשֶׁה לֵּאמֹר ג:ד:ב דַּבֵּר אֶל־בְּנֵי יִשְׂרָאֵל לֵאמֹר נֶפֶשׁ כִּי־תֶחֱטָא
בִשְׁגָגָה מִכֹּל מִצְוֺת יְהוָה אֲשֶׁר לֹא תֵעָשֶׂינָה וְעָשָׂה מֵאַחַת מֵהֵנָּה
ג:ד:ג אִם הַכֹּהֵן הַמָּשִׁיחַ יֶחֱטָא לְאַשְׁמַת הָעָם וְהִקְרִיב עַל
חַטָּאתוֹ אֲשֶׁר חָטָא פַּר בֶּן־בָּקָר תָּמִים לַיהוָה לְחַטָּאת
ג:ד:ד וְהֵבִיא אֶת־הַפָּר אֶל־פֶּתַח אֹהֶל מוֹעֵד לִפְנֵי יְהוָה וְסָמַךְ
אֶת־יָדוֹ עַל־רֹאשׁ הַפָּר וְשָׁחַט אֶת־הַפָּר לִפְנֵי יְהוָה ג:ד:ה וְלָקַח
הַכֹּהֵן הַמָּשִׁיחַ מִדַּם הַפָּר וְהֵבִיא אֹתוֹ אֶל־אֹהֶל מוֹעֵד ג:ד:ו וְטָבַל
הַכֹּהֵן אֶת־אֶצְבָּעוֹ בַּדָּם וְהִזָּה מִן־הַדָּם שֶׁבַע פְּעָמִים לִפְנֵי יְהוָה
אֶת־פְּנֵי פָּרֹכֶת הַקֹּדֶשׁ ג:ד:ז וְנָתַן הַכֹּהֵן מִן־הַדָּם עַל־קַרְנוֹת
מִזְבַּח קְטֹרֶת הַסַּמִּים לִפְנֵי יְהוָה אֲשֶׁר בְּאֹהֶל מוֹעֵד וְאֵת |
כָּל־דַּם הַפָּר יִשְׁפֹּךְ אֶל־יְסוֹד מִזְבַּח הָעֹלָה אֲשֶׁר־פֶּתַח אֹהֶל מוֹעֵד
ג:ד:ח וְאֶת־כָּל־חֵלֶב פַּר הַחַטָּאת יָרִים מִמֶּנּוּ אֶת־הַחֵלֶב הַמְכַסֶּה
עַל־הַקֶּרֶב וְאֵת כָּל־הַחֵלֶב אֲשֶׁר עַל־הַקֶּרֶב ג:ד:ט וְאֵת שְׁתֵּי
הַכְּלָיֹת וְאֶת־הַחֵלֶב אֲשֶׁר עֲלֵיהֶן אֲשֶׁר עַל־הַכְּסָלִים וְאֶת־הַיֹּתֶרֶת
עַל־הַכָּבֵד עַל־הַכְּלָיוֹת יְסִירֶנָּה ג:ד:י כַּאֲשֶׁר יוּרַם מִשּׁוֹר זֶבַח
הַשְּׁלָמִים וְהִקְטִירָם הַכֹּהֵן עַל מִזְבַּח הָעֹלָה ג:ד:יא וְאֶת־עוֹר הַפָּר
וְאֶת־כָּל־בְּשָׂרוֹ עַל־רֹאשׁוֹ וְעַל־כְּרָעָיו וְקִרְבּוֹ וּפִרְשׁוֹ ג:ד:יב וְהוֹצִיא

אֶת־כָּל־הַפָּר אֶל־מִחוּץ לַמַּחֲנֶה אֶל־מָקוֹם טָהוֹר אֶל־שֶׁפֶךְ הַדֶּשֶׁן
וְשָׂרַף אֹתוֹ עַל־עֵצִים בָּאֵשׁ עַל־שֶׁפֶךְ הַדֶּשֶׁן יִשָּׂרֵף ג:ד:יג וְאִם
כָּל־עֲדַת יִשְׂרָאֵל יִשְׁגּוּ וְנֶעְלַם דָּבָר מֵעֵינֵי הַקָּהָל וְעָשׂוּ אַחַת
מִכָּל־מִצְוֹת יְהוָה אֲשֶׁר לֹא־תֵעָשֶׂינָה וְאָשֵׁמוּ ג:ד:יד וְנוֹדְעָה
הַחַטָּאת אֲשֶׁר חָטְאוּ עָלֶיהָ וְהִקְרִיבוּ הַקָּהָל פַּר בֶּן־בָּקָר
לְחַטָּאת וְהֵבִיאוּ אֹתוֹ לִפְנֵי אֹהֶל מוֹעֵד ג:ד:יה וְסָמְכוּ זִקְנֵי הָעֵדָה
אֶת־יְדֵיהֶם עַל־רֹאשׁ הַפָּר לִפְנֵי יְהוָה וְשָׁחַט אֶת־הַפָּר לִפְנֵי יְהוָה
ג:ד:יו וְהֵבִיא הַכֹּהֵן הַמָּשִׁיחַ מִדַּם הַפָּר אֶל־אֹהֶל מוֹעֵד ג:ד:יז וְטָבַל
הַכֹּהֵן אֶצְבָּעוֹ מִן־הַדָּם וְהִזָּה שֶׁבַע פְּעָמִים לִפְנֵי יְהוָה אֵת פְּנֵי
הַפָּרֹכֶת ג:ד:יח וּמִן־הַדָּם יִתֵּן | עַל־קַרְנֹת הַמִּזְבֵּחַ אֲשֶׁר לִפְנֵי יְהוָה
אֲשֶׁר בְּאֹהֶל מוֹעֵד וְאֵת כָּל־הַדָּם יִשְׁפֹּךְ אֶל־יְסוֹד מִזְבַּח הָעֹלָה
אֲשֶׁר־פֶּתַח אֹהֶל מוֹעֵד ג:ד:יט וְאֵת כָּל־חֶלְבּוֹ יָרִים מִמֶּנּוּ וְהִקְטִיר
הַמִּזְבֵּחָה ג:ד:כ וְעָשָׂה לַפָּר כַּאֲשֶׁר עָשָׂה לְפַר הַחַטָּאת כֵּן
יַעֲשֶׂה־לּוֹ וְכִפֶּר עֲלֵהֶם הַכֹּהֵן וְנִסְלַח לָהֶם ג:ד:כא וְהוֹצִיא אֶת־הַפָּר
אֶל־מִחוּץ לַמַּחֲנֶה וְשָׂרַף אֹתוֹ כַּאֲשֶׁר שָׂרַף אֵת הַפָּר הָרִאשׁוֹן
חַטַּאת הַקָּהָל הוּא ג:ד:כב אֲשֶׁר נָשִׂיא יֶחֱטָא וְעָשָׂה אַחַת
מִכָּל־מִצְוֹת יְהוָה אֱלֹהָיו אֲשֶׁר לֹא־תֵעָשֶׂינָה בִּשְׁגָגָה וְאָשֵׁם
ג:ד:כג אוֹ־הוֹדַע אֵלָיו חַטָּאתוֹ אֲשֶׁר חָטָא בָּהּ וְהֵבִיא אֶת־קָרְבָּנוֹ
שְׂעִיר עִזִּים זָכָר תָּמִים ג:ד:כד וְסָמַךְ יָדוֹ עַל־רֹאשׁ הַשָּׂעִיר וְשָׁחַט
אֹתוֹ בִּמְקוֹם אֲשֶׁר־יִשְׁחַט אֶת־הָעֹלָה לִפְנֵי יְהוָה חַטָּאת הוּא
ג:ד:כה וְלָקַח הַכֹּהֵן מִדַּם הַחַטָּאת בְּאֶצְבָּעוֹ וְנָתַן עַל־קַרְנֹת מִזְבַּח
הָעֹלָה וְאֶת־דָּמוֹ יִשְׁפֹּךְ אֶל־יְסוֹד מִזְבַּח הָעֹלָה
ג:ד:כו וְאֶת־כָּל־חֶלְבּוֹ יַקְטִיר הַמִּזְבֵּחָה כְּחֵלֶב זֶבַח הַשְּׁלָמִים וְכִפֶּר
עָלָיו הַכֹּהֵן מֵחַטָּאתוֹ וְנִסְלַח לוֹ ג:ד:כז וְאִם־נֶפֶשׁ אַחַת תֶּחֱטָא
בִשְׁגָגָה מֵעַם הָאָרֶץ בַּעֲשֹׂתָהּ אַחַת מִמִּצְוֹת יְהוָה אֲשֶׁר
לֹא־תֵעָשֶׂינָה וְאָשֵׁם ג:ד:כח אוֹ הוֹדַע אֵלָיו חַטָּאתוֹ אֲשֶׁר חָטָא
וְהֵבִיא קָרְבָּנוֹ שְׂעִירַת עִזִּים תְּמִימָה נְקֵבָה עַל־חַטָּאתוֹ אֲשֶׁר
חָטָא ג:ד:כט וְסָמַךְ אֶת־יָדוֹ עַל רֹאשׁ הַחַטָּאת וְשָׁחַט

אֶת־הַֽחַטָּ֖את בִּמְק֥וֹם הָעֹלָֽה ג:ד:ל וְלָקַ֨ח הַכֹּהֵ֤ן מִדָּמָהּ֙ בְּאֶצְבָּע֔וֹ
וְנָתַ֕ן עַל־קַֽרְנֹ֖ת מִזְבַּ֣ח הָעֹלָ֑ה וְאֶת־כָּל־דָּמָ֣הּ יִשְׁפֹּ֔ךְ אֶל־יְס֖וֹד
הַמִּזְבֵּֽחַ ג:ד:לא וְאֶת־כָּל־חֶלְבָּ֣הּ יָסִ֗יר כַּאֲשֶׁ֨ר הוּסַ֣ר חֵלֶב֮ מֵעַ֣ל זֶ֣בַח
הַשְּׁלָמִים֒ וְהִקְטִ֤יר הַכֹּהֵן֙ הַמִּזְבֵּ֔חָה לְרֵ֥יחַ נִיחֹ֖חַ לַיהוָ֑ה וְכִפֶּ֥ר עָלָ֛יו
הַכֹּהֵ֖ן וְנִסְלַ֥ח לֽוֹ ג:ד:לב וְאִם־כֶּ֛בֶשׂ יָבִ֥יא קָרְבָּנ֖וֹ לְחַטָּ֑את נְקֵבָ֥ה
תְמִימָ֖ה יְבִיאֶֽנָּה ג:ד:לג וְסָמַךְ֙ אֶת־יָד֔וֹ עַ֖ל רֹ֣אשׁ הַֽחַטָּ֑את וְשָׁחַ֤ט
אֹתָהּ֙ לְחַטָּ֔את בִּמְק֕וֹם אֲשֶׁ֥ר יִשְׁחַ֖ט אֶת־הָעֹלָֽה ג:ד:לד וְלָקַ֨ח הַכֹּהֵ֜ן
מִדַּ֤ם הַֽחַטָּאת֙ בְּאֶצְבָּע֔וֹ וְנָתַ֕ן עַל־קַֽרְנֹ֖ת מִזְבַּ֣ח הָעֹלָ֑ה
וְאֶת־כָּל־דָּמָ֣הּ יִשְׁפֹּ֔ךְ אֶל־יְס֖וֹד הַמִּזְבֵּֽחַ ג:ד:לה וְאֶת־כָּל־חֶלְבָּ֣הּ יָסִ֗יר
כַּאֲשֶׁ֨ר יוּסַ֥ר חֵֽלֶב־הַכֶּשֶׂב֮ מִזֶּ֣בַח הַשְּׁלָמִים֒ וְהִקְטִ֨יר הַכֹּהֵ֤ן אֹתָם֙
הַמִּזְבֵּ֔חָה עַ֖ל אִשֵּׁ֣י יְהוָ֑ה וְכִפֶּ֨ר עָלָ֧יו הַכֹּהֵ֛ן עַל־חַטָּאת֥וֹ
אֲשֶׁר־חָטָ֖א וְנִסְלַ֥ח לֽוֹ ג:ה:א וְנֶ֣פֶשׁ כִּֽי־תֶחֱטָ֗א וְשָֽׁמְעָה֙ ק֣וֹל אָלָ֔ה
וְה֣וּא עֵ֔ד א֥וֹ רָאָ֖ה א֣וֹ יָדָ֑ע אִם־ל֥וֹא יַגִּ֖יד וְנָשָׂ֥א עֲוֺנֽוֹ ג:ה:ב א֣וֹ נֶ֗פֶשׁ
אֲשֶׁ֣ר תִּגַּע֮ בְּכָל־דָּבָ֣ר טָמֵא֒ אוֹ֩ בְנִבְלַ֨ת חַיָּ֜ה טְמֵאָ֗ה א֚וֹ בְּנִבְלַת֙
בְּהֵמָ֣ה טְמֵאָ֔ה א֕וֹ בְּנִבְלַ֖ת שֶׁ֣רֶץ טָמֵ֑א וְנֶעְלַ֣ם מִמֶּ֔נּוּ וְה֥וּא טָמֵ֖א
וְאָשֵֽׁם ג:ה:ג א֣וֹ כִ֤י יִגַּע֙ בְּטֻמְאַ֣ת אָדָ֔ם לְכֹל֙ טֻמְאָת֔וֹ אֲשֶׁ֥ר יִטְמָ֖א בָּ֑הּ
וְנֶעְלַ֣ם מִמֶּ֔נּוּ וְה֥וּא יָדַ֖ע וְאָשֵֽׁם ג:ה:ד א֣וֹ נֶ֡פֶשׁ כִּ֣י תִשָּׁבַע֩ לְבַטֵּ֨א
בִשְׂפָתַ֜יִם לְהָרַ֣ע ׀ א֣וֹ לְהֵיטִ֗יב לְ֠כֹל אֲשֶׁ֨ר יְבַטֵּ֧א הָאָדָ֛ם בִּשְׁבֻעָ֖ה
וְנֶעְלַ֣ם מִמֶּ֑נּוּ וְהוּא־יָדַ֥ע וְאָשֵׁ֖ם לְאַחַ֥ת מֵאֵֽלֶּה ג:ה:ה וְהָיָ֥ה כִֽי־יֶאְשַׁ֖ם
לְאַחַ֣ת מֵאֵ֑לֶּה וְהִתְוַדָּ֔ה אֲשֶׁ֥ר חָטָ֖א עָלֶֽיהָ ג:ה:ו וְהֵבִ֣יא אֶת־אֲשָׁמ֣וֹ
לַיהוָ֡ה עַ֣ל חַטָּאתוֹ֩ אֲשֶׁ֨ר חָטָ֜א נְקֵבָ֨ה מִן־הַצֹּ֥אן כִּשְׂבָּ֛ה
אֽוֹ־שְׂעִירַ֥ת עִזִּ֖ים לְחַטָּ֑את וְכִפֶּ֥ר עָלָ֛יו הַכֹּהֵ֖ן מֵחַטָּאתֽוֹ
ג:ה:ז וְאִם־לֹ֨א תַגִּ֣יע יָדוֹ֮ דֵּ֣י שֶׂה֒ וְהֵבִ֨יא אֶת־אֲשָׁמ֜וֹ אֲשֶׁ֣ר חָטָ֗א שְׁתֵּ֥י
תֹרִ֛ים אֽוֹ־שְׁנֵ֥י בְנֵֽי־יוֹנָ֖ה לַיהוָ֑ה אֶחָ֥ד לְחַטָּ֖את וְאֶחָ֥ד לְעֹלָֽה
ג:ה:ח וְהֵבִ֤יא אֹתָם֙ אֶל־הַכֹּהֵ֔ן וְהִקְרִ֛יב אֶת־אֲשֶׁ֥ר לַֽחַטָּ֖את רִאשׁוֹנָ֑ה
וּמָלַ֧ק אֶת־רֹאשׁ֛וֹ מִמּ֥וּל עָרְפּ֖וֹ וְלֹ֥א יַבְדִּֽיל ג:ה:ט וְהִזָּ֞ה מִדַּ֤ם
הַֽחַטָּאת֙ עַל־קִ֣יר הַמִּזְבֵּ֔חַ וְהַנִּשְׁאָ֣ר בַּדָּ֔ם יִמָּצֵ֖ה אֶל־יְס֣וֹד הַמִּזְבֵּ֑חַ
חַטָּ֖את הֽוּא ג:ה:י וְאֶת־הַשֵּׁנִ֛י יַעֲשֶׂ֥ה עֹלָ֖ה כַּמִּשְׁפָּ֑ט וְכִפֶּ֨ר עָלָ֧יו

הַכֹּהֵ֛ן מֵחַטָּאת֥וֹ אֲשֶׁר־חָטָ֖א וְנִסְלַ֥ח לֽוֹ ג:ה:יא וְאִם־לֹ֨א תַשִּׂ֜יג יָד֗וֹ
לִשְׁתֵּ֣י תֹרִים֮ א֣וֹ לִשְׁנֵ֣י בְנֵי־יוֹנָה֒ וְהֵבִ֨יא אֶת־קָרְבָּנ֜וֹ אֲשֶׁ֣ר חָטָ֗א
עֲשִׂירִ֧ת הָאֵפָ֛ה סֹ֖לֶת לְחַטָּ֑את לֹא־יָשִׂ֨ים עָלֶ֜יהָ שֶׁ֗מֶן וְלֹא־יִתֵּ֤ן
עָלֶ֙יהָ֙ לְבֹנָ֔ה כִּ֥י חַטָּ֖את הִֽוא ג:ה:יב וֶהֱבִיאָהּ֮ אֶל־הַכֹּהֵן֒ וְקָמַ֣ץ הַכֹּהֵ֣ן
׀ מִ֠מֶּנָּה מְל֨וֹא קֻמְצ֜וֹ אֶת־אַזְכָּרָתָה֙ וְהִקְטִ֣יר הַמִּזְבֵּ֔חָה עַ֖ל אִשֵּׁ֣י
יְהוָ֑ה חַטָּ֖את הִֽוא ג:ה:יג וְכִפֶּר֩ עָלָ֨יו הַכֹּהֵ֜ן עַל־חַטָּאת֧וֹ אֲשֶׁר־חָטָ֛א
מֵאַחַ֥ת מֵאֵ֖לֶּה וְנִסְלַ֣ח ל֑וֹ וְהָיְתָ֥ה לַכֹּהֵ֖ן כַּמִּנְחָֽה ג:ה:יד וַיְדַבֵּ֥ר יְהוָ֖ה
אֶל־מֹשֶׁ֥ה לֵּאמֹֽר ג:ה:טו נֶ֚פֶשׁ כִּֽי־תִמְעֹ֣ל מַ֔עַל וְחָטְאָה֙ בִּשְׁגָגָ֔ה
מִקָּדְשֵׁ֖י יְהוָ֑ה וְהֵבִיא֩ אֶת־אֲשָׁמ֨וֹ לַֽיהוָ֜ה אַ֣יִל תָּמִ֤ים מִן־הַצֹּאן֙
בְּעֶרְכְּךָ֛ כֶּֽסֶף־שְׁקָלִ֥ים בְּשֶֽׁקֶל־הַקֹּ֖דֶשׁ לְאָשָֽׁם ג:ה:טז וְאֵ֣ת אֲשֶׁר֩ חָטָ֨א
מִן־הַקֹּ֜דֶשׁ יְשַׁלֵּ֗ם וְאֶת־חֲמִישִׁתוֹ֙ יוֹסֵ֣ף עָלָ֔יו וְנָתַ֥ן אֹת֖וֹ לַכֹּהֵ֑ן וְהַכֹּהֵ֗ן
יְכַפֵּ֥ר עָלָ֛יו בְּאֵ֥יל הָאָשָׁ֖ם וְנִסְלַ֥ח לֽוֹ ג:ה:יז וְאִם־נֶ֙פֶשׁ֙ כִּ֣י תֶחֱטָ֔א
וְעָשְׂתָ֗ה אַחַת֙ מִכָּל־מִצְוֹ֣ת יְהוָ֔ה אֲשֶׁ֖ר לֹ֣א תֵעָשֶׂ֑ינָה וְלֹֽא־יָדַ֥ע
וְאָשֵׁ֖ם וְנָשָׂ֥א עֲוֺנֽוֹ ג:ה:יח וְ֠הֵבִיא אַ֣יִל תָּמִ֧ים מִן־הַצֹּ֛אן בְּעֶרְכְּךָ֥
לְאָשָׁ֖ם אֶל־הַכֹּהֵ֑ן וְכִפֶּר֩ עָלָ֨יו הַכֹּהֵ֜ן עַ֣ל שִׁגְגָת֧וֹ אֲשֶׁר־שָׁגָ֛ג וְה֥וּא
לֹא־יָדַ֖ע וְנִסְלַ֥ח לֽוֹ ג:ה:יט אָשָׁ֖ם ה֑וּא אָשֹׁ֥ם אָשַׁ֖ם לַֽיהוָֽה ג:ה:כ וַיְדַבֵּ֥ר
יְהוָ֖ה אֶל־מֹשֶׁ֥ה לֵּאמֹֽר ג:ה:כא נֶ֚פֶשׁ כִּ֣י תֶחֱטָ֔א וּמָעֲלָ֥ה מַ֖עַל בַּֽיהוָ֑ה
וְכִחֵ֨שׁ בַּעֲמִית֜וֹ בְּפִקָּד֗וֹן אֽוֹ־בִתְשׂ֤וּמֶת יָד֙ א֣וֹ בְגָזֵ֔ל א֖וֹ עָשַׁ֥ק
אֶת־עֲמִיתֽוֹ ג:ה:כב אֽוֹ־מָצָ֧א אֲבֵדָ֛ה וְכִ֥חֶשׁ בָּ֖הּ וְנִשְׁבַּ֣ע עַל־שָׁ֑קֶר
עַל־אַחַ֗ת מִכֹּ֛ל אֲשֶׁר־יַעֲשֶׂ֥ה הָאָדָ֖ם לַחֲטֹ֥א בָהֵֽנָּה ג:ה:כג וְהָיָה֮
כִּֽי־יֶחֱטָ֣א וְאָשֵׁם֒ וְהֵשִׁ֨יב אֶת־הַגְּזֵלָ֜ה אֲשֶׁ֣ר גָּזָ֗ל א֤וֹ אֶת־הָעֹ֙שֶׁק֙ אֲשֶׁ֣ר
עָשָׁ֔ק א֚וֹ אֶת־הַפִּקָּד֔וֹן אֲשֶׁ֥ר הָפְקַ֖ד אִתּ֑וֹ א֥וֹ אֶת־הָאֲבֵדָ֖ה אֲשֶׁ֥ר
מָצָֽא ג:ה:כד א֠וֹ מִכֹּ֞ל אֲשֶׁר־יִשָּׁבַ֣ע עָלָיו֮ לַשֶּׁ֒קֶר֒ וְשִׁלַּ֤ם אֹתוֹ֙ בְּרֹאשׁ֔וֹ
וַחֲמִשִׁתָ֖יו יֹסֵ֣ף עָלָ֑יו לַאֲשֶׁ֨ר ה֥וּא ל֛וֹ יִתְּנֶ֖נּוּ בְּי֥וֹם אַשְׁמָתֽוֹ
ג:ה:כה וְאֶת־אֲשָׁמ֥וֹ יָבִ֖יא לַֽיהוָ֑ה אַ֣יִל תָּמִ֧ים מִן־הַצֹּ֛אן בְּעֶרְכְּךָ֥
לְאָשָׁ֖ם אֶל־הַכֹּהֵֽן ג:ה:כו וְכִפֶּ֨ר עָלָ֧יו הַכֹּהֵ֛ן לִפְנֵ֥י יְהוָ֖ה וְנִסְלַ֣ח ל֑וֹ
עַל־אַחַ֛ת מִכֹּ֥ל אֲשֶׁר־יַעֲשֶׂ֖ה לְאַשְׁמָ֥ה בָֽהּ ג:ו:א וַיְדַבֵּ֥ר יְהוָ֖ה
אֶל־מֹשֶׁ֥ה לֵּאמֹֽר ג:ו:ב צַ֤ו אֶֽת־אַהֲרֹן֙ וְאֶת־בָּנָ֣יו לֵאמֹ֔ר זֹ֥את תּוֹרַ֖ת

הָעֹלָ֛ה הִ֥וא הָעֹלָ֖ה עַל֩ מוֹקְדָ֨ה עַל־הַמִּזְבֵּ֤חַ כָּל־הַלַּ֙יְלָה֙ עַד־הַבֹּ֔קֶר
וְאֵ֥שׁ הַמִּזְבֵּ֖חַ תּ֥וּקַד בּֽוֹ ו:ג וְלָבַ֨שׁ הַכֹּהֵ֜ן מִדּ֣וֹ בַ֗ד וּמִֽכְנְסֵי־בַד֮ יִלְבַּ֣שׁ
עַל־בְּשָׂרוֹ֒ וְהֵרִ֣ים אֶת־הַדֶּ֗שֶׁן אֲשֶׁ֨ר תֹּאכַ֥ל הָאֵ֛שׁ אֶת־הָעֹלָ֖ה
עַל־הַמִּזְבֵּ֑חַ וְשָׂמ֕וֹ אֵ֖צֶל הַמִּזְבֵּֽחַ ו:ד וּפָשַׁט֙ אֶת־בְּגָדָ֔יו וְלָבַ֖שׁ
בְּגָדִ֣ים אֲחֵרִ֑ים וְהוֹצִ֤יא אֶת־הַדֶּ֙שֶׁן֙ אֶל־מִח֣וּץ לַֽמַּחֲנֶ֔ה אֶל־מָק֖וֹם
טָהֽוֹר ו:ה וְהָאֵ֨שׁ עַל־הַמִּזְבֵּ֤חַ תּֽוּקַד־בּוֹ֙ לֹ֣א תִכְבֶּ֔ה וּבִעֵ֨ר עָלֶ֧יהָ
הַכֹּהֵ֛ן עֵצִ֖ים בַּבֹּ֣קֶר בַּבֹּ֑קֶר וְעָרַ֤ךְ עָלֶ֙יהָ֙ הָעֹלָ֔ה וְהִקְטִ֥יר עָלֶ֖יהָ
חֶלְבֵ֥י הַשְּׁלָמִֽים ו:ו אֵ֗שׁ תָּמִ֛יד תּוּקַ֥ד עַל־הַמִּזְבֵּ֖חַ לֹ֥א תִכְבֶֽה
ו:ז וְזֹ֥את תּוֹרַ֖ת הַמִּנְחָ֑ה הַקְרֵ֨ב אֹתָ֤הּ בְּנֵֽי־אַהֲרֹן֙ לִפְנֵ֣י יְהֹוָ֔ה
אֶל־פְּנֵ֖י הַמִּזְבֵּֽחַ ו:ח וְהֵרִ֨ים מִמֶּ֜נּוּ בְּקֻמְצ֗וֹ מִסֹּ֤לֶת הַמִּנְחָה֙
וּמִשַּׁמְנָ֔הּ וְאֵת֙ כָּל־הַלְּבֹנָ֔ה אֲשֶׁ֖ר עַל־הַמִּנְחָ֑ה וְהִקְטִ֣יר הַמִּזְבֵּ֗חַ
רֵ֧יחַ נִיחֹ֛חַ אַזְכָּרָתָ֖הּ לַיהֹוָֽה ו:ט וְהַנּוֹתֶ֣רֶת מִמֶּ֔נָּה יֹאכְל֖וּ אַהֲרֹ֣ן
וּבָנָ֑יו מַצּ֤וֹת תֵּֽאָכֵל֙ בְּמָק֣וֹם קָדֹ֔שׁ בַּחֲצַ֥ר אֹֽהֶל־מוֹעֵ֖ד יֹאכְלֽוּהָ
ו:י לֹ֤א תֵאָפֶה֙ חָמֵ֔ץ חֶלְקָ֛ם נָתַ֥תִּי אֹתָ֖הּ מֵֽאִשָּׁ֑י קֹ֤דֶשׁ קָֽדָשִׁים֙ הִ֔וא
כַּֽחַטָּ֖את וְכָאָשָֽׁם ו:יא כָּל־זָכָ֞ר בִּבְנֵ֤י אַהֲרֹן֙ יֹֽאכְלֶ֔נָּה חָק־עוֹלָם֙
לְדֹרֹ֣תֵיכֶ֔ם מֵאִשֵּׁ֖י יְהֹוָ֑ה כֹּ֛ל אֲשֶׁר־יִגַּ֥ע בָּהֶ֖ם יִקְדָּֽשׁ ו:יב וַיְדַבֵּ֥ר יְהֹוָ֖ה
אֶל־מֹשֶׁ֥ה לֵּאמֹֽר ו:יג זֶ֡ה קׇרְבַּ֨ן אַהֲרֹ֜ן וּבָנָ֗יו אֲשֶׁר־יַקְרִ֣יבוּ לַֽיהֹוָ֗ה
בְּיוֹם֙ הִמָּשַׁ֣ח אֹת֔וֹ עֲשִׂירִ֨ת הָאֵפָ֥ה סֹ֛לֶת מִנְחָ֖ה תָּמִ֑יד מַחֲצִיתָ֣הּ
בַּבֹּ֔קֶר וּמַחֲצִיתָ֖הּ בָּעָֽרֶב ו:יד עַל־מַחֲבַ֗ת בַּשֶּׁ֛מֶן תֵּעָשֶׂ֖ה מֻרְבֶּ֣כֶת
תְּבִיאֶ֑נָּה תֻּפִינֵי֙ מִנְחַ֣ת פִּתִּ֔ים תַּקְרִ֥יב רֵֽיחַ־נִיחֹ֖חַ לַיהֹוָֽה
ו:טו וְהַכֹּהֵ֨ן הַמָּשִׁ֧יחַ תַּחְתָּ֛יו מִבָּנָ֖יו יַעֲשֶׂ֣ה אֹתָ֑הּ חָק־עוֹלָ֕ם לַיהֹוָ֖ה
כָּלִ֥יל תׇּקְטָֽר ו:טז וְכׇל־מִנְחַ֥ת כֹּהֵ֛ן כָּלִ֥יל תִּהְיֶ֖ה לֹ֥א תֵאָכֵֽל
ו:יז וַיְדַבֵּ֥ר יְהֹוָ֖ה אֶל־מֹשֶׁ֥ה לֵּאמֹֽר ו:יח דַּבֵּ֤ר אֶֽל־אַהֲרֹן֙ וְאֶל־בָּנָ֣יו
לֵאמֹ֔ר זֹ֥את תּוֹרַ֖ת הַֽחַטָּ֑את בִּמְק֡וֹם אֲשֶׁר֩ תִּשָּׁחֵ֨ט הָעֹלָ֜ה תִּשָּׁחֵ֤ט
הַֽחַטָּאת֙ לִפְנֵ֣י יְהֹוָ֔ה קֹ֥דֶשׁ קָֽדָשִׁ֖ים הִֽוא ו:יט הַכֹּהֵ֛ן הַֽמְחַטֵּ֥א
אֹתָ֖הּ יֹאכְלֶ֑נָּה בְּמָק֤וֹם קָדֹשׁ֙ תֵּֽאָכֵ֔ל בַּחֲצַ֖ר אֹ֥הֶל מוֹעֵֽד ו:כ כֹּ֛ל
אֲשֶׁר־יִגַּ֥ע בִּבְשָׂרָ֖הּ יִקְדָּ֑שׁ וַאֲשֶׁ֨ר יִזֶּ֤ה מִדָּמָהּ֙ עַל־הַבֶּ֔גֶד אֲשֶׁר֙ יִזֶּ֣ה
עָלֶ֔יהָ תְּכַבֵּ֖ס בְּמָק֥וֹם קָדֹֽשׁ ו:כא וּכְלִי־חֶ֛רֶשׂ אֲשֶׁ֥ר תְּבֻשַּׁל־בּ֖וֹ יִשָּׁבֵ֑ר

וְאִם־בִּכְלִי נְחֹשֶׁת בֻּשָּׁלָה וּמֹרַק וְשֻׁטַּף בַּמָּיִם ג:ו:כב כָּל־זָכָר
בַּכֹּהֲנִים יֹאכַל אֹתָהּ קֹדֶשׁ קָדָשִׁים הִוא ג:ו:כג וְכָל־חַטָּאת אֲשֶׁר
יוּבָא מִדָּמָהּ אֶל־אֹהֶל מוֹעֵד לְכַפֵּר בַּקֹּדֶשׁ לֹא תֵאָכֵל בָּאֵשׁ תִּשָּׂרֵף
ג:ז:א וְזֹאת תּוֹרַת הָאָשָׁם קֹדֶשׁ קָדָשִׁים הוּא ג:ז:ב בִּמְקוֹם אֲשֶׁר
יִשְׁחֲטוּ אֶת־הָעֹלָה יִשְׁחֲטוּ אֶת־הָאָשָׁם וְאֶת־דָּמוֹ יִזְרֹק
עַל־הַמִּזְבֵּחַ סָבִיב ג:ז:ג וְאֵת כָּל־חֶלְבּוֹ יַקְרִיב מִמֶּנּוּ אֵת הָאַלְיָה
וְאֶת־הַחֵלֶב הַמְכַסֶּה אֶת־הַקֶּרֶב ג:ז:ד וְאֵת שְׁתֵּי הַכְּלָיֹת
וְאֶת־הַחֵלֶב אֲשֶׁר עֲלֵיהֶן אֲשֶׁר עַל־הַכְּסָלִים וְאֶת־הַיֹּתֶרֶת
עַל־הַכָּבֵד עַל־הַכְּלָיֹת יְסִירֶנָּה ג:ז:ה וְהִקְטִיר אֹתָם הַכֹּהֵן
הַמִּזְבֵּחָה אִשֶּׁה לַיהוָה אָשָׁם הוּא ג:ז:ו כָּל־זָכָר בַּכֹּהֲנִים יֹאכְלֶנּוּ
בְּמָקוֹם קָדוֹשׁ יֵאָכֵל קֹדֶשׁ קָדָשִׁים הוּא ג:ז:ז כַּחַטָּאת כָּאָשָׁם
תּוֹרָה אַחַת לָהֶם הַכֹּהֵן אֲשֶׁר יְכַפֶּר־בּוֹ לוֹ יִהְיֶה ג:ז:ח וְהַכֹּהֵן
הַמַּקְרִיב אֶת־עֹלַת אִישׁ עוֹר הָעֹלָה אֲשֶׁר הִקְרִיב לַכֹּהֵן לוֹ יִהְיֶה
ג:ז:ט וְכָל־מִנְחָה אֲשֶׁר תֵּאָפֶה בַּתַּנּוּר וְכָל־נַעֲשָׂה בַמַּרְחֶשֶׁת
וְעַל־מַחֲבַת לַכֹּהֵן הַמַּקְרִיב אֹתָהּ לוֹ תִהְיֶה ג:ז:י וְכָל־מִנְחָה
בְלוּלָה־בַשֶּׁמֶן וַחֲרֵבָה לְכָל־בְּנֵי אַהֲרֹן תִּהְיֶה אִישׁ כְּאָחִיו
ג:ז:יא וְזֹאת תּוֹרַת זֶבַח הַשְּׁלָמִים אֲשֶׁר יַקְרִיב לַיהוָה ג:ז:יב אִם
עַל־תּוֹדָה יַקְרִיבֶנּוּ וְהִקְרִיב | עַל־זֶבַח הַתּוֹדָה חַלּוֹת מַצּוֹת
בְּלוּלֹת בַּשֶּׁמֶן וּרְקִיקֵי מַצּוֹת מְשֻׁחִים בַּשָּׁמֶן וְסֹלֶת מֻרְבֶּכֶת חַלֹּת
בְּלוּלֹת בַּשָּׁמֶן ג:ז:יג עַל־חַלֹּת לֶחֶם חָמֵץ יַקְרִיב קָרְבָּנוֹ עַל־זֶבַח
תּוֹדַת שְׁלָמָיו ג:ז:יד וְהִקְרִיב מִמֶּנּוּ אֶחָד מִכָּל־קָרְבָּן תְּרוּמָה לַיהוָה
לַכֹּהֵן הַזֹּרֵק אֶת־דַּם הַשְּׁלָמִים לוֹ יִהְיֶה ג:ז:טו וּבְשַׂר זֶבַח תּוֹדַת
שְׁלָמָיו בְּיוֹם קָרְבָּנוֹ יֵאָכֵל לֹא־יַנִּיחַ מִמֶּנּוּ עַד־בֹּקֶר ג:ז:טז וְאִם־נֶדֶר |
אוֹ נְדָבָה זֶבַח קָרְבָּנוֹ בְּיוֹם הַקְרִיבוֹ אֶת־זִבְחוֹ יֵאָכֵל וּמִמָּחֳרָת
וְהַנּוֹתָר מִמֶּנּוּ יֵאָכֵל ג:ז:יז וְהַנּוֹתָר מִבְּשַׂר הַזָּבַח בַּיּוֹם הַשְּׁלִישִׁי
בָּאֵשׁ יִשָּׂרֵף ג:ז:יח וְאִם הֵאָכֹל יֵאָכֵל מִבְּשַׂר־זֶבַח שְׁלָמָיו בַּיּוֹם
הַשְּׁלִישִׁי לֹא יֵרָצֶה הַמַּקְרִיב אֹתוֹ לֹא יֵחָשֵׁב לוֹ פִּגּוּל יִהְיֶה וְהַנֶּפֶשׁ
הָאֹכֶלֶת מִמֶּנּוּ עֲוֺנָהּ תִּשָּׂא ג:ז:יט וְהַבָּשָׂר אֲשֶׁר־יִגַּע בְּכָל־טָמֵא לֹא

יֵאָכֵ֔ל בָּאֵ֖שׁ יִשָּׂרֵ֑ף וְהַבָּשָׂ֕ר כָּל־טָה֖וֹר יֹאכַ֥ל בָּשָֽׂר ג:ז:כ וְהַנֶּ֜פֶשׁ
אֲשֶׁר־תֹּאכַ֣ל בָּשָׂ֗ר מִזֶּ֤בַח הַשְּׁלָמִים֙ אֲשֶׁ֣ר לַֽיהוָ֔ה וְטֻמְאָת֖וֹ עָלָ֑יו
וְנִכְרְתָ֛ה הַנֶּ֥פֶשׁ הַהִ֖וא מֵעַמֶּֽיהָ ג:ז:כא וְנֶ֜פֶשׁ כִּֽי־תִגַּ֣ע בְּכָל־טָמֵ֗א
בְּטֻמְאַ֤ת אָדָם֙ א֣וֹ ׀ בִּבְהֵמָ֣ה טְמֵאָ֗ה א֚וֹ בְּכָל־שֶׁ֣קֶץ טָמֵ֔א וְאָכַ֛ל
מִבְּשַׂר־זֶ֥בַח הַשְּׁלָמִ֖ים אֲשֶׁ֣ר לַֽיהוָ֑ה וְנִכְרְתָ֛ה הַנֶּ֥פֶשׁ הַהִ֖וא מֵעַמֶּֽיהָ
ג:ז:כב וַיְדַבֵּ֥ר יְהוָ֖ה אֶל־מֹשֶׁ֥ה לֵּאמֹֽר ג:ז:כג דַּבֵּ֛ר אֶל־בְּנֵ֥י יִשְׂרָאֵ֖ל
לֵאמֹ֑ר כָּל־חֵ֜לֶב שׁ֥וֹר וְכֶ֛שֶׂב וָעֵ֖ז לֹ֥א תֹאכֵֽלוּ ג:ז:כד וְחֵ֤לֶב נְבֵלָה֙
וְחֵ֣לֶב טְרֵפָ֔ה יֵעָשֶׂ֖ה לְכָל־מְלָאכָ֑ה וְאָכֹ֖ל לֹ֥א תֹאכְלֻֽהוּ ג:ז:כה כִּ֚י
כָּל־אֹכֵ֣ל חֵ֔לֶב מִן־הַ֨בְּהֵמָ֔ה אֲשֶׁ֨ר יַקְרִ֥יב מִמֶּ֛נָּה אִשֶּׁ֖ה לַֽיהוָ֑ה
וְנִכְרְתָ֛ה הַנֶּ֥פֶשׁ הָאֹכֶ֖לֶת מֵעַמֶּֽיהָ ג:ז:כו וְכָל־דָּם֙ לֹ֣א תֹאכְל֔וּ בְּכֹ֖ל
מוֹשְׁבֹֽתֵיכֶ֑ם לָע֖וֹף וְלַבְּהֵמָֽה ג:ז:כז כָּל־נֶ֖פֶשׁ אֲשֶׁר־תֹּאכַ֣ל כָּל־דָּ֑ם
וְנִכְרְתָ֛ה הַנֶּ֥פֶשׁ הַהִ֖וא מֵעַמֶּֽיהָ ג:ז:כח וַיְדַבֵּ֥ר יְהוָ֖ה אֶל־מֹשֶׁ֥ה לֵּאמֹֽר
ג:ז:כט דַּבֵּ֛ר אֶל־בְּנֵ֥י יִשְׂרָאֵ֖ל לֵאמֹ֑ר הַמַּקְרִ֞יב אֶת־זֶ֤בַח שְׁלָמָיו֙ לַֽיהוָ֔ה
יָבִ֧יא אֶת־קָרְבָּנ֛וֹ לַֽיהוָ֖ה מִזֶּ֥בַח שְׁלָמָֽיו ג:ז:ל יָדָ֣יו תְּבִיאֶ֔ינָה אֵ֖ת אִשֵּׁ֣י
יְהוָ֑ה אֶת־הַחֵ֣לֶב עַל־הֶחָזֶ֗ה יְבִיאֶ֔נּוּ אֵ֣ת הֶחָזֶ֗ה לְהָנִ֥יף אֹת֛וֹ תְּנוּפָ֖ה
לִפְנֵ֥י יְהוָֽה ג:ז:לא וְהִקְטִ֥יר הַכֹּהֵ֛ן אֶת־הַחֵ֖לֶב הַמִּזְבֵּ֑חָה וְהָיָה֙ הֶֽחָזֶ֔ה
לְאַהֲרֹ֖ן וּלְבָנָֽיו ג:ז:לב וְאֵת֙ שׁ֣וֹק הַיָּמִ֔ין תִּתְּנ֥וּ תְרוּמָ֖ה לַכֹּהֵ֑ן מִזִּבְחֵ֖י
שַׁלְמֵיכֶֽם ג:ז:לג הַמַּקְרִ֞יב אֶת־דַּ֧ם הַשְּׁלָמִ֛ים וְאֶת־הַחֵ֖לֶב מִבְּנֵ֣י
אַהֲרֹ֑ן ל֧וֹ תִהְיֶ֛ה שׁ֥וֹק הַיָּמִ֖ין לְמָנָֽה ג:ז:לד כִּי֩ אֶת־חֲזֵ֨ה הַתְּנוּפָ֜ה וְאֵ֣ת
׀ שׁ֣וֹק הַתְּרוּמָ֗ה לָקַ֙חְתִּי֙ מֵאֵ֣ת בְּנֵֽי־יִשְׂרָאֵ֔ל מִזִּבְחֵ֖י שַׁלְמֵיהֶ֑ם וָאֶתֵּ֨ן
אֹתָ֜ם לְאַהֲרֹ֤ן הַכֹּהֵן֙ וּלְבָנָ֔יו לְחָק־עוֹלָ֕ם מֵאֵ֖ת בְּנֵ֥י יִשְׂרָאֵֽל
ג:ז:לה זֹ֣את מִשְׁחַ֤ת אַהֲרֹן֙ וּמִשְׁחַ֣ת בָּנָ֔יו מֵאִשֵּׁ֖י יְהוָ֑ה בְּיוֹם֙ הִקְרִ֣יב
אֹתָ֔ם לְכַהֵ֖ן לַֽיהוָֽה ג:ז:לו אֲשֶׁר֩ צִוָּ֨ה יְהוָ֜ה לָתֵ֣ת לָהֶ֗ם בְּיוֹם֙ מָשְׁח֣וֹ
אֹתָ֔ם מֵאֵ֖ת בְּנֵ֣י יִשְׂרָאֵ֑ל חֻקַּ֥ת עוֹלָ֖ם לְדֹרֹתָֽם ג:ז:לז זֹ֣את הַתּוֹרָ֗ה
לָֽעֹלָה֙ לַמִּנְחָ֔ה וְלַֽחַטָּ֖את וְלָאָשָׁ֑ם וְלַ֨מִּלּוּאִ֔ים וּלְזֶ֖בַח הַשְּׁלָמִֽים
ג:ז:לח אֲשֶׁ֨ר צִוָּ֧ה יְהוָ֛ה אֶת־מֹשֶׁ֖ה בְּהַ֣ר סִינָ֑י בְּי֨וֹם צַוֺּת֜וֹ אֶת־בְּנֵ֣י
יִשְׂרָאֵ֗ל לְהַקְרִ֧יב אֶת־קָרְבְּנֵיהֶ֛ם לַֽיהוָ֖ה בְּמִדְבַּ֥ר סִינָֽי ג:ח:א וַיְדַבֵּ֥ר
יְהוָ֖ה אֶל־מֹשֶׁ֥ה לֵּאמֹֽר ג:ח:ב קַ֤ח אֶת־אַהֲרֹן֙ וְאֶת־בָּנָ֣יו אִתּ֔וֹ וְאֵ֚ת

הַבְּגָדִים וְאֵת שֶׁמֶן הַמִּשְׁחָה וְאֵת | פַּר הַחַטָּאת וְאֵת שְׁנֵי
הָאֵילִים וְאֵת סַל הַמַּצּוֹת ג:ח:ג וְאֵת כָּל־הָעֵדָה הַקְהֵל אֶל־פֶּתַח
אֹהֶל מוֹעֵד ג:ח:ד וַיַּעַשׂ מֹשֶׁה כַּאֲשֶׁר צִוָּה יְהוָה אֹתוֹ וַתִּקָּהֵל
הָעֵדָה אֶל־פֶּתַח אֹהֶל מוֹעֵד ג:ח:ה וַיֹּאמֶר מֹשֶׁה אֶל־הָעֵדָה זֶה
הַדָּבָר אֲשֶׁר־צִוָּה יְהוָה לַעֲשׂוֹת ג:ח:ו וַיַּקְרֵב מֹשֶׁה אֶת־אַהֲרֹן
וְאֶת־בָּנָיו וַיִּרְחַץ אֹתָם בַּמָּיִם ג:ח:ז וַיִּתֵּן עָלָיו אֶת־הַכֻּתֹּנֶת וַיַּחְגֹּר
אֹתוֹ בָּאַבְנֵט וַיַּלְבֵּשׁ אֹתוֹ אֶת־הַמְּעִיל וַיִּתֵּן עָלָיו אֶת־הָאֵפֹד וַיַּחְגֹּר
אֹתוֹ בְּחֵשֶׁב הָאֵפֹד וַיֶּאְפֹּד לוֹ בּוֹ ג:ח:ח וַיָּשֶׂם עָלָיו אֶת־הַחֹשֶׁן וַיִּתֵּן
אֶל־הַחֹשֶׁן אֶת־הָאוּרִים וְאֶת־הַתֻּמִּים ג:ח:ט וַיָּשֶׂם אֶת־הַמִּצְנֶפֶת
עַל־רֹאשׁוֹ וַיָּשֶׂם עַל־הַמִּצְנֶפֶת אֶל־מוּל פָּנָיו אֵת צִיץ הַזָּהָב נֵזֶר
הַקֹּדֶשׁ כַּאֲשֶׁר צִוָּה יְהוָה אֶת־מֹשֶׁה ג:ח:י וַיִּקַּח מֹשֶׁה אֶת־שֶׁמֶן
הַמִּשְׁחָה וַיִּמְשַׁח אֶת־הַמִּשְׁכָּן וְאֶת־כָּל־אֲשֶׁר־בּוֹ וַיְקַדֵּשׁ אֹתָם
ג:ח:יא וַיַּז מִמֶּנּוּ עַל־הַמִּזְבֵּחַ שֶׁבַע פְּעָמִים וַיִּמְשַׁח אֶת־הַמִּזְבֵּחַ
וְאֶת־כָּל־כֵּלָיו וְאֶת־הַכִּיֹּר וְאֶת־כַּנּוֹ לְקַדְּשָׁם ג:ח:יב וַיִּצֹק מִשֶּׁמֶן
הַמִּשְׁחָה עַל רֹאשׁ אַהֲרֹן וַיִּמְשַׁח אֹתוֹ לְקַדְּשׁוֹ ג:ח:יג וַיַּקְרֵב מֹשֶׁה
אֶת־בְּנֵי אַהֲרֹן וַיַּלְבִּשֵׁם כֻּתֳּנֹת וַיַּחְגֹּר אֹתָם אַבְנֵט וַיַּחֲבֹשׁ לָהֶם
מִגְבָּעוֹת כַּאֲשֶׁר צִוָּה יְהוָה אֶת־מֹשֶׁה ג:ח:יד וַיַּגֵּשׁ אֵת פַּר הַחַטָּאת
וַיִּסְמֹךְ אַהֲרֹן וּבָנָיו אֶת־יְדֵיהֶם עַל־רֹאשׁ פַּר הַחַטָּאת
ג:ח:טו וַיִּשְׁחָט וַיִּקַּח מֹשֶׁה אֶת־הַדָּם וַיִּתֵּן עַל־קַרְנוֹת הַמִּזְבֵּחַ סָבִיב
בְּאֶצְבָּעוֹ וַיְחַטֵּא אֶת־הַמִּזְבֵּחַ וְאֶת־הַדָּם יָצַק אֶל־יְסוֹד הַמִּזְבֵּחַ
וַיְקַדְּשֵׁהוּ לְכַפֵּר עָלָיו ג:ח:טז וַיִּקַּח אֶת־כָּל־הַחֵלֶב אֲשֶׁר עַל־הַקֶּרֶב
וְאֵת יֹתֶרֶת הַכָּבֵד וְאֶת־שְׁתֵּי הַכְּלָיֹת וְאֶת־חֶלְבְּהֶן וַיַּקְטֵר מֹשֶׁה
הַמִּזְבֵּחָה ג:ח:יז וְאֶת־הַפָּר וְאֶת־עֹרוֹ וְאֶת־בְּשָׂרוֹ וְאֶת־פִּרְשׁוֹ שָׂרַף
בָּאֵשׁ מִחוּץ לַמַּחֲנֶה כַּאֲשֶׁר צִוָּה יְהוָה אֶת־מֹשֶׁה ג:ח:יח וַיַּקְרֵב אֵת
אֵיל הָעֹלָה וַיִּסְמְכוּ אַהֲרֹן וּבָנָיו אֶת־יְדֵיהֶם עַל־רֹאשׁ הָאָיִל
ג:ח:יט וַיִּשְׁחָט וַיִּזְרֹק מֹשֶׁה אֶת־הַדָּם עַל־הַמִּזְבֵּחַ סָבִיב
ג:ח:כ וְאֶת־הָאַיִל נִתַּח לִנְתָחָיו וַיַּקְטֵר מֹשֶׁה אֶת־הָרֹאשׁ
וְאֶת־הַנְּתָחִים וְאֶת־הַפָּדֶר ג:ח:כא וְאֶת־הַקֶּרֶב וְאֶת־הַכְּרָעַיִם רָחַץ

בַּמָּ֑יִם וַיַּקְטֵ֨ר מֹשֶׁ֜ה אֶת־כׇּל־הָאַ֣יִל הַמִּזְבֵּ֗חָה עֹלָ֨ה ה֤וּא
לְרֵֽיחַ־נִיחֹ֙חַ֙ אִשֶּׁ֥ה הוּא֙ לַיהוָ֔ה כַּאֲשֶׁ֛ר צִוָּ֥ה יְהוָ֖ה אֶת־מֹשֶֽׁה
ג:ח:כב וַיַּקְרֵב֙ אֶת־הָאַ֣יִל הַשֵּׁנִ֔י אֵ֖יל הַמִּלֻּאִ֑ים וַֽיִּסְמְכ֞וּ אַהֲרֹ֧ן וּבָנָ֛יו
אֶת־יְדֵיהֶ֖ם עַל־רֹ֥אשׁ הָאָֽיִל ג:ח:כג וַיִּשְׁחָ֓ט ׀ וַיִּקַּ֤ח מֹשֶׁה֙ מִדָּמ֔וֹ וַיִּתֵּ֛ן
עַל־תְּנ֥וּךְ אֹֽזֶן־אַהֲרֹ֖ן הַיְמָנִ֑ית וְעַל־בֹּ֤הֶן יָדוֹ֙ הַיְמָנִ֔ית וְעַל־בֹּ֥הֶן רַגְל֖וֹ
הַיְמָנִֽית ג:ח:כד וַיַּקְרֵ֞ב אֶת־בְּנֵ֣י אַהֲרֹ֗ן וַיִּתֵּ֨ן מֹשֶׁ֤ה מִן־הַדָּם֙ עַל־תְּנ֤וּךְ
אׇזְנָם֙ הַיְמָנִ֔ית וְעַל־בֹּ֤הֶן יָדָם֙ הַיְמָנִ֔ית וְעַל־בֹּ֥הֶן רַגְלָ֖ם הַיְמָנִ֑ית
וַיִּזְרֹ֨ק מֹשֶׁ֧ה אֶת־הַדָּ֛ם עַל־הַמִּזְבֵּ֖חַ סָבִֽיב ג:ח:כה וַיִּקַּ֞ח אֶת־הַחֵ֣לֶב
וְאֶת־הָֽאַלְיָה֒ וְאֶת־כׇּל־הַחֵ֘לֶב֮ אֲשֶׁ֣ר עַל־הַקֶּ֒רֶב֒ וְאֵ֙ת יֹתֶ֣רֶת הַכָּבֵ֔ד
וְאֶת־שְׁתֵּ֥י הַכְּלָיֹ֖ת וְאֶת־חֶלְבְּהֶ֑ן וְאֵ֖ת שׁ֥וֹק הַיָּמִֽין ג:ח:כו וּמִסַּ֨ל
הַמַּצּ֜וֹת אֲשֶׁ֣ר ׀ לִפְנֵ֣י יְהוָ֗ה לָ֠קַ֠ח חַלַּ֨ת מַצָּ֤ה אַחַת֙ וְֽחַלַּ֨ת לֶ֥חֶם
שֶׁ֛מֶן אַחַ֖ת וְרָקִ֣יק אֶחָ֑ד וַיָּ֙שֶׂם֙ עַל־הַ֣חֲלָבִ֔ים וְעַ֖ל שׁ֥וֹק הַיָּמִֽין
ג:ח:כז וַיִּתֵּ֣ן אֶת־הַכֹּ֔ל עַ֚ל כַּפֵּ֣י אַהֲרֹ֔ן וְעַ֖ל כַּפֵּ֣י בָנָ֑יו וַיָּ֧נֶף אֹתָ֛ם
תְּנוּפָ֖ה לִפְנֵ֥י יְהוָֽה ג:ח:כח וַיִּקַּ֨ח מֹשֶׁ֤ה אֹתָם֙ מֵעַ֣ל כַּפֵּיהֶ֔ם וַיַּקְטֵ֥ר
הַמִּזְבֵּ֖חָה עַל־הָעֹלָ֑ה מִלֻּאִ֥ים הֵם֙ לְרֵ֣יחַ נִיחֹ֔חַ אִשֶּׁ֥ה ה֖וּא לַיהוָֽה
ג:ח:כט וַיִּקַּ֤ח מֹשֶׁה֙ אֶת־הֶ֣חָזֶ֔ה וַיְנִיפֵ֥הוּ תְנוּפָ֖ה לִפְנֵ֣י יְהוָ֑ה מֵאֵ֣יל
הַמִּלֻּאִ֗ים לְמֹשֶׁ֤ה הָיָה֙ לְמָנָ֔ה כַּאֲשֶׁ֛ר צִוָּ֥ה יְהוָ֖ה אֶת־מֹשֶֽׁה
ג:ח:ל וַיִּקַּ֨ח מֹשֶׁ֜ה מִשֶּׁ֣מֶן הַמִּשְׁחָ֗ה וּמִן־הַדָּם֮ אֲשֶׁ֣ר עַל־הַמִּזְבֵּחַ֒ וַיַּ֤ז
עַֽל־אַהֲרֹן֙ עַל־בְּגָדָ֔יו וְעַל־בָּנָ֥יו וְעַל־בִּגְדֵ֥י בָנָ֖יו אִתּ֑וֹ וַיְקַדֵּ֤שׁ
אֶת־אַהֲרֹן֙ אֶת־בְּגָדָ֔יו וְאֶת־בָּנָ֛יו וְאֶת־בִּגְדֵ֥י בָנָ֖יו אִתּֽוֹ ג:ח:לא וַיֹּ֨אמֶר
מֹשֶׁ֜ה אֶל־אַהֲרֹ֣ן וְאֶל־בָּנָ֗יו בַּשְּׁל֣וּ אֶת־הַבָּשָׂר֮ פֶּ֣תַח אֹ֣הֶל מוֹעֵד֒
וְשָׁם֙ תֹּאכְל֣וּ אֹת֔וֹ וְאֶת־הַלֶּ֕חֶם אֲשֶׁ֖ר בְּסַ֣ל הַמִּלֻּאִ֑ים כַּאֲשֶׁ֤ר צִוֵּ֙יתִי֙
לֵאמֹ֔ר אַהֲרֹ֥ן וּבָנָ֖יו יֹאכְלֻֽהוּ ג:ח:לב וְהַנּוֹתָ֥ר בַּבָּשָׂ֖ר וּבַלָּ֑חֶם בָּאֵ֖שׁ
תִּשְׂרֹֽפוּ ג:ח:לג וּמִפֶּ֩תַח֩ אֹ֨הֶל מוֹעֵ֜ד לֹ֤א תֵֽצְאוּ֙ שִׁבְעַ֣ת יָמִ֔ים עַ֚ד י֣וֹם
מְלֹ֖את יְמֵ֣י מִלֻּאֵיכֶ֑ם כִּ֚י שִׁבְעַ֣ת יָמִ֔ים יְמַלֵּ֖א אֶת־יֶדְכֶֽם ג:ח:לד כַּאֲשֶׁ֥ר
עָשָׂ֖ה בַּיּ֣וֹם הַזֶּ֑ה צִוָּ֧ה יְהוָ֛ה לַעֲשֹׂ֖ת לְכַפֵּ֥ר עֲלֵיכֶֽם ג:ח:לה וּפֶ֩תַח֩
אֹ֨הֶל מוֹעֵ֜ד תֵּשְׁב֨וּ יוֹמָ֤ם וָלַ֙יְלָה֙ שִׁבְעַ֣ת יָמִ֔ים וּשְׁמַרְתֶּ֛ם
אֶת־מִשְׁמֶ֥רֶת יְהוָ֖ה וְלֹ֣א תָמ֑וּתוּ כִּי־כֵ֖ן צֻוֵּֽיתִי ג:ח:לו וַיַּ֧עַשׂ אַהֲרֹ֛ן וּבָנָ֖יו

אֶת כׇּל־הַדְּבָרִ֑ים אֲשֶׁר־צִוָּ֥ה יְהוָ֖ה בְּיַד־מֹשֶֽׁה ג:ט:א וַיְהִי֙ בַּיּ֣וֹם
הַשְּׁמִינִ֔י קָרָ֣א מֹשֶׁ֔ה לְאַהֲרֹ֖ן וּלְבָנָ֑יו וּלְזִקְנֵ֖י יִשְׂרָאֵֽל ג:ט:ב וַיֹּ֣אמֶר
אֶֽל־אַהֲרֹ֗ן קַח־לְ֠ךָ֠ עֵ֣גֶל בֶּן־בָּקָ֧ר לְחַטָּ֛את וְאַ֥יִל לְעֹלָ֖ה תְּמִימִ֑ם
וְהַקְרֵ֖ב לִפְנֵ֥י יְהוָֽה ג:ט:ג וְאֶל־בְּנֵ֥י יִשְׂרָאֵ֖ל תְּדַבֵּ֣ר לֵאמֹ֑ר קְח֤וּ
שְׂעִיר־עִזִּים֙ לְחַטָּ֔את וְעֵ֨גֶל וָכֶ֧בֶשׂ בְּנֵי־שָׁנָ֛ה תְּמִימִ֖ם לְעֹלָֽה
ג:ט:ד וְשׁ֨וֹר וָאַ֜יִל לִשְׁלָמִ֗ים לִזְבֹּ֙חַ֙ לִפְנֵ֣י יְהוָ֔ה וּמִנְחָ֖ה בְּלוּלָ֣ה בַשָּׁ֑מֶן
כִּ֣י הַיּ֔וֹם יְהוָ֖ה נִרְאָ֥ה אֲלֵיכֶֽם ג:ט:ה וַיִּקְח֗וּ אֵ֚ת אֲשֶׁ֣ר צִוָּ֣ה מֹשֶׁ֔ה
אֶל־פְּנֵ֖י אֹ֣הֶל מוֹעֵ֑ד וַֽיִּקְרְבוּ֙ כׇּל־הָ֣עֵדָ֔ה וַיַּֽעַמְד֖וּ לִפְנֵ֥י יְהוָֽה
ג:ט:ו וַיֹּ֣אמֶר מֹשֶׁ֔ה זֶ֧ה הַדָּבָ֛ר אֲשֶׁר־צִוָּ֥ה יְהוָ֖ה תַּעֲשׂ֑וּ וְיֵרָ֥א אֲלֵיכֶ֖ם
כְּב֥וֹד יְהוָֽה ג:ט:ז וַיֹּ֨אמֶר מֹשֶׁ֜ה אֶֽל־אַהֲרֹ֗ן קְרַ֤ב אֶל־הַמִּזְבֵּ֙חַ֙ וַעֲשֵׂ֞ה
אֶת־חַטָּֽאתְךָ֙ וְאֶת־עֹ֣לָתֶ֔ךָ וְכַפֵּ֥ר בַּֽעַדְךָ֖ וּבְעַ֣ד הָעָ֑ם וַעֲשֵׂ֞ה
אֶת־קׇרְבַּ֤ן הָעָם֙ וְכַפֵּ֣ר בַּֽעֲדָ֔ם כַּאֲשֶׁ֖ר צִוָּ֥ה יְהוָֽה ג:ט:ח וַיִּקְרַ֥ב אַהֲרֹ֖ן
אֶל־הַמִּזְבֵּ֑חַ וַיִּשְׁחַ֛ט אֶת־עֵ֥גֶל הַחַטָּ֖את אֲשֶׁר־לֽוֹ ג:ט:ט וַ֠יַּקְרִ֠בוּ בְּנֵ֨י
אַהֲרֹ֣ן אֶת־הַדָּם֮ אֵלָיו֒ וַיִּטְבֹּ֤ל אֶצְבָּעוֹ֙ בַּדָּ֔ם וַיִּתֵּ֖ן עַל־קַרְנ֣וֹת הַמִּזְבֵּ֑חַ
וְאֶת־הַדָּ֣ם יָצַ֔ק אֶל־יְס֖וֹד הַמִּזְבֵּֽחַ ג:ט:י וְאֶת־הַחֵ֨לֶב וְאֶת־הַכְּלָיֹ֜ת
וְאֶת־הַיֹּתֶ֤רֶת מִן־הַכָּבֵד֙ מִן־הַ֣חַטָּ֔את הִקְטִ֖יר הַמִּזְבֵּ֑חָה כַּאֲשֶׁ֛ר
צִוָּ֥ה יְהוָ֖ה אֶת־מֹשֶֽׁה ג:ט:יא וְאֶת־הַבָּשָׂ֖ר וְאֶת־הָע֑וֹר שָׂרַ֣ף בָּאֵ֔שׁ
מִח֖וּץ לַֽמַּחֲנֶֽה ג:ט:יב וַיִּשְׁחַ֖ט אֶת־הָעֹלָ֑ה וַ֠יַּמְצִ֠אוּ בְּנֵ֨י אַהֲרֹ֤ן אֵלָיו֙
אֶת־הַדָּ֔ם וַיִּזְרְקֵ֥הוּ עַל־הַמִּזְבֵּ֖חַ סָבִֽיב ג:ט:יג וְאֶת־הָעֹלָ֗ה הִמְצִ֧יאוּ
אֵלָ֛יו לִנְתָחֶ֖יהָ וְאֶת־הָרֹ֑אשׁ וַיַּקְטֵ֖ר עַל־הַמִּזְבֵּֽחַ ג:ט:יד וַיִּרְחַ֥ץ
אֶת־הַקֶּ֖רֶב וְאֶת־הַכְּרָעָ֑יִם וַיַּקְטֵ֥ר עַל־הָעֹלָ֖ה הַמִּזְבֵּֽחָה
ג:ט:טו וַיַּקְרֵ֕ב אֵ֖ת קׇרְבַּ֣ן הָעָ֑ם וַיִּקַּ֞ח אֶת־שְׂעִ֤יר הַֽחַטָּאת֙ אֲשֶׁ֣ר לָעָ֔ם
וַיִּשְׁחָטֵ֥הוּ וַֽיְחַטְּאֵ֖הוּ כָּרִאשֽׁוֹן ג:ט:טז וַיַּקְרֵ֖ב אֶת־הָעֹלָ֑ה וַֽיַּעֲשֶׂ֖הָ
כַּמִּשְׁפָּֽט ג:ט:יז וַיַּקְרֵב֮ אֶת־הַמִּנְחָה֒ וַיְמַלֵּ֤א כַפּוֹ֙ מִמֶּ֔נָּה וַיַּקְטֵ֖ר
עַל־הַמִּזְבֵּ֑חַ מִלְּבַ֖ד עֹלַ֥ת הַבֹּֽקֶר ג:ט:יח וַיִּשְׁחַ֤ט אֶת־הַשּׁוֹר֙
וְאֶת־הָאַ֔יִל זֶ֥בַח הַשְּׁלָמִ֖ים אֲשֶׁ֣ר לָעָ֑ם וַ֠יַּמְצִ֠אוּ בְּנֵ֨י אַהֲרֹ֤ן אֶת־הַדָּם֙
אֵלָ֔יו וַיִּזְרְקֵ֥הוּ עַל־הַמִּזְבֵּ֖חַ סָבִֽיב ג:ט:יט וְאֶת־הַחֲלָבִ֖ים מִן־הַשּׁ֑וֹר
וּמִן־הָאַ֔יִל הָֽאַלְיָ֤ה וְהַֽמְכַסֶּה֙ וְהַכְּלָיֹ֔ת וְיֹתֶ֖רֶת הַכָּבֵֽד ג:ט:כ וַיָּשִׂ֥ימוּ

אֶת־הַחֲלָבִ֖ים עַל־הֶחָז֑וֹת וַיַּקְטֵ֥ר הַחֲלָבִ֖ים הַמִּזְבֵּֽחָה ג:ט:כא וְאֵ֣ת
הֶחָז֗וֹת וְאֵת֙ שׁ֣וֹק הַיָּמִ֔ין הֵנִ֧יף אַהֲרֹ֛ן תְּנוּפָ֖ה לִפְנֵ֣י יְהוָ֑ה כַּאֲשֶׁ֖ר
צִוָּ֥ה מֹשֶֽׁה ג:ט:כב וַיִּשָּׂ֨א אַהֲרֹ֧ן אֶת־ידו [יָדָ֛יו] אֶל־הָעָ֖ם וַֽיְבָרְכֵ֑ם וַיֵּ֗רֶד
מֵעֲשֹׂ֧ת הַחַטָּ֛את וְהָעֹלָ֖ה וְהַשְּׁלָמִֽים ג:ט:כג וַיָּבֹ֨א מֹשֶׁ֤ה וְאַהֲרֹן֙
אֶל־אֹ֣הֶל מוֹעֵ֔ד וַיֵּ֣צְא֔וּ וַֽיְבָרְכ֖וּ אֶת־הָעָ֑ם וַיֵּרָ֥א כְבוֹד־יְהוָ֖ה
אֶל־כָּל־הָעָֽם ג:ט:כד וַתֵּ֤צֵא אֵשׁ֙ מִלִּפְנֵ֣י יְהוָ֔ה וַתֹּ֙אכַל֙ עַל־הַמִּזְבֵּ֔חַ
אֶת־הָעֹלָ֖ה וְאֶת־הַחֲלָבִ֑ים וַיַּ֤רְא כָּל־הָעָם֙ וַיָּרֹ֔נּוּ וַֽיִּפְּל֖וּ עַל־פְּנֵיהֶֽם
ג:י:א וַיִּקְח֣וּ בְנֵֽי־אַ֠הֲרֹן נָדָ֨ב וַאֲבִיה֜וּא אִ֣ישׁ מַחְתָּת֗וֹ וַיִּתְּנ֤וּ בָהֵן֙ אֵ֔שׁ
וַיָּשִׂ֥ימוּ עָלֶ֖יהָ קְטֹ֑רֶת וַיַּקְרִ֜בוּ לִפְנֵ֤י יְהוָה֙ אֵ֣שׁ זָרָ֔ה אֲשֶׁ֛ר לֹ֥א צִוָּ֖ה
אֹתָֽם ג:י:ב וַתֵּ֥צֵא אֵ֛שׁ מִלִּפְנֵ֥י יְהוָ֖ה וַתֹּ֣אכַל אוֹתָ֑ם וַיָּמֻ֖תוּ לִפְנֵ֥י יְהוָֽה
ג:י:ג וַיֹּ֨אמֶר מֹשֶׁ֜ה אֶֽל־אַהֲרֹ֗ן הוּא֩ אֲשֶׁר־דִּבֶּ֨ר יְהוָ֤ה ׀ לֵאמֹר֙ בִּקְרֹבַ֣י
אֶקָּדֵ֔שׁ וְעַל־פְּנֵ֥י כָל־הָעָ֖ם אֶכָּבֵ֑ד וַיִּדֹּ֖ם אַהֲרֹֽן ג:י:ד וַיִּקְרָ֣א מֹשֶׁ֗ה
אֶל־מִֽישָׁאֵל֙ וְאֶ֣ל אֶלְצָפָ֔ן בְּנֵ֥י עֻזִּיאֵ֖ל דֹּ֣ד אַהֲרֹ֑ן וַיֹּ֨אמֶר אֲלֵהֶ֜ם קִ֠רְב֞וּ
שְׂא֤וּ אֶת־אֲחֵיכֶם֙ מֵאֵ֣ת פְּנֵי־הַקֹּ֔דֶשׁ אֶל־מִח֖וּץ לַֽמַּחֲנֶֽה ג:י:ה וַֽיִּקְרְב֗וּ
וַיִּשָּׂאֻם֙ בְּכֻתֳּנֹתָ֔ם אֶל־מִח֖וּץ לַֽמַּחֲנֶ֑ה כַּאֲשֶׁ֖ר דִּבֶּ֥ר מֹשֶֽׁה ג:י:ו וַיֹּ֣אמֶר
מֹשֶׁ֣ה אֶֽל־אַהֲרֹ֡ן וּלְאֶלְעָזָר֩ וּלְאִֽיתָמָ֨ר ׀ בָּנָ֜יו רָאשֵׁיכֶ֥ם אַל־תִּפְרָ֣עוּ
׀ וּבִגְדֵיכֶ֤ם לֹֽא־תִפְרֹ֙מוּ֙ וְלֹ֣א תָמֻ֔תוּ וְעַ֥ל כָּל־הָעֵדָ֖ה יִקְצֹ֑ף וַאֲחֵיכֶם֙
כָּל־בֵּ֣ית יִשְׂרָאֵ֔ל יִבְכּוּ֙ אֶת־הַשְּׂרֵפָ֔ה אֲשֶׁ֖ר שָׂרַ֥ף יְהוָֽה ג:י:ז וּמִפֶּ֨תַח
אֹ֜הֶל מוֹעֵ֗ד לֹ֤א תֵֽצְאוּ֙ פֶּן־תָּמֻ֔תוּ כִּי־שֶׁ֛מֶן מִשְׁחַ֥ת יְהוָ֖ה עֲלֵיכֶ֑ם
וַֽיַּעֲשׂ֖וּ כִּדְבַ֥ר מֹשֶֽׁה ג:י:ח וַיְדַבֵּ֣ר יְהוָ֔ה אֶֽל־אַהֲרֹ֖ן לֵאמֹֽר ג:י:ט יַ֣יִן
וְשֵׁכָ֞ר אַל־תֵּ֣שְׁתְּ ׀ אַתָּ֣ה ׀ וּבָנֶ֣יךָ אִתָּ֗ךְ בְּבֹאֲכֶ֛ם אֶל־אֹ֥הֶל מוֹעֵ֖ד
וְלֹ֣א תָמֻ֑תוּ חֻקַּ֥ת עוֹלָ֖ם לְדֹרֹתֵיכֶֽם ג:י:י וּֽלֲהַבְדִּ֔יל בֵּ֥ין הַקֹּ֖דֶשׁ וּבֵ֣ין
הַחֹ֑ל וּבֵ֥ין הַטָּמֵ֖א וּבֵ֥ין הַטָּהֽוֹר ג:י:יא וּלְהוֹרֹ֖ת אֶת־בְּנֵ֣י יִשְׂרָאֵ֑ל אֵ֚ת
כָּל־הַ֣חֻקִּ֔ים אֲשֶׁ֨ר דִּבֶּ֧ר יְהוָ֛ה אֲלֵיהֶ֖ם בְּיַד־מֹשֶֽׁה ג:י:יב וַיְדַבֵּ֨ר מֹשֶׁ֜ה
אֶֽל־אַהֲרֹ֗ן וְאֶ֣ל אֶ֠לְעָזָר וְאֶל־אִיתָמָ֣ר ׀ בָּנָיו֮ הַנּֽוֹתָרִים֒ קְח֣וּ
אֶת־הַמִּנְחָ֗ה הַנּוֹתֶ֙רֶת֙ מֵאִשֵּׁ֣י יְהוָ֔ה וְאִכְל֥וּהָ מַצּ֖וֹת אֵ֣צֶל הַמִּזְבֵּ֑חַ
כִּ֛י קֹ֥דֶשׁ קָֽדָשִׁ֖ים הִֽוא ג:י:יג וַאֲכַלְתֶּ֤ם אֹתָהּ֙ בְּמָק֣וֹם קָדֹ֔שׁ כִּ֣י חָקְךָ֤
וְחָק־בָּנֶ֙יךָ֙ הִ֔וא מֵאִשֵּׁ֖י יְהוָ֑ה כִּי־כֵ֖ן צֻוֵּֽיתִי ג:י:יד וְאֵת֩ חֲזֵ֨ה הַתְּנוּפָ֜ה

וְאֵ֡ת | שׁ֣וֹק הַתְּרוּמָ֡ה תֹּֽאכְלוּ֩ בְּמָק֨וֹם טָה֜וֹר אַתָּ֗ה וּבָנֶ֛יךָ וּבְנֹתֶ֖יךָ
אִתָּ֑ךְ כִּֽי־חָקְךָ֤ וְחָק־בָּנֶ֙יךָ֙ נִתְּנ֔וּ מִזִּבְחֵ֖י שַׁלְמֵ֥י בְּנֵ֥י יִשְׂרָאֵֽל ג:י:ה שׁ֣וֹק
הַתְּרוּמָ֞ה וַחֲזֵ֣ה הַתְּנוּפָ֗ה עַ֣ל אִשֵּׁ֤י הַחֲלָבִים֙ יָבִ֔יאוּ לְהָנִ֥יף תְּנוּפָ֖ה
לִפְנֵ֣י יְהוָ֑ה וְהָיָ֨ה לְךָ֜ וּלְבָנֶ֤יךָ אִתְּךָ֙ לְחָק־עוֹלָ֔ם כַּאֲשֶׁ֖ר צִוָּ֥ה יְהוָֽה
ג:י:ו וְאֵ֣ת | שְׂעִ֣יר הַֽחַטָּ֗את דָּרֹ֥שׁ דָּרַ֛שׁ מֹשֶׁ֖ה וְהִנֵּ֣ה שֹׂרָ֑ף וַ֠יִּקְצֹ֠ף
עַל־אֶלְעָזָ֤ר וְעַל־אִיתָמָר֙ בְּנֵ֣י אַהֲרֹ֔ן הַנּֽוֹתָרִ֖ם לֵאמֹֽר ג:י:ז מַדּ֗וּעַ
לֹא־אֲכַלְתֶּ֤ם אֶת־הַֽחַטָּאת֙ בִּמְק֣וֹם הַקֹּ֔דֶשׁ כִּ֛י קֹ֥דֶשׁ קָֽדָשִׁ֖ים הִ֑וא
וְאֹתָ֣הּ | נָתַ֣ן לָכֶ֗ם לָשֵׂאת֙ אֶת־עֲוֺ֣ן הָֽעֵדָ֔ה לְכַפֵּ֥ר עֲלֵיהֶ֖ם לִפְנֵ֥י
יְהוָֽה ג:י:ח הֵ֚ן לֹֽא־הוּבָ֣א אֶת־דָּמָ֔הּ אֶל־הַקֹּ֖דֶשׁ פְּנִ֑ימָה אָכ֨וֹל
תֹּאכְל֥וּ אֹתָ֛הּ בַּקֹּ֖דֶשׁ כַּאֲשֶׁ֥ר צִוֵּֽיתִי ג:י:ט וַיְדַבֵּ֨ר אַהֲרֹ֜ן אֶל־מֹשֶׁ֗ה הֵ֣ן
הַ֠יּוֹם הִקְרִ֨יבוּ אֶת־חַטָּאתָ֤ם וְאֶת־עֹֽלָתָם֙ לִפְנֵ֣י יְהוָ֔ה וַתִּקְרֶ֥אנָה
אֹתִ֖י כָּאֵ֑לֶּה וְאָכַ֤לְתִּי חַטָּאת֙ הַיּ֔וֹם הַיִּיטַ֖ב בְּעֵינֵ֥י יְהוָֽה ג:י:כ וַיִּשְׁמַ֣ע
מֹשֶׁ֔ה וַיִּיטַ֖ב בְּעֵינָֽיו ג:יא:א וַיְדַבֵּ֧ר יְהוָ֛ה אֶל־מֹשֶׁ֥ה וְאֶֽל־אַהֲרֹ֖ן לֵאמֹ֥ר
אֲלֵהֶֽם ג:יא:ב דַּבְּר֛וּ אֶל־בְּנֵ֥י יִשְׂרָאֵ֖ל לֵאמֹ֑ר זֹ֤את הַֽחַיָּה֙ אֲשֶׁ֣ר תֹּאכְל֔וּ
מִכָּל־הַבְּהֵמָ֖ה אֲשֶׁ֥ר עַל־הָאָֽרֶץ ג:יא:ג כֹּ֣ל | מַפְרֶ֣סֶת פַּרְסָ֗ה
וְשֹׁסַ֤עַת שֶׁ֙סַע֙ פְּרָסֹ֔ת מַעֲלַ֥ת גֵּרָ֖ה בַּבְּהֵמָ֑ה אֹתָ֖הּ תֹּאכֵֽלוּ ג:יא:ד אַ֗ךְ
אֶת־זֶה֙ לֹ֣א תֹֽאכְל֔וּ מִמַּעֲלֵי֙ הַגֵּרָ֔ה וּמִמַּפְרִסֵ֖י הַפַּרְסָ֑ה אֶֽת־הַ֠גָּמָל
כִּֽי־מַעֲלֵ֨ה גֵרָ֜ה ה֗וּא וּפַרְסָה֙ אֵינֶ֣נּוּ מַפְרִ֔יס טָמֵ֥א ה֖וּא לָכֶֽם
ג:יא:ה וְאֶת־הַשָּׁפָ֗ן כִּֽי־מַעֲלֵ֤ה גֵרָה֙ ה֔וּא וּפַרְסָ֖ה לֹ֣א יַפְרִ֑יס טָמֵ֥א
ה֖וּא לָכֶֽם ג:יא:ו וְאֶת־הָֽאַרְנֶ֗בֶת כִּֽי־מַעֲלַ֤ת גֵּרָה֙ הִ֔וא וּפַרְסָ֖ה לֹ֣א
הִפְרִ֑יסָה טְמֵאָ֥ה הִ֖וא לָכֶֽם ג:יא:ז וְאֶת־הַ֠חֲזִיר כִּֽי־מַפְרִ֨יס פַּרְסָ֜ה
ה֗וּא וְשֹׁסַ֥ע שֶׁ֙סַע֙ פַּרְסָ֔ה וְה֖וּא גֵּרָ֣ה לֹֽא־יִגָּ֑ר טָמֵ֥א ה֖וּא לָכֶֽם
ג:יא:ח מִבְּשָׂרָם֙ לֹ֣א תֹאכֵ֔לוּ וּבְנִבְלָתָ֖ם לֹ֣א תִגָּ֑עוּ טְמֵאִ֥ים הֵ֖ם לָכֶֽם
ג:יא:ט אֶת־זֶה֙ תֹּֽאכְל֔וּ מִכֹּ֖ל אֲשֶׁ֣ר בַּמָּ֑יִם כֹּ֣ל אֲשֶׁר־לוֹ֩ סְנַפִּ֨יר
וְקַשְׂקֶ֜שֶׂת בַּמַּ֗יִם בַּיַּמִּ֛ים וּבַנְּחָלִ֖ים אֹתָ֥ם תֹּאכֵֽלוּ ג:יא:י וְכֹל֩ אֲשֶׁ֨ר
אֵֽין־ל֜וֹ סְנַפִּ֣יר וְקַשְׂקֶ֗שֶׂת בַּיַּמִּים֙ וּבַנְּחָלִ֔ים מִכֹּל֙ שֶׁ֣רֶץ הַמַּ֔יִם וּמִכֹּ֛ל
נֶ֥פֶשׁ הַֽחַיָּ֖ה אֲשֶׁ֣ר בַּמָּ֑יִם שֶׁ֥קֶץ הֵ֖ם לָכֶֽם ג:יא:יא וְשֶׁ֖קֶץ יִהְי֣וּ לָכֶ֑ם
מִבְּשָׂרָם֙ לֹ֣א תֹאכֵ֔לוּ וְאֶת־נִבְלָתָ֖ם תְּשַׁקֵּֽצוּ ג:יא:יב כֹּ֣ל אֲשֶׁ֥ר אֵֽין־ל֛וֹ

סְנַפִּ֣יר וְקַשְׂקֶ֔שֶׂת בַּמָּ֑יִם שֶׁ֥קֶץ ה֖וּא לָכֶֽם ג׳יא:יג וְאֶת־אֵ֙לֶּה֙ תְּשַׁקְּצ֣וּ
מִן־הָע֔וֹף לֹ֥א יֵאָכְל֖וּ שֶׁ֣קֶץ הֵ֑ם אֶת־הַנֶּ֙שֶׁר֙ וְאֶת־הַפֶּ֔רֶס וְאֵ֖ת
הָעָזְנִיָּֽה ג׳יא:יד וְאֶת־הַ֨דָּאָ֔ה וְאֶת־הָאַיָּ֖ה לְמִינָֽהּ ג׳יא:טו אֵ֥ת כָּל־עֹרֵ֖ב
לְמִינֽוֹ ג׳יא:טז וְאֵת֙ בַּ֣ת הַֽיַּעֲנָ֔ה וְאֶת־הַתַּחְמָ֖ס וְאֶת־הַשָּׁ֑חַף וְאֶת־הַנֵּ֖ץ
לְמִינֵֽהוּ ג׳יא:יז וְאֶת־הַכּ֥וֹס וְאֶת־הַשָּׁלָ֖ךְ וְאֶת־הַיַּנְשֽׁוּף
ג׳יא:יח וְאֶת־הַתִּנְשֶׁ֥מֶת וְאֶת־הַקָּאָ֖ת וְאֶת־הָרָחָֽם ג׳יא:יט וְאֵת֙
הַחֲסִידָ֔ה הָאֲנָפָ֖ה לְמִינָ֑הּ וְאֶת־הַדּֽוּכִיפַ֖ת וְאֶת־הָעֲטַלֵּֽף ג׳יא:כ כֹּ֚ל
שֶׁ֣רֶץ הָע֔וֹף הַהֹלֵ֖ךְ עַל־אַרְבַּ֑ע שֶׁ֥קֶץ ה֖וּא לָכֶֽם ג׳יא:כא אַ֤ךְ אֶת־זֶה֙
תֹּֽאכְל֔וּ מִכֹּל֙ שֶׁ֣רֶץ הָע֔וֹף הַהֹלֵ֖ךְ עַל־אַרְבַּ֑ע אֲשֶׁר־לא [ל֤וֹ] כְרָעַ֙יִם֙
מִמַּ֣עַל לְרַגְלָ֔יו לְנַתֵּ֥ר בָּהֵ֖ן עַל־הָאָֽרֶץ ג׳יא:כב אֶת־אֵ֤לֶּה מֵהֶם֙
תֹּאכֵ֔לוּ אֶת־הָֽאַרְבֶּ֣ה לְמִינ֔וֹ וְאֶת־הַסָּלְעָ֖ם לְמִינֵ֑הוּ וְאֶת־הַחַרְגֹּ֣ל
לְמִינֵ֔הוּ וְאֶת־הֶחָגָ֖ב לְמִינֵֽהוּ ג׳יא:כג וְכֹל֙ שֶׁ֣רֶץ הָע֔וֹף אֲשֶׁר־ל֖וֹ אַרְבַּ֣ע
רַגְלָ֑יִם שֶׁ֥קֶץ ה֖וּא לָכֶֽם ג׳יא:כד וּלְאֵ֖לֶּה תִּטַּמָּ֑אוּ כָּל־הַנֹּגֵ֥עַ בְּנִבְלָתָ֖ם
יִטְמָ֥א עַד־הָעָֽרֶב ג׳יא:כה וְכָל־הַנֹּשֵׂ֖א מִנִּבְלָתָ֑ם יְכַבֵּ֥ס בְּגָדָ֖יו וְטָמֵ֥א
עַד־הָעָֽרֶב ג׳יא:כו לְכָל־הַבְּהֵמָ֡ה אֲשֶׁ֣ר הִוא֩ מַפְרֶ֨סֶת פַּרְסָ֜ה וְשֶׁ֣סַע
׀ אֵינֶ֣נָּה שֹׁסַ֗עַת וְגֵרָה֙ אֵינֶ֣נָּה מַעֲלָ֔ה טְמֵאִ֥ים הֵ֖ם לָכֶ֑ם כָּל־הַנֹּגֵ֥עַ
בָּהֶ֖ם יִטְמָֽא ג׳יא:כז וְכֹ֣ל ׀ הוֹלֵ֣ךְ עַל־כַּפָּ֗יו בְּכָל־הַֽחַיָּה֙ הַהֹלֶ֣כֶת
עַל־אַרְבַּ֔ע טְמֵאִ֥ים הֵ֖ם לָכֶ֑ם כָּל־הַנֹּגֵ֥עַ בְּנִבְלָתָ֖ם יִטְמָ֥א עַד־הָעָֽרֶב
ג׳יא:כח וְהַנֹּשֵׂא֙ אֶת־נִבְלָתָ֔ם יְכַבֵּ֥ס בְּגָדָ֖יו וְטָמֵ֣א עַד־הָעָ֑רֶב טְמֵאִ֥ים
הֵ֖מָּה לָכֶֽם ג׳יא:כט וְזֶ֤ה לָכֶם֙ הַטָּמֵ֔א בַּשֶּׁ֖רֶץ הַשֹּׁרֵ֣ץ עַל־הָאָ֑רֶץ
הַחֹ֥לֶד וְהָעַכְבָּ֖ר וְהַצָּ֥ב לְמִינֵֽהוּ ג׳יא:ל וְהָאֲנָקָ֥ה וְהַכֹּ֖חַ וְהַלְּטָאָ֑ה
וְהַחֹ֖מֶט וְהַתִּנְשָֽׁמֶת ג׳יא:לא אֵ֛לֶּה הַטְּמֵאִ֥ים לָכֶ֖ם בְּכָל־הַשָּׁ֑רֶץ
כָּל־הַנֹּגֵ֧עַ בָּהֶ֛ם בְּמֹתָ֖ם יִטְמָ֥א עַד־הָעָֽרֶב ג׳יא:לב וְכֹ֣ל
אֲשֶׁר־יִפֹּל־עָלָיו֩ מֵהֶ֨ם ׀ בְּמֹתָ֜ם יִטְמָ֗א מִכָּל־כְּלִי־עֵץ֙ א֣וֹ בֶ֔גֶד
אוֹ־עוֹר֙ א֣וֹ שָׂ֔ק כָּל־כְּלִ֕י אֲשֶׁר־יֵעָשֶׂ֥ה מְלָאכָ֖ה בָּהֶ֑ם בַּמַּ֧יִם יוּבָ֛א
וְטָמֵ֥א עַד־הָעֶ֖רֶב וְטָהֵֽר ג׳יא:לג וְכָל־כְּלִי־חֶ֕רֶשׂ אֲשֶׁר־יִפֹּ֥ל מֵהֶ֖ם
אֶל־תּוֹכ֑וֹ כֹּ֣ל אֲשֶׁ֧ר בְּתוֹכ֛וֹ יִטְמָ֖א וְאֹת֥וֹ תִשְׁבֹּֽרוּ ג׳יא:לד מִכָּל־הָאֹ֜כֶל
אֲשֶׁ֣ר יֵאָכֵ֗ל אֲשֶׁ֨ר יָב֥וֹא עָלָ֛יו מַ֖יִם יִטְמָ֑א וְכָל־מַשְׁקֶה֙ אֲשֶׁ֣ר יִשָּׁתֶ֔ה

בְּכָל־כְּלִ֖י יִטְמָֽא׃ ג׳יא:לה וְכֹל֩ אֲשֶׁר־יִפֹּ֨ל מִנִּבְלָתָ֜ם | עָלָיו֙ יִטְמָ֔א
תַּנּ֛וּר וְכִירַ֥יִם יֻתָּ֖ץ טְמֵאִ֣ים הֵ֑ם וּטְמֵאִ֖ים יִהְי֥וּ לָכֶֽם׃ ג׳יא:לו אַ֣ךְ מַעְיָ֥ן
וּב֛וֹר מִקְוֵה־מַ֖יִם יִהְיֶ֣ה טָה֑וֹר וְנֹגֵ֥עַ בְּנִבְלָתָ֖ם יִטְמָֽא׃ ג׳יא:לז וְכִ֤י יִפֹּל֙
מִנִּבְלָתָ֔ם עַל־כָּל־זֶ֥רַע זֵר֖וּעַ אֲשֶׁ֣ר יִזָּרֵ֑עַ טָה֖וֹר הֽוּא׃ ג׳יא:לח וְכִ֤י
יֻתַּן־מַ֙יִם֙ עַל־זֶ֔רַע וְנָפַ֥ל מִנִּבְלָתָ֖ם עָלָ֑יו טָמֵ֥א ה֖וּא לָכֶֽם׃ ג׳יא:לט וְכִ֤י
יָמוּת֙ מִן־הַבְּהֵמָ֔ה אֲשֶׁר־הִ֥יא לָכֶ֖ם לְאָכְלָ֑ה הַנֹּגֵ֥עַ בְּנִבְלָתָ֖הּ יִטְמָ֥א
עַד־הָעָֽרֶב׃ ג׳יא:מ וְהָֽאֹכֵל֙ מִנִּבְלָתָ֔הּ יְכַבֵּ֥ס בְּגָדָ֖יו וְטָמֵ֣א עַד־הָעָ֑רֶב
וְהַנֹּשֵׂא֙ אֶת־נִבְלָתָ֔הּ יְכַבֵּ֥ס בְּגָדָ֖יו וְטָמֵ֥א עַד־הָעָֽרֶב׃
ג׳יא:מא וְכָל־הַשֶּׁ֖רֶץ הַשֹּׁרֵ֣ץ עַל־הָאָ֑רֶץ שֶׁ֥קֶץ ה֖וּא לֹ֥א יֵאָכֵֽל׃ ג׳יא:מב כֹּל֩
הוֹלֵ֨ךְ עַל־גָּח֜וֹן וְכֹ֣ל | הוֹלֵ֣ךְ עַל־אַרְבַּ֗ע עַ֚ד כָּל־מַרְבֵּ֣ה רַגְלַ֔יִם
לְכָל־הַשֶּׁ֖רֶץ הַשֹּׁרֵ֣ץ עַל־הָאָ֑רֶץ לֹ֥א תֹאכְל֖וּם כִּי־שֶׁ֥קֶץ הֵֽם׃
ג׳יא:מג אַל־תְּשַׁקְּצוּ֙ אֶת־נַפְשֹׁ֣תֵיכֶ֔ם בְּכָל־הַשֶּׁ֖רֶץ הַשֹּׁרֵ֑ץ וְלֹ֤א תִֽטַּמְּאוּ֙
בָּהֶ֔ם וְנִטְמֵתֶ֖ם בָּֽם׃ ג׳יא:מד כִּ֣י אֲנִ֣י יְהוָה֮ אֱלֹֽהֵיכֶם֒ וְהִתְקַדִּשְׁתֶּם֙
וִהְיִיתֶ֣ם קְדֹשִׁ֔ים כִּ֥י קָד֖וֹשׁ אָ֑נִי וְלֹ֤א תְטַמְּאוּ֙ אֶת־נַפְשֹׁ֣תֵיכֶ֔ם
בְּכָל־הַשֶּׁ֖רֶץ הָרֹמֵ֥שׂ עַל־הָאָֽרֶץ׃ ג׳יא:מה כִּ֣י | אֲנִ֣י יְהוָ֗ה הַֽמַּעֲלֶ֤ה
אֶתְכֶם֙ מֵאֶ֣רֶץ מִצְרַ֔יִם לִהְיֹ֥ת לָכֶ֖ם לֵאלֹהִ֑ים וִהְיִיתֶ֣ם קְדֹשִׁ֔ים כִּ֥י
קָד֖וֹשׁ אָֽנִי׃ ג׳יא:מו זֹ֣את תּוֹרַ֤ת הַבְּהֵמָה֙ וְהָע֔וֹף וְכֹל֙ נֶ֣פֶשׁ הַֽחַיָּ֔ה
הָֽרֹמֶ֖שֶׂת בַּמָּ֑יִם וּלְכָל־נֶ֖פֶשׁ הַשֹּׁרֶ֥צֶת עַל־הָאָֽרֶץ׃ ג׳יא:מז לְהַבְדִּ֕יל בֵּ֥ין
הַטָּמֵ֖א וּבֵ֣ין הַטָּהֹ֑ר וּבֵ֤ין הַֽחַיָּה֙ הַֽנֶּאֱכֶ֔לֶת וּבֵין֙ הַֽחַיָּ֔ה אֲשֶׁ֖ר לֹ֥א
תֵאָכֵֽל׃ ג׳יב:א וַיְדַבֵּ֥ר יְהוָ֖ה אֶל־מֹשֶׁ֥ה לֵּאמֹֽר׃ ג׳יב:ב דַּבֵּ֞ר אֶל־בְּנֵ֤י
יִשְׂרָאֵל֙ לֵאמֹ֔ר אִשָּׁה֙ כִּ֣י תַזְרִ֔יעַ וְיָלְדָ֖ה זָכָ֑ר וְטָֽמְאָה֙ שִׁבְעַ֣ת יָמִ֔ים
כִּימֵ֛י נִדַּ֥ת דְּו֖תָהּ תִּטְמָֽא׃ ג׳יב:ג וּבַיּ֖וֹם הַשְּׁמִינִ֑י יִמּ֖וֹל בְּשַׂ֥ר עָרְלָתֽוֹ׃
ג׳יב:ד וּשְׁלֹשִׁ֥ים יוֹם֙ וּשְׁלֹ֣שֶׁת יָמִ֔ים תֵּשֵׁ֖ב בִּדְמֵ֣י טָהֳרָ֑ה בְּכָל־קֹ֣דֶשׁ
לֹֽא־תִגָּ֗ע וְאֶל־הַמִּקְדָּשׁ֙ לֹ֣א תָבֹ֔א עַד־מְלֹ֖את יְמֵ֥י טָהֳרָֽהּ׃
ג׳יב:ה וְאִם־נְקֵבָ֣ה תֵלֵ֔ד וְטָמְאָ֥ה שְׁבֻעַ֖יִם כְּנִדָּתָ֑הּ וְשִׁשִּׁ֥ים יוֹם֙ וְשֵׁ֣שֶׁת
יָמִ֔ים תֵּשֵׁ֖ב עַל־דְּמֵ֥י טָהֳרָֽה׃ ג׳יב:ו וּבִמְלֹ֣את | יְמֵ֣י טָהֳרָ֗הּ לְבֵן֮ א֣וֹ
לְבַת֒ תָּבִ֞יא כֶּ֤בֶשׂ בֶּן־שְׁנָתוֹ֙ לְעֹלָ֔ה וּבֶן־יוֹנָ֥ה אוֹ־תֹ֖ר לְחַטָּ֑את
אֶל־פֶּ֥תַח אֹֽהֶל־מוֹעֵ֖ד אֶל־הַכֹּהֵֽן׃ ג׳יב:ז וְהִקְרִיב֞וֹ לִפְנֵ֤י יְהוָה֙ וְכִפֶּ֣ר

עָלֶ֔יהָ וְטָהֲרָ֖ה מִמְּקֹ֣ר דָּמֶ֑יהָ זֹ֤את תּוֹרַת֙ הַיֹּלֶ֔דֶת לַזָּכָ֖ר א֥וֹ לַנְּקֵבָֽה
ג:יב:ח וְאִם־לֹ֨א תִמְצָ֣א יָדָהּ֮ דֵּ֣י שֶׂה֒ וְלָקְחָ֣ה שְׁתֵּֽי־תֹרִ֗ים א֤וֹ שְׁנֵי֙ בְּנֵ֣י
יוֹנָ֔ה אֶחָ֥ד לְעֹלָ֖ה וְאֶחָ֣ד לְחַטָּ֑את וְכִפֶּ֥ר עָלֶ֛יהָ הַכֹּהֵ֖ן וְטָהֵֽרָה
ג:יג:א וַיְדַבֵּ֣ר יְהוָ֔ה אֶל־מֹשֶׁ֥ה וְאֶֽל־אַהֲרֹ֖ן לֵאמֹֽר ג:יג:ב אָדָ֗ם כִּֽי־יִהְיֶ֣ה
בְעוֹר־בְּשָׂרוֹ֙ שְׂאֵ֤ת אֽוֹ־סַפַּ֙חַת֙ א֣וֹ בַהֶ֔רֶת וְהָיָ֥ה בְעוֹר־בְּשָׂר֖וֹ לְנֶ֣גַע
צָרָ֑עַת וְהוּבָא֙ אֶל־אַהֲרֹ֣ן הַכֹּהֵ֔ן א֛וֹ אֶל־אַחַ֥ד מִבָּנָ֖יו הַכֹּהֲנִֽים
ג:יג:ג וְרָאָ֣ה הַכֹּהֵ֣ן אֶת־הַנֶּ֣גַע בְּעֽוֹר־הַ֠בָּשָׂר וְשֵׂעָ֨ר בַּנֶּ֜גַע הָפַ֣ךְ ׀ לָבָ֗ן
וּמַרְאֵ֤ה הַנֶּ֙גַע֙ עָמֹק֙ מֵע֣וֹר בְּשָׂר֔וֹ נֶ֥גַע צָרַ֖עַת ה֑וּא וְרָאָ֥הוּ הַכֹּהֵ֖ן
וְטִמֵּ֥א אֹתֽוֹ ג:יג:ד וְאִם־בַּהֶ֩רֶת֩ לְבָנָ֨ה הִ֜וא בְּע֣וֹר בְּשָׂר֗וֹ וְעָמֹק֙
אֵין־מַרְאֶ֣הָ מִן־הָע֔וֹר וּשְׂעָרָ֖ה לֹא־הָפַ֣ךְ לָבָ֑ן וְהִסְגִּ֧יר הַכֹּהֵ֛ן
אֶת־הַנֶּ֖גַע שִׁבְעַ֥ת יָמִֽים ג:יג:ה וְרָאָ֣הוּ הַכֹּהֵן֮ בַּיּ֣וֹם הַשְּׁבִיעִי֒ וְהִנֵּ֤ה
הַנֶּ֙גַע֙ עָמַ֣ד בְּעֵינָ֔יו לֹא־פָשָׂ֥ה הַנֶּ֖גַע בָּע֑וֹר וְהִסְגִּיר֧וֹ הַכֹּהֵ֛ן שִׁבְעַ֥ת
יָמִ֖ים שֵׁנִֽית ג:יג:ו וְרָאָה֩ הַכֹּהֵ֨ן אֹת֜וֹ בַּיּ֣וֹם הַשְּׁבִיעִי֮ שֵׁנִית֒ וְהִנֵּה֙ כֵּהָ֣ה
הַנֶּ֔גַע וְלֹא־פָשָׂ֥ה הַנֶּ֖גַע בָּע֑וֹר וְטִהֲר֤וֹ הַכֹּהֵן֙ מִסְפַּ֣חַת הִ֔יא וְכִבֶּ֥ס
בְּגָדָ֖יו וְטָהֵֽר ג:יג:ז וְאִם־פָּשֹׂ֨ה תִפְשֶׂ֤ה הַמִּסְפַּ֙חַת֙ בָּע֔וֹר אַחֲרֵ֧י
הֵרָאֹת֛וֹ אֶל־הַכֹּהֵ֖ן לְטָהֳרָת֑וֹ וְנִרְאָ֥ה שֵׁנִ֖ית אֶל־הַכֹּהֵֽן ג:יג:ח וְרָאָה֙
הַכֹּהֵ֔ן וְהִנֵּ֛ה פָּשְׂתָ֥ה הַמִּסְפַּ֖חַת בָּע֑וֹר וְטִמְּא֥וֹ הַכֹּהֵ֖ן צָרַ֥עַת הִֽוא
ג:יג:ט נֶ֣גַע צָרַ֔עַת כִּ֥י תִהְיֶ֖ה בְּאָדָ֑ם וְהוּבָ֖א אֶל־הַכֹּהֵֽן ג:יג:י וְרָאָ֣ה
הַכֹּהֵ֗ן וְהִנֵּ֤ה שְׂאֵת־לְבָנָה֙ בָּע֔וֹר וְהִ֕יא הָפְכָ֖ה שֵׂעָ֣ר לָבָ֑ן וּמִֽחְיַ֛ת
בָּשָׂ֥ר חַ֖י בַּשְּׂאֵֽת ג:יג:יא צָרַ֨עַת נוֹשֶׁ֤נֶת הִוא֙ בְּע֣וֹר בְּשָׂר֔וֹ וְטִמְּא֖וֹ
הַכֹּהֵ֑ן לֹ֣א יַסְגִּרֶ֔נּוּ כִּ֥י טָמֵ֖א הֽוּא ג:יג:יב וְאִם־פָּר֨וֹחַ תִּפְרַ֤ח הַצָּרַ֙עַת֙
בָּע֔וֹר וְכִסְּתָ֣ה הַצָּרַ֗עַת אֵ֚ת כָּל־ע֣וֹר הַנֶּ֔גַע מֵרֹאשׁ֖וֹ וְעַד־רַגְלָ֑יו
לְכָל־מַרְאֵ֖ה עֵינֵ֥י הַכֹּהֵֽן ג:יג:יג וְרָאָ֣ה הַכֹּהֵ֗ן וְהִנֵּ֨ה כִסְּתָ֤ה הַצָּרַ֙עַת֙
אֶת־כָּל־בְּשָׂר֔וֹ וְטִהַ֖ר אֶת־הַנָּ֑גַע כֻּלּ֛וֹ הָפַ֥ךְ לָבָ֖ן טָה֥וֹר הֽוּא
ג:יג:יד וּבְי֨וֹם הֵרָא֥וֹת בּ֛וֹ בָּשָׂ֥ר חַ֖י יִטְמָֽא ג:יג:טו וְרָאָ֧ה הַכֹּהֵ֛ן
אֶת־הַבָּשָׂ֥ר הַחַ֖י וְטִמְּא֑וֹ הַבָּשָׂ֥ר הַחַ֛י טָמֵ֥א ה֖וּא צָרַ֥עַת הֽוּא
ג:יג:טז א֣וֹ כִ֥י יָשׁ֛וּב הַבָּשָׂ֥ר הַחַ֖י וְנֶהְפַּ֣ךְ לְלָבָ֑ן וּבָ֖א אֶל־הַכֹּהֵֽן
ג:יג:יז וְרָאָ֙הוּ֙ הַכֹּהֵ֔ן וְהִנֵּ֛ה נֶהְפַּ֥ךְ הַנֶּ֖גַע לְלָבָ֑ן וְטִהַ֧ר הַכֹּהֵ֛ן

אֶת־הַנֶּגַע טָהוֹר הוּא ג:יג:יח וּבָשָׂר כִּי־יִהְיֶה בוֹ־בְעֹרוֹ שְׁחִין וְנִרְפָּא
ג:יג:יט וְהָיָה בִּמְקוֹם הַשְּׁחִין שְׂאֵת לְבָנָה אוֹ בַהֶרֶת לְבָנָה
אֲדַמְדָּמֶת וְנִרְאָה אֶל־הַכֹּהֵן ג:יג:כ וְרָאָה הַכֹּהֵן וְהִנֵּה מַרְאֶהָ שָׁפָל
מִן־הָעוֹר וּשְׂעָרָהּ הָפַךְ לָבָן וְטִמְּאוֹ הַכֹּהֵן נֶגַע־צָרַעַת הִוא בַּשְּׁחִין
פָּרָחָה ג:יג:כא וְאִם | יִרְאֶנָּה הַכֹּהֵן וְהִנֵּה אֵין־בָּהּ שֵׂעָר לָבָן
וּשְׁפָלָה אֵינֶנָּה מִן־הָעוֹר וְהִיא כֵהָה וְהִסְגִּירוֹ הַכֹּהֵן שִׁבְעַת יָמִים
ג:יג:כב וְאִם־פָּשֹׂה תִפְשֶׂה בָּעוֹר וְטִמֵּא הַכֹּהֵן אֹתוֹ נֶגַע הִוא
ג:יג:כג וְאִם־תַּחְתֶּיהָ תַּעֲמֹד הַבַּהֶרֶת לֹא פָשָׂתָה צָרֶבֶת הַשְּׁחִין
הִוא וְטִהֲרוֹ הַכֹּהֵן ג:יג:כד אוֹ בָשָׂר כִּי־יִהְיֶה בְעֹרוֹ מִכְוַת־אֵשׁ וְהָיְתָה
מִחְיַת הַמִּכְוָה בַּהֶרֶת לְבָנָה אֲדַמְדֶּמֶת אוֹ לְבָנָה ג:יג:כה וְרָאָה
אֹתָהּ הַכֹּהֵן וְהִנֵּה נֶהְפַּךְ שֵׂעָר לָבָן בַּבַּהֶרֶת וּמַרְאֶהָ עָמֹק
מִן־הָעוֹר צָרַעַת הִוא בַּמִּכְוָה פָּרָחָה וְטִמֵּא אֹתוֹ הַכֹּהֵן נֶגַע
צָרַעַת הִוא ג:יג:כו וְאִם | יִרְאֶנָּה הַכֹּהֵן וְהִנֵּה אֵין־בַּבֶּהֶרֶת שֵׂעָר
לָבָן וּשְׁפָלָה אֵינֶנָּה מִן־הָעוֹר וְהִוא כֵהָה וְהִסְגִּירוֹ הַכֹּהֵן שִׁבְעַת
יָמִים ג:יג:כז וְרָאָהוּ הַכֹּהֵן בַּיּוֹם הַשְּׁבִיעִי אִם־פָּשֹׂה תִפְשֶׂה בָּעוֹר
וְטִמֵּא הַכֹּהֵן אֹתוֹ נֶגַע צָרַעַת הִוא ג:יג:כח וְאִם־תַּחְתֶּיהָ תַעֲמֹד
הַבַּהֶרֶת לֹא־פָשְׂתָה בָעוֹר וְהִוא כֵהָה שְׂאֵת הַמִּכְוָה הִוא וְטִהֲרוֹ
הַכֹּהֵן כִּי־צָרֶבֶת הַמִּכְוָה הִוא ג:יג:כט וְאִישׁ אוֹ אִשָּׁה כִּי־יִהְיֶה בוֹ נָגַע
בְּרֹאשׁ אוֹ בְזָקָן ג:יג:ל וְרָאָה הַכֹּהֵן אֶת־הַנֶּגַע וְהִנֵּה מַרְאֵהוּ עָמֹק
מִן־הָעוֹר וּבוֹ שֵׂעָר צָהֹב דָּק וְטִמֵּא אֹתוֹ הַכֹּהֵן נֶתֶק הוּא צָרַעַת
הָרֹאשׁ אוֹ הַזָּקָן הוּא ג:יג:לא וְכִי־יִרְאֶה הַכֹּהֵן אֶת־נֶגַע הַנֶּתֶק וְהִנֵּה
אֵין־מַרְאֵהוּ עָמֹק מִן־הָעוֹר וְשֵׂעָר שָׁחֹר אֵין בּוֹ וְהִסְגִּיר הַכֹּהֵן
אֶת־נֶגַע הַנֶּתֶק שִׁבְעַת יָמִים ג:יג:לב וְרָאָה הַכֹּהֵן אֶת־הַנֶּגַע בַּיּוֹם
הַשְּׁבִיעִי וְהִנֵּה לֹא־פָשָׂה הַנֶּתֶק וְלֹא־הָיָה בוֹ שֵׂעָר צָהֹב וּמַרְאֵה
הַנֶּתֶק אֵין עָמֹק מִן־הָעוֹר ג:יג:לג וְהִתְגַּלָּח וְאֶת־הַנֶּתֶק לֹא יְגַלֵּחַ
וְהִסְגִּיר הַכֹּהֵן אֶת־הַנֶּתֶק שִׁבְעַת יָמִים שֵׁנִית ג:יג:לד וְרָאָה הַכֹּהֵן
אֶת־הַנֶּתֶק בַּיּוֹם הַשְּׁבִיעִי וְהִנֵּה לֹא־פָשָׂה הַנֶּתֶק בָּעוֹר וּמַרְאֵהוּ
אֵינֶנּוּ עָמֹק מִן־הָעוֹר וְטִהַר אֹתוֹ הַכֹּהֵן וְכִבֶּס בְּגָדָיו וְטָהֵר

ג׳יג:לה וְאִם־פָּשֹׂה יִפְשֶׂה הַנֶּתֶק בָּעוֹר אַחֲרֵי טׇהֳרָתוֹ ג׳יג:לו וְרָאָהוּ
הַכֹּהֵן וְהִנֵּה פָּשָׂה הַנֶּתֶק בָּעוֹר לֹא־יְבַקֵּר הַכֹּהֵן לַשֵּׂעָר הַצָּהֹב
טָמֵא הוּא ג׳יג:לז וְאִם־בְּעֵינָיו עָמַד הַנֶּתֶק וְשֵׂעָר שָׁחֹר צָמַח־בּוֹ
נִרְפָּא הַנֶּתֶק טָהוֹר הוּא וְטִהֲרוֹ הַכֹּהֵן ג׳יג:לח וְאִישׁ אוֹ־אִשָּׁה
כִּי־יִהְיֶה בְעוֹר־בְּשָׂרָם בֶּהָרֹת בֶּהָרֹת לְבָנֹת ג׳יג:לט וְרָאָה הַכֹּהֵן
וְהִנֵּה בְעוֹר־בְּשָׂרָם בֶּהָרֹת כֵּהוֹת לְבָנֹת בֹּהַק הוּא פָּרַח בָּעוֹר
טָהוֹר הוּא ג׳יג:מ וְאִישׁ כִּי יִמָּרֵט רֹאשׁוֹ קֵרֵחַ הוּא טָהוֹר הוּא
ג׳יג:מא וְאִם מִפְּאַת פָּנָיו יִמָּרֵט רֹאשׁוֹ גִּבֵּחַ הוּא טָהוֹר הוּא
ג׳יג:מב וְכִי־יִהְיֶה בַקָּרַחַת אוֹ בַגַּבַּחַת נֶגַע לָבָן אֲדַמְדָּם צָרַעַת
פֹּרַחַת הִוא בְּקָרַחְתּוֹ אוֹ בְגַבַּחְתּוֹ ג׳יג:מג וְרָאָה אֹתוֹ הַכֹּהֵן וְהִנֵּה
שְׂאֵת־הַנֶּגַע לְבָנָה אֲדַמְדֶּמֶת בְּקָרַחְתּוֹ אוֹ בְגַבַּחְתּוֹ כְּמַרְאֵה
צָרַעַת עוֹר בָּשָׂר ג׳יג:מד אִישׁ־צָרוּעַ הוּא טָמֵא הוּא טַמֵּא יְטַמְּאֶנּוּ
הַכֹּהֵן בְּרֹאשׁוֹ נִגְעוֹ ג׳יג:מה וְהַצָּרוּעַ אֲשֶׁר־בּוֹ הַנֶּגַע בְּגָדָיו יִהְיוּ
פְרֻמִים וְרֹאשׁוֹ יִהְיֶה פָרוּעַ וְעַל־שָׂפָם יַעְטֶה וְטָמֵא | טָמֵא יִקְרָא
ג׳יג:מו כׇּל־יְמֵי אֲשֶׁר הַנֶּגַע בּוֹ יִטְמָא טָמֵא הוּא בָּדָד יֵשֵׁב מִחוּץ
לַמַּחֲנֶה מוֹשָׁבוֹ ג׳יג:מז וְהַבֶּגֶד כִּי־יִהְיֶה בוֹ נֶגַע צָרָעַת בְּבֶגֶד צֶמֶר אוֹ
בְּבֶגֶד פִּשְׁתִּים ג׳יג:מח אוֹ בִשְׁתִי אוֹ בְעֵרֶב לַפִּשְׁתִּים וְלַצָּמֶר אוֹ
בְעוֹר אוֹ בְּכׇל־מְלֶאכֶת עוֹר ג׳יג:מט וְהָיָה הַנֶּגַע יְרַקְרַק | אוֹ
אֲדַמְדָּם בַּבֶּגֶד אוֹ בָעוֹר אוֹ־בַשְּׁתִי אוֹ־בָעֵרֶב אוֹ בְכׇל־כְּלִי־עוֹר נֶגַע
צָרַעַת הוּא וְהׇרְאָה אֶת־הַכֹּהֵן ג׳יג:נ וְרָאָה הַכֹּהֵן אֶת־הַנָּגַע
וְהִסְגִּיר אֶת־הַנֶּגַע שִׁבְעַת יָמִים ג׳יג:נא וְרָאָה אֶת־הַנֶּגַע בַּיּוֹם
הַשְּׁבִיעִי כִּי־פָשָׂה הַנֶּגַע בַּבֶּגֶד אוֹ־בַשְּׁתִי אוֹ־בָעֵרֶב אוֹ בָעוֹר לְכֹל
אֲשֶׁר־יֵעָשֶׂה הָעוֹר לִמְלָאכָה צָרַעַת מַמְאֶרֶת הַנֶּגַע טָמֵא הוּא
ג׳יג:נב וְשָׂרַף אֶת־הַבֶּגֶד אוֹ אֶת־הַשְּׁתִי | אוֹ אֶת־הָעֵרֶב בַּצֶּמֶר אוֹ
בַפִּשְׁתִּים אוֹ אֶת־כׇּל־כְּלִי הָעוֹר אֲשֶׁר־יִהְיֶה בוֹ הַנָּגַע כִּי־צָרַעַת
מַמְאֶרֶת הִוא בָּאֵשׁ תִּשָּׂרֵף ג׳יג:נג וְאִם יִרְאֶה הַכֹּהֵן וְהִנֵּה לֹא־פָשָׂה
הַנֶּגַע בַּבֶּגֶד אוֹ בַשְּׁתִי אוֹ בָעֵרֶב אוֹ בְּכׇל־כְּלִי־עוֹר ג׳יג:נד וְצִוָּה
הַכֹּהֵן וְכִבְּסוּ אֵת אֲשֶׁר־בּוֹ הַנָּגַע וְהִסְגִּירוֹ שִׁבְעַת־יָמִים שֵׁנִית

ג׳יג:נה וְרָאָ֨ה הַכֹּהֵ֜ן אַחֲרֵ֣י ׀ הֻכַּבֵּ֣ס אֶת־הַנֶּ֗גַע וְ֠הִנֵּה לֹֽא־הָפַ֨ךְ
הַנֶּ֤גַע אֶת־עֵינוֹ֙ וְהַנֶּ֣גַע לֹא־פָשָׂ֔ה טָמֵ֣א ה֔וּא בָּאֵ֖שׁ תִּשְׂרְפֶ֑נּוּ פְּחֶ֣תֶת
ה֔וּא בְּקָרַחְתּ֖וֹ א֥וֹ בְגַבַּחְתּֽוֹ ג׳יג:נו וְאִם֮ רָאָ֣ה הַכֹּהֵן֒ וְהִנֵּה֙ כֵּהָ֣ה
הַנֶּ֔גַע אַחֲרֵ֖י הֻכַּבֵּ֣ס אֹת֑וֹ וְקָרַ֣ע אֹת֗וֹ מִן־הַבֶּ֙גֶד֙ א֣וֹ מִן־הָע֔וֹר א֥וֹ
מִן־הַשְּׁתִ֖י א֥וֹ מִן־הָעֵֽרֶב ג׳יג:נז וְאִם־תֵּרָאֶ֨ה ע֜וֹד בַּ֠בֶּגֶד אֽוֹ־בַשְּׁתִ֤י
אֽוֹ־בָעֵ֙רֶב֙ א֣וֹ בְכָל־כְּלִי־ע֔וֹר פֹּרַ֖חַת הִ֑וא בָּאֵ֣שׁ תִּשְׂרְפֶ֔נּוּ אֵ֥ת
אֲשֶׁר־בּ֖וֹ הַנָּֽגַע ג׳יג:נח וְהַבֶּ֡גֶד אֽוֹ־הַשְּׁתִ֣י אֽוֹ־הָעֵ֩רֶב֩ אֽוֹ־כָל־כְּלִ֨י הָע֜וֹר
אֲשֶׁ֣ר תְּכַבֵּ֗ס וְסָ֥ר מֵהֶ֖ם הַנָּ֑גַע וְכֻבַּ֥ס שֵׁנִ֖ית וְטָהֵֽר ג׳יג:נט זֹ֡את תּוֹרַ֣ת
נֶֽגַע־צָרַ֩עַת֩ בֶּ֨גֶד הַצֶּ֜מֶר ׀ א֣וֹ הַפִּשְׁתִּ֗ים א֤וֹ הַשְּׁתִי֙ א֣וֹ הָעֵ֔רֶב א֖וֹ
כָּל־כְּלִי־ע֑וֹר לְטַהֲר֖וֹ א֥וֹ לְטַמְּאֽוֹ ג׳יד:א וַיְדַבֵּ֥ר יְהוָ֖ה אֶל־מֹשֶׁ֥ה לֵּאמֹֽר
ג׳יד:ב זֹ֤את תִּהְיֶה֙ תּוֹרַ֣ת הַמְּצֹרָ֔ע בְּי֖וֹם טָהֳרָת֑וֹ וְהוּבָ֖א אֶל־הַכֹּהֵֽן
ג׳יד:ג וְיָצָא֙ הַכֹּהֵ֔ן אֶל־מִח֖וּץ לַֽמַּחֲנֶ֑ה וְרָאָה֙ הַכֹּהֵ֔ן וְהִנֵּ֛ה נִרְפָּ֥א
נֶֽגַע־הַצָּרַ֖עַת מִן־הַצָּרֽוּעַ ג׳יד:ד וְצִוָּה֙ הַכֹּהֵ֔ן וְלָקַ֧ח לַמִּטַּהֵ֛ר
שְׁתֵּֽי־צִפֳּרִ֥ים חַיּ֖וֹת טְהֹר֑וֹת וְעֵ֣ץ אֶ֔רֶז וּשְׁנִ֥י תוֹלַ֖עַת וְאֵזֹֽב ג׳יד:ה וְצִוָּה֙
הַכֹּהֵ֔ן וְשָׁחַ֖ט אֶת־הַצִּפּ֣וֹר הָאֶחָ֑ת אֶל־כְּלִי־חֶ֖רֶשׂ עַל־מַ֥יִם חַיִּֽים
ג׳יד:ו אֶת־הַצִּפֹּ֤ר הַחַיָּה֙ יִקַּ֣ח אֹתָ֔הּ וְאֶת־עֵ֥ץ הָאֶ֖רֶז וְאֶת־שְׁנִ֣י
הַתּוֹלַ֖עַת וְאֶת־הָאֵזֹ֑ב וְטָבַ֨ל אוֹתָ֜ם וְאֵ֣ת ׀ הַצִּפֹּ֣ר הַֽחַיָּ֗ה בְּדַם֙
הַצִּפֹּ֣ר הַשְּׁחֻטָ֔ה עַ֖ל הַמַּ֥יִם הַחַיִּֽים ג׳יד:ז וְהִזָּ֗ה עַ֧ל הַמִּטַּהֵ֛ר
מִן־הַצָּרַ֖עַת שֶׁ֣בַע פְּעָמִ֑ים וְטִ֣הֲר֔וֹ וְשִׁלַּ֛ח אֶת־הַצִּפֹּ֥ר הַחַיָּ֖ה עַל־פְּנֵ֥י
הַשָּׂדֶֽה ג׳יד:ח וְכִבֶּס֩ הַמִּטַּהֵ֨ר אֶת־בְּגָדָ֜יו וְגִלַּ֣ח אֶת־כָּל־שְׂעָר֗וֹ וְרָחַ֤ץ
בַּמַּ֙יִם֙ וְטָהֵ֔ר וְאַחַ֖ר יָב֣וֹא אֶל־הַֽמַּחֲנֶ֑ה וְיָשַׁ֛ב מִח֥וּץ לְאָהֳל֖וֹ שִׁבְעַ֥ת
יָמִֽים ג׳יד:ט וְהָיָה֩ בַיּ֨וֹם הַשְּׁבִיעִ֜י יְגַלַּ֣ח אֶת־כָּל־שְׂעָר֗וֹ אֶת־רֹאשׁ֤וֹ
וְאֶת־זְקָנוֹ֙ וְאֵת֙ גַּבֹּ֣ת עֵינָ֔יו וְאֶת־כָּל־שְׂעָר֖וֹ יְגַלֵּ֑חַ וְכִבֶּ֣ס אֶת־בְּגָדָ֗יו
וְרָחַ֧ץ אֶת־בְּשָׂר֛וֹ בַּמַּ֖יִם וְטָהֵֽר ג׳יד:י וּבַיּ֣וֹם הַשְּׁמִינִ֗י יִקַּ֤ח שְׁנֵֽי־כְבָשִׂים֙
תְּמִימִ֔ם וְכַבְשָׂ֥ה אַחַ֛ת בַּת־שְׁנָתָ֖הּ תְּמִימָ֑ה וּשְׁלֹשָׁ֣ה עֶשְׂרֹנִ֗ים
סֹ֤לֶת מִנְחָה֙ בְּלוּלָ֣ה בַשֶּׁ֔מֶן וְלֹ֥ג אֶחָ֖ד שָֽׁמֶן ג׳יד:יא וְהֶעֱמִ֞יד הַכֹּהֵ֣ן
הַֽמְטַהֵ֗ר אֵ֚ת הָאִ֣ישׁ הַמִּטַּהֵ֔ר וְאֹתָ֑ם לִפְנֵ֣י יְהוָ֔ה פֶּ֖תַח אֹ֥הֶל מוֹעֵֽד
ג׳יד:יב וְלָקַ֨ח הַכֹּהֵ֜ן אֶת־הַכֶּ֣בֶשׂ הָאֶחָ֗ד וְהִקְרִ֥יב אֹת֛וֹ לְאָשָׁ֖ם

וְאֶת־לֹ֣ג הַשָּׁ֑מֶן וְהֵנִ֥יף אֹתָ֛ם תְּנוּפָ֖ה לִפְנֵ֥י יְהוָֽה ג·יד:יג וְשָׁחַ֣ט
אֶת־הַכֶּ֗בֶשׂ בִּמְק֞וֹם אֲשֶׁ֨ר יִשְׁחַ֧ט אֶת־הַֽחַטָּ֛את וְאֶת־הָעֹלָ֖ה
בִּמְק֣וֹם הַקֹּ֑דֶשׁ כִּ֡י כַּֽחַטָּאת֩ הָאָשָׁ֨ם הוּא֙ לַכֹּהֵ֔ן קֹ֥דֶשׁ קָֽדָשִׁ֖ים הֽוּא
ג·יד:יד וְלָקַ֣ח הַכֹּהֵן֮ מִדַּ֣ם הָאָשָׁם֒ וְנָתַן֙ הַכֹּהֵ֔ן עַל־תְּנ֛וּךְ אֹ֥זֶן
הַמִּטַּהֵ֖ר הַיְמָנִ֑ית וְעַל־בֹּ֤הֶן יָדוֹ֙ הַיְמָנִ֔ית וְעַל־בֹּ֥הֶן רַגְל֖וֹ הַיְמָנִֽית
ג·יד:טו וְלָקַ֥ח הַכֹּהֵ֖ן מִלֹּ֣ג הַשָּׁ֑מֶן וְיָצַ֛ק עַל־כַּ֥ף הַכֹּהֵ֖ן הַשְּׂמָאלִֽית
ג·יד:טז וְטָבַ֤ל הַכֹּהֵן֙ אֶת־אֶצְבָּע֣וֹ הַיְמָנִ֔ית מִן־הַשֶּׁ֕מֶן אֲשֶׁ֥ר עַל־כַּפּ֖וֹ
הַשְּׂמָאלִ֑ית וְהִזָּ֨ה מִן־הַשֶּׁ֧מֶן בְּאֶצְבָּע֛וֹ שֶׁ֥בַע פְּעָמִ֖ים לִפְנֵ֥י יְהוָֽה
ג·יד:יז וּמִיֶּ֨תֶר הַשֶּׁ֜מֶן אֲשֶׁ֣ר עַל־כַּפּ֗וֹ יִתֵּ֤ן הַכֹּהֵן֙ עַל־תְּנ֞וּךְ אֹ֤זֶן
הַמִּטַּהֵר֙ הַיְמָנִ֔ית וְעַל־בֹּ֤הֶן יָדוֹ֙ הַיְמָנִ֔ית וְעַל־בֹּ֥הֶן רַגְל֖וֹ הַיְמָנִ֑ית עַ֖ל
דַּ֥ם הָאָשָֽׁם ג·יד:יח וְהַנּוֹתָ֗ר בַּשֶּׁ֙מֶן֙ אֲשֶׁר֙ עַל־כַּ֣ף הַכֹּהֵ֔ן יִתֵּ֖ן עַל־רֹ֣אשׁ
הַמִּטַּהֵ֑ר וְכִפֶּ֥ר עָלָ֛יו הַכֹּהֵ֖ן לִפְנֵ֥י יְהוָֽה ג·יד:יט וְעָשָׂ֤ה הַכֹּהֵן֙
אֶת־הַֽחַטָּ֔את וְכִפֶּ֕ר עַל־הַמִּטַּהֵ֖ר מִטֻּמְאָת֑וֹ וְאַחַ֖ר יִשְׁחַ֥ט
אֶת־הָעֹלָֽה ג·יד:כ וְהֶעֱלָ֧ה הַכֹּהֵ֛ן אֶת־הָעֹלָ֥ה וְאֶת־הַמִּנְחָ֖ה
הַמִּזְבֵּ֑חָה וְכִפֶּ֥ר עָלָ֛יו הַכֹּהֵ֖ן וְטָהֵֽר ג·יד:כא וְאִם־דַּ֣ל ה֗וּא וְאֵ֣ין יָדוֹ֮
מַשֶּׂגֶת֒ וְ֠לָקַח כֶּ֣בֶשׂ אֶחָ֥ד אָשָׁ֛ם לִתְנוּפָ֖ה לְכַפֵּ֣ר עָלָ֑יו וְעִשָּׂר֨וֹן סֹ֜לֶת
אֶחָ֨ד בָּל֧וּל בַּשֶּׁ֛מֶן לְמִנְחָ֖ה וְלֹ֥ג שָֽׁמֶן ג·יד:כב וּשְׁתֵּ֣י תֹרִ֗ים א֛וֹ שְׁנֵ֥י בְּנֵ֣י
יוֹנָ֔ה אֲשֶׁ֥ר תַּשִּׂ֖יג יָד֑וֹ וְהָיָ֤ה אֶחָד֙ חַטָּ֔את וְהָאֶחָ֖ד עֹלָֽה ג·יד:כג וְהֵבִ֨יא
אֹתָ֜ם בַּיּ֧וֹם הַשְּׁמִינִ֛י לְטָהֳרָת֖וֹ אֶל־הַכֹּהֵ֑ן אֶל־פֶּ֥תַח אֹֽהֶל־מוֹעֵ֖ד
לִפְנֵ֥י יְהוָֽה ג·יד:כד וְלָקַ֧ח הַכֹּהֵ֛ן אֶת־כֶּ֥בֶשׂ הָאָשָׁ֖ם וְאֶת־לֹ֣ג הַשָּׁ֑מֶן
וְהֵנִ֨יף אֹתָ֧ם הַכֹּהֵ֛ן תְּנוּפָ֖ה לִפְנֵ֥י יְהוָֽה ג·יד:כה וְשָׁחַט֮ אֶת־כֶּ֣בֶשׂ
הָאָשָׁם֒ וְלָקַ֣ח הַכֹּהֵן֮ מִדַּ֣ם הָאָשָׁם֒ וְנָתַ֛ן עַל־תְּנ֥וּךְ אֹֽזֶן־הַמִּטַּהֵ֖ר
הַיְמָנִ֑ית וְעַל־בֹּ֤הֶן יָדוֹ֙ הַיְמָנִ֔ית וְעַל־בֹּ֥הֶן רַגְל֖וֹ הַיְמָנִֽית
ג·יד:כו וּמִן־הַשֶּׁ֖מֶן יִצֹ֣ק הַכֹּהֵ֑ן עַל־כַּ֥ף הַכֹּהֵ֖ן הַשְּׂמָאלִֽית ג·יד:כז וְהִזָּ֤ה
הַכֹּהֵן֙ בְּאֶצְבָּע֣וֹ הַיְמָנִ֔ית מִן־הַשֶּׁ֕מֶן אֲשֶׁ֥ר עַל־כַּפּ֖וֹ הַשְּׂמָאלִ֑ית שֶׁ֥בַע
פְּעָמִ֖ים לִפְנֵ֥י יְהוָֽה ג·יד:כח וְנָתַ֨ן הַכֹּהֵ֜ן מִן־הַשֶּׁ֣מֶן ׀ אֲשֶׁ֣ר עַל־כַּפּ֗וֹ
עַל־תְּנ֞וּךְ אֹ֤זֶן הַמִּטַּהֵר֙ הַיְמָנִ֔ית וְעַל־בֹּ֤הֶן יָדוֹ֙ הַיְמָנִ֔ית וְעַל־בֹּ֥הֶן
רַגְל֖וֹ הַיְמָנִ֑ית עַל־מְק֕וֹם דַּ֖ם הָאָשָֽׁם ג·יד:כט וְהַנּוֹתָ֞ר מִן־הַשֶּׁ֗מֶן

אֲשֶׁר֙ עַל־כַּ֣ף הַכֹּהֵ֔ן יִתֵּ֖ן עַל־רֹ֣אשׁ הַמִּטַּהֵ֑ר לְכַפֵּ֥ר עָלָ֖יו לִפְנֵ֥י יְהוָֽה
ג׳יד:ל וְעָשָׂ֣ה אֶת־הָאֶחָד֙ מִן־הַתֹּרִ֔ים א֖וֹ מִן־בְּנֵ֣י הַיּוֹנָ֑ה מֵאֲשֶׁ֥ר תַּשִּׂ֖יג
יָדֽוֹ ג׳יד:לא אֵ֣ת אֲשֶׁר־תַּשִּׂ֞יג יָד֗וֹ אֶת־הָאֶחָ֥ד חַטָּ֛את וְאֶת־הָאֶחָ֥ד
עֹלָ֖ה עַל־הַמִּנְחָ֑ה וְכִפֶּ֧ר הַכֹּהֵ֛ן עַ֥ל הַמִּטַּהֵ֖ר לִפְנֵ֥י יְהוָֽה ג׳יד:לב זֹ֣את
תּוֹרַ֔ת אֲשֶׁר־בּ֖וֹ נֶ֣גַע צָרָ֑עַת אֲשֶׁ֛ר לֹא־תַשִּׂ֥יג יָד֖וֹ בְּטָהֳרָתֽוֹ
ג׳יד:לג וַיְדַבֵּ֣ר יְהוָ֔ה אֶל־מֹשֶׁ֥ה וְאֶֽל־אַהֲרֹ֖ן לֵאמֹֽר ג׳יד:לד כִּ֤י תָבֹ֙אוּ֙
אֶל־אֶ֣רֶץ כְּנַ֔עַן אֲשֶׁ֥ר אֲנִ֛י נֹתֵ֥ן לָכֶ֖ם לַאֲחֻזָּ֑ה וְנָתַתִּי֙ נֶ֣גַע צָרַ֔עַת
בְּבֵ֖ית אֶ֥רֶץ אֲחֻזַּתְכֶֽם ג׳יד:לה וּבָא֙ אֲשֶׁר־ל֣וֹ הַבַּ֔יִת וְהִגִּ֥יד לַכֹּהֵ֖ן לֵאמֹ֑ר
כְּנֶ֕גַע נִרְאָ֥ה לִ֖י בַּבָּֽיִת ג׳יד:לו וְצִוָּ֨ה הַכֹּהֵ֜ן וּפִנּ֣וּ אֶת־הַבַּ֗יִת בְּטֶ֨רֶם יָבֹ֤א
הַכֹּהֵן֙ לִרְא֣וֹת אֶת־הַנֶּ֔גַע וְלֹ֥א יִטְמָ֖א כָּל־אֲשֶׁ֣ר בַּבָּ֑יִת וְאַ֛חַר כֵּ֥ן יָבֹ֥א
הַכֹּהֵ֖ן לִרְא֥וֹת אֶת־הַבָּֽיִת ג׳יד:לז וְרָאָ֣ה אֶת־הַנֶּ֗גַע וְהִנֵּ֤ה הַנֶּ֙גַע֙
בְּקִירֹ֣ת הַבַּ֔יִת שְׁקַֽעֲרוּרֹת֙ יְרַקְרַקֹּ֔ת א֖וֹ אֲדַמְדַּמֹּ֑ת וּמַרְאֵיהֶ֥ן שָׁפָ֖ל
מִן־הַקִּֽיר ג׳יד:לח וְיָצָ֧א הַכֹּהֵ֛ן מִן־הַבַּ֖יִת אֶל־פֶּ֣תַח הַבָּ֑יִת וְהִסְגִּ֥יר
אֶת־הַבַּ֖יִת שִׁבְעַ֥ת יָמִֽים ג׳יד:לט וְשָׁ֥ב הַכֹּהֵ֖ן בַּיּ֣וֹם הַשְּׁבִיעִ֑י וְרָאָ֕ה
וְהִנֵּ֛ה פָּשָׂ֥ה הַנֶּ֖גַע בְּקִירֹ֥ת הַבָּֽיִת ג׳יד:מ וְצִוָּה֙ הַכֹּהֵ֔ן וְחִלְּצוּ֙
אֶת־הָ֣אֲבָנִ֔ים אֲשֶׁ֥ר בָּהֵ֖ן הַנָּ֑גַע וְהִשְׁלִ֤יכוּ אֶתְהֶן֙ אֶל־מִח֣וּץ לָעִ֔יר
אֶל־מָק֖וֹם טָמֵֽא ג׳יד:מא וְאֶת־הַבַּ֥יִת יַקְצִ֛עַ מִבַּ֖יִת סָבִ֑יב וְשָׁפְכ֗וּ
אֶת־הֶֽעָפָר֙ אֲשֶׁ֣ר הִקְצ֔וּ אֶל־מִח֣וּץ לָעִ֔יר אֶל־מָק֖וֹם טָמֵֽא
ג׳יד:מב וְלָֽקְחוּ֙ אֲבָנִ֣ים אֲחֵר֔וֹת וְהֵבִ֖יאוּ אֶל־תַּ֣חַת הָאֲבָנִ֑ים וְעָפָ֥ר
אַחֵ֛ר יִקַּ֖ח וְטָ֥ח אֶת־הַבָּֽיִת ג׳יד:מג וְאִם־יָשׁ֤וּב הַנֶּ֙גַע֙ וּפָרַ֣ח בַּבַּ֔יִת
אַחַ֖ר חִלֵּ֣ץ אֶת־הָאֲבָנִ֑ים וְאַחֲרֵ֛י הִקְצ֥וֹת אֶת־הַבַּ֖יִת וְאַחֲרֵ֥י הִטּֽוֹחַ
ג׳יד:מד וּבָא֙ הַכֹּהֵ֔ן וְרָאָ֕ה וְהִנֵּ֛ה פָּשָׂ֥ה הַנֶּ֖גַע בַּבָּ֑יִת צָרַ֨עַת מַמְאֶ֥רֶת
הִ֛וא בַּבַּ֖יִת טָמֵ֥א הֽוּא ג׳יד:מה וְנָתַ֣ץ אֶת־הַבַּ֗יִת אֶת־אֲבָנָיו֙ וְאֶת־עֵצָ֔יו
וְאֵ֖ת כָּל־עֲפַ֣ר הַבָּ֑יִת וְהוֹצִיא֙ אֶל־מִח֣וּץ לָעִ֔יר אֶל־מָק֖וֹם טָמֵֽא
ג׳יד:מו וְהַבָּא֙ אֶל־הַבַּ֔יִת כָּל־יְמֵ֖י הִסְגִּ֣יר אֹת֑וֹ יִטְמָ֖א עַד־הָעָֽרֶב
ג׳יד:מז וְהַשֹּׁכֵ֣ב בַּבַּ֔יִת יְכַבֵּ֖ס אֶת־בְּגָדָ֑יו וְהָאֹכֵ֣ל בַּבַּ֔יִת יְכַבֵּ֖ס
אֶת־בְּגָדָֽיו ג׳יד:מח וְאִם־בֹּ֨א יָבֹ֜א הַכֹּהֵ֗ן וְרָאָה֙ וְהִנֵּ֙ה לֹא־פָשָׂ֤ה הַנֶּ֙גַע֙
בַּבַּ֔יִת אַחֲרֵ֖י הִטֹּ֣חַ אֶת־הַבָּ֑יִת וְטִהַ֤ר הַכֹּהֵן֙ אֶת־הַבַּ֔יִת כִּ֥י נִרְפָּ֖א

הַנָּֽגַע ג:יד:מט וְלָקַ֛ח לְחַטֵּ֥א אֶת־הַבַּ֖יִת שְׁתֵּ֣י צִפֳּרִ֑ים וְעֵ֣ץ אֶ֔רֶז וּשְׁנִ֥י
תוֹלַ֖עַת וְאֵזֹֽב ג:יד:נ וְשָׁחַ֖ט אֶת־הַצִּפֹּ֣ר הָאֶחָ֑ת אֶל־כְּלִי־חֶ֖רֶשׂ
עַל־מַ֥יִם חַיִּֽים ג:יד:נא וְלָקַ֣ח אֶת־עֵֽץ־הָ֠אֶרֶז וְאֶת־הָאֵזֹ֜ב וְאֵ֣ת ׀ שְׁנִ֣י
הַתּוֹלַ֗עַת וְאֵת֮ הַצִּפֹּ֣ר הַחַיָּה֒ וְטָבַ֣ל אֹתָ֗ם בְּדַם֙ הַצִּפֹּ֣ר הַשְּׁחוּטָ֔ה
וּבַמַּ֖יִם הַחַיִּ֑ים וְהִזָּ֥ה אֶל־הַבַּ֖יִת שֶׁ֥בַע פְּעָמִֽים ג:יד:נב וְחִטֵּ֣א
אֶת־הַבַּ֔יִת בְּדַם֙ הַצִּפּ֔וֹר וּבַמַּ֖יִם הַחַיִּ֑ים וּבַצִּפֹּ֣ר הַחַיָּ֗ה וּבְעֵ֥ץ הָאֶ֛רֶז
וּבָאֵזֹ֖ב וּבִשְׁנִ֥י הַתּוֹלָֽעַת ג:יד:נג וְשִׁלַּ֞ח אֶת־הַצִּפֹּ֧ר הַחַיָּ֛ה אֶל־מִח֥וּץ
לָעִ֖יר אֶל־פְּנֵ֣י הַשָּׂדֶ֑ה וְכִפֶּ֥ר עַל־הַבַּ֖יִת וְטָהֵֽר ג:יד:נד זֹ֖את הַתּוֹרָ֑ה
לְכָל־נֶ֥גַע הַצָּרַ֖עַת וְלַנָּֽתֶק ג:יד:נה וּלְצָרַ֥עַת הַבֶּ֖גֶד וְלַבָּֽיִת
ג:יד:נו וְלַשְׂאֵ֥ת וְלַסַּפַּ֖חַת וְלַבֶּהָֽרֶת ג:יד:נז לְהוֹרֹ֕ת בְּי֥וֹם הַטָּמֵ֖א וּבְי֣וֹם
הַטָּהֹ֑ר זֹ֥את תּוֹרַ֖ת הַצָּרָֽעַת ג:יה:א וַיְדַבֵּ֣ר יְהוָ֔ה אֶל־מֹשֶׁ֥ה
וְאֶֽל־אַהֲרֹ֖ן לֵאמֹֽר ג:יה:ב דַּבְּרוּ֙ אֶל־בְּנֵ֣י יִשְׂרָאֵ֔ל וַאֲמַרְתֶּ֖ם אֲלֵהֶ֑ם
אִ֣ישׁ אִ֗ישׁ כִּ֤י יִהְיֶה֙ זָ֣ב מִבְּשָׂר֔וֹ זוֹב֖וֹ טָמֵ֥א הֽוּא ג:יה:ג וְזֹ֛את תִּהְיֶ֥ה
טֻמְאָת֖וֹ בְּזוֹב֑וֹ רָ֣ר בְּשָׂר֞וֹ אֶת־זוֹב֗וֹ אֽוֹ־הֶחְתִּ֤ים בְּשָׂרוֹ֙ מִזּוֹב֔וֹ טֻמְאָת֖וֹ
הִֽוא ג:יה:ד כָּל־הַמִּשְׁכָּ֗ב אֲשֶׁ֨ר יִשְׁכַּ֥ב עָלָ֛יו הַזָּ֖ב יִטְמָ֑א וְכָל־הַכְּלִ֛י
אֲשֶׁר־יֵשֵׁ֥ב עָלָ֖יו יִטְמָֽא ג:יה:ה וְאִ֕ישׁ אֲשֶׁ֥ר יִגַּ֖ע בְּמִשְׁכָּב֑וֹ יְכַבֵּ֧ס בְּגָדָ֛יו
וְרָחַ֥ץ בַּמַּ֖יִם וְטָמֵ֥א עַד־הָעָֽרֶב ג:יה:ו וְהַיֹּשֵׁב֙ עַֽל־הַכְּלִ֔י אֲשֶׁר־יֵשֵׁ֥ב
עָלָ֖יו הַזָּ֑ב יְכַבֵּ֧ס בְּגָדָ֛יו וְרָחַ֥ץ בַּמַּ֖יִם וְטָמֵ֥א עַד־הָעָֽרֶב ג:יה:ז וְהַנֹּגֵ֖עַ
בִּבְשַׂ֣ר הַזָּ֑ב יְכַבֵּ֧ס בְּגָדָ֛יו וְרָחַ֥ץ בַּמַּ֖יִם וְטָמֵ֥א עַד־הָעָֽרֶב
ג:יה:ח וְכִֽי־יָרֹ֥ק הַזָּ֖ב בַּטָּה֑וֹר וְכִבֶּ֧ס בְּגָדָ֛יו וְרָחַ֥ץ בַּמַּ֖יִם וְטָמֵ֥א
עַד־הָעָֽרֶב ג:יה:ט וְכָל־הַמֶּרְכָּ֗ב אֲשֶׁ֨ר יִרְכַּ֥ב עָלָ֛יו הַזָּ֖ב יִטְמָֽא
ג:יה:י וְכָל־הַנֹּגֵ֗עַ בְּכֹל֙ אֲשֶׁ֣ר יִהְיֶ֣ה תַחְתָּ֔יו יִטְמָ֖א עַד־הָעָ֑רֶב וְהַנּוֹשֵׂ֣א
אוֹתָ֔ם יְכַבֵּ֧ס בְּגָדָ֛יו וְרָחַ֥ץ בַּמַּ֖יִם וְטָמֵ֥א עַד־הָעָֽרֶב ג:יה:יא וְכֹ֨ל אֲשֶׁ֤ר
יִגַּע־בּוֹ֙ הַזָּ֔ב וְיָדָ֖יו לֹא־שָׁטַ֣ף בַּמָּ֑יִם וְכִבֶּ֧ס בְּגָדָ֛יו וְרָחַ֥ץ בַּמַּ֖יִם וְטָמֵ֥א
עַד־הָעָֽרֶב ג:יה:יב וּכְלִי־חֶ֛רֶשׂ אֲשֶׁר־יִגַּע־בּ֥וֹ הַזָּ֖ב יִשָּׁבֵ֑ר וְכָל־כְּלִי־עֵ֕ץ
יִשָּׁטֵ֖ף בַּמָּֽיִם ג:יה:יג וְכִֽי־יִטְהַ֤ר הַזָּב֙ מִזּוֹב֔וֹ וְסָ֨פַר ל֜וֹ שִׁבְעַ֥ת יָמִ֛ים
לְטָהֳרָת֖וֹ וְכִבֶּ֣ס בְּגָדָ֑יו וְרָחַ֧ץ בְּשָׂר֛וֹ בְּמַ֥יִם חַיִּ֖ים וְטָהֵֽר ג:יה:יד וּבַיּ֣וֹם
הַשְּׁמִינִ֗י יִֽקַּֽח־לוֹ֙ שְׁתֵּ֣י תֹרִ֔ים א֥וֹ שְׁנֵ֖י בְּנֵ֣י יוֹנָ֑ה וּבָ֣א ׀ לִפְנֵ֣י יְהוָ֗ה

אֶל־פֶּתַח אֹהֶל מוֹעֵד וּנְתָנָם אֶל־הַכֹּהֵן ג׳יה:יה וְעָשָׂה אֹתָם הַכֹּהֵן
אֶחָד חַטָּאת וְהָאֶחָד עֹלָה וְכִפֶּר עָלָיו הַכֹּהֵן לִפְנֵי יְהוָה מִזּוֹבוֹ
ג׳יה:יו וְאִישׁ כִּי־תֵצֵא מִמֶּנּוּ שִׁכְבַת־זָרַע וְרָחַץ בַּמַּיִם אֶת־כָּל־בְּשָׂרוֹ
וְטָמֵא עַד־הָעָרֶב ג׳יה:יז וְכָל־בֶּגֶד וְכָל־עוֹר אֲשֶׁר־יִהְיֶה עָלָיו
שִׁכְבַת־זָרַע וְכֻבַּס בַּמַּיִם וְטָמֵא עַד־הָעָרֶב ג׳יה:יח וְאִשָּׁה אֲשֶׁר
יִשְׁכַּב אִישׁ אֹתָהּ שִׁכְבַת־זָרַע וְרָחֲצוּ בַמַּיִם וְטָמְאוּ עַד־הָעָרֶב
ג׳יה:יט וְאִשָּׁה כִּי־תִהְיֶה זָבָה דָּם יִהְיֶה זֹבָהּ בִּבְשָׂרָהּ שִׁבְעַת יָמִים
תִּהְיֶה בְנִדָּתָהּ וְכָל־הַנֹּגֵעַ בָּהּ יִטְמָא עַד־הָעָרֶב ג׳יה:כ וְכֹל אֲשֶׁר
תִּשְׁכַּב עָלָיו בְּנִדָּתָהּ יִטְמָא וְכֹל אֲשֶׁר־תֵּשֵׁב עָלָיו יִטְמָא
ג׳יה:כא וְכָל־הַנֹּגֵעַ בְּמִשְׁכָּבָהּ יְכַבֵּס בְּגָדָיו וְרָחַץ בַּמַּיִם וְטָמֵא
עַד־הָעָרֶב ג׳יה:כב וְכָל־הַנֹּגֵעַ בְּכָל־כְּלִי אֲשֶׁר־תֵּשֵׁב עָלָיו יְכַבֵּס בְּגָדָיו
וְרָחַץ בַּמַּיִם וְטָמֵא עַד־הָעָרֶב ג׳יה:כג וְאִם עַל־הַמִּשְׁכָּב הוּא אוֹ
עַל־הַכְּלִי אֲשֶׁר־הִוא יֹשֶׁבֶת־עָלָיו בְּנָגְעוֹ־בוֹ יִטְמָא עַד־הָעָרֶב
ג׳יה:כד וְאִם שָׁכֹב יִשְׁכַּב אִישׁ אֹתָהּ וּתְהִי נִדָּתָהּ עָלָיו וְטָמֵא שִׁבְעַת
יָמִים וְכָל־הַמִּשְׁכָּב אֲשֶׁר־יִשְׁכַּב עָלָיו יִטְמָא ג׳יה:כה וְאִשָּׁה כִּי־יָזוּב
זוֹב דָּמָהּ יָמִים רַבִּים בְּלֹא עֶת־נִדָּתָהּ אוֹ כִי־תָזוּב עַל־נִדָּתָהּ
כָּל־יְמֵי זוֹב טֻמְאָתָהּ כִּימֵי נִדָּתָהּ תִּהְיֶה טְמֵאָה הִוא
ג׳יה:כו כָּל־הַמִּשְׁכָּב אֲשֶׁר־תִּשְׁכַּב עָלָיו כָּל־יְמֵי זוֹבָהּ כְּמִשְׁכַּב נִדָּתָהּ
יִהְיֶה־לָּהּ וְכָל־הַכְּלִי אֲשֶׁר תֵּשֵׁב עָלָיו טָמֵא יִהְיֶה כְּטֻמְאַת נִדָּתָהּ
ג׳יה:כז וְכָל־הַנּוֹגֵעַ בָּם יִטְמָא וְכִבֶּס בְּגָדָיו וְרָחַץ בַּמַּיִם וְטָמֵא
עַד־הָעָרֶב ג׳יה:כח וְאִם־טָהֲרָה מִזּוֹבָהּ וְסָפְרָה לָּהּ שִׁבְעַת יָמִים
וְאַחַר תִּטְהָר ג׳יה:כט וּבַיּוֹם הַשְּׁמִינִי תִּקַּח־לָהּ שְׁתֵּי תֹרִים אוֹ שְׁנֵי
בְּנֵי יוֹנָה וְהֵבִיאָה אוֹתָם אֶל־הַכֹּהֵן אֶל־פֶּתַח אֹהֶל מוֹעֵד
ג׳יה:ל וְעָשָׂה הַכֹּהֵן אֶת־הָאֶחָד חַטָּאת וְאֶת־הָאֶחָד עֹלָה וְכִפֶּר
עָלֶיהָ הַכֹּהֵן לִפְנֵי יְהוָה מִזּוֹב טֻמְאָתָהּ ג׳יה:לא וְהִזַּרְתֶּם
אֶת־בְּנֵי־יִשְׂרָאֵל מִטֻּמְאָתָם וְלֹא יָמֻתוּ בְּטֻמְאָתָם בְּטַמְּאָם
אֶת־מִשְׁכָּנִי אֲשֶׁר בְּתוֹכָם ג׳יה:לב זֹאת תּוֹרַת הַזָּב וַאֲשֶׁר תֵּצֵא מִמֶּנּוּ
שִׁכְבַת־זֶרַע לְטָמְאָה־בָהּ ג׳יה:לג וְהַדָּוָה בְּנִדָּתָהּ וְהַזָּב אֶת־זוֹבוֹ

לַזָּכָר וְלַנְּקֵבָה וּלְאִישׁ אֲשֶׁר יִשְׁכַּב עִם־טְמֵאָה ג:יו:א וַיְדַבֵּר יְהוָה
אֶל־מֹשֶׁה אַחֲרֵי מוֹת שְׁנֵי בְּנֵי אַהֲרֹן בְּקָרְבָתָם לִפְנֵי־יְהוָה וַיָּמֻתוּ
ג:יו:ב וַיֹּאמֶר יְהוָה אֶל־מֹשֶׁה דַּבֵּר אֶל־אַהֲרֹן אָחִיךָ וְאַל־יָבֹא
בְכָל־עֵת אֶל־הַקֹּדֶשׁ מִבֵּית לַפָּרֹכֶת אֶל־פְּנֵי הַכַּפֹּרֶת אֲשֶׁר
עַל־הָאָרֹן וְלֹא יָמוּת כִּי בֶּעָנָן אֵרָאֶה עַל־הַכַּפֹּרֶת ג:יו:ג בְּזֹאת יָבֹא
אַהֲרֹן אֶל־הַקֹּדֶשׁ בְּפַר בֶּן־בָּקָר לְחַטָּאת וְאַיִל לְעֹלָה
ג:יו:ד כְּתֹנֶת־בַּד קֹדֶשׁ יִלְבָּשׁ וּמִכְנְסֵי־בַד יִהְיוּ עַל־בְּשָׂרוֹ וּבְאַבְנֵט
בַּד יַחְגֹּר וּבְמִצְנֶפֶת בַּד יִצְנֹף בִּגְדֵי־קֹדֶשׁ הֵם וְרָחַץ בַּמַּיִם
אֶת־בְּשָׂרוֹ וּלְבֵשָׁם ג:יו:ה וּמֵאֵת עֲדַת בְּנֵי יִשְׂרָאֵל יִקַּח שְׁנֵי־שְׂעִירֵי
עִזִּים לְחַטָּאת וְאַיִל אֶחָד לְעֹלָה ג:יו:ו וְהִקְרִיב אַהֲרֹן אֶת־פַּר
הַחַטָּאת אֲשֶׁר־לוֹ וְכִפֶּר בַּעֲדוֹ וּבְעַד בֵּיתוֹ ג:יו:ז וְלָקַח אֶת־שְׁנֵי
הַשְּׂעִירִם וְהֶעֱמִיד אֹתָם לִפְנֵי יְהוָה פֶּתַח אֹהֶל מוֹעֵד ג:יו:ח וְנָתַן
אַהֲרֹן עַל־שְׁנֵי הַשְּׂעִירִם גֹּרָלוֹת גּוֹרָל אֶחָד לַיהוָה וְגוֹרָל אֶחָד
לַעֲזָאזֵל ג:יו:ט וְהִקְרִיב אַהֲרֹן אֶת־הַשָּׂעִיר אֲשֶׁר עָלָה עָלָיו הַגּוֹרָל
לַיהוָה וְעָשָׂהוּ חַטָּאת ג:יו:י וְהַשָּׂעִיר אֲשֶׁר עָלָה עָלָיו הַגּוֹרָל
לַעֲזָאזֵל יָעֳמַד־חַי לִפְנֵי יְהוָה לְכַפֵּר עָלָיו לְשַׁלַּח אֹתוֹ לַעֲזָאזֵל
הַמִּדְבָּרָה ג:יו:יא וְהִקְרִיב אַהֲרֹן אֶת־פַּר הַחַטָּאת אֲשֶׁר־לוֹ וְכִפֶּר
בַּעֲדוֹ וּבְעַד בֵּיתוֹ וְשָׁחַט אֶת־פַּר הַחַטָּאת אֲשֶׁר־לוֹ ג:יו:יב וְלָקַח
מְלֹא־הַמַּחְתָּה גַּחֲלֵי־אֵשׁ מֵעַל הַמִּזְבֵּחַ מִלִּפְנֵי יְהוָה וּמְלֹא חָפְנָיו
קְטֹרֶת סַמִּים דַּקָּה וְהֵבִיא מִבֵּית לַפָּרֹכֶת ג:יו:יג וְנָתַן אֶת־הַקְּטֹרֶת
עַל־הָאֵשׁ לִפְנֵי יְהוָה וְכִסָּה | עֲנַן הַקְּטֹרֶת אֶת־הַכַּפֹּרֶת אֲשֶׁר
עַל־הָעֵדוּת וְלֹא יָמוּת ג:יו:יד וְלָקַח מִדַּם הַפָּר וְהִזָּה בְאֶצְבָּעוֹ
עַל־פְּנֵי הַכַּפֹּרֶת קֵדְמָה וְלִפְנֵי הַכַּפֹּרֶת יַזֶּה שֶׁבַע־פְּעָמִים מִן־הַדָּם
בְּאֶצְבָּעוֹ ג:יו:יה וְשָׁחַט אֶת־שְׂעִיר הַחַטָּאת אֲשֶׁר לָעָם וְהֵבִיא
אֶת־דָּמוֹ אֶל־מִבֵּית לַפָּרֹכֶת וְעָשָׂה אֶת־דָּמוֹ כַּאֲשֶׁר עָשָׂה לְדַם
הַפָּר וְהִזָּה אֹתוֹ עַל־הַכַּפֹּרֶת וְלִפְנֵי הַכַּפֹּרֶת ג:יו:יו וְכִפֶּר עַל־הַקֹּדֶשׁ
מִטֻּמְאֹת בְּנֵי יִשְׂרָאֵל וּמִפִּשְׁעֵיהֶם לְכָל־חַטֹּאתָם וְכֵן יַעֲשֶׂה לְאֹהֶל
מוֹעֵד הַשֹּׁכֵן אִתָּם בְּתוֹךְ טֻמְאֹתָם ג:יו:יז וְכָל־אָדָם לֹא־יִהְיֶה |

בְּאֹהֶל מוֹעֵד בְּבֹאוֹ לְכַפֵּר בַּקֹּדֶשׁ עַד־צֵאתוֹ וְכִפֶּר בַּעֲדוֹ וּבְעַד
בֵּיתוֹ וּבְעַד כָּל־קְהַל יִשְׂרָאֵל ג:יו:יח וְיָצָא אֶל־הַמִּזְבֵּחַ אֲשֶׁר
לִפְנֵי־יְהוָה וְכִפֶּר עָלָיו וְלָקַח מִדַּם הַפָּר וּמִדַּם הַשָּׂעִיר וְנָתַן
עַל־קַרְנוֹת הַמִּזְבֵּחַ סָבִיב ג:יו:יט וְהִזָּה עָלָיו מִן־הַדָּם בְּאֶצְבָּעוֹ שֶׁבַע
פְּעָמִים וְטִהֲרוֹ וְקִדְּשׁוֹ מִטֻּמְאֹת בְּנֵי יִשְׂרָאֵל ג:יו:כ וְכִלָּה מִכַּפֵּר
אֶת־הַקֹּדֶשׁ וְאֶת־אֹהֶל מוֹעֵד וְאֶת־הַמִּזְבֵּחַ וְהִקְרִיב אֶת־הַשָּׂעִיר
הֶחָי ג:יו:כא וְסָמַךְ אַהֲרֹן אֶת־שְׁתֵּי ידו [יָדָיו] עַל רֹאשׁ הַשָּׂעִיר הַחַי
וְהִתְוַדָּה עָלָיו אֶת־כָּל־עֲוֹנֹת בְּנֵי יִשְׂרָאֵל וְאֶת־כָּל־פִּשְׁעֵיהֶם
לְכָל־חַטֹּאתָם וְנָתַן אֹתָם עַל־רֹאשׁ הַשָּׂעִיר וְשִׁלַּח בְּיַד־אִישׁ עִתִּי
הַמִּדְבָּרָה ג:יו:כב וְנָשָׂא הַשָּׂעִיר עָלָיו אֶת־כָּל־עֲוֹנֹתָם אֶל־אֶרֶץ גְּזֵרָה
וְשִׁלַּח אֶת־הַשָּׂעִיר בַּמִּדְבָּר ג:יו:כג וּבָא אַהֲרֹן אֶל־אֹהֶל מוֹעֵד וּפָשַׁט
אֶת־בִּגְדֵי הַבָּד אֲשֶׁר לָבַשׁ בְּבֹאוֹ אֶל־הַקֹּדֶשׁ וְהִנִּיחָם שָׁם
ג:יו:כד וְרָחַץ אֶת־בְּשָׂרוֹ בַמַּיִם בְּמָקוֹם קָדוֹשׁ וְלָבַשׁ אֶת־בְּגָדָיו וְיָצָא
וְעָשָׂה אֶת־עֹלָתוֹ וְאֶת־עֹלַת הָעָם וְכִפֶּר בַּעֲדוֹ וּבְעַד הָעָם
ג:יו:כה וְאֵת חֵלֶב הַחַטָּאת יַקְטִיר הַמִּזְבֵּחָה ג:יו:כו וְהַמְשַׁלֵּחַ
אֶת־הַשָּׂעִיר לַעֲזָאזֵל יְכַבֵּס בְּגָדָיו וְרָחַץ אֶת־בְּשָׂרוֹ בַּמָּיִם וְאַחֲרֵי־כֵן
יָבוֹא אֶל־הַמַּחֲנֶה ג:יו:כז וְאֵת פַּר הַחַטָּאת וְאֵת | שְׂעִיר הַחַטָּאת
אֲשֶׁר הוּבָא אֶת־דָּמָם לְכַפֵּר בַּקֹּדֶשׁ יוֹצִיא אֶל־מִחוּץ לַמַּחֲנֶה
וְשָׂרְפוּ בָאֵשׁ אֶת־עֹרֹתָם וְאֶת־בְּשָׂרָם וְאֶת־פִּרְשָׁם ג:יו:כח וְהַשֹּׂרֵף
אֹתָם יְכַבֵּס בְּגָדָיו וְרָחַץ אֶת־בְּשָׂרוֹ בַּמָּיִם וְאַחֲרֵי־כֵן יָבוֹא
אֶל־הַמַּחֲנֶה ג:יו:כט וְהָיְתָה לָכֶם לְחֻקַּת עוֹלָם בַּחֹדֶשׁ הַשְּׁבִיעִי
בֶּעָשׂוֹר לַחֹדֶשׁ תְּעַנּוּ אֶת־נַפְשֹׁתֵיכֶם וְכָל־מְלָאכָה לֹא תַעֲשׂוּ
הָאֶזְרָח וְהַגֵּר הַגָּר בְּתוֹכְכֶם ג:יו:ל כִּי־בַיּוֹם הַזֶּה יְכַפֵּר עֲלֵיכֶם
לְטַהֵר אֶתְכֶם מִכֹּל חַטֹּאתֵיכֶם לִפְנֵי יְהוָה תִּטְהָרוּ ג:יו:לא שַׁבַּת
שַׁבָּתוֹן הִיא לָכֶם וְעִנִּיתֶם אֶת־נַפְשֹׁתֵיכֶם חֻקַּת עוֹלָם ג:יו:לב וְכִפֶּר
הַכֹּהֵן אֲשֶׁר־יִמְשַׁח אֹתוֹ וַאֲשֶׁר יְמַלֵּא אֶת־יָדוֹ לְכַהֵן תַּחַת אָבִיו
וְלָבַשׁ אֶת־בִּגְדֵי הַבָּד בִּגְדֵי הַקֹּדֶשׁ ג:יו:לג וְכִפֶּר אֶת־מִקְדַּשׁ הַקֹּדֶשׁ
וְאֶת־אֹהֶל מוֹעֵד וְאֶת־הַמִּזְבֵּחַ יְכַפֵּר וְעַל הַכֹּהֲנִים וְעַל־כָּל־עַם

הַקָּהָל יְכַפֵּר ג:יו:לד וְהָיְתָה־זֹּאת לָכֶם לְחֻקַּת עוֹלָם לְכַפֵּר עַל־בְּנֵי
יִשְׂרָאֵל מִכָּל־חַטֹּאתָם אַחַת בַּשָּׁנָה וַיַּעַשׂ כַּאֲשֶׁר צִוָּה יְהוָה
אֶת־מֹשֶׁה ג:יז:א וַיְדַבֵּר יְהוָה אֶל־מֹשֶׁה לֵּאמֹר ג:יז:ב דַּבֵּר אֶל־אַהֲרֹן
וְאֶל־בָּנָיו וְאֶל כָּל־בְּנֵי יִשְׂרָאֵל וְאָמַרְתָּ אֲלֵיהֶם זֶה הַדָּבָר אֲשֶׁר־צִוָּה
יְהוָה לֵאמֹר ג:יז:ג אִישׁ אִישׁ מִבֵּית יִשְׂרָאֵל אֲשֶׁר יִשְׁחַט שׁוֹר
אוֹ־כֶשֶׂב אוֹ־עֵז בַּמַּחֲנֶה אוֹ אֲשֶׁר יִשְׁחַט מִחוּץ לַמַּחֲנֶה
ג:יז:ד וְאֶל־פֶּתַח אֹהֶל מוֹעֵד לֹא הֱבִיאוֹ לְהַקְרִיב קָרְבָּן לַיהוָה לִפְנֵי
מִשְׁכַּן יְהוָה דָּם יֵחָשֵׁב לָאִישׁ הַהוּא דָּם שָׁפָךְ וְנִכְרַת הָאִישׁ הַהוּא
מִקֶּרֶב עַמּוֹ ג:יז:ה לְמַעַן אֲשֶׁר יָבִיאוּ בְּנֵי יִשְׂרָאֵל אֶת־זִבְחֵיהֶם אֲשֶׁר
הֵם זֹבְחִים עַל־פְּנֵי הַשָּׂדֶה וֶהֱבִיאֻם לַיהוָה אֶל־פֶּתַח אֹהֶל מוֹעֵד
אֶל־הַכֹּהֵן וְזָבְחוּ זִבְחֵי שְׁלָמִים לַיהוָה אוֹתָם ג:יז:ו וְזָרַק הַכֹּהֵן
אֶת־הַדָּם עַל־מִזְבַּח יְהוָה פֶּתַח אֹהֶל מוֹעֵד וְהִקְטִיר הַחֵלֶב לְרֵיחַ
נִיחֹחַ לַיהוָה ג:יז:ז וְלֹא־יִזְבְּחוּ עוֹד אֶת־זִבְחֵיהֶם לַשְּׂעִירִם אֲשֶׁר הֵם
זֹנִים אַחֲרֵיהֶם חֻקַּת עוֹלָם תִּהְיֶה־זֹּאת לָהֶם לְדֹרֹתָם
ג:יז:ח וַאֲלֵהֶם תֹּאמַר אִישׁ אִישׁ מִבֵּית יִשְׂרָאֵל וּמִן־הַגֵּר אֲשֶׁר־יָגוּר
בְּתוֹכָם אֲשֶׁר־יַעֲלֶה עֹלָה אוֹ־זָבַח ג:יז:ט וְאֶל־פֶּתַח אֹהֶל מוֹעֵד לֹא
יְבִיאֶנּוּ לַעֲשׂוֹת אֹתוֹ לַיהוָה וְנִכְרַת הָאִישׁ הַהוּא מֵעַמָּיו ג:יז:י וְאִישׁ
אִישׁ מִבֵּית יִשְׂרָאֵל וּמִן־הַגֵּר הַגָּר בְּתוֹכָם אֲשֶׁר יֹאכַל כָּל־דָּם
וְנָתַתִּי פָנַי בַּנֶּפֶשׁ הָאֹכֶלֶת אֶת־הַדָּם וְהִכְרַתִּי אֹתָהּ מִקֶּרֶב עַמָּהּ
ג:יז:יא כִּי נֶפֶשׁ הַבָּשָׂר בַּדָּם הִוא וַאֲנִי נְתַתִּיו לָכֶם עַל־הַמִּזְבֵּחַ
לְכַפֵּר עַל־נַפְשֹׁתֵיכֶם כִּי־הַדָּם הוּא בַּנֶּפֶשׁ יְכַפֵּר ג:יז:יב עַל־כֵּן
אָמַרְתִּי לִבְנֵי יִשְׂרָאֵל כָּל־נֶפֶשׁ מִכֶּם לֹא־תֹאכַל דָּם וְהַגֵּר הַגָּר
בְּתוֹכְכֶם לֹא־יֹאכַל דָּם ג:יז:יג וְאִישׁ אִישׁ מִבְּנֵי יִשְׂרָאֵל וּמִן־הַגֵּר הַגָּר
בְּתוֹכָם אֲשֶׁר יָצוּד צֵיד חַיָּה אוֹ־עוֹף אֲשֶׁר יֵאָכֵל וְשָׁפַךְ אֶת־דָּמוֹ
וְכִסָּהוּ בֶּעָפָר ג:יז:יד כִּי־נֶפֶשׁ כָּל־בָּשָׂר דָּמוֹ בְנַפְשׁוֹ הוּא וָאֹמַר לִבְנֵי
יִשְׂרָאֵל דַּם כָּל־בָּשָׂר לֹא תֹאכֵלוּ כִּי נֶפֶשׁ כָּל־בָּשָׂר דָּמוֹ הִוא
כָּל־אֹכְלָיו יִכָּרֵת ג:יז:טו וְכָל־נֶפֶשׁ אֲשֶׁר תֹּאכַל נְבֵלָה וּטְרֵפָה
בָּאֶזְרָח וּבַגֵּר וְכִבֶּס בְּגָדָיו וְרָחַץ בַּמַּיִם וְטָמֵא עַד־הָעֶרֶב וְטָהֵר

ג:יז:יו וְאִם֙ לֹ֣א יְכַבֵּ֔ס וּבְשָׂר֖וֹ לֹ֣א יִרְחָ֑ץ וְנָשָׂ֖א עֲוֺנֽוֹ ג:יח:א וַיְדַבֵּ֥ר יְהֹוָ֖ה
אֶל־מֹשֶׁ֥ה לֵּאמֹֽר ג:יח:ב דַּבֵּר֙ אֶל־בְּנֵ֣י יִשְׂרָאֵ֔ל וְאָמַרְתָּ֖ אֲלֵהֶ֑ם אֲנִ֖י
יְהֹוָ֥ה אֱלֹהֵיכֶֽם ג:יח:ג כְּמַעֲשֵׂ֧ה אֶֽרֶץ־מִצְרַ֛יִם אֲשֶׁ֥ר יְשַׁבְתֶּם־בָּ֖הּ לֹ֣א
תַעֲשׂ֑וּ וּכְמַעֲשֵׂ֣ה אֶֽרֶץ־כְּנַ֡עַן אֲשֶׁ֣ר אֲנִי֩ מֵבִ֨יא אֶתְכֶ֥ם שָׁ֙מָּה֙ לֹ֣א
תַעֲשׂ֔וּ וּבְחֻקֹּתֵיהֶ֖ם לֹ֥א תֵלֵֽכוּ ג:יח:ד אֶת־מִשְׁפָּטַ֧י תַּעֲשׂ֛וּ וְאֶת־חֻקֹּתַ֥י
תִּשְׁמְר֖וּ לָלֶ֣כֶת בָּהֶ֑ם אֲנִ֖י יְהֹוָ֥ה אֱלֹהֵיכֶֽם ג:יח:ה וּשְׁמַרְתֶּ֤ם
אֶת־חֻקֹּתַי֙ וְאֶת־מִשְׁפָּטַ֔י אֲשֶׁ֨ר יַעֲשֶׂ֥ה אֹתָ֛ם הָאָדָ֖ם וָחַ֣י בָּהֶ֑ם אֲנִ֖י
יְהֹוָֽה ג:יח:ו אִ֥ישׁ אִישׁ֙ אֶל־כָּל־שְׁאֵ֣ר בְּשָׂר֔וֹ לֹ֥א תִקְרְב֖וּ לְגַלּ֣וֹת עֶרְוָ֑ה
אֲנִ֖י יְהֹוָֽה ג:יח:ז עֶרְוַ֥ת אָבִ֛יךָ וְעֶרְוַ֥ת אִמְּךָ֖ לֹ֣א תְגַלֵּ֑ה אִמְּךָ֣ הִ֔וא לֹ֥א
תְגַלֶּ֖ה עֶרְוָתָֽהּ ג:יח:ח עֶרְוַ֥ת אֵֽשֶׁת־אָבִ֖יךָ לֹ֣א תְגַלֵּ֑ה עֶרְוַ֥ת אָבִ֖יךָ
הִֽוא ג:יח:ט עֶרְוַ֨ת אֲחוֹתְךָ֤ בַת־אָבִ֙יךָ֙ א֣וֹ בַת־אִמֶּ֔ךָ מוֹלֶ֣דֶת בַּ֔יִת א֖וֹ
מוֹלֶ֣דֶת ח֑וּץ לֹ֥א תְגַלֶּ֖ה עֶרְוָתָֽן ג:יח:י עֶרְוַ֤ת בַּת־בִּנְךָ֙ א֣וֹ בַת־בִּתְּךָ֔
לֹ֥א תְגַלֶּ֖ה עֶרְוָתָ֑ן כִּ֥י עֶרְוָתְךָ֖ הֵֽנָּה ג:יח:יא עֶרְוַ֨ת בַּת־אֵ֤שֶׁת אָבִ֙יךָ֙
מוֹלֶ֣דֶת אָבִ֔יךָ אֲחוֹתְךָ֖ הִ֑וא לֹ֥א תְגַלֶּ֖ה עֶרְוָתָֽהּ ג:יח:יב עֶרְוַ֥ת
אֲחוֹת־אָבִ֖יךָ לֹ֣א תְגַלֵּ֑ה שְׁאֵ֥ר אָבִ֖יךָ הִֽוא ג:יח:יג עֶרְוַ֥ת אֲחֽוֹת־אִמְּךָ֖
לֹ֣א תְגַלֵּ֑ה כִּֽי־שְׁאֵ֥ר אִמְּךָ֖ הִֽוא ג:יח:יד עֶרְוַ֥ת אֲחִֽי־אָבִ֖יךָ לֹ֣א תְגַלֵּ֑ה
אֶל־אִשְׁתּוֹ֙ לֹ֣א תִקְרָ֔ב דֹּדָֽתְךָ֖ הִֽוא ג:יח:יה עֶרְוַ֥ת כַּלָּתְךָ֖ לֹ֣א תְגַלֵּ֑ה
אֵ֤שֶׁת בִּנְךָ֙ הִ֔וא לֹ֥א תְגַלֶּ֖ה עֶרְוָתָֽהּ ג:יח:יו עֶרְוַ֥ת אֵֽשֶׁת־אָחִ֖יךָ לֹ֣א
תְגַלֵּ֑ה עֶרְוַ֥ת אָחִ֖יךָ הִֽוא ג:יח:יז עֶרְוַ֥ת אִשָּׁ֛ה וּבִתָּ֖הּ לֹ֣א תְגַלֵּ֑ה
אֶת־בַּת־בְּנָ֞הּ וְאֶת־בַּת־בִּתָּ֗הּ לֹ֤א תִקַּח֙ לְגַלּ֣וֹת עֶרְוָתָ֔הּ שַׁאֲרָ֥ה
הֵ֖נָּה זִמָּ֥ה הִֽוא ג:יח:יח וְאִשָּׁ֥ה אֶל־אֲחֹתָ֖הּ לֹ֣א תִקָּ֑ח לִצְרֹ֗ר לְגַלּ֧וֹת
עֶרְוָתָ֛הּ עָלֶ֖יהָ בְּחַיֶּֽיהָ ג:יח:יט וְאֶל־אִשָּׁ֖ה בְּנִדַּ֣ת טֻמְאָתָ֑הּ לֹ֣א תִקְרַ֔ב
לְגַלּ֖וֹת עֶרְוָתָֽהּ ג:יח:כ וְאֶל־אֵ֙שֶׁת֙ עֲמִֽיתְךָ֔ לֹא־תִתֵּ֥ן שְׁכָבְתְּךָ֖ לְזָ֑רַע
לְטָמְאָה־בָֽהּ ג:יח:כא וּמִֽזַּרְעֲךָ֥ לֹא־תִתֵּ֖ן לְהַעֲבִ֣יר לַמֹּ֑לֶךְ וְלֹ֧א תְחַלֵּ֛ל
אֶת־שֵׁ֥ם אֱלֹהֶ֖יךָ אֲנִ֥י יְהֹוָֽה ג:יח:כב וְאֶ֨ת־זָכָ֔ר לֹ֥א תִשְׁכַּ֖ב מִשְׁכְּבֵ֣י
אִשָּׁ֑ה תּוֹעֵבָ֖ה הִֽוא ג:יח:כג וּבְכָל־בְּהֵמָ֛ה לֹא־תִתֵּ֥ן שְׁכָבְתְּךָ֖
לְטָמְאָה־בָ֑הּ וְאִשָּׁ֗ה לֹֽא־תַעֲמֹ֞ד לִפְנֵ֧י בְהֵמָ֛ה לְרִבְעָ֖הּ תֶּ֥בֶל הֽוּא
ג:יח:כד אַל־תִּֽטַּמְּא֖וּ בְּכָל־אֵ֑לֶּה כִּ֤י בְכָל־אֵ֙לֶּה֙ נִטְמְא֣וּ הַגּוֹיִ֔ם

אֲשֶׁר־אֲנִי מְשַׁלֵּחַ מִפְּנֵיכֶם ג׳יח:כה וַתִּטְמָא הָאָרֶץ וָאֶפְקֹד עֲוֺנָהּ
עָלֶיהָ וַתָּקִא הָאָרֶץ אֶת־יֹשְׁבֶיהָ ג׳יח:כו וּשְׁמַרְתֶּם אַתֶּם אֶת־חֻקֹּתַי
וְאֶת־מִשְׁפָּטַי וְלֹא תַעֲשׂוּ מִכֹּל הַתּוֹעֵבֹת הָאֵלֶּה הָאֶזְרָח וְהַגֵּר הַגָּר
בְּתוֹכְכֶם ג׳יח:כז כִּי אֶת־כָּל־הַתּוֹעֵבֹת הָאֵל עָשׂוּ אַנְשֵׁי־הָאָרֶץ אֲשֶׁר
לִפְנֵיכֶם וַתִּטְמָא הָאָרֶץ ג׳יח:כח וְלֹא־תָקִיא הָאָרֶץ אֶתְכֶם
בְּטַמַּאֲכֶם אֹתָהּ כַּאֲשֶׁר קָאָה אֶת־הַגּוֹי אֲשֶׁר לִפְנֵיכֶם ג׳יח:כט כִּי
כָּל־אֲשֶׁר יַעֲשֶׂה מִכֹּל הַתּוֹעֵבוֹת הָאֵלֶּה וְנִכְרְתוּ הַנְּפָשׁוֹת הָעֹשֹׂת
מִקֶּרֶב עַמָּם ג׳יח:ל וּשְׁמַרְתֶּם אֶת־מִשְׁמַרְתִּי לְבִלְתִּי עֲשׂוֹת מֵחֻקּוֹת
הַתּוֹעֵבֹת אֲשֶׁר נַעֲשׂוּ לִפְנֵיכֶם וְלֹא תִטַּמְּאוּ בָּהֶם אֲנִי יְהוָה
אֱלֹהֵיכֶם ג׳יט:א וַיְדַבֵּר יְהוָה אֶל־מֹשֶׁה לֵּאמֹר ג׳יט:ב דַּבֵּר
אֶל־כָּל־עֲדַת בְּנֵי־יִשְׂרָאֵל וְאָמַרְתָּ אֲלֵהֶם קְדֹשִׁים תִּהְיוּ כִּי קָדוֹשׁ
אֲנִי יְהוָה אֱלֹהֵיכֶם ג׳יט:ג אִישׁ אִמּוֹ וְאָבִיו תִּירָאוּ וְאֶת־שַׁבְּתֹתַי
תִּשְׁמֹרוּ אֲנִי יְהוָה אֱלֹהֵיכֶם ג׳יט:ד אַל־תִּפְנוּ אֶל־הָאֱלִילִם וֵאלֹהֵי
מַסֵּכָה לֹא תַעֲשׂוּ לָכֶם אֲנִי יְהוָה אֱלֹהֵיכֶם ג׳יט:ה וְכִי תִזְבְּחוּ זֶבַח
שְׁלָמִים לַיהוָה לִרְצֹנְכֶם תִּזְבָּחֻהוּ ג׳יט:ו בְּיוֹם זִבְחֲכֶם יֵאָכֵל
וּמִמָּחֳרָת וְהַנּוֹתָר עַד־יוֹם הַשְּׁלִישִׁי בָּאֵשׁ יִשָּׂרֵף ג׳יט:ז וְאִם הֵאָכֹל
יֵאָכֵל בַּיּוֹם הַשְּׁלִישִׁי פִּגּוּל הוּא לֹא יֵרָצֶה ג׳יט:ח וְאֹכְלָיו עֲוֺנוֹ יִשָּׂא
כִּי־אֶת־קֹדֶשׁ יְהוָה חִלֵּל וְנִכְרְתָה הַנֶּפֶשׁ הַהִוא מֵעַמֶּיהָ
ג׳יט:ט וּבְקֻצְרְכֶם אֶת־קְצִיר אַרְצְכֶם לֹא תְכַלֶּה פְּאַת שָׂדְךָ לִקְצֹר
וְלֶקֶט קְצִירְךָ לֹא תְלַקֵּט ג׳יט:י וְכַרְמְךָ לֹא תְעוֹלֵל וּפֶרֶט כַּרְמְךָ לֹא
תְלַקֵּט לֶעָנִי וְלַגֵּר תַּעֲזֹב אֹתָם אֲנִי יְהוָה אֱלֹהֵיכֶם ג׳יט:יא לֹא תִּגְנֹבוּ
וְלֹא־תְכַחֲשׁוּ וְלֹא־תְשַׁקְּרוּ אִישׁ בַּעֲמִיתוֹ ג׳יט:יב וְלֹא־תִשָּׁבְעוּ בִשְׁמִי
לַשָּׁקֶר וְחִלַּלְתָּ אֶת־שֵׁם אֱלֹהֶיךָ אֲנִי יְהוָה ג׳יט:יג לֹא־תַעֲשֹׁק
אֶת־רֵעֲךָ וְלֹא תִגְזֹל לֹא־תָלִין פְּעֻלַּת שָׂכִיר אִתְּךָ עַד־בֹּקֶר
ג׳יט:יד לֹא־תְקַלֵּל חֵרֵשׁ וְלִפְנֵי עִוֵּר לֹא תִתֵּן מִכְשֹׁל וְיָרֵאתָ מֵּאֱלֹהֶיךָ
אֲנִי יְהוָה ג׳יט:טו לֹא־תַעֲשׂוּ עָוֶל בַּמִּשְׁפָּט לֹא־תִשָּׂא פְנֵי־דָל וְלֹא
תֶהְדַּר פְּנֵי גָדוֹל בְּצֶדֶק תִּשְׁפֹּט עֲמִיתֶךָ ג׳יט:טז לֹא־תֵלֵךְ רָכִיל
בְּעַמֶּיךָ לֹא תַעֲמֹד עַל־דַּם רֵעֶךָ אֲנִי יְהוָה ג׳יט:יז לֹא־תִשְׂנָא

אֶת־אָחִיךָ בִּלְבָבֶךָ הוֹכֵחַ תּוֹכִיחַ אֶת־עֲמִיתֶךָ וְלֹא־תִשָּׂא עָלָיו
חֵטְא ג׳יט:יח לֹא־תִקֹּם וְלֹא־תִטֹּר אֶת־בְּנֵי עַמֶּךָ וְאָהַבְתָּ לְרֵעֲךָ
כָּמוֹךָ אֲנִי יְהוָה ג׳יט:יט אֶת־חֻקֹּתַי תִּשְׁמֹרוּ בְּהֶמְתְּךָ לֹא־תַרְבִּיעַ
כִּלְאַיִם שָׂדְךָ לֹא־תִזְרַע כִּלְאָיִם וּבֶגֶד כִּלְאַיִם שַׁעַטְנֵז לֹא יַעֲלֶה
עָלֶיךָ ג׳יט:כ וְאִישׁ כִּי־יִשְׁכַּב אֶת־אִשָּׁה שִׁכְבַת־זֶרַע וְהִוא שִׁפְחָה
נֶחֱרֶפֶת לְאִישׁ וְהָפְדֵּה לֹא נִפְדָּתָה אוֹ חֻפְשָׁה לֹא נִתַּן־לָהּ בִּקֹּרֶת
תִּהְיֶה לֹא יוּמְתוּ כִּי־לֹא חֻפָּשָׁה ג׳יט:כא וְהֵבִיא אֶת־אֲשָׁמוֹ לַיהוָה
אֶל־פֶּתַח אֹהֶל מוֹעֵד אֵיל אָשָׁם ג׳יט:כב וְכִפֶּר עָלָיו הַכֹּהֵן בְּאֵיל
הָאָשָׁם לִפְנֵי יְהוָה עַל־חַטָּאתוֹ אֲשֶׁר חָטָא וְנִסְלַח לוֹ מֵחַטָּאתוֹ
אֲשֶׁר חָטָא ג׳יט:כג וְכִי־תָבֹאוּ אֶל־הָאָרֶץ וּנְטַעְתֶּם כָּל־עֵץ מַאֲכָל
וַעֲרַלְתֶּם עָרְלָתוֹ אֶת־פִּרְיוֹ שָׁלֹשׁ שָׁנִים יִהְיֶה לָכֶם עֲרֵלִים לֹא
יֵאָכֵל ג׳יט:כד וּבַשָּׁנָה הָרְבִיעִת יִהְיֶה כָּל־פִּרְיוֹ קֹדֶשׁ הִלּוּלִים לַיהוָה
ג׳יט:כה וּבַשָּׁנָה הַחֲמִישִׁת תֹּאכְלוּ אֶת־פִּרְיוֹ לְהוֹסִיף לָכֶם תְּבוּאָתוֹ
אֲנִי יְהוָה אֱלֹהֵיכֶם ג׳יט:כו לֹא תֹאכְלוּ עַל־הַדָּם לֹא תְנַחֲשׁוּ וְלֹא
תְעוֹנֵנוּ ג׳יט:כז לֹא תַקִּפוּ פְּאַת רֹאשְׁכֶם וְלֹא תַשְׁחִית אֵת פְּאַת
זְקָנֶךָ ג׳יט:כח וְשֶׂרֶט לָנֶפֶשׁ לֹא תִתְּנוּ בִּבְשַׂרְכֶם וּכְתֹבֶת קַעֲקַע לֹא
תִתְּנוּ בָּכֶם אֲנִי יְהוָה ג׳יט:כט אַל־תְּחַלֵּל אֶת־בִּתְּךָ לְהַזְנוֹתָהּ
וְלֹא־תִזְנֶה הָאָרֶץ וּמָלְאָה הָאָרֶץ זִמָּה ג׳יט:ל אֶת־שַׁבְּתֹתַי תִּשְׁמֹרוּ
וּמִקְדָּשִׁי תִּירָאוּ אֲנִי יְהוָה ג׳יט:לא אַל־תִּפְנוּ אֶל־הָאֹבֹת
וְאֶל־הַיִּדְּעֹנִים אַל־תְּבַקְשׁוּ לְטָמְאָה בָהֶם אֲנִי יְהוָה אֱלֹהֵיכֶם
ג׳יט:לב מִפְּנֵי שֵׂיבָה תָּקוּם וְהָדַרְתָּ פְּנֵי זָקֵן וְיָרֵאתָ מֵּאֱלֹהֶיךָ אֲנִי
יְהוָה ג׳יט:לג וְכִי־יָגוּר אִתְּךָ גֵּר בְּאַרְצְכֶם לֹא תוֹנוּ אֹתוֹ
ג׳יט:לד כְּאֶזְרָח מִכֶּם יִהְיֶה לָכֶם הַגֵּר | הַגָּר אִתְּכֶם וְאָהַבְתָּ לוֹ
כָּמוֹךָ כִּי־גֵרִים הֱיִיתֶם בְּאֶרֶץ מִצְרָיִם אֲנִי יְהוָה אֱלֹהֵיכֶם
ג׳יט:לה לֹא־תַעֲשׂוּ עָוֶל בַּמִּשְׁפָּט בַּמִּדָּה בַּמִּשְׁקָל וּבַמְּשׂוּרָה
ג׳יט:לו מֹאזְנֵי צֶדֶק אַבְנֵי־צֶדֶק אֵיפַת צֶדֶק וְהִין צֶדֶק יִהְיֶה לָכֶם אֲנִי
יְהוָה אֱלֹהֵיכֶם אֲשֶׁר־הוֹצֵאתִי אֶתְכֶם מֵאֶרֶץ מִצְרָיִם
ג׳יט:לז וּשְׁמַרְתֶּם אֶת־כָּל־חֻקֹּתַי וְאֶת־כָּל־מִשְׁפָּטַי וַעֲשִׂיתֶם אֹתָם

אֲנִ֥י יְהוָֽה ג:כ:א וַיְדַבֵּ֥ר יְהוָ֖ה אֶל־מֹשֶׁ֥ה לֵּאמֹֽר ג:כ:ב וְאֶל־בְּנֵ֨י יִשְׂרָאֵ֜ל
תֹּאמַר֒ אִ֣ישׁ אִ֡ישׁ מִבְּנֵ֣י יִשְׂרָאֵ֗ל וּמִן־הַגֵּ֣ר ׀ הַגָּ֣ר בְּיִשְׂרָאֵ֗ל אֲשֶׁ֨ר יִתֵּ֧ן
מִזַּרְע֛וֹ לַמֹּ֖לֶךְ מ֣וֹת יוּמָ֑ת עַ֥ם הָאָ֖רֶץ יִרְגְּמֻ֥הוּ בָאָֽבֶן ג:כ:ג וַאֲנִ֞י אֶתֵּ֤ן
אֶת־פָּנַי֙ בָּאִ֣ישׁ הַה֔וּא וְהִכְרַתִּ֥י אֹת֖וֹ מִקֶּ֣רֶב עַמּ֑וֹ כִּ֤י מִזַּרְעוֹ֙ נָתַ֣ן
לַמֹּ֔לֶךְ לְמַ֗עַן טַמֵּא֙ אֶת־מִקְדָּשִׁ֔י וּלְחַלֵּ֖ל אֶת־שֵׁ֥ם קָדְשִֽׁי ג:כ:ד וְאִ֡ם
הַעְלֵ֣ם יַעְלִ֩ימוּ֩ עַ֨ם הָאָ֜רֶץ אֶת־עֵֽינֵיהֶם֙ מִן־הָאִ֣ישׁ הַה֔וּא בְּתִתּ֥וֹ
מִזַּרְע֖וֹ לַמֹּ֑לֶךְ לְבִלְתִּ֖י הָמִ֥ית אֹתֽוֹ ג:כ:ה וְשַׂמְתִּ֨י אֲנִ֧י אֶת־פָּנַ֛י בָּאִ֥ישׁ
הַה֖וּא וּבְמִשְׁפַּחְתּ֑וֹ וְהִכְרַתִּ֨י אֹת֜וֹ וְאֵ֣ת ׀ כָּל־הַזֹּנִ֣ים אַחֲרָ֗יו לִזְנ֛וֹת
אַחֲרֵ֥י הַמֹּ֖לֶךְ מִקֶּ֥רֶב עַמָּֽם ג:כ:ו וְהַנֶּ֗פֶשׁ אֲשֶׁ֨ר תִּפְנֶ֤ה אֶל־הָאֹבֹת֙
וְאֶל־הַיִּדְּעֹנִ֔ים לִזְנֹ֖ת אַחֲרֵיהֶ֑ם וְנָתַתִּ֤י אֶת־פָּנַי֙ בַּנֶּ֣פֶשׁ הַהִ֔וא
וְהִכְרַתִּ֥י אֹת֖וֹ מִקֶּ֥רֶב עַמּֽוֹ ג:כ:ז וְהִ֨תְקַדִּשְׁתֶּ֔ם וִהְיִיתֶ֖ם קְדֹשִׁ֑ים כִּ֛י
אֲנִ֥י יְהוָ֖ה אֱלֹהֵיכֶֽם ג:כ:ח וּשְׁמַרְתֶּם֙ אֶת־חֻקֹּתַ֔י וַעֲשִׂיתֶ֖ם אֹתָ֑ם אֲנִ֥י
יְהוָ֖ה מְקַדִּשְׁכֶֽם ג:כ:ט כִּֽי־אִ֣ישׁ אִ֗ישׁ אֲשֶׁ֨ר יְקַלֵּ֧ל אֶת־אָבִ֛יו וְאֶת־אִמּ֖וֹ
מ֣וֹת יוּמָ֑ת אָבִ֧יו וְאִמּ֛וֹ קִלֵּ֖ל דָּמָ֥יו בּֽוֹ ג:כ:י וְאִ֗ישׁ אֲשֶׁ֤ר יִנְאַף֙
אֶת־אֵ֣שֶׁת אִ֔ישׁ אֲשֶׁ֥ר יִנְאַ֖ף אֶת־אֵ֣שֶׁת רֵעֵ֑הוּ מֽוֹת־יוּמַ֥ת הַנֹּאֵ֖ף
וְהַנֹּאָֽפֶת ג:כ:יא וְאִ֗ישׁ אֲשֶׁ֤ר יִשְׁכַּב֙ אֶת־אֵ֣שֶׁת אָבִ֔יו עֶרְוַ֥ת אָבִ֖יו גִּלָּ֑ה
מֽוֹת־יוּמְת֥וּ שְׁנֵיהֶ֖ם דְּמֵיהֶ֥ם בָּֽם ג:כ:יב וְאִ֗ישׁ אֲשֶׁ֤ר יִשְׁכַּב֙ אֶת־כַּלָּת֔וֹ
מ֥וֹת יוּמְת֖וּ שְׁנֵיהֶ֑ם תֶּ֥בֶל עָשׂ֖וּ דְּמֵיהֶ֥ם בָּֽם ג:כ:יג וְאִ֗ישׁ אֲשֶׁ֨ר יִשְׁכַּ֤ב
אֶת־זָכָר֙ מִשְׁכְּבֵ֣י אִשָּׁ֔ה תּוֹעֵבָ֥ה עָשׂ֖וּ שְׁנֵיהֶ֑ם מ֥וֹת יוּמָ֖תוּ דְּמֵיהֶ֥ם
בָּֽם ג:כ:יד וְאִ֗ישׁ אֲשֶׁ֨ר יִקַּ֧ח אֶת־אִשָּׁ֛ה וְאֶת־אִמָּ֖הּ זִמָּ֣ה הִ֑וא בָּאֵ֞שׁ
יִשְׂרְפ֤וּ אֹתוֹ֙ וְאֶתְהֶ֔ן וְלֹא־תִהְיֶ֥ה זִמָּ֖ה בְּתוֹכְכֶֽם ג:כ:טו וְאִ֗ישׁ אֲשֶׁ֨ר יִתֵּ֧ן
שְׁכָבְתּ֛וֹ בִּבְהֵמָ֖ה מ֣וֹת יוּמָ֑ת וְאֶת־הַבְּהֵמָ֖ה תַּהֲרֹֽגוּ ג:כ:טז וְאִשָּׁ֗ה
אֲשֶׁ֨ר תִּקְרַ֤ב אֶל־כָּל־בְּהֵמָה֙ לְרִבְעָ֣ה אֹתָ֔הּ וְהָרַגְתָּ֥ אֶת־הָאִשָּׁ֖ה
וְאֶת־הַבְּהֵמָ֑ה מ֥וֹת יוּמָ֖תוּ דְּמֵיהֶ֥ם בָּֽם ג:כ:יז וְאִ֣ישׁ אֲשֶׁר־יִקַּ֣ח
אֶת־אֲחֹת֡וֹ בַּת־אָבִ֣יו א֣וֹ בַת־אִ֠מּוֹ וְרָאָ֨ה אֶת־עֶרְוָתָ֜הּ וְהִֽיא־תִרְאֶ֤ה
אֶת־עֶרְוָתוֹ֙ חֶ֣סֶד ה֔וּא וְנִ֨כְרְת֔וּ לְעֵינֵ֖י בְּנֵ֣י עַמָּ֑ם עֶרְוַ֧ת אֲחֹת֛וֹ גִּלָּ֖ה
עֲוֺנ֥וֹ יִשָּֽׂא ג:כ:יח וְ֠אִישׁ אֲשֶׁר־יִשְׁכַּ֨ב אֶת־אִשָּׁ֜ה דָּוָ֗ה וְגִלָּ֤ה אֶת־עֶרְוָתָהּ֙
אֶת־מְקֹרָ֣הּ הֶֽעֱרָ֔ה וְהִ֕וא גִּלְּתָ֖ה אֶת־מְק֣וֹר דָּמֶ֑יהָ וְנִכְרְת֥וּ שְׁנֵיהֶ֖ם

מִקֶּ֥רֶב עַמָּֽם ג:כ:יט וְעֶרְוַ֨ת אֲח֤וֹת אִמְּךָ֙ וַאֲח֣וֹת אָבִ֔יךָ לֹ֣א תְגַלֵּ֑ה כִּ֧י
אֶת־שְׁאֵר֛וֹ הֶעֱרָ֖ה עֲוֺנָ֥ם יִשָּֽׂאוּ ג:כ:כ וְאִ֗ישׁ אֲשֶׁ֤ר יִשְׁכַּב֙ אֶת־דֹּ֣דָת֔וֹ
עֶרְוַ֥ת דֹּד֖וֹ גִּלָּ֑ה חֶטְאָ֥ם יִשָּׂ֖אוּ עֲרִירִ֥ים יָמֻֽתוּ ג:כ:כא וְאִ֗ישׁ אֲשֶׁ֥ר יִקַּ֛ח
אֶת־אֵ֥שֶׁת אָחִ֖יו נִדָּ֣ה הִ֑וא עֶרְוַ֥ת אָחִ֛יו גִּלָּ֖ה עֲרִירִ֥ים יִהְיֽוּ
ג:כ:כב וּשְׁמַרְתֶּ֤ם אֶת־כָּל־חֻקֹּתַי֙ וְאֶת־כָּל־מִשְׁפָּטַ֔י וַעֲשִׂיתֶ֖ם אֹתָ֑ם
וְלֹא־תָקִ֤יא אֶתְכֶם֙ הָאָ֔רֶץ אֲשֶׁ֨ר אֲנִ֜י מֵבִ֥יא אֶתְכֶ֛ם שָׁ֖מָּה לָשֶׁ֥בֶת
בָּֽהּ ג:כ:כג וְלֹ֤א תֵֽלְכוּ֙ בְּחֻקֹּ֣ת הַגּ֔וֹי אֲשֶׁר־אֲנִ֥י מְשַׁלֵּ֖חַ מִפְּנֵיכֶ֑ם כִּ֤י
אֶת־כָּל־אֵ֙לֶּה֙ עָשׂ֔וּ וָאָקֻ֖ץ בָּֽם ג:כ:כד וָאֹמַ֣ר לָכֶ֗ם אַתֶּם֮ תִּירְשׁ֣וּ
אֶת־אַדְמָתָם֒ וַאֲנִ֞י אֶתְּנֶ֤נָּה לָכֶם֙ לָרֶ֣שֶׁת אֹתָ֔הּ אֶ֛רֶץ זָבַ֥ת חָלָ֖ב
וּדְבָ֑שׁ אֲנִי֙ יְהוָ֣ה אֱלֹהֵיכֶ֔ם אֲשֶׁר־הִבְדַּ֥לְתִּי אֶתְכֶ֖ם מִן־הָֽעַמִּֽים
ג:כ:כה וְהִבְדַּלְתֶּ֞ם בֵּֽין־הַבְּהֵמָ֤ה הַטְּהֹרָה֙ לַטְּמֵאָ֔ה וּבֵין־הָע֥וֹף
הַטָּמֵ֖א לַטָּהֹ֑ר וְלֹֽא־תְשַׁקְּצ֨וּ אֶת־נַפְשֹֽׁתֵיכֶ֜ם בַּבְּהֵמָ֣ה וּבָע֗וֹף וּבְכֹל֙
אֲשֶׁ֣ר תִּרְמֹ֣שׂ הָֽאֲדָמָ֔ה אֲשֶׁר־הִבְדַּ֥לְתִּי לָכֶ֖ם לְטַמֵּֽא ג:כ:כו וִהְיִ֤יתֶם לִי֙
קְדֹשִׁ֔ים כִּ֥י קָד֖וֹשׁ אֲנִ֣י יְהוָ֑ה וָאַבְדִּ֥ל אֶתְכֶ֛ם מִן־הָֽעַמִּ֖ים לִהְי֥וֹת לִֽי
ג:כ:כז וְאִ֣ישׁ אֽוֹ־אִשָּׁ֗ה כִּֽי־יִהְיֶ֨ה בָהֶ֥ם א֛וֹב א֥וֹ יִדְּעֹנִ֖י מ֣וֹת יוּמָ֑תוּ בָּאֶ֛בֶן
יִרְגְּמ֥וּ אֹתָ֖ם דְּמֵיהֶ֥ם בָּֽם ג:כא:א וַיֹּ֤אמֶר יְהוָה֙ אֶל־מֹשֶׁ֔ה אֱמֹ֥ר
אֶל־הַכֹּהֲנִ֖ים בְּנֵ֣י אַהֲרֹ֑ן וְאָמַרְתָּ֣ אֲלֵהֶ֔ם לְנֶ֥פֶשׁ לֹֽא־יִטַּמָּ֖א בְּעַמָּֽיו
ג:כא:ב כִּ֚י אִם־לִשְׁאֵר֔וֹ הַקָּרֹ֖ב אֵלָ֑יו לְאִמּ֣וֹ וּלְאָבִ֔יו וְלִבְנ֥וֹ וּלְבִתּ֖וֹ
וּלְאָחִֽיו ג:כא:ג וְלַאֲחֹת֤וֹ הַבְּתוּלָה֙ הַקְּרוֹבָ֣ה אֵלָ֔יו אֲשֶׁ֥ר לֹא־הָיְתָ֖ה
לְאִ֑ישׁ לָ֖הּ יִטַּמָּֽא ג:כא:ד לֹ֥א יִטַּמָּ֖א בַּ֣עַל בְּעַמָּ֑יו לְהֵ֖חַלּֽוֹ
ג:כא:ה לֹֽא־יקרחה [יִקְרְח֤וּ] קָרְחָה֙ בְּרֹאשָׁ֔ם וּפְאַ֥ת זְקָנָ֖ם לֹ֣א יְגַלֵּ֑חוּ
וּבִ֨בְשָׂרָ֔ם לֹ֥א יִשְׂרְט֖וּ שָׂרָֽטֶת ג:כא:ו קְדֹשִׁ֤ים יִהְיוּ֙ לֵֽאלֹהֵיהֶ֔ם וְלֹ֣א
יְחַלְּל֔וּ שֵׁ֖ם אֱלֹהֵיהֶ֑ם כִּ֠י אֶת־אִשֵּׁ֨י יְהוָ֜ה לֶ֧חֶם אֱלֹהֵיהֶ֛ם הֵ֥ם
מַקְרִיבִ֖ם וְהָ֥יוּ קֹֽדֶשׁ ג:כא:ז אִשָּׁ֨ה זֹנָ֤ה וַחֲלָלָה֙ לֹ֣א יִקָּ֔חוּ וְאִשָּׁ֛ה
גְּרוּשָׁ֥ה מֵאִישָׁ֖הּ לֹ֣א יִקָּ֑חוּ כִּֽי־קָדֹ֥שׁ ה֖וּא לֵאלֹהָֽיו ג:כא:ח וְקִדַּשְׁתּ֔וֹ
כִּֽי־אֶת־לֶ֥חֶם אֱלֹהֶ֖יךָ ה֣וּא מַקְרִ֑יב קָדֹשׁ֙ יִֽהְיֶה־לָּ֔ךְ כִּ֣י קָד֔וֹשׁ אֲנִ֥י
יְהוָ֖ה מְקַדִּשְׁכֶֽם ג:כא:ט וּבַת֙ אִ֣ישׁ כֹּהֵ֔ן כִּ֥י תֵחֵ֖ל לִזְנ֑וֹת אֶת־אָבִ֙יהָ֙
הִ֣יא מְחַלֶּ֔לֶת בָּאֵ֖שׁ תִּשָּׂרֵֽף ג:כא:י וְהַכֹּהֵן֩ הַגָּד֨וֹל מֵאֶחָ֜יו אֲשֶׁר־יוּצַ֥ק

עַל־רֹאשׁ֣וֹ ׀ שֶׁ֣מֶן הַמִּשְׁחָ֗ה וּמִלֵּ֣א אֶת־יָד֔וֹ לִלְבֹּ֖שׁ אֶת־הַבְּגָדִ֑ים
אֶת־רֹאשׁוֹ֙ לֹ֣א יִפְרָ֔ע וּבְגָדָ֖יו לֹ֥א יִפְרֹֽם ג:כא:יא וְעַ֛ל כָּל־נַפְשֹׁ֥ת מֵ֖ת
לֹ֣א יָבֹ֑א לְאָבִ֥יו וּלְאִמּ֖וֹ לֹ֥א יִטַּמָּֽא ג:כא:יב וּמִן־הַמִּקְדָּשׁ֙ לֹ֣א יֵצֵ֔א וְלֹ֣א
יְחַלֵּ֔ל אֵ֖ת מִקְדַּ֣שׁ אֱלֹהָ֑יו כִּ֡י נֵ֠זֶר שֶׁ֣מֶן מִשְׁחַ֧ת אֱלֹהָ֛יו עָלָ֖יו אֲנִ֥י
יְהוָֽה ג:כא:יג וְה֕וּא אִשָּׁ֥ה בִבְתוּלֶ֖יהָ יִקָּֽח ג:כא:יד אַלְמָנָ֤ה וּגְרוּשָׁה֙
וַחֲלָלָ֣ה זֹנָ֔ה אֶת־אֵ֖לֶּה לֹ֣א יִקָּ֑ח כִּ֛י אִם־בְּתוּלָ֥ה מֵעַמָּ֖יו יִקַּ֥ח אִשָּֽׁה
ג:כא:טו וְלֹֽא־יְחַלֵּ֥ל זַרְע֖וֹ בְּעַמָּ֑יו כִּ֛י אֲנִ֥י יְהוָ֖ה מְקַדְּשֽׁוֹ ג:כא:טז וַיְדַבֵּ֥ר
יְהוָ֖ה אֶל־מֹשֶׁ֥ה לֵּאמֹֽר ג:כא:יז דַּבֵּ֥ר אֶֽל־אַהֲרֹ֖ן לֵאמֹ֑ר אִ֣ישׁ מִֽזַּרְעֲךָ֞
לְדֹרֹתָ֗ם אֲשֶׁ֨ר יִהְיֶ֥ה בוֹ֙ מ֔וּם לֹ֣א יִקְרַ֔ב לְהַקְרִ֖יב לֶ֥חֶם אֱלֹהָֽיו
ג:כא:יח כִּ֥י כָל־אִ֛ישׁ אֲשֶׁר־בּ֥וֹ מ֖וּם לֹ֣א יִקְרָ֑ב אִ֤ישׁ עִוֵּר֙ א֣וֹ פִסֵּ֔חַ א֥וֹ
חָרֻ֖ם א֥וֹ שָׂרֽוּעַ ג:כא:יט א֣וֹ אִ֔ישׁ אֲשֶׁר־יִהְיֶ֥ה ב֖וֹ שֶׁ֣בֶר רָ֑גֶל א֖וֹ שֶׁ֥בֶר יָֽד
ג:כא:כ אֽוֹ־גִבֵּ֣ן אוֹ־דַ֔ק א֖וֹ תְּבַלֻּ֣ל בְּעֵינ֑וֹ א֤וֹ גָרָב֙ א֣וֹ יַלֶּ֔פֶת א֖וֹ מְר֥וֹחַ
אָֽשֶׁךְ ג:כא:כא כָּל־אִ֞ישׁ אֲשֶׁר־בּ֣וֹ מ֗וּם מִזֶּ֙רַע֙ אַהֲרֹ֣ן הַכֹּהֵ֔ן לֹ֣א יִגַּ֔שׁ
לְהַקְרִ֖יב אֶת־אִשֵּׁ֣י יְהוָ֑ה מ֣וּם בּ֔וֹ אֵ֚ת לֶ֣חֶם אֱלֹהָ֔יו לֹ֥א יִגַּ֖שׁ לְהַקְרִֽיב
ג:כא:כב לֶ֣חֶם אֱלֹהָ֔יו מִקָּדְשֵׁ֖י הַקֳּדָשִׁ֑ים וּמִן־הַקֳּדָשִׁ֖ים יֹאכֵֽל
ג:כא:כג אַ֣ךְ אֶל־הַפָּרֹ֜כֶת לֹ֣א יָבֹ֗א וְאֶל־הַמִּזְבֵּ֛חַ לֹ֥א יִגַּ֖שׁ כִּֽי־מ֣וּם בּ֑וֹ
וְלֹ֤א יְחַלֵּל֙ אֶת־מִקְדָּשַׁ֔י כִּ֛י אֲנִ֥י יְהוָ֖ה מְקַדְּשָֽׁם ג:כא:כד וַיְדַבֵּ֣ר מֹשֶׁ֔ה
אֶֽל־אַהֲרֹ֖ן וְאֶל־בָּנָ֑יו וְאֶֽל־כָּל־בְּנֵ֖י יִשְׂרָאֵֽל ג:כב:א וַיְדַבֵּ֥ר יְהוָ֖ה
אֶל־מֹשֶׁ֥ה לֵּאמֹֽר ג:כב:ב דַּבֵּ֨ר אֶֽל־אַהֲרֹ֜ן וְאֶל־בָּנָ֗יו וְיִנָּֽזְרוּ֙ מִקָּדְשֵׁ֣י
בְנֵֽי־יִשְׂרָאֵ֔ל וְלֹ֥א יְחַלְּל֖וּ אֶת־שֵׁ֣ם קָדְשִׁ֑י אֲשֶׁ֨ר הֵ֧ם מַקְדִּשִׁ֛ים לִ֖י אֲנִ֥י
יְהוָֽה ג:כב:ג אֱמֹ֣ר אֲלֵהֶ֗ם לְדֹרֹ֨תֵיכֶ֜ם כָּל־אִ֣ישׁ ׀ אֲשֶׁר־יִקְרַ֣ב
מִכָּל־זַרְעֲכֶ֗ם אֶל־הַקֳּדָשִׁים֙ אֲשֶׁ֨ר יַקְדִּ֤ישׁוּ בְנֵֽי־יִשְׂרָאֵל֙ לַֽיהוָ֔ה
וְטֻמְאָת֖וֹ עָלָ֑יו וְנִכְרְתָ֞ה הַנֶּ֧פֶשׁ הַהִ֛וא מִלְּפָנַ֖י אֲנִ֥י יְהוָֽה ג:כב:ד אִ֨ישׁ
אִ֜ישׁ מִזֶּ֣רַע אַהֲרֹ֗ן וְה֤וּא צָר֙וּעַ֙ א֣וֹ זָ֔ב בַּקֳּדָשִׁים֙ לֹ֣א יֹאכַ֔ל עַ֖ד אֲשֶׁ֣ר
יִטְהָ֑ר וְהַנֹּגֵ֙עַ֙ בְּכָל־טְמֵא־נֶ֔פֶשׁ א֣וֹ אִ֔ישׁ אֲשֶׁר־תֵּצֵ֥א מִמֶּ֖נּוּ
שִׁכְבַת־זָֽרַע ג:כב:ה אוֹ־אִישׁ֙ אֲשֶׁ֣ר יִגַּ֔ע בְּכָל־שֶׁ֖רֶץ אֲשֶׁ֣ר יִטְמָא־ל֑וֹ א֥וֹ
בְאָדָם֙ אֲשֶׁ֣ר יִטְמָא־ל֔וֹ לְכֹ֖ל טֻמְאָתֽוֹ ג:כב:ו נֶ֚פֶשׁ אֲשֶׁ֣ר תִּגַּע־בּ֔וֹ
וְטָמְאָ֖ה עַד־הָעָ֑רֶב וְלֹ֤א יֹאכַל֙ מִן־הַקֳּדָשִׁ֔ים כִּ֛י אִם־רָחַ֥ץ בְּשָׂר֖וֹ

בַּמָּֽיִם ג:כב:ז וּבָ֥א הַשֶּׁ֖מֶשׁ וְטָהֵ֑ר וְאַחַר֙ יֹאכַ֣ל מִן־הַקֳּדָשִׁ֔ים כִּ֥י לַחְמ֖וֹ
הֽוּא ג:כב:ח נְבֵלָ֧ה וּטְרֵפָ֛ה לֹ֥א יֹאכַ֖ל לְטָמְאָה־בָ֑הּ אֲנִ֖י יְהוָֽה
ג:כב:ט וְשָׁמְר֣וּ אֶת־מִשְׁמַרְתִּ֗י וְלֹֽא־יִשְׂא֤וּ עָלָיו֙ חֵ֔טְא וּמֵ֥תוּ ב֖וֹ כִּ֣י
יְחַלְּלֻ֑הוּ אֲנִ֥י יְהוָ֖ה מְקַדְּשָֽׁם ג:כב:י וְכָל־זָ֖ר לֹא־יֹ֣אכַל קֹ֑דֶשׁ תּוֹשַׁ֥ב
כֹּהֵ֛ן וְשָׂכִ֖יר לֹא־יֹ֥אכַל קֹֽדֶשׁ ג:כב:יא וְכֹהֵ֗ן כִּֽי־יִקְנֶ֥ה נֶ֙פֶשׁ֙ קִנְיַ֣ן כַּסְפּ֔וֹ
ה֖וּא יֹ֣אכַל בּ֑וֹ וִילִ֣יד בֵּית֔וֹ הֵ֖ם יֹאכְל֥וּ בְלַחְמֽוֹ ג:כב:יב וּבַת־כֹּהֵ֔ן כִּ֥י
תִהְיֶ֖ה לְאִ֣ישׁ זָ֑ר הִ֕וא בִּתְרוּמַ֥ת הַקֳּדָשִׁ֖ים לֹ֥א תֹאכֵֽל
ג:כב:יג וּבַת־כֹּהֵן֩ כִּ֨י תִהְיֶ֜ה אַלְמָנָ֣ה וּגְרוּשָׁ֗ה וְזֶ֘רַע֮ אֵ֣ין לָהּ֒ וְשָׁבָ֞ה
אֶל־בֵּ֤ית אָבִ֙יהָ֙ כִּנְעוּרֶ֔יהָ מִלֶּ֥חֶם אָבִ֖יהָ תֹּאכֵ֑ל וְכָל־זָ֖ר לֹא־יֹ֥אכַל בּֽוֹ
ג:כב:יד וְאִ֕ישׁ כִּֽי־יֹאכַ֥ל קֹ֖דֶשׁ בִּשְׁגָגָ֑ה וְיָסַ֤ף חֲמִשִׁיתוֹ֙ עָלָ֔יו וְנָתַ֥ן לַכֹּהֵ֖ן
אֶת־הַקֹּֽדֶשׁ ג:כב:טו וְלֹ֣א יְחַלְּל֔וּ אֶת־קָדְשֵׁ֖י בְּנֵ֣י יִשְׂרָאֵ֑ל אֵ֥ת
אֲשֶׁר־יָרִ֖ימוּ לַיהוָֽה ג:כב:טז וְהִשִּׂ֤יאוּ אוֹתָם֙ עֲוֺ֣ן אַשְׁמָ֔ה בְּאָכְלָ֖ם
אֶת־קָדְשֵׁיהֶ֑ם כִּ֛י אֲנִ֥י יְהוָ֖ה מְקַדְּשָֽׁם ג:כב:יז וַיְדַבֵּ֥ר יְהוָ֖ה אֶל־מֹשֶׁ֥ה
לֵּאמֹֽר ג:כב:יח דַּבֵּ֨ר אֶֽל־אַהֲרֹ֜ן וְאֶל־בָּנָ֗יו וְאֶל֙ כָּל־בְּנֵ֣י יִשְׂרָאֵ֔ל וְאָמַרְתָּ֖
אֲלֵהֶ֑ם אִ֣ישׁ אִ֠ישׁ מִבֵּ֨ית יִשְׂרָאֵ֜ל וּמִן־הַגֵּ֣ר בְּיִשְׂרָאֵ֗ל אֲשֶׁ֨ר יַקְרִ֤יב
קָרְבָּנוֹ֙ לְכָל־נִדְרֵיהֶם֙ וּלְכָל־נִדְבוֹתָ֔ם אֲשֶׁר־יַקְרִ֥יבוּ לַיהוָ֖ה לְעֹלָֽה
ג:כב:יט לִרְצֹנְכֶ֑ם תָּמִ֣ים זָכָ֔ר בַּבָּקָ֕ר בַּכְּשָׂבִ֖ים וּבָעִזִּֽים ג:כב:כ כֹּ֛ל
אֲשֶׁר־בּ֥וֹ מ֖וּם לֹ֣א תַקְרִ֑יבוּ כִּי־לֹ֥א לְרָצ֖וֹן יִהְיֶ֥ה לָכֶֽם ג:כב:כא וְאִ֗ישׁ
כִּֽי־יַקְרִ֤יב זֶֽבַח־שְׁלָמִים֙ לַיהוָ֔ה לְפַלֵּא־נֶ֙דֶר֙ א֣וֹ לִנְדָבָ֔ה בַּבָּקָ֖ר א֥וֹ
בַצֹּ֑אן תָּמִ֤ים יִהְיֶה֙ לְרָצ֔וֹן כָּל־מ֖וּם לֹ֥א יִֽהְיֶה־בּֽוֹ ג:כב:כב עַוֶּ֡רֶת א֩וֹ
שָׁב֨וּר אוֹ־חָר֜וּץ אֽוֹ־יַבֶּ֗לֶת א֤וֹ גָרָב֙ א֣וֹ יַלֶּ֔פֶת לֹא־תַקְרִ֥יבוּ אֵ֖לֶּה
לַיהוָ֑ה וְאִשֶּׁ֗ה לֹא־תִתְּנ֥וּ מֵהֶ֛ם עַל־הַמִּזְבֵּ֖חַ לַיהוָֽה ג:כב:כג וְשׁ֥וֹר וָשֶׂ֖ה
שָׂר֣וּעַ וְקָל֑וּט נְדָבָה֙ תַּעֲשֶׂ֣ה אֹת֔וֹ וּלְנֵ֖דֶר לֹ֥א יֵרָצֶֽה ג:כב:כד וּמָע֤וּךְ
וְכָתוּת֙ וְנָת֣וּק וְכָר֔וּת לֹ֥א תַקְרִ֖יבוּ לַיהוָ֑ה וּבְאַרְצְכֶ֖ם לֹ֥א תַעֲשֽׂוּ
ג:כב:כה וּמִיַּ֣ד בֶּן־נֵכָ֗ר לֹ֥א תַקְרִ֛יבוּ אֶת־לֶ֥חֶם אֱלֹהֵיכֶ֖ם מִכָּל־אֵ֑לֶּה כִּ֣י
מָשְׁחָתָ֤ם בָּהֶם֙ מ֣וּם בָּ֔ם לֹ֥א יֵרָצ֖וּ לָכֶֽם ג:כב:כו וַיְדַבֵּ֥ר יְהוָ֖ה
אֶל־מֹשֶׁ֥ה לֵּאמֹֽר ג:כב:כז שׁ֣וֹר אוֹ־כֶ֤שֶׂב אוֹ־עֵז֙ כִּ֣י יִוָּלֵ֔ד וְהָיָ֛ה שִׁבְעַ֥ת
יָמִ֖ים תַּ֣חַת אִמּ֑וֹ וּמִיּ֤וֹם הַשְּׁמִינִי֙ וָהָ֔לְאָה יֵרָצֶ֕ה לְקָרְבַּ֥ן אִשֶּׁ֖ה לַיהוָֽה

ג:כב:כח וְשׁוֹר אוֹ־שֶׂה אֹתוֹ וְאֶת־בְּנוֹ לֹא תִשְׁחֲטוּ בְּיוֹם אֶחָד
ג:כב:כט וְכִי־תִזְבְּחוּ זֶבַח־תּוֹדָה לַיהוָה לִרְצֹנְכֶם תִּזְבָּחוּ ג:כב:ל בַּיּוֹם
הַהוּא יֵאָכֵל לֹא־תוֹתִירוּ מִמֶּנּוּ עַד־בֹּקֶר אֲנִי יְהוָה ג:כב:לא וּשְׁמַרְתֶּם
מִצְוֹתַי וַעֲשִׂיתֶם אֹתָם אֲנִי יְהוָה ג:כב:לב וְלֹא תְחַלְּלוּ אֶת־שֵׁם קָדְשִׁי
וְנִקְדַּשְׁתִּי בְּתוֹךְ בְּנֵי יִשְׂרָאֵל אֲנִי יְהוָה מְקַדִּשְׁכֶם ג:כב:לג הַמּוֹצִיא
אֶתְכֶם מֵאֶרֶץ מִצְרַיִם לִהְיוֹת לָכֶם לֵאלֹהִים אֲנִי יְהוָה ג:כג:א וַיְדַבֵּר
יְהוָה אֶל־מֹשֶׁה לֵּאמֹר ג:כג:ב דַּבֵּר אֶל־בְּנֵי יִשְׂרָאֵל וְאָמַרְתָּ אֲלֵהֶם
מוֹעֲדֵי יְהוָה אֲשֶׁר־תִּקְרְאוּ אֹתָם מִקְרָאֵי קֹדֶשׁ אֵלֶּה הֵם מוֹעֲדָי
ג:כג:ג שֵׁשֶׁת יָמִים תֵּעָשֶׂה מְלָאכָה וּבַיּוֹם הַשְּׁבִיעִי שַׁבַּת שַׁבָּתוֹן
מִקְרָא־קֹדֶשׁ כָּל־מְלָאכָה לֹא תַעֲשׂוּ שַׁבָּת הִוא לַיהוָה בְּכֹל
מוֹשְׁבֹתֵיכֶם ג:כג:ד אֵלֶּה מוֹעֲדֵי יְהוָה מִקְרָאֵי קֹדֶשׁ אֲשֶׁר־תִּקְרְאוּ
אֹתָם בְּמוֹעֲדָם ג:כג:ה בַּחֹדֶשׁ הָרִאשׁוֹן בְּאַרְבָּעָה עָשָׂר לַחֹדֶשׁ בֵּין
הָעַרְבָּיִם פֶּסַח לַיהוָה ג:כג:ו וּבַחֲמִשָּׁה עָשָׂר יוֹם לַחֹדֶשׁ הַזֶּה חַג
הַמַּצּוֹת לַיהוָה שִׁבְעַת יָמִים מַצּוֹת תֹּאכֵלוּ ג:כג:ז בַּיּוֹם הָרִאשׁוֹן
מִקְרָא־קֹדֶשׁ יִהְיֶה לָכֶם כָּל־מְלֶאכֶת עֲבֹדָה לֹא תַעֲשׂוּ
ג:כג:ח וְהִקְרַבְתֶּם אִשֶּׁה לַיהוָה שִׁבְעַת יָמִים בַּיּוֹם הַשְּׁבִיעִי
מִקְרָא־קֹדֶשׁ כָּל־מְלֶאכֶת עֲבֹדָה לֹא תַעֲשׂוּ ג:כג:ט וַיְדַבֵּר יְהוָה
אֶל־מֹשֶׁה לֵּאמֹר ג:כג:י דַּבֵּר אֶל־בְּנֵי יִשְׂרָאֵל וְאָמַרְתָּ אֲלֵהֶם
כִּי־תָבֹאוּ אֶל־הָאָרֶץ אֲשֶׁר אֲנִי נֹתֵן לָכֶם וּקְצַרְתֶּם אֶת־קְצִירָהּ
וַהֲבֵאתֶם אֶת־עֹמֶר רֵאשִׁית קְצִירְכֶם אֶל־הַכֹּהֵן ג:כג:יא וְהֵנִיף
אֶת־הָעֹמֶר לִפְנֵי יְהוָה לִרְצֹנְכֶם מִמָּחֳרַת הַשַּׁבָּת יְנִיפֶנּוּ הַכֹּהֵן
ג:כג:יב וַעֲשִׂיתֶם בְּיוֹם הֲנִיפְכֶם אֶת־הָעֹמֶר כֶּבֶשׂ תָּמִים בֶּן־שְׁנָתוֹ
לְעֹלָה לַיהוָה ג:כג:יג וּמִנְחָתוֹ שְׁנֵי עֶשְׂרֹנִים סֹלֶת בְּלוּלָה בַשֶּׁמֶן
אִשֶּׁה לַיהוָה רֵיחַ נִיחֹחַ וְנִסְכֹּה יַיִן רְבִיעִת הַהִין ג:כג:יד וְלֶחֶם וְקָלִי
וְכַרְמֶל לֹא תֹאכְלוּ עַד־עֶצֶם הַיּוֹם הַזֶּה עַד הֲבִיאֲכֶם אֶת־קָרְבַּן
אֱלֹהֵיכֶם חֻקַּת עוֹלָם לְדֹרֹתֵיכֶם בְּכֹל מֹשְׁבֹתֵיכֶם ג:כג:טו וּסְפַרְתֶּם
לָכֶם מִמָּחֳרַת הַשַּׁבָּת מִיּוֹם הֲבִיאֲכֶם אֶת־עֹמֶר הַתְּנוּפָה שֶׁבַע
שַׁבָּתוֹת תְּמִימֹת תִּהְיֶינָה ג:כג:טז עַד מִמָּחֳרַת הַשַּׁבָּת הַשְּׁבִיעִת

תִּסְפְּר֖וּ חֲמִשִּׁ֣ים י֑וֹם וְהִקְרַבְתֶּ֛ם מִנְחָ֥ה חֲדָשָׁ֖ה לַיהוָֽה
ג:כג:יז מִמּוֹשְׁבֹתֵיכֶ֡ם תָּבִ֣יאּוּ ׀ לֶ֣חֶם תְּנוּפָ֗ה שְׁ֚תַּיִם שְׁנֵ֣י עֶשְׂרֹנִ֔ים
סֹ֣לֶת תִּהְיֶ֔ינָה חָמֵ֖ץ תֵּאָפֶ֑ינָה בִּכּוּרִ֖ים לַֽיהוָֽה ג:כג:יח וְהִקְרַבְתֶּ֣ם
עַל־הַלֶּ֗חֶם שִׁבְעַ֨ת כְּבָשִׂ֤ים תְּמִימִם֙ בְּנֵ֣י שָׁנָ֔ה וּפַ֧ר בֶּן־בָּקָ֛ר אֶחָ֖ד
וְאֵילִ֣ם שְׁנָ֑יִם יִהְי֤וּ עֹלָה֙ לַֽיהוָ֔ה וּמִנְחָתָם֙ וְנִסְכֵּיהֶ֔ם אִשֵּׁ֥ה
רֵֽיחַ־נִיחֹ֖חַ לַיהוָֽה ג:כג:יט וַעֲשִׂיתֶ֛ם שְׂעִיר־עִזִּ֥ים אֶחָ֖ד לְחַטָּ֑את וּשְׁנֵ֧י
כְבָשִׂ֛ים בְּנֵ֥י שָׁנָ֖ה לְזֶ֥בַח שְׁלָמִֽים ג:כג:כ וְהֵנִ֣יף הַכֹּהֵ֣ן ׀ אֹתָ֡ם עַל֩
לֶ֨חֶם הַבִּכֻּרִ֤ים תְּנוּפָה֙ לִפְנֵ֣י יְהוָ֔ה עַל־שְׁנֵ֖י כְּבָשִׂ֑ים קֹ֛דֶשׁ יִהְי֥וּ
לַיהוָ֖ה לַכֹּהֵֽן ג:כג:כא וּקְרָאתֶ֞ם בְּעֶ֣צֶם ׀ הַיּ֣וֹם הַזֶּ֗ה מִֽקְרָא־קֹ֙דֶשׁ֙
יִהְיֶ֣ה לָכֶ֔ם כָּל־מְלֶ֥אכֶת עֲבֹדָ֖ה לֹ֣א תַעֲשׂ֑וּ חֻקַּ֥ת עוֹלָ֛ם
בְּכָל־מוֹשְׁבֹתֵיכֶ֖ם לְדֹרֹתֵיכֶֽם ג:כג:כב וּֽבְקֻצְרְכֶ֞ם אֶת־קְצִ֣יר אַרְצְכֶ֗ם
לֹֽא־תְכַלֶּ֞ה פְּאַ֤ת שָֽׂדְךָ֙ בְּקֻצְרֶ֔ךָ וְלֶ֥קֶט קְצִירְךָ֖ לֹ֣א תְלַקֵּ֑ט לֶֽעָנִ֤י
וְלַגֵּר֙ תַּעֲזֹ֣ב אֹתָ֔ם אֲנִ֖י יְהוָ֥ה אֱלֹהֵיכֶֽם ג:כג:כג וַיְדַבֵּ֥ר יְהוָ֖ה אֶל־מֹשֶׁ֥ה
לֵּאמֹֽר ג:כג:כד דַּבֵּ֛ר אֶל־בְּנֵ֥י יִשְׂרָאֵ֖ל לֵאמֹ֑ר בַּחֹ֨דֶשׁ הַשְּׁבִיעִ֜י בְּאֶחָ֣ד
לַחֹ֗דֶשׁ יִהְיֶ֤ה לָכֶם֙ שַׁבָּת֔וֹן זִכְר֥וֹן תְּרוּעָ֖ה מִקְרָא־קֹֽדֶשׁ
ג:כג:כה כָּל־מְלֶ֥אכֶת עֲבֹדָ֖ה לֹ֣א תַעֲשׂ֑וּ וְהִקְרַבְתֶּ֥ם אִשֶּׁ֖ה לַיהוָֽה
ג:כג:כו וַיְדַבֵּ֥ר יְהוָ֖ה אֶל־מֹשֶׁ֥ה לֵּאמֹֽר ג:כג:כז אַ֡ךְ בֶּעָשׂ֣וֹר לַחֹ֩דֶשׁ֩
הַשְּׁבִיעִ֨י הַזֶּ֜ה י֧וֹם הַכִּפֻּרִ֣ים ה֗וּא מִֽקְרָא־קֹ֙דֶשׁ֙ יִהְיֶ֣ה לָכֶ֔ם וְעִנִּיתֶ֖ם
אֶת־נַפְשֹׁתֵיכֶ֑ם וְהִקְרַבְתֶּ֥ם אִשֶּׁ֖ה לַיהוָֽה ג:כג:כח וְכָל־מְלָאכָה֙ לֹ֣א
תַעֲשׂ֔וּ בְּעֶ֖צֶם הַיּ֣וֹם הַזֶּ֑ה כִּ֣י י֤וֹם כִּפֻּרִים֙ ה֔וּא לְכַפֵּ֣ר עֲלֵיכֶ֔ם לִפְנֵ֖י
יְהוָ֥ה אֱלֹהֵיכֶֽם ג:כג:כט כִּ֤י כָל־הַנֶּ֙פֶשׁ֙ אֲשֶׁ֣ר לֹֽא־תְעֻנֶּ֔ה בְּעֶ֖צֶם הַיּ֣וֹם
הַזֶּ֑ה וְנִכְרְתָ֖ה מֵעַמֶּֽיהָ ג:כג:ל וְכָל־הַנֶּ֗פֶשׁ אֲשֶׁ֤ר תַּעֲשֶׂה֙ כָּל־מְלָאכָ֔ה
בְּעֶ֖צֶם הַיּ֣וֹם הַזֶּ֑ה וְהַאֲבַדְתִּ֛י אֶת־הַנֶּ֥פֶשׁ הַהִ֖וא מִקֶּ֥רֶב עַמָּֽהּ
ג:כג:לא כָּל־מְלָאכָ֖ה לֹ֣א תַעֲשׂ֑וּ חֻקַּ֥ת עוֹלָם֙ לְדֹרֹ֣תֵיכֶ֔ם בְּכֹ֖ל
מֹשְׁבֹתֵיכֶֽם ג:כג:לב שַׁבַּ֨ת שַׁבָּת֥וֹן הוּא֙ לָכֶ֔ם וְעִנִּיתֶ֖ם אֶת־נַפְשֹׁתֵיכֶ֑ם
בְּתִשְׁעָ֤ה לַחֹ֙דֶשׁ֙ בָּעֶ֔רֶב מֵעֶ֣רֶב עַד־עֶ֔רֶב תִּשְׁבְּת֖וּ שַׁבַּתְּכֶֽם
ג:כג:לג וַיְדַבֵּ֥ר יְהוָ֖ה אֶל־מֹשֶׁ֥ה לֵּאמֹֽר ג:כג:לד דַּבֵּ֛ר אֶל־בְּנֵ֥י יִשְׂרָאֵ֖ל
לֵאמֹ֑ר בַּחֲמִשָּׁ֨ה עָשָׂ֜ר י֗וֹם לַחֹ֤דֶשׁ הַשְּׁבִיעִי֙ הַזֶּ֔ה חַ֧ג הַסֻּכּ֛וֹת

שִׁבְעַ֥ת יָמִ֖ים לַֽיהוָֽה ג:כג:לה בַּיּ֥וֹם הָרִאשׁ֖וֹן מִקְרָא־קֹ֑דֶשׁ
כָּל־מְלֶ֥אכֶת עֲבֹדָ֖ה לֹ֥א תַעֲשֽׂוּ ג:כג:לו שִׁבְעַ֣ת יָמִ֔ים תַּקְרִ֥יבוּ אִשֶּׁ֖ה
לַֽיהוָ֑ה בַּיּ֣וֹם הַשְּׁמִינִ֡י מִקְרָא־קֹ֩דֶשׁ֩ יִהְיֶ֨ה לָכֶ֜ם וְהִקְרַבְתֶּ֨ם אִשֶּׁ֤ה
לַֽיהוָה֙ עֲצֶ֣רֶת הִ֔וא כָּל־מְלֶ֥אכֶת עֲבֹדָ֖ה לֹ֥א תַעֲשֽׂוּ ג:כג:לז אֵ֚לֶּה
מוֹעֲדֵ֣י יְהוָ֔ה אֲשֶׁר־תִּקְרְא֥וּ אֹתָ֖ם מִקְרָאֵ֣י קֹ֑דֶשׁ לְהַקְרִ֨יב אִשֶּׁ֜ה
לַֽיהוָ֗ה עֹלָ֧ה וּמִנְחָ֛ה זֶ֥בַח וּנְסָכִ֖ים דְּבַר־י֥וֹם בְּיוֹמֽוֹ ג:כג:לח מִלְּבַ֖ד
שַׁבְּתֹ֣ת יְהוָ֑ה וּמִלְּבַ֣ד מַתְּנֽוֹתֵיכֶ֗ם וּמִלְּבַ֤ד כָּל־נִדְרֵיכֶם֙ וּמִלְּבַד֙
כָּל־נִדְבֹ֣תֵיכֶ֔ם אֲשֶׁ֥ר תִּתְּנ֖וּ לַיהוָֽה ג:כג:לט אַ֡ךְ בַּחֲמִשָּׁה֩ עָשָׂ֨ר י֜וֹם
לַחֹ֣דֶשׁ הַשְּׁבִיעִ֗י בְּאָסְפְּכֶם֙ אֶת־תְּבוּאַ֣ת הָאָ֔רֶץ תָּחֹ֥גּוּ אֶת־חַג־יְהוָ֖ה
שִׁבְעַ֣ת יָמִ֑ים בַּיּ֤וֹם הָרִאשׁוֹן֙ שַׁבָּת֔וֹן וּבַיּ֥וֹם הַשְּׁמִינִ֖י שַׁבָּתֽוֹן
ג:כג:מ וּלְקַחְתֶּ֨ם לָכֶ֜ם בַּיּ֣וֹם הָרִאשׁ֗וֹן פְּרִ֨י עֵ֤ץ הָדָר֙ כַּפֹּ֣ת תְּמָרִ֔ים
וַעֲנַ֥ף עֵץ־עָבֹ֖ת וְעַרְבֵי־נָ֑חַל וּשְׂמַחְתֶּ֗ם לִפְנֵ֛י יְהוָ֥ה אֱלֹהֵיכֶ֖ם שִׁבְעַ֥ת
יָמִֽים ג:כג:מא וְחַגֹּתֶ֤ם אֹתוֹ֙ חַ֣ג לַֽיהוָ֔ה שִׁבְעַ֥ת יָמִ֖ים בַּשָּׁנָ֑ה חֻקַּ֤ת
עוֹלָם֙ לְדֹרֹ֣תֵיכֶ֔ם בַּחֹ֥דֶשׁ הַשְּׁבִיעִ֖י תָּחֹ֥גּוּ אֹתֽוֹ ג:כג:מב בַּסֻּכֹּ֥ת תֵּשְׁב֖וּ
שִׁבְעַ֣ת יָמִ֑ים כָּל־הָֽאֶזְרָח֙ בְּיִשְׂרָאֵ֔ל יֵשְׁב֖וּ בַּסֻּכֹּֽת ג:כג:מג לְמַ֘עַן֮ יֵדְע֣וּ
דֹרֹֽתֵיכֶם֒ כִּ֣י בַסֻּכּ֗וֹת הוֹשַׁ֙בְתִּי֙ אֶת־בְּנֵ֣י יִשְׂרָאֵ֔ל בְּהוֹצִיאִ֥י אוֹתָ֖ם
מֵאֶ֣רֶץ מִצְרָ֑יִם אֲנִ֖י יְהוָ֥ה אֱלֹהֵיכֶֽם ג:כג:מד וַיְדַבֵּ֣ר מֹשֶׁ֔ה אֶת־מֹעֲדֵ֖י
יְהוָ֑ה אֶל־בְּנֵ֖י יִשְׂרָאֵֽל ג:כד:א וַיְדַבֵּ֥ר יְהוָ֖ה אֶל־מֹשֶׁ֥ה לֵּאמֹֽר ג:כד:ב צַ֞ו
אֶת־בְּנֵ֣י יִשְׂרָאֵ֗ל וְיִקְח֨וּ אֵלֶ֜יךָ שֶׁ֣מֶן זַ֥יִת זָ֛ךְ כָּתִ֖ית לַמָּא֑וֹר לְהַעֲלֹ֥ת
נֵ֖ר תָּמִֽיד ג:כד:ג מִחוּץ֩ לְפָרֹ֨כֶת הָעֵדֻ֜ת בְּאֹ֣הֶל מוֹעֵ֗ד יַעֲרֹךְ֩ אֹת֨וֹ
אַהֲרֹ֜ן מֵעֶ֧רֶב עַד־בֹּ֛קֶר לִפְנֵ֥י יְהוָ֖ה תָּמִ֑יד חֻקַּ֥ת עוֹלָ֖ם לְדֹרֹתֵיכֶֽם
ג:כד:ד עַ֚ל הַמְּנֹרָ֣ה הַטְּהֹרָ֔ה יַעֲרֹ֖ךְ אֶת־הַנֵּר֑וֹת לִפְנֵ֥י יְהוָ֖ה תָּמִֽיד
ג:כד:ה וְלָקַחְתָּ֣ סֹ֔לֶת וְאָפִיתָ֣ אֹתָ֔הּ שְׁתֵּ֥ים עֶשְׂרֵ֖ה חַלּ֑וֹת שְׁנֵי֙
עֶשְׂרֹנִ֔ים יִהְיֶ֖ה הַֽחַלָּ֥ה הָאֶחָֽת ג:כד:ו וְשַׂמְתָּ֥ אוֹתָ֛ם שְׁתַּ֥יִם מַעֲרָכ֖וֹת
שֵׁ֣שׁ הַֽמַּעֲרָ֑כֶת עַ֛ל הַשֻּׁלְחָ֥ן הַטָּהֹ֖ר לִפְנֵ֥י יְהוָֽה ג:כד:ז וְנָתַתָּ֥
עַל־הַֽמַּעֲרֶ֖כֶת לְבֹנָ֣ה זַכָּ֑ה וְהָיְתָ֤ה לַלֶּ֙חֶם֙ לְאַזְכָּרָ֔ה אִשֶּׁ֖ה לַיהוָֽה
ג:כד:ח בְּי֨וֹם הַשַּׁבָּ֜ת בְּי֣וֹם הַשַּׁבָּ֗ת יַֽעַרְכֶ֛נּוּ לִפְנֵ֥י יְהוָ֖ה תָּמִ֑יד מֵאֵ֥ת
בְּנֵֽי־יִשְׂרָאֵ֖ל בְּרִ֥ית עוֹלָֽם ג:כד:ט וְהָֽיְתָה֙ לְאַהֲרֹ֣ן וּלְבָנָ֔יו וַאֲכָלֻ֖הוּ

בְּמָקוֹם קָדֹשׁ כִּי קֹדֶשׁ קָדָשִׁים הוּא לוֹ מֵאִשֵּׁי יְהוָה חָק־עוֹלָם
ג:כד:י וַיֵּצֵא בֶּן־אִשָּׁה יִשְׂרְאֵלִית וְהוּא בֶּן־אִישׁ מִצְרִי בְּתוֹךְ בְּנֵי
יִשְׂרָאֵל וַיִּנָּצוּ בַּמַּחֲנֶה בֶּן הַיִּשְׂרְאֵלִית וְאִישׁ הַיִּשְׂרְאֵלִי ג:כד:יא וַיִּקֹּב
בֶּן־הָאִשָּׁה הַיִּשְׂרְאֵלִית אֶת־הַשֵּׁם וַיְקַלֵּל וַיָּבִיאוּ אֹתוֹ אֶל־מֹשֶׁה
וְשֵׁם אִמּוֹ שְׁלֹמִית בַּת־דִּבְרִי לְמַטֵּה־דָן ג:כד:יב וַיַּנִּיחֻהוּ בַּמִּשְׁמָר
לִפְרֹשׁ לָהֶם עַל־פִּי יְהוָה ג:כד:יג וַיְדַבֵּר יְהוָה אֶל־מֹשֶׁה לֵּאמֹר
ג:כד:יד הוֹצֵא אֶת־הַמְקַלֵּל אֶל־מִחוּץ לַמַּחֲנֶה וְסָמְכוּ כָל־הַשֹּׁמְעִים
אֶת־יְדֵיהֶם עַל־רֹאשׁוֹ וְרָגְמוּ אֹתוֹ כָּל־הָעֵדָה ג:כד:טו וְאֶל־בְּנֵי
יִשְׂרָאֵל תְּדַבֵּר לֵאמֹר אִישׁ אִישׁ כִּי־יְקַלֵּל אֱלֹהָיו וְנָשָׂא חֶטְאוֹ
ג:כד:טז וְנֹקֵב שֵׁם־יְהוָה מוֹת יוּמָת רָגוֹם יִרְגְּמוּ־בוֹ כָּל־הָעֵדָה כַּגֵּר
כָּאֶזְרָח בְּנָקְבוֹ־שֵׁם יוּמָת ג:כד:יז וְאִישׁ כִּי יַכֶּה כָּל־נֶפֶשׁ אָדָם מוֹת
יוּמָת ג:כד:יח וּמַכֵּה נֶפֶשׁ־בְּהֵמָה יְשַׁלְּמֶנָּה נֶפֶשׁ תַּחַת נָפֶשׁ
ג:כד:יט וְאִישׁ כִּי־יִתֵּן מוּם בַּעֲמִיתוֹ כַּאֲשֶׁר עָשָׂה כֵּן יֵעָשֶׂה לּוֹ
ג:כד:כ שֶׁבֶר תַּחַת שֶׁבֶר עַיִן תַּחַת עַיִן שֵׁן תַּחַת שֵׁן כַּאֲשֶׁר יִתֵּן מוּם
בָּאָדָם כֵּן יִנָּתֶן בּוֹ ג:כד:כא וּמַכֵּה בְהֵמָה יְשַׁלְּמֶנָּה וּמַכֵּה אָדָם יוּמָת
ג:כד:כב מִשְׁפַּט אֶחָד יִהְיֶה לָכֶם כַּגֵּר כָּאֶזְרָח יִהְיֶה כִּי אֲנִי יְהוָה
אֱלֹהֵיכֶם ג:כד:כג וַיְדַבֵּר מֹשֶׁה אֶל־בְּנֵי יִשְׂרָאֵל וַיּוֹצִיאוּ אֶת־הַמְקַלֵּל
אֶל־מִחוּץ לַמַּחֲנֶה וַיִּרְגְּמוּ אֹתוֹ אָבֶן וּבְנֵי־יִשְׂרָאֵל עָשׂוּ כַּאֲשֶׁר צִוָּה
יְהוָה אֶת־מֹשֶׁה ג:כה:א וַיְדַבֵּר יְהוָה אֶל־מֹשֶׁה בְּהַר סִינַי לֵאמֹר
ג:כה:ב דַּבֵּר אֶל־בְּנֵי יִשְׂרָאֵל וְאָמַרְתָּ אֲלֵהֶם כִּי תָבֹאוּ אֶל־הָאָרֶץ
אֲשֶׁר אֲנִי נֹתֵן לָכֶם וְשָׁבְתָה הָאָרֶץ שַׁבָּת לַיהוָה ג:כה:ג שֵׁשׁ שָׁנִים
תִּזְרַע שָׂדֶךָ וְשֵׁשׁ שָׁנִים תִּזְמֹר כַּרְמֶךָ וְאָסַפְתָּ אֶת־תְּבוּאָתָהּ
ג:כה:ד וּבַשָּׁנָה הַשְּׁבִיעִת שַׁבַּת שַׁבָּתוֹן יִהְיֶה לָאָרֶץ שַׁבָּת לַיהוָה
שָׂדְךָ לֹא תִזְרָע וְכַרְמְךָ לֹא תִזְמֹר ג:כה:ה אֵת סְפִיחַ קְצִירְךָ לֹא
תִקְצוֹר וְאֶת־עִנְּבֵי נְזִירֶךָ לֹא תִבְצֹר שְׁנַת שַׁבָּתוֹן יִהְיֶה לָאָרֶץ
ג:כה:ו וְהָיְתָה שַׁבַּת הָאָרֶץ לָכֶם לְאָכְלָה לְךָ וּלְעַבְדְּךָ וְלַאֲמָתֶךָ
וְלִשְׂכִירְךָ וּלְתוֹשָׁבְךָ הַגָּרִים עִמָּךְ ג:כה:ז וְלִבְהֶמְתְּךָ וְלַחַיָּה אֲשֶׁר
בְּאַרְצֶךָ תִּהְיֶה כָל־תְּבוּאָתָהּ לֶאֱכֹל ג:כה:ח וְסָפַרְתָּ לְךָ שֶׁבַע

שַׁבְּתֹ֣ת שָׁנִ֔ים שֶׁ֥בַע שָׁנִ֖ים שֶׁ֣בַע פְּעָמִ֑ים וְהָי֣וּ לְךָ֗ יְמֵי֙ שֶׁ֚בַע שַׁבְּתֹ֣ת
הַשָּׁנִ֔ים תֵּ֥שַׁע וְאַרְבָּעִ֖ים שָׁנָֽה ג:כה:ט וְהַעֲבַרְתָּ֞ שׁוֹפַ֤ר תְּרוּעָה֙
בַּחֹ֣דֶשׁ הַשְּׁבִעִ֔י בֶּעָשׂ֖וֹר לַחֹ֑דֶשׁ בְּיוֹם֙ הַכִּפֻּרִ֔ים תַּעֲבִ֥ירוּ שׁוֹפָ֖ר
בְּכָל־אַרְצְכֶֽם ג:כה:י וְקִדַּשְׁתֶּ֗ם אֵ֣ת שְׁנַ֤ת הַחֲמִשִּׁים֙ שָׁנָ֔ה וּקְרָאתֶ֥ם
דְּר֛וֹר בָּאָ֖רֶץ לְכָל־יֹשְׁבֶ֑יהָ יוֹבֵ֤ל הִוא֙ תִּהְיֶ֣ה לָכֶ֔ם וְשַׁבְתֶּ֗ם אִ֚ישׁ
אֶל־אֲחֻזָּת֔וֹ וְאִ֥ישׁ אֶל־מִשְׁפַּחְתּ֖וֹ תָּשֻֽׁבוּ ג:כה:יא יוֹבֵ֣ל הִ֗וא שְׁנַ֛ת
הַחֲמִשִּׁ֥ים שָׁנָ֖ה תִּהְיֶ֣ה לָכֶ֑ם לֹ֣א תִזְרָ֔עוּ וְלֹ֤א תִקְצְרוּ֙ אֶת־סְפִיחֶ֔יהָ
וְלֹ֥א תִבְצְר֖וּ אֶת־נְזִרֶֽיהָ ג:כה:יב כִּ֚י יוֹבֵ֣ל הִ֔וא קֹ֖דֶשׁ תִּהְיֶ֣ה לָכֶ֑ם
מִ֨ן־הַשָּׂדֶ֔ה תֹּאכְל֖וּ אֶת־תְּבוּאָתָֽהּ ג:כה:יג בִּשְׁנַ֥ת הַיּוֹבֵ֖ל הַזֹּ֑את תָּשֻׁ֕בוּ
אִ֖ישׁ אֶל־אֲחֻזָּתֽוֹ ג:כה:יד וְכִֽי־תִמְכְּר֤וּ מִמְכָּר֙ לַעֲמִיתֶ֔ךָ א֥וֹ קָנֹ֖ה מִיַּ֣ד
עֲמִיתֶ֑ךָ אַל־תּוֹנ֖וּ אִ֥ישׁ אֶת־אָחִֽיו ג:כה:טו בְּמִסְפַּ֤ר שָׁנִים֙ אַחַ֣ר הַיּוֹבֵ֔ל
תִּקְנֶ֖ה מֵאֵ֣ת עֲמִיתֶ֑ךָ בְּמִסְפַּ֥ר שְׁנֵֽי־תְבוּאֹ֖ת יִמְכָּר־לָֽךְ ג:כה:טז לְפִ֣י ׀
רֹ֣ב הַשָּׁנִ֗ים תַּרְבֶּה֙ מִקְנָת֔וֹ וּלְפִי֙ מְעֹ֣ט הַשָּׁנִ֔ים תַּמְעִ֖יט מִקְנָת֑וֹ כִּ֚י
מִסְפַּ֣ר תְּבוּאֹ֔ת ה֥וּא מֹכֵ֖ר לָֽךְ ג:כה:יז וְלֹ֤א תוֹנוּ֙ אִ֣ישׁ אֶת־עֲמִית֔וֹ
וְיָרֵ֖אתָ מֵּאֱלֹהֶ֑יךָ כִּ֛י אֲנִ֥י יְהוָ֖ה אֱלֹהֵיכֶֽם ג:כה:יח וַעֲשִׂיתֶם֙ אֶת־חֻקֹּתַ֔י
וְאֶת־מִשְׁפָּטַ֥י תִּשְׁמְר֖וּ וַעֲשִׂיתֶ֣ם אֹתָ֑ם וִישַׁבְתֶּ֥ם עַל־הָאָ֖רֶץ לָבֶֽטַח
ג:כה:יט וְנָתְנָ֤ה הָאָ֙רֶץ֙ פִּרְיָ֔הּ וַאֲכַלְתֶּ֖ם לָשֹׂ֑בַע וִישַׁבְתֶּ֥ם לָבֶ֖טַח עָלֶֽיהָ
ג:כה:כ וְכִ֣י תֹאמְר֔וּ מַה־נֹּאכַ֖ל בַּשָּׁנָ֣ה הַשְּׁבִיעִ֑ת הֵ֚ן לֹ֣א נִזְרָ֔ע וְלֹ֥א
נֶאֱסֹ֖ף אֶת־תְּבוּאָתֵֽנוּ ג:כה:כא וְצִוִּ֤יתִי אֶת־בִּרְכָתִי֙ לָכֶ֔ם בַּשָּׁנָ֖ה
הַשִּׁשִּׁ֑ית וְעָשָׂת֙ אֶת־הַתְּבוּאָ֔ה לִשְׁלֹ֖שׁ הַשָּׁנִֽים ג:כה:כב וּזְרַעְתֶּ֗ם אֵ֚ת
הַשָּׁנָ֣ה הַשְּׁמִינִ֔ת וַאֲכַלְתֶּ֖ם מִן־הַתְּבוּאָ֣ה יָשָׁ֑ן עַ֣ד ׀ הַשָּׁנָ֣ה
הַתְּשִׁיעִ֗ת עַד־בּוֹא֙ תְּב֣וּאָתָ֔הּ תֹּאכְל֖וּ יָשָֽׁן ג:כה:כג וְהָאָ֗רֶץ לֹ֤א תִמָּכֵר֙
לִצְמִתֻ֔ת כִּי־לִ֖י הָאָ֑רֶץ כִּֽי־גֵרִ֧ים וְתוֹשָׁבִ֛ים אַתֶּ֖ם עִמָּדִֽי ג:כה:כד וּבְכֹ֖ל
אֶ֣רֶץ אֲחֻזַּתְכֶ֑ם גְּאֻלָּ֖ה תִּתְּנ֥וּ לָאָֽרֶץ ג:כה:כה כִּֽי־יָמ֣וּךְ אָחִ֔יךָ וּמָכַ֖ר
מֵאֲחֻזָּת֑וֹ וּבָ֤א גֹֽאֲלוֹ֙ הַקָּרֹ֣ב אֵלָ֔יו וְגָאַ֕ל אֵ֖ת מִמְכַּ֥ר אָחִֽיו ג:כה:כו וְאִ֕ישׁ
כִּ֛י לֹ֥א יִֽהְיֶה־לּ֖וֹ גֹּאֵ֑ל וְהִשִּׂ֣יגָה יָד֔וֹ וּמָצָ֖א כְּדֵ֥י גְאֻלָּתֽוֹ ג:כה:כז וְחִשַּׁב֙
אֶת־שְׁנֵ֣י מִמְכָּר֔וֹ וְהֵשִׁיב֙ אֶת־הָ֣עֹדֵ֔ף לָאִ֖ישׁ אֲשֶׁ֣ר מָֽכַר־ל֑וֹ וְשָׁ֖ב
לַאֲחֻזָּתֽוֹ ג:כה:כח וְאִם֩ לֹא־מָֽצְאָ֨ה יָד֜וֹ דֵּ֣י הָשִׁ֣יב ל֗וֹ וְהָיָ֤ה מִמְכָּרוֹ֙ בְּיַד֙

הַקֹּנֶה אֹתוֹ עַד שְׁנַת הַיּוֹבֵל וְיָצָא בַּיֹּבֵל וְשָׁב לַאֲחֻזָּתוֹ ג:כה:כט וְאִישׁ
כִּי־יִמְכֹּר בֵּית־מוֹשַׁב עִיר חוֹמָה וְהָיְתָה גְּאֻלָּתוֹ עַד־תֹּם שְׁנַת
מִמְכָּרוֹ יָמִים תִּהְיֶה גְאֻלָּתוֹ ג:כה:ל וְאִם לֹא־יִגָּאֵל עַד־מְלֹאת לוֹ
שָׁנָה תְמִימָה וְקָם הַבַּיִת אֲשֶׁר־בָּעִיר אֲשֶׁר־לא [לוֹ] חֹמָה
לַצְּמִיתֻת לַקֹּנֶה אֹתוֹ לְדֹרֹתָיו לֹא יֵצֵא בַּיֹּבֵל ג:כה:לא וּבָתֵּי הַחֲצֵרִים
אֲשֶׁר אֵין־לָהֶם חֹמָה סָבִיב עַל־שְׂדֵה הָאָרֶץ יֵחָשֵׁב גְּאֻלָּה
תִּהְיֶה־לּוֹ וּבַיֹּבֵל יֵצֵא ג:כה:לב וְעָרֵי הַלְוִיִּם בָּתֵּי עָרֵי אֲחֻזָּתָם גְּאֻלַּת
עוֹלָם תִּהְיֶה לַלְוִיִּם ג:כה:לג וַאֲשֶׁר יִגְאַל מִן־הַלְוִיִּם וְיָצָא מִמְכַּר־בַּיִת
וְעִיר אֲחֻזָּתוֹ בַּיֹּבֵל כִּי בָתֵּי עָרֵי הַלְוִיִּם הִוא אֲחֻזָּתָם בְּתוֹךְ בְּנֵי
יִשְׂרָאֵל ג:כה:לד וּשְׂדֵה מִגְרַשׁ עָרֵיהֶם לֹא יִמָּכֵר כִּי־אֲחֻזַּת עוֹלָם
הוּא לָהֶם ג:כה:לה וְכִי־יָמוּךְ אָחִיךָ וּמָטָה יָדוֹ עִמָּךְ וְהֶחֱזַקְתָּ בּוֹ גֵּר
וְתוֹשָׁב וָחַי עִמָּךְ ג:כה:לו אַל־תִּקַּח מֵאִתּוֹ נֶשֶׁךְ וְתַרְבִּית וְיָרֵאתָ
מֵאֱלֹהֶיךָ וְחֵי אָחִיךָ עִמָּךְ ג:כה:לז אֶת־כַּסְפְּךָ לֹא־תִתֵּן לוֹ בְּנֶשֶׁךְ
וּבְמַרְבִּית לֹא־תִתֵּן אָכְלֶךָ ג:כה:לח אֲנִי יְהוָה אֱלֹהֵיכֶם אֲשֶׁר־הוֹצֵאתִי
אֶתְכֶם מֵאֶרֶץ מִצְרָיִם לָתֵת לָכֶם אֶת־אֶרֶץ כְּנַעַן לִהְיוֹת לָכֶם
לֵאלֹהִים ג:כה:לט וְכִי־יָמוּךְ אָחִיךָ עִמָּךְ וְנִמְכַּר־לָךְ לֹא־תַעֲבֹד בּוֹ
עֲבֹדַת עָבֶד ג:כה:מ כְּשָׂכִיר כְּתוֹשָׁב יִהְיֶה עִמָּךְ עַד־שְׁנַת הַיֹּבֵל
יַעֲבֹד עִמָּךְ ג:כה:מא וְיָצָא מֵעִמָּךְ הוּא וּבָנָיו עִמּוֹ וְשָׁב אֶל־מִשְׁפַּחְתּוֹ
וְאֶל־אֲחֻזַּת אֲבֹתָיו יָשׁוּב ג:כה:מב כִּי־עֲבָדַי הֵם אֲשֶׁר־הוֹצֵאתִי אֹתָם
מֵאֶרֶץ מִצְרָיִם לֹא יִמָּכְרוּ מִמְכֶּרֶת עָבֶד ג:כה:מג לֹא־תִרְדֶּה בוֹ
בְּפָרֶךְ וְיָרֵאתָ מֵאֱלֹהֶיךָ ג:כה:מד וְעַבְדְּךָ וַאֲמָתְךָ אֲשֶׁר יִהְיוּ־לָךְ מֵאֵת
הַגּוֹיִם אֲשֶׁר סְבִיבֹתֵיכֶם מֵהֶם תִּקְנוּ עֶבֶד וְאָמָה ג:כה:מה וְגַם מִבְּנֵי
הַתּוֹשָׁבִים הַגָּרִים עִמָּכֶם מֵהֶם תִּקְנוּ וּמִמִּשְׁפַּחְתָּם אֲשֶׁר עִמָּכֶם
אֲשֶׁר הוֹלִידוּ בְּאַרְצְכֶם וְהָיוּ לָכֶם לַאֲחֻזָּה ג:כה:מו וְהִתְנַחַלְתֶּם
אֹתָם לִבְנֵיכֶם אַחֲרֵיכֶם לָרֶשֶׁת אֲחֻזָּה לְעֹלָם בָּהֶם תַּעֲבֹדוּ
וּבְאַחֵיכֶם בְּנֵי־יִשְׂרָאֵל אִישׁ בְּאָחִיו לֹא־תִרְדֶּה בוֹ בְּפָרֶךְ ג:כה:מז וְכִי
תַשִּׂיג יַד גֵּר וְתוֹשָׁב עִמָּךְ וּמָךְ אָחִיךָ עִמּוֹ וְנִמְכַּר לְגֵר תּוֹשָׁב עִמָּךְ
אוֹ לְעֵקֶר מִשְׁפַּחַת גֵּר ג:כה:מח אַחֲרֵי נִמְכַּר גְּאֻלָּה תִּהְיֶה־לּוֹ אֶחָד

מֵאֶחָ֖יו יִגְאָלֶֽנּוּ׃ ג:כה:מט אֽוֹ־דֹד֞וֹ א֤וֹ בֶן־דֹּדוֹ֙ יִגְאָלֶ֔נּוּ אֽוֹ־מִשְּׁאֵ֧ר בְּשָׂר֛וֹ
מִמִּשְׁפַּחְתּ֖וֹ יִגְאָלֶ֑נּוּ אֽוֹ־הִשִּׂ֥יגָה יָד֖וֹ וְנִגְאָֽל׃ ג:כה:נ וְחִשַּׁב֙ עִם־קֹנֵ֔הוּ
מִשְּׁנַת֙ הִמָּ֣כְרוֹ ל֔וֹ עַ֖ד שְׁנַ֣ת הַיֹּבֵ֑ל וְהָיָ֞ה כֶּ֤סֶף מִמְכָּרוֹ֙ בְּמִסְפַּ֣ר
שָׁנִ֔ים כִּימֵ֥י שָׂכִ֖יר יִהְיֶ֥ה עִמּֽוֹ׃ ג:כה:נא אִם־ע֥וֹד רַבּ֖וֹת בַּשָּׁנִ֑ים לְפִיהֶן֙
יָשִׁ֣יב גְּאֻלָּת֔וֹ מִכֶּ֖סֶף מִקְנָתֽוֹ׃ ג:כה:נב וְאִם־מְעַ֞ט נִשְׁאַ֧ר בַּשָּׁנִ֛ים
עַד־שְׁנַ֥ת הַיֹּבֵ֖ל וְחִשַּׁב־ל֑וֹ כְּפִ֣י שָׁנָ֔יו יָשִׁ֖יב אֶת־גְּאֻלָּתֽוֹ׃ ג:כה:נג כִּשְׂכִ֥יר
שָׁנָ֛ה בְּשָׁנָ֖ה יִהְיֶ֣ה עִמּ֑וֹ לֹֽא־יִרְדֶּ֥נּֽוּ בְּפֶ֖רֶךְ לְעֵינֶֽיךָ׃ ג:כה:נד וְאִם־לֹ֥א
יִגָּאֵ֖ל בְּאֵ֑לֶּה וְיָצָא֙ בִּשְׁנַ֣ת הַיֹּבֵ֔ל ה֖וּא וּבָנָ֥יו עִמּֽוֹ׃ ג:כה:נה כִּֽי־לִ֤י
בְנֵֽי־יִשְׂרָאֵל֙ עֲבָדִ֔ים עֲבָדַ֣י הֵ֔ם אֲשֶׁר־הוֹצֵ֥אתִי אוֹתָ֖ם מֵאֶ֣רֶץ מִצְרָ֑יִם
אֲנִ֖י יְהוָ֥ה אֱלֹהֵיכֶֽם׃ ג:כו:א לֹֽא־תַעֲשׂ֨וּ לָכֶ֜ם אֱלִילִ֗ם וּפֶ֤סֶל וּמַצֵּבָה֙
לֹֽא־תָקִ֣ימוּ לָכֶ֔ם וְאֶ֣בֶן מַשְׂכִּ֗ית לֹ֤א תִתְּנוּ֙ בְּאַרְצְכֶ֔ם לְהִֽשְׁתַּחֲוֹ֖ת
עָלֶ֑יהָ כִּ֛י אֲנִ֥י יְהוָ֖ה אֱלֹהֵיכֶֽם׃ ג:כו:ב אֶת־שַׁבְּתֹתַ֣י תִּשְׁמֹ֔רוּ וּמִקְדָּשִׁ֖י
תִּירָ֑אוּ אֲנִ֖י יְהוָֽה׃ ג:כו:ג אִם־בְּחֻקֹּתַ֖י תֵּלֵ֑כוּ וְאֶת־מִצְוֺתַ֣י תִּשְׁמְר֔וּ
וַעֲשִׂיתֶ֖ם אֹתָֽם׃ ג:כו:ד וְנָתַתִּ֥י גִשְׁמֵיכֶ֖ם בְּעִתָּ֑ם וְנָתְנָ֤ה הָאָ֙רֶץ֙ יְבוּלָ֔הּ
וְעֵ֥ץ הַשָּׂדֶ֖ה יִתֵּ֥ן פִּרְיֽוֹ׃ ג:כו:ה וְהִשִּׂ֨יג לָכֶ֥ם דַּ֙יִשׁ֙ אֶת־בָּצִ֔יר וּבָצִ֖יר יַשִּׂ֣יג
אֶת־זָ֑רַע וַאֲכַלְתֶּ֤ם לַחְמְכֶם֙ לָשֹׂ֔בַע וִישַׁבְתֶּ֥ם לָבֶ֖טַח בְּאַרְצְכֶֽם׃
ג:כו:ו וְנָתַתִּ֤י שָׁלוֹם֙ בָּאָ֔רֶץ וּשְׁכַבְתֶּ֖ם וְאֵ֣ין מַחֲרִ֑יד וְהִשְׁבַּתִּ֞י חַיָּ֤ה
רָעָה֙ מִן־הָאָ֔רֶץ וְחֶ֖רֶב לֹא־תַעֲבֹ֥ר בְּאַרְצְכֶֽם׃ ג:כו:ז וּרְדַפְתֶּ֖ם
אֶת־אֹיְבֵיכֶ֑ם וְנָפְל֥וּ לִפְנֵיכֶ֖ם לֶחָֽרֶב׃ ג:כו:ח וְרָדְפ֨וּ מִכֶּ֤ם חֲמִשָּׁה֙ מֵאָ֔ה
וּמֵאָ֥ה מִכֶּ֖ם רְבָבָ֣ה יִרְדֹּ֑פוּ וְנָפְל֧וּ אֹיְבֵיכֶ֛ם לִפְנֵיכֶ֖ם לֶחָֽרֶב׃
ג:כו:ט וּפָנִ֣יתִי אֲלֵיכֶ֔ם וְהִפְרֵיתִ֣י אֶתְכֶ֔ם וְהִרְבֵּיתִ֖י אֶתְכֶ֑ם וַהֲקִימֹתִ֥י
אֶת־בְּרִיתִ֖י אִתְּכֶֽם׃ ג:כו:י וַאֲכַלְתֶּ֥ם יָשָׁ֖ן נוֹשָׁ֑ן וְיָשָׁ֕ן מִפְּנֵ֥י חָדָ֖שׁ
תּוֹצִֽיאוּ׃ ג:כו:יא וְנָתַתִּ֥י מִשְׁכָּנִ֖י בְּתוֹכְכֶ֑ם וְלֹֽא־תִגְעַ֥ל נַפְשִׁ֖י אֶתְכֶֽם׃
ג:כו:יב וְהִתְהַלַּכְתִּי֙ בְּת֣וֹכְכֶ֔ם וְהָיִ֥יתִי לָכֶ֖ם לֵֽאלֹהִ֑ים וְאַתֶּ֖ם תִּֽהְיוּ־לִ֥י
לְעָֽם׃ ג:כו:יג אֲנִ֞י יְהוָ֣ה אֱלֹֽהֵיכֶ֗ם אֲשֶׁ֨ר הוֹצֵ֤אתִי אֶתְכֶם֙ מֵאֶ֣רֶץ
מִצְרַ֔יִם מִֽהְיֹ֥ת לָהֶ֖ם עֲבָדִ֑ים וָאֶשְׁבֹּר֙ מֹטֹ֣ת עֻלְּכֶ֔ם וָאוֹלֵ֥ךְ אֶתְכֶ֖ם
קֽוֹמְמִיּֽוּת׃ ג:כו:יד וְאִם־לֹ֥א תִשְׁמְע֖וּ לִ֑י וְלֹ֣א תַעֲשׂ֔וּ אֵ֥ת כָּל־הַמִּצְוֺ֖ת
הָאֵֽלֶּה׃ ג:כו:טו וְאִם־בְּחֻקֹּתַ֣י תִּמְאָ֔סוּ וְאִ֥ם אֶת־מִשְׁפָּטַ֖י תִּגְעַ֣ל

נַפְשְׁכֶ֑ם לְבִלְתִּ֤י עֲשׂוֹת֙ אֶת־כָּל־מִצְוֺתַ֔י לְהַפְרְכֶ֖ם אֶת־בְּרִיתִֽי
ג:כו:טז אַף־אֲנִ֞י אֶֽעֱשֶׂה־זֹּ֣את לָכֶ֗ם וְהִפְקַדְתִּ֨י עֲלֵיכֶ֤ם בֶּֽהָלָה֙
אֶת־הַשַּׁחֶ֣פֶת וְאֶת־הַקַּדַּ֔חַת מְכַלּ֥וֹת עֵינַ֖יִם וּמְדִיבֹ֣ת נָ֑פֶשׁ וּזְרַעְתֶּ֤ם
לָרִיק֙ זַרְעֲכֶ֔ם וַאֲכָלֻ֖הוּ אֹיְבֵיכֶֽם ג:כו:יז וְנָתַתִּ֤י פָנַי֙ בָּכֶ֔ם וְנִגַּפְתֶּ֖ם לִפְנֵ֣י
אֹיְבֵיכֶ֑ם וְרָד֤וּ בָכֶם֙ שֹׂנְאֵיכֶ֔ם וְנַסְתֶּ֖ם וְאֵין־רֹדֵ֥ף אֶתְכֶֽם
ג:כו:יח וְאִ֨ם־עַד־אֵ֔לֶּה לֹ֥א תִשְׁמְע֖וּ לִ֑י וְיָסַפְתִּי֙ לְיַסְּרָ֣ה אֶתְכֶ֔ם שֶׁ֖בַע
עַל־חַטֹּאתֵיכֶֽם ג:כו:יט וְשָׁבַרְתִּ֖י אֶת־גְּא֣וֹן עֻזְּכֶ֑ם וְנָתַתִּ֤י אֶת־שְׁמֵיכֶם֙
כַּבַּרְזֶ֔ל וְאֶֽת־אַרְצְכֶ֖ם כַּנְּחֻשָֽׁה ג:כו:כ וְתַ֥ם לָרִ֖יק כֹּחֲכֶ֑ם וְלֹֽא־תִתֵּ֤ן
אַרְצְכֶם֙ אֶת־יְבוּלָ֔הּ וְעֵ֣ץ הָאָ֔רֶץ לֹ֥א יִתֵּ֖ן פִּרְיֽוֹ ג:כו:כא וְאִם־תֵּלְכ֤וּ עִמִּי֙
קֶ֔רִי וְלֹ֥א תֹאב֖וּ לִשְׁמֹ֣עַ לִ֑י וְיָסַפְתִּ֤י עֲלֵיכֶם֙ מַכָּ֔ה שֶׁ֖בַע כְּחַטֹּאתֵיכֶֽם
ג:כו:כב וְהִשְׁלַחְתִּ֨י בָכֶ֜ם אֶת־חַיַּ֤ת הַשָּׂדֶה֙ וְשִׁכְּלָ֣ה אֶתְכֶ֔ם וְהִכְרִ֙יתָה֙
אֶת־בְּהֶמְתְּכֶ֔ם וְהִמְעִ֖יטָה אֶתְכֶ֑ם וְנָשַׁ֖מּוּ דַּרְכֵיכֶֽם
ג:כו:כג וְאִ֨ם־בְּאֵ֔לֶּה לֹ֥א תִוָּסְר֖וּ לִ֑י וַהֲלַכְתֶּ֥ם עִמִּ֖י קֶֽרִי ג:כו:כד וְהָלַכְתִּ֧י
אַף־אֲנִ֛י עִמָּכֶ֖ם בְּקֶ֑רִי וְהִכֵּיתִ֤י אֶתְכֶם֙ גַּם־אָ֔נִי שֶׁ֖בַע עַל־חַטֹּאתֵיכֶֽם
ג:כו:כה וְהֵבֵאתִ֨י עֲלֵיכֶ֜ם חֶ֗רֶב נֹקֶ֙מֶת֙ נְקַם־בְּרִ֔ית וְנֶאֱסַפְתֶּ֖ם
אֶל־עָרֵיכֶ֑ם וְשִׁלַּ֤חְתִּי דֶ֙בֶר֙ בְּת֣וֹכְכֶ֔ם וְנִתַּתֶּ֖ם בְּיַד־אוֹיֵֽב ג:כו:כו בְּשִׁבְרִ֣י
לָכֶם֮ מַטֵּה־לֶ֒חֶם֒ וְ֠אָפוּ עֶ֣שֶׂר נָשִׁ֤ים לַחְמְכֶם֙ בְּתַנּ֣וּר אֶחָ֔ד וְהֵשִׁ֥יבוּ
לַחְמְכֶ֖ם בַּמִּשְׁקָ֑ל וַאֲכַלְתֶּ֖ם וְלֹ֥א תִשְׂבָּֽעוּ ג:כו:כז וְאִ֨ם־בְּזֹ֔את לֹ֥א
תִשְׁמְע֖וּ לִ֑י וַהֲלַכְתֶּ֥ם עִמִּ֖י בְּקֶֽרִי ג:כו:כח וְהָלַכְתִּ֥י עִמָּכֶ֖ם בַּחֲמַת־קֶ֑רִי
וְיִסַּרְתִּ֤י אֶתְכֶם֙ אַף־אָ֔נִי שֶׁ֖בַע עַל־חַטֹּאתֵיכֶֽם ג:כו:כט וַאֲכַלְתֶּ֖ם בְּשַׂ֣ר
בְּנֵיכֶ֑ם וּבְשַׂ֥ר בְּנֹתֵיכֶ֖ם תֹּאכֵֽלוּ ג:כו:ל וְהִשְׁמַדְתִּ֞י אֶת־בָּמֹתֵיכֶ֗ם
וְהִכְרַתִּי֙ אֶת־חַמָּ֣נֵיכֶ֔ם וְנָתַתִּי֙ אֶת־פִּגְרֵיכֶ֔ם עַל־פִּגְרֵ֖י גִּלּוּלֵיכֶ֑ם
וְגָעֲלָ֥ה נַפְשִׁ֖י אֶתְכֶֽם ג:כו:לא וְנָתַתִּ֤י אֶת־עָרֵיכֶם֙ חָרְבָּ֔ה וַהֲשִׁמּוֹתִ֖י
אֶת־מִקְדְּשֵׁיכֶ֑ם וְלֹ֣א אָרִ֔יחַ בְּרֵ֖יחַ נִיחֹחֲכֶֽם ג:כו:לב וַהֲשִׁמֹּתִ֥י אֲנִ֖י
אֶת־הָאָ֑רֶץ וְשָֽׁמְמ֤וּ עָלֶ֙יהָ֙ אֹֽיְבֵיכֶ֔ם הַיֹּשְׁבִ֖ים בָּֽהּ ג:כו:לג וְאֶתְכֶם֙ אֱזָרֶ֣ה
בַגּוֹיִ֔ם וַהֲרִיקֹתִ֥י אַחֲרֵיכֶ֖ם חָ֑רֶב וְהָיְתָ֤ה אַרְצְכֶם֙ שְׁמָמָ֔ה וְעָרֵיכֶ֖ם
יִהְי֥וּ חָרְבָּֽה ג:כו:לד אָז֩ תִּרְצֶ֨ה הָאָ֜רֶץ אֶת־שַׁבְּתֹתֶ֗יהָ כֹּ֚ל יְמֵ֣י הָשַּׁמָּ֔ה
וְאַתֶּ֖ם בְּאֶ֣רֶץ אֹיְבֵיכֶ֑ם אָ֚ז תִּשְׁבַּ֣ת הָאָ֔רֶץ וְהִרְצָ֖ת אֶת־שַׁבְּתֹתֶֽיהָ

ג:כו:לה כָּל־יְמֵ֖י הָשַּׁמָּ֑ה תִּשְׁבֹּ֔ת אֵ֛ת אֲשֶׁ֥ר לֹא־שָׁבְתָ֛ה בְּשַׁבְּתֹתֵיכֶ֖ם
בְּשִׁבְתְּכֶ֥ם עָלֶֽיהָ ג:כו:לו וְהַנִּשְׁאָרִ֣ים בָּכֶ֔ם וְהֵבֵ֤אתִי מֹ֙רֶךְ֙ בִּלְבָבָ֔ם
בְּאַרְצֹ֖ת אֹיְבֵיהֶ֑ם וְרָדַ֣ף אֹתָ֗ם ק֚וֹל עָלֶ֣ה נִדָּ֔ף וְנָס֧וּ מְנֻֽסַת־חֶ֛רֶב
וְנָפְל֖וּ וְאֵ֥ין רֹדֵֽף ג:כו:לז וְכָשְׁל֧וּ אִֽישׁ־בְּאָחִ֛יו כְּמִפְּנֵי־חֶ֖רֶב וְרֹדֵ֣ף אָ֑יִן
וְלֹא־תִהְיֶ֤ה לָכֶם֙ תְּקוּמָ֔ה לִפְנֵ֖י אֹיְבֵיכֶֽם ג:כו:לח וַאֲבַדְתֶּ֖ם בַּגּוֹיִ֑ם
וְאָכְלָ֣ה אֶתְכֶ֔ם אֶ֖רֶץ אֹיְבֵיכֶֽם ג:כו:לט וְהַנִּשְׁאָרִ֣ים בָּכֶ֗ם יִמַּ֙קּוּ֙ בַּעֲוֺנָ֔ם
בְּאַרְצֹ֖ת אֹיְבֵיכֶ֑ם וְאַ֛ף בַּעֲוֺנֹ֥ת אֲבֹתָ֖ם אִתָּ֥ם יִמָּֽקּוּ ג:כו:מ וְהִתְוַדּ֤וּ
אֶת־עֲוֺנָם֙ וְאֶת־עֲוֺ֣ן אֲבֹתָ֔ם בְּמַעֲלָ֖ם אֲשֶׁ֣ר מָֽעֲלוּ־בִ֑י וְאַ֕ף
אֲשֶׁר־הָלְכ֥וּ עִמִּ֖י בְּקֶֽרִי ג:כו:מא אַף־אֲנִ֗י אֵלֵ֤ךְ עִמָּם֙ בְּקֶ֔רִי וְהֵבֵאתִ֣י
אֹתָ֔ם בְּאֶ֖רֶץ אֹיְבֵיהֶ֑ם אוֹ־אָ֣ז יִכָּנַ֗ע לְבָבָם֙ הֶֽעָרֵ֔ל וְאָ֖ז יִרְצ֥וּ אֶת־עֲוֺנָֽם
ג:כו:מב וְזָכַרְתִּ֖י אֶת־בְּרִיתִ֣י יַעֲק֑וֹב וְאַף֩ אֶת־בְּרִיתִ֨י יִצְחָ֜ק וְאַ֨ף
אֶת־בְּרִיתִ֧י אַבְרָהָ֛ם אֶזְכֹּ֖ר וְהָאָ֥רֶץ אֶזְכֹּֽר ג:כו:מג וְהָאָ֩רֶץ֩ תֵּעָזֵ֨ב מֵהֶ֜ם
וְתִ֣רֶץ אֶת־שַׁבְּתֹתֶ֗יהָ בָּהְשַׁמָּה֙ מֵהֶ֔ם וְהֵ֖ם יִרְצ֣וּ אֶת־עֲוֺנָ֑ם יַ֣עַן וּבְיַ֔עַן
בְּמִשְׁפָּטַ֣י מָאָ֔סוּ וְאֶת־חֻקֹּתַ֖י גָּעֲלָ֥ה נַפְשָֽׁם ג:כו:מד וְאַף־גַּם־זֹ֠את
בִּֽהְיוֹתָ֞ם בְּאֶ֣רֶץ אֹיְבֵיהֶ֗ם לֹֽא־מְאַסְתִּ֤ים וְלֹֽא־גְעַלְתִּים֙ לְכַלֹּתָ֔ם
לְהָפֵ֥ר בְּרִיתִ֖י אִתָּ֑ם כִּ֛י אֲנִ֥י יְהוָ֖ה אֱלֹהֵיהֶֽם ג:כו:מה וְזָכַרְתִּ֥י לָהֶ֖ם
בְּרִ֣ית רִאשֹׁנִ֑ים אֲשֶׁ֣ר הוֹצֵֽאתִי־אֹתָם֩ מֵאֶ֨רֶץ מִצְרַ֜יִם לְעֵינֵ֣י הַגּוֹיִ֗ם
לִהְי֥וֹת לָהֶ֛ם לֵאלֹהִ֖ים אֲנִ֥י יְהוָֽה ג:כו:מו אֵ֠לֶּה הַֽחֻקִּ֣ים וְהַמִּשְׁפָּטִים֮
וְהַתּוֹרֹת֒ אֲשֶׁר֙ נָתַ֣ן יְהוָ֔ה בֵּינ֕וֹ וּבֵ֖ין בְּנֵ֣י יִשְׂרָאֵ֑ל בְּהַ֥ר סִינַ֖י בְּיַד־מֹשֶֽׁה
ג:כז:א וַיְדַבֵּ֥ר יְהוָ֖ה אֶל־מֹשֶׁ֥ה לֵּאמֹֽר ג:כז:ב דַּבֵּ֞ר אֶל־בְּנֵ֤י יִשְׂרָאֵל֙
וְאָמַרְתָּ֣ אֲלֵהֶ֔ם אִ֕ישׁ כִּ֥י יַפְלִ֖א נֶ֑דֶר בְּעֶרְכְּךָ֥ נְפָשֹׁ֖ת לַיהוָֽה
ג:כז:ג וְהָיָ֤ה עֶרְכְּךָ֙ הַזָּכָ֔ר מִבֶּן֙ עֶשְׂרִ֣ים שָׁנָ֔ה וְעַ֖ד בֶּן־שִׁשִּׁ֣ים שָׁנָ֑ה
וְהָיָ֣ה עֶרְכְּךָ֗ חֲמִשִּׁ֛ים שֶׁ֥קֶל כֶּ֖סֶף בְּשֶׁ֥קֶל הַקֹּֽדֶשׁ ג:כז:ד וְאִם־נְקֵבָ֖ה
הִ֑וא וְהָיָ֥ה עֶרְכְּךָ֖ שְׁלֹשִׁ֥ים שָֽׁקֶל ג:כז:ה וְאִ֨ם מִבֶּן־חָמֵ֜שׁ שָׁנִ֗ים וְעַד֙
בֶּן־עֶשְׂרִ֣ים שָׁנָ֔ה וְהָיָ֧ה עֶרְכְּךָ֛ הַזָּכָ֖ר עֶשְׂרִ֣ים שְׁקָלִ֑ים וְלַנְּקֵבָ֖ה
עֲשֶׂ֥רֶת שְׁקָלִֽים ג:כז:ו וְאִ֣ם מִבֶּן־חֹ֗דֶשׁ וְעַד֙ בֶּן־חָמֵ֣שׁ שָׁנִ֔ים וְהָיָ֣ה
עֶרְכְּךָ֣ הַזָּכָ֔ר חֲמִשָּׁ֥ה שְׁקָלִ֖ים כָּ֑סֶף וְלַנְּקֵבָ֣ה עֶרְכְּךָ֔ שְׁלֹ֥שֶׁת שְׁקָלִ֖ים
כָּֽסֶף ג:כז:ז וְ֠אִם מִבֶּן־שִׁשִּׁ֨ים שָׁנָ֤ה וָמַ֙עְלָה֙ אִם־זָכָ֔ר וְהָיָ֣ה עֶרְכְּךָ֔

חֲמִשָּׁ֥ה עָשָׂ֖ר שָׁ֑קֶל וְלַנְּקֵבָ֖ה עֲשָׂרָ֥ה שְׁקָלִֽים ג:כז:ח וְאִם־מָ֥ךְ הוּא֙
מֵֽעֶרְכֶּ֔ךָ וְהֶֽעֱמִידוֹ֙ לִפְנֵ֣י הַכֹּהֵ֔ן וְהֶעֱרִ֥יךְ אֹת֖וֹ הַכֹּהֵ֑ן עַל־פִּ֗י אֲשֶׁ֤ר
תַּשִּׂיג֙ יַ֣ד הַנֹּדֵ֔ר יַעֲרִיכֶ֖נּוּ הַכֹּהֵֽן ג:כז:ט וְאִם־בְּהֵמָ֕ה אֲשֶׁ֨ר יַקְרִ֧יבוּ
מִמֶּ֛נָּה קָרְבָּ֖ן לַֽיהוָ֑ה כֹּל֩ אֲשֶׁ֨ר יִתֵּ֥ן מִמֶּ֛נּוּ לַֽיהוָ֖ה יִֽהְיֶה־קֹּֽדֶשׁ
ג:כז:י לֹ֣א יַחֲלִיפֶ֗נּוּ וְלֹֽא־יָמִ֥יר אֹת֛וֹ ט֥וֹב בְּרָ֖ע אוֹ־רַ֣ע בְּט֑וֹב וְאִם־הָמֵ֨ר
יָמִ֤יר בְּהֵמָה֙ בִּבְהֵמָ֔ה וְהָֽיָה־ה֥וּא וּתְמוּרָת֖וֹ יִֽהְיֶה־קֹּֽדֶשׁ ג:כז:יא וְאִם֙
כָּל־בְּהֵמָ֣ה טְמֵאָ֔ה אֲ֠שֶׁר לֹא־יַקְרִ֧יבוּ מִמֶּ֛נָּה קָרְבָּ֖ן לַֽיהוָ֑ה וְהֶֽעֱמִ֥יד
אֶת־הַבְּהֵמָ֖ה לִפְנֵ֥י הַכֹּהֵֽן ג:כז:יב וְהֶעֱרִ֤יךְ הַכֹּהֵן֙ אֹתָ֔הּ בֵּ֥ין ט֖וֹב וּבֵ֣ין
רָ֑ע כְּעֶרְכְּךָ֥ הַכֹּהֵ֖ן כֵּ֥ן יִהְיֶֽה ג:כז:יג וְאִם־גָּאֹ֖ל יִגְאָלֶ֑נָּה וְיָסַ֥ף חֲמִישִׁת֖וֹ
עַל־עֶרְכֶּֽךָ ג:כז:יד וְאִ֗ישׁ כִּֽי־יַקְדִּ֨שׁ אֶת־בֵּית֥וֹ קֹ֙דֶשׁ֙ לַֽיהוָ֔ה וְהֶעֱרִיכוֹ֙
הַכֹּהֵ֔ן בֵּ֥ין ט֖וֹב וּבֵ֣ין רָ֑ע כַּאֲשֶׁ֨ר יַעֲרִ֥יךְ אֹת֛וֹ הַכֹּהֵ֖ן כֵּ֥ן יָקֽוּם
ג:כז:טו וְאִ֨ם־הַמַּקְדִּ֔ישׁ יִגְאַ֖ל אֶת־בֵּית֑וֹ וְ֠יָסַף חֲמִישִׁ֧ית כֶּֽסֶף־עֶרְכְּךָ֛
עָלָ֖יו וְהָ֥יָה לֽוֹ ג:כז:טז וְאִ֣ם ׀ מִשְּׂדֵ֣ה אֲחֻזָּת֗וֹ יַקְדִּ֥ישׁ אִישׁ֙ לַֽיהוָ֔ה וְהָיָ֥ה
עֶרְכְּךָ֖ לְפִ֣י זַרְע֑וֹ זֶ֚רַע חֹ֣מֶר שְׂעֹרִ֔ים בַּחֲמִשִּׁ֖ים שֶׁ֥קֶל כָּֽסֶף
ג:כז:יז אִם־מִשְּׁנַ֥ת הַיֹּבֵ֖ל יַקְדִּ֣ישׁ שָׂדֵ֑הוּ כְּעֶרְכְּךָ֖ יָקֽוּם
ג:כז:יח וְאִם־אַחַ֣ר הַיֹּבֵל֮ יַקְדִּ֣ישׁ שָׂדֵהוּ֒ וְחִשַּׁב־ל֨וֹ הַכֹּהֵ֜ן אֶת־הַכֶּ֗סֶף
עַל־פִּ֤י הַשָּׁנִים֙ הַנּ֣וֹתָרֹ֔ת עַ֖ד שְׁנַ֣ת הַיֹּבֵ֑ל וְנִגְרַ֖ע מֵעֶרְכֶּֽךָ
ג:כז:יט וְאִם־גָּאֹ֤ל יִגְאַל֙ אֶת־הַשָּׂדֶ֔ה הַמַּקְדִּ֖ישׁ אֹת֑וֹ וְ֠יָסַף חֲמִשִׁ֧ית
כֶּֽסֶף־עֶרְכְּךָ֛ עָלָ֖יו וְקָ֥ם לֽוֹ ג:כז:כ וְאִם־לֹ֤א יִגְאַל֙ אֶת־הַשָּׂדֶ֔ה
וְאִם־מָכַ֥ר אֶת־הַשָּׂדֶ֖ה לְאִ֣ישׁ אַחֵ֑ר לֹ֥א יִגָּאֵ֖ל עֽוֹד ג:כז:כא וְהָיָ֨ה
הַשָּׂדֶ֜ה בְּצֵאת֣וֹ בַיֹּבֵ֗ל קֹ֛דֶשׁ לַֽיהוָ֖ה כִּשְׂדֵ֣ה הַחֵ֑רֶם לַכֹּהֵ֖ן תִּהְיֶ֥ה
אֲחֻזָּתֽוֹ ג:כז:כב וְאִם֙ אֶת־שְׂדֵ֣ה מִקְנָת֔וֹ אֲשֶׁ֕ר לֹ֖א מִשְּׂדֵ֣ה אֲחֻזָּת֑וֹ
יַקְדִּ֖ישׁ לַֽיהוָֽה ג:כז:כג וְחִשַּׁב־ל֣וֹ הַכֹּהֵ֗ן אֵ֚ת מִכְסַ֣ת הָֽעֶרְכְּךָ֔ עַ֖ד שְׁנַ֣ת
הַיֹּבֵ֑ל וְנָתַ֤ן אֶת־הָעֶרְכְּךָ֙ בַּיּ֣וֹם הַה֔וּא קֹ֖דֶשׁ לַֽיהוָֽה ג:כז:כד בִּשְׁנַ֤ת
הַיּוֹבֵל֙ יָשׁ֣וּב הַשָּׂדֶ֔ה לַאֲשֶׁ֥ר קָנָ֖הוּ מֵאִתּ֑וֹ לַאֲשֶׁר־ל֖וֹ אֲחֻזַּ֥ת הָאָֽרֶץ
ג:כז:כה וְכָל־עֶרְכְּךָ֔ יִהְיֶ֖ה בְּשֶׁ֣קֶל הַקֹּ֑דֶשׁ עֶשְׂרִ֥ים גֵּרָ֖ה יִהְיֶ֥ה הַשָּֽׁקֶל
ג:כז:כו אַךְ־בְּכ֞וֹר אֲשֶׁר־יְבֻכַּ֤ר לַֽיהוָה֙ בִּבְהֵמָ֔ה לֹֽא־יַקְדִּ֥ישׁ אִ֖ישׁ אֹת֑וֹ
אִם־שׁ֣וֹר אִם־שֶׂ֔ה לַֽיהוָ֖ה הֽוּא ג:כז:כז וְאִ֨ם בַּבְּהֵמָ֤ה הַטְּמֵאָה֙ וּפָדָ֣ה

בְּעֶרְכֶּךָ וְיָסַף חֲמִשִׁתוֹ עָלָיו וְאִם־לֹא יִגָּאֵל וְנִמְכַּר בְּעֶרְכֶּךָ
ג:כז:כח אַךְ־כָּל־חֵרֶם אֲשֶׁר יַחֲרִם אִישׁ לַיהוָה מִכָּל־אֲשֶׁר־לוֹ מֵאָדָם
וּבְהֵמָה וּמִשְּׂדֵה אֲחֻזָּתוֹ לֹא יִמָּכֵר וְלֹא יִגָּאֵל כָּל־חֵרֶם
קֹדֶשׁ־קָדָשִׁים הוּא לַיהוָה ג:כז:כט כָּל־חֵרֶם אֲשֶׁר יָחֳרַם מִן־הָאָדָם
לֹא יִפָּדֶה מוֹת יוּמָת ג:כז:ל וְכָל־מַעְשַׂר הָאָרֶץ מִזֶּרַע הָאָרֶץ מִפְּרִי
הָעֵץ לַיהוָה הוּא קֹדֶשׁ לַיהוָה ג:כז:לא וְאִם־גָּאֹל יִגְאַל אִישׁ מִמַּעַשְׂרוֹ
חֲמִשִׁיתוֹ יֹסֵף עָלָיו ג:כז:לב וְכָל־מַעְשַׂר בָּקָר וָצֹאן כֹּל אֲשֶׁר־יַעֲבֹר
תַּחַת הַשָּׁבֶט הָעֲשִׂירִי יִהְיֶה־קֹּדֶשׁ לַיהוָה ג:כז:לג לֹא יְבַקֵּר בֵּין־טוֹב
לָרַע וְלֹא יְמִירֶנּוּ וְאִם־הָמֵר יְמִירֶנּוּ וְהָיָה־הוּא וּתְמוּרָתוֹ יִהְיֶה־קֹּדֶשׁ
לֹא יִגָּאֵל ג:כז:לד אֵלֶּה הַמִּצְוֹת אֲשֶׁר צִוָּה יְהוָה אֶת־מֹשֶׁה אֶל־בְּנֵי
יִשְׂרָאֵל בְּהַר סִינָי ד:א:א וַיְדַבֵּר יְהוָה אֶל־מֹשֶׁה בְּמִדְבַּר סִינַי בְּאֹהֶל
מוֹעֵד בְּאֶחָד לַחֹדֶשׁ הַשֵּׁנִי בַּשָּׁנָה הַשֵּׁנִית לְצֵאתָם מֵאֶרֶץ מִצְרַיִם
לֵאמֹר ד:א:ב שְׂאוּ אֶת־רֹאשׁ כָּל־עֲדַת בְּנֵי־יִשְׂרָאֵל לְמִשְׁפְּחֹתָם
לְבֵית אֲבֹתָם בְּמִסְפַּר שֵׁמוֹת כָּל־זָכָר לְגֻלְגְּלֹתָם ד:א:ג מִבֶּן עֶשְׂרִים
שָׁנָה וָמַעְלָה כָּל־יֹצֵא צָבָא בְּיִשְׂרָאֵל תִּפְקְדוּ אֹתָם לְצִבְאֹתָם
אַתָּה וְאַהֲרֹן ד:א:ד וְאִתְּכֶם יִהְיוּ אִישׁ אִישׁ לַמַּטֶּה אִישׁ רֹאשׁ
לְבֵית־אֲבֹתָיו הוּא ד:א:ה וְאֵלֶּה שְׁמוֹת הָאֲנָשִׁים אֲשֶׁר יַעַמְדוּ אִתְּכֶם
לִרְאוּבֵן אֱלִיצוּר בֶּן־שְׁדֵיאוּר ד:א:ו לְשִׁמְעוֹן שְׁלֻמִיאֵל בֶּן־צוּרִישַׁדָּי
ד:א:ז לִיהוּדָה נַחְשׁוֹן בֶּן־עַמִּינָדָב ד:א:ח לְיִשָּׂשכָר נְתַנְאֵל בֶּן־צוּעָר
ד:א:ט לִזְבוּלֻן אֱלִיאָב בֶּן־חֵלֹן ד:א:י לִבְנֵי יוֹסֵף לְאֶפְרַיִם אֱלִישָׁמָע
בֶּן־עַמִּיהוּד לִמְנַשֶּׁה גַּמְלִיאֵל בֶּן־פְּדָהצוּר ד:א:יא לְבִנְיָמִן אֲבִידָן
בֶּן־גִּדְעֹנִי ד:א:יב לְדָן אֲחִיעֶזֶר בֶּן־עַמִּישַׁדָּי ד:א:יג לְאָשֵׁר פַּגְעִיאֵל
בֶּן־עָכְרָן ד:א:יד לְגָד אֶלְיָסָף בֶּן־דְּעוּאֵל ד:א:טו לְנַפְתָּלִי אֲחִירַע
בֶּן־עֵינָן ד:א:טז אֵלֶּה קריאי [קְרוּאֵי] הָעֵדָה נְשִׂיאֵי מַטּוֹת אֲבוֹתָם
רָאשֵׁי אַלְפֵי יִשְׂרָאֵל הֵם ד:א:יז וַיִּקַּח מֹשֶׁה וְאַהֲרֹן אֵת הָאֲנָשִׁים
הָאֵלֶּה אֲשֶׁר נִקְּבוּ בְּשֵׁמוֹת ד:א:יח וְאֵת כָּל־הָעֵדָה הִקְהִילוּ בְּאֶחָד
לַחֹדֶשׁ הַשֵּׁנִי וַיִּתְיַלְדוּ עַל־מִשְׁפְּחֹתָם לְבֵית אֲבֹתָם בְּמִסְפַּר שֵׁמוֹת
מִבֶּן עֶשְׂרִים שָׁנָה וָמַעְלָה לְגֻלְגְּלֹתָם ד:א:יט כַּאֲשֶׁר צִוָּה יְהוָה

אֶת־מֹשֶׁה וַיִּפְקְדֵם בְּמִדְבַּר סִינָי ד:א:כ וַיִּהְיוּ בְנֵי־רְאוּבֵן בְּכֹר
יִשְׂרָאֵל תּוֹלְדֹתָם לְמִשְׁפְּחֹתָם לְבֵית אֲבֹתָם בְּמִסְפַּר שֵׁמוֹת
לְגֻלְגְּלֹתָם כָּל־זָכָר מִבֶּן עֶשְׂרִים שָׁנָה וָמַעְלָה כֹּל יֹצֵא צָבָא
ד:א:כא פְּקֻדֵיהֶם לְמַטֵּה רְאוּבֵן שִׁשָּׁה וְאַרְבָּעִים אֶלֶף וַחֲמֵשׁ מֵאוֹת
ד:א:כב לִבְנֵי שִׁמְעוֹן תּוֹלְדֹתָם לְמִשְׁפְּחֹתָם לְבֵית אֲבֹתָם פְּקֻדָיו
בְּמִסְפַּר שֵׁמוֹת לְגֻלְגְּלֹתָם כָּל־זָכָר מִבֶּן עֶשְׂרִים שָׁנָה וָמַעְלָה כֹּל
יֹצֵא צָבָא ד:א:כג פְּקֻדֵיהֶם לְמַטֵּה שִׁמְעוֹן תִּשְׁעָה וַחֲמִשִּׁים אֶלֶף
וּשְׁלֹשׁ מֵאוֹת ד:א:כד לִבְנֵי גָד תּוֹלְדֹתָם לְמִשְׁפְּחֹתָם לְבֵית אֲבֹתָם
בְּמִסְפַּר שֵׁמוֹת מִבֶּן עֶשְׂרִים שָׁנָה וָמַעְלָה כֹּל יֹצֵא צָבָא
ד:א:כה פְּקֻדֵיהֶם לְמַטֵּה גָד חֲמִשָּׁה וְאַרְבָּעִים אֶלֶף וְשֵׁשׁ מֵאוֹת
וַחֲמִשִּׁים ד:א:כו לִבְנֵי יְהוּדָה תּוֹלְדֹתָם לְמִשְׁפְּחֹתָם לְבֵית אֲבֹתָם
בְּמִסְפַּר שֵׁמֹת מִבֶּן עֶשְׂרִים שָׁנָה וָמַעְלָה כֹּל יֹצֵא צָבָא
ד:א:כז פְּקֻדֵיהֶם לְמַטֵּה יְהוּדָה אַרְבָּעָה וְשִׁבְעִים אֶלֶף וְשֵׁשׁ מֵאוֹת
ד:א:כח לִבְנֵי יִשָּׂשכָר תּוֹלְדֹתָם לְמִשְׁפְּחֹתָם לְבֵית אֲבֹתָם בְּמִסְפַּר
שֵׁמֹת מִבֶּן עֶשְׂרִים שָׁנָה וָמַעְלָה כֹּל יֹצֵא צָבָא ד:א:כט פְּקֻדֵיהֶם
לְמַטֵּה יִשָּׂשכָר אַרְבָּעָה וַחֲמִשִּׁים אֶלֶף וְאַרְבַּע מֵאוֹת ד:א:ל לִבְנֵי
זְבוּלֻן תּוֹלְדֹתָם לְמִשְׁפְּחֹתָם לְבֵית אֲבֹתָם בְּמִסְפַּר שֵׁמֹת מִבֶּן
עֶשְׂרִים שָׁנָה וָמַעְלָה כֹּל יֹצֵא צָבָא ד:א:לא פְּקֻדֵיהֶם לְמַטֵּה זְבוּלֻן
שִׁבְעָה וַחֲמִשִּׁים אֶלֶף וְאַרְבַּע מֵאוֹת ד:א:לב לִבְנֵי יוֹסֵף לִבְנֵי אֶפְרַיִם
תּוֹלְדֹתָם לְמִשְׁפְּחֹתָם לְבֵית אֲבֹתָם בְּמִסְפַּר שֵׁמֹת מִבֶּן עֶשְׂרִים
שָׁנָה וָמַעְלָה כֹּל יֹצֵא צָבָא ד:א:לג פְּקֻדֵיהֶם לְמַטֵּה אֶפְרָיִם
אַרְבָּעִים אֶלֶף וַחֲמֵשׁ מֵאוֹת ד:א:לד לִבְנֵי מְנַשֶּׁה תּוֹלְדֹתָם
לְמִשְׁפְּחֹתָם לְבֵית אֲבֹתָם בְּמִסְפַּר שֵׁמוֹת מִבֶּן עֶשְׂרִים שָׁנָה
וָמַעְלָה כֹּל יֹצֵא צָבָא ד:א:לה פְּקֻדֵיהֶם לְמַטֵּה מְנַשֶּׁה שְׁנַיִם
וּשְׁלֹשִׁים אֶלֶף וּמָאתָיִם ד:א:לו לִבְנֵי בִנְיָמִן תּוֹלְדֹתָם לְמִשְׁפְּחֹתָם
לְבֵית אֲבֹתָם בְּמִסְפַּר שֵׁמֹת מִבֶּן עֶשְׂרִים שָׁנָה וָמַעְלָה כֹּל יֹצֵא
צָבָא ד:א:לז פְּקֻדֵיהֶם לְמַטֵּה בִנְיָמִן חֲמִשָּׁה וּשְׁלֹשִׁים אֶלֶף וְאַרְבַּע
מֵאוֹת ד:א:לח לִבְנֵי דָן תּוֹלְדֹתָם לְמִשְׁפְּחֹתָם לְבֵית אֲבֹתָם בְּמִסְפַּר

שֵׁמֹת מִבֶּן עֶשְׂרִים שָׁנָה וָמַעְלָה כֹּל יֹצֵא צָבָא ד:א:לט פְּקֻדֵיהֶם
לְמַטֵּה דָן שְׁנַיִם וְשִׁשִּׁים אֶלֶף וּשְׁבַע מֵאוֹת ד:א:מ לִבְנֵי אָשֵׁר
תּוֹלְדֹתָם לְמִשְׁפְּחֹתָם לְבֵית אֲבֹתָם בְּמִסְפַּר שֵׁמֹת מִבֶּן עֶשְׂרִים
שָׁנָה וָמַעְלָה כֹּל יֹצֵא צָבָא ד:א:מא פְּקֻדֵיהֶם לְמַטֵּה אָשֵׁר אֶחָד
וְאַרְבָּעִים אֶלֶף וַחֲמֵשׁ מֵאוֹת ד:א:מב בְּנֵי נַפְתָּלִי תּוֹלְדֹתָם
לְמִשְׁפְּחֹתָם לְבֵית אֲבֹתָם בְּמִסְפַּר שֵׁמֹת מִבֶּן עֶשְׂרִים שָׁנָה
וָמַעְלָה כֹּל יֹצֵא צָבָא ד:א:מג פְּקֻדֵיהֶם לְמַטֵּה נַפְתָּלִי שְׁלֹשָׁה
וַחֲמִשִּׁים אֶלֶף וְאַרְבַּע מֵאוֹת ד:א:מד אֵלֶּה הַפְּקֻדִים אֲשֶׁר פָּקַד
מֹשֶׁה וְאַהֲרֹן וּנְשִׂיאֵי יִשְׂרָאֵל שְׁנֵים עָשָׂר אִישׁ אִישׁ־אֶחָד
לְבֵית־אֲבֹתָיו הָיוּ ד:א:מה וַיִּהְיוּ כָּל־פְּקוּדֵי בְנֵי־יִשְׂרָאֵל לְבֵית אֲבֹתָם
מִבֶּן עֶשְׂרִים שָׁנָה וָמַעְלָה כָּל־יֹצֵא צָבָא בְּיִשְׂרָאֵל ד:א:מו וַיִּהְיוּ
כָּל־הַפְּקֻדִים שֵׁשׁ־מֵאוֹת אֶלֶף וּשְׁלֹשֶׁת אֲלָפִים וַחֲמֵשׁ מֵאוֹת
וַחֲמִשִּׁים ד:א:מז וְהַלְוִיִּם לְמַטֵּה אֲבֹתָם לֹא הָתְפָּקְדוּ בְּתוֹכָם
ד:א:מח וַיְדַבֵּר יְהוָה אֶל־מֹשֶׁה לֵּאמֹר ד:א:מט אַךְ אֶת־מַטֵּה לֵוִי לֹא
תִפְקֹד וְאֶת־רֹאשָׁם לֹא תִשָּׂא בְּתוֹךְ בְּנֵי יִשְׂרָאֵל ד:א:נ וְאַתָּה
הַפְקֵד אֶת־הַלְוִיִּם עַל־מִשְׁכַּן הָעֵדֻת וְעַל כָּל־כֵּלָיו וְעַל
כָּל־אֲשֶׁר־לוֹ הֵמָּה יִשְׂאוּ אֶת־הַמִּשְׁכָּן וְאֶת־כָּל־כֵּלָיו וְהֵם יְשָׁרְתֻהוּ
וְסָבִיב לַמִּשְׁכָּן יַחֲנוּ ד:א:נא וּבִנְסֹעַ הַמִּשְׁכָּן יוֹרִידוּ אֹתוֹ הַלְוִיִּם
וּבַחֲנֹת הַמִּשְׁכָּן יָקִימוּ אֹתוֹ הַלְוִיִּם וְהַזָּר הַקָּרֵב יוּמָת ד:א:נב וְחָנוּ
בְּנֵי יִשְׂרָאֵל אִישׁ עַל־מַחֲנֵהוּ וְאִישׁ עַל־דִּגְלוֹ לְצִבְאֹתָם
ד:א:נג וְהַלְוִיִּם יַחֲנוּ סָבִיב לְמִשְׁכַּן הָעֵדֻת וְלֹא־יִהְיֶה קֶצֶף עַל־עֲדַת
בְּנֵי יִשְׂרָאֵל וְשָׁמְרוּ הַלְוִיִּם אֶת־מִשְׁמֶרֶת מִשְׁכַּן הָעֵדוּת
ד:א:נד וַיַּעֲשׂוּ בְּנֵי יִשְׂרָאֵל כְּכֹל אֲשֶׁר צִוָּה יְהוָה אֶת־מֹשֶׁה כֵּן עָשׂוּ
ד:ב:א וַיְדַבֵּר יְהוָה אֶל־מֹשֶׁה וְאֶל־אַהֲרֹן לֵאמֹר ד:ב:ב אִישׁ עַל־דִּגְלוֹ
בְאֹתֹת לְבֵית אֲבֹתָם יַחֲנוּ בְּנֵי יִשְׂרָאֵל מִנֶּגֶד סָבִיב לְאֹהֶל־מוֹעֵד
יַחֲנוּ ד:ב:ג וְהַחֹנִים קֵדְמָה מִזְרָחָה דֶּגֶל מַחֲנֵה יְהוּדָה לְצִבְאֹתָם
וְנָשִׂיא לִבְנֵי יְהוּדָה נַחְשׁוֹן בֶּן־עַמִּינָדָב ד:ב:ד וּצְבָאוֹ וּפְקֻדֵיהֶם
אַרְבָּעָה וְשִׁבְעִים אֶלֶף וְשֵׁשׁ מֵאוֹת ד:ב:ה וְהַחֹנִים עָלָיו מַטֵּה

יִשָּׂשכָר וְנָשִׂיא֙ לִבְנֵי יִשָּׂשכָר נְתַנְאֵל בֶּן־צוּעָר ד:ב:ו וּצְבָאוֹ וּפְקֻדָיו
אַרְבָּעָה וַחֲמִשִּׁים אֶלֶף וְאַרְבַּע מֵאוֹת ד:ב:ז מַטֵּה זְבוּלֻן וְנָשִׂיא֙
לִבְנֵי זְבוּלֻן אֱלִיאָב בֶּן־חֵלֹן ד:ב:ח וּצְבָאוֹ וּפְקֻדָיו שִׁבְעָה וַחֲמִשִּׁים
אֶלֶף וְאַרְבַּע מֵאוֹת ד:ב:ט כָּל־הַפְּקֻדִים לְמַחֲנֵה יְהוּדָה מְאַת אֶלֶף
וּשְׁמֹנִים אֶלֶף וְשֵׁשֶׁת־אֲלָפִים וְאַרְבַּע־מֵאוֹת לְצִבְאֹתָם רִאשֹׁנָה
יִסָּעוּ ד:ב:י דֶּגֶל מַחֲנֵה רְאוּבֵן תֵּימָנָה לְצִבְאֹתָם וְנָשִׂיא֙ לִבְנֵי רְאוּבֵן
אֱלִיצוּר בֶּן־שְׁדֵיאוּר ד:ב:יא וּצְבָאוֹ וּפְקֻדָיו שִׁשָּׁה וְאַרְבָּעִים אֶלֶף
וַחֲמֵשׁ מֵאוֹת ד:ב:יב וְהַחוֹנִם עָלָיו מַטֵּה שִׁמְעוֹן וְנָשִׂיא֙ לִבְנֵי שִׁמְעוֹן
שְׁלֻמִיאֵל בֶּן־צוּרִי־שַׁדָּי ד:ב:יג וּצְבָאוֹ וּפְקֻדֵיהֶם תִּשְׁעָה וַחֲמִשִּׁים
אֶלֶף וּשְׁלֹשׁ מֵאוֹת ד:ב:יד וּמַטֵּה גָּד וְנָשִׂיא֙ לִבְנֵי גָד אֶלְיָסָף
בֶּן־רְעוּאֵל ד:ב:טו וּצְבָאוֹ וּפְקֻדֵיהֶם חֲמִשָּׁה וְאַרְבָּעִים֙ אֶלֶף וְשֵׁשׁ
מֵאוֹת וַחֲמִשִּׁים ד:ב:טז כָּל־הַפְּקֻדִים לְמַחֲנֵה רְאוּבֵן מְאַת אֶלֶף
וְאֶחָד וַחֲמִשִּׁים אֶלֶף וְאַרְבַּע־מֵאוֹת וַחֲמִשִּׁים לְצִבְאֹתָם וּשְׁנִיִּם
יִסָּעוּ ד:ב:יז וְנָסַע אֹהֶל־מוֹעֵד מַחֲנֵה הַלְוִיִּם בְּתוֹךְ הַמַּחֲנֹת כַּאֲשֶׁר
יַחֲנוּ֙ כֵּן יִסָּעוּ אִישׁ עַל־יָדוֹ לְדִגְלֵיהֶם ד:ב:יח דֶּגֶל מַחֲנֵה אֶפְרַיִם
לְצִבְאֹתָם יָמָּה וְנָשִׂיא֙ לִבְנֵי אֶפְרַיִם אֱלִישָׁמָע בֶּן־עַמִּיהוּד
ד:ב:יט וּצְבָאוֹ וּפְקֻדֵיהֶם אַרְבָּעִים אֶלֶף וַחֲמֵשׁ מֵאוֹת ד:ב:כ וְעָלָיו
מַטֵּה מְנַשֶּׁה וְנָשִׂיא֙ לִבְנֵי מְנַשֶּׁה גַּמְלִיאֵל בֶּן־פְּדָהצוּר
ד:ב:כא וּצְבָאוֹ וּפְקֻדֵיהֶם שְׁנַיִם וּשְׁלֹשִׁים אֶלֶף וּמָאתָיִם ד:ב:כב וּמַטֵּה
בִּנְיָמִן וְנָשִׂיא֙ לִבְנֵי בִנְיָמִן אֲבִידָן בֶּן־גִּדְעֹנִי ד:ב:כג וּצְבָאוֹ וּפְקֻדֵיהֶם
חֲמִשָּׁה וּשְׁלֹשִׁים אֶלֶף וְאַרְבַּע מֵאוֹת ד:ב:כד כָּל־הַפְּקֻדִים לְמַחֲנֵה
אֶפְרַיִם מְאַת אֶלֶף וּשְׁמֹנַת־אֲלָפִים וּמֵאָה לְצִבְאֹתָם וּשְׁלִשִׁים יִסָּעוּ
ד:ב:כה דֶּגֶל מַחֲנֵה דָן צָפֹנָה לְצִבְאֹתָם וְנָשִׂיא֙ לִבְנֵי דָן אֲחִיעֶזֶר
בֶּן־עַמִּישַׁדָּי ד:ב:כו וּצְבָאוֹ וּפְקֻדֵיהֶם שְׁנַיִם וְשִׁשִּׁים אֶלֶף וּשְׁבַע
מֵאוֹת ד:ב:כז וְהַחֹנִים עָלָיו מַטֵּה אָשֵׁר וְנָשִׂיא֙ לִבְנֵי אָשֵׁר פַּגְעִיאֵל
בֶּן־עָכְרָן ד:ב:כח וּצְבָאוֹ וּפְקֻדֵיהֶם אֶחָד וְאַרְבָּעִים אֶלֶף וַחֲמֵשׁ
מֵאוֹת ד:ב:כט וּמַטֵּה נַפְתָּלִי וְנָשִׂיא֙ לִבְנֵי נַפְתָּלִי אֲחִירַע בֶּן־עֵינָן
ד:ב:ל וּצְבָאוֹ וּפְקֻדֵיהֶם שְׁלֹשָׁה וַחֲמִשִּׁים אֶלֶף וְאַרְבַּע מֵאוֹת

ד:ב:לא כָּל־הַפְּקֻדִים֙ לְמַחֲנֵ֣ה דָ֔ן מְאַ֣ת אֶ֔לֶף וְשִׁבְעָ֥ה וַחֲמִשִּׁ֖ים אֶ֣לֶף
וְשֵׁ֣שׁ מֵא֑וֹת לָאַחֲרֹנָ֥ה יִסְע֖וּ לְדִגְלֵיהֶֽם ד:ב:לב אֵ֛לֶּה פְּקוּדֵ֥י
בְנֵֽי־יִשְׂרָאֵ֖ל לְבֵ֣ית אֲבֹתָ֑ם כָּל־פְּקוּדֵ֤י הַֽמַּחֲנֹת֙ לְצִבְאֹתָ֔ם
שֵׁשׁ־מֵא֤וֹת אֶ֙לֶף֙ וּשְׁלֹ֣שֶׁת אֲלָפִ֔ים וַחֲמֵ֥שׁ מֵא֖וֹת וַחֲמִשִּֽׁים
ד:ב:לג וְהַ֨לְוִיִּ֔ם לֹ֣א הָתְפָּקְד֔וּ בְּת֖וֹךְ בְּנֵ֣י יִשְׂרָאֵ֑ל כַּאֲשֶׁ֛ר צִוָּ֥ה יְהוָ֖ה
אֶת־מֹשֶֽׁה ד:ב:לד וַֽיַּעֲשׂ֖וּ בְּנֵ֣י יִשְׂרָאֵ֑ל כְּ֠כֹל אֲשֶׁר־צִוָּ֨ה יְהוָ֜ה אֶת־מֹשֶׁ֗ה
כֵּֽן־חָנ֤וּ לְדִגְלֵיהֶם֙ וְכֵ֣ן נָסָ֔עוּ אִ֥ישׁ לְמִשְׁפְּחֹתָ֖יו עַל־בֵּ֥ית אֲבֹתָֽיו
ד:ג:א וְאֵ֛לֶּה תּוֹלְדֹ֥ת אַהֲרֹ֖ן וּמֹשֶׁ֑ה בְּי֗וֹם דִּבֶּ֧ר יְהוָ֛ה אֶת־מֹשֶׁ֖ה בְּהַ֥ר
סִינָֽי ד:ג:ב וְאֵ֛לֶּה שְׁמ֥וֹת בְּנֵֽי־אַהֲרֹ֖ן הַבְּכֹ֣ר ׀ נָדָ֑ב וַאֲבִיה֕וּא אֶלְעָזָ֖ר
וְאִיתָמָֽר ד:ג:ג אֵ֗לֶּה שְׁמוֹת֙ בְּנֵ֣י אַהֲרֹ֔ן הַכֹּהֲנִ֖ים הַמְּשֻׁחִ֑ים
אֲשֶׁר־מִלֵּ֥א יָדָ֖ם לְכַהֵֽן ד:ג:ד וַיָּ֣מָת נָדָ֣ב וַאֲבִיה֣וּא לִפְנֵ֣י יְהוָ֡ה
בְּהַקְרִבָ֣ם אֵשׁ֩ זָרָ֨ה לִפְנֵ֤י יְהוָה֙ בְּמִדְבַּ֣ר סִינַ֔י וּבָנִ֖ים לֹא־הָי֣וּ לָהֶ֑ם
וַיְכַהֵ֤ן אֶלְעָזָר֙ וְאִ֣יתָמָ֔ר עַל־פְּנֵ֖י אַהֲרֹ֥ן אֲבִיהֶֽם ד:ג:ה וַיְדַבֵּ֥ר יְהוָ֖ה
אֶל־מֹשֶׁ֥ה לֵּאמֹֽר ד:ג:ו הַקְרֵב֙ אֶת־מַטֵּ֣ה לֵוִ֔י וְהַֽעֲמַדְתָּ֣ אֹת֔וֹ לִפְנֵ֖י
אַהֲרֹ֣ן הַכֹּהֵ֑ן וְשֵׁרְת֖וּ אֹתֽוֹ ד:ג:ז וְשָׁמְר֣וּ אֶת־מִשְׁמַרְתּ֗וֹ וְאֶת־מִשְׁמֶ֙רֶת֙
כָּל־הָ֣עֵדָ֔ה לִפְנֵ֖י אֹ֣הֶל מוֹעֵ֑ד לַעֲבֹ֖ד אֶת־עֲבֹדַ֥ת הַמִּשְׁכָּֽן
ד:ג:ח וְשָׁמְר֗וּ אֶֽת־כָּל־כְּלֵי֙ אֹ֣הֶל מוֹעֵ֔ד וְאֶת־מִשְׁמֶ֖רֶת בְּנֵ֣י יִשְׂרָאֵ֑ל
לַעֲבֹ֖ד אֶת־עֲבֹדַ֥ת הַמִּשְׁכָּֽן ד:ג:ט וְנָתַתָּה֙ אֶת־הַלְוִיִּ֔ם לְאַהֲרֹ֖ן וּלְבָנָ֑יו
נְתוּנִ֨ם נְתוּנִ֥ם הֵ֨מָּה֙ ל֔וֹ מֵאֵ֖ת בְּנֵ֥י יִשְׂרָאֵֽל ד:ג:י וְאֶת־אַהֲרֹ֤ן וְאֶת־בָּנָיו֙
תִּפְקֹ֔ד וְשָׁמְר֖וּ אֶת־כְּהֻנָּתָ֑ם וְהַזָּ֥ר הַקָּרֵ֖ב יוּמָֽת ד:ג:יא וַיְדַבֵּ֥ר יְהוָ֖ה
אֶל־מֹשֶׁ֥ה לֵּאמֹֽר ד:ג:יב וַאֲנִ֞י הִנֵּ֧ה לָקַ֣חְתִּי אֶת־הַלְוִיִּ֗ם מִתּוֹךְ֙ בְּנֵ֣י
יִשְׂרָאֵ֔ל תַּ֧חַת כָּל־בְּכ֛וֹר פֶּ֥טֶר רֶ֖חֶם מִבְּנֵ֣י יִשְׂרָאֵ֑ל וְהָ֥יוּ לִ֖י הַלְוִיִּֽם
ד:ג:יג כִּ֣י לִ֮י כָּל־בְּכ֒וֹר֒ בְּיוֹם֩ הַכֹּתִ֨י כָל־בְּכ֜וֹר בְּאֶ֣רֶץ מִצְרַ֗יִם הִקְדַּ֨שְׁתִּי
לִ֤י כָל־בְּכוֹר֙ בְּיִשְׂרָאֵ֔ל מֵאָדָ֖ם עַד־בְּהֵמָ֑ה לִ֥י יִהְי֖וּ אֲנִ֥י יְהוָֽה
ד:ג:יד וַיְדַבֵּ֤ר יְהוָה֙ אֶל־מֹשֶׁ֔ה בְּמִדְבַּ֥ר סִינַ֖י לֵאמֹֽר ד:ג:טו פְּקֹד֙
אֶת־בְּנֵ֣י לֵוִ֔י לְבֵ֥ית אֲבֹתָ֖ם לְמִשְׁפְּחֹתָ֑ם כָּל־זָכָ֛ר מִבֶּן־חֹ֥דֶשׁ וָמַ֖עְלָה
תִּפְקְדֵֽם ד:ג:טז וַיִּפְקֹ֥ד אֹתָ֛ם מֹשֶׁ֖ה עַל־פִּ֣י יְהוָ֑ה כַּאֲשֶׁ֖ר צֻוָּֽה
ד:ג:יז וַיִּהְיוּ־אֵ֥לֶּה בְנֵֽי־לֵוִ֖י בִּשְׁמֹתָ֑ם גֵּרְשׁ֕וֹן וּקְהָ֖ת וּמְרָרִֽי ד:ג:יח וְאֵ֨לֶּה

שְׁמוֹת בְּנֵי־גֵרְשׁוֹן לְמִשְׁפְּחֹתָם לִבְנִי וְשִׁמְעִי ד:ג:יט וּבְנֵי קְהָת
לְמִשְׁפְּחֹתָם עַמְרָם וְיִצְהָר חֶבְרוֹן וְעֻזִּיאֵל ד:ג:כ וּבְנֵי מְרָרִי
לְמִשְׁפְּחֹתָם מַחְלִי וּמוּשִׁי אֵלֶּה הֵם מִשְׁפְּחֹת הַלֵּוִי לְבֵית אֲבֹתָם
ד:ג:כא לְגֵרְשׁוֹן מִשְׁפַּחַת הַלִּבְנִי וּמִשְׁפַּחַת הַשִּׁמְעִי אֵלֶּה הֵם
מִשְׁפְּחֹת הַגֵּרְשֻׁנִּי ד:ג:כב פְּקֻדֵיהֶם בְּמִסְפַּר כָּל־זָכָר מִבֶּן־חֹדֶשׁ
וָמָעְלָה פְּקֻדֵיהֶם שִׁבְעַת אֲלָפִים וַחֲמֵשׁ מֵאוֹת ד:ג:כג מִשְׁפְּחֹת
הַגֵּרְשֻׁנִּי אַחֲרֵי הַמִּשְׁכָּן יַחֲנוּ יָמָּה ד:ג:כד וּנְשִׂיא בֵית־אָב לַגֵּרְשֻׁנִּי
אֶלְיָסָף בֶּן־לָאֵל ד:ג:כה וּמִשְׁמֶרֶת בְּנֵי־גֵרְשׁוֹן בְּאֹהֶל מוֹעֵד הַמִּשְׁכָּן
וְהָאֹהֶל מִכְסֵהוּ וּמָסַךְ פֶּתַח אֹהֶל מוֹעֵד ד:ג:כו וְקַלְעֵי הֶחָצֵר
וְאֶת־מָסַךְ פֶּתַח הֶחָצֵר אֲשֶׁר עַל־הַמִּשְׁכָּן וְעַל־הַמִּזְבֵּחַ סָבִיב וְאֵת
מֵיתָרָיו לְכֹל עֲבֹדָתוֹ ד:ג:כז וְלִקְהָת מִשְׁפַּחַת הָעַמְרָמִי וּמִשְׁפַּחַת
הַיִּצְהָרִי וּמִשְׁפַּחַת הַחֶבְרֹנִי וּמִשְׁפַּחַת הָעָזִּיאֵלִי אֵלֶּה הֵם
מִשְׁפְּחֹת הַקְּהָתִי ד:ג:כח בְּמִסְפַּר כָּל־זָכָר מִבֶּן־חֹדֶשׁ וָמָעְלָה
שְׁמֹנַת אֲלָפִים וְשֵׁשׁ מֵאוֹת שֹׁמְרֵי מִשְׁמֶרֶת הַקֹּדֶשׁ ד:ג:כט מִשְׁפְּחֹת
בְּנֵי־קְהָת יַחֲנוּ עַל יֶרֶךְ הַמִּשְׁכָּן תֵּימָנָה ד:ג:ל וּנְשִׂיא בֵית־אָב
לְמִשְׁפְּחֹת הַקְּהָתִי אֱלִיצָפָן בֶּן־עֻזִּיאֵל ד:ג:לא וּמִשְׁמַרְתָּם הָאָרֹן
וְהַשֻּׁלְחָן וְהַמְּנֹרָה וְהַמִּזְבְּחֹת וּכְלֵי הַקֹּדֶשׁ אֲשֶׁר יְשָׁרְתוּ בָּהֶם
וְהַמָּסָךְ וְכֹל עֲבֹדָתוֹ ד:ג:לב וּנְשִׂיא נְשִׂיאֵי הַלֵּוִי אֶלְעָזָר בֶּן־אַהֲרֹן
הַכֹּהֵן פְּקֻדַּת שֹׁמְרֵי מִשְׁמֶרֶת הַקֹּדֶשׁ ד:ג:לג לִמְרָרִי מִשְׁפַּחַת
הַמַּחְלִי וּמִשְׁפַּחַת הַמּוּשִׁי אֵלֶּה הֵם מִשְׁפְּחֹת מְרָרִי
ד:ג:לד וּפְקֻדֵיהֶם בְּמִסְפַּר כָּל־זָכָר מִבֶּן־חֹדֶשׁ וָמָעְלָה שֵׁשֶׁת אֲלָפִים
וּמָאתָיִם ד:ג:לה וּנְשִׂיא בֵית־אָב לְמִשְׁפְּחֹת מְרָרִי צוּרִיאֵל
בֶּן־אֲבִיחָיִל עַל יֶרֶךְ הַמִּשְׁכָּן יַחֲנוּ צָפֹנָה ד:ג:לו וּפְקֻדַּת מִשְׁמֶרֶת בְּנֵי
מְרָרִי קַרְשֵׁי הַמִּשְׁכָּן וּבְרִיחָיו וְעַמֻּדָיו וַאֲדָנָיו וְכָל־כֵּלָיו וְכֹל עֲבֹדָתוֹ
ד:ג:לז וְעַמֻּדֵי הֶחָצֵר סָבִיב וְאַדְנֵיהֶם וִיתֵדֹתָם וּמֵיתְרֵיהֶם
ד:ג:לח וְהַחֹנִים לִפְנֵי הַמִּשְׁכָּן קֵדְמָה לִפְנֵי אֹהֶל־מוֹעֵד | מִזְרָחָה
מֹשֶׁה | וְאַהֲרֹן וּבָנָיו שֹׁמְרִים מִשְׁמֶרֶת הַמִּקְדָּשׁ לְמִשְׁמֶרֶת בְּנֵי
יִשְׂרָאֵל וְהַזָּר הַקָּרֵב יוּמָת ד:ג:לט כָּל־פְּקוּדֵי הַלְוִיִּם אֲשֶׁר פָּקַד

מֹשֶׁ֧ה וְאַהֲרֹ֛ן עַל־פִּ֥י יְהוָ֖ה לְמִשְׁפְּחֹתָ֑ם כָּל־זָכָר֙ מִבֶּן־חֹ֣דֶשׁ וָמַ֔עְלָה
שְׁנַ֥יִם וְעֶשְׂרִ֖ים אָֽלֶף ד:ג:מ וַיֹּ֨אמֶר יְהוָ֜ה אֶל־מֹשֶׁ֗ה פְּקֹ֨ד כָּל־בְּכֹ֤ר
זָכָר֙ לִבְנֵ֣י יִשְׂרָאֵ֔ל מִבֶּן־חֹ֖דֶשׁ וָמָ֑עְלָה וְשָׂ֕א אֵ֖ת מִסְפַּ֥ר שְׁמֹתָֽם
ד:ג:מא וְלָקַחְתָּ֨ אֶת־הַלְוִיִּ֥ם לִי֙ אֲנִ֣י יְהוָ֔ה תַּ֥חַת כָּל־בְּכֹ֖ר בִּבְנֵ֣י יִשְׂרָאֵ֑ל
וְאֵת֙ בֶּהֱמַ֣ת הַלְוִיִּ֔ם תַּ֣חַת כָּל־בְּכ֔וֹר בְּבֶהֱמַ֖ת בְּנֵ֥י יִשְׂרָאֵֽל
ד:ג:מב וַיִּפְקֹ֣ד מֹשֶׁ֔ה כַּאֲשֶׁ֛ר צִוָּ֥ה יְהוָ֖ה אֹת֑וֹ אֶת־כָּל־בְּכֹ֖ר בִּבְנֵ֥י
יִשְׂרָאֵֽל ד:ג:מג וַיְהִי֩ כָל־בְּכ֨וֹר זָכָ֜ר בְּמִסְפַּ֥ר שֵׁמֹ֛ת מִבֶּן־חֹ֥דֶשׁ
וָמַ֖עְלָה לִפְקֻדֵיהֶ֑ם שְׁנַ֤יִם וְעֶשְׂרִים֙ אֶ֔לֶף שְׁלֹשָׁ֥ה וְשִׁבְעִ֖ים וּמָאתָֽיִם
ד:ג:מד וַיְדַבֵּ֥ר יְהוָ֖ה אֶל־מֹשֶׁ֥ה לֵּאמֹֽר ד:ג:מה קַ֣ח אֶת־הַלְוִיִּ֗ם תַּ֤חַת
כָּל־בְּכוֹר֙ בִּבְנֵ֣י יִשְׂרָאֵ֔ל וְאֶת־בֶּהֱמַ֥ת הַלְוִיִּ֖ם תַּ֣חַת בְּהֶמְתָּ֑ם וְהָיוּ־לִ֥י
הַלְוִיִּ֖ם אֲנִ֥י יְהוָֽה ד:ג:מו וְאֵת֙ פְּדוּיֵ֣י הַשְּׁלֹשָׁ֔ה וְהַשִּׁבְעִ֖ים וְהַמָּאתָ֑יִם
הָעֹדְפִים֙ עַל־הַלְוִיִּ֔ם מִבְּכ֖וֹר בְּנֵ֥י יִשְׂרָאֵֽל ד:ג:מז וְלָקַחְתָּ֗ חֲמֵ֧שֶׁת
חֲמֵ֛שֶׁת שְׁקָלִ֖ים לַגֻּלְגֹּ֑לֶת בְּשֶׁ֤קֶל הַקֹּ֙דֶשׁ֙ תִּקָּ֔ח עֶשְׂרִ֥ים גֵּרָ֖ה הַשָּֽׁקֶל
ד:ג:מח וְנָתַתָּ֣ה הַכֶּ֔סֶף לְאַהֲרֹ֖ן וּלְבָנָ֑יו פְּדוּיֵ֕י הָעֹדְפִ֖ים בָּהֶֽם
ד:ג:מט וַיִּקַּ֣ח מֹשֶׁ֔ה אֵ֖ת כֶּ֣סֶף הַפִּדְי֑וֹם מֵאֵת֙ הָעֹ֣דְפִ֔ים עַ֖ל פְּדוּיֵ֥י
הַלְוִיִּֽם ד:ג:נ מֵאֵ֗ת בְּכ֛וֹר בְּנֵ֥י יִשְׂרָאֵ֖ל לָקַ֣ח אֶת־הַכָּ֑סֶף חֲמִשָּׁ֨ה
וְשִׁשִּׁ֜ים וּשְׁלֹ֧שׁ מֵא֛וֹת וָאֶ֖לֶף בְּשֶׁ֥קֶל הַקֹּֽדֶשׁ ד:ג:נא וַיִּתֵּ֨ן מֹשֶׁ֜ה
אֶת־כֶּ֧סֶף הַפְּדֻיִ֛ם לְאַהֲרֹ֥ן וּלְבָנָ֖יו עַל־פִּ֣י יְהוָ֑ה כַּאֲשֶׁ֛ר צִוָּ֥ה יְהוָ֖ה
אֶת־מֹשֶֽׁה ד:ד:א וַיְדַבֵּ֣ר יְהוָ֔ה אֶל־מֹשֶׁ֥ה וְאֶֽל־אַהֲרֹ֖ן לֵאמֹֽר ד:ד:ב נָשֹׂ֗א
אֶת־רֹאשׁ֙ בְּנֵ֣י קְהָ֔ת מִתּ֖וֹךְ בְּנֵ֣י לֵוִ֑י לְמִשְׁפְּחֹתָ֖ם לְבֵ֥ית אֲבֹתָֽם
ד:ד:ג מִבֶּ֨ן שְׁלֹשִׁ֤ים שָׁנָה֙ וָמַ֔עְלָה וְעַ֖ד בֶּן־חֲמִשִּׁ֣ים שָׁנָ֑ה כָּל־בָּא֙
לַצָּבָ֔א לַעֲשׂ֥וֹת מְלָאכָ֖ה בְּאֹ֥הֶל מוֹעֵֽד ד:ד:ד זֹ֛את עֲבֹדַ֥ת בְּנֵי־קְהָ֖ת
בְּאֹ֣הֶל מוֹעֵ֑ד קֹ֖דֶשׁ הַקֳּדָשִֽׁים ד:ד:ה וּבָ֨א אַהֲרֹ֤ן וּבָנָיו֙ בִּנְסֹ֣עַ הַֽמַּחֲנֶ֔ה
וְהוֹרִ֕דוּ אֵ֖ת פָּרֹ֣כֶת הַמָּסָ֑ךְ וְכִ֙סּוּ־בָ֔הּ אֵ֖ת אֲרֹ֥ן הָעֵדֻֽת ד:ד:ו וְנָתְנ֣וּ
עָלָ֗יו כְּסוּי֙ ע֣וֹר תַּ֔חַשׁ וּפָרְשׂ֧וּ בֶֽגֶד־כְּלִ֛יל תְּכֵ֖לֶת מִלְמָ֑עְלָה וְשָׂמ֖וּ
בַּדָּֽיו ד:ד:ז וְעַ֣ל ׀ שֻׁלְחַ֣ן הַפָּנִ֗ים יִפְרְשׂוּ֮ בֶּ֣גֶד תְּכֵלֶת֒ וְנָתְנ֣וּ עָ֠לָיו
אֶת־הַקְּעָרֹ֤ת וְאֶת־הַכַּפֹּת֙ וְאֶת־הַמְּנַקִּיֹּ֔ת וְאֵ֖ת קְשׂ֣וֹת הַנָּ֑סֶךְ וְלֶ֥חֶם
הַתָּמִ֖יד עָלָ֥יו יִהְיֶֽה ד:ד:ח וּפָרְשׂ֣וּ עֲלֵיהֶ֗ם בֶּ֚גֶד תּוֹלַ֣עַת שָׁנִ֔י וְכִסּ֣וּ

אֹתוֹ בְּמִכְסֵה עוֹר תָּחַשׁ וְשָׂמוּ אֶת־בַּדָּיו ד:ד:ט וְלָקְחוּ | בֶּגֶד תְּכֵלֶת
וְכִסּוּ אֶת־מְנֹרַת הַמָּאוֹר וְאֶת־נֵרֹתֶיהָ וְאֶת־מַלְקָחֶיהָ
וְאֶת־מַחְתֹּתֶיהָ וְאֵת כָּל־כְּלֵי שַׁמְנָהּ אֲשֶׁר יְשָׁרְתוּ־לָהּ בָּהֶם
ד:ד:י וְנָתְנוּ אֹתָהּ וְאֶת־כָּל־כֵּלֶיהָ אֶל־מִכְסֵה עוֹר תָּחַשׁ וְנָתְנוּ
עַל־הַמּוֹט ד:ד:יא וְעַל | מִזְבַּח הַזָּהָב יִפְרְשׂוּ בֶּגֶד תְּכֵלֶת וְכִסּוּ אֹתוֹ
בְּמִכְסֵה עוֹר תָּחַשׁ וְשָׂמוּ אֶת־בַּדָּיו ד:ד:יב וְלָקְחוּ אֶת־כָּל־כְּלֵי
הַשָּׁרֵת אֲשֶׁר יְשָׁרְתוּ־בָם בַּקֹּדֶשׁ וְנָתְנוּ אֶל־בֶּגֶד תְּכֵלֶת וְכִסּוּ אוֹתָם
בְּמִכְסֵה עוֹר תָּחַשׁ וְנָתְנוּ עַל־הַמּוֹט ד:ד:יג וְדִשְּׁנוּ אֶת־הַמִּזְבֵּחַ
וּפָרְשׂוּ עָלָיו בֶּגֶד אַרְגָּמָן ד:ד:יד וְנָתְנוּ עָלָיו אֶת־כָּל־כֵּלָיו אֲשֶׁר
יְשָׁרְתוּ עָלָיו בָּהֶם אֶת־הַמַּחְתֹּת אֶת־הַמִּזְלָגֹת וְאֶת־הַיָּעִים
וְאֶת־הַמִּזְרָקֹת כֹּל כְּלֵי הַמִּזְבֵּחַ וּפָרְשׂוּ עָלָיו כְּסוּי עוֹר תַּחַשׁ וְשָׂמוּ
בַדָּיו ד:ד:טו וְכִלָּה אַהֲרֹן־וּבָנָיו לְכַסֹּת אֶת־הַקֹּדֶשׁ וְאֶת־כָּל־כְּלֵי
הַקֹּדֶשׁ בִּנְסֹעַ הַמַּחֲנֶה וְאַחֲרֵי־כֵן יָבֹאוּ בְנֵי־קְהָת לָשֵׂאת וְלֹא־יִגְּעוּ
אֶל־הַקֹּדֶשׁ וָמֵתוּ אֵלֶּה מַשָּׂא בְנֵי־קְהָת בְּאֹהֶל מוֹעֵד ד:ד:טז וּפְקֻדַּת
אֶלְעָזָר | בֶּן־אַהֲרֹן הַכֹּהֵן שֶׁמֶן הַמָּאוֹר וּקְטֹרֶת הַסַּמִּים וּמִנְחַת
הַתָּמִיד וְשֶׁמֶן הַמִּשְׁחָה פְּקֻדַּת כָּל־הַמִּשְׁכָּן וְכָל־אֲשֶׁר־בּוֹ בְּקֹדֶשׁ
וּבְכֵלָיו ד:ד:יז וַיְדַבֵּר יְהוָה אֶל־מֹשֶׁה וְאֶל־אַהֲרֹן לֵאמֹר
ד:ד:יח אַל־תַּכְרִיתוּ אֶת־שֵׁבֶט מִשְׁפְּחֹת הַקְּהָתִי מִתּוֹךְ הַלְוִיִּם
ד:ד:יט וְזֹאת | עֲשׂוּ לָהֶם וְחָיוּ וְלֹא יָמֻתוּ בְּגִשְׁתָּם אֶת־קֹדֶשׁ
הַקֳּדָשִׁים אַהֲרֹן וּבָנָיו יָבֹאוּ וְשָׂמוּ אוֹתָם אִישׁ אִישׁ עַל־עֲבֹדָתוֹ
וְאֶל־מַשָּׂאוֹ ד:ד:כ וְלֹא־יָבֹאוּ לִרְאוֹת כְּבַלַּע אֶת־הַקֹּדֶשׁ וָמֵתוּ
ד:ד:כא וַיְדַבֵּר יְהוָה אֶל־מֹשֶׁה לֵּאמֹר ד:ד:כב נָשֹׂא אֶת־רֹאשׁ בְּנֵי
גֵרְשׁוֹן גַּם־הֵם לְבֵית אֲבֹתָם לְמִשְׁפְּחֹתָם ד:ד:כג מִבֶּן שְׁלֹשִׁים שָׁנָה
וָמַעְלָה עַד בֶּן־חֲמִשִּׁים שָׁנָה תִּפְקֹד אוֹתָם כָּל־הַבָּא לִצְבֹא צָבָא
לַעֲבֹד עֲבֹדָה בְּאֹהֶל מוֹעֵד ד:ד:כד זֹאת עֲבֹדַת מִשְׁפְּחֹת הַגֵּרְשֻׁנִּי
לַעֲבֹד וּלְמַשָּׂא ד:ד:כה וְנָשְׂאוּ אֶת־יְרִיעֹת הַמִּשְׁכָּן וְאֶת־אֹהֶל מוֹעֵד
מִכְסֵהוּ וּמִכְסֵה הַתַּחַשׁ אֲשֶׁר־עָלָיו מִלְמָעְלָה וְאֶת־מָסַךְ פֶּתַח
אֹהֶל מוֹעֵד ד:ד:כו וְאֵת קַלְעֵי הֶחָצֵר וְאֶת־מָסַךְ | פֶּתַח | שַׁעַר

הֶֽחָצֵ֗ר אֲשֶׁ֨ר עַל־הַמִּשְׁכָּ֤ן וְעַל־הַמִּזְבֵּ֙חַ֙ סָבִ֔יב וְאֵת֙ מֵיתְרֵיהֶ֔ם
וְאֶת־כׇּל־כְּלֵ֖י עֲבֹדָתָ֑ם וְאֵ֨ת כׇּל־אֲשֶׁ֧ר יֵעָשֶׂ֛ה לָהֶ֖ם וְעָבָֽדוּ
ד:ד:כז עַל־פִּ֨י אַהֲרֹ֜ן וּבָנָ֗יו תִּֽהְיֶה֙ כׇּל־עֲבֹדַת֙ בְּנֵ֣י הַגֵּֽרְשֻׁנִּ֔י
לְכׇל־מַשָּׂאָ֖ם וּלְכֹ֣ל עֲבֹדָתָ֑ם וּפְקַדְתֶּ֤ם עֲלֵהֶם֙ בְּמִשְׁמֶ֔רֶת אֵ֖ת
כׇּל־מַשָּׂאָֽם ד:ד:כח זֹ֣את עֲבֹדַ֗ת מִשְׁפְּחֹ֛ת בְּנֵ֥י הַגֵּרְשֻׁנִּ֖י בְּאֹ֣הֶל מוֹעֵ֑ד
וּמִ֨שְׁמַרְתָּ֔ם בְּיַד֙ אִֽיתָמָ֔ר בֶּֽן־אַהֲרֹ֖ן הַכֹּהֵֽן ד:ד:כט בְּנֵ֖י מְרָרִ֑י
לְמִשְׁפְּחֹתָ֥ם לְבֵית־אֲבֹתָ֖ם תִּפְקֹ֥ד אֹתָֽם ד:ד:ל מִבֶּן֩ שְׁלֹשִׁ֨ים שָׁנָ֜ה
וָמַ֗עְלָה וְעַד֙ בֶּן־חֲמִשִּׁ֣ים שָׁנָ֔ה תִּפְקְדֵ֑ם כׇּל־הַבָּא֙ לַצָּבָ֔א לַעֲבֹ֕ד
אֶת־עֲבֹדַ֖ת אֹ֥הֶל מוֹעֵֽד ד:ד:לא וְזֹאת֙ מִשְׁמֶ֣רֶת מַשָּׂאָ֔ם לְכׇל־עֲבֹדָתָ֖ם
בְּאֹ֣הֶל מוֹעֵ֑ד קַרְשֵׁי֙ הַמִּשְׁכָּ֔ן וּבְרִיחָ֖יו וְעַמּוּדָ֥יו וַאֲדָנָֽיו ד:ד:לב וְעַמּוּדֵ֩י
הֶחָצֵ֨ר סָבִ֜יב וְאַדְנֵיהֶ֗ם וִיתֵדֹתָם֙ וּמֵ֣יתְרֵיהֶ֔ם לְכׇל־כְּלֵיהֶ֔ם וּלְכֹ֖ל
עֲבֹדָתָ֑ם וּבְשֵׁמֹ֣ת תִּפְקְד֔וּ אֶת־כְּלֵ֖י מִשְׁמֶ֥רֶת מַשָּׂאָֽם ד:ד:לג זֹ֣את
עֲבֹדַ֗ת מִשְׁפְּחֹת֙ בְּנֵ֣י מְרָרִ֔י לְכׇל־עֲבֹדָתָ֖ם בְּאֹ֣הֶל מוֹעֵ֑ד בְּיַד֙ אִֽיתָמָ֔ר
בֶּן־אַהֲרֹ֖ן הַכֹּהֵֽן ד:ד:לד וַיִּפְקֹ֨ד מֹשֶׁ֧ה וְאַהֲרֹ֛ן וּנְשִׂיאֵ֥י הָעֵדָ֖ה אֶת־בְּנֵ֣י
הַקְּהָתִ֑י לְמִשְׁפְּחֹתָ֖ם וּלְבֵ֥ית אֲבֹתָֽם ד:ד:לה מִבֶּ֨ן שְׁלֹשִׁ֤ים שָׁנָה֙
וָמַ֔עְלָה וְעַ֖ד בֶּן־חֲמִשִּׁ֣ים שָׁנָ֑ה כׇּל־הַבָּא֙ לַצָּבָ֔א לַעֲבֹדָ֖ה בְּאֹ֥הֶל
מוֹעֵֽד ד:ד:לו וַיִּהְי֥וּ פְקֻדֵיהֶ֖ם לְמִשְׁפְּחֹתָ֑ם אַלְפַּ֕יִם שְׁבַ֥ע מֵא֖וֹת
וַחֲמִשִּֽׁים ד:ד:לז אֵ֣לֶּה פְקוּדֵי֙ מִשְׁפְּחֹ֣ת הַקְּהָתִ֔י כׇּל־הָעֹבֵ֖ד בְּאֹ֣הֶל
מוֹעֵ֑ד אֲשֶׁ֨ר פָּקַ֤ד מֹשֶׁה֙ וְאַהֲרֹ֔ן עַל־פִּ֥י יְהֹוָ֖ה בְּיַד־מֹשֶֽׁה
ד:ד:לח וּפְקוּדֵ֖י בְּנֵ֣י גֵרְשׁ֑וֹן לְמִשְׁפְּחוֹתָ֖ם וּלְבֵ֥ית אֲבֹתָֽם ד:ד:לט מִבֶּ֨ן
שְׁלֹשִׁ֤ים שָׁנָה֙ וָמַ֔עְלָה וְעַ֖ד בֶּן־חֲמִשִּׁ֣ים שָׁנָ֑ה כׇּל־הַבָּא֙ לַצָּבָ֔א
לַעֲבֹדָ֖ה בְּאֹ֥הֶל מוֹעֵֽד ד:ד:מ וַיִּֽהְיוּ֙ פְּקֻ֣דֵיהֶ֔ם לְמִשְׁפְּחֹתָ֖ם לְבֵ֣ית
אֲבֹתָ֑ם אַלְפַּ֕יִם וְשֵׁ֥שׁ מֵא֖וֹת וּשְׁלֹשִֽׁים ד:ד:מא אֵ֣לֶּה פְקוּדֵ֗י מִשְׁפְּחֹת֙
בְּנֵ֣י גֵרְשׁ֔וֹן כׇּל־הָעֹבֵ֖ד בְּאֹ֣הֶל מוֹעֵ֑ד אֲשֶׁ֥ר פָּקַ֛ד מֹשֶׁ֥ה וְאַהֲרֹ֖ן עַל־פִּ֥י
יְהֹוָֽה ד:ד:מב וּפְקוּדֵ֕י מִשְׁפְּחֹ֖ת בְּנֵ֣י מְרָרִ֑י לְמִשְׁפְּחֹתָ֖ם לְבֵ֥ית אֲבֹתָֽם
ד:ד:מג מִבֶּ֨ן שְׁלֹשִׁ֤ים שָׁנָה֙ וָמַ֔עְלָה וְעַ֖ד בֶּן־חֲמִשִּׁ֣ים שָׁנָ֑ה כׇּל־הַבָּא֙
לַצָּבָ֔א לַעֲבֹדָ֖ה בְּאֹ֥הֶל מוֹעֵֽד ד:ד:מד וַיִּהְי֥וּ פְקֻדֵיהֶ֖ם לְמִשְׁפְּחֹתָ֑ם
שְׁלֹ֥שֶׁת אֲלָפִ֖ים וּמָאתָֽיִם ד:ד:מה אֵ֣לֶּה פְקוּדֵ֔י מִשְׁפְּחֹ֖ת בְּנֵ֣י מְרָרִ֑י

אֲשֶׁר פָּקַד מֹשֶׁה וְאַהֲרֹן עַל־פִּי יְהוָה בְּיַד־מֹשֶׁה
ד:ד:מו כָּל־הַפְּקֻדִים אֲשֶׁר פָּקַד מֹשֶׁה וְאַהֲרֹן וּנְשִׂיאֵי יִשְׂרָאֵל
אֶת־הַלְוִיִּם לְמִשְׁפְּחֹתָם וּלְבֵית אֲבֹתָם ד:ד:מז מִבֶּן שְׁלֹשִׁים שָׁנָה
וָמַעְלָה וְעַד בֶּן־חֲמִשִּׁים שָׁנָה כָּל־הַבָּא לַעֲבֹד עֲבֹדַת עֲבֹדָה
וַעֲבֹדַת מַשָּׂא בְּאֹהֶל מוֹעֵד ד:ד:מח וַיִּהְיוּ פְּקֻדֵיהֶם שְׁמֹנַת אֲלָפִים
וַחֲמֵשׁ מֵאוֹת וּשְׁמֹנִים ד:ד:מט עַל־פִּי יְהוָה פָּקַד אוֹתָם בְּיַד־מֹשֶׁה
אִישׁ אִישׁ עַל־עֲבֹדָתוֹ וְעַל־מַשָּׂאוֹ וּפְקֻדָיו אֲשֶׁר־צִוָּה יְהוָה
אֶת־מֹשֶׁה ד:ה:א וַיְדַבֵּר יְהוָה אֶל־מֹשֶׁה לֵּאמֹר ד:ה:ב צַו אֶת־בְּנֵי
יִשְׂרָאֵל וִישַׁלְּחוּ מִן־הַמַּחֲנֶה כָּל־צָרוּעַ וְכָל־זָב וְכֹל טָמֵא לָנָפֶשׁ
ד:ה:ג מִזָּכָר עַד־נְקֵבָה תְּשַׁלֵּחוּ אֶל־מִחוּץ לַמַּחֲנֶה תְּשַׁלְּחוּם וְלֹא
יְטַמְּאוּ אֶת־מַחֲנֵיהֶם אֲשֶׁר אֲנִי שֹׁכֵן בְּתוֹכָם ד:ה:ד וַיַּעֲשׂוּ־כֵן בְּנֵי
יִשְׂרָאֵל וַיְשַׁלְּחוּ אוֹתָם אֶל־מִחוּץ לַמַּחֲנֶה כַּאֲשֶׁר דִּבֶּר יְהוָה
אֶל־מֹשֶׁה כֵּן עָשׂוּ בְּנֵי יִשְׂרָאֵל ד:ה:ה וַיְדַבֵּר יְהוָה אֶל־מֹשֶׁה לֵּאמֹר
ד:ה:ו דַּבֵּר אֶל־בְּנֵי יִשְׂרָאֵל אִישׁ אוֹ־אִשָּׁה כִּי יַעֲשׂוּ מִכָּל־חַטֹּאת
הָאָדָם לִמְעֹל מַעַל בַּיהוָה וְאָשְׁמָה הַנֶּפֶשׁ הַהִוא ד:ה:ז וְהִתְוַדּוּ
אֶת־חַטָּאתָם אֲשֶׁר עָשׂוּ וְהֵשִׁיב אֶת־אֲשָׁמוֹ בְּרֹאשׁוֹ וַחֲמִישִׁתוֹ יֹסֵף
עָלָיו וְנָתַן לַאֲשֶׁר אָשַׁם לוֹ ד:ה:ח וְאִם־אֵין לָאִישׁ גֹּאֵל לְהָשִׁיב
הָאָשָׁם אֵלָיו הָאָשָׁם הַמּוּשָׁב לַיהוָה לַכֹּהֵן מִלְּבַד אֵיל הַכִּפֻּרִים
אֲשֶׁר יְכַפֶּר־בּוֹ עָלָיו ד:ה:ט וְכָל־תְּרוּמָה לְכָל־קָדְשֵׁי בְנֵי־יִשְׂרָאֵל
אֲשֶׁר־יַקְרִיבוּ לַכֹּהֵן לוֹ יִהְיֶה ד:ה:י וְאִישׁ אֶת־קֳדָשָׁיו לוֹ יִהְיוּ אִישׁ
אֲשֶׁר־יִתֵּן לַכֹּהֵן לוֹ יִהְיֶה ד:ה:יא וַיְדַבֵּר יְהוָה אֶל־מֹשֶׁה לֵּאמֹר
ד:ה:יב דַּבֵּר אֶל־בְּנֵי יִשְׂרָאֵל וְאָמַרְתָּ אֲלֵהֶם אִישׁ אִישׁ כִּי־תִשְׂטֶה
אִשְׁתּוֹ וּמָעֲלָה בוֹ מָעַל ד:ה:יג וְשָׁכַב אִישׁ אֹתָהּ שִׁכְבַת־זֶרַע וְנֶעְלַם
מֵעֵינֵי אִישָׁהּ וְנִסְתְּרָה וְהִיא נִטְמָאָה וְעֵד אֵין בָּהּ וְהִוא לֹא
נִתְפָּשָׂה ד:ה:יד וְעָבַר עָלָיו רוּחַ־קִנְאָה וְקִנֵּא אֶת־אִשְׁתּוֹ וְהִוא
נִטְמָאָה אוֹ־עָבַר עָלָיו רוּחַ־קִנְאָה וְקִנֵּא אֶת־אִשְׁתּוֹ וְהִיא לֹא
נִטְמָאָה ד:ה:טו וְהֵבִיא הָאִישׁ אֶת־אִשְׁתּוֹ אֶל־הַכֹּהֵן וְהֵבִיא
אֶת־קָרְבָּנָהּ עָלֶיהָ עֲשִׂירִת הָאֵיפָה קֶמַח שְׂעֹרִים לֹא־יִצֹק עָלָיו

שֶׁ֔מֶן וְלֹא־יִתֵּ֤ן עָלָיו֙ לְבֹנָ֔ה כִּֽי־מִנְחַ֤ת קְנָאֹת֙ ה֔וּא מִנְחַ֥ת זִכָּר֖וֹן
מַזְכֶּ֥רֶת עָוֺֽן ד:ה:טז וְהִקְרִ֥יב אֹתָ֖הּ הַכֹּהֵ֑ן וְהֶֽעֱמִדָ֖הּ לִפְנֵ֥י יְהוָֽה
ד:ה:יז וְלָקַ֧ח הַכֹּהֵ֛ן מַ֥יִם קְדֹשִׁ֖ים בִּכְלִי־חָ֑רֶשׂ וּמִן־הֶֽעָפָ֗ר אֲשֶׁ֤ר יִהְיֶה֙
בְּקַרְקַ֣ע הַמִּשְׁכָּ֔ן יִקַּ֥ח הַכֹּהֵ֖ן וְנָתַ֥ן אֶל־הַמָּֽיִם ד:ה:יח וְהֶעֱמִ֨יד הַכֹּהֵ֥ן
אֶֽת־הָאִשָּׁה֮ לִפְנֵ֣י יְהוָה֒ וּפָרַע֙ אֶת־רֹ֣אשׁ הָֽאִשָּׁ֔ה וְנָתַ֣ן עַל־כַּפֶּ֗יהָ
אֵ֚ת מִנְחַ֣ת הַזִּכָּר֔וֹן מִנְחַ֥ת קְנָאֹ֖ת הִ֑וא וּבְיַ֤ד הַכֹּהֵן֙ יִהְי֔וּ מֵ֥י הַמָּרִ֖ים
הַמְאָֽרֲרִֽים ד:ה:יט וְהִשְׁבִּ֨יעַ אֹתָ֜הּ הַכֹּהֵ֗ן וְאָמַ֤ר אֶל־הָֽאִשָּׁה֙ אִם־לֹ֨א
שָׁכַ֥ב אִישׁ֙ אֹתָ֔ךְ וְאִם־לֹ֥א שָׂטִ֛ית טֻמְאָ֖ה תַּ֣חַת אִישֵׁ֑ךְ הִנָּקִ֕י מִמֵּ֛י
הַמָּרִ֥ים הַֽמְאָרְרִ֖ים הָאֵֽלֶּה ד:ה:כ וְאַ֗תְּ כִּ֥י שָׂטִ֛ית תַּ֥חַת אִישֵׁ֖ךְ וְכִ֣י
נִטְמֵ֑את וַיִּתֵּ֨ן אִ֥ישׁ בָּךְ֙ אֶת־שְׁכָבְתּ֔וֹ מִֽבַּלְעֲדֵ֖י אִישֵֽׁךְ ד:ה:כא וְהִשְׁבִּ֨יעַ
הַכֹּהֵ֥ן אֶֽת־הָאִשָּׁה֮ בִּשְׁבֻעַ֣ת הָאָלָה֒ וְאָמַ֤ר הַכֹּהֵן֙ לָֽאִשָּׁ֔ה יִתֵּ֨ן יְהוָ֥ה
אוֹתָ֛ךְ לְאָלָ֥ה וְלִשְׁבֻעָ֖ה בְּת֣וֹךְ עַמֵּ֑ךְ בְּתֵ֨ת יְהוָ֤ה אֶת־יְרֵכֵךְ֙ נֹפֶ֔לֶת
וְאֶת־בִּטְנֵ֖ךְ צָבָֽה ד:ה:כב וּ֠בָאוּ הַמַּ֨יִם הַמְאָרְרִ֤ים הָאֵ֙לֶּה֙ בְּמֵעַ֔יִךְ
לַצְבּ֥וֹת בֶּ֖טֶן וְלַנְפִּ֣ל יָרֵ֑ךְ וְאָמְרָ֥ה הָאִשָּׁ֖ה אָמֵ֥ן ׀ אָמֵֽן ד:ה:כג וְ֠כָתַב
אֶת־הָאָלֹ֥ת הָאֵ֛לֶּה הַכֹּהֵ֖ן בַּסֵּ֑פֶר וּמָחָ֖ה אֶל־מֵ֥י הַמָּרִֽים
ד:ה:כד וְהִשְׁקָה֙ אֶת־הָ֣אִשָּׁ֔ה אֶת־מֵ֥י הַמָּרִ֖ים הַמְאָֽרֲרִ֑ים וּבָ֥אוּ בָ֛הּ
הַמַּ֥יִם הַֽמְאָרְרִ֖ים לְמָרִֽים ד:ה:כה וְלָקַ֤ח הַכֹּהֵן֙ מִיַּ֣ד הָֽאִשָּׁ֔ה אֵ֖ת
מִנְחַ֣ת הַקְּנָאֹ֑ת וְהֵנִ֤יף אֶת־הַמִּנְחָה֙ לִפְנֵ֣י יְהוָ֔ה וְהִקְרִ֥יב אֹתָ֖הּ
אֶל־הַמִּזְבֵּֽחַ ד:ה:כו וְקָמַ֨ץ הַכֹּהֵ֤ן מִן־הַמִּנְחָה֙ אֶת־אַזְכָּ֣רָתָ֔הּ וְהִקְטִ֖יר
הַמִּזְבֵּ֑חָה וְאַחַ֛ר יַשְׁקֶ֥ה אֶת־הָאִשָּׁ֖ה אֶת־הַמָּֽיִם ד:ה:כז וְהִשְׁקָ֣הּ
אֶת־הַמַּ֗יִם וְהָיְתָ֣ה אִֽם־נִטְמְאָה֮ וַתִּמְעֹ֣ל מַ֣עַל בְּאִישָׁהּ֒ וּבָ֨אוּ בָ֜הּ
הַמַּ֤יִם הַמְאָֽרְרִים֙ לְמָרִ֔ים וְצָבְתָ֣ה בִטְנָ֔הּ וְנָפְלָ֖ה יְרֵכָ֑הּ וְהָיְתָ֧ה
הָאִשָּׁ֛ה לְאָלָ֖ה בְּקֶ֥רֶב עַמָּֽהּ ד:ה:כח וְאִם־לֹ֤א נִטְמְאָה֙ הָֽאִשָּׁ֔ה
וּטְהֹרָ֖ה הִ֑וא וְנִקְּתָ֖ה וְנִזְרְעָ֥ה זָֽרַע ד:ה:כט זֹ֥את תּוֹרַ֖ת הַקְּנָאֹ֑ת אֲשֶׁ֨ר
תִּשְׂטֶ֥ה אִשָּׁ֛ה תַּ֥חַת אִישָׁ֖הּ וְנִטְמָֽאָה ד:ה:ל א֣וֹ אִ֗ישׁ אֲשֶׁ֨ר תַּעֲבֹ֥ר
עָלָ֛יו ר֥וּחַ קִנְאָ֖ה וְקִנֵּ֣א אֶת־אִשְׁתּ֑וֹ וְהֶעֱמִ֤יד אֶת־הָֽאִשָּׁה֙ לִפְנֵ֣י יְהוָ֔ה
וְעָ֤שָׂה לָהּ֙ הַכֹּהֵ֔ן אֵ֖ת כָּל־הַתּוֹרָ֥ה הַזֹּֽאת ד:ה:לא וְנִקָּ֥ה הָאִ֖ישׁ מֵעָוֺ֑ן
וְהָאִשָּׁ֣ה הַהִ֔וא תִּשָּׂ֖א אֶת־עֲוֺנָֽהּ ד:ו:א וַיְדַבֵּ֥ר יְהוָ֖ה אֶל־מֹשֶׁ֥ה לֵּאמֹֽר

ו:ב דַּבֵּר אֶל־בְּנֵי יִשְׂרָאֵל וְאָמַרְתָּ אֲלֵהֶם אִישׁ אוֹ־אִשָּׁה כִּי יַפְלִא
לִנְדֹּר נֶדֶר נָזִיר לְהַזִּיר לַיהוָה ו:ג מִיַּיִן וְשֵׁכָר יַזִּיר חֹמֶץ יַיִן וְחֹמֶץ
שֵׁכָר לֹא יִשְׁתֶּה וְכָל־מִשְׁרַת עֲנָבִים לֹא יִשְׁתֶּה וַעֲנָבִים לַחִים
וִיבֵשִׁים לֹא יֹאכֵל ו:ד כֹּל יְמֵי נִזְרוֹ מִכֹּל אֲשֶׁר יֵעָשֶׂה מִגֶּפֶן הַיַּיִן
מֵחַרְצַנִּים וְעַד־זָג לֹא יֹאכֵל ו:ה כָּל־יְמֵי נֶדֶר נִזְרוֹ תַּעַר לֹא־יַעֲבֹר
עַל־רֹאשׁוֹ עַד־מְלֹאת הַיָּמִם אֲשֶׁר־יַזִּיר לַיהוָה קָדֹשׁ יִהְיֶה גַּדֵּל
פֶּרַע שְׂעַר רֹאשׁוֹ ו:ו כָּל־יְמֵי הַזִּירוֹ לַיהוָה עַל־נֶפֶשׁ מֵת לֹא יָבֹא
ו:ז לְאָבִיו וּלְאִמּוֹ לְאָחִיו וּלְאַחֹתוֹ לֹא־יִטַּמָּא לָהֶם בְּמֹתָם כִּי נֵזֶר
אֱלֹהָיו עַל־רֹאשׁוֹ ו:ח כֹּל יְמֵי נִזְרוֹ קָדֹשׁ הוּא לַיהוָה ו:ט וְכִי־יָמוּת
מֵת עָלָיו בְּפֶתַע פִּתְאֹם וְטִמֵּא רֹאשׁ נִזְרוֹ וְגִלַּח רֹאשׁוֹ בְּיוֹם
טָהֳרָתוֹ בַּיּוֹם הַשְּׁבִיעִי יְגַלְּחֶנּוּ ו:י וּבַיּוֹם הַשְּׁמִינִי יָבִא שְׁתֵּי תֹרִים
אוֹ שְׁנֵי בְּנֵי יוֹנָה אֶל־הַכֹּהֵן אֶל־פֶּתַח אֹהֶל מוֹעֵד ו:יא וְעָשָׂה
הַכֹּהֵן אֶחָד לְחַטָּאת וְאֶחָד לְעֹלָה וְכִפֶּר עָלָיו מֵאֲשֶׁר חָטָא
עַל־הַנָּפֶשׁ וְקִדַּשׁ אֶת־רֹאשׁוֹ בַּיּוֹם הַהוּא ו:יב וְהִזִּיר לַיהוָה
אֶת־יְמֵי נִזְרוֹ וְהֵבִיא כֶּבֶשׂ בֶּן־שְׁנָתוֹ לְאָשָׁם וְהַיָּמִים הָרִאשֹׁנִים יִפְּלוּ
כִּי טָמֵא נִזְרוֹ ו:יג וְזֹאת תּוֹרַת הַנָּזִיר בְּיוֹם מְלֹאת יְמֵי נִזְרוֹ יָבִיא
אֹתוֹ אֶל־פֶּתַח אֹהֶל מוֹעֵד ו:יד וְהִקְרִיב אֶת־קָרְבָּנוֹ לַיהוָה כֶּבֶשׂ
בֶּן־שְׁנָתוֹ תָמִים אֶחָד לְעֹלָה וְכַבְשָׂה אַחַת בַּת־שְׁנָתָהּ תְּמִימָה
לְחַטָּאת וְאַיִל־אֶחָד תָּמִים לִשְׁלָמִים ו:טו וְסַל מַצּוֹת סֹלֶת חַלֹּת
בְּלוּלֹת בַּשֶּׁמֶן וּרְקִיקֵי מַצּוֹת מְשֻׁחִים בַּשָּׁמֶן וּמִנְחָתָם וְנִסְכֵּיהֶם
ו:טז וְהִקְרִיב הַכֹּהֵן לִפְנֵי יְהוָה וְעָשָׂה אֶת־חַטָּאתוֹ וְאֶת־עֹלָתוֹ
ו:יז וְאֶת־הָאַיִל יַעֲשֶׂה זֶבַח שְׁלָמִים לַיהוָה עַל סַל הַמַּצּוֹת וְעָשָׂה
הַכֹּהֵן אֶת־מִנְחָתוֹ וְאֶת־נִסְכּוֹ ו:יח וְגִלַּח הַנָּזִיר פֶּתַח אֹהֶל מוֹעֵד
אֶת־רֹאשׁ נִזְרוֹ וְלָקַח אֶת־שְׂעַר רֹאשׁ נִזְרוֹ וְנָתַן עַל־הָאֵשׁ
אֲשֶׁר־תַּחַת זֶבַח הַשְּׁלָמִים ו:יט וְלָקַח הַכֹּהֵן אֶת־הַזְּרֹעַ בְּשֵׁלָה
מִן־הָאַיִל וְחַלַּת מַצָּה אַחַת מִן־הַסַּל וּרְקִיק מַצָּה אֶחָד וְנָתַן
עַל־כַּפֵּי הַנָּזִיר אַחַר הִתְגַּלְּחוֹ אֶת־נִזְרוֹ ו:כ וְהֵנִיף אוֹתָם הַכֹּהֵן |
תְּנוּפָה לִפְנֵי יְהוָה קֹדֶשׁ הוּא לַכֹּהֵן עַל חֲזֵה הַתְּנוּפָה וְעַל שׁוֹק

הַתְּרוּמָ֑ה וְאַחַ֛ר יִשְׁתֶּ֥ה הַנָּזִ֖יר יָֽיִן׃ ד:ו:כא זֹ֣את תּוֹרַ֣ת הַנָּזִיר֮ אֲשֶׁ֣ר יִדֹּר֒
קָרְבָּנ֤וֹ לַֽיהוָה֙ עַל־נִזְר֔וֹ מִלְּבַ֖ד אֲשֶׁר־תַּשִּׂ֣יג יָד֑וֹ כְּפִ֤י נִדְרוֹ֙ אֲשֶׁ֣ר יִדֹּ֔ר
כֵּ֣ן יַעֲשֶׂ֔ה עַ֖ל תּוֹרַ֥ת נִזְרֽוֹ׃ ד:ו:כב וַיְדַבֵּ֥ר יְהוָ֖ה אֶל־מֹשֶׁ֥ה לֵּאמֹֽר׃
ד:ו:כג דַּבֵּ֤ר אֶֽל־אַהֲרֹן֙ וְאֶל־בָּנָ֣יו לֵאמֹ֔ר כֹּ֥ה תְבָרְכ֖וּ אֶת־בְּנֵ֣י יִשְׂרָאֵ֑ל
אָמ֖וֹר לָהֶֽם׃ ד:ו:כד יְבָרֶכְךָ֥ יְהוָ֖ה וְיִשְׁמְרֶֽךָ׃ ד:ו:כה יָאֵ֨ר יְהוָ֧ה ׀ פָּנָ֛יו
אֵלֶ֖יךָ וִֽיחֻנֶּֽךָּ׃ ד:ו:כו יִשָּׂ֨א יְהוָ֤ה ׀ פָּנָיו֙ אֵלֶ֔יךָ וְיָשֵׂ֥ם לְךָ֖ שָׁלֽוֹם׃
ד:ו:כז וְשָׂמ֥וּ אֶת־שְׁמִ֖י עַל־בְּנֵ֣י יִשְׂרָאֵ֑ל וַאֲנִ֖י אֲבָרְכֵֽם׃ ד:ז:א וַיְהִ֞י בְּי֨וֹם
כַּלּ֣וֹת מֹשֶׁ֗ה לְהָקִ֣ים אֶת־הַמִּשְׁכָּ֮ן וַיִּמְשַׁ֣ח אֹת֒וֹ וַיְקַדֵּ֤שׁ אֹתוֹ֙
וְאֶת־כָּל־כֵּלָ֔יו וְאֶת־הַמִּזְבֵּ֖חַ וְאֶת־כָּל־כֵּלָ֑יו וַיִּמְשָׁחֵ֖ם וַיְקַדֵּ֥שׁ אֹתָֽם׃
ד:ז:ב וַיַּקְרִ֨יבוּ֙ נְשִׂיאֵ֣י יִשְׂרָאֵ֔ל רָאשֵׁ֖י בֵּ֣ית אֲבֹתָ֑ם הֵ֚ם נְשִׂיאֵ֣י הַמַּטֹּ֔ת
הֵ֥ם הָעֹמְדִ֖ים עַל־הַפְּקֻדִֽים׃ ד:ז:ג וַיָּבִ֨יאוּ אֶת־קָרְבָּנָ֜ם לִפְנֵ֣י יְהוָ֗ה
שֵׁשׁ־עֶגְלֹ֥ת צָב֙ וּשְׁנֵ֣י עָשָׂ֣ר בָּקָ֔ר עֲגָלָ֛ה עַל־שְׁנֵ֥י הַנְּשִׂאִ֖ים וְשׁ֣וֹר
לְאֶחָ֑ד וַיַּקְרִ֥יבוּ אוֹתָ֖ם לִפְנֵ֥י הַמִּשְׁכָּֽן׃ ד:ז:ד וַיֹּ֥אמֶר יְהוָ֖ה אֶל־מֹשֶׁ֥ה
לֵּאמֹֽר׃ ד:ז:ה קַ֚ח מֵֽאִתָּ֔ם וְהָי֕וּ לַעֲבֹ֕ד אֶת־עֲבֹדַ֖ת אֹ֣הֶל מוֹעֵ֑ד
וְנָתַתָּ֤ה אוֹתָם֙ אֶל־הַלְוִיִּ֔ם אִ֖ישׁ כְּפִ֥י עֲבֹדָתֽוֹ׃ ד:ז:ו וַיִּקַּ֣ח מֹשֶׁ֔ה
אֶת־הָעֲגָלֹ֖ת וְאֶת־הַבָּקָ֑ר וַיִּתֵּ֥ן אוֹתָ֖ם אֶל־הַלְוִיִּֽם׃ ד:ז:ז אֵ֣ת ׀ שְׁתֵּ֣י
הָעֲגָלֹ֗ת וְאֵת֙ אַרְבַּ֣עַת הַבָּקָ֔ר נָתַ֖ן לִבְנֵ֣י גֵרְשׁ֑וֹן כְּפִ֖י עֲבֹדָתָֽם׃
ד:ז:ח וְאֵ֣ת ׀ אַרְבַּ֣ע הָעֲגָלֹ֗ת וְאֵת֙ שְׁמֹנַ֣ת הַבָּקָ֔ר נָתַ֖ן לִבְנֵ֣י מְרָרִ֑י
כְּפִי֙ עֲבֹ֣דָתָ֔ם בְּיַד֙ אִֽיתָמָ֔ר בֶּֽן־אַהֲרֹ֖ן הַכֹּהֵֽן׃ ד:ז:ט וְלִבְנֵ֥י קְהָ֖ת לֹ֣א
נָתָ֑ן כִּֽי־עֲבֹדַ֤ת הַקֹּדֶשׁ֙ עֲלֵהֶ֔ם בַּכָּתֵ֖ף יִשָּֽׂאוּ׃ ד:ז:י וַיַּקְרִ֣יבוּ הַנְּשִׂאִ֗ים
אֵ֚ת חֲנֻכַּ֣ת הַמִּזְבֵּ֔חַ בְּי֖וֹם הִמָּשַׁ֣ח אֹת֑וֹ וַיַּקְרִ֧יבוּ הַנְּשִׂיאִ֛ם
אֶת־קָרְבָּנָ֖ם לִפְנֵ֥י הַמִּזְבֵּֽחַ׃ ד:ז:יא וַיֹּ֥אמֶר יְהוָ֖ה אֶל־מֹשֶׁ֑ה נָשִׂ֨יא אֶחָ֜ד
לַיּ֗וֹם נָשִׂ֤יא אֶחָד֙ לַיּ֔וֹם יַקְרִ֨יבוּ֙ אֶת־קָרְבָּנָ֔ם לַחֲנֻכַּ֖ת הַמִּזְבֵּֽחַ׃
ד:ז:יב וַיְהִ֗י הַמַּקְרִ֛יב בַּיּ֥וֹם הָרִאשׁ֖וֹן אֶת־קָרְבָּנ֑וֹ נַחְשׁ֥וֹן בֶּן־עַמִּינָדָ֖ב
לְמַטֵּ֥ה יְהוּדָֽה׃ ד:ז:יג וְקָרְבָּנ֞וֹ קַֽעֲרַת־כֶּ֣סֶף אַחַ֗ת שְׁלֹשִׁ֣ים וּמֵאָה֮
מִשְׁקָלָהּ֒ מִזְרָ֤ק אֶחָד֙ כֶּ֔סֶף שִׁבְעִ֥ים שֶׁ֖קֶל בְּשֶׁ֣קֶל הַקֹּ֑דֶשׁ שְׁנֵיהֶ֣ם ׀
מְלֵאִ֗ים סֹ֛לֶת בְּלוּלָ֥ה בַשֶּׁ֖מֶן לְמִנְחָֽה׃ ד:ז:יד כַּ֥ף אַחַ֛ת עֲשָׂרָ֥ה זָהָ֖ב
מְלֵאָ֥ה קְטֹֽרֶת׃ ד:ז:טו פַּ֣ר אֶחָ֞ד בֶּן־בָּקָ֗ר אַ֧יִל אֶחָ֛ד כֶּֽבֶשׂ־אֶחָ֥ד

בֶּן־שְׁנָתוֹ לְעֹלָה ד:ז:טז שְׂעִיר־עִזִּים אֶחָד לְחַטָּאת ד:ז:יז וּלְזֶבַח
הַשְּׁלָמִים בָּקָר שְׁנַיִם אֵילִם חֲמִשָּׁה עַתּוּדִים חֲמִשָּׁה כְּבָשִׂים
בְּנֵי־שָׁנָה חֲמִשָּׁה זֶה קָרְבַּן נַחְשׁוֹן בֶּן־עַמִּינָדָב ד:ז:יח בַּיּוֹם הַשֵּׁנִי
הִקְרִיב נְתַנְאֵל בֶּן־צוּעָר נְשִׂיא יִשָּׂשכָר ד:ז:יט הִקְרִב אֶת־קָרְבָּנוֹ
קַעֲרַת־כֶּסֶף אַחַת שְׁלֹשִׁים וּמֵאָה מִשְׁקָלָהּ מִזְרָק אֶחָד כֶּסֶף
שִׁבְעִים שֶׁקֶל בְּשֶׁקֶל הַקֹּדֶשׁ שְׁנֵיהֶם | מְלֵאִים סֹלֶת בְּלוּלָה
בַשֶּׁמֶן לְמִנְחָה ד:ז:כ כַּף אַחַת עֲשָׂרָה זָהָב מְלֵאָה קְטֹרֶת ד:ז:כא פַּר
אֶחָד בֶּן־בָּקָר אַיִל אֶחָד כֶּבֶשׂ־אֶחָד בֶּן־שְׁנָתוֹ לְעֹלָה
ד:ז:כב שְׂעִיר־עִזִּים אֶחָד לְחַטָּאת ד:ז:כג וּלְזֶבַח הַשְּׁלָמִים בָּקָר שְׁנַיִם
אֵילִם חֲמִשָּׁה עַתּוּדִים חֲמִשָּׁה כְּבָשִׂים בְּנֵי־שָׁנָה חֲמִשָּׁה זֶה קָרְבַּן
נְתַנְאֵל בֶּן־צוּעָר ד:ז:כד בַּיּוֹם הַשְּׁלִישִׁי נָשִׂיא לִבְנֵי זְבוּלֻן אֱלִיאָב
בֶּן־חֵלֹן ד:ז:כה קָרְבָּנוֹ קַעֲרַת־כֶּסֶף אַחַת שְׁלֹשִׁים וּמֵאָה מִשְׁקָלָהּ
מִזְרָק אֶחָד כֶּסֶף שִׁבְעִים שֶׁקֶל בְּשֶׁקֶל הַקֹּדֶשׁ שְׁנֵיהֶם | מְלֵאִים
סֹלֶת בְּלוּלָה בַשֶּׁמֶן לְמִנְחָה ד:ז:כו כַּף אַחַת עֲשָׂרָה זָהָב מְלֵאָה
קְטֹרֶת ד:ז:כז פַּר אֶחָד בֶּן־בָּקָר אַיִל אֶחָד כֶּבֶשׂ־אֶחָד בֶּן־שְׁנָתוֹ
לְעֹלָה ד:ז:כח שְׂעִיר־עִזִּים אֶחָד לְחַטָּאת ד:ז:כט וּלְזֶבַח הַשְּׁלָמִים
בָּקָר שְׁנַיִם אֵילִם חֲמִשָּׁה עַתֻּדִים חֲמִשָּׁה כְּבָשִׂים בְּנֵי־שָׁנָה
חֲמִשָּׁה זֶה קָרְבַּן אֱלִיאָב בֶּן־חֵלֹן ד:ז:ל בַּיּוֹם הָרְבִיעִי נָשִׂיא לִבְנֵי
רְאוּבֵן אֱלִיצוּר בֶּן־שְׁדֵיאוּר ד:ז:לא קָרְבָּנוֹ קַעֲרַת־כֶּסֶף אַחַת
שְׁלֹשִׁים וּמֵאָה מִשְׁקָלָהּ מִזְרָק אֶחָד כֶּסֶף שִׁבְעִים שֶׁקֶל בְּשֶׁקֶל
הַקֹּדֶשׁ שְׁנֵיהֶם | מְלֵאִים סֹלֶת בְּלוּלָה בַשֶּׁמֶן לְמִנְחָה ד:ז:לב כַּף
אַחַת עֲשָׂרָה זָהָב מְלֵאָה קְטֹרֶת ד:ז:לג פַּר אֶחָד בֶּן־בָּקָר אַיִל אֶחָד
כֶּבֶשׂ־אֶחָד בֶּן־שְׁנָתוֹ לְעֹלָה ד:ז:לד שְׂעִיר־עִזִּים אֶחָד לְחַטָּאת
ד:ז:לה וּלְזֶבַח הַשְּׁלָמִים בָּקָר שְׁנַיִם אֵילִם חֲמִשָּׁה עַתֻּדִים חֲמִשָּׁה
כְּבָשִׂים בְּנֵי־שָׁנָה חֲמִשָּׁה זֶה קָרְבַּן אֱלִיצוּר בֶּן־שְׁדֵיאוּר ד:ז:לו בַּיּוֹם
הַחֲמִישִׁי נָשִׂיא לִבְנֵי שִׁמְעוֹן שְׁלֻמִיאֵל בֶּן־צוּרִישַׁדָּי ד:ז:לז קָרְבָּנוֹ
קַעֲרַת־כֶּסֶף אַחַת שְׁלֹשִׁים וּמֵאָה מִשְׁקָלָהּ מִזְרָק אֶחָד כֶּסֶף
שִׁבְעִים שֶׁקֶל בְּשֶׁקֶל הַקֹּדֶשׁ שְׁנֵיהֶם | מְלֵאִים סֹלֶת בְּלוּלָה

בַשֶּׁמֶן לְמִנְחָה ד:ז:לח כַּף אַחַת עֲשָׂרָה זָהָב מְלֵאָה קְטֹרֶת
ד:ז:לט פַּר אֶחָד בֶּן־בָּקָר אַיִל אֶחָד כֶּבֶשׂ־אֶחָד בֶּן־שְׁנָתוֹ לְעֹלָה
ד:ז:מ שְׂעִיר־עִזִּים אֶחָד לְחַטָּאת ד:ז:מא וּלְזֶבַח הַשְּׁלָמִים בָּקָר שְׁנַיִם
אֵילִם חֲמִשָּׁה עַתֻּדִים חֲמִשָּׁה כְּבָשִׂים בְּנֵי־שָׁנָה חֲמִשָּׁה זֶה קָרְבַּן
שְׁלֻמִיאֵל בֶּן־צוּרִישַׁדָּי ד:ז:מב בַּיּוֹם הַשִּׁשִּׁי נָשִׂיא לִבְנֵי גָד אֶלְיָסָף
בֶּן־דְּעוּאֵל ד:ז:מג קָרְבָּנוֹ קַעֲרַת־כֶּסֶף אַחַת שְׁלֹשִׁים וּמֵאָה
מִשְׁקָלָהּ מִזְרָק אֶחָד כֶּסֶף שִׁבְעִים שֶׁקֶל בְּשֶׁקֶל הַקֹּדֶשׁ שְׁנֵיהֶם |
מְלֵאִים סֹלֶת בְּלוּלָה בַשֶּׁמֶן לְמִנְחָה ד:ז:מד כַּף אַחַת עֲשָׂרָה זָהָב
מְלֵאָה קְטֹרֶת ד:ז:מה פַּר אֶחָד בֶּן־בָּקָר אַיִל אֶחָד כֶּבֶשׂ־אֶחָד
בֶּן־שְׁנָתוֹ לְעֹלָה ד:ז:מו שְׂעִיר־עִזִּים אֶחָד לְחַטָּאת ד:ז:מז וּלְזֶבַח
הַשְּׁלָמִים בָּקָר שְׁנַיִם אֵילִם חֲמִשָּׁה עַתֻּדִים חֲמִשָּׁה כְּבָשִׂים
בְּנֵי־שָׁנָה חֲמִשָּׁה זֶה קָרְבַּן אֶלְיָסָף בֶּן־דְּעוּאֵל ד:ז:מח בַּיּוֹם הַשְּׁבִיעִי
נָשִׂיא לִבְנֵי אֶפְרָיִם אֱלִישָׁמָע בֶּן־עַמִּיהוּד ד:ז:מט קָרְבָּנוֹ
קַעֲרַת־כֶּסֶף אַחַת שְׁלֹשִׁים וּמֵאָה מִשְׁקָלָהּ מִזְרָק אֶחָד כֶּסֶף
שִׁבְעִים שֶׁקֶל בְּשֶׁקֶל הַקֹּדֶשׁ שְׁנֵיהֶם | מְלֵאִים סֹלֶת בְּלוּלָה
בַשֶּׁמֶן לְמִנְחָה ד:ז:נ כַּף אַחַת עֲשָׂרָה זָהָב מְלֵאָה קְטֹרֶת ד:ז:נא פַּר
אֶחָד בֶּן־בָּקָר אַיִל אֶחָד כֶּבֶשׂ־אֶחָד בֶּן־שְׁנָתוֹ לְעֹלָה
ד:ז:נב שְׂעִיר־עִזִּים אֶחָד לְחַטָּאת ד:ז:נג וּלְזֶבַח הַשְּׁלָמִים בָּקָר שְׁנַיִם
אֵילִם חֲמִשָּׁה עַתֻּדִים חֲמִשָּׁה כְּבָשִׂים בְּנֵי־שָׁנָה חֲמִשָּׁה זֶה קָרְבַּן
אֱלִישָׁמָע בֶּן־עַמִּיהוּד ד:ז:נד בַּיּוֹם הַשְּׁמִינִי נָשִׂיא לִבְנֵי מְנַשֶּׁה
גַּמְלִיאֵל בֶּן־פְּדָה־צוּר ד:ז:נה קָרְבָּנוֹ קַעֲרַת־כֶּסֶף אַחַת שְׁלֹשִׁים
וּמֵאָה מִשְׁקָלָהּ מִזְרָק אֶחָד כֶּסֶף שִׁבְעִים שֶׁקֶל בְּשֶׁקֶל הַקֹּדֶשׁ
שְׁנֵיהֶם | מְלֵאִים סֹלֶת בְּלוּלָה בַשֶּׁמֶן לְמִנְחָה ד:ז:נו כַּף אַחַת
עֲשָׂרָה זָהָב מְלֵאָה קְטֹרֶת ד:ז:נז פַּר אֶחָד בֶּן־בָּקָר אַיִל אֶחָד
כֶּבֶשׂ־אֶחָד בֶּן־שְׁנָתוֹ לְעֹלָה ד:ז:נח שְׂעִיר־עִזִּים אֶחָד לְחַטָּאת
ד:ז:נט וּלְזֶבַח הַשְּׁלָמִים בָּקָר שְׁנַיִם אֵילִם חֲמִשָּׁה עַתֻּדִים חֲמִשָּׁה
כְּבָשִׂים בְּנֵי־שָׁנָה חֲמִשָּׁה זֶה קָרְבַּן גַּמְלִיאֵל בֶּן־פְּדָה צוּר
ד:ז:ס בַּיּוֹם הַתְּשִׁיעִי נָשִׂיא לִבְנֵי בִנְיָמִן אֲבִידָן בֶּן־גִּדְעֹנִי

ד:ז:סא קָרְבָּנ֞וֹ קַֽעֲרַת־כֶּ֣סֶף אַחַ֗ת שְׁלֹשִׁ֣ים וּמֵאָה֮ מִשְׁקָלָהּ֒ מִזְרָ֣ק
אֶחָד֙ כֶּ֔סֶף שִׁבְעִ֥ים שֶׁ֖קֶל בְּשֶׁ֣קֶל הַקֹּ֑דֶשׁ שְׁנֵיהֶ֣ם ׀ מְלֵאִ֗ים סֹ֛לֶת
בְּלוּלָ֥ה בַשֶּׁ֖מֶן לְמִנְחָֽה ד:ז:סב כַּ֥ף אַחַ֛ת עֲשָׂרָ֥ה זָהָ֖ב מְלֵאָ֥ה קְטֹֽרֶת
ד:ז:סג פַּ֣ר אֶחָ֞ד בֶּן־בָּקָ֗ר אַ֧יִל אֶחָ֛ד כֶּֽבֶשׂ־אֶחָ֥ד בֶּן־שְׁנָת֖וֹ לְעֹלָֽה
ד:ז:סד שְׂעִיר־עִזִּ֥ים אֶחָ֖ד לְחַטָּֽאת ד:ז:סה וּלְזֶ֣בַח הַשְּׁלָמִים֮ בָּקָ֣ר
שְׁנַיִם֒ אֵילִ֤ם חֲמִשָּׁה֙ עַתֻּדִ֣ים חֲמִשָּׁ֔ה כְּבָשִׂ֥ים בְּנֵי־שָׁנָ֖ה חֲמִשָּׁ֑ה זֶ֛ה
קָרְבַּ֥ן אֲבִידָ֖ן בֶּן־גִּדְעֹנִֽי ד:ז:סו בַּיּוֹם֙ הָעֲשִׂירִ֔י נָשִׂ֖יא לִבְנֵ֣י דָ֑ן אֲחִיעֶ֖זֶר
בֶּן־עַמִּישַׁדָּֽי ד:ז:סז קָרְבָּנ֞וֹ קַֽעֲרַת־כֶּ֣סֶף אַחַ֗ת שְׁלֹשִׁ֣ים וּמֵאָה֮
מִשְׁקָלָהּ֒ מִזְרָ֤ק אֶחָד֙ כֶּ֔סֶף שִׁבְעִ֥ים שֶׁ֖קֶל בְּשֶׁ֣קֶל הַקֹּ֑דֶשׁ שְׁנֵיהֶ֣ם ׀
מְלֵאִ֗ים סֹ֛לֶת בְּלוּלָ֥ה בַשֶּׁ֖מֶן לְמִנְחָֽה ד:ז:סח כַּ֥ף אַחַ֛ת עֲשָׂרָ֥ה זָהָ֖ב
מְלֵאָ֥ה קְטֹֽרֶת ד:ז:סט פַּ֣ר אֶחָ֞ד בֶּן־בָּקָ֗ר אַ֧יִל אֶחָ֛ד כֶּֽבֶשׂ־אֶחָ֥ד
בֶּן־שְׁנָת֖וֹ לְעֹלָֽה ד:ז:ע שְׂעִיר־עִזִּ֥ים אֶחָ֖ד לְחַטָּֽאת ד:ז:עא וּלְזֶ֣בַח
הַשְּׁלָמִים֮ בָּקָ֣ר שְׁנַיִם֒ אֵילִ֤ם חֲמִשָּׁה֙ עַתֻּדִ֣ים חֲמִשָּׁ֔ה כְּבָשִׂ֥ים
בְּנֵי־שָׁנָ֖ה חֲמִשָּׁ֑ה זֶ֛ה קָרְבַּ֥ן אֲחִיעֶ֖זֶר בֶּן־עַמִּישַׁדָּֽי ד:ז:עב בְּיוֹם֙ עַשְׁתֵּ֣י
עָשָׂ֣ר י֔וֹם נָשִׂ֖יא לִבְנֵ֣י אָשֵׁ֑ר פַּגְעִיאֵ֖ל בֶּן־עָכְרָֽן ד:ז:עג קָרְבָּנ֞וֹ
קַֽעֲרַת־כֶּ֣סֶף אַחַ֗ת שְׁלֹשִׁ֣ים וּמֵאָה֮ מִשְׁקָלָהּ֒ מִזְרָ֤ק אֶחָד֙ כֶּ֔סֶף
שִׁבְעִ֥ים שֶׁ֖קֶל בְּשֶׁ֣קֶל הַקֹּ֑דֶשׁ שְׁנֵיהֶ֣ם ׀ מְלֵאִ֗ים סֹ֛לֶת בְּלוּלָ֥ה
בַשֶּׁ֖מֶן לְמִנְחָֽה ד:ז:עד כַּ֥ף אַחַ֛ת עֲשָׂרָ֥ה זָהָ֖ב מְלֵאָ֥ה קְטֹֽרֶת
ד:ז:עה פַּ֣ר אֶחָ֞ד בֶּן־בָּקָ֗ר אַ֧יִל אֶחָ֛ד כֶּֽבֶשׂ־אֶחָ֥ד בֶּן־שְׁנָת֖וֹ לְעֹלָֽה
ד:ז:עו שְׂעִיר־עִזִּ֥ים אֶחָ֖ד לְחַטָּֽאת ד:ז:עז וּלְזֶ֣בַח הַשְּׁלָמִים֮ בָּקָ֣ר שְׁנַיִם֒
אֵילִ֤ם חֲמִשָּׁה֙ עַתֻּדִ֣ים חֲמִשָּׁ֔ה כְּבָשִׂ֥ים בְּנֵי־שָׁנָ֖ה חֲמִשָּׁ֑ה זֶ֛ה קָרְבַּ֥ן
פַּגְעִיאֵ֖ל בֶּן־עָכְרָֽן ד:ז:עח בְּיוֹם֙ שְׁנֵ֣ים עָשָׂ֣ר י֔וֹם נָשִׂ֖יא לִבְנֵ֣י נַפְתָּ֑לִי
אֲחִירַ֖ע בֶּן־עֵינָֽן ד:ז:עט קָרְבָּנ֞וֹ קַֽעֲרַת־כֶּ֣סֶף אַחַ֗ת שְׁלֹשִׁ֣ים וּמֵאָה֮
מִשְׁקָלָהּ֒ מִזְרָ֤ק אֶחָד֙ כֶּ֔סֶף שִׁבְעִ֥ים שֶׁ֖קֶל בְּשֶׁ֣קֶל הַקֹּ֑דֶשׁ שְׁנֵיהֶ֣ם ׀
מְלֵאִ֗ים סֹ֛לֶת בְּלוּלָ֥ה בַשֶּׁ֖מֶן לְמִנְחָֽה ד:ז:פ כַּ֥ף אַחַ֛ת עֲשָׂרָ֥ה זָהָ֖ב
מְלֵאָ֥ה קְטֹֽרֶת ד:ז:פא פַּ֣ר אֶחָ֞ד בֶּן־בָּקָ֗ר אַ֧יִל אֶחָ֛ד כֶּֽבֶשׂ־אֶחָ֥ד
בֶּן־שְׁנָת֖וֹ לְעֹלָֽה ד:ז:פב שְׂעִיר־עִזִּ֥ים אֶחָ֖ד לְחַטָּֽאת ד:ז:פג וּלְזֶ֣בַח
הַשְּׁלָמִים֮ בָּקָ֣ר שְׁנַיִם֒ אֵילִ֤ם חֲמִשָּׁה֙ עַתֻּדִ֣ים חֲמִשָּׁ֔ה כְּבָשִׂ֥ים

בְּנֵי־שָׁנָה חֲמִשָּׁה זֶה קָרְבַּן אֲחִירַע בֶּן־עֵינָן ד:ז:פד זֹאת ׀ חֲנֻכַּת
הַמִּזְבֵּחַ בְּיוֹם הִמָּשַׁח אֹתוֹ מֵאֵת נְשִׂיאֵי יִשְׂרָאֵל קַעֲרֹת כֶּסֶף
שְׁתֵּים עֶשְׂרֵה מִזְרְקֵי־כֶסֶף שְׁנֵים עָשָׂר כַּפּוֹת זָהָב שְׁתֵּים עֶשְׂרֵה
ד:ז:פה שְׁלֹשִׁים וּמֵאָה הַקְּעָרָה הָאַחַת כֶּסֶף וְשִׁבְעִים הַמִּזְרָק
הָאֶחָד כֹּל כֶּסֶף הַכֵּלִים אַלְפַּיִם וְאַרְבַּע־מֵאוֹת בְּשֶׁקֶל הַקֹּדֶשׁ
ד:ז:פו כַּפּוֹת זָהָב שְׁתֵּים־עֶשְׂרֵה מְלֵאֹת קְטֹרֶת עֲשָׂרָה עֲשָׂרָה הַכַּף
בְּשֶׁקֶל הַקֹּדֶשׁ כָּל־זְהַב הַכַּפּוֹת עֶשְׂרִים וּמֵאָה ד:ז:פז כָּל־הַבָּקָר
לָעֹלָה שְׁנֵים עָשָׂר פָּרִים אֵילִם שְׁנֵים־עָשָׂר כְּבָשִׂים בְּנֵי־שָׁנָה
שְׁנֵים עָשָׂר וּמִנְחָתָם וּשְׂעִירֵי עִזִּים שְׁנֵים עָשָׂר לְחַטָּאת ד:ז:פח וְכֹל
בְּקַר ׀ זֶבַח הַשְּׁלָמִים עֶשְׂרִים וְאַרְבָּעָה פָּרִים אֵילִם שִׁשִּׁים
עַתֻּדִים שִׁשִּׁים כְּבָשִׂים בְּנֵי־שָׁנָה שִׁשִּׁים זֹאת חֲנֻכַּת הַמִּזְבֵּחַ אַחֲרֵי
הִמָּשַׁח אֹתוֹ ד:ז:פט וּבְבֹא מֹשֶׁה אֶל־אֹהֶל מוֹעֵד לְדַבֵּר אִתּוֹ וַיִּשְׁמַע
אֶת־הַקּוֹל מִדַּבֵּר אֵלָיו מֵעַל הַכַּפֹּרֶת אֲשֶׁר עַל־אֲרֹן הָעֵדֻת מִבֵּין
שְׁנֵי הַכְּרֻבִים וַיְדַבֵּר אֵלָיו ד:ח:א וַיְדַבֵּר יְהוָה אֶל־מֹשֶׁה לֵּאמֹר
ד:ח:ב דַּבֵּר אֶל־אַהֲרֹן וְאָמַרְתָּ אֵלָיו בְּהַעֲלֹתְךָ אֶת־הַנֵּרֹת אֶל־מוּל
פְּנֵי הַמְּנוֹרָה יָאִירוּ שִׁבְעַת הַנֵּרוֹת ד:ח:ג וַיַּעַשׂ כֵּן אַהֲרֹן אֶל־מוּל
פְּנֵי הַמְּנוֹרָה הֶעֱלָה נֵרֹתֶיהָ כַּאֲשֶׁר צִוָּה יְהוָה אֶת־מֹשֶׁה ד:ח:ד וְזֶה
מַעֲשֵׂה הַמְּנֹרָה מִקְשָׁה זָהָב עַד־יְרֵכָהּ עַד־פִּרְחָהּ מִקְשָׁה הִוא
כַּמַּרְאֶה אֲשֶׁר הֶרְאָה יְהוָה אֶת־מֹשֶׁה כֵּן עָשָׂה אֶת־הַמְּנֹרָה
ד:ח:ה וַיְדַבֵּר יְהוָה אֶל־מֹשֶׁה לֵּאמֹר ד:ח:ו קַח אֶת־הַלְוִיִּם מִתּוֹךְ בְּנֵי
יִשְׂרָאֵל וְטִהַרְתָּ אֹתָם ד:ח:ז וְכֹה־תַעֲשֶׂה לָהֶם לְטַהֲרָם הַזֵּה
עֲלֵיהֶם מֵי חַטָּאת וְהֶעֱבִירוּ תַעַר עַל־כָּל־בְּשָׂרָם וְכִבְּסוּ בִגְדֵיהֶם
וְהִטֶּהָרוּ ד:ח:ח וְלָקְחוּ פַּר בֶּן־בָּקָר וּמִנְחָתוֹ סֹלֶת בְּלוּלָה בַשָּׁמֶן
וּפַר־שֵׁנִי בֶן־בָּקָר תִּקַּח לְחַטָּאת ד:ח:ט וְהִקְרַבְתָּ אֶת־הַלְוִיִּם לִפְנֵי
אֹהֶל מוֹעֵד וְהִקְהַלְתָּ אֶת־כָּל־עֲדַת בְּנֵי יִשְׂרָאֵל ד:ח:י וְהִקְרַבְתָּ
אֶת־הַלְוִיִּם לִפְנֵי יְהוָה וְסָמְכוּ בְנֵי־יִשְׂרָאֵל אֶת־יְדֵיהֶם עַל־הַלְוִיִּם
ד:ח:יא וְהֵנִיף אַהֲרֹן אֶת־הַלְוִיִּם תְּנוּפָה לִפְנֵי יְהוָה מֵאֵת בְּנֵי יִשְׂרָאֵל
וְהָיוּ לַעֲבֹד אֶת־עֲבֹדַת יְהוָה ד:ח:יב וְהַלְוִיִּם יִסְמְכוּ אֶת־יְדֵיהֶם עַל

רֹאשׁ הַפָּרִים וַעֲשֵׂה אֶת־הָאֶחָד חַטָּאת וְאֶת־הָאֶחָד עֹלָה לַיהוָה
לְכַפֵּר עַל־הַלְוִיִּם ד:ח:יג וְהַעֲמַדְתָּ אֶת־הַלְוִיִּם לִפְנֵי אַהֲרֹן וְלִפְנֵי
בָנָיו וְהֵנַפְתָּ אֹתָם תְּנוּפָה לַיהוָה ד:ח:יד וְהִבְדַּלְתָּ אֶת־הַלְוִיִּם מִתּוֹךְ
בְּנֵי יִשְׂרָאֵל וְהָיוּ לִי הַלְוִיִּם ד:ח:טו וְאַחֲרֵי־כֵן יָבֹאוּ הַלְוִיִּם לַעֲבֹד
אֶת־אֹהֶל מוֹעֵד וְטִהַרְתָּ אֹתָם וְהֵנַפְתָּ אֹתָם תְּנוּפָה ד:ח:טז כִּי
נְתֻנִים נְתֻנִים הֵמָּה לִי מִתּוֹךְ בְּנֵי יִשְׂרָאֵל תַּחַת פִּטְרַת כָּל־רֶחֶם
בְּכוֹר כֹּל מִבְּנֵי יִשְׂרָאֵל לָקַחְתִּי אֹתָם לִי ד:ח:יז כִּי לִי כָל־בְּכוֹר בִּבְנֵי
יִשְׂרָאֵל בָּאָדָם וּבַבְּהֵמָה בְּיוֹם הַכֹּתִי כָל־בְּכוֹר בְּאֶרֶץ מִצְרַיִם
הִקְדַּשְׁתִּי אֹתָם לִי ד:ח:יח וָאֶקַּח אֶת־הַלְוִיִּם תַּחַת כָּל־בְּכוֹר בִּבְנֵי
יִשְׂרָאֵל ד:ח:יט וָאֶתְּנָה אֶת־הַלְוִיִּם נְתֻנִים | לְאַהֲרֹן וּלְבָנָיו מִתּוֹךְ
בְּנֵי יִשְׂרָאֵל לַעֲבֹד אֶת־עֲבֹדַת בְּנֵי־יִשְׂרָאֵל בְּאֹהֶל מוֹעֵד וּלְכַפֵּר
עַל־בְּנֵי יִשְׂרָאֵל וְלֹא יִהְיֶה בִּבְנֵי יִשְׂרָאֵל נֶגֶף בְּגֶשֶׁת בְּנֵי־יִשְׂרָאֵל
אֶל־הַקֹּדֶשׁ ד:ח:כ וַיַּעַשׂ מֹשֶׁה וְאַהֲרֹן וְכָל־עֲדַת בְּנֵי־יִשְׂרָאֵל לַלְוִיִּם
כְּכֹל אֲשֶׁר־צִוָּה יְהוָה אֶת־מֹשֶׁה לַלְוִיִּם כֵּן־עָשׂוּ לָהֶם בְּנֵי יִשְׂרָאֵל
ד:ח:כא וַיִּתְחַטְּאוּ הַלְוִיִּם וַיְכַבְּסוּ בִּגְדֵיהֶם וַיָּנֶף אַהֲרֹן אֹתָם תְּנוּפָה
לִפְנֵי יְהוָה וַיְכַפֵּר עֲלֵיהֶם אַהֲרֹן לְטַהֲרָם ד:ח:כב וְאַחֲרֵי־כֵן בָּאוּ
הַלְוִיִּם לַעֲבֹד אֶת־עֲבֹדָתָם בְּאֹהֶל מוֹעֵד לִפְנֵי אַהֲרֹן וְלִפְנֵי בָנָיו
כַּאֲשֶׁר צִוָּה יְהוָה אֶת־מֹשֶׁה עַל־הַלְוִיִּם כֵּן עָשׂוּ לָהֶם ד:ח:כג וַיְדַבֵּר
יְהוָה אֶל־מֹשֶׁה לֵּאמֹר ד:ח:כד זֹאת אֲשֶׁר לַלְוִיִּם מִבֶּן חָמֵשׁ וְעֶשְׂרִים
שָׁנָה וָמַעְלָה יָבוֹא לִצְבֹא צָבָא בַּעֲבֹדַת אֹהֶל מוֹעֵד ד:ח:כה וּמִבֶּן
חֲמִשִּׁים שָׁנָה יָשׁוּב מִצְּבָא הָעֲבֹדָה וְלֹא יַעֲבֹד עוֹד ד:ח:כו וְשֵׁרֵת
אֶת־אֶחָיו בְּאֹהֶל מוֹעֵד לִשְׁמֹר מִשְׁמֶרֶת וַעֲבֹדָה לֹא יַעֲבֹד כָּכָה
תַּעֲשֶׂה לַלְוִיִּם בְּמִשְׁמְרֹתָם ד:ט:א וַיְדַבֵּר יְהוָה אֶל־מֹשֶׁה
בְמִדְבַּר־סִינַי בַּשָּׁנָה הַשֵּׁנִית לְצֵאתָם מֵאֶרֶץ מִצְרַיִם בַּחֹדֶשׁ
הָרִאשׁוֹן לֵאמֹר ד:ט:ב וְיַעֲשׂוּ בְנֵי־יִשְׂרָאֵל אֶת־הַפָּסַח בְּמוֹעֲדוֹ
ד:ט:ג בְּאַרְבָּעָה עָשָׂר־יוֹם בַּחֹדֶשׁ הַזֶּה בֵּין הָעַרְבַּיִם תַּעֲשׂוּ אֹתוֹ
בְּמֹעֲדוֹ כְּכָל־חֻקֹּתָיו וּכְכָל־מִשְׁפָּטָיו תַּעֲשׂוּ אֹתוֹ ד:ט:ד וַיְדַבֵּר מֹשֶׁה
אֶל־בְּנֵי יִשְׂרָאֵל לַעֲשֹׂת הַפָּסַח ד:ט:ה וַיַּעֲשׂוּ אֶת־הַפֶּסַח בָּרִאשׁוֹן

בָּאַרְבָּעָה עָשָׂר יוֹם לַחֹדֶשׁ בֵּין הָעַרְבַּיִם בְּמִדְבַּר סִינָי כְּכֹל אֲשֶׁר
צִוָּה יְהוָה אֶת־מֹשֶׁה כֵּן עָשׂוּ בְּנֵי יִשְׂרָאֵל ד:ט:ו וַיְהִי אֲנָשִׁים אֲשֶׁר
הָיוּ טְמֵאִים לְנֶפֶשׁ אָדָם וְלֹא־יָכְלוּ לַעֲשֹׂת־הַפֶּסַח בַּיּוֹם הַהוּא
וַיִּקְרְבוּ לִפְנֵי מֹשֶׁה וְלִפְנֵי אַהֲרֹן בַּיּוֹם הַהוּא ד:ט:ז וַיֹּאמְרוּ הָאֲנָשִׁים
הָהֵמָּה אֵלָיו אֲנַחְנוּ טְמֵאִים לְנֶפֶשׁ אָדָם לָמָּה נִגָּרַע לְבִלְתִּי
הַקְרִב אֶת־קָרְבַּן יְהוָה בְּמֹעֲדוֹ בְּתוֹךְ בְּנֵי יִשְׂרָאֵל ד:ט:ח וַיֹּאמֶר
אֲלֵהֶם מֹשֶׁה עִמְדוּ וְאֶשְׁמְעָה מַה־יְצַוֶּה יְהוָה לָכֶם ד:ט:ט וַיְדַבֵּר
יְהוָה אֶל־מֹשֶׁה לֵּאמֹר ד:ט:י דַּבֵּר אֶל־בְּנֵי יִשְׂרָאֵל לֵאמֹר אִישׁ אִישׁ
כִּי־יִהְיֶה־טָמֵא | לָנֶפֶשׁ אוֹ בְדֶרֶךְ רְחֹקָה לָכֶם אוֹ לְדֹרֹתֵיכֶם
וְעָשָׂה פֶסַח לַיהוָה ד:ט:יא בַּחֹדֶשׁ הַשֵּׁנִי בְּאַרְבָּעָה עָשָׂר יוֹם בֵּין
הָעַרְבַּיִם יַעֲשׂוּ אֹתוֹ עַל־מַצּוֹת וּמְרֹרִים יֹאכְלֻהוּ ד:ט:יב לֹא־יַשְׁאִירוּ
מִמֶּנּוּ עַד־בֹּקֶר וְעֶצֶם לֹא יִשְׁבְּרוּ־בוֹ כְּכָל־חֻקַּת הַפֶּסַח יַעֲשׂוּ אֹתוֹ
ד:ט:יג וְהָאִישׁ אֲשֶׁר־הוּא טָהוֹר וּבְדֶרֶךְ לֹא־הָיָה וְחָדַל לַעֲשׂוֹת
הַפֶּסַח וְנִכְרְתָה הַנֶּפֶשׁ הַהִוא מֵעַמֶּיהָ כִּי | קָרְבַּן יְהוָה לֹא
הִקְרִיב בְּמֹעֲדוֹ חֶטְאוֹ יִשָּׂא הָאִישׁ הַהוּא ד:ט:יד וְכִי־יָגוּר אִתְּכֶם גֵּר
וְעָשָׂה פֶסַח לַיהוָה כְּחֻקַּת הַפֶּסַח וּכְמִשְׁפָּטוֹ כֵּן יַעֲשֶׂה חֻקָּה
אַחַת יִהְיֶה לָכֶם וְלַגֵּר וּלְאֶזְרַח הָאָרֶץ ד:ט:טו וּבְיוֹם הָקִים
אֶת־הַמִּשְׁכָּן כִּסָּה הֶעָנָן אֶת־הַמִּשְׁכָּן לְאֹהֶל הָעֵדֻת וּבָעֶרֶב יִהְיֶה
עַל־הַמִּשְׁכָּן כְּמַרְאֵה־אֵשׁ עַד־בֹּקֶר ד:ט:טז כֵּן יִהְיֶה תָמִיד הֶעָנָן
יְכַסֶּנּוּ וּמַרְאֵה־אֵשׁ לָיְלָה ד:ט:יז וּלְפִי הֵעָלֹת הֶעָנָן מֵעַל הָאֹהֶל
וְאַחֲרֵי־כֵן יִסְעוּ בְּנֵי יִשְׂרָאֵל וּבִמְקוֹם אֲשֶׁר יִשְׁכָּן־שָׁם הֶעָנָן שָׁם
יַחֲנוּ בְּנֵי יִשְׂרָאֵל ד:ט:יח עַל־פִּי יְהוָה יִסְעוּ בְּנֵי יִשְׂרָאֵל וְעַל־פִּי יְהוָה
יַחֲנוּ כָּל־יְמֵי אֲשֶׁר יִשְׁכֹּן הֶעָנָן עַל־הַמִּשְׁכָּן יַחֲנוּ ד:ט:יט וּבְהַאֲרִיךְ
הֶעָנָן עַל־הַמִּשְׁכָּן יָמִים רַבִּים וְשָׁמְרוּ בְנֵי־יִשְׂרָאֵל אֶת־מִשְׁמֶרֶת
יְהוָה וְלֹא יִסָּעוּ ד:ט:כ וְיֵשׁ אֲשֶׁר יִהְיֶה הֶעָנָן יָמִים מִסְפָּר
עַל־הַמִּשְׁכָּן עַל־פִּי יְהוָה יַחֲנוּ וְעַל־פִּי יְהוָה יִסָּעוּ ד:ט:כא וְיֵשׁ
אֲשֶׁר־יִהְיֶה הֶעָנָן מֵעֶרֶב עַד־בֹּקֶר וְנַעֲלָה הֶעָנָן בַּבֹּקֶר וְנָסָעוּ אוֹ
יוֹמָם וָלַיְלָה וְנַעֲלָה הֶעָנָן וְנָסָעוּ ד:ט:כב אוֹ־יֹמַיִם אוֹ־חֹדֶשׁ אוֹ־יָמִים

בְּהַאֲרִ֨יךְ הֶעָנָ֤ן עַל־הַמִּשְׁכָּן֙ לִשְׁכֹּ֣ן עָלָ֔יו יַחֲנ֥וּ בְנֵֽי־יִשְׂרָאֵ֖ל וְלֹ֣א יִסָּ֑עוּ
וּבְהֵעָלֹת֖וֹ יִסָּֽעוּ ד:ט:כג עַל־פִּ֤י יְהוָה֙ יַחֲנ֔וּ וְעַל־פִּ֥י יְהוָ֖ה יִסָּ֑עוּ
אֶת־מִשְׁמֶ֤רֶת יְהוָה֙ שָׁמָ֔רוּ עַל־פִּ֥י יְהוָ֖ה בְּיַד־מֹשֶֽׁה ד:י:א וַיְדַבֵּ֥ר יְהוָ֖ה
אֶל־מֹשֶׁ֥ה לֵּאמֹֽר ד:י:ב עֲשֵׂ֣ה לְךָ֗ שְׁתֵּי֙ חֲצוֹצְרֹ֣ת כֶּ֔סֶף מִקְשָׁ֖ה
תַּעֲשֶׂ֣ה אֹתָ֑ם וְהָי֤וּ לְךָ֙ לְמִקְרָ֣א הָֽעֵדָ֔ה וּלְמַסַּ֖ע אֶת־הַֽמַּחֲנֽוֹת
ד:י:ג וְתָקְע֖וּ בָּהֵ֑ן וְנוֹעֲד֤וּ אֵלֶ֙יךָ֙ כָּל־הָ֣עֵדָ֔ה אֶל־פֶּ֖תַח אֹ֥הֶל מוֹעֵֽד
ד:י:ד וְאִם־בְּאַחַ֖ת יִתְקָ֑עוּ וְנוֹעֲד֤וּ אֵלֶ֙יךָ֙ הַנְּשִׂיאִ֔ים רָאשֵׁ֖י אַלְפֵ֥י
יִשְׂרָאֵֽל ד:י:ה וּתְקַעְתֶּ֖ם תְּרוּעָ֑ה וְנָֽסְעוּ֙ הַֽמַּחֲנ֔וֹת הַחֹנִ֖ים קֵֽדְמָה
ד:י:ו וּתְקַעְתֶּ֤ם תְּרוּעָה֙ שֵׁנִ֔ית וְנָֽסְעוּ֙ הַֽמַּחֲנ֔וֹת הַחֹנִ֖ים תֵּימָ֑נָה
תְּרוּעָ֥ה יִתְקְע֖וּ לְמַסְעֵיהֶֽם ד:י:ז וּבְהַקְהִ֖יל אֶת־הַקָּהָ֑ל תִּתְקְע֖וּ וְלֹ֥א
תָרִֽיעוּ ד:י:ח וּבְנֵ֤י אַהֲרֹן֙ הַכֹּ֣הֲנִ֔ים יִתְקְע֖וּ בַּחֲצֹצְר֑וֹת וְהָי֥וּ לָכֶ֛ם
לְחֻקַּ֥ת עוֹלָ֖ם לְדֹרֹתֵיכֶֽם ד:י:ט וְכִֽי־תָבֹ֨אוּ מִלְחָמָ֜ה בְּאַרְצְכֶ֗ם
עַל־הַצַּר֙ הַצֹּרֵ֣ר אֶתְכֶ֔ם וַהֲרֵעֹתֶ֖ם בַּחֲצֹצְר֑וֹת וְנִזְכַּרְתֶּ֗ם לִפְנֵי֙ יְהוָ֣ה
אֱלֹֽהֵיכֶ֔ם וְנוֹשַׁעְתֶּ֖ם מֵאֹיְבֵיכֶֽם ד:י:י וּבְי֨וֹם שִׂמְחַתְכֶ֥ם וּֽבְמוֹעֲדֵיכֶם֮
וּבְרָאשֵׁ֣י חָדְשֵׁיכֶם֒ וּתְקַעְתֶּ֣ם בַּחֲצֹֽצְרֹ֗ת עַ֚ל עֹלֹ֣תֵיכֶ֔ם וְעַ֖ל זִבְחֵ֣י
שַׁלְמֵיכֶ֑ם וְהָי֨וּ לָכֶ֤ם לְזִכָּרוֹן֙ לִפְנֵ֣י אֱלֹהֵיכֶ֔ם אֲנִ֖י יְהוָ֥ה אֱלֹהֵיכֶֽם
ד:י:יא וַיְהִ֞י בַּשָּׁנָ֧ה הַשֵּׁנִ֛ית בַּחֹ֥דֶשׁ הַשֵּׁנִ֖י בְּעֶשְׂרִ֣ים בַּחֹ֑דֶשׁ נַעֲלָה֙
הֶֽעָנָ֔ן מֵעַ֖ל מִשְׁכַּ֥ן הָעֵדֻֽת ד:י:יב וַיִּסְע֧וּ בְנֵֽי־יִשְׂרָאֵ֛ל לְמַסְעֵיהֶ֖ם
מִמִּדְבַּ֣ר סִינָ֑י וַיִּשְׁכֹּ֥ן הֶעָנָ֖ן בְּמִדְבַּ֥ר פָּארָֽן ד:י:יג וַיִּסְע֖וּ בָּרִאשֹׁנָ֑ה
עַל־פִּ֥י יְהוָ֖ה בְּיַד־מֹשֶֽׁה ד:י:יד וַיִּסַּ֞ע דֶּ֣גֶל מַחֲנֵ֧ה בְנֵֽי־יְהוּדָ֛ה
בָּרִאשֹׁנָ֖ה לְצִבְאֹתָ֑ם וְעַ֨ל־צְבָא֔וֹ נַחְשׁ֖וֹן בֶּֽן־עַמִּינָדָֽב ד:י:טו וְעַ֨ל־צְבָ֔א
מַטֵּ֖ה בְּנֵ֣י יִשָּׂשכָ֑ר נְתַנְאֵ֖ל בֶּן־צוּעָֽר ד:י:טז וְעַ֨ל־צְבָ֔א מַטֵּ֖ה בְּנֵ֣י זְבוּלֻ֑ן
אֱלִיאָ֖ב בֶּן־חֵלֹֽן ד:י:יז וְהוּרַ֖ד הַמִּשְׁכָּ֑ן וְנָסְע֤וּ בְנֵֽי־גֵרְשׁוֹן֙ וּבְנֵ֣י מְרָרִ֔י
נֹשְׂאֵ֖י הַמִּשְׁכָּֽן ד:י:יח וְנָסַ֗ע דֶּ֚גֶל מַחֲנֵ֣ה רְאוּבֵ֔ן לְצִבְאֹתָ֑ם וְעַ֨ל־צְבָא֔וֹ
אֱלִיצ֖וּר בֶּן־שְׁדֵיאֽוּר ד:י:יט וְעַ֨ל־צְבָ֔א מַטֵּ֖ה בְּנֵ֣י שִׁמְע֑וֹן שְֽׁלֻמִיאֵ֖ל
בֶּן־צוּרִ֖י שַׁדָּֽי ד:י:כ וְעַ֨ל־צְבָ֔א מַטֵּ֖ה בְנֵי־גָ֑ד אֶלְיָסָ֖ף בֶּן־דְּעוּאֵֽל
ד:י:כא וְנָֽסְעוּ֙ הַקְּהָתִ֔ים נֹשְׂאֵ֖י הַמִּקְדָּ֑שׁ וְהֵקִ֥ימוּ אֶת־הַמִּשְׁכָּ֖ן
עַד־בֹּאָֽם ד:י:כב וְנָסַ֗ע דֶּ֛גֶל מַחֲנֵ֥ה בְנֵֽי־אֶפְרַ֖יִם לְצִבְאֹתָ֑ם וְעַ֨ל־צְבָא֔וֹ

אֱלִישָׁמָע בֶּן־עַמִּיהוּד ד:י:כג וְעַל־צְבָא מַטֵּה בְּנֵי מְנַשֶּׁה גַּמְלִיאֵל
בֶּן־פְּדָה־צוּר ד:י:כד וְעַל־צְבָא מַטֵּה בְּנֵי בִנְיָמִן אֲבִידָן בֶּן־גִּדְעוֹנִי
ד:י:כה וְנָסַע דֶּגֶל מַחֲנֵה בְנֵי־דָן מְאַסֵּף לְכָל־הַמַּחֲנֹת לְצִבְאֹתָם
וְעַל־צְבָאוֹ אֲחִיעֶזֶר בֶּן־עַמִּישַׁדָּי ד:י:כו וְעַל־צְבָא מַטֵּה בְּנֵי אָשֵׁר
פַּגְעִיאֵל בֶּן־עָכְרָן ד:י:כז וְעַל־צְבָא מַטֵּה בְּנֵי נַפְתָּלִי אֲחִירַע בֶּן־עֵינָן
ד:י:כח אֵלֶּה מַסְעֵי בְנֵי־יִשְׂרָאֵל לְצִבְאֹתָם וַיִּסָּעוּ ד:י:כט וַיֹּאמֶר מֹשֶׁה
לְחֹבָב בֶּן־רְעוּאֵל הַמִּדְיָנִי חֹתֵן מֹשֶׁה נֹסְעִים | אֲנַחְנוּ אֶל־הַמָּקוֹם
אֲשֶׁר אָמַר יְהוָה אֹתוֹ אֶתֵּן לָכֶם לְכָה אִתָּנוּ וְהֵטַבְנוּ לָךְ כִּי־יְהוָה
דִּבֶּר־טוֹב עַל־יִשְׂרָאֵל ד:י:ל וַיֹּאמֶר אֵלָיו לֹא אֵלֵךְ כִּי אִם־אֶל־אַרְצִי
וְאֶל־מוֹלַדְתִּי אֵלֵךְ ד:י:לא וַיֹּאמֶר אַל־נָא תַּעֲזֹב אֹתָנוּ כִּי | עַל־כֵּן
יָדַעְתָּ חֲנֹתֵנוּ בַּמִּדְבָּר וְהָיִיתָ לָּנוּ לְעֵינָיִם ד:י:לב וְהָיָה כִּי־תֵלֵךְ עִמָּנוּ
וְהָיָה | הַטּוֹב הַהוּא אֲשֶׁר יֵיטִיב יְהוָה עִמָּנוּ וְהֵטַבְנוּ לָךְ
ד:י:לג וַיִּסְעוּ מֵהַר יְהוָה דֶּרֶךְ שְׁלֹשֶׁת יָמִים וַאֲרוֹן בְּרִית־יְהוָה נֹסֵעַ
לִפְנֵיהֶם דֶּרֶךְ שְׁלֹשֶׁת יָמִים לָתוּר לָהֶם מְנוּחָה ד:י:לד וַעֲנַן יְהוָה
עֲלֵיהֶם יוֹמָם בְּנָסְעָם מִן־הַמַּחֲנֶה ד:י:לה וַיְהִי בִּנְסֹעַ הָאָרֹן וַיֹּאמֶר
מֹשֶׁה קוּמָה | יְהוָה וְיָפֻצוּ אֹיְבֶיךָ וְיָנֻסוּ מְשַׂנְאֶיךָ מִפָּנֶיךָ
ד:י:לו וּבְנֻחֹה יֹאמַר שׁוּבָה יְהוָה רִבְבוֹת אַלְפֵי יִשְׂרָאֵל ד:יא:א וַיְהִי
הָעָם כְּמִתְאֹנְנִים רַע בְּאָזְנֵי יְהוָה וַיִּשְׁמַע יְהוָה וַיִּחַר אַפּוֹ
וַתִּבְעַר־בָּם אֵשׁ יְהוָה וַתֹּאכַל בִּקְצֵה הַמַּחֲנֶה ד:יא:ב וַיִּצְעַק הָעָם
אֶל־מֹשֶׁה וַיִּתְפַּלֵּל מֹשֶׁה אֶל־יְהוָה וַתִּשְׁקַע הָאֵשׁ ד:יא:ג וַיִּקְרָא
שֵׁם־הַמָּקוֹם הַהוּא תַּבְעֵרָה כִּי־בָעֲרָה בָם אֵשׁ יְהוָה
ד:יא:ד וְהָאסַפְסֻף אֲשֶׁר בְּקִרְבּוֹ הִתְאַוּוּ תַּאֲוָה וַיָּשֻׁבוּ וַיִּבְכּוּ גַּם בְּנֵי
יִשְׂרָאֵל וַיֹּאמְרוּ מִי יַאֲכִלֵנוּ בָּשָׂר ד:יא:ה זָכַרְנוּ אֶת־הַדָּגָה
אֲשֶׁר־נֹאכַל בְּמִצְרַיִם חִנָּם אֵת הַקִּשֻּׁאִים וְאֵת הָאֲבַטִּחִים
וְאֶת־הֶחָצִיר וְאֶת־הַבְּצָלִים וְאֶת־הַשּׁוּמִים ד:יא:ו וְעַתָּה נַפְשֵׁנוּ
יְבֵשָׁה אֵין כֹּל בִּלְתִּי אֶל־הַמָּן עֵינֵינוּ ד:יא:ז וְהַמָּן כִּזְרַע־גַּד הוּא וְעֵינוֹ
כְּעֵין הַבְּדֹלַח ד:יא:ח שָׁטוּ הָעָם וְלָקְטוּ וְטָחֲנוּ בָרֵחַיִם אוֹ דָכוּ
בַּמְּדֹכָה וּבִשְּׁלוּ בַּפָּרוּר וְעָשׂוּ אֹתוֹ עֻגוֹת וְהָיָה טַעְמוֹ כְּטַעַם לְשַׁד

הַשָּֽׁמֶן ד:יא:ט וּבְרֶ֧דֶת הַטַּ֛ל עַל־הַֽמַּחֲנֶ֖ה לָ֑יְלָה יֵרֵ֥ד הַמָּ֖ן עָלָֽיו
ד:יא:י וַיִּשְׁמַ֨ע מֹשֶׁ֜ה אֶת־הָעָ֗ם בֹּכֶה֙ לְמִשְׁפְּחֹתָ֔יו אִ֖ישׁ לְפֶ֣תַח אָהֳל֑וֹ
וַיִּֽחַר־אַ֤ף יְהוָה֙ מְאֹ֔ד וּבְעֵינֵ֥י מֹשֶׁ֖ה רָֽע ד:יא:יא וַיֹּ֨אמֶר מֹשֶׁ֜ה אֶל־יְהוָ֗ה
לָמָ֤ה הֲרֵעֹ֙תָ֙ לְעַבְדֶּ֔ךָ וְלָ֛מָּה לֹא־מָצָ֥תִי חֵ֖ן בְּעֵינֶ֑יךָ לָשׂ֗וּם אֶת־מַשָּׂ֛א
כָּל־הָעָ֥ם הַזֶּ֖ה עָלָֽי ד:יא:יב הֶאָנֹכִ֣י הָרִ֗יתִי אֵ֚ת כָּל־הָעָ֣ם הַזֶּ֔ה
אִם־אָנֹכִ֖י יְלִדְתִּ֑יהוּ כִּֽי־תֹאמַ֨ר אֵלַ֜י שָׂאֵ֣הוּ בְחֵיקֶ֗ךָ כַּאֲשֶׁ֨ר יִשָּׂ֤א
הָאֹמֵן֙ אֶת־הַיֹּנֵ֔ק עַ֚ל הָֽאֲדָמָ֔ה אֲשֶׁ֥ר נִשְׁבַּ֖עְתָּ לַאֲבֹתָֽיו ד:יא:יג מֵאַ֤יִן
לִי֙ בָּשָׂ֔ר לָתֵ֖ת לְכָל־הָעָ֣ם הַזֶּ֑ה כִּֽי־יִבְכּ֤וּ עָלַי֙ לֵאמֹ֔ר תְּנָה־לָּ֥נוּ בָשָׂ֖ר
וְנֹאכֵֽלָה ד:יא:יד לֹֽא־אוּכַ֤ל אָנֹכִי֙ לְבַדִּ֔י לָשֵׂ֖את אֶת־כָּל־הָעָ֣ם הַזֶּ֑ה כִּ֥י
כָבֵ֖ד מִמֶּֽנִּי ד:יא:טו וְאִם־כָּ֣כָה ׀ אַתְּ־עֹ֣שֶׂה לִּ֗י הָרְגֵ֤נִי נָא֙ הָרֹ֔ג
אִם־מָצָ֥אתִי חֵ֖ן בְּעֵינֶ֑יךָ וְאַל־אֶרְאֶ֖ה בְּרָעָתִֽי ד:יא:טז וַיֹּ֨אמֶר יְהוָ֜ה
אֶל־מֹשֶׁ֗ה אֶסְפָה־לִּ֞י שִׁבְעִ֣ים אִישׁ֮ מִזִּקְנֵ֣י יִשְׂרָאֵל֒ אֲשֶׁ֣ר יָדַ֔עְתָּ
כִּי־הֵ֛ם זִקְנֵ֥י הָעָ֖ם וְשֹׁטְרָ֑יו וְלָקַחְתָּ֤ אֹתָם֙ אֶל־אֹ֣הֶל מוֹעֵ֔ד וְהִֽתְיַצְּב֥וּ
שָׁ֖ם עִמָּֽךְ ד:יא:יז וְיָרַדְתִּ֗י וְדִבַּרְתִּ֣י עִמְּךָ֮ שָׁם֒ וְאָצַלְתִּ֗י מִן־הָר֛וּחַ אֲשֶׁ֥ר
עָלֶ֖יךָ וְשַׂמְתִּ֣י עֲלֵיהֶ֑ם וְנָשְׂא֤וּ אִתְּךָ֙ בְּמַשָּׂ֣א הָעָ֔ם וְלֹא־תִשָּׂ֥א אַתָּ֖ה
לְבַדֶּֽךָ ד:יא:יח וְאֶל־הָעָ֨ם תֹּאמַ֜ר הִתְקַדְּשׁ֣וּ לְמָחָר֮ וַאֲכַלְתֶּ֣ם בָּשָׂר֒ כִּ֗י
בְּכִיתֶ֞ם בְּאָזְנֵ֣י יְהוָ֗ה לֵאמֹ֗ר מִ֤י יַאֲכִלֵ֙נוּ֙ בָּשָׂ֔ר כִּי־ט֥וֹב לָ֖נוּ בְּמִצְרָ֑יִם
וְנָתַ֨ן יְהוָ֥ה לָכֶ֛ם בָּשָׂ֖ר וַאֲכַלְתֶּֽם ד:יא:יט לֹ֣א י֥וֹם אֶחָ֛ד תֹּאכְל֖וּן וְלֹ֣א
יוֹמָ֑יִם וְלֹ֣א ׀ חֲמִשָּׁ֣ה יָמִ֗ים וְלֹא֙ עֲשָׂרָ֣ה יָמִ֔ים וְלֹ֖א עֶשְׂרִ֥ים יֽוֹם
ד:יא:כ עַ֣ד ׀ חֹ֣דֶשׁ יָמִ֗ים עַ֤ד אֲשֶׁר־יֵצֵא֙ מֵֽאַפְּכֶ֔ם וְהָיָ֥ה לָכֶ֖ם לְזָרָ֑א
יַ֗עַן כִּֽי־מְאַסְתֶּ֤ם אֶת־יְהוָה֙ אֲשֶׁ֣ר בְּקִרְבְּכֶ֔ם וַתִּבְכּ֤וּ לְפָנָיו֙ לֵאמֹ֔ר
לָ֥מָּה זֶּ֖ה יָצָ֥אנוּ מִמִּצְרָֽיִם ד:יא:כא וַיֹּאמֶר֮ מֹשֶׁה֒ שֵׁשׁ־מֵא֥וֹת אֶ֙לֶף֙ רַגְלִ֔י
הָעָ֕ם אֲשֶׁ֥ר אָנֹכִ֖י בְּקִרְבּ֑וֹ וְאַתָּ֣ה אָמַ֗רְתָּ בָּשָׂר֙ אֶתֵּ֣ן לָהֶ֔ם וְאָכְל֖וּ
חֹ֥דֶשׁ יָמִֽים ד:יא:כב הֲצֹ֧אן וּבָקָ֛ר יִשָּׁחֵ֥ט לָהֶ֖ם וּמָצָ֣א לָהֶ֑ם אִ֣ם
אֶֽת־כָּל־דְּגֵ֥י הַיָּ֛ם יֵאָסֵ֥ף לָהֶ֖ם וּמָצָ֥א לָהֶֽם ד:יא:כג וַיֹּ֤אמֶר יְהוָה֙
אֶל־מֹשֶׁ֔ה הֲיַ֥ד יְהוָ֖ה תִּקְצָ֑ר עַתָּ֥ה תִרְאֶ֛ה הֲיִקְרְךָ֥ דְבָרִ֖י אִם־לֹֽא
ד:יא:כד וַיֵּצֵ֣א מֹשֶׁ֗ה וַיְדַבֵּר֙ אֶל־הָעָ֔ם אֵ֖ת דִּבְרֵ֣י יְהוָ֑ה וַיֶּאֱסֹ֞ף שִׁבְעִ֥ים
אִישׁ֙ מִזִּקְנֵ֣י הָעָ֔ם וַיַּעֲמֵ֥ד אֹתָ֖ם סְבִיבֹ֥ת הָאֹֽהֶל ד:יא:כה וַיֵּ֨רֶד יְהוָ֤ה ׀

בֶּעָנָן֮ וַיְדַבֵּ֣ר אֵלָיו֒ וַיָּ֗אצֶל מִן־הָר֙וּחַ֙ אֲשֶׁ֣ר עָלָ֔יו וַיִּתֵּ֕ן עַל־שִׁבְעִ֥ים אִ֖ישׁ
הַזְּקֵנִ֑ים וַיְהִ֗י כְּנ֤וֹחַ עֲלֵיהֶם֙ הָר֔וּחַ וַיִּֽתְנַבְּא֖וּ וְלֹ֥א יָסָֽפוּ ד:יא:כו וַיִּשָּׁאֲר֣וּ
שְׁנֵֽי־אֲנָשִׁ֣ים ׀ בַּֽמַּחֲנֶ֡ה שֵׁ֣ם הָאֶחָ֣ד ׀ אֶלְדָּ֡ד וְשֵׁם֩ הַשֵּׁנִ֨י מֵידָ֜ד
וַתָּ֧נַח עֲלֵיהֶ֣ם הָר֗וּחַ וְהֵ֙מָּה֙ בַּכְּתֻבִ֔ים וְלֹ֥א יָצְא֖וּ הָאֹ֑הֱלָה וַיִּֽתְנַבְּא֖וּ
בַּֽמַּחֲנֶֽה ד:יא:כז וַיָּ֣רָץ הַנַּ֔עַר וַיַּגֵּ֥ד לְמֹשֶׁ֖ה וַיֹּאמַ֑ר אֶלְדָּ֣ד וּמֵידָ֔ד
מִֽתְנַבְּאִ֖ים בַּֽמַּחֲנֶֽה ד:יא:כח וַיַּ֜עַן יְהוֹשֻׁ֣עַ בִּן־נ֗וּן מְשָׁרֵ֥ת מֹשֶׁ֛ה
מִבְּחֻרָ֖יו וַיֹּאמַ֑ר אֲדֹנִ֥י מֹשֶׁ֖ה כְּלָאֵֽם ד:יא:כט וַיֹּ֤אמֶר לוֹ֙ מֹשֶׁ֔ה הַֽמְקַנֵּ֥א
אַתָּ֖ה לִ֑י וּמִ֨י יִתֵּ֜ן כָּל־עַ֤ם יְהוָה֙ נְבִיאִ֔ים כִּֽי־יִתֵּ֧ן יְהוָ֛ה אֶת־רוּח֖וֹ
עֲלֵיהֶֽם ד:יא:ל וַיֵּאָסֵ֥ף מֹשֶׁ֖ה אֶל־הַֽמַּחֲנֶ֑ה ה֖וּא וְזִקְנֵ֥י יִשְׂרָאֵֽל
ד:יא:לא וְר֜וּחַ נָסַ֣ע ׀ מֵאֵ֣ת יְהוָ֗ה וַיָּ֣גָז שַׂלְוִים֮ מִן־הַיָּם֒ וַיִּטֹּ֨שׁ
עַל־הַֽמַּחֲנֶ֜ה כְּדֶ֧רֶךְ י֣וֹם כֹּ֗ה וּכְדֶ֤רֶךְ יוֹם֙ כֹּ֔ה סְבִיב֖וֹת הַֽמַּחֲנֶ֑ה
וּכְאַמָּתַ֖יִם עַל־פְּנֵ֥י הָאָֽרֶץ ד:יא:לב וַיָּ֣קָם הָעָ֡ם כָּל־הַיּוֹם֩ הַה֨וּא
וְכָל־הַלַּ֜יְלָה וְכֹ֣ל ׀ י֣וֹם הַֽמָּחֳרָ֗ת וַיַּֽאַסְפוּ֙ אֶת־הַשְּׂלָ֔ו הַמַּמְעִ֕יט אָסַ֖ף
עֲשָׂרָ֣ה חֳמָרִ֑ים וַיִּשְׁטְח֤וּ לָהֶם֙ שָׁט֔וֹחַ סְבִיב֖וֹת הַֽמַּחֲנֶֽה
ד:יא:לג הַבָּשָׂ֗ר עוֹדֶ֙נּוּ֙ בֵּ֣ין שִׁנֵּיהֶ֔ם טֶ֖רֶם יִכָּרֵ֑ת וְאַ֤ף יְהוָה֙ חָרָ֣ה בָעָ֔ם
וַיַּ֤ךְ יְהוָה֙ בָּעָ֔ם מַכָּ֖ה רַבָּ֥ה מְאֹֽד ד:יא:לד וַיִּקְרָ֛א אֶת־שֵֽׁם־הַמָּק֥וֹם
הַה֖וּא קִבְר֣וֹת הַתַּאֲוָ֑ה כִּי־שָׁם֙ קָֽבְר֔וּ אֶת־הָעָ֖ם הַמִּתְאַוִּֽים
ד:יא:לה מִקִּבְר֧וֹת הַתַּאֲוָ֛ה נָסְע֥וּ הָעָ֖ם חֲצֵר֑וֹת וַיִּהְי֖וּ בַּחֲצֵרֽוֹת
ד:יב:א וַתְּדַבֵּ֨ר מִרְיָ֤ם וְאַהֲרֹן֙ בְּמֹשֶׁ֔ה עַל־אֹד֛וֹת הָאִשָּׁ֥ה הַכֻּשִׁ֖ית אֲשֶׁ֣ר
לָקָ֑ח כִּֽי־אִשָּׁ֥ה כֻשִׁ֖ית לָקָֽח ד:יב:ב וַיֹּאמְר֗וּ הֲרַ֤ק אַךְ־בְּמֹשֶׁה֙ דִּבֶּ֣ר
יְהוָ֔ה הֲלֹ֖א גַּם־בָּ֣נוּ דִבֵּ֑ר וַיִּשְׁמַ֖ע יְהוָֽה ד:יב:ג וְהָאִ֥ישׁ מֹשֶׁ֖ה ענו [עָנָ֣יו]
מְאֹ֑ד מִכֹּל֙ הָֽאָדָ֔ם אֲשֶׁ֖ר עַל־פְּנֵ֥י הָאֲדָמָֽה ד:יב:ד וַיֹּ֨אמֶר יְהוָ֜ה
פִּתְאֹ֗ם אֶל־מֹשֶׁ֤ה וְאֶֽל־אַהֲרֹן֙ וְאֶל־מִרְיָ֔ם צְא֥וּ שְׁלָשְׁתְּכֶ֖ם אֶל־אֹ֣הֶל
מוֹעֵ֑ד וַיֵּצְא֖וּ שְׁלָשְׁתָּֽם ד:יב:ה וַיֵּ֤רֶד יְהוָה֙ בְּעַמּ֣וּד עָנָ֔ן וַיַּעֲמֹ֖ד פֶּ֣תַח
הָאֹ֑הֶל וַיִּקְרָא֙ אַהֲרֹ֣ן וּמִרְיָ֔ם וַיֵּצְא֖וּ שְׁנֵיהֶֽם ד:יב:ו וַיֹּ֖אמֶר שִׁמְעוּ־נָ֣א
דְבָרָ֑י אִם־יִֽהְיֶה֙ נְבִ֣יאֲכֶ֔ם יְהוָ֗ה בַּמַּרְאָה֙ אֵלָ֣יו אֶתְוַדָּ֔ע בַּחֲל֖וֹם
אֲדַבֶּר־בּֽוֹ ד:יב:ז לֹא־כֵ֖ן עַבְדִּ֣י מֹשֶׁ֑ה בְּכָל־בֵּיתִ֖י נֶאֱמָ֥ן הֽוּא ד:יב:ח פֶּ֣ה
אֶל־פֶּ֞ה אֲדַבֶּר־בּ֗וֹ וּמַרְאֶה֙ וְלֹ֣א בְחִידֹ֔ת וּתְמֻנַ֥ת יְהוָ֖ה יַבִּ֑יט וּמַדּ֙וּעַ֙

לֹא יְרֵאתֶם לְדַבֵּר בְּעַבְדִּי בְמֹשֶׁה ד:יב:ט וַיִּחַר אַף יְהוָה בָּם וַיֵּלַךְ
ד:יב:י וְהֶעָנָן סָר מֵעַל הָאֹהֶל וְהִנֵּה מִרְיָם מְצֹרַעַת כַּשָּׁלֶג וַיִּפֶן
אַהֲרֹן אֶל־מִרְיָם וְהִנֵּה מְצֹרָעַת ד:יב:יא וַיֹּאמֶר אַהֲרֹן אֶל־מֹשֶׁה בִּי
אֲדֹנִי אַל־נָא תָשֵׁת עָלֵינוּ חַטָּאת אֲשֶׁר נוֹאַלְנוּ וַאֲשֶׁר חָטָאנוּ
ד:יב:יב אַל־נָא תְהִי כַּמֵּת אֲשֶׁר בְּצֵאתוֹ מֵרֶחֶם אִמּוֹ וַיֵּאָכֵל חֲצִי
בְשָׂרוֹ ד:יב:יג וַיִּצְעַק מֹשֶׁה אֶל־יְהוָה לֵאמֹר אֵל נָא רְפָא נָא לָהּ
ד:יב:יד וַיֹּאמֶר יְהוָה אֶל־מֹשֶׁה וְאָבִיהָ יָרֹק יָרַק בְּפָנֶיהָ הֲלֹא תִכָּלֵם
שִׁבְעַת יָמִים תִּסָּגֵר שִׁבְעַת יָמִים מִחוּץ לַמַּחֲנֶה וְאַחַר תֵּאָסֵף
ד:יב:טו וַתִּסָּגֵר מִרְיָם מִחוּץ לַמַּחֲנֶה שִׁבְעַת יָמִים וְהָעָם לֹא נָסַע
עַד־הֵאָסֵף מִרְיָם ד:יב:טז וְאַחַר נָסְעוּ הָעָם מֵחֲצֵרוֹת וַיַּחֲנוּ בְּמִדְבַּר
פָּארָן ד:יג:א וַיְדַבֵּר יְהוָה אֶל־מֹשֶׁה לֵּאמֹר ד:יג:ב שְׁלַח־לְךָ אֲנָשִׁים
וְיָתֻרוּ אֶת־אֶרֶץ כְּנַעַן אֲשֶׁר־אֲנִי נֹתֵן לִבְנֵי יִשְׂרָאֵל אִישׁ אֶחָד אִישׁ
אֶחָד לְמַטֵּה אֲבֹתָיו תִּשְׁלָחוּ כֹּל נָשִׂיא בָהֶם ד:יג:ג וַיִּשְׁלַח אֹתָם
מֹשֶׁה מִמִּדְבַּר פָּארָן עַל־פִּי יְהוָה כֻּלָּם אֲנָשִׁים רָאשֵׁי בְנֵי־יִשְׂרָאֵל
הֵמָּה ד:יג:ד וְאֵלֶּה שְׁמוֹתָם לְמַטֵּה רְאוּבֵן שַׁמּוּעַ בֶּן־זַכּוּר
ד:יג:ה לְמַטֵּה שִׁמְעוֹן שָׁפָט בֶּן־חוֹרִי ד:יג:ו לְמַטֵּה יְהוּדָה כָּלֵב
בֶּן־יְפֻנֶּה ד:יג:ז לְמַטֵּה יִשָּׂשכָר יִגְאָל בֶּן־יוֹסֵף ד:יג:ח לְמַטֵּה אֶפְרָיִם
הוֹשֵׁעַ בִּן־נוּן ד:יג:ט לְמַטֵּה בִנְיָמִן פַּלְטִי בֶּן־רָפוּא ד:יג:י לְמַטֵּה זְבוּלֻן
גַּדִּיאֵל בֶּן־סוֹדִי ד:יג:יא לְמַטֵּה יוֹסֵף לְמַטֵּה מְנַשֶּׁה גַּדִּי בֶּן־סוּסִי
ד:יג:יב לְמַטֵּה דָן עַמִּיאֵל בֶּן־גְּמַלִּי ד:יג:יג לְמַטֵּה אָשֵׁר סְתוּר
בֶּן־מִיכָאֵל ד:יג:יד לְמַטֵּה נַפְתָּלִי נַחְבִּי בֶּן־וָפְסִי ד:יג:טו לְמַטֵּה גָד
גְּאוּאֵל בֶּן־מָכִי ד:יג:טז אֵלֶּה שְׁמוֹת הָאֲנָשִׁים אֲשֶׁר־שָׁלַח מֹשֶׁה לָתוּר
אֶת־הָאָרֶץ וַיִּקְרָא מֹשֶׁה לְהוֹשֵׁעַ בִּן־נוּן יְהוֹשֻׁעַ ד:יג:יז וַיִּשְׁלַח אֹתָם
מֹשֶׁה לָתוּר אֶת־אֶרֶץ כְּנָעַן וַיֹּאמֶר אֲלֵהֶם עֲלוּ זֶה בַּנֶּגֶב וַעֲלִיתֶם
אֶת־הָהָר ד:יג:יח וּרְאִיתֶם אֶת־הָאָרֶץ מַה־הִוא וְאֶת־הָעָם הַיֹּשֵׁב
עָלֶיהָ הֶחָזָק הוּא הֲרָפֶה הַמְעַט הוּא אִם־רָב ד:יג:יט וּמָה הָאָרֶץ
אֲשֶׁר־הוּא יֹשֵׁב בָּהּ הֲטוֹבָה הִוא אִם־רָעָה וּמָה הֶעָרִים אֲשֶׁר־הוּא
יוֹשֵׁב בָּהֵנָּה הַבְּמַחֲנִים אִם בְּמִבְצָרִים ד:יג:כ וּמָה הָאָרֶץ הַשְּׁמֵנָה

הִ֗וא אִם־רָזָה֙ הֲיֵֽשׁ־בָּ֥הּ עֵץ֙ אִם־אַ֔יִן וְהִ֨תְחַזַּקְתֶּ֔ם וּלְקַחְתֶּ֖ם מִפְּרִ֣י
הָאָ֑רֶץ וְהַ֨יָּמִ֔ים יְמֵ֖י בִּכּוּרֵ֥י עֲנָבִֽים ד:יג:כא וַֽיַּעֲל֖וּ וַיָּתֻ֣רוּ אֶת־הָאָ֑רֶץ
מִמִּדְבַּר־צִ֥ן עַד־רְחֹ֖ב לְבֹ֥א חֲמָֽת ד:יג:כב וַיַּעֲל֣וּ בַנֶּגֶב֮ וַיָּבֹ֣א עַד־חֶבְרוֹן֒
וְשָׁ֤ם אֲחִימַן֙ שֵׁשַׁ֣י וְתַלְמַ֔י יְלִידֵ֖י הָעֲנָ֑ק וְחֶבְר֗וֹן שֶׁ֤בַע שָׁנִים֙ נִבְנְתָ֔ה
לִפְנֵ֖י צֹ֥עַן מִצְרָֽיִם ד:יג:כג וַיָּבֹ֜אוּ עַד־נַ֣חַל אֶשְׁכֹּ֗ל וַיִּכְרְת֨וּ מִשָּׁ֤ם
זְמוֹרָה֙ וְאֶשְׁכּ֤וֹל עֲנָבִים֙ אֶחָ֔ד וַיִּשָּׂאֻ֥הוּ בַמּ֖וֹט בִּשְׁנָ֑יִם וּמִן־הָרִמֹּנִ֖ים
וּמִן־הַתְּאֵנִֽים ד:יג:כד לַמָּק֣וֹם הַה֔וּא קָרָ֖א נַ֣חַל אֶשְׁכּ֑וֹל עַ֚ל אֹד֣וֹת
הָֽאֶשְׁכּ֔וֹל אֲשֶׁר־כָּרְת֥וּ מִשָּׁ֖ם בְּנֵ֥י יִשְׂרָאֵֽל ד:יג:כה וַיָּשֻׁ֖בוּ מִתּ֣וּר הָאָ֑רֶץ
מִקֵּ֖ץ אַרְבָּעִ֥ים יֽוֹם ד:יג:כו וַיֵּלְכ֡וּ וַיָּבֹ֩אוּ֩ אֶל־מֹשֶׁ֨ה וְאֶֽל־אַהֲרֹ֜ן
וְאֶל־כָּל־עֲדַ֤ת בְּנֵֽי־יִשְׂרָאֵל֙ אֶל־מִדְבַּ֥ר פָּארָ֖ן קָדֵ֑שָׁה וַיָּשִׁ֨יבוּ אוֹתָ֤ם
דָּבָר֙ וְאֶת־כָּל־הָ֣עֵדָ֔ה וַיַּרְא֖וּם אֶת־פְּרִ֥י הָאָֽרֶץ ד:יג:כז וַיְסַפְּרוּ־לוֹ֙
וַיֹּ֣אמְר֔וּ בָּ֕אנוּ אֶל־הָאָ֖רֶץ אֲשֶׁ֣ר שְׁלַחְתָּ֑נוּ וְ֠גַם זָבַ֨ת חָלָ֥ב וּדְבַ֛שׁ הִ֖וא
וְזֶה־פִּרְיָֽהּ ד:יג:כח אֶ֚פֶס כִּֽי־עַ֣ז הָעָ֔ם הַיֹּשֵׁ֖ב בָּאָ֑רֶץ וְהֶעָרִ֗ים בְּצֻר֤וֹת
גְּדֹלֹת֙ מְאֹ֔ד וְגַם־יְלִדֵ֥י הָעֲנָ֖ק רָאִ֥ינוּ שָֽׁם ד:יג:כט עֲמָלֵ֥ק יוֹשֵׁ֖ב בְּאֶ֣רֶץ
הַנֶּ֑גֶב וְ֠הַחִתִּי וְהַיְבוּסִ֤י וְהָֽאֱמֹרִי֙ יוֹשֵׁ֣ב בָּהָ֔ר וְהַֽכְּנַעֲנִי֙ יֹשֵׁ֣ב עַל־הַיָּ֔ם
וְעַ֖ל יַ֥ד הַיַּרְדֵּֽן ד:יג:ל וַיַּ֧הַס כָּלֵ֛ב אֶת־הָעָ֖ם אֶל־מֹשֶׁ֑ה וַיֹּ֗אמֶר עָלֹ֤ה
נַעֲלֶה֙ וְיָרַ֣שְׁנוּ אֹתָ֔הּ כִּֽי־יָכ֥וֹל נוּכַ֖ל לָֽהּ ד:יג:לא וְהָ֨אֲנָשִׁ֜ים אֲשֶׁר־עָל֤וּ
עִמּוֹ֙ אָֽמְר֔וּ לֹ֥א נוּכַ֖ל לַעֲל֣וֹת אֶל־הָעָ֑ם כִּֽי־חָזָ֥ק ה֖וּא מִמֶּֽנּוּ
ד:יג:לב וַיֹּצִ֜יאוּ דִּבַּ֤ת הָאָ֙רֶץ֙ אֲשֶׁ֣ר תָּר֣וּ אֹתָ֔הּ אֶל־בְּנֵ֖י יִשְׂרָאֵ֣ל לֵאמֹ֑ר
הָאָ֡רֶץ אֲשֶׁר֩ עָבַ֨רְנוּ בָ֜הּ לָת֣וּר אֹתָ֗הּ אֶ֣רֶץ אֹכֶ֤לֶת יוֹשְׁבֶ֙יהָ֙ הִ֔וא
וְכָל־הָעָ֛ם אֲשֶׁר־רָאִ֥ינוּ בְתוֹכָ֖הּ אַנְשֵׁ֥י מִדּֽוֹת ד:יג:לג וְשָׁ֣ם רָאִ֗ינוּ
אֶת־הַנְּפִילִ֛ים בְּנֵ֥י עֲנָ֖ק מִן־הַנְּפִלִ֑ים וַנְּהִ֤י בְעֵינֵ֙ינוּ֙ כַּֽחֲגָבִ֔ים וְכֵ֥ן הָיִ֖ינוּ
בְּעֵינֵיהֶֽם ד:יד:א וַתִּשָּׂא֙ כָּל־הָ֣עֵדָ֔ה וַֽיִּתְּנ֖וּ אֶת־קוֹלָ֑ם וַיִּבְכּ֥וּ הָעָ֖ם
בַּלַּ֥יְלָה הַהֽוּא ד:יד:ב וַיִּלֹּ֙נוּ֙ עַל־מֹשֶׁ֣ה וְעַֽל־אַהֲרֹ֔ן כֹּ֖ל בְּנֵ֣י יִשְׂרָאֵ֑ל
וַיֹּאמְר֨וּ אֲלֵהֶ֜ם כָּל־הָעֵדָ֗ה לוּ־מַ֙תְנוּ֙ בְּאֶ֣רֶץ מִצְרַ֔יִם א֛וֹ בַּמִּדְבָּ֥ר הַזֶּ֖ה
לוּ־מָֽתְנוּ ד:יד:ג וְלָמָ֣ה יְ֠הוָה מֵבִ֨יא אֹתָ֜נוּ אֶל־הָאָ֣רֶץ הַזֹּ֗את לִנְפֹּ֣ל
בַּחֶ֔רֶב נָשֵׁ֥ינוּ וְטַפֵּ֖נוּ יִהְי֣וּ לָבַ֑ז הֲל֧וֹא ט֛וֹב לָ֖נוּ שׁ֥וּב מִצְרָֽיְמָה
ד:יד:ד וַיֹּאמְר֖וּ אִ֣ישׁ אֶל־אָחִ֑יו נִתְּנָ֥ה רֹ֖אשׁ וְנָשׁ֥וּבָה מִצְרָֽיְמָה

ד:יד:ה וַיִּפֹּ֥ל מֹשֶׁ֛ה וְאַהֲרֹ֖ן עַל־פְּנֵיהֶ֑ם לִפְנֵ֕י כָּל־קְהַ֖ל עֲדַ֥ת בְּנֵ֥י
יִשְׂרָאֵֽל ד:יד:ו וִיהוֹשֻׁ֣עַ בִּן־נ֗וּן וְכָלֵב֙ בֶּן־יְפֻנֶּ֔ה מִן־הַתָּרִ֖ים אֶת־הָאָ֑רֶץ
קָרְע֖וּ בִּגְדֵיהֶֽם ד:יד:ז וַיֹּ֣אמְר֔וּ אֶל־כָּל־עֲדַ֥ת בְּנֵי־יִשְׂרָאֵ֖ל לֵאמֹ֑ר
הָאָ֗רֶץ אֲשֶׁ֨ר עָבַ֤רְנוּ בָהּ֙ לָת֣וּר אֹתָ֔הּ טוֹבָ֥ה הָאָ֖רֶץ מְאֹ֥ד מְאֹֽד
ד:יד:ח אִם־חָפֵ֥ץ בָּ֙נוּ֙ יְהוָ֔ה וְהֵבִ֤יא אֹתָ֙נוּ֙ אֶל־הָאָ֣רֶץ הַזֹּ֔את וּנְתָנָ֖הּ
לָ֑נוּ אֶ֕רֶץ אֲשֶׁר־הִ֛וא זָבַ֥ת חָלָ֖ב וּדְבָֽשׁ ד:יד:ט אַ֣ךְ בַּֽיהוָה֮ אַל־תִּמְרֹ֒דוּ֒
וְאַתֶּ֗ם אַל־תִּֽירְאוּ֙ אֶת־עַ֣ם הָאָ֔רֶץ כִּ֥י לַחְמֵ֖נוּ הֵ֑ם סָ֣ר צִלָּ֧ם
מֵעֲלֵיהֶ֛ם וַֽיהוָ֥ה אִתָּ֖נוּ אַל־תִּירָאֻֽם ד:יד:י וַיֹּֽאמְרוּ֙ כָּל־הָ֣עֵדָ֔ה לִרְגּ֥וֹם
אֹתָ֖ם בָּאֲבָנִ֑ים וּכְב֣וֹד יְהוָ֗ה נִרְאָה֙ בְּאֹ֣הֶל מוֹעֵ֔ד אֶֽל־כָּל־בְּנֵ֖י יִשְׂרָאֵֽל
ד:יד:יא וַיֹּ֤אמֶר יְהוָה֙ אֶל־מֹשֶׁ֔ה עַד־אָ֥נָה יְנַאֲצֻ֖נִי הָעָ֣ם הַזֶּ֑ה וְעַד־אָ֙נָה֙
לֹא־יַאֲמִ֣ינוּ בִ֔י בְּכֹל֙ הָֽאֹת֔וֹת אֲשֶׁ֥ר עָשִׂ֖יתִי בְּקִרְבּֽוֹ ד:יד:יב אַכֶּ֥נּוּ בַדֶּ֖בֶר
וְאוֹרִשֶׁ֑נּוּ וְאֶֽעֱשֶׂה֙ אֹֽתְךָ֔ לְגוֹי־גָּד֥וֹל וְעָצ֖וּם מִמֶּֽנּוּ ד:יד:יג וַיֹּ֥אמֶר מֹשֶׁ֖ה
אֶל־יְהוָ֑ה וְשָׁמְע֣וּ מִצְרַ֔יִם כִּֽי־הֶעֱלִ֧יתָ בְכֹחֲךָ֛ אֶת־הָעָ֥ם הַזֶּ֖ה מִקִּרְבּֽוֹ
ד:יד:יד וְאָמְר֗וּ אֶל־יוֹשֵׁב֮ הָאָ֣רֶץ הַזֹּאת֒ שָֽׁמְעוּ֙ כִּֽי־אַתָּ֣ה יְהוָ֔ה בְּקֶ֖רֶב
הָעָ֣ם הַזֶּ֑ה אֲשֶׁר־עַ֨יִן בְּעַ֜יִן נִרְאָ֣ה | אַתָּ֣ה יְהוָ֗ה וַעֲנָֽנְךָ֙ עֹמֵ֣ד עֲלֵהֶ֔ם
וּבְעַמֻּ֣ד עָנָ֗ן אַתָּ֨ה הֹלֵ֤ךְ לִפְנֵיהֶם֙ יוֹמָ֔ם וּבְעַמּ֥וּד אֵ֖שׁ לָֽיְלָה
ד:יד:טו וְהֵמַתָּ֛ה אֶת־הָעָ֥ם הַזֶּ֖ה כְּאִ֣ישׁ אֶחָ֑ד וְאָֽמְרוּ֙ הַגּוֹיִ֔ם
אֲשֶׁר־שָׁמְע֥וּ אֶֽת־שִׁמְעֲךָ֖ לֵאמֹֽר ד:יד:טז מִבִּלְתִּ֞י יְכֹ֣לֶת יְהוָ֗ה לְהָבִיא֙
אֶת־הָעָ֣ם הַזֶּ֔ה אֶל־הָאָ֖רֶץ אֲשֶׁר־נִשְׁבַּ֣ע לָהֶ֑ם וַיִּשְׁחָטֵ֖ם בַּמִּדְבָּֽר
ד:יד:יז וְעַתָּ֕ה יִגְדַּל־נָ֖א כֹּ֣חַ אֲדֹנָ֑י כַּאֲשֶׁ֥ר דִּבַּ֖רְתָּ לֵאמֹֽר ד:יד:יח יְהוָ֗ה
אֶ֤רֶךְ אַפַּ֙יִם֙ וְרַב־חֶ֔סֶד נֹשֵׂ֥א עָוֺ֖ן וָפָ֑שַׁע וְנַקֵּה֙ לֹ֣א יְנַקֶּ֔ה פֹּקֵ֞ד עֲוֺ֣ן
אָבוֹת֙ עַל־בָּנִ֔ים עַל־שִׁלֵּשִׁ֖ים וְעַל־רִבֵּעִֽים ד:יד:יט סְלַֽח־נָ֗א לַעֲוֺ֛ן
הָעָ֥ם הַזֶּ֖ה כְּגֹ֣דֶל חַסְדֶּ֑ךָ וְכַאֲשֶׁ֤ר נָשָׂ֙אתָה֙ לָעָ֣ם הַזֶּ֔ה מִמִּצְרַ֖יִם
וְעַד־הֵֽנָּה ד:יד:כ וַיֹּ֣אמֶר יְהוָ֔ה סָלַ֖חְתִּי כִּדְבָרֶֽךָ ד:יד:כא וְאוּלָ֖ם חַי־אָ֑נִי
וְיִמָּלֵ֥א כְבוֹד־יְהוָ֖ה אֶת־כָּל־הָאָֽרֶץ ד:יד:כב כִּ֣י כָל־הָאֲנָשִׁ֗ים הָרֹאִ֤ים
אֶת־כְּבֹדִי֙ וְאֶת־אֹ֣תֹתַ֔י אֲשֶׁר־עָשִׂ֥יתִי בְמִצְרַ֖יִם וּבַמִּדְבָּ֑ר וַיְנַסּ֣וּ אֹתִ֗י
זֶ֚ה עֶ֣שֶׂר פְּעָמִ֔ים וְלֹ֥א שָׁמְע֖וּ בְּקוֹלִֽי ד:יד:כג אִם־יִרְאוּ֙ אֶת־הָאָ֔רֶץ
אֲשֶׁ֥ר נִשְׁבַּ֖עְתִּי לַאֲבֹתָ֑ם וְכָל־מְנַאֲצַ֖י לֹ֥א יִרְאֽוּהָ ד:יד:כד וְעַבְדִּ֣י כָלֵ֗ב

עֵ֫קֶב הָֽיְתָ֞ה ר֤וּחַ אַחֶ֙רֶת֙ עִמּ֔וֹ וַיְמַלֵּ֖א אַחֲרָ֑י וַהֲבִֽיאֹתִ֗יו אֶל־הָאָ֙רֶץ֙
אֲשֶׁר־בָּ֣א שָׁ֔מָּה וְזַרְע֖וֹ יוֹרִשֶֽׁנָּה ד:יד:כה וְהָֽעֲמָלֵקִ֥י וְהַֽכְּנַעֲנִ֖י יוֹשֵׁ֣ב
בָּעֵ֑מֶק מָחָ֗ר פְּנ֨וּ וּסְע֥וּ לָכֶ֛ם הַמִּדְבָּ֖ר דֶּ֥רֶךְ יַם־סֽוּף ד:יד:כו וַיְדַבֵּ֣ר
יְהוָ֔ה אֶל־מֹשֶׁ֥ה וְאֶֽל־אַהֲרֹ֖ן לֵאמֹֽר ד:יד:כז עַד־מָתַ֗י לָעֵדָ֤ה הָֽרָעָה֙
הַזֹּ֔את אֲשֶׁ֛ר הֵ֥מָּה מַלִּינִ֖ים עָלָ֑י אֶת־תְּלֻנּ֞וֹת בְּנֵ֣י יִשְׂרָאֵ֗ל אֲשֶׁ֨ר הֵ֜מָּה
מַלִּינִ֛ים עָלַ֖י שָׁמָֽעְתִּי ד:יד:כח אֱמֹ֣ר אֲלֵהֶ֗ם חַי־אָ֙נִי֙ נְאֻם־יְהוָ֔ה
אִם־לֹ֕א כַּאֲשֶׁ֥ר דִּבַּרְתֶּ֖ם בְּאָזְנָ֑י כֵּ֖ן אֶעֱשֶׂ֥ה לָכֶֽם ד:יד:כט בַּמִּדְבָּ֣ר הַ֠זֶּה
יִפְּל֨וּ פִגְרֵיכֶ֜ם וְכָל־פְּקֻדֵיכֶם֙ לְכָל־מִסְפַּרְכֶ֔ם מִבֶּ֛ן עֶשְׂרִ֥ים שָׁנָ֖ה
וָמָ֑עְלָה אֲשֶׁ֥ר הֲלִֽינֹתֶ֖ם עָלָֽי ד:יד:ל אִם־אַתֶּם֙ תָּבֹ֣אוּ אֶל־הָאָ֔רֶץ אֲשֶׁ֤ר
נָשָׂ֙אתִי֙ אֶת־יָדִ֔י לְשַׁכֵּ֥ן אֶתְכֶ֖ם בָּ֑הּ כִּ֚י אִם־כָּלֵ֣ב בֶּן־יְפֻנֶּ֔ה וִיהוֹשֻׁ֖עַ
בִּן־נֽוּן ד:יד:לא וְטַ֨פְּכֶ֔ם אֲשֶׁ֥ר אֲמַרְתֶּ֖ם לָבַ֣ז יִהְיֶ֑ה וְהֵבֵיאתִ֣י אֹתָ֔ם
וְיָֽדְעוּ֙ אֶת־הָאָ֔רֶץ אֲשֶׁ֥ר מְאַסְתֶּ֖ם בָּֽהּ ד:יד:לב וּפִגְרֵיכֶ֖ם אַתֶּ֑ם יִפְּל֖וּ
בַּמִּדְבָּ֥ר הַזֶּֽה ד:יד:לג וּ֠בְנֵיכֶם יִהְי֨וּ רֹעִ֤ים בַּמִּדְבָּר֙ אַרְבָּעִ֣ים שָׁנָ֔ה
וְנָשְׂא֖וּ אֶת־זְנוּתֵיכֶ֑ם עַד־תֹּ֥ם פִּגְרֵיכֶ֖ם בַּמִּדְבָּֽר ד:יד:לד בְּמִסְפַּ֨ר
הַיָּמִ֜ים אֲשֶׁר־תַּרְתֶּ֣ם אֶת־הָאָ֗רֶץ אַרְבָּעִ֣ים יוֹם֒ י֣וֹם לַשָּׁנָ֞ה י֣וֹם
לַשָּׁנָ֗ה תִּשְׂאוּ֙ אֶת־עֲוֺנֹ֣תֵיכֶ֔ם אַרְבָּעִ֖ים שָׁנָ֑ה וִֽידַעְתֶּ֖ם אֶת־תְּנוּאָתִֽי
ד:יד:לה אֲנִ֣י יְהוָה֮ דִּבַּ֒רְתִּי֒ אִם־לֹ֣א ׀ זֹ֣את אֶֽעֱשֶׂ֗ה לְכָל־הָעֵדָ֤ה הָֽרָעָה֙
הַזֹּ֔את הַנּוֹעָדִ֖ים עָלָ֑י בַּמִּדְבָּ֥ר הַזֶּ֛ה יִתַּ֖מּוּ וְשָׁ֥ם יָמֻֽתוּ
ד:יד:לו וְהָ֣אֲנָשִׁ֔ים אֲשֶׁר־שָׁלַ֥ח מֹשֶׁ֖ה לָת֣וּר אֶת־הָאָ֑רֶץ וַיָּשֻׁ֗בוּ וילונו
[וַיַּלִּ֤ינוּ] עָלָיו֙ אֶת־כָּל־הָ֣עֵדָ֔ה לְהוֹצִ֥יא דִבָּ֖ה עַל־הָאָֽרֶץ ד:יד:לז וַיָּמֻ֙תוּ֙
הָֽאֲנָשִׁ֔ים מוֹצִאֵ֥י דִבַּת־הָאָ֖רֶץ רָעָ֑ה בַּמַּגֵּפָ֖ה לִפְנֵ֥י יְהוָֽה
ד:יד:לח וִיהוֹשֻׁ֣עַ בִּן־נ֔וּן וְכָלֵ֖ב בֶּן־יְפֻנֶּ֑ה חָיוּ֙ מִן־הָאֲנָשִׁ֣ים הָהֵ֔ם
הַהֹלְכִ֖ים לָת֥וּר אֶת־הָאָֽרֶץ ד:יד:לט וַיְדַבֵּ֤ר מֹשֶׁה֙ אֶת־הַדְּבָרִ֣ים הָאֵ֔לֶּה
אֶֽל־כָּל־בְּנֵ֖י יִשְׂרָאֵ֑ל וַיִּֽתְאַבְּל֥וּ הָעָ֖ם מְאֹֽד ד:יד:מ וַיַּשְׁכִּ֣מוּ בַבֹּ֔קֶר וַיַּעֲל֥וּ
אֶל־רֹאשׁ־הָהָ֖ר לֵאמֹ֑ר הִנֶּ֗נּוּ וְעָלִ֛ינוּ אֶל־הַמָּק֛וֹם אֲשֶׁר־אָמַ֥ר יְהוָ֖ה
כִּ֥י חָטָֽאנוּ ד:יד:מא וַיֹּ֣אמֶר מֹשֶׁ֔ה לָ֥מָּה זֶּ֛ה אַתֶּ֥ם עֹבְרִ֖ים אֶת־פִּ֣י יְהוָ֑ה
וְהִ֖וא לֹ֥א תִצְלָֽח ד:יד:מב אַֽל־תַּעֲל֔וּ כִּ֛י אֵ֥ין יְהוָ֖ה בְּקִרְבְּכֶ֑ם וְלֹא֙
תִּנָּ֣גְפ֔וּ לִפְנֵ֖י אֹיְבֵיכֶֽם ד:יד:מג כִּי֩ הָעֲמָלֵקִ֨י וְהַכְּנַעֲנִ֥י שָׁם֙ לִפְנֵיכֶ֔ם

וּנְפַלְתֶּם בֶּחָרֶב כִּי־עַל־כֵּן שַׁבְתֶּם מֵאַחֲרֵי יְהֹוָה וְלֹא־יִהְיֶה יְהֹוָה
עִמָּכֶם ד׳יד:מד וַיַּעְפִּלוּ לַעֲלוֹת אֶל־רֹאשׁ הָהָר וַאֲרוֹן בְּרִית־יְהֹוָה
וּמֹשֶׁה לֹא־מָשׁוּ מִקֶּרֶב הַמַּחֲנֶה ד׳יד:מה וַיֵּרֶד הָעֲמָלֵקִי וְהַכְּנַעֲנִי
הַיֹּשֵׁב בָּהָר הַהוּא וַיַּכּוּם וַיַּכְּתוּם עַד־הַחׇרְמָה ד׳יה:א וַיְדַבֵּר יְהֹוָה
אֶל־מֹשֶׁה לֵּאמֹר ד׳יה:ב דַּבֵּר אֶל־בְּנֵי יִשְׂרָאֵל וְאָמַרְתָּ אֲלֵהֶם כִּי
תָבֹאוּ אֶל־אֶרֶץ מוֹשְׁבֹתֵיכֶם אֲשֶׁר אֲנִי נֹתֵן לָכֶם ד׳יה:ג וַעֲשִׂיתֶם
אִשֶּׁה לַיהֹוָה עֹלָה אוֹ־זֶבַח לְפַלֵּא־נֶדֶר אוֹ בִנְדָבָה אוֹ בְּמֹעֲדֵיכֶם
לַעֲשׂוֹת רֵיחַ נִיחֹחַ לַיהֹוָה מִן־הַבָּקָר אוֹ מִן־הַצֹּאן ד׳יה:ד וְהִקְרִיב
הַמַּקְרִיב קׇרְבָּנוֹ לַיהֹוָה מִנְחָה סֹלֶת עִשָּׂרוֹן בָּלוּל בִּרְבִעִית הַהִין
שָׁמֶן ד׳יה:ה וְיַיִן לַנֶּסֶךְ רְבִיעִית הַהִין תַּעֲשֶׂה עַל־הָעֹלָה אוֹ לַזָּבַח
לַכֶּבֶשׂ הָאֶחָד ד׳יה:ו אוֹ לָאַיִל תַּעֲשֶׂה מִנְחָה סֹלֶת שְׁנֵי עֶשְׂרֹנִים
בְּלוּלָה בַשֶּׁמֶן שְׁלִשִׁית הַהִין ד׳יה:ז וְיַיִן לַנֶּסֶךְ שְׁלִשִׁית הַהִין תַּקְרִיב
רֵיחַ־נִיחֹחַ לַיהֹוָה ד׳יה:ח וְכִי־תַעֲשֶׂה בֶן־בָּקָר עֹלָה אוֹ־זָבַח
לְפַלֵּא־נֶדֶר אוֹ־שְׁלָמִים לַיהֹוָה ד׳יה:ט וְהִקְרִיב עַל־בֶּן־הַבָּקָר מִנְחָה
סֹלֶת שְׁלֹשָׁה עֶשְׂרֹנִים בָּלוּל בַּשֶּׁמֶן חֲצִי הַהִין ד׳יה:י וְיַיִן תַּקְרִיב
לַנֶּסֶךְ חֲצִי הַהִין אִשֵּׁה רֵיחַ־נִיחֹחַ לַיהֹוָה ד׳יה:יא כָּכָה יֵעָשֶׂה לַשּׁוֹר
הָאֶחָד אוֹ לָאַיִל הָאֶחָד אוֹ־לַשֶּׂה בַכְּבָשִׂים אוֹ בָעִזִּים
ד׳יה:יב כַּמִּסְפָּר אֲשֶׁר תַּעֲשׂוּ כָּכָה תַּעֲשׂוּ לָאֶחָד כְּמִסְפָּרָם
ד׳יה:יג כׇּל־הָאֶזְרָח יַעֲשֶׂה־כָּכָה אֶת־אֵלֶּה לְהַקְרִיב אִשֵּׁה רֵיחַ־נִיחֹחַ
לַיהֹוָה ד׳יה:יד וְכִי־יָגוּר אִתְּכֶם גֵּר אוֹ אֲשֶׁר־בְּתוֹכְכֶם לְדֹרֹתֵיכֶם
וְעָשָׂה אִשֵּׁה רֵיחַ־נִיחֹחַ לַיהֹוָה כַּאֲשֶׁר תַּעֲשׂוּ כֵּן יַעֲשֶׂה
ד׳יה:טו הַקָּהָל חֻקָּה אַחַת לָכֶם וְלַגֵּר הַגָּר חֻקַּת עוֹלָם לְדֹרֹתֵיכֶם
כָּכֶם כַּגֵּר יִהְיֶה לִפְנֵי יְהֹוָה ד׳יה:טז תּוֹרָה אַחַת וּמִשְׁפָּט אֶחָד יִהְיֶה
לָכֶם וְלַגֵּר הַגָּר אִתְּכֶם ד׳יה:יז וַיְדַבֵּר יְהֹוָה אֶל־מֹשֶׁה לֵּאמֹר
ד׳יה:יח דַּבֵּר אֶל־בְּנֵי יִשְׂרָאֵל וְאָמַרְתָּ אֲלֵהֶם בְּבֹאֲכֶם אֶל־הָאָרֶץ
אֲשֶׁר אֲנִי מֵבִיא אֶתְכֶם שָׁמָּה ד׳יה:יט וְהָיָה בַּאֲכׇלְכֶם מִלֶּחֶם הָאָרֶץ
תָּרִימוּ תְרוּמָה לַיהֹוָה ד׳יה:כ רֵאשִׁית עֲרִסֹתֵכֶם חַלָּה תָּרִימוּ
תְרוּמָה כִּתְרוּמַת גֹּרֶן כֵּן תָּרִימוּ אֹתָהּ ד׳יה:כא מֵרֵאשִׁית עֲרִסֹתֵיכֶם

תִּתְּנ֥וּ לַיהוָ֛ה תְּרוּמָ֖ה לְדֹרֹתֵיכֶֽם ד:יה:כב וְכִ֣י תִשְׁגּ֔וּ וְלֹ֣א תַעֲשׂ֔וּ אֵ֥ת
כָּל־הַמִּצְוֺ֖ת הָאֵ֑לֶּה אֲשֶׁר־דִּבֶּ֥ר יְהוָ֖ה אֶל־מֹשֶֽׁה ד:יה:כג אֵת֩ כָּל־אֲשֶׁ֨ר
צִוָּ֧ה יְהוָ֛ה אֲלֵיכֶ֖ם בְּיַד־מֹשֶׁ֑ה מִן־הַיּ֞וֹם אֲשֶׁ֨ר צִוָּ֧ה יְהוָ֛ה וָהָ֖לְאָה
לְדֹרֹתֵיכֶֽם ד:יה:כד וְהָיָ֗ה אִ֣ם מֵעֵינֵ֣י הָעֵדָה֮ נֶעֶשְׂתָ֣ה לִשְׁגָגָה֒ וְעָשׂ֣וּ
כָל־הָעֵדָ֡ה פַּ֣ר בֶּן־בָּקָ֩ר אֶחָ֨ד לְעֹלָ֜ה לְרֵ֤יחַ נִיחֹ֙חַ֙ לַֽיהוָ֔ה וּמִנְחָת֥וֹ
וְנִסְכּ֖וֹ כַּמִּשְׁפָּ֑ט וּשְׂעִיר־עִזִּ֥ים אֶחָ֖ד לְחַטָּֽת ד:יה:כה וְכִפֶּ֣ר הַכֹּהֵ֗ן
עַֽל־כָּל־עֲדַ֛ת בְּנֵ֥י יִשְׂרָאֵ֖ל וְנִסְלַ֣ח לָהֶ֑ם כִּֽי־שְׁגָגָ֣ה הִ֔וא וְהֵ֞ם הֵבִ֣יאוּ
אֶת־קָרְבָּנָ֗ם אִשֶּׁ֤ה לַֽיהוָה֙ וְחַטָּאתָ֛ם לִפְנֵ֥י יְהוָ֖ה עַל־שִׁגְגָתָֽם
ד:יה:כו וְנִסְלַ֗ח לְכָל־עֲדַת֙ בְּנֵ֣י יִשְׂרָאֵ֔ל וְלַגֵּ֖ר הַגָּ֣ר בְּתוֹכָ֑ם כִּ֥י
לְכָל־הָעָ֖ם בִּשְׁגָגָֽה ד:יה:כז וְאִם־נֶ֥פֶשׁ אַחַ֖ת תֶּחֱטָ֣א בִשְׁגָגָ֑ה
וְהִקְרִ֛יבָה עֵ֥ז בַּת־שְׁנָתָ֖הּ לְחַטָּֽאת ד:יה:כח וְכִפֶּ֣ר הַכֹּהֵ֗ן עַל־הַנֶּ֛פֶשׁ
הַשֹּׁגֶ֛גֶת בְּחֶטְאָ֥ה בִשְׁגָגָ֖ה לִפְנֵ֣י יְהוָ֑ה לְכַפֵּ֥ר עָלָ֖יו וְנִסְלַ֥ח לֽוֹ
ד:יה:כט הָֽאֶזְרָח֙ בִּבְנֵ֣י יִשְׂרָאֵ֔ל וְלַגֵּ֖ר הַגָּ֣ר בְּתוֹכָ֑ם תּוֹרָ֤ה אַחַת֙ יִהְיֶ֣ה
לָכֶ֔ם לָעֹשֶׂ֖ה בִּשְׁגָגָֽה ד:יה:ל וְהַנֶּ֜פֶשׁ אֲשֶׁר־תַּעֲשֶׂ֣ה ׀ בְּיָ֣ד רָמָ֗ה
מִן־הָֽאֶזְרָח֙ וּמִן־הַגֵּ֔ר אֶת־יְהוָ֖ה ה֣וּא מְגַדֵּ֑ף וְנִכְרְתָ֛ה הַנֶּ֥פֶשׁ הַהִ֖וא
מִקֶּ֥רֶב עַמָּֽהּ ד:יה:לא כִּ֤י דְבַר־יְהוָה֙ בָּזָ֔ה וְאֶת־מִצְוָת֖וֹ הֵפַ֑ר הִכָּרֵ֧ת ׀
תִּכָּרֵ֛ת הַנֶּ֥פֶשׁ הַהִ֖וא עֲוֺנָ֥ה בָֽהּ ד:יה:לב וַיִּהְי֥וּ בְנֵֽי־יִשְׂרָאֵ֖ל בַּמִּדְבָּ֑ר
וַֽיִּמְצְא֗וּ אִ֛ישׁ מְקֹשֵׁ֥שׁ עֵצִ֖ים בְּי֥וֹם הַשַּׁבָּֽת ד:יה:לג וַיַּקְרִ֣יבוּ אֹת֔וֹ
הַמֹּצְאִ֥ים אֹת֖וֹ מְקֹשֵׁ֣שׁ עֵצִ֑ים אֶל־מֹשֶׁה֙ וְאֶֽל־אַהֲרֹ֔ן וְאֶ֖ל כָּל־הָעֵדָֽה
ד:יה:לד וַיַּנִּ֥יחוּ אֹת֖וֹ בַּמִּשְׁמָ֑ר כִּ֚י לֹ֣א פֹרַ֔שׁ מַה־יֵּעָשֶׂ֖ה לֽוֹ
ד:יה:לה וַיֹּ֤אמֶר יְהוָה֙ אֶל־מֹשֶׁ֔ה מ֥וֹת יוּמַ֖ת הָאִ֑ישׁ רָג֨וֹם אֹת֤וֹ בָֽאֲבָנִים֙
כָּל־הָ֣עֵדָ֔ה מִח֖וּץ לַֽמַּחֲנֶֽה ד:יה:לו וַיֹּצִ֨יאוּ אֹת֜וֹ כָּל־הָעֵדָ֗ה אֶל־מִחוּץ֙
לַֽמַּחֲנֶ֔ה וַיִּרְגְּמ֥וּ אֹת֛וֹ בָּאֲבָנִ֖ים וַיָּמֹ֑ת כַּאֲשֶׁ֛ר צִוָּ֥ה יְהוָ֖ה אֶת־מֹשֶֽׁה
ד:יה:לז וַיֹּ֥אמֶר יְהוָ֖ה אֶל־מֹשֶׁ֥ה לֵּאמֹֽר ד:יה:לח דַּבֵּ֞ר אֶל־בְּנֵ֤י יִשְׂרָאֵל֙
וְאָמַרְתָּ֣ אֲלֵהֶ֔ם וְעָשׂ֨וּ לָהֶ֥ם צִיצִ֛ת עַל־כַּנְפֵ֥י בִגְדֵיהֶ֖ם לְדֹרֹתָ֑ם וְנָֽתְנ֛וּ
עַל־צִיצִ֥ת הַכָּנָ֖ף פְּתִ֥יל תְּכֵֽלֶת ד:יה:לט וְהָיָ֣ה לָכֶם֮ לְצִיצִת֒ וּרְאִיתֶ֣ם
אֹת֗וֹ וּזְכַרְתֶּם֙ אֶת־כָּל־מִצְוֺ֣ת יְהוָ֔ה וַעֲשִׂיתֶ֖ם אֹתָ֑ם וְלֹֽא־תָת֜וּרוּ
אַחֲרֵ֤י לְבַבְכֶם֙ וְאַחֲרֵ֣י עֵֽינֵיכֶ֔ם אֲשֶׁר־אַתֶּ֥ם זֹנִ֖ים אַחֲרֵיהֶֽם

ד:יה:מ לְמַ֣עַן תִּזְכְּר֔וּ וַעֲשִׂיתֶ֖ם אֶת־כָּל־מִצְוֺתָ֑י וִהְיִיתֶ֥ם קְדֹשִׁ֖ים
לֵאלֹהֵיכֶֽם ד:יה:מא אֲנִ֞י יְהוָ֣ה אֱלֹהֵיכֶ֗ם אֲשֶׁ֨ר הוֹצֵ֤אתִי אֶתְכֶם֙ מֵאֶ֣רֶץ
מִצְרַ֔יִם לִהְי֥וֹת לָכֶ֖ם לֵאלֹהִ֑ים אֲנִ֖י יְהוָ֥ה אֱלֹהֵיכֶֽם ד:יו:א וַיִּקַּ֣ח קֹ֔רַח
בֶּן־יִצְהָ֥ר בֶּן־קְהָ֖ת בֶּן־לֵוִ֑י וְדָתָ֨ן וַאֲבִירָ֜ם בְּנֵ֧י אֱלִיאָ֛ב וְא֥וֹן בֶּן־פֶּ֖לֶת
בְּנֵ֥י רְאוּבֵֽן ד:יו:ב וַיָּקֻ֙מוּ֙ לִפְנֵ֣י מֹשֶׁ֔ה וַאֲנָשִׁ֥ים מִבְּנֵֽי־יִשְׂרָאֵ֖ל חֲמִשִּׁ֣ים
וּמָאתָ֑יִם נְשִׂיאֵ֥י עֵדָ֛ה קְרִאֵ֥י מוֹעֵ֖ד אַנְשֵׁי־שֵֽׁם ד:יו:ג וַיִּֽקָּהֲל֞וּ
עַל־מֹשֶׁ֣ה וְעַֽל־אַהֲרֹ֗ן וַיֹּאמְר֣וּ אֲלֵהֶם֮ רַב־לָכֶם֒ כִּ֤י כָל־הָֽעֵדָה֙ כֻּלָּ֣ם
קְדֹשִׁ֔ים וּבְתוֹכָ֖ם יְהוָ֑ה וּמַדּ֥וּעַ תִּֽתְנַשְּׂא֖וּ עַל־קְהַ֥ל יְהוָֽה
ד:יו:ד וַיִּשְׁמַ֣ע מֹשֶׁ֔ה וַיִּפֹּ֖ל עַל־פָּנָֽיו ד:יו:ה וַיְדַבֵּ֨ר אֶל־קֹ֜רַח
וְאֶֽל־כָּל־עֲדָתוֹ֮ לֵאמֹר֒ בֹּ֠קֶר וְיֹדַ֨ע יְהוָ֧ה אֶת־אֲשֶׁר־ל֛וֹ וְאֶת־הַקָּד֖וֹשׁ
וְהִקְרִ֣יב אֵלָ֑יו וְאֵ֛ת אֲשֶׁ֥ר יִבְחַר־בּ֖וֹ יַקְרִ֥יב אֵלָֽיו ד:יו:ו זֹ֣את עֲשׂ֑וּ
קְחוּ־לָכֶ֣ם מַחְתּ֔וֹת קֹ֖רַח וְכָל־עֲדָתֽוֹ ד:יו:ז וּתְנ֣וּ בָהֵ֣ן ׀ אֵ֡שׁ וְשִׂ֩ימוּ֩
עֲלֵיהֶ֨ן קְטֹ֜רֶת לִפְנֵ֤י יְהוָה֙ מָחָ֔ר וְהָיָ֗ה הָאִ֛ישׁ אֲשֶׁר־יִבְחַ֥ר יְהוָ֖ה ה֣וּא
הַקָּד֑וֹשׁ רַב־לָכֶ֖ם בְּנֵ֥י לֵוִֽי ד:יו:ח וַיֹּ֥אמֶר מֹשֶׁ֖ה אֶל־קֹ֑רַח שִׁמְעוּ־נָ֖א
בְּנֵ֥י לֵוִֽי ד:יו:ט הַמְעַ֣ט מִכֶּ֗ם כִּֽי־הִבְדִּיל֩ אֱלֹהֵ֨י יִשְׂרָאֵ֤ל אֶתְכֶם֙ מֵעֲדַ֣ת
יִשְׂרָאֵ֔ל לְהַקְרִ֥יב אֶתְכֶ֖ם אֵלָ֑יו לַעֲבֹ֗ד אֶת־עֲבֹדַת֙ מִשְׁכַּ֣ן יְהוָ֔ה
וְלַעֲמֹ֛ד לִפְנֵ֥י הָעֵדָ֖ה לְשָֽׁרְתָֽם ד:יו:י וַיַּקְרֵב֙ אֹתְךָ֔ וְאֶת־כָּל־אַחֶ֥יךָ
בְנֵי־לֵוִ֖י אִתָּ֑ךְ וּבִקַּשְׁתֶּ֖ם גַּם־כְּהֻנָּֽה ד:יו:יא לָכֵ֗ן אַתָּה֙ וְכָל־עֲדָ֣תְךָ֔
הַנֹּעָדִ֖ים עַל־יְהוָ֑ה וְאַהֲרֹ֥ן מַה־ה֛וּא כִּ֥י תלונו [תַלִּ֖ינוּ] עָלָֽיו
ד:יו:יב וַיִּשְׁלַ֣ח מֹשֶׁ֔ה לִקְרֹ֛א לְדָתָ֥ן וְלַאֲבִירָ֖ם בְּנֵ֣י אֱלִיאָ֑ב וַיֹּאמְר֖וּ לֹ֥א
נַעֲלֶֽה ד:יו:יג הַמְעַ֗ט כִּ֤י הֶֽעֱלִיתָ֙נוּ֙ מֵאֶ֨רֶץ זָבַ֤ת חָלָב֙ וּדְבַ֔שׁ לַהֲמִיתֵ֖נוּ
בַּמִּדְבָּ֑ר כִּֽי־תִשְׂתָּרֵ֥ר עָלֵ֖ינוּ גַּם־הִשְׂתָּרֵֽר ד:יו:יד אַ֡ף לֹ֣א אֶל־אֶרֶץ֩ זָבַ֨ת
חָלָ֤ב וּדְבַשׁ֙ הֲבִ֣יאֹתָ֔נוּ וַתִּתֶּן־לָ֕נוּ נַחֲלַ֖ת שָׂדֶ֣ה וָכָ֑רֶם הַעֵינֵ֞י הָאֲנָשִׁ֥ים
הָהֵ֛ם תְּנַקֵּ֖ר לֹ֥א נַעֲלֶֽה ד:יו:יה וַיִּ֤חַר לְמֹשֶׁה֙ מְאֹ֔ד וַיֹּ֙אמֶר֙ אֶל־יְהוָ֔ה
אַל־תֵּ֖פֶן אֶל־מִנְחָתָ֑ם לֹ֠א חֲמ֨וֹר אֶחָ֤ד מֵהֶם֙ נָשָׂ֔אתִי וְלֹ֥א הֲרֵעֹ֖תִי
אֶת־אַחַ֥ד מֵהֶֽם ד:יו:יו וַיֹּ֤אמֶר מֹשֶׁה֙ אֶל־קֹ֔רַח אַתָּה֙ וְכָל־עֲדָ֣תְךָ֔ הֱי֖וּ
לִפְנֵ֣י יְהוָ֑ה אַתָּ֥ה וָהֵ֛ם וְאַהֲרֹ֖ן מָחָֽר ד:יו:יז וּקְח֣וּ ׀ אִ֣ישׁ מַחְתָּת֗וֹ
וּנְתַתֶּ֤ם עֲלֵיהֶם֙ קְטֹ֔רֶת וְהִקְרַבְתֶּ֞ם לִפְנֵ֤י יְהוָה֙ אִ֣ישׁ מַחְתָּת֔וֹ

חֲמִשִּׁ֥ים וּמָאתַ֖יִם מַחְתֹּ֑ת וְאַתָּ֥ה וְאַהֲרֹ֖ן אִ֥ישׁ מַחְתָּתֽוֹ ד:יו:יח וַיִּקְח֞וּ
אִ֣ישׁ מַחְתָּת֗וֹ וַיִּתְּנ֤וּ עֲלֵיהֶם֙ אֵ֔שׁ וַיָּשִׂ֥ימוּ עֲלֵיהֶ֖ם קְטֹ֑רֶת וַֽיַּעַמְד֗וּ
פֶּ֛תַח אֹ֥הֶל מוֹעֵ֖ד וּמֹשֶׁ֥ה וְאַהֲרֹֽן ד:יו:יט וַיַּקְהֵ֨ל עֲלֵיהֶ֥ם קֹ֙רַח֙
אֶת־כָּל־הָ֣עֵדָ֔ה אֶל־פֶּ֖תַח אֹ֣הֶל מוֹעֵ֑ד וַיֵּרָ֥א כְבוֹד־יְהוָ֖ה
אֶל־כָּל־הָעֵדָֽה ד:יו:כ וַיְדַבֵּ֣ר יְהוָ֔ה אֶל־מֹשֶׁ֥ה וְאֶֽל־אַהֲרֹ֖ן לֵאמֹֽר
ד:יו:כא הִבָּ֣דְל֔וּ מִתּ֖וֹךְ הָעֵדָ֣ה הַזֹּ֑את וַאֲכַלֶּ֥ה אֹתָ֖ם כְּרָֽגַע ד:יו:כב וַיִּפְּל֤וּ
עַל־פְּנֵיהֶם֙ וַיֹּ֣אמְר֔וּ אֵ֕ל אֱלֹהֵ֥י הָרוּחֹ֖ת לְכָל־בָּשָׂ֑ר הָאִ֣ישׁ אֶחָד֙
יֶֽחֱטָ֔א וְעַ֥ל כָּל־הָעֵדָ֖ה תִּקְצֹֽף ד:יו:כג וַיְדַבֵּ֥ר יְהוָ֖ה אֶל־מֹשֶׁ֥ה לֵּאמֹֽר
ד:יו:כד דַּבֵּ֥ר אֶל־הָעֵדָ֖ה לֵאמֹ֑ר הֵֽעָלוּ֙ מִסָּבִ֔יב לְמִשְׁכַּן־קֹ֖רַח דָּתָ֥ן
וַאֲבִירָֽם ד:יו:כה וַיָּ֣קָם מֹשֶׁ֔ה וַיֵּ֖לֶךְ אֶל־דָּתָ֣ן וַאֲבִירָ֑ם וַיֵּלְכ֥וּ אַחֲרָ֖יו זִקְנֵ֥י
יִשְׂרָאֵֽל ד:יו:כו וַיְדַבֵּ֨ר אֶל־הָעֵדָ֜ה לֵאמֹ֗ר ס֣וּרוּ נָ֡א מֵעַל֩ אָהֳלֵ֨י
הָאֲנָשִׁ֤ים הָֽרְשָׁעִים֙ הָאֵ֔לֶּה וְאַל־תִּגְּע֖וּ בְּכָל־אֲשֶׁ֣ר לָהֶ֑ם פֶּן־תִּסָּפ֖וּ
בְּכָל־חַטֹּאתָֽם ד:יו:כז וַיֵּעָל֗וּ מֵעַ֧ל מִשְׁכַּן־קֹ֛רַח דָּתָ֥ן וַאֲבִירָ֖ם מִסָּבִ֑יב
וְדָתָ֨ן וַאֲבִירָ֜ם יָצְא֣וּ נִצָּבִ֗ים פֶּ֚תַח אָהֳלֵיהֶ֔ם וּנְשֵׁיהֶ֥ם וּבְנֵיהֶ֖ם וְטַפָּֽם
ד:יו:כח וַיֹּאמֶר֮ מֹשֶׁה֒ בְּזֹאת֙ תֵּֽדְע֔וּן כִּֽי־יְהוָ֣ה שְׁלָחַ֔נִי לַעֲשׂ֖וֹת אֵ֣ת
כָּל־הַֽמַּעֲשִׂ֣ים הָאֵ֑לֶּה כִּי־לֹ֖א מִלִּבִּֽי ד:יו:כט אִם־כְּמ֤וֹת כָּל־הָֽאָדָם֙
יְמֻת֣וּן אֵ֔לֶּה וּפְקֻדַּת֙ כָּל־הָ֣אָדָ֔ם יִפָּקֵ֖ד עֲלֵיהֶ֑ם לֹ֥א יְהוָ֖ה שְׁלָחָֽנִי
ד:יו:ל וְאִם־בְּרִיאָ֞ה יִבְרָ֣א יְהוָ֗ה וּפָצְתָ֨ה הָאֲדָמָ֤ה אֶת־פִּ֙יהָ֙ וּבָלְעָ֤ה
אֹתָם֙ וְאֶת־כָּל־אֲשֶׁ֣ר לָהֶ֔ם וְיָרְד֥וּ חַיִּ֖ים שְׁאֹ֑לָה וִֽידַעְתֶּ֕ם כִּ֧י נִֽאֲצ֛וּ
הָאֲנָשִׁ֥ים הָאֵ֖לֶּה אֶת־יְהוָֽה ד:יו:לא וַיְהִי֙ כְּכַלֹּת֔וֹ לְדַבֵּ֕ר אֵ֥ת
כָּל־הַדְּבָרִ֖ים הָאֵ֑לֶּה וַתִּבָּקַ֥ע הָאֲדָמָ֖ה אֲשֶׁ֥ר תַּחְתֵּיהֶֽם
ד:יו:לב וַתִּפְתַּ֤ח הָאָ֙רֶץ֙ אֶת־פִּ֔יהָ וַתִּבְלַ֥ע אֹתָ֖ם וְאֶת־בָּתֵּיהֶ֑ם וְאֵ֤ת
כָּל־הָאָדָם֙ אֲשֶׁ֣ר לְקֹ֔רַח וְאֵ֖ת כָּל־הָרְכֽוּשׁ ד:יו:לג וַיֵּ֨רְד֜וּ הֵ֣ם וְכָל־אֲשֶׁ֥ר
לָהֶ֛ם חַיִּ֖ים שְׁאֹ֑לָה וַתְּכַ֤ס עֲלֵיהֶם֙ הָאָ֔רֶץ וַיֹּאבְד֖וּ מִתּ֥וֹךְ הַקָּהָֽל
ד:יו:לד וְכָל־יִשְׂרָאֵ֗ל אֲשֶׁ֛ר סְבִיבֹתֵיהֶ֖ם נָ֣סוּ לְקֹלָ֑ם כִּ֣י אָמְר֔וּ
פֶּן־תִּבְלָעֵ֖נוּ הָאָֽרֶץ ד:יו:לה וְאֵ֥שׁ יָצְאָ֖ה מֵאֵ֣ת יְהוָ֑ה וַתֹּ֗אכַל אֵ֣ת
הַחֲמִשִּׁ֤ים וּמָאתַ֙יִם֙ אִ֔ישׁ מַקְרִיבֵ֖י הַקְּטֹֽרֶת ד:יז:א וַיְדַבֵּ֥ר יְהוָ֖ה
אֶל־מֹשֶׁ֥ה לֵּאמֹֽר ד:יז:ב אֱמֹ֨ר אֶל־אֶלְעָזָ֜ר בֶּן־אַהֲרֹ֣ן הַכֹּהֵ֗ן וְיָרֵ֤ם

אֶת־הַמַּחְתֹּת֙ מִבֵּ֣ין הַשְּׂרֵפָ֔ה וְאֶת־הָאֵ֖שׁ זְרֵה־הָ֑לְאָה כִּ֖י קָדֵֽשׁוּ
ד:יז:ג אֵ֡ת מַחְתּוֹת֩ הַֽחַטָּאִ֨ים הָאֵ֜לֶּה בְּנַפְשֹׁתָ֗ם וְעָשׂ֨וּ אֹתָ֜ם רִקֻּעֵ֤י
פַחִים֙ צִפּ֣וּי לַמִּזְבֵּ֔חַ כִּֽי־הִקְרִיבֻ֥ם לִפְנֵֽי־יְהוָ֖ה וַיִּקְדָּ֑שׁוּ וְיִהְי֥וּ לְא֖וֹת
לִבְנֵ֥י יִשְׂרָאֵֽל ד:יז:ד וַיִּקַּ֞ח אֶלְעָזָ֣ר הַכֹּהֵ֗ן אֵ֚ת מַחְתּ֣וֹת הַנְּחֹ֔שֶׁת אֲשֶׁ֥ר
הִקְרִ֖יבוּ הַשְּׂרֻפִ֑ים וַֽיְרַקְּע֖וּם צִפּ֥וּי לַמִּזְבֵּֽחַ ד:יז:ה זִכָּר֞וֹן לִבְנֵ֣י יִשְׂרָאֵ֗ל
לְמַ֡עַן אֲשֶׁ֣ר לֹֽא־יִקְרַ֞ב אִ֣ישׁ זָ֗ר אֲשֶׁ֨ר לֹ֤א מִזֶּ֙רַע֙ אַהֲרֹ֣ן ה֔וּא
לְהַקְטִ֥יר קְטֹ֖רֶת לִפְנֵ֣י יְהוָ֑ה וְלֹֽא־יִהְיֶ֤ה כְקֹ֙רַח֙ וְכַ֣עֲדָת֔וֹ כַּאֲשֶׁ֨ר דִּבֶּ֧ר
יְהוָ֛ה בְּיַד־מֹשֶׁ֖ה לֽוֹ ד:יז:ו וַיִּלֹּ֜נוּ כָּל־עֲדַ֤ת בְּנֵֽי־יִשְׂרָאֵל֙ מִֽמָּחֳרָ֔ת
עַל־מֹשֶׁ֥ה וְעַֽל־אַהֲרֹ֖ן לֵאמֹ֑ר אַתֶּ֥ם הֲמִתֶּ֖ם אֶת־עַ֥ם יְהוָֽה ד:יז:ז וַיְהִ֗י
בְּהִקָּהֵ֤ל הָֽעֵדָה֙ עַל־מֹשֶׁ֣ה וְעַֽל־אַהֲרֹ֔ן וַיִּפְנוּ֙ אֶל־אֹ֣הֶל מוֹעֵ֔ד וְהִנֵּ֥ה
כִסָּ֖הוּ הֶעָנָ֑ן וַיֵּרָ֖א כְּב֥וֹד יְהוָֽה ד:יז:ח וַיָּבֹ֤א מֹשֶׁה֙ וְאַהֲרֹ֔ן אֶל־פְּנֵ֖י אֹ֥הֶל
מוֹעֵֽד ד:יז:ט וַיְדַבֵּ֥ר יְהוָ֖ה אֶל־מֹשֶׁ֥ה לֵּאמֹֽר ד:יז:י הֵרֹ֗מּוּ מִתּוֹךְ֙ הָעֵדָ֣ה
הַזֹּ֔את וַאֲכַלֶּ֥ה אֹתָ֖ם כְּרָ֑גַע וַֽיִּפְּל֖וּ עַל־פְּנֵיהֶֽם ד:יז:יא וַיֹּ֨אמֶר מֹשֶׁ֜ה
אֶֽל־אַהֲרֹ֗ן קַ֣ח אֶת־הַ֠מַּחְתָּה וְתֶן־עָלֶ֨יהָ אֵ֜שׁ מֵעַ֤ל הַמִּזְבֵּ֙חַ֙ וְשִׂ֣ים
קְטֹ֔רֶת וְהוֹלֵ֧ךְ מְהֵרָ֛ה אֶל־הָעֵדָ֖ה וְכַפֵּ֣ר עֲלֵיהֶ֑ם כִּֽי־יָצָ֥א הַקֶּ֛צֶף
מִלִּפְנֵ֥י יְהוָ֖ה הֵחֵ֥ל הַנָּֽגֶף ד:יז:יב וַיִּקַּ֨ח אַהֲרֹ֜ן כַּאֲשֶׁ֣ר ׀ דִּבֶּ֣ר מֹשֶׁ֗ה
וַיָּ֙רָץ֙ אֶל־תּ֣וֹךְ הַקָּהָ֔ל וְהִנֵּ֛ה הֵחֵ֥ל הַנֶּ֖גֶף בָּעָ֑ם וַיִּתֵּן֙ אֶת־הַקְּטֹ֔רֶת
וַיְכַפֵּ֖ר עַל־הָעָֽם ד:יז:יג וַיַּעֲמֹ֥ד בֵּין־הַמֵּתִ֖ים וּבֵ֣ין הַֽחַיִּ֑ים וַתֵּעָצַ֖ר
הַמַּגֵּפָֽה ד:יז:יד וַיִּהְי֗וּ הַמֵּתִים֙ בַּמַּגֵּפָ֔ה אַרְבָּעָ֥ה עָשָׂ֛ר אֶ֖לֶף וּשְׁבַ֣ע
מֵא֑וֹת מִלְּבַ֥ד הַמֵּתִ֖ים עַל־דְּבַר־קֹֽרַח ד:יז:טו וַיָּ֤שָׁב אַהֲרֹן֙ אֶל־מֹשֶׁ֔ה
אֶל־פֶּ֖תַח אֹ֣הֶל מוֹעֵ֑ד וְהַמַּגֵּפָ֖ה נֶעֱצָֽרָה ד:יז:טז וַיְדַבֵּ֥ר יְהוָ֖ה
אֶל־מֹשֶׁ֥ה לֵּאמֹֽר ד:יז:יז דַּבֵּ֣ר ׀ אֶל־בְּנֵ֣י יִשְׂרָאֵ֗ל וְקַ֣ח מֵאִתָּ֡ם מַטֶּ֣ה
מַטֶּה֩ לְבֵ֨ית אָ֜ב מֵאֵ֤ת כָּל־נְשִׂיאֵהֶם֙ לְבֵ֣ית אֲבֹתָ֔ם שְׁנֵ֥ים עָשָׂ֖ר
מַטּ֑וֹת אִ֣ישׁ אֶת־שְׁמ֔וֹ תִּכְתֹּ֖ב עַל־מַטֵּֽהוּ ד:יז:יח וְאֵת֙ שֵׁ֣ם אַהֲרֹ֔ן
תִּכְתֹּ֖ב עַל־מַטֵּ֣ה לֵוִ֑י כִּ֚י מַטֶּ֣ה אֶחָ֔ד לְרֹ֖אשׁ בֵּ֥ית אֲבוֹתָֽם
ד:יז:יט וְהִנַּחְתָּ֖ם בְּאֹ֣הֶל מוֹעֵ֑ד לִפְנֵי֙ הָֽעֵד֔וּת אֲשֶׁ֛ר אִוָּעֵ֥ד לָכֶ֖ם שָֽׁמָּה
ד:יז:כ וְהָיָ֗ה הָאִ֛ישׁ אֲשֶׁ֥ר אֶבְחַר־בּ֖וֹ מַטֵּ֣הוּ יִפְרָ֑ח וַהֲשִׁכֹּתִ֣י מֵעָלַ֗י
אֶת־תְּלֻנּוֹת֙ בְּנֵ֣י יִשְׂרָאֵ֔ל אֲשֶׁ֛ר הֵ֥ם מַלִּינִ֖ם עֲלֵיכֶֽם ד:יז:כא וַיְדַבֵּ֤ר

מֹשֶׁה אֶל־בְּנֵי יִשְׂרָאֵל וַיִּתְּנוּ אֵלָיו | כָּל־נְשִׂיאֵיהֶם מַטֶּה לְנָשִׂיא
אֶחָד מַטֶּה לְנָשִׂיא אֶחָד לְבֵית אֲבֹתָם שְׁנֵים עָשָׂר מַטּוֹת וּמַטֵּה
אַהֲרֹן בְּתוֹךְ מַטּוֹתָם ד:יז:כב וַיַּנַּח מֹשֶׁה אֶת־הַמַּטֹּת לִפְנֵי יְהוָה
בְּאֹהֶל הָעֵדֻת ד:יז:כג וַיְהִי מִמָּחֳרָת וַיָּבֹא מֹשֶׁה אֶל־אֹהֶל הָעֵדוּת
וְהִנֵּה פָּרַח מַטֵּה־אַהֲרֹן לְבֵית לֵוִי וַיֹּצֵא פֶרַח וַיָּצֵץ צִיץ וַיִּגְמֹל
שְׁקֵדִים ד:יז:כד וַיֹּצֵא מֹשֶׁה אֶת־כָּל־הַמַּטֹּת מִלִּפְנֵי יְהוָה אֶל־כָּל־בְּנֵי
יִשְׂרָאֵל וַיִּרְאוּ וַיִּקְחוּ אִישׁ מַטֵּהוּ ד:יז:כה וַיֹּאמֶר יְהוָה אֶל־מֹשֶׁה הָשֵׁב
אֶת־מַטֵּה אַהֲרֹן לִפְנֵי הָעֵדוּת לְמִשְׁמֶרֶת לְאוֹת לִבְנֵי־מֶרִי וּתְכַל
תְּלוּנֹּתָם מֵעָלַי וְלֹא יָמֻתוּ ד:יז:כו וַיַּעַשׂ מֹשֶׁה כַּאֲשֶׁר צִוָּה יְהוָה אֹתוֹ
כֵּן עָשָׂה ד:יז:כז וַיֹּאמְרוּ בְּנֵי יִשְׂרָאֵל אֶל־מֹשֶׁה לֵאמֹר הֵן גָּוַעְנוּ
אָבַדְנוּ כֻּלָּנוּ אָבָדְנוּ ד:יז:כח כֹּל הַקָּרֵב | הַקָּרֵב אֶל־מִשְׁכַּן יְהוָה
יָמוּת הַאִם תַּמְנוּ לִגְוֹעַ ד:יח:א וַיֹּאמֶר יְהוָה אֶל־אַהֲרֹן אַתָּה וּבָנֶיךָ
וּבֵית־אָבִיךָ אִתָּךְ תִּשְׂאוּ אֶת־עֲוֹן הַמִּקְדָּשׁ וְאַתָּה וּבָנֶיךָ אִתָּךְ
תִּשְׂאוּ אֶת־עֲוֹן כְּהֻנַּתְכֶם ד:יח:ב וְגַם אֶת־אַחֶיךָ מַטֵּה לֵוִי שֵׁבֶט
אָבִיךָ הַקְרֵב אִתָּךְ וְיִלָּווּ עָלֶיךָ וִישָׁרְתוּךָ וְאַתָּה וּבָנֶיךָ אִתָּךְ לִפְנֵי
אֹהֶל הָעֵדֻת ד:יח:ג וְשָׁמְרוּ מִשְׁמַרְתְּךָ וּמִשְׁמֶרֶת כָּל־הָאֹהֶל אַךְ
אֶל־כְּלֵי הַקֹּדֶשׁ וְאֶל־הַמִּזְבֵּחַ לֹא יִקְרָבוּ וְלֹא־יָמֻתוּ גַם־הֵם
גַּם־אַתֶּם ד:יח:ד וְנִלְווּ עָלֶיךָ וְשָׁמְרוּ אֶת־מִשְׁמֶרֶת אֹהֶל מוֹעֵד לְכֹל
עֲבֹדַת הָאֹהֶל וְזָר לֹא־יִקְרַב אֲלֵיכֶם ד:יח:ה וּשְׁמַרְתֶּם אֵת מִשְׁמֶרֶת
הַקֹּדֶשׁ וְאֵת מִשְׁמֶרֶת הַמִּזְבֵּחַ וְלֹא־יִהְיֶה עוֹד קֶצֶף עַל־בְּנֵי יִשְׂרָאֵל
ד:יח:ו וַאֲנִי הִנֵּה לָקַחְתִּי אֶת־אֲחֵיכֶם הַלְוִיִּם מִתּוֹךְ בְּנֵי יִשְׂרָאֵל לָכֶם
מַתָּנָה נְתֻנִים לַיהוָה לַעֲבֹד אֶת־עֲבֹדַת אֹהֶל מוֹעֵד ד:יח:ז וְאַתָּה
וּבָנֶיךָ אִתְּךָ תִּשְׁמְרוּ אֶת־כְּהֻנַּתְכֶם לְכָל־דְּבַר הַמִּזְבֵּחַ וּלְמִבֵּית
לַפָּרֹכֶת וַעֲבַדְתֶּם עֲבֹדַת מַתָּנָה אֶתֵּן אֶת־כְּהֻנַּתְכֶם וְהַזָּר הַקָּרֵב
יוּמָת ד:יח:ח וַיְדַבֵּר יְהוָה אֶל־אַהֲרֹן וַאֲנִי הִנֵּה נָתַתִּי לְךָ
אֶת־מִשְׁמֶרֶת תְּרוּמֹתָי לְכָל־קָדְשֵׁי בְנֵי־יִשְׂרָאֵל לְךָ נְתַתִּים
לְמָשְׁחָה וּלְבָנֶיךָ לְחָק־עוֹלָם ד:יח:ט זֶה־יִהְיֶה לְךָ מִקֹּדֶשׁ הַקֳּדָשִׁים
מִן־הָאֵשׁ כָּל־קָרְבָּנָם לְכָל־מִנְחָתָם וּלְכָל־חַטָּאתָם וּלְכָל־אֲשָׁמָם

אֲשֶׁ֣ר יָשִׁ֣יבוּ לִ֗י קֹ֣דֶשׁ קָֽדָשִׁ֛ים לְךָ֥ ה֖וּא וּלְבָנֶֽיךָ ד:יח:י בְּקֹ֖דֶשׁ
הַקֳּדָשִׁ֖ים תֹּאכְלֶ֑נּוּ כָּל־זָכָר֙ יֹאכַ֣ל אֹת֔וֹ קֹ֖דֶשׁ יִֽהְיֶה־לָּֽךְ
ד:יח:יא וְזֶה־לְּךָ֞ תְּרוּמַ֣ת מַתָּנָ֗ם לְכָל־תְּנוּפֹת֮ בְּנֵ֣י יִשְׂרָאֵל֒ לְךָ֣ נְתַתִּ֗ים
וּלְבָנֶ֧יךָ וְלִבְנֹתֶ֛יךָ אִתְּךָ֖ לְחָק־עוֹלָ֑ם כָּל־טָה֥וֹר בְּבֵיתְךָ֖ יֹאכַ֥ל אֹתֽוֹ
ד:יח:יב כֹּ֚ל חֵ֣לֶב יִצְהָ֔ר וְכָל־חֵ֖לֶב תִּיר֣וֹשׁ וְדָגָ֑ן רֵאשִׁיתָ֛ם אֲשֶׁר־יִתְּנ֥וּ
לַֽיהוָ֖ה לְךָ֥ נְתַתִּֽים ד:יח:יג בִּכּוּרֵ֞י כָּל־אֲשֶׁ֧ר בְּאַרְצָ֛ם אֲשֶׁר־יָבִ֥יאוּ
לַֽיהוָ֖ה לְךָ֣ יִהְיֶ֑ה כָּל־טָה֥וֹר בְּבֵיתְךָ֖ יֹאכְלֶֽנּוּ ד:יח:יד כָּל־חֵ֥רֶם בְּיִשְׂרָאֵ֖ל
לְךָ֥ יִהְיֶֽה ד:יח:טו כָּל־פֶּ֣טֶר רֶ֠חֶם לְכָל־בָּשָׂ֞ר אֲשֶׁר־יַקְרִ֧יבוּ לַיהוָ֛ה
בָּאָדָ֥ם וּבַבְּהֵמָ֖ה יִהְיֶה־לָּ֑ךְ אַ֣ךְ ׀ פָּדֹ֣ה תִפְדֶּ֗ה אֵ֚ת בְּכ֣וֹר הָֽאָדָ֔ם
וְאֵ֛ת בְּכוֹר־הַבְּהֵמָ֥ה הַטְּמֵאָ֖ה תִּפְדֶּֽה ד:יח:טז וּפְדוּיָו֙ מִבֶּן־חֹ֣דֶשׁ
תִּפְדֶּ֔ה בְּעֶ֨רְכְּךָ֔ כֶּ֚סֶף חֲמֵ֣שֶׁת שְׁקָלִ֔ים בְּשֶׁ֥קֶל הַקֹּ֖דֶשׁ עֶשְׂרִ֥ים גֵּרָ֖ה
הֽוּא ד:יח:יז אַ֣ךְ בְּכוֹר־שׁ֡וֹר אֽוֹ־בְכ֨וֹר כֶּ֜שֶׂב אֽוֹ־בְכ֥וֹר עֵ֛ז לֹ֥א תִפְדֶּ֖ה
קֹ֣דֶשׁ הֵ֑ם אֶת־דָּמָ֞ם תִּזְרֹ֤ק עַל־הַמִּזְבֵּ֙חַ֙ וְאֶת־חֶלְבָּ֣ם תַּקְטִ֔יר אִשֶּׁ֛ה
לְרֵ֥יחַ נִיחֹ֖חַ לַיהוָֽה ד:יח:יח וּבְשָׂרָ֖ם יִֽהְיֶה־לָּ֑ךְ כַּחֲזֵ֧ה הַתְּנוּפָ֛ה וּכְשׁ֥וֹק
הַיָּמִ֖ין לְךָ֥ יִהְיֶֽה ד:יח:יט כֹּ֣ל ׀ תְּרוּמֹ֣ת הַקֳּדָשִׁ֗ים אֲשֶׁ֨ר יָרִ֥ימוּ
בְנֵֽי־יִשְׂרָאֵל֮ לַֽיהוָה֒ נָתַ֣תִּֽי לְךָ֗ וּֽלְבָנֶ֧יךָ וְלִבְנֹתֶ֛יךָ אִתְּךָ֖ לְחָק־עוֹלָ֑ם
בְּרִית֩ מֶ֨לַח עוֹלָ֥ם הִוא֙ לִפְנֵ֣י יְהוָ֔ה לְךָ֖ וּלְזַרְעֲךָ֥ אִתָּֽךְ ד:יח:כ וַיֹּ֨אמֶר
יְהוָ֜ה אֶֽל־אַהֲרֹ֗ן בְּאַרְצָם֙ לֹ֣א תִנְחָ֔ל וְחֵ֕לֶק לֹא־יִהְיֶ֥ה לְךָ֖ בְּתוֹכָ֑ם
אֲנִ֤י חֶלְקְךָ֙ וְנַֽחֲלָ֣תְךָ֔ בְּת֖וֹךְ בְּנֵ֥י יִשְׂרָאֵֽל ד:יח:כא וְלִבְנֵ֣י לֵוִ֔י הִנֵּ֥ה נָתַ֛תִּי
כָּל־מַעֲשֵׂ֥ר בְּיִשְׂרָאֵ֖ל לְנַחֲלָ֑ה חֵ֤לֶף עֲבֹֽדָתָם֙ אֲשֶׁר־הֵ֣ם עֹֽבְדִ֔ים
אֶת־עֲבֹדַ֖ת אֹ֥הֶל מוֹעֵֽד ד:יח:כב וְלֹא־יִקְרְב֥וּ ע֛וֹד בְּנֵ֥י יִשְׂרָאֵ֖ל
אֶל־אֹ֣הֶל מוֹעֵ֑ד לָשֵׂ֥את חֵ֖טְא לָמֽוּת ד:יח:כג וְעָבַ֨ד הַלֵּוִ֜י ה֗וּא
אֶת־עֲבֹדַת֙ אֹ֣הֶל מוֹעֵ֔ד וְהֵ֖ם יִשְׂא֣וּ עֲוֺנָ֑ם חֻקַּ֤ת עוֹלָם֙ לְדֹרֹ֣תֵיכֶ֔ם
וּבְתוֹךְ֙ בְּנֵ֣י יִשְׂרָאֵ֔ל לֹ֥א יִנְחֲל֖וּ נַחֲלָֽה ד:יח:כד כִּ֞י אֶֽת־מַעְשַׂ֣ר
בְּנֵֽי־יִשְׂרָאֵ֗ל אֲשֶׁ֨ר יָרִ֤ימוּ לַֽיהוָה֙ תְּרוּמָ֔ה נָתַ֥תִּי לַלְוִיִּ֖ם לְנַחֲלָ֑ה עַל־כֵּן֙
אָמַ֣רְתִּי לָהֶ֔ם בְּתוֹךְ֙ בְּנֵ֣י יִשְׂרָאֵ֔ל לֹ֥א יִנְחֲל֖וּ נַחֲלָֽה ד:יח:כה וַיְדַבֵּ֥ר
יְהוָ֖ה אֶל־מֹשֶׁ֥ה לֵּאמֹֽר ד:יח:כו וְאֶל־הַלְוִיִּ֣ם תְּדַבֵּר֮ וְאָמַרְתָּ֣ אֲלֵהֶם֒
כִּֽי־תִ֠קְחוּ מֵאֵ֨ת בְּנֵי־יִשְׂרָאֵ֜ל אֶת־הַֽמַּעֲשֵׂ֗ר אֲשֶׁ֨ר נָתַ֧תִּי לָכֶ֛ם מֵאִתָּ֖ם

בְּנַחֲלַתְכֶם וַהֲרֵמֹתֶם מִמֶּנּוּ תְּרוּמַת יְהוָה מַעֲשֵׂר מִן־הַמַּעֲשֵׂר
ד:יח:כז וְנֶחְשַׁב לָכֶם תְּרוּמַתְכֶם כַּדָּגָן מִן־הַגֹּרֶן וְכַמְלֵאָה מִן־הַיָּקֶב
ד:יח:כח כֵּן תָּרִימוּ גַם־אַתֶּם תְּרוּמַת יְהוָה מִכֹּל מַעְשְׂרֹתֵיכֶם אֲשֶׁר
תִּקְחוּ מֵאֵת בְּנֵי יִשְׂרָאֵל וּנְתַתֶּם מִמֶּנּוּ אֶת־תְּרוּמַת יְהוָה לְאַהֲרֹן
הַכֹּהֵן ד:יח:כט מִכֹּל מַתְּנֹתֵיכֶם תָּרִימוּ אֵת כָּל־תְּרוּמַת יְהוָה
מִכָּל־חֶלְבּוֹ אֶת־מִקְדְּשׁוֹ מִמֶּנּוּ ד:יח:ל וְאָמַרְתָּ אֲלֵהֶם בַּהֲרִימְכֶם
אֶת־חֶלְבּוֹ מִמֶּנּוּ וְנֶחְשַׁב לַלְוִיִּם כִּתְבוּאַת גֹּרֶן וְכִתְבוּאַת יָקֶב
ד:יח:לא וַאֲכַלְתֶּם אֹתוֹ בְּכָל־מָקוֹם אַתֶּם וּבֵיתְכֶם כִּי־שָׂכָר הוּא לָכֶם
חֵלֶף עֲבֹדַתְכֶם בְּאֹהֶל מוֹעֵד ד:יח:לב וְלֹא־תִשְׂאוּ עָלָיו חֵטְא
בַּהֲרִימְכֶם אֶת־חֶלְבּוֹ מִמֶּנּוּ וְאֶת־קָדְשֵׁי בְנֵי־יִשְׂרָאֵל לֹא תְחַלְּלוּ
וְלֹא תָמוּתוּ ד:יט:א וַיְדַבֵּר יְהוָה אֶל־מֹשֶׁה וְאֶל־אַהֲרֹן לֵאמֹר
ד:יט:ב זֹאת חֻקַּת הַתּוֹרָה אֲשֶׁר־צִוָּה יְהוָה לֵאמֹר דַּבֵּר | אֶל־בְּנֵי
יִשְׂרָאֵל וְיִקְחוּ אֵלֶיךָ פָרָה אֲדֻמָּה תְּמִימָה אֲשֶׁר אֵין־בָּהּ מוּם אֲשֶׁר
לֹא־עָלָה עָלֶיהָ עֹל ד:יט:ג וּנְתַתֶּם אֹתָהּ אֶל־אֶלְעָזָר הַכֹּהֵן וְהוֹצִיא
אֹתָהּ אֶל־מִחוּץ לַמַּחֲנֶה וְשָׁחַט אֹתָהּ לְפָנָיו ד:יט:ד וְלָקַח אֶלְעָזָר
הַכֹּהֵן מִדָּמָהּ בְּאֶצְבָּעוֹ וְהִזָּה אֶל־נֹכַח פְּנֵי אֹהֶל־מוֹעֵד מִדָּמָהּ
שֶׁבַע פְּעָמִים ד:יט:ה וְשָׂרַף אֶת־הַפָּרָה לְעֵינָיו אֶת־עֹרָהּ
וְאֶת־בְּשָׂרָהּ וְאֶת־דָּמָהּ עַל־פִּרְשָׁהּ יִשְׂרֹף ד:יט:ו וְלָקַח הַכֹּהֵן עֵץ
אֶרֶז וְאֵזוֹב וּשְׁנִי תוֹלָעַת וְהִשְׁלִיךְ אֶל־תּוֹךְ שְׂרֵפַת הַפָּרָה
ד:יט:ז וְכִבֶּס בְּגָדָיו הַכֹּהֵן וְרָחַץ בְּשָׂרוֹ בַּמַּיִם וְאַחַר יָבֹא
אֶל־הַמַּחֲנֶה וְטָמֵא הַכֹּהֵן עַד־הָעָרֶב ד:יט:ח וְהַשֹּׂרֵף אֹתָהּ יְכַבֵּס
בְּגָדָיו בַּמַּיִם וְרָחַץ בְּשָׂרוֹ בַּמָּיִם וְטָמֵא עַד־הָעָרֶב ד:יט:ט וְאָסַף |
אִישׁ טָהוֹר אֵת אֵפֶר הַפָּרָה וְהִנִּיחַ מִחוּץ לַמַּחֲנֶה בְּמָקוֹם טָהוֹר
וְהָיְתָה לַעֲדַת בְּנֵי־יִשְׂרָאֵל לְמִשְׁמֶרֶת לְמֵי נִדָּה חַטָּאת הִוא
ד:יט:י וְכִבֶּס הָאֹסֵף אֶת־אֵפֶר הַפָּרָה אֶת־בְּגָדָיו וְטָמֵא עַד־הָעָרֶב
וְהָיְתָה לִבְנֵי יִשְׂרָאֵל וְלַגֵּר הַגָּר בְּתוֹכָם לְחֻקַּת עוֹלָם ד:יט:יא הַנֹּגֵעַ
בְּמֵת לְכָל־נֶפֶשׁ אָדָם וְטָמֵא שִׁבְעַת יָמִים ד:יט:יב הוּא יִתְחַטָּא־בוֹ
בַּיּוֹם הַשְּׁלִישִׁי וּבַיּוֹם הַשְּׁבִיעִי יִטְהָר וְאִם־לֹא יִתְחַטָּא בַּיּוֹם

הַשְּׁלִישִׁ֛י וּבַיּ֥וֹם הַשְּׁבִיעִ֖י לֹ֥א יִטְהָֽר ד:יט:יג כָּל־הַנֹּגֵ֡עַ בְּמֵ֣ת בְּנֶ֣פֶשׁ
הָֽאָדָם֩ אֲשֶׁר־יָמ֜וּת וְלֹ֣א יִתְחַטָּ֗א אֶת־מִשְׁכַּ֤ן יְהוָה֙ טִמֵּ֔א וְנִכְרְתָ֛ה
הַנֶּ֥פֶשׁ הַהִ֖וא מִיִּשְׂרָאֵ֑ל כִּי֩ מֵ֨י נִדָּ֜ה לֹא־זֹרַ֤ק עָלָיו֙ טָמֵ֣א יִהְיֶ֔ה ע֖וֹד
טֻמְאָת֥וֹ בֽוֹ ד:יט:יד זֹ֚את הַתּוֹרָ֔ה אָדָ֖ם כִּֽי־יָמ֣וּת בְּאֹ֑הֶל כָּל־הַבָּ֤א
אֶל־הָאֹ֙הֶל֙ וְכָל־אֲשֶׁ֣ר בָּאֹ֔הֶל יִטְמָ֖א שִׁבְעַ֥ת יָמִֽים ד:יט:טו וְכֹל֙ כְּלִ֣י
פָת֔וּחַ אֲשֶׁ֛ר אֵין־צָמִ֥יד פָּתִ֖יל עָלָ֑יו טָמֵ֖א הֽוּא ד:יט:טז וְכֹ֨ל אֲשֶׁר־יִגַּ֜ע
עַל־פְּנֵ֣י הַשָּׂדֶ֗ה בַּחֲלַל־חֶ֙רֶב֙ א֣וֹ בְמֵ֔ת אֽוֹ־בְעֶ֥צֶם אָדָ֖ם א֣וֹ בְקָ֑בֶר
יִטְמָ֖א שִׁבְעַ֥ת יָמִֽים ד:יט:יז וְלָֽקְחוּ֙ לַטָּמֵ֔א מֵעֲפַ֖ר שְׂרֵפַ֣ת הַֽחַטָּ֑את
וְנָתַ֥ן עָלָ֛יו מַ֥יִם חַיִּ֖ים אֶל־כֶּֽלִי ד:יט:יח וְלָקַ֨ח אֵז֜וֹב וְטָבַ֣ל בַּמַּיִם֮ אִ֣ישׁ
טָהוֹר֒ וְהִזָּ֤ה עַל־הָאֹ֙הֶל֙ וְעַל־כָּל־הַכֵּלִ֔ים וְעַל־הַנְּפָשׁ֖וֹת אֲשֶׁ֣ר
הָֽיוּ־שָׁ֑ם וְעַל־הַנֹּגֵ֗עַ בַּעֶ֙צֶם֙ א֣וֹ בֶֽחָלָ֔ל א֥וֹ בַמֵּ֖ת א֥וֹ בַקָּֽבֶר
ד:יט:יט וְהִזָּ֤ה הַטָּהֹר֙ עַל־הַטָּמֵ֔א בַּיּ֥וֹם הַשְּׁלִישִׁ֖י וּבַיּ֣וֹם הַשְּׁבִיעִ֑י
וְחִטְּאוֹ֙ בַּיּ֣וֹם הַשְּׁבִיעִ֔י וְכִבֶּ֧ס בְּגָדָ֛יו וְרָחַ֥ץ בַּמַּ֖יִם וְטָהֵ֥ר בָּעָֽרֶב
ד:יט:כ וְאִ֤ישׁ אֲשֶׁר־יִטְמָא֙ וְלֹ֣א יִתְחַטָּ֔א וְנִכְרְתָ֛ה הַנֶּ֥פֶשׁ הַהִ֖וא מִתּ֣וֹךְ
הַקָּהָ֑ל כִּי֩ אֶת־מִקְדַּ֨שׁ יְהוָ֜ה טִמֵּ֗א מֵ֥י נִדָּ֛ה לֹא־זֹרַ֥ק עָלָ֖יו טָמֵ֥א
הֽוּא ד:יט:כא וְהָיְתָ֥ה לָהֶ֖ם לְחֻקַּ֣ת עוֹלָ֑ם וּמַזֵּ֤ה מֵֽי־הַנִּדָּה֙ יְכַבֵּ֣ס בְּגָדָ֔יו
וְהַנֹּגֵ֙עַ֙ בְּמֵ֣י הַנִּדָּ֔ה יִטְמָ֖א עַד־הָעָֽרֶב ד:יט:כב וְכֹ֛ל אֲשֶׁר־יִגַּע־בּ֥וֹ
הַטָּמֵ֖א יִטְמָ֑א וְהַנֶּ֥פֶשׁ הַנֹּגַ֖עַת תִּטְמָ֥א עַד־הָעָֽרֶב ד:כ:א וַיָּבֹ֣אוּ
בְנֵֽי־יִ֠שְׂרָאֵ֠ל כָּל־הָ֨עֵדָ֜ה מִדְבַּר־צִ֗ן בַּחֹ֙דֶשׁ֙ הָֽרִאשׁ֔וֹן וַיֵּ֥שֶׁב הָעָ֖ם
בְּקָדֵ֑שׁ וַתָּ֤מָת שָׁם֙ מִרְיָ֔ם וַתִּקָּבֵ֖ר שָֽׁם ד:כ:ב וְלֹא־הָ֥יָה מַ֖יִם לָעֵדָ֑ה
וַיִּקָּ֣הֲל֔וּ עַל־מֹשֶׁ֖ה וְעַֽל־אַהֲרֹֽן ד:כ:ג וַיָּ֥רֶב הָעָ֖ם עִם־מֹשֶׁ֑ה וַיֹּאמְר֣וּ
לֵאמֹ֔ר וְל֥וּ גָוַ֛עְנוּ בִּגְוַ֥ע אַחֵ֖ינוּ לִפְנֵ֥י יְהוָֽה ד:כ:ד וְלָמָ֤ה הֲבֵאתֶם֙
אֶת־קְהַ֣ל יְהוָ֔ה אֶל־הַמִּדְבָּ֖ר הַזֶּ֑ה לָמ֣וּת שָׁ֔ם אֲנַ֖חְנוּ וּבְעִירֵֽנוּ
ד:כ:ה וְלָמָ֤ה הֶֽעֱלִיתֻ֙נוּ֙ מִמִּצְרַ֔יִם לְהָבִ֣יא אֹתָ֔נוּ אֶל־הַמָּק֥וֹם הָרָ֖ע
הַזֶּ֑ה לֹ֣א ׀ מְק֣וֹם זֶ֗רַע וּתְאֵנָ֤ה וְגֶ֙פֶן֙ וְרִמּ֔וֹן וּמַ֥יִם אַ֖יִן לִשְׁתּֽוֹת
ד:כ:ו וַיָּבֹא֩ מֹשֶׁ֨ה וְאַהֲרֹ֜ן מִפְּנֵ֣י הַקָּהָ֗ל אֶל־פֶּ֙תַח֙ אֹ֣הֶל מוֹעֵ֔ד וַֽיִּפְּל֖וּ
עַל־פְּנֵיהֶ֑ם וַיֵּרָ֥א כְבוֹד־יְהוָ֖ה אֲלֵיהֶֽם ד:כ:ז וַיְדַבֵּ֥ר יְהוָ֖ה אֶל־מֹשֶׁ֥ה
לֵּאמֹֽר ד:כ:ח קַ֣ח אֶת־הַמַּטֶּ֗ה וְהַקְהֵ֤ל אֶת־הָעֵדָה֙ אַתָּה֙ וְאַהֲרֹ֣ן

אָחִיךָ וְדִבַּרְתֶּם אֶל־הַסֶּלַע לְעֵינֵיהֶם וְנָתַן מֵימָיו וְהוֹצֵאתָ לָהֶם
מַיִם מִן־הַסֶּלַע וְהִשְׁקִיתָ אֶת־הָעֵדָה וְאֶת־בְּעִירָם ד:כ:ט וַיִּקַּח
מֹשֶׁה אֶת־הַמַּטֶּה מִלִּפְנֵי יְהוָה כַּאֲשֶׁר צִוָּהוּ ד:כ:י וַיַּקְהִלוּ מֹשֶׁה
וְאַהֲרֹן אֶת־הַקָּהָל אֶל־פְּנֵי הַסָּלַע וַיֹּאמֶר לָהֶם שִׁמְעוּ־נָא הַמֹּרִים
הֲמִן־הַסֶּלַע הַזֶּה נוֹצִיא לָכֶם מָיִם ד:כ:יא וַיָּרֶם מֹשֶׁה אֶת־יָדוֹ וַיַּךְ
אֶת־הַסֶּלַע בְּמַטֵּהוּ פַּעֲמָיִם וַיֵּצְאוּ מַיִם רַבִּים וַתֵּשְׁתְּ הָעֵדָה
וּבְעִירָם ד:כ:יב וַיֹּאמֶר יְהוָה אֶל־מֹשֶׁה וְאֶל־אַהֲרֹן יַעַן לֹא־הֶאֱמַנְתֶּם
בִּי לְהַקְדִּישֵׁנִי לְעֵינֵי בְּנֵי יִשְׂרָאֵל לָכֵן לֹא תָבִיאוּ אֶת־הַקָּהָל הַזֶּה
אֶל־הָאָרֶץ אֲשֶׁר־נָתַתִּי לָהֶם ד:כ:יג הֵמָּה מֵי מְרִיבָה אֲשֶׁר־רָבוּ
בְנֵי־יִשְׂרָאֵל אֶת־יְהוָה וַיִּקָּדֵשׁ בָּם ד:כ:יד וַיִּשְׁלַח מֹשֶׁה מַלְאָכִים
מִקָּדֵשׁ אֶל־מֶלֶךְ אֱדוֹם כֹּה אָמַר אָחִיךָ יִשְׂרָאֵל אַתָּה יָדַעְתָּ אֵת
כָּל־הַתְּלָאָה אֲשֶׁר מְצָאָתְנוּ ד:כ:טו וַיֵּרְדוּ אֲבֹתֵינוּ מִצְרַיְמָה וַנֵּשֶׁב
בְּמִצְרַיִם יָמִים רַבִּים וַיָּרֵעוּ לָנוּ מִצְרַיִם וְלַאֲבֹתֵינוּ ד:כ:טז וַנִּצְעַק
אֶל־יְהוָה וַיִּשְׁמַע קֹלֵנוּ וַיִּשְׁלַח מַלְאָךְ וַיֹּצִאֵנוּ מִמִּצְרָיִם וְהִנֵּה
אֲנַחְנוּ בְקָדֵשׁ עִיר קְצֵה גְבוּלֶךָ ד:כ:יז נַעְבְּרָה־נָּא בְאַרְצֶךָ לֹא
נַעֲבֹר בְּשָׂדֶה וּבְכֶרֶם וְלֹא נִשְׁתֶּה מֵי בְאֵר דֶּרֶךְ הַמֶּלֶךְ נֵלֵךְ לֹא
נִטֶּה יָמִין וּשְׂמֹאול עַד אֲשֶׁר־נַעֲבֹר גְּבוּלֶךָ ד:כ:יח וַיֹּאמֶר אֵלָיו אֱדוֹם
לֹא תַעֲבֹר בִּי פֶּן־בַּחֶרֶב אֵצֵא לִקְרָאתֶךָ ד:כ:יט וַיֹּאמְרוּ אֵלָיו
בְּנֵי־יִשְׂרָאֵל בַּמְסִלָּה נַעֲלֶה וְאִם־מֵימֶיךָ נִשְׁתֶּה אֲנִי וּמִקְנַי וְנָתַתִּי
מִכְרָם רַק אֵין־דָּבָר בְּרַגְלַי אֶעֱבֹרָה ד:כ:כ וַיֹּאמֶר לֹא תַעֲבֹר וַיֵּצֵא
אֱדוֹם לִקְרָאתוֹ בְּעַם כָּבֵד וּבְיָד חֲזָקָה ד:כ:כא וַיְמָאֵן | אֱדוֹם נְתֹן
אֶת־יִשְׂרָאֵל עֲבֹר בִּגְבֻלוֹ וַיֵּט יִשְׂרָאֵל מֵעָלָיו ד:כ:כב וַיִּסְעוּ מִקָּדֵשׁ
וַיָּבֹאוּ בְנֵי־יִשְׂרָאֵל כָּל־הָעֵדָה הֹר הָהָר ד:כ:כג וַיֹּאמֶר יְהוָה
אֶל־מֹשֶׁה וְאֶל־אַהֲרֹן בְּהֹר הָהָר עַל־גְּבוּל אֶרֶץ־אֱדוֹם לֵאמֹר
ד:כ:כד יֵאָסֵף אַהֲרֹן אֶל־עַמָּיו כִּי לֹא יָבֹא אֶל־הָאָרֶץ אֲשֶׁר נָתַתִּי
לִבְנֵי יִשְׂרָאֵל עַל אֲשֶׁר־מְרִיתֶם אֶת־פִּי לְמֵי מְרִיבָה ד:כ:כה קַח
אֶת־אַהֲרֹן וְאֶת־אֶלְעָזָר בְּנוֹ וְהַעַל אֹתָם הֹר הָהָר ד:כ:כו וְהַפְשֵׁט
אֶת־אַהֲרֹן אֶת־בְּגָדָיו וְהִלְבַּשְׁתָּם אֶת־אֶלְעָזָר בְּנוֹ וְאַהֲרֹן יֵאָסֵף

וּמֵ֥ת שָֽׁם ד:כ:כז וַיַּ֣עַשׂ מֹשֶׁ֔ה כַּאֲשֶׁ֖ר צִוָּ֣ה יְהוָ֑ה וַֽיַּעֲלוּ֙ אֶל־הֹ֣ר הָהָ֔ר
לְעֵינֵ֖י כָּל־הָעֵדָֽה ד:כ:כח וַיַּפְשֵׁט֩ מֹשֶׁ֨ה אֶֽת־אַהֲרֹ֜ן אֶת־בְּגָדָ֗יו וַיַּלְבֵּ֤שׁ
אֹתָם֙ אֶת־אֶלְעָזָ֣ר בְּנ֔וֹ וַיָּ֧מָת אַהֲרֹ֛ן שָׁ֖ם בְּרֹ֣אשׁ הָהָ֑ר וַיֵּ֧רֶד מֹשֶׁ֛ה
וְאֶלְעָזָ֖ר מִן־הָהָֽר ד:כ:כט וַיִּרְאוּ֙ כָּל־הָ֣עֵדָ֔ה כִּ֥י גָוַ֖ע אַהֲרֹ֑ן וַיִּבְכּ֤וּ
אֶֽת־אַהֲרֹן֙ שְׁלֹשִׁ֣ים י֔וֹם כֹּ֖ל בֵּ֥ית יִשְׂרָאֵֽל ד:כא:א וַיִּשְׁמַ֞ע הַֽכְּנַעֲנִ֤י
מֶֽלֶךְ־עֲרָד֙ יֹשֵׁ֣ב הַנֶּ֔גֶב כִּ֚י בָּ֣א יִשְׂרָאֵ֔ל דֶּ֖רֶךְ הָאֲתָרִ֑ים וַיִּלָּ֙חֶם֙
בְּיִשְׂרָאֵ֔ל וַיִּ֥שְׁבְּ ׀ מִמֶּ֖נּוּ שֶֽׁבִי ד:כא:ב וַיִּדַּ֨ר יִשְׂרָאֵ֥ל נֶ֛דֶר לַיהוָ֖ה וַיֹּאמַ֑ר
אִם־נָתֹ֨ן תִּתֵּ֜ן אֶת־הָעָ֤ם הַזֶּה֙ בְּיָדִ֔י וְהַֽחֲרַמְתִּ֖י אֶת־עָרֵיהֶֽם
ד:כא:ג וַיִּשְׁמַ֨ע יְהוָ֜ה בְּק֣וֹל יִשְׂרָאֵ֗ל וַיִּתֵּן֙ אֶת־הַֽכְּנַעֲנִ֔י וַיַּחֲרֵ֥ם אֶתְהֶ֖ם
וְאֶת־עָרֵיהֶ֑ם וַיִּקְרָ֥א שֵֽׁם־הַמָּק֖וֹם חָרְמָֽה ד:כא:ד וַיִּסְע֞וּ מֵהֹ֤ר הָהָר֙
דֶּ֣רֶךְ יַם־ס֔וּף לִסְבֹ֖ב אֶת־אֶ֣רֶץ אֱד֑וֹם וַתִּקְצַ֥ר נֶֽפֶשׁ־הָעָ֖ם בַּדָּֽרֶךְ
ד:כא:ה וַיְדַבֵּ֣ר הָעָ֗ם בֵּֽאלֹהִים֮ וּבְמֹשֶׁה֒ לָמָ֤ה הֶֽעֱלִיתֻ֙נוּ֙ מִמִּצְרַ֔יִם
לָמ֖וּת בַּמִּדְבָּ֑ר כִּ֣י אֵ֥ין לֶ֙חֶם֙ וְאֵ֣ין מַ֔יִם וְנַפְשֵׁ֣נוּ קָ֔צָה בַּלֶּ֖חֶם הַקְּלֹקֵֽל
ד:כא:ו וַיְשַׁלַּ֨ח יְהוָ֜ה בָּעָ֗ם אֵ֚ת הַנְּחָשִׁ֣ים הַשְּׂרָפִ֔ים וַֽיְנַשְּׁכ֖וּ אֶת־הָעָ֑ם
וַיָּ֥מָת עַם־רָ֖ב מִיִּשְׂרָאֵֽל ד:כא:ז וַיָּבֹא֩ הָעָ֨ם אֶל־מֹשֶׁ֜ה וַיֹּאמְר֣וּ חָטָ֗אנוּ
כִּֽי־דִבַּ֤רְנוּ בַֽיהוָה֙ וָבָ֔ךְ הִתְפַּלֵּל֙ אֶל־יְהוָ֔ה וְיָסֵ֥ר מֵעָלֵ֖ינוּ אֶת־הַנָּחָ֑שׁ
וַיִּתְפַּלֵּ֥ל מֹשֶׁ֖ה בְּעַ֥ד הָעָֽם ד:כא:ח וַיֹּ֨אמֶר יְהוָ֜ה אֶל־מֹשֶׁ֗ה עֲשֵׂ֤ה לְךָ֙
שָׂרָ֔ף וְשִׂ֥ים אֹת֖וֹ עַל־נֵ֑ס וְהָיָה֙ כָּל־הַנָּשׁ֔וּךְ וְרָאָ֥ה אֹת֖וֹ וָחָֽי
ד:כא:ט וַיַּ֤עַשׂ מֹשֶׁה֙ נְחַ֣שׁ נְחֹ֔שֶׁת וַיְשִׂמֵ֖הוּ עַל־הַנֵּ֑ס וְהָיָ֗ה אִם־נָשַׁ֤ךְ
הַנָּחָשׁ֙ אֶת־אִ֔ישׁ וְהִבִּ֛יט אֶל־נְחַ֥שׁ הַנְּחֹ֖שֶׁת וָחָֽי ד:כא:י וַיִּסְע֖וּ בְּנֵ֣י
יִשְׂרָאֵ֑ל וַֽיַּחֲנ֖וּ בְּאֹבֹֽת ד:כא:יא וַיִּסְע֖וּ מֵאֹבֹ֑ת וַֽיַּחֲנ֞וּ בְּעִיֵּ֣י הָֽעֲבָרִ֗ים
בַּמִּדְבָּר֙ אֲשֶׁר֙ עַל־פְּנֵ֣י מוֹאָ֔ב מִמִּזְרַ֖ח הַשָּֽׁמֶשׁ ד:כא:יב מִשָּׁ֖ם נָסָ֑עוּ
וַֽיַּחֲנ֖וּ בְּנַ֥חַל זָֽרֶד ד:כא:יג מִשָּׁם֮ נָסָעוּ֒ וַֽיַּחֲנוּ֙ מֵעֵ֣בֶר אַרְנ֔וֹן אֲשֶׁר֙
בַּמִּדְבָּ֔ר הַיֹּצֵ֖א מִגְּב֣וּל הָֽאֱמֹרִ֑י כִּ֤י אַרְנוֹן֙ גְּב֣וּל מוֹאָ֔ב בֵּ֥ין מוֹאָ֖ב וּבֵ֥ין
הָאֱמֹרִֽי ד:כא:יד עַל־כֵּן֙ יֵֽאָמַ֔ר בְּסֵ֖פֶר מִלְחֲמֹ֣ת יְהוָ֑ה אֶת־וָהֵ֣ב
בְּסוּפָ֔ה וְאֶת־הַנְּחָלִ֖ים אַרְנֽוֹן ד:כא:טו וְאֶ֙שֶׁד֙ הַנְּחָלִ֔ים אֲשֶׁ֥ר נָטָ֖ה
לְשֶׁ֣בֶת עָ֑ר וְנִשְׁעַ֖ן לִגְב֥וּל מוֹאָֽב ד:כא:טז וּמִשָּׁ֖ם בְּאֵ֑רָה הִ֣וא הַבְּאֵ֗ר
אֲשֶׁ֨ר אָמַ֤ר יְהוָה֙ לְמֹשֶׁ֔ה אֱסֹף֙ אֶת־הָעָ֔ם וְאֶתְּנָ֥ה לָהֶ֖ם מָֽיִם

ד:כא:יז אָ֚ז יָשִׁ֣יר יִשְׂרָאֵ֔ל אֶת־הַשִּׁירָ֖ה הַזֹּ֑את עֲלִ֥י בְאֵ֖ר עֱנוּ־לָֽהּ
ד:כא:יח בְּאֵ֞ר חֲפָר֣וּהָ שָׂרִ֗ים כָּר֙וּהָ֙ נְדִיבֵ֣י הָעָ֔ם בִּמְחֹקֵ֖ק בְּמִשְׁעֲנֹתָ֑ם
וּמִמִּדְבָּ֖ר מַתָּנָֽה ד:כא:יט וּמִמַּתָּנָ֖ה נַחֲלִיאֵ֑ל וּמִנַּחֲלִיאֵ֖ל בָּמֽוֹת
ד:כא:כ וּמִבָּמ֗וֹת הַגַּיְא֙ אֲשֶׁר֙ בִּשְׂדֵ֣ה מוֹאָ֔ב רֹ֖אשׁ הַפִּסְגָּ֑ה וְנִשְׁקָ֖פָה
עַל־פְּנֵ֥י הַיְשִׁימֹֽן ד:כא:כא וַיִּשְׁלַ֤ח יִשְׂרָאֵל֙ מַלְאָכִ֔ים אֶל־סִיחֹ֥ן
מֶֽלֶךְ־הָאֱמֹרִ֖י לֵאמֹֽר ד:כא:כב אֶעְבְּרָ֣ה בְאַרְצֶ֗ךָ לֹ֤א נִטֶּה֙ בְּשָׂדֶ֣ה
וּבְכֶ֔רֶם לֹ֥א נִשְׁתֶּ֖ה מֵ֣י בְאֵ֑ר בְּדֶ֤רֶךְ הַמֶּ֙לֶךְ֙ נֵלֵ֔ךְ עַ֥ד אֲשֶֽׁר־נַעֲבֹ֖ר
גְּבֻלֶֽךָ ד:כא:כג וְלֹא־נָתַ֨ן סִיחֹ֣ן אֶת־יִשְׂרָאֵל֮ עֲבֹ֣ר בִּגְבֻלוֹ֒ וַיֶּאֱסֹ֨ף סִיחֹ֜ן
אֶת־כָּל־עַמּ֗וֹ וַיֵּצֵ֞א לִקְרַ֤את יִשְׂרָאֵל֙ הַמִּדְבָּ֔רָה וַיָּבֹ֖א יָ֑הְצָה וַיִּלָּ֖חֶם
בְּיִשְׂרָאֵֽל ד:כא:כד וַיַּכֵּ֥הוּ יִשְׂרָאֵ֖ל לְפִי־חָ֑רֶב וַיִּירַ֨שׁ אֶת־אַרְצ֜וֹ מֵֽאַרְנֹ֗ן
עַד־יַבֹּק֙ עַד־בְּנֵ֣י עַמּ֔וֹן כִּ֣י עַ֔ז גְּב֖וּל בְּנֵ֥י עַמּֽוֹן ד:כא:כה וַיִּקַּח֙ יִשְׂרָאֵ֔ל
אֵ֥ת כָּל־הֶעָרִ֖ים הָאֵ֑לֶּה וַיֵּ֤שֶׁב יִשְׂרָאֵל֙ בְּכָל־עָרֵ֣י הָֽאֱמֹרִ֔י בְּחֶשְׁבּ֖וֹן
וּבְכָל־בְּנֹתֶֽיהָ ד:כא:כו כִּ֣י חֶשְׁבּ֔וֹן עִ֗יר סִיחֹ֛ן מֶ֥לֶךְ הָאֱמֹרִ֖י הִ֑וא וְה֣וּא
נִלְחַ֗ם בְּמֶ֤לֶךְ מוֹאָב֙ הָֽרִאשׁ֔וֹן וַיִּקַּ֧ח אֶת־כָּל־אַרְצ֛וֹ מִיָּד֖וֹ עַד־אַרְנֹֽן
ד:כא:כז עַל־כֵּ֛ן יֹאמְר֥וּ הַמֹּשְׁלִ֖ים בֹּ֣אוּ חֶשְׁבּ֑וֹן תִּבָּנֶ֥ה וְתִכּוֹנֵ֖ן עִ֥יר
סִיחֽוֹן ד:כא:כח כִּי־אֵשׁ֙ יָֽצְאָ֣ה מֵֽחֶשְׁבּ֔וֹן לֶהָבָ֖ה מִקִּרְיַ֣ת סִיחֹ֑ן אָֽכְלָה֙
עָ֣ר מוֹאָ֔ב בַּעֲלֵ֖י בָּמ֥וֹת אַרְנֹֽן ד:כא:כט אוֹי־לְךָ֣ מוֹאָ֔ב אָבַ֖דְתָּ
עַם־כְּמ֑וֹשׁ נָתַ֨ן בָּנָ֤יו פְּלֵיטִם֙ וּבְנֹתָ֣יו בַּשְּׁבִ֔ית לְמֶ֥לֶךְ אֱמֹרִ֖י סִיחֽוֹן
ד:כא:ל וַנִּירָ֥ם אָבַ֛ד חֶשְׁבּ֖וֹן עַד־דִּיבֹ֑ן וַנַּשִּׁ֣ים עַד־נֹ֔פַח אֲשֶׁ֖ר
עַד־מֵֽידְבָֽא ד:כא:לא וַיֵּ֙שֶׁב֙ יִשְׂרָאֵ֔ל בְּאֶ֖רֶץ הָאֱמֹרִֽי ד:כא:לב וַיִּשְׁלַ֤ח מֹשֶׁה֙
לְרַגֵּ֣ל אֶת־יַעְזֵ֔ר וַֽיִּלְכְּד֖וּ בְּנֹתֶ֑יהָ ויירש [וַיּ֖וֹרֶשׁ] אֶת־הָאֱמֹרִ֥י
אֲשֶׁר־שָֽׁם ד:כא:לג וַיִּפְנוּ֙ וַֽיַּעֲל֔וּ דֶּ֖רֶךְ הַבָּשָׁ֑ן וַיֵּצֵ֣א עוֹג֩ מֶֽלֶךְ־הַבָּשָׁ֨ן
לִקְרָאתָ֜ם ה֧וּא וְכָל־עַמּ֛וֹ לַמִּלְחָמָ֖ה אֶדְרֶֽעִי ד:כא:לד וַיֹּ֨אמֶר יְהוָ֤ה
אֶל־מֹשֶׁה֙ אַל־תִּירָ֣א אֹת֔וֹ כִּ֣י בְיָדְךָ֞ נָתַ֧תִּי אֹת֛וֹ וְאֶת־כָּל־עַמּ֖וֹ
וְאֶת־אַרְצ֑וֹ וְעָשִׂ֣יתָ לּ֔וֹ כַּאֲשֶׁ֣ר עָשִׂ֗יתָ לְסִיחֹן֙ מֶ֣לֶךְ הָאֱמֹרִ֔י אֲשֶׁ֥ר
יוֹשֵׁ֖ב בְּחֶשְׁבּֽוֹן ד:כא:לה וַיַּכּ֨וּ אֹת֤וֹ וְאֶת־בָּנָיו֙ וְאֶת־כָּל־עַמּ֔וֹ עַד־בִּלְתִּ֥י
הִשְׁאִֽיר־ל֖וֹ שָׂרִ֑יד וַיִּֽירְשׁ֖וּ אֶת־אַרְצֽוֹ ד:כב:א וַיִּסְע֖וּ בְּנֵ֣י יִשְׂרָאֵ֑ל וַֽיַּחֲנוּ֙
בְּעַֽרְב֣וֹת מוֹאָ֔ב מֵעֵ֖בֶר לְיַרְדֵּ֥ן יְרֵחֽוֹ ד:כב:ב וַיַּ֥רְא בָּלָ֖ק בֶּן־צִפּ֑וֹר אֵ֛ת

כׇּל־אֲשֶׁר־עָשָׂ֥ה יִשְׂרָאֵ֖ל לָֽאֱמֹרִֽי ד:כב:ג וַיָּ֨גׇר מוֹאָ֜ב מִפְּנֵ֥י הָעָ֛ם מְאֹ֖ד
כִּ֣י רַב־ה֑וּא וַיָּ֣קׇץ מוֹאָ֔ב מִפְּנֵ֖י בְּנֵ֥י יִשְׂרָאֵֽל ד:כב:ד וַיֹּ֨אמֶר מוֹאָ֜ב
אֶל־זִקְנֵ֣י מִדְיָ֗ן עַתָּ֞ה יְלַחֲכ֤וּ הַקָּהָל֙ אֶת־כׇּל־סְבִ֣יבֹתֵ֔ינוּ כִּלְחֹ֣ךְ הַשּׁ֔וֹר
אֵ֖ת יֶ֣רֶק הַשָּׂדֶ֑ה וּבָלָ֧ק בֶּן־צִפּ֛וֹר מֶ֥לֶךְ לְמוֹאָ֖ב בָּעֵ֥ת הַהִֽוא
ד:כב:ה וַיִּשְׁלַ֨ח מַלְאָכִ֜ים אֶל־בִּלְעָ֣ם בֶּן־בְּעֹ֗ר פְּ֠ת֠וֹרָה אֲשֶׁ֧ר
עַל־הַנָּהָ֛ר אֶ֥רֶץ בְּנֵי־עַמּ֖וֹ לִקְרֹא־ל֑וֹ לֵאמֹ֗ר הִנֵּה֩ עַ֨ם יָצָ֤א מִמִּצְרַ֙יִם֙
הִנֵּ֤ה כִסָּה֙ אֶת־עֵ֣ין הָאָ֔רֶץ וְה֥וּא יֹשֵׁ֖ב מִמֻּלִֽי ד:כב:ו וְעַתָּה֩ לְכָה־נָּ֨א
אָֽרָה־לִּ֜י אֶת־הָעָ֣ם הַזֶּ֗ה כִּֽי־עָצ֥וּם הוּא֙ מִמֶּ֔נִּי אוּלַ֤י אוּכַל֙ נַכֶּה־בּ֔וֹ
וַאֲגָרְשֶׁ֖נּוּ מִן־הָאָ֑רֶץ כִּ֣י יָדַ֗עְתִּי אֵ֤ת אֲשֶׁר־תְּבָרֵךְ֙ מְבֹרָ֔ךְ וַאֲשֶׁ֥ר תָּאֹ֖ר
יוּאָֽר ד:כב:ז וַיֵּ֨לְכ֜וּ זִקְנֵ֤י מוֹאָב֙ וְזִקְנֵ֣י מִדְיָ֔ן וּקְסָמִ֖ים בְּיָדָ֑ם וַיָּבֹ֙אוּ֙
אֶל־בִּלְעָ֔ם וַיְדַבְּר֥וּ אֵלָ֖יו דִּבְרֵ֥י בָלָֽק ד:כב:ח וַיֹּ֣אמֶר אֲלֵיהֶ֗ם לִ֤ינוּ פֹה֙
הַלַּ֔יְלָה וַהֲשִׁבֹתִ֤י אֶתְכֶם֙ דָּבָ֔ר כַּאֲשֶׁ֛ר יְדַבֵּ֥ר יְהוָ֖ה אֵלָ֑י וַיֵּשְׁב֥וּ
שָׂרֵֽי־מוֹאָ֖ב עִם־בִּלְעָֽם ד:כב:ט וַיָּבֹ֥א אֱלֹהִ֖ים אֶל־בִּלְעָ֑ם וַיֹּ֕אמֶר מִ֛י
הָאֲנָשִׁ֥ים הָאֵ֖לֶּה עִמָּֽךְ ד:כב:י וַיֹּ֥אמֶר בִּלְעָ֖ם אֶל־הָאֱלֹהִ֑ים בָּלָ֧ק
בֶּן־צִפֹּ֛ר מֶ֥לֶךְ מוֹאָ֖ב שָׁלַ֥ח אֵלָֽי ד:כב:יא הִנֵּ֤ה הָעָם֙ הַיֹּצֵ֣א מִמִּצְרַ֔יִם
וַיְכַ֖ס אֶת־עֵ֣ין הָאָ֑רֶץ עַתָּ֗ה לְכָ֤ה קָֽבָה־לִּי֙ אֹת֔וֹ אוּלַ֥י אוּכַ֛ל לְהִלָּ֥חֶם
בּ֖וֹ וְגֵרַשְׁתִּֽיו ד:כב:יב וַיֹּ֤אמֶר אֱלֹהִים֙ אֶל־בִּלְעָ֔ם לֹ֥א תֵלֵ֖ךְ עִמָּהֶ֑ם לֹ֤א
תָאֹר֙ אֶת־הָעָ֔ם כִּ֥י בָר֖וּךְ הֽוּא ד:כב:יג וַיָּ֤קׇם בִּלְעָם֙ בַּבֹּ֔קֶר וַיֹּ֙אמֶר֙
אֶל־שָׂרֵ֣י בָלָ֔ק לְכ֖וּ אֶל־אַרְצְכֶ֑ם כִּ֚י מֵאֵ֣ן יְהוָ֔ה לְתִתִּ֖י לַהֲלֹ֥ךְ עִמָּכֶֽם
ד:כב:יד וַיָּק֙וּמוּ֙ שָׂרֵ֣י מוֹאָ֔ב וַיָּבֹ֖אוּ אֶל־בָּלָ֑ק וַיֹּ֣אמְר֔וּ מֵאֵ֥ן בִּלְעָ֖ם הֲלֹ֥ךְ
עִמָּֽנוּ ד:כב:טו וַיֹּ֥סֶף ע֖וֹד בָּלָ֑ק שְׁלֹ֣חַ שָׂרִ֔ים רַבִּ֥ים וְנִכְבָּדִ֖ים מֵאֵֽלֶּה
ד:כב:טז וַיָּבֹ֖אוּ אֶל־בִּלְעָ֑ם וַיֹּ֣אמְרוּ ל֗וֹ כֹּ֤ה אָמַר֙ בָּלָ֣ק בֶּן־צִפּ֔וֹר אַל־נָ֥א
תִמָּנַ֖ע מֵהֲלֹ֥ךְ אֵלָֽי ד:כב:יז כִּֽי־כַבֵּ֤ד אֲכַבֶּדְךָ֙ מְאֹ֔ד וְכֹ֛ל אֲשֶׁר־תֹּאמַ֥ר
אֵלַ֖י אֶֽעֱשֶׂ֑ה וּלְכָה־נָּא֙ קָֽבָה־לִּ֔י אֵ֖ת הָעָ֥ם הַזֶּֽה ד:כב:יח וַיַּ֣עַן בִּלְעָ֗ם
וַיֹּ֙אמֶר֙ אֶל־עַבְדֵ֣י בָלָ֔ק אִם־יִתֶּן־לִ֥י בָלָ֛ק מְלֹ֥א בֵית֖וֹ כֶּ֣סֶף וְזָהָ֑ב לֹ֣א
אוּכַ֗ל לַעֲבֹר֙ אֶת־פִּי֙ יְהוָ֣ה אֱלֹהָ֔י לַעֲשׂ֥וֹת קְטַנָּ֖ה א֥וֹ גְדוֹלָֽה
ד:כב:יט וְעַתָּ֗ה שְׁב֨וּ נָ֥א בָזֶ֛ה גַּם־אַתֶּ֖ם הַלָּ֑יְלָה וְאֵ֣דְעָ֔ה מַה־יֹּסֵ֥ף יְהוָ֖ה
דַּבֵּ֥ר עִמִּֽי ד:כב:כ וַיָּבֹ֨א אֱלֹהִ֥ים ׀ אֶל־בִּלְעָם֮ לַ֒יְלָה֒ וַיֹּ֣אמֶר ל֗וֹ

אִם־לִקְרֹ֤א לְךָ֙ בָּ֣אוּ הָאֲנָשִׁ֔ים ק֖וּם לֵ֣ךְ אִתָּ֑ם וְאַ֗ךְ אֶת־הַדָּבָ֛ר
אֲשֶׁר־אֲדַבֵּ֥ר אֵלֶ֖יךָ אֹת֥וֹ תַעֲשֶֽׂה ד:כב:כא וַיָּ֤קָם בִּלְעָם֙ בַּבֹּ֔קֶר וַֽיַּחֲבֹ֖שׁ
אֶת־אֲתֹנ֑וֹ וַיֵּ֖לֶךְ עִם־שָׂרֵ֥י מוֹאָֽב ד:כב:כב וַיִּֽחַר־אַ֣ף אֱלֹהִים֮ כִּֽי־הוֹלֵ֣ךְ
הוּא֒ וַיִּתְיַצֵּ֞ב מַלְאַ֧ךְ יְהוָ֛ה בַּדֶּ֖רֶךְ לְשָׂטָ֣ן ל֑וֹ וְהוּא֙ רֹכֵ֣ב עַל־אֲתֹנ֔וֹ
וּשְׁנֵ֥י נְעָרָ֖יו עִמּֽוֹ ד:כב:כג וַתֵּ֣רֶא הָאָתוֹן֩ אֶת־מַלְאַ֨ךְ יְהוָ֜ה נִצָּ֣ב בַּדֶּ֗רֶךְ
וְחַרְבּ֤וֹ שְׁלוּפָה֙ בְּיָד֔וֹ וַתֵּ֤ט הָֽאָתוֹן֙ מִן־הַדֶּ֔רֶךְ וַתֵּ֖לֶךְ בַּשָּׂדֶ֑ה וַיַּ֤ךְ
בִּלְעָם֙ אֶת־הָ֣אָת֔וֹן לְהַטֹּתָ֖הּ הַדָּֽרֶךְ ד:כב:כד וַֽיַּעֲמֹד֙ מַלְאַ֣ךְ יְהוָ֔ה
בְּמִשְׁע֖וֹל הַכְּרָמִ֑ים גָּדֵ֥ר מִזֶּ֖ה וְגָדֵ֥ר מִזֶּֽה ד:כב:כה וַתֵּ֨רֶא הָאָת֜וֹן
אֶת־מַלְאַ֣ךְ יְהוָ֗ה וַתִּלָּחֵץ֙ אֶל־הַקִּ֔יר וַתִּלְחַ֛ץ אֶת־רֶ֥גֶל בִּלְעָ֖ם
אֶל־הַקִּ֑יר וַיֹּ֖סֶף לְהַכֹּתָֽהּ ד:כב:כו וַיּ֥וֹסֶף מַלְאַךְ־יְהוָ֖ה עֲב֑וֹר וַֽיַּעֲמֹד֙
בְּמָק֣וֹם צָ֔ר אֲשֶׁ֛ר אֵֽין־דֶּ֥רֶךְ לִנְט֖וֹת יָמִ֥ין וּשְׂמֹֽאול ד:כב:כז וַתֵּ֤רֶא
הָֽאָתוֹן֙ אֶת־מַלְאַ֣ךְ יְהוָ֔ה וַתִּרְבַּ֖ץ תַּ֣חַת בִּלְעָ֑ם וַיִּֽחַר־אַ֣ף בִּלְעָ֔ם וַיַּ֥ךְ
אֶת־הָאָת֖וֹן בַּמַּקֵּֽל ד:כב:כח וַיִּפְתַּ֥ח יְהוָ֖ה אֶת־פִּ֣י הָאָת֑וֹן וַתֹּ֤אמֶר
לְבִלְעָם֙ מֶה־עָשִׂ֣יתִֽי לְךָ֔ כִּ֣י הִכִּיתַ֔נִי זֶ֖ה שָׁל֥שׁ רְגָלִֽים ד:כב:כט וַיֹּ֤אמֶר
בִּלְעָם֙ לָֽאָת֔וֹן כִּ֥י הִתְעַלַּ֖לְתְּ בִּ֑י ל֤וּ יֶשׁ־חֶ֙רֶב֙ בְּיָדִ֔י כִּ֥י עַתָּ֖ה הֲרַגְתִּֽיךְ
ד:כב:ל וַתֹּ֨אמֶר הָאָת֜וֹן אֶל־בִּלְעָ֗ם הֲלוֹא֩ אָנֹכִ֨י אֲתֹֽנְךָ֜ אֲשֶׁר־רָכַ֣בְתָּ
עָלַ֗י מֵעֽוֹדְךָ֙ עַד־הַיּ֣וֹם הַזֶּ֔ה הַהַסְכֵּ֣ן הִסְכַּ֔נְתִּי לַעֲשׂ֥וֹת לְךָ֖ כֹּ֑ה
וַיֹּ֖אמֶר לֹֽא ד:כב:לא וַיְגַ֣ל יְהוָה֮ אֶת־עֵינֵ֣י בִלְעָם֒ וַיַּ֞רְא אֶת־מַלְאַ֤ךְ יְהוָה֙
נִצָּ֣ב בַּדֶּ֔רֶךְ וְחַרְבּ֥וֹ שְׁלֻפָ֖ה בְּיָד֑וֹ וַיִּקֹּ֥ד וַיִּשְׁתַּ֖חוּ לְאַפָּֽיו ד:כב:לב וַיֹּ֤אמֶר
אֵלָיו֙ מַלְאַ֣ךְ יְהוָ֔ה עַל־מָ֗ה הִכִּ֙יתָ֙ אֶת־אֲתֹ֣נְךָ֔ זֶ֖ה שָׁל֣וֹשׁ רְגָלִ֑ים הִנֵּ֤ה
אָנֹכִי֙ יָצָ֣אתִי לְשָׂטָ֔ן כִּֽי־יָרַ֥ט הַדֶּ֖רֶךְ לְנֶגְדִּֽי ד:כב:לג וַתִּרְאַ֙נִי֙ הָֽאָת֔וֹן
וַתֵּ֣ט לְפָנַ֔י זֶ֖ה שָׁל֣שׁ רְגָלִ֑ים אוּלַי֙ נָטְתָ֣ה מִפָּנַ֔י כִּ֥י עַתָּ֛ה גַּם־אֹתְכָ֥ה
הָרַ֖גְתִּי וְאוֹתָ֥הּ הֶחֱיֵֽיתִי ד:כב:לד וַיֹּ֨אמֶר בִּלְעָ֜ם אֶל־מַלְאַ֤ךְ יְהוָה֙
חָטָ֔אתִי כִּ֚י לֹ֣א יָדַ֔עְתִּי כִּ֥י אַתָּ֛ה נִצָּ֥ב לִקְרָאתִ֖י בַּדָּ֑רֶךְ וְעַתָּ֛ה
אִם־רַ֥ע בְּעֵינֶ֖יךָ אָשׁ֥וּבָה לִּֽי ד:כב:לה וַיֹּאמֶר֩ מַלְאַ֨ךְ יְהוָ֜ה אֶל־בִּלְעָ֗ם
לֵ֚ךְ עִם־הָ֣אֲנָשִׁ֔ים וְאֶ֗פֶס אֶת־הַדָּבָ֛ר אֲשֶׁר־אֲדַבֵּ֥ר אֵלֶ֖יךָ אֹת֣וֹ תְדַבֵּ֑ר
וַיֵּ֥לֶךְ בִּלְעָ֖ם עִם־שָׂרֵ֥י בָלָֽק ד:כב:לו וַיִּשְׁמַ֥ע בָּלָ֖ק כִּ֣י בָ֣א בִלְעָ֑ם וַיֵּצֵ֨א
לִקְרָאתוֹ֙ אֶל־עִ֣יר מוֹאָ֔ב אֲשֶׁר֙ עַל־גְּב֣וּל אַרְנֹ֔ן אֲשֶׁ֖ר בִּקְצֵ֥ה הַגְּבֽוּל

ד:כב:לז וַיֹּ֨אמֶר בָּלָ֜ק אֶל־בִּלְעָ֗ם הֲלֹא֩ שָׁלֹ֨חַ שָׁלַ֤חְתִּי אֵלֶ֙יךָ֙ לִקְרֹא־לָ֔ךְ
לָ֥מָּה לֹא־הָלַ֖כְתָּ אֵלָ֑י הַאֻמְנָ֔ם לֹ֥א אוּכַ֖ל כַּבְּדֶֽךָ ד:כב:לח וַיֹּ֨אמֶר
בִּלְעָ֜ם אֶל־בָּלָ֗ק הִֽנֵּה־בָ֙אתִי֙ אֵלֶ֔יךָ עַתָּ֕ה הֲיָכֹ֥ל אוּכַ֖ל דַּבֵּ֣ר מְא֑וּמָה
הַדָּבָ֗ר אֲשֶׁ֨ר יָשִׂ֧ים אֱלֹהִ֛ים בְּפִ֖י אֹת֥וֹ אֲדַבֵּֽר ד:כב:לט וַיֵּ֥לֶךְ בִּלְעָ֖ם
עִם־בָּלָ֑ק וַיָּבֹ֖אוּ קִרְיַ֥ת חֻצֽוֹת ד:כב:מ וַיִּזְבַּ֥ח בָּלָ֖ק בָּקָ֣ר וָצֹ֑אן וַיְשַׁלַּ֣ח
לְבִלְעָ֔ם וְלַשָּׂרִ֖ים אֲשֶׁ֥ר אִתּֽוֹ ד:כב:מא וַיְהִ֣י בַבֹּ֔קֶר וַיִּקַּ֤ח בָּלָק֙
אֶת־בִּלְעָ֔ם וַיַּעֲלֵ֖הוּ בָּמ֣וֹת בָּ֑עַל וַיַּ֥רְא מִשָּׁ֖ם קְצֵ֥ה הָעָֽם
ד:כג:א וַיֹּ֤אמֶר בִּלְעָם֙ אֶל־בָּלָ֔ק בְּנֵה־לִ֥י בָזֶ֖ה שִׁבְעָ֣ה מִזְבְּחֹ֑ת וְהָכֵ֥ן לִי֙
בָּזֶ֔ה שִׁבְעָ֥ה פָרִ֖ים וְשִׁבְעָ֥ה אֵילִֽים ד:כג:ב וַיַּ֣עַשׂ בָּלָ֔ק כַּאֲשֶׁ֖ר דִּבֶּ֣ר
בִּלְעָ֑ם וַיַּ֨עַל בָּלָ֧ק וּבִלְעָ֛ם פָּ֥ר וָאַ֖יִל בַּמִּזְבֵּֽחַ ד:כג:ג וַיֹּ֨אמֶר בִּלְעָ֜ם
לְבָלָ֗ק הִתְיַצֵּב֮ עַל־עֹלָתֶךָ֒ וְאֵלְכָ֗ה אוּלַ֞י יִקָּרֵ֤ה יְהוָה֙ לִקְרָאתִ֔י וּדְבַ֥ר
מַה־יַּרְאֵ֖נִי וְהִגַּ֣דְתִּי לָ֑ךְ וַיֵּ֖לֶךְ שֶֽׁפִי ד:כג:ד וַיִּקָּ֥ר אֱלֹהִ֖ים אֶל־בִּלְעָ֑ם
וַיֹּ֣אמֶר אֵלָ֗יו אֶת־שִׁבְעַ֤ת הַֽמִּזְבְּחֹת֙ עָרַ֔כְתִּי וָאַ֛עַל פָּ֥ר וָאַ֖יִל בַּמִּזְבֵּֽחַ
ד:כג:ה וַיָּ֧שֶׂם יְהוָ֛ה דָּבָ֖ר בְּפִ֣י בִלְעָ֑ם וַיֹּ֛אמֶר שׁ֥וּב אֶל־בָּלָ֖ק וְכֹ֥ה תְדַבֵּֽר
ד:כג:ו וַיָּ֣שָׁב אֵלָ֔יו וְהִנֵּ֥ה נִצָּ֖ב עַל־עֹלָת֑וֹ ה֖וּא וְכָל־שָׂרֵ֥י מוֹאָֽב
ד:כג:ז וַיִּשָּׂ֥א מְשָׁל֖וֹ וַיֹּאמַ֑ר מִן־אֲ֠רָם יַנְחֵ֨נִי בָלָ֤ק מֶֽלֶךְ־מוֹאָב֙
מֵֽהַרְרֵי־קֶ֔דֶם לְכָה֙ אָֽרָה־לִּ֣י יַעֲקֹ֔ב וּלְכָ֖ה זֹעֲמָ֥ה יִשְׂרָאֵֽל ד:כג:ח מָ֣ה
אֶקֹּ֔ב לֹ֥א קַבֹּ֖ה אֵ֑ל וּמָ֣ה אֶזְעֹ֔ם לֹ֥א זָעַ֖ם יְהוָֽה ד:כג:ט כִּֽי־מֵרֹ֤אשׁ
צֻרִים֙ אֶרְאֶ֔נּוּ וּמִגְּבָע֖וֹת אֲשׁוּרֶ֑נּוּ הֶן־עָם֙ לְבָדָ֣ד יִשְׁכֹּ֔ן וּבַגּוֹיִ֖ם לֹ֥א
יִתְחַשָּֽׁב ד:כג:י מִ֤י מָנָה֙ עֲפַ֣ר יַעֲקֹ֔ב וּמִסְפָּ֖ר אֶת־רֹ֣בַע יִשְׂרָאֵ֑ל תָּמֹ֤ת
נַפְשִׁי֙ מ֣וֹת יְשָׁרִ֔ים וּתְהִ֥י אַחֲרִיתִ֖י כָּמֹֽהוּ ד:כג:יא וַיֹּ֤אמֶר בָּלָק֙
אֶל־בִּלְעָ֔ם מֶ֥ה עָשִׂ֖יתָ לִ֑י לָקֹ֤ב אֹיְבַי֙ לְקַחְתִּ֔יךָ וְהִנֵּ֖ה בֵּרַ֥כְתָּ בָרֵֽךְ
ד:כג:יב וַיַּ֖עַן וַיֹּאמַ֑ר הֲלֹ֗א אֵת֩ אֲשֶׁ֨ר יָשִׂ֤ים יְהוָה֙ בְּפִ֔י אֹת֥וֹ אֶשְׁמֹ֖ר
לְדַבֵּֽר ד:כג:יג וַיֹּ֨אמֶר אֵלָ֜יו בָּלָ֗ק לך־[לְכָה־] נָּ֨א אִתִּ֜י אֶל־מָק֤וֹם אַחֵר֙
אֲשֶׁ֣ר תִּרְאֶ֣נּוּ מִשָּׁ֔ם אֶ֚פֶס קָצֵ֣הוּ תִרְאֶ֔ה וְכֻלּ֖וֹ לֹ֣א תִרְאֶ֑ה וְקָבְנוֹ־לִ֖י
מִשָּֽׁם ד:כג:יד וַיִּקָּחֵ֙הוּ֙ שְׂדֵ֣ה צֹפִ֔ים אֶל־רֹ֖אשׁ הַפִּסְגָּ֑ה וַיִּ֙בֶן֙ שִׁבְעָ֣ה
מִזְבְּחֹ֔ת וַיַּ֛עַל פָּ֥ר וָאַ֖יִל בַּמִּזְבֵּֽחַ ד:כג:טו וַיֹּ֙אמֶר֙ אֶל־בָּלָ֔ק הִתְיַצֵּ֥ב כֹּ֖ה
עַל־עֹלָתֶ֑ךָ וְאָנֹכִ֖י אִקָּ֥רֶה כֹּֽה ד:כג:טז וַיִּקָּ֤ר יְהוָה֙ אֶל־בִּלְעָ֔ם וַיָּ֥שֶׂם

דָּבָ֖ר בְּפִ֑יו וַיֹּ֛אמֶר שׁ֥וּב אֶל־בָּלָ֖ק וְכֹ֥ה תְדַבֵּֽר ד:כג:יז וַיָּבֹ֣א אֵלָ֔יו וְהִנּ֥וֹ
נִצָּ֛ב עַל־עֹ֣לָת֔וֹ וְשָׂרֵ֥י מוֹאָ֖ב אִתּ֑וֹ וַיֹּ֤אמֶר לוֹ֙ בָּלָ֔ק מַה־דִּבֶּ֖ר יְהוָֽה
ד:כג:יח וַיִּשָּׂ֥א מְשָׁל֖וֹ וַיֹּאמַ֑ר ק֤וּם בָּלָק֙ וּֽשֲׁמָ֔ע הַאֲזִ֥ינָה עָדַ֖י בְּנ֥וֹ צִפֹּֽר
ד:כג:יט לֹ֣א אִ֥ישׁ אֵל֙ וִֽיכַזֵּ֔ב וּבֶן־אָדָ֖ם וְיִתְנֶחָ֑ם הַה֤וּא אָמַר֙ וְלֹ֣א יַעֲשֶׂ֔ה
וְדִבֶּ֖ר וְלֹ֥א יְקִימֶֽנָּה ד:כג:כ הִנֵּ֥ה בָרֵ֖ךְ לָקָ֑חְתִּי וּבֵרֵ֖ךְ וְלֹ֥א אֲשִׁיבֶֽנָּה
ד:כג:כא לֹֽא־הִבִּ֥יט אָ֙וֶן֙ בְּיַעֲקֹ֔ב וְלֹא־רָאָ֥ה עָמָ֖ל בְּיִשְׂרָאֵ֑ל יְהוָ֤ה אֱלֹהָיו֙
עִמּ֔וֹ וּתְרוּעַ֥ת מֶ֖לֶךְ בּֽוֹ ד:כג:כב אֵ֖ל מוֹצִיאָ֣ם מִמִּצְרָ֑יִם כְּתוֹעֲפֹ֥ת רְאֵ֖ם
לֽוֹ ד:כג:כג כִּ֤י לֹא־נַ֙חַשׁ֙ בְּיַעֲקֹ֔ב וְלֹא־קֶ֖סֶם בְּיִשְׂרָאֵ֑ל כָּעֵ֗ת יֵאָמֵ֤ר
לְיַעֲקֹב֙ וּלְיִשְׂרָאֵ֔ל מַה־פָּ֖עַל אֵֽל ד:כג:כד הֶן־עָם֙ כְּלָבִ֣יא יָק֔וּם וְכַאֲרִ֖י
יִתְנַשָּׂ֑א לֹ֤א יִשְׁכַּב֙ עַד־יֹ֣אכַל טֶ֔רֶף וְדַם־חֲלָלִ֖ים יִשְׁתֶּֽה ד:כג:כה וַיֹּ֤אמֶר
בָּלָק֙ אֶל־בִּלְעָ֔ם גַּם־קֹ֖ב לֹ֣א תִקֳּבֶ֑נּוּ גַּם־בָּרֵ֖ךְ לֹ֥א תְבָרֲכֶֽנּוּ
ד:כג:כו וַיַּ֣עַן בִּלְעָ֔ם וַיֹּ֖אמֶר אֶל־בָּלָ֑ק הֲלֹ֗א דִּבַּ֤רְתִּי אֵלֶ֙יךָ֙ לֵאמֹ֔ר כֹּ֛ל
אֲשֶׁר־יְדַבֵּ֥ר יְהוָ֖ה אֹת֥וֹ אֶֽעֱשֶֽׂה ד:כג:כז וַיֹּ֤אמֶר בָּלָק֙ אֶל־בִּלְעָ֔ם
לְכָה־נָּא֙ אֶקָּ֣חֲךָ֔ אֶל־מָק֖וֹם אַחֵ֑ר אוּלַ֤י יִישַׁר֙ בְּעֵינֵ֣י הָֽאֱלֹהִ֔ים וְקַבֹּ֥תוֹ
לִ֖י מִשָּֽׁם ד:כג:כח וַיִּקַּ֥ח בָּלָ֖ק אֶת־בִּלְעָ֑ם רֹ֚אשׁ הַפְּע֔וֹר הַנִּשְׁקָ֖ף
עַל־פְּנֵ֥י הַיְשִׁימֹֽן ד:כג:כט וַיֹּ֤אמֶר בִּלְעָם֙ אֶל־בָּלָ֔ק בְּנֵה־לִ֥י בָזֶ֖ה שִׁבְעָ֣ה
מִזְבְּחֹ֑ת וְהָכֵ֥ן לִי֙ בָּזֶ֔ה שִׁבְעָ֥ה פָרִ֖ים וְשִׁבְעָ֥ה אֵילִֽים ד:כג:ל וַיַּ֣עַשׂ
בָּלָ֔ק כַּאֲשֶׁ֖ר אָמַ֣ר בִּלְעָ֑ם וַיַּ֛עַל פַּ֥ר וָאַ֖יִל בַּמִּזְבֵּֽחַ ד:כד:א וַיַּ֣רְא בִּלְעָ֗ם
כִּ֣י ט֞וֹב בְּעֵינֵ֤י יְהוָה֙ לְבָרֵ֣ךְ אֶת־יִשְׂרָאֵ֔ל וְלֹא־הָלַ֥ךְ כְּפַֽעַם־בְּפַ֖עַם
לִקְרַ֣את נְחָשִׁ֑ים וַיָּ֥שֶׁת אֶל־הַמִּדְבָּ֖ר פָּנָֽיו ד:כד:ב וַיִּשָּׂ֨א בִלְעָ֜ם
אֶת־עֵינָ֗יו וַיַּרְא֙ אֶת־יִשְׂרָאֵ֔ל שֹׁכֵ֖ן לִשְׁבָטָ֑יו וַתְּהִ֥י עָלָ֖יו ר֥וּחַ אֱלֹהִֽים
ד:כד:ג וַיִּשָּׂ֥א מְשָׁל֖וֹ וַיֹּאמַ֑ר נְאֻ֤ם בִּלְעָם֙ בְּנ֣וֹ בְעֹ֔ר וּנְאֻ֥ם הַגֶּ֖בֶר שְׁתֻ֥ם
הָעָֽיִן ד:כד:ד נְאֻ֕ם שֹׁמֵ֖עַ אִמְרֵי־אֵ֑ל אֲשֶׁ֨ר מַחֲזֵ֤ה שַׁדַּי֙ יֶֽחֱזֶ֔ה נֹפֵ֖ל וּגְל֥וּי
עֵינָֽיִם ד:כד:ה מַה־טֹּ֥בוּ אֹהָלֶ֖יךָ יַעֲקֹ֑ב מִשְׁכְּנֹתֶ֖יךָ יִשְׂרָאֵֽל
ד:כד:ו כִּנְחָלִ֣ים נִטָּ֔יוּ כְּגַנֹּ֖ת עֲלֵ֣י נָהָ֑ר כַּאֲהָלִים֙ נָטַ֣ע יְהוָ֔ה כַּאֲרָזִ֖ים
עֲלֵי־מָֽיִם ד:כד:ז יִֽזַּל־מַ֙יִם֙ מִדָּ֣לְיָ֔ו וְזַרְע֖וֹ בְּמַ֣יִם רַבִּ֑ים וְיָרֹ֤ם מֵֽאֲגַג֙ מַלְכּ֔וֹ
וְתִנַּשֵּׂ֖א מַלְכֻתֽוֹ ד:כד:ח אֵ֚ל מוֹצִיא֣וֹ מִמִּצְרַ֔יִם כְּתוֹעֲפֹ֥ת רְאֵ֖ם ל֑וֹ
יֹאכַ֞ל גּוֹיִ֣ם צָרָ֗יו וְעַצְמֹתֵיהֶ֛ם יְגָרֵ֖ם וְחִצָּ֥יו יִמְחָֽץ ד:כד:ט כָּרַ֨ע שָׁכַ֧ב

כַּאֲרִי וּכְלָבִיא מִי יְקִימֶנּוּ מְבָרְכֶיךָ בָרוּךְ וְאֹרְרֶיךָ אָרוּר
ד:כד:י וַיִּחַר־אַף בָּלָק אֶל־בִּלְעָם וַיִּסְפֹּק אֶת־כַּפָּיו וַיֹּאמֶר בָּלָק
אֶל־בִּלְעָם לָקֹב אֹיְבַי קְרָאתִיךָ וְהִנֵּה בֵּרַכְתָּ בָרֵךְ זֶה שָׁלֹשׁ פְּעָמִים
ד:כד:יא וְעַתָּה בְּרַח־לְךָ אֶל־מְקוֹמֶךָ אָמַרְתִּי כַּבֵּד אֲכַבֶּדְךָ וְהִנֵּה
מְנָעֲךָ יְהוָה מִכָּבוֹד ד:כד:יב וַיֹּאמֶר בִּלְעָם אֶל־בָּלָק הֲלֹא גַּם
אֶל־מַלְאָכֶיךָ אֲשֶׁר־שָׁלַחְתָּ אֵלַי דִּבַּרְתִּי לֵאמֹר ד:כד:יג אִם־יִתֶּן־לִי
בָלָק מְלֹא בֵיתוֹ כֶּסֶף וְזָהָב לֹא אוּכַל לַעֲבֹר אֶת־פִּי יְהוָה לַעֲשׂוֹת
טוֹבָה אוֹ רָעָה מִלִּבִּי אֲשֶׁר־יְדַבֵּר יְהוָה אֹתוֹ אֲדַבֵּר ד:כד:יד וְעַתָּה
הִנְנִי הוֹלֵךְ לְעַמִּי לְכָה אִיעָצְךָ אֲשֶׁר יַעֲשֶׂה הָעָם הַזֶּה לְעַמְּךָ
בְּאַחֲרִית הַיָּמִים ד:כד:טו וַיִּשָּׂא מְשָׁלוֹ וַיֹּאמַר נְאֻם בִּלְעָם בְּנוֹ בְעֹר
וּנְאֻם הַגֶּבֶר שְׁתֻם הָעָיִן ד:כד:טז נְאֻם שֹׁמֵעַ אִמְרֵי־אֵל וְיֹדֵעַ דַּעַת
עֶלְיוֹן מַחֲזֵה שַׁדַּי יֶחֱזֶה נֹפֵל וּגְלוּי עֵינָיִם ד:כד:יז אֶרְאֶנּוּ וְלֹא עַתָּה
אֲשׁוּרֶנּוּ וְלֹא קָרוֹב דָּרַךְ כּוֹכָב מִיַּעֲקֹב וְקָם שֵׁבֶט מִיִּשְׂרָאֵל וּמָחַץ
פַּאֲתֵי מוֹאָב וְקַרְקַר כָּל־בְּנֵי־שֵׁת ד:כד:יח וְהָיָה אֱדוֹם יְרֵשָׁה וְהָיָה
יְרֵשָׁה שֵׂעִיר אֹיְבָיו וְיִשְׂרָאֵל עֹשֶׂה חָיִל ד:כד:יט וְיֵרְדְּ מִיַּעֲקֹב וְהֶאֱבִיד
שָׂרִיד מֵעִיר ד:כד:כ וַיַּרְא אֶת־עֲמָלֵק וַיִּשָּׂא מְשָׁלוֹ וַיֹּאמַר רֵאשִׁית
גּוֹיִם עֲמָלֵק וְאַחֲרִיתוֹ עֲדֵי אֹבֵד ד:כד:כא וַיַּרְא אֶת־הַקֵּינִי וַיִּשָּׂא מְשָׁלוֹ
וַיֹּאמַר אֵיתָן מוֹשָׁבֶךָ וְשִׂים בַּסֶּלַע קִנֶּךָ ד:כד:כב כִּי אִם־יִהְיֶה לְבָעֵר
קָיִן עַד־מָה אַשּׁוּר תִּשְׁבֶּךָּ ד:כד:כג וַיִּשָּׂא מְשָׁלוֹ וַיֹּאמַר אוֹי מִי יִחְיֶה
מִשֻּׂמוֹ אֵל ד:כד:כד וְצִים מִיַּד כִּתִּים וְעִנּוּ אַשּׁוּר וְעִנּוּ־עֵבֶר וְגַם־הוּא
עֲדֵי אֹבֵד ד:כד:כה וַיָּקָם בִּלְעָם וַיֵּלֶךְ וַיָּשָׁב לִמְקֹמוֹ וְגַם־בָּלָק הָלַךְ
לְדַרְכּוֹ ד:כה:א וַיֵּשֶׁב יִשְׂרָאֵל בַּשִּׁטִּים וַיָּחֶל הָעָם לִזְנוֹת אֶל־בְּנוֹת
מוֹאָב ד:כה:ב וַתִּקְרֶאןָ לָעָם לְזִבְחֵי אֱלֹהֵיהֶן וַיֹּאכַל הָעָם וַיִּשְׁתַּחֲווּ
לֵאלֹהֵיהֶן ד:כה:ג וַיִּצָּמֶד יִשְׂרָאֵל לְבַעַל פְּעוֹר וַיִּחַר־אַף יְהוָה
בְּיִשְׂרָאֵל ד:כה:ד וַיֹּאמֶר יְהוָה אֶל־מֹשֶׁה קַח אֶת־כָּל־רָאשֵׁי הָעָם
וְהוֹקַע אוֹתָם לַיהוָה נֶגֶד הַשָּׁמֶשׁ וְיָשֹׁב חֲרוֹן אַף־יְהוָה מִיִּשְׂרָאֵל
ד:כה:ה וַיֹּאמֶר מֹשֶׁה אֶל־שֹׁפְטֵי יִשְׂרָאֵל הִרְגוּ אִישׁ אֲנָשָׁיו הַנִּצְמָדִים
לְבַעַל פְּעוֹר ד:כה:ו וְהִנֵּה אִישׁ מִבְּנֵי יִשְׂרָאֵל בָּא וַיַּקְרֵב אֶל־אֶחָיו

אֶת־הַמִּדְיָנִ֔ית לְעֵינֵ֣י מֹשֶׁ֔ה וּלְעֵינֵ֖י כָּל־עֲדַ֣ת בְּנֵֽי־יִשְׂרָאֵ֑ל וְהֵ֣מָּה
בֹּכִ֔ים פֶּ֖תַח אֹ֥הֶל מוֹעֵֽד ד:כה:ז וַיַּ֗רְא פִּינְחָס֙ בֶּן־אֶלְעָזָ֔ר בֶּן־אַהֲרֹ֖ן
הַכֹּהֵ֑ן וַיָּ֙קָם֙ מִתּ֣וֹךְ הָֽעֵדָ֔ה וַיִּקַּ֥ח רֹ֖מַח בְּיָדֽוֹ ד:כה:ח וַ֠יָּבֹא אַחַ֨ר
אִֽישׁ־יִשְׂרָאֵ֜ל אֶל־הַקֻּבָּ֗ה וַיִּדְקֹר֙ אֶת־שְׁנֵיהֶ֔ם אֵ֚ת אִ֣ישׁ יִשְׂרָאֵ֔ל
וְאֶת־הָאִשָּׁ֖ה אֶל־קֳבָתָ֑הּ וַתֵּֽעָצַר֙ הַמַּגֵּפָ֔ה מֵעַ֖ל בְּנֵ֥י יִשְׂרָאֵֽל
ד:כה:ט וַיִּהְי֕וּ הַמֵּתִ֖ים בַּמַּגֵּפָ֑ה אַרְבָּעָ֥ה וְעֶשְׂרִ֖ים אָֽלֶף ד:כה:י וַיְדַבֵּ֥ר
יְהוָ֖ה אֶל־מֹשֶׁ֥ה לֵּאמֹֽר ד:כה:יא פִּֽינְחָ֨ס בֶּן־אֶלְעָזָ֜ר בֶּן־אַהֲרֹ֣ן הַכֹּהֵ֗ן
הֵשִׁ֤יב אֶת־חֲמָתִי֙ מֵעַ֣ל בְּנֵֽי־יִשְׂרָאֵ֔ל בְּקַנְא֥וֹ אֶת־קִנְאָתִ֖י בְּתוֹכָ֑ם
וְלֹא־כִלִּ֥יתִי אֶת־בְּנֵֽי־יִשְׂרָאֵ֖ל בְּקִנְאָתִֽי ד:כה:יב לָכֵ֖ן אֱמֹ֑ר הִנְנִ֨י נֹתֵ֥ן ל֛וֹ
אֶת־בְּרִיתִ֖י שָׁלֽוֹם ד:כה:יג וְהָ֤יְתָה לּוֹ֙ וּלְזַרְע֣וֹ אַחֲרָ֔יו בְּרִ֖ית כְּהֻנַּ֣ת
עוֹלָ֑ם תַּ֗חַת אֲשֶׁ֤ר קִנֵּא֙ לֵֽאלֹהָ֔יו וַיְכַפֵּ֖ר עַל־בְּנֵ֥י יִשְׂרָאֵֽל ד:כה:יד וְשֵׁ֨ם
אִ֜ישׁ יִשְׂרָאֵ֣ל הַמֻּכֶּ֗ה אֲשֶׁ֤ר הֻכָּה֙ אֶת־הַמִּדְיָנִ֔ית זִמְרִ֖י בֶּן־סָל֑וּא
נְשִׂ֥יא בֵֽית־אָ֖ב לַשִּׁמְעֹנִֽי ד:כה:טו וְשֵׁ֨ם הָאִשָּׁ֧ה הַמֻּכָּ֛ה הַמִּדְיָנִ֖ית כָּזְבִּ֣י
בַת־צ֑וּר רֹ֧אשׁ אֻמּ֛וֹת בֵּֽית־אָ֖ב בְּמִדְיָ֥ן הֽוּא ד:כה:טז וַיְדַבֵּ֥ר יְהוָ֖ה
אֶל־מֹשֶׁ֥ה לֵּאמֹֽר ד:כה:יז צָר֖וֹר אֶת־הַמִּדְיָנִ֑ים וְהִכִּיתֶ֖ם אוֹתָֽם
ד:כה:יח כִּ֣י צֹרְרִ֥ים הֵם֙ לָכֶ֔ם בְּנִכְלֵיהֶ֛ם אֲשֶׁר־נִכְּל֥וּ לָכֶ֖ם
עַל־דְּבַר־פְּע֑וֹר וְעַל־דְּבַ֞ר כָּזְבִּ֨י בַת־נְשִׂ֤יא מִדְיָן֙ אֲחֹתָ֔ם הַמֻּכָּ֥ה
בְיוֹם־הַמַּגֵּפָ֖ה עַל־דְּבַר־פְּעֽוֹר ד:כו:א וַיְהִ֖י אַחֲרֵ֣י הַמַּגֵּפָ֑ה וַיֹּ֤אמֶר
יְהוָה֙ אֶל־מֹשֶׁ֔ה וְאֶ֧ל אֶלְעָזָ֛ר בֶּן־אַהֲרֹ֥ן הַכֹּהֵ֖ן לֵאמֹֽר ד:כו:ב שְׂא֞וּ
אֶת־רֹ֣אשׁ ׀ כָּל־עֲדַ֣ת בְּנֵֽי־יִשְׂרָאֵ֗ל מִבֶּ֨ן עֶשְׂרִ֥ים שָׁנָ֛ה וָמַ֖עְלָה לְבֵ֣ית
אֲבֹתָ֑ם כָּל־יֹצֵ֥א צָבָ֖א בְּיִשְׂרָאֵֽל ד:כו:ג וַיְדַבֵּ֨ר מֹשֶׁ֜ה וְאֶלְעָזָ֧ר הַכֹּהֵ֛ן
אֹתָ֖ם בְּעַֽרְבֹ֣ת מוֹאָ֑ב עַל־יַרְדֵּ֥ן יְרֵח֖וֹ לֵאמֹֽר ד:כו:ד מִבֶּ֛ן עֶשְׂרִ֥ים שָׁנָ֖ה
וָמָ֑עְלָה כַּאֲשֶׁ֨ר צִוָּ֤ה יְהוָה֙ אֶת־מֹשֶׁה֙ וּבְנֵ֣י יִשְׂרָאֵ֔ל הַיֹּצְאִ֖ים מֵאֶ֥רֶץ
מִצְרָֽיִם ד:כו:ה רְאוּבֵ֖ן בְּכ֣וֹר יִשְׂרָאֵ֑ל בְּנֵ֣י רְאוּבֵ֗ן חֲנוֹךְ֙ מִשְׁפַּ֣חַת
הַחֲנֹכִ֔י לְפַלּ֕וּא מִשְׁפַּ֖חַת הַפַּלֻּאִֽי ד:כו:ו לְחֶצְרֹ֕ן מִשְׁפַּ֖חַת הַֽחֶצְרוֹנִ֑י
לְכַרְמִ֕י מִשְׁפַּ֖חַת הַכַּרְמִֽי ד:כו:ז אֵ֖לֶּה מִשְׁפְּחֹ֣ת הָרֻאוּבֵנִ֑י וַיִּהְי֣וּ
פְקֻדֵיהֶ֗ם שְׁלֹשָׁ֤ה וְאַרְבָּעִים֙ אֶ֔לֶף וּשְׁבַ֣ע מֵא֔וֹת וּשְׁלֹשִֽׁים ד:כו:ח וּבְנֵ֥י
פַלּ֖וּא אֱלִיאָֽב ד:כו:ט וּבְנֵ֣י אֱלִיאָ֔ב נְמוּאֵ֖ל וְדָתָ֣ן וַאֲבִירָ֑ם הֽוּא־דָתָ֨ן

וַאֲבִירָ֑ם קרואי [קְרִיאֵ֣י] הָעֵדָ֗ה אֲשֶׁ֨ר הִצּ֜וּ עַל־מֹשֶׁ֤ה וְעַֽל־אַהֲרֹן֙
בַּעֲדַת־קֹ֔רַח בְּהַצֹּתָ֖ם עַל־יְהוָֽה ד:כו:י וַתִּפְתַּ֨ח הָאָ֜רֶץ אֶת־פִּ֗יהָ
וַתִּבְלַ֥ע אֹתָ֛ם וְאֶת־קֹ֖רַח בְּמ֣וֹת הָעֵדָ֑ה בַּאֲכֹ֣ל הָאֵ֗שׁ אֵ֣ת חֲמִשִּׁ֤ים
וּמָאתַ֙יִם֙ אִ֔ישׁ וַיִּהְי֖וּ לְנֵֽס ד:כו:יא וּבְנֵי־קֹ֖רַח לֹא־מֵֽתוּ ד:כו:יב בְּנֵ֣י
שִׁמְעוֹן֮ לְמִשְׁפְּחֹתָם֒ לִנְמוּאֵ֗ל מִשְׁפַּ֙חַת֙ הַנְּמ֣וּאֵלִ֔י לְיָמִ֕ין מִשְׁפַּ֖חַת
הַיָּמִינִ֑י לְיָכִ֕ין מִשְׁפַּ֖חַת הַיָּכִינִֽי ד:כו:יג לְזֶ֕רַח מִשְׁפַּ֖חַת הַזַּרְחִ֑י לְשָׁא֕וּל
מִשְׁפַּ֖חַת הַשָּׁאוּלִֽי ד:כו:יד אֵ֖לֶּה מִשְׁפְּחֹ֣ת הַשִּׁמְעֹנִ֑י שְׁנַ֧יִם וְעֶשְׂרִ֛ים
אֶ֖לֶף וּמָאתָֽיִם ד:כו:טו בְּנֵ֣י גָד֮ לְמִשְׁפְּחֹתָם֒ לִצְפ֗וֹן מִשְׁפַּ֙חַת֙ הַצְּפוֹנִ֔י
לְחַגִּ֕י מִשְׁפַּ֖חַת הַֽחַגִּ֑י לְשׁוּנִ֕י מִשְׁפַּ֖חַת הַשּׁוּנִֽי ד:כו:טז לְאָזְנִ֕י מִשְׁפַּ֖חַת
הָאָזְנִ֑י לְעֵרִ֕י מִשְׁפַּ֖חַת הָעֵרִֽי ד:כו:יז לַאֲר֕וֹד מִשְׁפַּ֖חַת הָאֲרוֹדִ֑י
לְאַ֨רְאֵלִ֔י מִשְׁפַּ֖חַת הָאַרְאֵלִֽי ד:כו:יח אֵ֛לֶּה מִשְׁפְּחֹ֥ת בְּנֵי־גָ֖ד
לִפְקֻדֵיהֶ֑ם אַרְבָּעִ֥ים אֶ֖לֶף וַחֲמֵ֥שׁ מֵאֽוֹת ד:כו:יט בְּנֵ֥י יְהוּדָ֖ה עֵ֣ר וְאוֹנָ֑ן
וַיָּ֧מָת עֵ֛ר וְאוֹנָ֖ן בְּאֶ֥רֶץ כְּנָֽעַן ד:כו:כ וַיִּהְי֣וּ בְנֵֽי־יְהוּדָה֮ לְמִשְׁפְּחֹתָם֒
לְשֵׁלָ֗ה מִשְׁפַּ֙חַת֙ הַשֵּׁ֣לָנִ֔י לְפֶ֕רֶץ מִשְׁפַּ֖חַת הַפַּרְצִ֑י לְזֶ֕רַח מִשְׁפַּ֖חַת
הַזַּרְחִֽי ד:כו:כא וַיִּהְי֣וּ בְנֵי־פֶ֔רֶץ לְחֶצְרֹ֕ן מִשְׁפַּ֖חַת הַֽחֶצְרֹנִ֑י לְחָמ֕וּל
מִשְׁפַּ֖חַת הֶחָמוּלִֽי ד:כו:כב אֵ֛לֶּה מִשְׁפְּחֹ֥ת יְהוּדָ֖ה לִפְקֻדֵיהֶ֑ם שִׁשָּׁ֧ה
וְשִׁבְעִ֛ים אֶ֖לֶף וַחֲמֵ֥שׁ מֵאֽוֹת ד:כו:כג בְּנֵ֤י יִשָּׂשכָר֙ לְמִשְׁפְּחֹתָ֔ם תּוֹלָ֕ע
מִשְׁפַּ֖חַת הַתּוֹלָעִ֑י לְפֻוָ֕ה מִשְׁפַּ֖חַת הַפּוּנִֽי ד:כו:כד לְיָשׁ֕וּב מִשְׁפַּ֖חַת
הַיָּשֻׁבִ֑י לְשִׁמְרֹ֕ן מִשְׁפַּ֖חַת הַשִּׁמְרֹנִֽי ד:כו:כה אֵ֖לֶּה מִשְׁפְּחֹ֣ת יִשָּׂשכָ֑ר
לִפְקֻדֵיהֶ֕ם אַרְבָּעָ֧ה וְשִׁשִּׁ֛ים אֶ֖לֶף וּשְׁלֹ֥שׁ מֵאֽוֹת ד:כו:כו בְּנֵ֣י זְבוּלֻן֮
לְמִשְׁפְּחֹתָם֒ לְסֶ֗רֶד מִשְׁפַּ֙חַת֙ הַסַּרְדִּ֔י לְאֵל֕וֹן מִשְׁפַּ֖חַת הָאֵלֹנִ֑י
לְיַ֨חְלְאֵ֔ל מִשְׁפַּ֖חַת הַיַּחְלְאֵלִֽי ד:כו:כז אֵ֛לֶּה מִשְׁפְּחֹ֥ת הַזְּבוּלֹנִ֖י
לִפְקֻדֵיהֶ֑ם שִׁשִּׁ֥ים אֶ֖לֶף וַחֲמֵ֥שׁ מֵאֽוֹת ד:כו:כח בְּנֵ֥י יוֹסֵ֖ף לְמִשְׁפְּחֹתָ֑ם
מְנַשֶּׁ֖ה וְאֶפְרָֽיִם ד:כו:כט בְּנֵ֣י מְנַשֶּׁ֗ה לְמָכִיר֙ מִשְׁפַּ֣חַת הַמָּֽכִירִ֔י וּמָכִ֖יר
הוֹלִ֣יד אֶת־גִּלְעָ֑ד לְגִלְעָ֕ד מִשְׁפַּ֖חַת הַגִּלְעָדִֽי ד:כו:ל אֵ֚לֶּה בְּנֵ֣י גִלְעָ֔ד
אִיעֶ֕זֶר מִשְׁפַּ֖חַת הָאִיעֶזְרִ֑י לְחֵ֕לֶק מִשְׁפַּ֖חַת הַֽחֶלְקִֽי
ד:כו:לא וְאַ֨שְׂרִיאֵ֔ל מִשְׁפַּ֖חַת הָֽאַשְׂרִאֵלִ֑י וְשֶׁ֕כֶם מִשְׁפַּ֖חַת הַשִּׁכְמִֽי
ד:כו:לב וּשְׁמִידָ֕ע מִשְׁפַּ֖חַת הַשְּׁמִידָעִ֑י וְחֵ֕פֶר מִשְׁפַּ֖חַת הַֽחֶפְרִֽי

ד:כו:לג וּצְלָפְחָ֣ד בֶּן־חֵ֗פֶר לֹא־הָ֥יוּ ל֛וֹ בָּנִ֖ים כִּ֣י אִם־בָּנ֑וֹת וְשֵׁם֙ בְּנ֣וֹת
צְלָפְחָ֔ד מַחְלָ֣ה וְנֹעָ֔ה חָגְלָ֥ה מִלְכָּ֖ה וְתִרְצָֽה ד:כו:לד אֵ֖לֶּה מִשְׁפְּחֹ֣ת
מְנַשֶּׁ֑ה וּפְקֻדֵיהֶ֕ם שְׁנַ֛יִם וַחֲמִשִּׁ֥ים אֶ֖לֶף וּשְׁבַ֥ע מֵאֽוֹת ד:כו:לה אֵ֣לֶּה
בְנֵֽי־אֶפְרַ֘יִם֮ לְמִשְׁפְּחֹתָם֒ לְשׁ֙וּתֶ֔לַח מִשְׁפַּ֙חַת֙ הַשֻּׁ֣תַלְחִ֔י לְבֶ֕כֶר
מִשְׁפַּ֖חַת הַבַּכְרִ֑י לְתַ֕חַן מִשְׁפַּ֖חַת הַתַּחֲנִֽי ד:כו:לו וְאֵ֖לֶּה בְּנֵ֣י שׁוּתָ֑לַח
לְעֵרָ֕ן מִשְׁפַּ֖חַת הָעֵרָנִֽי ד:כו:לז אֵ֣לֶּה מִשְׁפְּחֹ֤ת בְּנֵֽי־אֶפְרַ֙יִם֙
לִפְקֻדֵיהֶ֔ם שְׁנַ֧יִם וּשְׁלֹשִׁ֛ים אֶ֖לֶף וַחֲמֵ֣שׁ מֵא֑וֹת אֵ֥לֶּה בְנֵי־יוֹסֵ֖ף
לְמִשְׁפְּחֹתָֽם ד:כו:לח בְּנֵ֣י בִנְיָמִן֮ לְמִשְׁפְּחֹתָם֒ לְבֶ֗לַע מִשְׁפַּ֙חַת֙ הַבַּ֣לְעִ֔י
לְאַשְׁבֵּ֕ל מִשְׁפַּ֖חַת הָֽאַשְׁבֵּלִ֑י לַאֲחִירָ֕ם מִשְׁפַּ֖חַת הָאֲחִירָמִֽי
ד:כו:לט לִשְׁפוּפָ֕ם מִשְׁפַּ֖חַת הַשּׁוּפָמִ֑י לְחוּפָ֕ם מִשְׁפַּ֖חַת הַחוּפָמִֽי
ד:כו:מ וַיִּהְי֥וּ בְנֵי־בֶ֖לַע אַ֣רְדְּ וְנַעֲמָ֑ן מִשְׁפַּ֙חַת֙ הָֽאַרְדִּ֔י לְנַֽעֲמָ֕ן
מִשְׁפַּ֖חַת הַנַּעֲמִֽי ד:כו:מא אֵ֥לֶּה בְנֵֽי־בִנְיָמִ֖ן לְמִשְׁפְּחֹתָ֑ם וּפְקֻדֵיהֶ֗ם
חֲמִשָּׁ֧ה וְאַרְבָּעִ֛ים אֶ֖לֶף וְשֵׁ֥שׁ מֵאֽוֹת ד:כו:מב אֵ֣לֶּה בְנֵי־דָן֮
לְמִשְׁפְּחֹתָם֒ לְשׁוּחָ֕ם מִשְׁפַּ֖חַת הַשּׁוּחָמִ֑י אֵ֛לֶּה מִשְׁפְּחֹ֥ת דָּ֖ן
לְמִשְׁפְּחֹתָֽם ד:כו:מג כָּל־מִשְׁפְּחֹ֥ת הַשּׁוּחָמִ֖י לִפְקֻדֵיהֶ֑ם אַרְבָּעָ֧ה
וְשִׁשִּׁ֛ים אֶ֖לֶף וְאַרְבַּ֥ע מֵאֽוֹת ד:כו:מד בְּנֵ֣י אָשֵׁר֮ לְמִשְׁפְּחֹתָם֒ לְיִמְנָ֗ה
מִשְׁפַּ֙חַת֙ הַיִּמְנָ֔ה לְיִשְׁוִ֕י מִשְׁפַּ֖חַת הַיִּשְׁוִ֑י לִבְרִיעָ֕ה מִשְׁפַּ֖חַת
הַבְּרִיעִֽי ד:כו:מה לִבְנֵ֣י בְרִיעָ֔ה לְחֶ֕בֶר מִשְׁפַּ֖חַת הַחֶבְרִ֑י לְמַ֙לְכִּיאֵ֔ל
מִשְׁפַּ֖חַת הַמַּלְכִּיאֵלִֽי ד:כו:מו וְשֵׁ֥ם בַּת־אָשֵׁ֖ר שָֽׂרַח ד:כו:מז אֵ֛לֶּה
מִשְׁפְּחֹ֥ת בְּנֵֽי־אָשֵׁ֖ר לִפְקֻדֵיהֶ֑ם שְׁלֹשָׁ֧ה וַחֲמִשִּׁ֛ים אֶ֖לֶף וְאַרְבַּ֥ע
מֵאֽוֹת ד:כו:מח בְּנֵ֤י נַפְתָּלִי֙ לְמִשְׁפְּחֹתָ֔ם לְיַ֨חְצְאֵ֔ל מִשְׁפַּ֖חַת הַיַּחְצְאֵלִ֑י
לְגוּנִ֕י מִשְׁפַּ֖חַת הַגּוּנִֽי ד:כו:מט לְיֵ֕צֶר מִשְׁפַּ֖חַת הַיִּצְרִ֑י לְשִׁלֵּ֕ם
מִשְׁפַּ֖חַת הַשִּׁלֵּמִֽי ד:כו:נ אֵ֛לֶּה מִשְׁפְּחֹ֥ת נַפְתָּלִ֖י לְמִשְׁפְּחֹתָ֑ם
וּפְקֻדֵיהֶ֗ם חֲמִשָּׁ֧ה וְאַרְבָּעִ֛ים אֶ֖לֶף וְאַרְבַּ֥ע מֵאֽוֹת ד:כו:נא אֵ֜לֶּה
פְּקוּדֵי֙ בְּנֵ֣י יִשְׂרָאֵ֔ל שֵׁשׁ־מֵא֥וֹת אֶ֖לֶף וָאָ֑לֶף שְׁבַ֥ע מֵא֖וֹת וּשְׁלֹשִֽׁים
ד:כו:נב וַיְדַבֵּ֥ר יְהוָ֖ה אֶל־מֹשֶׁ֥ה לֵּאמֹֽר ד:כו:נג לָאֵ֗לֶּה תֵּחָלֵ֥ק הָאָ֛רֶץ
בְּנַחֲלָ֖ה בְּמִסְפַּ֥ר שֵׁמֽוֹת ד:כו:נד לָרַ֗ב תַּרְבֶּה֙ נַחֲלָת֔וֹ וְלַמְעַ֕ט
תַּמְעִ֖יט נַחֲלָת֑וֹ אִ֚ישׁ לְפִ֣י פְקֻדָ֔יו יֻתַּ֖ן נַחֲלָתֽוֹ ד:כו:נה אַךְ־בְּגוֹרָ֔ל

יְחַלֵּק אֶת־הָאָרֶץ לִשְׁמוֹת מַטּוֹת־אֲבֹתָם יִנְחָלוּ ד:כו:נו עַל־פִּי הַגּוֹרָל
תֵּחָלֵק נַחֲלָתוֹ בֵּין רַב לִמְעָט ד:כו:נז וְאֵלֶּה פְקוּדֵי הַלֵּוִי
לְמִשְׁפְּחֹתָם לְגֵרְשׁוֹן מִשְׁפַּחַת הַגֵּרְשֻׁנִּי לִקְהָת מִשְׁפַּחַת הַקְּהָתִי
לִמְרָרִי מִשְׁפַּחַת הַמְּרָרִי ד:כו:נח אֵלֶּה | מִשְׁפְּחֹת לֵוִי מִשְׁפַּחַת
הַלִּבְנִי מִשְׁפַּחַת הַחֶבְרֹנִי מִשְׁפַּחַת הַמַּחְלִי מִשְׁפַּחַת הַמּוּשִׁי
מִשְׁפַּחַת הַקָּרְחִי וּקְהָת הוֹלִד אֶת־עַמְרָם ד:כו:נט וְשֵׁם | אֵשֶׁת
עַמְרָם יוֹכֶבֶד בַּת־לֵוִי אֲשֶׁר יָלְדָה אֹתָהּ לְלֵוִי בְּמִצְרָיִם וַתֵּלֶד
לְעַמְרָם אֶת־אַהֲרֹן וְאֶת־מֹשֶׁה וְאֵת מִרְיָם אֲחֹתָם ד:כו:ס וַיִּוָּלֵד
לְאַהֲרֹן אֶת־נָדָב וְאֶת־אֲבִיהוּא אֶת־אֶלְעָזָר וְאֶת־אִיתָמָר
ד:כו:סא וַיָּמָת נָדָב וַאֲבִיהוּא בְּהַקְרִיבָם אֵשׁ־זָרָה לִפְנֵי יְהוָה
ד:כו:סב וַיִּהְיוּ פְקֻדֵיהֶם שְׁלֹשָׁה וְעֶשְׂרִים אֶלֶף כָּל־זָכָר מִבֶּן־חֹדֶשׁ
וָמָעְלָה כִּי | לֹא הָתְפָּקְדוּ בְּתוֹךְ בְּנֵי יִשְׂרָאֵל כִּי לֹא־נִתַּן לָהֶם
נַחֲלָה בְּתוֹךְ בְּנֵי יִשְׂרָאֵל ד:כו:סג אֵלֶּה פְּקוּדֵי מֹשֶׁה וְאֶלְעָזָר הַכֹּהֵן
אֲשֶׁר פָּקְדוּ אֶת־בְּנֵי יִשְׂרָאֵל בְּעַרְבֹת מוֹאָב עַל יַרְדֵּן יְרֵחוֹ
ד:כו:סד וּבְאֵלֶּה לֹא־הָיָה אִישׁ מִפְּקוּדֵי מֹשֶׁה וְאַהֲרֹן הַכֹּהֵן אֲשֶׁר
פָּקְדוּ אֶת־בְּנֵי יִשְׂרָאֵל בְּמִדְבַּר סִינָי ד:כו:סה כִּי־אָמַר יְהוָה לָהֶם
מוֹת יָמֻתוּ בַּמִּדְבָּר וְלֹא־נוֹתַר מֵהֶם אִישׁ כִּי אִם־כָּלֵב בֶּן־יְפֻנֶּה
וִיהוֹשֻׁעַ בִּן־נוּן ד:כז:א וַתִּקְרַבְנָה בְּנוֹת צְלָפְחָד בֶּן־חֵפֶר בֶּן־גִּלְעָד
בֶּן־מָכִיר בֶּן־מְנַשֶּׁה לְמִשְׁפְּחֹת מְנַשֶּׁה בֶן־יוֹסֵף וְאֵלֶּה שְׁמוֹת בְּנֹתָיו
מַחְלָה נֹעָה וְחָגְלָה וּמִלְכָּה וְתִרְצָה ד:כז:ב וַתַּעֲמֹדְנָה לִפְנֵי מֹשֶׁה
וְלִפְנֵי אֶלְעָזָר הַכֹּהֵן וְלִפְנֵי הַנְּשִׂיאִם וְכָל־הָעֵדָה פֶּתַח אֹהֶל־מוֹעֵד
לֵאמֹר ד:כז:ג אָבִינוּ מֵת בַּמִּדְבָּר וְהוּא לֹא־הָיָה בְּתוֹךְ הָעֵדָה
הַנּוֹעָדִים עַל־יְהוָה בַּעֲדַת־קֹרַח כִּי־בְחֶטְאוֹ מֵת וּבָנִים לֹא־הָיוּ לוֹ
ד:כז:ד לָמָּה יִגָּרַע שֵׁם־אָבִינוּ מִתּוֹךְ מִשְׁפַּחְתּוֹ כִּי אֵין לוֹ בֵּן תְּנָה־לָּנוּ
אֲחֻזָּה בְּתוֹךְ אֲחֵי אָבִינוּ ד:כז:ה וַיַּקְרֵב מֹשֶׁה אֶת־מִשְׁפָּטָן לִפְנֵי
יְהוָה ד:כז:ו וַיֹּאמֶר יְהוָה אֶל־מֹשֶׁה לֵּאמֹר ד:כז:ז כֵּן בְּנוֹת צְלָפְחָד
דֹּבְרֹת נָתֹן תִּתֵּן לָהֶם אֲחֻזַּת נַחֲלָה בְּתוֹךְ אֲחֵי אֲבִיהֶם וְהַעֲבַרְתָּ
אֶת־נַחֲלַת אֲבִיהֶן לָהֶן ד:כז:ח וְאֶל־בְּנֵי יִשְׂרָאֵל תְּדַבֵּר לֵאמֹר אִישׁ

כִּֽי־יָמ֗וּת וּבֵן֙ אֵ֣ין ל֔וֹ וְהַעֲבַרְתֶּ֥ם אֶת־נַחֲלָת֖וֹ לְבִתּֽוֹ ד:כז:ט וְאִם־אֵ֥ין ל֖וֹ
בַּ֑ת וּנְתַתֶּ֥ם אֶת־נַחֲלָת֖וֹ לְאֶחָֽיו ד:כז:י וְאִם־אֵ֥ין ל֖וֹ אַחִ֑ים וּנְתַתֶּ֥ם
אֶת־נַחֲלָת֖וֹ לַאֲחֵ֥י אָבִֽיו ד:כז:יא וְאִם־אֵ֣ין אַחִים֮ לְאָבִיו֒ וּנְתַתֶּ֣ם
אֶת־נַחֲלָת֗וֹ לִשְׁאֵר֞וֹ הַקָּרֹ֥ב אֵלָ֛יו מִמִּשְׁפַּחְתּ֖וֹ וְיָרַ֣שׁ אֹתָ֑הּ וְֽהָיְתָ֞ה
לִבְנֵ֤י יִשְׂרָאֵל֙ לְחֻקַּ֣ת מִשְׁפָּ֔ט כַּאֲשֶׁ֛ר צִוָּ֥ה יְהוָ֖ה אֶת־מֹשֶֽׁה
ד:כז:יב וַיֹּ֤אמֶר יְהוָה֙ אֶל־מֹשֶׁ֔ה עֲלֵ֛ה אֶל־הַ֥ר הָעֲבָרִ֖ים הַזֶּ֑ה וּרְאֵה֙
אֶת־הָאָ֔רֶץ אֲשֶׁ֥ר נָתַ֖תִּי לִבְנֵ֥י יִשְׂרָאֵֽל ד:כז:יג וְרָאִ֣יתָה אֹתָ֔הּ וְנֶאֱסַפְתָּ֥
אֶל־עַמֶּ֖יךָ גַּם־אָ֑תָּה כַּאֲשֶׁ֥ר נֶאֱסַ֖ף אַהֲרֹ֥ן אָחִֽיךָ ד:כז:יד כַּאֲשֶׁ֨ר
מְרִיתֶ֜ם פִּ֣י בְּמִדְבַּר־צִ֗ן בִּמְרִיבַת֙ הָעֵדָ֔ה לְהַקְדִּישֵׁ֥נִי בַמַּ֖יִם
לְעֵינֵיהֶ֑ם הֵ֛ם מֵֽי־מְרִיבַ֥ת קָדֵ֖שׁ מִדְבַּר־צִֽן ד:כז:טו וַיְדַבֵּ֣ר מֹשֶׁ֔ה
אֶל־יְהוָ֖ה לֵאמֹֽר ד:כז:טז יִפְקֹ֣ד יְהוָ֔ה אֱלֹהֵ֥י הָֽרוּחֹ֖ת לְכָל־בָּשָׂ֑ר אִ֖ישׁ
עַל־הָעֵדָֽה ד:כז:יז אֲשֶׁר־יֵצֵ֣א לִפְנֵיהֶ֗ם וַאֲשֶׁ֤ר יָבֹא֙ לִפְנֵיהֶ֔ם וַאֲשֶׁ֥ר
יוֹצִיאֵ֖ם וַאֲשֶׁ֣ר יְבִיאֵ֑ם וְלֹ֤א תִהְיֶה֙ עֲדַ֣ת יְהוָ֔ה כַּצֹּ֕אן אֲשֶׁ֥ר אֵין־לָהֶ֖ם
רֹעֶֽה ד:כז:יח וַיֹּ֨אמֶר יְהוָ֤ה אֶל־מֹשֶׁה֙ קַח־לְךָ֙ אֶת־יְהוֹשֻׁ֣עַ בִּן־נ֔וּן אִ֖ישׁ
אֲשֶׁר־ר֣וּחַ בּ֑וֹ וְסָמַכְתָּ֥ אֶת־יָדְךָ֖ עָלָֽיו ד:כז:יט וְהַעֲמַדְתָּ֣ אֹת֗וֹ לִפְנֵי֙
אֶלְעָזָ֣ר הַכֹּהֵ֔ן וְלִפְנֵ֖י כָּל־הָעֵדָ֑ה וְצִוִּיתָ֥ה אֹת֖וֹ לְעֵינֵיהֶֽם
ד:כז:כ וְנָתַתָּ֥ה מֵהוֹדְךָ֖ עָלָ֑יו לְמַ֣עַן יִשְׁמְע֔וּ כָּל־עֲדַ֖ת בְּנֵ֥י יִשְׂרָאֵֽל
ד:כז:כא וְלִפְנֵ֨י אֶלְעָזָ֤ר הַכֹּהֵן֙ יַעֲמֹ֔ד וְשָׁ֥אַל ל֛וֹ בְּמִשְׁפַּ֥ט הָאוּרִ֖ים לִפְנֵ֣י
יְהוָ֑ה עַל־פִּ֨יו יֵצְא֜וּ וְעַל־פִּ֣יו יָבֹ֗אוּ ה֛וּא וְכָל־בְּנֵי־יִשְׂרָאֵ֥ל אִתּ֖וֹ
וְכָל־הָעֵדָֽה ד:כז:כב וַיַּ֣עַשׂ מֹשֶׁ֔ה כַּאֲשֶׁ֛ר צִוָּ֥ה יְהוָ֖ה אֹת֑וֹ וַיִּקַּ֣ח
אֶת־יְהוֹשֻׁ֗עַ וַיַּֽעֲמִדֵ֙הוּ֙ לִפְנֵי֙ אֶלְעָזָ֣ר הַכֹּהֵ֔ן וְלִפְנֵ֖י כָּל־הָעֵדָֽה
ד:כז:כג וַיִּסְמֹ֧ךְ אֶת־יָדָ֛יו עָלָ֖יו וַיְצַוֵּ֑הוּ כַּאֲשֶׁ֛ר דִּבֶּ֥ר יְהוָ֖ה בְּיַד־מֹשֶֽׁה
ד:כח:א וַיְדַבֵּ֥ר יְהוָ֖ה אֶל־מֹשֶׁ֥ה לֵּאמֹֽר ד:כח:ב צַ֚ו אֶת־בְּנֵ֣י יִשְׂרָאֵ֔ל
וְאָמַרְתָּ֖ אֲלֵהֶ֑ם אֶת־קָרְבָּנִ֨י לַחְמִ֜י לְאִשַּׁ֗י רֵ֚יחַ נִֽיחֹחִ֔י תִּשְׁמְר֕וּ
לְהַקְרִ֥יב לִ֖י בְּמוֹעֲדֽוֹ ד:כח:ג וְאָמַרְתָּ֣ לָהֶ֔ם זֶ֚ה הָֽאִשֶּׁ֔ה אֲשֶׁ֥ר תַּקְרִ֖יבוּ
לַיהוָ֑ה כְּבָשִׂ֨ים בְּנֵֽי־שָׁנָ֧ה תְמִימִ֛ם שְׁנַ֥יִם לַיּ֖וֹם עֹלָ֥ה תָמִֽיד
ד:כח:ד אֶת־הַכֶּ֥בֶשׂ אֶחָ֖ד תַּעֲשֶׂ֣ה בַבֹּ֑קֶר וְאֵת֙ הַכֶּ֣בֶשׂ הַשֵּׁנִ֔י תַּעֲשֶׂ֖ה
בֵּ֥ין הָעַרְבָּֽיִם ד:כח:ה וַעֲשִׂירִ֧ית הָאֵיפָ֛ה סֹ֖לֶת לְמִנְחָ֑ה בְּלוּלָ֛ה בְּשֶׁ֥מֶן

כָּתִית רְבִיעִת הַהִין ד:כח:ו עֹלַת תָּמִיד הָעֲשֻׂיָה בְּהַר סִינַי לְרֵיחַ
נִיחֹחַ אִשֶּׁה לַיהוָה ד:כח:ז וְנִסְכּוֹ רְבִיעִת הַהִין לַכֶּבֶשׂ הָאֶחָד
בַּקֹּדֶשׁ הַסֵּךְ נֶסֶךְ שֵׁכָר לַיהוָה ד:כח:ח וְאֵת הַכֶּבֶשׂ הַשֵּׁנִי תַּעֲשֶׂה
בֵּין הָעַרְבָּיִם כְּמִנְחַת הַבֹּקֶר וּכְנִסְכּוֹ תַּעֲשֶׂה אִשֵּׁה רֵיחַ נִיחֹחַ
לַיהוָה ד:כח:ט וּבְיוֹם הַשַּׁבָּת שְׁנֵי־כְבָשִׂים בְּנֵי־שָׁנָה תְּמִימִם וּשְׁנֵי
עֶשְׂרֹנִים סֹלֶת מִנְחָה בְּלוּלָה בַשֶּׁמֶן וְנִסְכּוֹ ד:כח:י עֹלַת שַׁבַּת
בְּשַׁבַּתּוֹ עַל־עֹלַת הַתָּמִיד וְנִסְכָּהּ ד:כח:יא וּבְרָאשֵׁי חָדְשֵׁיכֶם
תַּקְרִיבוּ עֹלָה לַיהוָה פָּרִים בְּנֵי־בָקָר שְׁנַיִם וְאַיִל אֶחָד כְּבָשִׂים
בְּנֵי־שָׁנָה שִׁבְעָה תְּמִימִם ד:כח:יב וּשְׁלֹשָׁה עֶשְׂרֹנִים סֹלֶת מִנְחָה
בְּלוּלָה בַשֶּׁמֶן לַפָּר הָאֶחָד וּשְׁנֵי עֶשְׂרֹנִים סֹלֶת מִנְחָה בְּלוּלָה
בַשֶּׁמֶן לָאַיִל הָאֶחָד ד:כח:יג וְעִשָּׂרֹן עִשָּׂרוֹן סֹלֶת מִנְחָה בְּלוּלָה
בַשֶּׁמֶן לַכֶּבֶשׂ הָאֶחָד עֹלָה רֵיחַ נִיחֹחַ אִשֶּׁה לַיהוָה
ד:כח:יד וְנִסְכֵּיהֶם חֲצִי הַהִין יִהְיֶה לַפָּר וּשְׁלִישִׁת הַהִין לָאַיִל
וּרְבִיעִת הַהִין לַכֶּבֶשׂ יָיִן זֹאת עֹלַת חֹדֶשׁ בְּחָדְשׁוֹ לְחָדְשֵׁי הַשָּׁנָה
ד:כח:טו וּשְׂעִיר עִזִּים אֶחָד לְחַטָּאת לַיהוָה עַל־עֹלַת הַתָּמִיד יֵעָשֶׂה
וְנִסְכּוֹ ד:כח:טז וּבַחֹדֶשׁ הָרִאשׁוֹן בְּאַרְבָּעָה עָשָׂר יוֹם לַחֹדֶשׁ פֶּסַח
לַיהוָה ד:כח:יז וּבַחֲמִשָּׁה עָשָׂר יוֹם לַחֹדֶשׁ הַזֶּה חָג שִׁבְעַת יָמִים
מַצּוֹת יֵאָכֵל ד:כח:יח בַּיּוֹם הָרִאשׁוֹן מִקְרָא־קֹדֶשׁ כָּל־מְלֶאכֶת עֲבֹדָה
לֹא תַעֲשׂוּ ד:כח:יט וְהִקְרַבְתֶּם אִשֶּׁה עֹלָה לַיהוָה פָּרִים בְּנֵי־בָקָר
שְׁנַיִם וְאַיִל אֶחָד וְשִׁבְעָה כְבָשִׂים בְּנֵי שָׁנָה תְּמִימִם יִהְיוּ לָכֶם
ד:כח:כ וּמִנְחָתָם סֹלֶת בְּלוּלָה בַשָּׁמֶן שְׁלֹשָׁה עֶשְׂרֹנִים לַפָּר וּשְׁנֵי
עֶשְׂרֹנִים לָאַיִל תַּעֲשׂוּ ד:כח:כא עִשָּׂרוֹן עִשָּׂרוֹן תַּעֲשֶׂה לַכֶּבֶשׂ הָאֶחָד
לְשִׁבְעַת הַכְּבָשִׂים ד:כח:כב וּשְׂעִיר חַטָּאת אֶחָד לְכַפֵּר עֲלֵיכֶם
ד:כח:כג מִלְּבַד עֹלַת הַבֹּקֶר אֲשֶׁר לְעֹלַת הַתָּמִיד תַּעֲשׂוּ אֶת־אֵלֶּה
ד:כח:כד כָּאֵלֶּה תַּעֲשׂוּ לַיּוֹם שִׁבְעַת יָמִים לֶחֶם אִשֵּׁה רֵיחַ־נִיחֹחַ
לַיהוָה עַל־עוֹלַת הַתָּמִיד יֵעָשֶׂה וְנִסְכּוֹ ד:כח:כה וּבַיּוֹם הַשְּׁבִיעִי
מִקְרָא־קֹדֶשׁ יִהְיֶה לָכֶם כָּל־מְלֶאכֶת עֲבֹדָה לֹא תַעֲשׂוּ
ד:כח:כו וּבְיוֹם הַבִּכּוּרִים בְּהַקְרִיבְכֶם מִנְחָה חֲדָשָׁה לַיהוָה

בְּשָׁבֻעֹֽתֵיכֶ֑ם מִקְרָא־קֹ֙דֶשׁ֙ יִהְיֶ֣ה לָכֶ֔ם כָּל־מְלֶ֥אכֶת עֲבֹדָ֖ה לֹ֥א
תַעֲשֽׂוּ׃ ד:כח:כז וְהִקְרַבְתֶּ֨ם עוֹלָ֜ה לְרֵ֤יחַ נִיחֹ֙חַ֙ לַֽיהוָ֔ה פָּרִ֧ים בְּנֵֽי־בָקָ֛ר
שְׁנַ֖יִם אַ֣יִל אֶחָ֑ד שִׁבְעָ֥ה כְבָשִׂ֖ים בְּנֵ֥י שָׁנָֽה׃ ד:כח:כח וּמִנְחָתָ֔ם סֹ֖לֶת
בְּלוּלָ֣ה בַשָּׁ֑מֶן שְׁלֹשָׁ֤ה עֶשְׂרֹנִים֙ לַפָּ֣ר הָאֶחָ֔ד שְׁנֵי֙ עֶשְׂרֹנִ֔ים לָאַ֖יִל
הָאֶחָֽד׃ ד:כח:כט עִשָּׂרוֹן֙ עִשָּׂר֔וֹן לַכֶּ֖בֶשׂ הָאֶחָ֑ד לְשִׁבְעַ֖ת הַכְּבָשִֽׂים׃
ד:כח:ל שְׂעִ֥יר עִזִּ֖ים אֶחָ֑ד לְכַפֵּ֖ר עֲלֵיכֶֽם׃ ד:כח:לא מִלְּבַ֞ד עֹלַ֧ת הַתָּמִ֛יד
וּמִנְחָת֖וֹ תַּעֲשׂ֑וּ תְּמִימִ֥ם יִהְיוּ־לָכֶ֖ם וְנִסְכֵּיהֶֽם׃ ד:כט:א וּבַחֹ֨דֶשׁ
הַשְּׁבִיעִ֜י בְּאֶחָ֣ד לַחֹ֗דֶשׁ מִֽקְרָא־קֹ֙דֶשׁ֙ יִהְיֶ֣ה לָכֶ֔ם כָּל־מְלֶ֥אכֶת
עֲבֹדָ֖ה לֹ֣א תַעֲשׂ֑וּ י֥וֹם תְּרוּעָ֖ה יִהְיֶ֥ה לָכֶֽם׃ ד:כט:ב וַעֲשִׂיתֶ֨ם עֹלָ֜ה
לְרֵ֤יחַ נִיחֹ֙חַ֙ לַֽיהוָ֔ה פַּ֧ר בֶּן־בָּקָ֛ר אֶחָ֖ד אַ֣יִל אֶחָ֑ד כְּבָשִׂ֧ים בְּנֵי־שָׁנָ֛ה
שִׁבְעָ֖ה תְּמִימִֽם׃ ד:כט:ג וּמִ֨נְחָתָ֔ם סֹ֖לֶת בְּלוּלָ֣ה בַשָּׁ֑מֶן שְׁלֹשָׁ֤ה
עֶשְׂרֹנִים֙ לַפָּ֔ר שְׁנֵ֥י עֶשְׂרֹנִ֖ים לָאָֽיִל׃ ד:כט:ד וְעִשָּׂר֣וֹן אֶחָ֔ד לַכֶּ֖בֶשׂ
הָאֶחָ֑ד לְשִׁבְעַ֖ת הַכְּבָשִֽׂים׃ ד:כט:ה וּשְׂעִיר־עִזִּ֥ים אֶחָ֖ד חַטָּ֑את לְכַפֵּ֖ר
עֲלֵיכֶֽם׃ ד:כט:ו מִלְּבַד֩ עֹלַ֨ת הַחֹ֜דֶשׁ וּמִנְחָתָ֗הּ וְעֹלַ֤ת הַתָּמִיד֙
וּמִנְחָתָ֔הּ וְנִסְכֵּיהֶ֖ם כְּמִשְׁפָּטָ֑ם לְרֵ֣יחַ נִיחֹ֔חַ אִשֶּׁ֖ה לַיהוָֽה׃
ד:כט:ז וּבֶעָשׂ֨וֹר לַחֹ֜דֶשׁ הַשְּׁבִיעִ֗י הַזֶּ֔ה מִֽקְרָא־קֹ֙דֶשׁ֙ יִהְיֶ֣ה לָכֶ֔ם
וְעִנִּיתֶ֖ם אֶת־נַפְשֹׁתֵיכֶ֑ם כָּל־מְלָאכָ֖ה לֹ֥א תַעֲשֽׂוּ׃ ד:כט:ח וְהִקְרַבְתֶּ֨ם
עֹלָ֤ה לַֽיהוָה֙ רֵ֣יחַ נִיחֹ֔חַ פַּ֧ר בֶּן־בָּקָ֛ר אֶחָ֖ד אַ֣יִל אֶחָ֑ד כְּבָשִׂ֤ים
בְּנֵֽי־שָׁנָה֙ שִׁבְעָ֔ה תְּמִימִ֖ם יִהְי֥וּ לָכֶֽם׃ ד:כט:ט וּמִ֨נְחָתָ֔ם סֹ֖לֶת בְּלוּלָ֣ה
בַשָּׁ֑מֶן שְׁלֹשָׁ֤ה עֶשְׂרֹנִים֙ לַפָּ֔ר שְׁנֵי֙ עֶשְׂרֹנִ֔ים לָאַ֖יִל הָאֶחָֽד׃
ד:כט:י עִשָּׂרוֹן֙ עִשָּׂר֔וֹן לַכֶּ֖בֶשׂ הָאֶחָ֑ד לְשִׁבְעַ֖ת הַכְּבָשִֽׂים׃
ד:כט:יא שְׂעִיר־עִזִּ֥ים אֶחָ֖ד חַטָּ֑את מִלְּבַ֞ד חַטַּ֤את הַכִּפֻּרִים֙ וְעֹלַ֣ת
הַתָּמִ֔יד וּמִנְחָתָ֖הּ וְנִסְכֵּיהֶֽם׃ ד:כט:יב וּבַחֲמִשָּׁה֩ עָשָׂ֨ר י֜וֹם לַחֹ֣דֶשׁ
הַשְּׁבִיעִ֗י מִֽקְרָא־קֹ֙דֶשׁ֙ יִהְיֶ֣ה לָכֶ֔ם כָּל־מְלֶ֥אכֶת עֲבֹדָ֖ה לֹ֣א תַעֲשׂ֑וּ
וְחַגֹּתֶ֥ם חַ֛ג לַֽיהוָ֖ה שִׁבְעַ֥ת יָמִֽים׃ ד:כט:יג וְהִקְרַבְתֶּ֨ם עֹלָ֜ה אִשֵּׁ֨ה רֵ֤יחַ
נִיחֹ֙חַ֙ לַֽיהוָ֔ה פָּרִ֧ים בְּנֵֽי־בָקָ֛ר שְׁלֹשָׁ֥ה עָשָׂ֖ר אֵילִ֣ם שְׁנָ֑יִם כְּבָשִׂ֧ים
בְּנֵֽי־שָׁנָ֛ה אַרְבָּעָ֥ה עָשָׂ֖ר תְּמִימִ֥ם יִהְיֽוּ׃ ד:כט:יד וּמִנְחָתָ֔ם סֹ֖לֶת בְּלוּלָ֣ה
בַשָּׁ֑מֶן שְׁלֹשָׁה֩ עֶשְׂרֹנִ֨ים לַפָּ֜ר הָאֶחָ֗ד לִשְׁלֹשָׁ֤ה עָשָׂר֙ פָּרִ֔ים שְׁנֵ֤י

עֶשְׂרֹנִים לָאַיִל הָאֶחָד לִשְׁנֵי הָאֵילִם ד:כט:יה וְעִשָּׂרוֹן עִשָּׂרוֹן לַכֶּבֶשׂ
הָאֶחָד לְאַרְבָּעָה עָשָׂר כְּבָשִׂים ד:כט:יו וּשְׂעִיר־עִזִּים אֶחָד חַטָּאת
מִלְּבַד עֹלַת הַתָּמִיד מִנְחָתָהּ וְנִסְכָּהּ ד:כט:יז וּבַיּוֹם הַשֵּׁנִי פָּרִים
בְּנֵי־בָקָר שְׁנֵים עָשָׂר אֵילִם שְׁנָיִם כְּבָשִׂים בְּנֵי־שָׁנָה אַרְבָּעָה עָשָׂר
תְּמִימִם ד:כט:יח וּמִנְחָתָם וְנִסְכֵּיהֶם לַפָּרִים לָאֵילִם וְלַכְּבָשִׂים
בְּמִסְפָּרָם כַּמִּשְׁפָּט ד:כט:יט וּשְׂעִיר־עִזִּים אֶחָד חַטָּאת מִלְּבַד עֹלַת
הַתָּמִיד וּמִנְחָתָהּ וְנִסְכֵּיהֶם ד:כט:כ וּבַיּוֹם הַשְּׁלִישִׁי פָּרִים
עַשְׁתֵּי־עָשָׂר אֵילִם שְׁנָיִם כְּבָשִׂים בְּנֵי־שָׁנָה אַרְבָּעָה עָשָׂר תְּמִימִם
ד:כט:כא וּמִנְחָתָם וְנִסְכֵּיהֶם לַפָּרִים לָאֵילִם וְלַכְּבָשִׂים בְּמִסְפָּרָם
כַּמִּשְׁפָּט ד:כט:כב וּשְׂעִיר חַטָּאת אֶחָד מִלְּבַד עֹלַת הַתָּמִיד
וּמִנְחָתָהּ וְנִסְכָּהּ ד:כט:כג וּבַיּוֹם הָרְבִיעִי פָּרִים עֲשָׂרָה אֵילִם שְׁנָיִם
כְּבָשִׂים בְּנֵי־שָׁנָה אַרְבָּעָה עָשָׂר תְּמִימִם ד:כט:כד מִנְחָתָם וְנִסְכֵּיהֶם
לַפָּרִים לָאֵילִם וְלַכְּבָשִׂים בְּמִסְפָּרָם כַּמִּשְׁפָּט ד:כט:כה וּשְׂעִיר־עִזִּים
אֶחָד חַטָּאת מִלְּבַד עֹלַת הַתָּמִיד מִנְחָתָהּ וְנִסְכָּהּ ד:כט:כו וּבַיּוֹם
הַחֲמִישִׁי פָּרִים תִּשְׁעָה אֵילִם שְׁנָיִם כְּבָשִׂים בְּנֵי־שָׁנָה אַרְבָּעָה
עָשָׂר תְּמִימִם ד:כט:כז וּמִנְחָתָם וְנִסְכֵּיהֶם לַפָּרִים לָאֵילִם וְלַכְּבָשִׂים
בְּמִסְפָּרָם כַּמִּשְׁפָּט ד:כט:כח וּשְׂעִיר חַטָּאת אֶחָד מִלְּבַד עֹלַת
הַתָּמִיד וּמִנְחָתָהּ וְנִסְכָּהּ ד:כט:כט וּבַיּוֹם הַשִּׁשִּׁי פָּרִים שְׁמֹנָה אֵילִם
שְׁנָיִם כְּבָשִׂים בְּנֵי־שָׁנָה אַרְבָּעָה עָשָׂר תְּמִימִם ד:כט:ל וּמִנְחָתָם
וְנִסְכֵּיהֶם לַפָּרִים לָאֵילִם וְלַכְּבָשִׂים בְּמִסְפָּרָם כַּמִּשְׁפָּט
ד:כט:לא וּשְׂעִיר חַטָּאת אֶחָד מִלְּבַד עֹלַת הַתָּמִיד מִנְחָתָהּ וּנְסָכֶיהָ
ד:כט:לב וּבַיּוֹם הַשְּׁבִיעִי פָּרִים שִׁבְעָה אֵילִם שְׁנָיִם כְּבָשִׂים בְּנֵי־שָׁנָה
אַרְבָּעָה עָשָׂר תְּמִימִם ד:כט:לג וּמִנְחָתָם וְנִסְכֵּהֶם לַפָּרִים לָאֵילִם
וְלַכְּבָשִׂים בְּמִסְפָּרָם כְּמִשְׁפָּטָם ד:כט:לד וּשְׂעִיר חַטָּאת אֶחָד מִלְּבַד
עֹלַת הַתָּמִיד מִנְחָתָהּ וְנִסְכָּהּ ד:כט:לה בַּיּוֹם הַשְּׁמִינִי עֲצֶרֶת תִּהְיֶה
לָכֶם כָּל־מְלֶאכֶת עֲבֹדָה לֹא תַעֲשׂוּ ד:כט:לו וְהִקְרַבְתֶּם עֹלָה אִשֵּׁה
רֵיחַ נִיחֹחַ לַיהוָה פַּר אֶחָד אַיִל אֶחָד כְּבָשִׂים בְּנֵי־שָׁנָה שִׁבְעָה
תְּמִימִם ד:כט:לז מִנְחָתָם וְנִסְכֵּיהֶם לַפָּר לָאַיִל וְלַכְּבָשִׂים בְּמִסְפָּרָם

כַּמִּשְׁפָּֽט ד:כט:לח וּשְׂעִ֥יר חַטָּ֖את אֶחָ֑ד מִלְּבַד֙ עֹלַ֣ת הַתָּמִ֔יד
וּמִנְחָתָ֖הּ וְנִסְכָּֽהּ ד:כט:לט אֵ֛לֶּה תַּעֲשׂ֥וּ לַיהוָ֖ה בְּמוֹעֲדֵיכֶ֑ם לְבַ֨ד
מִנִּדְרֵיכֶ֜ם וְנִדְבֹתֵיכֶ֗ם לְעֹלֹתֵיכֶם֙ וּלְמִנְחֹ֣תֵיכֶ֔ם וּלְנִסְכֵּיכֶ֖ם
וּלְשַׁלְמֵיכֶֽם ד:ל:א וַיֹּ֥אמֶר מֹשֶׁ֖ה אֶל־בְּנֵ֣י יִשְׂרָאֵ֑ל כְּכֹ֛ל אֲשֶׁר־צִוָּ֥ה
יְהוָ֖ה אֶת־מֹשֶֽׁה ד:ל:ב וַיְדַבֵּ֤ר מֹשֶׁה֙ אֶל־רָאשֵׁ֣י הַמַּטּ֔וֹת לִבְנֵ֥י יִשְׂרָאֵ֖ל
לֵאמֹ֑ר זֶ֣ה הַדָּבָ֔ר אֲשֶׁ֖ר צִוָּ֥ה יְהוָֽה ד:ל:ג אִישׁ֩ כִּֽי־יִדֹּ֨ר נֶ֜דֶר לַֽיהוָ֗ה
אֽוֹ־הִשָּׁ֤בַע שְׁבֻעָה֙ לֶאְסֹ֤ר אִסָּר֙ עַל־נַפְשׁ֔וֹ לֹ֥א יַחֵ֖ל דְּבָר֑וֹ
כְּכָל־הַיֹּצֵ֥א מִפִּ֖יו יַעֲשֶֽׂה ד:ל:ד וְאִשָּׁ֕ה כִּֽי־תִדֹּ֥ר נֶ֖דֶר לַיהוָ֑ה וְאָסְרָ֥ה
אִסָּ֛ר בְּבֵ֥ית אָבִ֖יהָ בִּנְעֻרֶֽיהָ ד:ל:ה וְשָׁמַ֨ע אָבִ֜יהָ אֶת־נִדְרָ֗הּ וֶֽאֱסָרָהּ֙
אֲשֶׁ֤ר אָֽסְרָה֙ עַל־נַפְשָׁ֔הּ וְהֶחֱרִ֥ישׁ לָ֖הּ אָבִ֑יהָ וְקָ֙מוּ֙ כָּל־נְדָרֶ֔יהָ
וְכָל־אִסָּ֛ר אֲשֶׁר־אָסְרָ֥ה עַל־נַפְשָׁ֖הּ יָקֽוּם ד:ל:ו וְאִם־הֵנִ֨יא אָבִ֣יהָ
אֹתָהּ֮ בְּי֣וֹם שָׁמְעוֹ֒ כָּל־נְדָרֶ֗יהָ וֶֽאֱסָרֶ֛יהָ אֲשֶׁר־אָסְרָ֥ה עַל־נַפְשָׁ֖הּ לֹ֣א
יָק֑וּם וַֽיהוָה֙ יִסְלַח־לָ֔הּ כִּֽי־הֵנִ֥יא אָבִ֖יהָ אֹתָֽהּ ד:ל:ז וְאִם־הָי֤וֹ תִֽהְיֶה֙
לְאִ֔ישׁ וּנְדָרֶ֖יהָ עָלֶ֑יהָ א֚וֹ מִבְטָ֣א שְׂפָתֶ֔יהָ אֲשֶׁ֥ר אָסְרָ֖ה עַל־נַפְשָֽׁהּ
ד:ל:ח וְשָׁמַ֥ע אִישָׁ֛הּ בְּי֥וֹם שָׁמְע֖וֹ וְהֶחֱרִ֣ישׁ לָ֑הּ וְקָ֣מוּ נְדָרֶ֗יהָ וֶֽאֱסָרֶ֛הָ
אֲשֶׁר־אָסְרָ֥ה עַל־נַפְשָׁ֖הּ יָקֻֽמוּ ד:ל:ט וְ֠אִם בְּי֨וֹם שְׁמֹ֣עַ אִישָׁהּ֮ יָנִ֣יא
אוֹתָהּ֒ וְהֵפֵ֗ר אֶת־נִדְרָהּ֙ אֲשֶׁ֣ר עָלֶ֔יהָ וְאֵת֙ מִבְטָ֣א שְׂפָתֶ֔יהָ אֲשֶׁ֥ר
אָסְרָ֖ה עַל־נַפְשָׁ֑הּ וַֽיהוָ֖ה יִֽסְלַֽח־לָֽהּ ד:ל:י וְנֵ֥דֶר אַלְמָנָ֖ה וּגְרוּשָׁ֑ה כֹּ֛ל
אֲשֶׁר־אָסְרָ֥ה עַל־נַפְשָׁ֖הּ יָק֥וּם עָלֶֽיהָ ד:ל:יא וְאִם־בֵּ֥ית אִישָׁ֖הּ נָדָ֑רָה
אֽוֹ־אָסְרָ֥ה אִסָּ֛ר עַל־נַפְשָׁ֖הּ בִּשְׁבֻעָֽה ד:ל:יב וְשָׁמַ֤ע אִישָׁהּ֙ וְהֶחֱרִ֣שׁ
לָ֔הּ לֹ֥א הֵנִ֖יא אֹתָ֑הּ וְקָ֙מוּ֙ כָּל־נְדָרֶ֔יהָ וְכָל־אִסָּ֛ר אֲשֶׁר־אָסְרָ֥ה
עַל־נַפְשָׁ֖הּ יָקֽוּם ד:ל:יג וְאִם־הָפֵר֩ יָפֵ֨ר אֹתָ֥ם ׀ אִישָׁהּ֮ בְּי֣וֹם שָׁמְעוֹ֒
כָּל־מוֹצָ֨א שְׂפָתֶ֧יהָ לִנְדָרֶ֛יהָ וּלְאִסַּ֥ר נַפְשָׁ֖הּ לֹ֣א יָק֑וּם אִישָׁ֣הּ הֲפֵרָ֔ם
וַיהוָ֖ה יִֽסְלַֽח־לָֽהּ ד:ל:יד כָּל־נֵ֛דֶר וְכָל־שְׁבֻעַ֥ת אִסָּ֖ר לְעַנֹּ֣ת נָ֑פֶשׁ
אִישָׁ֥הּ יְקִימֶ֖נּוּ וְאִישָׁ֥הּ יְפֵרֶֽנּוּ ד:ל:טו וְאִם־הַחֲרֵשׁ֩ יַחֲרִ֨ישׁ לָ֥הּ אִישָׁהּ֮
מִיּ֣וֹם אֶל־יוֹם֒ וְהֵקִים֙ אֶת־כָּל־נְדָרֶ֔יהָ א֥וֹ אֶת־כָּל־אֱסָרֶ֖יהָ אֲשֶׁ֣ר
עָלֶ֑יהָ הֵקִ֣ים אֹתָ֔ם כִּֽי־הֶחֱרִ֥שׁ לָ֖הּ בְּי֥וֹם שָׁמְעֽוֹ ד:ל:טז וְאִם־הָפֵ֥ר יָפֵ֛ר
אֹתָ֖ם אַחֲרֵ֣י שָׁמְע֑וֹ וְנָשָׂ֖א אֶת־עֲוֺנָֽהּ ד:ל:יז אֵ֣לֶּה הַחֻקִּ֗ים אֲשֶׁ֨ר צִוָּ֤ה

יְהוָה֙ אֶת־מֹשֶׁ֔ה בֵּ֥ין אִ֖ישׁ לְאִשְׁתּ֑וֹ בֵּֽין־אָ֣ב לְבִתּ֔וֹ בִּנְעֻרֶ֖יהָ בֵּ֥ית אָבִֽיהָ
ד:לא:א וַיְדַבֵּ֥ר יְהוָ֖ה אֶל־מֹשֶׁ֥ה לֵּאמֹֽר ד:לא:ב נְקֹ֗ם נִקְמַת֙ בְּנֵ֣י יִשְׂרָאֵ֔ל
מֵאֵ֖ת הַמִּדְיָנִ֑ים אַחַ֖ר תֵּאָסֵ֥ף אֶל־עַמֶּֽיךָ ד:לא:ג וַיְדַבֵּ֤ר מֹשֶׁה֙
אֶל־הָעָ֣ם לֵאמֹ֔ר הֵחָלְצ֧וּ מֵאִתְּכֶ֛ם אֲנָשִׁ֖ים לַצָּבָ֑א וְיִהְיוּ֙ עַל־מִדְיָ֔ן
לָתֵ֥ת נִקְמַת־יְהוָ֖ה בְּמִדְיָֽן ד:לא:ד אֶ֚לֶף לַמַּטֶּ֔ה אֶ֖לֶף לַמַּטֶּ֑ה לְכֹל֙
מַטּ֣וֹת יִשְׂרָאֵ֔ל תִּשְׁלְח֖וּ לַצָּבָֽא ד:לא:ה וַיִּמָּֽסְרוּ֙ מֵאַלְפֵ֣י יִשְׂרָאֵ֔ל אֶ֖לֶף
לַמַּטֶּ֑ה שְׁנֵים־עָשָׂ֥ר אֶ֖לֶף חֲלוּצֵ֥י צָבָֽא ד:לא:ו וַיִּשְׁלַ֨ח אֹתָ֥ם מֹשֶׁ֛ה
אֶ֥לֶף לַמַּטֶּ֖ה לַצָּבָ֑א אֹ֠תָם וְאֶת־פִּ֨ינְחָ֜ס בֶּן־אֶלְעָזָ֤ר הַכֹּהֵן֙ לַצָּבָ֔א
וּכְלֵ֥י הַקֹּ֛דֶשׁ וַחֲצֹצְר֥וֹת הַתְּרוּעָ֖ה בְּיָדֽוֹ ד:לא:ז וַיִּצְבְּאוּ֙ עַל־מִדְיָ֔ן
כַּאֲשֶׁ֛ר צִוָּ֥ה יְהוָ֖ה אֶת־מֹשֶׁ֑ה וַיַּֽהַרְג֖וּ כָּל־זָכָֽר ד:לא:ח וְאֶת־מַלְכֵ֨י מִדְיָ֜ן
הָרְג֣וּ עַל־חַלְלֵיהֶ֗ם אֶת־אֱוִ֣י וְאֶת־רֶ֜קֶם וְאֶת־צ֤וּר וְאֶת־חוּר֙
וְאֶת־רֶ֔בַע חֲמֵ֖שֶׁת מַלְכֵ֣י מִדְיָ֑ן וְאֵת֙ בִּלְעָ֣ם בֶּן־בְּע֔וֹר הָרְג֖וּ בֶּחָֽרֶב
ד:לא:ט וַיִּשְׁבּ֧וּ בְנֵֽי־יִשְׂרָאֵ֛ל אֶת־נְשֵׁ֥י מִדְיָ֖ן וְאֶת־טַפָּ֑ם וְאֵ֨ת
כָּל־בְּהֶמְתָּ֧ם וְאֶת־כָּל־מִקְנֵהֶ֛ם וְאֶת־כָּל־חֵילָ֖ם בָּזָֽזוּ ד:לא:י וְאֵ֤ת
כָּל־עָרֵיהֶם֙ בְּמ֣וֹשְׁבֹתָ֔ם וְאֵ֖ת כָּל־טִירֹתָ֑ם שָׂרְפ֖וּ בָּאֵֽשׁ ד:לא:יא וַיִּקְחוּ֙
אֶת־כָּל־הַשָּׁלָ֔ל וְאֵ֖ת כָּל־הַמַּלְק֑וֹחַ בָּאָדָ֖ם וּבַבְּהֵמָֽה ד:לא:יב וַיָּבִ֡אוּ
אֶל־מֹשֶׁ֩ה וְאֶל־אֶלְעָזָ֨ר הַכֹּהֵ֜ן וְאֶל־עֲדַ֣ת בְּנֵֽי־יִשְׂרָאֵ֗ל אֶת־הַשְּׁבִ֛י
וְאֶת־הַמַּלְק֥וֹחַ וְאֶת־הַשָּׁלָ֖ל אֶל־הַֽמַּחֲנֶ֑ה אֶל־עַרְבֹ֣ת מוֹאָ֔ב אֲשֶׁ֖ר
עַל־יַרְדֵּ֥ן יְרֵחֽוֹ ד:לא:יג וַיֵּ֨צְא֜וּ מֹשֶׁ֨ה וְאֶלְעָזָ֧ר הַכֹּהֵ֛ן וְכָל־נְשִׂיאֵ֥י הָעֵדָ֖ה
לִקְרָאתָ֑ם אֶל־מִח֖וּץ לַֽמַּחֲנֶֽה ד:לא:יד וַיִּקְצֹ֣ף מֹשֶׁ֔ה עַ֖ל פְּקוּדֵ֣י הֶחָ֑יִל
שָׂרֵ֤י הָאֲלָפִים֙ וְשָׂרֵ֣י הַמֵּא֔וֹת הַבָּאִ֖ים מִצְּבָ֥א הַמִּלְחָמָֽה
ד:לא:טו וַיֹּ֥אמֶר אֲלֵיהֶ֖ם מֹשֶׁ֑ה הַֽחִיִּיתֶ֖ם כָּל־נְקֵבָֽה ד:לא:טז הֵ֣ן הֵ֜נָּה הָי֨וּ
לִבְנֵ֤י יִשְׂרָאֵל֙ בִּדְבַ֣ר בִּלְעָ֔ם לִמְסָר־מַ֥עַל בַּיהוָ֖ה עַל־דְּבַר־פְּע֑וֹר
וַתְּהִ֥י הַמַּגֵּפָ֖ה בַּעֲדַ֥ת יְהוָֽה ד:לא:יז וְעַתָּ֕ה הִרְג֥וּ כָל־זָכָ֖ר בַּטָּ֑ף
וְכָל־אִשָּׁ֗ה יֹדַ֥עַת אִ֛ישׁ לְמִשְׁכַּ֥ב זָכָ֖ר הֲרֹֽגוּ ד:לא:יח וְכֹל֙ הַטַּ֣ף בַּנָּשִׁ֔ים
אֲשֶׁ֥ר לֹא־יָדְע֖וּ מִשְׁכַּ֣ב זָכָ֑ר הַחֲי֖וּ לָכֶֽם ד:לא:יט וְאַתֶּ֗ם חֲנ֛וּ מִח֥וּץ
לַֽמַּחֲנֶ֖ה שִׁבְעַ֣ת יָמִ֑ים כֹּל֩ הֹרֵ֨ג נֶ֜פֶשׁ וְכֹ֣ל ׀ נֹגֵ֣עַ בֶּֽחָלָ֗ל תִּֽתְחַטְּא֞וּ
בַּיּ֤וֹם הַשְּׁלִישִׁי֙ וּבַיּ֣וֹם הַשְּׁבִיעִ֔י אַתֶּ֖ם וּשְׁבִיכֶֽם ד:לא:כ וְכָל־בֶּ֧גֶד

וְכָל־כְּלִי־ע֛וֹר וְכָל־מַעֲשֵׂ֥ה עִזִּ֖ים וְכָל־כְּלִי־עֵ֑ץ תִּתְחַטָּֽאוּ׃
ד:לא:כא וַיֹּ֨אמֶר אֶלְעָזָ֤ר הַכֹּהֵן֙ אֶל־אַנְשֵׁ֣י הַצָּבָ֔א הַבָּאִ֖ים לַמִּלְחָמָ֑ה
זֹ֚את חֻקַּ֣ת הַתּוֹרָ֔ה אֲשֶׁר־צִוָּ֥ה יְהוָ֖ה אֶת־מֹשֶֽׁה׃ ד:לא:כב אַ֥ךְ
אֶת־הַזָּהָ֖ב וְאֶת־הַכָּ֑סֶף אֶֽת־הַנְּחֹ֨שֶׁת֙ אֶת־הַבַּרְזֶ֔ל אֶֽת־הַבְּדִ֖יל
וְאֶת־הָעֹפָֽרֶת׃ ד:לא:כג כָּל־דָּבָ֞ר אֲשֶׁר־יָבֹ֣א בָאֵ֗שׁ תַּעֲבִ֤ירוּ בָאֵשׁ֙ וְטָהֵ֔ר
אַ֕ךְ בְּמֵ֥י נִדָּ֖ה יִתְחַטָּ֑א וְכֹ֨ל אֲשֶׁ֧ר לֹֽא־יָבֹ֛א בָּאֵ֖שׁ תַּעֲבִ֥ירוּ בַמָּֽיִם׃
ד:לא:כד וְכִבַּסְתֶּ֧ם בִּגְדֵיכֶ֛ם בַּיּ֥וֹם הַשְּׁבִיעִ֖י וּטְהַרְתֶּ֑ם וְאַחַ֖ר תָּבֹ֥אוּ
אֶל־הַֽמַּחֲנֶֽה׃ ד:לא:כה וַיֹּ֥אמֶר יְהוָ֖ה אֶל־מֹשֶׁ֥ה לֵּאמֹֽר׃ ד:לא:כו שָׂ֗א אֵ֣ת
רֹ֤אשׁ מַלְק֨וֹחַ֙ הַשְּׁבִ֔י בָּאָדָ֖ם וּבַבְּהֵמָ֑ה אַתָּה֙ וְאֶלְעָזָ֣ר הַכֹּהֵ֔ן וְרָאשֵׁ֖י
אֲב֥וֹת הָעֵדָֽה׃ ד:לא:כז וְחָצִ֨יתָ֙ אֶת־הַמַּלְק֔וֹחַ בֵּ֚ין תֹּפְשֵׂ֣י הַמִּלְחָמָ֔ה
הַיֹּצְאִ֖ים לַצָּבָ֑א וּבֵ֖ין כָּל־הָעֵדָֽה׃ ד:לא:כח וַהֲרֵמֹתָ֨ מֶ֜כֶס לַֽיהוָ֗ה מֵאֵ֞ת
אַנְשֵׁ֤י הַמִּלְחָמָה֙ הַיֹּצְאִ֣ים לַצָּבָ֔א אֶחָ֣ד נֶ֔פֶשׁ מֵחֲמֵ֖שׁ הַמֵּא֑וֹת
מִן־הָֽאָדָם֙ וּמִן־הַבָּקָ֔ר וּמִן־הַחֲמֹרִ֖ים וּמִן־הַצֹּֽאן׃ ד:לא:כט מִמַּחֲצִיתָ֖ם
תִּקָּ֑חוּ וְנָתַתָּ֛ה לְאֶלְעָזָ֥ר הַכֹּהֵ֖ן תְּרוּמַ֥ת יְהוָֽה׃ ד:לא:ל וּמִמַּחֲצִ֨ת
בְּנֵֽי־יִשְׂרָאֵ֜ל תִּקַּ֣ח ׀ אֶחָ֣ד ׀ אָחֻ֣ז מִן־הַחֲמִשִּׁ֗ים מִן־הָאָדָ֛ם
מִן־הַבָּקָ֧ר מִן־הַחֲמֹרִ֛ים וּמִן־הַצֹּ֖אן מִכָּל־הַבְּהֵמָ֑ה וְנָתַתָּ֤ה אֹתָם֙
לַלְוִיִּ֔ם שֹׁמְרֵ֕י מִשְׁמֶ֖רֶת מִשְׁכַּ֥ן יְהוָֽה׃ ד:לא:לא וַיַּ֣עַשׂ מֹשֶׁ֔ה וְאֶלְעָזָ֖ר
הַכֹּהֵ֑ן כַּאֲשֶׁ֛ר צִוָּ֥ה יְהוָ֖ה אֶת־מֹשֶֽׁה׃ ד:לא:לב וַֽיְהִי֙ הַמַּלְק֔וֹחַ יֶ֣תֶר הַבָּ֔ז
אֲשֶׁ֥ר בָּזְז֖וּ עַ֣ם הַצָּבָ֑א צֹ֗אן שֵׁשׁ־מֵא֥וֹת אֶ֛לֶף וְשִׁבְעִ֥ים אֶ֖לֶף
וַחֲמֵ֥שֶׁת אֲלָפִֽים׃ ד:לא:לג וּבָקָ֕ר שְׁנַ֥יִם וְשִׁבְעִ֖ים אָֽלֶף׃ ד:לא:לד וַחֲמֹרִ֕ים
אֶחָ֥ד וְשִׁשִּׁ֖ים אָֽלֶף׃ ד:לא:לה וְנֶ֣פֶשׁ אָדָ֔ם מִן־הַנָּשִׁ֕ים אֲשֶׁ֥ר לֹא־יָדְע֖וּ
מִשְׁכַּ֣ב זָכָ֑ר כָּל־נֶ֕פֶשׁ שְׁנַ֥יִם וּשְׁלֹשִׁ֖ים אָֽלֶף׃ ד:לא:לו וַתְּהִי֙ הַמֶּ֣חֱצָ֔ה
חֵ֕לֶק הַיֹּצְאִ֖ים בַּצָּבָ֑א מִסְפַּ֣ר הַצֹּ֗אן שְׁלֹשׁ־מֵא֥וֹת אֶ֨לֶף֙ וּשְׁלֹשִׁ֣ים
אֶ֔לֶף וְשִׁבְעַ֥ת אֲלָפִ֖ים וַחֲמֵ֥שׁ מֵאֽוֹת׃ ד:לא:לז וַיְהִ֛י הַמֶּ֥כֶס לַיהוָ֖ה
מִן־הַצֹּ֑אן שֵׁ֥שׁ מֵא֖וֹת חָמֵ֥שׁ וְשִׁבְעִֽים׃ ד:לא:לח וְהַ֨בָּקָ֔ר שִׁשָּׁ֥ה וּשְׁלֹשִׁ֖ים
אָ֑לֶף וּמִכְסָ֥ם לַיהוָ֖ה שְׁנַ֥יִם וְשִׁבְעִֽים׃ ד:לא:לט וַחֲמֹרִ֕ים שְׁלֹשִׁ֥ים אֶ֖לֶף
וַחֲמֵ֣שׁ מֵא֑וֹת וּמִכְסָ֥ם לַיהוָ֖ה אֶחָ֥ד וְשִׁשִּֽׁים׃ ד:לא:מ וְנֶ֣פֶשׁ אָדָ֔ם שִׁשָּׁ֥ה
עָשָׂ֖ר אָ֑לֶף וּמִכְסָם֙ לַֽיהוָ֔ה שְׁנַ֥יִם וּשְׁלֹשִׁ֖ים נָֽפֶשׁ׃ ד:לא:מא וַיִּתֵּ֣ן מֹשֶׁ֗ה

אֶת־מֶ֙כֶס֙ תְּרוּמַת יְהֹוָה לְאֶלְעָזָר הַכֹּהֵן כַּאֲשֶׁר צִוָּה יְהֹוָה
אֶת־מֹשֶׁה ד:לא:מב וּמִמַּחֲצִית בְּנֵי יִשְׂרָאֵל אֲשֶׁר֙ חָצָה מֹשֶׁה
מִן־הָאֲנָשִׁים הַצֹּבְאִים ד:לא:מג וַתְּהִי מֶחֱצַת הָעֵדָה מִן־הַצֹּאן
שְׁלֹשׁ־מֵאוֹת אֶ֙לֶף֙ וּשְׁלֹשִׁים אֶלֶף שִׁבְעַת אֲלָפִים וַחֲמֵשׁ מֵאוֹת
ד:לא:מד וּבָקָר שִׁשָּׁה וּשְׁלֹשִׁים אָלֶף ד:לא:מה וַחֲמֹרִים שְׁלֹשִׁים אֶלֶף
וַחֲמֵשׁ מֵאוֹת ד:לא:מו וְנֶפֶשׁ אָדָם שִׁשָּׁה עָשָׂר אָלֶף ד:לא:מז וַיִּקַּח
מֹשֶׁה מִמַּחֲצִת בְּנֵי־יִשְׂרָאֵל אֶת־הָאָחֻז֙ אֶחָד מִן־הַחֲמִשִּׁים
מִן־הָאָדָם וּמִן־הַבְּהֵמָה וַיִּתֵּן אֹתָם לַלְוִיִּם שֹׁמְרֵי֙ מִשְׁמֶ֙רֶת֙ מִשְׁכַּן
יְהֹוָה כַּאֲשֶׁר צִוָּה יְהֹוָה אֶת־מֹשֶׁה ד:לא:מח וַיִּקְרְבוּ֙ אֶל־מֹשֶׁה
הַפְּקֻדִים אֲשֶׁר לְאַלְפֵי הַצָּבָא שָׂרֵי הָאֲלָפִים וְשָׂרֵי הַמֵּאוֹת
ד:לא:מט וַיֹּאמְרוּ֙ אֶל־מֹשֶׁה עֲבָדֶיךָ נָשְׂאוּ אֶת־רֹאשׁ אַנְשֵׁי הַמִּלְחָמָה
אֲשֶׁר בְּיָדֵנוּ וְלֹא־נִפְקַד מִמֶּנּוּ אִישׁ ד:לא:נ וַנַּקְרֵב אֶת־קָרְבַּן יְהֹוָה
אִישׁ֩ אֲשֶׁר מָצָא כְלִי־זָהָב֙ אֶצְעָדָה וְצָמִיד טַבַּעַת עָגִיל וְכוּמָז
לְכַפֵּר עַל־נַפְשֹׁתֵינוּ לִפְנֵי יְהֹוָה ד:לא:נא וַיִּקַּח מֹשֶׁה וְאֶלְעָזָר הַכֹּהֵן
אֶת־הַזָּהָב מֵאִתָּם כֹּל כְּלִי מַעֲשֶׂה ד:לא:נב וַיְהִי ׀ כָּל־זְהַב הַתְּרוּמָה
אֲשֶׁר הֵרִימוּ לַיהֹוָה שִׁשָּׁה עָשָׂר אֶלֶף שְׁבַע־מֵאוֹת וַחֲמִשִּׁים שָׁקֶל
מֵאֵת֙ שָׂרֵי הָאֲלָפִים וּמֵאֵת שָׂרֵי הַמֵּאוֹת ד:לא:נג אַנְשֵׁי֙ הַצָּבָא בָּזְזוּ
אִישׁ לוֹ ד:לא:נד וַיִּקַּח מֹשֶׁה וְאֶלְעָזָר הַכֹּהֵן֙ אֶת־הַזָּהָב מֵאֵת שָׂרֵי
הָאֲלָפִים וְהַמֵּאוֹת וַיָּבִאוּ אֹתוֹ֙ אֶל־אֹהֶל מוֹעֵד זִכָּרוֹן לִבְנֵי־יִשְׂרָאֵל
לִפְנֵי יְהֹוָה ד:לב:א וּמִקְנֶה ׀ רַב הָיָה לִבְנֵי רְאוּבֵן וְלִבְנֵי־גָד עָצוּם
מְאֹד וַיִּרְאוּ אֶת־אֶרֶץ יַעְזֵר֙ וְאֶת־אֶרֶץ גִּלְעָד וְהִנֵּה הַמָּקוֹם מְקוֹם
מִקְנֶה ד:לב:ב וַיָּבֹאוּ בְנֵי־גָד וּבְנֵי רְאוּבֵן וַיֹּאמְרוּ אֶל־מֹשֶׁה֙
וְאֶל־אֶלְעָזָר הַכֹּהֵן וְאֶל־נְשִׂיאֵי הָעֵדָה לֵאמֹר ד:לב:ג עֲטָרוֹת וְדִיבֹן֙
וְיַעְזֵר וְנִמְרָה וְחֶשְׁבּוֹן וְאֶלְעָלֵה וּשְׂבָם וּנְבוֹ וּבְעֹן ד:לב:ד הָאָרֶץ אֲשֶׁר
הִכָּה יְהֹוָה֙ לִפְנֵי֙ עֲדַת יִשְׂרָאֵל אֶרֶץ מִקְנֶה הִוא וְלַעֲבָדֶיךָ מִקְנֶה
ד:לב:ה וַיֹּאמְרוּ אִם־מָצָאנוּ חֵן בְּעֵינֶיךָ יֻתַּן אֶת־הָאָרֶץ הַזֹּאת
לַעֲבָדֶיךָ לַאֲחֻזָּה אַל־תַּעֲבִרֵנוּ אֶת־הַיַּרְדֵּן ד:לב:ו וַיֹּאמֶר מֹשֶׁה
לִבְנֵי־גָד וְלִבְנֵי רְאוּבֵן הַאַחֵיכֶם יָבֹאוּ֙ לַמִּלְחָמָה וְאַתֶּם תֵּשְׁבוּ פֹה

ד:לב:ז וְלָ֣מָּה תנואון [תְנִיא֔וּן] אֶת־לֵ֖ב בְּנֵ֣י יִשְׂרָאֵ֑ל מֵעֲבֹר֙ אֶל־הָאָ֔רֶץ
אֲשֶׁר־נָתַ֥ן לָהֶ֖ם יְהוָֽה ד:לב:ח כֹּ֥ה עָשׂ֖וּ אֲבֹתֵיכֶ֑ם בְּשָׁלְחִ֥י אֹתָ֛ם
מִקָּדֵ֥שׁ בַּרְנֵ֖עַ לִרְא֥וֹת אֶת־הָאָֽרֶץ ד:לב:ט וַֽיַּעֲל֞וּ עַד־נַ֣חַל אֶשְׁכּ֗וֹל
וַיִּרְאוּ֙ אֶת־הָאָ֔רֶץ וַיָּנִ֕יאוּ אֶת־לֵ֖ב בְּנֵ֣י יִשְׂרָאֵ֑ל לְבִלְתִּי־בֹא֙ אֶל־הָאָ֔רֶץ
אֲשֶׁר־נָתַ֥ן לָהֶ֖ם יְהוָֽה ד:לב:י וַיִּֽחַר־אַ֥ף יְהוָ֖ה בַּיּ֣וֹם הַה֑וּא וַיִּשָּׁבַ֖ע
לֵאמֹֽר ד:לב:יא אִם־יִרְא֨וּ הָאֲנָשִׁ֜ים הָעֹלִ֣ים מִמִּצְרַ֗יִם מִבֶּ֨ן עֶשְׂרִ֤ים
שָׁנָה֙ וָמַ֔עְלָה אֵ֚ת הָאֲדָמָ֔ה אֲשֶׁ֥ר נִשְׁבַּ֛עְתִּי לְאַבְרָהָ֥ם לְיִצְחָ֖ק
וּֽלְיַעֲקֹ֑ב כִּ֥י לֹא־מִלְא֖וּ אַחֲרָֽי ד:לב:יב בִּלְתִּ֞י כָּלֵ֤ב בֶּן־יְפֻנֶּה֙ הַקְּנִזִּ֔י
וִיהוֹשֻׁ֖עַ בִּן־נ֑וּן כִּ֥י מִלְא֖וּ אַחֲרֵ֥י יְהוָֽה ד:לב:יג וַיִּֽחַר־אַ֤ף יְהוָה֙ בְּיִשְׂרָאֵ֔ל
וַיְנִעֵם֙ בַּמִּדְבָּ֔ר אַרְבָּעִ֖ים שָׁנָ֑ה עַד־תֹּם֙ כָּל־הַדּ֔וֹר הָעֹשֶׂ֥ה הָרַ֖ע
בְּעֵינֵ֥י יְהוָֽה ד:לב:יד וְהִנֵּ֣ה קַמְתֶּ֗ם תַּ֚חַת אֲבֹ֣תֵיכֶ֔ם תַּרְבּ֖וּת אֲנָשִׁ֣ים
חַטָּאִ֑ים לִסְפּ֣וֹת ע֗וֹד עַ֛ל חֲר֥וֹן אַף־יְהוָ֖ה אֶל־יִשְׂרָאֵֽל ד:לב:טו כִּ֤י
תְשׁוּבֻן֙ מֵֽאַחֲרָ֔יו וְיָסַ֣ף ע֔וֹד לְהַנִּיח֖וֹ בַּמִּדְבָּ֑ר וְשִֽׁחַתֶּ֖ם לְכָל־הָעָ֥ם
הַזֶּֽה ד:לב:טז וַיִּגְּשׁ֤וּ אֵלָיו֙ וַיֹּ֣אמְר֔וּ גִּדְרֹ֥ת צֹ֛אן נִבְנֶ֥ה לְמִקְנֵ֖נוּ פֹּ֑ה וְעָרִ֖ים
לְטַפֵּֽנוּ ד:לב:יז וַאֲנַ֜חְנוּ נֵחָלֵ֣ץ חֻשִׁ֗ים לִפְנֵי֙ בְּנֵ֣י יִשְׂרָאֵ֔ל עַ֛ד אֲשֶׁ֥ר
אִם־הֲבִיאֹנֻ֖ם אֶל־מְקוֹמָ֑ם וְיָשַׁ֤ב טַפֵּ֙נוּ֙ בְּעָרֵ֣י הַמִּבְצָ֔ר מִפְּנֵ֖י יֹשְׁבֵ֥י
הָאָֽרֶץ ד:לב:יח לֹ֥א נָשׁ֖וּב אֶל־בָּתֵּ֑ינוּ עַ֗ד הִתְנַחֵל֙ בְּנֵ֣י יִשְׂרָאֵ֔ל אִ֖ישׁ
נַחֲלָתֽוֹ ד:לב:יט כִּ֣י לֹ֤א נִנְחַל֙ אִתָּ֔ם מֵעֵ֥בֶר לַיַּרְדֵּ֖ן וָהָ֑לְאָה כִּ֣י בָ֤אָה
נַחֲלָתֵ֙נוּ֙ אֵלֵ֔ינוּ מֵעֵ֥בֶר הַיַּרְדֵּ֖ן מִזְרָֽחָה ד:לב:כ וַיֹּ֤אמֶר אֲלֵיהֶם֙ מֹשֶׁ֔ה
אִם־תַּעֲשׂ֖וּן אֶת־הַדָּבָ֣ר הַזֶּ֑ה אִם־תֵּחָלְצ֛וּ לִפְנֵ֥י יְהוָ֖ה לַמִּלְחָמָֽה
ד:לב:כא וְעָבַ֨ר לָכֶ֧ם כָּל־חָל֛וּץ אֶת־הַיַּרְדֵּ֖ן לִפְנֵ֣י יְהוָ֑ה עַ֧ד הוֹרִישׁ֛וֹ
אֶת־אֹיְבָ֖יו מִפָּנָֽיו ד:לב:כב וְנִכְבְּשָׁ֨ה הָאָ֜רֶץ לִפְנֵ֣י יְהוָ֗ה וְאַחַ֣ר תָּשֻׁ֔בוּ
וִהְיִיתֶ֧ם נְקִיִּ֛ם מֵיְהוָ֖ה וּמִיִּשְׂרָאֵ֑ל וְֽהָיְתָה֩ הָאָ֨רֶץ הַזֹּ֥את לָכֶ֛ם
לַאֲחֻזָּ֖ה לִפְנֵ֥י יְהוָֽה ד:לב:כג וְאִם־לֹ֤א תַעֲשׂוּן֙ כֵּ֔ן הִנֵּ֥ה חֲטָאתֶ֖ם
לַֽיהוָ֑ה וּדְעוּ֙ חַטַּאתְכֶ֔ם אֲשֶׁ֥ר תִּמְצָ֖א אֶתְכֶֽם ד:לב:כד בְּנֽוּ־לָכֶ֤ם עָרִים֙
לְטַפְּכֶ֔ם וּגְדֵרֹ֖ת לְצֹנַאֲכֶ֑ם וְהַיֹּצֵ֥א מִפִּיכֶ֖ם תַּעֲשֽׂוּ ד:לב:כה וַיֹּ֤אמֶר
בְּנֵי־גָד֙ וּבְנֵ֣י רְאוּבֵ֔ן אֶל־מֹשֶׁ֖ה לֵאמֹ֑ר עֲבָדֶ֣יךָ יַעֲשׂ֔וּ כַּאֲשֶׁ֥ר אֲדֹנִ֖י
מְצַוֶּֽה ד:לב:כו טַפֵּ֣נוּ נָשֵׁ֔ינוּ מִקְנֵ֖נוּ וְכָל־בְּהֶמְתֵּ֑נוּ יִֽהְיוּ־שָׁ֖ם בְּעָרֵ֥י

הַגִּלְעָֽד ד:לב:כז וַעֲבָדֶ֨יךָ יַעַבְר֜וּ כָּל־חֲל֥וּץ צָבָ֛א לִפְנֵ֥י יְהוָ֖ה לַמִּלְחָמָ֑ה
כַּאֲשֶׁ֥ר אֲדֹנִ֖י דֹּבֵֽר ד:לב:כח וַיְצַ֤ו לָהֶם֙ מֹשֶׁ֔ה אֵ֚ת אֶלְעָזָ֣ר הַכֹּהֵ֔ן וְאֵ֖ת
יְהוֹשֻׁ֣עַ בִּן־נ֑וּן וְאֶת־רָאשֵׁ֛י אֲב֥וֹת הַמַּטּ֖וֹת לִבְנֵ֥י יִשְׂרָאֵֽל
ד:לב:כט וַיֹּ֨אמֶר מֹשֶׁ֜ה אֲלֵהֶ֗ם אִם־יַעַבְר֣וּ בְנֵי־גָ֣ד וּבְנֵי־רְאוּבֵ֣ן ׀
אִ֠תְּכֶם אֶת־הַיַּרְדֵּ֞ן כָּל־חָל֤וּץ לַמִּלְחָמָה֙ לִפְנֵ֣י יְהוָ֔ה וְנִכְבְּשָׁ֥ה הָאָ֖רֶץ
לִפְנֵיכֶ֑ם וּנְתַתֶּ֥ם לָהֶ֛ם אֶת־אֶ֥רֶץ הַגִּלְעָ֖ד לַאֲחֻזָּֽה ד:לב:ל וְאִם־לֹ֧א
יַעַבְר֛וּ חֲלוּצִ֖ים אִתְּכֶ֑ם וְנֹאחֲז֥וּ בְתֹכְכֶ֖ם בְּאֶ֥רֶץ כְּנָֽעַן ד:לב:לא וַיַּעֲנ֧וּ
בְנֵי־גָ֛ד וּבְנֵ֥י רְאוּבֵ֖ן לֵאמֹ֑ר אֵת֩ אֲשֶׁ֨ר דִּבֶּ֧ר יְהוָ֛ה אֶל־עֲבָדֶ֖יךָ כֵּ֥ן
נַעֲשֶֽׂה ד:לב:לב נַ֣חְנוּ נַעֲבֹ֧ר חֲלוּצִ֛ים לִפְנֵ֥י יְהוָ֖ה אֶ֣רֶץ כְּנָ֑עַן וְאִתָּ֙נוּ֙
אֲחֻזַּ֣ת נַחֲלָתֵ֔נוּ מֵעֵ֖בֶר לַיַּרְדֵּֽן ד:לב:לג וַיִּתֵּ֣ן לָהֶ֣ם ׀ מֹשֶׁ֡ה לִבְנֵי־גָד֩
וְלִבְנֵ֨י רְאוּבֵ֜ן וְלַחֲצִ֣י ׀ שֵׁ֣בֶט ׀ מְנַשֶּׁ֣ה בֶן־יוֹסֵ֗ף אֶת־מַמְלֶ֙כֶת֙ סִיחֹן֙
מֶ֣לֶךְ הָֽאֱמֹרִ֔י וְאֶת־מַמְלֶ֕כֶת ע֖וֹג מֶ֣לֶךְ הַבָּשָׁ֑ן הָאָ֗רֶץ לְעָרֶ֙יהָ֙ בִּגְבֻלֹ֔ת
עָרֵ֥י הָאָ֖רֶץ סָבִֽיב ד:לב:לד וַיִּבְנ֣וּ בְנֵי־גָ֔ד אֶת־דִּיבֹ֖ן וְאֶת־עֲטָרֹ֑ת וְאֵ֖ת
עֲרֹעֵֽר ד:לב:לה וְאֶת־עַטְרֹ֥ת שׁוֹפָ֛ן וְאֶת־יַעְזֵ֖ר וְיָגְבְּהָֽה ד:לב:לו וְאֶת־בֵּ֥ית
נִמְרָ֖ה וְאֶת־בֵּ֣ית הָרָ֑ן עָרֵ֥י מִבְצָ֖ר וְגִדְרֹ֥ת צֹֽאן ד:לב:לז וּבְנֵ֤י רְאוּבֵן֙ בָּנ֔וּ
אֶת־חֶשְׁבּ֖וֹן וְאֶת־אֶלְעָלֵ֑א וְאֵ֖ת קִרְיָתָֽיִם ד:לב:לח וְאֶת־נְב֞וֹ וְאֶת־בַּ֧עַל
מְע֛וֹן מֽוּסַבֹּ֥ת שֵׁ֖ם וְאֶת־שִׂבְמָ֑ה וַיִּקְרְא֣וּ בְשֵׁמֹ֔ת אֶת־שְׁמ֥וֹת הֶעָרִ֖ים
אֲשֶׁ֥ר בָּנֽוּ ד:לב:לט וַיֵּ֨לְכ֜וּ בְּנֵ֨י מָכִ֧יר בֶּן־מְנַשֶּׁ֛ה גִּלְעָ֖דָה וַיִּלְכְּדֻ֑הָ וַיּ֖וֹרֶשׁ
אֶת־הָאֱמֹרִ֥י אֲשֶׁר־בָּֽהּ ד:לב:מ וַיִּתֵּ֤ן מֹשֶׁה֙ אֶת־הַגִּלְעָ֔ד לְמָכִ֖יר
בֶּן־מְנַשֶּׁ֑ה וַיֵּ֖שֶׁב בָּֽהּ ד:לב:מא וְיָאִ֤יר בֶּן־מְנַשֶּׁה֙ הָלַ֔ךְ וַיִּלְכֹּ֖ד
אֶת־חַוֹּתֵיהֶ֑ם וַיִּקְרָ֥א אֶתְהֶ֖ן חַוֹּ֥ת יָאִֽיר ד:לב:מב וְנֹ֣בַח הָלַ֔ךְ וַיִּלְכֹּ֥ד
אֶת־קְנָ֖ת וְאֶת־בְּנֹתֶ֑יהָ וַיִּקְרָ֧א לָ֦ה נֹ֖בַח בִּשְׁמֽוֹ ד:לג:א אֵ֜לֶּה מַסְעֵ֣י
בְנֵֽי־יִשְׂרָאֵ֔ל אֲשֶׁ֥ר יָצְא֛וּ מֵאֶ֥רֶץ מִצְרַ֖יִם לְצִבְאֹתָ֑ם בְּיַד־מֹשֶׁ֖ה וְאַהֲרֹֽן
ד:לג:ב וַיִּכְתֹּ֨ב מֹשֶׁ֜ה אֶת־מוֹצָאֵיהֶ֛ם לְמַסְעֵיהֶ֖ם עַל־פִּ֣י יְהוָ֑ה וְאֵ֥לֶּה
מַסְעֵיהֶ֖ם לְמוֹצָאֵיהֶֽם ד:לג:ג וַיִּסְע֤וּ מֵֽרַעְמְסֵס֙ בַּחֹ֣דֶשׁ הָֽרִאשׁ֔וֹן
בַּחֲמִשָּׁ֥ה עָשָׂ֛ר י֖וֹם לַחֹ֣דֶשׁ הָרִאשׁ֑וֹן מִמָּחֳרַ֣ת הַפֶּ֗סַח יָצְא֤וּ
בְנֵֽי־יִשְׂרָאֵל֙ בְּיָ֣ד רָמָ֔ה לְעֵינֵ֖י כָּל־מִצְרָֽיִם ד:לג:ד וּמִצְרַ֣יִם מְקַבְּרִ֗ים
אֵת֩ אֲשֶׁ֨ר הִכָּ֧ה יְהוָ֛ה בָּהֶ֖ם כָּל־בְּכ֑וֹר וּבֵאלֹ֣הֵיהֶ֔ם עָשָׂ֥ה יְהוָ֖ה

שְׁפָטִים ד:לג:ה וַיִּסְעוּ בְנֵי־יִשְׂרָאֵל מֵרַעְמְסֵס וַיַּחֲנוּ בְּסֻכֹּת
ד:לג:ו וַיִּסְעוּ מִסֻּכֹּת וַיַּחֲנוּ בְאֵתָם אֲשֶׁר בִּקְצֵה הַמִּדְבָּר ד:לג:ז וַיִּסְעוּ
מֵאֵתָם וַיָּשָׁב עַל־פִּי הַחִירֹת אֲשֶׁר עַל־פְּנֵי בַּעַל צְפוֹן וַיַּחֲנוּ לִפְנֵי
מִגְדֹּל ד:לג:ח וַיִּסְעוּ מִפְּנֵי הַחִירֹת וַיַּעַבְרוּ בְתוֹךְ־הַיָּם הַמִּדְבָּרָה
וַיֵּלְכוּ דֶּרֶךְ שְׁלֹשֶׁת יָמִים בְּמִדְבַּר אֵתָם וַיַּחֲנוּ בְּמָרָה ד:לג:ט וַיִּסְעוּ
מִמָּרָה וַיָּבֹאוּ אֵילִמָה וּבְאֵילִם שְׁתֵּים עֶשְׂרֵה עֵינֹת מַיִם וְשִׁבְעִים
תְּמָרִים וַיַּחֲנוּ־שָׁם ד:לג:י וַיִּסְעוּ מֵאֵילִם וַיַּחֲנוּ עַל־יַם־סוּף
ד:לג:יא וַיִּסְעוּ מִיַּם־סוּף וַיַּחֲנוּ בְּמִדְבַּר־סִין ד:לג:יב וַיִּסְעוּ מִמִּדְבַּר־סִין
וַיַּחֲנוּ בְּדָפְקָה ד:לג:יג וַיִּסְעוּ מִדָּפְקָה וַיַּחֲנוּ בְּאָלוּשׁ ד:לג:יד וַיִּסְעוּ
מֵאָלוּשׁ וַיַּחֲנוּ בִּרְפִידִם וְלֹא־הָיָה שָׁם מַיִם לָעָם לִשְׁתּוֹת
ד:לג:טו וַיִּסְעוּ מֵרְפִידִם וַיַּחֲנוּ בְּמִדְבַּר סִינָי ד:לג:טז וַיִּסְעוּ מִמִּדְבַּר סִינָי
וַיַּחֲנוּ בְּקִבְרֹת הַתַּאֲוָה ד:לג:יז וַיִּסְעוּ מִקִּבְרֹת הַתַּאֲוָה וַיַּחֲנוּ
בַּחֲצֵרֹת ד:לג:יח וַיִּסְעוּ מֵחֲצֵרֹת וַיַּחֲנוּ בְּרִתְמָה ד:לג:יט וַיִּסְעוּ
מֵרִתְמָה וַיַּחֲנוּ בְּרִמֹּן פָּרֶץ ד:לג:כ וַיִּסְעוּ מֵרִמֹּן פָּרֶץ וַיַּחֲנוּ בְּלִבְנָה
ד:לג:כא וַיִּסְעוּ מִלִּבְנָה וַיַּחֲנוּ בְּרִסָּה ד:לג:כב וַיִּסְעוּ מֵרִסָּה וַיַּחֲנוּ
בִּקְהֵלָתָה ד:לג:כג וַיִּסְעוּ מִקְּהֵלָתָה וַיַּחֲנוּ בְּהַר־שָׁפֶר ד:לג:כד וַיִּסְעוּ
מֵהַר־שָׁפֶר וַיַּחֲנוּ בַּחֲרָדָה ד:לג:כה וַיִּסְעוּ מֵחֲרָדָה וַיַּחֲנוּ בְּמַקְהֵלֹת
ד:לג:כו וַיִּסְעוּ מִמַּקְהֵלֹת וַיַּחֲנוּ בְּתָחַת ד:לג:כז וַיִּסְעוּ מִתָּחַת וַיַּחֲנוּ
בְּתָרַח ד:לג:כח וַיִּסְעוּ מִתָּרַח וַיַּחֲנוּ בְּמִתְקָה ד:לג:כט וַיִּסְעוּ מִמִּתְקָה
וַיַּחֲנוּ בְּחַשְׁמֹנָה ד:לג:ל וַיִּסְעוּ מֵחַשְׁמֹנָה וַיַּחֲנוּ בְּמֹסֵרוֹת
ד:לג:לא וַיִּסְעוּ מִמֹּסֵרוֹת וַיַּחֲנוּ בִּבְנֵי יַעֲקָן ד:לג:לב וַיִּסְעוּ מִבְּנֵי יַעֲקָן
וַיַּחֲנוּ בְּחֹר הַגִּדְגָּד ד:לג:לג וַיִּסְעוּ מֵחֹר הַגִּדְגָּד וַיַּחֲנוּ בְּיָטְבָתָה
ד:לג:לד וַיִּסְעוּ מִיָּטְבָתָה וַיַּחֲנוּ בְּעַבְרֹנָה ד:לג:לה וַיִּסְעוּ מֵעַבְרֹנָה
וַיַּחֲנוּ בְּעֶצְיֹן גָּבֶר ד:לג:לו וַיִּסְעוּ מֵעֶצְיֹן גָּבֶר וַיַּחֲנוּ בְמִדְבַּר־צִן הִוא
קָדֵשׁ ד:לג:לז וַיִּסְעוּ מִקָּדֵשׁ וַיַּחֲנוּ בְּהֹר הָהָר בִּקְצֵה אֶרֶץ אֱדוֹם
ד:לג:לח וַיַּעַל אַהֲרֹן הַכֹּהֵן אֶל־הֹר הָהָר עַל־פִּי יְהוָה וַיָּמָת שָׁם
בִּשְׁנַת הָאַרְבָּעִים לְצֵאת בְּנֵי־יִשְׂרָאֵל מֵאֶרֶץ מִצְרַיִם בַּחֹדֶשׁ
הַחֲמִישִׁי בְּאֶחָד לַחֹדֶשׁ ד:לג:לט וְאַהֲרֹן בֶּן־שָׁלֹשׁ וְעֶשְׂרִים וּמְאַת

שָׁנָה בְּמֹתוֹ בְּהֹר הָהָר ד:לג:מ וַיִּשְׁמַע הַכְּנַעֲנִי מֶלֶךְ עֲרָד וְהוּא־יֹשֵׁב
בַּנֶּגֶב בְּאֶרֶץ כְּנָעַן בְּבֹא בְּנֵי יִשְׂרָאֵל ד:לג:מא וַיִּסְעוּ מֵהֹר הָהָר וַיַּחֲנוּ
בְּצַלְמֹנָה ד:לג:מב וַיִּסְעוּ מִצַּלְמֹנָה וַיַּחֲנוּ בְּפוּנֹן ד:לג:מג וַיִּסְעוּ מִפּוּנֹן
וַיַּחֲנוּ בְּאֹבֹת ד:לג:מד וַיִּסְעוּ מֵאֹבֹת וַיַּחֲנוּ בְּעִיֵּי הָעֲבָרִים בִּגְבוּל מוֹאָב
ד:לג:מה וַיִּסְעוּ מֵעִיִּים וַיַּחֲנוּ בְּדִיבֹן גָּד ד:לג:מו וַיִּסְעוּ מִדִּיבֹן גָּד וַיַּחֲנוּ
בְּעַלְמֹן דִּבְלָתָיְמָה ד:לג:מז וַיִּסְעוּ מֵעַלְמֹן דִּבְלָתָיְמָה וַיַּחֲנוּ בְּהָרֵי
הָעֲבָרִים לִפְנֵי נְבוֹ ד:לג:מח וַיִּסְעוּ מֵהָרֵי הָעֲבָרִים וַיַּחֲנוּ בְּעַרְבֹת
מוֹאָב עַל יַרְדֵּן יְרֵחוֹ ד:לג:מט וַיַּחֲנוּ עַל־הַיַּרְדֵּן מִבֵּית הַיְשִׁמֹת עַד
אָבֵל הַשִּׁטִּים בְּעַרְבֹת מוֹאָב ד:לג:נ וַיְדַבֵּר יְהוָה אֶל־מֹשֶׁה בְּעַרְבֹת
מוֹאָב עַל־יַרְדֵּן יְרֵחוֹ לֵאמֹר ד:לג:נא דַּבֵּר אֶל־בְּנֵי יִשְׂרָאֵל וְאָמַרְתָּ
אֲלֵהֶם כִּי אַתֶּם עֹבְרִים אֶת־הַיַּרְדֵּן אֶל־אֶרֶץ כְּנָעַן
ד:לג:נב וְהוֹרַשְׁתֶּם אֶת־כָּל־יֹשְׁבֵי הָאָרֶץ מִפְּנֵיכֶם וְאִבַּדְתֶּם אֵת
כָּל־מַשְׂכִּיֹּתָם וְאֵת כָּל־צַלְמֵי מַסֵּכֹתָם תְּאַבֵּדוּ וְאֵת כָּל־בָּמוֹתָם
תַּשְׁמִידוּ ד:לג:נג וְהוֹרַשְׁתֶּם אֶת־הָאָרֶץ וִישַׁבְתֶּם־בָּהּ כִּי לָכֶם נָתַתִּי
אֶת־הָאָרֶץ לָרֶשֶׁת אֹתָהּ ד:לג:נד וְהִתְנַחַלְתֶּם אֶת־הָאָרֶץ בְּגוֹרָל
לְמִשְׁפְּחֹתֵיכֶם לָרַב תַּרְבּוּ אֶת־נַחֲלָתוֹ וְלַמְעַט תַּמְעִיט אֶת־נַחֲלָתוֹ
אֶל אֲשֶׁר־יֵצֵא לוֹ שָׁמָּה הַגּוֹרָל לוֹ יִהְיֶה לְמַטּוֹת אֲבֹתֵיכֶם תִּתְנֶחָלוּ
ד:לג:נה וְאִם־לֹא תוֹרִישׁוּ אֶת־יֹשְׁבֵי הָאָרֶץ מִפְּנֵיכֶם וְהָיָה אֲשֶׁר
תּוֹתִירוּ מֵהֶם לְשִׂכִּים בְּעֵינֵיכֶם וְלִצְנִינִם בְּצִדֵּיכֶם וְצָרְרוּ אֶתְכֶם
עַל־הָאָרֶץ אֲשֶׁר אַתֶּם יֹשְׁבִים בָּהּ ד:לג:נו וְהָיָה כַּאֲשֶׁר דִּמִּיתִי
לַעֲשׂוֹת לָהֶם אֶעֱשֶׂה לָכֶם ד:לד:א וַיְדַבֵּר יְהוָה אֶל־מֹשֶׁה לֵּאמֹר
ד:לד:ב צַו אֶת־בְּנֵי יִשְׂרָאֵל וְאָמַרְתָּ אֲלֵהֶם כִּי־אַתֶּם בָּאִים אֶל־הָאָרֶץ
כְּנָעַן זֹאת הָאָרֶץ אֲשֶׁר תִּפֹּל לָכֶם בְּנַחֲלָה אֶרֶץ כְּנַעַן לִגְבֻלֹתֶיהָ
ד:לד:ג וְהָיָה לָכֶם פְאַת־נֶגֶב מִמִּדְבַּר־צִן עַל־יְדֵי אֱדוֹם וְהָיָה לָכֶם
גְּבוּל נֶגֶב מִקְצֵה יָם־הַמֶּלַח קֵדְמָה ד:לד:ד וְנָסַב לָכֶם הַגְּבוּל מִנֶּגֶב
לְמַעֲלֵה עַקְרַבִּים וְעָבַר צִנָה והיה [וְהָיוּ] תּוֹצְאֹתָיו מִנֶּגֶב לְקָדֵשׁ
בַּרְנֵעַ וְיָצָא חֲצַר־אַדָּר וְעָבַר עַצְמֹנָה ד:לד:ה וְנָסַב הַגְּבוּל מֵעַצְמוֹן
נַחְלָה מִצְרָיִם וְהָיוּ תוֹצְאֹתָיו הַיָּמָּה ד:לד:ו וּגְבוּל יָם וְהָיָה לָכֶם הַיָּם

הַגָּד֖וֹל וּגְב֑וּל זֶֽה־יִהְיֶ֥ה לָכֶ֖ם גְּב֥וּל יָֽם ד:לד:ז וְזֶה־יִהְיֶ֥ה לָכֶ֖ם גְּב֣וּל
צָפ֑וֹן מִן־הַיָּם֙ הַגָּדֹ֔ל תְּתָא֥וּ לָכֶ֖ם הֹ֥ר הָהָֽר ד:לד:ח מֵהֹ֣ר הָהָ֔ר תְּתָא֖וּ
לְבֹ֣א חֲמָ֑ת וְהָי֛וּ תּוֹצְאֹ֥ת הַגְּבֻ֖ל צְדָֽדָה ד:לד:ט וְיָצָ֤א הַגְּבֻל֙ זִפְרֹ֔נָה
וְהָי֥וּ תוֹצְאֹתָ֖יו חֲצַ֣ר עֵינָ֑ן זֶֽה־יִהְיֶ֥ה לָכֶ֖ם גְּב֥וּל צָפֽוֹן
ד:לד:י וְהִתְאַוִּיתֶ֥ם לָכֶ֖ם לִגְב֣וּל קֵ֑דְמָה מֵחֲצַ֥ר עֵינָ֖ן שְׁפָֽמָה
ד:לד:יא וְיָרַ֨ד הַגְּבֻ֧ל מִשְּׁפָ֛ם הָֽרִבְלָ֖ה מִקֶּ֣דֶם לָעָ֑יִן וְיָרַ֣ד הַגְּבֻ֔ל וּמָחָ֛ה
עַל־כֶּ֥תֶף יָם־כִּנֶּ֖רֶת קֵֽדְמָה ד:לד:יב וְיָרַ֤ד הַגְּבוּל֙ הַיַּרְדֵּ֔נָה וְהָי֥וּ
תוֹצְאֹתָ֖יו יָ֣ם הַמֶּ֑לַח זֹאת֩ תִּהְיֶ֨ה לָכֶ֥ם הָאָ֛רֶץ לִגְבֻלֹתֶ֖יהָ סָבִֽיב
ד:לד:יג וַיְצַ֣ו מֹשֶׁ֔ה אֶת־בְּנֵ֥י יִשְׂרָאֵ֖ל לֵאמֹ֑ר זֹ֣את הָאָ֗רֶץ אֲשֶׁ֨ר תִּתְנַחֲל֤וּ
אֹתָהּ֙ בְּגוֹרָ֔ל אֲשֶׁר֙ צִוָּ֣ה יְהוָ֔ה לָתֵ֛ת לְתִשְׁעַ֥ת הַמַּטּ֖וֹת וַחֲצִ֥י הַמַּטֶּֽה
ד:לד:יד כִּ֣י לָֽקְח֞וּ מַטֵּ֨ה בְנֵ֤י הָרֽאוּבֵנִי֙ לְבֵ֣ית אֲבֹתָ֔ם וּמַטֵּ֥ה בְנֵֽי־הַגָּדִ֖י
לְבֵ֣ית אֲבֹתָ֑ם וַחֲצִי֙ מַטֵּ֣ה מְנַשֶּׁ֔ה לָקְח֖וּ נַחֲלָתָֽם ד:לד:טו שְׁנֵ֥י
הַמַּטּ֖וֹת וַחֲצִ֣י הַמַּטֶּ֑ה לָֽקְח֣וּ נַחֲלָתָ֗ם מֵעֵ֛בֶר לְיַרְדֵּ֥ן יְרֵח֖וֹ קֵ֥דְמָה
מִזְרָֽחָה ד:לד:טז וַיְדַבֵּ֥ר יְהוָ֖ה אֶל־מֹשֶׁ֥ה לֵּאמֹֽר ד:לד:יז אֵ֚לֶּה שְׁמ֣וֹת
הָאֲנָשִׁ֔ים אֲשֶׁר־יִנְחֲל֥וּ לָכֶ֖ם אֶת־הָאָ֑רֶץ אֶלְעָזָר֙ הַכֹּהֵ֔ן וִיהוֹשֻׁ֖עַ
בִּן־נֽוּן ד:לד:יח וְנָשִׂ֥יא אֶחָ֛ד נָשִׂ֥יא אֶחָ֖ד מִמַּטֶּ֑ה תִּקְח֖וּ לִנְחֹ֥ל
אֶת־הָאָֽרֶץ ד:לד:יט וְאֵ֖לֶּה שְׁמ֣וֹת הָאֲנָשִׁ֑ים לְמַטֵּ֣ה יְהוּדָ֔ה כָּלֵ֖ב
בֶּן־יְפֻנֶּֽה ד:לד:כ וּלְמַטֵּה֙ בְּנֵ֣י שִׁמְע֔וֹן שְׁמוּאֵ֖ל בֶּן־עַמִּיהֽוּד
ד:לד:כא לְמַטֵּ֣ה בִנְיָמִ֔ן אֱלִידָ֖ד בֶּן־כִּסְלֽוֹן ד:לד:כב וּלְמַטֵּ֥ה בְנֵי־דָ֖ן נָשִׂ֑יא
בֻּקִּ֖י בֶּן־יׇגְלִֽי ד:לד:כג לִבְנֵ֣י יוֹסֵ֔ף לְמַטֵּ֥ה בְנֵֽי־מְנַשֶּׁ֖ה נָשִׂ֑יא חַנִּיאֵ֖ל
בֶּן־אֵפֹֽד ד:לד:כד וּלְמַטֵּ֥ה בְנֵֽי־אֶפְרַ֖יִם נָשִׂ֑יא קְמוּאֵ֖ל בֶּן־שִׁפְטָֽן
ד:לד:כה וּלְמַטֵּ֥ה בְנֵֽי־זְבוּלֻ֖ן נָשִׂ֑יא אֱלִיצָפָ֖ן בֶּן־פַּרְנָֽךְ ד:לד:כו וּלְמַטֵּ֥ה
בְנֵֽי־יִשָּׂשכָ֖ר נָשִׂ֑יא פַּלְטִיאֵ֖ל בֶּן־עַזָּֽן ד:לד:כז וּלְמַטֵּ֥ה בְנֵֽי־אָשֵׁ֖ר נָשִׂ֑יא
אֲחִיה֖וּד בֶּן־שְׁלֹמִֽי ד:לד:כח וּלְמַטֵּ֥ה בְנֵֽי־נַפְתָּלִ֖י נָשִׂ֑יא פְּדַהְאֵ֖ל
בֶּן־עַמִּיהֽוּד ד:לד:כט אֵ֕לֶּה אֲשֶׁ֖ר צִוָּ֣ה יְהוָ֑ה לְנַחֵ֥ל אֶת־בְּנֵֽי־יִשְׂרָאֵ֖ל
בְּאֶ֥רֶץ כְּנָֽעַן ד:לה:א וַיְדַבֵּ֧ר יְהוָ֛ה אֶל־מֹשֶׁ֖ה בְּעַֽרְבֹ֣ת מוֹאָ֑ב עַל־יַרְדֵּ֥ן
יְרֵח֖וֹ לֵאמֹֽר ד:לה:ב צַו֮ אֶת־בְּנֵ֣י יִשְׂרָאֵל֒ וְנָתְנ֣וּ לַלְוִיִּ֗ם מִנַּחֲלַ֛ת
אֲחֻזָּתָ֖ם עָרִ֣ים לָשָׁ֑בֶת וּמִגְרָ֗שׁ לֶֽעָרִים֙ סְבִיבֹ֣תֵיהֶ֔ם תִּתְּנ֖וּ לַלְוִיִּֽם

ד:לה:ג וְהָי֧וּ הֶעָרִ֛ים לָהֶ֖ם לָשָׁ֑בֶת וּמִגְרְשֵׁיהֶ֗ם יִהְי֤וּ לִבְהֶמְתָּם֙
וְלִרְכֻשָׁ֔ם וּלְכֹ֖ל חַיָּתָֽם ד:לה:ד וּמִגְרְשֵׁי֙ הֶֽעָרִ֔ים אֲשֶׁ֥ר תִּתְּנ֖וּ לַלְוִיִּ֑ם
מִקִּ֤יר הָעִיר֙ וָח֔וּצָה אֶ֥לֶף אַמָּ֖ה סָבִֽיב ד:לה:ה וּמַדֹּתֶ֞ם מִח֣וּץ לָעִ֗יר
אֶת־פְּאַת־קֵ֨דְמָה אַלְפַּ֜יִם בָּאַמָּ֗ה וְאֶת־פְּאַת־נֶגֶב֩ אַלְפַּ֨יִם בָּאַמָּ֜ה
וְאֶת־פְּאַת־יָ֣ם ׀ אַלְפַּ֣יִם בָּאַמָּ֗ה וְאֵ֨ת פְּאַ֥ת צָפ֛וֹן אַלְפַּ֥יִם בָּאַמָּ֖ה
וְהָעִ֣יר בַּתָּ֑וֶךְ זֶ֚ה יִהְיֶ֣ה לָהֶ֔ם מִגְרְשֵׁ֖י הֶעָרִֽים ד:לה:ו וְאֵ֣ת הֶֽעָרִ֗ים
אֲשֶׁ֤ר תִּתְּנוּ֙ לַלְוִיִּ֔ם אֵ֚ת שֵׁשׁ־עָרֵ֣י הַמִּקְלָ֔ט אֲשֶׁ֣ר תִּתְּנ֔וּ לָנֻ֥ס שָׁ֖מָּה
הָרֹצֵ֑חַ וַעֲלֵיהֶ֣ם תִּתְּנ֔וּ אַרְבָּעִ֥ים וּשְׁתַּ֖יִם עִֽיר ד:לה:ז כָּל־הֶֽעָרִ֗ים
אֲשֶׁ֤ר תִּתְּנוּ֙ לַלְוִיִּ֔ם אַרְבָּעִ֥ים וּשְׁמֹנֶ֖ה עִ֑יר אֶתְהֶ֖ן וְאֶת־מִגְרְשֵׁיהֶֽן
ד:לה:ח וְהֶֽעָרִ֗ים אֲשֶׁ֤ר תִּתְּנוּ֙ מֵאֲחֻזַּ֣ת בְּנֵֽי־יִשְׂרָאֵ֔ל מֵאֵ֤ת הָרַב֙ תַּרְבּ֔וּ
וּמֵאֵ֥ת הַמְעַ֖ט תַּמְעִ֑יטוּ אִ֗ישׁ כְּפִ֤י נַחֲלָתוֹ֙ אֲשֶׁ֣ר יִנְחָ֔לוּ יִתֵּ֥ן מֵעָרָ֖יו
לַלְוִיִּֽם ד:לה:ט וַיְדַבֵּ֥ר יְהוָ֖ה אֶל־מֹשֶׁ֥ה לֵּאמֹֽר ד:לה:י דַּבֵּר֙ אֶל־בְּנֵ֣י
יִשְׂרָאֵ֔ל וְאָמַרְתָּ֖ אֲלֵהֶ֑ם כִּ֥י אַתֶּ֛ם עֹבְרִ֥ים אֶת־הַיַּרְדֵּ֖ן אַ֥רְצָה כְּנָֽעַן
ד:לה:יא וְהִקְרִיתֶ֤ם לָכֶם֙ עָרִ֔ים עָרֵ֥י מִקְלָ֖ט תִּהְיֶ֣ינָה לָכֶ֑ם וְנָ֥ס שָׁ֙מָּה֙
רֹצֵ֔חַ מַכֵּה־נֶ֖פֶשׁ בִּשְׁגָגָֽה ד:לה:יב וְהָי֨וּ לָכֶ֧ם הֶעָרִ֛ים לְמִקְלָ֖ט מִגֹּאֵ֑ל
וְלֹ֤א יָמוּת֙ הָרֹצֵ֔חַ עַד־עָמְד֛וֹ לִפְנֵ֥י הָעֵדָ֖ה לַמִּשְׁפָּֽט ד:לה:יג וְהֶעָרִ֖ים
אֲשֶׁ֣ר תִּתֵּ֑נוּ שֵׁשׁ־עָרֵ֥י מִקְלָ֖ט תִּהְיֶ֥ינָה לָכֶֽם ד:לה:יד אֵ֣ת ׀ שְׁלֹ֣שׁ
הֶעָרִ֗ים תִּתְּנוּ֙ מֵעֵ֣בֶר לַיַּרְדֵּ֔ן וְאֵת֙ שְׁלֹ֣שׁ הֶֽעָרִ֔ים תִּתְּנ֖וּ בְּאֶ֣רֶץ כְּנָ֑עַן
עָרֵ֥י מִקְלָ֖ט תִּהְיֶֽינָה ד:לה:טו לִבְנֵ֨י יִשְׂרָאֵ֜ל וְלַגֵּ֣ר וְלַתּוֹשָׁב֙ בְּתוֹכָ֔ם
תִּהְיֶ֛ינָה שֵׁשׁ־הֶעָרִ֥ים הָאֵ֖לֶּה לְמִקְלָ֑ט לָנ֣וּס שָׁ֔מָּה כָּל־מַכֵּה־נֶ֖פֶשׁ
בִּשְׁגָגָֽה ד:לה:טז וְאִם־בִּכְלִ֨י בַרְזֶ֧ל ׀ הִכָּ֛הוּ וַיָּמֹ֖ת רֹצֵ֣חַ ה֑וּא מ֥וֹת יוּמַ֖ת
הָרֹצֵֽחַ ד:לה:יז וְאִ֨ם בְּאֶ֧בֶן יָ֣ד אֲשֶׁר־יָמ֥וּת בָּהּ֙ הִכָּ֖הוּ וַיָּמֹ֑ת רֹצֵ֣חַ ה֔וּא
מ֥וֹת יוּמַ֖ת הָרֹצֵֽחַ ד:לה:יח א֡וֹ בִּכְלִ֣י עֵץ־יָד֩ אֲשֶׁר־יָמ֨וּת בּ֧וֹ הִכָּ֛הוּ
וַיָּמֹ֖ת רֹצֵ֣חַ ה֑וּא מ֥וֹת יוּמַ֖ת הָרֹצֵֽחַ ד:לה:יט גֹּאֵ֣ל הַדָּ֔ם ה֥וּא יָמִ֖ית
אֶת־הָרֹצֵ֑חַ בְּפִגְעוֹ־ב֖וֹ ה֥וּא יְמִתֶֽנּוּ ד:לה:כ וְאִם־בְּשִׂנְאָ֖ה יֶהְדֳּפֶ֑נּוּ
אֽוֹ־הִשְׁלִ֥יךְ עָלָ֛יו בִּצְדִיָּ֖ה וַיָּמֹֽת ד:לה:כא א֣וֹ בְאֵיבָ֞ה הִכָּ֤הוּ בְיָדוֹ֙ וַיָּמֹ֔ת
מֽוֹת־יוּמַ֥ת הַמַּכֶּ֖ה רֹצֵ֣חַ ה֑וּא גֹּאֵ֣ל הַדָּ֗ם יָמִ֛ית אֶת־הָרֹצֵ֖חַ
בְּפִגְעוֹ־בֽוֹ ד:לה:כב וְאִם־בְּפֶ֥תַע בְּלֹא־אֵיבָ֖ה הֲדָפ֑וֹ אֽוֹ־הִשְׁלִ֥יךְ עָלָ֛יו

כׇּל־כְּלִ֖י בְּלֹ֥א צְדִיָּֽה ד:לה:כג א֣וֹ בְכׇל־אֶ֜בֶן אֲשֶׁר־יָמ֥וּת בָּהּ֙ בְּלֹ֣א רְא֔וֹת
וַיַּפֵּ֥ל עָלָ֖יו וַיָּמֹ֑ת וְהוּא֙ לֹא־אוֹיֵ֣ב ל֔וֹ וְלֹ֥א מְבַקֵּ֖שׁ רָעָתֽוֹ ד:לה:כד וְשָֽׁפְטוּ֙
הָֽעֵדָ֔ה בֵּ֚ין הַמַּכֶּ֔ה וּבֵ֖ין גֹּאֵ֣ל הַדָּ֑ם עַ֥ל הַמִּשְׁפָּטִ֖ים הָאֵֽלֶּה
ד:לה:כה וְהִצִּ֣ילוּ הָֽעֵדָ֗ה אֶת־הָרֹצֵ֮חַ֮ מִיַּד֮ גֹּאֵ֣ל הַדָּם֒ וְהֵשִׁ֤יבוּ אֹתוֹ֙
הָֽעֵדָ֔ה אֶל־עִ֥יר מִקְלָט֖וֹ אֲשֶׁר־נָ֣ס שָׁ֑מָּה וְיָ֣שַׁב בָּ֗הּ עַד־מוֹת֙ הַכֹּהֵ֣ן
הַגָּדֹ֔ל אֲשֶׁר־מָשַׁ֥ח אֹת֖וֹ בְּשֶׁ֥מֶן הַקֹּֽדֶשׁ ד:לה:כו וְאִם־יָצֹ֥א יֵצֵ֖א הָרֹצֵ֑חַ
אֶת־גְּבוּל֙ עִ֣יר מִקְלָט֔וֹ אֲשֶׁ֖ר יָנ֥וּס שָֽׁמָּה ד:לה:כז וּמָצָ֤א אֹתוֹ֙ גֹּאֵ֣ל
הַדָּ֔ם מִח֕וּץ לִגְב֖וּל עִ֣יר מִקְלָט֑וֹ וְרָצַ֞ח גֹּאֵ֤ל הַדָּם֙ אֶת־הָרֹצֵ֔חַ אֵ֥ין ל֖וֹ
דָּֽם ד:לה:כח כִּ֣י בְעִ֤יר מִקְלָטוֹ֙ יֵשֵׁ֔ב עַד־מ֖וֹת הַכֹּהֵ֣ן הַגָּדֹ֑ל וְאַחֲרֵ֣י מוֹת֙
הַכֹּהֵ֣ן הַגָּדֹ֔ל יָשׁוּב֙ הָרֹצֵ֔חַ אֶל־אֶ֖רֶץ אֲחֻזָּתֽוֹ ד:לה:כט וְהָי֨וּ אֵ֧לֶּה לָכֶ֛ם
לְחֻקַּ֥ת מִשְׁפָּ֖ט לְדֹרֹתֵיכֶ֑ם בְּכֹ֖ל מוֹשְׁבֹתֵיכֶֽם ד:לה:ל כׇּל־מַכֵּה־נֶ֕פֶשׁ
לְפִ֣י עֵדִ֔ים יִרְצַ֖ח אֶת־הָרֹצֵ֑חַ וְעֵ֣ד אֶחָ֔ד לֹא־יַעֲנֶ֥ה בְנֶ֖פֶשׁ לָמֽוּת
ד:לה:לא וְלֹא־תִקְח֥וּ כֹ֙פֶר֙ לְנֶ֣פֶשׁ רֹצֵ֔חַ אֲשֶׁר־ה֥וּא רָשָׁ֖ע לָמ֑וּת
כִּי־מ֖וֹת יוּמָֽת ד:לה:לב וְלֹא־תִקְח֣וּ כֹ֔פֶר לָנ֖וּס אֶל־עִ֣יר מִקְלָט֑וֹ לָשׁוּב֙
לָשֶׁ֣בֶת בָּאָ֔רֶץ עַד־מ֖וֹת הַכֹּהֵֽן ד:לה:לג וְלֹא־תַחֲנִ֣יפוּ אֶת־הָאָ֗רֶץ אֲשֶׁ֤ר
אַתֶּם֙ בָּ֔הּ כִּ֣י הַדָּ֔ם ה֥וּא יַחֲנִ֖יף אֶת־הָאָ֑רֶץ וְלָאָ֣רֶץ לֹֽא־יְכֻפַּ֗ר לַדָּם֙
אֲשֶׁ֣ר שֻׁפַּךְ־בָּ֔הּ כִּי־אִ֖ם בְּדַ֥ם שֹׁפְכֽוֹ ד:לה:לד וְלֹ֧א תְטַמֵּ֣א אֶת־הָאָ֗רֶץ
אֲשֶׁ֤ר אַתֶּם֙ יֹשְׁבִ֣ים בָּ֔הּ אֲשֶׁ֥ר אֲנִ֖י שֹׁכֵ֣ן בְּתוֹכָ֑הּ כִּ֚י אֲנִ֣י יְהֹוָ֔ה שֹׁכֵ֕ן
בְּת֖וֹךְ בְּנֵ֥י יִשְׂרָאֵֽל ד:לו:א וַֽיִּקְרְב֞וּ רָאשֵׁ֣י הָאָב֗וֹת לְמִשְׁפַּ֤חַת
בְּנֵֽי־גִלְעָד֙ בֶּן־מָכִ֣יר בֶּן־מְנַשֶּׁ֔ה מִֽמִּשְׁפְּחֹ֖ת בְּנֵ֣י יוֹסֵ֑ף וַֽיְדַבְּר֞וּ לִפְנֵ֤י
מֹשֶׁה֙ וְלִפְנֵ֣י הַנְּשִׂאִ֔ים רָאשֵׁ֥י אָב֖וֹת לִבְנֵ֥י יִשְׂרָאֵֽל ד:לו:ב וַיֹּאמְר֗וּ
אֶת־אֲדֹנִי֙ צִוָּ֣ה יְהֹוָ֔ה לָתֵ֨ת אֶת־הָאָ֧רֶץ בְּנַחֲלָ֛ה בְּגוֹרָ֖ל לִבְנֵ֣י יִשְׂרָאֵ֑ל
וַאדֹנִי֙ צֻוָּ֣ה בַֽיהֹוָ֔ה לָתֵ֗ת אֶֽת־נַחֲלַ֛ת צְלׇפְחָ֥ד אָחִ֖ינוּ לִבְנֹתָֽיו
ד:לו:ג וְ֠הָיוּ לְאֶחָ֞ד מִבְּנֵ֣י שִׁבְטֵ֣י בְנֵֽי־יִשְׂרָאֵל֮ לְנָשִׁים֒ וְנִגְרְעָ֤ה נַחֲלָתָן֙
מִנַּחֲלַ֣ת אֲבֹתֵ֔ינוּ וְנוֹסַ֕ף עַ֚ל נַחֲלַ֣ת הַמַּטֶּ֔ה אֲשֶׁ֥ר תִּהְיֶ֖ינָה לָהֶ֑ם
וּמִגֹּרַ֥ל נַחֲלָתֵ֖נוּ יִגָּרֵֽעַ ד:לו:ד וְאִם־יִהְיֶ֣ה הַיֹּבֵל֮ לִבְנֵ֣י יִשְׂרָאֵל֒ וְנוֹסְפָה֙
נַחֲלָתָ֔ן עַ֚ל נַחֲלַ֣ת הַמַּטֶּ֔ה אֲשֶׁ֥ר תִּהְיֶ֖ינָה לָהֶ֑ם וּמִֽנַּחֲלַת֙ מַטֵּ֣ה
אֲבֹתֵ֔ינוּ יִגָּרַ֖ע נַחֲלָתָֽן ד:לו:ה וַיְצַ֤ו מֹשֶׁה֙ אֶת־בְּנֵ֣י יִשְׂרָאֵ֔ל עַל־פִּ֥י יְהֹוָ֖ה

לֵאמֹר כֵּן מַטֵּה בְנֵי־יוֹסֵף דֹּבְרִים ד:לו:ו זֶה הַדָּבָר אֲשֶׁר־צִוָּה יְהוָה
לִבְנוֹת צְלָפְחָד לֵאמֹר לַטּוֹב בְּעֵינֵיהֶם תִּהְיֶינָה לְנָשִׁים אַךְ
לְמִשְׁפַּחַת מַטֵּה אֲבִיהֶם תִּהְיֶינָה לְנָשִׁים ד:לו:ז וְלֹא־תִסֹּב נַחֲלָה
לִבְנֵי יִשְׂרָאֵל מִמַּטֶּה אֶל־מַטֶּה כִּי אִישׁ בְּנַחֲלַת מַטֵּה אֲבֹתָיו
יִדְבְּקוּ בְּנֵי יִשְׂרָאֵל ד:לו:ח וְכָל־בַּת יֹרֶשֶׁת נַחֲלָה מִמַּטּוֹת בְּנֵי יִשְׂרָאֵל
לְאֶחָד מִמִּשְׁפַּחַת מַטֵּה אָבִיהָ תִּהְיֶה לְאִשָּׁה לְמַעַן יִירְשׁוּ בְּנֵי
יִשְׂרָאֵל אִישׁ נַחֲלַת אֲבֹתָיו ד:לו:ט וְלֹא־תִסֹּב נַחֲלָה מִמַּטֶּה לְמַטֶּה
אַחֵר כִּי־אִישׁ בְּנַחֲלָתוֹ יִדְבְּקוּ מַטּוֹת בְּנֵי יִשְׂרָאֵל ד:לו:י כַּאֲשֶׁר צִוָּה
יְהוָה אֶת־מֹשֶׁה כֵּן עָשׂוּ בְּנוֹת צְלָפְחָד ד:לו:יא וַתִּהְיֶינָה מַחְלָה
תִרְצָה וְחָגְלָה וּמִלְכָּה וְנֹעָה בְּנוֹת צְלָפְחָד לִבְנֵי דֹדֵיהֶן לְנָשִׁים
ד:לו:יב מִמִּשְׁפְּחֹת בְּנֵי־מְנַשֶּׁה בֶן־יוֹסֵף הָיוּ לְנָשִׁים וַתְּהִי נַחֲלָתָן
עַל־מַטֵּה מִשְׁפַּחַת אֲבִיהֶן ד:לו:יג אֵלֶּה הַמִּצְוֹת וְהַמִּשְׁפָּטִים אֲשֶׁר
צִוָּה יְהוָה בְּיַד־מֹשֶׁה אֶל־בְּנֵי יִשְׂרָאֵל בְּעַרְבֹת מוֹאָב עַל יַרְדֵּן יְרֵחוֹ
ה:א:א אֵלֶּה הַדְּבָרִים אֲשֶׁר דִּבֶּר מֹשֶׁה אֶל־כָּל־יִשְׂרָאֵל בְּעֵבֶר הַיַּרְדֵּן
בַּמִּדְבָּר בָּעֲרָבָה מוֹל סוּף בֵּין־פָּארָן וּבֵין־תֹּפֶל וְלָבָן וַחֲצֵרֹת וְדִי
זָהָב ה:א:ב אַחַד עָשָׂר יוֹם מֵחֹרֵב דֶּרֶךְ הַר־שֵׂעִיר עַד קָדֵשׁ בַּרְנֵעַ
ה:א:ג וַיְהִי בְּאַרְבָּעִים שָׁנָה בְּעַשְׁתֵּי־עָשָׂר חֹדֶשׁ בְּאֶחָד לַחֹדֶשׁ דִּבֶּר
מֹשֶׁה אֶל־בְּנֵי יִשְׂרָאֵל כְּכֹל אֲשֶׁר צִוָּה יְהוָה אֹתוֹ אֲלֵהֶם
ה:א:ד אַחֲרֵי הַכֹּתוֹ אֵת סִיחֹן מֶלֶךְ הָאֱמֹרִי אֲשֶׁר יוֹשֵׁב בְּחֶשְׁבּוֹן
וְאֵת עוֹג מֶלֶךְ הַבָּשָׁן אֲשֶׁר־יוֹשֵׁב בְּעַשְׁתָּרֹת בְּאֶדְרֶעִי ה:א:ה בְּעֵבֶר
הַיַּרְדֵּן בְּאֶרֶץ מוֹאָב הוֹאִיל מֹשֶׁה בֵּאֵר אֶת־הַתּוֹרָה הַזֹּאת לֵאמֹר
ה:א:ו יְהוָה אֱלֹהֵינוּ דִּבֶּר אֵלֵינוּ בְּחֹרֵב לֵאמֹר רַב־לָכֶם שֶׁבֶת בָּהָר
הַזֶּה ה:א:ז פְּנוּ | וּסְעוּ לָכֶם וּבֹאוּ הַר הָאֱמֹרִי וְאֶל־כָּל־שְׁכֵנָיו
בָּעֲרָבָה בָהָר וּבַשְּׁפֵלָה וּבַנֶּגֶב וּבְחוֹף הַיָּם אֶרֶץ הַכְּנַעֲנִי וְהַלְּבָנוֹן
עַד־הַנָּהָר הַגָּדֹל נְהַר־פְּרָת ה:א:ח רְאֵה נָתַתִּי לִפְנֵיכֶם אֶת־הָאָרֶץ
בֹּאוּ וּרְשׁוּ אֶת־הָאָרֶץ אֲשֶׁר נִשְׁבַּע יְהוָה לַאֲבֹתֵיכֶם לְאַבְרָהָם
לְיִצְחָק וּלְיַעֲקֹב לָתֵת לָהֶם וּלְזַרְעָם אַחֲרֵיהֶם ה:א:ט וָאֹמַר אֲלֵכֶם
בָּעֵת הַהִוא לֵאמֹר לֹא־אוּכַל לְבַדִּי שְׂאֵת אֶתְכֶם ה:א:י יְהוָה

אֱלֹהֵיכֶם הִרְבָּה אֶתְכֶם וְהִנְּכֶם הַיּוֹם כְּכוֹכְבֵי הַשָּׁמַיִם לָרֹב
ה:א:יא יְהוָה אֱלֹהֵי אֲבוֹתֵכֶם יֹסֵף עֲלֵיכֶם כָּכֶם אֶלֶף פְּעָמִים וִיבָרֵךְ
אֶתְכֶם כַּאֲשֶׁר דִּבֶּר לָכֶם ה:א:יב אֵיכָה אֶשָּׂא לְבַדִּי טָרְחֲכֶם
וּמַשַּׂאֲכֶם וְרִיבְכֶם ה:א:יג הָבוּ לָכֶם אֲנָשִׁים חֲכָמִים וּנְבֹנִים וִידֻעִים
לְשִׁבְטֵיכֶם וַאֲשִׂימֵם בְּרָאשֵׁיכֶם ה:א:יד וַתַּעֲנוּ אֹתִי וַתֹּאמְרוּ
טוֹב־הַדָּבָר אֲשֶׁר־דִּבַּרְתָּ לַעֲשׂוֹת ה:א:יה וָאֶקַּח אֶת־רָאשֵׁי שִׁבְטֵיכֶם
אֲנָשִׁים חֲכָמִים וִידֻעִים וָאֶתֵּן אֹתָם רָאשִׁים עֲלֵיכֶם שָׂרֵי אֲלָפִים
וְשָׂרֵי מֵאוֹת וְשָׂרֵי חֲמִשִּׁים וְשָׂרֵי עֲשָׂרֹת וְשֹׁטְרִים לְשִׁבְטֵיכֶם
ה:א:יו וָאֲצַוֶּה אֶת־שֹׁפְטֵיכֶם בָּעֵת הַהִוא לֵאמֹר שָׁמֹעַ בֵּין־אֲחֵיכֶם
וּשְׁפַטְתֶּם צֶדֶק בֵּין־אִישׁ וּבֵין־אָחִיו וּבֵין גֵּרוֹ ה:א:יז לֹא־תַכִּירוּ פָנִים
בַּמִּשְׁפָּט כַּקָּטֹן כַּגָּדֹל תִּשְׁמָעוּן לֹא תָגוּרוּ מִפְּנֵי־אִישׁ כִּי הַמִּשְׁפָּט
לֵאלֹהִים הוּא וְהַדָּבָר אֲשֶׁר יִקְשֶׁה מִכֶּם תַּקְרִבוּן אֵלַי וּשְׁמַעְתִּיו
ה:א:יח וָאֲצַוֶּה אֶתְכֶם בָּעֵת הַהִוא אֵת כָּל־הַדְּבָרִים אֲשֶׁר תַּעֲשׂוּן
ה:א:יט וַנִּסַּע מֵחֹרֵב וַנֵּלֶךְ אֵת כָּל־הַמִּדְבָּר הַגָּדוֹל וְהַנּוֹרָא הַהוּא
אֲשֶׁר רְאִיתֶם דֶּרֶךְ הַר הָאֱמֹרִי כַּאֲשֶׁר צִוָּה יְהוָה אֱלֹהֵינוּ אֹתָנוּ
וַנָּבֹא עַד קָדֵשׁ בַּרְנֵעַ ה:א:כ וָאֹמַר אֲלֵכֶם בָּאתֶם עַד־הַר הָאֱמֹרִי
אֲשֶׁר־יְהוָה אֱלֹהֵינוּ נֹתֵן לָנוּ ה:א:כא רְאֵה נָתַן יְהוָה אֱלֹהֶיךָ לְפָנֶיךָ
אֶת־הָאָרֶץ עֲלֵה רֵשׁ כַּאֲשֶׁר דִּבֶּר יְהוָה אֱלֹהֵי אֲבֹתֶיךָ לָךְ אַל־תִּירָא
וְאַל־תֵּחָת ה:א:כב וַתִּקְרְבוּן אֵלַי כֻּלְּכֶם וַתֹּאמְרוּ נִשְׁלְחָה אֲנָשִׁים
לְפָנֵינוּ וְיַחְפְּרוּ־לָנוּ אֶת־הָאָרֶץ וְיָשִׁבוּ אֹתָנוּ דָּבָר אֶת־הַדֶּרֶךְ אֲשֶׁר
נַעֲלֶה־בָּהּ וְאֵת הֶעָרִים אֲשֶׁר נָבֹא אֲלֵיהֶן ה:א:כג וַיִּיטַב בְּעֵינַי הַדָּבָר
וָאֶקַּח מִכֶּם שְׁנֵים עָשָׂר אֲנָשִׁים אִישׁ אֶחָד לַשָּׁבֶט ה:א:כד וַיִּפְנוּ
וַיַּעֲלוּ הָהָרָה וַיָּבֹאוּ עַד־נַחַל אֶשְׁכֹּל וַיְרַגְּלוּ אֹתָהּ ה:א:כה וַיִּקְחוּ
בְיָדָם מִפְּרִי הָאָרֶץ וַיּוֹרִדוּ אֵלֵינוּ וַיָּשִׁבוּ אֹתָנוּ דָבָר וַיֹּאמְרוּ טוֹבָה
הָאָרֶץ אֲשֶׁר־יְהוָה אֱלֹהֵינוּ נֹתֵן לָנוּ ה:א:כו וְלֹא אֲבִיתֶם לַעֲלֹת
וַתַּמְרוּ אֶת־פִּי יְהוָה אֱלֹהֵיכֶם ה:א:כז וַתֵּרָגְנוּ בְאָהֳלֵיכֶם וַתֹּאמְרוּ
בְּשִׂנְאַת יְהוָה אֹתָנוּ הוֹצִיאָנוּ מֵאֶרֶץ מִצְרָיִם לָתֵת אֹתָנוּ בְּיַד
הָאֱמֹרִי לְהַשְׁמִידֵנוּ ה:א:כח אָנָה | אֲנַחְנוּ עֹלִים אַחֵינוּ הֵמַסּוּ

אֶת־לְבָבֵ֜נוּ לֵאמֹ֗ר עַ֣ם גָּד֤וֹל וָרָם֙ מִמֶּ֔נּוּ עָרִ֛ים גְּדֹלֹ֥ת וּבְצוּרֹ֖ת
בַּשָּׁמָ֑יִם וְגַם־בְּנֵ֥י עֲנָקִ֖ים רָאִ֥ינוּ שָֽׁם ה:א:כט וָאֹמַ֖ר אֲלֵכֶ֑ם
לֹא־תַעַרְצ֥וּן וְלֹא־תִֽירְא֖וּן מֵהֶֽם ה:א:ל יְהוָ֤ה אֱלֹהֵיכֶם֙ הַהֹלֵ֣ךְ
לִפְנֵיכֶ֔ם ה֖וּא יִלָּחֵ֣ם לָכֶ֑ם כְּ֠כֹל אֲשֶׁ֨ר עָשָׂ֧ה אִתְּכֶ֛ם בְּמִצְרַ֖יִם
לְעֵינֵיכֶֽם ה:א:לא וּבַמִּדְבָּר֙ אֲשֶׁ֣ר רָאִ֔יתָ אֲשֶׁ֤ר נְשָׂאֲךָ֙ יְהוָ֣ה אֱלֹהֶ֔יךָ
כַּאֲשֶׁ֥ר יִשָּׂא־אִ֖ישׁ אֶת־בְּנ֑וֹ בְּכָל־הַדֶּ֙רֶךְ֙ אֲשֶׁ֣ר הֲלַכְתֶּ֔ם עַד־בֹּאֲכֶ֖ם
עַד־הַמָּק֥וֹם הַזֶּֽה ה:א:לב וּבַדָּבָ֖ר הַזֶּ֑ה אֵֽינְכֶם֙ מַאֲמִינִ֔ם בַּיהוָ֖ה
אֱלֹהֵיכֶֽם ה:א:לג הַהֹלֵ֨ךְ לִפְנֵיכֶ֜ם בַּדֶּ֗רֶךְ לָת֥וּר לָכֶ֛ם מָק֖וֹם לַחֲנֹֽתְכֶ֑ם
בָּאֵ֣שׁ ׀ לַ֗יְלָה לַרְאֹֽתְכֶם֙ בַּדֶּ֙רֶךְ֙ אֲשֶׁ֣ר תֵּֽלְכוּ־בָ֔הּ וּבֶעָנָ֖ן יוֹמָֽם
ה:א:לד וַיִּשְׁמַ֥ע יְהוָ֖ה אֶת־ק֣וֹל דִּבְרֵיכֶ֑ם וַיִּקְצֹ֖ף וַיִּשָּׁבַ֥ע לֵאמֹֽר
ה:א:לה אִם־יִרְאֶ֥ה אִישׁ֙ בָּאֲנָשִׁ֣ים הָאֵ֔לֶּה הַדּ֥וֹר הָרָ֖ע הַזֶּ֑ה אֵ֚ת הָאָ֣רֶץ
הַטּוֹבָ֔ה אֲשֶׁ֣ר נִשְׁבַּ֔עְתִּי לָתֵ֖ת לַאֲבֹתֵיכֶֽם ה:א:לו זוּלָתִ֞י כָּלֵ֤ב בֶּן־יְפֻנֶּה֙
ה֣וּא יִרְאֶ֔נָּה וְלֽוֹ־אֶתֵּ֧ן אֶת־הָאָ֛רֶץ אֲשֶׁ֥ר דָּֽרַךְ־בָּ֖הּ וּלְבָנָ֑יו יַ֕עַן אֲשֶׁ֥ר
מִלֵּ֖א אַחֲרֵ֥י יְהוָֽה ה:א:לז גַּם־בִּי֙ הִתְאַנַּ֣ף יְהוָ֔ה בִּגְלַלְכֶ֖ם לֵאמֹ֑ר
גַּם־אַתָּ֖ה לֹא־תָבֹ֥א שָֽׁם ה:א:לח יְהוֹשֻׁ֤עַ בִּן־נוּן֙ הָעֹמֵ֣ד לְפָנֶ֔יךָ ה֖וּא
יָ֣בֹא שָׁ֑מָּה אֹת֣וֹ חַזֵּ֔ק כִּי־ה֖וּא יַנְחִלֶ֥נָּה אֶת־יִשְׂרָאֵֽל ה:א:לט וְטַפְּכֶם֩
אֲשֶׁ֨ר אֲמַרְתֶּ֜ם לָבַ֣ז יִהְיֶ֗ה וּ֠בְנֵיכֶם אֲשֶׁ֨ר לֹא־יָדְע֤וּ הַיּוֹם֙ ט֣וֹב וָרָ֔ע
הֵ֖מָּה יָבֹ֣אוּ שָׁ֑מָּה וְלָהֶ֣ם אֶתְּנֶ֔נָּה וְהֵ֖ם יִירָשֽׁוּהָ ה:א:מ וְאַתֶּ֖ם פְּנ֣וּ לָכֶ֑ם
וּסְע֥וּ הַמִּדְבָּ֖רָה דֶּ֥רֶךְ יַם־סֽוּף ה:א:מא וַתַּעֲנ֣וּ ׀ וַתֹּאמְר֣וּ אֵלַ֗י חָטָ֘אנוּ֮
לַיהוָה֒ אֲנַ֤חְנוּ נַעֲלֶה֙ וְנִלְחַ֔מְנוּ כְּכֹ֥ל אֲשֶׁר־צִוָּ֖נוּ יְהוָ֣ה אֱלֹהֵ֑ינוּ
וַֽתַּחְגְּר֗וּ אִ֚ישׁ אֶת־כְּלֵ֣י מִלְחַמְתּ֔וֹ וַתָּהִ֖ינוּ לַעֲלֹ֥ת הָהָֽרָה
ה:א:מב וַיֹּ֨אמֶר יְהוָ֜ה אֵלַ֗י אֱמֹ֤ר לָהֶם֙ לֹ֤א תַֽעֲלוּ֙ וְלֹא־תִלָּ֣חֲמ֔וּ כִּ֥י אֵינֶ֖נִּי
בְּקִרְבְּכֶ֑ם וְלֹא֙ תִּנָּ֣גְפ֔וּ לִפְנֵ֖י אֹיְבֵיכֶֽם ה:א:מג וָאֲדַבֵּ֥ר אֲלֵיכֶ֖ם וְלֹ֣א
שְׁמַעְתֶּ֑ם וַתַּמְרוּ֙ אֶת־פִּ֣י יְהוָ֔ה וַתָּזִ֖דוּ וַתַּעֲל֥וּ הָהָֽרָה ה:א:מד וַיֵּצֵ֨א
הָאֱמֹרִ֜י הַיֹּשֵׁ֨ב בָּהָ֤ר הַהוּא֙ לִקְרַאתְכֶ֔ם וַֽיִּרְדְּפ֣וּ אֶתְכֶ֔ם כַּאֲשֶׁ֥ר
תַּעֲשֶׂ֖ינָה הַדְּבֹרִ֑ים וַֽיַּכְּת֥וּ אֶתְכֶ֛ם בְּשֵׂעִ֖יר עַד־חָרְמָֽה ה:א:מה וַתָּשֻׁ֥בוּ
וַתִּבְכּ֖וּ לִפְנֵ֣י יְהוָ֑ה וְלֹֽא־שָׁמַ֤ע יְהוָה֙ בְּקֹ֣לְכֶ֔ם וְלֹ֥א הֶאֱזִ֖ין אֲלֵיכֶֽם
ה:א:מו וַתֵּשְׁב֥וּ בְקָדֵ֖שׁ יָמִ֣ים רַבִּ֑ים כַּיָּמִ֖ים אֲשֶׁ֥ר יְשַׁבְתֶּֽם ה:ב:א וַנֵּ֜פֶן

וַנִּסַּע הַמִּדְבָּרָה דֶּרֶךְ יַם־סוּף כַּאֲשֶׁר דִּבֶּר יְהוָה אֵלָי וַנָּסָב
אֶת־הַר־שֵׂעִיר יָמִים רַבִּים ה:ב:ב וַיֹּאמֶר יְהוָה אֵלַי לֵאמֹר
ה:ב:ג רַב־לָכֶם סֹב אֶת־הָהָר הַזֶּה פְּנוּ לָכֶם צָפֹנָה ה:ב:ד וְאֶת־הָעָם
צַו לֵאמֹר אַתֶּם עֹבְרִים בִּגְבוּל אֲחֵיכֶם בְּנֵי־עֵשָׂו הַיֹּשְׁבִים בְּשֵׂעִיר
וְיִירְאוּ מִכֶּם וְנִשְׁמַרְתֶּם מְאֹד ה:ב:ה אַל־תִּתְגָּרוּ בָם כִּי לֹא־אֶתֵּן
לָכֶם מֵאַרְצָם עַד מִדְרַךְ כַּף־רָגֶל כִּי־יְרֻשָּׁה לְעֵשָׂו נָתַתִּי אֶת־הַר
שֵׂעִיר ה:ב:ו אֹכֶל תִּשְׁבְּרוּ מֵאִתָּם בַּכֶּסֶף וַאֲכַלְתֶּם וְגַם־מַיִם תִּכְרוּ
מֵאִתָּם בַּכֶּסֶף וּשְׁתִיתֶם ה:ב:ז כִּי יְהוָה אֱלֹהֶיךָ בֵּרַכְךָ בְּכֹל מַעֲשֵׂה
יָדֶךָ יָדַע לֶכְתְּךָ אֶת־הַמִּדְבָּר הַגָּדֹל הַזֶּה זֶה | אַרְבָּעִים שָׁנָה יְהוָה
אֱלֹהֶיךָ עִמָּךְ לֹא חָסַרְתָּ דָּבָר ה:ב:ח וַנַּעֲבֹר מֵאֵת אַחֵינוּ בְנֵי־עֵשָׂו
הַיֹּשְׁבִים בְּשֵׂעִיר מִדֶּרֶךְ הָעֲרָבָה מֵאֵילַת וּמֵעֶצְיֹן גָּבֶר וַנֵּפֶן וַנַּעֲבֹר
דֶּרֶךְ מִדְבַּר מוֹאָב ה:ב:ט וַיֹּאמֶר יְהוָה אֵלַי אַל־תָּצַר אֶת־מוֹאָב
וְאַל־תִּתְגָּר בָּם מִלְחָמָה כִּי לֹא־אֶתֵּן לְךָ מֵאַרְצוֹ יְרֻשָּׁה כִּי
לִבְנֵי־לוֹט נָתַתִּי אֶת־עָר יְרֻשָּׁה ה:ב:י הָאֵמִים לְפָנִים יָשְׁבוּ בָהּ עַם
גָּדוֹל וְרַב וָרָם כַּעֲנָקִים ה:ב:יא רְפָאִים יֵחָשְׁבוּ אַף־הֵם כָּעֲנָקִים
וְהַמֹּאָבִים יִקְרְאוּ לָהֶם אֵמִים ה:ב:יב וּבְשֵׂעִיר יָשְׁבוּ הַחֹרִים לְפָנִים
וּבְנֵי עֵשָׂו יִירָשׁוּם וַיַּשְׁמִידוּם מִפְּנֵיהֶם וַיֵּשְׁבוּ תַּחְתָּם כַּאֲשֶׁר עָשָׂה
יִשְׂרָאֵל לְאֶרֶץ יְרֻשָּׁתוֹ אֲשֶׁר־נָתַן יְהוָה לָהֶם ה:ב:יג עַתָּה קֻמוּ וְעִבְרוּ
לָכֶם אֶת־נַחַל זָרֶד וַנַּעֲבֹר אֶת־נַחַל זָרֶד ה:ב:יד וְהַיָּמִים
אֲשֶׁר־הָלַכְנוּ | מִקָּדֵשׁ בַּרְנֵעַ עַד אֲשֶׁר־עָבַרְנוּ אֶת־נַחַל זֶרֶד
שְׁלֹשִׁים וּשְׁמֹנֶה שָׁנָה עַד־תֹּם כָּל־הַדּוֹר אַנְשֵׁי הַמִּלְחָמָה מִקֶּרֶב
הַמַּחֲנֶה כַּאֲשֶׁר נִשְׁבַּע יְהוָה לָהֶם ה:ב:טו וְגַם יַד־יְהוָה הָיְתָה בָּם
לְהֻמָּם מִקֶּרֶב הַמַּחֲנֶה עַד תֻּמָּם ה:ב:טז וַיְהִי כַאֲשֶׁר־תַּמּוּ כָּל־אַנְשֵׁי
הַמִּלְחָמָה לָמוּת מִקֶּרֶב הָעָם ה:ב:יז וַיְדַבֵּר יְהוָה אֵלַי לֵאמֹר
ה:ב:יח אַתָּה עֹבֵר הַיּוֹם אֶת־גְּבוּל מוֹאָב אֶת־עָר ה:ב:יט וְקָרַבְתָּ מוּל
בְּנֵי עַמּוֹן אַל־תְּצֻרֵם וְאַל־תִּתְגָּר בָּם כִּי לֹא־אֶתֵּן מֵאֶרֶץ בְּנֵי־עַמּוֹן
לְךָ יְרֻשָּׁה כִּי לִבְנֵי־לוֹט נְתַתִּיהָ יְרֻשָּׁה ה:ב:כ אֶרֶץ־רְפָאִים תֵּחָשֵׁב
אַף־הִוא רְפָאִים יָשְׁבוּ־בָהּ לְפָנִים וְהָעַמֹּנִים יִקְרְאוּ לָהֶם זַמְזֻמִּים

ה:ב:כא עַם גָּדוֹל וְרַב וָרָם כַּעֲנָקִים וַיַּשְׁמִידֵם יְהוָה מִפְּנֵיהֶם וַיִּירָשֻׁם
וַיֵּשְׁבוּ תַחְתָּם ה:ב:כב כַּאֲשֶׁר עָשָׂה לִבְנֵי עֵשָׂו הַיֹּשְׁבִים בְּשֵׂעִיר אֲשֶׁר
הִשְׁמִיד אֶת־הַחֹרִי מִפְּנֵיהֶם וַיִּירָשֻׁם וַיֵּשְׁבוּ תַחְתָּם עַד הַיּוֹם הַזֶּה
ה:ב:כג וְהָעַוִּים הַיֹּשְׁבִים בַּחֲצֵרִים עַד־עַזָּה כַּפְתֹּרִים הַיֹּצְאִים
מִכַּפְתּוֹר הִשְׁמִידֻם וַיֵּשְׁבוּ תַחְתָּם ה:ב:כד קוּמוּ סְּעוּ וְעִבְרוּ
אֶת־נַחַל אַרְנֹן רְאֵה נָתַתִּי בְיָדְךָ אֶת־סִיחֹן מֶלֶךְ־חֶשְׁבּוֹן הָאֱמֹרִי
וְאֶת־אַרְצוֹ הָחֵל רָשׁ וְהִתְגָּר בּוֹ מִלְחָמָה ה:ב:כה הַיּוֹם הַזֶּה אָחֵל
תֵּת פַּחְדְּךָ וְיִרְאָתְךָ עַל־פְּנֵי הָעַמִּים תַּחַת כָּל־הַשָּׁמָיִם אֲשֶׁר
יִשְׁמְעוּן שִׁמְעֲךָ וְרָגְזוּ וְחָלוּ מִפָּנֶיךָ ה:ב:כו וָאֶשְׁלַח מַלְאָכִים מִמִּדְבַּר
קְדֵמוֹת אֶל־סִיחוֹן מֶלֶךְ חֶשְׁבּוֹן דִּבְרֵי שָׁלוֹם לֵאמֹר ה:ב:כז אֶעְבְּרָה
בְאַרְצֶךָ בַּדֶּרֶךְ בַּדֶּרֶךְ אֵלֵךְ לֹא אָסוּר יָמִין וּשְׂמֹאול ה:ב:כח אֹכֶל
בַּכֶּסֶף תַּשְׁבִּרֵנִי וְאָכַלְתִּי וּמַיִם בַּכֶּסֶף תִּתֶּן־לִי וְשָׁתִיתִי רַק אֶעְבְּרָה
בְרַגְלָי ה:ב:כט כַּאֲשֶׁר עָשׂוּ־לִי בְּנֵי עֵשָׂו הַיֹּשְׁבִים בְּשֵׂעִיר וְהַמּוֹאָבִים
הַיֹּשְׁבִים בְּעָר עַד אֲשֶׁר־אֶעֱבֹר אֶת־הַיַּרְדֵּן אֶל־הָאָרֶץ אֲשֶׁר־יְהוָה
אֱלֹהֵינוּ נֹתֵן לָנוּ ה:ב:ל וְלֹא אָבָה סִיחֹן מֶלֶךְ חֶשְׁבּוֹן הַעֲבִרֵנוּ בּוֹ
כִּי־הִקְשָׁה יְהוָה אֱלֹהֶיךָ אֶת־רוּחוֹ וְאִמֵּץ אֶת־לְבָבוֹ לְמַעַן תִּתּוֹ
בְיָדְךָ כַּיּוֹם הַזֶּה ה:ב:לא וַיֹּאמֶר יְהוָה אֵלַי רְאֵה הַחִלֹּתִי תֵּת לְפָנֶיךָ
אֶת־סִיחֹן וְאֶת־אַרְצוֹ הָחֵל רָשׁ לָרֶשֶׁת אֶת־אַרְצוֹ ה:ב:לב וַיֵּצֵא סִיחֹן
לִקְרָאתֵנוּ הוּא וְכָל־עַמּוֹ לַמִּלְחָמָה יָהְצָה ה:ב:לג וַיִּתְּנֵהוּ יְהוָה
אֱלֹהֵינוּ לְפָנֵינוּ וַנַּךְ אֹתוֹ וְאֶת־בנו [בָּנָיו] וְאֶת־כָּל־עַמּוֹ ה:ב:לד וַנִּלְכֹּד
אֶת־כָּל־עָרָיו בָּעֵת הַהִוא וַנַּחֲרֵם אֶת־כָּל־עִיר מְתִם וְהַנָּשִׁים
וְהַטָּף לֹא הִשְׁאַרְנוּ שָׂרִיד ה:ב:לה רַק הַבְּהֵמָה בָּזַזְנוּ לָנוּ וּשְׁלַל
הֶעָרִים אֲשֶׁר לָכָדְנוּ ה:ב:לו מֵעֲרֹעֵר אֲשֶׁר עַל־שְׂפַת־נַחַל אַרְנֹן
וְהָעִיר אֲשֶׁר בַּנַּחַל וְעַד־הַגִּלְעָד לֹא הָיְתָה קִרְיָה אֲשֶׁר שָׂגְבָה
מִמֶּנּוּ אֶת־הַכֹּל נָתַן יְהוָה אֱלֹהֵינוּ לְפָנֵינוּ ה:ב:לז רַק אֶל־אֶרֶץ
בְּנֵי־עַמּוֹן לֹא קָרָבְתָּ כָּל־יַד נַחַל יַבֹּק וְעָרֵי הָהָר וְכֹל אֲשֶׁר־צִוָּה
יְהוָה אֱלֹהֵינוּ ה:ג:א וַנֵּפֶן וַנַּעַל דֶּרֶךְ הַבָּשָׁן וַיֵּצֵא עוֹג מֶלֶךְ־הַבָּשָׁן
לִקְרָאתֵנוּ הוּא וְכָל־עַמּוֹ לַמִּלְחָמָה אֶדְרֶעִי ה:ג:ב וַיֹּאמֶר יְהוָה אֵלַי

אַל־תִּירָ֣א אֹת֔וֹ כִּ֣י בְיָדְךָ֞ נָתַ֧תִּי אֹת֛וֹ וְאֶת־כָּל־עַמּ֖וֹ וְאֶת־אַרְצ֑וֹ
וְעָשִׂ֣יתָ לּ֔וֹ כַּאֲשֶׁ֣ר עָשִׂ֗יתָ לְסִיחֹן֙ מֶ֣לֶךְ הָֽאֱמֹרִ֔י אֲשֶׁ֥ר יוֹשֵׁ֖ב בְּחֶשְׁבּֽוֹן
ה:ג:ג וַיִּתֵּן֩ יְהוָ֨ה אֱלֹהֵ֜ינוּ בְּיָדֵ֗נוּ גַּ֛ם אֶת־ע֥וֹג מֶֽלֶךְ־הַבָּשָׁ֖ן
וְאֶת־כָּל־עַמּ֑וֹ וַנַּכֵּ֕הוּ עַד־בִּלְתִּ֥י הִשְׁאִֽיר־ל֖וֹ שָׂרִֽיד ה:ג:ד וַנִּלְכֹּ֤ד
אֶת־כָּל־עָרָיו֙ בָּעֵ֣ת הַהִ֔וא לֹ֤א הָֽיְתָה֙ קִרְיָ֔ה אֲשֶׁ֥ר לֹא־לָקַ֖חְנוּ
מֵאִתָּ֑ם שִׁשִּׁ֥ים עִיר֙ כָּל־חֶ֣בֶל אַרְגֹּ֔ב מַמְלֶ֥כֶת ע֖וֹג בַּבָּשָֽׁן
ה:ג:ה כָּל־אֵ֙לֶּה֙ עָרִ֣ים בְּצֻרֹ֔ת חוֹמָ֥ה גְבֹהָ֖ה דְּלָתַ֣יִם וּבְרִ֑יחַ לְבַד֙
מֵעָרֵ֣י הַפְּרָזִ֔י הַרְבֵּ֖ה מְאֹֽד ה:ג:ו וַנַּחֲרֵ֣ם אוֹתָ֔ם כַּאֲשֶׁ֣ר עָשִׂ֔ינוּ לְסִיחֹ֖ן
מֶ֣לֶךְ חֶשְׁבּ֑וֹן הַחֲרֵם֙ כָּל־עִ֣יר מְתִ֔ם הַנָּשִׁ֖ים וְהַטָּֽף
ה:ג:ז וְכָל־הַבְּהֵמָ֛ה וּשְׁלַ֥ל הֶעָרִ֖ים בַּזּ֥וֹנוּ לָֽנוּ ה:ג:ח וַנִּקַּ֞ח בָּעֵ֤ת הַהִוא֙
אֶת־הָאָ֔רֶץ מִיַּ֗ד שְׁנֵי֙ מַלְכֵ֣י הָֽאֱמֹרִ֔י אֲשֶׁ֖ר בְּעֵ֣בֶר הַיַּרְדֵּ֑ן מִנַּ֥חַל אַרְנֹ֖ן
עַד־הַ֥ר חֶרְמֽוֹן ה:ג:ט צִידֹנִ֛ים יִקְרְא֥וּ לְחֶרְמ֖וֹן שִׂרְיֹ֑ן וְהָ֣אֱמֹרִ֔י
יִקְרְאוּ־ל֖וֹ שְׂנִֽיר ה:ג:י כֹּ֣ל ׀ עָרֵ֣י הַמִּישֹׁ֗ר וְכָל־הַגִּלְעָד֙ וְכָל־הַבָּשָׁ֔ן
עַד־סַלְכָ֖ה וְאֶדְרֶ֑עִי עָרֵ֛י מַמְלֶ֥כֶת ע֖וֹג בַּבָּשָֽׁן ה:ג:יא כִּ֣י רַק־ע֞וֹג מֶ֣לֶךְ
הַבָּשָׁ֗ן נִשְׁאַר֮ מִיֶּ֣תֶר הָרְפָאִים֒ הִנֵּ֤ה עַרְשׂוֹ֙ עֶ֣רֶשׂ בַּרְזֶ֔ל הֲלֹ֣ה הִ֔וא
בְּרַבַּ֖ת בְּנֵ֣י עַמּ֑וֹן תֵּ֣שַׁע אַמּ֤וֹת אָרְכָּהּ֙ וְאַרְבַּ֥ע אַמּ֛וֹת רָחְבָּ֖הּ
בְּאַמַּת־אִֽישׁ ה:ג:יב וְאֶת־הָאָ֧רֶץ הַזֹּ֛את יָרַ֖שְׁנוּ בָּעֵ֣ת הַהִ֑וא מֵעֲרֹעֵ֞ר
אֲשֶׁר־עַל־נַ֣חַל אַרְנֹ֗ן וַחֲצִ֤י הַר־הַגִּלְעָד֙ וְעָרָ֔יו נָתַ֕תִּי לָרֻאוּבֵנִ֖י וְלַגָּדִֽי
ה:ג:יג וְיֶ֨תֶר הַגִּלְעָ֤ד וְכָל־הַבָּשָׁן֙ מַמְלֶ֣כֶת ע֔וֹג נָתַ֕תִּי לַחֲצִ֖י שֵׁ֣בֶט
הַֽמְנַשֶּׁ֑ה כֹּ֣ל חֶ֤בֶל הָֽאַרְגֹּב֙ לְכָל־הַבָּשָׁ֔ן הַה֥וּא יִקָּרֵ֖א אֶ֥רֶץ רְפָאִֽים
ה:ג:יד יָאִ֣יר בֶּן־מְנַשֶּׁ֗ה לָקַח֙ אֶת־כָּל־חֶ֣בֶל אַרְגֹּ֔ב עַד־גְּב֥וּל הַגְּשׁוּרִ֖י
וְהַמַּעֲכָתִ֑י וַיִּקְרָא֩ אֹתָ֨ם עַל־שְׁמ֤וֹ אֶת־הַבָּשָׁן֙ חַוֹּ֣ת יָאִ֔יר עַ֖ד הַיּ֥וֹם
הַזֶּֽה ה:ג:טו וּלְמָכִ֖יר נָתַ֥תִּי אֶת־הַגִּלְעָֽד ה:ג:טז וְלָֽרְאוּבֵנִ֨י וְלַגָּדִ֜י נָתַ֣תִּי
מִן־הַגִּלְעָד֮ וְעַד־נַ֣חַל אַרְנֹן֒ תּ֥וֹךְ הַנַּ֖חַל וּגְבֻ֑ל וְעַד֙ יַבֹּ֣ק הַנַּ֔חַל גְּב֖וּל
בְּנֵ֥י עַמּֽוֹן ה:ג:יז וְהָעֲרָבָ֖ה וְהַיַּרְדֵּ֣ן וּגְבֻ֑ל מִכִּנֶּ֗רֶת וְעַ֨ד יָ֤ם הָעֲרָבָה֙ יָ֣ם
הַמֶּ֔לַח תַּ֛חַת אַשְׁדֹּ֥ת הַפִּסְגָּ֖ה מִזְרָֽחָה ה:ג:יח וָאֲצַ֣ו אֶתְכֶ֔ם בָּעֵ֥ת
הַהִ֖וא לֵאמֹ֑ר יְהוָ֣ה אֱלֹהֵיכֶ֗ם נָתַ֨ן לָכֶ֜ם אֶת־הָאָ֤רֶץ הַזֹּאת֙ לְרִשְׁתָּ֔הּ
חֲלוּצִ֣ים תַּֽעַבְר֗וּ לִפְנֵ֛י אֲחֵיכֶ֥ם בְּנֵֽי־יִשְׂרָאֵ֖ל כָּל־בְּנֵי־חָֽיִל ה:ג:יט רַ֣ק

נְשֵׁיכֶם וְטַפְּכֶם וּמִקְנֵכֶם יָדַעְתִּי כִּי־מִקְנֶה רַב לָכֶם יֵשְׁבוּ בְּעָרֵיכֶם
אֲשֶׁר נָתַתִּי לָכֶם ה:ג:כ עַד אֲשֶׁר־יָנִיחַ יְהוָה | לַאֲחֵיכֶם כָּכֶם וְיָרְשׁוּ
גַם־הֵם אֶת־הָאָרֶץ אֲשֶׁר יְהוָה אֱלֹהֵיכֶם נֹתֵן לָהֶם בְּעֵבֶר הַיַּרְדֵּן
וְשַׁבְתֶּם אִישׁ לִירֻשָּׁתוֹ אֲשֶׁר נָתַתִּי לָכֶם ה:ג:כא וְאֶת־יְהוֹשׁוּעַ צִוֵּיתִי
בָּעֵת הַהִוא לֵאמֹר עֵינֶיךָ הָרֹאֹת אֵת כָּל־אֲשֶׁר עָשָׂה יְהוָה
אֱלֹהֵיכֶם לִשְׁנֵי הַמְּלָכִים הָאֵלֶּה כֵּן־יַעֲשֶׂה יְהוָה לְכָל־הַמַּמְלָכוֹת
אֲשֶׁר אַתָּה עֹבֵר שָׁמָּה ה:ג:כב לֹא תִּירָאוּם כִּי יְהוָה אֱלֹהֵיכֶם הוּא
הַנִּלְחָם לָכֶם ה:ג:כג וָאֶתְחַנַּן אֶל־יְהוָה בָּעֵת הַהִוא לֵאמֹר
ה:ג:כד אֲדֹנָי יֱהֹוִה אַתָּה הַחִלּוֹתָ לְהַרְאוֹת אֶת־עַבְדְּךָ אֶת־גָּדְלְךָ
וְאֶת־יָדְךָ הַחֲזָקָה אֲשֶׁר מִי־אֵל בַּשָּׁמַיִם וּבָאָרֶץ אֲשֶׁר־יַעֲשֶׂה
כְמַעֲשֶׂיךָ וְכִגְבוּרֹתֶךָ ה:ג:כה אֶעְבְּרָה־נָּא וְאֶרְאֶה אֶת־הָאָרֶץ
הַטּוֹבָה אֲשֶׁר בְּעֵבֶר הַיַּרְדֵּן הָהָר הַטּוֹב הַזֶּה וְהַלְּבָנֹן
ה:ג:כו וַיִּתְעַבֵּר יְהוָה בִּי לְמַעַנְכֶם וְלֹא שָׁמַע אֵלָי וַיֹּאמֶר יְהוָה אֵלַי
רַב־לָךְ אַל־תּוֹסֶף דַּבֵּר אֵלַי עוֹד בַּדָּבָר הַזֶּה ה:ג:כז עֲלֵה | רֹאשׁ
הַפִּסְגָּה וְשָׂא עֵינֶיךָ יָמָּה וְצָפֹנָה וְתֵימָנָה וּמִזְרָחָה וּרְאֵה בְעֵינֶיךָ
כִּי־לֹא תַעֲבֹר אֶת־הַיַּרְדֵּן הַזֶּה ה:ג:כח וְצַו אֶת־יְהוֹשֻׁעַ וְחַזְּקֵהוּ
וְאַמְּצֵהוּ כִּי־הוּא יַעֲבֹר לִפְנֵי הָעָם הַזֶּה וְהוּא יַנְחִיל אוֹתָם
אֶת־הָאָרֶץ אֲשֶׁר תִּרְאֶה ה:ג:כט וַנֵּשֶׁב בַּגָּיְא מוּל בֵּית פְּעוֹר
ה:ד:א וְעַתָּה יִשְׂרָאֵל שְׁמַע אֶל־הַחֻקִּים וְאֶל־הַמִּשְׁפָּטִים אֲשֶׁר אָנֹכִי
מְלַמֵּד אֶתְכֶם לַעֲשׂוֹת לְמַעַן תִּחְיוּ וּבָאתֶם וִירִשְׁתֶּם אֶת־הָאָרֶץ
אֲשֶׁר יְהוָה אֱלֹהֵי אֲבֹתֵיכֶם נֹתֵן לָכֶם ה:ד:ב לֹא תֹסִפוּ עַל־הַדָּבָר
אֲשֶׁר אָנֹכִי מְצַוֶּה אֶתְכֶם וְלֹא תִגְרְעוּ מִמֶּנּוּ לִשְׁמֹר אֶת־מִצְוֹת
יְהוָה אֱלֹהֵיכֶם אֲשֶׁר אָנֹכִי מְצַוֶּה אֶתְכֶם ה:ד:ג עֵינֵיכֶם הָרֹאֹת אֵת
אֲשֶׁר־עָשָׂה יְהוָה בְּבַעַל פְּעוֹר כִּי כָל־הָאִישׁ אֲשֶׁר הָלַךְ אַחֲרֵי
בַעַל־פְּעוֹר הִשְׁמִידוֹ יְהוָה אֱלֹהֶיךָ מִקִּרְבֶּךָ ה:ד:ד וְאַתֶּם הַדְּבֵקִים
בַּיהוָה אֱלֹהֵיכֶם חַיִּים כֻּלְּכֶם הַיּוֹם ה:ד:ה רְאֵה | לִמַּדְתִּי אֶתְכֶם
חֻקִּים וּמִשְׁפָּטִים כַּאֲשֶׁר צִוַּנִי יְהוָה אֱלֹהָי לַעֲשׂוֹת כֵּן בְּקֶרֶב הָאָרֶץ
אֲשֶׁר אַתֶּם בָּאִים שָׁמָּה לְרִשְׁתָּהּ ה:ד:ו וּשְׁמַרְתֶּם וַעֲשִׂיתֶם כִּי הִוא

חָכְמַתְכֶם֙ וּבִינַתְכֶ֔ם לְעֵינֵ֖י הָעַמִּ֑ים אֲשֶׁ֤ר יִשְׁמְעוּן֙ אֵ֚ת כָּל־הַחֻקִּ֣ים
הָאֵ֔לֶּה וְאָמְר֗וּ רַ֤ק עַם־חָכָם֙ וְנָב֔וֹן הַגּ֥וֹי הַגָּד֖וֹל הַזֶּֽה׃ ה:ד:ז כִּ֚י מִי־ג֣וֹי
גָּד֔וֹל אֲשֶׁר־ל֥וֹ אֱלֹהִ֖ים קְרֹבִ֣ים אֵלָ֑יו כַּיהוָ֣ה אֱלֹהֵ֔ינוּ בְּכָל־קָרְאֵ֖נוּ
אֵלָֽיו׃ ה:ד:ח וּמִי֙ גּ֣וֹי גָּד֔וֹל אֲשֶׁר־ל֛וֹ חֻקִּ֥ים וּמִשְׁפָּטִ֖ים צַדִּיקִ֑ם כְּכֹל֙
הַתּוֹרָ֣ה הַזֹּ֔את אֲשֶׁ֧ר אָנֹכִ֛י נֹתֵ֥ן לִפְנֵיכֶ֖ם הַיּֽוֹם׃ ה:ד:ט רַ֡ק הִשָּׁ֣מֶר לְךָ֩
וּשְׁמֹ֨ר נַפְשְׁךָ֜ מְאֹ֗ד פֶּן־תִּשְׁכַּ֨ח אֶת־הַדְּבָרִ֜ים אֲשֶׁר־רָא֣וּ עֵינֶ֗יךָ
וּפֶן־יָס֙וּרוּ֙ מִלְּבָ֣בְךָ֔ כֹּ֖ל יְמֵ֣י חַיֶּ֑יךָ וְהוֹדַעְתָּ֥ם לְבָנֶ֖יךָ וְלִבְנֵ֥י בָנֶֽיךָ׃
ה:ד:י י֗וֹם אֲשֶׁ֨ר עָמַ֜דְתָּ לִפְנֵ֨י יְהוָ֣ה אֱלֹהֶ֘יךָ֮ בְּחֹרֵב֒ בֶּאֱמֹ֨ר יְהוָ֜ה אֵלַ֗י
הַקְהֶל־לִי֙ אֶת־הָעָ֔ם וְאַשְׁמִעֵ֖ם אֶת־דְּבָרָ֑י אֲשֶׁ֨ר יִלְמְד֜וּן לְיִרְאָ֣ה אֹתִ֗י
כָּל־הַיָּמִים֙ אֲשֶׁ֨ר הֵ֤ם חַיִּים֙ עַל־הָ֣אֲדָמָ֔ה וְאֶת־בְּנֵיהֶ֖ם יְלַמֵּדֽוּן׃
ה:ד:יא וַתִּקְרְב֥וּן וַתַּֽעַמְד֖וּן תַּ֣חַת הָהָ֑ר וְהָהָ֞ר בֹּעֵ֤ר בָּאֵשׁ֙ עַד־לֵ֣ב
הַשָּׁמַ֔יִם חֹ֖שֶׁךְ עָנָ֥ן וַעֲרָפֶֽל׃ ה:ד:יב וַיְדַבֵּ֧ר יְהוָ֛ה אֲלֵיכֶ֖ם מִתּ֣וֹךְ הָאֵ֑שׁ
ק֣וֹל דְּבָרִים֙ אַתֶּ֣ם שֹׁמְעִ֔ים וּתְמוּנָ֛ה אֵינְכֶ֥ם רֹאִ֖ים זוּלָתִ֥י קֽוֹל׃
ה:ד:יג וַיַּגֵּ֨ד לָכֶ֜ם אֶת־בְּרִית֗וֹ אֲשֶׁ֨ר צִוָּ֤ה אֶתְכֶם֙ לַעֲשׂ֔וֹת עֲשֶׂ֖רֶת
הַדְּבָרִ֑ים וַֽיִּכְתְּבֵ֔ם עַל־שְׁנֵ֖י לֻח֥וֹת אֲבָנִֽים׃ ה:ד:יד וְאֹתִ֞י צִוָּ֣ה יְהוָ֗ה
בָּעֵ֣ת הַהִ֔וא לְלַמֵּ֣ד אֶתְכֶ֔ם חֻקִּ֖ים וּמִשְׁפָּטִ֑ים לַעֲשֹׂתְכֶ֣ם אֹתָ֔ם
בָּאָ֕רֶץ אֲשֶׁ֥ר אַתֶּ֛ם עֹבְרִ֥ים שָׁ֖מָּה לְרִשְׁתָּֽהּ׃ ה:ד:טו וְנִשְׁמַרְתֶּ֥ם מְאֹ֖ד
לְנַפְשֹׁתֵיכֶ֑ם כִּ֣י לֹ֤א רְאִיתֶם֙ כָּל־תְּמוּנָ֔ה בְּי֗וֹם דִּבֶּ֨ר יְהוָ֧ה אֲלֵיכֶ֛ם
בְּחֹרֵ֖ב מִתּ֥וֹךְ הָאֵֽשׁ׃ ה:ד:טז פֶּ֨ן־תַּשְׁחִת֔וּן וַעֲשִׂיתֶ֥ם לָכֶ֛ם פֶּ֖סֶל תְּמוּנַ֣ת
כָּל־סָ֑מֶל תַּבְנִ֥ית זָכָ֖ר א֥וֹ נְקֵבָֽה׃ ה:ד:יז תַּבְנִ֕ית כָּל־בְּהֵמָ֖ה אֲשֶׁ֣ר
בָּאָ֑רֶץ תַּבְנִית֙ כָּל־צִפּ֣וֹר כָּנָ֔ף אֲשֶׁ֥ר תָּע֖וּף בַּשָּׁמָֽיִם׃ ה:ד:יח תַּבְנִ֕ית
כָּל־רֹמֵ֖שׂ בָּאֲדָמָ֑ה תַּבְנִ֛ית כָּל־דָּגָ֥ה אֲשֶׁר־בַּמַּ֖יִם מִתַּ֥חַת לָאָֽרֶץ׃
ה:ד:יט וּפֶן־תִּשָּׂ֨א עֵינֶ֜יךָ הַשָּׁמַ֗יְמָה וְֽ֠רָאִיתָ אֶת־הַשֶּׁ֨מֶשׁ וְאֶת־הַיָּרֵ֜חַ
וְאֶת־הַכּֽוֹכָבִ֗ים כֹּ֚ל צְבָ֣א הַשָּׁמַ֔יִם וְנִדַּחְתָּ֛ וְהִשְׁתַּחֲוִ֥יתָ לָהֶ֖ם
וַעֲבַדְתָּ֑ם אֲשֶׁ֨ר חָלַ֜ק יְהוָ֤ה אֱלֹהֶ֙יךָ֙ אֹתָ֔ם לְכֹל֙ הָֽעַמִּ֔ים תַּ֖חַת
כָּל־הַשָּׁמָֽיִם׃ ה:ד:כ וְאֶתְכֶם֙ לָקַ֣ח יְהוָ֔ה וַיּוֹצִ֥א אֶתְכֶ֛ם מִכּ֥וּר הַבַּרְזֶ֖ל
מִמִּצְרָ֑יִם לִהְי֥וֹת ל֛וֹ לְעַ֥ם נַחֲלָ֖ה כַּיּ֥וֹם הַזֶּֽה׃ ה:ד:כא וַֽיהוָ֥ה הִתְאַנַּף־בִּ֖י
עַל־דִּבְרֵיכֶ֑ם וַיִּשָּׁבַ֗ע לְבִלְתִּ֤י עָבְרִי֙ אֶת־הַיַּרְדֵּ֔ן וּלְבִלְתִּי־בֹא֙

אֶל־הָאָ֣רֶץ הַטּוֹבָ֔ה אֲשֶׁר֙ יְהוָ֣ה אֱלֹהֶ֔יךָ נֹתֵ֥ן לְךָ֖ נַחֲלָֽה ה:ד:כב כִּ֠י
אָנֹכִ֥י מֵת֙ בָּאָ֣רֶץ הַזֹּ֔את אֵינֶ֥נִּי עֹבֵ֖ר אֶת־הַיַּרְדֵּ֑ן וְאַתֶּם֙ עֹֽבְרִ֔ים
וִֽירִשְׁתֶּ֕ם אֶת־הָאָ֥רֶץ הַטּוֹבָ֖ה הַזֹּֽאת ה:ד:כג הִשָּׁמְר֣וּ לָכֶ֗ם
פֶּן־תִּשְׁכְּחוּ֙ אֶת־בְּרִ֤ית יְהוָה֙ אֱלֹֽהֵיכֶ֔ם אֲשֶׁ֥ר כָּרַ֖ת עִמָּכֶ֑ם וַעֲשִׂיתֶ֨ם
לָכֶ֥ם פֶּ֙סֶל֙ תְּמ֣וּנַת כֹּ֔ל אֲשֶׁ֥ר צִוְּךָ֖ יְהוָ֥ה אֱלֹהֶֽיךָ ה:ד:כד כִּ֚י יְהוָ֣ה
אֱלֹהֶ֔יךָ אֵ֥שׁ אֹכְלָ֖ה ה֑וּא אֵ֖ל קַנָּֽא ה:ד:כה כִּֽי־תוֹלִ֤יד בָּנִים֙ וּבְנֵ֣י בָנִ֔ים
וְנוֹשַׁנְתֶּ֖ם בָּאָ֑רֶץ וְהִשְׁחַתֶּ֗ם וַעֲשִׂ֤יתֶם פֶּ֙סֶל֙ תְּמ֣וּנַת כֹּ֔ל וַעֲשִׂיתֶ֥ם
הָרַ֛ע בְּעֵינֵ֥י יְהוָֽה־אֱלֹהֶ֖יךָ לְהַכְעִיסֽוֹ ה:ד:כו הַעִידֹ֩תִי֩ בָכֶ֨ם הַיּ֜וֹם
אֶת־הַשָּׁמַ֣יִם וְאֶת־הָאָ֗רֶץ כִּֽי־אָבֹ֣ד תֹּאבֵדוּן֮ מַהֵר֒ מֵעַ֣ל הָאָ֗רֶץ אֲשֶׁ֨ר
אַתֶּ֜ם עֹבְרִ֧ים אֶת־הַיַּרְדֵּ֛ן שָׁ֖מָּה לְרִשְׁתָּ֑הּ לֹא־תַאֲרִיכֻ֤ן יָמִים֙ עָלֶ֔יהָ
כִּ֥י הִשָּׁמֵ֖ד תִּשָּׁמֵדֽוּן ה:ד:כז וְהֵפִ֧יץ יְהוָ֛ה אֶתְכֶ֖ם בָּעַמִּ֑ים וְנִשְׁאַרְתֶּם֙
מְתֵ֣י מִסְפָּ֔ר בַּגּוֹיִ֕ם אֲשֶׁ֨ר יְנַהֵ֧ג יְהוָ֛ה אֶתְכֶ֖ם שָֽׁמָּה
ה:ד:כח וַעֲבַדְתֶּם־שָׁ֣ם אֱלֹהִ֔ים מַעֲשֵׂ֖ה יְדֵ֣י אָדָ֑ם עֵ֣ץ וָאֶ֔בֶן אֲשֶׁ֤ר
לֹא־יִרְאוּן֙ וְלֹ֣א יִשְׁמְע֔וּן וְלֹ֥א יֹאכְל֖וּן וְלֹ֥א יְרִיחֻֽן ה:ד:כט וּבִקַּשְׁתֶּ֥ם
מִשָּׁ֛ם אֶת־יְהוָ֥ה אֱלֹהֶ֖יךָ וּמָצָ֑אתָ כִּ֣י תִדְרְשֶׁ֔נּוּ בְּכָל־לְבָבְךָ֖
וּבְכָל־נַפְשֶֽׁךָ ה:ד:ל בַּצַּ֣ר לְךָ֔ וּמְצָא֕וּךָ כֹּ֖ל הַדְּבָרִ֣ים הָאֵ֑לֶּה בְּאַחֲרִית֙
הַיָּמִ֔ים וְשַׁבְתָּ֙ עַד־יְהוָ֣ה אֱלֹהֶ֔יךָ וְשָׁמַעְתָּ֖ בְּקֹלֽוֹ ה:ד:לא כִּ֣י אֵ֤ל רַחוּם֙
יְהוָ֣ה אֱלֹהֶ֔יךָ לֹ֥א יַרְפְּךָ֖ וְלֹ֣א יַשְׁחִיתֶ֑ךָ וְלֹ֤א יִשְׁכַּח֙ אֶת־בְּרִ֣ית אֲבֹתֶ֔יךָ
אֲשֶׁ֥ר נִשְׁבַּ֖ע לָהֶֽם ה:ד:לב כִּ֣י שְׁאַל־נָ֡א לְיָמִ֣ים רִאשֹׁנִ֣ים אֲשֶׁר־הָי֣וּ
לְפָנֶ֗יךָ לְמִן־הַיּוֹם֙ אֲשֶׁר֩ בָּרָ֨א אֱלֹהִ֤ים ׀ אָדָם֙ עַל־הָאָ֔רֶץ וּלְמִקְצֵ֥ה
הַשָּׁמַ֖יִם וְעַד־קְצֵ֣ה הַשָּׁמָ֑יִם הֲנִֽהְיָ֗ה כַּדָּבָ֤ר הַגָּדוֹל֙ הַזֶּ֔ה א֖וֹ הֲנִשְׁמַ֥ע
כָּמֹֽהוּ ה:ד:לג הֲשָׁ֣מַֽע עָם֩ ק֨וֹל אֱלֹהִ֜ים מְדַבֵּ֧ר מִתּוֹךְ־הָאֵ֛שׁ
כַּאֲשֶׁר־שָׁמַ֥עְתָּ אַתָּ֖ה וַיֶּֽחִי ה:ד:לד א֣וֹ ׀ הֲנִסָּ֣ה אֱלֹהִ֗ים לָב֨וֹא לָ֠קַחַת
ל֣וֹ ג֮וֹי֮ מִקֶּ֣רֶב גּוֹי֒ בְּמַסֹּת֩ בְּאֹתֹ֨ת וּבְמוֹפְתִ֜ים וּבְמִלְחָמָ֗ה וּבְיָ֤ד חֲזָקָה֙
וּבִזְר֣וֹעַ נְטוּיָ֔ה וּבְמוֹרָאִ֖ים גְּדֹלִ֑ים כְּ֠כֹל אֲשֶׁר־עָשָׂ֨ה לָכֶ֜ם יְהוָ֤ה
אֱלֹֽהֵיכֶם֙ בְּמִצְרַ֖יִם לְעֵינֶֽיךָ ה:ד:לה אַתָּה֙ הָרְאֵ֣תָ לָדַ֔עַת כִּ֥י יְהוָ֖ה ה֣וּא
הָאֱלֹהִ֑ים אֵ֥ין ע֖וֹד מִלְּבַדּֽוֹ ה:ד:לו מִן־הַשָּׁמַ֛יִם הִשְׁמִיעֲךָ֥ אֶת־קֹל֖וֹ
לְיַסְּרֶ֑ךָּ וְעַל־הָאָ֗רֶץ הֶרְאֲךָ֙ אֶת־אִשּׁ֣וֹ הַגְּדוֹלָ֔ה וּדְבָרָ֥יו שָׁמַ֖עְתָּ מִתּ֥וֹךְ

הָאֵשׁ ה:ד:לז וְתַחַת כִּי אָהַב אֶת־אֲבֹתֶיךָ וַיִּבְחַר בְּזַרְעוֹ אַחֲרָיו
וַיּוֹצִאֲךָ בְּפָנָיו בְּכֹחוֹ הַגָּדֹל מִמִּצְרָיִם ה:ד:לח לְהוֹרִישׁ גּוֹיִם גְּדֹלִים
וַעֲצֻמִים מִמְּךָ מִפָּנֶיךָ לַהֲבִיאֲךָ לָתֶת־לְךָ אֶת־אַרְצָם נַחֲלָה כַּיּוֹם
הַזֶּה ה:ד:לט וְיָדַעְתָּ הַיּוֹם וַהֲשֵׁבֹתָ אֶל־לְבָבֶךָ כִּי יְהוָה הוּא הָאֱלֹהִים
בַּשָּׁמַיִם מִמַּעַל וְעַל־הָאָרֶץ מִתָּחַת אֵין עוֹד ה:ד:מ וְשָׁמַרְתָּ
אֶת־חֻקָּיו וְאֶת־מִצְוֹתָיו אֲשֶׁר אָנֹכִי מְצַוְּךָ הַיּוֹם אֲשֶׁר יִיטַב לְךָ
וּלְבָנֶיךָ אַחֲרֶיךָ וּלְמַעַן תַּאֲרִיךְ יָמִים עַל־הָאֲדָמָה אֲשֶׁר יְהוָה
אֱלֹהֶיךָ נֹתֵן לְךָ כָּל־הַיָּמִים ה:ד:מא אָז יַבְדִּיל מֹשֶׁה שָׁלֹשׁ עָרִים
בְּעֵבֶר הַיַּרְדֵּן מִזְרְחָה שָׁמֶשׁ ה:ד:מב לָנֻס שָׁמָּה רוֹצֵחַ אֲשֶׁר יִרְצַח
אֶת־רֵעֵהוּ בִּבְלִי־דַעַת וְהוּא לֹא־שֹׂנֵא לוֹ מִתְּמֹל שִׁלְשֹׁם וְנָס
אֶל־אַחַת מִן־הֶעָרִים הָאֵל וָחָי ה:ד:מג אֶת־בֶּצֶר בַּמִּדְבָּר בְּאֶרֶץ
הַמִּישֹׁר לָראוּבֵנִי וְאֶת־רָאמֹת בַּגִּלְעָד לַגָּדִי וְאֶת־גּוֹלָן בַּבָּשָׁן לַמְנַשִּׁי
ה:ד:מד וְזֹאת הַתּוֹרָה אֲשֶׁר־שָׂם מֹשֶׁה לִפְנֵי בְּנֵי יִשְׂרָאֵל ה:ד:מה אֵלֶּה
הָעֵדֹת וְהַחֻקִּים וְהַמִּשְׁפָּטִים אֲשֶׁר דִּבֶּר מֹשֶׁה אֶל־בְּנֵי יִשְׂרָאֵל
בְּצֵאתָם מִמִּצְרָיִם ה:ד:מו בְּעֵבֶר הַיַּרְדֵּן בַּגַּיְא מוּל בֵּית פְּעוֹר בְּאֶרֶץ
סִיחֹן מֶלֶךְ הָאֱמֹרִי אֲשֶׁר יוֹשֵׁב בְּחֶשְׁבּוֹן אֲשֶׁר הִכָּה מֹשֶׁה וּבְנֵי
יִשְׂרָאֵל בְּצֵאתָם מִמִּצְרָיִם ה:ד:מז וַיִּירְשׁוּ אֶת־אַרְצוֹ וְאֶת־אֶרֶץ | עוֹג
מֶלֶךְ־הַבָּשָׁן שְׁנֵי מַלְכֵי הָאֱמֹרִי אֲשֶׁר בְּעֵבֶר הַיַּרְדֵּן מִזְרַח שָׁמֶשׁ
ה:ד:מח מֵעֲרֹעֵר אֲשֶׁר עַל־שְׂפַת־נַחַל אַרְנֹן וְעַד־הַר שִׂיאֹן הוּא
חֶרְמוֹן ה:ד:מט וְכָל־הָעֲרָבָה עֵבֶר הַיַּרְדֵּן מִזְרָחָה וְעַד יָם הָעֲרָבָה
תַּחַת אַשְׁדֹּת הַפִּסְגָּה ה:ה:א וַיִּקְרָא מֹשֶׁה אֶל־כָּל־יִשְׂרָאֵל וַיֹּאמֶר
אֲלֵהֶם שְׁמַע יִשְׂרָאֵל אֶת־הַחֻקִּים וְאֶת־הַמִּשְׁפָּטִים אֲשֶׁר אָנֹכִי
דֹּבֵר בְּאָזְנֵיכֶם הַיּוֹם וּלְמַדְתֶּם אֹתָם וּשְׁמַרְתֶּם לַעֲשֹׂתָם
ה:ה:ב יְהוָה אֱלֹהֵינוּ כָּרַת עִמָּנוּ בְּרִית בְּחֹרֵב ה:ה:ג לֹא אֶת־אֲבֹתֵינוּ
כָּרַת יְהוָה אֶת־הַבְּרִית הַזֹּאת כִּי אִתָּנוּ אֲנַחְנוּ אֵלֶּה פֹה הַיּוֹם
כֻּלָּנוּ חַיִּים ה:ה:ד פָּנִים | בְּפָנִים דִּבֶּר יְהוָה עִמָּכֶם בָּהָר מִתּוֹךְ
הָאֵשׁ ה:ה:ה אָנֹכִי עֹמֵד בֵּין־יְהוָה וּבֵינֵיכֶם בָּעֵת הַהִוא לְהַגִּיד לָכֶם
אֶת־דְּבַר יְהוָה כִּי יְרֵאתֶם מִפְּנֵי הָאֵשׁ וְלֹא־עֲלִיתֶם בָּהָר לֵאמֹר

ה:ה:ו אָנֹכִי יְהוָה אֱלֹהֶיךָ אֲשֶׁר הוֹצֵאתִיךָ מֵאֶרֶץ מִצְרַיִם מִבֵּית
עֲבָדִים ה:ה:ז לֹא יִהְיֶה־לְךָ אֱלֹהִים אֲחֵרִים עַל־פָּנָי
ה:ה:ח לֹא־תַעֲשֶׂה־לְךָ פֶסֶל | כָּל־תְּמוּנָה אֲשֶׁר בַּשָּׁמַיִם | מִמַּעַל
וַאֲשֶׁר בָּאָרֶץ מִתָּחַת וַאֲשֶׁר בַּמַּיִם | מִתַּחַת לָאָרֶץ
ה:ה:ט לֹא־תִשְׁתַּחֲוֶה לָהֶם וְלֹא תָעָבְדֵם כִּי אָנֹכִי יְהוָה אֱלֹהֶיךָ אֵל
קַנָּא פֹּקֵד עֲוֹן אָבוֹת עַל־בָּנִים וְעַל־שִׁלֵּשִׁים וְעַל־רִבֵּעִים לְשֹׂנְאָי
ה:ה:י וְעֹשֶׂה חֶסֶד לַאֲלָפִים לְאֹהֲבַי וּלְשֹׁמְרֵי מצותו [מִצְוֹתָי]
ה:ה:יא לֹא תִשָּׂא אֶת־שֵׁם־יְהוָה אֱלֹהֶיךָ לַשָּׁוְא כִּי לֹא יְנַקֶּה יְהוָה
אֵת אֲשֶׁר־יִשָּׂא אֶת־שְׁמוֹ לַשָּׁוְא ה:ה:יב שָׁמוֹר אֶת־יוֹם הַשַּׁבָּת
לְקַדְּשׁוֹ כַּאֲשֶׁר צִוְּךָ | יְהוָה אֱלֹהֶיךָ ה:ה:יג שֵׁשֶׁת יָמִים תַּעֲבֹד
וְעָשִׂיתָ כָּל־מְלַאכְתֶּךָ ה:ה:יד וְיוֹם הַשְּׁבִיעִי שַׁבָּת | לַיהוָה אֱלֹהֶיךָ
לֹא תַעֲשֶׂה כָל־מְלָאכָה אַתָּה וּבִנְךָ־וּבִתֶּךָ וְעַבְדְּךָ־וַאֲמָתֶךָ וְשׁוֹרְךָ
וַחֲמֹרְךָ וְכָל־בְּהֶמְתֶּךָ וְגֵרְךָ אֲשֶׁר בִּשְׁעָרֶיךָ לְמַעַן יָנוּחַ עַבְדְּךָ
וַאֲמָתְךָ כָּמוֹךָ ה:ה:טו וְזָכַרְתָּ כִּי־עֶבֶד הָיִיתָ | בְּאֶרֶץ מִצְרַיִם וַיֹּצִאֲךָ
יְהוָה אֱלֹהֶיךָ מִשָּׁם בְּיָד חֲזָקָה וּבִזְרֹעַ נְטוּיָה עַל־כֵּן צִוְּךָ יְהוָה
אֱלֹהֶיךָ לַעֲשׂוֹת אֶת־יוֹם הַשַּׁבָּת ה:ה:טז כַּבֵּד אֶת־אָבִיךָ וְאֶת־אִמֶּךָ
כַּאֲשֶׁר צִוְּךָ יְהוָה אֱלֹהֶיךָ לְמַעַן | יַאֲרִיכֻן יָמֶיךָ וּלְמַעַן יִיטַב לָךְ עַל
הָאֲדָמָה אֲשֶׁר־יְהוָה אֱלֹהֶיךָ נֹתֵן לָךְ ה:ה:יז לֹא תִּרְצָח וְלֹא תִּנְאָף
וְלֹא תִּגְנֹב וְלֹא־תַעֲנֶה בְרֵעֲךָ עֵד שָׁוְא ה:ה:יח וְלֹא תַחְמֹד אֵשֶׁת
רֵעֶךָ וְלֹא תִתְאַוֶּה בֵּית רֵעֶךָ שָׂדֵהוּ וְעַבְדּוֹ וַאֲמָתוֹ שׁוֹרוֹ וַחֲמֹרוֹ וְכֹל
אֲשֶׁר לְרֵעֶךָ ה:ה:יט אֶת־הַדְּבָרִים הָאֵלֶּה דִּבֶּר יְהוָה אֶל־כָּל־קְהַלְכֶם
בָּהָר מִתּוֹךְ הָאֵשׁ הֶעָנָן וְהָעֲרָפֶל קוֹל גָּדוֹל וְלֹא יָסָף וַיִּכְתְּבֵם
עַל־שְׁנֵי לֻחֹת אֲבָנִים וַיִּתְּנֵם אֵלָי ה:ה:כ וַיְהִי כְּשָׁמְעֲכֶם אֶת־הַקּוֹל
מִתּוֹךְ הַחֹשֶׁךְ וְהָהָר בֹּעֵר בָּאֵשׁ וַתִּקְרְבוּן אֵלַי כָּל־רָאשֵׁי שִׁבְטֵיכֶם
וְזִקְנֵיכֶם ה:ה:כא וַתֹּאמְרוּ הֵן הֶרְאָנוּ יְהוָה אֱלֹהֵינוּ אֶת־כְּבֹדוֹ
וְאֶת־גָּדְלוֹ וְאֶת־קֹלוֹ שָׁמַעְנוּ מִתּוֹךְ הָאֵשׁ הַיּוֹם הַזֶּה רָאִינוּ כִּי־יְדַבֵּר
אֱלֹהִים אֶת־הָאָדָם וָחָי ה:ה:כב וְעַתָּה לָמָּה נָמוּת כִּי תֹאכְלֵנוּ הָאֵשׁ
הַגְּדֹלָה הַזֹּאת אִם־יֹסְפִים | אֲנַחְנוּ לִשְׁמֹעַ אֶת־קוֹל יְהוָה אֱלֹהֵינוּ

עוֹד וָמָֽתְנוּ ה:ה:כג כִּ֣י מִ֣י כָל־בָּשָׂ֡ר אֲשֶׁ֣ר שָׁמַ֣ע קוֹל֩ אֱלֹהִ֨ים חַיִּ֜ים
מְדַבֵּ֧ר מִתּוֹךְ־הָאֵ֛שׁ כָּמֹ֖נוּ וַיֶּֽחִי ה:ה:כד קְרַ֤ב אַתָּה֙ וּֽשֲׁמָ֔ע אֵ֛ת
כָּל־אֲשֶׁ֥ר יֹאמַ֖ר יְהוָ֣ה אֱלֹהֵ֑ינוּ וְאַ֣תְּ ׀ תְּדַבֵּ֣ר אֵלֵ֗ינוּ אֵת֩ כָּל־אֲשֶׁ֨ר
יְדַבֵּ֜ר יְהוָ֧ה אֱלֹהֵ֛ינוּ אֵלֶ֖יךָ וְשָׁמַ֥עְנוּ וְעָשִֽׂינוּ ה:ה:כה וַיִּשְׁמַ֤ע יְהוָה֙
אֶת־ק֣וֹל דִּבְרֵיכֶ֔ם בְּדַבֶּרְכֶ֖ם אֵלָ֑י וַיֹּ֨אמֶר יְהוָ֜ה אֵלַ֗י שָׁ֠מַעְתִּי אֶת־ק֨וֹל
דִּבְרֵ֜י הָעָ֤ם הַזֶּה֙ אֲשֶׁ֣ר דִּבְּר֣וּ אֵלֶ֔יךָ הֵיטִ֖יבוּ כָּל־אֲשֶׁ֥ר דִּבֵּֽרוּ
ה:ה:כו מִֽי־יִתֵּ֡ן וְהָיָה֩ לְבָבָ֨ם זֶ֜ה לָהֶ֗ם לְיִרְאָ֥ה אֹתִ֛י וְלִשְׁמֹ֥ר
אֶת־כָּל־מִצְוֺתַ֖י כָּל־הַיָּמִ֑ים לְמַ֨עַן יִיטַ֥ב לָהֶ֛ם וְלִבְנֵיהֶ֖ם לְעֹלָֽם
ה:ה:כז לֵ֖ךְ אֱמֹ֣ר לָהֶ֑ם שׁ֥וּבוּ לָכֶ֖ם לְאָהֳלֵיכֶֽם ה:ה:כח וְאַתָּ֗ה פֹּה֮ עֲמֹ֣ד
עִמָּדִי֒ וַאֲדַבְּרָ֣ה אֵלֶ֗יךָ אֵ֤ת כָּל־הַמִּצְוָה֙ וְהַחֻקִּ֣ים וְהַמִּשְׁפָּטִ֔ים אֲשֶׁ֥ר
תְּלַמְּדֵ֑ם וְעָשׂ֣וּ בָאָ֔רֶץ אֲשֶׁ֧ר אָנֹכִ֛י נֹתֵ֥ן לָהֶ֖ם לְרִשְׁתָּֽהּ
ה:ה:כט וּשְׁמַרְתֶּ֣ם לַעֲשׂ֔וֹת כַּאֲשֶׁ֧ר צִוָּ֛ה יְהוָ֥ה אֱלֹהֵיכֶ֖ם אֶתְכֶ֑ם לֹ֥א
תָסֻ֖רוּ יָמִ֥ין וּשְׂמֹֽאל ה:ה:ל בְּכָל־הַדֶּ֗רֶךְ אֲשֶׁ֨ר צִוָּ֜ה יְהוָ֧ה אֱלֹהֵיכֶ֛ם
אֶתְכֶ֖ם תֵּלֵ֑כוּ לְמַ֤עַן תִּֽחְיוּן֙ וְט֣וֹב לָכֶ֔ם וְהַאֲרַכְתֶּ֣ם יָמִ֔ים בָּאָ֖רֶץ אֲשֶׁ֥ר
תִּֽירָשֽׁוּן ה:ו:א וְזֹ֣את הַמִּצְוָ֗ה הַֽחֻקִּים֙ וְהַמִּשְׁפָּטִ֔ים אֲשֶׁ֥ר צִוָּ֛ה יְהוָ֥ה
אֱלֹהֵיכֶ֖ם לְלַמֵּ֣ד אֶתְכֶ֑ם לַעֲשׂ֣וֹת בָּאָ֔רֶץ אֲשֶׁ֥ר אַתֶּ֛ם עֹבְרִ֥ים שָׁ֖מָּה
לְרִשְׁתָּֽהּ ה:ו:ב לְמַ֨עַן תִּירָ֜א אֶת־יְהוָ֣ה אֱלֹהֶ֗יךָ לִ֠שְׁמֹר
אֶת־כָּל־חֻקֹּתָ֣יו וּמִצְוֺתָיו֮ אֲשֶׁ֣ר אָנֹכִ֣י מְצַוֶּךָ֒ אַתָּה֙ וּבִנְךָ֣ וּבֶן־בִּנְךָ֔ כֹּ֖ל
יְמֵ֣י חַיֶּ֑יךָ וּלְמַ֖עַן יַאֲרִכֻ֥ן יָמֶֽיךָ ה:ו:ג וְשָׁמַעְתָּ֤ יִשְׂרָאֵל֙ וְשָׁמַרְתָּ֣ לַעֲשׂ֔וֹת
אֲשֶׁר֙ יִיטַ֣ב לְךָ֔ וַאֲשֶׁ֥ר תִּרְבּ֖וּן מְאֹ֑ד כַּאֲשֶׁ֨ר דִּבֶּ֜ר יְהוָ֨ה אֱלֹהֵ֤י אֲבֹתֶ֙יךָ֙
לָ֔ךְ אֶ֛רֶץ זָבַ֥ת חָלָ֖ב וּדְבָֽשׁ ה:ו:ד שְׁמַ֖ע יִשְׂרָאֵ֑ל יְהוָ֥ה אֱלֹהֵ֖ינוּ יְהוָ֥ה ׀
אֶחָֽד ה:ו:ה וְאָ֣הַבְתָּ֔ אֵ֖ת יְהוָ֣ה אֱלֹהֶ֑יךָ בְּכָל־לְבָבְךָ֥ וּבְכָל־נַפְשְׁךָ֖
וּבְכָל־מְאֹדֶֽךָ ה:ו:ו וְהָי֞וּ הַדְּבָרִ֣ים הָאֵ֗לֶּה אֲשֶׁ֨ר אָנֹכִ֧י מְצַוְּךָ֛ הַיּ֖וֹם
עַל־לְבָבֶֽךָ ה:ו:ז וְשִׁנַּנְתָּ֣ם לְבָנֶ֔יךָ וְדִבַּרְתָּ֖ בָּ֑ם בְּשִׁבְתְּךָ֤ בְּבֵיתֶ֙ךָ֙
וּבְלֶכְתְּךָ֣ בַדֶּ֔רֶךְ וּֽבְשָׁכְבְּךָ֖ וּבְקוּמֶֽךָ ה:ו:ח וּקְשַׁרְתָּ֥ם לְא֖וֹת עַל־יָדֶ֑ךָ
וְהָי֥וּ לְטֹטָפֹ֖ת בֵּ֥ין עֵינֶֽיךָ ה:ו:ט וּכְתַבְתָּ֛ם עַל־מְזֻז֥וֹת בֵּיתֶ֖ךָ וּבִשְׁעָרֶֽיךָ
ה:ו:י וְהָיָ֞ה כִּ֥י יְבִיאֲךָ֣ ׀ יְהוָ֣ה אֱלֹהֶ֗יךָ אֶל־הָאָ֛רֶץ אֲשֶׁ֨ר נִשְׁבַּ֧ע
לַאֲבֹתֶ֛יךָ לְאַבְרָהָ֛ם לְיִצְחָ֥ק וּֽלְיַעֲקֹ֖ב לָ֣תֶת לָ֑ךְ עָרִ֛ים גְּדֹלֹ֥ת וְטֹבֹ֖ת

אֲשֶׁר לֹא־בָנִיתָ ה:ו:יא וּבָתִּים מְלֵאִים כָּל־טוּב אֲשֶׁר לֹא־מִלֵּאתָ
וּבֹרֹת חֲצוּבִים אֲשֶׁר לֹא־חָצַבְתָּ כְּרָמִים וְזֵיתִים אֲשֶׁר לֹא־נָטָעְתָּ
וְאָכַלְתָּ וְשָׂבָעְתָּ ה:ו:יב הִשָּׁמֶר לְךָ פֶּן־תִּשְׁכַּח אֶת־יְהוָה אֲשֶׁר
הוֹצִיאֲךָ מֵאֶרֶץ מִצְרַיִם מִבֵּית עֲבָדִים ה:ו:יג אֶת־יְהוָה אֱלֹהֶיךָ תִּירָא
וְאֹתוֹ תַעֲבֹד וּבִשְׁמוֹ תִּשָּׁבֵעַ ה:ו:יד לֹא תֵלְכוּן אַחֲרֵי אֱלֹהִים אֲחֵרִים
מֵאֱלֹהֵי הָעַמִּים אֲשֶׁר סְבִיבוֹתֵיכֶם ה:ו:טו כִּי אֵל קַנָּא יְהוָה אֱלֹהֶיךָ
בְּקִרְבֶּךָ פֶּן־יֶחֱרֶה אַף־יְהוָה אֱלֹהֶיךָ בָּךְ וְהִשְׁמִידְךָ מֵעַל פְּנֵי
הָאֲדָמָה ה:ו:טז לֹא תְנַסּוּ אֶת־יְהוָה אֱלֹהֵיכֶם כַּאֲשֶׁר נִסִּיתֶם בַּמַּסָּה
ה:ו:יז שָׁמוֹר תִּשְׁמְרוּן אֶת־מִצְוֺת יְהוָה אֱלֹהֵיכֶם וְעֵדֹתָיו וְחֻקָּיו אֲשֶׁר
צִוָּךְ ה:ו:יח וְעָשִׂיתָ הַיָּשָׁר וְהַטּוֹב בְּעֵינֵי יְהוָה לְמַעַן יִיטַב לָךְ וּבָאתָ
וְיָרַשְׁתָּ אֶת־הָאָרֶץ הַטֹּבָה אֲשֶׁר־נִשְׁבַּע יְהוָה לַאֲבֹתֶיךָ ה:ו:יט לַהֲדֹף
אֶת־כָּל־אֹיְבֶיךָ מִפָּנֶיךָ כַּאֲשֶׁר דִּבֶּר יְהוָה ה:ו:כ כִּי־יִשְׁאָלְךָ בִנְךָ מָחָר
לֵאמֹר מָה הָעֵדֹת וְהַחֻקִּים וְהַמִּשְׁפָּטִים אֲשֶׁר צִוָּה יְהוָה אֱלֹהֵינוּ
אֶתְכֶם ה:ו:כא וְאָמַרְתָּ לְבִנְךָ עֲבָדִים הָיִינוּ לְפַרְעֹה בְּמִצְרָיִם
וַיּוֹצִיאֵנוּ יְהוָה מִמִּצְרַיִם בְּיָד חֲזָקָה ה:ו:כב וַיִּתֵּן יְהוָה אוֹתֹת
וּמֹפְתִים גְּדֹלִים וְרָעִים | בְּמִצְרַיִם בְּפַרְעֹה וּבְכָל־בֵּיתוֹ לְעֵינֵינוּ
ה:ו:כג וְאוֹתָנוּ הוֹצִיא מִשָּׁם לְמַעַן הָבִיא אֹתָנוּ לָתֶת לָנוּ אֶת־הָאָרֶץ
אֲשֶׁר נִשְׁבַּע לַאֲבֹתֵינוּ ה:ו:כד וַיְצַוֵּנוּ יְהוָה לַעֲשׂוֹת אֶת־כָּל־הַחֻקִּים
הָאֵלֶּה לְיִרְאָה אֶת־יְהוָה אֱלֹהֵינוּ לְטוֹב לָנוּ כָּל־הַיָּמִים לְחַיֹּתֵנוּ
כְּהַיּוֹם הַזֶּה ה:ו:כה וּצְדָקָה תִּהְיֶה־לָּנוּ כִּי־נִשְׁמֹר לַעֲשׂוֹת
אֶת־כָּל־הַמִּצְוָה הַזֹּאת לִפְנֵי יְהוָה אֱלֹהֵינוּ כַּאֲשֶׁר צִוָּנוּ ה:ז:א כִּי
יְבִיאֲךָ יְהוָה אֱלֹהֶיךָ אֶל־הָאָרֶץ אֲשֶׁר־אַתָּה בָא־שָׁמָּה לְרִשְׁתָּהּ
וְנָשַׁל גּוֹיִם־רַבִּים | מִפָּנֶיךָ הַחִתִּי וְהַגִּרְגָּשִׁי וְהָאֱמֹרִי וְהַכְּנַעֲנִי
וְהַפְּרִזִּי וְהַחִוִּי וְהַיְבוּסִי שִׁבְעָה גוֹיִם רַבִּים וַעֲצוּמִים מִמֶּךָּ
ה:ז:ב וּנְתָנָם יְהוָה אֱלֹהֶיךָ לְפָנֶיךָ וְהִכִּיתָם הַחֲרֵם תַּחֲרִים אֹתָם
לֹא־תִכְרֹת לָהֶם בְּרִית וְלֹא תְחָנֵּם ה:ז:ג וְלֹא תִתְחַתֵּן בָּם בִּתְּךָ
לֹא־תִתֵּן לִבְנוֹ וּבִתּוֹ לֹא־תִקַּח לִבְנֶךָ ה:ז:ד כִּי־יָסִיר אֶת־בִּנְךָ
מֵאַחֲרַי וְעָבְדוּ אֱלֹהִים אֲחֵרִים וְחָרָה אַף־יְהוָה בָּכֶם וְהִשְׁמִידְךָ

מַהֵר ה:ז:ה כִּי־אִם־כֹּה תַעֲשׂוּ לָהֶם מִזְבְּחֹתֵיהֶם תִּתֹּצוּ וּמַצֵּבֹתָם
תְּשַׁבֵּרוּ וַאֲשֵׁירֵהֶם תְּגַדֵּעוּן וּפְסִילֵיהֶם תִּשְׂרְפוּן בָּאֵשׁ ה:ז:ו כִּי עַם
קָדוֹשׁ אַתָּה לַיהוָה אֱלֹהֶיךָ בְּךָ בָּחַר | יְהוָה אֱלֹהֶיךָ לִהְיוֹת לוֹ
לְעַם סְגֻלָּה מִכֹּל הָעַמִּים אֲשֶׁר עַל־פְּנֵי הָאֲדָמָה ה:ז:ז לֹא מֵרֻבְּכֶם
מִכָּל־הָעַמִּים חָשַׁק יְהוָה בָּכֶם וַיִּבְחַר בָּכֶם כִּי־אַתֶּם הַמְעַט
מִכָּל־הָעַמִּים ה:ז:ח כִּי מֵאַהֲבַת יְהוָה אֶתְכֶם וּמִשָּׁמְרוֹ
אֶת־הַשְּׁבֻעָה אֲשֶׁר נִשְׁבַּע לַאֲבֹתֵיכֶם הוֹצִיא יְהוָה אֶתְכֶם בְּיָד
חֲזָקָה וַיִּפְדְּךָ מִבֵּית עֲבָדִים מִיַּד פַּרְעֹה מֶלֶךְ־מִצְרָיִם ה:ז:ט וְיָדַעְתָּ
כִּי־יְהוָה אֱלֹהֶיךָ הוּא הָאֱלֹהִים הָאֵל הַנֶּאֱמָן שֹׁמֵר הַבְּרִית וְהַחֶסֶד
לְאֹהֲבָיו וּלְשֹׁמְרֵי מצותו [מִצְוֹתָיו] לְאֶלֶף דּוֹר ה:ז:י וּמְשַׁלֵּם לְשֹׂנְאָיו
אֶל־פָּנָיו לְהַאֲבִידוֹ לֹא יְאַחֵר לְשֹׂנְאוֹ אֶל־פָּנָיו יְשַׁלֶּם־לוֹ
ה:ז:יא וְשָׁמַרְתָּ אֶת־הַמִּצְוָה וְאֶת־הַחֻקִּים וְאֶת־הַמִּשְׁפָּטִים אֲשֶׁר
אָנֹכִי מְצַוְּךָ הַיּוֹם לַעֲשׂוֹתָם ה:ז:יב וְהָיָה | עֵקֶב תִּשְׁמְעוּן אֵת
הַמִּשְׁפָּטִים הָאֵלֶּה וּשְׁמַרְתֶּם וַעֲשִׂיתֶם אֹתָם וְשָׁמַר יְהוָה אֱלֹהֶיךָ
לְךָ אֶת־הַבְּרִית וְאֶת־הַחֶסֶד אֲשֶׁר נִשְׁבַּע לַאֲבֹתֶיךָ ה:ז:יג וַאֲהֵבְךָ
וּבֵרַכְךָ וְהִרְבֶּךָ וּבֵרַךְ פְּרִי־בִטְנְךָ וּפְרִי־אַדְמָתֶךָ דְּגָנְךָ וְתִירֹשְׁךָ
וְיִצְהָרֶךָ שְׁגַר־אֲלָפֶיךָ וְעַשְׁתְּרֹת צֹאנֶךָ עַל הָאֲדָמָה אֲשֶׁר־נִשְׁבַּע
לַאֲבֹתֶיךָ לָתֶת לָךְ ה:ז:יד בָּרוּךְ תִּהְיֶה מִכָּל־הָעַמִּים לֹא־יִהְיֶה בְךָ
עָקָר וַעֲקָרָה וּבִבְהֶמְתֶּךָ ה:ז:יה וְהֵסִיר יְהוָה מִמְּךָ כָּל־חֹלִי
וְכָל־מַדְוֵי מִצְרַיִם הָרָעִים אֲשֶׁר יָדַעְתָּ לֹא יְשִׂימָם בָּךְ וּנְתָנָם
בְּכָל־שֹׂנְאֶיךָ ה:ז:יו וְאָכַלְתָּ אֶת־כָּל־הָעַמִּים אֲשֶׁר יְהוָה אֱלֹהֶיךָ נֹתֵן
לָךְ לֹא־תָחֹס עֵינְךָ עֲלֵיהֶם וְלֹא תַעֲבֹד אֶת־אֱלֹהֵיהֶם כִּי־מוֹקֵשׁ
הוּא לָךְ ה:ז:יז כִּי תֹאמַר בִּלְבָבְךָ רַבִּים הַגּוֹיִם הָאֵלֶּה מִמֶּנִּי אֵיכָה
אוּכַל לְהוֹרִישָׁם ה:ז:יח לֹא תִירָא מֵהֶם זָכֹר תִּזְכֹּר אֵת אֲשֶׁר־עָשָׂה
יְהוָה אֱלֹהֶיךָ לְפַרְעֹה וּלְכָל־מִצְרָיִם ה:ז:יט הַמַּסֹּת הַגְּדֹלֹת
אֲשֶׁר־רָאוּ עֵינֶיךָ וְהָאֹתֹת וְהַמֹּפְתִים וְהַיָּד הַחֲזָקָה וְהַזְּרֹעַ הַנְּטוּיָה
אֲשֶׁר הוֹצִאֲךָ יְהוָה אֱלֹהֶיךָ כֵּן־יַעֲשֶׂה יְהוָה אֱלֹהֶיךָ לְכָל־הָעַמִּים
אֲשֶׁר־אַתָּה יָרֵא מִפְּנֵיהֶם ה:ז:כ וְגַם אֶת־הַצִּרְעָה יְשַׁלַּח יְהוָה

אֱלֹהֶיךָ בָּם עַד־אֲבֹד הַנִּשְׁאָרִים וְהַנִּסְתָּרִים מִפָּנֶיךָ ה:ז:כא לֹא
תַעֲרֹץ מִפְּנֵיהֶם כִּי־יְהוָה אֱלֹהֶיךָ בְּקִרְבֶּךָ אֵל גָּדוֹל וְנוֹרָא
ה:ז:כב וְנָשַׁל יְהוָה אֱלֹהֶיךָ אֶת־הַגּוֹיִם הָאֵל מִפָּנֶיךָ מְעַט מְעָט לֹא
תוּכַל כַּלֹּתָם מַהֵר פֶּן־תִּרְבֶּה עָלֶיךָ חַיַּת הַשָּׂדֶה ה:ז:כג וּנְתָנָם
יְהוָה אֱלֹהֶיךָ לְפָנֶיךָ וְהָמָם מְהוּמָה גְדֹלָה עַד הִשָּׁמְדָם ה:ז:כד וְנָתַן
מַלְכֵיהֶם בְּיָדֶךָ וְהַאֲבַדְתָּ אֶת־שְׁמָם מִתַּחַת הַשָּׁמָיִם לֹא־יִתְיַצֵּב
אִישׁ בְּפָנֶיךָ עַד הִשְׁמִדְךָ אֹתָם ה:ז:כה פְּסִילֵי אֱלֹהֵיהֶם תִּשְׂרְפוּן
בָּאֵשׁ לֹא־תַחְמֹד כֶּסֶף וְזָהָב עֲלֵיהֶם וְלָקַחְתָּ לָךְ פֶּן תִּוָּקֵשׁ בּוֹ כִּי
תוֹעֲבַת יְהוָה אֱלֹהֶיךָ הוּא ה:ז:כו וְלֹא־תָבִיא תוֹעֵבָה אֶל־בֵּיתֶךָ
וְהָיִיתָ חֵרֶם כָּמֹהוּ שַׁקֵּץ | תְּשַׁקְּצֶנּוּ וְתַעֵב | תְּתַעֲבֶנּוּ כִּי־חֵרֶם
הוּא ה:ח:א כָּל־הַמִּצְוָה אֲשֶׁר אָנֹכִי מְצַוְּךָ הַיּוֹם תִּשְׁמְרוּן לַעֲשׂוֹת
לְמַעַן תִּחְיוּן וּרְבִיתֶם וּבָאתֶם וִירִשְׁתֶּם אֶת־הָאָרֶץ אֲשֶׁר־נִשְׁבַּע
יְהוָה לַאֲבֹתֵיכֶם ה:ח:ב וְזָכַרְתָּ אֶת־כָּל־הַדֶּרֶךְ אֲשֶׁר הוֹלִיכְךָ יְהוָה
אֱלֹהֶיךָ זֶה אַרְבָּעִים שָׁנָה בַּמִּדְבָּר לְמַעַן עַנֹּתְךָ לְנַסֹּתְךָ לָדַעַת
אֶת־אֲשֶׁר בִּלְבָבְךָ הֲתִשְׁמֹר מצותו [מִצְוֹתָיו] אִם־לֹא ה:ח:ג וַיְעַנְּךָ
וַיַּרְעִבֶךָ וַיַּאֲכִלְךָ אֶת הַמָּן אֲשֶׁר לֹא־יָדַעְתָּ וְלֹא יָדְעוּן אֲבֹתֶיךָ לְמַעַן
הוֹדִעֲךָ כִּי לֹא עַל־הַלֶּחֶם לְבַדּוֹ יִחְיֶה הָאָדָם כִּי עַל־כָּל־מוֹצָא
פִי־יְהוָה יִחְיֶה הָאָדָם ה:ח:ד שִׂמְלָתְךָ לֹא בָלְתָה מֵעָלֶיךָ וְרַגְלְךָ לֹא
בָצֵקָה זֶה אַרְבָּעִים שָׁנָה ה:ח:ה וְיָדַעְתָּ עִם־לְבָבֶךָ כִּי כַּאֲשֶׁר יְיַסֵּר
אִישׁ אֶת־בְּנוֹ יְהוָה אֱלֹהֶיךָ מְיַסְּרֶךָּ ה:ח:ו וְשָׁמַרְתָּ אֶת־מִצְוֹת יְהוָה
אֱלֹהֶיךָ לָלֶכֶת בִּדְרָכָיו וּלְיִרְאָה אֹתוֹ ה:ח:ז כִּי יְהוָה אֱלֹהֶיךָ מְבִיאֲךָ
אֶל־אֶרֶץ טוֹבָה אֶרֶץ נַחֲלֵי מָיִם עֲיָנֹת וּתְהֹמֹת יֹצְאִים בַּבִּקְעָה
וּבָהָר ה:ח:ח אֶרֶץ חִטָּה וּשְׂעֹרָה וְגֶפֶן וּתְאֵנָה וְרִמּוֹן אֶרֶץ־זֵית שֶׁמֶן
וּדְבָשׁ ה:ח:ט אֶרֶץ אֲשֶׁר לֹא בְמִסְכֵּנֻת תֹּאכַל־בָּהּ לֶחֶם לֹא־תֶחְסַר
כֹּל בָּהּ אֶרֶץ אֲשֶׁר אֲבָנֶיהָ בַרְזֶל וּמֵהֲרָרֶיהָ תַּחְצֹב נְחֹשֶׁת
ה:ח:י וְאָכַלְתָּ וְשָׂבָעְתָּ וּבֵרַכְתָּ אֶת־יְהוָה אֱלֹהֶיךָ עַל־הָאָרֶץ הַטֹּבָה
אֲשֶׁר נָתַן־לָךְ ה:ח:יא הִשָּׁמֶר לְךָ פֶּן־תִּשְׁכַּח אֶת־יְהוָה אֱלֹהֶיךָ
לְבִלְתִּי שְׁמֹר מִצְוֹתָיו וּמִשְׁפָּטָיו וְחֻקֹּתָיו אֲשֶׁר אָנֹכִי מְצַוְּךָ הַיּוֹם

ה:ח:יב פֶּן־תֹּאכַ֖ל וְשָׂבָ֑עְתָּ וּבָתִּ֥ים טוֹבִ֛ים תִּבְנֶ֖ה וְיָשָֽׁבְתָּ ה:ח:יג וּבְקָרְךָ֤
וְצֹֽאנְךָ֙ יִרְבְּיֻ֔ן וְכֶ֥סֶף וְזָהָ֖ב יִרְבֶּה־לָּ֑ךְ וְכֹ֥ל אֲשֶׁר־לְךָ֖ יִרְבֶּֽה ה:ח:יד וְרָ֖ם
לְבָבֶ֑ךָ וְשָֽׁכַחְתָּ֙ אֶת־יְהוָ֣ה אֱלֹהֶ֔יךָ הַמּוֹצִיאֲךָ֛ מֵאֶ֥רֶץ מִצְרַ֖יִם מִבֵּ֥ית
עֲבָדִֽים ה:ח:טו הַמּוֹלִ֨יכְךָ֜ בַּמִּדְבָּ֣ר ׀ הַגָּדֹ֣ל וְהַנּוֹרָ֗א נָחָ֤שׁ ׀ שָׂרָף֙
וְעַקְרָ֔ב וְצִמָּא֖וֹן אֲשֶׁ֣ר אֵֽין־מָ֑יִם הַמּוֹצִ֤יא לְךָ֙ מַ֔יִם מִצּ֖וּר הַֽחַלָּמִֽישׁ
ה:ח:טז הַמַּֽאֲכִ֨לְךָ֥ מָן֙ בַּמִּדְבָּ֔ר אֲשֶׁ֥ר לֹא־יָדְע֖וּן אֲבֹתֶ֑יךָ לְמַ֣עַן עַנֹּֽתְךָ֗
וּלְמַ֙עַן֙ נַסֹּתֶ֔ךָ לְהֵיטִֽבְךָ֖ בְּאַחֲרִיתֶֽךָ ה:ח:יז וְאָמַרְתָּ֖ בִּלְבָבֶ֑ךָ כֹּחִי֙
וְעֹ֣צֶם יָדִ֔י עָ֥שָׂה לִ֖י אֶת־הַחַ֥יִל הַזֶּֽה ה:ח:יח וְזָֽכַרְתָּ֙ אֶת־יְהוָ֣ה אֱלֹהֶ֔יךָ
כִּ֣י ה֗וּא הַנֹּתֵ֥ן לְךָ֛ כֹּ֖חַ לַעֲשׂ֣וֹת חָ֑יִל לְמַ֨עַן הָקִ֧ים אֶת־בְּרִית֛וֹ
אֲשֶׁר־נִשְׁבַּ֥ע לַאֲבֹתֶ֖יךָ כַּיּ֥וֹם הַזֶּֽה ה:ח:יט וְהָיָ֗ה אִם־שָׁכֹ֤חַ תִּשְׁכַּח֙
אֶת־יְהוָ֣ה אֱלֹהֶ֔יךָ וְהָֽלַכְתָּ֗ אַחֲרֵי֙ אֱלֹהִ֣ים אֲחֵרִ֔ים וַעֲבַדְתָּ֖ם
וְהִשְׁתַּחֲוִ֣יתָ לָהֶ֑ם הַעִדֹ֤תִי בָכֶם֙ הַיּ֔וֹם כִּ֥י אָבֹ֖ד תֹּאבֵדֽוּן ה:ח:כ כַּגּוֹיִ֗ם
אֲשֶׁ֤ר יְהוָה֙ מַאֲבִ֣יד מִפְּנֵיכֶ֔ם כֵּ֖ן תֹּאבֵד֑וּן עֵ֚קֶב לֹ֣א תִשְׁמְע֔וּן בְּק֖וֹל
יְהוָ֥ה אֱלֹהֵיכֶֽם ה:ט:א שְׁמַ֣ע יִשְׂרָאֵ֗ל אַתָּ֨ה עֹבֵ֤ר הַיּוֹם֙ אֶת־הַיַּרְדֵּ֔ן
לָבֹא֙ לָרֶ֣שֶׁת גּוֹיִ֔ם גְּדֹלִ֥ים וַעֲצֻמִ֖ים מִמֶּ֑ךָּ עָרִ֛ים גְּדֹלֹ֥ת וּבְצֻרֹ֖ת
בַּשָּׁמָֽיִם ה:ט:ב עַם־גָּד֥וֹל וָרָ֖ם בְּנֵ֣י עֲנָקִ֑ים אֲשֶׁ֨ר אַתָּ֤ה יָדַ֙עְתָּ֙ וְאַתָּ֣ה
שָׁמַ֔עְתָּ מִ֣י יִתְיַצֵּ֔ב לִפְנֵ֖י בְּנֵ֥י עֲנָֽק ה:ט:ג וְיָדַעְתָּ֣ הַיּ֗וֹם כִּי֩ יְהוָ֨ה אֱלֹהֶ֜יךָ
הֽוּא־הָעֹבֵ֤ר לְפָנֶ֙יךָ֙ אֵ֣שׁ אֹֽכְלָ֔ה ה֧וּא יַשְׁמִידֵ֛ם וְה֥וּא יַכְנִיעֵ֖ם לְפָנֶ֑יךָ
וְהוֹרַשְׁתָּ֤ם וְהַֽאֲבַדְתָּם֙ מַהֵ֔ר כַּאֲשֶׁ֛ר דִּבֶּ֥ר יְהוָ֖ה לָֽךְ ה:ט:ד אַל־תֹּאמַ֣ר
בִּלְבָבְךָ֗ בַּהֲדֹ֣ף יְהוָה֩ אֱלֹהֶ֨יךָ אֹתָ֥ם ׀ מִלְּפָנֶ֘יךָ֮ לֵאמֹר֒ בְּצִדְקָתִי֙
הֱבִיאַ֣נִי יְהוָ֔ה לָרֶ֖שֶׁת אֶת־הָאָ֣רֶץ הַזֹּ֑את וּבְרִשְׁעַת֙ הַגּוֹיִ֣ם הָאֵ֔לֶּה
יְהוָ֖ה מוֹרִישָׁ֥ם מִפָּנֶֽיךָ ה:ט:ה לֹ֣א בְצִדְקָתְךָ֗ וּבְיֹ֙שֶׁר֙ לְבָ֣בְךָ֔ אַתָּ֥ה בָ֖א
לָרֶ֣שֶׁת אֶת־אַרְצָ֑ם כִּ֞י בְּרִשְׁעַ֣ת ׀ הַגּוֹיִ֣ם הָאֵ֗לֶּה יְהוָ֤ה אֱלֹהֶ֙יךָ֙
מוֹרִישָׁ֣ם מִפָּנֶ֔יךָ וּלְמַ֜עַן הָקִ֣ים אֶת־הַדָּבָ֗ר אֲשֶׁ֨ר נִשְׁבַּ֤ע יְהוָה֙
לַאֲבֹתֶ֔יךָ לְאַבְרָהָ֥ם לְיִצְחָ֖ק וּֽלְיַעֲקֹֽב ה:ט:ו וְיָדַעְתָּ֗ כִּ֠י לֹ֤א בְצִדְקָתְךָ֙
יְהוָ֣ה אֱ֠לֹהֶיךָ נֹתֵ֨ן לְךָ֜ אֶת־הָאָ֧רֶץ הַטּוֹבָ֛ה הַזֹּ֖את לְרִשְׁתָּ֑הּ כִּ֥י
עַם־קְשֵׁה־עֹ֖רֶף אָֽתָּה ה:ט:ז זְכֹר֙ אַל־תִּשְׁכַּ֔ח אֵ֧ת אֲשֶׁר־הִקְצַ֛פְתָּ
אֶת־יְהוָ֥ה אֱלֹהֶ֖יךָ בַּמִּדְבָּ֑ר לְמִן־הַיּ֞וֹם אֲשֶׁר־יָצָ֣אתָ ׀ מֵאֶ֣רֶץ מִצְרַ֗יִם

עַד־בֹּֽאֲכֶם֙ עַד־הַמָּק֣וֹם הַזֶּ֔ה מַמְרִ֥ים הֱיִיתֶ֖ם עִם־יְהוָֽה
ה:ט:ח וּבְחֹרֵ֥ב הִקְצַפְתֶּ֖ם אֶת־יְהוָ֑ה וַיִּתְאַנַּ֧ף יְהוָ֛ה בָּכֶ֖ם לְהַשְׁמִ֥יד
אֶתְכֶֽם ה:ט:ט בַּעֲלֹתִ֣י הָהָ֗רָה לָקַ֙חַת֙ לוּחֹ֣ת הָאֲבָנִ֔ים לוּחֹ֖ת הַבְּרִ֔ית
אֲשֶׁר־כָּרַ֥ת יְהוָ֖ה עִמָּכֶ֑ם וָאֵשֵׁ֣ב בָּהָ֗ר אַרְבָּעִ֥ים יוֹם֙ וְאַרְבָּעִ֣ים לַ֔יְלָה
לֶ֚חֶם לֹ֣א אָכַ֔לְתִּי וּמַ֖יִם לֹ֥א שָׁתִֽיתִי ה:ט:י וַיִּתֵּ֨ן יְהוָ֜ה אֵלַ֗י אֶת־שְׁנֵי֙
לוּחֹ֣ת הָאֲבָנִ֔ים כְּתֻבִ֖ים בְּאֶצְבַּ֣ע אֱלֹהִ֑ים וַעֲלֵיהֶ֗ם כְּֽכָל־הַדְּבָרִ֡ים
אֲשֶׁר֩ דִּבֶּ֨ר יְהוָ֧ה עִמָּכֶ֛ם בָּהָ֖ר מִתּ֣וֹךְ הָאֵ֑שׁ בְּי֖וֹם הַקָּהָֽל ה:ט:יא וַיְהִ֗י
מִקֵּץ֙ אַרְבָּעִ֣ים י֔וֹם וְאַרְבָּעִ֖ים לָ֑יְלָה נָתַ֨ן יְהוָ֜ה אֵלַ֗י אֶת־שְׁנֵ֛י לֻחֹ֥ת
הָאֲבָנִ֖ים לֻח֥וֹת הַבְּרִֽית ה:ט:יב וַיֹּ֨אמֶר יְהוָ֜ה אֵלַ֗י ק֣וּם רֵ֤ד מַהֵר֙ מִזֶּ֔ה
כִּ֚י שִׁחֵ֣ת עַמְּךָ֔ אֲשֶׁ֥ר הוֹצֵ֖אתָ מִמִּצְרָ֑יִם סָ֣רוּ מַהֵ֗ר מִן־הַדֶּ֙רֶךְ֙ אֲשֶׁ֣ר
צִוִּיתִ֔ם עָשׂ֥וּ לָהֶ֖ם מַסֵּכָֽה ה:ט:יג וַיֹּ֥אמֶר יְהוָ֖ה אֵלַ֣י לֵאמֹ֑ר רָאִ֙יתִי֙
אֶת־הָעָ֣ם הַזֶּ֔ה וְהִנֵּ֥ה עַם־קְשֵׁה־עֹ֖רֶף הֽוּא ה:ט:יד הֶ֤רֶף מִמֶּ֙נִּי֙
וְאַשְׁמִידֵ֔ם וְאֶמְחֶ֣ה אֶת־שְׁמָ֔ם מִתַּ֖חַת הַשָּׁמָ֑יִם וְאֶֽעֱשֶׂה֙ אוֹתְךָ֔
לְגוֹי־עָצ֥וּם וָרָ֖ב מִמֶּֽנּוּ ה:ט:טו וָאֵ֗פֶן וָֽאֵרֵד֙ מִן־הָהָ֔ר וְהָהָ֖ר בֹּעֵ֣ר בָּאֵ֑שׁ
וּשְׁנֵי֙ לֻחֹ֣ת הַבְּרִ֔ית עַ֖ל שְׁתֵּ֥י יָדָֽי ה:ט:טז וָאֵ֗רֶא וְהִנֵּ֤ה חֲטָאתֶם֙ לַיהוָ֣ה
אֱלֹהֵיכֶ֔ם עֲשִׂיתֶ֣ם לָכֶ֔ם עֵ֖גֶל מַסֵּכָ֑ה סַרְתֶּ֣ם מַהֵ֔ר מִן־הַדֶּ֕רֶךְ
אֲשֶׁר־צִוָּ֥ה יְהוָ֖ה אֶתְכֶֽם ה:ט:יז וָאֶתְפֹּשׂ֙ בִּשְׁנֵ֣י הַלֻּחֹ֔ת וָֽאַשְׁלִכֵ֔ם מֵעַ֖ל
שְׁתֵּ֣י יָדָ֑י וָאֲשַׁבְּרֵ֖ם לְעֵינֵיכֶֽם ה:ט:יח וָֽאֶתְנַפַּל֩ לִפְנֵ֨י יְהוָ֜ה כָּרִאשֹׁנָ֗ה
אַרְבָּעִ֥ים יוֹם֙ וְאַרְבָּעִ֣ים לַ֔יְלָה לֶ֚חֶם לֹ֣א אָכַ֔לְתִּי וּמַ֖יִם לֹ֣א שָׁתִ֑יתִי
עַ֤ל כָּל־חַטַּאתְכֶם֙ אֲשֶׁ֣ר חֲטָאתֶ֔ם לַעֲשׂ֥וֹת הָרַ֛ע בְּעֵינֵ֥י יְהוָ֖ה
לְהַכְעִיסֽוֹ ה:ט:יט כִּ֣י יָגֹ֗רְתִּי מִפְּנֵ֤י הָאַף֙ וְהַ֣חֵמָ֔ה אֲשֶׁ֨ר קָצַ֧ף יְהוָ֛ה
עֲלֵיכֶ֖ם לְהַשְׁמִ֣יד אֶתְכֶ֑ם וַיִּשְׁמַ֤ע יְהוָה֙ אֵלַ֔י גַּ֖ם בַּפַּ֥עַם הַהִֽוא
ה:ט:כ וּֽבְאַהֲרֹ֗ן הִתְאַנַּ֧ף יְהוָ֛ה מְאֹ֖ד לְהַשְׁמִיד֑וֹ וָֽאֶתְפַּלֵּ֛ל גַּם־בְּעַ֥ד
אַהֲרֹ֖ן בָּעֵ֥ת הַהִֽוא ה:ט:כא וְֽאֶת־חַטַּאתְכֶ֞ם אֲשֶׁר־עֲשִׂיתֶ֣ם
אֶת־הָעֵ֗גֶל לָקַ֘חְתִּי֮ וָאֶשְׂרֹ֣ף אֹת֣וֹ ׀ בָּאֵשׁ֒ וָאֶכֹּ֨ת אֹת֜וֹ טָח֣וֹן֙ הֵיטֵ֔ב
עַ֥ד אֲשֶׁר־דַּ֖ק לְעָפָ֑ר וָֽאַשְׁלִךְ֙ אֶת־עֲפָר֔וֹ אֶל־הַנַּ֖חַל הַיֹּרֵ֥ד מִן־הָהָֽר
ה:ט:כב וּבְתַבְעֵרָה֙ וּבְמַסָּ֔ה וּבְקִבְרֹ֖ת הַֽתַּאֲוָ֑ה מַקְצִפִ֥ים הֱיִיתֶ֖ם
אֶת־יְהוָֽה ה:ט:כג וּבִשְׁלֹ֨חַ יְהוָ֜ה אֶתְכֶ֗ם מִקָּדֵ֤שׁ בַּרְנֵ֙עַ֙ לֵאמֹ֔ר עֲל֕וּ

וּרְשׁ֣וּ אֶת־הָאָ֔רֶץ אֲשֶׁ֖ר נָתַ֣תִּי לָכֶ֑ם וַתַּמְר֗וּ אֶת־פִּ֤י יְהוָה֙ אֱלֹ֣הֵיכֶ֔ם
וְלֹ֤א הֶֽאֱמַנְתֶּם֙ ל֔וֹ וְלֹ֥א שְׁמַעְתֶּ֖ם בְּקֹלֽוֹ ה:ט:כד מַמְרִ֥ים הֱיִיתֶ֖ם
עִם־יְהוָ֑ה מִיּ֖וֹם דַּעְתִּ֥י אֶתְכֶֽם ה:ט:כה וָאֶתְנַפַּ֞ל לִפְנֵ֣י יְהוָ֗ה אֵ֣ת
אַרְבָּעִ֥ים הַיּ֛וֹם וְאֶת־אַרְבָּעִ֥ים הַלַּ֖יְלָה אֲשֶׁ֣ר הִתְנַפָּ֑לְתִּי כִּֽי־אָמַ֥ר
יְהוָ֖ה לְהַשְׁמִ֥יד אֶתְכֶֽם ה:ט:כו וָאֶתְפַּלֵּ֣ל אֶל־יְהוָה֮ וָאֹמַר֒ אֲדֹנָ֣י יְהוִ֗ה
אַל־תַּשְׁחֵ֤ת עַמְּךָ֙ וְנַחֲלָ֣תְךָ֔ אֲשֶׁ֥ר פָּדִ֖יתָ בְּגָדְלֶ֑ךָ אֲשֶׁר־הוֹצֵ֥אתָ
מִמִּצְרַ֖יִם בְּיָ֥ד חֲזָקָֽה ה:ט:כז זְכֹר֙ לַעֲבָדֶ֔יךָ לְאַבְרָהָ֥ם לְיִצְחָ֖ק
וּֽלְיַעֲקֹ֑ב אַל־תֵּ֗פֶן אֶל־קְשִׁי֙ הָעָ֣ם הַזֶּ֔ה וְאֶל־רִשְׁע֖וֹ וְאֶל־חַטָּאתֽוֹ
ה:ט:כח פֶּן־יֹאמְר֗וּ הָאָרֶץ֮ אֲשֶׁ֣ר הוֹצֵאתָ֣נוּ מִשָּׁם֒ מִבְּלִי֙ יְכֹ֣לֶת יְהוָ֔ה
לַהֲבִיאָ֕ם אֶל־הָאָ֖רֶץ אֲשֶׁר־דִּבֶּ֣ר לָהֶ֑ם וּמִשִּׂנְאָת֣וֹ אוֹתָ֔ם הוֹצִיאָ֖ם
לַהֲמִתָ֥ם בַּמִּדְבָּֽר ה:ט:כט וְהֵ֥ם עַמְּךָ֖ וְנַחֲלָתֶ֑ךָ אֲשֶׁ֤ר הוֹצֵ֙אתָ֙ בְּכֹחֲךָ֣
הַגָּדֹ֔ל וּבִזְרֹעֲךָ֖ הַנְּטוּיָֽה ה:י:א בָּעֵ֨ת הַהִ֜וא אָמַ֧ר יְהוָ֣ה אֵלַ֗י פְּסָל־לְךָ֞
שְׁנֵֽי־לוּחֹ֤ת אֲבָנִים֙ כָּרִ֣אשֹׁנִ֔ים וַעֲלֵ֥ה אֵלַ֖י הָהָ֑רָה וְעָשִׂ֥יתָ לְּךָ֖ אֲר֥וֹן
עֵֽץ ה:י:ב וְאֶכְתֹּב֙ עַל־הַלֻּחֹ֔ת אֶ֨ת־הַדְּבָרִ֔ים אֲשֶׁ֥ר הָי֛וּ עַל־הַלֻּחֹ֥ת
הָרִאשֹׁנִ֖ים אֲשֶׁ֣ר שִׁבַּ֑רְתָּ וְשַׂמְתָּ֖ם בָּאָרֽוֹן ה:י:ג וָאַ֤עַשׂ אֲרוֹן֙ עֲצֵ֣י
שִׁטִּ֔ים וָאֶפְסֹ֛ל שְׁנֵֽי־לֻחֹ֥ת אֲבָנִ֖ים כָּרִאשֹׁנִ֑ים וָאַ֣עַל הָהָ֔רָה וּשְׁנֵ֥י
הַלֻּחֹ֖ת בְּיָדִֽי ה:י:ד וַיִּכְתֹּ֨ב עַל־הַלֻּחֹ֜ת כַּמִּכְתָּ֣ב הָרִאשׁ֗וֹן אֵ֚ת עֲשֶׂ֣רֶת
הַדְּבָרִ֔ים אֲשֶׁ֣ר דִּבֶּר֩ יְהוָ֨ה אֲלֵיכֶ֥ם בָּהָ֛ר מִתּ֥וֹךְ הָאֵ֖שׁ בְּי֣וֹם הַקָּהָ֑ל
וַיִּתְּנֵ֥ם יְהוָ֖ה אֵלָֽי ה:י:ה וָאֵ֗פֶן וָֽאֵרֵד֙ מִן־הָהָ֔ר וָֽאָשִׂם֙ אֶת־הַלֻּחֹ֔ת
בָּאָר֖וֹן אֲשֶׁ֣ר עָשִׂ֑יתִי וַיִּ֣הְיוּ שָׁ֔ם כַּאֲשֶׁ֥ר צִוַּ֖נִי יְהוָֽה ה:י:ו וּבְנֵ֣י יִשְׂרָאֵ֗ל
נָֽסְע֛וּ מִבְּאֵרֹ֥ת בְּנֵי־יַעֲקָ֖ן מוֹסֵרָ֑ה שָׁ֣ם מֵ֤ת אַהֲרֹן֙ וַיִּקָּבֵ֣ר שָׁ֔ם וַיְכַהֵ֛ן
אֶלְעָזָ֥ר בְּנ֖וֹ תַּחְתָּֽיו ה:י:ז מִשָּׁ֥ם נָסְע֖וּ הַגֻּדְגֹּ֑דָה וּמִן־הַגֻּדְגֹּ֣דָה
יָטְבָ֔תָה אֶ֖רֶץ נַ֥חֲלֵי מָֽיִם ה:י:ח בָּעֵ֣ת הַהִ֗וא הִבְדִּ֤יל יְהוָה֙ אֶת־שֵׁ֣בֶט
הַלֵּוִ֔י לָשֵׂ֖את אֶת־אֲר֣וֹן בְּרִית־יְהוָ֑ה לַעֲמֹד֩ לִפְנֵ֨י יְהוָ֤ה לְשָֽׁרְתוֹ֙
וּלְבָרֵ֣ךְ בִּשְׁמ֔וֹ עַ֖ד הַיּ֥וֹם הַזֶּֽה ה:י:ט עַל־כֵּ֞ן לֹא־הָיָ֧ה לְלֵוִ֛י חֵ֥לֶק
וְנַחֲלָ֖ה עִם־אֶחָ֑יו יְהוָה֙ ה֣וּא נַחֲלָת֔וֹ כַּאֲשֶׁ֥ר דִּבֶּ֛ר יְהוָ֥ה אֱלֹהֶ֖יךָ לֽוֹ
ה:י:י וְאָנֹכִ֞י עָמַ֣דְתִּי בָהָ֗ר כַּיָּמִים֙ הָרִ֣אשֹׁנִ֔ים אַרְבָּעִ֣ים י֔וֹם וְאַרְבָּעִ֖ים
לָ֑יְלָה וַיִּשְׁמַ֨ע יְהוָ֜ה אֵלַ֗י גַּ֚ם בַּפַּ֣עַם הַהִ֔וא לֹא־אָבָ֥ה יְהוָ֖ה הַשְׁחִיתֶֽךָ

ה:י:יא וַיֹּאמֶר יְהוָה אֵלַי קוּם לֵךְ לְמַסַּע לִפְנֵי הָעָם וְיָבֹאוּ וְיִירְשׁוּ
אֶת־הָאָרֶץ אֲשֶׁר־נִשְׁבַּעְתִּי לַאֲבֹתָם לָתֵת לָהֶם ה:י:יב וְעַתָּה יִשְׂרָאֵל
מָה יְהוָה אֱלֹהֶיךָ שֹׁאֵל מֵעִמָּךְ כִּי אִם־לְיִרְאָה אֶת־יְהוָה אֱלֹהֶיךָ
לָלֶכֶת בְּכָל־דְּרָכָיו וּלְאַהֲבָה אֹתוֹ וְלַעֲבֹד אֶת־יְהוָה אֱלֹהֶיךָ
בְּכָל־לְבָבְךָ וּבְכָל־נַפְשֶׁךָ ה:י:יג לִשְׁמֹר אֶת־מִצְוֺת יְהוָה וְאֶת־חֻקֹּתָיו
אֲשֶׁר אָנֹכִי מְצַוְּךָ הַיּוֹם לְטוֹב לָךְ ה:י:יד הֵן לַיהוָה אֱלֹהֶיךָ הַשָּׁמַיִם
וּשְׁמֵי הַשָּׁמָיִם הָאָרֶץ וְכָל־אֲשֶׁר־בָּהּ ה:י:יה רַק בַּאֲבֹתֶיךָ חָשַׁק יְהוָה
לְאַהֲבָה אוֹתָם וַיִּבְחַר בְּזַרְעָם אַחֲרֵיהֶם בָּכֶם מִכָּל־הָעַמִּים כַּיּוֹם
הַזֶּה ה:י:יו וּמַלְתֶּם אֵת עָרְלַת לְבַבְכֶם וְעָרְפְּכֶם לֹא תַקְשׁוּ עוֹד
ה:י:יז כִּי יְהוָה אֱלֹהֵיכֶם הוּא אֱלֹהֵי הָאֱלֹהִים וַאֲדֹנֵי הָאֲדֹנִים הָאֵל
הַגָּדֹל הַגִּבֹּר וְהַנּוֹרָא אֲשֶׁר לֹא־יִשָּׂא פָנִים וְלֹא יִקַּח שֹׁחַד
ה:י:יח עֹשֶׂה מִשְׁפַּט יָתוֹם וְאַלְמָנָה וְאֹהֵב גֵּר לָתֶת לוֹ לֶחֶם וְשִׂמְלָה
ה:י:יט וַאֲהַבְתֶּם אֶת־הַגֵּר כִּי־גֵרִים הֱיִיתֶם בְּאֶרֶץ מִצְרָיִם
ה:י:כ אֶת־יְהוָה אֱלֹהֶיךָ תִּירָא אֹתוֹ תַעֲבֹד וּבוֹ תִדְבָּק וּבִשְׁמוֹ תִּשָּׁבֵעַ
ה:י:כא הוּא תְהִלָּתְךָ וְהוּא אֱלֹהֶיךָ אֲשֶׁר־עָשָׂה אִתְּךָ אֶת־הַגְּדֹלֹת
וְאֶת־הַנּוֹרָאֹת הָאֵלֶּה אֲשֶׁר רָאוּ עֵינֶיךָ ה:י:כב בְּשִׁבְעִים נֶפֶשׁ יָרְדוּ
אֲבֹתֶיךָ מִצְרָיְמָה וְעַתָּה שָׂמְךָ יְהוָה אֱלֹהֶיךָ כְּכוֹכְבֵי הַשָּׁמַיִם לָרֹב
ה:יא:א וְאָהַבְתָּ אֵת יְהוָה אֱלֹהֶיךָ וְשָׁמַרְתָּ מִשְׁמַרְתּוֹ וְחֻקֹּתָיו
וּמִשְׁפָּטָיו וּמִצְוֺתָיו כָּל־הַיָּמִים ה:יא:ב וִידַעְתֶּם הַיּוֹם כִּי | לֹא
אֶת־בְּנֵיכֶם אֲשֶׁר לֹא־יָדְעוּ וַאֲשֶׁר לֹא־רָאוּ אֶת־מוּסַר יְהוָה
אֱלֹהֵיכֶם אֶת־גָּדְלוֹ אֶת־יָדוֹ הַחֲזָקָה וּזְרֹעוֹ הַנְּטוּיָה
ה:יא:ג וְאֶת־אֹתֹתָיו וְאֶת־מַעֲשָׂיו אֲשֶׁר עָשָׂה בְּתוֹךְ מִצְרָיִם לְפַרְעֹה
מֶלֶךְ־מִצְרַיִם וּלְכָל־אַרְצוֹ ה:יא:ד וַאֲשֶׁר עָשָׂה לְחֵיל מִצְרַיִם לְסוּסָיו
וּלְרִכְבּוֹ אֲשֶׁר הֵצִיף אֶת־מֵי יַם־סוּף עַל־פְּנֵיהֶם בְּרָדְפָם אַחֲרֵיכֶם
וַיְאַבְּדֵם יְהוָה עַד הַיּוֹם הַזֶּה ה:יא:ה וַאֲשֶׁר עָשָׂה לָכֶם בַּמִּדְבָּר
עַד־בֹּאֲכֶם עַד־הַמָּקוֹם הַזֶּה ה:יא:ו וַאֲשֶׁר עָשָׂה לְדָתָן וְלַאֲבִירָם בְּנֵי
אֱלִיאָב בֶּן־רְאוּבֵן אֲשֶׁר פָּצְתָה הָאָרֶץ אֶת־פִּיהָ וַתִּבְלָעֵם
וְאֶת־בָּתֵּיהֶם וְאֶת־אָהֳלֵיהֶם וְאֵת כָּל־הַיְקוּם אֲשֶׁר בְּרַגְלֵיהֶם

בְּקֶרֶב כָּל־יִשְׂרָאֵל ה:יא:ז כִּי עֵינֵיכֶם הָרֹאֹת אֶת־כָּל־מַעֲשֵׂה יְהוָה
הַגָּדֹל אֲשֶׁר עָשָׂה ה:יא:ח וּשְׁמַרְתֶּם אֶת־כָּל־הַמִּצְוָה אֲשֶׁר אָנֹכִי
מְצַוְּךָ הַיּוֹם לְמַעַן תֶּחֶזְקוּ וּבָאתֶם וִירִשְׁתֶּם אֶת־הָאָרֶץ אֲשֶׁר אַתֶּם
עֹבְרִים שָׁמָּה לְרִשְׁתָּהּ ה:יא:ט וּלְמַעַן תַּאֲרִיכוּ יָמִים עַל־הָאֲדָמָה
אֲשֶׁר נִשְׁבַּע יְהוָה לַאֲבֹתֵיכֶם לָתֵת לָהֶם וּלְזַרְעָם אֶרֶץ זָבַת חָלָב
וּדְבָשׁ ה:יא:י כִּי הָאָרֶץ אֲשֶׁר אַתָּה בָא־שָׁמָּה לְרִשְׁתָּהּ לֹא כְאֶרֶץ
מִצְרַיִם הִוא אֲשֶׁר יְצָאתֶם מִשָּׁם אֲשֶׁר תִּזְרַע אֶת־זַרְעֲךָ וְהִשְׁקִיתָ
בְרַגְלְךָ כְּגַן הַיָּרָק ה:יא:יא וְהָאָרֶץ אֲשֶׁר אַתֶּם עֹבְרִים שָׁמָּה לְרִשְׁתָּהּ
אֶרֶץ הָרִים וּבְקָעֹת לִמְטַר הַשָּׁמַיִם תִּשְׁתֶּה־מָּיִם ה:יא:יב אֶרֶץ
אֲשֶׁר־יְהוָה אֱלֹהֶיךָ דֹּרֵשׁ אֹתָהּ תָּמִיד עֵינֵי יְהוָה אֱלֹהֶיךָ בָּהּ
מֵרֵשִׁית הַשָּׁנָה וְעַד אַחֲרִית שָׁנָה ה:יא:יג וְהָיָה אִם־שָׁמֹעַ תִּשְׁמְעוּ
אֶל־מִצְוֺתַי אֲשֶׁר אָנֹכִי מְצַוֶּה אֶתְכֶם הַיּוֹם לְאַהֲבָה אֶת־יְהוָה
אֱלֹהֵיכֶם וּלְעָבְדוֹ בְּכָל־לְבַבְכֶם וּבְכָל־נַפְשְׁכֶם ה:יא:יד וְנָתַתִּי
מְטַר־אַרְצְכֶם בְּעִתּוֹ יוֹרֶה וּמַלְקוֹשׁ וְאָסַפְתָּ דְגָנֶךָ וְתִירֹשְׁךָ וְיִצְהָרֶךָ
ה:יא:טו וְנָתַתִּי עֵשֶׂב בְּשָׂדְךָ לִבְהֶמְתֶּךָ וְאָכַלְתָּ וְשָׂבָעְתָּ ה:יא:טז הִשָּׁמְרוּ
לָכֶם פֶּן יִפְתֶּה לְבַבְכֶם וְסַרְתֶּם וַעֲבַדְתֶּם אֱלֹהִים אֲחֵרִים
וְהִשְׁתַּחֲוִיתֶם לָהֶם ה:יא:יז וְחָרָה אַף־יְהוָה בָּכֶם וְעָצַר אֶת־הַשָּׁמַיִם
וְלֹא־יִהְיֶה מָטָר וְהָאֲדָמָה לֹא תִתֵּן אֶת־יְבוּלָהּ וַאֲבַדְתֶּם מְהֵרָה
מֵעַל הָאָרֶץ הַטֹּבָה אֲשֶׁר יְהוָה נֹתֵן לָכֶם ה:יא:יח וְשַׂמְתֶּם אֶת־דְּבָרַי
אֵלֶּה עַל־לְבַבְכֶם וְעַל־נַפְשְׁכֶם וּקְשַׁרְתֶּם אֹתָם לְאוֹת עַל־יֶדְכֶם
וְהָיוּ לְטוֹטָפֹת בֵּין עֵינֵיכֶם ה:יא:יט וְלִמַּדְתֶּם אֹתָם אֶת־בְּנֵיכֶם לְדַבֵּר
בָּם בְּשִׁבְתְּךָ בְּבֵיתֶךָ וּבְלֶכְתְּךָ בַדֶּרֶךְ וּבְשָׁכְבְּךָ וּבְקוּמֶךָ
ה:יא:כ וּכְתַבְתָּם עַל־מְזוּזוֹת בֵּיתֶךָ וּבִשְׁעָרֶיךָ ה:יא:כא לְמַעַן יִרְבּוּ
יְמֵיכֶם וִימֵי בְנֵיכֶם עַל הָאֲדָמָה אֲשֶׁר נִשְׁבַּע יְהוָה לַאֲבֹתֵיכֶם לָתֵת
לָהֶם כִּימֵי הַשָּׁמַיִם עַל־הָאָרֶץ ה:יא:כב כִּי אִם־שָׁמֹר תִּשְׁמְרוּן
אֶת־כָּל־הַמִּצְוָה הַזֹּאת אֲשֶׁר אָנֹכִי מְצַוֶּה אֶתְכֶם לַעֲשֹׂתָהּ
לְאַהֲבָה אֶת־יְהוָה אֱלֹהֵיכֶם לָלֶכֶת בְּכָל־דְּרָכָיו וּלְדָבְקָה־בוֹ
ה:יא:כג וְהוֹרִישׁ יְהוָה אֶת־כָּל־הַגּוֹיִם הָאֵלֶּה מִלִּפְנֵיכֶם וִירִשְׁתֶּם גּוֹיִם

גְּדֹלִים וַעֲצֻמִים מִכֶּם ה׳יא:כד כָּל־הַמָּקוֹם אֲשֶׁר תִּדְרֹךְ כַּף־רַגְלְכֶם
בּוֹ לָכֶם יִהְיֶה מִן־הַמִּדְבָּר וְהַלְּבָנוֹן מִן־הַנָּהָר נְהַר־פְּרָת וְעַד הַיָּם
הָאַחֲרוֹן יִהְיֶה גְּבֻלְכֶם ה׳יא:כה לֹא־יִתְיַצֵּב אִישׁ בִּפְנֵיכֶם פַּחְדְּכֶם
וּמוֹרַאֲכֶם יִתֵּן | יְהוָה אֱלֹהֵיכֶם עַל־פְּנֵי כָל־הָאָרֶץ אֲשֶׁר
תִּדְרְכוּ־בָהּ כַּאֲשֶׁר דִּבֶּר לָכֶם ה׳יא:כו רְאֵה אָנֹכִי נֹתֵן לִפְנֵיכֶם הַיּוֹם
בְּרָכָה וּקְלָלָה ה׳יא:כז אֶת־הַבְּרָכָה אֲשֶׁר תִּשְׁמְעוּ אֶל־מִצְוֹת יְהוָה
אֱלֹהֵיכֶם אֲשֶׁר אָנֹכִי מְצַוֶּה אֶתְכֶם הַיּוֹם ה׳יא:כח וְהַקְּלָלָה אִם־לֹא
תִשְׁמְעוּ אֶל־מִצְוֹת יְהוָה אֱלֹהֵיכֶם וְסַרְתֶּם מִן־הַדֶּרֶךְ אֲשֶׁר אָנֹכִי
מְצַוֶּה אֶתְכֶם הַיּוֹם לָלֶכֶת אַחֲרֵי אֱלֹהִים אֲחֵרִים אֲשֶׁר לֹא־יְדַעְתֶּם
ה׳יא:כט וְהָיָה כִּי יְבִיאֲךָ יְהוָה אֱלֹהֶיךָ אֶל־הָאָרֶץ אֲשֶׁר־אַתָּה
בָא־שָׁמָּה לְרִשְׁתָּהּ וְנָתַתָּה אֶת־הַבְּרָכָה עַל־הַר גְּרִזִים
וְאֶת־הַקְּלָלָה עַל־הַר עֵיבָל ה׳יא:ל הֲלֹא־הֵמָּה בְּעֵבֶר הַיַּרְדֵּן אַחֲרֵי
דֶּרֶךְ מְבוֹא הַשֶּׁמֶשׁ בְּאֶרֶץ הַכְּנַעֲנִי הַיֹּשֵׁב בָּעֲרָבָה מוּל הַגִּלְגָּל
אֵצֶל אֵלוֹנֵי מֹרֶה ה׳יא:לא כִּי אַתֶּם עֹבְרִים אֶת־הַיַּרְדֵּן לָבֹא לָרֶשֶׁת
אֶת־הָאָרֶץ אֲשֶׁר־יְהוָה אֱלֹהֵיכֶם נֹתֵן לָכֶם וִירִשְׁתֶּם אֹתָהּ
וִישַׁבְתֶּם־בָּהּ ה׳יא:לב וּשְׁמַרְתֶּם לַעֲשׂוֹת אֵת כָּל־הַחֻקִּים
וְאֶת־הַמִּשְׁפָּטִים אֲשֶׁר אָנֹכִי נֹתֵן לִפְנֵיכֶם הַיּוֹם ה׳יב:א אֵלֶּה
הַחֻקִּים וְהַמִּשְׁפָּטִים אֲשֶׁר תִּשְׁמְרוּן לַעֲשׂוֹת בָּאָרֶץ אֲשֶׁר נָתַן
יְהוָה אֱלֹהֵי אֲבֹתֶיךָ לְךָ לְרִשְׁתָּהּ כָּל־הַיָּמִים אֲשֶׁר־אַתֶּם חַיִּים
עַל־הָאֲדָמָה ה׳יב:ב אַבֵּד תְּאַבְּדוּן אֶת־כָּל־הַמְּקֹמוֹת אֲשֶׁר
עָבְדוּ־שָׁם הַגּוֹיִם אֲשֶׁר אַתֶּם יֹרְשִׁים אֹתָם אֶת־אֱלֹהֵיהֶם
עַל־הֶהָרִים הָרָמִים וְעַל־הַגְּבָעוֹת וְתַחַת כָּל־עֵץ רַעֲנָן
ה׳יב:ג וְנִתַּצְתֶּם אֶת־מִזְבְּחֹתָם וְשִׁבַּרְתֶּם אֶת־מַצֵּבֹתָם וַאֲשֵׁרֵיהֶם
תִּשְׂרְפוּן בָּאֵשׁ וּפְסִילֵי אֱלֹהֵיהֶם תְּגַדֵּעוּן וְאִבַּדְתֶּם אֶת־שְׁמָם
מִן־הַמָּקוֹם הַהוּא ה׳יב:ד לֹא־תַעֲשׂוּן כֵּן לַיהוָה אֱלֹהֵיכֶם ה׳יב:ה כִּי
אִם־אֶל־הַמָּקוֹם אֲשֶׁר־יִבְחַר יְהוָה אֱלֹהֵיכֶם מִכָּל־שִׁבְטֵיכֶם לָשׂוּם
אֶת־שְׁמוֹ שָׁם לְשִׁכְנוֹ תִדְרְשׁוּ וּבָאתָ שָׁמָּה ה׳יב:ו וַהֲבֵאתֶם שָׁמָּה
עֹלֹתֵיכֶם וְזִבְחֵיכֶם וְאֵת מַעְשְׂרֹתֵיכֶם וְאֵת תְּרוּמַת יֶדְכֶם וְנִדְרֵיכֶם

וְנִדְבֹ֣תֵיכֶ֔ם וּבְכֹרֹ֥ת בְּקַרְכֶ֖ם וְצֹאנְכֶֽם ה:יב:ז וַאֲכַלְתֶּם־שָׁ֗ם לִפְנֵי֙
יְהוָ֣ה אֱלֹהֵיכֶ֔ם וּשְׂמַחְתֶּ֗ם בְּכֹל֙ מִשְׁלַ֣ח יֶדְכֶ֔ם אַתֶּ֖ם וּבָתֵּיכֶ֑ם אֲשֶׁ֥ר
בֵּֽרַכְךָ֖ יְהוָ֥ה אֱלֹהֶֽיךָ ה:יב:ח לֹ֣א תַעֲשׂ֔וּן כְּכֹ֗ל אֲשֶׁ֨ר אֲנַ֧חְנוּ עֹשִׂ֛ים פֹּ֖ה
הַיּ֑וֹם אִ֖ישׁ כָּל־הַיָּשָׁ֥ר בְּעֵינָֽיו ה:יב:ט כִּ֥י לֹא־בָאתֶ֖ם עַד־עָ֑תָּה
אֶל־הַמְּנוּחָה֙ וְאֶל־הַֽנַּחֲלָ֔ה אֲשֶׁר־יְהוָ֥ה אֱלֹהֶ֖יךָ נֹתֵ֥ן לָֽךְ
ה:יב:י וַעֲבַרְתֶּם֮ אֶת־הַיַּרְדֵּן֒ וִישַׁבְתֶּ֣ם בָּאָ֔רֶץ אֲשֶׁר־יְהוָ֥ה אֱלֹהֵיכֶ֖ם
מַנְחִ֣יל אֶתְכֶ֑ם וְהֵנִ֨יחַ לָכֶ֧ם מִכָּל־אֹיְבֵיכֶ֛ם מִסָּבִ֖יב וִֽישַׁבְתֶּם־בֶּֽטַח
ה:יב:יא וְהָיָ֣ה הַמָּק֗וֹם אֲשֶׁר־יִבְחַר֩ יְהוָ֨ה אֱלֹהֵיכֶ֥ם בּוֹ֙ לְשַׁכֵּ֣ן שְׁמוֹ֙ שָׁ֔ם
שָׁ֥מָּה תָבִ֖יאוּ אֵ֛ת כָּל־אֲשֶׁ֥ר אָנֹכִ֖י מְצַוֶּ֣ה אֶתְכֶ֑ם עוֹלֹתֵיכֶ֣ם וְזִבְחֵיכֶ֗ם
מַעְשְׂרֹֽתֵיכֶם֙ וּתְרֻמַ֣ת יֶדְכֶ֔ם וְכֹל֙ מִבְחַ֣ר נִדְרֵיכֶ֔ם אֲשֶׁ֥ר תִּדְּר֖וּ לַיהוָֽה
ה:יב:יב וּשְׂמַחְתֶּ֗ם לִפְנֵי֮ יְהוָ֣ה אֱלֹהֵיכֶם֒ אַתֶּ֗ם וּבְנֵיכֶם֙ וּבְנֹ֣תֵיכֶ֔ם
וְעַבְדֵיכֶ֖ם וְאַמְהֹתֵיכֶ֑ם וְהַלֵּוִי֙ אֲשֶׁ֣ר בְּשַֽׁעֲרֵיכֶ֔ם כִּ֣י אֵ֥ין ל֛וֹ חֵ֥לֶק
וְנַחֲלָ֖ה אִתְּכֶֽם ה:יב:יג הִשָּׁ֣מֶר לְךָ֔ פֶּֽן־תַּעֲלֶ֖ה עֹלֹתֶ֑יךָ בְּכָל־מָק֖וֹם
אֲשֶׁ֥ר תִּרְאֶֽה ה:יב:יד כִּ֣י אִם־בַּמָּק֞וֹם אֲשֶׁר־יִבְחַ֤ר יְהוָה֙ בְּאַחַ֣ד
שְׁבָטֶ֔יךָ שָׁ֖ם תַּעֲלֶ֣ה עֹלֹתֶ֑יךָ וְשָׁ֣ם תַּעֲשֶׂ֔ה כֹּ֛ל אֲשֶׁ֥ר אָנֹכִ֖י מְצַוֶּֽךָּ
ה:יב:טו רַק֩ בְּכָל־אַוַּ֨ת נַפְשְׁךָ֜ תִּזְבַּ֣ח ׀ וְאָכַלְתָּ֣ בָשָׂ֗ר כְּבִרְכַּ֨ת יְהוָ֧ה
אֱלֹהֶ֛יךָ אֲשֶׁ֥ר נָתַן־לְךָ֖ בְּכָל־שְׁעָרֶ֑יךָ הַטָּמֵ֤א וְהַטָּהוֹר֙ יֹאכְלֶ֔נּוּ כַּצְּבִ֖י
וְכָאַיָּֽל ה:יב:טז רַ֥ק הַדָּ֖ם לֹ֣א תֹאכֵ֑לוּ עַל־הָאָ֥רֶץ תִּשְׁפְּכֶ֖נּוּ כַּמָּֽיִם
ה:יב:יז לֹא־תוּכַ֞ל לֶאֱכֹ֣ל בִּשְׁעָרֶ֗יךָ מַעְשַׂ֤ר דְּגָֽנְךָ֙ וְתִירֹשְׁךָ֣ וְיִצְהָרֶ֔ךָ
וּבְכֹרֹ֥ת בְּקָרְךָ֖ וְצֹאנֶ֑ךָ וְכָל־נְדָרֶ֙יךָ֙ אֲשֶׁ֣ר תִּדֹּ֔ר וְנִדְבֹתֶ֖יךָ וּתְרוּמַ֥ת
יָדֶֽךָ ה:יב:יח כִּ֣י אִם־לִפְנֵי֩ יְהוָ֨ה אֱלֹהֶ֜יךָ תֹּאכְלֶ֗נּוּ בַּמָּקוֹם֙ אֲשֶׁ֨ר יִבְחַ֜ר
יְהוָ֣ה אֱלֹהֶיךָ֮ בּוֹ֒ אַתָּ֨ה וּבִנְךָ֤ וּבִתֶּ֙ךָ֙ וְעַבְדְּךָ֣ וַאֲמָתֶ֔ךָ וְהַלֵּוִ֖י אֲשֶׁ֣ר
בִּשְׁעָרֶ֑יךָ וְשָׂמַחְתָּ֗ לִפְנֵי֙ יְהוָ֣ה אֱלֹהֶ֔יךָ בְּכֹ֖ל מִשְׁלַ֥ח יָדֶֽךָ
ה:יב:יט הִשָּׁ֣מֶר לְךָ֔ פֶּֽן־תַּעֲזֹ֖ב אֶת־הַלֵּוִ֑י כָּל־יָמֶ֖יךָ עַל־אַדְמָתֶֽךָ
ה:יב:כ כִּֽי־יַרְחִיב֩ יְהוָ֨ה אֱלֹהֶ֥יךָ אֶֽת־גְּבוּלְךָ֮ כַּאֲשֶׁ֣ר דִּבֶּר־לָךְ֒ וְאָמַרְתָּ֙
אֹכְלָ֣ה בָשָׂ֔ר כִּֽי־תְאַוֶּ֥ה נַפְשְׁךָ֖ לֶאֱכֹ֣ל בָּשָׂ֑ר בְּכָל־אַוַּ֥ת נַפְשְׁךָ֖ תֹּאכַ֥ל
בָּשָֽׂר ה:יב:כא כִּֽי־יִרְחַ֨ק מִמְּךָ֜ הַמָּק֗וֹם אֲשֶׁ֨ר יִבְחַ֜ר יְהוָ֣ה אֱלֹהֶיךָ֮
לָשׂ֣וּם שְׁמ֣וֹ שָׁם֒ וְזָבַחְתָּ֞ מִבְּקָרְךָ֣ וּמִצֹּאנְךָ֗ אֲשֶׁ֨ר נָתַ֤ן יְהוָה֙ לְךָ֔

כַּאֲשֶׁ֣ר צִוִּיתִ֑ךָ וְאָֽכַלְתָּ֙ בִּשְׁעָרֶ֔יךָ בְּכֹ֖ל אַוַּ֥ת נַפְשֶֽׁךָ ה:יב:כב אַ֗ךְ כַּאֲשֶׁ֨ר
יֵאָכֵ֤ל אֶֽת־הַצְּבִי֙ וְאֶת־הָ֣אַיָּ֔ל כֵּ֖ן תֹּאכְלֶ֑נּוּ הַטָּמֵא֙ וְהַטָּה֔וֹר יַחְדָּ֖ו
יֹאכְלֶֽנּוּ ה:יב:כג רַ֣ק חֲזַ֗ק לְבִלְתִּי֙ אֲכֹ֣ל הַדָּ֔ם כִּ֥י הַדָּ֖ם ה֣וּא הַנָּ֑פֶשׁ
וְלֹא־תֹאכַ֥ל הַנֶּ֖פֶשׁ עִם־הַבָּשָֽׂר ה:יב:כד לֹ֖א תֹּאכְלֶ֑נּוּ עַל־הָאָ֥רֶץ
תִּשְׁפְּכֶ֖נּוּ כַּמָּֽיִם ה:יב:כה לֹ֖א תֹּאכְלֶ֑נּוּ לְמַ֨עַן יִיטַ֤ב לְךָ֙ וּלְבָנֶ֣יךָ אַחֲרֶ֔יךָ
כִּֽי־תַעֲשֶׂ֥ה הַיָּשָׁ֖ר בְּעֵינֵ֥י יְהוָֽה ה:יב:כו רַ֧ק קָֽדָשֶׁ֛יךָ אֲשֶׁר־יִהְי֥וּ לְךָ֖
וּנְדָרֶ֑יךָ תִּשָּׂ֣א וּבָ֔אתָ אֶל־הַמָּק֖וֹם אֲשֶׁר־יִבְחַ֥ר יְהוָֽה ה:יב:כז וְעָשִׂ֤יתָ
עֹלֹתֶ֙יךָ֙ הַבָּשָׂ֣ר וְהַדָּ֔ם עַל־מִזְבַּ֖ח יְהוָ֣ה אֱלֹהֶ֑יךָ וְדַם־זְבָחֶ֗יךָ יִשָּׁפֵךְ֙
עַל־מִזְבַּח֙ יְהוָ֣ה אֱלֹהֶ֔יךָ וְהַבָּשָׂ֖ר תֹּאכֵֽל ה:יב:כח שְׁמֹ֣ר וְשָׁמַעְתָּ֗ אֵ֚ת
כָּל־הַדְּבָרִ֣ים הָאֵ֔לֶּה אֲשֶׁ֥ר אָנֹכִ֖י מְצַוֶּ֑ךָּ לְמַעַן֩ יִיטַ֨ב לְךָ֜ וּלְבָנֶ֤יךָ
אַחֲרֶ֙יךָ֙ עַד־עוֹלָ֔ם כִּ֤י תַעֲשֶׂה֙ הַטּ֣וֹב וְהַיָּשָׁ֔ר בְּעֵינֵ֖י יְהוָ֥ה אֱלֹהֶֽיךָ
ה:יב:כט כִּֽי־יַכְרִית֩ יְהוָ֨ה אֱלֹהֶ֜יךָ אֶת־הַגּוֹיִ֗ם אֲשֶׁ֨ר אַתָּ֥ה בָא־שָׁ֛מָּה
לָרֶ֥שֶׁת אוֹתָ֖ם מִפָּנֶ֑יךָ וְיָרַשְׁתָּ֣ אֹתָ֔ם וְיָשַׁבְתָּ֖ בְּאַרְצָֽם ה:יב:ל הִשָּׁ֣מֶר
לְךָ֗ פֶּן־תִּנָּקֵשׁ֙ אַחֲרֵיהֶ֔ם אַחֲרֵ֖י הִשָּֽׁמְדָ֣ם מִפָּנֶ֑יךָ וּפֶן־תִּדְרֹ֨שׁ
לֵאלֹהֵיהֶ֜ם לֵאמֹ֗ר אֵיכָ֨ה יַעַבְד֜וּ הַגּוֹיִ֤ם הָאֵ֙לֶּה֙ אֶת־אֱלֹ֣הֵיהֶ֔ם
וְאֶֽעֱשֶׂה־כֵּ֖ן גַּם־אָֽנִי ה:יב:לא לֹא־תַעֲשֶׂ֣ה כֵ֔ן לַיהוָ֖ה אֱלֹהֶ֑יךָ כִּ֡י
כָל־תּוֹעֲבַ֨ת יְהוָ֜ה אֲשֶׁ֣ר שָׂנֵ֗א עָשׂוּ֙ לֵאלֹ֣הֵיהֶ֔ם כִּ֣י גַ֤ם אֶת־בְּנֵיהֶם֙
וְאֶת־בְּנֹ֣תֵיהֶ֔ם יִשְׂרְפ֥וּ בָאֵ֖שׁ לֵאלֹהֵיהֶֽם ה:יג:א אֵ֣ת כָּל־הַדָּבָ֗ר אֲשֶׁ֤ר
אָנֹכִי֙ מְצַוֶּ֣ה אֶתְכֶ֔ם אֹת֥וֹ תִשְׁמְר֖וּ לַעֲשׂ֑וֹת לֹא־תֹסֵ֣ף עָלָ֔יו וְלֹ֥א
תִגְרַ֖ע מִמֶּֽנּוּ ה:יג:ב כִּֽי־יָק֤וּם בְּקִרְבְּךָ֙ נָבִ֔יא א֖וֹ חֹלֵ֣ם חֲל֑וֹם וְנָתַ֥ן
אֵלֶ֛יךָ א֖וֹת א֥וֹ מוֹפֵֽת ה:יג:ג וּבָ֤א הָאוֹת֙ וְהַמּוֹפֵ֔ת אֲשֶׁר־דִּבֶּ֥ר אֵלֶ֖יךָ
לֵאמֹ֑ר נֵֽלְכָ֞ה אַחֲרֵ֨י אֱלֹהִ֧ים אֲחֵרִ֛ים אֲשֶׁ֥ר לֹא־יְדַעְתָּ֖ם וְנָֽעָבְדֵֽם
ה:יג:ד לֹ֣א תִשְׁמַ֗ע אֶל־דִּבְרֵי֙ הַנָּבִ֣יא הַה֔וּא א֛וֹ אֶל־חוֹלֵ֥ם הַחֲל֖וֹם
הַה֑וּא כִּ֣י מְנַסֶּ֞ה יְהוָ֤ה אֱלֹֽהֵיכֶם֙ אֶתְכֶ֔ם לָדַ֗עַת הֲיִשְׁכֶ֣ם אֹהֲבִים֙
אֶת־יְהוָ֣ה אֱלֹהֵיכֶ֔ם בְּכָל־לְבַבְכֶ֖ם וּבְכָל־נַפְשְׁכֶֽם ה:יג:ה אַחֲרֵ֨י יְהוָ֧ה
אֱלֹהֵיכֶ֛ם תֵּלֵ֖כוּ וְאֹת֣וֹ תִירָ֑אוּ וְאֶת־מִצְוֺתָ֤יו תִּשְׁמֹ֙רוּ֙ וּבְקֹל֣וֹ תִשְׁמָ֔עוּ
וְאֹת֥וֹ תַעֲבֹ֖דוּ וּב֥וֹ תִדְבָּקֽוּן ה:יג:ו וְהַנָּבִ֣יא הַה֡וּא א֣וֹ חֹלֵם֩ הַחֲל֨וֹם
הַה֜וּא יוּמָ֗ת כִּ֣י דִבֶּר־סָ֠רָה עַל־יְהוָ֨ה אֱלֹהֵיכֶ֜ם הַמּוֹצִ֥יא אֶתְכֶ֣ם ׀

מֵאֶ֣רֶץ מִצְרַ֗יִם וְהַפֹּֽדְךָ֙ מִבֵּ֣ית עֲבָדִ֔ים לְהַדִּֽיחֲךָ֙ מִן־הַדֶּ֔רֶךְ אֲשֶׁ֧ר צִוְּךָ֛
יְהוָ֥ה אֱלֹהֶ֖יךָ לָלֶ֣כֶת בָּ֑הּ וּבִֽעַרְתָּ֥ הָרָ֖ע מִקִּרְבֶּֽךָ׃ ה:יג:ז כִּ֣י יְסִֽיתְךָ֡
אָחִ֣יךָ בֶן־אִ֠מֶּךָ אֽוֹ־בִנְךָ֨ אֽוֹ־בִתְּךָ֜ א֣וֹ ׀ אֵ֣שֶׁת חֵיקֶ֗ךָ א֧וֹ רֵֽעֲךָ֛ אֲשֶׁ֥ר
כְּנַפְשְׁךָ֖ בַּסֵּ֣תֶר לֵאמֹ֑ר נֵֽלְכָ֗ה וְנַֽעַבְדָה֙ אֱלֹהִ֣ים אֲחֵרִ֔ים אֲשֶׁר֙ לֹ֣א
יָדַ֔עְתָּ אַתָּ֖ה וַאֲבֹתֶֽיךָ׃ ה:יג:ח מֵֽאֱלֹהֵ֣י הָֽעַמִּ֗ים אֲשֶׁר֙ סְבִיבֹ֣תֵיכֶ֔ם
הַקְּרֹבִ֣ים אֵלֶ֔יךָ א֖וֹ הָרְחֹקִ֣ים מִמֶּ֑ךָּ מִקְצֵ֥ה הָאָ֖רֶץ וְעַד־קְצֵ֥ה הָאָֽרֶץ׃
ה:יג:ט לֹא־תֹאבֶ֣ה ל֔וֹ וְלֹ֥א תִשְׁמַ֖ע אֵלָ֑יו וְלֹא־תָח֤וֹס עֵֽינְךָ֙ עָלָ֔יו
וְלֹֽא־תַחְמֹ֥ל וְלֹֽא־תְכַסֶּ֖ה עָלָֽיו׃ ה:יג:י כִּ֤י הָרֹג֙ תַּֽהַרְגֶ֔נּוּ יָֽדְךָ֛ תִּֽהְיֶה־בּ֥וֹ
בָרִֽאשׁוֹנָ֖ה לַהֲמִית֑וֹ וְיַ֥ד כָּל־הָעָ֖ם בָּאַחֲרֹנָֽה׃ ה:יג:יא וּסְקַלְתּ֥וֹ בָאֲבָנִ֖ים
וָמֵ֑ת כִּ֣י בִקֵּ֗שׁ לְהַדִּֽיחֲךָ֙ מֵעַל֙ יְהוָ֣ה אֱלֹהֶ֔יךָ הַמּוֹצִיאֲךָ֛ מֵאֶ֥רֶץ
מִצְרַ֖יִם מִבֵּ֥ית עֲבָדִֽים׃ ה:יג:יב וְכָ֨ל־יִשְׂרָאֵ֔ל יִשְׁמְע֖וּ וְיִֽרָא֑וּן וְלֹֽא־יוֹסִ֣פוּ
לַעֲשׂ֗וֹת כַּדָּבָ֥ר הָרָ֛ע הַזֶּ֖ה בְּקִרְבֶּֽךָ׃ ה:יג:יג כִּֽי־תִשְׁמַ֞ע בְּאַחַ֣ת עָרֶ֗יךָ
אֲשֶׁר֩ יְהוָ֨ה אֱלֹהֶ֜יךָ נֹתֵ֥ן לְךָ֛ לָשֶׁ֥בֶת שָׁ֖ם לֵאמֹֽר׃ ה:יג:יד יָֽצְא֞וּ אֲנָשִׁ֤ים
בְּנֵֽי־בְלִיַּ֙עַל֙ מִקִּרְבֶּ֔ךָ וַיַּדִּ֛יחוּ אֶת־יֹשְׁבֵ֥י עִירָ֖ם לֵאמֹ֑ר נֵֽלְכָ֗ה וְנַֽעַבְדָ֛ה
אֱלֹהִ֥ים אֲחֵרִ֖ים אֲשֶׁ֥ר לֹא־יְדַעְתֶּֽם׃ ה:יג:טו וְדָרַשְׁתָּ֧ וְחָקַרְתָּ֛ וְשָׁאַלְתָּ֖
הֵיטֵ֑ב וְהִנֵּ֤ה אֱמֶת֙ נָכ֣וֹן הַדָּבָ֔ר נֶֽעֶשְׂתָ֛ה הַתּוֹעֵבָ֥ה הַזֹּ֖את בְּקִרְבֶּֽךָ׃
ה:יג:טז הַכֵּ֣ה תַכֶּ֗ה אֶת־יֹֽשְׁבֵ֛י הָעִ֥יר הַהִ֖וא [הַהִ֖יא] לְפִי־חָ֑רֶב הַחֲרֵ֨ם
אֹתָ֧הּ וְאֶת־כָּל־אֲשֶׁר־בָּ֛הּ וְאֶת־בְּהֶמְתָּ֖הּ לְפִי־חָֽרֶב׃
ה:יג:יז וְאֶת־כָּל־שְׁלָלָ֗הּ תִּקְבֹּץ֮ אֶל־תּ֣וֹךְ רְחֹבָהּ֒ וְשָׂרַפְתָּ֣ בָאֵ֡שׁ
אֶת־הָעִ֨יר וְאֶת־כָּל־שְׁלָלָ֜הּ כָּלִ֗יל לַיהוָ֣ה אֱלֹהֶ֔יךָ וְהָיְתָה֙ תֵּ֣ל עוֹלָ֔ם
לֹ֥א תִבָּנֶ֖ה עֽוֹד׃ ה:יג:יח וְלֹֽא־יִדְבַּ֧ק בְּיָדְךָ֛ מְא֖וּמָה מִן־הַחֵ֑רֶם לְמַעַן֩
יָשׁ֨וּב יְהוָ֜ה מֵחֲר֣וֹן אַפּ֗וֹ וְנָֽתַן־לְךָ֤ רַחֲמִים֙ וְרִֽחַמְךָ֣ וְהִרְבֶּ֔ךָ כַּאֲשֶׁ֥ר
נִשְׁבַּ֖ע לַאֲבֹתֶֽיךָ׃ ה:יג:יט כִּ֣י תִשְׁמַ֗ע בְּקוֹל֙ יְהוָ֣ה אֱלֹהֶ֔יךָ לִשְׁמֹר֙
אֶת־כָּל־מִצְוֹתָ֔יו אֲשֶׁ֛ר אָנֹכִ֥י מְצַוְּךָ֖ הַיּ֑וֹם לַעֲשׂוֹת֙ הַיָּשָׁ֔ר בְּעֵינֵ֖י יְהוָ֥ה
אֱלֹהֶֽיךָ׃ ה:יד:א בָּנִ֣ים אַתֶּ֔ם לַיהוָ֖ה אֱלֹהֵיכֶ֑ם לֹ֣א תִתְגֹּֽדְד֗וּ וְלֹֽא־תָשִׂ֧ימוּ
קָרְחָ֛ה בֵּ֥ין עֵינֵיכֶ֖ם לָמֵֽת׃ ה:יד:ב כִּ֣י עַ֤ם קָדוֹשׁ֙ אַתָּ֔ה לַיהוָ֖ה אֱלֹהֶ֑יךָ
וּבְךָ֞ בָּחַ֣ר יְהוָ֗ה לִֽהְי֥וֹת לוֹ֙ לְעַ֣ם סְגֻלָּ֔ה מִכֹּל֙ הָֽעַמִּ֔ים אֲשֶׁ֖ר עַל־פְּנֵ֥י
הָאֲדָמָֽה׃ ה:יד:ג לֹ֥א תֹאכַ֖ל כָּל־תּוֹעֵבָֽה׃ ה:יד:ד זֹ֥את הַבְּהֵמָ֖ה אֲשֶׁ֣ר

תֹּאכֵלוּ שׁוֹר שֵׂה כְשָׂבִים וְשֵׂה עִזִּים ה׳יד:ה אַיָּל וּצְבִי וְיַחְמוּר וְאַקּוֹ
וְדִישֹׁן וּתְאוֹ וָזָמֶר ה׳יד:ו וְכָל־בְּהֵמָה מַפְרֶסֶת פַּרְסָה וְשֹׁסַעַת שֶׁסַע
שְׁתֵּי פְרָסוֹת מַעֲלַת גֵּרָה בַּבְּהֵמָה אֹתָהּ תֹּאכֵלוּ ה׳יד:ז אַךְ אֶת־זֶה
לֹא תֹאכְלוּ מִמַּעֲלֵי הַגֵּרָה וּמִמַּפְרִיסֵי הַפַּרְסָה הַשְּׁסוּעָה
אֶת־הַגָּמָל וְאֶת־הָאַרְנֶבֶת וְאֶת־הַשָּׁפָן כִּי־מַעֲלֵה גֵרָה הֵמָּה
וּפַרְסָה לֹא הִפְרִיסוּ טְמֵאִים הֵם לָכֶם ה׳יד:ח וְאֶת־הַחֲזִיר
כִּי־מַפְרִיס פַּרְסָה הוּא וְלֹא גֵרָה טָמֵא הוּא לָכֶם מִבְּשָׂרָם לֹא
תֹאכֵלוּ וּבְנִבְלָתָם לֹא תִגָּעוּ ה׳יד:ט אֶת־זֶה תֹּאכְלוּ מִכֹּל אֲשֶׁר
בַּמָּיִם כֹּל אֲשֶׁר־לוֹ סְנַפִּיר וְקַשְׂקֶשֶׂת תֹּאכֵלוּ ה׳יד:י וְכֹל אֲשֶׁר אֵין־לוֹ
סְנַפִּיר וְקַשְׂקֶשֶׂת לֹא תֹאכֵלוּ טָמֵא הוּא לָכֶם ה׳יד:יא כָּל־צִפּוֹר
טְהֹרָה תֹּאכֵלוּ ה׳יד:יב וְזֶה אֲשֶׁר לֹא־תֹאכְלוּ מֵהֶם הַנֶּשֶׁר וְהַפֶּרֶס
וְהָעָזְנִיָּה ה׳יד:יג וְהָרָאָה וְאֶת־הָאַיָּה וְהַדַּיָּה לְמִינָהּ ה׳יד:יד וְאֵת
כָּל־עֹרֵב לְמִינוֹ ה׳יד:טו וְאֵת בַּת הַיַּעֲנָה וְאֶת־הַתַּחְמָס וְאֶת־הַשָּׁחַף
וְאֶת־הַנֵּץ לְמִינֵהוּ ה׳יד:טז אֶת־הַכּוֹס וְאֶת־הַיַּנְשׁוּף וְהַתִּנְשָׁמֶת
ה׳יד:יז וְהַקָּאָת וְאֶת־הָרָחָמָה וְאֶת־הַשָּׁלָךְ ה׳יד:יח וְהַחֲסִידָה
וְהָאֲנָפָה לְמִינָהּ וְהַדּוּכִיפַת וְהָעֲטַלֵּף ה׳יד:יט וְכֹל שֶׁרֶץ הָעוֹף טָמֵא
הוּא לָכֶם לֹא יֵאָכֵלוּ ה׳יד:כ כָּל־עוֹף טָהוֹר תֹּאכֵלוּ ה׳יד:כא לֹא
תֹאכְלוּ כָל־נְבֵלָה לַגֵּר אֲשֶׁר־בִּשְׁעָרֶיךָ תִּתְּנֶנָּה וַאֲכָלָהּ אוֹ מָכֹר
לְנָכְרִי כִּי עַם קָדוֹשׁ אַתָּה לַיהוָה אֱלֹהֶיךָ לֹא־תְבַשֵּׁל גְּדִי בַּחֲלֵב
אִמּוֹ ה׳יד:כב עַשֵּׂר תְּעַשֵּׂר אֵת כָּל־תְּבוּאַת זַרְעֶךָ הַיֹּצֵא הַשָּׂדֶה שָׁנָה
שָׁנָה ה׳יד:כג וְאָכַלְתָּ לִפְנֵי | יְהוָה אֱלֹהֶיךָ בַּמָּקוֹם אֲשֶׁר־יִבְחַר
לְשַׁכֵּן שְׁמוֹ שָׁם מַעְשַׂר דְּגָנְךָ תִּירֹשְׁךָ וְיִצְהָרֶךָ וּבְכֹרֹת בְּקָרְךָ
וְצֹאנֶךָ לְמַעַן תִּלְמַד לְיִרְאָה אֶת־יְהוָה אֱלֹהֶיךָ כָּל־הַיָּמִים
ה׳יד:כד וְכִי־יִרְבֶּה מִמְּךָ הַדֶּרֶךְ כִּי לֹא תוּכַל שְׂאֵתוֹ כִּי־יִרְחַק מִמְּךָ
הַמָּקוֹם אֲשֶׁר יִבְחַר יְהוָה אֱלֹהֶיךָ לָשׂוּם שְׁמוֹ שָׁם כִּי יְבָרֶכְךָ יְהוָה
אֱלֹהֶיךָ ה׳יד:כה וְנָתַתָּה בַּכָּסֶף וְצַרְתָּ הַכֶּסֶף בְּיָדְךָ וְהָלַכְתָּ
אֶל־הַמָּקוֹם אֲשֶׁר יִבְחַר יְהוָה אֱלֹהֶיךָ בּוֹ ה׳יד:כו וְנָתַתָּה הַכֶּסֶף
בְּכֹל אֲשֶׁר־תְּאַוֶּה נַפְשְׁךָ בַּבָּקָר וּבַצֹּאן וּבַיַּיִן וּבַשֵּׁכָר וּבְכֹל אֲשֶׁר

תִּשְׁאָלְךָ֖ נַפְשֶׁ֑ךָ וְאָכַ֣לְתָּ שָּׁ֗ם לִפְנֵי֙ יְהוָ֣ה אֱלֹהֶ֔יךָ וְשָׂמַחְתָּ֖ אַתָּ֥ה
וּבֵיתֶֽךָ׃ ה:יד:כז וְהַלֵּוִ֥י אֲשֶׁר־בִּשְׁעָרֶ֖יךָ לֹ֣א תַעַזְבֶ֑נּוּ כִּ֣י אֵ֥ין ל֛וֹ חֵ֥לֶק
וְנַחֲלָ֖ה עִמָּֽךְ׃ ה:יד:כח מִקְצֵ֣ה ׀ שָׁלֹ֣שׁ שָׁנִ֗ים תּוֹצִיא֙ אֶת־כׇּל־מַעְשַׂר֙
תְּבוּאָ֣תְךָ֔ בַּשָּׁנָ֖ה הַהִ֑וא וְהִנַּחְתָּ֖ בִּשְׁעָרֶֽיךָ׃ ה:יד:כט וּבָ֣א הַלֵּוִ֡י כִּ֣י
אֵֽין־ל֜וֹ חֵ֣לֶק וְנַחֲלָ֗ה עִמָּךְ֒ וְהַגֵּ֨ר וְהַיָּת֤וֹם וְהָֽאַלְמָנָה֙ אֲשֶׁ֣ר בִּשְׁעָרֶ֔יךָ
וְאָכְל֖וּ וְשָׂבֵ֑עוּ לְמַ֤עַן יְבָרֶכְךָ֙ יְהוָ֣ה אֱלֹהֶ֔יךָ בְּכׇל־מַעֲשֵׂ֥ה יָדְךָ֖ אֲשֶׁ֥ר
תַּעֲשֶֽׂה׃ ה:טו:א מִקֵּ֥ץ שֶֽׁבַע־שָׁנִ֖ים תַּעֲשֶׂ֥ה שְׁמִטָּֽה׃ ה:טו:ב וְזֶה֮ דְּבַ֣ר
הַשְּׁמִטָּה֒ שָׁמ֗וֹט כׇּל־בַּ֙עַל֙ מַשֵּׁ֣ה יָד֔וֹ אֲשֶׁ֥ר יַשֶּׁ֖ה בְּרֵעֵ֑הוּ לֹֽא־יִגֹּ֤שׂ
אֶת־רֵעֵ֙הוּ֙ וְאֶת־אָחִ֔יו כִּֽי־קָרָ֥א שְׁמִטָּ֖ה לַיהוָֽה׃ ה:טו:ג אֶת־הַנׇּכְרִ֖י
תִּגֹּ֑שׂ וַאֲשֶׁ֨ר יִהְיֶ֥ה לְךָ֛ אֶת־אָחִ֖יךָ תַּשְׁמֵ֥ט יָדֶֽךָ׃ ה:טו:ד אֶ֕פֶס כִּ֛י לֹ֥א
יִֽהְיֶה־בְּךָ֖ אֶבְי֑וֹן כִּֽי־בָרֵ֤ךְ יְבָֽרֶכְךָ֙ יְהוָ֔ה בָּאָ֕רֶץ אֲשֶׁר֙ יְהוָ֣ה אֱלֹהֶ֔יךָ
נֹֽתֵן־לְךָ֥ נַחֲלָ֖ה לְרִשְׁתָּֽהּ׃ ה:טו:ה רַ֚ק אִם־שָׁמ֣וֹעַ תִּשְׁמַ֔ע בְּק֖וֹל יְהוָ֣ה
אֱלֹהֶ֑יךָ לִשְׁמֹ֤ר לַעֲשׂוֹת֙ אֶת־כׇּל־הַמִּצְוָ֣ה הַזֹּ֔את אֲשֶׁ֛ר אָנֹכִ֥י מְצַוְּךָ֖
הַיּֽוֹם׃ ה:טו:ו כִּֽי־יְהוָ֤ה אֱלֹהֶ֙יךָ֙ בֵּֽרַכְךָ֔ כַּאֲשֶׁ֖ר דִּבֶּר־לָ֑ךְ וְהַעֲבַטְתָּ֞ גּוֹיִ֣ם
רַבִּ֗ים וְאַתָּה֙ לֹ֣א תַעֲבֹ֔ט וּמָֽשַׁלְתָּ֙ בְּגוֹיִ֣ם רַבִּ֔ים וּבְךָ֖ לֹ֥א יִמְשֹֽׁלוּ׃
ה:טו:ז כִּֽי־יִהְיֶ֨ה בְךָ֜ אֶבְי֗וֹן מֵאַחַ֤ד אַחֶ֙יךָ֙ בְּאַחַ֣ד שְׁעָרֶ֔יךָ בְּאַ֨רְצְךָ֔
אֲשֶׁר־יְהוָ֥ה אֱלֹהֶ֖יךָ נֹתֵ֣ן לָ֑ךְ לֹ֧א תְאַמֵּ֣ץ אֶת־לְבָבְךָ֗ וְלֹ֤א תִקְפֹּץ֙
אֶת־יָ֣דְךָ֔ מֵאָחִ֖יךָ הָאֶבְיֽוֹן׃ ה:טו:ח כִּֽי־פָתֹ֧חַ תִּפְתַּ֛ח אֶת־יָדְךָ֖ ל֑וֹ
וְהַעֲבֵט֙ תַּעֲבִיטֶ֔נּוּ דֵּ֚י מַחְסֹר֔וֹ אֲשֶׁ֥ר יֶחְסַ֖ר לֽוֹ׃ ה:טו:ט הִשָּׁ֣מֶר לְ֠ךָ
פֶּן־יִהְיֶ֨ה דָבָ֜ר עִם־לְבָבְךָ֣ בְלִיַּ֗עַל לֵאמֹ֡ר קָֽרְבָ֣ה שְׁנַֽת־הַשֶּׁבַע֮ שְׁנַ֣ת
הַשְּׁמִטָּה֒ וְרָעָ֣ה עֵֽינְךָ֗ בְּאָחִ֙יךָ֙ הָֽאֶבְי֔וֹן וְלֹ֥א תִתֵּ֖ן ל֑וֹ וְקָרָ֤א עָלֶ֙יךָ֙
אֶל־יְהוָ֔ה וְהָיָ֥ה בְךָ֖ חֵֽטְא׃ ה:טו:י נָת֤וֹן תִּתֵּן֙ ל֔וֹ וְלֹא־יֵרַ֥ע לְבָבְךָ֖ בְּתִתְּךָ֣
ל֑וֹ כִּ֞י בִּגְלַ֣ל ׀ הַדָּבָ֣ר הַזֶּ֗ה יְבָרֶכְךָ֙ יְהוָ֣ה אֱלֹהֶ֔יךָ בְּכׇל־מַעֲשֶׂ֔ךָ וּבְכֹ֖ל
מִשְׁלַ֥ח יָדֶֽךָ׃ ה:טו:יא כִּ֛י לֹא־יֶחְדַּ֥ל אֶבְי֖וֹן מִקֶּ֣רֶב הָאָ֑רֶץ עַל־כֵּ֞ן אָנֹכִ֤י
מְצַוְּךָ֙ לֵאמֹ֔ר פָּ֠תֹחַ תִּפְתַּ֨ח אֶת־יָדְךָ֜ לְאָחִ֧יךָ לַעֲנִיֶּ֛ךָ וּֽלְאֶבְיֹנְךָ֖
בְּאַרְצֶֽךָ׃ ה:טו:יב כִּֽי־יִמָּכֵ֨ר לְךָ֜ אָחִ֣יךָ הָֽעִבְרִ֗י א֚וֹ הָֽעִבְרִיָּ֔ה וַעֲבָֽדְךָ֖ שֵׁ֣שׁ
שָׁנִ֑ים וּבַשָּׁנָה֙ הַשְּׁבִיעִ֔ת תְּשַׁלְּחֶ֥נּוּ חׇפְשִׁ֖י מֵעִמָּֽךְ׃
ה:טו:יג וְכִֽי־תְשַׁלְּחֶ֥נּוּ חׇפְשִׁ֖י מֵעִמָּ֑ךְ לֹ֥א תְשַׁלְּחֶ֖נּוּ רֵיקָֽם׃

ה:יה:יד הַעֲנֵ֤יק תַּעֲנִיק֙ ל֔וֹ מִצֹּ֣אנְךָ֔ וּמִֽגָּרְנְךָ֖ וּמִיִּקְבֶ֑ךָ אֲשֶׁ֧ר בֵּֽרַכְךָ֛
יְהוָ֥ה אֱלֹהֶ֖יךָ תִּתֶּן־לֽוֹ ה:יה:יה וְזָכַרְתָּ֗ כִּ֣י עֶ֤בֶד הָיִ֙יתָ֙ בְּאֶ֣רֶץ מִצְרַ֔יִם
וַֽיִּפְדְּךָ֖ יְהוָ֣ה אֱלֹהֶ֑יךָ עַל־כֵּ֞ן אָנֹכִ֧י מְצַוְּךָ֛ אֶת־הַדָּבָ֥ר הַזֶּ֖ה הַיּֽוֹם
ה:יה:יו וְהָיָה֙ כִּֽי־יֹאמַ֣ר אֵלֶ֔יךָ לֹ֥א אֵצֵ֖א מֵעִמָּ֑ךְ כִּ֤י אֲהֵֽבְךָ֙ וְאֶת־בֵּיתֶ֔ךָ
כִּי־ט֥וֹב ל֖וֹ עִמָּֽךְ ה:יה:יז וְלָקַחְתָּ֣ אֶת־הַמַּרְצֵ֗עַ וְנָתַתָּ֤ה בְאָזְנוֹ֙ וּבַדֶּ֔לֶת
וְהָיָ֥ה לְךָ֖ עֶ֣בֶד עוֹלָ֑ם וְאַ֥ף לַאֲמָתְךָ֖ תַּעֲשֶׂה־כֵּֽן ה:יה:יח לֹא־יִקְשֶׁ֣ה
בְעֵינֶ֗ךָ בְּשַׁלֵּֽחֲךָ֙ אֹת֤וֹ חָפְשִׁי֙ מֵעִמָּ֔ךְ כִּ֗י מִשְׁנֶה֙ שְׂכַ֣ר שָׂכִ֔יר עֲבָֽדְךָ֖
שֵׁ֣שׁ שָׁנִ֑ים וּבֵֽרַכְךָ֙ יְהוָ֣ה אֱלֹהֶ֔יךָ בְּכֹ֖ל אֲשֶׁ֥ר תַּעֲשֶֽׂה
ה:יה:יט כָּל־הַבְּכ֡וֹר אֲשֶׁ֣ר יִוָּלֵד֩ בִּבְקָרְךָ֨ וּבְצֹֽאנְךָ֜ הַזָּכָ֗ר תַּקְדִּ֖ישׁ
לַיהוָ֣ה אֱלֹהֶ֑יךָ לֹ֤א תַעֲבֹד֙ בִּבְכֹ֣ר שׁוֹרֶ֔ךָ וְלֹ֥א תָגֹ֖ז בְּכ֥וֹר צֹאנֶֽךָ
ה:יה:כ לִפְנֵי֩ יְהוָ֨ה אֱלֹהֶ֜יךָ תֹאכְלֶ֨נּוּ֙ שָׁנָ֣ה בְשָׁנָ֔ה בַּמָּק֖וֹם אֲשֶׁר־יִבְחַ֣ר
יְהוָ֑ה אַתָּ֖ה וּבֵיתֶֽךָ ה:יה:כא וְכִֽי־יִהְיֶ֨ה ב֜וֹ מ֗וּם פִּסֵּ֙חַ֙ א֣וֹ עִוֵּ֔ר כֹּ֖ל מ֣וּם
רָ֑ע לֹ֣א תִזְבָּחֶ֔נּוּ לַיהוָ֖ה אֱלֹהֶֽיךָ ה:יה:כב בִּשְׁעָרֶ֖יךָ תֹּאכֲלֶ֑נּוּ הַטָּמֵ֤א
וְהַטָּהוֹר֙ יַחְדָּ֔ו כַּצְּבִ֖י וְכָאַיָּֽל ה:יה:כג רַ֥ק אֶת־דָּמ֖וֹ לֹ֣א תֹאכֵ֑ל
עַל־הָאָ֥רֶץ תִּשְׁפְּכֶ֖נּוּ כַּמָּֽיִם ה:יו:א שָׁמוֹר֙ אֶת־חֹ֣דֶשׁ הָאָבִ֔יב וְעָשִׂ֣יתָ
פֶּ֔סַח לַיהוָ֖ה אֱלֹהֶ֑יךָ כִּ֞י בְּחֹ֣דֶשׁ הָֽאָבִ֗יב הוֹצִ֨יאֲךָ֜ יְהוָ֧ה אֱלֹהֶ֛יךָ
מִמִּצְרַ֖יִם לָֽיְלָה ה:יו:ב וְזָבַ֥חְתָּ פֶּ֛סַח לַיהוָ֥ה אֱלֹהֶ֖יךָ צֹ֣אן וּבָקָ֑ר
בַּמָּקוֹם֙ אֲשֶׁר־יִבְחַ֣ר יְהוָ֔ה לְשַׁכֵּ֥ן שְׁמ֖וֹ שָֽׁם ה:יו:ג לֹא־תֹאכַ֤ל עָלָיו֙
חָמֵ֔ץ שִׁבְעַ֥ת יָמִ֛ים תֹּֽאכַל־עָלָ֥יו מַצּ֖וֹת לֶ֣חֶם עֹ֑נִי כִּ֣י בְחִפָּז֗וֹן יָצָ֙אתָ֙
מֵאֶ֣רֶץ מִצְרַ֔יִם לְמַ֣עַן תִּזְכֹּר֔ אֶת־י֤וֹם צֵֽאתְךָ֙ מֵאֶ֣רֶץ מִצְרַ֔יִם כֹּ֖ל יְמֵ֥י
חַיֶּֽיךָ ה:יו:ד וְלֹא־יֵרָאֶ֨ה לְךָ֥ שְׂאֹ֛ר בְּכָל־גְּבֻלְךָ֖ שִׁבְעַ֣ת יָמִ֑ים וְלֹא־יָלִ֣ין
מִן־הַבָּשָׂ֗ר אֲשֶׁ֨ר תִּזְבַּ֥ח בָּעֶ֛רֶב בַּיּ֥וֹם הָרִאשׁ֖וֹן לַבֹּֽקֶר ה:יו:ה לֹ֥א תוּכַ֖ל
לִזְבֹּ֣חַ אֶת־הַפָּ֑סַח בְּאַחַ֣ד שְׁעָרֶ֔יךָ אֲשֶׁר־יְהוָ֥ה אֱלֹהֶ֖יךָ נֹתֵ֥ן לָֽךְ
ה:יו:ו כִּ֠י אִֽם־אֶל־הַמָּק֞וֹם אֲשֶׁר־יִבְחַ֨ר יְהוָ֤ה אֱלֹהֶ֙יךָ֙ לְשַׁכֵּ֣ן שְׁמ֔וֹ שָׁ֛ם
תִּזְבַּ֥ח אֶת־הַפֶּ֖סַח בָּעָ֑רֶב כְּב֣וֹא הַשֶּׁ֔מֶשׁ מוֹעֵ֖ד צֵֽאתְךָ֥ מִמִּצְרָֽיִם
ה:יו:ז וּבִשַּׁלְתָּ֙ וְאָ֣כַלְתָּ֔ בַּמָּק֕וֹם אֲשֶׁ֥ר יִבְחַ֛ר יְהוָ֥ה אֱלֹהֶ֖יךָ בּ֑וֹ וּפָנִ֣יתָ
בַבֹּ֔קֶר וְהָלַכְתָּ֖ לְאֹהָלֶֽיךָ ה:יו:ח שֵׁ֥שֶׁת יָמִ֖ים תֹּאכַ֣ל מַצּ֑וֹת וּבַיּ֣וֹם
הַשְּׁבִיעִ֗י עֲצֶ֙רֶת֙ לַיהוָ֣ה אֱלֹהֶ֔יךָ לֹ֥א תַעֲשֶׂ֖ה מְלָאכָֽה ה:יו:ט שִׁבְעָ֥ה

שָׁבֻעֹ֖ת תִּסְפָּר־לָ֑ךְ מֵהָחֵ֤ל חֶרְמֵשׁ֙ בַּקָּמָ֔ה תָּחֵ֣ל לִסְפֹּ֔ר שִׁבְעָ֖ה
שָׁבֻעֽוֹת ה:יו:י וְעָשִׂ֜יתָ חַ֤ג שָׁבֻעוֹת֙ לַיהוָ֣ה אֱלֹהֶ֔יךָ מִסַּ֛ת נִדְבַ֥ת יָדְךָ֖
אֲשֶׁ֣ר תִּתֵּ֑ן כַּאֲשֶׁ֥ר יְבָרֶכְךָ֖ יְהוָ֥ה אֱלֹהֶֽיךָ ה:יו:יא וְשָׂמַחְתָּ֞ לִפְנֵ֣י ׀ יְהוָ֣ה
אֱלֹהֶ֗יךָ אַתָּ֨ה וּבִנְךָ֣ וּבִתֶּךָ֮ וְעַבְדְּךָ֣ וַאֲמָתֶךָ֒ וְהַלֵּוִי֙ אֲשֶׁ֣ר בִּשְׁעָרֶ֔יךָ
וְהַגֵּ֛ר וְהַיָּת֥וֹם וְהָאַלְמָנָ֖ה אֲשֶׁ֣ר בְּקִרְבֶּ֑ךָ בַּמָּק֗וֹם אֲשֶׁ֤ר יִבְחַר֙ יְהוָ֣ה
אֱלֹהֶ֔יךָ לְשַׁכֵּ֥ן שְׁמ֖וֹ שָֽׁם ה:יו:יב וְזָ֣כַרְתָּ֔ כִּי־עֶ֥בֶד הָיִ֖יתָ בְּמִצְרָ֑יִם
וְשָׁמַרְתָּ֣ וְעָשִׂ֔יתָ אֶת־הַחֻקִּ֖ים הָאֵֽלֶּה ה:יו:יג חַ֧ג הַסֻּכֹּ֛ת תַּעֲשֶׂ֥ה לְךָ֖
שִׁבְעַ֣ת יָמִ֑ים בְּאָ֨סְפְּךָ֔ מִגָּרְנְךָ֖ וּמִיִּקְבֶֽךָ ה:יו:יד וְשָׂמַחְתָּ֖ בְּחַגֶּ֑ךָ אַתָּ֨ה
וּבִנְךָ֤ וּבִתֶּ֙ךָ֙ וְעַבְדְּךָ֣ וַאֲמָתֶ֔ךָ וְהַלֵּוִ֗י וְהַגֵּ֛ר וְהַיָּת֥וֹם וְהָאַלְמָנָ֖ה אֲשֶׁ֥ר
בִּשְׁעָרֶֽיךָ ה:יו:טו שִׁבְעַ֣ת יָמִ֗ים תָּחֹג֙ לַיהוָ֣ה אֱלֹהֶ֔יךָ בַּמָּק֖וֹם
אֲשֶׁר־יִבְחַ֣ר יְהוָ֑ה כִּ֣י יְבָרֶכְךָ֞ יְהוָ֣ה אֱלֹהֶ֗יךָ בְּכֹ֤ל תְּבוּאָֽתְךָ֙ וּבְכֹל֙
מַעֲשֵׂ֣ה יָדֶ֔יךָ וְהָיִ֖יתָ אַ֥ךְ שָׂמֵֽחַ ה:יו:טז שָׁל֣וֹשׁ פְּעָמִ֣ים ׀ בַּשָּׁנָ֡ה יֵרָאֶ֨ה
כָל־זְכוּרְךָ֜ אֶת־פְּנֵ֣י ׀ יְהוָ֣ה אֱלֹהֶ֗יךָ בַּמָּקוֹם֙ אֲשֶׁ֣ר יִבְחָ֔ר בְּחַ֧ג
הַמַּצּ֛וֹת וּבְחַ֥ג הַשָּׁבֻע֖וֹת וּבְחַ֣ג הַסֻּכּ֑וֹת וְלֹ֧א יֵרָאֶ֛ה אֶת־פְּנֵ֥י יְהוָ֖ה
רֵיקָֽם ה:יו:יז אִ֖ישׁ כְּמַתְּנַ֣ת יָד֑וֹ כְּבִרְכַּ֛ת יְהוָ֥ה אֱלֹהֶ֖יךָ אֲשֶׁ֥ר נָֽתַן־לָֽךְ
ה:יו:יח שֹׁפְטִ֣ים וְשֹֽׁטְרִ֗ים תִּֽתֶּן־לְךָ֙ בְּכָל־שְׁעָרֶ֔יךָ אֲשֶׁ֨ר יְהוָ֧ה אֱלֹהֶ֛יךָ
נֹתֵ֥ן לְךָ֖ לִשְׁבָטֶ֑יךָ וְשָׁפְט֥וּ אֶת־הָעָ֖ם מִשְׁפַּט־צֶֽדֶק ה:יו:יט לֹא־תַטֶּ֣ה
מִשְׁפָּ֔ט לֹ֥א תַכִּ֖יר פָּנִ֑ים וְלֹא־תִקַּ֣ח שֹׁ֔חַד כִּ֣י הַשֹּׁ֗חַד יְעַוֵּר֙ עֵינֵ֣י
חֲכָמִ֔ים וִיסַלֵּ֖ף דִּבְרֵ֥י צַדִּיקִֽם ה:יו:כ צֶ֥דֶק צֶ֖דֶק תִּרְדֹּ֑ף לְמַ֤עַן תִּֽחְיֶה֙
וְיָרַשְׁתָּ֣ אֶת־הָאָ֔רֶץ אֲשֶׁר־יְהוָ֥ה אֱלֹהֶ֖יךָ נֹתֵ֥ן לָֽךְ ה:יו:כא לֹא־תִטַּ֥ע לְךָ֛
אֲשֵׁרָ֖ה כָּל־עֵ֑ץ אֵ֗צֶל מִזְבַּ֛ח יְהוָ֥ה אֱלֹהֶ֖יךָ אֲשֶׁ֥ר תַּעֲשֶׂה־לָּֽךְ
ה:יו:כב וְלֹא־תָקִ֥ים לְךָ֖ מַצֵּבָ֑ה אֲשֶׁ֥ר שָׂנֵ֖א יְהוָ֥ה אֱלֹהֶֽיךָ
ה:יז:א לֹא־תִזְבַּח֩ לַיהוָ֨ה אֱלֹהֶ֜יךָ שׁ֣וֹר וָשֶׂ֗ה אֲשֶׁ֨ר יִהְיֶ֥ה בוֹ֙ מ֔וּם כֹּ֖ל
דָּבָ֣ר רָ֑ע כִּ֧י תוֹעֲבַ֛ת יְהוָ֥ה אֱלֹהֶ֖יךָ הֽוּא ה:יז:ב כִּֽי־יִמָּצֵ֤א בְקִרְבְּךָ֙
בְּאַחַ֣ד שְׁעָרֶ֔יךָ אֲשֶׁר־יְהוָ֥ה אֱלֹהֶ֖יךָ נֹתֵ֣ן לָ֑ךְ אִ֣ישׁ אוֹ־אִשָּׁ֗ה אֲשֶׁ֨ר
יַעֲשֶׂ֧ה אֶת־הָרַ֛ע בְּעֵינֵ֥י יְהוָֽה־אֱלֹהֶ֖יךָ לַעֲבֹ֥ר בְּרִיתֽוֹ ה:יז:ג וַיֵּ֗לֶךְ וַיַּֽעֲבֹד֙
אֱלֹהִ֣ים אֲחֵרִ֔ים וַיִּשְׁתַּ֖חוּ לָהֶ֑ם וְלַשֶּׁ֣מֶשׁ ׀ א֣וֹ לַיָּרֵ֗חַ א֛וֹ לְכָל־צְבָ֥א
הַשָּׁמַ֖יִם אֲשֶׁ֥ר לֹא־צִוִּֽיתִי ה:יז:ד וְהֻֽגַּד־לְךָ֖ וְשָׁמָ֑עְתָּ וְדָרַשְׁתָּ֣ הֵיטֵ֔ב

וְהִנֵּ֤ה אֱמֶת֙ נָכ֣וֹן הַדָּבָ֔ר נֶעֶשְׂתָ֛ה הַתּוֹעֵבָ֥ה הַזֹּ֖את בְּיִשְׂרָאֵֽל
ה:יז:ה וְהוֹצֵאתָ֣ אֶת־הָאִ֣ישׁ הַה֡וּא א֩וֹ אֶת־הָאִשָּׁ֨ה הַהִ֜וא אֲשֶׁ֨ר עָשׂ֜וּ
אֶת־הַדָּבָ֨ר הָרָ֤ע הַזֶּה֙ אֶל־שְׁעָרֶ֔יךָ אֶת־הָאִ֕ישׁ א֖וֹ אֶת־הָֽאִשָּׁ֑ה
וּסְקַלְתָּ֥ם בָּאֲבָנִ֖ים וָמֵֽתוּ ה:יז:ו עַל־פִּ֣י ׀ שְׁנַ֣יִם עֵדִ֗ים א֛וֹ שְׁלֹשָׁ֥ה
עֵדִ֖ים יוּמַ֣ת הַמֵּ֑ת לֹ֣א יוּמַ֔ת עַל־פִּ֖י עֵ֥ד אֶחָֽד ה:יז:ז יַ֣ד הָעֵדִ֞ים
תִּֽהְיֶה־בּ֤וֹ בָרִאשֹׁנָה֙ לַהֲמִית֔וֹ וְיַ֥ד כָּל־הָעָ֖ם בָּאַחֲרֹנָ֑ה וּבִֽעַרְתָּ֥ הָרָ֖ע
מִקִּרְבֶּֽךָ ה:יז:ח כִּ֣י יִפָּלֵא֩ מִמְּךָ֨ דָבָ֜ר לַמִּשְׁפָּ֗ט בֵּין־דָּ֨ם ׀ לְדָ֜ם בֵּֽין־דִּ֣ין
לְדִ֗ין וּבֵ֥ין נֶ֙גַע֙ לָנֶ֔גַע דִּבְרֵ֥י רִיבֹ֖ת בִּשְׁעָרֶ֑יךָ וְקַמְתָּ֣ וְעָלִ֔יתָ
אֶ֨ל־הַמָּק֔וֹם אֲשֶׁ֥ר יִבְחַ֛ר יְהוָ֥ה אֱלֹהֶ֖יךָ בּֽוֹ ה:יז:ט וּבָאתָ֗ אֶל־הַכֹּהֲנִים֙
הַלְוִיִּ֔ם וְאֶ֨ל־הַשֹּׁפֵ֔ט אֲשֶׁ֥ר יִהְיֶ֖ה בַּיָּמִ֣ים הָהֵ֑ם וְדָרַשְׁתָּ֙ וְהִגִּ֣ידוּ לְךָ֔ אֵ֖ת
דְּבַ֥ר הַמִּשְׁפָּֽט ה:יז:י וְעָשִׂ֗יתָ עַל־פִּ֤י הַדָּבָר֙ אֲשֶׁ֣ר יַגִּ֣ידוּ לְךָ֔
מִן־הַמָּק֣וֹם הַה֔וּא אֲשֶׁ֖ר יִבְחַ֣ר יְהוָ֑ה וְשָׁמַרְתָּ֣ לַעֲשׂ֔וֹת כְּכֹ֖ל אֲשֶׁ֥ר
יוֹרֽוּךָ ה:יז:יא עַל־פִּ֨י הַתּוֹרָ֜ה אֲשֶׁ֣ר יוֹר֗וּךָ וְעַל־הַמִּשְׁפָּ֛ט אֲשֶׁר־יֹאמְר֥וּ
לְךָ֖ תַּעֲשֶׂ֑ה לֹ֣א תָס֗וּר מִן־הַדָּבָ֛ר אֲשֶׁר־יַגִּ֥ידוּ לְךָ֖ יָמִ֥ין וּשְׂמֹֽאל
ה:יז:יב וְהָאִ֞ישׁ אֲשֶׁר־יַעֲשֶׂ֣ה בְזָד֗וֹן לְבִלְתִּ֨י שְׁמֹ֤עַ אֶל־הַכֹּהֵן֙ הָעֹמֵ֞ד
לְשָׁ֤רֶת שָׁם֙ אֶת־יְהוָ֣ה אֱלֹהֶ֔יךָ א֖וֹ אֶל־הַשֹּׁפֵ֑ט וּמֵת֙ הָאִ֣ישׁ הַה֔וּא
וּבִֽעַרְתָּ֥ הָרָ֖ע מִיִּשְׂרָאֵֽל ה:יז:יג וְכָל־הָעָ֖ם יִשְׁמְע֣וּ וְיִרָ֑אוּ וְלֹ֥א יְזִיד֖וּן
עֽוֹד ה:יז:יד כִּֽי־תָבֹ֣א אֶל־הָאָ֗רֶץ אֲשֶׁ֨ר יְהוָ֤ה אֱלֹהֶ֙יךָ֙ נֹתֵ֣ן לָ֔ךְ וִֽירִשְׁתָּ֖הּ
וְיָשַׁ֣בְתָּה בָּ֑הּ וְאָמַרְתָּ֗ אָשִׂ֤ימָה עָלַי֙ מֶ֔לֶךְ כְּכָל־הַגּוֹיִ֖ם אֲשֶׁ֥ר סְבִיבֹתָֽי
ה:יז:טו שׂ֣וֹם תָּשִׂ֤ים עָלֶ֙יךָ֙ מֶ֔לֶךְ אֲשֶׁ֥ר יִבְחַ֛ר יְהוָ֥ה אֱלֹהֶ֖יךָ בּ֑וֹ מִקֶּ֣רֶב
אַחֶ֗יךָ תָּשִׂ֤ים עָלֶ֙יךָ֙ מֶ֔לֶךְ לֹ֣א תוּכַ֗ל לָתֵ֤ת עָלֶ֙יךָ֙ אִ֣ישׁ נָכְרִ֔י אֲשֶׁ֥ר
לֹא־אָחִ֖יךָ הֽוּא ה:יז:טז רַק֮ לֹא־יַרְבֶּה־לּ֣וֹ סוּסִים֒ וְלֹֽא־יָשִׁ֤יב אֶת־הָעָם֙
מִצְרַ֔יְמָה לְמַ֖עַן הַרְבּ֣וֹת ס֑וּס וַֽיהוָה֙ אָמַ֣ר לָכֶ֔ם לֹ֣א תֹסִפ֗וּן לָשׁ֛וּב
בַּדֶּ֥רֶךְ הַזֶּ֖ה עֽוֹד ה:יז:יז וְלֹ֤א יַרְבֶּה־לּוֹ֙ נָשִׁ֔ים וְלֹ֥א יָס֖וּר לְבָב֑וֹ וְכֶ֣סֶף
וְזָהָ֔ב לֹ֥א יַרְבֶּה־לּ֖וֹ מְאֹֽד ה:יז:יח וְהָיָ֣ה כְשִׁבְתּ֔וֹ עַ֖ל כִּסֵּ֣א מַמְלַכְתּ֑וֹ
וְכָ֨תַב ל֜וֹ אֶת־מִשְׁנֵ֨ה הַתּוֹרָ֤ה הַזֹּאת֙ עַל־סֵ֔פֶר מִלִּפְנֵ֖י הַכֹּהֲנִ֥ים
הַלְוִיִּֽם ה:יז:יט וְהָיְתָ֣ה עִמּ֔וֹ וְקָ֥רָא ב֖וֹ כָּל־יְמֵ֣י חַיָּ֑יו לְמַ֣עַן יִלְמַ֗ד לְיִרְאָה֙
אֶת־יְהוָ֣ה אֱלֹהָ֔יו לִ֠שְׁמֹר אֶֽת־כָּל־דִּבְרֵ֞י הַתּוֹרָ֥ה הַזֹּ֛את וְאֶת־הַחֻקִּ֥ים

הָאֵלֶּה לַעֲשֹׂתָם ה:יז:כ לְבִלְתִּי רוּם־לְבָבוֹ מֵאֶחָיו וּלְבִלְתִּי סוּר
מִן־הַמִּצְוָה יָמִין וּשְׂמֹאול לְמַעַן יַאֲרִיךְ יָמִים עַל־מַמְלַכְתּוֹ הוּא
וּבָנָיו בְּקֶרֶב יִשְׂרָאֵל ה:יח:א לֹא־יִהְיֶה לַכֹּהֲנִים הַלְוִיִּם כָּל־שֵׁבֶט לֵוִי
חֵלֶק וְנַחֲלָה עִם־יִשְׂרָאֵל אִשֵּׁי יְהוָה וְנַחֲלָתוֹ יֹאכֵלוּן ה:יח:ב וְנַחֲלָה
לֹא־יִהְיֶה־לּוֹ בְּקֶרֶב אֶחָיו יְהוָה הוּא נַחֲלָתוֹ כַּאֲשֶׁר דִּבֶּר־לוֹ
ה:יח:ג וְזֶה יִהְיֶה מִשְׁפַּט הַכֹּהֲנִים מֵאֵת הָעָם מֵאֵת זֹבְחֵי הַזֶּבַח
אִם־שׁוֹר אִם־שֶׂה וְנָתַן לַכֹּהֵן הַזְּרֹעַ וְהַלְּחָיַיִם וְהַקֵּבָה
ה:יח:ד רֵאשִׁית דְּגָנְךָ תִּירֹשְׁךָ וְיִצְהָרֶךָ וְרֵאשִׁית גֵּז צֹאנְךָ תִּתֶּן־לּוֹ
ה:יח:ה כִּי בוֹ בָּחַר יְהוָה אֱלֹהֶיךָ מִכָּל־שְׁבָטֶיךָ לַעֲמֹד לְשָׁרֵת
בְּשֵׁם־יְהוָה הוּא וּבָנָיו כָּל־הַיָּמִים ה:יח:ו וְכִי־יָבֹא הַלֵּוִי מֵאַחַד
שְׁעָרֶיךָ מִכָּל־יִשְׂרָאֵל אֲשֶׁר־הוּא גָּר שָׁם וּבָא בְּכָל־אַוַּת נַפְשׁוֹ
אֶל־הַמָּקוֹם אֲשֶׁר־יִבְחַר יְהוָה ה:יח:ז וְשֵׁרֵת בְּשֵׁם יְהוָה אֱלֹהָיו
כְּכָל־אֶחָיו הַלְוִיִּם הָעֹמְדִים שָׁם לִפְנֵי יְהוָה ה:יח:ח חֵלֶק כְּחֵלֶק
יֹאכֵלוּ לְבַד מִמְכָּרָיו עַל־הָאָבוֹת ה:יח:ט כִּי אַתָּה בָּא אֶל־הָאָרֶץ
אֲשֶׁר־יְהוָה אֱלֹהֶיךָ נֹתֵן לָךְ לֹא־תִלְמַד לַעֲשׂוֹת כְּתוֹעֲבֹת הַגּוֹיִם
הָהֵם ה:יח:י לֹא־יִמָּצֵא בְךָ מַעֲבִיר בְּנוֹ־וּבִתּוֹ בָּאֵשׁ קֹסֵם קְסָמִים
מְעוֹנֵן וּמְנַחֵשׁ וּמְכַשֵּׁף ה:יח:יא וְחֹבֵר חָבֶר וְשֹׁאֵל אוֹב וְיִדְּעֹנִי וְדֹרֵשׁ
אֶל־הַמֵּתִים ה:יח:יב כִּי־תוֹעֲבַת יְהוָה כָּל־עֹשֵׂה אֵלֶּה וּבִגְלַל
הַתּוֹעֵבֹת הָאֵלֶּה יְהוָה אֱלֹהֶיךָ מוֹרִישׁ אוֹתָם מִפָּנֶיךָ ה:יח:יג תָּמִים
תִּהְיֶה עִם יְהוָה אֱלֹהֶיךָ ה:יח:יד כִּי | הַגּוֹיִם הָאֵלֶּה אֲשֶׁר אַתָּה
יוֹרֵשׁ אוֹתָם אֶל־מְעֹנְנִים וְאֶל־קֹסְמִים יִשְׁמָעוּ וְאַתָּה לֹא כֵן נָתַן לְךָ
יְהוָה אֱלֹהֶיךָ ה:יח:טו נָבִיא מִקִּרְבְּךָ מֵאַחֶיךָ כָּמֹנִי יָקִים לְךָ יְהוָה
אֱלֹהֶיךָ אֵלָיו תִּשְׁמָעוּן ה:יח:טז כְּכֹל אֲשֶׁר־שָׁאַלְתָּ מֵעִם יְהוָה אֱלֹהֶיךָ
בְּחֹרֵב בְּיוֹם הַקָּהָל לֵאמֹר לֹא אֹסֵף לִשְׁמֹעַ אֶת־קוֹל יְהוָה אֱלֹהָי
וְאֶת־הָאֵשׁ הַגְּדֹלָה הַזֹּאת לֹא־אֶרְאֶה עוֹד וְלֹא אָמוּת ה:יח:יז וַיֹּאמֶר
יְהוָה אֵלָי הֵיטִיבוּ אֲשֶׁר דִּבֵּרוּ ה:יח:יח נָבִיא אָקִים לָהֶם מִקֶּרֶב
אֲחֵיהֶם כָּמוֹךָ וְנָתַתִּי דְבָרַי בְּפִיו וְדִבֶּר אֲלֵיהֶם אֵת כָּל־אֲשֶׁר אֲצַוֶּנּוּ
ה:יח:יט וְהָיָה הָאִישׁ אֲשֶׁר לֹא־יִשְׁמַע אֶל־דְּבָרַי אֲשֶׁר יְדַבֵּר בִּשְׁמִי

אָנֹכִי אֶדְרֹשׁ מֵעִמּוֹ ה:יח:כ אַךְ הַנָּבִיא אֲשֶׁר יָזִיד לְדַבֵּר דָּבָר בִּשְׁמִי
אֵת אֲשֶׁר לֹא־צִוִּיתִיו לְדַבֵּר וַאֲשֶׁר יְדַבֵּר בְּשֵׁם אֱלֹהִים אֲחֵרִים וּמֵת
הַנָּבִיא הַהוּא ה:יח:כא וְכִי תֹאמַר בִּלְבָבֶךָ אֵיכָה נֵדַע אֶת־הַדָּבָר
אֲשֶׁר לֹא־דִבְּרוֹ יְהוָה ה:יח:כב אֲשֶׁר יְדַבֵּר הַנָּבִיא בְּשֵׁם יְהוָה
וְלֹא־יִהְיֶה הַדָּבָר וְלֹא יָבֹא הוּא הַדָּבָר אֲשֶׁר לֹא־דִבְּרוֹ יְהוָה בְּזָדוֹן
דִּבְּרוֹ הַנָּבִיא לֹא תָגוּר מִמֶּנּוּ ה:יט:א כִּי־יַכְרִית יְהוָה אֱלֹהֶיךָ
אֶת־הַגּוֹיִם אֲשֶׁר יְהוָה אֱלֹהֶיךָ נֹתֵן לְךָ אֶת־אַרְצָם וִירִשְׁתָּם וְיָשַׁבְתָּ
בְעָרֵיהֶם וּבְבָתֵּיהֶם ה:יט:ב שָׁלוֹשׁ עָרִים תַּבְדִּיל לָךְ בְּתוֹךְ אַרְצְךָ
אֲשֶׁר יְהוָה אֱלֹהֶיךָ נֹתֵן לְךָ לְרִשְׁתָּהּ ה:יט:ג תָּכִין לְךָ הַדֶּרֶךְ וְשִׁלַּשְׁתָּ
אֶת־גְּבוּל אַרְצְךָ אֲשֶׁר יַנְחִילְךָ יְהוָה אֱלֹהֶיךָ וְהָיָה לָנוּס שָׁמָּה
כָּל־רֹצֵחַ ה:יט:ד וְזֶה דְּבַר הָרֹצֵחַ אֲשֶׁר־יָנוּס שָׁמָּה וָחָי אֲשֶׁר יַכֶּה
אֶת־רֵעֵהוּ בִּבְלִי־דַעַת וְהוּא לֹא־שֹׂנֵא לוֹ מִתְּמֹל שִׁלְשֹׁם
ה:יט:ה וַאֲשֶׁר יָבֹא אֶת־רֵעֵהוּ בַיַּעַר לַחְטֹב עֵצִים וְנִדְּחָה יָדוֹ בַגַּרְזֶן
לִכְרֹת הָעֵץ וְנָשַׁל הַבַּרְזֶל מִן־הָעֵץ וּמָצָא אֶת־רֵעֵהוּ וָמֵת הוּא
יָנוּס אֶל־אַחַת הֶעָרִים־הָאֵלֶּה וָחָי ה:יט:ו פֶּן־יִרְדֹּף גֹּאֵל הַדָּם אַחֲרֵי
הָרֹצֵחַ כִּי־יֵחַם לְבָבוֹ וְהִשִּׂיגוֹ כִּי־יִרְבֶּה הַדֶּרֶךְ וְהִכָּהוּ נָפֶשׁ וְלוֹ אֵין
מִשְׁפַּט־מָוֶת כִּי לֹא שֹׂנֵא הוּא לוֹ מִתְּמוֹל שִׁלְשׁוֹם ה:יט:ז עַל־כֵּן
אָנֹכִי מְצַוְּךָ לֵאמֹר שָׁלֹשׁ עָרִים תַּבְדִּיל לָךְ ה:יט:ח וְאִם־יַרְחִיב יְהוָה
אֱלֹהֶיךָ אֶת־גְּבֻלְךָ כַּאֲשֶׁר נִשְׁבַּע לַאֲבֹתֶיךָ וְנָתַן לְךָ אֶת־כָּל־הָאָרֶץ
אֲשֶׁר דִּבֶּר לָתֵת לַאֲבֹתֶיךָ ה:יט:ט כִּי־תִשְׁמֹר אֶת־כָּל־הַמִּצְוָה הַזֹּאת
לַעֲשֹׂתָהּ אֲשֶׁר אָנֹכִי מְצַוְּךָ הַיּוֹם לְאַהֲבָה אֶת־יְהוָה אֱלֹהֶיךָ וְלָלֶכֶת
בִּדְרָכָיו כָּל־הַיָּמִים וְיָסַפְתָּ לְךָ עוֹד שָׁלֹשׁ עָרִים עַל הַשָּׁלֹשׁ הָאֵלֶּה
ה:יט:י וְלֹא יִשָּׁפֵךְ דָּם נָקִי בְּקֶרֶב אַרְצְךָ אֲשֶׁר יְהוָה אֱלֹהֶיךָ נֹתֵן לְךָ
נַחֲלָה וְהָיָה עָלֶיךָ דָּמִים ה:יט:יא וְכִי־יִהְיֶה אִישׁ שֹׂנֵא לְרֵעֵהוּ וְאָרַב
לוֹ וְקָם עָלָיו וְהִכָּהוּ נֶפֶשׁ וָמֵת וְנָס אֶל־אַחַת הֶעָרִים הָאֵל
ה:יט:יב וְשָׁלְחוּ זִקְנֵי עִירוֹ וְלָקְחוּ אֹתוֹ מִשָּׁם וְנָתְנוּ אֹתוֹ בְּיַד גֹּאֵל
הַדָּם וָמֵת ה:יט:יג לֹא־תָחוֹס עֵינְךָ עָלָיו וּבִעַרְתָּ דַם־הַנָּקִי מִיִּשְׂרָאֵל
וְטוֹב לָךְ ה:יט:יד לֹא תַסִּיג גְּבוּל רֵעֲךָ אֲשֶׁר גָּבְלוּ רִאשֹׁנִים בְּנַחֲלָתְךָ

אֲשֶׁ֣ר תִּנְחַ֔ל בָּאָ֕רֶץ אֲשֶׁר֙ יְהוָ֣ה אֱלֹהֶ֔יךָ נֹתֵ֥ן לְךָ֖ לְרִשְׁתָּֽהּ
ה:יט:טו לֹֽא־יָקוּם֩ עֵ֨ד אֶחָ֜ד בְּאִ֗ישׁ לְכָל־עָוֺן֙ וּלְכָל־חַטָּ֔את בְּכָל־חֵ֖טְא
אֲשֶׁ֣ר יֶֽחֱטָ֑א עַל־פִּ֣י ׀ שְׁנֵ֣י עֵדִ֗ים א֛וֹ עַל־פִּ֥י שְׁלֹשָֽׁה־עֵדִ֖ים יָק֥וּם
דָּבָֽר ה:יט:טז כִּֽי־יָק֥וּם עֵד־חָמָ֖ס בְּאִ֑ישׁ לַעֲנ֥וֹת בּ֖וֹ סָרָֽה ה:יט:יז וְעָֽמְד֧וּ
שְׁנֵֽי־הָאֲנָשִׁ֛ים אֲשֶׁר־לָהֶ֥ם הָרִ֖יב לִפְנֵ֣י יְהוָ֑ה לִפְנֵ֤י הַכֹּֽהֲנִים֙
וְהַשֹּׁ֣פְטִ֔ים אֲשֶׁ֥ר יִהְי֖וּ בַּיָּמִ֥ים הָהֵֽם ה:יט:יח וְדָרְשׁ֥וּ הַשֹּׁפְטִ֖ים הֵיטֵ֑ב
וְהִנֵּ֤ה עֵֽד־שֶׁ֙קֶר֙ הָעֵ֔ד שֶׁ֖קֶר עָנָ֥ה בְאָחִֽיו ה:יט:יט וַעֲשִׂ֣יתֶם ל֔וֹ כַּאֲשֶׁ֥ר
זָמַ֖ם לַעֲשׂ֣וֹת לְאָחִ֑יו וּבִֽעַרְתָּ֥ הָרָ֖ע מִקִּרְבֶּֽךָ ה:יט:כ וְהַנִּשְׁאָרִ֖ים
יִשְׁמְע֣וּ וְיִרָ֑אוּ וְלֹֽא־יֹסִ֨פוּ לַעֲשׂ֜וֹת ע֗וֹד כַּדָּבָ֥ר הָרָ֛ע הַזֶּ֖ה בְּקִרְבֶּֽךָ
ה:יט:כא וְלֹ֥א תָח֖וֹס עֵינֶ֑ךָ נֶ֣פֶשׁ בְּנֶ֗פֶשׁ עַ֤יִן בְּעַ֙יִן֙ שֵׁ֣ן בְּשֵׁ֔ן יָ֥ד בְּיָ֖ד רֶ֥גֶל
בְּרָֽגֶל ה:כ:א כִּֽי־תֵצֵ֨א לַמִּלְחָמָ֜ה עַל־אֹיְבֶ֗ךָ וְֽרָאִ֜יתָ ס֤וּס וָרֶ֙כֶב֙ עַ֚ם
רַ֣ב מִמְּךָ֔ לֹ֥א תִירָ֖א מֵהֶ֑ם כִּֽי־יְהוָ֤ה אֱלֹהֶ֙יךָ֙ עִמָּ֔ךְ הַמַּֽעַלְךָ֖ מֵאֶ֥רֶץ
מִצְרָֽיִם ה:כ:ב וְהָיָ֕ה כְּקָֽרָבְכֶ֖ם אֶל־הַמִּלְחָמָ֑ה וְנִגַּ֥שׁ הַכֹּהֵ֖ן וְדִבֶּ֥ר
אֶל־הָעָֽם ה:כ:ג וְאָמַ֤ר אֲלֵהֶם֙ שְׁמַ֣ע יִשְׂרָאֵ֔ל אַתֶּ֨ם קְרֵבִ֥ים הַיּ֛וֹם
לַמִּלְחָמָ֖ה עַל־אֹיְבֵיכֶ֑ם אַל־יֵרַ֣ךְ לְבַבְכֶ֗ם אַל־תִּֽירְא֧וּ וְאַֽל־תַּחְפְּז֛וּ
וְאַל־תַּעַרְצ֖וּ מִפְּנֵיהֶֽם ה:כ:ד כִּ֚י יְהוָ֣ה אֱלֹהֵיכֶ֔ם הַהֹלֵ֖ךְ עִמָּכֶ֑ם
לְהִלָּחֵ֥ם לָכֶ֛ם עִם־אֹיְבֵיכֶ֖ם לְהוֹשִׁ֥יעַ אֶתְכֶֽם ה:כ:ה וְדִבְּר֣וּ הַשֹּֽׁטְרִים֮
אֶל־הָעָ֣ם לֵאמֹר֒ מִֽי־הָאִ֞ישׁ אֲשֶׁ֨ר בָּנָ֤ה בַֽיִת־חָדָשׁ֙ וְלֹ֣א חֲנָכ֔וֹ יֵלֵ֖ךְ
וְיָשֹׁ֣ב לְבֵית֑וֹ פֶּן־יָמוּת֙ בַּמִּלְחָמָ֔ה וְאִ֥ישׁ אַחֵ֖ר יַחְנְכֶֽנּוּ ה:כ:ו וּמִֽי־הָאִ֞ישׁ
אֲשֶׁר־נָטַ֥ע כֶּ֙רֶם֙ וְלֹ֣א חִלְּל֔וֹ יֵלֵ֖ךְ וְיָשֹׁ֣ב לְבֵית֑וֹ פֶּן־יָמוּת֙ בַּמִּלְחָמָ֔ה
וְאִ֥ישׁ אַחֵ֖ר יְחַלְּלֶֽנּוּ ה:כ:ז וּמִֽי־הָאִ֞ישׁ אֲשֶׁר־אֵרַ֤שׂ אִשָּׁה֙ וְלֹ֣א לְקָחָ֔הּ
יֵלֵ֖ךְ וְיָשֹׁ֣ב לְבֵית֑וֹ פֶּן־יָמוּת֙ בַּמִּלְחָמָ֔ה וְאִ֥ישׁ אַחֵ֖ר יִקָּחֶֽנָּה
ה:כ:ח וְיָסְפ֣וּ הַשֹּׁטְרִים֮ לְדַבֵּ֣ר אֶל־הָעָם֒ וְאָמְר֗וּ מִי־הָאִ֤ישׁ הַיָּרֵא֙ וְרַ֣ךְ
הַלֵּבָ֔ב יֵלֵ֖ךְ וְיָשֹׁ֣ב לְבֵית֑וֹ וְלֹ֥א יִמַּ֛ס אֶת־לְבַ֥ב אֶחָ֖יו כִּלְבָבֽוֹ ה:כ:ט וְהָיָ֛ה
כְּכַלֹּ֥ת הַשֹּׁטְרִ֖ים לְדַבֵּ֣ר אֶל־הָעָ֑ם וּפָקְד֛וּ שָׂרֵ֥י צְבָא֖וֹת בְּרֹ֥אשׁ הָעָֽם
ה:כ:י כִּֽי־תִקְרַ֣ב אֶל־עִ֔יר לְהִלָּחֵ֖ם עָלֶ֑יהָ וְקָרָ֥אתָ אֵלֶ֖יהָ לְשָׁלֽוֹם
ה:כ:יא וְהָיָה֙ אִם־שָׁל֣וֹם תַּֽעַנְךָ֔ וּפָתְחָ֖ה לָ֑ךְ וְהָיָ֞ה כָּל־הָעָ֣ם
הַנִּמְצָא־בָ֗הּ יִהְי֥וּ לְךָ֛ לָמַ֖ס וַעֲבָדֽוּךָ ה:כ:יב וְאִם־לֹ֤א תַשְׁלִים֙ עִמָּ֔ךְ

וְעָשְׂתָה עִמְּךָ מִלְחָמָה וְצַרְתָּ עָלֶיהָ ה:כ:יג וּנְתָנָהּ יְהוָה אֱלֹהֶיךָ
בְּיָדֶךָ וְהִכִּיתָ אֶת־כָּל־זְכוּרָהּ לְפִי־חָרֶב ה:כ:יד רַק הַנָּשִׁים וְהַטַּף
וְהַבְּהֵמָה וְכֹל אֲשֶׁר יִהְיֶה בָעִיר כָּל־שְׁלָלָהּ תָּבֹז לָךְ וְאָכַלְתָּ
אֶת־שְׁלַל אֹיְבֶיךָ אֲשֶׁר נָתַן יְהוָה אֱלֹהֶיךָ לָךְ ה:כ:יה כֵּן תַּעֲשֶׂה
לְכָל־הֶעָרִים הָרְחֹקֹת מִמְּךָ מְאֹד אֲשֶׁר לֹא־מֵעָרֵי הַגּוֹיִם־הָאֵלֶּה
הֵנָּה ה:כ:יו רַק מֵעָרֵי הָעַמִּים הָאֵלֶּה אֲשֶׁר יְהוָה אֱלֹהֶיךָ נֹתֵן לְךָ
נַחֲלָה לֹא תְחַיֶּה כָּל־נְשָׁמָה ה:כ:יז כִּי־הַחֲרֵם תַּחֲרִימֵם הַחִתִּי
וְהָאֱמֹרִי הַכְּנַעֲנִי וְהַפְּרִזִּי הַחִוִּי וְהַיְבוּסִי כַּאֲשֶׁר צִוְּךָ יְהוָה אֱלֹהֶיךָ
ה:כ:יח לְמַעַן אֲשֶׁר לֹא־יְלַמְּדוּ אֶתְכֶם לַעֲשׂוֹת כְּכֹל תּוֹעֲבֹתָם אֲשֶׁר
עָשׂוּ לֵאלֹהֵיהֶם וַחֲטָאתֶם לַיהוָה אֱלֹהֵיכֶם ה:כ:יט כִּי־תָצוּר אֶל־עִיר
יָמִים רַבִּים לְהִלָּחֵם עָלֶיהָ לְתָפְשָׂהּ לֹא־תַשְׁחִית אֶת־עֵצָהּ לִנְדֹּחַ
עָלָיו גַּרְזֶן כִּי מִמֶּנּוּ תֹאכֵל וְאֹתוֹ לֹא תִכְרֹת כִּי הָאָדָם עֵץ הַשָּׂדֶה
לָבֹא מִפָּנֶיךָ בַּמָּצוֹר ה:כ:כ רַק עֵץ אֲשֶׁר־תֵּדַע כִּי־לֹא־עֵץ מַאֲכָל
הוּא אֹתוֹ תַשְׁחִית וְכָרָתָּ וּבָנִיתָ מָצוֹר עַל־הָעִיר אֲשֶׁר־הִוא עֹשָׂה
עִמְּךָ מִלְחָמָה עַד רִדְתָּהּ ה:כא:א כִּי־יִמָּצֵא חָלָל בָּאֲדָמָה אֲשֶׁר
יְהוָה אֱלֹהֶיךָ נֹתֵן לְךָ לְרִשְׁתָּהּ נֹפֵל בַּשָּׂדֶה לֹא נוֹדַע מִי הִכָּהוּ
ה:כא:ב וְיָצְאוּ זְקֵנֶיךָ וְשֹׁפְטֶיךָ וּמָדְדוּ אֶל־הֶעָרִים אֲשֶׁר סְבִיבֹת
הֶחָלָל ה:כא:ג וְהָיָה הָעִיר הַקְּרֹבָה אֶל־הֶחָלָל וְלָקְחוּ זִקְנֵי הָעִיר
הַהִוא עֶגְלַת בָּקָר אֲשֶׁר לֹא־עֻבַּד בָּהּ אֲשֶׁר לֹא־מָשְׁכָה בְּעֹל
ה:כא:ד וְהוֹרִדוּ זִקְנֵי הָעִיר הַהִוא אֶת־הָעֶגְלָה אֶל־נַחַל אֵיתָן אֲשֶׁר
לֹא־יֵעָבֵד בּוֹ וְלֹא יִזָּרֵעַ וְעָרְפוּ־שָׁם אֶת־הָעֶגְלָה בַּנָּחַל ה:כא:ה וְנִגְּשׁוּ
הַכֹּהֲנִים בְּנֵי לֵוִי כִּי בָם בָּחַר יְהוָה אֱלֹהֶיךָ לְשָׁרְתוֹ וּלְבָרֵךְ בְּשֵׁם
יְהוָה וְעַל־פִּיהֶם יִהְיֶה כָּל־רִיב וְכָל־נָגַע ה:כא:ו וְכֹל זִקְנֵי הָעִיר
הַהִוא הַקְּרֹבִים אֶל־הֶחָלָל יִרְחֲצוּ אֶת־יְדֵיהֶם עַל־הָעֶגְלָה
הָעֲרוּפָה בַנָּחַל ה:כא:ז וְעָנוּ וְאָמְרוּ יָדֵינוּ לֹא שפכה [שָׁפְכוּ]
אֶת־הַדָּם הַזֶּה וְעֵינֵינוּ לֹא רָאוּ ה:כא:ח כַּפֵּר לְעַמְּךָ יִשְׂרָאֵל
אֲשֶׁר־פָּדִיתָ יְהוָה וְאַל־תִּתֵּן דָּם נָקִי בְּקֶרֶב עַמְּךָ יִשְׂרָאֵל וְנִכַּפֵּר
לָהֶם הַדָּם ה:כא:ט וְאַתָּה תְּבַעֵר הַדָּם הַנָּקִי מִקִּרְבֶּךָ כִּי־תַעֲשֶׂה

הַיָּשָׁ֖ר בְּעֵינֵ֥י יְהוָֽה ה:כא:י כִּֽי־תֵצֵ֥א לַמִּלְחָמָ֖ה עַל־אֹיְבֶ֑יךָ וּנְתָנ֞וֹ יְהוָ֧ה
אֱלֹהֶ֛יךָ בְּיָדֶ֖ךָ וְשָׁבִ֥יתָ שִׁבְיֽוֹ ה:כא:יא וְרָאִיתָ֙ בַּשִּׁבְיָ֔ה אֵ֖שֶׁת יְפַת־תֹּ֑אַר
וְחָשַׁקְתָּ֣ בָ֔הּ וְלָקַחְתָּ֥ לְךָ֖ לְאִשָּֽׁה ה:כא:יב וַהֲבֵאתָ֖הּ אֶל־תּ֣וֹךְ בֵּיתֶ֑ךָ
וְגִלְּחָה֙ אֶת־רֹאשָׁ֔הּ וְעָשְׂתָ֖ה אֶת־צִפָּרְנֶֽיהָ ה:כא:יג וְהֵסִ֩ירָה֩
אֶת־שִׂמְלַ֨ת שִׁבְיָ֜הּ מֵעָלֶ֗יהָ וְיָֽשְׁבָה֙ בְּבֵיתֶ֔ךָ וּבָכְתָ֛ה אֶת־אָבִ֥יהָ
וְאֶת־אִמָּ֖הּ יֶ֣רַח יָמִ֑ים וְאַ֨חַר כֵּ֜ן תָּב֤וֹא אֵלֶ֙יהָ֙ וּבְעַלְתָּ֔הּ וְהָיְתָ֥ה לְךָ֖
לְאִשָּֽׁה ה:כא:יד וְהָיָ֞ה אִם־לֹ֧א חָפַ֣צְתָּ בָּ֗הּ וְשִׁלַּחְתָּהּ֙ לְנַפְשָׁ֔הּ וּמָכֹ֥ר
לֹא־תִמְכְּרֶ֖נָּה בַּכָּ֑סֶף לֹא־תִתְעַמֵּ֣ר בָּ֔הּ תַּ֖חַת אֲשֶׁ֥ר עִנִּיתָֽהּ
ה:כא:יה כִּֽי־תִהְיֶ֨יןָ לְאִ֜ישׁ שְׁתֵּ֣י נָשִׁ֗ים הָאַחַ֤ת אֲהוּבָה֙ וְהָאַחַ֣ת שְׂנוּאָ֔ה
וְיָֽלְדוּ־ל֣וֹ בָנִ֔ים הָאֲהוּבָ֖ה וְהַשְּׂנוּאָ֑ה וְהָיָ֛ה הַבֵּ֥ן הַבְּכֹ֖ר לַשְּׂנִיאָֽה
ה:כא:יו וְהָיָ֗ה בְּיוֹם֙ הַנְחִיל֣וֹ אֶת־בָּנָ֔יו אֵ֥ת אֲשֶׁר־יִהְיֶ֖ה ל֑וֹ לֹ֣א יוּכַ֗ל
לְבַכֵּר֙ אֶת־בֶּן־הָ֣אֲהוּבָ֔ה עַל־פְּנֵ֥י בֶן־הַשְּׂנוּאָ֖ה הַבְּכֹֽר ה:כא:יז כִּי֩
אֶת־הַבְּכֹ֨ר בֶּן־הַשְּׂנוּאָ֜ה יַכִּ֗יר לָ֤תֶת לוֹ֙ פִּ֣י שְׁנַ֔יִם בְּכֹ֥ל אֲשֶׁר־יִמָּצֵ֖א
ל֑וֹ כִּי־הוּא֙ רֵאשִׁ֣ית אֹנ֔וֹ ל֖וֹ מִשְׁפַּ֥ט הַבְּכֹרָֽה ה:כא:יח כִּֽי־יִהְיֶ֣ה לְאִ֗ישׁ
בֵּ֚ן סוֹרֵ֣ר וּמוֹרֶ֔ה אֵינֶ֣נּוּ שֹׁמֵ֔עַ בְּק֥וֹל אָבִ֖יו וּבְק֣וֹל אִמּ֑וֹ וְיִסְּר֣וּ אֹת֔וֹ וְלֹ֥א
יִשְׁמַ֖ע אֲלֵיהֶֽם ה:כא:יט וְתָ֥פְשׂוּ ב֖וֹ אָבִ֣יו וְאִמּ֑וֹ וְהוֹצִ֧יאוּ אֹת֛וֹ אֶל־זִקְנֵ֥י
עִיר֖וֹ וְאֶל־שַׁ֥עַר מְקֹמֽוֹ ה:כא:כ וְאָמְר֞וּ אֶל־זִקְנֵ֣י עִיר֗וֹ בְּנֵ֤נוּ זֶה֙ סוֹרֵ֣ר
וּמֹרֶ֔ה אֵינֶ֥נּוּ שֹׁמֵ֖עַ בְּקֹלֵ֑נוּ זוֹלֵ֖ל וְסֹבֵֽא ה:כא:כא וּ֠רְגָמֻהוּ כָּל־אַנְשֵׁ֨י
עִיר֤וֹ בָֽאֲבָנִים֙ וָמֵ֔ת וּבִֽעַרְתָּ֥ הָרָ֖ע מִקִּרְבֶּ֑ךָ וְכָל־יִשְׂרָאֵ֖ל יִשְׁמְע֥וּ וְיִרָֽאוּ
ה:כא:כב וְכִֽי־יִהְיֶ֣ה בְאִ֗ישׁ חֵ֛טְא מִשְׁפַּט־מָ֖וֶת וְהוּמָ֑ת וְתָלִ֥יתָ אֹת֖וֹ
עַל־עֵֽץ ה:כא:כג לֹא־תָלִ֨ין נִבְלָת֜וֹ עַל־הָעֵ֗ץ כִּֽי־קָב֤וֹר תִּקְבְּרֶ֙נּוּ֙ בַּיּ֣וֹם
הַה֔וּא כִּֽי־קִלְלַ֥ת אֱלֹהִ֖ים תָּל֑וּי וְלֹ֤א תְטַמֵּא֙ אֶת־אַדְמָ֣תְךָ֔ אֲשֶׁר֙
יְהוָ֣ה אֱלֹהֶ֔יךָ נֹתֵ֥ן לְךָ֖ נַחֲלָֽה ה:כב:א לֹֽא־תִרְאֶה֩ אֶת־שׁ֨וֹר אָחִ֜יךָ א֤וֹ
אֶת־שֵׂיוֹ֙ נִדָּחִ֔ים וְהִתְעַלַּמְתָּ֖ מֵהֶ֑ם הָשֵׁ֥ב תְּשִׁיבֵ֖ם לְאָחִֽיךָ
ה:כב:ב וְאִם־לֹ֨א קָר֥וֹב אָחִ֛יךָ אֵלֶ֖יךָ וְלֹ֣א יְדַעְתּ֑וֹ וַאֲסַפְתּוֹ֙ אֶל־תּ֣וֹךְ
בֵּיתֶ֔ךָ וְהָיָ֣ה עִמְּךָ֗ עַ֣ד דְּרֹ֤שׁ אָחִ֙יךָ֙ אֹת֔וֹ וַהֲשֵׁבֹת֖וֹ לֽוֹ ה:כב:ג וְכֵ֧ן
תַּעֲשֶׂ֣ה לַחֲמֹר֗וֹ וְכֵ֣ן תַּעֲשֶׂה֮ לְשִׂמְלָתוֹ֒ וְכֵ֣ן תַּעֲשֶׂ֜ה לְכָל־אֲבֵדַ֥ת
אָחִ֛יךָ אֲשֶׁר־תֹּאבַ֥ד מִמֶּ֖נּוּ וּמְצָאתָ֑הּ לֹ֥א תוּכַ֖ל לְהִתְעַלֵּֽם

ה:כב:ד לֹא־תִרְאֶה אֶת־חֲמוֹר אָחִיךָ אוֹ שׁוֹרוֹ נֹפְלִים בַּדֶּרֶךְ
וְהִתְעַלַּמְתָּ מֵהֶם הָקֵם תָּקִים עִמּוֹ ה:כב:ה לֹא־יִהְיֶה כְלִי־גֶבֶר
עַל־אִשָּׁה וְלֹא־יִלְבַּשׁ גֶּבֶר שִׂמְלַת אִשָּׁה כִּי תוֹעֲבַת יְהוָה אֱלֹהֶיךָ
כָּל־עֹשֵׂה אֵלֶּה ה:כב:ו כִּי יִקָּרֵא קַן־צִפּוֹר | לְפָנֶיךָ בַּדֶּרֶךְ בְּכָל־עֵץ |
אוֹ עַל־הָאָרֶץ אֶפְרֹחִים אוֹ בֵיצִים וְהָאֵם רֹבֶצֶת עַל־הָאֶפְרֹחִים אוֹ
עַל־הַבֵּיצִים לֹא־תִקַּח הָאֵם עַל־הַבָּנִים ה:כב:ז שַׁלֵּחַ תְּשַׁלַּח
אֶת־הָאֵם וְאֶת־הַבָּנִים תִּקַּח־לָךְ לְמַעַן יִיטַב לָךְ וְהַאֲרַכְתָּ יָמִים
ה:כב:ח כִּי תִבְנֶה בַּיִת חָדָשׁ וְעָשִׂיתָ מַעֲקֶה לְגַגֶּךָ וְלֹא־תָשִׂים דָּמִים
בְּבֵיתֶךָ כִּי־יִפֹּל הַנֹּפֵל מִמֶּנּוּ ה:כב:ט לֹא־תִזְרַע כַּרְמְךָ כִּלְאָיִם
פֶּן־תִּקְדַּשׁ הַמְלֵאָה הַזֶּרַע אֲשֶׁר תִּזְרָע וּתְבוּאַת הַכָּרֶם
ה:כב:י לֹא־תַחֲרֹשׁ בְּשׁוֹר־וּבַחֲמֹר יַחְדָּו ה:כב:יא לֹא תִלְבַּשׁ שַׁעַטְנֵז
צֶמֶר וּפִשְׁתִּים יַחְדָּו ה:כב:יב גְּדִלִים תַּעֲשֶׂה־לָּךְ עַל־אַרְבַּע כַּנְפוֹת
כְּסוּתְךָ אֲשֶׁר תְּכַסֶּה־בָּהּ ה:כב:יג כִּי־יִקַּח אִישׁ אִשָּׁה וּבָא אֵלֶיהָ
וּשְׂנֵאָהּ ה:כב:יד וְשָׂם לָהּ עֲלִילֹת דְּבָרִים וְהוֹצִא עָלֶיהָ שֵׁם רָע
וְאָמַר אֶת־הָאִשָּׁה הַזֹּאת לָקַחְתִּי וָאֶקְרַב אֵלֶיהָ וְלֹא־מָצָאתִי לָהּ
בְּתוּלִים ה:כב:טו וְלָקַח אֲבִי הנער [הַנַּעֲרָה] וְאִמָּהּ וְהוֹצִיאוּ
אֶת־בְּתוּלֵי הנער [הַנַּעֲרָה] אֶל־זִקְנֵי הָעִיר הַשָּׁעְרָה ה:כב:טז וְאָמַר
אֲבִי הנער [הַנַּעֲרָה] אֶל־הַזְּקֵנִים אֶת־בִּתִּי נָתַתִּי לָאִישׁ הַזֶּה
לְאִשָּׁה וַיִּשְׂנָאֶהָ ה:כב:יז וְהִנֵּה־הוּא שָׂם עֲלִילֹת דְּבָרִים לֵאמֹר
לֹא־מָצָאתִי לְבִתְּךָ בְּתוּלִים וְאֵלֶּה בְּתוּלֵי בִתִּי וּפָרְשׂוּ הַשִּׂמְלָה
לִפְנֵי זִקְנֵי הָעִיר ה:כב:יח וְלָקְחוּ זִקְנֵי הָעִיר־הַהִוא אֶת־הָאִישׁ וְיִסְּרוּ
אֹתוֹ ה:כב:יט וְעָנְשׁוּ אֹתוֹ מֵאָה כֶסֶף וְנָתְנוּ לַאֲבִי הַנַּעֲרָה כִּי הוֹצִיא
שֵׁם רָע עַל בְּתוּלַת יִשְׂרָאֵל וְלוֹ־תִהְיֶה לְאִשָּׁה לֹא־יוּכַל לְשַׁלְּחָהּ
כָּל־יָמָיו ה:כב:כ וְאִם־אֱמֶת הָיָה הַדָּבָר הַזֶּה לֹא־נִמְצְאוּ בְתוּלִים
לנער [לַנַּעֲרָה] ה:כב:כא וְהוֹצִיאוּ אֶת־הנער [הַנַּעֲרָה] אֶל־פֶּתַח
בֵּית־אָבִיהָ וּסְקָלוּהָ אַנְשֵׁי עִירָהּ בָּאֲבָנִים וָמֵתָה כִּי־עָשְׂתָה נְבָלָה
בְּיִשְׂרָאֵל לִזְנוֹת בֵּית אָבִיהָ וּבִעַרְתָּ הָרָע מִקִּרְבֶּךָ ה:כב:כב כִּי־יִמָּצֵא
אִישׁ שֹׁכֵב | עִם־אִשָּׁה בְעֻלַת־בַּעַל וּמֵתוּ גַּם־שְׁנֵיהֶם הָאִישׁ

הַשֹּׁכֵב עִם־הָאִשָּׁה וְהָאִשָּׁה וּבִעַרְתָּ הָרָע מִיִּשְׂרָאֵל ה:כב:כג כִּי יִהְיֶה
נער [נַעֲרָה] בְתוּלָה מְאֹרָשָׂה לְאִישׁ וּמְצָאָהּ אִישׁ בָּעִיר וְשָׁכַב
עִמָּהּ ה:כב:כד וְהוֹצֵאתֶם אֶת־שְׁנֵיהֶם אֶל־שַׁעַר ׀ הָעִיר הַהִוא
וּסְקַלְתֶּם אֹתָם בָּאֲבָנִים וָמֵתוּ אֶת־הנער [הַנַּעֲרָה] עַל־דְּבַר אֲשֶׁר
לֹא־צָעֲקָה בָעִיר וְאֶת־הָאִישׁ עַל־דְּבַר אֲשֶׁר־עִנָּה אֶת־אֵשֶׁת רֵעֵהוּ
וּבִעַרְתָּ הָרָע מִקִּרְבֶּךָ ה:כב:כה וְאִם־בַּשָּׂדֶה יִמְצָא הָאִישׁ אֶת־הנער
[הַנַּעֲרָה] הַמְאֹרָשָׂה וְהֶחֱזִיק־בָּהּ הָאִישׁ וְשָׁכַב עִמָּהּ וּמֵת הָאִישׁ
אֲשֶׁר־שָׁכַב עִמָּהּ לְבַדּוֹ ה:כב:כו ולנער [וְלַנַּעֲרָה] לֹא־תַעֲשֶׂה דָבָר
אֵין לנער [לַנַּעֲרָה] חֵטְא מָוֶת כִּי כַּאֲשֶׁר יָקוּם אִישׁ עַל־רֵעֵהוּ
וּרְצָחוֹ נֶפֶשׁ כֵּן הַדָּבָר הַזֶּה ה:כב:כז כִּי בַשָּׂדֶה מְצָאָהּ צָעֲקָה הנער
[הַנַּעֲרָה] הַמְאֹרָשָׂה וְאֵין מוֹשִׁיעַ לָהּ ה:כב:כח כִּי־יִמְצָא אִישׁ נער
[נַעֲרָה] בְתוּלָה אֲשֶׁר לֹא־אֹרָשָׂה וּתְפָשָׂהּ וְשָׁכַב עִמָּהּ וְנִמְצָאוּ
ה:כב:כט וְנָתַן הָאִישׁ הַשֹּׁכֵב עִמָּהּ לַאֲבִי הנער [הַנַּעֲרָה] חֲמִשִּׁים
כָּסֶף וְלוֹ־תִהְיֶה לְאִשָּׁה תַּחַת אֲשֶׁר עִנָּהּ לֹא־יוּכַל שַׁלְּחָהּ כָּל־יָמָיו
ה:כג:א לֹא־יִקַּח אִישׁ אֶת־אֵשֶׁת אָבִיו וְלֹא יְגַלֶּה כְּנַף אָבִיו
ה:כג:ב לֹא־יָבֹא פְצוּעַ־דַּכָּא וּכְרוּת שָׁפְכָה בִּקְהַל יְהוָה
ה:כג:ג לֹא־יָבֹא מַמְזֵר בִּקְהַל יְהוָה גַּם דּוֹר עֲשִׂירִי לֹא־יָבֹא לוֹ בִּקְהַל
יְהוָה ה:כג:ד לֹא־יָבֹא עַמּוֹנִי וּמוֹאָבִי בִּקְהַל יְהוָה גַּם דּוֹר עֲשִׂירִי
לֹא־יָבֹא לָהֶם בִּקְהַל יְהוָה עַד־עוֹלָם ה:כג:ה עַל־דְּבַר אֲשֶׁר
לֹא־קִדְּמוּ אֶתְכֶם בַּלֶּחֶם וּבַמַּיִם בַּדֶּרֶךְ בְּצֵאתְכֶם מִמִּצְרָיִם וַאֲשֶׁר
שָׂכַר עָלֶיךָ אֶת־בִּלְעָם בֶּן־בְּעוֹר מִפְּתוֹר אֲרַם נַהֲרַיִם לְקַלְלֶךָּ
ה:כג:ו וְלֹא־אָבָה יְהוָה אֱלֹהֶיךָ לִשְׁמֹעַ אֶל־בִּלְעָם וַיַּהֲפֹךְ יְהוָה
אֱלֹהֶיךָ לְּךָ אֶת־הַקְּלָלָה לִבְרָכָה כִּי אֲהֵבְךָ יְהוָה אֱלֹהֶיךָ
ה:כג:ז לֹא־תִדְרֹשׁ שְׁלֹמָם וְטֹבָתָם כָּל־יָמֶיךָ לְעוֹלָם
ה:כג:ח לֹא־תְתַעֵב אֲדֹמִי כִּי אָחִיךָ הוּא לֹא־תְתַעֵב מִצְרִי כִּי־גֵר
הָיִיתָ בְאַרְצוֹ ה:כג:ט בָּנִים אֲשֶׁר־יִוָּלְדוּ לָהֶם דּוֹר שְׁלִישִׁי יָבֹא לָהֶם
בִּקְהַל יְהוָה ה:כג:י כִּי־תֵצֵא מַחֲנֶה עַל־אֹיְבֶיךָ וְנִשְׁמַרְתָּ מִכֹּל דָּבָר
רָע ה:כג:יא כִּי־יִהְיֶה בְךָ אִישׁ אֲשֶׁר לֹא־יִהְיֶה טָהוֹר מִקְּרֵה־לָיְלָה

וְיָצָא֙ אֶל־מִח֣וּץ לַֽמַּחֲנֶ֔ה לֹ֥א יָבֹ֖א אֶל־תּ֥וֹךְ הַֽמַּחֲנֶֽה ה:כג:יב וְהָיָ֥ה
לִפְנֽוֹת־עֶ֖רֶב יִרְחַ֣ץ בַּמָּ֑יִם וּכְבֹ֣א הַשֶּׁ֔מֶשׁ יָבֹ֖א אֶל־תּ֥וֹךְ הַֽמַּחֲנֶֽה
ה:כג:יג וְיָד֙ תִּהְיֶ֣ה לְךָ֔ מִח֖וּץ לַֽמַּחֲנֶ֑ה וְיָצָ֥אתָ שָׁ֖מָּה ח֑וּץ ה:כג:יד וְיָתֵ֛ד
תִּהְיֶ֥ה לְךָ֖ עַל־אֲזֵנֶ֑ךָ וְהָיָה֙ בְּשִׁבְתְּךָ֣ ח֔וּץ וְחָפַרְתָּ֣ה בָ֔הּ וְשַׁבְתָּ֖
וְכִסִּ֥יתָ אֶת־צֵאָתֶֽךָ ה:כג:יה כִּי֩ יְהוָ֨ה אֱלֹהֶ֜יךָ מִתְהַלֵּ֣ךְ | בְּקֶ֣רֶב מַחֲנֶ֗ךָ
לְהַצִּֽילְךָ֙ וְלָתֵ֤ת אֹֽיְבֶ֙יךָ֙ לְפָנֶ֔יךָ וְהָיָ֥ה מַחֲנֶ֖יךָ קָד֑וֹשׁ וְלֹֽא־יִרְאֶ֤ה בְךָ֙
עֶרְוַ֣ת דָּבָ֔ר וְשָׁ֖ב מֵאַחֲרֶֽיךָ ה:כג:יו לֹא־תַסְגִּ֥יר עֶ֖בֶד אֶל־אֲדֹנָ֑יו
אֲשֶׁר־יִנָּצֵ֥ל אֵלֶ֖יךָ מֵעִ֥ם אֲדֹנָֽיו ה:כג:יז עִמְּךָ֞ יֵשֵׁ֣ב בְּקִרְבְּךָ֗ בַּמָּק֧וֹם
אֲשֶׁר־יִבְחַ֛ר בְּאַחַ֥ד שְׁעָרֶ֖יךָ בַּטּ֣וֹב ל֑וֹ לֹ֖א תּוֹנֶֽנּוּ ה:כג:יח לֹא־תִהְיֶ֥ה
קְדֵשָׁ֖ה מִבְּנ֣וֹת יִשְׂרָאֵ֑ל וְלֹֽא־יִהְיֶ֥ה קָדֵ֖שׁ מִבְּנֵ֥י יִשְׂרָאֵֽל
ה:כג:יט לֹא־תָבִיא֩ אֶתְנַ֨ן זוֹנָ֜ה וּמְחִ֣יר כֶּ֗לֶב בֵּ֛ית יְהוָ֥ה אֱלֹהֶ֖יךָ
לְכָל־נֶ֑דֶר כִּ֧י תוֹעֲבַ֛ת יְהוָ֥ה אֱלֹהֶ֖יךָ גַּם־שְׁנֵיהֶֽם ה:כג:כ לֹא־תַשִּׁ֣יךְ
לְאָחִ֔יךָ נֶ֥שֶׁךְ כֶּ֖סֶף נֶ֣שֶׁךְ אֹ֑כֶל נֶ֕שֶׁךְ כָּל־דָּבָ֖ר אֲשֶׁ֥ר יִשָּֽׁךְ ה:כג:כא לַנָּכְרִ֣י
תַשִּׁ֔יךְ וּלְאָחִ֖יךָ לֹ֣א תַשִּׁ֑יךְ לְמַ֨עַן יְבָרֶכְךָ֜ יְהוָ֣ה אֱלֹהֶ֗יךָ בְּכֹל֙ מִשְׁלַ֣ח
יָדֶ֔ךָ עַל־הָאָ֕רֶץ אֲשֶׁר־אַתָּ֥ה בָא־שָׁ֖מָּה לְרִשְׁתָּֽהּ ה:כג:כב כִּֽי־תִדֹּ֥ר נֶ֙דֶר֙
לַיהוָ֣ה אֱלֹהֶ֔יךָ לֹ֥א תְאַחֵ֖ר לְשַׁלְּמ֑וֹ כִּֽי־דָרֹ֨שׁ יִדְרְשֶׁ֜נּוּ יְהוָ֤ה אֱלֹהֶ֙יךָ֙
מֵֽעִמָּ֔ךְ וְהָיָ֥ה בְךָ֖ חֵֽטְא ה:כג:כג וְכִ֥י תֶחְדַּ֖ל לִנְדֹּ֑ר לֹא־יִהְיֶ֥ה בְךָ֖ חֵֽטְא
ה:כג:כד מוֹצָ֥א שְׂפָתֶ֖יךָ תִּשְׁמֹ֣ר וְעָשִׂ֑יתָ כַּאֲשֶׁ֨ר נָדַ֜רְתָּ לַיהוָ֤ה אֱלֹהֶ֙יךָ֙
נְדָבָ֔ה אֲשֶׁ֥ר דִּבַּ֖רְתָּ בְּפִֽיךָ ה:כג:כה כִּ֤י תָבֹא֙ בְּכֶ֣רֶם רֵעֶ֔ךָ וְאָכַלְתָּ֧
עֲנָבִ֛ים כְּנַפְשְׁךָ֖ שָׂבְעֶ֑ךָ וְאֶל־כֶּלְיְךָ֖ לֹ֥א תִתֵּֽן ה:כג:כו כִּ֤י תָבֹא֙ בְּקָמַ֣ת
רֵעֶ֔ךָ וְקָטַפְתָּ֥ מְלִילֹ֖ת בְּיָדֶ֑ךָ וְחֶרְמֵשׁ֙ לֹ֣א תָנִ֔יף עַ֖ל קָמַ֥ת רֵעֶֽךָ
ה:כד:א כִּֽי־יִקַּ֥ח אִ֛ישׁ אִשָּׁ֖ה וּבְעָלָ֑הּ וְהָיָ֞ה אִם־לֹ֧א תִמְצָא־חֵ֣ן בְּעֵינָ֗יו
כִּי־מָ֤צָא בָהּ֙ עֶרְוַ֣ת דָּבָ֔ר וְכָ֨תַב לָ֜הּ סֵ֤פֶר כְּרִיתֻת֙ וְנָתַ֣ן בְּיָדָ֔הּ
וְשִׁלְּחָ֖הּ מִבֵּיתֽוֹ ה:כד:ב וְיָצְאָ֖ה מִבֵּית֑וֹ וְהָלְכָ֖ה וְהָיְתָ֥ה לְאִישׁ־אַחֵֽר
ה:כד:ג וּשְׂנֵאָהּ֮ הָאִ֣ישׁ הָאַחֲרוֹן֒ וְכָ֨תַב לָ֜הּ סֵ֤פֶר כְּרִיתֻת֙ וְנָתַ֣ן בְּיָדָ֔הּ
וְשִׁלְּחָ֖הּ מִבֵּית֑וֹ א֣וֹ כִ֤י יָמוּת֙ הָאִ֣ישׁ הָאַחֲר֔וֹן אֲשֶׁר־לְקָחָ֥הּ ל֖וֹ לְאִשָּֽׁה
ה:כד:ד לֹא־יוּכַ֣ל בַּעְלָ֣הּ הָרִאשׁ֣וֹן אֲֽשֶׁר־שִׁ֠לְּחָהּ לָשׁ֨וּב לְקַחְתָּ֜הּ
לִהְי֧וֹת ל֣וֹ לְאִשָּׁ֗ה אַחֲרֵי֙ אֲשֶׁ֣ר הֻטַּמָּ֔אָה כִּֽי־תוֹעֵבָ֥ה הִ֖וא לִפְנֵ֣י יְהוָ֑ה

וְלֹא תַחֲטִיא אֶת־הָאָרֶץ אֲשֶׁר יְהוָה אֱלֹהֶיךָ נֹתֵן לְךָ נַחֲלָה
ה:כד:ה כִּי־יִקַּח אִישׁ אִשָּׁה חֲדָשָׁה לֹא יֵצֵא בַּצָּבָא וְלֹא־יַעֲבֹר עָלָיו
לְכָל־דָּבָר נָקִי יִהְיֶה לְבֵיתוֹ שָׁנָה אֶחָת וְשִׂמַּח אֶת־אִשְׁתּוֹ
אֲשֶׁר־לָקָח ה:כד:ו לֹא־יַחֲבֹל רֵחַיִם וָרָכֶב כִּי־נֶפֶשׁ הוּא חֹבֵל
ה:כד:ז כִּי־יִמָּצֵא אִישׁ גֹּנֵב נֶפֶשׁ מֵאֶחָיו מִבְּנֵי יִשְׂרָאֵל וְהִתְעַמֶּר־בּוֹ
וּמְכָרוֹ וּמֵת הַגַּנָּב הַהוּא וּבִעַרְתָּ הָרָע מִקִּרְבֶּךָ ה:כד:ח הִשָּׁמֶר
בְּנֶגַע־הַצָּרַעַת לִשְׁמֹר מְאֹד וְלַעֲשׂוֹת כְּכֹל אֲשֶׁר־יוֹרוּ אֶתְכֶם
הַכֹּהֲנִים הַלְוִיִּם כַּאֲשֶׁר צִוִּיתִם תִּשְׁמְרוּ לַעֲשׂוֹת ה:כד:ט זָכוֹר אֵת
אֲשֶׁר־עָשָׂה יְהוָה אֱלֹהֶיךָ לְמִרְיָם בַּדָּרֶךְ בְּצֵאתְכֶם מִמִּצְרָיִם
ה:כד:י כִּי־תַשֶּׁה בְרֵעֲךָ מַשַּׁאת מְאוּמָה לֹא־תָבֹא אֶל־בֵּיתוֹ לַעֲבֹט
עֲבֹטוֹ ה:כד:יא בַּחוּץ תַּעֲמֹד וְהָאִישׁ אֲשֶׁר אַתָּה נֹשֶׁה בוֹ יוֹצִיא אֵלֶיךָ
אֶת־הַעֲבוֹט הַחוּצָה ה:כד:יב וְאִם־אִישׁ עָנִי הוּא לֹא תִשְׁכַּב בַּעֲבֹטוֹ
ה:כד:יג הָשֵׁב תָּשִׁיב לוֹ אֶת־הַעֲבוֹט כְּבוֹא הַשֶּׁמֶשׁ וְשָׁכַב בְּשַׂלְמָתוֹ
וּבֵרֲכֶךָּ וּלְךָ תִּהְיֶה צְדָקָה לִפְנֵי יְהוָה אֱלֹהֶיךָ ה:כד:יד לֹא־תַעֲשֹׁק
שָׂכִיר עָנִי וְאֶבְיוֹן מֵאַחֶיךָ אוֹ מִגֵּרְךָ אֲשֶׁר בְּאַרְצְךָ בִּשְׁעָרֶיךָ
ה:כד:טו בְּיוֹמוֹ תִתֵּן שְׂכָרוֹ וְלֹא־תָבוֹא עָלָיו הַשֶּׁמֶשׁ כִּי עָנִי הוּא וְאֵלָיו
הוּא נֹשֵׂא אֶת־נַפְשׁוֹ וְלֹא־יִקְרָא עָלֶיךָ אֶל־יְהוָה וְהָיָה בְךָ חֵטְא
ה:כד:טז לֹא־יוּמְתוּ אָבוֹת עַל־בָּנִים וּבָנִים לֹא־יוּמְתוּ עַל־אָבוֹת אִישׁ
בְּחֶטְאוֹ יוּמָתוּ ה:כד:יז לֹא תַטֶּה מִשְׁפַּט גֵּר יָתוֹם וְלֹא תַחֲבֹל בֶּגֶד
אַלְמָנָה ה:כד:יח וְזָכַרְתָּ כִּי עֶבֶד הָיִיתָ בְּמִצְרַיִם וַיִּפְדְּךָ יְהוָה אֱלֹהֶיךָ
מִשָּׁם עַל־כֵּן אָנֹכִי מְצַוְּךָ לַעֲשׂוֹת אֶת־הַדָּבָר הַזֶּה ה:כד:יט כִּי תִקְצֹר
קְצִירְךָ בְשָׂדֶךָ וְשָׁכַחְתָּ עֹמֶר בַּשָּׂדֶה לֹא תָשׁוּב לְקַחְתּוֹ לַגֵּר לַיָּתוֹם
וְלָאַלְמָנָה יִהְיֶה לְמַעַן יְבָרֶכְךָ יְהוָה אֱלֹהֶיךָ בְּכֹל מַעֲשֵׂה יָדֶיךָ
ה:כד:כ כִּי תַחְבֹּט זֵיתְךָ לֹא תְפַאֵר אַחֲרֶיךָ לַגֵּר לַיָּתוֹם וְלָאַלְמָנָה
יִהְיֶה ה:כד:כא כִּי תִבְצֹר כַּרְמְךָ לֹא תְעוֹלֵל אַחֲרֶיךָ לַגֵּר לַיָּתוֹם
וְלָאַלְמָנָה יִהְיֶה ה:כד:כב וְזָכַרְתָּ כִּי־עֶבֶד הָיִיתָ בְּאֶרֶץ מִצְרָיִם עַל־כֵּן
אָנֹכִי מְצַוְּךָ לַעֲשׂוֹת אֶת־הַדָּבָר הַזֶּה ה:כה:א כִּי־יִהְיֶה רִיב בֵּין
אֲנָשִׁים וְנִגְּשׁוּ אֶל־הַמִּשְׁפָּט וּשְׁפָטוּם וְהִצְדִּיקוּ אֶת־הַצַּדִּיק

וְהִרְשִׁיעוּ אֶת־הָרָשָׁע ה:כה:ב וְהָיָה אִם־בִּן הַכּוֹת הָרָשָׁע וְהִפִּילוֹ
הַשֹּׁפֵט וְהִכָּהוּ לְפָנָיו כְּדֵי רִשְׁעָתוֹ בְּמִסְפָּר ה:כה:ג אַרְבָּעִים יַכֶּנּוּ לֹא
יֹסִיף פֶּן־יֹסִיף לְהַכֹּתוֹ עַל־אֵלֶּה מַכָּה רַבָּה וְנִקְלָה אָחִיךָ לְעֵינֶיךָ
ה:כה:ד לֹא־תַחְסֹם שׁוֹר בְּדִישׁוֹ ה:כה:ה כִּי־יֵשְׁבוּ אַחִים יַחְדָּו וּמֵת
אַחַד מֵהֶם וּבֵן אֵין־לוֹ לֹא־תִהְיֶה אֵשֶׁת־הַמֵּת הַחוּצָה לְאִישׁ זָר
יְבָמָהּ יָבֹא עָלֶיהָ וּלְקָחָהּ לוֹ לְאִשָּׁה וְיִבְּמָהּ ה:כה:ו וְהָיָה הַבְּכוֹר
אֲשֶׁר תֵּלֵד יָקוּם עַל־שֵׁם אָחִיו הַמֵּת וְלֹא־יִמָּחֶה שְׁמוֹ מִיִּשְׂרָאֵל
ה:כה:ז וְאִם־לֹא יַחְפֹּץ הָאִישׁ לָקַחַת אֶת־יְבִמְתּוֹ וְעָלְתָה יְבִמְתּוֹ
הַשַּׁעְרָה אֶל־הַזְּקֵנִים וְאָמְרָה מֵאֵין יְבָמִי לְהָקִים לְאָחִיו שֵׁם
בְּיִשְׂרָאֵל לֹא אָבָה יַבְּמִי ה:כה:ח וְקָרְאוּ־לוֹ זִקְנֵי־עִירוֹ וְדִבְּרוּ אֵלָיו
וְעָמַד וְאָמַר לֹא חָפַצְתִּי לְקַחְתָּהּ ה:כה:ט וְנִגְּשָׁה יְבִמְתּוֹ אֵלָיו לְעֵינֵי
הַזְּקֵנִים וְחָלְצָה נַעֲלוֹ מֵעַל רַגְלוֹ וְיָרְקָה בְּפָנָיו וְעָנְתָה וְאָמְרָה
כָּכָה יֵעָשֶׂה לָאִישׁ אֲשֶׁר לֹא־יִבְנֶה אֶת־בֵּית אָחִיו ה:כה:י וְנִקְרָא
שְׁמוֹ בְּיִשְׂרָאֵל בֵּית חֲלוּץ הַנָּעַל ה:כה:יא כִּי־יִנָּצוּ אֲנָשִׁים יַחְדָּו אִישׁ
וְאָחִיו וְקָרְבָה אֵשֶׁת הָאֶחָד לְהַצִּיל אֶת־אִישָׁהּ מִיַּד מַכֵּהוּ וְשָׁלְחָה
יָדָהּ וְהֶחֱזִיקָה בִּמְבֻשָׁיו ה:כה:יב וְקַצֹּתָה אֶת־כַּפָּהּ לֹא תָחוֹס עֵינֶךָ
ה:כה:יג לֹא־יִהְיֶה לְךָ בְּכִיסְךָ אֶבֶן וָאָבֶן גְּדוֹלָה וּקְטַנָּה
ה:כה:יד לֹא־יִהְיֶה לְךָ בְּבֵיתְךָ אֵיפָה וְאֵיפָה גְּדוֹלָה וּקְטַנָּה
ה:כה:יה אֶבֶן שְׁלֵמָה וָצֶדֶק יִהְיֶה־לָּךְ אֵיפָה שְׁלֵמָה וָצֶדֶק יִהְיֶה־לָּךְ
לְמַעַן יַאֲרִיכוּ יָמֶיךָ עַל הָאֲדָמָה אֲשֶׁר־יְהוָה אֱלֹהֶיךָ נֹתֵן לָךְ
ה:כה:יו כִּי תוֹעֲבַת יְהוָה אֱלֹהֶיךָ כָּל־עֹשֵׂה אֵלֶּה כֹּל עֹשֵׂה עָוֶל
ה:כה:יז זָכוֹר אֵת אֲשֶׁר־עָשָׂה לְךָ עֲמָלֵק בַּדֶּרֶךְ בְּצֵאתְכֶם מִמִּצְרָיִם
ה:כה:יח אֲשֶׁר קָרְךָ בַּדֶּרֶךְ וַיְזַנֵּב בְּךָ כָּל־הַנֶּחֱשָׁלִים אַחֲרֶיךָ וְאַתָּה
עָיֵף וְיָגֵעַ וְלֹא יָרֵא אֱלֹהִים ה:כה:יט וְהָיָה בְּהָנִיחַ יְהוָה אֱלֹהֶיךָ | לְךָ
מִכָּל־אֹיְבֶיךָ מִסָּבִיב בָּאָרֶץ אֲשֶׁר יְהוָה־אֱלֹהֶיךָ נֹתֵן לְךָ נַחֲלָה
לְרִשְׁתָּהּ תִּמְחֶה אֶת־זֵכֶר עֲמָלֵק מִתַּחַת הַשָּׁמָיִם לֹא תִּשְׁכָּח
ה:כו:א וְהָיָה כִּי־תָבוֹא אֶל־הָאָרֶץ אֲשֶׁר יְהוָה אֱלֹהֶיךָ נֹתֵן לְךָ נַחֲלָה
וִירִשְׁתָּהּ וְיָשַׁבְתָּ בָּהּ ה:כו:ב וְלָקַחְתָּ מֵרֵאשִׁית | כָּל־פְּרִי הָאֲדָמָה

אֲשֶׁ֨ר תָּבִ֧יא מֵֽאַרְצְךָ֛ אֲשֶׁ֨ר יְהוָ֧ה אֱלֹהֶ֛יךָ נֹתֵ֥ן לָ֖ךְ וְשַׂמְתָּ֣ בַטֶּ֑נֶא
וְהָֽלַכְתָּ֙ אֶל־הַמָּק֔וֹם אֲשֶׁ֤ר יִבְחַר֙ יְהוָ֣ה אֱלֹהֶ֔יךָ לְשַׁכֵּ֥ן שְׁמ֖וֹ שָֽׁם
ה:כו:ג וּבָאתָ֙ אֶל־הַכֹּהֵ֔ן אֲשֶׁ֥ר יִהְיֶ֖ה בַּיָּמִ֣ים הָהֵ֑ם וְאָמַרְתָּ֣ אֵלָ֗יו
הִגַּ֤דְתִּי הַיּוֹם֙ לַיהוָ֣ה אֱלֹהֶ֔יךָ כִּי־בָ֙אתִי֙ אֶל־הָאָ֔רֶץ אֲשֶׁ֨ר נִשְׁבַּ֧ע יְהוָ֛ה
לַאֲבֹתֵ֖ינוּ לָ֥תֶת לָֽנוּ ה:כו:ד וְלָקַ֥ח הַכֹּהֵ֛ן הַטֶּ֖נֶא מִיָּדֶ֑ךָ וְהִנִּיח֕וֹ לִפְנֵ֕י
מִזְבַּ֖ח יְהוָ֥ה אֱלֹהֶֽיךָ ה:כו:ה וְעָנִ֨יתָ וְאָמַרְתָּ֜ לִפְנֵ֣י ׀ יְהוָ֣ה אֱלֹהֶ֗יךָ
אֲרַמִּי֙ אֹבֵ֣ד אָבִ֔י וַיֵּ֣רֶד מִצְרַ֔יְמָה וַיָּ֥גָר שָׁ֖ם בִּמְתֵ֣י מְעָ֑ט וַֽיְהִי־שָׁ֕ם לְג֥וֹי
גָּד֖וֹל עָצ֥וּם וָרָֽב ה:כו:ו וַיָּרֵ֧עוּ אֹתָ֛נוּ הַמִּצְרִ֖ים וַיְעַנּ֑וּנוּ וַיִּתְּנ֥וּ עָלֵ֖ינוּ
עֲבֹדָ֥ה קָשָֽׁה ה:כו:ז וַנִּצְעַ֕ק אֶל־יְהוָ֖ה אֱלֹהֵ֣י אֲבֹתֵ֑ינוּ וַיִּשְׁמַ֤ע יְהוָה֙
אֶת־קֹלֵ֔נוּ וַיַּ֧רְא אֶת־עָנְיֵ֛נוּ וְאֶת־עֲמָלֵ֖נוּ וְאֶת־לַחֲצֵֽנוּ ה:כו:ח וַיּוֹצִאֵ֤נוּ
יְהוָה֙ מִמִּצְרַ֔יִם בְּיָ֤ד חֲזָקָה֙ וּבִזְרֹ֣עַ נְטוּיָ֔ה וּבְמֹרָ֖א גָּדֹ֑ל וּבְאֹת֖וֹת
וּבְמֹפְתִֽים ה:כו:ט וַיְבִאֵ֖נוּ אֶל־הַמָּק֣וֹם הַזֶּ֑ה וַיִּתֶּן־לָ֙נוּ֙ אֶת־הָאָ֣רֶץ
הַזֹּ֔את אֶ֛רֶץ זָבַ֥ת חָלָ֖ב וּדְבָֽשׁ ה:כו:י וְעַתָּ֗ה הִנֵּ֤ה הֵבֵ֙אתִי֙ אֶת־רֵאשִׁית֙
פְּרִ֣י הָאֲדָמָ֔ה אֲשֶׁר־נָתַ֥תָּה לִּ֖י יְהוָ֑ה וְהִנַּחְתּ֗וֹ לִפְנֵי֙ יְהוָ֣ה אֱלֹהֶ֔יךָ
וְהִֽשְׁתַּחֲוִ֔יתָ לִפְנֵ֖י יְהוָ֥ה אֱלֹהֶֽיךָ ה:כו:יא וְשָׂמַחְתָּ֣ בְכָל־הַטּ֗וֹב אֲשֶׁ֧ר
נָֽתַן־לְךָ֛ יְהוָ֥ה אֱלֹהֶ֖יךָ וּלְבֵיתֶ֑ךָ אַתָּה֙ וְהַלֵּוִ֔י וְהַגֵּ֖ר אֲשֶׁ֥ר בְּקִרְבֶּֽךָ
ה:כו:יב כִּ֣י תְכַלֶּ֞ה לַ֠עְשֵׂר אֶת־כָּל־מַעְשַׂ֧ר תְּבוּאָתְךָ֛ בַּשָּׁנָ֥ה הַשְּׁלִישִׁ֖ת
שְׁנַ֣ת הַֽמַּעֲשֵׂ֑ר וְנָתַתָּ֣ה לַלֵּוִ֗י לַגֵּר֙ לַיָּת֣וֹם וְלָֽאַלְמָנָ֔ה וְאָכְל֥וּ בִשְׁעָרֶ֖יךָ
וְשָׂבֵֽעוּ ה:כו:יג וְאָמַרְתָּ֡ לִפְנֵי֩ יְהוָ֨ה אֱלֹהֶ֜יךָ בִּעַ֧רְתִּי הַקֹּ֣דֶשׁ מִן־הַבַּ֗יִת
וְגַ֨ם נְתַתִּ֤יו לַלֵּוִי֙ וְלַגֵּר֙ לַיָּת֣וֹם וְלָאַלְמָנָ֔ה כְּכָל־מִצְוָתְךָ֖ אֲשֶׁ֣ר צִוִּיתָ֑נִי
לֹֽא־עָבַ֥רְתִּי מִמִּצְוֺתֶ֖יךָ וְלֹ֥א שָׁכָֽחְתִּי ה:כו:יד לֹֽא־אָכַ֨לְתִּי בְאֹנִ֜י מִמֶּ֗נּוּ
וְלֹֽא־בִעַ֤רְתִּי מִמֶּ֙נּוּ֙ בְּטָמֵ֔א וְלֹא־נָתַ֥תִּי מִמֶּ֖נּוּ לְמֵ֑ת שָׁמַ֗עְתִּי בְּקוֹל֙
יְהוָ֣ה אֱלֹהָ֔י עָשִׂ֕יתִי כְּכֹ֖ל אֲשֶׁ֥ר צִוִּיתָֽנִי ה:כו:טו הַשְׁקִ֩יפָה֩ מִמְּע֨וֹן
קָדְשְׁךָ֜ מִן־הַשָּׁמַ֗יִם וּבָרֵ֤ךְ אֶת־עַמְּךָ֙ אֶת־יִשְׂרָאֵ֔ל וְאֵת֙ הָאֲדָמָ֔ה
אֲשֶׁ֥ר נָתַ֖תָּה לָ֑נוּ כַּאֲשֶׁ֤ר נִשְׁבַּ֙עְתָּ֙ לַאֲבֹתֵ֔ינוּ אֶ֛רֶץ זָבַ֥ת חָלָ֖ב וּדְבָֽשׁ
ה:כו:טז הַיּ֣וֹם הַזֶּ֗ה יְהוָ֨ה אֱלֹהֶ֜יךָ מְצַוְּךָ֧ לַעֲשׂ֛וֹת אֶת־הַחֻקִּ֥ים הָאֵ֖לֶּה
וְאֶת־הַמִּשְׁפָּטִ֑ים וְשָׁמַרְתָּ֤ וְעָשִׂ֙יתָ֙ אוֹתָ֔ם בְּכָל־לְבָבְךָ֖ וּבְכָל־נַפְשֶֽׁךָ
ה:כו:יז אֶת־יְהוָ֥ה הֶאֱמַ֖רְתָּ הַיּ֑וֹם לִהְיוֹת֩ לְךָ֨ לֵֽאלֹהִ֜ים וְלָלֶ֣כֶת בִּדְרָכָ֗יו

וְלִשְׁמֹ֛ר חֻקָּ֥יו וּמִצְוֺתָ֖יו וּמִשְׁפָּטָ֑יו וְלִשְׁמֹ֥עַ בְּקֹלֽוֹ ה:כו:יח וַֽיהוָ֞ה
הֶאֱמִֽירְךָ֣ הַיּ֗וֹם לִהְי֤וֹת לוֹ֙ לְעַ֣ם סְגֻלָּ֔ה כַּאֲשֶׁ֖ר דִּבֶּר־לָ֑ךְ וְלִשְׁמֹ֖ר
כָּל־מִצְוֺתָֽיו ה:כו:יט וּֽלְתִתְּךָ֣ עֶלְי֗וֹן עַ֤ל כָּל־הַגּוֹיִם֙ אֲשֶׁ֣ר עָשָׂ֔ה לִתְהִלָּ֖ה
וּלְשֵׁ֣ם וּלְתִפְאָ֑רֶת וְלִֽהְיֹתְךָ֧ עַם־קָדֹ֛שׁ לַיהוָ֥ה אֱלֹהֶ֖יךָ כַּאֲשֶׁ֥ר דִּבֵּֽר
ה:כז:א וַיְצַ֤ו מֹשֶׁה֙ וְזִקְנֵ֣י יִשְׂרָאֵ֔ל אֶת־הָעָ֖ם לֵאמֹ֑ר שָׁמֹר֙
אֶת־כָּל־הַמִּצְוָ֔ה אֲשֶׁ֧ר אָנֹכִ֛י מְצַוֶּ֥ה אֶתְכֶ֖ם הַיּֽוֹם ה:כז:ב וְהָיָ֗ה בַּיּוֹם֮
אֲשֶׁ֣ר תַּעַבְר֣וּ אֶת־הַיַּרְדֵּן֒ אֶל־הָאָ֕רֶץ אֲשֶׁר־יְהוָ֥ה אֱלֹהֶ֖יךָ נֹתֵ֣ן לָ֑ךְ
וַהֲקֵמֹתָ֤ לְךָ֙ אֲבָנִ֣ים גְּדֹל֔וֹת וְשַׂדְתָּ֥ אֹתָ֖ם בַּשִּֽׂיד ה:כז:ג וְכָתַבְתָּ֣ עֲלֵיהֶ֗ן
אֶֽת־כָּל־דִּבְרֵ֛י הַתּוֹרָ֥ה הַזֹּ֖את בְּעָבְרֶ֑ךָ לְמַ֡עַן אֲשֶׁר֩ תָּבֹ֨א אֶל־הָאָ֜רֶץ
אֲ שֶׁר־יְהוָ֥ה אֱלֹהֶ֣יךָ ׀ נֹתֵ֣ן לְךָ֗ אֶ֣רֶץ זָבַ֤ת חָלָב֙ וּדְבַ֔שׁ כַּאֲשֶׁ֥ר דִּבֶּ֛ר
יְהוָ֥ה אֱלֹהֵֽי־אֲבֹתֶ֖יךָ לָֽךְ ה:כז:ד וְהָיָה֮ בְּעָבְרְכֶ֣ם אֶת־הַיַּרְדֵּן֒ תָּקִ֜ימוּ
אֶת־הָאֲבָנִ֣ים הָאֵ֗לֶּה אֲשֶׁ֨ר אָנֹכִ֜י מְצַוֶּ֥ה אֶתְכֶ֛ם הַיּ֖וֹם בְּהַ֣ר עֵיבָ֑ל
וְשַׂדְתָּ֥ אוֹתָ֖ם בַּשִּֽׂיד ה:כז:ה וּבָנִ֤יתָ שָּׁם֙ מִזְבֵּ֔חַ לַיהוָ֖ה אֱלֹהֶ֑יךָ מִזְבַּ֣ח
אֲבָנִ֔ים לֹא־תָנִ֥יף עֲלֵיהֶ֖ם בַּרְזֶֽל ה:כז:ו אֲבָנִ֤ים שְׁלֵמוֹת֙ תִּבְנֶ֔ה
אֶת־מִזְבַּ֖ח יְהוָ֣ה אֱלֹהֶ֑יךָ וְהַעֲלִ֤יתָ עָלָיו֙ עוֹלֹ֔ת לַיהוָ֖ה אֱלֹהֶֽיךָ
ה:כז:ז וְזָבַחְתָּ֥ שְׁלָמִ֖ים וְאָכַ֣לְתָּ שָּׁ֑ם וְשָׂ֣מַחְתָּ֔ לִפְנֵ֖י יְהוָ֥ה אֱלֹהֶֽיךָ
ה:כז:ח וְכָתַבְתָּ֣ עַל־הָאֲבָנִ֗ים אֶֽת־כָּל־דִּבְרֵ֛י הַתּוֹרָ֥ה הַזֹּ֖את בַּאֵ֥ר
הֵיטֵֽב ה:כז:ט וַיְדַבֵּ֤ר מֹשֶׁה֙ וְהַכֹּהֲנִ֣ים הַלְוִיִּ֔ם אֶ֥ל כָּל־יִשְׂרָאֵ֖ל לֵאמֹ֑ר
הַסְכֵּ֥ת ׀ וּשְׁמַע֙ יִשְׂרָאֵ֔ל הַיּ֤וֹם הַזֶּה֙ נִהְיֵ֣יתָֽ לְעָ֔ם לַיהוָ֖ה אֱלֹהֶֽיךָ
ה:כז:י וְשָׁ֣מַעְתָּ֔ בְּק֖וֹל יְהוָ֣ה אֱלֹהֶ֑יךָ וְעָשִׂ֤יתָ אֶת־מִצְוֺתָו֙ וְאֶת־חֻקָּ֔יו
אֲשֶׁ֛ר אָנֹכִ֥י מְצַוְּךָ֖ הַיּֽוֹם ה:כז:יא וַיְצַ֤ו מֹשֶׁה֙ אֶת־הָעָ֔ם בַּיּ֥וֹם הַה֖וּא
לֵאמֹֽר ה:כז:יב אֵ֠לֶּה יַעַמְד֞וּ לְבָרֵ֤ךְ אֶת־הָעָם֙ עַל־הַ֣ר גְּרִזִּ֔ים
בְּעָבְרְכֶ֖ם אֶת־הַיַּרְדֵּ֑ן שִׁמְעוֹן֙ וְלֵוִ֣י וִֽיהוּדָ֔ה וְיִשָּׂשכָ֖ר וְיוֹסֵ֥ף וּבִנְיָמִֽן
ה:כז:יג וְאֵ֛לֶּה יַעַמְד֥וּ עַל־הַקְּלָלָ֖ה בְּהַ֣ר עֵיבָ֑ל רְאוּבֵן֙ גָּ֣ד וְאָשֵׁ֔ר וּזְבוּלֻ֖ן
דָּ֥ן וְנַפְתָּלִֽי ה:כז:יד וְעָנ֣וּ הַלְוִיִּ֗ם וְאָֽמְר֛וּ אֶל־כָּל־אִ֥ישׁ יִשְׂרָאֵ֖ל ק֥וֹל רָֽם
ה:כז:טו אָר֣וּר הָאִ֡ישׁ אֲשֶׁ֣ר יַעֲשֶׂה֩ פֶ֨סֶל וּמַסֵּכָ֜ה תּוֹעֲבַ֣ת יְהוָ֗ה
מַעֲשֵׂ֛ה יְדֵ֥י חָרָ֖שׁ וְשָׂ֣ם בַּסָּ֑תֶר וְעָנ֧וּ כָל־הָעָ֛ם וְאָמְר֖וּ אָמֵֽן
ה:כז:טז אָר֕וּר מַקְלֶ֥ה אָבִ֖יו וְאִמּ֑וֹ וְאָמַ֥ר כָּל־הָעָ֖ם אָמֵֽן ה:כז:יז אָר֗וּר

מַסִּ֖יג גְּב֣וּל רֵעֵ֑הוּ וְאָמַ֥ר כָּל־הָעָ֖ם אָמֵֽן ה:כז:יח אָר֗וּר מַשְׁגֶּ֥ה עִוֵּ֖ר
בַּדָּ֑רֶךְ וְאָמַ֥ר כָּל־הָעָ֖ם אָמֵֽן ה:כז:יט אָר֗וּר מַטֶּ֛ה מִשְׁפַּ֥ט גֵּר־יָת֖וֹם
וְאַלְמָנָ֑ה וְאָמַ֥ר כָּל־הָעָ֖ם אָמֵֽן ה:כז:כ אָר֗וּר שֹׁכֵב֙ עִם־אֵ֣שֶׁת אָבִ֔יו כִּ֥י
גִלָּ֖ה כְּנַ֣ף אָבִ֑יו וְאָמַ֥ר כָּל־הָעָ֖ם אָמֵֽן ה:כז:כא אָר֗וּר שֹׁכֵ֖ב
עִם־כָּל־בְּהֵמָ֑ה וְאָמַ֥ר כָּל־הָעָ֖ם אָמֵֽן ה:כז:כב אָר֗וּר שֹׁכֵב֙ עִם־אֲחֹת֔וֹ
בַּת־אָבִ֖יו א֣וֹ בַת־אִמּ֑וֹ וְאָמַ֥ר כָּל־הָעָ֖ם אָמֵֽן ה:כז:כג אָר֗וּר שֹׁכֵ֖ב
עִם־חֹֽתַנְתּ֑וֹ וְאָמַ֥ר כָּל־הָעָ֖ם אָמֵֽן ה:כז:כד אָר֗וּר מַכֵּ֥ה רֵעֵ֖הוּ בַּסָּ֑תֶר
וְאָמַ֥ר כָּל־הָעָ֖ם אָמֵֽן ה:כז:כה אָרוּר֙ לֹקֵ֣חַ שֹׁ֔חַד לְהַכּ֥וֹת נֶ֖פֶשׁ דַּ֣ם
נָקִ֑י וְאָמַ֥ר כָּל־הָעָ֖ם אָמֵֽן ה:כז:כו אָר֗וּר אֲשֶׁ֧ר לֹא־יָקִ֛ים אֶת־דִּבְרֵ֥י
הַתּוֹרָֽה־הַזֹּ֖את לַעֲשׂ֣וֹת אוֹתָ֑ם וְאָמַ֥ר כָּל־הָעָ֖ם אָמֵֽן ה:כח:א וְהָיָ֗ה
אִם־שָׁמ֤וֹעַ תִּשְׁמַע֙ בְּקוֹל֙ יְהוָ֣ה אֱלֹהֶ֔יךָ לִשְׁמֹ֤ר לַעֲשׂוֹת֙
אֶת־כָּל־מִצְוֺתָ֔יו אֲשֶׁ֛ר אָנֹכִ֥י מְצַוְּךָ֖ הַיּ֑וֹם וּנְתָנְךָ֞ יְהוָ֣ה אֱלֹהֶ֗יךָ עֶלְי֔וֹן
עַ֖ל כָּל־גּוֹיֵ֥י הָאָֽרֶץ ה:כח:ב וּבָ֧אוּ עָלֶ֛יךָ כָּל־הַבְּרָכ֥וֹת הָאֵ֖לֶּה וְהִשִּׂיגֻ֑ךָ
כִּ֣י תִשְׁמַ֔ע בְּק֖וֹל יְהוָ֥ה אֱלֹהֶֽיךָ ה:כח:ג בָּר֥וּךְ אַתָּ֖ה בָּעִ֑יר וּבָר֥וּךְ אַתָּ֖ה
בַּשָּׂדֶֽה ה:כח:ד בָּר֧וּךְ פְּרִֽי־בִטְנְךָ֛ וּפְרִ֥י אַדְמָתְךָ֖ וּפְרִ֣י בְהֶמְתֶּ֑ךָ שְׁגַ֥ר
אֲלָפֶ֖יךָ וְעַשְׁתְּר֥וֹת צֹאנֶֽךָ ה:כח:ה בָּר֥וּךְ טַנְאֲךָ֖ וּמִשְׁאַרְתֶּֽךָ
ה:כח:ו בָּר֥וּךְ אַתָּ֖ה בְּבֹאֶ֑ךָ וּבָר֥וּךְ אַתָּ֖ה בְּצֵאתֶֽךָ ה:כח:ז יִתֵּ֨ן יְהוָ֤ה
אֶת־אֹיְבֶ֙יךָ֙ הַקָּמִ֣ים עָלֶ֔יךָ נִגָּפִ֖ים לְפָנֶ֑יךָ בְּדֶ֤רֶךְ אֶחָד֙ יֵצְא֣וּ אֵלֶ֔יךָ
וּבְשִׁבְעָ֥ה דְרָכִ֖ים יָנ֥וּסוּ לְפָנֶֽיךָ ה:כח:ח יְצַ֨ו יְהוָ֤ה אִתְּךָ֙ אֶת־הַבְּרָכָ֔ה
בַּאֲסָמֶ֕יךָ וּבְכֹ֖ל מִשְׁלַ֣ח יָדֶ֑ךָ וּבֵ֣רַכְךָ֔ בָּאָ֕רֶץ אֲשֶׁר־יְהוָ֥ה אֱלֹהֶ֖יךָ נֹתֵ֥ן
לָֽךְ ה:כח:ט יְקִימְךָ֨ יְהוָ֥ה לוֹ֙ לְעַ֣ם קָד֔וֹשׁ כַּאֲשֶׁ֖ר נִֽשְׁבַּֽע־לָ֑ךְ כִּ֣י תִשְׁמֹ֗ר
אֶת־מִצְוֺת֙ יְהוָ֣ה אֱלֹהֶ֔יךָ וְהָלַכְתָּ֖ בִּדְרָכָֽיו ה:כח:י וְרָאוּ֙ כָּל־עַמֵּ֣י
הָאָ֔רֶץ כִּ֛י שֵׁ֥ם יְהוָ֖ה נִקְרָ֣א עָלֶ֑יךָ וְיָֽרְא֖וּ מִמֶּֽךָּ ה:כח:יא וְהוֹתִרְךָ֤ יְהוָה֙
לְטוֹבָ֔ה בִּפְרִ֧י בִטְנְךָ֛ וּבִפְרִ֧י בְהֶמְתְּךָ֛ וּבִפְרִ֣י אַדְמָתֶ֑ךָ עַ֚ל הָאֲדָמָ֔ה
אֲשֶׁ֨ר נִשְׁבַּ֧ע יְהוָ֛ה לַאֲבֹתֶ֖יךָ לָ֥תֶת לָֽךְ ה:כח:יב יִפְתַּ֣ח יְהוָ֣ה ׀ לְ֠ךָ
אֶת־אוֹצָר֨וֹ הַטּ֜וֹב אֶת־הַשָּׁמַ֗יִם לָתֵ֤ת מְטַר־אַרְצְךָ֙ בְּעִתּ֔וֹ וּלְבָרֵ֕ךְ
אֵ֖ת כָּל־מַעֲשֵׂ֣ה יָדֶ֑ךָ וְהִלְוִ֙יתָ֙ גּוֹיִ֣ם רַבִּ֔ים וְאַתָּ֖ה לֹ֥א תִלְוֶֽה
ה:כח:יג וּנְתָנְךָ֨ יְהוָ֤ה לְרֹאשׁ֙ וְלֹ֣א לְזָנָ֔ב וְהָיִ֙יתָ֙ רַ֣ק לְמַ֔עְלָה וְלֹ֥א תִהְיֶ֖ה

לְמָ֑טָּה כִּֽי־תִשְׁמַ֞ע אֶל־מִצְוֺ֣ת ׀ יְהוָ֣ה אֱלֹהֶ֗יךָ אֲשֶׁ֨ר אָנֹכִ֧י מְצַוְּךָ֛
הַיּ֖וֹם לִשְׁמֹ֥ר וְלַעֲשֽׂוֹת ה:כח:יד וְלֹ֣א תָס֗וּר מִכָּל־הַדְּבָרִים֙ אֲשֶׁ֨ר אָנֹכִ֜י
מְצַוֶּ֥ה אֶתְכֶ֛ם הַיּ֖וֹם יָמִ֣ין וּשְׂמֹ֑אול לָלֶ֗כֶת אַחֲרֵ֛י אֱלֹהִ֥ים אֲחֵרִ֖ים
לְעָבְדָֽם ה:כח:טו וְהָיָ֗ה אִם־לֹ֤א תִשְׁמַע֙ בְּקוֹל֙ יְהוָ֣ה אֱלֹהֶ֔יךָ לִשְׁמֹ֤ר
לַעֲשׂוֹת֙ אֶת־כָּל־מִצְוֺתָ֣יו וְחֻקֹּתָ֔יו אֲשֶׁ֛ר אָנֹכִ֥י מְצַוְּךָ֖ הַיּ֑וֹם וּבָ֧אוּ
עָלֶ֛יךָ כָּל־הַקְּלָל֥וֹת הָאֵ֖לֶּה וְהִשִּׂיגֽוּךָ ה:כח:טז אָר֥וּר אַתָּ֖ה בָּעִ֑יר וְאָר֥וּר
אַתָּ֖ה בַּשָּׂדֶֽה ה:כח:יז אָר֥וּר טַנְאֲךָ֖ וּמִשְׁאַרְתֶּֽךָ ה:כח:יח אָר֥וּר
פְּרִֽי־בִטְנְךָ֖ וּפְרִ֣י אַדְמָתֶ֑ךָ שְׁגַ֥ר אֲלָפֶ֖יךָ וְעַשְׁתְּר֥וֹת צֹאנֶֽךָ
ה:כח:יט אָר֥וּר אַתָּ֖ה בְּבֹאֶ֑ךָ וְאָר֥וּר אַתָּ֖ה בְּצֵאתֶֽךָ ה:כח:כ יְשַׁלַּ֣ח יְהוָ֣ה
׀ בְּ֠ךָ אֶת־הַמְּאֵרָ֤ה אֶת־הַמְּהוּמָה֙ וְאֶת־הַמִּגְעֶ֔רֶת בְּכָל־מִשְׁלַ֥ח יָדְךָ֖
אֲשֶׁ֣ר תַּעֲשֶׂ֑ה עַ֣ד הִשָּֽׁמֶדְךָ֞ וְעַד־אֲבָדְךָ֙ מַהֵ֔ר מִפְּנֵ֛י רֹ֥עַ מַֽעֲלָלֶ֖יךָ
אֲשֶׁ֥ר עֲזַבְתָּֽנִי ה:כח:כא יַדְבֵּ֧ק יְהוָ֛ה בְּךָ֖ אֶת־הַדָּ֑בֶר עַ֚ד כַּלֹּת֣וֹ אֹֽתְךָ֔
מֵעַל֙ הָֽאֲדָמָ֔ה אֲשֶׁר־אַתָּ֥ה בָא־שָׁ֖מָּה לְרִשְׁתָּֽהּ ה:כח:כב יַכְּכָ֣ה יְ֠הוָה
בַּשַּׁחֶ֨פֶת וּבַקַּדַּ֜חַת וּבַדַּלֶּ֗קֶת וּבַֽחַרְחֻר֙ וּבַחֶ֔רֶב וּבַשִּׁדָּפ֖וֹן וּבַיֵּרָק֑וֹן
וּרְדָפ֖וּךָ עַ֥ד אָבְדֶֽךָ ה:כח:כג וְהָי֥וּ שָׁמֶ֛יךָ אֲשֶׁ֥ר עַל־רֹאשְׁךָ֖ נְחֹ֑שֶׁת
וְהָאָ֥רֶץ אֲשֶׁר־תַּחְתֶּ֖יךָ בַּרְזֶֽל ה:כח:כד יִתֵּ֧ן יְהוָ֛ה אֶת־מְטַ֥ר אַרְצְךָ֖
אָבָ֣ק וְעָפָ֑ר מִן־הַשָּׁמַ֙יִם֙ יֵרֵ֣ד עָלֶ֔יךָ עַ֖ד הִשָּׁמְדָֽךְ ה:כח:כה יִתֶּנְךָ֨ יְהוָ֥ה
׀ נִגָּף֮ לִפְנֵ֣י אֹיְבֶ֒יךָ֒ בְּדֶ֤רֶךְ אֶחָד֙ תֵּצֵ֣א אֵלָ֔יו וּבְשִׁבְעָ֥ה דְרָכִ֖ים תָּנ֣וּס
לְפָנָ֑יו וְהָיִ֣יתָ לְזַעֲוָ֔ה לְכֹ֖ל מַמְלְכ֥וֹת הָאָֽרֶץ ה:כח:כו וְהָיְתָ֤ה נִבְלָֽתְךָ֙
לְמַאֲכָ֔ל לְכָל־ע֥וֹף הַשָּׁמַ֖יִם וּלְבֶהֱמַ֣ת הָאָ֑רֶץ וְאֵ֖ין מַחֲרִֽיד
ה:כח:כז יַכְּכָ֨ה יְהוָ֜ה בִּשְׁחִ֤ין מִצְרַ֙יִם֙ ובעפלים [וּבַטְּחֹרִ֔ים] וּבַגָּרָ֖ב
וּבֶחָ֑רֶס אֲשֶׁ֥ר לֹא־תוּכַ֖ל לְהֵרָפֵֽא ה:כח:כח יַכְּכָ֣ה יְהוָ֔ה בְּשִׁגָּע֖וֹן
וּבְעִוָּר֑וֹן וּבְתִמְה֖וֹן לֵבָֽב ה:כח:כט וְהָיִ֜יתָ מְמַשֵּׁ֣שׁ בַּֽצָּהֳרַ֗יִם כַּאֲשֶׁ֨ר
יְמַשֵּׁ֣שׁ הָעִוֵּר֮ בָּאֲפֵלָה֒ וְלֹ֥א תַצְלִ֖יחַ אֶת־דְּרָכֶ֑יךָ וְהָיִ֨יתָ אַ֜ךְ עָשׁ֧וּק
וְגָז֛וּל כָּל־הַיָּמִ֖ים וְאֵ֥ין מוֹשִֽׁיעַ ה:כח:ל אִשָּׁ֣ה תְאָרֵ֗שׂ וְאִ֤ישׁ אַחֵר֙
ישגלנה [יִשְׁכָּבֶ֔נָּה] בַּ֥יִת תִּבְנֶ֖ה וְלֹא־תֵשֵׁ֣ב בּ֑וֹ כֶּ֥רֶם תִּטַּ֖ע וְלֹ֥א
תְחַלְּלֶֽנּוּ ה:כח:לא שֽׁוֹרְךָ֞ טָב֣וּחַ לְעֵינֶ֗יךָ וְלֹ֣א תֹאכַל֮ מִמֶּ֒נּוּ֒ חֲמֹֽרְךָ֙ גָּז֣וּל
מִלְּפָנֶ֔יךָ וְלֹ֥א יָשׁ֖וּב לָ֑ךְ צֹֽאנְךָ֙ נְתֻנ֣וֹת לְאֹיְבֶ֔יךָ וְאֵ֥ין לְךָ֖ מוֹשִֽׁיעַ

ה:כח:לב בָּנֶיךָ וּבְנֹתֶיךָ נְתֻנִים לְעַם אַחֵר וְעֵינֶיךָ רֹאוֹת וְכָלוֹת
אֲלֵיהֶם כָּל־הַיּוֹם וְאֵין לְאֵל יָדֶךָ ה:כח:לג פְּרִי אַדְמָתְךָ וְכָל־יְגִיעֲךָ
יֹאכַל עַם אֲשֶׁר לֹא־יָדָעְתָּ וְהָיִיתָ רַק עָשׁוּק וְרָצוּץ כָּל־הַיָּמִים
ה:כח:לד וְהָיִיתָ מְשֻׁגָּע מִמַּרְאֵה עֵינֶיךָ אֲשֶׁר תִּרְאֶה ה:כח:לה יַכְּכָה
יְהוָה בִּשְׁחִין רָע עַל־הַבִּרְכַּיִם וְעַל־הַשֹּׁקַיִם אֲשֶׁר לֹא־תוּכַל
לְהֵרָפֵא מִכַּף רַגְלְךָ וְעַד קָדְקֳדֶךָ ה:כח:לו יוֹלֵךְ יְהוָה אֹתְךָ
וְאֶת־מַלְכְּךָ אֲשֶׁר תָּקִים עָלֶיךָ אֶל־גּוֹי אֲשֶׁר לֹא־יָדַעְתָּ אַתָּה
וַאֲבֹתֶיךָ וְעָבַדְתָּ שָׁם אֱלֹהִים אֲחֵרִים עֵץ וָאָבֶן ה:כח:לז וְהָיִיתָ לְשַׁמָּה
לְמָשָׁל וְלִשְׁנִינָה בְּכֹל הָעַמִּים אֲשֶׁר־יְנַהֶגְךָ יְהוָה שָׁמָּה ה:כח:לח זֶרַע
רַב תּוֹצִיא הַשָּׂדֶה וּמְעַט תֶּאֱסֹף כִּי יַחְסְלֶנּוּ הָאַרְבֶּה
ה:כח:לט כְּרָמִים תִּטַּע וְעָבָדְתָּ וְיַיִן לֹא־תִשְׁתֶּה וְלֹא תֶאֱגֹר כִּי
תֹאכְלֶנּוּ הַתֹּלָעַת ה:כח:מ זֵיתִים יִהְיוּ לְךָ בְּכָל־גְּבוּלֶךָ וְשֶׁמֶן לֹא
תָסוּךְ כִּי יִשַּׁל זֵיתֶךָ ה:כח:מא בָּנִים וּבָנוֹת תּוֹלִיד וְלֹא־יִהְיוּ לָךְ כִּי יֵלְכוּ
בַּשֶּׁבִי ה:כח:מב כָּל־עֵצְךָ וּפְרִי אַדְמָתֶךָ יְיָרֵשׁ הַצְּלָצַל ה:כח:מג הַגֵּר
אֲשֶׁר בְּקִרְבְּךָ יַעֲלֶה עָלֶיךָ מַעְלָה מָּעְלָה וְאַתָּה תֵרֵד מַטָּה מָּטָּה
ה:כח:מד הוּא יַלְוְךָ וְאַתָּה לֹא תַלְוֶנּוּ הוּא יִהְיֶה לְרֹאשׁ וְאַתָּה תִּהְיֶה
לְזָנָב ה:כח:מה וּבָאוּ עָלֶיךָ כָּל־הַקְּלָלוֹת הָאֵלֶּה וּרְדָפוּךָ וְהִשִּׂיגוּךָ עַד
הִשָּׁמְדָךְ כִּי־לֹא שָׁמַעְתָּ בְּקוֹל יְהוָה אֱלֹהֶיךָ לִשְׁמֹר מִצְוֹתָיו וְחֻקֹּתָיו
אֲשֶׁר צִוָּךְ ה:כח:מו וְהָיוּ בְךָ לְאוֹת וּלְמוֹפֵת וּבְזַרְעֲךָ עַד־עוֹלָם
ה:כח:מז תַּחַת אֲשֶׁר לֹא־עָבַדְתָּ אֶת־יְהוָה אֱלֹהֶיךָ בְּשִׂמְחָה וּבְטוּב
לֵבָב מֵרֹב כֹּל ה:כח:מח וְעָבַדְתָּ אֶת־אֹיְבֶיךָ אֲשֶׁר יְשַׁלְּחֶנּוּ יְהוָה בָּךְ
בְּרָעָב וּבְצָמָא וּבְעֵירֹם וּבְחֹסֶר כֹּל וְנָתַן עֹל בַּרְזֶל עַל־צַוָּארֶךָ עַד
הִשְׁמִידוֹ אֹתָךְ ה:כח:מט יִשָּׂא יְהוָה עָלֶיךָ גּוֹי מֵרָחוֹק מִקְצֵה הָאָרֶץ
כַּאֲשֶׁר יִדְאֶה הַנָּשֶׁר גּוֹי אֲשֶׁר לֹא־תִשְׁמַע לְשֹׁנוֹ ה:כח:נ גּוֹי עַז פָּנִים
אֲשֶׁר לֹא־יִשָּׂא פָנִים לְזָקֵן וְנַעַר לֹא יָחֹן ה:כח:נא וְאָכַל פְּרִי בְהֶמְתְּךָ
וּפְרִי־אַדְמָתְךָ עַד הִשָּׁמְדָךְ אֲשֶׁר לֹא־יַשְׁאִיר לְךָ דָּגָן תִּירוֹשׁ וְיִצְהָר
שְׁגַר אֲלָפֶיךָ וְעַשְׁתְּרֹת צֹאנֶךָ עַד הַאֲבִידוֹ אֹתָךְ ה:כח:נב וְהֵצַר לְךָ
בְּכָל־שְׁעָרֶיךָ עַד רֶדֶת חֹמֹתֶיךָ הַגְּבֹהוֹת וְהַבְּצֻרוֹת אֲשֶׁר אַתָּה

בֹּטֵ֣חַ בָּהֵ֑ן בְּכָל־אַרְצֶ֑ךָ וְהֵצַ֤ר לְךָ֙ בְּכָל־שְׁעָרֶ֔יךָ בְּכָל־אַרְצְךָ֔ אֲשֶׁ֥ר
נָתַ֛ן יְהוָ֥ה אֱלֹהֶ֖יךָ לָֽךְ ה:כח:נג וְאָכַלְתָּ֣ פְרִי־בִטְנְךָ֗ בְּשַׂ֤ר בָּנֶ֙יךָ֙ וּבְנֹתֶ֔יךָ
אֲשֶׁ֥ר נָֽתַן־לְךָ֖ יְהוָ֣ה אֱלֹהֶ֑יךָ בְּמָצוֹר֙ וּבְמָצ֔וֹק אֲשֶׁר־יָצִ֥יק לְךָ֖ אֹיְבֶֽךָ
ה:כח:נד הָאִישׁ֙ הָרַ֣ךְ בְּךָ֔ וְהֶעָנֹ֖ג מְאֹ֑ד תֵּרַ֨ע עֵינ֤וֹ בְאָחִיו֙ וּבְאֵ֣שֶׁת
חֵיק֔וֹ וּבְיֶ֥תֶר בָּנָ֖יו אֲשֶׁ֥ר יוֹתִֽיר ה:כח:נה מִתֵּ֣ת ׀ לְאַחַ֣ד מֵהֶ֗ם מִבְּשַׂ֤ר
בָּנָיו֙ אֲשֶׁ֣ר יֹאכֵ֔ל מִבְּלִ֥י הִשְׁאִֽיר־ל֖וֹ כֹּ֑ל בְּמָצוֹר֙ וּבְמָצ֔וֹק אֲשֶׁ֨ר יָצִ֥יק
לְךָ֛ אֹיִבְךָ֖ בְּכָל־שְׁעָרֶֽיךָ ה:כח:נו הָרַכָּ֨ה בְךָ֜ וְהָעֲנֻגָּ֗ה אֲשֶׁ֨ר לֹא־נִסְּתָ֤ה
כַף־רַגְלָהּ֙ הַצֵּ֣ג עַל־הָאָ֔רֶץ מֵהִתְעַנֵּ֖ג וּמֵרֹ֑ךְ תֵּרַ֤ע עֵינָהּ֙ בְּאִ֣ישׁ
חֵיקָ֔הּ וּבִבְנָ֖הּ וּבְבִתָּֽהּ ה:כח:נז וּֽבְשִׁלְיָתָ֞הּ הַיּוֹצֵ֣ת ׀ מִבֵּ֣ין רַגְלֶ֗יהָ
וּבְבָנֶ֙יהָ֙ אֲשֶׁ֣ר תֵּלֵ֔ד כִּֽי־תֹאכְלֵ֥ם בְּחֹֽסֶר־כֹּ֖ל בַּסָּ֑תֶר בְּמָצוֹר֙ וּבְמָצ֔וֹק
אֲשֶׁ֨ר יָצִ֥יק לְךָ֛ אֹיִבְךָ֖ בִּשְׁעָרֶֽיךָ ה:כח:נח אִם־לֹ֨א תִשְׁמֹ֜ר לַעֲשׂ֗וֹת
אֶת־כָּל־דִּבְרֵי֙ הַתּוֹרָ֣ה הַזֹּ֔את הַכְּתֻבִ֖ים בַּסֵּ֣פֶר הַזֶּ֑ה לְ֠יִרְאָה
אֶת־הַשֵּׁ֞ם הַנִּכְבָּ֤ד וְהַנּוֹרָא֙ הַזֶּ֔ה אֵ֖ת יְהוָ֥ה אֱלֹהֶֽיךָ ה:כח:נט וְהִפְלָ֤א
יְהוָה֙ אֶת־מַכֹּ֣תְךָ֔ וְאֵ֖ת מַכּ֣וֹת זַרְעֶ֑ךָ מַכּ֤וֹת גְּדֹלֹת֙ וְנֶ֣אֱמָנ֔וֹת וָחֳלָיִ֥ם
רָעִ֖ים וְנֶאֱמָנִֽים ה:כח:ס וְהֵשִׁ֣יב בְּךָ֗ אֵ֚ת כָּל־מַדְוֵ֣ה מִצְרַ֔יִם אֲשֶׁ֥ר יָגֹ֖רְתָּ
מִפְּנֵיהֶ֑ם וְדָבְק֖וּ בָּֽךְ ה:כח:סא גַּ֤ם כָּל־חֳלִי֙ וְכָל־מַכָּ֔ה אֲשֶׁר֙ לֹ֣א כָת֔וּב
בְּסֵ֖פֶר הַתּוֹרָ֣ה הַזֹּ֑את יַעְלֵ֤ם יְהוָה֙ עָלֶ֔יךָ עַ֖ד הִשָּֽׁמְדָֽךְ
ה:כח:סב וְנִשְׁאַרְתֶּם֙ בִּמְתֵ֣י מְעָ֔ט תַּ֚חַת אֲשֶׁ֣ר הֱיִיתֶ֔ם כְּכוֹכְבֵ֥י
הַשָּׁמַ֖יִם לָרֹ֑ב כִּֽי־לֹ֣א שָׁמַ֔עְתָּ בְּק֖וֹל יְהוָ֥ה אֱלֹהֶֽיךָ ה:כח:סג וְֽהָיָ֡ה
כַּאֲשֶׁר־שָׂ֣שׂ יְהוָ֣ה עֲלֵיכֶ֗ם לְהֵיטִ֣יב אֶתְכֶם֮ וּלְהַרְבּ֣וֹת אֶתְכֶם֒ כֵּ֣ן
יָשִׂ֤ישׂ יְהוָה֙ עֲלֵיכֶ֔ם לְהַאֲבִ֥יד אֶתְכֶ֖ם וּלְהַשְׁמִ֣יד אֶתְכֶ֑ם וְנִסַּחְתֶּם֙
מֵעַ֣ל הָאֲדָמָ֔ה אֲשֶׁר־אַתָּ֥ה בָא־שָׁ֖מָּה לְרִשְׁתָּֽהּ ה:כח:סד וֶהֱפִֽיצְךָ֤
יְהוָה֙ בְּכָל־הָ֣עַמִּ֔ים מִקְצֵ֥ה הָאָ֖רֶץ וְעַד־קְצֵ֣ה הָאָ֑רֶץ וְעָבַ֨דְתָּ שָּׁ֜ם
אֱלֹהִ֣ים אֲחֵרִ֗ים אֲשֶׁ֧ר לֹא־יָדַ֛עְתָּ אַתָּ֥ה וַאֲבֹתֶ֖יךָ עֵ֥ץ וָאָֽבֶן
ה:כח:סה וּבַגּוֹיִ֤ם הָהֵם֙ לֹ֣א תַרְגִּ֔יעַ וְלֹא־יִהְיֶ֥ה מָנ֖וֹחַ לְכַף־רַגְלֶ֑ךָ וְנָתַן֩
יְהוָ֨ה לְךָ֥ שָׁם֙ לֵ֣ב רַגָּ֔ז וְכִלְי֥וֹן עֵינַ֖יִם וְדַֽאֲב֥וֹן נָֽפֶשׁ ה:כח:סו וְהָי֣וּ חַיֶּ֔יךָ
תְּלֻאִ֥ים לְךָ֖ מִנֶּ֑גֶד וּפָֽחַדְתָּ֙ לַ֣יְלָה וְיוֹמָ֔ם וְלֹ֥א תַאֲמִ֖ין בְּחַיֶּֽיךָ
ה:כח:סז בַּבֹּ֤קֶר תֹּאמַר֙ מִֽי־יִתֵּ֣ן עֶ֔רֶב וּבָעֶ֣רֶב תֹּאמַ֔ר מִֽי־יִתֵּ֖ן בֹּ֑קֶר

מִפַּ֤חַד לְבָֽבְךָ֙ אֲשֶׁ֣ר תִּפְחָ֔ד וּמִמַּרְאֵ֥ה עֵינֶ֖יךָ אֲשֶׁ֥ר תִּרְאֶֽה
ה:כח:סח וֶֽהֱשִֽׁיבְךָ֨ יְהוָ֥ה ׀ מִצְרַ֘יִם֮ בָּאֳנִיּוֹת֒ בַּדֶּ֙רֶךְ֙ אֲשֶׁ֣ר אָמַ֣רְתִּֽי לְךָ֔
לֹא־תֹסִ֥יף ע֖וֹד לִרְאֹתָ֑הּ וְהִתְמַכַּרְתֶּ֨ם שָׁ֧ם לְאֹיְבֶ֛יךָ לַעֲבָדִ֥ים
וְלִשְׁפָח֖וֹת וְאֵ֥ין קֹנֶֽה ה:כח:סט אֵלֶּה֩ דִבְרֵ֨י הַבְּרִ֜ית אֲשֶׁר־צִוָּ֧ה יְהוָ֣ה
אֶת־מֹשֶׁ֗ה לִכְרֹ֛ת אֶת־בְּנֵ֥י יִשְׂרָאֵ֖ל בְּאֶ֣רֶץ מוֹאָ֑ב מִלְּבַ֣ד הַבְּרִ֔ית
אֲשֶׁר־כָּרַ֥ת אִתָּ֖ם בְּחֹרֵֽב ה:כט:א וַיִּקְרָ֥א מֹשֶׁ֛ה אֶל־כָּל־יִשְׂרָאֵ֖ל וַיֹּ֣אמֶר
אֲלֵהֶ֑ם אַתֶּ֣ם רְאִיתֶ֗ם אֵ֣ת כָּל־אֲשֶׁר֩ עָשָׂ֨ה יְהוָ֤ה לְעֵֽינֵיכֶם֙ בְּאֶ֣רֶץ
מִצְרַ֔יִם לְפַרְעֹ֥ה וּלְכָל־עֲבָדָ֖יו וּלְכָל־אַרְצֽוֹ ה:כט:ב הַמַּסּוֹת֙ הַגְּדֹלֹ֔ת
אֲשֶׁ֥ר רָא֖וּ עֵינֶ֑יךָ הָאֹתֹ֧ת וְהַמֹּפְתִ֛ים הַגְּדֹלִ֖ים הָהֵֽם ה:כט:ג וְלֹֽא־נָתַן֩
יְהוָ֨ה לָכֶ֥ם לֵב֙ לָדַ֔עַת וְעֵינַ֥יִם לִרְא֖וֹת וְאָזְנַ֣יִם לִשְׁמֹ֑עַ עַ֖ד הַיּ֥וֹם הַזֶּֽה
ה:כט:ד וָאוֹלֵ֥ךְ אֶתְכֶ֛ם אַרְבָּעִ֥ים שָׁנָ֖ה בַּמִּדְבָּ֑ר לֹא־בָל֤וּ שַׂלְמֹֽתֵיכֶם֙
מֵעֲלֵיכֶ֔ם וְנַֽעַלְךָ֥ לֹא־בָלְתָ֖ה מֵעַ֥ל רַגְלֶֽךָ ה:כט:ה לֶ֚חֶם לֹ֣א אֲכַלְתֶּ֔ם
וְיַ֥יִן וְשֵׁכָ֖ר לֹ֣א שְׁתִיתֶ֑ם לְמַ֙עַן֙ תֵּֽדְע֔וּ כִּ֛י אֲנִ֥י יְהוָ֖ה אֱלֹהֵיכֶֽם
ה:כט:ו וַתָּבֹ֖אוּ אֶל־הַמָּק֣וֹם הַזֶּ֑ה וַיֵּצֵ֣א סִיחֹ֣ן מֶֽלֶךְ־חֶ֠שְׁבּוֹן וְע֨וֹג
מֶֽלֶךְ־הַבָּשָׁ֧ן לִקְרָאתֵ֛נוּ לַמִּלְחָמָ֖ה וַנַּכֵּֽם ה:כט:ז וַנִּקַּח֙ אֶת־אַרְצָ֔ם
וַנִּתְּנָ֣הּ לְנַחֲלָ֔ה לָרְאוּבֵנִ֖י וְלַגָּדִ֑י וְלַחֲצִ֖י שֵׁ֥בֶט הַֽמְנַשִּֽׁי
ה:כט:ח וּשְׁמַרְתֶּ֗ם אֶת־דִּבְרֵי֙ הַבְּרִ֣ית הַזֹּ֔את וַעֲשִׂיתֶ֖ם אֹתָ֑ם לְמַ֣עַן
תַּשְׂכִּ֔ילוּ אֵ֖ת כָּל־אֲשֶׁ֥ר תַּעֲשֽׂוּן ה:כט:ט אַתֶּ֨ם נִצָּבִ֤ים הַיּוֹם֙ כֻּלְּכֶ֔ם
לִפְנֵ֖י יְהוָ֣ה אֱלֹהֵיכֶ֑ם רָאשֵׁיכֶ֣ם שִׁבְטֵיכֶ֗ם זִקְנֵיכֶם֙ וְשֹׁ֣טְרֵיכֶ֔ם כֹּ֖ל
אִ֥ישׁ יִשְׂרָאֵֽל ה:כט:י טַפְּכֶ֣ם נְשֵׁיכֶ֔ם וְגֵ֣רְךָ֔ אֲשֶׁ֖ר בְּקֶ֣רֶב מַחֲנֶ֑יךָ מֵחֹטֵ֣ב
עֵצֶ֔יךָ עַ֖ד שֹׁאֵ֥ב מֵימֶֽיךָ ה:כט:יא לְעָבְרְךָ֗ בִּבְרִ֛ית יְהוָ֥ה אֱלֹהֶ֖יךָ
וּבְאָלָת֑וֹ אֲשֶׁר֙ יְהוָ֣ה אֱלֹהֶ֔יךָ כֹּרֵ֥ת עִמְּךָ֖ הַיּֽוֹם ה:כט:יב לְמַ֣עַן
הָקִֽים־אֹתְךָ֩ הַיּ֨וֹם ׀ ל֜וֹ לְעָ֗ם וְה֤וּא יִֽהְיֶה־לְּךָ֙ לֵֽאלֹהִ֔ים כַּאֲשֶׁ֖ר
דִּבֶּר־לָ֑ךְ וְכַאֲשֶׁ֤ר נִשְׁבַּע֙ לַאֲבֹתֶ֔יךָ לְאַבְרָהָ֥ם לְיִצְחָ֖ק וּֽלְיַעֲקֹֽב
ה:כט:יג וְלֹ֥א אִתְּכֶ֖ם לְבַדְּכֶ֑ם אָנֹכִ֗י כֹּרֵת֙ אֶת־הַבְּרִ֣ית הַזֹּ֔את
וְאֶת־הָאָלָ֖ה הַזֹּֽאת ה:כט:יד כִּ֩י אֶת־אֲשֶׁ֨ר יֶשְׁנ֜וֹ פֹּ֗ה עִמָּ֙נוּ֙ עֹמֵ֣ד הַיּ֔וֹם
לִפְנֵ֖י יְהוָ֣ה אֱלֹהֵ֑ינוּ וְאֵ֨ת אֲשֶׁ֥ר אֵינֶ֛נּוּ פֹּ֖ה עִמָּ֥נוּ הַיּֽוֹם
ה:כט:יה כִּֽי־אַתֶּ֣ם יְדַעְתֶּ֔ם אֵ֥ת אֲשֶׁר־יָשַׁ֖בְנוּ בְּאֶ֣רֶץ מִצְרָ֑יִם וְאֵ֛ת

אֲשֶׁר־עֲבַרְנוּ בְּקֶרֶב הַגּוֹיִם אֲשֶׁר עֲבַרְתֶּם ה:כט:יו וַתִּרְאוּ
אֶת־שִׁקּוּצֵיהֶם וְאֵת גִּלֻּלֵיהֶם עֵץ וָאֶבֶן כֶּסֶף וְזָהָב אֲשֶׁר עִמָּהֶם
ה:כט:יז פֶּן־יֵשׁ בָּכֶם אִישׁ אוֹ־אִשָּׁה אוֹ מִשְׁפָּחָה אוֹ־שֵׁבֶט אֲשֶׁר לְבָבוֹ
פֹנֶה הַיּוֹם מֵעִם יְהוָה אֱלֹהֵינוּ לָלֶכֶת לַעֲבֹד אֶת־אֱלֹהֵי הַגּוֹיִם
הָהֵם פֶּן־יֵשׁ בָּכֶם שֹׁרֶשׁ פֹּרֶה רֹאשׁ וְלַעֲנָה ה:כט:יח וְהָיָה בְּשָׁמְעוֹ
אֶת־דִּבְרֵי הָאָלָה הַזֹּאת וְהִתְבָּרֵךְ בִּלְבָבוֹ לֵאמֹר שָׁלוֹם יִהְיֶה־לִּי כִּי
בִּשְׁרִרוּת לִבִּי אֵלֵךְ לְמַעַן סְפוֹת הָרָוָה אֶת־הַצְּמֵאָה
ה:כט:יט לֹא־יֹאבֶה יְהוָה סְלֹחַ לוֹ כִּי אָז יֶעְשַׁן אַף־יְהוָה וְקִנְאָתוֹ
בָּאִישׁ הַהוּא וְרָבְצָה בּוֹ כָּל־הָאָלָה הַכְּתוּבָה בַּסֵּפֶר הַזֶּה וּמָחָה
יְהוָה אֶת־שְׁמוֹ מִתַּחַת הַשָּׁמָיִם ה:כט:כ וְהִבְדִּילוֹ יְהוָה לְרָעָה מִכֹּל
שִׁבְטֵי יִשְׂרָאֵל כְּכֹל אָלוֹת הַבְּרִית הַכְּתוּבָה בְּסֵפֶר הַתּוֹרָה הַזֶּה
ה:כט:כא וְאָמַר הַדּוֹר הָאַחֲרוֹן בְּנֵיכֶם אֲשֶׁר יָקוּמוּ מֵאַחֲרֵיכֶם
וְהַנָּכְרִי אֲשֶׁר יָבֹא מֵאֶרֶץ רְחוֹקָה וְרָאוּ אֶת־מַכּוֹת הָאָרֶץ הַהִוא
וְאֶת־תַּחֲלֻאֶיהָ אֲשֶׁר־חִלָּה יְהוָה בָּהּ ה:כט:כב גָּפְרִית וָמֶלַח שְׂרֵפָה
כָל־אַרְצָהּ לֹא תִזָּרַע וְלֹא תַצְמִחַ וְלֹא־יַעֲלֶה בָהּ כָּל־עֵשֶׂב
כְּמַהְפֵּכַת סְדֹם וַעֲמֹרָה אַדְמָה וצביים [וּצְבוֹיִם] אֲשֶׁר הָפַךְ יְהוָה
בְּאַפּוֹ וּבַחֲמָתוֹ ה:כט:כג וְאָמְרוּ כָּל־הַגּוֹיִם עַל־מֶה עָשָׂה יְהוָה כָּכָה
לָאָרֶץ הַזֹּאת מֶה חֳרִי הָאַף הַגָּדוֹל הַזֶּה ה:כט:כד וְאָמְרוּ עַל אֲשֶׁר
עָזְבוּ אֶת־בְּרִית יְהוָה אֱלֹהֵי אֲבֹתָם אֲשֶׁר כָּרַת עִמָּם בְּהוֹצִיאוֹ
אֹתָם מֵאֶרֶץ מִצְרָיִם ה:כט:כה וַיֵּלְכוּ וַיַּעַבְדוּ אֱלֹהִים אֲחֵרִים וַיִּשְׁתַּחֲווּ
לָהֶם אֱלֹהִים אֲשֶׁר לֹא־יְדָעוּם וְלֹא חָלַק לָהֶם ה:כט:כו וַיִּחַר־אַף
יְהוָה בָּאָרֶץ הַהִוא לְהָבִיא עָלֶיהָ אֶת־כָּל־הַקְּלָלָה הַכְּתוּבָה בַּסֵּפֶר
הַזֶּה ה:כט:כז וַיִּתְּשֵׁם יְהוָה מֵעַל אַדְמָתָם בְּאַף וּבְחֵמָה וּבְקֶצֶף
גָּדוֹל וַיַּשְׁלִכֵם אֶל־אֶרֶץ אַחֶרֶת כַּיּוֹם הַזֶּה ה:כט:כח הַנִּסְתָּרֹת לַיהוָה
אֱלֹהֵינוּ וְהַנִּגְלֹת לָנוּ וּלְבָנֵינוּ עַד־עוֹלָם לַעֲשׂוֹת אֶת־כָּל־דִּבְרֵי
הַתּוֹרָה הַזֹּאת ה:ל:א וְהָיָה כִי־יָבֹאוּ עָלֶיךָ כָּל־הַדְּבָרִים הָאֵלֶּה
הַבְּרָכָה וְהַקְּלָלָה אֲשֶׁר נָתַתִּי לְפָנֶיךָ וַהֲשֵׁבֹתָ אֶל־לְבָבֶךָ
בְּכָל־הַגּוֹיִם אֲשֶׁר הִדִּיחֲךָ יְהוָה אֱלֹהֶיךָ שָׁמָּה ה:ל:ב וְשַׁבְתָּ עַד־יְהוָה

אֱלֹהֶ֗יךָ וְשָׁמַעְתָּ֣ בְקֹל֔וֹ כְּכֹ֛ל אֲשֶׁר־אָנֹכִ֥י מְצַוְּךָ֖ הַיּ֑וֹם אַתָּ֣ה וּבָנֶ֔יךָ
בְּכָל־לְבָבְךָ֖ וּבְכָל־נַפְשֶֽׁךָ ה:ל:ג וְשָׁ֨ב יְהוָ֧ה אֱלֹהֶ֛יךָ אֶת־שְׁבוּתְךָ֖
וְרִחֲמֶ֑ךָ וְשָׁ֗ב וְקִבֶּצְךָ֙ מִכָּל־הָ֣עַמִּ֔ים אֲשֶׁ֧ר הֱפִֽיצְךָ֛ יְהוָ֥ה אֱלֹהֶ֖יךָ
שָֽׁמָּה ה:ל:ד אִם־יִהְיֶ֥ה נִֽדַּחֲךָ֖ בִּקְצֵ֣ה הַשָּׁמָ֑יִם מִשָּׁ֗ם יְקַבֶּצְךָ֙ יְהוָ֣ה
אֱלֹהֶ֔יךָ וּמִשָּׁ֖ם יִקָּחֶֽךָ ה:ל:ה וֶהֱבִיאֲךָ֞ יְהוָ֣ה אֱלֹהֶ֗יךָ אֶל־הָאָ֛רֶץ
אֲשֶׁר־יָרְשׁ֥וּ אֲבֹתֶ֖יךָ וִֽירִשְׁתָּ֑הּ וְהֵיטִֽבְךָ֥ וְהִרְבְּךָ֖ מֵאֲבֹתֶֽיךָ ה:ל:ו וּמָ֨ל
יְהוָ֧ה אֱלֹהֶ֛יךָ אֶת־לְבָבְךָ֖ וְאֶת־לְבַ֣ב זַרְעֶ֑ךָ לְאַהֲבָ֞ה אֶת־יְהוָ֧ה
אֱלֹהֶ֛יךָ בְּכָל־לְבָבְךָ֥ וּבְכָל־נַפְשְׁךָ֖ לְמַ֥עַן חַיֶּֽיךָ ה:ל:ז וְנָתַן֙ יְהוָ֣ה
אֱלֹהֶ֔יךָ אֵ֥ת כָּל־הָאָל֖וֹת הָאֵ֑לֶּה עַל־אֹיְבֶ֥יךָ וְעַל־שֹׂנְאֶ֖יךָ אֲשֶׁ֥ר
רְדָפֽוּךָ ה:ל:ח וְאַתָּ֣ה תָשׁ֔וּב וְשָׁמַעְתָּ֖ בְּק֣וֹל יְהוָ֑ה וְעָשִׂ֙יתָ֙
אֶת־כָּל־מִצְוֺתָ֔יו אֲשֶׁ֛ר אָנֹכִ֥י מְצַוְּךָ֖ הַיּֽוֹם ה:ל:ט וְהוֹתִ֩ירְךָ֩ יְהוָ֨ה
אֱלֹהֶ֜יךָ בְּכֹ֣ל ׀ מַעֲשֵׂ֣ה יָדֶ֗ךָ בִּפְרִ֨י בִטְנְךָ֜ וּבִפְרִ֧י בְהֶמְתְּךָ֛ וּבִפְרִ֥י
אַדְמָתְךָ֖ לְטֹבָ֑ה כִּ֣י ׀ יָשׁ֣וּב יְהוָ֗ה לָשׂ֤וּשׂ עָלֶ֙יךָ֙ לְט֔וֹב כַּאֲשֶׁר־שָׂ֖שׂ
עַל־אֲבֹתֶֽיךָ ה:ל:י כִּ֣י תִשְׁמַ֗ע בְּקוֹל֙ יְהוָ֣ה אֱלֹהֶ֔יךָ לִשְׁמֹ֤ר מִצְוֺתָיו֙
וְחֻקֹּתָ֔יו הַכְּתוּבָ֕ה בְּסֵ֖פֶר הַתּוֹרָ֣ה הַזֶּ֑ה כִּ֤י תָשׁוּב֙ אֶל־יְהוָ֣ה אֱלֹהֶ֔יךָ
בְּכָל־לְבָבְךָ֖ וּבְכָל־נַפְשֶֽׁךָ ה:ל:יא כִּ֚י הַמִּצְוָ֣ה הַזֹּ֔את אֲשֶׁ֛ר אָנֹכִ֥י מְצַוְּךָ֖
הַיּ֑וֹם לֹֽא־נִפְלֵ֥את הִוא֙ מִמְּךָ֔ וְלֹ֥א רְחֹקָ֖ה הִֽוא ה:ל:יב לֹ֥א בַשָּׁמַ֖יִם
הִ֑וא לֵאמֹ֗ר מִ֣י יַעֲלֶה־לָּ֤נוּ הַשָּׁמַ֙יְמָה֙ וְיִקָּחֶ֣הָ לָּ֔נוּ וְיַשְׁמִעֵ֥נוּ אֹתָ֖הּ
וְנַעֲשֶֽׂנָּה ה:ל:יג וְלֹֽא־מֵעֵ֥בֶר לַיָּ֖ם הִ֑וא לֵאמֹ֗ר מִ֣י יַעֲבָר־לָ֜נוּ אֶל־עֵ֤בֶר
הַיָּם֙ וְיִקָּחֶ֣הָ לָּ֔נוּ וְיַשְׁמִעֵ֥נוּ אֹתָ֖הּ וְנַעֲשֶֽׂנָּה ה:ל:יד כִּֽי־קָר֥וֹב אֵלֶ֛יךָ
הַדָּבָ֖ר מְאֹ֑ד בְּפִ֥יךָ וּבִֽלְבָבְךָ֖ לַעֲשֹׂתֽוֹ ה:ל:טו רְאֵ֨ה נָתַ֤תִּי לְפָנֶ֙יךָ֙ הַיּ֔וֹם
אֶת־הַֽחַיִּ֖ים וְאֶת־הַטּ֑וֹב וְאֶת־הַמָּ֖וֶת וְאֶת־הָרָֽע ה:ל:טז אֲשֶׁ֨ר אָנֹכִ֣י
מְצַוְּךָ֮ הַיּוֹם֒ לְאַהֲבָ֞ה אֶת־יְהוָ֤ה אֱלֹהֶ֙יךָ֙ לָלֶ֣כֶת בִּדְרָכָ֔יו וְלִשְׁמֹ֛ר
מִצְוֺתָ֥יו וְחֻקֹּתָ֖יו וּמִשְׁפָּטָ֑יו וְחָיִ֣יתָ וְרָבִ֔יתָ וּבֵֽרַכְךָ֙ יְהוָ֣ה אֱלֹהֶ֔יךָ בָּאָ֕רֶץ
אֲשֶׁר־אַתָּ֥ה בָא־שָׁ֖מָּה לְרִשְׁתָּֽהּ ה:ל:יז וְאִם־יִפְנֶ֥ה לְבָבְךָ֖ וְלֹ֣א תִשְׁמָ֑ע
וְנִדַּחְתָּ֗ וְהִֽשְׁתַּחֲוִ֛יתָ לֵאלֹהִ֥ים אֲחֵרִ֖ים וַעֲבַדְתָּֽם ה:ל:יח הִגַּ֤דְתִּי לָכֶם֙
הַיּ֔וֹם כִּ֥י אָבֹ֖ד תֹּאבֵד֑וּן לֹא־תַאֲרִיכֻ֣ן יָמִים֙ עַל־הָ֣אֲדָמָ֔ה אֲשֶׁ֨ר אַתָּ֤ה
עֹבֵר֙ אֶת־הַיַּרְדֵּ֔ן לָב֥וֹא שָׁ֖מָּה לְרִשְׁתָּֽהּ ה:ל:יט הַעִידֹ֨תִי בָכֶ֣ם הַיּוֹם֮

אֶת־הַשָּׁמַיִם וְאֶת־הָאָרֶץ הַחַיִּים וְהַמָּוֶת נָתַתִּי לְפָנֶיךָ הַבְּרָכָה
וְהַקְּלָלָה וּבָחַרְתָּ בַּחַיִּים לְמַעַן תִּחְיֶה אַתָּה וְזַרְעֶךָ ה:ל:כ לְאַהֲבָה
אֶת־יְהוָה אֱלֹהֶיךָ לִשְׁמֹעַ בְּקֹלוֹ וּלְדָבְקָה־בוֹ כִּי הוּא חַיֶּיךָ וְאֹרֶךְ
יָמֶיךָ לָשֶׁבֶת עַל־הָאֲדָמָה אֲשֶׁר נִשְׁבַּע יְהוָה לַאֲבֹתֶיךָ לְאַבְרָהָם
לְיִצְחָק וּלְיַעֲקֹב לָתֵת לָהֶם ה:לא:א וַיֵּלֶךְ מֹשֶׁה וַיְדַבֵּר אֶת־הַדְּבָרִים
הָאֵלֶּה אֶל־כָּל־יִשְׂרָאֵל ה:לא:ב וַיֹּאמֶר אֲלֵהֶם בֶּן־מֵאָה וְעֶשְׂרִים
שָׁנָה אָנֹכִי הַיּוֹם לֹא־אוּכַל עוֹד לָצֵאת וְלָבוֹא וַיהוָה אָמַר אֵלַי לֹא
תַעֲבֹר אֶת־הַיַּרְדֵּן הַזֶּה ה:לא:ג יְהוָה אֱלֹהֶיךָ הוּא | עֹבֵר לְפָנֶיךָ
הוּא־יַשְׁמִיד אֶת־הַגּוֹיִם הָאֵלֶּה מִלְּפָנֶיךָ וִירִשְׁתָּם יְהוֹשֻׁעַ הוּא עֹבֵר
לְפָנֶיךָ כַּאֲשֶׁר דִּבֶּר יְהוָה ה:לא:ד וְעָשָׂה יְהוָה לָהֶם כַּאֲשֶׁר עָשָׂה
לְסִיחוֹן וּלְעוֹג מַלְכֵי הָאֱמֹרִי וּלְאַרְצָם אֲשֶׁר הִשְׁמִיד אֹתָם
ה:לא:ה וּנְתָנָם יְהוָה לִפְנֵיכֶם וַעֲשִׂיתֶם לָהֶם כְּכָל־הַמִּצְוָה אֲשֶׁר
צִוִּיתִי אֶתְכֶם ה:לא:ו חִזְקוּ וְאִמְצוּ אַל־תִּירְאוּ וְאַל־תַּעַרְצוּ מִפְּנֵיהֶם
כִּי | יְהוָה אֱלֹהֶיךָ הוּא הַהֹלֵךְ עִמָּךְ לֹא יַרְפְּךָ וְלֹא יַעַזְבֶךָּ
ה:לא:ז וַיִּקְרָא מֹשֶׁה לִיהוֹשֻׁעַ וַיֹּאמֶר אֵלָיו לְעֵינֵי כָל־יִשְׂרָאֵל חֲזַק
וֶאֱמָץ כִּי אַתָּה תָּבוֹא אֶת־הָעָם הַזֶּה אֶל־הָאָרֶץ אֲשֶׁר נִשְׁבַּע יְהוָה
לַאֲבֹתָם לָתֵת לָהֶם וְאַתָּה תַּנְחִילֶנָּה אוֹתָם ה:לא:ח וַיהוָה הוּא |
הַהֹלֵךְ לְפָנֶיךָ הוּא יִהְיֶה עִמָּךְ לֹא יַרְפְּךָ וְלֹא יַעַזְבֶךָּ לֹא תִירָא וְלֹא
תֵחָת ה:לא:ט וַיִּכְתֹּב מֹשֶׁה אֶת־הַתּוֹרָה הַזֹּאת וַיִּתְּנָהּ אֶל־הַכֹּהֲנִים
בְּנֵי לֵוִי הַנֹּשְׂאִים אֶת־אֲרוֹן בְּרִית יְהוָה וְאֶל־כָּל־זִקְנֵי יִשְׂרָאֵל
ה:לא:י וַיְצַו מֹשֶׁה אוֹתָם לֵאמֹר מִקֵּץ | שֶׁבַע שָׁנִים בְּמֹעֵד שְׁנַת
הַשְּׁמִטָּה בְּחַג הַסֻּכּוֹת ה:לא:יא בְּבוֹא כָל־יִשְׂרָאֵל לֵרָאוֹת אֶת־פְּנֵי
יְהוָה אֱלֹהֶיךָ בַּמָּקוֹם אֲשֶׁר יִבְחָר תִּקְרָא אֶת־הַתּוֹרָה הַזֹּאת נֶגֶד
כָּל־יִשְׂרָאֵל בְּאָזְנֵיהֶם ה:לא:יב הַקְהֵל אֶת־הָעָם הָאֲנָשִׁים וְהַנָּשִׁים
וְהַטַּף וְגֵרְךָ אֲשֶׁר בִּשְׁעָרֶיךָ לְמַעַן יִשְׁמְעוּ וּלְמַעַן יִלְמְדוּ וְיָרְאוּ
אֶת־יְהוָה אֱלֹהֵיכֶם וְשָׁמְרוּ לַעֲשׂוֹת אֶת־כָּל־דִּבְרֵי הַתּוֹרָה הַזֹּאת
ה:לא:יג וּבְנֵיהֶם אֲשֶׁר לֹא־יָדְעוּ יִשְׁמְעוּ וְלָמְדוּ לְיִרְאָה אֶת־יְהוָה
אֱלֹהֵיכֶם כָּל־הַיָּמִים אֲשֶׁר אַתֶּם חַיִּים עַל־הָאֲדָמָה אֲשֶׁר אַתֶּם

עֹבְרִ֥ים אֶת־הַיַּרְדֵּ֖ן שָׁ֖מָּה לְרִשְׁתָּֽהּ ה:לא:יד וַיֹּ֨אמֶר יְהֹוָ֜ה אֶל־מֹשֶׁ֗ה
הֵ֣ן קָרְב֣וּ יָמֶ֘יךָ֮ לָמוּת֒ קְרָ֣א אֶת־יְהוֹשֻׁ֗עַ וְהִֽתְיַצְּב֛וּ בְּאֹ֥הֶל מוֹעֵ֖ד
וַאֲצַוֶּ֑נּוּ וַיֵּ֤לֶךְ מֹשֶׁה֙ וִיהוֹשֻׁ֔עַ וַיִּֽתְיַצְּב֖וּ בְּאֹ֥הֶל מוֹעֵֽד ה:לא:טו וַיֵּרָ֧א יְהֹוָ֛ה
בָּאֹ֖הֶל בְּעַמּ֣וּד עָנָ֑ן וַיַּעֲמֹ֛ד עַמּ֥וּד הֶעָנָ֖ן עַל־פֶּ֥תַח הָאֹֽהֶל
ה:לא:טז וַיֹּ֤אמֶר יְהֹוָה֙ אֶל־מֹשֶׁ֔ה הִנְּךָ֥ שֹׁכֵ֖ב עִם־אֲבֹתֶ֑יךָ וְקָם֩ הָעָ֨ם
הַזֶּ֜ה וְזָנָ֣ה ׀ אַחֲרֵ֣י ׀ אֱלֹהֵ֣י נֵֽכַר־הָאָ֗רֶץ אֲשֶׁ֨ר ה֤וּא בָא־שָׁ֙מָּה֙
בְּקִרְבּ֔וֹ וַעֲזָבַ֕נִי וְהֵפֵר֙ אֶת־בְּרִיתִ֔י אֲשֶׁ֥ר כָּרַ֖תִּי אִתּֽוֹ ה:לא:יז וְחָרָ֣ה אַפִּ֣י
ב֣וֹ בַיּוֹם־הַ֠הוּא וַעֲזַבְתִּ֞ים וְהִסְתַּרְתִּ֨י פָנַ֤י מֵהֶם֙ וְהָיָ֣ה לֶֽאֱכֹ֔ל
וּמְצָאֻ֛הוּ רָע֥וֹת רַבּ֖וֹת וְצָר֑וֹת וְאָמַר֙ בַּיּ֣וֹם הַה֔וּא הֲלֹ֗א עַ֣ל כִּי־אֵ֤ין
אֱלֹהַי֙ בְּקִרְבִּ֔י מְצָא֖וּנִי הָרָע֥וֹת הָאֵֽלֶּה ה:לא:יח וְאָנֹכִ֗י הַסְתֵּ֨ר אַסְתִּ֤יר
פָּנַי֙ בַּיּ֣וֹם הַה֔וּא עַ֥ל כָּל־הָרָעָ֖ה אֲשֶׁ֣ר עָשָׂ֑ה כִּ֣י פָנָ֔ה אֶל־אֱלֹהִ֖ים
אֲחֵרִֽים ה:לא:יט וְעַתָּ֗ה כִּתְב֤וּ לָכֶם֙ אֶת־הַשִּׁירָ֣ה הַזֹּ֔את וְלַמְּדָ֥הּ
אֶת־בְּנֵֽי־יִשְׂרָאֵ֖ל שִׂימָ֣הּ בְּפִיהֶ֑ם לְמַ֨עַן תִּֽהְיֶה־לִּ֜י הַשִּׁירָ֥ה הַזֹּ֛את
לְעֵ֖ד בִּבְנֵ֥י יִשְׂרָאֵֽל ה:לא:כ כִּֽי־אֲבִיאֶ֜נּוּ אֶל־הָאֲדָמָ֣ה ׀ אֲשֶׁר־נִשְׁבַּ֣עְתִּי
לַאֲבֹתָ֗יו זָבַ֤ת חָלָב֙ וּדְבַ֔שׁ וְאָכַ֥ל וְשָׂבַ֖ע וְדָשֵׁ֑ן וּפָנָ֞ה אֶל־אֱלֹהִ֤ים
אֲחֵרִים֙ וַעֲבָד֔וּם וְנִ֣אֲצ֔וּנִי וְהֵפֵ֖ר אֶת־בְּרִיתִֽי ה:לא:כא וְֽהָיָה֩ כִּֽי־תִמְצֶ֨אןָ
אֹת֜וֹ רָע֣וֹת רַבּוֹת֮ וְצָרוֹת֒ וְֽעָנְתָ֞ה הַשִּׁירָ֨ה הַזֹּ֤את לְפָנָיו֙ לְעֵ֔ד כִּ֛י לֹ֥א
תִשָּׁכַ֖ח מִפִּ֣י זַרְע֑וֹ כִּ֧י יָדַ֣עְתִּי אֶת־יִצְר֗וֹ אֲשֶׁ֨ר ה֤וּא עֹשֶׂה֙ הַיּ֔וֹם בְּטֶ֣רֶם
אֲבִיאֶ֔נּוּ אֶל־הָאָ֖רֶץ אֲשֶׁ֥ר נִשְׁבָּֽעְתִּי ה:לא:כב וַיִּכְתֹּ֥ב מֹשֶׁ֛ה אֶת־הַשִּׁירָ֥ה
הַזֹּ֖את בַּיּ֣וֹם הַה֑וּא וַֽיְלַמְּדָ֖הּ אֶת־בְּנֵ֥י יִשְׂרָאֵֽל ה:לא:כג וַיְצַ֞ו אֶת־יְהוֹשֻׁ֣עַ
בִּן־נ֗וּן וַיֹּאמֶר֮ חֲזַ֣ק וֶאֱמָץ֒ כִּ֣י אַתָּ֗ה תָּבִיא֙ אֶת־בְּנֵ֣י יִשְׂרָאֵ֔ל
אֶל־הָאָ֖רֶץ אֲשֶׁר־נִשְׁבַּ֣עְתִּי לָהֶ֑ם וְאָנֹכִ֖י אֶהְיֶ֥ה עִמָּֽךְ ה:לא:כד וַיְהִ֣י ׀
כְּכַלּ֣וֹת מֹשֶׁ֗ה לִכְתֹּ֛ב אֶת־דִּבְרֵ֥י הַתּוֹרָֽה־הַזֹּ֖את עַל־סֵ֑פֶר עַ֖ד תֻּמָּֽם
ה:לא:כה וַיְצַ֤ו מֹשֶׁה֙ אֶת־הַלְוִיִּ֔ם נֹשְׂאֵ֖י אֲר֥וֹן בְּרִית־יְהֹוָ֖ה לֵאמֹֽר
ה:לא:כו לָקֹ֗חַ אֵ֣ת סֵ֤פֶר הַתּוֹרָה֙ הַזֶּ֔ה וְשַׂמְתֶּ֣ם אֹת֔וֹ מִצַּ֛ד אֲר֥וֹן
בְּרִית־יְהֹוָ֖ה אֱלֹהֵיכֶ֑ם וְהָֽיָה־שָׁ֥ם בְּךָ֖ לְעֵֽד ה:לא:כז כִּ֣י אָנֹכִ֤י יָדַ֙עְתִּי֙
אֶֽת־מֶרְיְךָ֔ וְאֶֽת־עָרְפְּךָ֖ הַקָּשֶׁ֑ה הֵ֣ן בְּעוֹדֶ֩נִּי֩ חַ֨י עִמָּכֶ֜ם הַיּ֗וֹם מַמְרִ֤ים
הֱיִתֶם֙ עִם־יְהֹוָ֔ה וְאַ֖ף כִּֽי־אַחֲרֵ֥י מוֹתִֽי ה:לא:כח הַקְהִ֤ילוּ אֵלַי֙

אֶת־כָּל־זִקְנֵי שִׁבְטֵיכֶם וְשֹׁטְרֵיכֶם וַאֲדַבְּרָה בְאָזְנֵיהֶם אֵת הַדְּבָרִים
הָאֵלֶּה וְאָעִידָה בָּם אֶת־הַשָּׁמַיִם וְאֶת־הָאָרֶץ ה:לא:כט כִּי יָדַעְתִּי
אַחֲרֵי מוֹתִי כִּי־הַשְׁחֵת תַּשְׁחִתוּן וְסַרְתֶּם מִן־הַדֶּרֶךְ אֲשֶׁר צִוִּיתִי
אֶתְכֶם וְקָרָאת אֶתְכֶם הָרָעָה בְּאַחֲרִית הַיָּמִים כִּי־תַעֲשׂוּ
אֶת־הָרַע בְּעֵינֵי יְהוָה לְהַכְעִיסוֹ בְּמַעֲשֵׂה יְדֵיכֶם ה:לא:ל וַיְדַבֵּר
מֹשֶׁה בְּאָזְנֵי כָּל־קְהַל יִשְׂרָאֵל אֶת־דִּבְרֵי הַשִּׁירָה הַזֹּאת עַד תֻּמָּם
ה:לב:א הַאֲזִינוּ הַשָּׁמַיִם וַאֲדַבֵּרָה וְתִשְׁמַע הָאָרֶץ אִמְרֵי־פִי
ה:לב:ב יַעֲרֹף כַּמָּטָר לִקְחִי תִּזַּל כַּטַּל אִמְרָתִי כִּשְׂעִירִם עֲלֵי־דֶשֶׁא
וְכִרְבִיבִים עֲלֵי־עֵשֶׂב ה:לב:ג כִּי שֵׁם יְהוָה אֶקְרָא הָבוּ גֹדֶל לֵאלֹהֵינוּ
ה:לב:ד הַצּוּר תָּמִים פָּעֳלוֹ כִּי כָל־דְּרָכָיו מִשְׁפָּט אֵל אֱמוּנָה וְאֵין עָוֶל
צַדִּיק וְיָשָׁר הוּא ה:לב:ה שִׁחֵת לוֹ לֹא בָּנָיו מוּמָם דּוֹר עִקֵּשׁ
וּפְתַלְתֹּל ה:לב:ו הֲ־לַיְהוָה תִּגְמְלוּ־זֹאת עַם נָבָל וְלֹא חָכָם
הֲלוֹא־הוּא אָבִיךָ קָּנֶךָ הוּא עָשְׂךָ וַיְכֹנְנֶךָ ה:לב:ז זְכֹר יְמוֹת עוֹלָם
בִּינוּ שְׁנוֹת דּוֹר־וָדוֹר שְׁאַל אָבִיךָ וְיַגֵּדְךָ זְקֵנֶיךָ וְיֹאמְרוּ לָךְ
ה:לב:ח בְּהַנְחֵל עֶלְיוֹן גּוֹיִם בְּהַפְרִידוֹ בְּנֵי אָדָם יַצֵּב גְּבֻלֹת עַמִּים
לְמִסְפַּר בְּנֵי יִשְׂרָאֵל ה:לב:ט כִּי חֵלֶק יְהוָה עַמּוֹ יַעֲקֹב חֶבֶל נַחֲלָתוֹ
ה:לב:י יִמְצָאֵהוּ בְּאֶרֶץ מִדְבָּר וּבְתֹהוּ יְלֵל יְשִׁמֹן יְסֹבְבֶנְהוּ יְבוֹנְנֵהוּ
יִצְּרֶנְהוּ כְּאִישׁוֹן עֵינוֹ ה:לב:יא כְּנֶשֶׁר יָעִיר קִנּוֹ עַל־גּוֹזָלָיו יְרַחֵף יִפְרֹשׂ
כְּנָפָיו יִקָּחֵהוּ יִשָּׂאֵהוּ עַל־אֶבְרָתוֹ ה:לב:יב יְהוָה בָּדָד יַנְחֶנּוּ וְאֵין עִמּוֹ
אֵל נֵכָר ה:לב:יג יַרְכִּבֵהוּ עַל־במותי [בָּמֳתֵי] אָרֶץ וַיֹּאכַל תְּנוּבֹת שָׂדָי
וַיֵּנִקֵהוּ דְבַשׁ מִסֶּלַע וְשֶׁמֶן מֵחַלְמִישׁ צוּר ה:לב:יד חֶמְאַת בָּקָר וַחֲלֵב
צֹאן עִם־חֵלֶב כָּרִים וְאֵילִים בְּנֵי־בָשָׁן וְעַתּוּדִים עִם־חֵלֶב כִּלְיוֹת
חִטָּה וְדַם־עֵנָב תִּשְׁתֶּה־חָמֶר ה:לב:טו וַיִּשְׁמַן יְשֻׁרוּן וַיִּבְעָט שָׁמַנְתָּ
עָבִיתָ כָּשִׂיתָ וַיִּטֹּשׁ אֱלוֹהַ עָשָׂהוּ וַיְנַבֵּל צוּר יְשֻׁעָתוֹ ה:לב:טז יַקְנִאֻהוּ
בְּזָרִים בְּתוֹעֵבֹת יַכְעִיסֻהוּ ה:לב:יז יִזְבְּחוּ לַשֵּׁדִים לֹא אֱלֹהַ אֱלֹהִים
לֹא יְדָעוּם חֲדָשִׁים מִקָּרֹב בָּאוּ לֹא שְׂעָרוּם אֲבֹתֵיכֶם ה:לב:יח צוּר
יְלָדְךָ תֶּשִׁי וַתִּשְׁכַּח אֵל מְחֹלְלֶךָ ה:לב:יט וַיַּרְא יְהוָה וַיִּנְאָץ מִכַּעַס
בָּנָיו וּבְנֹתָיו ה:לב:כ וַיֹּאמֶר אַסְתִּירָה פָנַי מֵהֶם אֶרְאֶה מָה אַחֲרִיתָם

כִּי דוֹר תַּהְפֻּכֹת הֵמָּה בָּנִים לֹא־אֵמֻן בָּם ה:לב:כא הֵם קִנְאוּנִי
בְלֹא־אֵל כִּעֲסוּנִי בְּהַבְלֵיהֶם וַאֲנִי אַקְנִיאֵם בְּלֹא־עָם בְּגוֹי נָבָל
אַכְעִיסֵם ה:לב:כב כִּי־אֵשׁ קָדְחָה בְאַפִּי וַתִּיקַד עַד־שְׁאוֹל תַּחְתִּית
וַתֹּאכַל אֶרֶץ וִיבֻלָהּ וַתְּלַהֵט מוֹסְדֵי הָרִים ה:לב:כג אַסְפֶּה עָלֵימוֹ
רָעוֹת חִצַּי אֲכַלֶּה־בָּם ה:לב:כד מְזֵי רָעָב וּלְחֻמֵי רֶשֶׁף וְקֶטֶב מְרִירִי
וְשֶׁן־בְּהֵמוֹת אֲשַׁלַּח־בָּם עִם־חֲמַת זֹחֲלֵי עָפָר ה:לב:כה מִחוּץ
תְּשַׁכֶּל־חֶרֶב וּמֵחֲדָרִים אֵימָה גַּם־בָּחוּר גַּם־בְּתוּלָה יוֹנֵק עִם־אִישׁ
שֵׂיבָה ה:לב:כו אָמַרְתִּי אַפְאֵיהֶם אַשְׁבִּיתָה מֵאֱנוֹשׁ זִכְרָם ה:לב:כז לוּלֵי
כַּעַס אוֹיֵב אָגוּר פֶּן־יְנַכְּרוּ צָרֵימוֹ פֶּן־יֹאמְרוּ יָדֵנוּ רָמָה וְלֹא יְהוָה
פָּעַל כָּל־זֹאת ה:לב:כח כִּי־גוֹי אֹבַד עֵצוֹת הֵמָּה וְאֵין בָּהֶם תְּבוּנָה
ה:לב:כט לוּ חָכְמוּ יַשְׂכִּילוּ זֹאת יָבִינוּ לְאַחֲרִיתָם ה:לב:ל אֵיכָה יִרְדֹּף
אֶחָד אֶלֶף וּשְׁנַיִם יָנִיסוּ רְבָבָה אִם־לֹא כִּי־צוּרָם מְכָרָם וַיהוָה
הִסְגִּירָם ה:לב:לא כִּי לֹא כְצוּרֵנוּ צוּרָם וְאֹיְבֵינוּ פְּלִילִים
ה:לב:לב כִּי־מִגֶּפֶן סְדֹם גַּפְנָם וּמִשַּׁדְמֹת עֲמֹרָה עֲנָבֵמוֹ עִנְּבֵי־רוֹשׁ
אַשְׁכְּלֹת מְרֹרֹת לָמוֹ ה:לב:לג חֲמַת תַּנִּינִם יֵינָם וְרֹאשׁ פְּתָנִים אַכְזָר
ה:לב:לד הֲלֹא־הוּא כָּמֻס עִמָּדִי חָתֻם בְּאוֹצְרֹתָי ה:לב:לה לִי נָקָם
וְשִׁלֵּם לְעֵת תָּמוּט רַגְלָם כִּי קָרוֹב יוֹם אֵידָם וְחָשׁ עֲתִדֹת לָמוֹ
ה:לב:לו כִּי־יָדִין יְהוָה עַמּוֹ וְעַל־עֲבָדָיו יִתְנֶחָם כִּי יִרְאֶה כִּי־אָזְלַת יָד
וְאֶפֶס עָצוּר וְעָזוּב ה:לב:לז וְאָמַר אֵי אֱלֹהֵימוֹ צוּר חָסָיוּ בוֹ
ה:לב:לח אֲשֶׁר חֵלֶב זְבָחֵימוֹ יֹאכֵלוּ יִשְׁתּוּ יֵין נְסִיכָם יָקוּמוּ וְיַעְזְרֻכֶם
יְהִי עֲלֵיכֶם סִתְרָה ה:לב:לט רְאוּ ׀ עַתָּה כִּי אֲנִי אֲנִי הוּא וְאֵין
אֱלֹהִים עִמָּדִי אֲנִי אָמִית וַאֲחַיֶּה מָחַצְתִּי וַאֲנִי אֶרְפָּא וְאֵין מִיָּדִי
מַצִּיל ה:לב:מ כִּי־אֶשָּׂא אֶל־שָׁמַיִם יָדִי וְאָמַרְתִּי חַי אָנֹכִי לְעֹלָם
ה:לב:מא אִם־שַׁנּוֹתִי בְּרַק חַרְבִּי וְתֹאחֵז בְּמִשְׁפָּט יָדִי אָשִׁיב נָקָם
לְצָרָי וְלִמְשַׂנְאַי אֲשַׁלֵּם ה:לב:מב אַשְׁכִּיר חִצַּי מִדָּם וְחַרְבִּי תֹּאכַל
בָּשָׂר מִדַּם חָלָל וְשִׁבְיָה מֵרֹאשׁ פַּרְעוֹת אוֹיֵב ה:לב:מג הַרְנִינוּ גוֹיִם
עַמּוֹ כִּי דַם־עֲבָדָיו יִקּוֹם וְנָקָם יָשִׁיב לְצָרָיו וְכִפֶּר אַדְמָתוֹ עַמּוֹ
ה:לב:מד וַיָּבֹא מֹשֶׁה וַיְדַבֵּר אֶת־כָּל־דִּבְרֵי הַשִּׁירָה־הַזֹּאת בְּאָזְנֵי הָעָם

הָ֖וּא וְהוֹשֵׁ֥עַ בִּן־נֽוּן ה:לב:מה וַיְכַ֣ל מֹשֶׁ֗ה לְדַבֵּ֛ר אֶת־כָּל־הַדְּבָרִ֥ים
הָאֵ֖לֶּה אֶל־כָּל־יִשְׂרָאֵֽל ה:לב:מו וַיֹּ֤אמֶר אֲלֵהֶם֙ שִׂ֣ימוּ לְבַבְכֶ֔ם
לְכָל־הַדְּבָרִ֕ים אֲשֶׁ֧ר אָנֹכִ֛י מֵעִ֥יד בָּכֶ֖ם הַיּ֑וֹם אֲשֶׁ֤ר תְּצַוֻּם֙ אֶת־בְּנֵיכֶ֔ם
לִשְׁמֹ֣ר לַעֲשׂ֔וֹת אֶת־כָּל־דִּבְרֵ֖י הַתּוֹרָ֥ה הַזֹּֽאת ה:לב:מז כִּ֠י לֹֽא־דָבָ֨ר
רֵ֥ק הוּא֙ מִכֶּ֔ם כִּי־ה֖וּא חַיֵּיכֶ֑ם וּבַדָּבָ֣ר הַזֶּ֗ה תַּאֲרִ֤יכוּ יָמִים֙
עַל־הָ֣אֲדָמָ֔ה אֲשֶׁ֨ר אַתֶּ֜ם עֹבְרִ֧ים אֶת־הַיַּרְדֵּ֛ן שָׁ֖מָּה לְרִשְׁתָּֽהּ
ה:לב:מח וַיְדַבֵּ֤ר יְהוָה֙ אֶל־מֹשֶׁ֔ה בְּעֶ֛צֶם הַיּ֥וֹם הַזֶּ֖ה לֵאמֹֽר
ה:לב:מט עֲלֵ֡ה אֶל־הַר֩ הָעֲבָרִ֨ים הַזֶּ֜ה הַר־נְב֗וֹ אֲשֶׁר֙ בְּאֶ֣רֶץ מוֹאָ֔ב
אֲשֶׁ֖ר עַל־פְּנֵ֣י יְרֵח֑וֹ וּרְאֵה֙ אֶת־אֶ֣רֶץ כְּנַ֔עַן אֲשֶׁ֨ר אֲנִ֥י נֹתֵ֛ן לִבְנֵ֥י
יִשְׂרָאֵ֖ל לַאֲחֻזָּֽה ה:לב:נ וּמֻ֗ת בָּהָר֙ אֲשֶׁ֤ר אַתָּה֙ עֹלֶ֣ה שָׁ֔מָּה וְהֵאָסֵ֖ף
אֶל־עַמֶּ֑יךָ כַּאֲשֶׁר־מֵ֞ת אַהֲרֹ֤ן אָחִ֙יךָ֙ בְּהֹ֣ר הָהָ֔ר וַיֵּאָ֖סֶף אֶל־עַמָּֽיו
ה:לב:נא עַל֩ אֲשֶׁ֨ר מְעַלְתֶּ֜ם בִּ֗י בְּת֙וֹךְ֙ בְּנֵ֣י יִשְׂרָאֵ֔ל בְּמֵי־מְרִיבַ֥ת קָדֵ֖שׁ
מִדְבַּר־צִ֑ן עַ֚ל אֲשֶׁ֣ר לֹא־קִדַּשְׁתֶּם֙ אוֹתִ֔י בְּת֖וֹךְ בְּנֵ֥י יִשְׂרָאֵֽל ה:לב:נב כִּ֥י
מִנֶּ֖גֶד תִּרְאֶ֣ה אֶת־הָאָ֑רֶץ וְשָׁ֙מָּה֙ לֹ֣א תָב֔וֹא אֶל־הָאָ֕רֶץ אֲשֶׁר־אֲנִ֥י
נֹתֵ֖ן לִבְנֵ֥י יִשְׂרָאֵֽל ה:לג:א וְזֹ֣את הַבְּרָכָ֔ה אֲשֶׁ֨ר בֵּרַ֥ךְ מֹשֶׁ֛ה אִ֥ישׁ
הָאֱלֹהִ֖ים אֶת־בְּנֵ֣י יִשְׂרָאֵ֑ל לִפְנֵ֖י מוֹתֽוֹ ה:לג:ב וַיֹּאמַ֗ר יְהוָ֞ה מִסִּינַ֥י בָּא֙
וְזָרַ֤ח מִשֵּׂעִיר֙ לָ֔מוֹ הוֹפִ֙יעַ֙ מֵהַ֣ר פָּארָ֔ן וְאָתָ֖ה מֵרִבְבֹ֣ת קֹ֑דֶשׁ מִֽימִינ֕וֹ
אשדת [אֵ֥שׁ] [דָּ֖ת] לָֽמוֹ ה:לג:ג אַ֚ף חֹבֵ֣ב עַמִּ֔ים כָּל־קְדֹשָׁ֖יו בְּיָדֶ֑ךָ
וְהֵם֙ תֻּכּ֣וּ לְרַגְלֶ֔ךָ יִשָּׂ֖א מִדַּבְּרֹתֶֽיךָ ה:לג:ד תּוֹרָ֥ה צִוָּה־לָ֖נוּ מֹשֶׁ֑ה
מוֹרָשָׁ֖ה קְהִלַּ֥ת יַעֲקֹֽב ה:לג:ה וַיְהִ֥י בִישֻׁר֖וּן מֶ֑לֶךְ בְּהִתְאַסֵּף֙ רָ֣אשֵׁי
עָ֔ם יַ֖חַד שִׁבְטֵ֥י יִשְׂרָאֵֽל ה:לג:ו יְחִ֥י רְאוּבֵ֖ן וְאַל־יָמֹ֑ת וִיהִ֥י מְתָ֖יו מִסְפָּֽר
ה:לג:ז וְזֹ֣את לִֽיהוּדָה֮ וַיֹּאמַר֒ שְׁמַ֤ע יְהוָה֙ ק֣וֹל יְהוּדָ֔ה וְאֶל־עַמּ֖וֹ
תְּבִיאֶ֑נּוּ יָדָיו֙ רָ֣ב ל֔וֹ וְעֵ֥זֶר מִצָּרָ֖יו תִּהְיֶֽה ה:לג:ח וּלְלֵוִ֣י אָמַ֔ר תֻּמֶּ֥יךָ
וְאוּרֶ֖יךָ לְאִ֣ישׁ חֲסִידֶ֑ךָ אֲשֶׁ֤ר נִסִּיתוֹ֙ בְּמַסָּ֔ה תְּרִיבֵ֖הוּ עַל־מֵ֥י מְרִיבָֽה
ה:לג:ט הָאֹמֵ֞ר לְאָבִ֤יו וּלְאִמּוֹ֙ לֹ֣א רְאִיתִ֔יו וְאֶת־אֶחָיו֙ לֹ֣א הִכִּ֔יר
וְאֶת־בנו [בָּנָ֖יו] לֹ֣א יָדָ֑ע כִּ֤י שָֽׁמְרוּ֙ אִמְרָתֶ֔ךָ וּבְרִיתְךָ֖ יִנְצֹֽרוּ ה:לג:י יוֹר֤וּ
מִשְׁפָּטֶ֙יךָ֙ לְיַעֲקֹ֔ב וְתוֹרָתְךָ֖ לְיִשְׂרָאֵ֑ל יָשִׂ֤ימוּ קְטוֹרָה֙ בְּאַפֶּ֔ךָ וְכָלִ֖יל
עַֽל־מִזְבְּחֶֽךָ ה:לג:יא בָּרֵ֤ךְ יְהוָה֙ חֵיל֔וֹ וּפֹ֥עַל יָדָ֖יו תִּרְצֶ֑ה מְחַ֨ץ מָתְנַ֧יִם

קָמָיו וּמְשַׂנְאָיו מִן־יְקוּמוּן ה:לג:יב לְבִנְיָמִן אָמַר יְדִיד יְהוָה יִשְׁכֹּן
לָבֶטַח עָלָיו חֹפֵף עָלָיו כָּל־הַיּוֹם וּבֵין כְּתֵפָיו שָׁכֵן ה:לג:יג וּלְיוֹסֵף
אָמַר מְבֹרֶכֶת יְהוָה אַרְצוֹ מִמֶּגֶד שָׁמַיִם מִטָּל וּמִתְּהוֹם רֹבֶצֶת
תָּחַת ה:לג:יד וּמִמֶּגֶד תְּבוּאֹת שָׁמֶשׁ וּמִמֶּגֶד גֶּרֶשׁ יְרָחִים
ה:לג:יה וּמֵרֹאשׁ הַרְרֵי־קֶדֶם וּמִמֶּגֶד גִּבְעוֹת עוֹלָם ה:לג:יו וּמִמֶּגֶד אֶרֶץ
וּמְלֹאָהּ וּרְצוֹן שֹׁכְנִי סְנֶה תָּבוֹאתָה לְרֹאשׁ יוֹסֵף וּלְקָדְקֹד נְזִיר
אֶחָיו ה:לג:יז בְּכוֹר שׁוֹרוֹ הָדָר לוֹ וְקַרְנֵי רְאֵם קַרְנָיו בָּהֶם עַמִּים
יְנַגַּח יַחְדָּו אַפְסֵי־אָרֶץ וְהֵם רִבְבוֹת אֶפְרַיִם וְהֵם אַלְפֵי מְנַשֶּׁה
ה:לג:יח וְלִזְבוּלֻן אָמַר שְׂמַח זְבוּלֻן בְּצֵאתֶךָ וְיִשָּׂשכָר בְּאֹהָלֶיךָ
ה:לג:יט עַמִּים הַר־יִקְרָאוּ שָׁם יִזְבְּחוּ זִבְחֵי־צֶדֶק כִּי שֶׁפַע יַמִּים יִינָקוּ
וּשְׂפֻנֵי טְמוּנֵי חוֹל ה:לג:כ וּלְגָד אָמַר בָּרוּךְ מַרְחִיב גָּד כְּלָבִיא שָׁכֵן
וְטָרַף זְרוֹעַ אַף־קָדְקֹד ה:לג:כא וַיַּרְא רֵאשִׁית לוֹ כִּי־שָׁם חֶלְקַת
מְחֹקֵק סָפוּן וַיֵּתֵא רָאשֵׁי עָם צִדְקַת יְהוָה עָשָׂה וּמִשְׁפָּטָיו
עִם־יִשְׂרָאֵל ה:לג:כב וּלְדָן אָמַר דָּן גּוּר אַרְיֵה יְזַנֵּק מִן־הַבָּשָׁן
ה:לג:כג וּלְנַפְתָּלִי אָמַר נַפְתָּלִי שְׂבַע רָצוֹן וּמָלֵא בִּרְכַּת יְהוָה יָם
וְדָרוֹם יְרָשָׁה ה:לג:כד וּלְאָשֵׁר אָמַר בָּרוּךְ מִבָּנִים אָשֵׁר יְהִי רְצוּי
אֶחָיו וְטֹבֵל בַּשֶּׁמֶן רַגְלוֹ ה:לג:כה בַּרְזֶל וּנְחֹשֶׁת מִנְעָלֶיךָ וּכְיָמֶיךָ
דָּבְאֶךָ ה:לג:כו אֵין כָּאֵל יְשֻׁרוּן רֹכֵב שָׁמַיִם בְּעֶזְרֶךָ וּבְגַאֲוָתוֹ שְׁחָקִים
ה:לג:כז מְעֹנָה אֱלֹהֵי קֶדֶם וּמִתַּחַת זְרֹעֹת עוֹלָם וַיְגָרֶשׁ מִפָּנֶיךָ אוֹיֵב
וַיֹּאמֶר הַשְׁמֵד ה:לג:כח וַיִּשְׁכֹּן יִשְׂרָאֵל בֶּטַח בָּדָד עֵין יַעֲקֹב אֶל־אֶרֶץ
דָּגָן וְתִירוֹשׁ אַף־שָׁמָיו יַעַרְפוּ טָל ה:לג:כט אַשְׁרֶיךָ יִשְׂרָאֵל מִי כָמוֹךָ
עַם נוֹשַׁע בַּיהוָה מָגֵן עֶזְרֶךָ וַאֲשֶׁר־חֶרֶב גַּאֲוָתֶךָ וְיִכָּחֲשׁוּ אֹיְבֶיךָ לָךְ
וְאַתָּה עַל־בָּמוֹתֵימוֹ תִדְרֹךְ ה:לד:א וַיַּעַל מֹשֶׁה מֵעַרְבֹת מוֹאָב
אֶל־הַר נְבוֹ רֹאשׁ הַפִּסְגָּה אֲשֶׁר עַל־פְּנֵי יְרֵחוֹ וַיַּרְאֵהוּ יְהוָה
אֶת־כָּל־הָאָרֶץ אֶת־הַגִּלְעָד עַד־דָּן ה:לד:ב וְאֵת כָּל־נַפְתָּלִי וְאֶת־אֶרֶץ
אֶפְרַיִם וּמְנַשֶּׁה וְאֵת כָּל־אֶרֶץ יְהוּדָה עַד הַיָּם הָאַחֲרוֹן
ה:לד:ג וְאֶת־הַנֶּגֶב וְאֶת־הַכִּכָּר בִּקְעַת יְרֵחוֹ עִיר הַתְּמָרִים עַד־צֹעַר
ה:לד:ד וַיֹּאמֶר יְהוָה אֵלָיו זֹאת הָאָרֶץ אֲשֶׁר נִשְׁבַּעְתִּי לְאַבְרָהָם

לְיִצְחָ֣ק וּֽלְיַעֲקֹב֮ לֵאמֹר֒ לְזַרְעֲךָ֖ אֶתְּנֶ֑נָּה הֶרְאִיתִ֣יךָ בְעֵינֶ֔יךָ וְשָׁ֖מָּה
לֹ֥א תַעֲבֹֽר ה:לד:ה וַיָּ֨מָת שָׁ֜ם מֹשֶׁ֧ה עֶֽבֶד־יְהוָ֛ה בְּאֶ֥רֶץ מוֹאָ֖ב עַל־פִּ֥י
יְהוָֽה ה:לד:ו וַיִּקְבֹּ֨ר אֹת֤וֹ בַגַּי֙ בְּאֶ֣רֶץ מוֹאָ֔ב מ֖וּל בֵּ֣ית פְּע֑וֹר וְלֹא־יָדַ֥ע
אִישׁ֙ אֶת־קְבֻ֣רָת֔וֹ עַ֖ד הַיּ֥וֹם הַזֶּֽה ה:לד:ז וּמֹשֶׁ֗ה בֶּן־מֵאָ֧ה וְעֶשְׂרִ֛ים
שָׁנָ֖ה בְּמֹת֑וֹ לֹא־כָהֲתָ֥ה עֵינ֖וֹ וְלֹא־נָ֥ס לֵחֹֽה ה:לד:ח וַיִּבְכּוּ֩ בְנֵ֨י יִשְׂרָאֵ֧ל
אֶת־מֹשֶׁ֛ה בְּעַֽרְבֹ֥ת מוֹאָ֖ב שְׁלֹשִׁ֣ים י֑וֹם וַיִּתְּמ֔וּ יְמֵ֥י בְכִ֖י אֵ֥בֶל מֹשֶֽׁה
ה:לד:ט וִיהוֹשֻׁ֣עַ בִּן־נ֗וּן מָלֵא֙ ר֣וּחַ חָכְמָ֔ה כִּֽי־סָמַ֥ךְ מֹשֶׁ֛ה אֶת־יָדָ֖יו
עָלָ֑יו וַיִּשְׁמְע֨וּ אֵלָ֤יו בְּנֵֽי־יִשְׂרָאֵל֙ וַֽיַּעֲשׂ֔וּ כַּאֲשֶׁ֛ר צִוָּ֥ה יְהוָ֖ה אֶת־מֹשֶֽׁה
ה:לד:י וְלֹֽא־קָ֨ם נָבִ֥יא ע֛וֹד בְּיִשְׂרָאֵ֖ל כְּמֹשֶׁ֑ה אֲשֶׁר֙ יְדָע֣וֹ יְהוָ֔ה פָּנִ֖ים
אֶל־פָּנִֽים ה:לד:יא לְכָל־הָ֨אֹתֹ֜ת וְהַמּֽוֹפְתִ֗ים אֲשֶׁ֤ר שְׁלָחוֹ֙ יְהוָ֔ה
לַעֲשׂ֖וֹת בְּאֶ֣רֶץ מִצְרָ֑יִם לְפַרְעֹ֥ה וּלְכָל־עֲבָדָ֖יו וּלְכָל־אַרְצֽוֹ
ה:לד:יב וּלְכֹל֙ הַיָּ֣ד הַחֲזָקָ֔ה וּלְכֹ֖ל הַמּוֹרָ֣א הַגָּד֑וֹל אֲשֶׁר֙ עָשָׂ֣ה מֹשֶׁ֔ה
לְעֵינֵ֖י כָּל־יִשְׂרָאֵֽל

www.ingramcontent.com/pod-product-compliance
Lightning Source LLC
Chambersburg PA
CBHW041610260326
41914CB00012B/1443
9781951702335